面向21世纪课程教材

 普通高等教育"十一五"
国家级规划教材

本书荣获2002年全国普通高等学校优秀教材一等奖

面向21世纪课程教材
Textbook Series for 21st Century

全国高等学校法学专业核心课程教材

刑 法 学

Criminal Law

（第九版）

主编　高铭暄　马克昌

执行主编　赵秉志

撰稿人（按撰写章节顺序为序）

高铭暄　黄京平　赵秉志
马克昌　李希慧　林亚刚
刘志伟　陈家林

北京大学出版社
高等教育出版社

图书在版编目(CIP)数据

刑法学/高铭暄,马克昌主编. —9 版. —北京:北京大学出版社,2019.9
(面向 21 世纪课程教材)
ISBN 978-7-301-30712-0

Ⅰ.①刑… Ⅱ.①高… ②马… Ⅲ.①刑法—法的理论—中国—高等学校—教材 Ⅳ.①D924.01

中国版本图书馆 CIP 数据核字(2019)第 172661 号

书　　　名	刑法学(第九版)
	XINGFAXUE(DI-JIU BAN)
著作责任者	高铭暄　马克昌　主编
责任编辑	冯益娜
标准书号	ISBN 978-7-301-30712-0
出版发行	北京大学出版社
地　　　址	北京市海淀区成府路 205 号　100871
网　　　址	http://www.pup.cn
电子信箱	law@pup.pku.edu.cn
新浪微博	@北京大学出版社　@北大出版社法律图书
电　　　话	邮购部 010-62752015　发行部 010-62750672　编辑部 010-62752027
印　刷　者	北京鑫海金澳胶印有限公司
经　销　者	新华书店
	730 毫米×980 毫米　16 开本　44 印张　940 千字
	2000 年 10 月第 1 版　2005 年 8 月第 2 版
	2007 年 1 月第 3 版　2010 年 1 月第 4 版
	2011 年 8 月第 5 版　2014 年 7 月第 6 版
	2016 年 1 月第 7 版　2017 年 8 月第 8 版
	2019 年 9 月第 9 版　2021 年 11 月第 7 次印刷
定　　　价	88.00 元

未经许可,不得以任何方式复制或抄袭本书之部分或全部内容。
版权所有,侵权必究
举报电话: 010-62752024　电子信箱: fd@pup.pku.edu.cn
图书如有印装质量问题,请与出版部联系,电话: 010-62756370

内 容 简 介

本教材为教育部组织的面向21世纪的全国高等学校法学专业核心课程教材之一,供高等学校法学本科使用。

刑法学是高等学校法学教育中一门重要的主干课程。本教材努力按照高等教育法学专业主干课程教材的要求,正确地阐述我国刑法学的基本原理和基本知识,并注重内容的科学性、系统性、相对稳定性和时代特色。特别是为了适应国家改革开放、建设社会主义法治国家的需要,本教材十分注意阐述研究我国刑事法治的新进展和刑法理论研究的新成果,以提高教材的学术水平和应用价值。

本教材除绪言外,分为上下两编:上编为刑法总论,系统而较为深入地论述了刑法通论、犯罪总论、刑罚总论方面的刑法基本原理与刑法总则规范;下编为刑法各论,在论述刑法各论宏观问题的基础上,逐章论述了我国现行刑法典分则规定的十类犯罪之共性问题和每种犯罪的罪刑规范及理论问题,对具体犯罪的论述根据理论与实务的需要有详有略、重点分明。

Abstract

This textbook is one of teaching materials on the core course of legal studies major for the State Higher Educational Institutions oriented that the Ministry of Education has organized to turn in the direction of the 21st century. This teaching material is provided for undergraduate students of legal studies at higher educational institutions.

Criminal Law is an important course in the legal studies education of higher educational institutions. This material meets the requirements of the core courses in the legal science education of higher educational institutions, as it illustrates the basic theory and knowledge of Chinese criminal law and emphasizes the scientific, systematic, comparatively stable and modern society features of contents. Especially, in order to comply with the demands of adjusting to Chinese opening policy and building the socialist state of rule of law, it attaches great importance to illustration of the new developments of criminal rule of law and new achievements of criminal law research to upgrade higher academic standards and applicative value of textbooks.

Besides the preface, this teaching material is divided into two parts: Part One is the general provisions of Criminal Law, which discusses systematically and thoroughly both the basic principles of the Criminal Law, such as the general survey of the Criminal Law, general provisions of crimes and punishments, and criteria of the general provisions of Criminal Law. Part Two discusses the common issues of ten sorts of crimes regulated in the specific provisions of the current Criminal Law of China and the standards and theoretical issues of each type of crime chapter by chapter, on the basis of macro issues concerning the specific provisions of Criminal Law. According to theoretical and practical needs, the discussions of the concrete crimes are detailed in some places, concise in others and hence well focused.

作 者 简 介

高铭暄 北京师范大学刑事法律科学研究院名誉院长、特聘教授、博士生导师,中国人民大学荣誉一级教授。兼任中国法学会学术委员会荣誉委员、中国刑法学研究会名誉会长、国际刑法学协会名誉副主席暨中国分会名誉主席等职。主要代表性著作为《中华人民共和国刑法的孕育和诞生》《刑法肆言》《刑法学原理》(主编)等。

马克昌 武汉大学法学院教授、博士生导师。兼任中国刑法学研究会名誉会长等职。主要代表性著作为《比较刑法原理(外国刑法学总论)》《犯罪通论》(主编)、《刑罚通论》(主编)等。

赵秉志 北京师范大学刑事法律科学研究院教授、法学博士、博士生导师。兼任中国刑法学研究会会长、国际刑法学协会副主席暨中国分会主席、国务院学位委员会学科评议组法学评议组成员等职。主要代表性著作为《犯罪主体论》《刑法总则问题专论》《犯罪未遂形态研究》等。

李希慧 北京师范大学刑事法律科学研究院教授、法学博士、博士生导师。兼任中国刑法学研究会常务理事暨学术委员会副主任等职。主要代表性著作为《刑法解释论》《妨害社会管理秩序罪新论》(主编)等。

黄京平 中国人民大学刑事法律科学研究中心执行主任、中国人民大学法学院教授、法学博士、博士生导师。兼任中国刑法学研究会副会长等职。主要代表性著作为《限制刑事责任能力研究》《破坏市场经济秩序罪研究》(主编)等。

林亚刚 武汉大学法学院教授、法学博士、博士生导师。兼任中国刑法学研究会常务理事等职。主要代表性著作为《犯罪过失研究》《危害公共安全罪新论》等。

刘志伟 北京师范大学刑事法律科学研究院教授、法学博士、博士生导师。兼任中国刑法学研究会秘书长等职。主要代表性著作为《侵占犯罪的理论与司法适用》《业务过失犯罪比较研究》(主编)等。

陈家林 武汉大学法学院教授、法学博士、博士生导师。兼任中国刑法学研究会理事、中国犯罪学研究会常务理事等职。主要代表性著作为《外国刑法通论》《共同正犯研究》等。

Introduction to Authors

Mr. Gao Mingxuan Specially-invited Professor, PhD Tutor and Honorary Dean of College for Criminal Law Science of Beijing Normal University; Emeritus Professor of Renmin University of China; Honorary member of Academic Committee of China Law Society, Honorary President of Chinese Association of Criminal Law, honorary Vice President of International Association of Penal Law (AIDP) and honorary President of AIDP China Branch. His representative publications include: *The Formation and Birth of the Criminal Law of People's Republic of China*, *Criminal Law Review*, *Fundamentals of Criminal Law* (Chief Editor), etc.

Mr. Ma Kechang Professor of Law and PhD Tutor of Law School of Wuhan University; Honorary President of Chinese Association of Criminal Law. His representative publications include: *Fundamentals of Comparative Criminal Law*: *General Theories of Foreign Criminal Law*, *General Survey of Crimes* (Chief Editor), *General Survey of Penalties* (Chief Editor), etc.

Mr. Zhao Bingzhi Professor of Law, LL. D. , PhD Tutor of College for Criminal Law Science and Law School of Beijing Normal University; President of Chinese Association of Criminal Law, Vice President of International Association of Penal Law (AIDP) and President of AIDP China Branch; Member of the Evaluation Group of Legal Science of the Degree Committee of the State Council. His representative publications include: *On the Subject of Crime*, *Special Treatise on Issues Related to General Provisions of Criminal law*, *Studies on Attempted Crimes*, etc.

Mr. Li Xihui Professor of Law, LL. D, PhD Tutor of College for Criminal Law Science of Beijing Normal University; Member of Executive Board and Deputy Director of Academic Committee of Chinese Association of Criminal Law. His representative publications include: *On Interpretations of Criminal Law*, *New Perspectives on Crimes of Obstructing Administration of Public Order* (Chief Editor), etc.

Mr. Huang Jingping Executive Director of Research Center for Criminal Law Science, Professor of Law, LL. D and PhD Tutor of Law School of Renmin University of China; Vice-President of Chinese Association of Criminal Law. His representative publications include: *Studies on Limited Capability of Committing a Crime*, *Studies on Crimes of Disrupting the Order of Market Economy*, etc.

Mr. Lin Yagang Professor of Law, LL. D and PhD Tutor of Law School of Wuhan University; Member of Executive Board of Chinese Association of Criminal Law. His representative publications include: *Study of Criminal Negligence*, *New Perspectives on Crimes of Endangering Public Security*, etc.

Mr. Liu Zhiwei Professor of Law, LL. D, PhD Tutor of College for Criminal Law Science of Beijing Normal University; Secretary-General of Chinese Association of Criminal Law. His representative publications include: *Theory and Judicial Application of Crimes of Infringing on Property*, *A Comparative Study on Offenses of Vocational Negligence* (Chief Editor), etc.

Mr. Chen Jialin Professor of Law, LL. D and PhD Tutor of Law School of Wuhan University; Member of Executive Board of Chinese Association of Criminal Law and Member of Standing Committee of Executive Board of Chinese Association of Criminology. His representative publications include: *General Theories on Foreign Criminal Law*, *Studies on Co-perpetrators*, etc.

第九版说明

本教材为教育部高等学校法学学科教学指导委员会主持和组织编写出版的面向21世纪课程教材"全国高等学校法学专业核心课程教材"之一种，为普通高等教育"十一五"国家级规划教材。本教材由教育部直属的几所国家重点大学的部分刑法学教授合作编著，由北京大学出版社和高等教育出版社于2000年10月联合出版第一版。由于本教材注意了体系的完整性以及内容的科学性和知识、信息的新颖性，因而出版发行以来，受到广泛欢迎和好评，不仅于2005年8月、2007年1月、2010年1月、2011年8月、2014年7月、2016年1月、2017年8月分别出版了第二、三、四、五、六、七、八版，并数十次重印，还于2002年10月荣获教育部全国普通高等学校优秀教材一等奖，为我国高等法学教育和法治实践作出了重要贡献，产生了重要的学术影响。鉴于本教材第八版出版以来，我国刑法立法和司法实践又有了一定的发展，全国人民代表大会常务委员会通过了《中华人民共和国刑法修正案（十）》，最高司法机关又发布了不少重要的司法解释对诸多刑法适用问题作出了新的规定，刑法理论研究也有了一定的进展，为了及时反映最新的立法、司法与理论研究成果，更好地适应刑法学教学科研的需要，在出版社的支持下，我们对本教材进行了修改并交付出版。

本次修订秉承以往八版教材的编写宗旨，注意全面准确反映近年来我国刑法立法和司法解释的发展变化与司法实践中的经验和情况，注意研究和合理吸纳刑法理论研究的新进展、新成果，特别注重贯彻刑法教科书所应有的体系结构完整、理论知识稳定成熟、观点鲜明、层次清晰、论述简洁等基本要求，力求提高教材的学术水平和应用价值。

本次修订，考虑到出版时间紧等因素，由主编和执行主编拟定修订原则和要求后，仍委托本教材作者之一北京师范大学刑事法律科学研究院刘志伟教授，结合本教材第八版于2017年8月出版以来最高司法机关发布的刑法司法解释的规定及刑法理论研究的进展情况，对本教材第八版进行修订，最后由主编和执行主编统改定稿。北京大学出版社有关领导对本书的修订和及时出版非常重视并予以鼎力支持，责任编辑冯益娜女士为本书及时而高质量的问世贡献良多，在此一并表示衷心感谢。

编著者

2019年8月

目 录

绪言 …………………………………………………………………………………（1）

上编　刑法总论

第一章　刑法概说 ……………………………………………………………（7）
　　第一节　刑法的概念和性质 ……………………………………………（7）
　　第二节　刑法的创制和完善 ……………………………………………（9）
　　第三节　刑法的根据和任务 ……………………………………………（13）
　　第四节　刑法的体系和解释 ……………………………………………（17）

第二章　刑法的基本原则 ……………………………………………………（22）
　　第一节　刑法基本原则的概念和意义 …………………………………（22）
　　第二节　罪刑法定原则 …………………………………………………（23）
　　第三节　适用刑法人人平等原则 ………………………………………（25）
　　第四节　罪责刑相适应原则 ……………………………………………（26）

第三章　刑法的效力范围 ……………………………………………………（30）
　　第一节　刑法的空间效力 ………………………………………………（30）
　　第二节　刑法的时间效力 ………………………………………………（34）

第四章　犯罪概念与犯罪构成 ………………………………………………（38）
　　第一节　犯罪概念 ………………………………………………………（38）
　　第二节　犯罪构成 ………………………………………………………（45）

第五章　犯罪客体 ……………………………………………………………（49）
　　第一节　犯罪客体概述 …………………………………………………（49）
　　第二节　犯罪客体的分类 ………………………………………………（52）
　　第三节　犯罪客体与犯罪对象 …………………………………………（54）

第六章　犯罪客观方面 ………………………………………………………（57）
　　第一节　犯罪客观方面概述 ……………………………………………（57）
　　第二节　危害行为 ………………………………………………………（59）
　　第三节　危害结果 ………………………………………………………（68）
　　第四节　危害行为与危害结果之间的因果关系 ………………………（73）
　　第五节　犯罪的其他客观要件 …………………………………………（77）

第七章　犯罪主体 ……………………………………………………………（79）
　　第一节　犯罪主体概述 …………………………………………………（79）

第二节　刑事责任能力 ………………………………………………… (81)
　　第三节　与刑事责任能力有关的因素 …………………………………… (83)
　　第四节　犯罪主体的特殊身份 …………………………………………… (91)
　　第五节　单位犯罪 ………………………………………………………… (98)

第八章　犯罪主观方面 …………………………………………………………… (100)
　　第一节　犯罪主观方面概述 ……………………………………………… (100)
　　第二节　犯罪故意 ………………………………………………………… (102)
　　第三节　犯罪过失 ………………………………………………………… (109)
　　第四节　与罪过相关的几个特殊问题 …………………………………… (113)
　　第五节　犯罪目的和犯罪动机 …………………………………………… (116)
　　第六节　认识错误 ………………………………………………………… (119)

第九章　正当行为 ………………………………………………………………… (123)
　　第一节　正当行为概述 …………………………………………………… (123)
　　第二节　正当防卫 ………………………………………………………… (125)
　　第三节　紧急避险 ………………………………………………………… (133)

第十章　故意犯罪的停止形态 …………………………………………………… (139)
　　第一节　故意犯罪停止形态概述 ………………………………………… (139)
　　第二节　犯罪既遂形态 …………………………………………………… (143)
　　第三节　犯罪预备形态 …………………………………………………… (146)
　　第四节　犯罪未遂形态 …………………………………………………… (149)
　　第五节　犯罪中止形态 …………………………………………………… (154)

第十一章　共同犯罪 ……………………………………………………………… (159)
　　第一节　共同犯罪概述 …………………………………………………… (159)
　　第二节　共同犯罪的形式 ………………………………………………… (163)
　　第三节　共同犯罪人的刑事责任 ………………………………………… (168)

第十二章　罪数形态 ……………………………………………………………… (176)
　　第一节　罪数判断标准 …………………………………………………… (176)
　　第二节　一罪的类型 ……………………………………………………… (180)
　　第三节　数罪的类型 ……………………………………………………… (193)

第十三章　刑事责任 ……………………………………………………………… (196)
　　第一节　刑事责任概述 …………………………………………………… (196)
　　第二节　刑事责任的根据 ………………………………………………… (202)
　　第三节　刑事责任的发展阶段和解决方式 ……………………………… (206)

第十四章　刑罚概说 ……………………………………………………………… (213)
　　第一节　刑罚的概念 ……………………………………………………… (213)
　　第二节　刑罚的功能 ……………………………………………………… (215)
　　第三节　刑罚的目的 ……………………………………………………… (219)

第十五章 刑罚的体系和种类 (225)
　　第一节 刑罚的体系 (225)
　　第二节 主刑 (227)
　　第三节 附加刑 (236)
　　第四节 非刑罚处理方法 (243)

第十六章 刑罚的裁量 (246)
　　第一节 刑罚裁量概述 (246)
　　第二节 刑罚裁量原则 (247)
　　第三节 刑罚裁量情节 (250)

第十七章 刑罚裁量制度 (256)
　　第一节 累犯 (256)
　　第二节 自首与立功 (259)
　　第三节 数罪并罚 (270)
　　第四节 缓刑 (278)

第十八章 刑罚执行制度 (286)
　　第一节 减刑 (286)
　　第二节 假释 (294)

第十九章 刑罚的消灭 (300)
　　第一节 刑罚消灭概述 (300)
　　第二节 时效 (301)
　　第三节 赦免 (305)

下编 刑法各论

第二十章 刑法各论概述 (308)
　　第一节 刑法各论与刑法总论的关系 (308)
　　第二节 刑法分则的体系 (310)
　　第三节 具体犯罪条文的构成 (312)

第二十一章 危害国家安全罪 (318)
　　第一节 危害国家安全罪概述 (318)
　　第二节 危害国家安全罪分述 (319)

第二十二章 危害公共安全罪 (329)
　　第一节 危害公共安全罪概述 (329)
　　第二节 危害公共安全罪分述 (331)

第二十三章 破坏社会主义市场经济秩序罪 (365)
　　第一节 破坏社会主义市场经济秩序罪概述 (365)
　　第二节 生产、销售伪劣商品罪 (368)

第三节　走私罪 .... (376)
　　第四节　妨害对公司、企业的管理秩序罪 .... (382)
　　第五节　破坏金融管理秩序罪 .... (393)
　　第六节　金融诈骗罪 .... (414)
　　第七节　危害税收征管罪 .... (422)
　　第八节　侵犯知识产权罪 .... (433)
　　第九节　扰乱市场秩序罪 .... (442)
第二十四章　侵犯公民人身权利、民主权利罪 .... (451)
　　第一节　侵犯公民人身权利、民主权利罪概述 .... (451)
　　第二节　侵犯公民人身权利、民主权利罪分述 .... (453)
第二十五章　侵犯财产罪 .... (489)
　　第一节　侵犯财产罪概述 .... (489)
　　第二节　侵犯财产罪分述 .... (490)
第二十六章　妨害社会管理秩序罪 .... (519)
　　第一节　妨害社会管理秩序罪概述 .... (519)
　　第二节　扰乱公共秩序罪 .... (521)
　　第三节　妨害司法罪 .... (551)
　　第四节　妨害国(边)境管理罪 .... (564)
　　第五节　妨害文物管理罪 .... (568)
　　第六节　危害公共卫生罪 .... (572)
　　第七节　破坏环境资源保护罪 .... (580)
　　第八节　走私、贩卖、运输、制造毒品罪 .... (591)
　　第九节　组织、强迫、引诱、容留、介绍卖淫罪 .... (600)
　　第十节　制作、贩卖、传播淫秽物品罪 .... (604)
第二十七章　危害国防利益罪 .... (609)
　　第一节　危害国防利益罪概述 .... (609)
　　第二节　危害国防利益罪分述 .... (610)
第二十八章　贪污贿赂罪 .... (620)
　　第一节　贪污贿赂罪概述 .... (620)
　　第二节　贪污贿赂罪分述 .... (621)
第二十九章　渎职罪 .... (644)
　　第一节　渎职罪概述 .... (644)
　　第二节　渎职罪分述 .... (645)
第三十章　军人违反职责罪 .... (663)
　　第一节　军人违反职责罪概述 .... (663)
　　第二节　军人违反职责罪分述 .... (665)

后　记 .... (678)

Table of Contents

Preface ··· (1)

Part One General Provisions of the Criminal Law

Chapter 1 Outline of the Criminal Law ·· (7)
   1.1 The Concept and Nature of the Criminal Law ······························· (7)
   1.2 The Initiative and Perfection of the Criminal Law ························· (9)
   1.3 The Foundation and Aim of the Criminal Law ····························· (13)
   1.4 The System and Explanation of the Criminal Law ······················· (17)
Chapter 2 Basic Principles of the Criminal Law ······································· (22)
   2.1 The Concept and Meaning of the Basic Principles of the Criminal Law ··· (22)
   2.2 The Principle of a Legally Prescribed Punishment for a Specified Crime ··· (23)
   2.3 The Principle in the Equal Application of the Criminal Law to Anyone Committing a Crime ··· (25)
   2.4 The Principle of Suiting Punishment to Crime and Criminal Responsibility ··· (26)
Chapter 3 The Scope of Validity of the Criminal Law ····························· (30)
   3.1 The Spatial Validity of the Criminal Law ····································· (30)
   3.2 The Validity in Time of the Criminal Law ··································· (34)
Chapter 4 The Concept of Crime and the Constitution of Crime ············ (38)
   4.1 The Concept of Crime ··· (38)
   4.2 The Constitution of Crime ·· (45)
Chapter 5 The Object of Crime ··· (49)
   5.1 Survey of the Object of Crime ··· (49)
   5.2 The Classification of the Object of Crime ··································· (52)
   5.3 The Object of Crime and Target of Crime ·································· (54)
Chapter 6 The Objective Aspects of Crime ·· (57)
   6.1 Survey of the Objective Aspects of Crime ································· (57)
   6.2 The Dangerous Act ·· (59)
   6.3 The Dangerous Result ·· (68)

6.4	The Causality between the Dangerous Act and the Dangerous Result	(73)
6.5	The Other Objective Conditions of Crime	(77)

Chapter 7　The Subject of Crime ······ (79)
  7.1　Survey of the Subject of Crime ······ (79)
  7.2　The Ability of Criminal Responsibility ······ (81)
  7.3　The Elements Concerned with the Ability of Criminal Responsibility ······ (83)
  7.4　The Special Identification of the Subject of Crime ······ (91)
  7.5　Crimes Committed by a Unit ······ (98)

Chapter 8　The Subjective Aspects of Crime ······ (100)
  8.1　Survey of the Subjective Aspects of Crime ······ (100)
  8.2　Criminal Intent ······ (102)
  8.3　Criminal Negligence ······ (109)
  8.4　Several Specific Issues Relating to Culpability ······ (113)
  8.5　Criminal Purpose and Criminal Motive ······ (116)
  8.6　Error of Cognition ······ (119)

Chapter 9　Justifiable Acts ······ (123)
  9.1　Survey of Justifiable Acts ······ (123)
  9.2　Justifiable Defence ······ (125)
  9.3　Act of Rescue ······ (133)

Chapter 10　The Suspended Situation of the Intentional Crime ······ (139)
  10.1　Survey of the Suspended Situation of the Intentional Crime ······ (139)
  10.2　The Situation of the Accomplishment of Crime ······ (143)
  10.3　The Situation of the Preparation for Crime ······ (146)
  10.4　The Situation of the Attempt of Crime ······ (149)
  10.5　The Situation of the Discontinuance for Crime ······ (154)

Chapter 11　Joint Crimes ······ (159)
  11.1　Survey of Joint Crimes ······ (159)
  11.2　The Form of the Joint Crimes ······ (163)
  11.3　The Criminal Responsibility of Complice ······ (168)

Chapter 12　The Form of Quantity of Crime ······ (176)
  12.1　The Standards of Judgement of Quantity of Crime ······ (176)
  12.2　Types of One Crime ······ (180)
  12.3　Types of Plural Crimes ······ (193)

Chapter 13　The Criminal Responsibility ······ (196)
  13.1　Survey of the Criminal Responsibility ······ (196)
  13.2　The Foundation of the Criminal Responsibility ······ (202)

13.3 The Development Stages and Solution Modes of the Criminal Responsibility ...... (206)
Chapter 14　Survey of Punishment ...... (213)
14.1 The Concept of Punishments ...... (213)
14.2 The Function of Punishments ...... (215)
14.3 The Purpose of Punishments ...... (219)
Chapter 15　The System and Types of Punishments ...... (225)
15.1 The System of Punishments ...... (225)
15.2 Principal Punishments ...... (227)
15.3 Supplementary Punishments ...... (236)
15.4 Method of Non-penalty ...... (243)
Chapter 16　Measurement of Punishments ...... (246)
16.1 Survey of the Measurement of Punishment ...... (246)
16.2 Principles of Measurement of Punishment ...... (247)
16.3 Circumstances of Measurement of Punishment ...... (250)
Chapter 17　The System of the Measurement of Punishment ...... (256)
17.1 Recidivists ...... (256)
17.2 Voluntary Surrender and Meritorious Performance ...... (259)
17.3 Combined Punishment for Several Crimes ...... (270)
17.4 Suspension of Sentence ...... (278)
Chapter 18　The System of the Execution of Punishment ...... (286)
18.1 Commutation of Punishment ...... (286)
18.2 Parole ...... (294)
Chapter 19　Annihilation of Punishment ...... (300)
19.1 Survey of Annihilation of Punishment ...... (300)
19.2 Limitation ...... (301)
19.3 Amnesty ...... (305)

Part Two　Specific Provisions

Chapter 20　The Survey of Specific Provisions ...... (308)
20.1 The Relation between the General Provisions and the Specific Provisions ...... (308)
20.2 The System of the Specific Provisions ...... (310)
20.3 The Constitution of the Concrete Articles of Crimes ...... (312)
Chapter 21　Crimes of Endangering National Security ...... (318)
21.1 Survey of Crimes of Endangering National Security ...... (318)

21.2 Separate Description of Crimes of Endangering National Security ...... (319)
Chapter 22 Crimes of Endangering Public Security .... (329)
  22.1 Survey of Crimes of Endangering Public Security .... (329)
  22.2 Separate Description of Crimes of Endangering Public Security ...... (331)
Chapter 23 Crimes of Disrupting the Order of the Socialist Market Economy .... (365)
  23.1 Survey of Crimes of Disrupting the Order of the Socialist Market Economy .... (365)
  23.2 Crimes of Producing and Marketing Fake or Substandard Commodities .... (368)
  23.3 Crimes of Smuggling .... (376)
  23.4 Crimes of Disrupting the Order of Administration of Companies and Enterprises .... (382)
  23.5 Crimes of Disrupting the Order of Financial Administration .... (393)
  23.6 Crimes of Financial Fraud .... (414)
  23.7 Crimes of Jeopardizing Administration of Tax Collection .... (422)
  23.8 Crimes of Infringing on Intellectual Property Rights .... (433)
  23.9 Crimes of Disrupting Market Order .... (442)
Chapter 24 Crimes of Infringing upon Citizen's Right of the Person and Democratic Rights .... (451)
  24.1 Survey of Crimes of Infringing upon Citizen's Right of the Person and Democratic Rights .... (451)
  24.2 Separate Description of Crimes of Infringing upon Citizen's Right of the Person and Democratic Rights .... (453)
Chapter 25 Crimes of Property Violation .... (489)
  25.1 Survey of Crimes of Property Violation .... (489)
  25.2 Separate Description of Crimes of Property Violation .... (490)
Chapter 26 Crimes of Obstruction the Administration of Public Order ...... (519)
  26.1 Survey of Crimes of Obstructing the Administration of Public Order ...... (519)
  26.2 Crimes of Disturbing Pubic Order .... (521)
  26.3 Crimes of Impairing Judicial Administration .... (551)
  26.4 Crimes Against Control of National Border .... (564)
  26.5 Crimes Against Control of Cultural Relics .... (568)
  26.6 Crimes of Impairing Public Health .... (572)
  26.7 Crimes of Impairing the Protection of Environment and Resources ...... (580)
  26.8 Crimes of Smuggling, Trafficking, Transporting and Manufacturing Narcotic Drugs .... (591)

26.9 Crimes of Organizing, Forcing, Luring, Sheltering or Procuring Other Persons to Engage in Prostitution .... (600)
26.10 Crimes of Producing, Selling, Disseminating Pornographic Materials .... (604)

Chapter 27 Crimes of Impairing the Interests of National Defence .... (609)
27.1 Survey of Crimes of Impairing the Interests of National Defence .... (609)
27.2 Separate Description of Crimes of Impairing the Interests of National Defence .... (610)

Chapter 28 Crimes of Embezzlement and Bribery .... (620)
28.1 Survey of Crimes of Embezzlement and Bribery .... (620)
28.2 Separate Description of Crimes of Embezzlement and Bribery .... (621)

Chapter 29 Crimes of Dereliction of Duty .... (644)
29.1 Survey of Crimes of Dereliction of Duty .... (644)
29.2 Separate Description of Crimes of Dereliction of Duty .... (645)

Chapter 30 Crimes of Servicemen's Transgression of Duties .... (663)
30.1 Survey of Crimes of Servicemen's Transgression of Duties .... (663)
30.2 Separate Description of Crimes of Servicemen's Transgression of Duties .... (665)

Postscript .... (678)

绪　　言

一、刑法学的概念、对象和体系

刑法学是研究刑法及其所规定的犯罪、刑事责任和刑罚的科学。它属于部门法学的范畴,是部门法学中最重要的学科之一。

刑法学就其研究的内容而言,源远流长。不论西方或东方,早在奴隶制社会,皆有关于刑法的文字记载和思想论述。但是,刑法学作为一门相对独立的法律科学,严格说只是在18世纪欧洲资产阶级革命时期才出现的。一般认为,贝卡里亚(Cesare Beccaria,1738—1794)于1764年发表的《论犯罪与刑罚》一书,是资产阶级刑法学的奠基之作。该书在总结前人研究成果的基础上,较为全面、系统地论述了刑法学的基本问题,特别是对罪刑法定、罪刑均衡、刑罚人道等刑法基本原则的论述,至今仍具有重大的影响。社会主义刑法学是在俄国1917年十月革命胜利之后诞生的。苏联的一批刑法学家,以马克思列宁主义为指导,在总结本国刑事立法和司法实践经验并批判地借鉴资产阶级刑法学研究成果的基础上,创立了与资产阶级刑法学具有根本区别的社会主义刑法学理论体系,为我们留下了宝贵的学术财富。当代中国刑法学,萌芽于新民主主义革命根据地时期而创建于中华人民共和国成立之后。它受同属社会主义类型的苏联刑法学的影响较大。但由于我们是以中国化了的马克思列宁主义即毛泽东思想和邓小平理论为指导,而且已积累了中华人民共和国成立以来的刑事立法和司法实践经验,因此,我们建设的是有中国特色的社会主义刑法学,而并非照抄照搬苏联的刑法学。当然,刑法学有其自身发展的规律,不仅苏联刑法学中的某些优秀成果可以为我所用,即使资产阶级刑法学中的某些具体科学资料和实际结论,比如罪刑法定、罪刑相适应、刑法面前人人平等、刑罚人道主义、刑罚个别化等,作为刑法文明成果,同样也是可以为我们所借鉴和吸收的。只有不断反映和总结刑事立法和司法实践中出现的新情况、新问题、新经验,并善于吸收古今中外一切对我们有用的刑法文明成果,我国刑法学科建设才能一步步前进,从而更好地为我国社会主义市场经济和民主法治建设服务,为我国各族人民的长治久安服务。

刑法学的研究对象是什么? 这在上文给刑法学所下的定义中已经作了明确的揭示。但这个问题在刑法学界并未完全取得共识。早在1982年出版的高等学校法学教材《刑法学》中,有学者认为,刑法学的研究对象就是刑法及其所规定的犯罪和刑罚。这个观点相当通行,至今仍为一些学者所坚持。[①] 今天我们看来,这个观点有一定的缺陷,这就是没有把"刑事责任"在研究对象中反映出来。李鹏同志在主持第九

---

① 参见周振想:《刑法学教程》,中国人民公安大学出版社1997年版,第2页;李文燕主编:《中国刑法学》,中国人民公安大学出版社1998年版,第1页。

届全国人大常委会第九次法制讲座时的讲话中指出:"刑法是规定犯罪、刑事责任和刑事处罚的法律规范的总和。"①这说明,刑事责任是相对独立的范畴,它既不能包括在犯罪概念中,也不能包括在刑罚概念中。正如有的论著所指出:"犯罪、刑罚和刑事责任三者之间存在着紧密不可分的联系,但又是三个不同的概念。……犯罪、刑罚和刑事责任是刑法中有机联系的三个环节。适用刑罚要以行为人实施犯罪和应负刑事责任为前提条件;但负刑事责任又以犯罪为前提条件。所以说,刑事责任是联结犯罪与刑罚的一个必不可缺的环节或纽带,三者之间不能互相代替。刑事责任在刑法体系中是一个独立而重要的组成部分。"②因此,简单地说刑法就是规定犯罪与刑罚的法律,是不够全面的。刑法学的研究对象应当是"刑法及其所规定的犯罪、刑事责任和刑罚",而不能仅仅是"刑法及其所规定的犯罪和刑罚"。

毛泽东同志说过:"对于某一现象的领域所特有的某一种矛盾的研究,就构成某一门科学的对象。"③刑法学就是研究刑法及其所规定的犯罪、刑事责任和刑罚的科学。这样,从研究对象上就把刑法学与其他法学学科特别是与犯罪学、犯罪心理学、监狱法学、刑事诉讼法学、刑事证据学、犯罪侦查学等学科区分开来。因为列举的这些学科,尽管它们研究的内容与犯罪、刑事责任和刑罚都有密切关系,但它们都不是专门研究刑法规范的,即它们都不是从刑事实体法的角度来研究犯罪、刑事责任和刑罚的。质言之,犯罪学是研究犯罪现象、犯罪原因和犯罪预防的科学;犯罪心理学是研究犯罪人的心理活动及其规律的科学;监狱法学是研究监狱立法和对罪犯的管理、教育和改造实践的科学;刑事诉讼法学是研究对犯罪如何侦查、起诉、审理、判决等整个刑事诉讼程序的科学;刑事证据学是研究有关刑事证据的基本理论、立法规定和司法实践的科学;犯罪侦查学是研究侦查的技术手段和策略方法的科学。所以,这些学科在研究对象上与刑法学是不同的,因而它们与刑法学之间的界限也是分明的。

刑法学的体系就是将刑法学研究的对象具体化之后,对知识内容加以排列组合而形成的理论上的结构形式。刑法学的体系显示了本学科内在的理论联系和逻辑结构,它对于从整体上认识和把握刑法学是非常必要的。

我国刑法学的体系是以我国刑法及其所规定的犯罪、刑事责任和刑罚为研究对象而建立起来的。刑法学的体系不可能脱离刑法的体系,但它又不能简单照搬刑法的体系。刑法学作为一门法律科学,它既要参照刑法的体系,又要照顾到自己内在的理论联系和逻辑结构以及叙述的方便,从而建立本身的科学理论体系。

本教材分上下两编。上编为刑法总论,除绪言外,分设十九章,依次为:刑法概说;刑法的基本原则;刑法的效力范围;犯罪概念与犯罪构成;犯罪客体;犯罪客观方面;犯罪主体;犯罪主观方面;正当行为;故意犯罪的停止形态;共同犯罪;罪数形态;刑事责任;刑罚概说;刑罚的体系和种类;刑罚的裁量;刑罚裁量制度;刑罚执行制度;

---

① 参见1999年6月22日首都各大报纸的新闻报道。
② 参见杨敦先等主编:《廉政建设与刑法功能》,法律出版社1991年版,第254—255页。
③ 《毛泽东选集》第1卷,人民出版社1991年版,第309页。

刑罚的消灭。下编为刑法各论,分设十一章,依次为:刑法各论概述;危害国家安全罪;危害公共安全罪;破坏社会主义市场经济秩序罪;侵犯公民人身权利、民主权利罪;侵犯财产罪;妨害社会管理秩序罪;危害国防利益罪;贪污贿赂罪;渎职罪;军人违反职责罪。

上述理论体系,基本上体现了刑法学研究对象的完整性和内容的丰富性,既维护了刑法基本理论的稳定性和连续性,同时还可容纳最新的刑事立法、司法和理论研究成果。所以,我们认为,这个理论体系是适应当前实践需要的。

二、刑法学的作用和研究方法

(一) 刑法学的作用

刑法学来源于刑事立法和司法实践,反过来又为刑事立法和司法实践服务。概括我国刑法学的基本作用,主要有以下几点:

第一,指导刑事立法。刑事立法,包括制定、修订刑法典和单行刑法、附属刑法,除了总结实践经验外,很重要的是,还必须有理论的指导。当然,首先要有马克思列宁主义、毛泽东思想、邓小平理论的指导,但是也要有刑法科学理论的指导。我国立法机关在起草、修订刑法的时候,对于刑法理论上的一些问题是很注重研究的。例如,怎样确定刑法的基本原则,怎样确定犯罪的概念,怎样对故意、过失、正当防卫、紧急避险、犯罪的预备、未遂、中止以及共同犯罪、单位犯罪、量刑原则、数罪并罚等作出规定,都运用了刑法理论来作指导。研究刑法学就必然会提出一定的刑事立法观点并形成系统而科学的刑法理论来指导刑事立法,或者就刑事立法上某些缺陷或失误提出完善或改进的建议。我国的刑法也正是在有中国特色的马克思主义刑法理论的指导下,认真总结了历史上和现实中正反两方面的经验,有比较、有鉴别地吸收世界各国的刑法理论和刑事立法的合理成分,并结合我国社会主义建设的具体经验和实际情况而制定和修订出来的。立法如果脱离正确理论的指导,规定下来的内容就难免不妥当,就可能经不起检验和推敲。

第二,促进刑事司法。刑事司法工作最重要的就是弄清犯罪事实,正确适用法律来认定罪名、确定责任和量定刑罚。为了完成此项工作,除了熟悉刑事诉讼程序、熟练地掌握证据运用规则外,从实体上说还有必要参读和研究刑法学,这样才不至于陷入盲目性或经验主义而影响办案质量。因为刑法学在很大程度上是对现行刑法的学理解释。执行刑事法律如果不懂刑法理论,字面上看懂了,道理上并不清楚,知其然不知其所以然,对一些精神无法掌握,那么执行起来就要打折扣,甚至适用错了。比如犯罪构成理论,直接从条文中是看不出来的,它是刑法学中极其重要的理论,如果不了解这一理论,就无法正确地分析、认定犯罪。办理刑事案件如果有犯罪构成理论武装头脑,可以知道哪些属于犯罪构成的要件,哪些是一般案情,哪些情况与案件无关,这样就能分清主次,抓住重点,否则眉毛胡子一把抓,必然影响办案的时间和质量。再者,刑事司法工作者如果不以正确的刑法理论为指导,就不能在司法实践中正确总结经验,并上升到理论高度上去,这样本身业务素质的提高也会受到很大限制。

由此可见,刑法学作为一门理论性和应用性都很强的专业法律科学,对于刑事司法工作来说是须臾不可分离的。

第三,繁荣法学教育,丰富法学研究。刑法学作为一门学科,一向在法学教育中占有重要的地位。由于刑法是国家的基本法律,担负着惩罚犯罪、保护人民、维护社会秩序、保障社会主义建设事业顺利进行的重要任务,因此,对在校学生和广大公民进行法制教育时,刑法教育是必不可少的重要组成部分。对于法学专业的本科生、大专生来说,刑法学是主干课程之一,必须认真学好。进行刑法学的教育,有助于健全和加强社会主义法治,有利于培养干部队伍,有利于提高广大干警和公民的法律意识和法制观念,这对于加强精神文明,促进社会主义现代化建设,都是大有裨益的。刑法学的教学和研究,也关系到整个法学的繁荣和发展。自从1979年刑法典公布施行以来,我国刑法学的研究状况是相当令人瞩目的。从出版的教材、发表的文章、撰写的专著来看,在各个部门法学中是比较多的。我国刑法学的研究视野不断开阔,研究领域不断拓展,研究水平和质量不断提高,与国外的交流也愈来愈频繁。这一切,对于中国法学的繁荣,无疑是起着促进作用的。

(二) 刑法学的研究方法

研究刑法学,也和研究其他社会科学一样,要以马克思主义哲学为指导。辩证唯物主义和历史唯物主义是研究刑法学的根本方法。依据这种方法,就应该对研究对象由此及彼、由表及里地进行全面深入的分析,特别是要根据马克思主义关于经济基础和上层建筑的理论,联系阶级斗争和社会制度来进行研究。依据这种方法,就应该以辩证发展的观点,把刑法的现行规定与历史情况和未来前景联系起来,把所考察的问题置于一定的历史环境之中,联系社会经济政治条件作出客观的历史分析和评价。依据这种方法,就应该遵循唯物主义认识论,坚持理论与实践相结合,立足本国,放眼世界,使刑法学的研究来自实践,并为实践服务。这就是说,分析的方法、比较的方法、历史的方法、理论联系实际的方法,都是刑法学研究的方法。我们应该努力运用这些方法来进行刑法学的研究。

第一,分析的方法。毛泽东同志曾经指出:分析的方法就是辩证的方法。所谓分析,就是分析事物的矛盾。刑法也和国家一样,是阶级矛盾不可调和的产物。刑法从它产生的第一天起,就是统治阶级意志的表现。不同统治阶级的刑法体现了不同统治阶级的意志,代表着不同统治阶级的利益。因此,我们在研究刑法时,就必须以阶级分析的方法入手来揭示该刑法所代表的究竟是哪个统治阶级的意志和利益。透过阶级分析,明确刑法的立法宗旨、政治方向和根本目的。例如,资本主义国家刑法和社会主义国家刑法都规定有国事罪或危害国家安全罪,但从本质上看,二者所体现的阶级意志和阶级利益显然是不同的。又如,所有国家的刑法都规定用刑罚的方法处罚犯罪,但不同阶级性质的国家就有不同阶级性质的刑罚,这些刑罚为哪个阶级服务,锋芒指向谁,也是各不相同的。由此可见,只有从阶级分析着手,才能真正理解刑法的实质。刑法中的一些基本问题,如刑法的任务、犯罪的概念、刑罚的目的等,也都需要运用阶级的观点来进行观察和分析。除了进行阶级分析外,一般的分析方法也是非常重要的。分析法律，实质上就是对法律进行阐述和解释。法律无论规定得多么具体，与丰富多样的实际生活比较起来，总还是概括性的。在法律适用中会遇到许许多多实际问题和意外情况，这就需要根据立法意图，对法律进行认真的分析，阐明其真实含义，以便有针对性地加以运用，做到法律与实践的统一。刑法学的研究在很大程度上是对现行刑事法律的规定进行阐述和解释，这说明分析的方法始终是刑法学研究的一个基本的方法。在运用分析方法时，还要尽可能把定性分析与定量分析结合起来。比如，关于犯罪情节的量化，各类犯罪发案和判刑的统计，各种刑罚方法的适用率以及刑罚适用效果的测定等，这些实证性的研究，可以补充思辨研究的不足，使刑法学研究更加科学化。

第二，比较的方法。比较的方法是通过比较来认识事物的一种方法。人们的认识过程总是在不同程度上通过比较的方法进行的。通过比较，才能将不同现象区别开来，了解它们之间的共同点和不同点，确定它们各自的概念。所以，任何学科都使用比较方法，刑法学也不例外。运用比较方法研究问题，有助于拓宽刑法学研究的视野，增进对各种不同的刑法理论、刑事立法、司法实践的了解和掌握，并从中剖析是非优劣，评述利弊得失，吸取经验教训，更好地获得规律性的认识，这对于提高刑法理论研究水平，推动刑法科学的前进，对于改善我国刑事立法和司法实践状况，都是有重要意义的。当然，为了进行正确的比较，就必须事先收集到相当多的材料。正如恩格斯所说的，"只有当自然和历史的材料搜集到一定程度以后，才能进行批判的整理和比较，或者说进行纲、目和种的划分"①。只有积聚了大量的材料，才"使得运用比较的方法成为可能，同时也成为必要"②。不搞调查研究，不详细占有资料，仅凭一鳞半爪、片言只语，是不可能进行比较研究、得出科学结论的。

第三，历史的方法。如果说比较的方法主要是横向研究的话，那么历史的方法则是纵向研究。列宁指出："在分析任何一个社会问题时，马克思主义理论的绝对要求，就是要把问题提到一定的历史范围之内"③。研究刑法同样要运用历史的方法。这不仅指对我国各个历史时期的刑法思想、刑事立法、刑法制度的产生、发展和演变情况要进行系统的考察研究，而且在从事刑法学的某项专题研究时，比如研究刑事责任年龄、刑事责任能力、正当防卫、紧急避险、犯罪未遂、共同犯罪、自首、数罪并罚以及某一类、某一种犯罪时，也都应有历史考察的内容，把问题置于一定的历史范围之内，总结前人经验，评判其是非得失，取其精华，去其糟粕，以为今人借鉴。中华人民共和国成立以来的刑事立法工作，始终坚持以总结本国的经验为主，同时吸取本国历史上的和外国的经验，既反对盲目照搬，崇洋复古，又反对闭目塞听，闭关自守。这说明运用历史的方法研究刑法问题，不仅是刑法学本身发展的需要，而且也是刑事立法工作的直接需要。我们党制定的"古为今用"和"洋为中用"的方针，在刑法研究领域内是完全适用的，是必须坚决贯彻执行的。

---

① 《马克思恩格斯选集》第 3 卷，人民出版社 1995 年版，第 734 页。
② 《马克思恩格斯选集》第 4 卷，人民出版社 1995 年版，第 269 页。
③ 《列宁全集》第 25 卷，人民出版社 1988 年版，第 229 页。

第四,理论联系实际的方法。理论联系实际是科学研究的普遍方法,也是刑法学研究的基本方法。毛泽东同志曾无数次地强调理论联系实际的极其重要的意义。他说:"对于马克思主义的理论,要能够精通它、应用它,精通的目的全在于应用。"①"……马克思列宁主义之箭,必须用了去射中国革命之的。"②我们就是要以马克思列宁主义、毛泽东思想、邓小平理论之矢,去射中国刑法学发展中实际问题之的。理论来源于实践,又指导和推动实践的发展;实践是理论的基础,也是检验理论是不是真理的唯一标准。当前,我国还处在社会主义的初级阶段,无论是在改革开放和现代化建设方面,还是在健全社会主义民主与法制,加强政法工作,维护国家的安定团结、长治久安等方面,都有大量的实际问题亟须理论的研究与指导。我们要建设有中国特色的社会主义伟大事业,就更需要从理论与实际的结合上下苦功。刑法学是一门理论性、实践性都很强的法律科学。丰富的刑事立法和司法实践是刑法理论的源泉。刑法理论也只有在具体运用的实践中才能得到检验、丰富和发展。反之,正确的刑法理论也不能直接为刑事立法和司法实践服务。在刑法学研究中,一定要吃透刑事立法精神,并予以充分的阐发;同时要善于发现问题,提出进一步完善刑事立法的建议。刑法学者把法律的精神加以弘扬,并正确地传达给司法工作者,使他们正确地掌握和运用法律武器,这就是对司法实践最大的帮助。同时,刑法理论应当非常注意反映司法实践经验,特别是执行刑法的经验。要不断发现新情况,总结新经验,解决新问题。司法机关作出的典型总结、系统总结、批复、指示以及审判案例等,都应当置于刑法学者的视野之内,广为调查收集,并加以消化吸收。应当看到:"运用案例研究法,是理论联系实际的良好途径。运用典型案例研究刑法学,既可以更加牢固地掌握刑法理论,也可以检验刑法理论的正确性,还可以通过疑难、复杂案例去发展刑法理论,疑难案件往往促使刑法学者对刑法规定作出新的解释。"③特别需要指出的是,最高人民法院、最高人民检察院联合或分别作出的司法解释,乃是司法经验的高度结晶,并具有法律效力,刑法学者更应予以高度重视和尊重,并努力在研究工作中加以贯彻和运用。当然,刑法学者在广泛深入倾听实践呼声的同时,应当独立思考,坚持学理探讨,勇于探索,敢于创新,具有高度的科学信念。只要能系统地周密地进行调查研究,努力吸收立法和司法实践经验,并正确地通过自己头脑的加工,有针对性地分析和解决问题,这样创造出来的科学研究成果,就必然会受到实务部门和广大法律工作者的欢迎。因此,我们要始终不渝地坚持运用理论联系实际的方法。这也是使刑法学得以枝繁叶茂的常青之路。

---

① 《毛泽东选集》第3卷,人民出版社1991年版,第815页。
② 同上书,第820页。
③ 张明楷:《刑法学》(上),法律出版社1997年版,第8页。

上编　刑法总论

第一章　刑法概说

第一节　刑法的概念和性质

一、刑法的概念

刑法是规定犯罪、刑事责任和刑罚的法律,具体些说,也就是掌握政权的阶级即统治阶级,为了维护本阶级政治上的统治和经济上的利益,根据自己的意志,规定哪些行为是犯罪和应负刑事责任,并给犯罪人以何种刑罚处罚的法律。刑法有广义和狭义之分。广义刑法是指一切规定犯罪、刑事责任和刑罚的法律规范的总和。它不仅仅指刑法典,还包括单行刑法以及非刑事法律中的刑事责任条款(也称附属刑法)。狭义刑法即指系统规定犯罪、刑事责任和刑罚的刑法典。在中国,即指1979年7月1日第五届全国人民代表大会第二次会议通过、1997年3月14日第八届全国人民代表大会第五次会议修订的《中华人民共和国刑法》(也简称为《刑法》或刑法典)。与广义刑法、狭义刑法相联系的,刑法还可以区分为普通刑法与特别刑法。普通刑法是指具有普遍适用效力的刑法,实际上即指刑法典。特别刑法是指仅适用于特定的人、时、地、事(犯罪)的刑法。在我国,也就是指单行刑法和附属刑法。有人把刑法典称为主刑法,把特别刑法称为辅刑法;认为普通刑法是常典,属于原则刑法,特别刑法是特典,属于例外刑法。[①] 这些都是从不同角度对刑法所作的划分,对于弄清刑法本身的规范体系,从而在法条竞合时对刑法规范加以正确适用,具有一定的意义。

二、刑法的性质

刑法的性质有两层含义:一是刑法的阶级性质;二是刑法的法律性质。
(一) 刑法的阶级性质
刑法和其他法律一样不是从来就有的,它是历史范畴,是在原始社会末期,随着私有制、阶级和国家的产生而产生的。刑法是统治阶级根据自己的意志和利益制定

---

① 参见林山田:《刑法通论》,作者1995年修订自版,第10—13页。

的,是统治阶级对被统治阶级实行专政的工具。刑法规定的基本内容是犯罪、刑事责任和刑罚,也就是通过对犯罪人追究刑事责任和适用刑罚来为统治阶级服务。刑法的阶级本质是由国家的阶级本质决定的。一切剥削阶级国家的刑法,包括奴隶制国家刑法、封建制国家刑法和资产阶级国家刑法,尽管因国家类型不同和朝代更替使得刑法的内容和形式有所差异,但它们都是以生产资料私有制为基础,反映剥削阶级意志并为剥削阶级服务的,它们都是镇压人民的工具,这就是剥削阶级国家刑法的共同阶级本质。当然,剥削阶级国家刑法为了剥削阶级的整体利益,也处罚统治阶级内部的某些犯罪人,也规定了一些所谓保护全体人民利益的条款,但这并不能掩盖剥削阶级国家刑法的阶级性。与剥削阶级国家刑法不同,我国刑法是社会主义类型的刑法。我国刑法建立在以生产资料公有制为主体、多种经济成分共同发展的经济基础之上,反映工人阶级和广大人民群众的意志,保卫社会主义的根本制度,保护广大公民当前及长远的利益。我国刑法是保护人民、惩罚犯罪的有力武器,是人民民主专政的重要工具。这一切都反映了我国刑法的社会主义本质。

(二) 刑法的法律性质

刑法作为法律体系的重要组成部分,它与其他部门法如民法、经济法等比较起来,有两个显著的特点:其一,刑法所保护的社会关系的范围更为广泛。刑法所保护的是所有受到犯罪侵害的社会关系,这些社会关系涉及社会生活的各个方面,既涉及经济基础,也涉及上层建筑。而民法、经济法等部门法所保护和调整的只能是某种特定的社会关系。比如,民法所调整的只能是一定范围内的财产关系和人身关系;经济法所调整的只能是一定的经济关系。还必须指出,所有这些部门法所保护和调整的社会关系,也都同时借助刑法的保护和调整。比如,一般性的走私,假冒注册商标,逃税,盗伐、滥伐林木,分别属于违反海关法、商标法、税收征收管理法、森林法的行为,由海关、工商行政管理部门、税务部门、林业部门来处理,但如数量大、情节严重,则分别构成一定的走私罪、假冒注册商标罪、逃税罪、盗伐林木罪和滥伐林木罪,应由司法机关依照刑法的有关规定论处。可见,从这个意义上讲,刑法是其他部门法的保护法。如果把其他部门法比作"第一道防线",刑法则是"第二道防线",没有刑法做后盾、做保证,其他部门法往往难以得到彻底贯彻实施。其二,刑法的强制性最为严厉。任何法律都有强制性,任何侵犯法律所保护的社会关系的行为人,都必须承担相应的法律后果,受到国家强制力的干预。例如,违反民法的,要承担民事责任;违反治安管理处罚法的,要受到治安管理处罚;如此等等。但是,所有这些强制,都不及刑法对犯罪分子适用刑罚这种强制方法严厉。因为刑罚不仅可以剥夺犯罪分子的财产,限制或剥夺犯罪分子的人身自由,剥夺犯罪分子的政治权利,而且在最严重的情况下还可以剥夺犯罪分子的生命。像这样严厉的强制性,是任何其他法律所没有,也不可能有的。正因为刑法具有以上特点,所以刑法的法律性质不同于其他法律,它是直接用来同犯罪作斗争的法律。

第二节　刑法的创制和完善

一、刑法的创制

我国刑法的创制,经历了一个长期而曲折的过程。

早在中华人民共和国建立初期,国家就先后制定并颁布了一些单行刑事法规,如1951年的《中华人民共和国惩治反革命条例》《妨害国家货币治罪暂行条例》,1952年的《中华人民共和国惩治贪污条例》等。这些单行刑事法规在同危害国家安全、贪污、伪造国家货币等方面的犯罪作斗争中起了重大的作用。与此同时,国家也开始了刑法典的起草准备工作。

刑法典最初的起草准备工作,是由当时的中央人民政府法制委员会主持进行的。自1950年至1954年9月,法制委员会写出两个稿本:一是《中华人民共和国刑法大纲草案》共157条;二是《中华人民共和国刑法指导原则草案(初稿)》共76条。由于当时正在进行抗美援朝、改革土地制度、镇压反革命乃至"三反""五反"等运动,党和国家领导人的注意力并没有集中在立法工作上,所以上述两部稿本也就只停留在法制委员会范围内作为两份书面材料保存下来,它们始终没有被提上立法程序,更没有公开向社会征求过意见。

1954年9月召开的第一届全国人民代表大会第一次会议,通过了我国第一部《宪法》以及《人民法院组织法》《人民检察院组织法》等五部组织法,标志着我国法制建设进入了一个新阶段,极大地推动了刑法典的起草工作。自此,刑法典的起草工作改由全国人大常委会办公厅法律室负责。从1954年10月至1956年11月,法律室共写出13稿。在中国共产党第八次全国代表大会召开和党中央十分重视法制建设的背景下,刑法典的起草工作加紧进行,至1957年6月28日,已写出22稿。这个稿本经过中共中央法律委员会、中央书记处审查修改,再经过全国人大法案委员会审议,发给参加第一届全国人大第四次会议的全体代表征求意见。这次会议曾作出决议:授权全国人大常委会根据全国人大代表和其他方面所提的意见将第22稿进行修改后,作为草案公布试行。但是,随着1957年"反右"斗争的开始和法律虚无主义思潮的抬头,刑法典草案没有公布,并在此后的四年多时间内,刑法典起草工作完全停止。

从1961年10月起,全国人大常委会办公厅法律室又组织有关机构和人员对刑法典草案进行了座谈和研究。1962年3月22日毛泽东同志的"刑法、民法一定要搞"的指示[①],推动了刑法典起草工作继续进行。从1962年5月开始,全国人大常委会办公厅法律室在有关部门的协同下,对刑法典草案第22稿进行了全面的修改。经过多次的重大修改和征求意见,到1963年10月9日写出第33稿。这个稿本经中共中央政治局常委和毛泽东同志审查,曾考虑公布,但因随后开始的"四清""文革"等政治运动的冲击,最终没能公布。

---

① 转引自《人民日报》1978年10月29日。

1976年粉碎"四人帮"之后,随着党和国家对法制工作的重视,从1978年10月开始,国家组成刑法典草案的修订班子,对第33稿进行修订,并先后写出两个稿本。其间,中国共产党召开了具有历史意义的十一届三中全会,会议关于必须加强社会主义法制的精神,对刑法典的起草工作起了有力的推动和重要的指导作用。1979年2月,全国人大常委会法制委员会宣告成立,从当年3月中旬开始,刑法典起草工作以刑法典草案第33稿为基础,根据新经验、新情况和新问题,征求了最高人民法院、最高人民检察院、公安部和中央其他有关部门的意见,对草案作了较大的修改,先后写出了3个稿本。第二个稿本于5月29日获得中央政治局原则通过,接着又在法制委员会全体会议和第五届全国人大常委会第八次会议进行讨论审议,修改后提交第五届全国人民代表大会第二次会议进行审议,最后于1979年7月1日获得一致通过,7月6日正式公布,1980年1月1日起施行,至此,我国第一部刑法典正式诞生。

二、刑法的完善

1979年刑法典的颁布施行,标志着我国刑事法治步入一个新的阶段。

但是,由于受制定该部刑法典当时的政治、经济、文化及社会治安形势的限制,加上立法经验的相对不足,这部刑法典在观念上较为保守,在内容上较为粗疏,以至于在很短的时间内便显露出与社会现实生活的诸多不适应。特别是在1979年刑法典制定以后,我国旋即拉开了改革开放政策的帷幕。在商品经济和市场经济日益发展、中国参与国际交往日益增多、社会生活各个领域发生翻天覆地的变化的情势下,各种新型经济犯罪、危害社会治安的犯罪亦呈现出前所未有的增长势头,1979年刑法典的内容不完整性和对变化多端的犯罪现象缺乏及时应变能力的缺陷,日趋严重。为适应国家改革开放中的新情况、新问题和惩治、防范犯罪的实际需要,我国最高立法机关自1981年至1995年先后通过24部单行刑法,并在107部经济、民事、行政、军事、环境与资源保护、社会保障等方面的法律中附设刑事条款(附属刑法),对1979年刑法典进行了较大幅度的修改补充。这些修改补充,无疑因应了社会形势之急需,对我国刑事司法实践的指导和规范起到了显著的作用。然而,由于在刑法典之外,存在繁多的单行刑法和附属刑法,缺乏一个体系上的归纳,刑法规范整体零乱和不便掌握的弊端在所难免;再者,刑法典原有的一些规定可能暂时得到完善,但单行刑法规定的不合理内容和彼此缺乏照应的情况又随之产生。司法实践经验和理论研究均证明,为更为有效地发挥我国刑法的社会调整功能,全面修改刑法典,制定出一部崭新的中国刑法典,实乃势在必行。

自中国最高立法机关于1982年提出修改刑法典起,研究和修订刑法典的工作历时15年,大体经历了这样五个阶段:第一,酝酿准备(1982年至1988年2月)。这一阶段最高立法机关开始注意对刑法典修改意见进行收集和整理。第二,初步修改(1988年3月至1989年6月)。这一阶段将刑法典修改明确列入了立法规划,并初步尝试性地草拟了《刑法修改稿》。第三,重点修改(1991年)。这一阶段主要是对是否将"反革命罪"修改为"危害国家安全罪"进行研讨、论证。第四,全面系统修改(1993年至

1996年12月)。这一阶段紧锣密鼓地对刑法典进行全面系统的修改,草案拟改频繁。第五,立法审议通过(1996年12月至1997年3月)。这一阶段最高立法机关广泛征求各界意见,对修订草案数次审议,最后第八届全国人民代表大会第五次会议于1997年3月14日通过了修订的《中华人民共和国刑法》。这部刑法典于1997年10月1日起施行。

修订的刑法典包括总则、分则、附则三部分,共15章,将1979年刑法典的192个条文,增加到452个条文,其修改幅度之大,涉及范围之广,在我国可谓空前。修订的刑法典以邓小平理论为指导,顺应时代的要求,贯彻依法治国、建设社会主义法治国家的基本方略,从而大大推动了我国刑事法治建设的进程。修订的刑法典特色鲜明,主要体现在以下几个方面:

第一,实现了刑法的统一性和完备性。这就是将1979年刑法典实施17年来由全国人大常委会作出的有关刑法的修改补充规定和决定(即单行刑法),经研究修改后编入了修订的刑法典,并将一些民事、经济、行政等法律中"依照""比照"1979年刑法典有关条文追究刑事责任的规定(即附属刑法),改写为修订的刑法典的具体条款。特别是将最高人民检察院当时拟制定型、较为成熟的反贪污贿赂法草案稿和中央军委曾提请全国人大常委会审议的惩治军人违反职责犯罪条例草案,经修改整合后编入修订的刑法典分则第八章(贪污贿赂罪)和第十章(军人违反职责罪),此外还增设了分则第七章(危害国防利益罪)。这样,就保证了所修订的刑法典体系的完整性和权威性,比较圆满地实现了刑法的统一性。修订的刑法典根据社会主义市场经济条件下刑法保护市场经济健康发展和维护国家社会安定的实际需要,除了基本保留1979年刑法典所设的罪名以及其后单行刑法和附属刑法所补充的罪名外,大量充实了新的罪种,其中不少是新型犯罪,如组织、领导、参加恐怖组织罪,非法买卖、运输核材料罪,证券内幕交易罪,洗钱罪,侵犯商业秘密罪,煽动民族仇恨、民族歧视罪,非法侵入计算机信息系统罪,组织、领导、参加黑社会性质组织罪,等等。根据我们统计,1979年刑法典有129个罪名,经修订保留了116个;单行刑法和附属刑法增加了133个罪名,经修订保留了132个;修订中又新设了164个罪名,因此,修订的刑法典总共有412个罪名。从罪名数量增设情况来看,我国刑法确已相当完备。

第二,贯彻了刑事法治原则和加强刑法保障功能。修订的刑法典总则第一章在显著位置规定了罪刑法定原则、适用刑法人人平等原则和罪责刑相适应原则,并废止了1979年刑法典中的类推制度,这是我国刑法典修订中最引人注目的一个闪光点,也是表明我国刑法具有民主性、科学性、进步性和时代性的一个显著标志。关于罪刑法定原则、适用刑法人人平等原则和罪责刑相适应原则的含义和适用,将在本书第二章中予以阐明。刑法基本原则的确立,有助于坚持法治,摒弃人治;坚持平等,反对特权;讲求公正,反对徇私。这无论对刑事立法还是刑事司法,都具有重要的导向和制约作用。刑法基本原则是依法治国、建设社会主义法治国家基本方略在刑法领域的集中体现。贯彻刑法基本原则,既有利于保护社会,又有利于保障人权。修订的刑法典除了明确规定三项基本原则外,还进一步规定了对未成年人犯罪从宽处罚的原则;

强化了对公民正当防卫权利的保护;设置了较为齐全的有关侵犯公民基本权利(包括人身权利、民主权利、劳动权利、财产权利、婚姻家庭权利等)犯罪的刑法规范。这些都是加强刑法保护社会和保障人权功能的表现。

第三,立足本国国情与适当借鉴国外先进经验相结合。修订的刑法典主要立足于我国还处在社会主义初级阶段这一基本国情,同时也放眼国际上刑法改革的进步趋势,积极合理地借鉴国外有益的立法经验。比如,扩大我国刑法对我国公民的域外管辖权(见第7条),设立我国刑法的普遍管辖权原则(见第9条),这表明我国作为国际社会的一员,是郑重的、负责任的,既不放纵我国公民在国外胡作非为、实施犯罪,也绝不容忍我国缔结或参加的国际条约所规定的任何罪行的发生。这些规定适应了我国对外开放的新形势,有利于加强国际合作,进一步发挥我国在国际事务中的作用,从而为我国刑法增添了现代色彩。又如,借鉴国际上刑罚改革的经验,扩大了开放型刑罚——管制和罚金的适用范围。1979年刑法典中规定可以适用管制的罪种仅有23个,修订的刑法典已将其扩大适用于109个罪种。罚金是西方各国刑法中适用率较高的一个刑种。在我国1979年刑法典中,罚金作为附加刑,主要附加于自由刑,适用于某些贪利性的犯罪,但也规定可以独立适用于某些较轻的犯罪。不过从整体而言,规定可适用罚金的罪种不很多,只有23个,约占该法全部罪种的17.7%,其中可以独立适用罚金的只有14个。在修订的刑法典中,情况大有变化。虽然罚金仍属于附加刑,主要是附加适用,但适用范围已显著扩大,规定可适用罚金的罪种增至180个,约占该法全部罪种的43.5%,其中可以独立适用罚金的罪种增至84个,为1979年刑法典规定数的6倍。再比如,根据对外开放和促进中国和平统一的需要,并考虑到刑法罪名的科学性和司法实践中的可操作性,修订的刑法典果断地将1979年刑法典分则第一章反革命罪更名为危害国家安全罪,按照危害国家安全罪的性质对此类犯罪作了必要的修改和调整。这也是我国刑法致力于科学化和适应现代刑法通例的重要举措。

1997年修订的《中华人民共和国刑法》通过后,为了及时回应中国经济和社会发展的需要,全国人民代表大会常务委员会又以单行刑法和刑法修正案的方式对刑法典进行了进一步的修改和完善。全国人民代表大会常务委员会先后通过《关于惩治骗购外汇、逃汇和非法买卖外汇犯罪的决定》(1998年12月29日)、《中华人民共和国刑法修正案》(1999年12月25日)、《中华人民共和国刑法修正案(二)》(2001年8月31日)、《中华人民共和国刑法修正案(三)》(2001年12月29日)、《中华人民共和国刑法修正案(四)》(2002年12月28日)、《中华人民共和国刑法修正案(五)》(2005年2月28日)、《中华人民共和国刑法修正案(六)》(2006年6月29日)、《中华人民共和国刑法修正案(七)》(2009年2月28日)、《中华人民共和国刑法修正案(八)》(2011年2月25日)、《中华人民共和国刑法修正案(九)》(2015年8月29日)、《中华人民共和国刑法修正案(十)》(2017年11月4日)对刑法典中的107个条款作了修改,新增设了68个条款,同时删除了6个条款。

我国立法机关对刑法典的修改完善,具有两个明显的特点:

第一,及时回应经济和社会发展的需要,注重对当前经济和社会领域中重要问题的刑法规制。例如,为了化解亚洲金融危机带来的金融风险,并确保金融安全,及时通过《关于惩治骗购外汇、逃汇和非法买卖外汇犯罪的决定》《中华人民共和国刑法修正案》《中华人民共和国刑法修正案(五)》《中华人民共和国刑法修正案(六)》,对刑法典中妨害金融管理秩序罪和金融诈骗罪中的有关规定进行了修改,并增设了一些新的犯罪;为了规制市场经济秩序,建立市场诚信制度,通过《中华人民共和国刑法修正案》《中华人民共和国刑法修正案(四)》《中华人民共和国刑法修正案(六)》等,对刑法典中生产、销售伪劣商品罪、走私罪及妨害对公司、企业的管理秩序罪中的有关规定进行了修改,并增设了一些新的犯罪;"9·11"恐怖袭击事件后,为了应对恐怖活动犯罪,通过《中华人民共和国刑法修正案(三)》,对刑法典中的恐怖活动犯罪及其他危害公共安全的犯罪的规定进行了修改和完善;为了加强对环境资源的保护,实现可持续发展,通过《中华人民共和国刑法修正案(二)》《中华人民共和国刑法修正案(四)》《中华人民共和国刑法修正案(八)》,对刑法典中的破坏环境资源保护罪及相关犯罪的规定进行了修改和完善;为了应对安全责任事故大量出现的问题,通过《中华人民共和国刑法修正案(六)》,对刑法典中的安全责任事故犯罪的规定进行了修改,并增设了新的犯罪。

第二,确立了刑法修正案作为刑法修改方式的基本地位。由于我国立法机关顺应我国政治、经济、社会等方面的发展变化,对 1979 年刑法典进行了全面、系统的修订,并确立了比较科学合理的刑法典结构体系,因而决定了在今后比较长的时期内,对刑法典的修改和完善将是局部的微调。这就为采用刑法修正案的方式修改完善刑法典提供了充分的条件。因此,在 1997 年修订的刑法典通过后,除《关于惩治骗购外汇、逃汇和非法买卖外汇犯罪的决定》仍以单行法的形式对刑法典进行修改完善外,此后所有的对刑法典的修改完善均采用了刑法修正案的方式。以刑法修正案的方式对刑法典进行必要、及时的修改和完善,既能保持刑法典基本原则和主体结构、内容的稳定性,又具有良好的适应性,能够针对实践需要作出及时、恰当的反应,从而为解决刑法稳定性与适应性之间的关系,提供了一个重要的技术平台。[①]

第三节 刑法的根据和任务

一、刑法的根据

依照我国《刑法》第 1 条的规定,制定刑法的根据包括法律根据和实践根据。

(一) 制定刑法的法律根据

宪法是国家的根本大法,也是我国刑法制定和修订的法律根据。宪法关于国家的政治、经济基本制度的规定,关于国家机关组织和活动原则的规定,关于公民基本权利和义务的规定,特别是《宪法》第 28 条关于"国家维护社会秩序,镇压叛国和其他

---

① 参见雷建斌:《1997 年以来我国刑法的新进展》,载《中国人人》2006 年第 4 期。

危害国家安全的犯罪活动,制裁危害社会治安、破坏社会主义经济和其他犯罪的活动,惩办和改造犯罪分子"的规定,都是制定和修订刑法必须遵循的。也就是说,刑法必须以宪法为其立法根据,必须在自己的领域内具体贯彻宪法的精神和原则,通过具体的刑法规范及其适用,保障宪法的实施。刑法的规定及其解释,不能与宪法相抵触,否则便没有法律效力;刑事立法必须根据宪法所规定的立法权限和立法程序进行,否则就是违宪行为。总之,宪法是刑法的母法,刑法是宪法的子法。子法必须贯彻母法的基本要求,并为保障母法的实施服务。

(二) 制定刑法的实践根据

我国同犯罪作斗争的具体经验及实际情况,是刑法制定和修订的实践根据。调查研究、实事求是、一切从实际出发,是我国刑事立法的根本指导原则。按照这一原则,我们制定和修订刑法,既不能凭主观想象,也不能照抄照搬前人或者外国现成的东西,而必须从我国还处在社会主义初级阶段这一根本的实际出发,系统地进行调查研究,了解犯罪的现实状况和发展态势,从而认真总结我国同犯罪作斗争的经验和对策,将其具体化为刑法规范,使得我国的刑法真正成为一部具有中国特色的社会主义刑法。从刑法制定和修订的内容来看,我国多年来在同犯罪作斗争中形成的行之有效的、成熟的经验和一系列独创的制度以及新时期出现的许多新型犯罪,在刑法中都作了规定和反映。刑法只有立足于客观实际,才有生命力。当然,对"客观实际"不能作静止的、凝固的理解,它不仅指眼前的实际,也包括对未来发展状况的科学预见。要求刑法具有适当的超前性,从动态上把握客观实际,这也是刑事立法工作必须具备的品格。

二、刑法的任务

我国《刑法》第 2 条规定:"中华人民共和国刑法的任务,是用刑罚同一切犯罪行为作斗争,以保卫国家安全,保卫人民民主专政的政权和社会主义制度,保护国有财产和劳动群众集体所有的财产,保护公民私人所有的财产,保护公民的人身权利、民主权利和其他权利,维护社会秩序、经济秩序,保障社会主义建设事业的顺利进行。"从这条规定可以看出,我国刑法的任务包括惩罚和保护两个方面:惩罚犯罪是手段,保护人民是目的。通过用刑罚同犯罪作斗争,来保护国家和人民的利益;而为了保护国家和人民的利益,又必须正确有效地同犯罪作斗争。

我国《刑法》第 2 条的规定表明,刑法惩罚的对象只能是实施了犯罪行为的人。这是刑法任务不同于其他部门法任务的特殊性之一。不仅刑法惩罚的对象是特殊的,而且刑法惩罚的手段也是特殊的,即它使用的是刑罚手段。因为犯罪不同于其他违法行为。犯罪的社会危害性比任何违反民法、行政法、经济法的违法行为的社会危害性都要严重。所以,仅仅用行政处罚、经济处罚、民事赔偿等手段惩罚犯罪是不够的,对犯罪必须用最严厉的国家制裁方法即刑罚进行惩罚。没有刑罚,就不可能同犯罪作有效的斗争。

我国是人民民主专政的社会主义国家。这就决定了我国刑法的打击锋芒必然主要指向那些危害社会主义国家安全和敌视、破坏社会主义建设的一切严重的犯罪分子。对于严重危害国家安全罪和杀人、抢劫、强奸、爆炸、放火等严重危害社会治安的犯罪以及贪污、受贿、走私、伪造货币等严重破坏经济的犯罪,刑法规定处以较重的刑罚,危害特别严重、情节特别恶劣的,甚至可处以死刑。这就使我们能够有效地打击敌人,惩罚犯罪。

我国《刑法》第2条规定的保护方面的任务,概括说就是保护国家和人民的利益,保护社会主义社会的社会关系,保障社会主义建设事业的顺利进行。具体说,有以下四个方面:

第一,保卫国家安全,保卫人民民主专政的政权和社会主义制度。这是我国刑法的首要任务。国家安全是国家生存和发展的根本前提。人民民主专政的政权和社会主义制度是我国人民在中国共产党领导下经过长期浴血奋战和艰苦卓绝斗争而取得的革命胜利成果,是我国人民根本利益的集中体现。没有巩固的人民民主专政的政权和社会主义制度,就没有中华民族的振兴,就没有人民的一切。正因为如此,国内外敌对势力和敌对分子,总是把攻击的矛头指向我国人民民主专政的政权和社会主义制度,他们散布种种谎言,打出各种旗号,目的都是要颠覆我们的政权和根本制度。邓小平同志指出:"依靠无产阶级专政保卫社会主义制度,这是马克思主义的一个基本观点。"[①]为了保卫人民民主专政的政权和社会主义制度,我国《刑法》将危害国家安全罪列为各类犯罪的首位,置于分则第一章,对之规定了严厉的刑罚。《刑法》总则还规定:对于危害国家安全的犯罪分子判处主刑时,应当附加剥夺政治权利。这些规定体现了对危害国家安全罪从严惩办的精神。

第二,保护社会主义的经济基础。马克思主义认为,经济基础决定上层建筑,上层建筑为经济基础服务。我国刑法是社会主义上层建筑的一部分,它必然要担负起保护社会主义经济基础的任务。经济基础是与一定社会的历史阶段的生产力水平相适应的生产关系的总和,其主要内容是生产资料所有制形式以及与生产资料所有制形式相联系的生产、分配、流通的形式。我国现阶段的生产资料所有制形式是以生产资料公有制为主体,多种所有制并存。在此基础上我国实行社会主义市场经济。因此,我国刑法对经济基础的保护也就是对以公有制为主体的多种所有制和社会主义市场经济的保护。我国《刑法》专章规定了"破坏社会主义市场经济秩序罪"和"侵犯财产罪",从而使社会主义经济基础获得了有力的保障。国有财产和劳动群众集体所有的财产(包括混合经济中的国有成分和集体成分)是社会主义的公共财产。它是巩固人民民主专政和进行社会主义现代化建设的物质基础,是提高广大人民生活水平走向共同富裕的物质保证。因此,保护社会主义公共财产不受侵犯,是关系坚持社会主义道路、保卫社会主义成果的重大问题。公民合法的私有财产是公民生产、工作、生活不可缺少的物质条件,它包括:公民的合法收入、储蓄、房屋和其他生活资料;依法归个人、家庭所有的生产资料;个体户和私营企业的合法财产;依法归个人所有的

[①] 《邓小平文选》第3卷,人民出版社1993年版,第379页。

股份、股票、债券和其他财产。刑法保护公民的私有财产权,既符合宪法的原则,也是广大人民群众所迫切要求的,对于保护外商在华投资的积极性也有很大的意义。社会主义市场经济的运行和发展,是通过一系列管理制度来保证的,如工商管理制度、对外贸易管理制度、税收征管制度、货币金融管理制度等。由法律、法规、规章所确立的这些管理制度,形成了社会主义市场经济秩序。保护社会主义市场经济秩序不受犯罪的侵犯,与保护公私财产不受犯罪的侵犯一样,都是我国刑法作为上层建筑为经济基础服务的具体内容。

第三,保护公民的人身权利、民主权利和其他权利。切实保护广大人民的人身权利、民主权利和其他权利,是由我们国家的人民民主性质决定的。我国《宪法》第2条规定:"中华人民共和国的一切权力属于人民。""人民依照法律规定,通过各种途径和形式,管理国家事务,管理经济和文化事业,管理社会事务。"《宪法》第33条第3款明确规定:"国家尊重和保障人权。"作为国家和社会的主人,我国公民"所享受的人权范围是广泛的,不仅包括生存权、人身权和政治权利,而且包括经济、文化、社会等各方面的权利。"[①]我国刑法坚决保护公民所享受的人权。在《刑法》分则专章规定了"侵犯公民人身权利、民主权利罪",用以制裁各种侵犯人权的犯罪行为。人身权利,是指与人身有关的各项权利,如生命权、健康权、人身自由权等。只有人身权利不受侵犯,才能行使民主权利和其他权利。所以,侵犯公民人身权利的犯罪是侵犯公民个人权利犯罪中最严重的犯罪。我国刑法对严重侵犯公民人身权利的犯罪如故意杀人、强奸、拐卖妇女儿童等,都规定了严厉的刑罚,直至适用死刑。民主权利,是指依法参加国家管理和社会政治生活的权利,如选举权与被选举权等。我国《宪法》规定:"中华人民共和国年满18周岁的公民,不分民族、种族、性别、职业、家庭出身、宗教信仰、教育程度、财产状况、居住期限,都有选举权和被选举权;但是依照法律被剥夺政治权利的人除外。"(第34条)"中华人民共和国公民有宗教信仰自由。"(第36条)"各民族……都有保持或者改革自己的风俗习惯的自由。"(第4条)"中华人民共和国公民的通信自由和通信秘密受法律的保护。"(第40条)我国《刑法》坚决维护《宪法》的这些规定,在分则第四章中明确规定了破坏选举罪,非法剥夺公民宗教信仰自由罪,侵犯少数民族风俗习惯罪、煽动民族仇恨、民族歧视罪,出版歧视、侮辱少数民族作品罪,侵犯通信自由罪等及其相应的刑事责任,从而体现了对公民民主权利的切实保护。其他权利,是指公民人身权利、民主权利以外的权利,如婚姻自主权,年老、年幼、患病的家庭成员有受扶养的权利等。对严重侵犯公民其他权利的行为,刑法也要予以追究。

第四,维护社会秩序。处理好改革、发展和稳定的关系,是全国工作的大局。当前,我们国家的中心任务是进行社会主义现代化建设。要完成这项伟大的任务,需要有一个稳定的政治环境和良好的社会秩序。正如邓小平同志强调指出的:"中国的问题,压倒一切的是需要稳定。没有稳定的环境,什么都搞不成,已经取得的成果也会

---

① 国务院新闻办公室:《中国的人权状况》,中央文献出版社1991年版,第2页。

失掉。"①"我们搞四化,搞改革开放,关键是稳定。"②只有社会长期稳定,全国人民才能集中力量,同心同德搞好社会主义现代化建设。刑法是维护社会秩序、稳定社会环境的强有力的法律武器。刑法规定"危害公共安全罪""妨害社会管理秩序罪""渎职罪"等各类犯罪,就是为了维护社会秩序,净化社会环境,保障社会主义现代化建设事业的顺利进行。应当指出,经过我国人民特别是政法战线广大干警多年的努力,我国社会治安总趋势是好转的,社会秩序进一步安定。但是,由于阶级斗争还将在一定范围内长期存在,引发犯罪的各种社会矛盾不可能短期消除,社会还有许多潜在的不安定因素,这些都对社会秩序构成威胁,因此,我们必须树立长期作战的思想,对打击严重破坏社会秩序的犯罪一刻也不能放松。与此同时,还要进一步大力加强综合治理的各项措施,真正做到"打防结合,预防为主,加强教育和管理,落实责任制,创造良好的社会治安环境"③。

总之,我们要充分发挥刑法的威力,努力实现刑法的任务,使刑法在为建设中国特色社会主义的伟大事业中更好地起到服务作用。

第四节 刑法的体系和解释

一、刑法的体系

刑法的体系就是指刑法典的组成和结构。我国现行《刑法》分总则、分则和附则三个部分。其中总则、分则各为一编,在编之下,再根据法律规范的性质和内容有次序地划分为章、节、条、款、项等层次。

《刑法》第一编总则分设五章,即刑法的任务、基本原则和适用范围;犯罪;刑罚;刑罚的具体运用;其他规定。第二编分则分设十章,即危害国家安全罪;危害公共安全罪;破坏社会主义市场经济秩序罪;侵犯公民人身权利、民主权利罪;侵犯财产罪;妨害社会管理秩序罪;危害国防利益罪;贪污贿赂罪;渎职罪;军人违反职责罪。《刑法》总则除第一章和第五章外,其余章下均设若干节;《刑法》分则大多数章下不设节,但由于第三章破坏社会主义市场经济秩序罪和第六章妨害社会管理秩序罪涉及具体犯罪较多、内容庞杂,因而该两章下均又分设了若干节。《刑法》除总则编和分则编外,第三部分为附则。《刑法》附则部分仅一个条文,即《刑法》第452条。该条的内容一是规定刑法典开始施行的日期;二是规定刑法典与以往单行刑法的关系,宣布在刑法典生效后某些单行刑法的废止以及某些单行刑法中有关刑事责任内容的失效。

概括地说,《刑法》总则是关于犯罪、刑事责任和刑罚的一般原理原则的规范体系,这些规范是认定犯罪、确定责任和适用刑罚所必须遵守的共同规则。《刑法》分则

---

① 《邓小平文选》第3卷,人民出版社1993年版,第284页。
② 同上书,第286页。
③ 参见《江泽民文选》第2卷,人民出版社2006年版,第32页。

是关于具体犯罪和具体法定刑的规范体系,这些规范是解决具体定罪量刑问题的标准。《刑法》总则与《刑法》分则的关系是一般与特殊、抽象与具体的关系。总则指导分则,分则是总则所确定的原理原则的具体体现,二者相辅相成。只有把总则和分则紧密地结合起来研究,才能正确地认定犯罪、确定责任和适用刑罚。刑法规范除附则外,按其内容属性,或者属于总则性规范,或者属于分则性规范。组成刑法的诸规范,都以条文的形式出现。配置在各编、章、节中的刑法条文,全部用统一的顺序号码进行编号。刑法条文采用统一编号,既可以达到系统化的目的,又可以保证查阅方便、引用准确。条文之下分款、项。有的条文只有一款,如《刑法》第 1 条、第 2 条、第 3 条、第 4 条、第 5 条等等。如果条文包含数款,则第 2 款、第 3 款、第 4 款等均以另起一行来表示。例如,《刑法》第 6 条包含 3 款;第 7 条包含 2 款;第 347 条包含 7 款。在款的后面,如果用(一)、(二)、(三)、(四)等基数号码的,则为项。例如,《刑法》第 240 条第 1 款包含 8 项,引用时应写成第 X 条第 X 款第 X 项;第 293 条只有 1 款,包含 4 项,引用时应写成第 X 条第 X 款。刑法条文采用条、款、项这样的结构是非常严谨的,任何人都不能随便颠倒改动,引用条文时须绝对准确。

有的条文在同一款里包含有两个或两个以上意思。例如,《刑法》第 56 条第 1 款规定:"对于危害国家安全的犯罪分子应当附加剥夺政治权利;对于故意杀人、强奸、放火、爆炸、投毒、抢劫等严重破坏社会秩序的犯罪分子,可以附加剥夺政治权利。"这是两个意思,用分号隔开。《刑法》第 29 条第 1 款规定:"教唆他人犯罪的,应当按照他在共同犯罪中所起的作用处罚。教唆不满 18 周岁的人犯罪的,应当从重处罚。"这也是两个意思,用句号隔开。《刑法》第 50 条第 1 款规定:"判处死刑缓期执行的,在死刑缓期执行期间,如果没有故意犯罪,2 年期满以后,减为无期徒刑;如果确有重大立功表现,2 年期满以后,减为 25 年有期徒刑;如果故意犯罪,情节恶劣的,报请最高人民法院核准后执行死刑;对于故意犯罪未执行死刑的,死刑缓期执行的期间重新计算,并报最高人民法院备案。"这是四个意思,用分号隔开。《刑法》第 67 条第 1 款规定:"犯罪以后自动投案,如实供述自己的罪行的,是自首。对于自首的犯罪分子,可以从轻或者减轻处罚。其中,犯罪较轻的,可以免除处罚。"这是三个意思,用句号隔开。《刑法》第 53 条第 1 款规定:"罚金在判决指定的期限内一次或者分期缴纳。期满不缴纳的,强制缴纳。对于不能全部缴纳罚金的,人民法院在任何时候发现被执行人有可以执行的财产,应当随时追缴。"该条包含三个意思,用句号隔开。一个条文的同一款中包含有两个或两个以上意思的,在学理上称之为前段、后段,或者前段、中段、后段,或者第一段、第二段……在具有这种结构的条款当中,如有用"但是"这个连接词来表示转折关系的,则从"但是"开始的这段文字,学理上称之为"但书"。

我国刑法条文中的"但书",所表示的大致有以下几种情况:(1)"但书"是前段的补充。例如,《刑法》第 13 条在规定了什么是犯罪之后,接着"但书"指出:"情节显著轻微危害不大的,不认为是犯罪。"这是从什么情况下不认为是犯罪的角度,来补充说明什么是犯罪。这个"但书"对于划清罪与非罪的界限,具有重要的意义。(2)"但书"是前段的例外。例如,《刑法》第 65 条规定:"被判处有期徒刑以上刑罚的犯罪分子,刑罚执行完毕或者赦免以后,在5年以内再犯应当判处有期徒刑以上刑罚之罪的,是累犯,应当从重处罚,但是过失犯罪和不满18周岁的人犯罪的除外。"从这个"但书"中可以明显看出,过失犯罪以及不满18周岁的未成年人犯罪无所谓累犯问题。举一反三,凡是条款规定有"但是……除外"的,都属于这种情况。(3)"但书"是对前段的限制。例如,《刑法》第21条第2款规定:"紧急避险超过必要限度造成不应有的损害的,应当负刑事责任,但是应当减轻或者免除处罚。"在这里,"但书"对避险过当人负刑事责任作了限制性的规定。

二、刑法的解释

刑法的解释就是对刑法规范含义的阐明。只有正确地了解刑法规范的真实含义,才能正确地加以适用。刑法规范之所以需要解释,主要是因为刑法条文具有一定的抽象性和稳定性,有的抽象用语具有多义性,难免使人们产生不同理解,加之现实生活又是千姿百态和复杂多变的,为了统一理解,为了使抽象的法条适用于具体的案件,使司法活动能够跟上客观情况的变化,就需要对刑法规范进行解释。

刑法的解释,可以从不同方面进行分类,主要有以下两种分类:

(一) 立法解释、司法解释和学理解释

按解释的效力分类,刑法的解释可分为立法解释、司法解释和学理解释。

1. 立法解释

立法解释,就是由最高立法机关对刑法的含义所作的解释。依照我国《宪法》第67条第4项的规定,解释法律是属于全国人大常委会行使的职权之一。2000年以来,全国人大常委会对1997年修订的刑法典中有关内容作了一系列的立法解释。这就是:2000年4月29日《关于〈中华人民共和国刑法〉第93条第2款的解释》;2001年8月31日《关于〈中华人民共和国刑法〉第228条、第342条、第410条的解释》;2002年4月28日《关于〈中华人民共和国刑法〉第294条第1款的解释》;2002年4月28日《关于〈中华人民共和国刑法〉第384条第1款的解释》;2002年8月29日《关于〈中华人民共和国刑法〉第313条的解释》;2002年12月28日《关于〈中华人民共和国刑法〉第九章渎职罪主体适用问题的解释》;2004年12月29日《关于〈中华人民共和国刑法〉有关信用卡规定的解释》;2005年12月29日《关于〈中华人民共和国刑法〉有关出口退税、抵扣税款的其他发票规定的解释》;2005年12月29日《关于〈中华人民共和国刑法〉有关文物的规定适用于具有科学价值的古脊椎动物化石、古人类化石的解释》;2014年4月24日《关于〈中华人民共和国刑法〉第30条的解释》;2014年4月24日《关于〈中华人民共和国刑法〉第158条、第159条的解释》;2014年4月24日《关于〈中华人民共和国刑法〉第266条的解释》;2014年4月24日《关于〈中华人民共和国刑法〉第341条、第312条的解释》。这些立法解释解决了刑法典适用中的某些疑难问题,如村民委员会等村基层组织人员是否属于国家工作人员或准国家工作人员问题;"黑社会性质组织"具有哪些特征问题;挪用公款"归个人使用"的含义问题;"对人民法院的判决、裁定有能力执行而拒不执行,情节严重"的含义问题;关于《刑法》分则第九章渎职罪主体的范围确定问题;关于《刑法》规定的信用卡的含义问题等等。"刑法立法解释"是对《刑法》规定的某些内容予以阐明,这与"刑法修正案"对《刑法》所作的修改补充,在内容和作用上是不同的。应注意二者的区别。

2. 司法解释

司法解释,就是由最高司法机关对刑法的含义所作的解释。有权进行司法解释的是最高人民法院和最高人民检察院。1981年6月10日第五届全国人大常委会第十九次会议通过的《关于加强法律解释工作的决议》规定:"凡属于法院审判工作中具体应用法律、法令的问题,由最高人民法院进行解释。凡属于检察院检察工作中具体应用法律、法令的问题,由最高人民检察院进行解释。最高人民法院和最高人民检察院的解释如果有原则性的分歧,报请全国人民代表大会常务委员会解释或决定。"我国现行《人民法院组织法》第18条规定:"最高人民法院可以对属于审判工作中具体应用法律的问题进行解释。"我国现行《人民检察院组织法》第23条规定:"最高人民检察院可以对属于检察工作中具体应用法律的问题进行解释。"

我国1979年《刑法》颁行以来,最高人民法院和最高人民检察院(简称"两高")分别就审判工作和检察工作中具体应用刑法的问题作过不少解释。"两高"还就某些犯罪案件如何具体应用法律问题,多次联合作出司法解释。1997年修订的《刑法》颁行后,最高人民法院和最高人民检察院又对刑法施行中涉及的一些问题作出司法解释。这些司法解释对于统一司法机关的认识,加强办案工作,提高审判工作和检察工作质量,起着重要的指导作用。

3. 学理解释

学理解释,就是由国家宣传机构、社会组织、教学科研单位或者专家学者从学理上对刑法含义所作的解释。如刑法教科书、专著、论文、案例分析以及对刑法典的注释等,都属于学理解释。学理解释在法律上没有约束力。但是,正确的学理解释,有助于理解刑法规范的含义,对于司法实践和立法工作都具有参考价值,对于提高广大干部和群众的法律意识和法学水平,对于促进刑法科学的发展,具有重要的作用。

(二) 文理解释和论理解释

按解释的方法分类,刑法的解释可分为文理解释和论理解释。

1. 文理解释

文理解释,就是对法律条文的字义,包括单词、概念、术语,从文理上所作的解释。如前述立法解释中对刑法规定的"信用卡"一词所作的解释,"两高"《关于办理组织、利用邪教组织破坏法律实施等刑事案件适用法律若干问题的解释》第1条对《刑法》第300条中的"邪教组织"一词所作的解释,从解释方法分类的角度看,都属于文理解释。

2. 论理解释

论理解释,就是按照立法精神,联系有关情况,从逻辑上所作的解释。论理解释又分为当然解释、扩张解释和限制解释。

当然解释是指刑法规定虽未明示某一事项,但依规范目的、事物属性和形式逻辑,将该事项当然包含在该规范适用范围之内的解释。如《刑法》第 50 条第 1 款前段规定,判处死缓在缓期执行期间,如果没有故意犯罪,"2 年期满以后,减为无期徒刑"。据此,没有满 2 年的不得减为无期徒刑。这就是当然解释。当然解释在司法解释中有不少,在学理解释中就更多了。

扩张解释是根据立法原意,对刑法条文作超过字面意思的解释。如对于 1979 年《刑法》第 3 条中的"飞机"一词,学理上往往将其扩张解释为"航空器"。

限制解释是根据立法原意,对刑法条文作限于字面意思的解释。例如,1983 年 11 月 7 日最高人民法院、最高人民检察院等联合发布的《关于加强查处破坏邮电通信案件工作的通知》指出:"邮电工作人员利用职务上的便利,从邮件中窃取财物,情节恶劣、后果严重的,应依照刑法第 191 条第 2 款的规定从重处罚。"这里使用了 1979 年《刑法》第 191 条第 2 款没有规定的"情节恶劣、后果严重"的字样,作为该条款适用的限制,这就是一种限制解释。

第二章 刑法的基本原则

第一节 刑法基本原则的概念和意义

一、刑法基本原则的概念

刑法基本原则问题是刑事立法和刑事司法中一个带有全局性、根本性的问题。我国1979年《刑法》没有规定刑法的基本原则，但是，在该部法典颁布之后，刑法基本原则作为一个重大理论问题，曾引起刑法理论界和实务界的高度重视与关注。特别是在20世纪八九十年代的刑法典修订研拟中，关于刑法基本原则如何界定，刑法基本原则应否在刑法中增设，以及应当如何规定刑法基本原则等问题，在刑法理论界和实务界更是进行了广泛的争鸣。1997年修订的《刑法》，在广泛听取和归纳各界意见的基础上，于第3条至第5条明确规定了三项刑法基本原则，即：罪刑法定原则、适用刑法人人平等原则、罪责刑相适应原则，从而使刑事立法上如何规定刑法基本原则的问题得到了解决。

何谓刑法基本原则？

我们认为，所谓刑法基本原则，是指贯穿全部刑法规范、具有指导和制约全部刑事立法和刑事司法的意义，并体现我国刑事法治的基本精神的准则。

首先，刑法基本原则必须是贯穿全部刑法规范，具有指导和制约全部刑事立法和刑事司法的意义。在刑事立法上，为了解决定罪和量刑问题，需要制定出各种不同的法律原则，在刑事司法中也必须遵循这些原则。但是，并非每一个原则都是刑法的基本原则，而只有那些对刑法的制定、修改、补充具有全局性意义，并且在刑法的全部规范体系中具有根本性意义的原则，才能成为刑法的基本原则。例如，我国刑法中规定的对未成年人犯罪从宽处罚的原则，对累犯从严处罚的原则，以及从旧兼从轻的处理刑法溯及力问题的原则等，虽然都是刑法中不可缺少的重要原则，但是，这些原则并不具有全局性的指导意义，只是刑法中局部性的原则，仅适用于某些问题或某些案件，因此，它们不能作为刑法的基本原则。

其次，刑法基本原则必须体现我国刑事法治的基本精神，这就是坚持法治，摒弃人治；坚持平等，反对特权；讲求公正，反对徇私。只有符合刑事法治基本精神的原则才能成为刑法的基本原则。

依据上述界定，罪刑法定原则、适用刑法人人平等原则、罪责刑相适应原则无可置疑地应当属于我国刑法的基本原则，并已为我国现行《刑法》所确认，从而成为我国《刑法》中引人注目的一个闪光点。

二、刑法基本原则的意义

刑法基本原则既然是贯穿于全部刑法规范和刑法适用中的准则,是刑事法治基本精神的集中体现,它们对刑事立法和刑事司法所具有的巨大指导意义便是毋庸置疑的。今后的刑事立法工作,必须完全符合刑法基本原则,而绝不能违背这些基本原则。当刑法有必要加以修改补充时,一定要以这些基本原则为指导,使罪刑规范更加具体、明确、清晰,既有利于保护社会,又有利于保障人权。刑事司法工作要大力贯彻这些基本原则,强化法治意识、平等观念和公正无私、刚直不阿的思想,使所办的案件能经得起历史的检验。总之,刑法基本原则具有强大的威力,它们既有利于积极同犯罪作斗争,又有利于切实保障公民的合法权益;既有利于推进法治化进程,又有利于维护法律的公正性;既有利于实现刑法的目的,又有利于达到刑罚的最佳效果。因此,它们必将进一步完善我国的刑事立法,并且使我国的刑事司法变得更加文明,从而更好地保障中国特色社会主义建设事业的顺利进行。

第二节 罪刑法定原则

一、罪刑法定原则的含义

罪刑法定原则的含义是:什么是犯罪,有哪些犯罪,各种犯罪的构成条件是什么,有哪些刑种,各个刑种如何适用,以及各种具体罪的具体量刑幅度如何等,均由刑法加以规定。对于刑法分则没有明文规定为犯罪的行为,不得定罪处罚。概括起来说,就是"法无明文规定不为罪,法无明文规定不处罚"。

罪刑法定的思想渊源,最早可以追溯到 1215 年英王约翰签署的《大宪章》第 39 条的规定,即"凡是自由民除经贵族依法判决或遵照国内法律之规定外,不得加以扣留、监禁、没收其财产、剥夺其法律保护权,或加以放逐、伤害、搜索或逮捕"。这里就蕴含着罪刑法定,保障自由民权利的思想。到了 17、18 世纪,资产阶级启蒙思想家针对封建刑法中罪刑擅断、践踏人权的黑暗现实,更加明确地提出了罪刑法定的主张,使罪刑法定的思想更为系统,内容更加丰富。正如贝卡里亚所指出的:"只有法律才能为犯罪规定刑罚。……超越法律限度的刑罚就不再是一种正义的刑罚。"[①]资产阶级革命胜利后,罪刑法定这一思想由学说转变为法律,在资产阶级宪法和刑法中得到确认。1789 年法国《人与公民权利宣言》(简称《人权宣言》)第 8 条规定:"法律只应规定确实需要和显然不可少的刑罚,而且除非根据在犯罪前已制定和公布的且系依法施行的法律,不得处罚任何人。"在《人权宣言》这一内容的指导下,1810 年《法国刑法典》第 4 条首次以刑事立法的形式明确规定了罪刑法定原则。其后欧洲大陆法系各国相继仿效。由于这一原则符合现代社会民主与法治的发展趋势,至今已成为不同社会制度的世界各国刑法中最普遍、最重要的一项原则。

---

① 〔意〕贝卡里亚:《论犯罪与刑罚》,黄风译,中国大百科全书出版社 1993 年版,第 11 页。

确立罪刑法定原则具有重大的意义,它不仅有利于维护社会秩序,也有利于保障人权。正如法国刑法学家卡斯东·斯特法尼等人所指出的:"从法律的观点看,无论从公共利益,还是从私人利益考虑,法定原则都是有道理的、都是正确的。""由立法者来确定哪些行为是应当受到惩处的行为并且规定相应的刑罚,这就使刑事处罚有了'确定性',从而强化了刑罚的威慑力量,社会只会从中得益。""此外,罪刑法定原则也是对个人自由的基本保证,这一原则是对公民的保护,可以使公民免受法官的擅断行为,因为公民事先了解哪些行为是受到社会禁止的行为,同时也了解如果实行这些行为将受到何种惩处。"①

西方学者提出,罪刑法定主义有四个派生原则,这就是:排斥习惯法;排斥绝对不定期刑;禁止有罪类推;禁止重法溯及既往。有的学者还进一步提出明确性原则、严格解释原则、实体的正当程序原则等。我国学者对这些原则一般也予以肯定。

二、罪刑法定原则在我国刑法中的体现

我国1979年《刑法》没有明确规定罪刑法定原则,相反却在第79条规定了有罪类推制度。当时在理论上,对于我国《刑法》是否采用了罪刑法定原则,曾存在不同的认识和理解。我们认为,在1997年我国修订《刑法》之前,中国刑法基本上实行了罪刑法定原则,这一原则从刑法关于犯罪的概念,罪与非罪、此罪与彼罪的界限,犯罪构成的一般要件和具体犯罪构成要件,以及法定刑等立法内容中得到了体现。只不过由于当时存在类推制度,此外还存在其他一些不合罪刑法定原则要求之处,因而只能说当时中国刑法对罪刑法定原则的认可、重视和贯彻的程度还有不足之处。1997年3月修订的《刑法》,从完善我国刑事法治、保障人权的需要出发,明文规定了罪刑法定原则,并废止类推,成为刑法修订和我国刑法发展的一个重要标志。修订的《刑法》第3条规定:"法律明文规定为犯罪行为的,依照法律定罪处刑;法律没有明文规定为犯罪行为的,不得定罪处刑。"这一原则的价值内涵和内在要求,在整部法典中得到了较为全面、系统的体现:

(1) 修订的《刑法》实现了犯罪的法定化和刑罚的法定化。犯罪的法定化具体表现为:明确规定了犯罪的概念;明确规定了犯罪构成的共同要件;明确规定了各种具体犯罪的构成要件。刑罚的法定化具体表现为:明确规定了刑罚的种类;明确规定了量刑的原则和各种刑罚制度;明确规定了各种具体犯罪的法定刑。

(2) 修订的《刑法》取消了1979年《刑法》第79条规定的类推制度,这是罪刑法定原则得以真正贯彻的重要前提。

(3) 修订的《刑法》重申了1979年《刑法》第9条关于刑法在溯及力问题上从旧兼从轻的原则。

(4) 在分则罪名的规定方面,修订的《刑法》已相当详备。分则条文由1979年

---

① 〔法〕卡斯东·斯特法尼等:《法国刑法总论精义》,罗结珍译,中国政法大学出版社1998年版,第114—115页。

的103条增加到350条,罪名数由1979年的129个增加到412个。1997年3月修订的《刑法》通过后,全国人大常委会因应社会政治、经济、文化等方面的变化及与犯罪作斗争的需要,颁行了1部单行刑法和十部刑法修正案,对1997年修订的《刑法》进行了诸多修改,《刑法》分则条文达到386条①、罪名达到469个。

(5) 在具体犯罪的罪状以及各种犯罪的法定刑设置方面,修订的《刑法》增强了法条的可操作性。对于大量犯罪,尽量使用叙明罪状;在犯罪的处罚规定上,注重量刑情节的具体化。

三、罪刑法定原则的司法适用

刑法规定的罪刑法定原则要付诸实现,有赖于司法机关的执法活动。从我国的司法实践来看,切实贯彻执行罪刑法定原则,必须注意以下几个问题:

第一,正确认定犯罪和判处刑罚。

对于刑法明文规定的各种犯罪,司法机关必须以事实为根据,以法律为准绳,认真把握犯罪的本质特征和犯罪构成的具体要件,严格区分罪与非罪、此罪与彼罪的界限,做到定性准确,不枉不纵,于法有据,名副其实。对各种犯罪的量刑,亦必须严格以法定刑及法定情节为依据。

第二,正确进行司法解释。

对于刑法规定不够具体的犯罪,最高司法机关通过进行司法解释,指导具体的定罪量刑活动,这对于弥补立法的不足,统一规范和指导司法实务,具有重要的意义。但是,进行司法解释不能超越其应有的权限,无论是扩张解释,还是限制解释,都不能违反法律规定的真实意图,更不能以司法解释代替刑事立法。否则,就会背离罪刑法定原则。

第三节 适用刑法人人平等原则

一、适用刑法人人平等原则的含义

法律面前人人平等是我国宪法确立的社会主义法治的基本原则。我国《宪法》明确规定,任何组织或个人,"都必须遵守宪法和法律","都不得有超越宪法和法律的特权","一切违反宪法和法律的行为,必须予以追究"。为了使这一原则进一步得到贯彻执行,我国一些基本法律也规定了这一原则,如《刑事诉讼法》《民事诉讼法》都规定了公民在适用法律上一律平等。《刑法》作为惩罚犯罪、保护人民的基本法律,更应当贯彻这一原则。我国《刑法》第4条规定:"对任何人犯罪,在适用法律上一律平

---

① 由于1998年12月29日全国人大常委会通过的《关于惩治骗购外汇、逃汇和非法买卖外汇犯罪的决定》除其第3条指明是对《刑法》第190条的修改外,其他各条未指明作为组成《刑法》的条文,所以,对其第1、2、4、5、6、7、8条未计算在对《刑法》分则新增加的条文内;由于《刑法修正案(九)》第12条规定"删去刑法第199条",所以,该条不再计算在《刑法》分则条文总数之内。

等。不允许任何人有超越法律的特权。"这就使宪法确立的法律面前人人平等原则,结合刑法的特殊内容,化为适用刑法人人平等这样一项刑法基本原则。

适用刑法人人平等原则的含义是:对任何人犯罪,不论犯罪人的家庭出身、社会地位、职业性质、财产状况、政治面貌、才能业绩如何,都应追究刑事责任,一律平等地适用刑法,依法定罪、量刑和行刑,不允许任何人有超越法律的特权。

二、适用刑法人人平等原则的具体体现

适用刑法人人平等原则具体体现在定罪、量刑和行刑三个方面:

第一,定罪上一律平等。

任何人犯罪,无论其身份、地位等如何,一律平等对待,适用相同的定罪标准。不能因为被告人地位高、功劳大而使其逍遥法外、不予定罪;也不能因为被告人是普通公民就妄加追究、任意定罪。

第二,量刑上一律平等。

犯相同的罪且有相同的犯罪情节的,应做到同罪同罚。虽然触犯相同的罪名,但犯罪情节不同,比如有的具有法定从重处罚的情节,有的具有法定从轻、减轻或者免除处罚的情节,从而同罪不同罚,这是合理的、正常的,并不违背量刑平等原则,因为对任何人犯罪来说,都有这样一个具体情况具体分析、针对不同情况实行区别对待的问题。但如考虑某人权势大、地位高或财大气粗而导致同罪异罚,则是违背量刑平等原则的,因为这等于承认某人享有超越法律的特权。

第三,行刑上一律平等。

在执行刑罚时,对于所有的受刑人平等对待,凡罪行相同、主观恶性相同的,刑罚处遇也应相同,不能考虑权势地位、富裕程度使一部分人搞特殊,对另一部分人则加以歧视。掌握法律规定的减刑、假释的条件标准也应体现平等,谁符合条件,谁不够条件,都要严格以法律为准绳,不搞亲疏贵贱。当然,罪行轻重不同、主观恶性不同、改造表现不同而给予差别处遇,这是行刑平等的应有之意,比如教育改造工作中的评分制、累进制,都体现了相同情况相同对待、不同情况区别对待的司法公正精神,这不仅不违反行刑平等的原则,恰恰是行刑平等的实质体现。

第四节 罪责刑相适应原则

一、罪责刑相适应原则的含义

我国《刑法》第 5 条规定:"刑罚的轻重,应当与犯罪分子所犯罪行和承担的刑事责任相适应。"这条规定的就是罪责刑相适应原则。

罪责刑相适应原则的含义是,犯多大的罪,就应承担多大的刑事责任,法院也应判处其相应轻重的刑罚,做到重罪重罚,轻罪轻罚,罪刑相称,罚当其罪;在分析罪重罪轻和刑事责任大小时,不仅要看犯罪的客观社会危害性,而且要结合考虑行为人的主观恶性和人身危险性,把握罪行和罪犯各方面因素综合体现的社会危害性程度,从

而确定其刑事责任程度,适用相应轻重的刑罚。

从上述含义可以看出,刑罚的轻重不是单纯地与犯罪分子所犯罪行相适应,也与犯罪分子承担的刑事责任相适应,也即在犯罪与刑罚之间通过刑事责任这个中介来调节。因此,称之为罪责刑相适应原则,比称之为罪刑相适应原则要更准确些、贴切些。罪刑相适应原则是否包容刑罚个别化在内,存在着争论,但罪责刑相适应原则肯定是把刑罚个别化包容在内的。

罪责刑相适应原则是从传统的罪刑相适应原则发展而来的。罪刑相适应的观念,最早可以追溯到原始社会的同态复仇和奴隶社会的等量报复。"以血还血、以眼还眼、以牙还牙",是罪刑相适应思想最原始、最粗俗的表现形式。罪刑相适应成为刑法的基本原则,则是17、18世纪的资产阶级启蒙思想家和法学家倡导的结果。孟德斯鸠指出:"惩罚应有程度之分,按罪大小,定惩罚轻重。"①刑事古典学派创始人贝卡里亚在其传世之作《论犯罪与刑罚》一书中指出:"犯罪对公共利益的危害越大,促使人们犯罪的力量越强,制止人们犯罪的手段就应该越强有力。这就需要刑罚与犯罪相对称。"②贝卡里亚还独具匠心地提出了罪刑阶梯论,试图确定一个与犯罪轻重相适应的刑罚阶梯,以实现罪刑均衡的思想。资产阶级革命胜利后,罪刑相适应原则被写进法律。传统的罪刑相适应原则,以报应主义刑罚观为基础,机械地强调刑罚与已然之罪、犯罪客观行为或曰犯罪客观危害相适应。从19世纪末开始,随着刑事人类学派和刑事社会学派的崛起,传统的罪刑相适应原则受到了有力的挑战。最为突出的表现,是行为人中心论和人身危险性论的出现,保安处分和不定期刑制度的推行,使传统的罪刑相适应原则在刑事立法上受到削弱和排挤,但实际上并未动摇其作为刑法基本原则的地位。从当今世界各国的刑事立法来看,罪刑相适应原则内容已得到修正:既注重刑罚与犯罪行为相适应,又注重刑罚与犯罪人个人情况(主观恶性和人身危险性)相适应。这样就把古典学派所主张的传统的罪刑相适应与新派所主张的刑罚个别化巧妙地结合起来。这正是罪刑相适应发展为罪责刑相适应的历史趋势。我国《刑法》第5条规定的罪责刑相适应原则,正好是顺应了这样一种趋势,所以它具有科学性和时代性。

二、罪责刑相适应原则的立法体现

我国刑法明文规定的罪责刑相适应原则,贯穿于刑法内容之中,其具体表现是:

第一,确立了科学严密的刑罚体系。

我国《刑法》总则确定了一个科学的刑罚体系,这一体系由不同的刑罚方法构成。从性质上区分,包括生命刑、自由刑、财产刑、资格刑;从程度上划定,有重刑也有轻刑;从种类上分,有主刑和附加刑。各种刑罚方法相互区别又互相衔接,能够根据犯罪的各种情况灵活地运用,从而为刑事司法实现罪责刑相适应奠定了基础。

---

① 〔法〕孟德斯鸠:《波斯人信札》,罗大冈译,人民文学出版社1958年版,第141页。
② 〔意〕贝卡里亚:《论犯罪与刑罚》,黄风译,中国大百科全书出版社1993年版,第65页。

第二，规定了区别对待的处罚原则。

我国《刑法》总则根据各种行为的社会危害性程度和人身危险性的大小，规定了轻重有别的处罚原则。例如，对于防卫过当、避险过当而构成犯罪者，应当减轻或者免除处罚；对于预备犯，可以比照既遂犯从轻、减轻处罚或者免除处罚；对于未遂犯，可以比照既遂犯从轻或者减轻处罚；对于中止犯，没有造成损害的，应当免除处罚；造成损害的，应当减轻处罚。在共同犯罪中，规定对组织、领导犯罪集团的首要分子，按照集团所犯的全部罪行处罚；对于其他主犯，应当按照其所参与的或者组织、指挥的全部犯罪处罚；对于从犯，应当从轻、减轻处罚或者免除处罚；对于胁从犯，应当按照他的犯罪情节减轻处罚或者免除处罚；对于教唆犯，应当按照他在共同犯罪中所起的作用处罚。凡此种种，都体现了罪责刑相适应原则。此外，刑法总则还侧重于刑罚个别化的要求，规定了一系列刑罚裁量与执行制度，例如累犯制度、自首制度、立功制度、缓刑制度、减刑制度、假释制度等。在这些刑罚制度中，累犯因其人身危险性大而应从重处罚；自首、立功因其人身危险性小而可以从宽处罚；对短期自由刑适用缓刑的前提是犯罪情节较轻，有悔罪表现，没有再犯罪的危险且宣告缓刑对所居住社区没有重大不良影响；减刑和假释是因为罪犯在刑罚执行期间确有悔改或立功表现。

第三，设置了轻重不同的法定刑幅度。

我国《刑法》分则不仅根据犯罪的性质和危害程度，建立了一个犯罪体系，而且还为各种具体犯罪规定了可以分割、能够伸缩、幅度较大的法定刑。这就使得司法机关可以根据犯罪的性质、罪行的轻重、犯罪人主观恶性的大小，依法判处适当的刑罚。

三、罪责刑相适应原则的司法适用

根据罪责刑相适应原则的基本要求，结合我国刑事司法实践情况，司法机关在贯彻这一原则时，应当着重解决以下问题：

第一，纠正重定罪轻量刑的错误倾向，把量刑与定罪置于同等重要的地位。

我国审判机关在刑事审判活动中，一贯重视对案件的定性，而对量刑工作的重要性，部分法官则重视不够。有人认为，我国刑法对犯罪规定的量刑幅度颇大，因此，只要定性正确即可，至于多判几年或少判几年则无关紧要。基于这种认识，在处理上诉、申诉案件时，就形成一个不成文的规则，即确属定性错误或量刑畸轻畸重的才予改判，而对于量刑偏轻偏重的，则维持原判。针对这种错误倾向，为了切实贯彻罪责刑相适应的原则，必须提高审判机关和法官对量刑工作重要性的认识，把定性准确和量刑适当作为衡量刑事审判工作质量好坏的不可分割的统一标准，以此来检验每一个具体刑事案件的处理结果。

第二，纠正重刑主义的错误思想，强化量刑公正的执法观念。

由于种种复杂的历史和现实的原因，作为封建刑法思想重要表现之一的重刑主义传统，至今在一部分国民中还根深蒂固。这种思想也在一定程度上反映在刑事审判工作中。一些法官崇尚重刑，迷信重刑的功能，认为刑罚愈重愈能有效地遏制犯罪。特别是在社会治安不好的时期，重刑主义观念表现尤为突出。必须指出，重刑主义是一种粗暴落后的刑法思想,是与罪责刑相适应原则直接对立的。重刑主义肆虐,罪责刑相适应原则就难以贯彻,甚至被彻底破坏。因此,我们必须清醒地认识重刑主义的危害,促使每一个法官都树立起量刑公正的思想,切实做到罪责刑相适应,既不轻纵犯罪分子,也不能无端地加重犯罪人的刑罚。

第三,纠正不同法院量刑轻重悬殊的现象,实现执法中的平衡和协调统一。

按照罪责刑相适应原则的要求,类似的案件在处理的轻重上应基本相同。但是,从我国的实际情况来看,不同法院在对类似案件的处理上轻重悬殊的现象却相当普遍。同一性质、犯罪情节基本相同的案件,如果由不同的法院审理,甚至由同一法院不同的审判人员审理,最终判决的结果可能差别甚大。造成这种现象的原因,既有立法上的粗疏,也有司法活动缺乏统一标准,还有法官个人业务素质和执法水平参差不齐等各种复杂因素。为此,除继续及时完善刑事立法外,还需要进一步加强刑事司法解释工作,加强刑事判例的编纂工作,以便为量刑工作提供更加具体明确的标准;同时提高刑事审判工作人员的素质,不断改进量刑方法,从而逐步实现量刑的规范化、科学化和现代化。

第三章 刑法的效力范围

刑法的效力范围,即刑法的适用范围,是指刑法在什么地方、对什么人和在什么时间内具有效力。我国《刑法》第6条至第12条对此作了明确的规定。正确理解和掌握这些规定,对于正确运用刑法同各种犯罪作斗争,保护国家和人民的利益,具有十分重要的意义。

第一节 刑法的空间效力

一、刑法空间效力的概念和原则

刑法的空间效力,就是指刑法对地和对人的效力,也就是要解决刑事管辖权的范围问题。

一个独立自主的国家,无不在刑法中对刑法的空间效力即刑事管辖权的范围问题作出规定。不过,由于各国社会政治情况和历史传统习惯的差异,在解决刑事管辖权范围问题上所主张的原则不尽相同。概括起来,有以下几种:

(1) 属地原则。即以地域为标准,凡是在本国领域内犯罪,无论是本国人还是外国人,都适用本国刑法;反之,在本国领域外犯罪,都不适用本国刑法。

(2) 属人原则。即以人的国籍为标准,凡是本国人犯罪,不论是在本国领域内还是在本国领域外,都适用本国刑法。

(3) 保护原则。即以保护本国利益为标准,凡侵害本国国家或者公民利益的,不论犯罪人是本国人还是外国人,也不论犯罪地在本国领域内还是在本国领域外,都适用本国刑法。

(4) 普遍原则。即以保护国际社会的共同利益为标准,凡发生国际条约所规定的侵害国际社会共同利益的犯罪,不论犯罪人是本国人还是外国人,也不论犯罪地在本国领域内还是在本国领域外,都适用本国刑法。

上述各种原则,孤立起来看,都有它的正确性,也有其局限性。比如属地原则,直接维护了领土主权,但单纯实行这项原则,遇到本国人或外国人在本国领域外侵害本国国家或公民利益的犯罪,就无法适用本国刑法,这不能不认为是一个严重的缺陷。属人原则,就对本国公民实行管辖而言,无可非议,但单纯实行这个原则,遇到外国人在本国领域内犯罪,竟不能适用本国刑法,这显然有悖于国家主权原则。保护原则,就保护本国利益而言,可谓周密,但如犯罪人是外国人,犯罪地又在国外,这就涉及国与国之间的关系和刑事法律的冲突,因此,彻底实行这个原则是很困难的。普遍原则,是针对某些国际犯罪(如空中劫持、灭绝种族、侵害外交代表等)而由国际条约加以规定,要求各有关国家实行普遍管辖权,这本身就是有条件限制的。由于各国的阶级利益和政治法律观点不同,不可能对所有犯罪都实行普遍管辖权。

由此可见,对上述各项原则,都不能只取其一,而排斥其他。现代世界大多数国家的刑法,都是以采用属地原则为基础,兼采其他原则。这就是说,凡是在本国领域内犯罪的,不论本国人或外国人,都适用本国刑法;本国人或外国人在本国领域外犯罪的,在一定条件下,也适用本国刑法。这种结合型的刑事管辖权体制,既有利于维护国家主权,又有利于同犯罪行为作斗争,比较符合各国的实际情况和利益,所以能为各国所接受。我国刑法有关空间效力的规定,采取的也是这样的刑事管辖权体制。

二、我国刑法的属地管辖权

我国《刑法》第6条第1款规定:"凡在中华人民共和国领域内犯罪的,除法律有特别规定的以外,都适用本法。"

这里所说的我国"领域",是指我国国境以内的全部区域,具体包括:(1)领陆,即国境线以内的陆地,包括地下层;(2)领水,即内水(内河、内湖、内海以及同外国之间界水的一部分,这一部分通常以河流中心线为界,如果是可通航的河道,则以主航道中心线为界)和领海(我国政府于1958年9月4日发表声明,宣布我国的领海宽度为12海里)及其地下层;(3)领空,即领陆、领水的上空。

这里所说的"法律有特别规定",主要是指:

(1)《刑法》第11条关于"享有外交特权和豁免权的外国人的刑事责任,通过外交途径解决"的规定。

(2)《刑法》第90条关于"民族自治地方不能全部适用本法规定的,可以由自治区或者省的人民代表大会根据当地民族的政治、经济、文化的特点和本法规定的基本原则,制定变通或者补充的规定,报请全国人民代表大会常务委员会批准施行"的规定。

(3)修订的《刑法》施行后国家立法机关所制定的特别刑法的特别规定。

(4)我国香港特别行政区和澳门特别行政区基本法作出的例外规定。我国已恢复对香港和澳门行使主权,香港特别行政区和澳门特别行政区已分别于1997年7月1日和1999年12月20日成立。《香港特别行政区基本法》第2条规定:"全国人民代表大会授权香港特别行政区依照本法的规定实行高度自治,享有行政管理权、立法权、独立的司法权和终审权。"《澳门特别行政区基本法》第2条也有类似规定。这样,除了恢复对香港、澳门行使国家主权,统一管理外交与国防事务外,香港、澳门的政治、经济、法律制度保持不变,全国性的刑法对其没有适用的效力。

我国《刑法》第6条第2款规定:"凡在中华人民共和国船舶或者航空器内犯罪的,也适用本法。"

这里所说的船舶或者航空器,既可以是军用的,也可以是民用的;既指航行途中,也指停泊状态;既指在公海或公海的上空,也指在别国的领域内(在别国领域内犯罪,当然别国也有权管辖)。总之,凡在我国船舶或者航空器内犯罪的,不论该船舶或者航空器在何地点,我国均有刑事管辖权。

此外,根据我国承认的1961年4月18日《维也纳外交关系公约》的规定,各国驻外大使馆、领事馆及其外交人员不受驻在国的司法管辖而受本国的司法管辖。因此,凡在我国驻外大使馆、领事馆内犯罪的,也应适用我国刑法。

我国《刑法》第6条第3款还对什么叫做"在中华人民共和国领域内犯罪"的犯罪地标准,作了明确的规定,即"犯罪的行为或者结果有一项发生在中华人民共和国领域内的,就认为是在中华人民共和国领域内犯罪"。犯罪的行为和结果通常发生在同一地方,但有时行为实施地和结果发生地也可能彼此脱离而形成跨国犯罪的现象。这在刑法理论上叫做隔地犯。例如,在国外伪造人民币而在我国国内使用;或者在国内蒙混寄运危险物品而在国外发生爆炸,等等。上述情况都属于在我国领域内犯罪,都适用我国刑法。

在中国领域内犯罪的,多数是中国人,即具有中华人民共和国国籍的人,也即中国公民;但也有少数是外国人。我国刑法中所说的外国人,是指具有外国国籍的人和无国籍的人。如果外国人在中国领域内实施犯罪的,就要受到我国刑法的追究。但是,对于犯罪的外国人适用我国刑法也有例外,这就是《刑法》第11条的规定:享有外交特权和豁免权的外国人的刑事责任,通过外交途径解决。

所谓外交特权和豁免权,是指一个国家为保证驻在本国的外交代表机构及其工作人员正常执行职务而给予的一种特殊权利和优遇。这种特权和优遇是建交国家之间按照相互尊重和对等的原则而给予的。为了确定外国驻中国使馆和使馆人员的外交特权与豁免,便于外国驻中国使馆代表其国家有效地执行职务,我国《外交特权与豁免条例》详细规定了外国使馆和外交代表享有的外交特权与豁免的内容。其中一项重要内容就是享有外交特权和豁免权的外国人不受我国刑事管辖。当然,如果他们当中有人在我国领域内犯罪,我们也不能坐视不管。不过,依照我国《刑法》第11条的规定,我们不能运用司法程序对他进行搜查、拘留或逮捕,而只能通过外交途径去解决他的刑事责任问题。例如,可以要求派遣国召回,或者建议派遣国依法处理;对于其中罪行严重的,可以由政府宣布其为不受欢迎的人,限期出境。我国《刑法》第11条的这个规定,既维护了我国的主权和法律的尊严,又尊重了有关国家,有利于协调我国与他国之间正常的外交关系。

三、我国刑法的属人管辖权

凡是中华人民共和国的公民,即使身在国外,也仍然受我国法律的保护。与此同时,他们也应遵守我国的法律。如果他们当中有人在国外犯了罪,原则上也适用我国刑法。我国《刑法》第7条第1款规定:"中华人民共和国公民在中华人民共和国领域外犯本法规定之罪的,适用本法,但是按本法规定的最高刑为3年以下有期徒刑的,可以不予追究。"第7条第2款规定:"中华人民共和国国家工作人员和军人在中华人民共和国领域外犯本法规定之罪的,适用本法。"

根据上述规定,我国公民在我国领域外犯我国刑法规定之罪的,不论按照当地法律是否认为是犯罪,也不论其所犯罪行侵犯的是何国或何国公民的利益,原则上都适用我国刑法。只是按照我国刑法的规定,该中国公民所犯之罪的法定最高刑为3年以下有期徒刑的,才可以不予追究。所谓"可以不予追究",是表明不予追究的一种倾向性,但不是绝对不追究,仍保留有追究的可能性。此外,如果是我国的国家工作人员或者军人在我国领域外犯罪,则不论其所犯之罪的法定最高刑是否为3年以下有期徒刑,中国司法机关都要追究其刑事责任。这主要是考虑到对国家工作人员和军人在域外犯罪,管辖应从严要求。

根据我国《刑法》第10条的规定,中国公民在我国领域外犯罪,依照我国刑法应当负刑事责任的,虽然经过外国审判,仍然可以依照我国刑法追究。但是,在外国已经受过刑罚处罚的,可以免除或者减轻处罚。这条规定表明,我国作为一个独立自主的主权国家,不受外国审判效力的约束;但是也要照顾实际情况,如果犯罪分子在外国已经受过刑罚处罚,比如受过缓刑宣告,或者执行了刑期的一部或者全部的,可以考虑免除或者减轻处罚。这样的规定是合情合理的,体现了原则性与灵活性的统一。

四、我国刑法的保护管辖权

我国《刑法》第8条规定:"外国人在中华人民共和国领域外对中华人民共和国国家或者公民犯罪,而按本法规定的最低刑为3年以上有期徒刑的,可以适用本法,但是按照犯罪地的法律不受处罚的除外。"

这条规定表明,外国人在我国领域外对我国国家或者公民犯罪,我国刑法有权实行管辖,但这种管辖权是有一定限制的:一是这种犯罪按我国刑法规定的最低刑必须是3年以上有期徒刑;二是按照犯罪地的法律也应受刑罚处罚。例如,故意杀人罪、抢劫罪、放火罪等,都符合这条的规定。当然,要实际行使这方面的管辖权会有困难,因为犯罪人是外国人,犯罪地点又是在国外,如果该犯罪人没有引渡过来,或者没有在我国领域内被抓获,我们就无法对其进行刑事追究。但是,假如刑法对此不加以规定,就等于放弃自己的管辖权,那些犯罪的外国人就可以肆无忌惮地对我国国家或者公民的利益进行侵害。因此,作出这样的规定,对于保护我国国家利益,保护我国驻外工作人员、考察访问人员、留学生、侨民的利益是完全必要的。

此外,我国《刑法》第10条对于在国外对我国国家或者公民犯罪的外国人,也是适用的。

五、我国刑法的普遍管辖权

我国《刑法》第9条规定:"对于中华人民共和国缔结或者参加的国际条约所规定的罪行,中华人民共和国在所承担条约义务的范围内行使刑事管辖权的,适用本法。"根据这一规定,凡是我国缔结或者参加的国际条约所规定的罪行,不论犯罪分子是中国人还是外国人,也不论其罪行发生在我国领域内还是我国领域外,只要犯罪分子在我国境内被发现,我国就应当在所承担条约义务的范围内,行使刑事管辖权。这也就是对这类罪行确立了普遍管辖权原则。

适用普遍管辖权,应当注意掌握我国缔结或加入的国际条约的有关内容,把握我国所承担的义务。只要我国缔结或者加入了某一规定有国际犯罪及其惩处的公约，我国便承担了对犯有条约规定罪行的罪犯行使刑事管辖的义务。当然，普遍管辖权的行使在实践中会受到一定的限制。只有当犯有国际条约所规定的罪行的罪犯在我国境内，我国才能对罪犯实施管辖，除非引渡给有关国家，否则就应当依照我国刑法的规定予以惩处。

第二节 刑法的时间效力

一、刑法的生效时间

关于刑法的生效时间，通常有两种规定方式：一是从公布之日起生效，这通常是一些单行刑事法律的做法。二是公布之后经过一段时间再施行。例如，我国《刑法》于1979年7月1日通过，7月6日公布，自1980年1月1日起生效；1997年3月14日修订的《刑法》通过并公布后，从1997年10月1日起施行。这样做是考虑到人们对新法还比较生疏，需要通过一段时间的宣传、教育，便于广大人民群众及司法工作人员学习掌握，并且使司法机关做好实施新法的心理、组织及业务准备。

二、刑法的失效时间

刑法的失效基本上也有两种方式：一是由国家立法机关明确宣布某些法律失效。例如，我国《刑法》第452条第2款规定，列于附件一的全国人大常委会制定的《中华人民共和国惩治军人违反职责罪暂行条例》等15个单行刑法，自1997年10月1日起予以废止。二是自然失效，即新法施行后代替了同类内容的旧法，或者由于原来特殊的立法条件已经消失，旧法自行废止。

三、刑法的溯及力

刑法的溯及力，是指刑法生效后，对于其生效以前未经审判或者判决尚未确定的行为是否适用的问题。如果适用，就是有溯及力；如果不适用，就是没有溯及力。对此，各国立法例有不同的规定，主要有四种原则：

（1）从旧原则。即按照行为时的旧法处理，新法没有溯及力。
（2）从新原则。即按照新法处理，新法有溯及力。
（3）从新兼从轻原则。即新法原则上有溯及力，但旧法不认为是犯罪或者处刑较轻的，要按照旧法处理。
（4）从旧兼从轻原则。即新法原则上没有溯及力，但新法不认为是犯罪或者处刑较轻的，则要按照新法处理。

上述关于刑法溯及力的诸原则中，从旧兼从轻原则既符合罪刑法定原则的要求，又适应实际需要，因而为绝大多数国家所采用。我国刑法关于溯及力问题亦采用了这一原则。

我国1997年修订的《刑法》第12条规定："中华人民共和国成立以后本法施行以

前的行为,如果当时的法律不认为是犯罪的,适用当时的法律;如果当时的法律认为是犯罪的,依照本法总则第四章第八节的规定应当追诉的,按照当时的法律追究刑事责任,但是如果本法不认为是犯罪或者处刑较轻的,适用本法。本法施行以前,依照当时的法律已经作出的生效判决,继续有效。"根据这一规定,对于1949年10月1日中华人民共和国成立至1997年9月30日这段时间内发生的行为,应按以下不同情况分别处理:

第一,当时的法律不认为是犯罪,而修订后的《刑法》认为是犯罪的,适用当时的法律,即新刑法没有溯及力。对于这种情况,不能以新刑法规定为犯罪为由而追究行为人的刑事责任。"但行为连续或者继续到1997年10月1日以后的,对10月1日以后构成犯罪的行为适用修订刑法追究刑事责任。"①

第二,当时的法律认为是犯罪,但新刑法不认为是犯罪的,只要这种行为未经审判或者判决尚未确定,就应当适用新刑法,即新刑法具有溯及力。

第三,当时的法律和新刑法都认为是犯罪,并且按照修订的《刑法》总则第四章第八节的规定应当追诉的,原则上按当时的法律追究刑事责任,即新刑法不具有溯及力。但是,如果新刑法比当时的法律处刑较轻的,则适用新刑法,即新刑法具有溯及力。关于如何认定"处刑较轻"的问题,最高人民法院曾作过如下司法解释:"刑法第12条规定的'处刑较轻',是指刑法对某种犯罪规定的刑罚即法定刑比修订前的刑法轻。法定刑较轻是指法定最高刑较轻;如果法定最高刑相同,则指法定最低刑较轻。""如果刑法规定的某一犯罪只有一个法定刑幅度,法定最高刑或者最低刑是指该法定刑幅度的最高刑或者最低刑;如果刑法规定的某一犯罪有两个以上的法定刑幅度,法定最高刑或者最低刑是指具体犯罪行为应当适用的法定刑幅度的最高刑或者最低刑。"②

第四,如果依照当时的法律已经作出了生效判决,该判决继续有效。即使按新刑法的规定,其行为不构成犯罪或处刑较当时的法律要轻,也不例外。这主要是维护人民法院生效判决的严肃性和稳定性。

四、与刑法时间效力有关的若干问题的法律适用

刑法的时间效力问题,归根结底是解决新、旧刑法如何选择适用的问题,这个问题的核心是对行为人有利还是不利。从旧兼从轻原则的价值取向是有利于行为人,这与罪刑法定原则的保障人权精神是一致的。我国1997年修订的《刑法》第12条体现的也是这个精神。但是,从司法实践看,新、旧刑法的选择适用所涉及的不只是修订的《刑法》第12条明文规定的有罪无罪和处罚轻重的问题,而且还包括其他一些有关的问题,如是否不受追诉时效的限制,能否适用酌定减轻,是否构成累犯,是否以自首论,是否认定为立功表现,能否撤销缓刑,能否适用假释,能否撤销假释等。对遇

---

① 引自最高人民检察院高检发释字[1997]4号司法解释,见《中华人民共和国最高人民检察院公报》1997年第5号,第25页。
② 引自最高人民法院法释[1997]12号司法解释,见《中华人民共和国最高人民法院公报》1998年第1期,第26页。

到的这些问题究竟是适用新法还是适用旧法来解决,也应当本着实事求是的精神,有个明确的解释,以便各级司法机关有所遵循。正因如此,最高人民法院于1997年9月25日作出《关于适用刑法时间效力规定若干问题的解释》①,该解释与修订的《刑法》同步施行,也即自1997年10月1日起施行。该解释对上述问题一一作了明确的回答,从而丰富了刑法时间效力的内涵,有利于司法实务的进行。该司法解释的内容如下:

(1)对于行为人1997年9月30日以前实施的犯罪行为,在人民检察院、公安机关、国家安全机关立案侦查或者在人民法院受理案件以后,行为人逃避侦查或者审判,超过追诉期限或者被害人在追诉期限内提出控告,人民法院、人民检察院、公安机关应当立案而不予立案,超过追诉期限的,是否追究行为人的刑事责任,适用修订前的《刑法》第77条的规定。

(2)犯罪分子1997年9月30日以前犯罪,不具有法定减轻处罚情节,但是根据案件的具体情况需要在法定刑以下判处刑罚的,适用修订前的《刑法》第59条第2款的规定。

(3)前罪判处的刑罚已经执行完毕或者赦免,在1997年9月30日以前又犯应当判处有期徒刑以上刑罚之罪,是否构成累犯,适用修订前的《刑法》第61条的规定;1997年10月1日以后又犯应当判处有期徒刑以上刑罚之罪的,是否构成累犯,适用《刑法》第65条的规定。

(4)1997年9月30日以前被采取强制措施的犯罪嫌疑人、被告人或者1997年9月30日以前犯罪,1997年10月1日以后仍在服刑的罪犯,如实供述司法机关尚未掌握的本人其他罪行的,适用《刑法》第67条第2款的规定。

(5)1997年9月30日以前犯罪的犯罪分子,有揭发他人犯罪行为,或者提供重要线索,从而得以侦破其他案件等立功表现的,适用《刑法》第68条的规定。

(6)1997年9月30日以前犯罪被宣告缓刑的犯罪分子,在1997年10月1日以后的缓刑考验期间又犯新罪、被发现漏罪或者违反法律、行政法规或者国务院公安部门有关缓刑的监督管理规定,情节严重的,适用《刑法》第77条的规定,撤销缓刑。

(7)1997年9月30日以前犯罪,1997年10月1日以后仍在服刑的犯罪分子,因特殊情况,需要不受执行刑期限制假释的,适用《刑法》第81条第1款的规定,报经最高人民法院核准。

(8)1997年9月30日以前犯罪,1997年10月1日以后仍在服刑的累犯以及因杀人、爆炸、抢劫、强奸、绑架等暴力性犯罪被判处10年以上有期徒刑、无期徒刑的犯罪分子,适用修订前的《刑法》第73条的规定,可以假释。

(9)1997年9月30日以前被假释的犯罪分子,在1997年10月1日以后的假释考验期内,又犯新罪、被发现漏罪或者违反法律、行政法规或者国务院公安部门有关假释的监督管理规定的,适用《刑法》第86条的规定,撤销假释。

---

① 参见《中华人民共和国最高人民法院公报》1997年第4期。

(10)按照审判监督程序重新审判的案件,适用行为时的法律。

另外,最高人民检察院对《刑法》第 12 条的理解与适用问题也作了若干解释,1997 年 10 月 6 日《关于检察工作中具体适用修订刑法第十二条若干问题的通知》中指出[①]：

(1)如果当时的法律(包括 1979 年《刑法》《惩治军人违反职责罪暂行条例》,全国人大常委会关于刑事法律的决定、补充规定,民事、经济、行政法律中"依照""比照"刑法有关条款追究刑事责任的法律条文,下同)、司法解释认为是犯罪,修订的《刑法》不认为是犯罪的,依法不再追究刑事责任。已经立案、侦查的,撤销案件;已批准逮捕的,撤销批准逮捕决定,并建议公安机关撤销案件;审查起诉的,作出不起诉决定;已经起诉的,建议人民法院退回案件,予以撤销;已经抗诉的,撤回抗诉。

(2)如果当时的法律、司法解释认为是犯罪,修订的《刑法》也认为是犯罪的,按从旧兼从轻的原则依法追究刑事责任:其一,罪名、构成要件、情节以及法定刑没有变化的,适用当时的法律追究刑事责任;其二,罪名、构成要件、情节以及法定刑已经变化的,根据从轻原则,确定适用当时的法律或者修订的《刑法》追究刑事责任。

(3)如果当时的法律不认为是犯罪,修订的《刑法》认为是犯罪的,适用当时的法律;但行为连续或者继续到 1997 年 10 月 1 日以后的,对 10 月 1 日以后构成犯罪的行为适用修订的《刑法》追究刑事责任。

[①] 参见《中华人民共和国法库·刑法卷》,人民法院出版社 2002 年版,第 8495 页。

第四章 犯罪概念与犯罪构成

第一节 犯罪概念

一、犯罪概念的类型

犯罪概念是要解决"什么是犯罪"的问题,也就是指犯罪的一般概念,而不是指具体罪如故意杀人罪、盗窃罪、放火罪等的具体概念。虽然犯罪的一般概念不能脱离具体罪的概念,它是从各种各样具体罪的概念中抽象出来的,但是这种理论抽象不是一蹴而就的,而是经过了长期的历史过程形成的。

在奴隶制和封建制国家的法律中,只有具体罪以及对具体罪的刑罚的规定,而并没有犯罪一般概念的规定。对犯罪确定一般概念,应当说是资产阶级反封建时期所提出的要求。18世纪欧洲启蒙思想家,为了反对罪刑擅断的封建刑法传统,极力倡导罪刑法定主义,主张应以事先法明确"什么是犯罪"。在此之后,犯罪概念才成为各国刑事立法和刑法理论中的一个重要问题。

外国学者和立法对于犯罪概念的表述多种多样,大致地加以归纳,可以分为形式概念、实质概念和混合概念三类。

(一) 犯罪的形式概念

犯罪的形式概念,仅从犯罪的法律特征上给犯罪下定义,而不揭示法律何以将该行为规定为犯罪。总的来说,就是把犯罪定义为违反刑事法律并且应当受到刑罚处罚的行为。在具体表述上又有如下几种:其一,认为犯罪就是违反刑事法律的行为。如德国刑法学家宾丁认为,犯罪即违反刑事制裁法律的行为。① 贝林格认为,犯罪是用法律类型化了的行为。② 其二,认为犯罪是依法应受刑罚处罚的行为。这种表述多见于资产阶级的刑事立法。如1810年《法国刑法典》第1条规定:"法律以违警刑所处罚之犯罪,称违警罪;法律以惩治刑所处罚之犯罪,称轻罪;法律以身体刑或名誉刑所处罚之犯罪,称重罪。"1937年《瑞士刑法典》第1条规定:"凡是用刑罚威胁所确实禁止的行为",就是犯罪行为。1953年修订的《印度刑法典》第40条规定:"'犯罪'一词,指本法典使其应受惩罚的事项"。其三,进一步以犯罪成立的条件来概括犯罪概念。如日本学者福田平和大塚仁指出:"刑法上的犯罪可以给它下一个定义,就是刑罚法规所规定的可罚行为,但在刑法上如果从成立条件来探讨这一形式概念时,则可以给它下一个定义,即所谓犯罪就是具备构成要件的、违法的、有责的行为。"③其四,

---

① 参见徐久生编著:《德国犯罪学研究探要》,中国人民公安大学出版社1995年版,第1页。
② 参见高铭暄主编:《刑法学原理》第1卷,中国人民大学出版社1993年版,第374页。
③ 〔日〕福田平、大塚仁编:《日本刑法总论讲义》,李乔等译,辽宁人民出版社1986年版,第38—39页。

结合刑法与刑事诉讼法,把犯罪表述为能够引起刑事诉讼程序的违法行为。这种概念见之于英美刑法理论,如格兰威尔·威廉在其《刑法教科书》中研究的犯罪概念是:"犯罪是一种可以提起刑事诉讼并导致刑罚的违法行为。"①犯罪的形式概念,是罪刑法定主义的重要体现,是反对封建主义罪刑擅断的产物,在历史上曾起过进步作用;但是,仅仅从犯罪的法律表现形式上而没有揭示犯罪的社会政治本质来给犯罪下定义,掩盖了资产阶级刑法镇压无产阶级和其他劳动人民的阶级实质,这对于广大人民来说是有一定欺骗性的。

（二）犯罪的实质概念

犯罪的实质概念,不强调犯罪的法律特征,而试图揭示犯罪现象的本质所在,或者说,是想说明犯罪行为之所以被刑法规定为犯罪的根据和理由。

在资产阶级刑法学者中也有人作出犯罪的实质概念。例如,刑事古典学派创始人贝卡里亚说:"衡量犯罪的真正标尺,即犯罪对社会的危害。"②"有些犯罪直接地毁伤社会或社会的代表;有些犯罪从生命、财产或名誉上侵犯公民的个人安全;还有一些犯罪则属于同公共利益要求每个公民应做和不应做的事情相违背的行为。"③刑事实证学派的代表人物加罗法洛说:"犯罪一直是一种有害行为,但它同时又是一种伤害某种被某个聚居体共同承认的道德情感的行为。"④"在一个行为被公众认为是犯罪前所必需的不道德因素是对道德的伤害,而这种伤害又绝对表现为对怜悯和正直这两种基本利他情感的伤害……我们可以确切地把伤害以上两种情感之一的行为称为'自然犯罪'。"⑤此外,也还有其他一些说法,如"凡是从行为的有害倾向性观点,被认为是反对整个社会的违法行为都是犯罪行为"。"犯罪是对他人权利的一种侵犯行为,是对权利的普遍性的否定,换言之,也是对法律秩序的否定。""犯罪的本质就在于犯罪人为了实现个人的自由而实施侵害他人自由的行为。因此,犯罪是出于不道德的动机而实施的不道德行为。"⑥如此等等。上述所引证的这些犯罪概念,表面上看似乎揭露了一点犯罪对社会的危害性,比起犯罪的形式概念在认识上前进了一步、深化了一步,但是,由于它们根本上是抹杀资本主义社会剥削阶级同被剥削阶级利益的对立,把资产阶级的利益说成是全社会的利益,把法律秩序说成是超阶级的普遍性权利,这样也就像形式主义的犯罪概念一样,仍然掩盖了犯罪的阶级实质。

真正科学地阐明犯罪的实质概念的是马克思主义。马克思和恩格斯在《德意志意识形态》一书中精辟地指出:"犯罪——孤立的个人反对统治关系的斗争,和法一样,也不是随心所欲地产生的。相反地,犯罪和现行的统治都产生于相同的条件。"⑦这是关于犯罪的经典论述。这段论述既深刻又简练地指出了犯罪的阶级实质及其产

---

① 欧阳涛等:《英美刑法刑事诉讼法概论》,中国社会科学出版社1984年版,第25页。
② 〔意〕贝卡里亚:《论犯罪与刑罚》,黄风译,中国大百科全书出版社1993年版,第25页。
③ 同上书,第69页。
④ 〔意〕加罗法洛:《犯罪学》,耿伟、王新译,中国大百科全书出版社1996年版,第21—22页。
⑤ 同上书,第44页。
⑥ 高格:《比较刑法学》,长春出版社1991年版,第82—83页。
⑦ 《马克思恩格斯全集》第3卷,人民出版社1960年版,第379页。

生的条件,阐明了犯罪与现行统治的关系,揭示了犯罪的本质属性。

犯罪的阶级本质就在于:犯罪是"孤立的个人反对统治关系的斗争"。这里包含两层意思:

首先,犯罪是一种反抗"统治关系"的斗争。所谓"统治关系",是指一种阶级压迫关系,就是掌握国家权力的阶级为了维护本阶级的利益而建立或认可的社会关系,也就是维护统治阶级政治、经济利益的一种法律秩序。犯罪,就是反抗这种统治关系和法律秩序的行为。当然,说犯罪是反抗统治关系的行为,并不等于说一切反抗统治关系的行为都是犯罪。因为,统治关系的方面很多,包括政治关系、经济关系、思想文化关系、道德关系等;反抗的程度也有所不同。比如,民事违法、行政违法、违反道德等,就不是犯罪问题。关于这一点,我们可以联系恩格斯另外一个著名的论断:"蔑视社会秩序的最明显最极端的表现就是犯罪。"[①]社会秩序乃是统治阶级赖以维护其统治的最基本的条件。没有一个安定的社会秩序,统治阶级就无法正常地行使它的权力和职能。从这个意义上说,蔑视社会秩序,也就是蔑视统治关系,二者是一致的。但是,蔑视社会秩序的表现并不一定都是犯罪,而是要达到"最明显、最极端"的程度,也即社会危害性严重,已经超出了刑法以外的其他法律规范所能调整的范围,才能被认定为犯罪。

其次,犯罪是"孤立的个人"进行的反抗行为。所谓"孤立的个人",是指某一社会统治秩序下单个的社会成员,既有敌对阶级的,也有本阶级内部的。"孤立的个人"之所以反抗现行统治关系,原因和目的是多种多样的。有的可能是政治性的,如意图推翻现行统治,建立新的统治;有的则可能是非政治性的,如为了满足一时的欲望、要求和利益而实施犯罪。这种"孤立的个人"的反抗行为,不同于一个阶级反抗另一个阶级、一个民族反抗另一个民族、一个国家反抗另一个国家。后者属于整个的阶级斗争、民族斗争、国家之间的斗争及战争问题,不属于刑法所规定的犯罪问题。假如战争中胜利的一方对战败的一方以"战犯""国事犯"等罪名实施刑事惩罚,那也只是对战败方的某些个人适用刑事惩罚,而不可能对战败一方的整个阶级、整个民族、整个国家实施刑事惩罚。"孤立的个人"是相对于整个阶级、整个民族、整个国家而言的。即使犯罪人以共同犯罪、单位犯罪的形式出现,同样只不过是单个的犯罪人的组合或放大而已,并不影响犯罪是"孤立的个人反对统治关系的斗争"这一具有普遍意义的科学论断。

马克思主义关于犯罪的实质概念,在十月革命以后苏联刑事立法上得到了表现。1919年的《苏俄刑法指导原则》第6条规定:"犯罪是危害某种社会关系制度的作为或不作为。"1922年的《苏俄刑法典》第6条规定:"威胁苏维埃制度基础及工农政权在向共产主义过渡时期所建立的法律秩序的一切危害社会的作为或不作为,都被认为是犯罪。"1926年的《苏俄刑法典》也规定:"目的在于反对苏维埃制度或者破坏工农政权在向共产主义过渡时期所建立的法律秩序的一切作为或不作为,都认为是危

[①] 《马克思恩格斯全集》第2卷,人民出版社1957年版,第416页。

害社会的行为。对于形式上虽然符合本法分则任何条文所规定的要件,但因为显著轻微,并且缺乏损害结果,而失去危害社会的性质的行为,不认为是犯罪行为。"苏联20世纪20年代的主要刑法教科书中,都对犯罪的实质概念加以详尽分析,而不涉及犯罪的形式概念。正如苏联刑法学家 M. A. 切列佐夫—别布托夫所写:"资产阶级刑法典是从形式上规定犯罪的定义,把犯罪看成是实施时即为法律禁止,并应受惩罚的行为。苏维埃立法则与此不同,它是从实质上,也就是从对法律秩序的损害上、危害上来规定犯罪的定义的。"① 当然,仅注意犯罪的实质而忽视犯罪的法律表现形式,那也不是正确的马克思主义态度,而且容易倒向法律虚无主义。马克思认为,任何犯罪都是"侵犯法"的行为,是对法的否定,国家对犯罪行为适用刑罚,是"法对侵犯法的胜利",是法的恢复。② 可见,马克思在作出犯罪实质概念的时候,也并不忽略犯罪的法律表现形式。苏联在十月革命以后的最初一二十年,比较强调犯罪的阶级实质,但以后也开始注意把实质与形式统一起来,这就形成所谓犯罪的混合概念。

(三) 犯罪的混合概念

犯罪的混合概念,是指犯罪的实质概念和形式概念合二为一,既指出犯罪的本质特征,又指出犯罪的法律特征的概念。这种混合概念首先出现于20世纪30年代末全苏法律科学研究所集体编写的、供法律高等院校使用的《刑法总则》教科书。在该书第3版中,除指出社会危害性这个特征外,还指出了像罪过、应受惩罚性这样一些特征。在1948年出版的苏维埃刑法总则教科书中,A. A. 皮昂特科夫斯基指出,犯罪特征除社会危害性之外,还有应受惩罚性和罪过;而在1952年的刑法总则教科书中,他进一步把像违法性这样的特征列入了犯罪概念之中。他写道:"犯罪乃是对社会主义国家或社会主义法律秩序有危害的、违法的、有罪过的、应受惩罚的作为或不作为。"此后苏联学者研究犯罪概念,基本上都主张这种混合概念。③ 1958年的《苏联和各加盟共和国刑事立法纲要》第7条规定:"凡是刑事法律规定的危害苏维埃社会制度或国家制度,破坏社会主义经济体系和侵犯社会主义所有制,侵犯公民的人身、政治权利、劳动权利、财产权利和其他权利的危害社会的行为(作为或不作为),以及刑事法律规定的违反社会主义法律秩序的其他危害社会的行为,都是犯罪。"1960年《苏俄刑法典》第7条也作出了同样规定。应当说,苏联刑法理论与刑事立法所采纳的这种混合概念,成了其他社会主义国家的刑法理论和刑事立法研究犯罪概念的样板,包括中国在内的大多数社会主义国家,在犯罪概念问题上,混合概念是占主导地位的。不过,资本主义国家也存在犯罪混合概念的主张,例如,德国著名刑法学家、原国际刑法学协会主席耶赛克认为,犯罪是行为人实施的符合犯罪构成、危害社会因而应受刑罚处罚的不法行为。④ 也是既指出了犯罪的形式特征——刑事违法性,又指出

---

① [苏]皮昂特科夫斯基等:《苏联刑法科学史》,曹子丹等译,法律出版社1984年版,第19—20页。
② 参见《马克思恩格斯全集》第1卷,人民出版社1956年版,第166页。
③ 参见[苏]皮昂特科夫斯基等:《苏联刑法科学史》,曹子丹等译,法律出版社1984年版,第23—24页。
④ 参见徐久生编著:《德国犯罪学研究探要》,中国人民公安大学出版社1995年版,第2页。

了犯罪的实质特征——社会危害性。只是在进一步论述何为社会危害性的问题上,不可避免地会出现理论分歧。社会主义刑法将社会危害性的实质归结为对阶级统治的危害,而资产阶级刑法学者则会否认这一点,多将社会危害性解释为对全社会法益的侵害。苏联解体以后,1997年1月1日起施行的《俄罗斯联邦刑法典》第14条规定了如下的犯罪概念:"本法典以刑罚相威胁所禁止的有罪过地实施的危害社会的行为,被认为是犯罪。""行为(含不作为)虽然形式上含有本法典规定的某一行为的要件,但由于情节轻微而不具有社会危害性,即未对个人、社会或国家造成损害或构成损害威胁,不是犯罪。"将这条规定的犯罪概念与1960年《苏俄刑法典》第7条规定的犯罪概念加以比较,不难发现,二者皆属犯罪的混合概念,但从如何描述社会危害性方面来说,二者是大相径庭的。

二、我国刑法中的犯罪概念

我国《刑法》第13条规定:"一切危害国家主权、领土完整和安全,分裂国家、颠覆人民民主专政的政权和推翻社会主义制度,破坏社会秩序和经济秩序,侵犯国有财产或者劳动群众集体所有的财产,侵犯公民私人所有的财产,侵犯公民的人身权利、民主权利和其他权利,以及其他危害社会的行为,依照法律应当受刑罚处罚的,都是犯罪,但是情节显著轻微危害不大的,不认为是犯罪。"这个定义是对我国社会上形形色色犯罪所作的科学概括,是我们认定犯罪、划分罪与非罪界限的基本依据。

根据我国《刑法》第13条的规定,可以看出,犯罪这种行为有以下三个基本特征:

(1) 犯罪是危害社会的行为,即具有一定的社会危害性。

行为具有一定的社会危害性,是犯罪最基本的特征。所谓社会危害性,即指行为对刑法所保护的社会关系造成或可能造成这样或那样损害的特性。在社会主义社会,由于人民当家做主,国家和人民的利益是完全一致的,所以,犯罪的社会危害性,也就是指对国家和人民利益的危害性,犯罪的本质就在于它危害了国家和人民的利益,危害了社会主义社会。如果某种行为根本不可能给社会带来危害,法律就没有必要把它规定为犯罪,也不会对它进行惩罚。某种行为虽然具有社会危害性,但是情节显著轻微危害不大的,也不认为是犯罪。例如,小偷小摸,数额很小,不能当作盗窃罪;与邻居吵架,沉不住气,动手打了对方,但没有打伤,或者伤得很轻微,比如把对方的鼻子打青了,或者把牙打出血了,这种行为是错误的,应当批评教育,甚至给予必要的处分,但不能当作故意伤害罪。由此可见,没有社会危害性,就没有犯罪;社会危害性没有达到相当的程度,也不构成犯罪。

我国《刑法》第13条通过列举犯罪所侵犯的客体,揭示了犯罪的社会危害性的各个方面的表现。概括起来说,它表现在以下几个方面:第一,危害社会主义的国体、政体和国家安全;第二,危害社会公共安全;第三,破坏社会主义市场经济秩序;第四,侵犯公民的人身权利、民主权利;第五,侵犯国有财产、集体财产和公民私有财产;第六,破坏社会秩序;第七,危害国防利益、军事利益;第八,危害国家行政、司法秩序及公务活动的廉洁性。这些方面概括地反映了在我国犯罪的社会危害性的基本内容。危害其中的任何一个方面,都是对我国社会主义社会关系的侵犯,都是在不同程度上妨害我国社会沿着社会主义道路顺利向前发展。如果只看到犯罪分子给某一个人、某一个单位造成这样那样的损害,而看不到犯罪在总体上对我国社会主义社会关系的危害,是不可能真正认识犯罪的本质的。

那么,社会危害性的轻重大小是由什么决定的呢?主要决定于以下几个方面:

一是决定于行为侵犯的客体,即行为侵犯了什么样的社会关系。例如,危害国家安全罪侵犯的是社会主义的国体、政体和国家安全,因此,危害国家安全罪比其他犯罪的社会危害性要大,是最危险的犯罪。放火罪、爆炸罪危害公共安全即广大人民生命财产的安全,社会危害性也很大。故意杀人罪危害人的生命,故意伤害罪危害人的健康,二者的社会危害性就有所不同。

二是决定于行为的手段、后果以及时间、地点。犯罪的手段是否凶狠,是否残酷,使用不使用暴力,在很大程度上决定着社会危害性的轻重大小,例如,抢劫公私财物就比抢夺公私财物危害严重;杀人后碎尸就比一般故意杀人更为恶劣。危害后果是衡量社会危害性程度的重要因素,例如,盗窃 500 元与盗窃 1 万元;杀死 1 人与杀死数人,其社会危害性程度显然是不同的。在战时犯罪还是平时犯罪,社会危害性也不一样。趁自然灾害(如火灾、水灾、震灾)的时候作案(趁火打劫),在社会治安不好的时候进行抢劫、强奸等犯罪活动,其社会危害性则更大。

三是决定于行为人的情况及其主观因素,如成年人还是未成年人,故意还是过失,有预谋或没预谋;动机、目的的卑劣程度;偶尔犯罪还是累犯、惯犯。这些情况,在社会心理上的影响是不同的,所以它们对社会危害性程度也是起制约作用的。

总起来说,上述这几个方面都决定着社会危害性的大小。

如何考察社会危害性呢?

一是要用历史的观点看问题。社会危害性是一个历史的范畴。社会发展了,社会条件变化了,社会危害性也随之发生变化。同一种行为,在这一时期符合社会发展的要求,就允许做;在另一时期,有害于社会发展,就不允许做。例如,中华人民共和国成立之初,正值国民经济恢复时期,允许私商开粮店、布店等,这对国家、对人民都有利,后来由于私商囤积居奇,操纵市场,加之抗美援朝,物资紧张,为了稳定市场,保障人民生活,国家就采取了统购统销政策,不再允许私人贩卖粮食、布匹、食用油等。又例如,国家实行改革、开放、搞活的政策以来,纠正了历史上一些"左"的做法,以前不允许的,现在允许了,如某些长途贩运;如科学技术人员利用业余时间向社会提供技术服务,收取适当报酬归己等。所以,考察一种行为是否具有社会危害性,要用历史的、发展的眼光来观察。

二是要有全面的观点。社会危害性是由多种因素决定的。衡量社会危害性是大是小,不能只看一种因素,如危害结果,而要全面综合各种主客观情况。不仅要看到有形的、物质性的危害,还要看到对社会政治、对人们的社会心理带来的危害。

三是要透过现象抓住事物的本质。比如,某人把另一人杀死了,就要问这是什么性质的杀人,有无社会危害性,危害性有多大等。这就是说,要透过杀死人这一现象,把握事件的实质。人命案件中有的是故意杀人,有的是过失致人死亡,也有的是正当防卫杀人,需要经过仔细调查予以判明。所以,要搞清行为有无社会危害性以及危害性的大小,就要透过事物的现象看到本质,这样才能把握行为的实质。

(2) 犯罪是触犯刑律的行为,即具有刑事违法性。

违法行为有各种各样的情况:有的是违反民事法律、法规,经济法律、法规,叫民事违法行为、经济违法行为;有的是违反行政法律、法规,叫行政违法行为。犯罪也是违法行为,但不是一般违法行为,而是违反刑法即触犯刑律的行为,是刑事违法行为。违法并不都是犯罪,只有违反刑法的才构成犯罪。例如,盗窃、诈骗少量财物,属于违反治安管理处罚法的行为;只有盗窃、诈骗公私财物数额较大的,才构成刑法中的盗窃罪、诈骗罪。一般的干涉婚姻自由,属于违反婚姻法的行为,而暴力干涉婚姻自由,则是刑法所禁止的犯罪行为,如此等等。可见,只有当危害社会的行为触犯了刑律的时候,才构成犯罪。行为的社会危害性是刑事违法性的基础;刑事违法性是社会危害性在刑法上的表现。只有当行为不仅具有社会危害性,而且违反了刑法,具有刑事违法性,才可能被认定为犯罪。

(3) 犯罪是应受刑罚处罚的行为,即具有应受惩罚性。

任何违法行为,都要承担相应的法律后果。民事违法行为要承担民事责任,如排除妨碍、赔偿损失、返还财产、支付违约金等。行政违法行为要受行政处罚,如罚款、行政拘留等,或者要受行政处分,如警告、记过、降职、撤职、留用察看、开除公职等。对于违反刑法的犯罪行为来说,则要承担刑罚处罚的法律后果。犯罪是适用刑罚的前提,刑罚是犯罪的法律后果。因此,应受刑罚处罚也是犯罪的一个基本特征。应受惩罚性这个特征将犯罪与刑罚这两种社会现象联系起来,也就是从一个现象与另一个现象的联系中来阐明这个现象的特性。这个特征表明,如果一个行为不应当受刑罚处罚,也就意味着它不是犯罪。不应受惩罚和不需要惩罚是两个意思。不应受惩罚,是指行为人的行为根本不构成犯罪,当然就不存在应受惩罚的问题;而不需要惩罚,是指行为人的行为已经构成了犯罪,本应惩罚,但考虑到具体情况,例如犯罪情节轻微,或者有自首、立功等表现,从而免予刑事处罚。免予刑事处罚说明,行为还是犯罪的,只是不给刑罚处罚罢了,它与无罪不应当受惩罚是性质不同的两码事,不能混淆。

犯罪的以上三个基本特征是紧密结合的。一定的社会危害性是犯罪最基本的属性,是刑事违法性和应受惩罚性的基础。社会危害性如果没有达到违反刑法、应受刑罚处罚的程度,也就不构成犯罪。因此,这三个特征都是必要的,是任何犯罪都必然具有的。而其他违法行为则不具备这样三个基本特征。对其他违法行为来说,社会危害性虽然也有一些,但没有达到像犯罪这样严重的程度,它们并不触犯刑律,也不应受刑罚处罚。所以,这三个基本特征也就把犯罪与不犯罪、犯罪与其他违法行为从总体上区别开来了。

第二节 犯罪构成

一、犯罪构成的历史沿革

犯罪构成的观念,最早可以追溯到中世纪意大利纠问式诉讼程序中的"犯罪的确证"概念。在这种纠问式诉讼过程中,法院首先必须调查是否有犯罪存在(一般审问),在得到存在犯罪的确证之后,才能对特定的嫌疑人进行审问(特别审问)。后来,从"犯罪的确证"一词又引申出"犯罪事实"一词,这是1581年意大利刑法学家法利那休斯(Farinacius)首先采用的。这个概念用以说明是否有客观犯罪事实的存在,如果没有"犯罪事实",就不能进行特别审问。1796年,德国刑法学家克莱因(E. F. Klein)将"犯罪事实"一词译成"犯罪构成",但当时只有诉讼法上的意义。直到19世纪初,德国著名刑法学家费尔巴哈(A. Feuerbach)才明确地把犯罪构成作为刑法学上的概念来使用。费尔巴哈是心理强制说的创始人,也是罪刑法定主义的首创者。罪刑法定主义要求,任何行为被作为犯罪并对之科以任何刑罚,都必须根据法律的规定来确定。从这一原则出发,费尔巴哈把刑法分则上关于犯罪成立的条件称为犯罪构成,指出:"犯罪构成就是违法行为中所包含的各个行为的或事实的诸要件的总和"。他还强调指出:"只有存在客观构成要件的场合,才可以被惩罚。"这个原则在他参与制定的1813年《巴伐利亚刑法典》中得到了具体体现。该法典第27条规定:"当违法行为包括依法属于某罪概念的全部要件时,就认为它是犯罪。"费尔巴哈的同时代人斯鸠别尔(C. C. Stübel)也提出并论述了犯罪构成问题,他在1805年出版的《论犯罪构成》一书中指出:"犯罪构成就是那些应当判处法律所规定的刑罚的一切情况的总和。"20世纪后,经过德国刑法学家贝林格(E. Beling, 1866—1932)、麦兹格(E. Mezger, 1884—1962)和迈耶(M. E. Mayer, 1875—1923)等人的不断努力,构成要件才从刑法各论的概念中抽象出来发展为刑法总论的理论体系的基干。

贝林格在其1905年著作《刑法的纲要》和1906年著作《犯罪论》中首先提出他的构成要件理论。他将刑法分则的特殊构成要件概念化、理论化并上升为刑法总则的犯罪概念中心,使构成要件与违法性、责任等联系起来,共同组成犯罪概念,通过构成要件使全部刑法分则与刑法总则有机统一起来,从而建立了一个统一的犯罪论体系。贝林格的构成要件理论奠定了现代资产阶级犯罪构成理论的基础。贝氏认为,任何犯罪成立都必须具备这样六个条件:(1)行为;(2)行为符合构成要件;(3)行为是违法的;(4)行为是有责的;(5)行为有相应处罚的规定;(6)行为具备处罚的条件。贝林格起初将构成要件视为"表明犯罪类型轮廓的全部要素",但同时认为构成要件是纯客观的、记述性的,不包含主观的、规范性的内容,即不包含任何价值判断的东西。到了晚年,贝林格对自己的理论进行了重大修正,他将原来称为"构成要件"的东西改为"犯罪类型",认为构成要件与犯罪类型有别,指出构成要件是犯罪类型的观念上的指导形象,从而使构成要件与违法性、有责性相分离。贝林格的观点一方面旨在建立犯罪论体系,另一方面在于维护罪刑法定原则。

贝林格的犯罪构成理论问世以后,在德国刑法学界引起了争论,争论的中心是构成要件与违法性的关系问题以及构成要件是否包含规范的及主观的要素问题。1915年,迈耶发表了他的名著《刑法总论》,全面阐述了他的犯罪构成要件理论。他将贝林格提出的犯罪成立的六个条件简化为三个:构成要件符合性、违法性和归责性。他认为,法律上的构成要件是违法性的认识根据,所以必须由纯客观的、无价值的事由来构成,但是,实际上在法律上的构成要件当中可以发现有规范的要素和主观的要素。根据迈耶的构成要件理论,构成要件符合性(具体事实符合抽象的构成要件)是违法性认识的根据,行为符合构成要件就可以推定为违法,只有在具有违法阻却事由时,符合构成要件的行为才不具有违法性。麦兹格则进一步发展了迈耶的理论,指出构成要件符合性不仅是违法性的认识根据,而且是违法性的存在根据。不过,他认为构成要件符合性不是独立的犯罪成立要件,而是修饰各种成立要件的概念,例如,符合构成要件的行为,符合构成要件的违法,符合构成要件的责任。他将行为、违法、责任列为犯罪论的核心。所以这一理论被称为新构成要件论。目前,大陆法系国家刑法理论普遍认为,犯罪成立必须具备三个条件:构成要件符合性(或该当性)、违法性、有责性。

与大陆法系刑法中犯罪构成理论不同,苏联社会主义刑法理论中的犯罪构成理论诞生较晚,但也经历了一个曲折的历史过程。早在20世纪20年代中期出版的一些刑法教科书中,犯罪构成理论就开始得到论述。著名刑法学家特拉伊宁(1883—1957)在1925年出版的《苏俄刑法教科书》中提出,必须把刑事责任的根据问题与具体的犯罪构成紧密联系起来加以研究,他指出:"有一条基本原则始终是不可动摇的,即行为只有符合分则罪状规定的犯罪构成才能受刑事惩罚。"20世纪20年代后期,法律虚无主义在全苏开始泛滥,并直接影响到刑事立法和刑法理论,因此,犯罪构成理论乃至整个刑法理论都受到严重的冲击。及至1936年苏联宪法颁行,犯罪构成理论研究才发生转机。1938年出版的、由全苏法学研究所集体编写、供法律高等院校使用的《刑法总则》教科书,全面地论述了犯罪构成的主体、主观方面、客体、客观方面这四个要件,认为所谓犯罪构成是"构成犯罪的诸要件的总和";并强调指出:"为了要认定有责任能力的人应对其犯罪行为负担刑事责任,仅仅查明犯罪行为由该人实施是不够的,还需查明该人实施这种犯罪时有无罪过。"这里实际上已经明确提出犯罪必须是主客观因素的统一的观点。1946年特拉伊宁教授的《苏维埃刑法上的犯罪构成》一书出版(1957年修订改名为《犯罪构成的一般学说》),这是苏联关于犯罪构成理论的第一部专著,它全面、系统地论述了犯罪构成的概念、意义和犯罪构成理论的体系结构,研究了与犯罪构成有关的各种问题。书中指出:"犯罪构成乃是苏维埃法律认为决定具体的、危害社会主义国家的行为(或不作为)为犯罪的一切客观要件和主观要件(因素)的总和",并且认为犯罪构成是刑事责任的唯一根据。1958年以后,苏联的犯罪构成理论进入了新的发展阶段。刑事责任理论的研究,定罪问题的提出,进一步深化了犯罪构成理论。

新中国的犯罪构成理论是20世纪50年代初期从苏联引进的,经过多年的研讨、修正和发展,形成了具有中国特色的犯罪构成理论,它在我国刑法理论中占有十分重要的地位。当然,我国犯罪构成理论方面的研究成果虽然不少,但其中一些问题还有争论,有待于深入研究与突破。

二、犯罪构成的概念

犯罪构成与犯罪概念是两个既有密切联系又有区别的概念。犯罪概念是犯罪构成的基础,犯罪构成是犯罪概念的具体化。犯罪概念回答的问题是:什么是犯罪?犯罪有哪些基本属性?犯罪构成则进一步回答:犯罪是怎样成立的?它的成立需要具备哪些法定条件?也就是说,它所要解决的是成立犯罪的具体标准、规格问题。通过犯罪构成一系列主客观要件的综合,具体说明什么样的行为是危害社会的、触犯刑律的,因而是应受刑罚处罚的。也就是说,犯罪概念的各个基本属性是通过犯罪构成来具体说明的。犯罪概念是从总体上划清罪与非罪的界限,而犯罪构成则是分清罪与非罪、此罪与彼罪界限的具体标准,犯罪构成,就是依照我国刑法的规定,决定某一具体行为的社会危害性及其程度而为该行为构成犯罪所必需的一切客观和主观要件的有机统一。

从这个定义可以看出:

(1) 犯罪构成是一系列主客观要件的有机统一。任何一个犯罪构成都是包括许多要件的,这些要件有表明犯罪客体、客观方面的,有表明犯罪主体、主观方面的,它们的有机统一就形成某种罪的犯罪构成。比如,依照我国《刑法》第 263 条的规定,构成抢劫罪必须是:① 使用了暴力、胁迫或者其他方法;② 抢了公私财物;③ 行为人是达到刑事责任年龄、具有刑事责任能力的人;④ 主观上有抢劫的故意。这几个要件综合在一起,就是抢劫罪的犯罪构成。我国《刑法》规定有四百多种具体罪,每一种具体罪都有自己的犯罪构成,而每一种具体犯罪的构成,都是一系列要件的有机统一。所谓有机统一,就是说这些要件是有内在联系的、缺一不可的。

(2) 任何一种犯罪都可以由许多事实特征来说明,但并非每一个事实特征都是犯罪构成的要件;只有对行为的社会危害性及其程度具有决定意义而为该行为成立犯罪所必需的那些事实特征,才是犯罪构成的要件。犯罪构成与案情这两个概念虽有联系,但不是同一个意思。犯罪构成是案情中最重要的部分,是基本的案情;然而,还有些案件情况不一定是犯罪构成的要件。例如,某青年某日晚上在一条僻静胡同里抢夺了一名妇女的黑色拎包,内有 3000 元人民币。在这一案件中,有很多案情事实,但真正对犯罪构成有意义的只是:实施了抢夺行为;抢夺的他人财物数额较大;行为人有不法占有他人财物的目的;行为人是达到刑事责任年龄,具有刑事责任能力的人。不是构成要件的案件情况对定罪无意义,但对量刑或者诉讼证据可能有一定的意义。

(3) 行为成立犯罪所必须具备的诸要件,是由我国刑法加以规定或包含的。换言之,事实特征必须经由法律的选择,才能成为犯罪构成的要件。在立法者看来,正是这些要件的综合,对于说明该行为成立犯罪恰到好处,缺少其中一个要件不行,但再附加什么也不必要。行为是否构成犯罪与是否触犯刑律是一致的。说某种行为构成犯罪，就是因为它触犯了我国刑法的规定，具备了刑法所规定的和包含的构成要件。应当指出，刑法对犯罪构成的规定，由刑法总则与刑法分则共同实现。刑法分则规定的是各种具体犯罪的具体构成要件；总则规定了各种具体犯罪的共同要件。在根据分则条文认定具体犯罪的时候，绝不能忽视总则条文规定的犯罪构成共同要件。只有把总则和分则密切结合起来，才能全面把握犯罪构成要件，做到正确定罪。根据我国刑法，任何一种犯罪的成立都必须具备四个方面的构成要件，即犯罪客体、犯罪客观方面、犯罪主体、犯罪主观方面的构成要件。

犯罪客体，是指刑法所保护而为犯罪所侵犯的社会主义社会关系。

犯罪客观方面，是指犯罪活动的客观外在表现，包括危害行为、危害结果以及危害行为与危害结果之间的因果关系。有些罪的犯罪构成还要求发生在特定的时间、地点或者使用特定的方法。

犯罪主体，是指达到法定刑事责任年龄、具有刑事责任能力、实施危害行为的自然人。有的犯罪构成还要求特殊主体，即具备某种职务或者身份的人。少数犯罪，根据法律的特别规定，企业事业单位、机关、团体也可成为犯罪主体。

犯罪主观方面，是指行为人有罪过（包括故意和过失）。有些罪的犯罪构成还要求有特定的犯罪目的或动机。

形形色色的案件，构成犯罪的具体要件不一样，但所有具体要件，都可归属于以上四个方面。

三、研究犯罪构成的意义

研究犯罪构成的意义有三：第一，为追究犯罪人的刑事责任提供根据；第二，为划分罪与非罪、此罪与彼罪的界限提供标准；第三，为无罪的人不受非法追究提供法律保障。

犯罪构成的理论，是刑法科学中极其重要的理论，在整个社会主义刑法理论体系中占据中心的地位，是正确认定犯罪的理论基础。由于它是对一切犯罪的构成所作的科学抽象和概括，反映出犯罪构成的共同特征，因而对分析具体的犯罪构成，正确定罪量刑，具有指导意义。它好比外科手术用的解剖刀，可以解剖任何一种犯罪构成；同时，它对于深刻地分析诸如共同犯罪、犯罪停止形态、一罪和数罪、刑法分则的体系等问题，都有重要的指导意义。严格按照我国刑法规定分析犯罪构成，体现了社会主义的法治原则。这一原则要求，为了认定某人构成犯罪，就必须确定在其行为中具有某种犯罪构成。这是追究刑事责任的基础。不依据犯罪构成就任意追究行为人的刑事责任，是对公民权利和自由的侵犯。所以司法工作者必须了解、掌握、研究犯罪构成的理论，按照法律所规定的犯罪构成的原理、原则去分析、处理刑事案件，以保证刑事司法工作合乎规范。

第五章 犯罪客体

第一节 犯罪客体概述

一、犯罪客体的概念

犯罪客体是我国刑法所保护的、为犯罪行为所侵害的社会关系。犯罪客体是构成犯罪的必备要件之一。行为之所以构成犯罪，首先就在于侵犯了一定的社会关系，而且侵犯的社会关系越重要，其对社会的危害性就越大。如果某一行为并未危害刑法所保护的社会关系，就不可能构成犯罪。

社会关系是人们在共同生产、生活中形成的人与人之间的相互关系，包括物质关系（经济基础）和思想关系（上层建筑）。按《辞海》解释，社会关系是"人们在社会活动和交往过程中所形成的相互关系的总称。最基本的可分为物质的社会关系和精神的社会关系两大类。……社会关系在历史上是具体的和发展变化的"[①]。某一社会形态下的社会关系决定了社会的政治、经济、思想、道德、文化的基本形态和人们之间的基本关系。犯罪行为通过危害社会的基本形态和人们之间的基本关系，从而使该社会的社会关系受到危害。刑法作为惩处犯罪、遏制犯罪的必要手段，通过处罚犯罪实现对社会关系的保护。

社会关系涉及社会生活的方方面面、各个领域。为犯罪所侵害的、受我国刑法保护的社会关系仅仅是其中最重要的一部分。概括而言，这部分社会关系包括国家安全、公共安全、市场经济秩序、公民人身权利和民主权利、财产所有权、社会管理秩序、国防利益、国家廉政建设制度、国家机关正常管理秩序、军事利益等。国家为了有效维持社会的正常运转，根据社会关系的重要性程度，分别运用不同的规范对其予以调整。对重要性较为一般的友谊、恋爱、邻里、师生等社会关系，采取道德规范予以调整。对于比较重要的婚姻家庭、经济秩序、财产权利等社会关系，运用民法、经济法、行政法规范予以调整，其中可能遭受严重侵害、确需强化调整力度的社会关系，则由刑法规范予以调整。对涉及国家安全、社会制度等至为重要的社会关系，则由刑法予以保护。需要指出的是，在我国社会主义制度下所有重要的社会关系都受到我国刑法的保护，但并不能因此称这些社会关系就是犯罪客体，这些社会关系只有受到危害行为的危害时，才能称之为犯罪客体。刑法调整社会关系的选择性，是刑法谦抑性的体现。刑法有选择地调整社会关系的基本属性，同时意味着刑法调整社会关系的范围应作适时的缩小或扩大，例如，我国1997年修订的《刑

[①] 参见《辞海》（缩印本），上海辞书出版社2000年版，第1911页。

法》取消了投机倒把罪,《刑法修正案(八)》增设了危险驾驶罪、拒不支付劳动报酬罪等。

二、我国刑法对犯罪客体的规定方式

犯罪之所以具有社会危害性,首先是由行为侵犯一定的社会关系所决定的。行为所侵犯的社会政治意义越大,犯罪的社会危害性也就越大。我国刑法对犯罪客体的规定,采取了多种多样的方式:

(1) 有的条文明确揭示犯罪客体。例如,《刑法》第102条揭示背叛国家罪的客体是中华人民共和国的主权、领土完整和安全;第221条明确指出损害商业信誉、商品声誉罪的客体是他人的商业信誉、商品声誉;第371条第1款规定的聚众冲击军事禁区罪,条文揭示其客体为军事禁区秩序。

(2) 有的条文指出犯罪客体的物质表现,通过物质表现表明犯罪客体。例如,《刑法》第206条规定了伪造、出售伪造的增值税专用发票罪,条文指出的增值税专用发票就是犯罪客体的物质表现,通过这种物质表现表明本罪的客体是国家对增值税专用发票的管理制度。再如,《刑法》第210条之一规定了持有伪造的发票罪,条文指出的伪造的发票就是犯罪客体的物质表现,通过此种物质表现表明该罪的客体是国家对发票的管理制度。

(3) 有的条文指出被侵犯的社会关系的主体,通过对被侵犯的社会关系主体特征的揭示,表明其所侵犯的特定的社会关系即该罪客体。例如,《刑法》第236条规定的强奸罪,条文显示女性(即妇女和幼女)是被侵犯的特定社会关系的主体,据此表明强奸罪的客体是女性的性的自由权利和幼女的身心健康权利。

(4) 有的条文指出对某种法规的违反,某种法规本身并不是犯罪客体,而法规所调整和保护的特定社会关系,则是具体犯罪的客体。例如,《刑法》第337条规定,违反有关动植物防疫、检疫的国家规定,引起重大动植物疫情的,或者有引起重大动植物疫情危险,情节严重的,构成妨害动植物防疫、检疫罪。有关动植物防疫、检疫的国家规定本身不是妨害动植物防疫、检疫罪的客体,但有关动植物防疫、检疫的国家规定所调整和保护的动植物防疫、检疫制度,正是妨害动植物防疫、检疫罪的客体。

(5) 有的条文通过对行为具体表现形式的描述表明某一犯罪客体。犯罪行为的方法,往往能说明其所侵犯的客体,因而揭示行为的方法,也就能表明该种犯罪的客体。例如,《刑法》第301条第1款规定的聚众淫乱罪,其行为具体表现形式为聚众进行淫乱活动,这一行为具体表现形式表明本罪的客体是社会公共秩序和社会公德。又如,《刑法》第257条规定的暴力干涉婚姻自由罪,条文在揭示主要客体为他人婚姻自由的同时,揭示了本罪行为方式——暴力,即表明本罪的客体除他人婚姻自由外,还包括次要客体——他人人身权利。

三、研究犯罪客体的意义

（一）有助于认识犯罪的本质特征

深入研究犯罪客体，可以揭示犯罪的危害本质，增强社会成员的社会责任感，自觉同犯罪行为作斗争，维护社会的稳定和安全。把握犯罪客体有助于认识犯罪的本质特征，提高社会成员与犯罪作斗争的积极性。犯罪给人们造成这样或那样的损害，从而使社会主义制度下的社会关系受到危害，进而威胁到社会主义社会本身。因此，犯罪从本质上看，是对整个社会的危害。为了防止和消除这种危害，社会的每个成员都有同犯罪作斗争的义务。通过对犯罪客体的研究，可以揭示犯罪的这一危害本质，增强社会成员的社会责任感，自觉地与犯罪行为作斗争，以维护全社会的安全与稳定。

（二）有助于准确定罪

把握犯罪客体有助于正确认定犯罪的性质，分清罪与非罪、此罪与彼罪的界限。侵犯客体的不同，决定了犯罪性质的不同，从而使此罪与彼罪得以区分。

任何犯罪都必然侵犯刑法所保护的社会关系，犯罪客体作为犯罪构成的共同要件之一而存在。如果行为没有侵犯任何社会关系，或者所侵犯的社会关系未被刑法纳入调整范围，就不可能成立犯罪。例如，在我国《刑法修正案（八）》施行之前，《刑法》第210条之一规定的持有伪造的发票罪所调整的具体社会关系，并未进入刑法调整的范围，行为人即使实施"明知是伪造的发票而持有，数量较大的"行为，也不构成该罪。各种犯罪由于所危害的社会关系的种类不同，决定了其犯罪性质的不同，从而使此罪与彼罪得以区分。我国《刑法》分则将犯罪分为十大类，即依据犯罪侵犯客体的异质性进行分类。司法实践中区分相近易混罪名，也往往借助犯罪客体明辨是非，通过深入研究、分析犯罪所危害的社会关系的种类，来确定犯罪的性质。例如，行为人甲欲杀死其仇人乙，某日在乙经常饮用的公用水井中投入毒药，结果毒死乙，并致多人中毒或死亡。从表面上看，甲是以投毒的手段实施故意杀害乙的行为，但从客体上分析，甲的投毒行为已危害公共安全，对甲应以投放危险物质罪定罪量刑。

（三）有助于正确量刑

犯罪性质相同，但社会危害程度不可能完全一样。根据罪责刑相适应原则，犯罪的社会危害性和犯罪人的人身危险性大小不同，则行为人应承担的刑事责任大小和应受刑罚处罚的轻重亦有异。分析、评估具体犯罪社会危害程度的一个重要方面，就是研究、考察具体社会关系的受危害情况。

犯罪客体的内容影响犯罪的社会危害程度，因而影响到量刑。同种性质的犯罪，由于社会危害性程度的不同，对其所裁量的刑罚轻重也不同。而分析和评估某一具体犯罪的社会危害程度，其中的一个重要方面，就是从研究、了解具体社会关系的受危害情况入手。犯罪的社会危害程度与社会关系的受危害程度是成正比例关系的。对犯罪的社会危害程度的评估，可以为量刑提供科学的依据，使量刑的质量得到保证。

第二节 犯罪客体的分类

按照犯罪行为侵犯的社会关系的范围,刑法理论将犯罪客体划分为三类或三个层次:一般客体、同类客体和直接客体。三类客体是三个不同的层次,它们之间是一般与特殊、共性与个性、抽象与具体、整体与部分的关系。同类客体是在直接客体基础上的分类和概括,而一般客体又是对一切犯罪客体的抽象和概括。三者之间构成了两个层次的一般和个别的关系,它们虽然具有许多共性,但又不能相互取代,在刑法理论与司法实践中都有其重要的作用。

研究犯罪客体的分类具有重要意义。首先,通过分类可以进一步揭示各类犯罪客体的属性,正确认识犯罪客体在刑事司法中的作用,以解决司法实践中各种定罪量刑的难题;其次,通过分类可以揭示犯罪的共性与个性特征,从更深的层面上认识犯罪、总结规律,以制定正确的刑事政策,选择适当的立法方案,形成可行的司法规则。

一、犯罪的一般客体

犯罪的一般客体,是指一切犯罪共同侵犯的客体,即我国刑法所保护的社会主义社会关系的整体。犯罪的一般客体反映了一切犯罪客体的共性,它是刑法所保护客体的最高层次。因此,是研究犯罪基本特征、一般属性的依据,也是研究其他层次犯罪客体的起点和基础。我国《刑法》第2条关于刑法任务的规定、第13条关于犯罪概念的规定说明了犯罪的一般客体的主要内容。研究犯罪的一般客体,就是对刑法保护的所有社会关系作整体性判断和系统性分析,揭示一切犯罪的共同属性,进而认识犯罪的阶级实质,认识犯罪的社会危害性,了解我国刑法惩罚犯罪、遏制犯罪的社会政治意义。犯罪存在一般客体,说明任何犯罪行为都侵犯了刑法所保护的社会关系的整体,犯罪并不仅仅是犯罪人与被害人之间的矛盾,而是犯罪人与国家、社会、人民利益的冲突。

二、犯罪的同类客体

犯罪的同类客体,是指某一类犯罪行为所共同侵害的,我国刑法所保护的社会关系的某一部分或某一方面。划分犯罪的同类客体,是根据犯罪行为侵害的刑法所保护的社会关系的不同进行的科学分类。作为同一类客体的社会关系,往往具有相同或相近的性质。例如,生命权、健康权、性自由权、人身自由权、人格权、名誉权等都属于人身权利的范畴,只要这些权利受到犯罪危害,人身权利就成了这些犯罪的同类客体。只有依据同类客体,才能对犯罪作科学的分类,建立严密、科学的刑法分则体系。我国《刑法》分则正是根据同类客体的原理,将犯罪分为十大类。需要说明的是,《刑法》分则第四章"侵犯公民人身权利、民主权利罪"的同类客体其实包括人身权利和民主权利两种同类客体,立法上主要是考虑到以民主权利为共同客体的犯罪条文太少,单立一章较为单薄,且在体系结构上难以与其他各章协调统一,故将此类犯罪与侵犯公民人身权利的犯罪合并在一起,并在类罪名上反映出这类犯罪的独立性。

值得注意的是,我国《刑法》分则第三章"破坏社会主义市场经济秩序罪"和第六章"妨害社会管理秩序罪",在章下分别设有八节、九节犯罪。第三章各节犯罪的同类客体均是社会主义市场经济秩序,第六章各节犯罪的同类客体均是社会管理秩序。但是,这两章犯罪的每一节犯罪,在同类客体之外还有一个"次层次"的同类客体。如我国《刑法》分则第三章第四节"破坏金融管理秩序罪",其"次层次"的同类客体即为金融管理秩序。

三、犯罪的直接客体

犯罪的直接客体,是指某一种犯罪行为所直接侵害而为我国刑法所保护的社会关系,即我国刑法所保护的某种具体的社会关系。例如,故意伤害罪直接侵害的是他人的健康权利,强奸罪侵害的是妇女的性自由权利,因而,受故意伤害罪、强奸罪直接侵害的社会关系即这两种犯罪所侵害的直接客体。

犯罪的直接客体是决定犯罪性质的最重要因素。一种行为之所以被认定为这种犯罪或那种犯罪,归根结底是由犯罪的直接客体决定的。犯罪的直接客体揭示了具体犯罪所侵害社会关系的性质以及该犯罪的社会危害性的程度。犯罪的直接客体是研究犯罪客体的重点,也是司法实践中凭借客体借以区分罪与非罪、此罪与彼罪界限的关键。为研究和应用方便,理论上也有必要对犯罪的直接客体作进一步分类。我们认为,可以根据客体的单复性把直接客体分为简单客体与复杂客体,可以根据客体是否具备物质性把直接客体分为物质性客体与非物质性客体。

(一) 简单客体与复杂客体

犯罪现象是复杂的。多数犯罪行为只直接侵犯到某一种具体社会关系。如盗窃罪直接侵犯的是公私财产权,故意杀人罪直接侵犯的是他人的生命权利。但是有些犯罪行为直接侵犯两种以上的具体社会关系。根据具体犯罪行为危害具体社会关系数量的多少,可以将直接客体划分为简单客体和复杂客体。

简单客体,又称单一客体,是指某一种犯罪只直接侵害一种具体社会关系。例如,盗窃罪只侵害公私财产所有权,故意伤害罪只侵害他人健康权。简单客体在现实生活中比较常见、大量存在。复杂客体,是指一种犯罪行为同时侵害的客体包括两种以上的具体社会关系。例如抢劫罪,不仅直接侵犯公私财产所有权,也直接侵犯他人的人身权利;生产、销售不符合标准的医用器材罪,不仅侵犯了不特定的多数人的生命健康和国家的医疗器械、医用卫生材料的管理制度,同时也扰乱了市场经济秩序。又如《刑法》第253条规定的私自开拆、隐匿、毁弃邮件、电报罪,不仅直接侵犯了他人的通讯自由,而且妨害了邮政部门的正常活动。

在复杂客体中,各客体有主有次,不能等量齐观。根据直接客体在犯罪中受危害的程度、几率以及受刑法保护的状况,可对复杂客体进行再分类,包括主要客体、次要客体和随机客体三种。主要客体,是指某一具体犯罪所侵害的复杂客体中程度较严重的,刑法予以重点保护的社会关系。主要客体决定该具体犯罪的性质,从而也决定该犯罪在刑法分则中的归属。例如,把抢劫罪列入侵犯财产罪中,把生产、销售不符合标准的医用器材罪列入破坏社会主义市场经济秩序罪中。司法实践中,认定侵害多种客体的犯罪时,应从犯罪的主要客体入手。犯罪的主要客体一旦确定,犯罪性质便得以大体明确。所以,对主要客体的理解有助于正确认识某一犯罪的性质。次要客体,是指某一具体犯罪所侵害的复杂客体中程度较轻的,刑法予以一般保护的社会关系,也称辅助客体。它是立法者在确定某一具体犯罪构成时也要同时予以保护的另一种具体社会关系。对于具有复杂客体的犯罪来说,除主要客体外,次要客体也是犯罪构成的必要要件,对于定罪量刑也有决定作用。例如,抢劫罪与抢夺罪的区别在于:抢劫罪既侵害他人财产权利,又侵害他人人身权利;而抢夺罪只侵害他人财产权利,不侵害他人人身权利。随机客体,是指在某一具体犯罪侵害的复杂客体中可能由于某种机遇而出现的客体,也称随意客体、选择客体。一般情况下,随机客体往往是加重刑事处罚的原因和依据。例如非法拘禁罪,侵害的主要客体是他人的人身自由权利,如果非法致人重伤、死亡时,就危害到他人的健康权利、生命权利。随机客体也属于复杂客体的一种,但与主要客体、次要客体不同的是,主要客体、次要客体是某些犯罪的必备要件,而随机客体仅仅是选择要件,可能出现也可能不出现。一旦出现,它只影响量刑,不影响定罪。

(二) 物质性客体与非物质性客体

以具体犯罪侵害的社会关系是否具有物质性为标准,可将直接客体分为物质性客体和非物质性客体。在犯罪的直接客体中,对物质性客体侵害的标志是产生物质性的损害或威胁,可能成为物质性客体的社会关系如经济关系、财产关系以及人的生命、健康权利等;对非物质性客体侵害的标志是不具有直接的物质损害的形式,可能成为非物质性客体的社会关系如政治制度、社会秩序、人格、名誉等。

第三节 犯罪客体与犯罪对象

一、犯罪对象的概念

犯罪对象是指刑法分则条文规定的犯罪行为所作用的客观存在的具体人或者具体物。每一种具体的犯罪行为,都直接或间接作用于一定的具体人或具体物,从而使刑法保护的社会关系受到危害,进而影响、阻碍社会的正常运行,对社会造成危害。人们对行为是否构成犯罪的认识过程,往往开始于对犯罪对象的感知,进而认识到犯罪对象所代表的、受刑法保护的社会关系受危害的情况,确定该行为是否构成犯罪和构成犯罪的性质。

犯罪对象具有客观实在性和可知性的特征。犯罪对象的客观实在性表现为它一经犯罪行为作用,就成为客观的存在,不以人们的意志为转移。任何犯罪行为作用于犯罪对象,必然或多或少地在犯罪对象方面留下其作用的痕迹与影响,从而忠实、准确地反映了犯罪行为对其作用时的实际情况,这一特点,使犯罪对象在刑事诉讼中具有提供证据和检验证据的双重功能。犯罪对象的可知性,表现为尽管其纷繁复杂,但是可以被人们所认识。

犯罪对象的基本含义是：

（1）犯罪对象是具体的人或物。传统刑法理论认为犯罪对象是具体人或物。理论界有人对此提出质疑：部分论者认为，犯罪对象是一定的人及其行为、一定的物及其位置、状态；部分论者认为除人、物之外，犯罪对象还包括信息等。① 我们认为，认定犯罪对象应以刑法条文规定为依据，以利于司法实践中认定犯罪为宗旨。因此，传统观念较为妥当可行。例如，我国《刑法》第232条规定的故意杀人罪，犯罪对象即人；第264条规定的盗窃罪，犯罪对象即公私财物。这样认定简单明了，没有必要解释为"财物的位置""信息"等，把简单问题复杂化。

（2）犯罪对象是犯罪行为直接作用的人或物。作为犯罪对象的具体人或物，具有客观实在性，但在人或物未受犯罪行为侵害时，仅是可能的犯罪对象。只有犯罪行为直接作用于某人或某物时，具体的人或物才成为现实的犯罪对象。因此，犯罪对象只能是犯罪行为直接作用的人或物，否则便不是犯罪对象。

（3）犯罪对象是刑法规定的人或物。我国《刑法》分则条文大多数并不明确规定犯罪客体，而往往通过规定犯罪对象的方式来表明犯罪客体的存在。因此，我国《刑法》条文或者规定作为犯罪对象的人，或者规定作为犯罪对象的物，用以表明犯罪客体。前者例如故意杀人罪、强奸罪等，后者例如盗窃罪、抢夺罪等。

对于犯罪对象可以从不同角度作不同的分类。从物质表现形式上看，犯罪对象包括物体和人体两种。物体指货币、物品等一切具有价值、归属关系的东西，按其归属关系可分为国家所有物、集体所有物、混合所有物、个人所有物，按其作用可分为生产资料、生活资料，按其存在形态可分为动产、不动产。人体指人的身体，受犯罪行为作用主要表现在人的生命、健康、名誉受到损害或胁迫。从犯罪对象有无特殊限制来看，存在普遍犯罪对象与特定犯罪对象之分，前者是泛指人或物而不加任何限制，如"故意伤害罪"里的"人"；后者则指某种人或物，明确限制其范围，如盗窃、抢夺枪支、弹药、爆炸物、危险物质罪，犯罪对象只能是枪支、弹药、爆炸物、危险物质。

二、犯罪对象与犯罪客体的联系和区别

犯罪对象与犯罪客体是两个既有联系又有区别的概念。犯罪客体与犯罪对象的联系在于：作为犯罪对象的具体物是具体社会关系的物质表现，作为犯罪对象的具体人是具体社会关系的主体或参加者。犯罪分子的行为作用于犯罪对象，就是通过犯罪对象即具体物或者具体人来侵害一定的社会关系。

犯罪客体与犯罪对象的区别主要表现在以下几个方面：

（1）犯罪客体决定犯罪性质，犯罪对象则未必。仅从犯罪对象分析某一案件，并不能辨明犯罪性质。只有通过犯罪对象体现的社会关系即犯罪客体，才能确定某种行为性质。例如，同样是盗窃汽车零部件，某甲盗窃的是修配厂里处于修理状态的汽

---

① 参见高铭暄主编：《刑法学原理》第1卷，中国人民大学出版社1993年版，第499—501页。

车零部件,某乙盗窃的是使用中的汽车零部件,前者可能构成盗窃罪,而后者可能构成破坏交通工具罪。二者的区别就在于犯罪对象体现的社会关系不同:一是侵害公私财产所有权,一是侵害公共安全。

(2)犯罪客体是任何犯罪的必要构成要件,而犯罪对象则仅仅是某些犯罪的必要构成要件。例如,我国《刑法》第328条第1款规定的盗掘古文化遗址、古墓葬罪,其犯罪对象只能是古文化遗址、古墓葬,否则便不可能构成此罪。又如我国《刑法》第152条第1款规定的走私淫秽物品罪,其犯罪对象只能是具体描绘性行为或者露骨宣扬色情的诲淫性的书刊、影片、录像带、录音带、图片及其他淫秽物品,否则就不可能构成此罪。而像妨害传染病防治罪、脱逃罪、偷越国(边)境罪以及非法集会、游行、示威罪等,则很难说有什么犯罪对象,但无疑这些犯罪都具有犯罪客体。

(3)任何犯罪都会使犯罪客体受到危害,而犯罪对象则不一定受到损害。例如,诈骗犯将他人的计算机骗走,侵犯了他人的财产权利,但作为犯罪对象的计算机本身则未必受到损害。一般情况下,犯罪分子往往把诈骗所得之物妥为保存,以便自用或者销赃。

(4)犯罪客体是犯罪分类的基础,犯罪对象则不是。犯罪客体是犯罪的必要构成要件,其性质和范围是确定的,因而它可以成为犯罪分类的基础。我国《刑法》分则规定的十类犯罪,主要是以犯罪同类客体为标准划分的。如果按犯罪对象则无法分类。犯罪对象并非犯罪的必要构成要件,它在不同的犯罪中可以是相同的,在同一犯罪中也可以是不同的。

第六章 犯罪客观方面

第一节 犯罪客观方面概述

一、犯罪客观方面的概念和特征

犯罪客观方面,是指刑法所规定的、说明行为对刑法所保护的社会关系造成损害的客观外在事实特征。犯罪客观方面是构成犯罪所必须具备的要件。犯罪客观方面具有如下几个特征:

第一,犯罪客观方面具有法定性。我国《刑法》总则对于犯罪客观方面未作专门的规定,但在对犯罪的故意、过失等范畴作规定时,包含了犯罪客观方面的内容。我国《刑法》的分则性条文,则通常比较明确、具体地规定了各种犯罪的客观方面的内容;有些犯罪由于客观方面内容比较明显、为众所周知,《刑法》便没有详细描述其客观方面,但我们可以从条文的有关规定中把握其客观方面的要件。例如,对故意杀人罪,《刑法》第232条仅简单地规定了"故意杀人的……"但由于故意杀人罪是众所周知的一种自然犯罪,其客观方面所包括的非法剥夺他人生命的危害行为和致人死亡的危害结果,显然易于把握,《刑法》便没有对其作详细规定。由于犯罪客观方面系《刑法》所规定,因而必须严格依法确定其具体内容;《刑法》所规定的某一犯罪必要的客观事实特征,即为这种犯罪之成立所不可缺少的要素;而《刑法》未予规定的客观因素,则不是该罪之客观要件。

第二,犯罪客观方面以客观事实特征为内容。犯罪行为作为人的一种活动,可以分为主观和客观两个方面的事实。主观方面是人有意识、有意志的思维活动。例如,一个人基于某种动机,产生实施某种犯罪的意图,设想通过具体的活动来实行和完成犯罪,并且作出该种犯罪的决定,这就是其犯意形成即主观方面的犯罪心理活动。与主观方面相对应的是客观方面。客观方面是主观方面的客观化及外在表现,即行为人在有意识、有意志的心理态度支配下表现于外部的事实特征。从自然意义上讲,犯罪所侵犯的而为刑法所保护的社会关系,也属于一种客观事实特征,但由于我国刑法的犯罪构成理论已将犯罪客体作为犯罪构成的一个独立的共同要件,因而犯罪客观方面是犯罪客体之外的客观事实特征。

第三,犯罪客观方面是说明行为对刑法所保护的社会关系有所侵犯的客观事实特征。就具体犯罪来说,其客观事实特征是多方面的,但并非一切客观事实特征都可以成为犯罪客观方面的内容。犯罪客观方面的内容旨在说明在什么样的条件下,通过什么样的行为,对犯罪客体即刑法所保护的社会关系造成了何种程度的侵害。例如,强奸罪的客观要件,说明行为人是通过暴力、胁迫等方法,强行与妇女发生性交行为,侵犯了妇女的性的自由权利。不能说明侵犯刑法所保护的社会关系的客观事实特征,则不具有作为犯罪客观方面内容的资格。

第四,犯罪客观方面是成立犯罪所必须具备的核心因素。不具备客观方面,就说明不存在社会关系受到侵害的客观事实,因而也不能构成犯罪,"无行为则无犯罪"。在犯罪构成的四个共同要件中,犯罪客观方面处于核心地位。因为犯罪毕竟是一种危害社会的行为,危害行为这个客观方面的要件,是犯罪其他要件所依附的本体性要件,犯罪客体是危害行为所侵犯而为刑法所保护的社会关系,犯罪主体是实施了严重危害社会行为的自然人和单位,而犯罪主观方面也必须由危害行为得到体现和说明。

二、犯罪客观方面的要件

犯罪客观方面的要件,也可称为犯罪客观方面的内容或犯罪客观要件,是指犯罪成立在犯罪客观方面所必须具备的条件。犯罪客观方面的要件是犯罪客观方面这一范畴的一个下位概念。犯罪客观方面是就刑法分则中各种犯罪成立均必须具备某些客观事实特征而概括出来的一个范畴,为犯罪构成的共同要件之一;犯罪客观方面的要件则是相对具体的,是指刑法分则中某种犯罪成立在客观方面应当具备的客观要素。

犯罪客观方面的要件具体表现为危害行为、危害结果,以及行为的时间、地点、方法(手段)、对象。其中,危害行为是一切犯罪在客观方面都必须具备的要件,也是犯罪客观方面唯一的为一切犯罪所必须具备的要件;危害结果是大多数犯罪成立在客观方面必须具备的要件;特定的时间、地点、方法(手段)以及对象,则是某些犯罪成立而在犯罪客观方面必须具备的要件。传统的刑法理论通常将危害行为称为犯罪客观方面的必要要件,危害结果、特定的时间、地点、方法(手段)以及对象则称为犯罪客观方面的选择要件。

这里需要指出,行为对象即犯罪对象,虽然是属于犯罪客观方面要件的范畴,但由于其与犯罪客体关系密切,理论上为论述方便,一般都将其置于犯罪客体的内容中加以论述。另外,危害行为与危害结果之间的因果关系,是研究和认定犯罪客观方面中的危害行为与危害结果的一个重要问题,但刑法因果关系只是危害行为与危害结果之间的联系,并不是犯罪客观方面的要件。

三、犯罪客观方面的意义

研究犯罪的客观方面,对正确定罪量刑具有重要意义。

第一,有助于区分罪与非罪的界限。如果不具备犯罪客观方面的要件,就失去了构成犯罪和承担刑事责任的客观基础,其他要件也就无从谈起,更谈不上犯罪。对于一切犯罪来说,危害行为的有无,是区分罪与非罪的重要标志;对于某些犯罪来说,危害结果、特定的行为时间、地点和方法(手段)的有无,也是区分罪与非罪的重要标志。例如,没有非法剥夺他人生命的行为,就不构成《刑法》第 232 条的故意杀人罪;公司、企业清算隐匿财产等行为,如果没有发生"严重损害债权人或者其他人利益"的危害结果,就不构成《刑法》第 162 条规定的妨害清算罪;猥亵妇女如果未使用暴力、胁迫等方法实施的,也不构成《刑法》第237条的强制猥亵罪;捕捞水产品的行为若不是在禁渔区、禁渔期或使用禁用的工具、方法实施的,就没有《刑法》第340条的非法捕捞水产品罪的构成。

第二,有助于区分此罪与彼罪的界限。我国刑法中的许多犯罪在客体要件和主体要件上是相同的,在主观方面也是相同或基本相同的,法律之所以把它们规定为不同的犯罪,主要就是基于犯罪客观方面的要件不同。例如,侵犯财产罪中以非法占有为目的的盗窃罪、诈骗罪、抢夺罪、聚众哄抢罪、敲诈勒索罪之间的区别,就是如此。这也就是立法对犯罪客观要件往往要加以具体规定的原因所在。所以,明确不同犯罪构成所要求的不同的客观要件,常常是正确区分不同犯罪的重要方法。

第三,有助于区分犯罪完成与未完成形态的界限。在有完成形态与未完成形态之分的犯罪中,不同形态的区分,其标准往往也在于犯罪客观方面的要件。例如受贿罪的既遂与未遂,其区分标准就在于行为人是否收受了他人的财物;故意杀人罪的既遂与未遂,其区分标准就在于是否发生了被害人死亡的危害结果。

第四,有助于正确分析和认定犯罪的主观要件。犯罪主观方面支配犯罪客观方面,犯罪客观方面是犯罪主观方面的外部表现即客观化,犯罪意图只有通过犯罪行为才能实现。因此,考察犯罪的客观要件,可以为正确判定犯罪主观要件中的罪过、动机、目的等内容,提供可靠的客观基础。

第五,有助于正确量刑。就不同的犯罪而言,有些犯罪之所以规定轻重不同的刑罚,主要是由于其客观方面的要件不同进而影响到它们的社会危害性程度不同,如抢劫罪和抢夺罪就是如此。

就同一性质的犯罪而言,犯罪客观方面对于量刑的影响体现在两个方面:从立法上看,刑法对不少犯罪往往把是否具备某种危害结果作为加重处罚的根据。例如,我国《刑法》第234条的故意伤害罪,就对危害结果是重伤、重伤致死的情况规定了较一般伤害结果更重的刑罚;从司法实践中看,同一性质犯罪的不同案件,它们所实施的方式、手段以及时间、地点、条件、具体对象等往往不尽相同,这些不同的客观事实特征,虽然不属于犯罪客观方面的要件,对大多数犯罪的定罪并无影响,但对具体案件的危害程度有影响甚至有重要的影响。我国刑法中的量刑原则及其他有关量刑的规定,都要求量刑时要充分考虑到这些客观情况对犯罪危害程度的影响。

第二节 危害行为

我国刑法所惩处的犯罪,首先是人的一种危害社会的行为。特定的危害社会行为,是我国刑法中犯罪客观方面首要的因素,是一切犯罪构成在客观方面都必须具备的要件。研究和把握我国刑法中的危害行为,应当了解这种危害行为的内涵及其基本表现形式。

一、危害行为的概念和特征

危害行为是刑法学上的一个非常重要的概念。在大陆法系国家的刑法理论中,围绕危害行为的概念曾存在激烈的争论,并形成了因果行为论、目的行为论、社会行为论、人格行为论等多种行为理论学说。在我国犯罪构成理论中,关于危害行为的研究也在逐步走向深入,但是,对于危害行为的概念,至今并未达成一致的意见。

(一) 刑法中行为的含义

要弄清危害行为的概念,首先有必要明确我国刑法中"行为"一词的含义。在我国刑法立法中,行为的含义是多种多样的,可以归纳为以下三个层次:(1) 最广义的行为。这种"行为"是在一般意义上使用的,泛指人的一切行为,不论是否为犯罪行为。例如,我国《刑法》第12条规定:"中华人民共和国成立以后本法施行以前的行为,如果当时的法律不认为是犯罪的,适用当时的法律……"(2) 广义的行为。这种"行为"同犯罪行为含义相同,意指犯罪这种行为。例如,我国《刑法》第13条关于犯罪定义的规定中使用的"行为"一词,就是包括主观要件(故意、过失)和客观要件在内,有机统一而构成了犯罪的行为。(3) 狭义的行为。这种"行为"专指作为犯罪客观方面的要件的行为,即危害行为。例如,我国《刑法》第14条规定:"明知自己的行为会发生危害社会的结果,并且希望或者放任这种结果发生,因而构成犯罪的,是故意犯罪。"这里的"行为"就是指作为客观要件而不包括犯罪主观方面在内的危害行为。上述三类行为虽然都称为"行为",但意义不同,不能混淆。在以往的一些论著中往往将作为犯罪客观要件的危害行为等同于犯罪行为,如指出"危害行为,亦称犯罪行为,即指行为人故意或者过失实施的,为刑法所禁止的,具有一定社会危害性的行为"。这种主张实际上便是把犯罪客观方面的狭义行为(危害行为)同作为成立犯罪的广义行为(犯罪行为)混淆了,其错误和弊端在于无法正确解释犯罪行为与危害行为各自特定的含义及其相互关系,乃至影响到犯罪构成体系之理论的科学性。很明显,如果作为犯罪客观方面的危害行为就是犯罪行为,那么认定犯罪就只要考察有无危害行为即可,至于犯罪主观方面的要件是否存在、有无故意或过失,就不必去把握了,这显然是不对的。

(二) 刑法中危害行为的含义和特征

我国刑法中的危害行为,是指在人的意志或者意识支配下实施的危害社会的身体动静。这一定义说明,作为犯罪客观要件的危害行为,具有以下三个基本特征:

(1) 危害行为在客观上是人的身体动静。这是危害行为的外在特征,亦称危害行为的有体性特征。任何危害行为,都必然有一定的身体动静,否则,就不可能构成危害行为。因为危害行为的本质意义在于可以改变客观世界从而危害社会,而人对客观世界的改变,只能由身体的动静来实现。现代各国刑法普遍反对"思想犯罪",只以行为作为惩罚的对象,也就是因为单有思想不能改变客观世界。危害行为的身体动静,包括动和静两个方面:"动"是指身体的活动,包括四肢活动,如举手投足,使用工具;也包括其他身体活动,如以目示意,语言伤人。"静"是指身体的相对静止,它虽然没有积极的身体动作,但在特定情况下仍然属于行为的形式。

(2) 危害行为在主观上是基于行为人的意志或者意识支配下的身体动静。支配身体动静的意志或意识活动,是危害行为的内在特征,也称为危害行为的有意性特征。我国刑法中危害社会的行为,必须是受人的意志和意识支配的。因为只有这样的人体外部动静即危害行为,才可能由刑法来调整并达到刑法调整所预期的目的。因此,人的无意志和无意识的身体动静,即使客观上造成损害,也不是刑法意义上的危害行为,不能认定这样的人构成犯罪并追究其刑事责任。这类无意志和无意识的身体动静主要有:第一,人在睡梦中或精神错乱状态下的举动。这些情况下的举动,并不是人意志或意识的表现,因而即使在客观上损害了社会,也不能认定为刑法中的危害行为,不能构成犯罪。第二,人在不可抗力作用下的举动。这种情况下的行动并不表现人的意志,甚至往往是直接违背其意志的。因而这种行动即使对社会造成损害,也不能视为刑法中的危害行为。例如消防队员在执行救火任务中,因唯一通道上的桥梁被洪水冲断,而未能及时赶到对岸将起火的建筑物灭火,因而造成严重损失。这里,消防队员未履行救火义务的举动就是由不可抗力造成的,这是违背其意愿的,因而不能认定为刑法中的危害行为,不能让消防队员负责任。对于不可抗力作用下的举动,我国《刑法》第16条作了明文规定,指出行为在客观上虽然造成了损害结果,如是由于不能抗拒的原因引起的,不是犯罪,其理由正是不可抗力下的举动本身就不足以成为危害行为,不具备犯罪客观方面的必要要件。第三,人在身体受强制情况下的行为。这种情况下的行为是违背行为者主观意愿的,客观上他对身体强制也是无法排除的,因而此时的行为不能视为刑法意义上的危害行为,对行为造成的损害结果也不能让行为者负刑事责任。例如,盗窃犯甲潜入某研究所实验室盗窃时,被工作人员乙发觉而将之堵在屋内,二人展开搏斗,乙因身单力薄,被盗窃犯甲猛力推倒在仪器台上。乙的身体碰坏了十分贵重的仪器,这里就不能让乙对损坏贵重仪器负刑事责任,因为乙碰坏仪器的动作并不表现其意志和意识,是其身体受强制情况下的行动,不是刑法中的危害行为。

但是,人在受到精神强制、威胁时实施某种损害社会行为的情况,除了符合紧急避险条件属于合法行为的以外,其他不符合紧急避险条件而达到触犯刑法程度的,都应当认定为犯罪并追究其刑事责任,因为这时行为人的行为是受到其意志和意识支配的。我国《刑法》第28条之所以规定对被胁迫实施犯罪的人也要追究刑事责任,道理也正在于此。

(3) 危害行为在法律上是对社会有危害的身体动静。身体动静的社会危害性,是危害行为的价值评价特征,也称为危害行为的社会性特征。在人的意志或意识支配下实施的身体动静,只是说明了人类行为的一般意义,某一行为在什么情况下可以视为刑法上的危害行为,这是立法者即统治阶级以自己的价值标准对人类行为进行价值评价的结果。人类行为多种多样,对社会的影响形形色色,各不相同,但从其性质上区分,不外乎可分为有害于社会的行为和无害于社会的行为两大类。无害于社会的行为,尤其是其中有益于社会的行为,正是法律要予以保护的行为,当然不是我国刑法所惩罚的对象。只有有害于社会的行为,才可能成为我国刑法所惩罚的对象,才可能被视为我国刑法中犯罪构成的客观要件。

(三) 言论能否治罪的问题

与危害行为密相关联的一个问题,是言论能否治罪的问题。言论能否治罪,关键在于言论究竟是思想还是行为。我们认为,语言作为思想的外壳,思维的形式,其本身并非行为,因而言论本身不可能成立犯罪。但是,发表言论,如口头发表言论,用笔记录、书写言论,则属于人的有意识、有意志的身体活动,如果其具有社会危害性,则符合危害行为的基本特征,可能构成犯罪。例如,用语言教唆他人犯罪,用语言煽动群众暴力抗拒国家法律、行政法规实施的,都可以构成犯罪。

二、危害行为的表现形式

刑法所规定的危害社会行为,其表现形式多种多样。刑法理论上将形形色色的危害社会行为归纳为两种基本表现形式,即作为与不作为。

（一）作为

1. 作为的概念

作为,是指行为人以身体活动实施的违反禁止性规范的危害行为。我国刑法中规定的绝大多数犯罪,都可以由作为实施,而且有许多只能以作为形式实施,如抢劫罪、抢夺罪、诈骗罪、贪污罪、强奸罪、诬告陷害罪、脱逃罪等都是如此。作为是危害行为的基本形式之一,它自然具有危害行为的三个基本特征。此外,作为的行为形式还表现为行为人只能是以身体活动来实施,身体的静止不可能实施作为犯罪;作为违反的是禁止性规范,即法律禁止去做而去做。例如,用刀砍人而构成的故意杀人罪,行为人的作为就是直接违反了"不得杀人"的禁止性规范。

2. 作为的实施方式

作为的实施一般表现为一系列的身体动作,但这一系列身体动作并非仅指以身体的特定部位作用于犯罪对象,以身体动作操纵各种工具实施行为仍然可以视为作为的实施方法,而且这是人这种有理智的高级动物活动的根本特征。如果从行为人是单以身体动作作用于犯罪对象还是利用一定的工具来实现犯罪意图上看,作为主要有以下几种实施方式:

（1）利用自己身体实施的作为。这是作为的常见形式之一。身体活动既可以表现为四肢的活动,也可以表现为五官的活动。例如,拳打脚踢的伤人、杀人是典型的以身体活动实施的作为方式,而口出秽言的侮辱、眼神示意的教唆等,也是常见的以五官动作实施的危害行为。无论是身体哪个部位的动作,只要符合作为的特点,就是作为的具体实施方式。

（2）利用物质性工具实施的作为。这也是作为最常见的实施方式。这种作为形式的特点,是人的身体活动和犯罪对象之间有了工具这一介入因素,由工具的某种属性作用于犯罪对象并造成对象的某种改变以侵害或威胁犯罪客体。在这类作为中,人的身体活动仍然是必需的,但身体活动的作用不在于直接改变犯罪对象而在于操纵工具。物质性工具是多种多样的,有刀枪棍棒、绳索毒剂这类小型简单的工具,有现代交通工具、通信设备这样的比较大型且较为复杂的工具,也有利用电脑及其技术以及化学药剂、病毒等高科技产品为工具而实施的危害行为。

（3）利用自然力实施的作为。自然力是指水、火、雷、电、风、雨、雪等自然现象。

利用自然力进行犯罪的并不少见,如放火、决水等均属此类。利用自然力实施的作为与利用物质性工具实施的作为在性质上基本相同,所不同的,只在于前者利用的东西为自然形式,后者利用的为人工制造的工具。

(4) 利用动物实施的作为。例如,利用毒蛇、恶犬伤害、杀害他人。只要行为人以身体活动驱使动物,就是利用动物实施的作为。

(5) 利用他人实施的作为。这是指将他人作为工具加以利用而实施的危害行为,其特点在于由他人的身体动作或由他人操纵工具作用于犯罪对象,而他人的活动是由行为人的身体活动引起的,如教唆不满14周岁的人杀人,医生令不知情的护士为病人注射毒药等。

(二) 不作为

1. 不作为的概念

不作为是与作为相对应的危害行为的另一种表现形式。不作为,就是指行为人负有实施某种行为的特定法律义务,能够履行而不履行的危害行为。不作为是危害行为的基本形式之一,当然也同作为一样,应该具备危害行为的三个基本特征。此外,成立不作为,在客观方面应当具备以下三个条件:第一,行为人负有实施某种作为的特定法律义务,这是构成不作为的前提条件。没有特定法律义务,也就没有不作为的行为形式。第二,行为人有能力履行特定法律义务,这是不作为成立的重要条件。如果行为人不具有履行特定法律义务的可能性,也不可能成立不作为。第三,行为人没有履行作为的特定法律义务,这是不作为成立的关键条件。

2. 不作为的表现形式

不作为通常表现为身体的静止即不为一定行为,那么为什么还可以构成犯罪呢?这在刑法理论上叫做不作为的行为性问题。我们认为,把握不作为的行为性,应当从社会价值的角度入手。不作为之所以与作为一样同属于危害行为,同样可以成立犯罪,归根结底在于不作为是应为而不为,它与作为在侵害一定的社会关系这一点上是相同的(具有同等的否定性价值)。

不作为在表现形式上通常表现为身体的静止、消极,但这并不是绝对的。在某些不作为犯罪中,行为人往往具有积极的身体活动。例如,逃税罪,只能由不作为形式构成,即行为人有依法履行向国家缴纳税款的特定法律义务,能履行而不履行。但是,逃税罪往往表现为行为人积极地涂改账本、销毁账册的积极行为,而不是消极的身体静止。因此,尽管作为只能是积极而为,不作为通常是消极不为,但又不能绝对以积极与消极、动与静来区分作为与不作为。作为与不作为的区别,关键在于是否与负有特定法律义务相联系。与作为违反禁止性规范不同,不作为既违反禁止性规范,也违反了命令性规范。

3. 不作为的义务来源

行为人负有实施某种行为的特定法律义务即作为义务,是不作为成立的前提条件。在不作为犯罪中,作为义务反映了不作为犯罪的基本犯罪事实和构成要素的本质特征。如何理解不作为的特定法律义务即作为义务,是刑法理论中的一个重要问题。之所以称其为特定的"法律义务",在于强调不作为中的特定义务并不包括道德义务等一般社会意义上的义务。但是,不作为的特定法律义务,不仅仅是指法律明文规定的义务;作为义务的根据(来源或种类)包括以下几种:

(1) 法律明文规定的义务。其中的法律,不是仅指刑法,而是指由国家制定或认可并由国家强制力保证其实施的一切行为规范的总和,包括宪法、法律(狭义的)、行政法规、条例、规章等。例如,我国《宪法》和《婚姻法》规定了家庭成员之间有相互扶养的义务,并由我国《刑法》第261条予以认可,若行为人不履行该义务而遗弃家庭成员,就成立犯罪的不作为。需要说明的是,违反非刑事法律明文规定的义务,并非都构成不作为的义务根据,只有其中经过刑法认可或要求的,才能视为作为义务的根据。换言之,在这种情况下,法律明文规定的义务,一方面要求其他法律、法规有规定,同时要求刑法的认可,若只有其他法律法规的规定而无刑法的认可或要求,行为人即使不履行这种义务,也不成立犯罪的不作为。另外,应当注意,在司法实践中,对于行为人有无法律明文规定的义务,不能仅机械地着眼于法律条文上的直接规定;对于法律没有直接规定的,要根据案件的具体事实,运用法理,分析有关法律规范的内涵,以及行为人同所发生的法律事件的关系,加以确定。

(2) 职务或业务上要求的义务。在我国,职务或业务要求的义务相当广泛。如值班医生有抢救危重病人的义务,值勤消防队员有消除火患的义务,扳道工有按时扳道岔的义务等等。严格地讲,职务或业务上要求的义务亦属法律明文规定的义务,因为这类义务一般都表现于各种法规、条例、规章以及某些司法解释中,而其效力的根据仍在于法律的规定。但是,职务或业务上要求的义务,以担任相应的职务或从事相应的业务为前提,因而与一般法律明文规定的义务相比,此种义务又有其显著的不同特征。

认定职务或业务上要求的义务,一要注意义务的时限;二要注意义务的对象。如果并非行为人应执行职务或从事业务之时,便不可能产生义务。此外,作为义务的对象,必须仅限于职务或业务范围之内的事项。

(3) 法律行为引起的义务。法律行为是指在法律上能够产生一定权利义务的行为。若一定的法律行为产生某种特定的积极义务,行为人不履行该义务,以致使刑法所保护的社会关系受到侵害或威胁,就可以成立不作为形式的危害行为。例如,受雇为他人照顾小孩的保姆,负有看护小孩使其免受意外伤害的义务。如果保姆不负责任,见危不救,致使小孩身受重伤,应当承担相应的责任。

在司法实践中,法律行为引起的义务,大多数情况下是指合同行为引起的义务。认定合同行为产生的特定法律义务,有几个问题值得研究:第一,合同行为是否以书面协定为限,合同无效、未生效或期限届满能否产生不作为的特定法律义务?我们认为,我国《民法总则》第135条明确规定:"民事法律行为可以采用书面形式、口头形式或者其他形式;法律、行政法规规定或者当事人约定采用特定形式的,应当采用特定形式。"因此,合同理应包括口头协定与书面协定,而不仅限于书面协定,口头协定仍可以引起不作为的特定法律义务。合同行为作为一种民事法律行为,其约束力应当以有效为条件,因而合同无效或合同期限既已届满的,合同一方当事人自然不负法律上的义务。第二,合同成立后,行为人事实上未承担义务的,是否产生作为义务?我们认为,合同行为产生的特定法律义务,自合同生效之时即为客观存在,不以人的意志为转移。至于行为人有作为义务,最终能否成立不作为犯罪,还需认定行为人有无履行义务的可能性及主观上有无罪过。第三,合同一方当事人不履行合同所规定的义务,是否都产生刑法意义上的作为义务?我们认为,合同违约在一般情况下只存在民事上的责任,只有当不履行特定法律义务严重危害或威胁到刑法所保护的社会关系时,这一义务才能成为犯罪不作为的作为义务来源。

法律行为引起的义务,在刑法理论上和司法实践中都是一个非常复杂的问题,它涉及刑法与民法等非刑事法律调整界限的合理划分,甚至与法律制度以外的法律意识、人们生活观念也密切相关。比如房主久经租户催促,仍不修缮其有倒塌危险的房屋,最终致房屋倒塌而使屋内租户被压死的;受托人对于寄托物不妥善保管,致寄托人数额特别巨大的财物遭受损害的等情形,能否视行为人由法律行为引起的义务而追究不作为犯罪的罪责?在理论上讲是完全可以的,但实践中是否可行,值得进一步研究。

(4) 先行行为引起的义务。这种义务是指由于行为人的行为而使刑法所保护的社会关系处于危险状态时,行为人负有以采取有效措施排除危险或防止结果发生的特定义务。若行为人不履行这种义务,就是以不作为的形式实施的危害行为。能够引起此类特定义务的先行行为很多,例如,成年人带小孩去游泳,负有保护小孩安全的义务;交通肇事撞伤人而使被害人有生命危险时,行为人有立即将受伤人送医院救治的义务等。

关于先行行为引起的作为义务,有下述几个问题值得研究:第一,先行行为是否限于违法行为?先行行为如并不违法,能否引起作为义务而成立不作为犯罪?例如,汽车司机照章驾驶、骑车人违章骑自行车,汽车司机因意外撞伤骑车人并致其严重失血而有生命危险,司机有无送其到医院抢救的义务?若司机不予送治致其死亡能否成立不作为犯罪?对此理论上有不同的主张。有人认为,不论是违法行为还是合法行为,既然由于它而使某种合法权益处于遭受损害的危险状态,行为人就没有理由拒绝消除他能够消除的危险;先前的合法行为不能保证以后行为的合法性。但合法行为引起作为义务是否公正合理,的确值得推敲。第二,犯罪行为能否作为先行行为而引起作为的义务?理论上分歧较大,肯定说与否定说并存。我们认为,完全否定犯罪行为可以作为先行行为引起作为义务,是不恰当的。因为连违法行为都能引起作为义务,犯罪行为反而不能引起作为义务,于情理不合,也不利于司法实践。例如,行为人交通肇事将他人撞成重伤并致被害人有生命危险时,行为人负有将被害人送往医院救治的作为义务是无可置疑的。不过,肯定先行行为包括犯罪行为,在理论上的确存在一系列疑难问题而需要认真研究和科学解决。例如,上述案例中,若行为人不将被害人送往医院抢救而致被害人死亡的,如何定罪?是以不作为的故意杀人罪一罪对行为人定性,还是以交通肇事罪和故意杀人罪实行数罪并罚?又如,故意伤害的行为人发现被害人失血过多有死亡的危险,是否具有救治被害人的作为义务?如具有这种义务而不履行致使被害人死亡的,能否成立不作为的故意杀人罪?第三,先行行为是否仅限于作为?不作为能否成为先行行为?我们认为,先行行为既可以是作为,也可以是不作为。例如,行为人拒不接受有关部门对枪支、弹药、爆炸物品的检查,丢失公务用枪不予及时报告等情形,都可以引发作为义务。

4. 不作为犯罪的理论分类

不作为与不作为犯罪是两个不同的概念,前者是指危害行为的一种基本表现形式,后者是指由这种行为形式实施的犯罪。在我国刑法中,由不作为的行为形式实现的犯罪有两种类型:一种是刑法规定只能由不作为的形式实现的犯罪,这种情形叫纯正(真正)不作为犯,如我国刑法规定的遗弃罪即属此类;另一种是既可以由作为实现,也可以由不作为实现,行为人实际上以不作为形式实现的犯罪,这种情形叫不纯正(非真正)不作为犯,如以不作为形式实现的故意杀人罪即属此类。

需要强调指出的是,某一个犯罪是作为犯罪或不作为犯罪,均是就已经实现的、现实的(已然的)犯罪而言的,即行为人实际上以作为形式实现的犯罪称为作为犯罪;实际上以不作为形式实现的犯罪称为不作为犯罪。对于法律规定的某种犯罪,在未实际实现时,如果就称其为作为犯罪或不作为犯罪,是不恰当的。对于那些只能由作为形式构成或只能由不作为形式构成的犯罪来说,我们仅从法律规定的角度而不必考察其实际实现形式,直接称之为作为犯罪或不作为犯罪,似无不当。这是因为只能由作为形式构成或只能由不作为形式构成的犯罪,其法律规定与实际实现的形式完全一致,即实现形式要么只是作为,要么只是不作为。但是,对于那些既可以由作为形式构成,又可以由不作为形式构成的犯罪来说,我们就只能从行为人实际实现犯罪的形式来判断。例如,对故意杀人罪,在没有实际实现犯罪的情况下,我们既不能说这种犯罪是作为犯罪,也不能说这种犯罪是不作为犯罪;而只有当行为人实际实现了犯罪的情况下,才能根据其危害行为的形式来确定其为作为犯罪还是不作为犯罪。

为正确理解犯罪的作为与不作为问题,还应该明确以下几点:

(1) 不能把作为与不作为的划分同故意与过失的划分相混淆。作为与不作为是危害行为在客观上的两种基本形式,故意与过失是行为人实施危害行为时主观心理态度的两种基本形式。决不能认为作为都是故意,不作为都是过失。实际上,作为和不作为都是既有故意,也有过失。例如,故意杀人与过失致人死亡,都可以由作为方式构成,也都可以由不作为方式构成。

(2) 应当正确认识作为犯罪与不作为犯罪的危害程度。实践中往往有人认为,凡不作为犯罪都比作为犯罪危害性小。这种看法不够妥当。固然,以作为形式构成的某些犯罪可以表现为非常残酷、恶劣的手段,因而往往具有较大的危害性,如故意杀人罪可以采取碎尸的残酷手段;而不作为的方式由于其本身特点的限制往往达不到这种程度,因而不作为的危害在某些犯罪、某些场合下可能相对要小些。但是并非在一切场合不作为犯罪的危害程度都轻于作为犯罪。例如,在颠覆列车案件中,采用不扳道岔的不作为方式与采用破坏铁轨、路基的作为方式相比,二者的危害程度就没有什么差别。

（3）要正确认识研究犯罪的作为与不作为形式的重要意义。作为和不作为行为方式的不同，并不影响犯罪的性质。但是，作为与不作为是犯罪行为客观存在的两种形式，而且不作为犯罪在司法实践中的数量虽少，其情况却比较复杂，具有一些特点。因此，在理论上研究犯罪的作为与不作为，就有助于我们认识犯罪行为的复杂情况，正确地认定以不作为方式构成的犯罪，并且提醒司法实务部门既要注意惩处以积极方式构成的作为犯罪，又要注意惩处以消极方式构成的不作为犯罪，同时也要防止对不负有特定作为义务或不具备履行特定义务实际可能性的人滥施刑罚，以有效地发挥刑法惩治犯罪、保护公民合法权益的作用。

（三）持有

持有是指行为人对特定物品进行事实上和法律上的支配、控制。英美法系刑法理论与立法很重视持有问题，刑法教科书中一般都有对持有行为可罚性的专门论述。在美国，无论是联邦还是各州的立法，都规定有大量的持有型犯罪，例如非法持有毒品、盗窃工具、火器、刀具以及其他攻击性武器；英国刑法中也大体如此。① 大陆法系国家的刑法中也早就有处罚持有行为的规定。如1810年《法国刑法典》第278条规定："乞丐或流氓所持有的一件或几件物品价值超过一百法郎而不能证明其来历者，依第276条的规定处刑。"现代各国刑法中的持有型犯罪更是大量存在，如《日本刑法典》第140条规定的持有鸦片烟或者吸食鸦片烟的器具罪，《韩国刑法典》第121条规定的战争或事变之际非法持有爆炸物罪，《意大利刑法典》第699条规定的在自己的住宅或其附属地域以外持有武器罪。与英美法系刑法不同的是，大陆法系国家刑法理论体系一般将犯罪行为分为作为与不作为两种，没有单独提出持有行为的问题。我国《刑法》也规定了一些持有型犯罪，如非法持有枪支、弹药罪，非法携带枪支、弹药、管制刀具、危险物品危及公共安全罪，持有假币罪，非法持有国家绝密、机密文件、资料、物品罪，非法携带武器、管制刀具、爆炸物参加集会、游行、示威罪，非法持有毒品罪，非法携带、持有毒品原植物种子、幼苗罪，巨额财产来源不明罪；另外，某些个罪中包含了持有的行为表现，如我国《刑法修正案（五）》增设的妨害信用卡管理罪，该罪即包含了持有伪造的信用卡、持有伪造的空白信用卡等持有行为。

持有属于行为，这一点中外刑法理论已基本形成共识，但由于持有独有的特征，关于持有究竟属于何种形式的行为这一问题还存在很大的争议，概括说来，主要有以下四种观点：一是作为说。该说认为持有行为违反了禁止行为人取得特定物品的禁止性规范，因而属于作为形式。二是不作为说。认为法律将持有本身规定为犯罪意味着法律禁止这种状态的存在，而这种禁止暗含着当这种状态出现的时候，法律命令持有人将特定物品上缴给有权管理的部门以消灭这种持有状态。持有者既然没有履行这种上交义务，就成立不作为的形式。三是择一行为说。认为持有究竟是作为还是不作为需视具体情况而定。有时持有属于作为，有时又是不作为。四是独立行为

---

① 参见赵秉志主编：《英美刑法学》，中国人民大学出版社2004年版，第28—29页。

说。认为持有既不同于作为,也不同于不作为,作为具有动的特征,不作为具有静的特征,持有则动静兼具,而且将持有视作与作为、不作为相并列的第三种行为形式并不违反逻辑规则。目前还很难说上述那一种观点是通说。

但是,无论持有属于何种行为形式,其法治价值却不容否认。通过持有型犯罪的立法可以严密刑事法网,减轻公诉机关证明责任,节省司法成本,提高司法效率,增加刑法的威慑效用。①

三、危害行为在犯罪构成中的地位和作用

(一) 危害行为在犯罪构成中的地位

危害行为虽然只是犯罪构成客观要件的内容之一,但却是整个犯罪构成的核心。任何种类、任何形态犯罪的犯罪构成中,均有危害行为这一要素。当然,在不同的犯罪构成中,对危害行为有不同的要求。大多数犯罪构成中要求的构成行为,应该是实行行为,即刑法分则规定的具体犯罪的犯罪客观方面要件中的行为(如故意杀人罪中剥夺他人生命的行为),非实行行为不具有构成行为的意义。但在某些犯罪构成中,则以非实行行为作为构成行为,如预备形态犯罪的犯罪构成,在预备阶段中止的中止形态的犯罪构成,即以预备行为(如为杀人而准备刀枪、毒药的行为)这种非实行行为作为构成行为。另外,在不同的犯罪构成中,有的要求以单一行为作为构成行为,如故意杀人罪;有的则要求以复合行为作为构成行为,如抢劫罪必须既有暴力、胁迫等方法行为又有劫取财物的目的的行为;有的要求只能以作为形式构成行为,如盗窃罪;有的要求只能以不作为形式构成行为,如遗弃罪。虽然不同犯罪构成中要求的行为形式不同,但任何犯罪构成都要求以危害行为为必要条件,没有危害行为,任何犯罪构成都不存在,这说明了危害行为在犯罪构成中的核心地位。

(二) 危害行为在犯罪构成中的作用

危害行为作为犯罪客观要件中的首要因素,对定罪量刑具有重要作用。同时,危害行为还具有限定犯罪的基本范围,将思想排除在犯罪之外的重要作用。我国《刑法》第13条明确规定犯罪是危害社会的行为,这就从立法上赋予了危害行为在限定犯罪的基本范围上的作用,同时在立法上否定了"思想犯"的存在余地。

第三节 危害结果

一、危害结果的概念和特征

(一) 危害结果的概念

关于刑法中的危害结果,刑法理论上存在着不尽一致的论述。有的认为,危害结果作为危害行为对客体的损害,是构成任何犯罪在客观方面的必备要件之一,它既包括客观上已经造成的危害结果,也包括可能造成的危害结果。有的则认为,危害结果

---

① 参见储槐植:《美国刑法》(第3版),北京大学出版社2005年版,第38页。

仅仅是危害行为已经造成的实际损害。还有的认为,有些一经实施行为即构成完整犯罪(如侮辱罪、诽谤罪等)的情况,没有危害结果或者说没有物质性危害结果;有些犯罪形态,如犯罪的预备、未遂和中止这些未完成形态,也没有危害结果。这样就产生了一些问题,诸如:到底结果是不是犯罪构成必备的要件,如果危害结果与犯罪客体密不可分,伴随犯罪行为同时产生,那么它作为犯罪构成要件在认定犯罪时还有无实际的和独立的意义?侮辱罪等到底有无危害结果?故意犯罪的预备、未遂和中止形态不具备的是什么危害结果?刑法因果关系里研究的是什么性质的结果?等等。

我们认为,首先,根据我国刑法的规定和有关的刑法原理,刑法意义上的危害结果,可以有广义与狭义之分。所谓广义的危害结果,是指由行为人的危害行为所引起的一切对社会的损害事实,它包括危害行为的直接结果和间接结果,属于犯罪构成要件的结果和不属于犯罪构成要件的结果。例如,甲诈骗了乙的大量钱财,乙因而愤然自杀身亡。这里甲的诈骗行为所引起的危害结果即广义的危害结果,就包括了财物损失这个结果和被害人自杀这个结果,这两种危害结果都与行为的危害程度有关,因而在处理案件时都应加以考虑。所谓狭义的危害结果,是指作为犯罪构成要件的结果,通常也就是对直接客体所造成的损害事实。狭义的危害结果是定罪的主要根据之一。例如在上例中,行为人诈骗了钱财,造成了被害人自杀,认定其为诈骗罪的既遂,只能以所发生的狭义危害结果即财物损失为根据,而被害人的自杀后果只是在量刑时考虑的情节。因此,研究刑法上的危害结果,首先要把作为犯罪构成要件的狭义的危害结果与广义的危害结果区别开来。

其次,从司法实践中定罪的实际需要出发,在狭义的危害结果中,应当进一步把有形的、可以具体测量确定的危害结果,同无形的、不能具体测量确定的危害结果加以区别。我国刑法上的任何犯罪行为,都能够给一定的直接客体造成某种损害。从这个意义上说,危害结果与犯罪客体密不可分。通过这种结果,可以从客观方面反映犯罪行为与犯罪客体的联系,并且揭示不同犯罪行为所侵害的合法权益的特定性。但是,由犯罪客体的性质所决定,上述危害结果又可以分为有形的、可以具体测量确定的结果,以及无形的、不能具体测量确定的结果两类。后一类危害结果一般是非物质性的,往往是犯罪行为一经实施,这种危害结果就同时发生了(虽然人们一般不能凭直观感知它)。因此,对这种犯罪案件,一般只要查明被告人已经实施了行为,就可以认定为犯罪既遂,而不存在未遂问题,也无须去查明行为与结果间的因果关系。刑法理论上称之为"举动犯"的参加恐怖活动组织罪、参加黑社会性质组织罪、传授犯罪方法罪等,就是这样。但是,给直接客体造成的有形的、可以具体测量确定的危害结果,则在具体案件中可能发生,也可能由于某种原因而没有发生,而且往往并非行为一着手实施就立即发生。对这种犯罪来说,要认定是犯罪既遂还是未遂,就要在查明被告人实施了刑法分则规定的某种危害行为的同时,再查明是否发生了作为构成要件的危害结果。没有产生这种结果的,一般应以犯罪未遂论处。这类有形的、可以具体测量确定的危害结果,是所有过失犯罪的客观方面必备的要件,是区分过失犯罪与非罪的客观标志;这类结果也是相当数量的故意犯罪构成既遂所必备的要件,是区分这些犯罪的既遂与未遂、中止形态的重要客观标志。因此,虽然从总体上看,有形的、可以具体测量确定的危害结果并非是一切犯罪都必备的要件,但是这种危害结果的有无和大小,对正确认定有关犯罪和妥当量刑具有重要的实际意义,在办案中必须注意查明。

(二) 危害结果的特征

刑法中的危害结果具有如下几个特征:

第一,危害结果的客观性。从结果的哲学含义讲,结果是由一事物引起另一事物的现象。无论这种现象以什么形式出现,它都具有客观现实性。刑法上的危害结果尽管有其特定内涵,但必须以哲学上结果的概念为其理论依据。刑法中的危害结果相对于哲学范畴的结果,属于特殊结果,但它必然具有结果的一切特征,因而危害结果也只能是一种事实,一种客观存在的现实。有的论著认为,危害结果也包括可能造成的损害,这是不正确的。

第二,危害结果的因果性。危害结果的客观性,要求危害结果在内容上只能是一种现实的、客观存在的事实。但是,并非一切客观存在的事实都可以成为危害结果,而只有危害行为引起的事实,才可以成为危害结果。因此,任何客观存在的事实,其成因只要不是危害行为,就不是危害结果;没有危害行为,就谈不上危害结果。

第三,危害结果的侵害性。危害结果由危害行为引起,作为一种事实,它表明刑法所保护的社会关系即犯罪客体受到侵害。任何一种危害结果,都必然是危害行为对社会造成的一定的损害。但是,危害行为对社会造成的结果或事实,并不都是具有侵害性的。如盗窃行为在给他人造成财产损失的同时,对行为人或其家属来说不是损害,而是不法的财产增收。这就使得危害结果和"危害行为所造成的结果"之间有别,只有危害行为引起的对刑法所保护的社会关系具有侵害性的那些事实,才有成为危害结果的资格。申言之,危害结果是危害行为引起的具有刑法意义的对社会的损害事实。当危害结果是犯罪构成要件之结果时,它对犯罪的社会危害性起决定性作用,是作为定罪依据或认定犯罪完成形态是否成立之依据的结果;当危害结果不是犯罪构成要件之结果时,它对犯罪的社会危害性程度大小起影响作用,主要是作为量刑依据的结果。

第四,危害结果的多样性。危害结果作为危害行为对刑法所保护的社会关系侵害的一种事实,必然具有多样性。这是因为刑法所保护的社会关系、危害行为、行为对象、手段等等,均具有多样性的特征。无论其表现为何种具体形式,只要是事实,而且是危害行为侵犯刑法所保护的社会关系所形成的事实,都可以成为危害结果。

二、危害结果的种类

危害结果具有多样性的特征,为深入理解危害结果的内涵和意义,有必要研究危害结果的种类,从不同角度对其进行分类把握。刑法理论上从不同的角度,对危害结果所作的分类很多,如有形结果与无形结果、普通结果与加重结果、具体结果与抽象结果、目的结果与手段结果、主结果与次结果、单一结果与复杂结果、构成结果与非构成结果、物质性结果与非物质性结果、直接结果与间接结果、实害结果与危险结果等。

上述分类,有的实践或理论意义不大,有的在一定程度上反映了理论上对危害结果的含义存在的分歧,如对实害结果与危险结果的划分,并无一致的意见,因为很多学者认为危害结果只是现实的损害,并不包括所谓的危险结果。

下面主要对理论和实践意义较为重要的危害结果的三种分类予以阐述:

(一) 构成结果与非构成结果

这是以危害结果是否是犯罪构成要件为标准而作的划分。

构成结果,是指属于犯罪构成要件的危害结果。根据我国《刑法》总则第15条以及《刑法》分则条文的有关规定,过失犯罪均以发生特定的危害结果为构成要件;根据间接故意的基本特征,间接故意犯罪的成立也要求发生特定的危害结果。就过失犯罪和间接故意犯罪而言,如果构成结果没有发生,该犯罪便不能成立。例如,行为人明知自己的行为可能致他人死亡、伤害,却漠不关心,结果发生了伤害结果,但未有死亡结果,行为人当然不可能构成间接故意杀人罪,但成立间接故意伤害罪。与过失犯罪和间接故意犯罪不同的是,许多直接故意犯罪虽以某种特定的危害结果为要件,但这种构成结果的有无,并不是区分犯罪成立与否的标准,而只是区分犯罪完成形态与未完成形态的标志。例如,直接故意杀人的犯罪,以被害人死亡为构成结果,如果行为人实施杀人行为,由于意志以外的原因并未致被害人死亡,而只是致其重伤,故意杀人罪罪名仍然成立,但只构成故意杀人罪的未遂。

非构成结果,是指不属于构成要件的危害结果。这种危害结果发生与否以及轻重如何,并不影响犯罪的成立,而只是在行为构成犯罪的基础上影响到行为的社会危害性程度大小,进而影响到量刑的轻重。非构成结果主要表现为以下几种情况:(1) 存在于未遂犯或中止犯的中间结果,这是专指可以成立未遂或中止形态的直接故意犯罪中,行为人着手实行行为之后,虽未产生构成结果,却可能产生构成结果之外的结果。如故意杀人未遂,致被害人重伤,在此致人死亡这一构成结果未发生,重伤结果为非构成结果。(2) 存在于某些结果加重犯中的、超出基本构成的构成结果之外的加重结果。如故意伤害致人死亡,因故意伤害罪的构成结果只是伤害;发生被害人死亡的结果,是构成要件结果以外的加重结果。(3) 可以存在于任何性质、任何形态中的随意结果。这是指危害行为侵害犯罪客体以外的其他社会关系而形成的又不属于前两种结果的非构成结果。例如,行为人实施非法搜查行为,导致他人财物破损的结果。

将危害结果划分为构成结果与非构成结果,有利于正确认识危害结果在不同犯罪构成中的地位和作用,从而有助于正确定罪量刑。

(二) 物质性结果与非物质性结果

这是依据危害结果的现象形态所作的划分。

物质性结果,是指现象形态表现为物质性变化的危害结果。物质性结果一般来说是有形的、可测量确定的,例如致人死亡、重伤,将财物烧毁,等等,均是物质性结果。

非物质性结果,是指现象形态表现为非物质性变化的危害结果。非物质性结果往往是无形的、不可测量确定的。对个人来说,主要是危害行为对个人的心理造成影响,留下痕迹,如对人格、名誉的损害;对于社会组织来说,则是使其正常的状态、名誉、信用受到影响。

物质性结果和非物质性结果都可能属于构成结果,也可能属于非构成结果。物质性结果与非物质性结果的划分,有助于全面认识危害结果,也有助于对非物质性结果作深入研究。

(三) 直接结果与间接结果

这是依据危害结果距离危害行为的远近或危害结果与危害行为的联系形式而对危害结果进行的划分。

直接结果,是指由危害行为直接造成的侵害事实,它与危害行为之间不存在独立的另一现象作为中介,如甲用棍棒打死乙,乙之死亡就是甲打击行为的直接结果。

间接结果,是指由危害行为间接造成的侵害事实,它与危害行为之间存在着独立的另一现象作为联系的中介。如甲侮辱乙后,乙因羞愤而自缢身亡,乙之死亡就是甲侮辱行为的间接结果。

直接结果与间接结果都可能是构成结果,也可能是非构成结果。

直接结果与间接结果的划分具有重要意义:直接结果有助于正确定罪量刑;间接结果往往对量刑有一定的影响。

三、危害结果的地位

危害结果在犯罪构成中的地位,主要应解决的问题是:危害结果在犯罪客观要件中是共同要件还是非共同要件;如果是非共同要件,那么危害结果是哪些犯罪构成客观要件的因素?

危害结果在犯罪客观要件中是共同要件还是非共同要件?这在我国刑法理论界有两种截然对立的观点:有观点认为危害结果是一切犯罪构成所必备的条件,这种观点实际上同时否定了危害结果有构成结果与非构成结果之分;另一种观点则认为并非所有的犯罪都以危害结果为构成要件,而只有部分犯罪其构成以危害结果为要件。

我们认为,危害结果是否为一切犯罪构成的客观要件,即是否为犯罪客观要件中的共同要件,这一问题争论的症结,在于从何种意义上去把握危害结果的含义。也就是说,对危害结果含义理解的角度不同,在上述问题上也就会有不同的结论。如果不正视这一点,上述问题是无法争辩清楚的。如本节前述,刑法意义上的危害结果,具有广义与狭义两层含义。从广义上看,一切犯罪,无论是故意犯罪还是过失犯罪,行为犯还是结果犯,既遂犯还是预备犯、未遂犯、中止犯,都存在危害结果,因为任何犯罪(不论完成与未完成形态)都能够给社会带来一定的损害,只是大小程度不同而已。而从狭义上看,只有刑法规定的以某种特定的危害结果为构成要件的犯罪(即结果犯),才存在危害结果,即构成结果。主张危害结果乃一切犯罪客观要件的观点,显然是站在广义的危害结果的角度上得出的结论。我们认为,对于危害结果是犯罪客观要件中的共同要件还是非共同要件的问题,应当立足于狭义的角度去理解危害结果。因为研究犯罪构成,论及危害结果是否为某一犯罪的构成要件,最终目的是为了满足司法实践中定罪的实际需要,即去考察某一犯罪构成要件究竟应该具备哪些内容,有这些内容就可以成立犯罪或成立犯罪的完成形态,无这些内容就不能成立犯罪或虽成立犯罪但未能达到完成形态,而不在于注重危害行为造成了多少、多大的社会损害,并将这些结果都纳入犯罪构成要件的内容。如果单纯从广义的角度去理解危害结果,认为危害结果是一切犯罪构成的要件,那么,危害结果作为犯罪客观要件在认定犯罪、界定罪与非罪、犯罪完成形态与未完成形态方面时,还有什么存在的必要和实际意义呢?主张危害结果为犯罪客观方面共同要件观点的一些论者,甚至把犯罪未完成形态的几种结局也视为危害结果。依其观点,在像故意杀人罪、抢劫罪等许多犯罪中区分既遂与未遂的标志又是什么呢?如果是法定的他人死亡、财物被劫走等结果,那么将未完成形态的结局也视为危害结果,就不无矛盾之处。

总而言之,危害结果并非是犯罪构成的共同要件,它只是某些犯罪即结果犯的构成要件。

第四节 危害行为与危害结果之间的因果关系

罪责自负是我国刑法的基本原则之一,它的基本含义是:一个人只能对自己的危害行为及其造成的危害结果承担刑事责任。因此,当危害结果发生时,要使某人对该结果负责任,就必须查明他所实施的危害行为与该结果之间具有因果关系。这种因果关系,是在危害结果发生时使行为人负刑事责任的必要条件。

在实践中,对于危害行为与危害结果之间的因果关系,通常并不难确定。例如,甲开枪击中乙的要害部位,乙当场死亡,这时甲开枪和乙死亡之间的因果关系是显而易见的。但是在某些案件中,由于犯罪情况复杂或者罪犯有意制造混乱和假象,查明因果关系就必须依靠科学的分析和论证,有时还要借助科学技术鉴定的手段。

为了解决复杂刑事案件的因果关系问题,自19世纪中叶以来,西方刑法学者在其哲学观点和刑法思想的指导下,提出过形形色色的学说,可谓众说纷纭,莫衷一是。我国刑法理论对刑法因果关系的研究始于20世纪50年代,近年来探讨更为具体和深入。社会主义刑法理论把辩证唯物主义因果关系学说运用于刑法因果关系的研究,取得了较大的进展,但在不少问题上还存在意见分歧,有待于从理论和实践上进一步研究。

原因与结果是哲学上的一对范畴。在辩证唯物主义因果论看来,引起一定现象发生的现象是原因;被一定现象引起的现象是结果。这种现象与现象之间的引起与被引起的联系,就是因果关系。辩证唯物主义因果关系的理论同刑法学因果关系的理论,是一般与个别、普遍与特殊的关系。因此,刑法学因果关系理论要以辩证唯物主义因果关系理论为指导。但是,指导不等于代替,刑法学因果关系理论就其研究的目的、对象、范围来说,又有其特殊性。只有把辩证唯物主义因果关系的基本原理与刑法学所研究的犯罪现象有机地结合起来,才能科学地解决刑法中的因果关系问题。

以辩证唯物主义因果关系理论为指导来解决刑法学因果关系问题,应当注意掌握一些基本观点和基本问题。

一、因果关系的客观性

因果关系作为客观现象间引起与被引起的关系,它是客观存在的,并不以人们主观是否认识到为前提。因此,在刑事案件中查明因果关系,就要求司法工作人员从实际出发,客观地加以判断和认定。例如,有这样一个案例,甲、乙两个青年在公共汽车上侮辱谩骂一位批评他们不遵守秩序的老人,致使老人心脏病突发当场死亡。这里,老人的犯病死亡结果是由甲、乙的侮辱行为引起的,即二者之间具有因果关系。绝不能以甲、乙不知道老人有心脏病或未预见到侮辱会有此严重后果为借口,来否认其因果关系的存在。实践中,有些司法工作人员常常把犯罪的动机、起因与犯罪的行为、结果之间的关系,视为案件的因果关系,这是不对的。当然,任何犯罪案件的发生都是有一定原因的,但是,这是把案件作为整体来谈案件发生的原因与案件本身的因果关系。而在刑法理论上通常所说的因果关系,则是指危害行为与危害结果之间客观的联系,并不涉及行为人的主观内容。

二、因果关系的相对性

辩证唯物主义科学地说明,各种客观现象是彼此相互制约和普遍联系的"锁链",在某一对现象中作为原因的,其本身又可以是另一种现象的结果;其中作为结果的,其本身也可以是另一现象的原因。即原因与结果的区别在现象普遍联系的整个链条中只是相对的,而不是绝对的。因此,要确定哪个是原因哪个是结果,必须把其中的一对现象从客观现象普遍联系的整个链条中抽出来研究,这时才能显现出一个是原因,另一个是结果。研究的目的和对象,决定了需要抽出哪个环节即哪一对现象来研究的问题。刑法中研究因果关系的目的,是要解决行为人对所发生的危害结果应否负刑事责任的问题。因此,这里所研究的因果关系,只能是人的危害行为与危害结果之间的因果联系,这就是刑法学因果关系的特定性。

应该从以下两点加深对上述刑法学因果关系特定含义的理解:

第一,作为因果关系中的结果,是指法律所要求的已经造成的有形的、可被具体测量确定的危害结果。只有这样的结果才能被查明和确定,才能作为由危害行为引起的现象来具体把握,才能据此确定因果关系是否存在。因此,犯罪构成中不包含、不要求物质性危害结果的犯罪,一般不存在解决因果关系的问题。

第二,刑法学因果关系中的原因,是指危害社会的行为。因此,如果查明某人的行为是正当、合法的行为而不具有危害社会的性质,那么即使其行为与危害结果之间有着某种联系,也不能认为具有刑法意义上的因果关系。

三、因果关系的时间序列性

所谓因果关系的时间序列性,就是说从发生时间上看,原因必定在先,结果只能在后,二者的时间顺序不能颠倒。因此,在刑事案件中,只能从危害结果发生以前的危害行为中去找原因。如果查明某人的行为是在危害结果发生之后实施的,那就可以肯定,这个行为与这一危害结果之间没有因果关系。例如,甲把乙打倒在地致乙不省人事,后来丙路过,看到是仇人乙躺在地上,以为乙昏过去了,又用尖刀扎了乙的要害部位。后经法医鉴定表明,丙扎乙的刀伤是死后伤,即丙用刀扎乙时乙实际上已经死亡了。由于丙的杀害行为是在乙的死亡结果之后实施的,因而二者之间不可能有因果关系。当然,先于危害结果出现的危害行为,也不一定就是该结果的原因;在结果之前的行为只有起了引起和决定结果发生的作用,才能证明是结果发生的原因。

四、因果关系的条件性和具体性

任何刑事案件的因果关系都是具体的、有条件的,一种行为能引起什么样的结果,没有一个固定不变的模式。因此,查明因果关系时,一定要从危害行为实施时的时间、地点、条件等具体情况出发来考虑。例如,甲、乙二人在打篮球中发生争执,甲一怒之下朝乙腹部打了一拳,乙当时倒地疼痛难忍,甲与他人急送乙去几十里外的县医院抢救,乙中途死亡。尸体解剖证明乙患先天性脾脏过大,这种脾脏在遭外力打击时极易破裂。医生还证明,若抢救及时,乙不致死亡。在这个案件中,如果乙的脾脏正常,在一般情况下一拳不会造成脾脏破裂;如果离县医院近,乙也可以得救。但并不能由此否定甲的拳击行为与乙的死亡之间的因果关系,因为甲的拳击行为正是发生在乙这个特异体质的对象以及离县医院较远等具体条件下,并且由此造成了乙的死亡。

五、因果关系的复杂性

因果关系的复杂性,具体表现为"一果多因"或"一因多果"。

(1)"一果多因"。"一果多因"是指某一危害结果是由多个原因造成的。它最明显地表现在两种情况下:一是在责任事故类过失犯罪案件中。事故的发生往往涉及许多人的过失,而且往往还是主客观原因交织在一起,情况非常复杂。确定这类案件的因果关系,就必须分清主要原因和次要原因、主观原因和客观原因等情况,这样才能正确解决刑事责任问题。二是在共同犯罪案件中。共同犯罪中各个共犯危害行为的总和作为造成危害结果的总原因而与之有因果关系,但是根据我国刑法的规定,在分析案件时应该分清主次原因,即分清每个共犯在共同犯罪中所起作用的大小,并进而确定各个共犯刑事责任的大小。

(2)"一因多果"。"一因多果"是指一个危害行为可以同时引起多种结果的情况。例如,甲诽谤了乙,不但损害了乙的名誉、人格,还导致乙自杀身亡;丙失火烧毁了大片房屋,还烧死、烧伤多人。在一行为引起的多种结果中,要分析主要结果与次要结果、直接结果与间接结果,这对于定罪量刑是有意义的。

六、因果关系的必然联系与偶然联系问题

从实践中看,因果关系一般表现为两种现象之间有着内在的、必然的、合乎规律的引起与被引起的联系。这是因果关系基本的和主要的表现形式。通常也只有这样的因果关系,才能令人对其行为引起的结果负责任。但是,是否只有这样一种必然联系,才能确定为因果关系呢?对此在国内外刑法学界素有争论。我们认为,自然和社会现象是十分复杂的,因果关系的表现也不例外,除大量存在的必然联系的因果关系之外,客观上还可能发生偶然联系的因果关系(通常简称偶然因果关系)。后者所指的情况是某种行为本身不包含产生某种危害结果的必然性(内在根据),但是在其发展过程中,偶然又有其他原因加入其中,即偶然地同另一原因的展开过程相交错,由后来介入的这一原因合乎规律地引起了这种危害结果。这种情况下,先行行为与最终之危害结果之间的偶然联系,即称为偶然因果关系。

偶然因果关系通常对量刑具有一定的意义。例如,某甲夜里藏在胡同里预谋拦路强奸下夜班回家路过的女工。妇女某乙下夜班经过此处时,甲突然跳出,持刀逼住乙,迫使乙脱下衣服,乙一边脱衣服一边寻机逃跑,甲见乙已脱剩裤头,以为乙已就范,就把刀子放一边也开始脱衣服。乙乘机一把将正在脱裤子的甲推倒在地,转身就跑。甲爬起来持刀紧追不舍。追过一条小街,到一个十字路口时,一辆卡车正常行驶路过,乙因只顾逃跑,躲避不及,卡车司机发现乙时即刹车,但因距离过近刹不住车,将乙当场撞死。强奸犯甲见状逃离,后被抓获归案。在这个案件中,甲的行为同乙的死亡结果之间就存在偶然的因果关系,不能说甲只应负强奸犯罪的刑事责任,而对乙的死亡不应负任何责任。当然,这并不是说要甲负杀人罪的刑事责任,而是说在处理其强奸犯罪时,对其行为导致乙死亡这一情况,在量刑上应予以适当考虑。

偶然因果关系有时对定罪与否也有一定的影响。例如,私营企业主某甲,以限制人身自由的方法强迫某乙在其作坊劳动(持续时间尚非常短)。乙乘机逃出作坊,甲发现后立即持棍棒追赶,并一直吆喝。乙慌不择路,跌到路边沟里,碰到沟底一块大石头上,造成头部重伤。若甲仅有先行的强迫他人劳动的行为,应该说尚未达到情节严重的程度,对甲应以一般违法行为处理;但是,现在发生了乙重伤的结果,而且甲的强迫劳动行为与此结果之间具有偶然的因果关系,据此可以认定甲的强迫他人劳动的行为已达到情节严重的程度,依照我国《刑法》第244条的规定,对甲应以强迫劳动罪定罪。

七、不作为犯罪的因果关系问题

解决不作为犯罪的因果关系,也必须像解决作为犯罪的因果关系一样,坚持因果关系的唯物辩证法的观点。有一种看法认为,不作为的危害行为与危害结果之间在客观事实上并不存在因果关系,而只是法律拟制的因果关系。这种观点值得商榷。因为它否认了不作为犯罪因果关系的客观性,实质上也就是否认了不作为犯罪负刑事责任的客观基础。我们认为,不作为行为与危害结果之间的因果关系是客观存在

的,不是法律强加的。不作为的原因力,就在于它应该阻止而没有阻止事物向危险方向发展,以至于引起了危害结果的发生。不作为犯罪因果关系的特殊性只在于,它要以行为人负有特定的义务为前提,除此以外,它的因果关系应与作为犯罪一样解决。例如,由于铁路扳道工不按时扳道岔而引起列车出轨或相撞,由于锅炉工不按时加水而致使锅炉爆炸,由于保育员疏忽大意而致使幼儿从楼上掉下去摔死等,这些负有特定作为义务的行为人的不作为行为,都在客观上引起了危害结果的发生,二者之间的因果关系是无法否认的。

八、刑法学因果关系与刑事责任的联系和区别

我国刑法中的犯罪构成是主客观诸要件的统一,具备犯罪构成才能够追究刑事责任。解决了刑法上的因果关系,只是确立了行为人对特定危害结果负刑事责任的客观基础,但不等于解决了其刑事责任问题。要使行为人对自己的行为造成的危害结果负刑事责任,行为人还必须具备主观上的故意或过失,即使具备因果关系,如果行为人缺乏故意或过失,仍不能构成犯罪和使其负刑事责任。那种把因果关系与刑事责任混为一谈,认为有因果关系就应负刑事责任的主张是错误的,是客观归罪的观点。

第五节　犯罪的其他客观要件

犯罪的其他客观要件,是指犯罪特定的时间、地点和方法(手段)等因素。任何犯罪都是在一定时间、地点并采取一定的方法(手段)实施的,在某些犯罪中,特定的时间、地点、方法对定罪量刑有一定影响。

一、时间、地点和方法对定罪的意义

在法律条文把特定的时间、地点和方法明文规定为某些犯罪构成必备的要件时,这些因素就对某些行为是否构成该种犯罪具有决定性作用,即具有犯罪构成必备要件的意义。例如,我国《刑法》第340条和第341条的非法捕捞水产品罪和非法狩猎罪,就把"禁渔期""禁猎期""禁渔区""禁猎区""禁用的工具、方法"等规定为构成这些犯罪必备的条件,因而实施的行为是否具备这些因素,就成为这些案件里区分罪与非罪的重要条件。再如,按照我国《刑法》第257条的规定,只有用暴力方法干涉他人婚姻自由,才构成暴力干涉婚姻自由罪。在这里,是否使用暴力方法干涉他人婚姻自由,就成为区分罪与非罪的标志。

二、时间、地点和方法对量刑的意义

应当指出,虽然对大多数犯罪来说,犯罪的时间、地点、方法等因素不是犯罪构成的要件,但是,这些因素往往影响到犯罪行为本身社会危害程度的大小,因而考察它

们对正确量刑也有重要意义。以故意杀人罪为例,虽然时间、地点、方法等因素并不影响犯罪的成立即定罪问题,但是,战时、社会治安状况不好时期与正常时期相比,公共场合、要害部门内、单位内与偏僻地区相比,肢解、碎尸、活埋、活活打死、采用技术手段杀人等方法与一刀杀死、一枪打死的方法相比,前者的社会危害性显然大于后者,因而对适用刑罚的轻重也应有一定的影响。此外,在刑法规范中,有的犯罪法条则是直接而明确地把特定的方法、地点作为加重刑罚的条件。如我国《刑法》第237条规定,聚众或者在公共场所当众强制猥亵妇女、侮辱妇女的,应从重处罚。

第七章 犯罪主体

第一节 犯罪主体概述

一、犯罪主体的概念

根据我国刑法有关规定和理论,我国刑法中的犯罪主体,是指实施危害社会的行为并依法应负刑事责任的自然人和单位。其中,自然人主体是我国刑法中最基本、具有普遍意义的犯罪主体;单位主体在我国刑法中不具有普遍意义而且有其特殊性,本章将设专节加以阐述。我国刑法中的自然人犯罪主体,是指具备刑事责任能力,实施危害社会的行为并且依法应负刑事责任的自然人。

我国刑法中的自然人犯罪主体的共同要件有两个:

(一) 犯罪主体必须具有自然人人格

所谓自然人,是指有生命存在的人类独立的个体。自然人的人格即资格,始于人的出生,终于人的死亡。在古代中外刑法或刑事司法实践中,曾存在把人类以外之物作为犯罪主体,刑及禽兽、昆虫,罚及风雨、物品,并对尸体施以戮尸之刑的情况。这与古代刑法中承担刑事责任的客观结果原则、株连原则及古代立法者的认识水平密切相连,而最主要的,乃是古代刑法适用刑罚的威慑目的所决定的。当时的统治阶级把人类以外之物作为犯罪主体予以刑罚处罚,其目的主要在于威吓人们,即杀动物儆人,罚物给人看,借以维护其统治利益和统治秩序。在近现代尤其是现代刑法中,随着承担刑事责任的个人原则、主客观相统一原则的确立和立法者认识水平的提高,较为普遍地摒弃了把自然现象、动植物、物品和尸体作为犯罪主体规制的主张和做法,认为犯罪主体及承担刑事责任者只限于有生命的人。

我国《刑法》第7条、第8条、第11条、第17条至第19条等多处规定表明,我国刑法中的犯罪主体仅限于有生命的人,而决不能是人以外之物。这一原则有着充分的根据。

第一,犯罪是主客观要件的统一,主观心理态度和客观行为都是人类所独有的功能,而人类以外之物不可能具备犯罪的主客观要件。

第二,犯罪与刑事责任和刑罚存在内在的联系,犯罪主体应当承担刑事责任,通常都要适用刑罚,适用刑罚的目的是为了预防犯罪,而对人类以外之物施加刑罚,根本不能达到预防犯罪的刑罚目的。

因此,犯罪主体只能是有生命的人而不能是人类以外的物。如果人利用动物实施其犯罪意图,犯罪主体应为利用者本人,动物则只是利用者的犯罪工具。

(二) 犯罪主体必须具备刑事责任能力

刑事责任能力是人辨认和控制自己行为的能力。这种能力与犯罪的成立和刑罚的适用密切相关。刑事责任能力不是任何有生命的自然人都具备的,其具备受到自然人的年龄和精神状况等多种因素的制约与影响。因此,并非有生命的人类个体即每个自然人都能够成为犯罪主体,而只有那些达到一定年龄、精神正常因而具备刑事责任能力的自然人,才能够成为犯罪的主体。刑事责任能力是犯罪主体的核心和关键要件。

二、犯罪主体的意义

研究犯罪主体要件的问题,对于司法实践中正确定罪量刑,具有至关重要的意义。

(一) 定罪意义

犯罪主体是犯罪构成必备的条件之一。任何犯罪都有主体,即任何犯罪都有犯罪行为的实施者和刑事责任的承担者。离开了犯罪主体就不存在犯罪,也不会发生刑事责任问题。而且犯罪主体需要具备一定的条件,并非任何人实施了刑法所禁止的危害社会的行为,都能构成犯罪并承担刑事责任,而只有具备法律所要求的犯罪主体条件的人,才能构成犯罪并被追究刑事责任,不符合犯罪主体条件的人,虽然实施了刑法所禁止的危害社会的行为,也不构成犯罪,不负刑事责任;不符合特殊主体条件的人,不能构成特殊主体的犯罪。犯罪主体条件的具备,是行为人具备犯罪主观要件的前提,也是对犯罪人适用刑罚能够达到刑罚目的的基础。因此,运用有关的刑法理论正确地阐明我国刑法中关于犯罪主体条件方面的规定,例如,关于刑事责任年龄的规定,关于无刑事责任能力的规定等,对于正确认定犯罪,划清罪与非罪以及应否追究刑事责任的界限,具有相当重要的作用。而研究刑法分则某些条文关于犯罪人应具备的特殊身份要件,则对于正确区分罪与非罪以及此罪与彼罪的界限,也都有重要意义。例如,国有公司、企业中具有国家工作人员身份或可以以国家工作人员论的人利用职务便利侵占本单位财物的,构成贪污罪;不具有此等身份的人实施上述行为的,则构成职务侵占罪。

(二) 量刑意义

犯罪主体除具有区分罪与非罪、此罪与彼罪界限的意义外,还会影响到量刑。这是因为,在具备犯罪主体要件的同样情况下,犯罪主体的具体情况也可能不同,而不同的具体情况又影响到刑事责任的大小程度。例如,我国《刑法》第17条第3款规定,已满14周岁不满18周岁的人犯罪,应当从轻或者减轻处罚;第18条第3款规定,尚未完全丧失辨认或者控制自己行为能力的精神病人犯罪的,可以从轻或者减轻处罚;第19条规定,又聋又哑的人或者盲人犯罪,可以从轻、减轻或者免除处罚。又如《刑法》第307条第1款、第2款分别规定了妨害作证罪与帮助毁灭、伪造证据罪,其第3款规定司法工作人员犯前两款罪的,从重处罚。这些都说明了犯罪主体的不同情况对量刑的重要影响,科学地研讨立法与司法中有关犯罪主体的问题,对实践中正确地适用刑罚,无疑是十分重要的。

第二节 刑事责任能力

一、刑事责任能力的概念

刑事责任能力,是指行为人构成犯罪和承担刑事责任所必需的,行为人具备的刑法意义上辨认和控制自己行为的能力。简言之,刑事责任能力就是行为人辨认和控制自己行为的能力。

在我国刑法立法和刑法理论看来,刑事责任能力的本质,是人行为时具备相对的自由意志能力,即行为人实施刑法所禁止的严重危害社会的行为,具备有条件的亦即相对自由的认识和抉择行为的能力。因此,刑事责任能力是行为人行为时犯罪能力与承担刑事责任能力的统一,是其辨认行为能力与控制行为能力的统一。一般说来,当人达到一定的年龄之后,智力发育正常,就自然具备了这种能力。当然,这种能力可能因年龄原因或精神状况、生理功能缺陷的原因而不具备、丧失或者减弱。具备刑事责任能力者可以成为犯罪主体并被追究刑事责任;不具备刑事责任能力者即使实施了客观上危害社会的行为,也不能成为犯罪主体,不能被追究刑事责任;刑事责任能力减弱者,其刑事责任也相应地适当减轻。刑事责任能力作为犯罪主体的核心和关键要件,对于犯罪主体的成立与否以及行为人的定罪量刑,具有至关重要的作用和意义。

二、刑事责任能力的内容

刑事责任能力的内容,是指行为人对自己行为所具备的刑法意义上的辨认能力与控制能力。明确这两种能力的含义及其相互关系,是正确把握刑事责任能力概念的需要。

刑事责任能力中的辨认能力,是指行为人具备对自己的行为在刑法上的意义、性质、后果的分辨认识能力。就是说,行为人有能力认识自己的行为是否为刑法所禁止、所谴责、所制裁;刑事责任能力中的控制能力,是指行为人具备决定自己是否以行为触犯刑法的能力。例如,达到一定年龄而精神正常的人,都有能力认识到自己若实施杀人、放火、强奸、抢劫、盗窃行为是要为刑法所禁止所制裁的,都有能力选择和决定自己是否实施这些触犯刑法的行为。

刑事责任能力中的辨认能力与控制能力之间,存在着有机的联系。一方面,辨认能力是刑事责任能力的基础。只有对自己行为在刑法上的意义有认识能力,才谈得上凭借这种认识能力而自觉有效地选择和决定自己是否实施触犯刑法的行为的控制能力。控制能力的具备是以辨认能力的存在为前提条件的,不具备辨认能力的未达刑事责任年龄的幼年人和患严重精神病的人,自然也就没有刑法意义上的控制能力。因而只要确认某人没有辨认能力,他便不具备控制能力,不存在刑事责任能力。另一方面,控制能力是刑事责任能力的关键。这表现为,在具有辨认能力的基础上,还需要有控制能力才能具备刑事责任能力,只要具备了控制能力就一定具备辨认能力;还表现在,人虽然有辨认能力,但也可能不具有控制能力而并无刑事责任能力。例如,因受身体强制的铁路扳道员、受不可抗力阻止的消防救火人员,即使他们因此而没有履行自己的职务行为,从而造成了严重的危害后果,也不能追究他们的刑事责任,其直接原因当然是他们不存在犯罪的主观心理态度。但进一步从刑事责任能力的角度看,他们之所以不具备犯罪的主观条件,是因为他们虽有辨认能力但却丧失了当时控制自己行为的能力,因而也就根本没有刑事责任能力。可见,仅有辨认能力而没有控制能力,就没有了选择和决定自己行为的能力,就不成其为刑事责任能力;控制能力的存在又须以具备辨认能力为前提,因而不可能存在仅有控制能力而没有辨认能力的情况。总之,刑事责任能力的存在,要求辨认能力与控制能力必须同时齐备,缺一不可。

三、刑事责任能力的程度

概括地说,影响和决定人的刑事责任能力的程度即人在刑法意义上的辨认和控制自己行为之能力的,有两个方面的因素:一是知识和智力成熟程度。人的知识和智力成熟与否,主要受到人从幼年向成年成长的年龄因素的制约,此外也会受到人学习知识、发展智力的某些重要器官的生理功能的制约。二是精神即人的大脑功能正常与否的状况。人的精神即大脑功能正常与否,受到人是否患精神疾病及精神疾病的种类、程度和特点的影响。只有知识和智力成熟且精神正常的人,才具有刑事责任能力,才在刑法意义上有能力辨认和控制自己的行为。生活在人类社会中的自然人,达到一定年龄,重要器官生理功能和大脑功能又正常者,其知识和智力的发展就达到相当程度或成熟程度,因而必然不同程度地具有刑法所要求的辨认和控制自己行为的能力。鉴此,当代各国刑法都以一定的年龄为标志,规定了正常自然人具备刑事责任能力的界限。同时,各国刑法一般都还对某些重要器官生理功能丧失者和精神病患者的刑事责任能力具备与否的问题,作出专门规定。

根据人的年龄、精神状况等因素影响刑事责任能力有无和大小的实际情况,当代各国刑法和刑法理论一般都对刑事责任能力采取三分法或四分法。三分法即将刑事责任能力区分为完全刑事责任能力、完全无刑事责任能力以及处于中间状态的限定(减轻)刑事责任能力三种情况;四分法是除上述三种情况外,还有相对无刑事责任能力的情况。无论是三分法还是四分法,都承认在刑事责任能力的有无之间存在着中间状态的限定(减轻)刑事责任能力的情况。我国刑法对刑事责任能力采取的是四分法。

(一) 完全刑事责任能力

完全刑事责任能力,简称为刑事责任能力或责任能力,其概念和内容在各国刑法立法中一般未予规定,而是由刑法理论部门和司法实务部门结合刑法立法中关于责任能力和限定责任能力的规定来加以明确和确认的。从外延看,凡不属刑法规定的无责任能力人及限定责任能力人的,皆属完全刑事责任能力人。例如,在我国刑法看来,凡年满18周岁、精神和生理功能健全而智力与知识发展正常的人,都是完全刑事责任能力人。完全责任能力人实施了犯罪行为的,应当依法负全部的刑事责任,不能因其责任能力因素而不负刑事责任或者减轻刑事责任。

(二) 完全无刑事责任能力

完全无刑事责任能力简称为完全无责任能力或无责任能力,是指行为人没有刑法意义上的辨认或者控制自己行为的能力。根据现代刑法立法的规定,完全无刑事责任能力人一般是两类人:一是未达责任年龄的幼年人;二是因精神疾病而不具备或丧失刑法所要求的辨认或控制自己行为能力的人。例如,按照我国《刑法》第17条、第18条的规定,我国刑法中的完全无责任能力人,为不满14周岁的人和行为时因精神疾病而不能辨认或者不能控制自己行为的人。德国、意大利、奥地利、日本等国也将最低刑事责任年龄规定为年满14周岁。

(三) 相对无刑事责任能力

相对无刑事责任能力,也可称为相对有刑事责任能力,是指行为人仅限于对刑法所明确限定的某些严重犯罪具有刑事责任能力,而对未明确限定的其他犯罪行为无刑事责任能力的情况。从设立这一责任能力层次的刑法立法例看,这种相对无责任能力人都是已超过完全无责任能力的年龄但又未达到成年的一定年龄段的未成年人。例如,我国《刑法》第17条第2款规定的已满14周岁不满16周岁的人即属此。

(四) 减轻刑事责任能力

减轻刑事责任能力,又称限定刑事责任能力、限制刑事责任能力、部分刑事责任能力,是完全刑事责任能力和完全无刑事责任能力的中间状态,是指因年龄、精神状况、生理功能缺陷等原因,而使行为人实施刑法所禁止的危害行为时,虽然具有责任能力,但其辨认或者控制自己行为的能力较完全责任能力有一定程度的减弱、降低的情况。在当代各国刑法中,较为普遍地规定有减轻刑事责任能力的人,其外延主要是达到一定年龄的未成年人、聋哑人、盲人、因精神病而致辨认或控制行为能力有所减弱的精神障碍人。各国刑法一般都认为,限制责任能力人实施刑法所禁止的危害行为的,构成犯罪,应负刑事责任,但是其刑事责任因其责任能力的减弱而有所减轻,应当或者可以从宽处罚或免予处罚。我国刑法明文规定的属于或可能属于限制责任能力人的有四种情况:(1) 已满14周岁不满18周岁的未成年人因其年龄因素的影响而不具备完全的刑事责任能力;(2) 又聋又哑的人因其听能、语能缺失的影响而可能不具备完全的刑事责任能力;(3) 盲人因其视能缺失的影响也可能不具备完全的刑事责任能力;(4) 尚未完全丧失辨认或者控制自己行为能力的精神病人因其精神疾病的影响而可能不具备完全的刑事责任能力。

第三节 与刑事责任能力有关的因素

与刑事责任能力有关的因素,是指与决定刑事责任能力的有无或影响刑事责任能力的程度的关联因素,主要包括人的年龄情况、精神状况和重要的生理功能状况等。刑法关于这些因素及其意义的规定,形成犯罪主体领域的具体内容。

一、刑事责任年龄

（一）刑事责任年龄的概念

刑事责任年龄（简称责任年龄），是指法律所规定的行为人对自己实施的刑法所禁止的危害社会行为负刑事责任而必须达到的年龄。

犯罪是具备辨认和控制自己行为能力者在其主观意志和意识支配下实施的危害社会的行为，而辨认和控制自己行为的能力决定于行为人智力和社会知识的发展程度，因而它必然受到行为人年龄的制约。年龄幼小的儿童还不能正确认识周围事物以及自己行为的性质和意义，也不具有适应刑罚的能力，若对他们实施的危害社会的行为作为犯罪追究，是不符合我国刑法的性质和刑罚目的的。只有达到一定年龄，能够辨认和控制自己的行为，并能够适应刑罚的惩罚和教育功能的人，才能够要求他们对自己的危害社会行为依法负刑事责任。刑法立法根据人的年龄因素与责任能力的这种关系，确立了刑事责任年龄制度。可以说，达到刑事责任年龄，是自然人具备责任能力而可以作为犯罪主体的前提条件。

刑事责任年龄制度，就是从年龄上划定一个负刑事责任的范围。我国刑法中关于责任年龄的规定，解决的是不同年龄人刑事责任的有无问题。司法实践中处理案件时，必须严格遵守这些规定。可见，研究刑事责任年龄问题，对于从理论上认识责任年龄与责任能力的关系，把握犯罪主体要件的本质，以及司法实务中正确定罪量刑，都具有重要意义。

（二）刑事责任年龄阶段的划分

责任年龄在古今中外的刑法立法中都有所规定。近现代世界各国刑法立法中关于责任年龄的规定虽各有不同，但一般都是根据本国少年儿童成长的实际情况和同犯罪作斗争的需要，按照一个人从完全不具备到部分具备、再到完全具备辨认和控制自己行为的能力的逐步发展过程，把刑事责任年龄划分为几个阶段。不过，在划分的方法上不完全相同。有的实行绝对无责任年龄和完全负责任年龄的两分制；有的实行绝对无责任年龄、相对无责任年龄（或减轻责任年龄）、完全负责任年龄的三分制；有的实行绝对无责任年龄、相对无责任年龄（或称为相对负责任年龄）、减轻责任年龄、完全负责任年龄的四分制等。当代多数国家刑法中的责任年龄制度都采用三分制或四分制。我国刑法根据我们国家对少年儿童的危害行为一贯实行的以教育为主、惩罚为辅的政策，从我国政治、经济、文化教育状况、少年儿童的成长过程以及各类犯罪的情况等实际出发，并适当借鉴别国的立法经验，考虑刑法的世界发展趋势，在《刑法》第17条中对责任年龄作了较为集中的规定，把刑事责任年龄划分为完全不负刑事责任年龄、相对负刑事责任年龄与完全负刑事责任年龄三个年龄阶段。

1. 完全不负刑事责任年龄阶段

按照我国《刑法》第17条的规定，不满14周岁，是完全不负刑事责任年龄的阶段。一般地说，不满14周岁的人尚处于幼年时期，还不具备辨认和控制自己行为的能力，即不具备责任能力。因而法律规定，对不满14周岁的人所实施的危害社会的行为,一概不追究刑事责任。但应当注意,对于因不满14周岁不予刑事处罚的实施了危害社会行为的人,应依法责令其家长或监护人加以管教,也可视需要由政府收容教养。

2. 相对负刑事责任年龄阶段

按照我国《刑法》第17条第2款的规定,已满14周岁不满16周岁,是相对负刑事责任年龄阶段,也称相对无刑事责任年龄阶段。达到这个年龄阶段的人,已经具备了一定的辨别大是大非和控制自己重大行为的能力,即对某些严重危害社会的行为具备一定的辨认和控制能力。因此,法律要求他们对自己实施的严重危害社会的行为负刑事责任。1997年修订的《刑法》第17条第2款规定:"已满14周岁不满16周岁的人,犯故意杀人、故意伤害致人重伤或者死亡、强奸、抢劫、贩卖毒品、放火、爆炸、投毒罪的,应当负刑事责任。"2001年12月29日全国人大常委会通过的《中华人民共和国刑法修正案(三)》将投毒罪修改为投放危险物质罪;此外,2002年3月26日施行的最高人民法院、最高人民检察院《关于执行〈中华人民共和国刑法〉确定罪名的补充规定》取消了奸淫幼女罪的罪名并将其纳入强奸罪中。这实际上对《刑法》第17条第2款的规定也有所修正。根据《刑法》第17条、《刑法修正案(三)》及《关于执行〈中华人民共和国刑法〉确定罪名的补充规定》,目前我国关于相对刑事责任年龄的规定是:已满14周岁不满16周岁的人,犯故意杀人、故意伤害致人重伤或者死亡、强奸、抢劫、贩卖毒品、放火、爆炸、投放危险物质罪的,应当负刑事责任。如何理解这里的"故意杀人、故意伤害致人重伤或者死亡、强奸、抢劫、贩卖毒品、放火、爆炸、投放危险物质罪"呢?这在刑法理论界存在不同的看法,有人认为是罪名,有人认为是犯罪行为。对此,全国人大常委会法制工作委员会2002年8月22日在《对最高人民检察院关于已满14周岁不满16周岁的人承担刑事责任的范围问题的答复意见》中指出,我国现行《刑法》第17条第2款规定的8种犯罪,是指具体犯罪行为而不是具体罪名。即"犯故意杀人、故意伤害致人重伤或者死亡",是指只要故意实施了杀人、伤害行为并且造成了致人重伤、死亡后果的,都应负刑事责任。而不是指只有犯故意杀人罪、故意伤害罪的,才负刑事责任;也不是说绑架撕票的,就不负刑事责任。对司法实践中出现的已满14周岁不满16周岁的人绑架人质后杀害被绑架人、拐卖妇女、儿童而故意造成被拐卖妇女、儿童重伤或死亡的行为,依据刑法是应当追究其刑事责任的。同样,对因不满16周岁而不予刑事处罚的实施了危害社会行为的未成年人,应依法责令其家长或者监护人加以管教,在必要的时候也可以由政府收容教养。

在相对负刑事责任年龄问题上,德国、意大利、奥地利、日本也将最低刑事责任年龄规定为年满14周岁。值得一提的还有英美法系国家和地区的立法例,与我国明确规定8类具体犯罪的立法例不同,英美法系国家大多对这一年龄阶段的行为人所能构成的犯罪的范围不作具体规定,由控方和辩方在诉讼中具体确定。如在英国,对10岁以上(含10岁)不满14岁的儿童,被推定为无实施犯罪行为的能力。但是与不满10岁一概为无犯罪行为能力的认定不同,对已满10岁不满14岁的儿童被推定为无实施犯罪行为的能力不再是绝对的,可以用证据进行反驳。如果控方能证明这一年龄段的行为人"在实施不法行为时有犯罪的明知",即能证明被告人了解其行为在法律上是错误的,或者至少了解这一行为在道德上是错误的,就可以否定"未成年"这一辩护理由的成立。具体而言,控方可以通过被告人以前实施过某种同类犯罪的事实来证明这种犯罪的明知,尤其是如果他曾被认定犯有此罪的话;甚至可以通过被告人的家庭背景等情况来证明。①

3. 完全负刑事责任年龄阶段

按照我国《刑法》第17条第1款的规定,已满16周岁的人进入完全负刑事责任年龄阶段。由于已满16周岁的未成年人的体力和智力已有相当的发展,具有了一定的社会知识,是非观念和法制观念的增长已经达到一定的程度,一般已能够根据国家法律和社会道德规范的要求来约束自己,因而他们已经具备了基本的刑法意义上辨认和控制自己行为的能力。因此,我国《刑法》规定已满16周岁的人原则上可以构成刑法中所有的犯罪,要求他们对自己实施的刑法所禁止的一切危害行为承担刑事责任。

根据司法实践情况,为切实贯彻刑事责任年龄制度,正确处理未成年人的违法犯罪案件,还应当明确以下三个问题:

(1) 刑事责任年龄应当怎样计算?首先,刑事责任年龄应当是指实足年龄即周岁,这一点我国《刑法》第17条已明确作了规定。其次,周岁应当怎样计算?根据有关司法解释,可以明确:一是周岁应当一律按照公历的年、月、日计算。二是1周岁以12个月计。每满12个月即为满1周岁。三是每满12个月即满1周岁应以日计算,而且是过了几周岁生日,从第2天起,才认为已满几周岁。例如,行为人于1993年12月1日出生,至2007年12月2日为已满14周岁,至2009年12月2日为已满16周岁,至2011年12月2日为已满18周岁。因此,对14周岁生日当天实施危害行为的,应视为不满14周岁,不能追究刑事责任;对16周岁生日当天实施危害行为的,只能令其对法定的8种犯罪情形负刑事责任;对18周岁生日当天犯罪的,应视为不满18周岁,对其适用"从轻或者减轻处罚"的原则。

(2) 关于未成年人犯罪和处罚的法定年龄界限能否突破?例如,对即将满14周岁,甚至差几天就满14周岁的人实施了故意杀人、故意伤害致人重伤或者死亡等行为,甚至造成了非常严重的危害结果的,可否作为犯罪追究刑事责任?对于即将满18周岁的人所犯罪行极其严重的,可否判处死刑?应当强调指出,法律在未成年人定罪和处罚问题上所规定的这种年龄界限,不能有任何伸缩性,这是我国刑法罪刑法定原则的必然要求。如果允许突破这种界限,刑法关于责任年龄的规定就失去了其限制作用,这是明显违背法制的。

(3) 关于跨年龄段的危害行为的刑事责任问题。其中主要问题有两个:一是行为人已满16周岁后实施了某种犯罪,并在已满14周岁不满16周岁期间也实施过相

---

① 参见〔英〕J. W. 塞西尔·特纳:《肯尼刑法原理》,王国庆等译,华夏出版社1989年版,第85—86页;欧阳涛等:《英美刑法刑事诉讼法概论》,中国社会科学出版社1984年版,第49页。

同的行为,应否一并追究刑事责任?对此应当作具体分析。如果在已满14周岁不满16周岁期间所实施的是《刑法》第17条第2款规定的特定严重犯罪,则应一并追究刑事责任;否则,就只能追究已满16周岁以后犯罪的刑事责任。已满14周岁不满16周岁期间所实施的行为,如果与已满16周岁后实施的犯罪行为具有密切联系,则说明行为人的人身危险性较大,可以作为量刑情节予以适当考虑。二是行为人在已满14周岁不满16周岁期间,实施了《刑法》第17条第2款规定的特定严重犯罪,并在未满14周岁时也实施过相同行为,对此不能一并追究刑事责任,而只能追究行为人已满14周岁后实施的特定严重犯罪的刑事责任。同理,如果未满14周岁时实施的行为与已满14周岁后实施的犯罪行为具有密切联系,则表明行为人的人身危险性严重,量刑时应予以考虑。

二、精神障碍

达到一定年龄而精神健全的人,由于其知识和智力得到一定程度的发展,因而其刑事责任能力即辨认和控制自己行为的能力就开始具备,并以达到成年年龄作为其责任能力完备的标志。但是,人即使达到负刑事责任的年龄,如果存在精神障碍尤其是存在精神病性精神障碍,就可能影响其责任能力,而使责任能力减弱甚至不具备,从而使其实施危害行为时的刑事责任也受到一定的影响。我国《刑法》第18条专门规定了精神病人的刑事责任问题,这是我国现阶段司法实践中解决实施危害行为的精神病人和其他精神障碍人刑事责任的基本依据。

(一)完全无刑事责任的精神病人

我国《刑法》第18条第1款规定:"精神病人在不能辨认或者不能控制自己行为的时候造成危害结果,经法定程序鉴定确认的,不负刑事责任,但是应当责令他的家属或者监护人严加看管和医疗;在必要的时候,由政府强制医疗。"根据这一规定,认定精神障碍者为无责任能力人,必须同时具备两个标准:

(1)医学标准。亦称生物学标准,简言之即实施危害行为者是精神病人,确切地讲,是指从医学上看,行为人是基于精神病理的作用而实施特定危害社会行为的精神病人。它应当包含以下几层含义或称条件:第一,行为人必须是精神病人。精神病是由于人体内外原因引起的严重精神障碍性疾病。对《刑法》第18条所称的"精神病"应注意从两个方面加以正确理解:一方面,对"精神病"应作广义的理解,即它包含多种多样的慢性和急性的严重精神障碍,立法上认为不便于也无必要一一列明各种精神病,而以"精神病"一词加以概括。另一方面,"精神病"又不同于非精神病性精神障碍,如神经官能症、人格障碍、性变态等。精神病患者的精神功能障碍会导致其辨认或控制行为的能力完全丧失,而非精神病性精神障碍人一般都不会因精神障碍而丧失辨认或控制行为的能力。因此,只有精神病人,才有可能成为《刑法》第18条规定的无责任能力人;至于非精神病性精神障碍人,则不属于《刑法》第18条所称之"精神病人",其中有些是限制(减轻、部分)责任能力人,另一些则是完全责任能力人。第二,精神病人必须实施了特定的危害社会的行为即实施了刑法所禁止的危害行为,如果这些危害行为是精神健全者实施的,就会构成犯罪和应负刑事责任。第三,精神病人实施刑法所禁止的危害行为必须是基于精神病理的作用。这意味着,行为人的精神病于行为时须处于发病期,而不是缓解或间歇期。只有精神病人于行为时发病,才谈得上因精神病理的作用而致危害行为的实施。这意味着,行为人的精神病理与特定危害行为的实施之间具有直接的因果关系。

(2) 心理学标准。亦称法学标准,是指从心理学、法学的角度看,患有精神病的行为人的危害行为,不但是由精神病理机制直接引起的,而且由于精神病理的作用,使其行为时丧失了辨认或者控制自己触犯刑法之行为的能力。所谓丧失辨认行为的能力,是指行为人由于精神病理的作用,在行为时不能正确地了解自己行为危害社会的性质及其危害后果。例如,精神分裂症患者实施杀人时,由于其精神病理的作用,不知道自己实施的是杀人行为及该行为会造成剥夺对方生命的结果,或者坚信自己是在反击一个要杀害自己的凶手。所谓丧失控制行为的能力,是指行为人由于精神病理的作用,不能根据自己的意志自由地实施或不实施危害行为,也往往表现为不能根据自己的意志选择和控制危害行为实施的时间、地点、方式与程度。如果精神病人所实施的行为与其精神病没有直接联系,就不能认为他没有辨认与控制自己行为的能力,而只有当他所实施的危害行为起因于精神病时,才可能认定其丧失辨认与控制自己行为的能力,而认定他为无责任能力人。

由上可见,我国《刑法》第18条关于精神病障碍人无责任能力的认定标准,采取的是医学标准与心理学(法学)标准相结合的方式,在心理学标准内容上,采纳的是丧失辨认能力或者控制能力的择一说。实施刑法所禁止的危害行为的精神障碍人,只有同时符合上述医学标准和心理学(法学)标准的,才应确认为无责任能力人,并按《刑法》第18条第1款的规定对其危害行为不负刑事责任。需要指出的是,上述医学标准与心理学标准相结合的判断结论,必须是经过法定程序鉴定确认的。

(二) 完全负刑事责任的精神障碍人

依据我国《刑法》第18条的规定和有关的司法精神病鉴定实践及司法实践经验,责任能力完备而应完全负刑事责任的精神障碍人包括以下两类:

(1) 精神正常时期的"间歇性精神病人"。我国《刑法》第18条第2款明文规定:"间歇性的精神病人在精神正常的时候犯罪,应当负刑事责任。"我国司法精神病学一般认为,刑法中所说的"间歇性精神病",是指具有间歇发作特点的精神病,包括精神分裂症、躁狂症、抑郁症、癫痫性精神病、周期性精神病、分裂情感性精神病、癔症性精神病等。所谓"间歇性精神病人的精神正常时期",包括上述某些精神病(如癫痫性精神病)的非发病期。"间歇性精神病人"在精神正常的时候实施刑法所禁止的危害行为的,其辨认和控制自己行为的能力即责任能力完全具备,不符合无责任能力和限制能力所要求的心理学(法学)标准,因而法律要求行为人对其危害行为依法负完全的刑事责任。需要指出,根据《刑法》第18条第2款的规定,间歇性精神病人的行为是否成立犯罪,应以其实施行为时是否精神正常、是否具有辨认与控制自己行为的能力为标准,而不是以侦查、起诉、审判时是否精神正常为标准。如果间歇性精神病人实施危害行为的时候精神正常，具有辨认与控制自己行为的能力，即使实施行为后精神不正常的也应承担刑事责任。当然，在承担刑事责任的具体方式上，司法机关应根据行为人的实际情况酌情妥善处理。

(2) 大多数非精神病性精神障碍人。按照我国司法精神病学，非精神病性精神障碍的主要种类有：各种类型的神经官能症，包括癔症、神经衰弱、焦虑症、疑病症、强迫症、神经症性抑郁、人体解体性神经症等，但癔症性精神错乱除外；各种人格障碍式变态人格(包括器质性人格障碍)；性变态，包括露阴癖、恋物癖、恋童癖、性虐待癖等；情绪反应(未达到精神病程度的反应性精神障碍)；未达到精神病程度的成瘾药物中毒与戒断反应；轻躁狂与轻性抑郁症；生理性醉酒与单纯慢性酒精中毒；脑震荡后遗症、癫痫性心境恶劣以及其他未达到精神病程度的精神疾患；轻微精神发育不全，等等。

非精神病性精神障碍人，大多数并不因精神障碍使其辨认或者控制自己行为的能力丧失或减弱，而是具有完备的责任能力，因而不能对其行为不负刑事责任，也不能对其行为负减轻的刑事责任，而应在原则上令行为人对其危害行为依法负完全的刑事责任。但在少数情况下，非精神病性精神障碍人也可成为限制责任能力人甚至无责任能力人，从而影响到减轻刑事责任或者不负刑事责任。

(三) 限制刑事责任的精神障碍人

限制刑事责任的精神障碍人，又称减轻(部分)刑事责任的精神障碍人，是介乎无刑事责任的精神病人与完全刑事责任的精神障碍人中间状态的精神障碍人。我国《刑法》第18条第3款规定："尚未完全丧失辨认或者控制自己行为能力的精神病人犯罪的，应当负刑事责任，但是可以从轻或者减轻处罚。"这里的"精神病人"，从立法意图来说，应作广义的理解，一般包括以下两类：一是处于早期(发作前趋)或部分缓解期的精神病(如精神分裂症等)患者，这种患者由于精神病理机制的作用使其辨认或控制行为的能力有所减弱；二是某些非精神病性精神障碍人，包括轻至中度的精神发育迟滞(不全)者，脑部器质性病变(如脑炎、脑外伤)或精神病(如精神分裂症、癫痫症)后遗症所引起的人格变态者，神经官能症中少数严重的强迫症和癔症患者等。根据《刑法》第18条第3款的规定，限制刑事责任的精神病人犯罪的，只是"可以"从轻或者减轻处罚，而不是应当从轻或者减轻处罚。在司法实践中，是否对限制刑事责任的精神病人从轻或者减轻处罚、从轻或者减轻的幅度如何掌握，应以行为人所实施的犯罪是否与辨认或控制行为能力减弱有直接联系以及这种减弱对行为有多大的影响为标准。如果没有联系，则可以不予从轻或减轻处罚。

三、生理功能丧失

一般说来，精神正常的人，其智力和知识随着年龄的增长而发展，达到一定的年龄即开始具有刑事责任能力，达到成年年龄即标志着刑事责任能力的完备。但是，人也可能由于重要的生理功能(如听能、语能、视能等)的丧失而影响其接受教育，影响其学习知识和开发智力，并因而影响到其刑法意义上的辨认或控制行为能力的不完备。中外刑事立法和司法实践,不同程度地注意到了人的生理功能丧失尤其是听能和语能丧失即聋哑对其刑事责任能力的影响问题,并在刑事责任上有所体现。我国《刑法》第19条规定:"又聋又哑的人或者盲人犯罪,可以从轻、减轻或者免除处罚。"这就是我国刑法中对生理功能缺陷者即聋哑人、盲人刑事责任的特殊规定。这一规定意味着,聋哑人、盲人实施刑法禁止的危害行为的,构成犯罪,应当负刑事责任,应受刑罚处罚,但又可以从轻、减轻或者免除处罚。

从理论与实践的结合上看,要正确适用我国《刑法》第19条关于聋哑人、盲人犯罪的刑事责任规定,应当注意以下几点:(1)本条的适用对象有两类:一是既聋又哑的人,即同时完全丧失听力和语言功能者,其中主要是先天聋哑和幼年聋哑者;二是盲人,即双目均丧失视力者,主要也是指先天和幼年丧失视力者。(2)对聋哑人、盲人犯罪坚持应当负刑事责任与可以适当从宽处罚相结合的原则。(3)正确适用对聋哑人、盲人犯罪"可以从轻、减轻或者免除处罚"的原则:对于聋哑人、盲人犯罪,原则上即大多数情况下要予以从宽处罚;只是对于极少数知识和智力水平不低于正常人、犯罪时具备完全能力的犯罪聋哑人、盲人(多为成年后的聋哑人和盲人),才可以考虑不予以从宽处罚;对于不但责任能力完备,而且犯罪性质恶劣、情节和后果非常严重的聋哑人、盲人犯罪分子,应坚决不予从宽处罚。对应予从宽处罚的聋哑人、盲人犯罪案件,主要应当根据行为人犯罪时责任能力的减弱程度,并同时考察犯罪的性质和危害程度,来具体决定是从轻处罚、减轻处罚还是免除处罚,以及从轻、减轻处罚的幅度。

四、生理性醉酒

醉酒主要包括生理性醉酒和病理性醉酒两类情况。由于病理性醉酒属于精神病的范畴,这里只专门论述生理性醉酒者的责任能力及其实施危害行为的刑事责任问题。

生理性醉酒,又称普通醉酒、单纯性醉酒,简称醉酒,是通常最多见的一种急性酒精中毒,多发生于一次性大量饮酒后。指因饮酒过量而致精神过度兴奋甚至神志不清的情况。生理性醉酒的发生及其表现,与血液中酒精浓度及个体对酒精的耐受力关系密切。在生理性醉酒状态下,人的生理、心理和精神变化大致可分为兴奋期、共济运动(即身体控制)失调期和昏睡期三个时期。现代精神医学和司法精神病学认为,生理性醉酒不是精神病。实践表明,生理性醉酒的上述前两个时期,醉酒者对作为或不作为方式的危害行为均有能力实施,而且一般容易实施作为方式的危害行为,较为常见的如冲动性侵犯他人人身的杀、伤行为和非法的性行为等;在第三个时期,作为方式与不作为方式的危害行为仍可以实施,但因为醉酒者往往在昏睡,因而较少有能力实施作为方式的危害行为。

我国刑法把生理性醉酒人与精神病人明确加以区分,在《刑法》第18条第4款规定:"醉酒的人犯罪,应负刑事责任。"这一规定对于防止和减少酒后犯罪,维护社会秩序,具有重要的意义。生理性醉酒人实施危害行为应当负刑事责任的主要根据在于:(1)精神医学和司法精神病学证明,生理性醉酒人的辨认和控制行为能力只是有所减弱,但并未完全丧失,不属于无刑事责任能力人。(2)生理性醉酒人在醉酒前对自己醉酒后可能实施危害行为应当预见到,甚至已有所预见,在醉酒状态下实施危害行为时具备故意或过失的犯罪主观要件。(3)醉酒完全是人为的,是可以戒除的。因此,对生理性醉酒人犯罪应当追究其刑事责任。

对醉酒人犯罪案件处罚时,应当注意到行为人在醉酒前有无犯罪预谋,行为人对醉酒有无故意、过失的心理态度,醉酒犯罪与行为人一贯品行的关系,以及醉酒犯罪是否发生在职务或职业活动中等不同情况,予以轻重不同的处罚,以使刑罚与犯罪的醉酒人的责任能力程度及其犯罪的危害程度相适应。在这里值得一提的是德国和日本刑法上提出的原因自由行为理论。原因自由行为,也称为原因中的自由行为,是指有责任能力的行为人在一时丧失责任能力的状态下实施了符合犯罪构成要件的行为,但对于是否陷入这种无责任能力的状态,行为人原本可以自由决定;如果是故意或者过失使自己处于无责任能力的状态,则行为人应承担刑事责任。比如,有病理性醉酒病史的行为人为了杀人,事先大量饮酒,使自己处于无责任能力的病理性醉酒状态,在此状态下实施杀人行为的,尽管在行为当时行为人并无刑事责任能力,但行为人仍应对此杀人行为承担刑事责任。

第四节 犯罪主体的特殊身份

一、犯罪主体特殊身份的概念

从一般意义上讲,身份是指人的出身、地位和资格,是指人在一定的社会关系中的地位,因而人人皆有其身份。犯罪主体的特殊身份有其独特的含义。按照刑法理论中较为通行的主张,所谓犯罪主体的特殊身份,是指刑法所规定的影响行为人刑事责任的行为人人身方面特定的资格、地位或状态。如国家机关工作人员、司法工作人员、军人、辩护人、诉讼代理人、证人、依法被关押的罪犯、男女、亲属等。这些特殊身份不是自然人犯罪主体的一般要件,而只是某些犯罪的自然人主体必须具备的要件。

以主体是否要求必须具备特定身份为标准,自然人犯罪主体分为一般主体与特殊主体。刑法不要求以特殊身份作为要件的主体,称为一般主体;刑法要求以特殊身份作为要件的主体,称为特殊主体。在刑法理论上,通常还将以特殊身份作为主体构成要件或者刑罚加减根据的犯罪称为身份犯。身份犯可以分为真正(纯正)身份犯与不真正(不纯正)身份犯。真正(纯正)身份犯是指以特殊身份作为主体要件,无此特殊身份该犯罪则根本不可成立的犯罪。例如,我国《刑法》第109条叛逃罪的主体必须是国家机关工作人员,因此,如果行为人不是国家机关工作人员,其行为就不可能成立叛逃罪。不真正(不纯正)身份犯,是指特殊身份不影响定罪但影响量刑的犯罪。在这种情况下,如果行为人不具有特殊身份,犯罪也成立;如果行为人具有这种身份,则刑罚的科处就比不具有这种身份的人要重或轻一些。例如,我国《刑法》第243条诬告陷害罪的主体,不要求以特殊身份为要件,即任何年满16周岁、具备刑事责任能力的自然人,均可构成本罪;但是,如果主体具备国家机关工作人员身份,依照《刑法》

第243条第2款的规定,则应从重处罚,换言之,国家机关工作人员身份虽然不是诬告陷害罪的主体要件,但这种特殊身份却是诬告陷害罪从重处罚的根据。本节中论述的犯罪主体的特殊身份,既包括真正(纯正)身份犯中的特殊身份,也包括不真正(不纯正)身份犯中的身份。

正确理解犯罪主体特殊身份的含义,应当特别注意以下两个问题:(1)特殊身份一般是在行为人开始实施危害行为时就已经具有的特殊资格或已经形成的特殊地位或状态。行为人在实施行为后才形成的特殊地位,通常不属于特殊身份。例如,我国《刑法》第291条的聚众扰乱公共场所秩序、交通秩序罪,法律规定只处罚首要分子,但我们并不能说该罪的主体为特殊主体,因为首要分子在此是指在聚众犯罪中起组织、策划、指挥作用的犯罪分子,这种地位或资格是在行为人实施犯罪过程中才形成的,并非特殊身份。事实上,任何达到刑事责任年龄、具备刑事责任能力的自然人,均可以聚集众人扰乱公共场所秩序、交通秩序而成为首要分子,该罪的主体当然是一般主体。如果把行为人在实施犯罪后才形成的特殊地位或状态也称之为特殊身份,那么在犯罪主体中区分一般主体与特殊主体就失去了意义,因为照此说法,"犯罪的实施者"本身也是一种身份,如故意杀人罪的主体是实施杀人者;抢劫罪的主体是实施抢劫行为者,这显然是不妥的。但在极少数情况下,特殊身份也可以是在行为人实施危害行为过程中或者实施危害行为之后形成的。例如,我国《刑法》第17条之一规定,已满75周岁的人故意犯罪的,可以从轻或者减轻处罚。第49条第1款规定,审判的时候怀孕的妇女,不适用死刑。行为人完全可能在75周岁的当天犯罪,也可能在犯罪之后怀孕。(2)作为犯罪主体要件的特殊身份,仅仅是针对犯罪的实行犯而言的,至于教唆犯与帮助犯,并不受特殊身份的限制。例如,强奸罪的主体必须是男性,但这只是就实行犯而言的,不具有男性身份的妇女教唆或帮助男性实施强奸妇女行为的,可以成立强奸罪的共犯。

二、犯罪主体特殊身份的类型

犯罪主体的特殊身份,从不同角度可有不同的分类。主要有以下两种分类:

(一)自然身份与法定身份

从形成方式上加以区分,犯罪主体的特殊身份可以有自然身份与法定身份之别。

所谓自然身份,是指人因自然因素所赋予而形成的身份。例如,基于性别形成的事实可有男女之分,有的犯罪如强奸罪仅男子可以单独成为犯罪的主体;再如,基于血缘的事实可形成亲属身份,有些犯罪的主体只能由具有此种身份者构成,如遗弃罪、虐待罪。所谓法定身份,是指人基于法律所赋予而形成的身份。如军人、国家机关工作人员、司法工作人员、在押罪犯等。

自然身份和法定身份要成为犯罪主体的特殊身份,一般需要由刑法予以明确规定。这种分类的意义,并不在于直接说明犯罪主体特殊身份与刑事责任的关系,而在于通过对犯罪主体特殊身份的了解,进而准确而深刻地把握刑法设立此项规定的原义,这无疑会有助于正确地适用法律。例如,国家工作人员是一种法定身份,具有国家工作人员身份者总是由法律赋予一定的职责即权利和义务,我国现行刑法把国家工作人员规定为受贿罪主体的特殊身份条件,不是为了惩罚国家工作人员收受他人财物的任何行为,而只是为了惩罚与其职责相联系而违反其职责的收受他人财物的行为。

(二) 定罪身份与量刑身份

这是根据犯罪主体的特殊身份对行为人刑事责任影响性质和方式所作的划分。

定罪身份,即决定刑事责任存在的身份,又称为犯罪构成要件的身份。具体又分为两种情形:一是犯罪主体身份。此种身份是某些具体犯罪构成中犯罪主体要件必须具备的要素,缺此身份,犯罪主体要件就不具备,因而也就没有该具体犯罪构成,不构成该种犯罪,不存在行为人对该罪应负刑事责任的问题;有此身份,犯罪构成中的主体要件就可具备,此时如果犯罪构成的主客观要件都存在,就可认定行为人的行为构成该罪并应负刑事责任。如挪用公款罪的犯罪主体为国家工作人员。二是犯罪对象身份。有些犯罪以犯罪对象具有一定身份为构成要件,如果缺此身份,犯罪对象要件就不具备,就不构成该种犯罪,不存在行为人对该罪应负刑事责任的问题。如行贿罪的行为对象为国家工作人员,私放在押人员罪的犯罪对象为在押的犯罪嫌疑人、被告人和罪犯。

量刑身份,即影响刑事责任程度的身份,又称为影响刑罚轻重的身份,是指按照刑法的规定,此种身份的存在与否虽然不影响刑事责任的存否,但影响刑事责任的大小,其在量刑上,表现为是从重、从轻、减轻甚至免除处罚的根据。

三、犯罪主体特殊身份对定罪量刑的意义

由于犯罪主体的特殊身份从主客观统一上影响了行为社会危害性的有无和程度,并反映了行为人主观恶性的大小,因而现代各国刑法都在不同程度上、以不同形式设立有犯罪主体特殊身份及其影响刑事责任的规定。这种规定不外乎是要达到两点目的:(1) 借助行为人某些特殊身份的有无,来限制某些犯罪主体及犯罪成立的范围,以区分罪与非罪和此罪与彼罪的界限,以便准确妥当地对某些危害行为追究刑事责任。(2) 借助于行为人的某些特殊身份的有无,来区分危害程度不同的犯罪之轻重罪责,以突出和加重对某些具备特殊身份的犯罪分子及其特定犯罪行为的打击,使刑罚的适用与其刑事责任程度相适应,同时也对某些因具备特定身份而使行为危害程度较轻的犯罪分子和犯罪行为从宽处罚,做到宽严相济。总之,刑法设立犯罪主体特殊身份之规定的旨意,在于从犯罪主体角度调整危害行为与刑事责任的关系,以更加准确有效地打击犯罪,从根本上维护统治阶级的利益。

根据我国刑法规定和司法实践经验,犯罪主体的特殊身份对正确定罪量刑具有重要的意义。

(一) 犯罪主体特殊身份对定罪的意义

影响行为的定罪是犯罪主体特殊身份的首要功能:(1) 主体特殊身份的具备与否,是区分罪与非罪的标准之一。刑法规定某些犯罪的成立必须具备特殊身份的主

体,就是要通过对犯罪主体特殊身份的要求和限定,来限制追究刑事责任的范围,以准确有效地打击那些达到犯罪程度的严重危害行为及其行为人。(2)主体特殊身份具备与否,也是某些犯罪案件中区分和认定此罪与彼罪的一个重要标准。例如,同是隐匿、毁弃或者非法开拆他人信件的行为,具有邮政工作人员身份并利用其职务便利实施者构成《刑法》第253条规定的私自开拆、隐匿、毁弃邮件、电报罪,一般公民则构成第252条的侵犯通信自由罪;同是窃取或者骗取公共财物的行为,具有国家工作人员身份且利用其从事公务的便利实施者构成贪污罪,无此等身份的人则一般只能构成盗窃罪或诈骗罪。这类规定,主要是通过对犯罪主体特殊身份的要求与否,来作为区分性质和危害程度不同的犯罪之间的界限。(3)主体特殊身份影响无特殊身份者的定罪。这主要是无特定身份者与有特定身份者共同实施要求特殊主体之罪的情况。例如,一般公民可以与国家工作人员一起构成要求特殊主体的贪污罪的实行犯。

(二)犯罪主体特殊身份对量刑的意义

犯罪主体的特殊身份对量刑也有一定的影响,这主要表现在:(1)在我国《刑法》中,对行为类似的特殊主体的犯罪一般都较一般主体的犯罪规定的刑罚重一些。例如,包含窃取、骗取行为的国家工作人员贪污罪的刑罚,重于一般主体的盗窃罪、诈骗罪的刑罚;军人战时造谣惑众罪的刑罚,重于非军人战时造谣扰乱军心罪的刑罚。这些要求特殊主体的犯罪之所以较一般主体的犯罪的刑罚重,当然不仅仅是基于主体的特殊身份,但主体的特殊身份无疑是影响行为社会危害程度并进而影响其刑罚轻重的重要原因之一。(2)在我国《刑法》总则规范中,设有一些因犯罪主体的身份而影响刑罚轻重的规定。因主体身份影响刑罚从严的,例如,按照《刑法》第65条关于普通累犯以及第66条关于危害国家安全犯罪、恐怖活动犯罪、黑社会性质的组织犯罪累犯的规定,犯罪分子如果过去因犯罪被处以刑罚并符合一定条件的,即具有法定的累犯身份的,对其新的犯罪就要从重处罚,而且按照《刑法》第74条,对构成累犯者不得适用缓刑;因主体身份影响刑罚从宽的,例如《刑法》第49条关于"审判的时候怀孕的妇女,不适用死刑"的规定。(3)在我国《刑法》分则规范中,规定对某些犯罪若行为人具有特殊身份的就要从重处罚。例如,《刑法》第243条第2款规定,国家机关工作人员犯诬告陷害罪的,从重处罚。此外,实践中时常还会遇到一些法无明文规定的犯罪人具有一定特殊身份的情况,如行为人具有领导干部身份、领导干部亲属身份、执法人员身份、家庭成员身份或者有先行的违法犯罪前科劣迹身份等。犯罪人的这些特殊身份应否影响其刑罚的轻重? 我国刑法理论和司法实践经验认为,对这些特殊身份既不能因法无明文规定就一概不予考虑,也不能不加分析地一概予以从重或从轻量刑,而应当科学地考察不同的特殊身份对行为人的刑事责任程度大小有无影响,并据此来承认和体现行为人特定身份对量刑的意义,以使刑罚的轻重真正与从主体角度体现出来的责任程度相适应。

四、特殊身份群体的刑事处遇

特殊身份群体是指主体方面具有某种特殊身份的人群。在国内外刑法理论与实务中,特殊身份群体通常是指未成年人、老年人、孕妇等因生理原因而具有某种特殊自然身份的群体。与一般主体相比,这类群体犯罪因其特殊生理原因而具有一定的可宽宥性,如未成年人因生理、心理发育尚未成熟而需要予以从宽评价等。虽然这类群体中的某些人也有可能因其特殊生理原因而部分降低(或限制)了其刑事责任能力,但从立法的角度看,刑法对这类特殊身份群体犯罪予以宽宥主要是因为这些群体所具有的特殊生理原因而需要对其予以更人道的处遇。

(一) 未成年犯罪人的刑事处遇

考虑到未成年人由其生理和心理特点所决定,既有容易被影响、被引诱走上犯罪道路的一面,又有可塑性大、容易接受教育和改造的一面,因此,从我国适用刑罚的根本目的出发并针对未成年违法犯罪人的特点,我国《刑法》在刑事责任年龄制度之外,还对未成年人犯罪规定了以下特殊处遇原则和措施:

(1) 从宽处理的原则。我国《刑法》第 17 条第 3 款规定,已满 14 周岁不满 18 周岁的人犯罪,应当从轻或者减轻处罚。这是我国刑法对未成年人犯罪从宽处罚原则的规定。这一原则是基于未成年犯罪人责任能力不完备的特点而确立的,反映了刑罚与罪责相适应的原则以及刑罚目的的要求。正确理解对未成年人犯罪应当从轻或者减轻处罚这一原则的含义,是正确执行该原则的前提和基础。这一原则中的"应当",应理解为"必须""一律",而不允许有例外,即凡是未成年人犯罪都必须予以从宽处罚。从宽处罚是相对成年人犯罪而言的,即在犯罪性质和其他犯罪情节相同或基本相同的情况下,对未成年人犯罪要比照对成年人犯罪的处罚予以从轻或减轻处罚。所谓"从轻"处罚,就是在法定刑幅度内比没有未成年这个情节的成年人犯罪所应判处的刑罚适当轻一些;从轻处罚,应当在具体犯罪内部相应罪刑单位的法定刑幅度内从轻。所谓"减轻"处罚,我国《刑法》第 63 条已载明是"在法定刑以下判处刑罚",即低于相应法定刑的最低刑判处刑罚;减轻处罚,既可以是同一刑种内不同刑度(或数额)的减轻,也可以是减为该法定刑内没有的另外一种更轻的刑种。至于是从轻还是减轻以及从轻减轻的幅度,则由司法机关根据具体案件确定。

(2) 不适用死刑的原则。我国《刑法》第 49 条规定,犯罪的时候不满 18 周岁的人不适用死刑。这里所说的"不适用死刑"是指不允许判处死刑,包括不允许判处死刑立即执行,也不允许判处死刑并宣告缓期两年执行,而不仅仅是说"不执行死刑",也不是说等满 18 周岁再判决、执行死刑。对未满 18 周岁的未成年人禁用死刑,这是一条刚性要求,不允许有任何例外。同时,这里所说的"不满 18 周岁"是指犯罪的时候不满 18 周岁,而不是指审判的时候不满 18 周岁。审判的时候已满 18 周岁但犯罪的时候不满 18 周岁的人,根据我国《刑法》第 49 条的规定,不得对其适用死刑。

(3) 不成立累犯的原则。累犯是一种严厉的刑罚制度。根据我国《刑法》第 65 条、第 74 条和第 81 条的规定,对累犯,应当从重处罚,并且不得适用缓刑和假释。不过,为了体现对未成年人的宽宥,经《刑法修正案(八)》修订的《刑法》第 65 条第 1 款规定,被判处有期徒刑以上刑罚的犯罪分子,刑罚执行完毕或者赦免以后,在 5 年以内再犯应当判处有期徒刑以上刑罚之罪的,是累犯,应当从重处罚,但是过失犯罪和不满18周岁的人犯罪的除外。这里的"不满18周岁的人",既可以是犯前后两个罪时都不满18周岁,也可以是犯前罪时不满18周岁但犯后罪时已满18周岁。未成年人犯罪不成立累犯,既体现了对未成年人犯罪从宽处理的原则,也不至于限制对未成年犯罪人适用缓刑、假释,有利于促进未成年犯罪人的改造。

(4)从宽适用缓刑的原则。缓刑是一种非监禁化的处遇措施。被适用缓刑的犯罪分子,不需要关押,可以放在社会上进行改造,因此缓刑也被视为一种宽缓的刑罚制度。经《刑法修正案(八)》修订的《刑法》第72条规定,对于被判处拘役、3年以下有期徒刑的犯罪分子,如果犯罪情节较轻、有悔罪表现、没有再犯罪的危险并且宣告缓刑对所居住社区没有重大不良影响的,可以宣告缓刑,对其中不满18周岁的人,应当宣告缓刑。可见,在符合缓刑适用条件的情况下,对不满18周岁的未成年人,是"应当"宣告缓刑,而不是"可以"。这体现了对未成年犯罪人适用缓刑从宽的原则。不过,值得指出的是,这里的"不满18周岁"应当是指宣告缓刑的时候不满18周岁,而非犯罪的时候不满18周岁。对于犯罪的时候不满18周岁但宣告缓刑的时候已满18周岁的人,不能适用《刑法》第72条关于缓刑从宽的规定。

(5)免除前科报告义务。我国《刑法》第100条规定,依法受过刑事处罚的人,在入伍、就业的时候,应当如实向有关单位报告自己曾受过刑事处罚,不得隐瞒。这是一种前科报告制度。受过刑事处罚的人一旦向有关单位报告自己曾受过刑事处罚,将使自己在入伍、就业时处于不利地位。因此,它也是一种从严的制度。不过,《刑法修正案(八)》增设的《刑法》第100条第2款规定,犯罪的时候不满18周岁被判处5年有期徒刑以下刑罚的人,免除前款规定的报告义务。这在一定范围内免除了未成年犯罪人的前科报告义务,体现了对未成年人的宽宥,有利于促使未成年犯罪人更好地融入社会。

(二)老年犯罪人的刑事处遇

人的身心发展是一个渐进的过程。人进入老年期之后,身心功能逐渐衰弱,体能和精力显著减退,辨认能力、控制能力会有不同程度的减弱,对此需要社会予以更多的关心和照顾。这也是人道主义的要求。也正因为如此,经《刑法修正案(八)》修订的我国《刑法》基于老年人身心发育的特点,从刑罚适用的根本目的和刑罚人道主义出发,对老年人犯罪规定了以下特殊处遇措施:

(1)从宽处理的原则。《刑法》第17条之一规定,已满75周岁的人故意犯罪的,可以从轻或者减轻处罚;过失犯罪的,应当从轻或者减轻处罚。这里所说的"故意犯罪",是指《刑法》第14条规定的犯罪,包括直接故意犯罪和间接故意犯罪。"可以从轻或者减轻处罚",是指要根据老年人犯罪的具体情况,决定是否从轻或者减轻处罚,而不是一律必须从轻或者减轻处罚。即原则上,一般情况下要从轻或者减轻处罚,但也允许具有特别恶劣、严重情节的不予以从轻或者减轻处罚。"过失犯罪"是指《刑法》第15条规定的犯罪,包括疏忽大意过失犯罪和过于自信过失犯罪。"应当从轻或者减轻处罚"是指一律予以从轻或者减轻处罚,至于是从轻处罚还是减轻处罚,则需要结合案件的具体情况来决定。根据《刑法》第17条之一的规定,对老年人犯罪予以从宽处罚的条件是老年人犯罪时已满 75 周岁。如果犯罪时不满 75 周岁,即便审判时已满 75 周岁,也不能依照《刑法》第 17 条之一的规定对其从宽处罚。对犯罪时已满 75 周岁的老年人予以从宽处理,体现了我国刑法对老年人的特殊保护和人道对待。

(2) 原则上不适用死刑。《刑法》第 49 条第 2 款规定,审判的时候已满 75 周岁的人,不适用死刑,但以特别残忍手段致人死亡的除外。这里规定的"审判的时候已满 75 周岁",是指按照我国《刑事诉讼法》的规定,在人民法院审判的时候,被告人年满 75 周岁。"以特别残忍手段致人死亡",是指犯罪致人死亡的手段令人发指,如以肢解、残酷折磨、毁人容貌等特别残忍的手段致人死亡。《刑法》的这一规定表明,我国对已满 75 周岁的老年犯罪人采取的是原则上不适用死刑,但对以特别残忍手段致人死亡的,也可以适用死刑。立法作这一规定,主要有两个方面的考虑:一是考虑到已满 75 周岁的人的生理能力、心理能力相对于一般成年人有很大的降低,人身危险性有所减弱,不需也不宜对其适用死刑;二是考虑到部分已满 75 周岁的人生理能力、心理能力良好,又以特别残忍手段致人死亡,如不对其适用死刑,难以平息社会矛盾。这是立法的一种权衡。从长远的角度看,我国应对老年人犯罪一概免死。

(3) 从宽适用缓刑的原则。经《刑法修正案(八)》修订的《刑法》第 72 条规定,对于被判处拘役、3 年以下有期徒刑的犯罪分子,如果犯罪情节较轻、有悔罪表现、没有再犯罪的危险并且宣告缓刑对所居住社区没有重大不良影响的,可以宣告缓刑,对其中已满 75 周岁的人,应当宣告缓刑。这与不满 18 周岁的人适用缓刑的规定相类似。根据该规定,对于已满 75 周岁的人,只要符合缓刑的条件,就应当对其宣告缓刑。这是对老年犯罪人的一种宽宥,体现了刑罚人道主义的精神。

(三) 犯罪孕妇的刑事处遇

与一般妇女相比,怀孕的妇女在生理上和心理上都具有一定的特殊性,如妇女在妊娠期间通常需要进行一系列的生理调整,以适应胎儿在体内的生长发育,并且因为怀孕,她们的行动往往又多有不便。因此,无论是从怀孕妇女的生理、心理特点的角度,还是从怀孕妇女正在孕育胎儿的角度,都应对怀孕的妇女予以特别的保护。我国《刑法》对犯罪孕妇的刑事处遇规定了以下特殊措施:

(1) 不适用死刑的原则。《刑法》第 49 条规定,审判的时候怀孕的妇女,不适用死刑。与未成年人不适用死刑一样,这里的"不适用死刑",是指既不适用死刑立即执行,也不适用死刑缓期两年执行。"审判的时候怀孕的妇女",是指在人民法院审判的时候被告人是怀孕的妇女,也包括审判前在羁押时已经怀孕的妇女。对于怀孕的妇女,在她被羁押或者受审期间,无论其怀孕是否违反国家计划生育政策、是否人工流产,都应视同审判时怀孕的妇女,不能适用死刑。怀孕的妇女在羁押期间自然流产后,又因同一事实被起诉、审判的,也应当视为审判时怀孕的妇女,不能适用死刑。对审判的时候怀孕的妇女不适用死刑,体现了我国刑法对怀孕妇女的特别保护。

(2) 从宽适用缓刑的原则。《刑法》第 72 条规定,对于被判处拘役、3 年以下有期徒刑的犯罪分子,如果犯罪情节较轻、有悔罪表现、没有再犯罪的危险并且宣告缓刑对所居住社区没有重大不良影响的,可以宣告缓刑,对其中怀孕的妇女,应当宣告缓刑。根据这一规定,对符合缓刑条件的怀孕妇女,不是"可以宣告缓刑",而是"应当"。这有利于保护怀孕妇女的身心健康和胎儿的健康发育。

总之,犯罪主体的特殊身份因其类型的不同,我国《刑法》对其考虑的方面和程度会存在一定差异,其对定罪量刑的作用也就有一定的区别。

第五节 单位犯罪

一、单位犯罪的概念

单位犯罪是相对于自然人犯罪而言的一个范畴。我国1979年《刑法》中,没有单位犯罪的规定,1987年1月22日由第六届全国人大常委会第十九次会议通过的《海关法》第47条第4款规定:"企业事业单位、国家机关、社会团体犯走私罪的,由司法机关对其主管人员和直接责任人员依法追究刑事责任;对该单位判处罚金,判处没收走私货物、物品、走私运输工具和违法所得。"从而首次在我国法律中确认了单位可以成为犯罪主体。1988年全国人大常委会《关于惩治贪污罪贿赂罪的补充规定》和《关于惩治走私罪的补充规定》,分别规定有关企业事业单位、机关、团体可以成为受贿罪、行贿罪、走私罪、逃汇套汇罪和投机倒把罪犯罪的主体,第一次在专门的刑事法律中承认了单位犯罪。尔后,由全国人大常委会通过的《铁路法》和10余部单行刑法中,也有了单位犯罪的规定。

1997年修订的我国现行《刑法》,采用总则与分则相结合的方式确立了单位犯罪及其刑事责任,其中总则第二章第四节"单位犯罪"用两个条文规定了单位犯罪的总则性问题。

《刑法》第30条规定:"公司、企业、事业单位、机关、团体实施的危害社会的行为,法律规定为单位犯罪的,应当负刑事责任。"这是关于单位在多大范围内可以成为犯罪主体的规定。根据这一规定,所谓单位犯罪,是指由公司、企业、事业单位、机关、团体实施的依法应当承担刑事责任的危害社会的行为。单位犯罪的两个基本特征是:

第一,单位犯罪的主体包括公司、企业、事业单位、机关、团体。所谓"公司、企业、事业单位",根据1999年6月18日最高人民法院《关于审理单位犯罪案件具体应用法律有关问题的解释》,既包括国有、集体所有的公司、企业、事业单位,也包括依法设立的合资经营、合作经营企业和具有法人资格的独资、私营等公司、企业、事业单位。另外,个人为进行违法犯罪活动而设立的公司、企业、事业单位实施犯罪的,或者公司、企业、事业单位设立后,以实施犯罪为主要活动的,不以单位犯罪论处。盗用单位名义实施犯罪,违法所得由实施犯罪的个人私分的,依照刑法有关自然人犯罪的规定定罪处罚。

第二,只有法律明文规定单位可以成为犯罪主体的犯罪,才存在单位犯罪及单位承担刑事责任的问题,而并非一切犯罪都可以由单位构成。规定单位犯罪的"法律",指的是刑法分则性条文,包括《刑法》分则及《刑法》颁行后国家立法机关又根据实际需要制定的特别刑法如单行刑法和附属刑法规范。从我国《刑法》分则的规定来看，单位犯罪广泛存在于危害公共安全罪，破坏社会主义市场经济秩序罪，侵犯公民人身权利、民主权利罪，妨害社会管理秩序罪，危害国防利益罪和贪污贿赂罪等章中，具体罪种约有一百四十余种。这些单位犯罪多数是故意犯罪，但也有少数属于过失犯罪。

此外，需要指出的是，对于公司、企业、事业单位、机关、团体等单位实施刑法规定的危害社会的行为，《刑法》分则和其他法律未规定追究单位的刑事责任的，尽管不构成单位犯罪，但应对组织、策划、实施该危害社会行为的人依法追究刑事责任。[①]

二、单位犯罪的处罚原则

对单位犯罪的处罚，世界各国刑事立法和刑法理论上主要有两种原则：一是双罚制，即单位犯罪的，对单位和单位直接责任人员（代表人、主管人员及其他有关人员）均予以刑罚处罚；二是单罚制，即单位犯罪的，只处罚单位或只处罚单位的直接责任人员。单罚制具体又分为转嫁制和代罚制两种类型：转嫁制是指，单位犯罪的，只对单位予以刑罚处罚而对直接责任人员不予处罚；代罚制是指，单位犯罪的，只对直接责任人员予以刑罚处罚而不处罚单位。

我国《刑法》第 31 条规定："单位犯罪的，对单位判处罚金，并对其直接负责的主管人员和其他直接责任人员判处刑罚。本法分则和其他法律另有规定的，依照规定。"这是我国《刑法》关于对单位犯罪处罚原则的规定。根据这一规定，对单位犯罪，一般采取双罚制的原则。即单位犯罪的，对单位判处罚金，同时对单位直接负责的主管人员和其他直接责任人员判处刑罚。在双罚制内部，又可以区分为两种情形：一是对直接责任人员的刑罚与自然人犯该罪时的刑罚相同。如《刑法》第 140 条、第 150 条规定的生产、销售伪劣产品罪，第 151 条规定的走私武器、弹药罪等。二是对直接责任人员的刑罚轻于自然人犯该罪时的刑罚。如《刑法》第 191 条规定的洗钱罪（单位犯罪时直接责任人员的法定最高刑为 5 年有期徒刑，而自然人犯罪时的法定最高刑为 15 年有期徒刑）等。但是，当《刑法》分则和其他法律（特别刑法）另有规定不采取双罚制而采取单罚制的，则属例外情况。这是因为，单位犯罪的情况具有复杂性，其社会危害程度差别很大，一律采取双罚制的原则，并不能全面准确地体现罪责刑相适应原则和对单位犯罪的警戒作用。在我国《刑法》分则中，有少数几种单位犯罪，采取的即是单罚制。如《刑法》第 161 条规定的违规披露、不披露重要信息罪和《刑法》第 162 条规定的妨害清算罪，都不处罚作为犯罪主体的公司、企业，而只处罚其直接责任人员。

---

① 参见 2014 年 4 月全国人大常委会发布实施的《关于〈中华人民共和国刑法〉第三十条的解释》的规定。

第八章 犯罪主观方面

第一节 犯罪主观方面概述

一、犯罪主观方面的概念

犯罪主观方面,是指犯罪主体对自己的行为及其危害社会的结果所抱的心理态度。它包括罪过(即犯罪的故意或者犯罪的过失)以及犯罪的目的和动机这几种因素。其中,行为人的罪过即其犯罪的故意或者过失心态,是一切犯罪构成都必须具备的主观要件之要素;犯罪的目的只是某些犯罪构成所必备的主观要件之要素,所以也称之为选择性主观要素;犯罪动机不是犯罪构成必备的主观要件之要素,它一般不影响定罪,而只影响量刑。

正确而深入地把握犯罪主观方面的概念,应当着重明确以下几个问题:

(1)罪过是刑事责任的主观根据。

我国《刑法》第14条和第15条规定,各种犯罪在主观方面都必须具备犯罪的故意或者犯罪的过失心态;第16条又从反面强调,行为虽然在客观上造成了损害结果,但不是出于故意或者过失心态的,就不构成犯罪。从而在法律上确认,犯罪的故意或过失,乃是认定行为人构成犯罪和应对犯罪负刑事责任的主观根据。那么,为什么构成犯罪并承担刑事责任者必须在主观上具备罪过?或者说,为什么一个人实施危害行为在具备主观罪过时,要认定为犯罪并追究其刑事责任?以辩证唯物主义原理为指导的我国刑事责任理论认为,对于是否实施危害社会的犯罪行为,任何正常人都完全有选择的自由。实施或不实施犯罪行为,都是通过人的意志和意识的积极作用,通过其相对自由的意志的选择和支配来实现的。行为人在自己处于一定条件下即具有相对自由的意志和意识的支配下,选择实施危害国家和社会利益的犯罪行为,他就不但在客观方面危害了社会,而且在主观方面也具有了犯罪的故意或过失的心理态度,这种心理态度使他在国家面前产生了罪责。国家认定行为人的行为构成犯罪并追究刑事责任,首先是合乎情理的,同时也是必要的和有效的,对其犯罪追究刑事责任和判处刑罚,不仅是一种惩罚,而且也可以促使他今后正确地进行意志选择,不要再选择实施危害社会的行为,这样就通过追究刑事责任和适用刑罚达到了预防犯罪的目的。相反,如果一个人所实施的行为虽然在客观上危害了社会,但从主观上看,行为不是由其故意或过失的心理活动支配的,而是由于其意志以外的原因所导致的,这就不能说他主观上对社会有任何故意或者过失危害的心理态度,这样认定他的行为构成犯罪和追究其刑事责任就失去了合理性,予以定罪量刑也达不到预防犯罪的目的。因此,可以说,行为人主观方面在相对自由意志基础上产生的危害社会的故意或过失的心理态度,是追究其刑事责任的主观根据。

(2) 犯罪主观方面与犯罪客观方面在定罪中的关系。

首先,确定一个人的行为构成犯罪,必须确认其同时具备犯罪的主观方面和客观方面。任何犯罪行为都是在一定的心理态度支配下实施的。根据我国刑法的规定,确认某人构成犯罪并追究其刑事责任,在客观方面要具备刑法所禁止的危害社会的行为,这是行为人构成犯罪并承担刑事责任的客观基础,我国刑法断然反对"主观归罪";从主观方面看,行为人实施危害行为时必须具备主观罪过,即行为必须是在犯罪故意或者过失的心理态度下实施的,这是行为人构成犯罪并承担刑事责任的主观根据,我国刑法坚决摒弃"客观归罪"。对于认定犯罪和追究刑事责任来说,上述犯罪的客观方面和主观方面必须同时具备,缺乏其中任何一个方面都不行。这是我国刑法在定罪和追究刑事责任上主客观要件相统一原则的第一层含义。

其次,对一个人定罪和追究刑事责任,不但要求犯罪客观要件和主观要件必须同时具备,而且还要求它们之间存在着有机联系。这种有机联系表现在:一方面,人的客观上危害社会的活动,只有受到主观故意或者过失的心理态度支配和决定时,才是刑法中的犯罪行为;另一方面,人的危害社会的故意或过失的犯罪心理态度,永远表现于刑法所禁止的危害社会的行为当中。

总之,在犯罪构成中,犯罪的客观要件与主观要件是有机地结合在一起的,离开任何一个方面,另一方面也就不复存在,这样也就没有了整个犯罪构成的存在,就不能定罪并追究刑事责任。

(3) 犯罪的不同罪过形式及其意义。

从罪过形式的角度看,我国刑法中的犯罪主要包括两种类型:一是只能由故意构成的犯罪,这样的犯罪很多,如危害国家安全罪、破坏社会主义市场经济秩序罪的绝大多数犯罪、侵犯财产的犯罪、侵犯公民民主权利的犯罪,以及侵犯公民人身权利的部分犯罪等,都属此类;二是只能由过失构成的犯罪,如交通肇事罪、重大责任事故罪等。故意还是过失,反映了犯罪人主观恶性的不同并进而直接影响到犯罪社会危害性的大小和刑罚目的实现的难易,因而一般说来,刑法对故意犯罪和过失犯罪规定了轻重显然不同的刑罚。

二、犯罪主观方面的意义

研究犯罪的主观方面,对于刑法理论和司法实践都具有重要的意义。

(一) 对刑法理论的意义

深入地研究和阐明犯罪的主观方面,有助于正确而深刻地把握我国刑法学中与犯罪主观方面有关联的各种问题,从而能够深化与丰富我国刑法学相关基础课题的研究。

(二) 对司法实践的意义

深入研究和正确认定犯罪的主观方面,有助于司法实践中的正确定罪量刑。

第一,定罪方面。任何具体犯罪构成的罪过形式和罪过内容都是特定的。如有的犯罪只能是出于故意,有的犯罪只能出于过失;同是故意或过失犯罪,此罪与彼罪间的故意内容或过失内容也有所不同。查明行为人行为时是否具备具体犯罪构成所要求的特定罪过形式与罪过内容,就有助于正确区分罪与非罪以及此罪与彼罪的界限。对某些具体犯罪构成,法律还要求其主观方面具有特定的目的,查明这些特定目的是否具备,也有助于区分罪与非罪以及此罪与彼罪的界限。

第二,量刑方面。既然法律对故意犯罪和过失犯罪规定了轻重不同的刑罚,那么,通过查明主观方面,正确地解决应定此罪还是彼罪的问题,首先就保证了正确适用轻重不同的法定刑。同时,属于犯罪主观方面的心理态度范畴的犯罪动机、犯罪故意的不同表现形式、犯罪过失的严重程度等因素,是行为人主观恶性和人身危险性大小的重要表现,对犯罪案件的危害程度有重要影响,也直接关系到刑罚目的实现的难易程度,因而我国刑法立法和司法实践都十分注意这些因素对量刑的影响。查明这些主观因素并在运用刑罚时予以适当考虑和体现,无疑会有助于贯彻罪责刑相适应的原则和正确量刑。

三、司法实践中查明犯罪主观方面的要求

司法实践中,正确查明犯罪主观方面,要求司法人员应当注意以下两点:

第一,犯罪主观方面存在的客观性。行为人的犯罪故意、犯罪过失、犯罪目的与动机,相对其客观危害行为属于主观因素,但对于司法工作人员来说则是客观存在的情况。司法人员查明行为人犯罪主观方面情况的活动,是司法人员的主观认识客观真实情况的过程。

第二,犯罪主观方面通过犯罪行为得以客观外化。行为人犯罪的主观心理态度,不是停留在其大脑中的纯主观思维活动,它必然要支配行为人客观的犯罪活动,这样就必定会通过行为人的犯罪行为及与犯罪有关的犯罪行为前、犯罪行为时以及犯罪行为实施后的一系列外在的客观活动表现出来。

总之,犯罪主观方面是客观存在并且要通过客观活动表现出来的,只要司法人员深入实际调查研究,全面地、历史地、辩证地分析案件的各种具体情况,就能够查明行为人是否具有主观罪过,行为是出于故意还是过失,是何种故意或过失,有无特定的犯罪目的,犯罪动机如何,从而对其主观心理态度作出符合客观真实的判定和结论,进而正确定罪量刑。

第二节　犯罪故意

一、犯罪故意的概念和构成要素

（一）犯罪故意的概念

犯罪故意是罪过形式之一,是故意犯罪的主观心理态度。我国《刑法》第14条规定:"明知自己的行为会发生危害社会的结果,并且希望或者放任这种结果发生,因而构成犯罪的,是故意犯罪。"这是关于故意犯罪的概念。故意犯罪与犯罪故意密切相

关,无后者就无前者,但两者并非等同的概念,后者是一种罪过心理,前者是这种罪过心理支配下构成的犯罪行为。根据我国《刑法》第14条关于故意犯罪的规定,所谓犯罪故意,是指行为人明知自己的行为会发生危害社会的结果,并且希望或者放任这种结果发生的主观心理态度。

(二) 犯罪故意的构成要素

从内涵上分析,犯罪故意包含两项内容或称两个要素:一是行为人明知自己的行为会发生危害社会的结果,这种"明知"的心理属于心理学上所讲的认识方面的因素,亦称意识方面的因素;二是行为人希望或者放任这种危害结果的发生,这种"希望"或"放任"的心理属于心理学上意志方面的因素。实施危害行为的行为人在主观方面必须同时具备这两个方面的因素,才能认定他具有犯罪的故意而构成故意犯罪。

关于故意的学说,或者是关于如何区别故意与过失的学说,刑法理论上起初有"希望主义"与"认识主义"之争:前者认为,只有当行为人意欲实现构成要件的内容时或希望发生危害结果时,才成立故意;后者认为,只要行为人对构成要件事实有认识或认识到可能发生危害结果时,就成立故意。这两种学说被认为均是从一个方面去区分故意与过失的,并且不恰当地缩小或扩大了故意的范围。因而后来又出现了立足于希望主义的"容认说"与立足于认识主义的"盖然性说":前者认为,行为人只有在有实现构成要件的意思时,才成立故意,而这里的故意,并不以意欲、目的、希望为必要,只要行为人容认或放任危害结果的发生,就成立故意。后者主张,对于故意只能依据行为人对构成要件事实的认识来确定,即行为人认识到危害结果的发生具有盖然性(可能性很大),还实施该行为,就足以表明行为人是容认或放任危害结果发生的;行为人仅认识到危害结果发生的可能性的,就表明行为人没有容认或放任危害结果的发生。显然,"盖然性说"是想通过认识因素解决意志因素问题。

我国刑法采取的大体上是"容认说",即主张行为人认识到危害行为与危害结果,并希望或者放任危害结果发生的,就成立故意。这种主张之所以是科学合理的,首先,在行为人认识到危害行为与危害结果时,还放任危害结果的发生,就表明行为人不只是消极地不保护社会关系,而是对社会关系持一种积极的否认态度,故与希望结果发生没有本质区别。其次,"容认说"将主观恶性明显小于间接故意的过于自信的过失,排除在故意之外,又将间接故意归入故意之中,因而做到了宽窄适度。最后,"盖然性说"存在缺陷。认识因素的有无可以左右意志因素的有无,这表现在没有前者就没有后者。但是,认识因素的内容并不能决定意志因素的内容,行为人认识到结果发生的可能性大小,并不能直接说明他是希望或放任结果发生、还是希望结果不发生。况且,也难以判断行为人所认识的是结果发生的盖然性还是可能性。总之,故意与过失这两种罪过形式的界限,是结合两个方面的因素来区分的:一是行为人对自己的危害行为及其结果有无认识和认识的程度如何,此即认识因素;二是行为人对危害结果的态度怎样,此即意志因素。下面分别对犯罪故意的两种因素加以阐述。

1. 犯罪故意的认识因素

行为人明知自己的行为会发生危害社会的结果,这是构成犯罪故意的认识因素,是一切故意犯罪在主观认识方面必须具备的特征。如果一个人的行为虽然在客观上会发生甚至已经发生了危害社会的结果,但他本人在行为时并不知道自己的行为会发生这种结果,那就不构成犯罪的故意。从理论与实践的结合上看,对犯罪故意的认识因素,应当着重探讨和明确以下几点:

(1) 如何理解明知的内容? 我国《刑法》第14条在故意犯罪的概念里简略地表述为"明知自己的行为会发生危害社会的结果"。根据犯罪主观要件与犯罪的客观、客体要件的联系,明知的内容应当包括法律所规定的构成某种故意犯罪所不可缺少的危害事实,亦即作为犯罪构成要件的客观事实。具体说来包括三项内容:第一,对行为本身的认识,即对刑法规定的危害社会行为的内容及其性质的认识。一个人只有认识到自己所要实施或正在实施的行为危害社会的性质和内容,认识到行为与结果的客观联系,才能谈得上进一步认识行为之结果的问题。因此,要"明知自己的行为会发生危害社会的结果",必须首先对行为本身的性质、内容与作用有所认识。第二,对行为结果的认识,即对行为产生或将要产生的危害社会结果的内容与性质的认识,如故意杀人罪的行为人认识到自己的行为会发生致使他人死亡的结果,盗窃罪的行为人认识到自己的行为会发生公私财物被其非法占有的结果。由于具体犯罪中危害结果就是对直接客体的损害,因而这种对危害结果的明确认识,也包含了对犯罪直接客体的认识。第三,对危害行为和危害结果相联系的其他犯罪构成要件之要素事实的认识。对法定的犯罪对象要有认识,例如,盗窃枪支罪,要求行为人明知自己盗窃的对象是枪支;伪造货币罪,要求行为人明知自己要伪造的是国内外流通货币。对法定的犯罪手段要有认识,例如,抢劫罪,要求行为人明知自己非法占有财物的行为是暴力、威胁或其他侵犯人身的特定手段;对法定的犯罪时间、地点要有认识,例如,非法捕捞水产品罪、非法狩猎罪,要求行为人明知自己是在特定的时期采用特定的方法来实施捕捞或狩猎行为的。

(2) 犯罪故意内容是否要求包含违法性认识? 对此,理论见解不尽一致。我们认为,按照法律的规定,犯罪故意的认识因素表现为行为人"明知自己的行为会发生危害社会的结果",这显然是只要求行为人明知其行为及行为结果的危害性,而没有再要求行为人明知行为及结果的刑事违法性。法律这一规定是正确的。这是因为:首先,我国刑法规范与我国社会的行为价值观、是非观是一致的,危害社会的行为及其结果达到一定严重程度就会被刑法所禁止所制裁,正常理智的公民都会了解这一点。因此,对犯罪故意的认识因素要求行为人明知行为及其结果的危害社会性质就足够了,而不必再要求其明知刑事违法性。其次,如果把认识因素要求为明知刑事违法性,要求行为人明确知道其行为和结果触犯刑法哪一条文,应怎样定罪判刑,这就不现实、不合理,使一般公民难以做到,甚至也难以确切地查明行为人是否真的具备或可能具备这种认识,而且也容易使有些人钻空子,借口不懂法律来实施犯罪并逃避罪责。当然也有例外情况。例如,某种行为一向不为刑法所禁止,后在某个特殊时期或某种特定情况下为刑法所禁止,如果行为人确实不知法律已禁止而仍实施该行为的,就不能说他是故意违反刑法,而且此时他也往往同时缺乏对行为及其结果的社会危害性的认识,这种情况下难以认定行为人具有犯罪的故意。

(3)如何理解明知自己的行为"会发生"危害社会结果？所谓"会发生",包括两种情况:一种是明知自己的行为必然要发生某种特定的危害结果,如行为人甲将公民乙从十几层的高楼猛力推下,甲明知自己的行为必定致乙死亡；另一种是明知自己的行为可能要发生某种特定的结果,如行为人甲欲枪杀公民乙,但枪法不准,又没办法接近乙,只好在远距离开枪射杀,甲明知开枪可能打死乙,也可能打不死乙。

2. 犯罪故意的意志因素

行为人对自己行为所导致的危害结果的发生所抱的希望或者放任的心理态度,就是构成犯罪故意的意志因素。可见,犯罪故意的意志因素有希望和放任结果发生两种表现形式。所谓希望危害结果的发生,是指行为人对危害结果抱着积极追求的心理态度,该危害结果的发生,正是行为人通过一系列犯罪活动所意欲达到的犯罪目的。例如,盗窃犯即希望积极追求非法占有他人财物这种危害结果的发生。所谓放任危害结果的发生,是指行为人虽然不希望、不是积极追求危害结果的发生,但也不反对和不设法阻止这种结果的发生,而是对结果的是否发生采取听之任之的心理态度。

3. 认识因素与意志因素的关系

犯罪故意内部的认识因素和意志因素之间具有密切的关系,并进而对犯罪故意的构成具有各自不同的重要作用。一方面,认识因素是意志因素存在的前提和基础,行为人对结果发生采取希望和放任的心理态度,是建立在对行为及其结果的危害性质明确认识的基础上的,唯有具有这种明确的认识,才谈得上对危害结果发生是持希望还是放任的心理态度,才会在持希望心理态度时确定行为的步骤和方法,并直接支配行为的实施,从而构成犯罪的故意。另一方面,意志因素又是认识因素的发展,如果仅有认识因素而没有意志因素,即主观上不是希望也不是放任危害结果的发生,也就不存在犯罪的故意,不会有故意犯罪的行为。总之,认识因素和意志因素是犯罪故意中的两项有机联系的因素,在认定构成犯罪的故意中缺一不可。其中,认识因素是意志因素的存在前提,也是犯罪故意成立的基础；意志因素则是在认识因素基础上的发展,是犯罪故意中具有决定性作用的因素,它对于把犯罪故意客观化即把犯罪思想变为犯罪行为,具有重要的主导作用。

二、犯罪故意的类型

按照行为人对危害结果所持的心理态度即故意的意志因素的不同,刑法理论上把犯罪故意区分为直接故意与间接故意两种类型。

(一)直接故意

犯罪的直接故意,是指行为人明知自己的行为必然或者可能发生危害社会的结果,并且希望这种结果发生的心理态度。

按照认识因素的不同内容,可以把犯罪的直接故意区分为两种表现形式:

第一,行为人明知自己的行为必然发生危害社会的结果,并且希望这种结果发生的心理态度。用公式表示即为"必然发生+希望发生"。例如,某甲想杀死某乙,用枪顶在某乙的脑袋上射击,他明知这种行为必然导致某乙死亡而仍决意为之,追求某乙死亡结果的发生,某甲的心理态度即为此种直接故意。

第二,行为人明知自己的行为可能发生危害社会的结果,并且希望这种结果发生的心理态度。用公式表示即为"可能发生+希望发生"。例如,某丙想枪杀某丁,但只能于晚上趁某丁返家途中隔小河射击,由于光线不好,距离较远,某丙的射击技术又不甚好,因而他对能否射杀某丁没有把握,但他不愿放过这个机会,希望能打死某丁,并在这种心理的支配下实施了射杀行为。某丙的心理态度即属第二种直接故意。

可见,直接故意的意志因素,是以希望危害结果的发生为其必要特征的。

(二) 间接故意

犯罪的间接故意,是指行为人明知自己的行为可能发生危害社会的结果,并且放任这种结果发生的心理态度。用公式表示即为"可能发生+放任发生"。间接故意在认识特征和意志特征上具体表现为:

在认识特征上,间接故意表现为行为人认识到自己的行为"可能"发生危害社会结果的心理态度。即行为人根据对自身犯罪能力、犯罪对象情况、犯罪工具情况,或者犯罪的时间、地点、环境等情况的了解,认识到行为导致危害结果的发生只是具有或然性、可能性,而不具有必然性。这种对危害结果可能发生的认识,为间接故意的意志因素即放任心理的存在提供了前提和基础。如果明知行为必然发生危害结果而决意为之,就超出了间接故意认识因素的范围,应属于直接故意。

在意志特征上,间接故意表现为行为人放任危害结果发生的心理态度。所谓"放任",当然不是希望,不是积极的追求,而是行为人在明知自己的行为可能发生特定危害结果的情况下,为了达到自己的既定目的,仍然决意实施这种行为,对阻碍危害结果发生的障碍不去排除,也不设法阻止危害结果的发生,而是听之任之,自觉自愿地听任危害结果的发生。

在司法实践中,犯罪的间接故意大致表现为以下四种情况:

第一,行为人追求某一个犯罪目的而放任另一个危害结果的发生。例如,甲欲毒杀妻子乙,就在妻子盛饭时往妻子碗内投下了剧毒药。甲同时还预见到其妻子有可能喂饭给儿子吃而祸及儿子,但他因为杀妻心切,就抱着听任儿子也被毒死的心理态度。事实上其妻子乙在吃饭时确实喂了儿子几口,结果母子均中毒死亡。此案中,甲明知投毒后其妻子必然吃饭而中毒身亡并积极追求这种结果的发生,甲对其妻子构成杀人罪的直接故意无疑;但甲对其儿子死亡发生的心理态度就不同,他预见到的是儿子中毒死亡的可能性而不是必然性,他对儿子死亡结果的发生并不是希望,而是为了达到杀妻的结果而予以有意识的放任,这完全符合间接故意的特征,应构成杀人罪的间接故意。

第二,行为人追求一个非犯罪的目的而放任某种危害结果的发生。例如,某甲在林中打猎时,发现一个酣睡的猎物,同时又发现猎物附近有一个孩子在玩耍,根据自己的枪法和离猎物的距离,甲明知若开枪不一定能打中猎物,而有可能打中小孩。但某甲打猎心切,不愿放过这一机会,又看到周围无其他人,遂放任可能打死小孩这种危害结果的发生,仍然向猎物开枪,结果子弹打偏,打死了附近的小孩。此例中,某甲明知自己的开枪打猎行为可能打中小孩使其毙命,但为追求打到猎物的目的,仍然开枪打猎,听任打死小孩这种危害结果的发生。某甲的行为具备了间接故意的认识因素和其特定的意志因素,因而构成犯罪的间接故意。

第三,突发性的犯罪,不计后果,往往是针对一对象实施侵害的放任更为严重结果的发生。例如,实践中,一些青少年临时起意,动辄行凶,不计后果,捅人一刀即扬长而去并致人死亡的案件就属于这种情况。这种案件里,行为人对用刀扎人必致人伤害是明知的和追求的,属于直接故意的范畴;对于其行为致人死亡的结果而言,他虽然预见到可能性,但持的却不是希望其发生的态度,而是放任其发生的态度,这样,对于其行为造成他人死亡的结果而言,其认识特征是明知可能性,其意志因素是放任结果的发生,这完全符合犯罪间接故意的构成。

第四,行为人出于蔑视法纪、追求刺激等动机,实施某种具有危险性、危害性的行为,放任对不特定对象多种危害结果的发生或不发生。如行为人隔墙往聚集人群的院内扔石头,或者往远处的人群中扔石头,而对其是否砸住人、是否砸伤人乃至是否砸死人听之任之,放任致人死伤结果的发生,即属此种情况。这种情况下,行为人对致人伤害或死亡结果发生的认识就是或然性的,即认识到致人伤亡结果发生的可能性;而在意志因素上,行为人并不是反对发生致人伤亡的结果,也不是积极追求并希望发生致人伤亡的结果,而是有意放任致人伤亡结果的发生,这正是典型的间接故意的心态。在此种情况下,若发生了致人伤亡的结果的,则行为人就构成间接故意的故意伤害罪或故意杀人罪。笔者认为,这种情况与前述的间接故意的三种类型都有所不同,因而可以予以单列。当然,对此种情况独立存在的科学性和必要性,还需要进一步研究。

(三) 直接故意与间接故意的区别

由上可见,犯罪的直接故意与间接故意同属犯罪故意的范畴,从认识因素上看,二者都明确认识到自己的行为会发生危害社会的结果;从意志因素上看,二者都不排斥危害结果的发生。这些相同点,说明和决定了这两种故意形式的共同性质。但是,犯罪的直接故意与间接故意又有着重要的区别:

第一,从认识因素上看,二者对行为导致危害结果发生的认识程度上有所不同。犯罪的直接故意既可以是行为人明知自己的行为必然发生危害结果,也可以是明知自己的行为可能发生危害结果。而犯罪的间接故意只能是行为人明知自己的行为可能发生危害结果。

第二,从意志因素上看,二者对危害结果发生的心理态度显然不同。直接故意是希望即积极追求危害结果的发生。在这种心理支配下,行为人就会想方设法克服困难,创造条件,排除障碍,积极地甚至顽强地实现犯罪目的,从而造成犯罪结果的发生。间接故意对危害结果的发生则不是持希望即积极追求的心理态度,而是持放任的心理态度。"放任"就是对结果的发生与否采取听之任之、满不在乎、无所谓的态度,不发生结果他不懊悔,发生结果也不违背他的本意。在放任心理支配下,行为人就不会想方设法,排除障碍,积极追求或是努力阻止特定危害结果的发生。意志因素的不同,乃是两种故意区别的关键所在。

第三,特定危害结果的发生与否,对这两种故意及其支配下的行为定罪的意义也不相同。对直接故意来说,其行为性质与结果性质是同一的,其结果也是特定的,根据主客观相统一的定罪原则,只要行为人主观上有犯罪的直接故意,客观上有相应的行为,即构成特定的故意犯罪,危害结果发生与否往往并不影响定罪,而只是在那些以结果为既遂要件的犯罪里是区分既遂与未遂形态的标志。对间接故意而言,特定的危害结果可能发生,也可能不发生,结果发生与否都不违背其意志,都包含在其本意中,因而要根据主客观相统一的原则,仅有行为而无危害结果时,尚不能认定行为人构成此种犯罪(包括也不能认定为此种犯罪的未遂形态),只有发生了特定危害结果才能认定构成特定的犯罪。即特定危害结果的发生与否,决定了间接故意犯罪的成立与否。例如,在开枪打猎而放任杀伤附近小孩的情况下,未射中小孩不构成间接故意犯罪,打死小孩构成间接故意的杀人罪,打伤小孩构成间接故意的伤害罪。再如,在行为人动辄行凶,捅人一刀就走,放任死亡结果发生的案件中,被害人未死亡的,行为人只对伤害罪负刑事责任而不构成故意杀人罪;被害人死亡的,行为人则应负间接故意杀人犯罪的刑事责任。

(四)对直接故意与间接故意分类研究的意义

从刑事立法上分析,绝大多数故意犯罪都只能由直接故意构成;少数犯罪如故意杀人罪、故意伤害罪等,则既可以由直接故意构成,也可以由间接故意构成。法定的罪过要件可以是直接故意也可以是间接故意的那些犯罪,从司法实践中看,也还是表现为直接故意常见多发,间接故意则相对较少。但刑法理论上把犯罪故意区分为直接故意与间接故意这两种类型进行研究,仍然具有重要的意义。

首先,有助于我们深入认识故意犯罪在主观方面的复杂情况,从而正确地把握犯罪故意完整的内涵和外延。

其次,有助于司法实践中正确定罪。阐明和把握了危害结果发生与否对两种故意尤其是间接故意定罪的意义,就有助于司法实践中正确地认定故意犯罪案件,做到定罪准确。

再次,有助于司法实践中对故意犯罪案件区分危害程度予以轻重不同的处罚,这是区分和研究犯罪故意两种类型的主要实践意义。两种故意形式由于认识因素尤其是意志因素的不同,影响和决定了行为人主观恶性以及行为的客观危害程度的不同。在绝大多数情况下,直接故意的社会危害性要大于间接故意。根据罪责刑相适应原则的要求,对直接故意犯罪的量刑一般应重于间接故意犯罪。

但要注意,因为犯罪的两种故意是刑法理论分析刑法的有关规定而作的理论概括,我国现行《刑法》上并未载明直接故意和间接故意的概念术语,按照依法定罪的要求,司法文书中不宜将故意犯罪区分为直接故意犯罪与间接故意犯罪,而是统称为故意犯罪即可。为明确反映两种故意形式的不同危害程度以便在量刑时考虑,根据司法实践经验,可在司法文书中叙述事实的部分将行为人的希望或放任心理予以明确表述和认定。

犯罪故意是构成故意犯罪必备的主观要件。我国《刑法》分则规范中的绝大多数犯罪都是故意犯罪。鉴于许多犯罪(如抢劫罪、抢夺罪、盗窃罪、诈骗罪、强奸罪等)从逻辑上分析只能由故意构成,不能由过失构成,而且这也为人们的常识所了解,因而从立法简明扼要的要求来考虑,我国《刑法》分则条文对这样的故意犯罪即未标明"故意"。对某些既可由故意构成、也可由过失构成的犯罪,如杀人、伤害等,为了区分此罪与彼罪的界限,则标明"故意""过失"加以区别;对不能由过失构成而只能由故意构成的犯罪,如《刑法》第275条故意毁坏公私财物的犯罪,则标明"故意"以划清罪与非罪的界限。

最后还应指出,在刑法理论上,除直接参照《刑法》第14条的规定将犯罪故意区分为直接故意与间接故意以外,还有其他一些分类方法,主要是预谋故意与突发故意之分,以及确定故意与不确定故意之分。这些分类方法根据不同的标准,从不同角度对犯罪故意的复杂情况和不同类型故意犯罪案件的不同危害程度有所揭示,因而对司法实践都有一定的意义。

第三节 犯 罪 过 失

一、犯罪过失的概念

犯罪过失是过失犯罪的主观心理态度,它是与犯罪故意并列的犯罪主观罪过形式之一,根据我国《刑法》第15条关于过失犯罪的规定,所谓犯罪过失,就是指行为人应当预见自己的行为可能发生危害社会的结果,因为疏忽大意而没有预见,或者已经预见而轻信能够避免的一种心理态度。为正确把握犯罪过失的概念,应当明确以下两个问题:

第一,犯罪过失与犯罪故意的区别。犯罪过失与犯罪故意存在着显著的区别。从认识因素上看,犯罪故意表现为行为人明知行为必然或者可能发生危害结果的心理态度,而犯罪过失表现为行为人对危害结果的发生虽然应当预见到但实际上并未预见到,或者只是预见到在他看来并非现实的可能性。从意志因素上看,犯罪故意的内容是希望或者放任危害结果发生的心理态度,而犯罪过失则对危害结果的发生既不是希望也不是放任,而是排斥、反对的心理态度,只是由于疏忽大意或者过于轻信能够避免结果发生的主观错误心理支配下的过失行为导致了结果的发生。简言之,犯罪故意对行为会致危害社会的结果是明知故犯的心理态度;犯罪过失则是由于缺乏必要的谨慎导致危害社会结果的心理态度。因而犯罪故意所表明的行为人的主观恶性明显大于犯罪过失。

基于犯罪故意与犯罪过失这两类罪过形式所表现的主观恶性的不同,并且联系到这两类罪过形式支配下的客观危害行为的不同,我国刑法认为,故意犯罪的危害性显然大于过失犯罪,因而对故意犯罪的惩处要比对过失犯罪严厉。

第二,过失犯罪负刑事责任的主观根据。在过失犯罪的情况下,行为人负刑事责任的客观基础是其行为对社会造成的严重危害结果。但是,行为人并非自觉自愿地去危害社会,让他对自己行为造成的危害结果负刑事责任的主观根据何在?这个主观根据就在于:行为人本来能够正确地认识一定的行为与危害社会结果之间的客观联系,并进而正确选择自己的行为,避免危害社会结果的发生,但他却在自己意志的支配下,对社会利益和社会大众的安危采取了严重不负责任的态度,从而以自己的行为造成了严重危害社会的结果。总之,行为人的过失心理态度,就是他负刑事责任的主观根据。因此,国家就有充分的理由要求过失犯罪的行为人对自己严重不负责任态度支配的行为所造成的严重后果负刑事责任。

由于过失犯罪存在着主客相统一的犯罪构成,对过失犯罪的行为人适用刑罚能够达到预防这类犯罪的目的,因而对构成过失犯罪的案件,应当依法追究刑事责任。坚持这一原则,对于加强社会主义法治、维护社会秩序和人民群众生命财产的安全,都具有重要的作用和意义。

二、犯罪过失的类型

按照犯罪过失心理态度的不同内容,刑法理论上把犯罪的过失区分为过于自信的过失与疏忽大意的过失两种类型。

(一) 过于自信的过失

过于自信的过失,是指行为人预见到自己的行为可能发生危害社会的结果,但轻信能够避免,以致发生这种结果的心理态度。

1. 过于自信的过失的特征

过于自信的过失在认识因素和意志因素上的特征是:

(1) 在认识因素上,行为人已经预见到自己的行为可能发生危害社会的结果。如果行为人行为时,根本没有预见到自己的行为会导致危害结果的发生,则不属于过于自信的过失,而有可能属于疏忽大意的过失或意外事件;如果行为人预见到自己的行为必然发生而不是可能发生危害社会的结果,则属于犯罪直接故意的心理态度,而不是过于自信的过失。

(2) 在意志因素上,行为人之所以实施错误的行为,是轻信能够避免危害结果的发生。所谓"轻信",就是说行为人过高地估计了可以避免危害结果发生的其自身的和客观的有利因素,而过低地估计了自己的行为导致危害结果发生的可能程度。正是这种"轻信"心理,支配着行为人实施了错误的行为而发生了危害结果;也正是这种"轻信"心理,使过于自信的过失得以成立并使之区别于其他罪过形式。

2. 过于自信的过失与间接故意的异同

犯罪的过于自信的过失心理与间接故意的心理,在认识因素上都预见到行为可能发生危害社会的结果,在意志因素上都不是希望危害结果的发生,因而二者容易混淆。但它们是性质截然不同的两种罪过形式,在认识因素和意志因素上都有着重要的区别:

(1) 认识因素上有所不同。二者虽然都预见到行为发生危害结果的可能性,但它们对这种可能性是否会转化为现实性,即实际上发生危害结果的主观估计是不同的。间接故意的心理对可能性转化为现实性,并未发生错误的认识和估计,不是认为这种可能性不会转化为现实性,因而在可能性转化为现实性即发生危害结果的情况下,行为人的主观认识与客观结果之间并未产生错误,主观与客观是一致的。而过于自信的过失心理则不同,具有这种心理者虽然也预见到危害结果发生的可能性,但在主观上认为,由于他的自身能力、技术、经验和某些外部条件,实施行为时,危害结果发生的可能性不会转化为现实性,即他对可能转化为现实的客观事实发生了错误认识。在危害结果发生的情况下,其主观与客观是不一致的。

(2) 意志因素上有重要区别。过于自信的过失与间接故意虽然都不希望危害结果的发生,但深入考察,二者对危害结果的态度仍是不同的。间接故意的行为人虽不希望结果发生,但也并不反对不排斥危害结果的发生,因而也就不会凭借什么条件和采取什么措施,去防止危害结果的发生,而是听之任之,放任危害结果的发生。过于自信的过失的行为人不仅希望危害结果不要发生,而且希望避免危害结果的发生,即排斥、反对危害结果的发生。在预见到自己的行为可能发生危害结果的情况下,行为人仍然相信能够避免危害结果发生,并因而实施该种行为,他必然是凭借了一定的自认为能够避免危害结果发生的因素,如行为人自身能力方面的技术、经验、知识、体力等因素,他人的行为预防措施,以及客观条件或自然力方面的有利因素等。

结合以上两点尤其是认真考察行为人对危害结果的不同态度,就能够把过于自信的过失与间接故意这两种相近易混淆但在性质上有本质区别的罪过形式正确区分开来。

实践中有一种情况,表面上看起来似乎是行为人轻信能够避免危害结果的发生,但这种所谓"轻信"没有实际根据,行为人所指望的避免结果发生的那种情况根本不会存在,或者虽然存在,但对防止结果的发生毫无意义或意义极小,可以说,他对危害结果的不发生完全是抱着侥幸、碰运气的心理态度。在这种情况下,如果行为发生危害结果,不是过于自信的过失,而是间接故意犯罪。例如,司机某甲夜晚行车中因疏忽大意将乙撞成重伤,甲为了不让后面的来车很快发现肇事而得以争取时间顺利逃脱,即将伤口流血不止并处于昏迷中的乙拖入路边小树林中,乙因伤口出血过多死亡了。甲在案发后交代说,他虽然当时已预见到这样乙可能会因出血过多死亡,但他想乙也可能醒来呼救而获救,或者恰巧有人从林中小路行走时发现乙而将之救护,因而不一定死亡。即使查明甲的上述心理态度是属实的,也不能认定他对乙的死亡是过失。因为在此案中,甲对乙的死亡,虽然似乎也是凭借某种条件来加以防止,但这种防止没有任何实际根据,他完全是抱着侥幸、碰运气的心理,实际上是有意听任乙死亡的发生,因而这种心理不是过于自信的过失,而是间接故意。

(二) 疏忽大意的过失

疏忽大意的过失,是指行为人应当预见到自己的行为可能发生危害社会的结果,因为疏忽大意而没有预见,以致发生这种结果的心理态度。

1. 疏忽大意的过失的特征

疏忽大意的过失也有两个特征,或者说包含了两个构成要素:一是"应当预见";二是因为疏忽大意而"没有预见"。应当预见是前提,没有预见是事实。

(1) 行为人应当预见到自己的行为可能发生危害社会的结果。所谓"应当预见",是指行为人在行为时负有预见到行为可能发生危害结果的义务。这也是疏忽大意的过失与意外事件的区别所在。这种预见的义务,来源于法律的规定,或者职务、业务的要求,或是公共生活准则的要求。预见的义务与预见的实际可能是有机地联系在一起的,法律不会要求公民去做他实际上无法做到的事情,而只是对有实际预见可能的人才赋予其预见的义务,行为人由于不可能预见而造成危害结果的,即使结果非常严重,也不能认定他对结果有过失而令其负刑事责任。

判断能否预见以什么为标准?刑法理论上见解不一。一为客观标准说,即主张以社会上一般人的水平来衡量;二为主观标准说,即主张在当时的具体条件下以行为人本身的能力和水平来衡量;三为以主观标准为根据、以客观标准作参考的观点,这是我国刑法理论中较为通行的主张。我们赞同第三种观点。据此,一般理智正常的人能够预见到的危害结果,理智正常的行为人在正常条件下也应当能够预见到。但是,判定行为能否预见的具有决定性意义的标准,只能是行为人的实际认识能力和行为时的具体条件。就是说,要根据行为人本身的年龄状况、智力发育、文化知识水平、业务技术水平和工作、生活经验等因素决定其实际认识能力,以及行为当时的客观环境和条件,来具体分析他在当时的具体情况下,对行为发生这种危害结果能否预见。按照这个标准,一般人在普通条件下能够预见的,行为人可以因为自身认识能力较低或者行为时的特殊条件而不能预见;反之,一般人在普通条件下不能预见的,行为人也可以是因为自身认识能力较高(如有专业知识和这方面的经验等),或者行为时的特殊条件而能够预见。因此,既不应无视行为人的实际认识能力,而拿一般人的认识能力来衡量他能否预见;也不宜脱离行为当时的具体条件,而按普通情况来判断行为人能否预见,而只能按照行为人的实际认识能力和行为当时的具体客观条件,来分析和判定行为人能否预见。例如,某电影放映员与一赶车人拉着电影胶片到农村放映。时值隆冬,赶车人到达地点后,即进屋烤火,顺手将电影胶片搬放在炉火旁。电影放映员没把胶片放好,就干别的事情去了,结果胶片受热起火,酿成火灾。就赶车人来说,他不懂胶片方面的技术知识,所以难以预见到这一无意的行为会造成什么样的后果。但对放映员来说,情况就不同了。他作为专业技术人员有预见能力,应当预见而没有预见,存在疏忽大意的过失。

(2) 行为人由于疏忽大意,而没有预见到自己的行为可能发生危害社会的结果。所谓没有预见到,是指行为人在行为当时没有想到自己的行为,可能发生危害社会的结果。这种主观上对可能发生危害结果的无认识状态,是疏忽大意过失心理的基本特征和重要内容。行为人之所以实施行为,并且未采取避免危害结果发生的必要措施,以致发生了危害结果,是因为他根本没有预见到自己的行为可能发生这种危害结果。正是这种疏忽大意的心理,导致行为人在应当预见也能够预见到自己行为发生危害结果的情况下,实际上并没有预见,并进而盲目地实施了危害社会的行为,而且未采取必要的预防危害结果发生的措施,最终导致了危害社会的结果。法律规定惩罚这种过失犯罪,从客观方面看,是因为行为给社会造成了实际危害后果;从主观方面看,就是要惩罚和警戒这种对社会利益严重不负责任的疏忽大意的心理态度,以促使行为人和其他人戒除疏忽大意的心理,防止疏忽大意过失犯罪的发生。

2. 疏忽大意的过失与过于自信的过失的区别

作为犯罪过失的两种类型,过于自信的过失与疏忽大意的过失在认识因素和意志因素上都有所不同:在认识因素上,对危害结果的可能发生,过于自信的过失已经有所预见,而疏忽大意的过失根本没有预见;在意志因素上,对危害结果的可能发生,二者虽然都持排斥态度,但过于自信的过失是轻信能够避免,而疏忽大意的过失是疏忽。在刑法理论上把犯罪过失区分为过于自信的过失与疏忽大意的过失,有助于我们深入认识过失犯罪的复杂情况,从而完整地把握犯罪过失的内涵与外延,具体而准确地把过失犯罪与间接故意犯罪以及无罪过的意外事件区别开来。

第四节 与罪过相关的几个特殊问题

在以往的刑法理论中,与罪过相关的特殊问题主要是指不可抗力事件与意外事件。随着对外国刑法理论研究的深入和有意识的借鉴,期待可能性理论与严格责任理论引起了我国刑法学界广泛的关注与深入的探讨,为此,本节对这两个理论问题也一并纳入并予以介述。

一、不可抗力事件

根据我国《刑法》第 16 条的规定,行为在客观上虽然造成了损害结果,但不是出于故意或者过失,而是由于不能抗拒或者不能预见的原因所引起的,不是犯罪。这是关于不可抗力事件和意外事件的规定。也有刑法学者将二者合称为无罪过事件。①

根据我国《刑法》的上述规定,所谓不可抗力事件,是指行为在客观上虽然造成了损害结果,但不是出于行为人的故意或者过失,而是由于不能抗拒的原因所引起的。不可抗力事件具有三个特征:(1) 行为人的行为客观上造成了损害结果,与人无关的自然灾害等不属于刑法上的不可抗力事件;(2) 行为人主观上没有故意或者过失;(3) 损害结果由不能抗拒的力量所引起。"不能抗拒"包括两层含义:在认识因素上,行为人已经认识到自己的行为可能发生危害社会的结果;在意志因素上,行为人排斥、反对危害结果的发生,但是受主客观条件的限制,行为人不可能排除或防止危害结果的发生。不可抗力的具体来源多种多样,如动物受惊、他人的捆绑、杀害威胁等强力。在不可抗力为他人的强制时,应当注意这种强制是否达到足以使行为人完全

---

① 参见张明楷:《刑法学》(上),法律出版社 1997 年版,第 215 页。

丧失意志自由的程度,如果这种强制不足以使行为人完全丧失意志自由的,不能认定为不可抗力事件。

二、意外事件

根据我国《刑法》第 16 条的规定,所谓意外事件,是指行为在客观上虽然造成了损害结果,但不是出于行为人的故意或者过失,而是由于不能预见的原因所引起的。意外事件也具有三个特征:(1) 行为人的行为客观上造成了损害结果;(2) 行为人主观上没有故意或者过失;(3) 损害结果由不能预见的原因所引起。"不能预见"是指当时行为人对其行为发生损害结果不但没有预见,而且根据其实际能力和当时的具体条件,行为人于行为时也根本无法预见。从认识因素上来讲,行为人没有认识到其行为会发生危害社会的结果;从意志因素上来讲,行为人对危害结果的发生持排斥、反对态度。

不可抗力事件和意外事件的共同之处在于:(1) 行为人都对危害结果的发生持反对态度;(2) 主观上都没有故意或者过失。二者的区别在于认识因素上,不可抗力事件中的行为人已经认识到自己的行为会发生危害社会的结果;而意外事件中的行为人没有认识到自己的行为会发生危害社会的结果。

"不能预见的原因"所致的意外事件,与疏忽大意的过失有相似之处,二者都是行为人对有害结果的发生没有预见,并因此发生了这种结果。但是,它们更有着原则的区别:根据行为人的实际认识能力和当时的情况,意外事件是行为人对损害结果的发生不可能预见、不应当预见而没有预见;疏忽大意的过失则是行为人对行为发生危害结果的可能性能够预见、应当预见,只是由于其疏忽大意的心理而导致了未能实际预见。因此,根据行为人的实际能力和当时的情况,结合法律、职业等的要求来认真考察其有没有预见的原因,对于区分意外事件与疏忽大意的过失犯罪至关重要,这是罪与非罪的原则区分。例如,某汽车司机在雨夜行车,从一塑料布上驶过,轧死了塑料布下的一个精神病人。司机以为塑料布下是附近农民的稻谷,在当时的情况下他不可能预见到有人在雨夜躲在公路上的塑料布下,这就属于意外事件。

不可抗力事件和意外事件之所以不认为是犯罪,是由我国刑法所坚持的主客观相统一的定罪原则所决定的。在这种情况下,虽然行为人在客观上造成了损害结果,但其主观上既不存在犯罪的故意,也不存在犯罪的过失,因而缺乏构成犯罪和负刑事责任的主观根据,不能认定为犯罪和追究刑事责任。如果这时对行为人定罪和追究刑事责任,就是"客观归罪",就有悖于主客观相统一的刑事责任原则的要求。

三、期待可能性问题

期待可能性是德日刑法中的重要理论问题。所谓期待可能性,是指根据具体情况,有可能期待行为人不实施违法行为而实施其他合法行为。期待可能性理论认为,如果不能期待行为人实施其他合法行为,就不能对行为人的行为进行非难,也就不存在刑法上的责任。期待可能性理论源自 1897 年 3 月 23 日德国帝国法院对所谓"癖马案"的判决。该案的基本情况如下:被告人是马夫,从 1895 年起受雇于经营马车出租业的雇主。在受雇期间,被告人驾驭双辔马车,而其中一匹马为绕缰之马,经常用尾巴绕缰绳,并用力压低缰绳。被告人与雇主对该马的缺点都清楚。1896年7月19日,被告人正驾驭之际,该马在某街头,突然用马尾巴绕缰绳并用力下压,被告人虽然想拉缰绳制御该马,但不奏效,马向前飞跑,致行人受伤。检察官对马夫以过失伤害罪提起公诉,但原判法院宣告马夫无罪;检察官不服,提出上诉,案件移至德国帝国法院。该法院驳回了检察官的上诉,理由是:不能期待被告人不顾自己的职业损失、违反雇主的命令而拒绝使用此马,因此,被告人不负过失责任。是否具有期待可能性对于认定行为人主观上是否存在故意或者过失的罪过具有重要的意义。近年来,我国有学者主张将期待可能性理论引入我国刑法学中。我们认为,期待可能性理论对于我国刑法中判断行为人主观上是否具有罪过具有一定的借鉴意义,但应否将其直接引入我国刑法学中尚有待于进一步研究。

四、严格责任问题

在奴隶制和封建制刑法中,都曾存在过不问主观心态的结果责任,由结果责任到过错责任是近代法治进步的重要标志。无犯意则无犯人(non reu nisi mens sit rea)是英国人在确立过错责任原则之后用拉丁语表述的法律格言之一。但是,出于社会公共政策等因素的考虑,过错责任原则不断被突破,首先是在民事责任领域出现了严格责任,这在目前大陆法系、英美法系各国和地区都已非常普遍;英美法系国家则走得更远,将严格责任进一步引入了刑事责任领域,承认严格责任犯罪的存在。具体而言,英美法系刑法上承认严格责任犯罪主要是基于以下三个方面的刑事政策考虑:(1)是保证某些维护公众重大利益的法律得以实施的需要。在实践中,有一些犯罪(如公害犯罪),对公众利益具有很大的危害性,而对这些犯罪来说,要证明其主观上具有犯罪意图(故意或过失)往往是非常困难的,如果把犯罪意图规定为必备的犯罪构成要件,那么绝大多数案件都会因控方无法否认其无犯罪意图的抗辩而逃避处罚,这就会导致这些与公众重大利益密切相关的法律形同虚设而无法实施,这不符合公众利益。(2)是更加有效地预防特定犯罪的需要。鉴于某些犯罪与公众的重大利益紧密相关,法律将其规定为无罪过犯罪,能有效地防止这些犯罪。因为这些犯罪没有任何基于罪过进行无罪辩护的余地,相比规定要求罪过的犯罪的法律而言,这样更能使有关人员恪尽职守,促使其更加注意避免这些犯罪的发生。(3)是节约诉讼资源的需要。这与前述第一点是密切相关的。由于控方查明被告人是否具有犯罪意图以及具有何种具体的犯罪心理非常困难,而裁判法院、地方法院的工作任务十分繁重,因而将这些难以认定犯罪意图的犯罪规定为无罪过犯罪,减轻了控方的证明责任而节约了有限的诉讼资源,有利于提高司法效率。

关于严格责任的概念,也没有一个一致的说法。有人认为严格责任就是无罪过责任,即法律许可对某些缺乏犯罪心态的行为追究刑事责任。① 也有学者认为,严格

---

① 参见储槐植:《美国刑法》(第3版),北京大学出版社2005年版,第61页。

责任是一种不问主观过错的刑事责任。① 我们认为,后一种理解更为准确。严格责任并非是行为人主观上一定没有过错,只是在刑事诉讼中不去具体认定是否存在过错以及属何种过错类型。但无论如何理解,实行严格责任肯定可能出现对无罪过的行为追究刑事责任的情况。2003年1月23日最高人民法院发布了《关于行为人不明知是不满14周岁的幼女,双方自愿发生性关系是否构成强奸罪问题的批复》(已废止),指出:"行为人明知是不满14周岁的幼女而与其发生性关系,不论幼女是否自愿,均应依照刑法第236条第2款的规定,以强奸罪定罪处罚;行为人确实不知对方是不满14周岁的幼女,双方自愿发生性关系,未造成严重后果,情节显著轻微的,不认为是犯罪。"这一司法解释公布后,未在刑法学界引起多大的关注,但却引起了法理学界一些学者的高度重视。有的法理学者撰文对该解释进行了严厉的批评,认为我国《刑法》第236条第2款"奸淫不满14周岁的幼女的,以强奸论"的规定就是严格责任的规定。② 我们认为,对无过错的行为追究民事、行政法律责任在理论上已经没有障碍,但把严格责任引入事关剥夺公民自由等重大法益的刑法领域是违背主客观相统一原则的,有导致客观归罪的危险,也不符合刑法的人权保障机能,应当予以否定。

第五节 犯罪目的和犯罪动机

一、犯罪目的和犯罪动机的概念及二者的关系

人的任何故意实施的行为,都是在一定动机的支配下,去追求一定的目的的。一般地讲,动机是指推动人以其行为去追求某种目的的内在动力或内心起因,目的是在一定动机的推动下希望通过实施某种行为达到某种结果的心理态度。刑法学研究的动机和目的,不是人的一般故意行为的动机和目的,而是作为行为人故意犯罪活动之主观因素的犯罪动机和犯罪目的。

(一) 犯罪目的和犯罪动机的概念

所谓犯罪目的,是指犯罪人希望通过实施犯罪行为达到某种危害社会结果的心理态度,也就是危害结果在犯罪人主观上的表现。例如,某人在实施盗窃行为时,就具有非法占有公私财物的目的;实施故意杀人行为时,就具有非法剥夺他人生命的目的;实施诬告陷害行为时,就具有使受诬陷者受到错误的刑事追究的目的。直接故意犯罪的主观方面包含着犯罪目的的内容。

犯罪直接故意的认识因素,表现为行为人决意实施犯罪行为并且希望通过犯罪行为达到某种危害结果的心理态度。其中,对发生危害结果的希望、追求的心理态度,就是犯罪目的的内容。由于直接故意犯罪主观方面都包含犯罪目的的内容,因而

---

① 参见〔英〕鲁珀特·克罗斯、菲利普·A.琼斯著,理查德·卡德修订:《英国刑法导论》,赵秉志等译,中国人民大学出版社1991年版,第77—78页;〔美〕道格拉斯·N.胡萨克:《刑法哲学》,谢望原等译,中国人民公安大学出版社1994年版,第137页。

② 参见朱苏力:《司法解释、公共政策和最高法院》,载《法学》2003年第8期。

法律对犯罪目的一般不作明文规定,分析这些犯罪的构成要件便可明确其要求的犯罪目的。但是,对某些犯罪,我国《刑法》条文中又特别载明了犯罪目的。如《刑法》第152条规定的走私淫秽物品罪,法律特别载明应"以牟利或者传播为目的";《刑法》第217条规定的侵犯著作权罪,法律特别规定须"以营利为目的";《刑法》第363条规定的制造、复制、出版、贩卖、传播淫秽物品牟利罪,法律特别规定必须"以牟利为目的"。这种规定的意义在于说明,这些犯罪不仅是故意犯罪,而且另外还要求有特定的目的。

所谓犯罪动机,是指刺激犯罪人实施犯罪行为以达到犯罪目的的内心冲动或者内心起因。行为人某种犯罪目的的确定,绝不是无缘无故的,而是始终以一定的犯罪动机作指引的。例如,对直接故意杀人罪来讲,非法剥夺他人生命是其犯罪目的,而促使行为人确定这种犯罪目的的内心起因即犯罪动机,因人因案而异,可以是贪财、奸情、仇恨、报复或者极端的嫉妒心理等。因此,如果不弄清犯罪的动机,就不能真正了解犯罪人为何去追求某种犯罪目的。

(二) 犯罪目的与犯罪动机的联系和区别

犯罪目的与犯罪动机既密切联系,又互相区别。二者的密切联系表现在:(1) 二者都是犯罪人实施犯罪行为过程中存在的主观心理活动,它们的形成和作用都反映行为人的主观恶性程度及行为的社会危害性程度。(2) 犯罪目的以犯罪动机为前提和基础,犯罪目的来源于犯罪动机,犯罪动机促使犯罪目的的形成。(3) 二者有时表现为直接的联系,即它们所反映的需要是一致的,如出于贪利动机实施以非法占有为目的的侵犯财产犯罪即是如此。

另一方面,犯罪目的与犯罪动机又是相互区别、不容混淆的。这主要表现为:(1) 从内容、性质和作用上看,犯罪动机是表明行为人为什么要犯罪的内心起因,比较抽象,是更为内在的发动犯罪的力量,起的是推动犯罪实施的作用;犯罪目的则是实施犯罪行为所追求的客观危害结果在主观上的反映,起的是为犯罪定向、确定目标和侵害程度的引导、指挥作用,它比较具体,已经指向外在的具体犯罪对象和客体。(2) 一种犯罪的犯罪目的相同,而且,除复杂客体犯罪以外,一般是一种罪一个犯罪目的;同种犯罪的动机则往往因人、因具体案情而异,一罪可有不同的犯罪动机。例如,盗窃罪的目的都是希望非法占有公私财物;但从犯罪动机上看,有的犯罪人是出于追求腐化的生活,有的是迫于一时的生活困难,有的是为了偿还赌债,有的甚至是出于报复的心理。(3) 一种犯罪动机可以导致几个或者不同的犯罪目的,例如出于报复的动机,可以导致行为人去追求伤害他人健康、剥夺他人生命或者毁坏他人财产等不同的犯罪目的;一种犯罪目的也可以同时为多种犯罪动机所推动,例如,故意杀人而追求剥夺他人生命的目的,可以是基于仇恨与图财两种犯罪动机的混合作用。(4) 犯罪动机与犯罪目的在一些情况下所反映的需要并不一致,例如实施煽动分裂国家罪,行为人的动机可以出于物质的、经济的需要,而犯罪目的则反映了行为人精神的、政治的需要。(5) 一般地说,二者在定罪量刑中的作用有所不同,犯罪目的的作用偏重于影响定罪,犯罪动机的作用偏重于影响量刑。

(三) 间接故意犯罪中行为人有无犯罪动机和犯罪目的

对于间接故意犯罪中行为人有无犯罪动机和犯罪目的这一问题学术界有不同看法，少数论者持肯定观点，通行的主张则予以否定。我们认为，间接故意犯罪中不存在犯罪目的和犯罪动机，但行为人可能具有其他的犯罪目的。例如，山区村民某甲与某乙有仇而欲杀害乙，乙家门前有条小木桥，桥下是几十米深的山涧。某晚，甲探悉乙离家外出办事，即破坏了小桥，将一块横板做成活板，意欲让乙返家时跌下山涧身亡。甲当时也想到说不定在乙返家前有人会到乙家串门，或乙家其他人晚上可能会外出，因而会过桥而跌下山涧，但因其杀乙心切，不愿放弃这个机会，就放任这种危害结果发生的可能性。后来正巧在乙返家前另一村民丙有急事找乙，踩中活板，坠涧身亡。乙因而幸免死亡。此事中，甲对乙是直接故意杀人未遂，对丙则是间接故意杀人，这种间接故意犯罪本身不存在犯罪目的，但是行为人存在另一犯罪目的，即对杀死乙这种结果的希望和追求。间接故意犯罪中，行为人对他所放任的那个危害结果的发生没有犯罪目的，即不具有对这种结果希望和追求的心理态度。这是由间接故意的放任心理与犯罪目的的希望心理不同所决定的。如前所述，犯罪目的是行为人希望通过实施危害行为达到某种危害结果的心理态度，是危害结果的主观表现，它必然要具有明确的指向即确定的目标，必然要有为了实现这一既定目标的积极追求行为；而间接故意犯罪从主观特征上看是对危害结果可能发生的放任心理，放任危害结果的可能发生。这就意味着行为人主观上认识到危害结果可能发生，也可能不发生，即自己的行为可能有两种结局，这种对两种以上结局的放任即听之任之的心理态度，不具备犯罪目的所需求的行为的鲜明的目标性。在这种放任心理的支配下，行为人也不会以行动去积极追求危害结果的发生。因此，应当说，间接故意犯罪的行为人对其所放任的危害结果的发生，根本不可能存在以希望、追求一定的危害结果发生为特征的犯罪目的。

间接故意犯罪本身也不存在犯罪动机。因为犯罪动机与犯罪目的是密切联系而存在的，行为人基于某种需要而形成犯罪动机，在犯罪动机的指引和推动下又确定犯罪目的，如果说间接故意犯罪具有犯罪动机而不具有犯罪目的，就违背了犯罪动机与犯罪目的的事实上的辩证联系。

二、犯罪目的和犯罪动机的意义

犯罪目的和犯罪动机，对于直接故意犯罪的定罪量刑，具有重要的意义。

(一) 犯罪目的的意义

犯罪目的突出影响直接故意犯罪的定罪问题。这主要表现为两种情况：

第一，在法律标明犯罪目的的犯罪中，特定的犯罪目的是犯罪构成的必备要件。对法律标明犯罪目的的犯罪来说，特定的犯罪目的是这些犯罪构成主观方面的必备要件。其作用或是作为区分罪与非罪的标准，或是作为区分此罪与彼罪的标准。

第二，对法律未标明犯罪目的的直接故意犯罪来说，犯罪目的也是其犯罪直接故意中必然存在的一个重要内容，而且每种直接故意犯罪都有其特定的犯罪目的，因而在剖析具体犯罪构成的主观要件时,明确其犯罪目的的内涵并予以确切查明,无疑对定罪具有重大作用。例如,故意毁坏财物罪是以毁损破坏公私财物为目的,抢劫、盗窃、诈骗、抢夺、敲诈勒索犯罪是以非法占有公私财物为目的。行为人虽有客观上相应的行为,但如果不具有这些特定的目的,就不构成犯罪或者不构成此种犯罪。可见,查清这些直接故意犯罪的犯罪目的,有助于正确区分罪与非罪、此罪与彼罪的界限。

此外,由于犯罪目的影响定罪,而正确定罪是适当量刑的前提,因此可以说犯罪目的对正确适用刑罚也具有一定的作用。

(二) 犯罪动机的意义

犯罪动机对直接故意犯罪的定罪量刑也具有一定的影响。

第一,犯罪动机侧重影响量刑。犯罪动机是犯罪的重要情节之一,根据立法规定和司法经验,量刑要考虑犯罪的各种情节,因此,犯罪动机对于量刑具有重要意义。在法律对犯罪的不同情节规定了不同刑罚的情况下,它作为犯罪的一个重要情节可能影响到不同量刑幅度的选择;在直接故意犯罪的情况下,它作为犯罪的重要情节之一,可能影响到同一量刑幅度内轻重刑罚的选择确定。

第二,犯罪动机对直接故意犯罪的定罪也具有一定的意义。这主要表现在,我国《刑法》总则第13条规定"情节显著轻微危害不大的,不认为是犯罪";《刑法》分则的某些条文,如《刑法》第246条的侮辱罪和诽谤罪、第275条的故意毁坏财物罪、第322条的偷越国(边)境罪、第260条的虐待罪、第248条的虐待被监管人罪等,明确规定以情节是否严重、是否恶劣作为划分罪与非罪的界限,刑法理论上有的称这类犯罪为"情节犯"。这样,在这些"情节犯"中,作为重要犯罪情节之一的犯罪动机,自然在一定程度上,可以成为影响定罪活动中决定犯罪是否能够成立的一个因素。

第六节 认 识 错 误

一、认识错误的概念

刑法学上所说的认识错误,是指行为人对自己行为的刑法性质、后果和有关的事实情况不正确的认识。这种认识错误可能影响罪过的有无与罪过形式,也可能影响行为人实施犯罪的既遂与未遂,从而影响行为人的刑事责任,因而需要认真研究。刑法学上的认识错误可以分为两类:一是行为人在法律上认识的错误;二是行为人在事实上认识的错误。

二、法律认识错误

法律认识错误,即行为人在法律上认识的错误,是指行为人对自己的行为在法律上是否构成犯罪、构成何种犯罪或者应当受到什么样的刑事处罚的不正确的理解。这类认识错误,通常表现为三种情况:

(一) 假想的犯罪

假想的犯罪即行为人的行为依照法律并不构成犯罪,行为人误认为构成了犯罪。例如,行为人把自己的婚外性行为、小偷小摸等一般违法或不道德行为误认为是犯罪,而向司法机关"自首",或者行为人把意外事件、正当防卫、紧急避险行为误认为是犯罪而向司法机关自首。这种情况下,判断和认定行为性质的依据是法律,而不是行为人对法律的错误认识,并不因为行为人的错误认识而使行为本来的非犯罪性质发生变化,因而不能构成犯罪。

(二) 假想的不犯罪

假想的不犯罪即行为在法律上规定为犯罪而行为人却误认为不构成犯罪。例如,行为人以引诱手段与年仅13周岁的幼女发生性关系,误认为只要不实施暴力、胁迫手段就算是通奸,不构成犯罪,却不知道法律确认凡与未满14周岁的幼女发生性关系的,不论手段如何,均构成犯罪。处理所谓"假想的不犯罪"的情况,原则上不能因为行为人对自己行为的法律性质的误解而不追究其应负的刑事责任,以防止犯罪分子借口不知法律而实施犯罪并逃避罪责。但是,如本章第二节所述,在某些特殊情况下,如果行为人确实不了解国家法律的某种禁令,从而也不知道行为具有社会危害性的,就不能让其承担故意犯罪的刑事责任。

(三) 行为人对自己行为的罪名和罪刑轻重的误解

行为人对自己行为的罪名和罪刑轻重的误解即行为人认识到自己的行为已经构成犯罪,但对其行为触犯了刑法规定的何种罪名,应当被处以什么样的刑罚,存在不正确的理解。例如,行为人偷割正在使用中的电话线,依照法律构成破坏通信设备罪,行为人却误以为构成盗窃罪;行为人盗窃了数额巨大的公私财物,本应依照《刑法》第264条在有期徒刑3年以上10年以下判处刑罚,行为人却误以为应在有期徒刑3年以下处罚。在这种情况下,行为人对法律的这种错误认识,并不影响其犯罪的性质和危害程度,应当按照他实际构成的犯罪及其危害程度定罪量刑。

三、事实认识错误

事实认识错误,即行为人在事实上认识的错误,是指行为人对自己行为的事实情况的不正确理解。这类错误是否影响行为人的刑事责任,要区分情况:如果属于对犯罪构成要件的事实情况的错误认识,就要影响行为人的刑事责任;如果属于对犯罪构成要件以外的事实情况的错误认识,则不影响行为人的刑事责任。事实认识错误,通常表现为以下几种情况:

(一) 客体的错误

客体的错误即行为人意图侵犯一种客体,而实际上侵犯了另一种客体。例如,两个着便衣的警察扭获了正在盗窃的甲,出示证件后将甲带往附近派出所。行至途中,被甲的朋友乙、丙、丁三人遇见。三人以为两个警察是与甲打架的公民,上前将两个警察打倒在地,造成轻伤,甲乙丙丁四人逃走。在此案件中,乙丙丁三人意图侵犯的是他人的健康权利,却由于其认识错误,而实际上侵犯了国家机关工作人员正在执行的正常公务活动。对这种客体认识错误的案件,应当按照行为人意图侵犯的客体定罪,上述案件应认定为《刑法》第234条的故意伤害罪。

(二) 对象的错误

第一,具体的犯罪对象不存在,行为人误以为存在而实施犯罪行为,因而致使犯罪未得逞的,应定为犯罪未遂。如行为人误以野兽、牲畜、物品、尸体为人而开枪射杀的,应令其负故意杀人罪未遂的刑事责任。

第二,行为人误以人为兽而实施杀伤行为,误把非不法侵害人认为是不法侵害人而进行防卫,这类情况下显然不是故意犯罪,根据实际情况或是过失犯罪,或是意外事件。

第三,具体目标的错误。如把甲当作乙而加以杀害或伤害。这种对具体目标的错误认识,对行为人的刑事责任不发生任何影响,行为人仍应负故意杀人罪或故意伤害罪的刑事责任,因为甲乙的生命、健康在法律上的价值一样,同样受到法律保护。

(三) 行为实际性质的错误

行为实际性质的错误即行为人对自己行为的实际性质发生了错误的理解。例如,假想防卫,行为人把不存在的侵害行为误认为正在进行的不法侵害行为实行防卫而致人伤、亡,由于行为人不存在犯罪的故意,因而不应以故意犯罪论处,而应根据具体情况,判定为过失犯罪或者意外事件。

(四) 工具的错误

工具的错误如行为人误把白糖、碱面等当作砒霜等毒药去投毒杀人,误用空枪、坏枪、臭弹去射击杀人,从而未能发生致人死亡的结果。在这类情况下,行为人具备犯罪的主客观要件,只是由于对犯罪工具实际效能的误解而致使犯罪行为未发生犯罪既遂时的犯罪结果,应以犯罪未遂追究行为人的刑事责任。

(五) 因果关系的错误

因果关系的错误即行为人对自己所实施的行为和行为所会造成的结果之间的因果关系的实际发展有错误认识。对此应按照主客观相统一的刑事责任原则的要求,分析和解决这种错误认识是否影响行为人的刑事责任。因果关系的认识错误主要包括以下四种情况:

第一,行为人误认为自己的行为已经达到了预期的犯罪结果,事实上并没有发生这种结果。例如,甲欲杀乙,便持棒将乙击昏,以为已致乙死亡而离去,后乙遇救未死。这种情况不影响甲构成故意杀人罪,但属于犯罪未遂。

第二,行为人所追求的结果事实上是由于其他原因造成的,行为人却误认为是自己的行为造成的。例如,甲蓄意杀人,某晚趁乙外出途中,潜在路边树林中开枪击中乙,乙当时倒地昏迷过去,甲看到乙不再动弹,以为已将乙杀死而潜逃。过了一段时间,乙苏醒过来,慢慢地往家里方向爬,爬到公路一拐弯处,一辆卡车超速驶来,司机因疏忽大意,发现爬行的乙时已来不及刹车躲避,汽车从乙身上轧过,致乙死亡。这里司机当然构成了交通肇事罪;甲虽然相信自己的枪杀行为已致乙死亡,却不能认定他构成故意杀人罪的既遂,因为乙死亡结果的发生并不是其枪击行为直接造成的,因而应当让甲负故意杀人未遂的刑事责任。

　　第三,行为人的行为没有按照他预想的方向发展至其预想的目的实现后停止,而是发生了行为人所预见所追求的目标以外的结果。例如,甲想伤害乙,持刀向乙大腿扎了一刀,随即逃走,不料扎中乙的动脉血管,又因当时无人到场抢救,乙因流血过多而死亡。这种情况下,虽然甲的行为发生了致乙死亡的结果,但甲并无杀害乙的故意,因而不能认定甲构成故意杀人罪,而只能让甲负故意伤害致人死亡的刑事责任。

　　第四,行为人实施了甲、乙两个行为,伤害结果是由乙行为造成的,行为人却误认为是由甲行为造成的。例如,行为人意图扼杀被害人,将被害人扼昏后,误以为被害人已死亡。为逃避罪责,遂将被害人抛"尸"河中,或者用绳子套住被害人颈部吊起,制造被害人上吊自杀的假象。殊不知,行为人后行实施的抛"尸"河中的行为或吊起被害人的行为,却淹死或勒死了被害人。这种情况下,行为人主观上存在着杀害被害人的故意,客观上也实施了杀害行为,被害人死亡结果的发生也确实是由其行为直接造成的,因而其错误认识不应影响行为人的刑事责任,行为人仍应负故意杀人既遂的刑事责任。

第九章 正当行为

第一节 正当行为概述

一、正当行为的概念

正当行为,是指客观上造成一定损害结果,形式上符合某些犯罪的客观要件,但实质上既不具备社会危害性,也不具备刑事违法性的行为,例如,正当防卫、紧急避险、依法执行职务、正当冒险行为等。

对于正当行为,现代世界各国刑法基本上都规定不负刑事责任。基于对这类行为的性质理解不同,各国刑法及国内外的学者对其称谓各异。西方刑法理论一般称之为"阻却违法的行为",认为正当行为虽然具备犯罪构成要件的该当性,但刑法经过实质性的价值判断,免除其原有违法性,因此,不负刑事责任。有些学者称之为"排除犯罪的事由",有些学者称之为"排除社会危害性的行为"或"正当行为",名称虽异,其实质相同。正当行为具有如下特征:

第一,形式上具备某种犯罪的客观要件。例如,正当防卫是为了制止正在进行的不法侵害而实施的正当行为,紧急避险是为保全较大合法权益而造成某种合法权益受损害的行为,这些行为均对实施对象造成了一定的损害。这也正是刑事立法规定排除正当行为刑事违法性和刑法理论研究正当行为的原因之一。如果某种行为在形式上与犯罪行为界限分明,毫无相似之处,则刑事立法没有必要规定,刑法理论没有必要研究。

第二,实质上不符合该种犯罪的构成特征,不具备社会危害性,也不具备刑事违法性。正当行为仅仅在客观上造成了一定的损害结果,但并不具备成立犯罪的全部要件。正当行为不具有社会危害性,大多数正当行为对社会有益。正当防卫是为了保护合法利益而对正在进行不法侵害的人造成必要损害,紧急避险是为了保护更大的合法利益而不得已损害较小的合法利益,自救行为是在无法及时得到公力救济的情况下为了保护自身利益而对不法侵害人造成的不超过必要限度的损害,等等。例如,盗窃犯窃取物主的财物后,物主用适当的方法强行夺回财物,这形式上似乎符合抢劫罪的构成,但本质上既没有非法抢劫他人财物的故意,也没有非法抢劫他人财物的行为,因而并未触犯关于抢劫罪的刑法条款,该行为属于自救行为。刑法理论界有学者认为对社会有利无害是正当行为的特征之一,这种观点有以偏概全之嫌。例如,基于权利人自愿的损害行为属于正当行为,但这种行为未必对社会有益。社会危害性是刑事违法性的前提和基础,不具备社会危害性的行为自然不具有刑事违法性。

二、正当行为的种类

关于正当行为,我国刑法仅明文规定正当防卫和紧急避险两种。日本、韩国、意大利、西班牙、瑞士等国家的刑法中,还规定有依照法令的行为、正当业务行为、自救行为等。对于这些行为,我国刑法理论和司法实践中普遍认为它们不具备社会危害性和刑事违法性,属于正当行为。

除正当防卫和紧急避险外,理论上对正当行为外延范围并未达成一致。有学者认为正当行为还包括执行命令的行为、正当业务行为、正当冒险行为、被害人承诺的行为、推定承诺的行为。[①] 另有学者认为正当行为还包括法令行为、正当业务行为、经被害人承诺的行为、基于推定的承诺行为、自救行为、自损行为、义务冲突。[②] 我们认为正当行为主要包括:(1) 正当防卫。(2) 紧急避险。(3) 自救行为。(4) 正当业务行为,具体包括:其一,医疗行为;其二,竞技行为。(5) 履行职务的行为,具体包括:其一,直接依法实施的职务行为;其二,执行命令的职务行为。(6) 基于权利人承诺或自愿的损害,具体包括:其一,权利人明确承诺的损害;其二推定权利人承诺的损害。(7) 法令行为。

三、研究正当行为的意义

研究正当行为,具有重要的理论价值和司法实务意义。

第一,有利于理解犯罪的本质特征,更好地区分罪与非罪的界限。我国的正当行为理论,建立在本质特征与法律特征相统一的犯罪构成理论基础上。西方刑法理论中通常称正当行为为违法性阻却事由,认为该类行为虽具备犯罪构成要件该当性,但刑法经过实质性价值判断,免除其原有违法性,因此,不负刑事责任。西方刑法中的犯罪构成理论与我国犯罪构成理论存在本质的差异,不具有可比性。我国刑法中的正当行为,形式上符合某种犯罪构成的客观要件,但并不具备成立犯罪的全部要件,不具有社会危害性和刑事违法性,故不应也不能认为是犯罪。认清这些行为的本质,无疑有利于犯罪构成理论的深化,有助于司法实践中区分正当行为与相关犯罪行为的界限。

第二,有利于保障公民充分行使法定权利,履行法定义务,促进社会的进步和发展。例如,公务员依法履行职务、执行命令,公民实行自救、自损等行为,都是其依法行使权利或履行义务的行为,明确这些行为不具有社会危害性和刑事违法性,可以保障公民权利的充分行使和义务的有效履行。医疗、竞技等正当业务行为中造成的难以避免的损害,属于人类科技文化发展中付出的正常代价,明确其不具有社会危害性和刑事违法性并予以保护,有利于促进社会的进步和发展。

第三,有利于鼓舞人民群众积极地与各种违法犯罪行为作斗争,培养广大公民顾

---

① 参见高铭暄主编:《刑法学原理》第 2 卷,中国人民大学出版社 1993 年版,第 205—257 页。
② 参见张明楷:《刑法学》(上),法律出版社 1997 年版,第 239—243 页。

全大局的意识。例如,正当防卫是法律赋予公民与正在进行的不法侵害作斗争的积极手段,公民可以运用正当防卫权有效而及时地打击各种违法犯罪行为;紧急避险是法律肯定的公民在合法权益遭受危险时积极采取避险措施减少危害程度的一种可能的选择,它有利于培养广大公民顾全大局的意识。

第二节 正当防卫

一、正当防卫的概念和意义

（一）正当防卫的概念

根据我国《刑法》第20条的规定,正当防卫是指为了使国家、公共利益、本人或者他人的人身、财产和其他权利免受正在进行的不法侵害,而对不法侵害者实施的制止其不法侵害且未明显超过必要限度的行为。

作为一种最重要的正当行为,正当防卫在近现代世界各国刑法立法中大多都有专门规定。但对于正当防卫的性质、特征和适用条件,各国的刑事立法和刑法理论则存在差异。例如,《日本刑法典》第36条规定:"为了防卫自己或者他人的权利,对于急迫的不正当侵害不得已所实施的行为,不处罚。"即强调正当防卫需出于"不得已"而实施。西方自然法学派代表人物、英国启蒙思想家洛克通过例证的方法论证了正当防卫的性质和条件,认为如果有谁盗窃了私有财产,哪怕被盗窃的东西微不足道,依据自然法,也有把小偷置于死地的权利。[①] 即强调了正当防卫是天赋人权之一,且对于正当防卫的强度没有任何限制。

我国刑法中的正当防卫制度则与有些国家的规定有所区别,理解我国刑法中正当防卫的概念应注意把握以下几点:

（1）正当防卫是法律赋予公民的一项权利。任何公民在面对国家、公共利益、本人或者他人的人身、财产和其他权利遭到正在进行的不法侵害时,均有权对不法侵害者采取必要的制止不法侵害的行为。正当防卫作为公民的权利,并非制止不法侵害的最后手段。即使在公民有条件躲避非法侵害或求助于司法机关的情况下,公民仍有权实施正当防卫。换言之,我国刑法中的正当防卫并不仅是一种"不得已"的应急措施,而且是鼓励公民与违法犯罪行为作斗争的一种积极手段。

（2）正当防卫是针对不法侵害实施的正当、合法行为。它不仅不具有社会危害性,反而对社会有益,因而受到国家法律的保护、支持和鼓励。

（3）正当防卫除在特定条件下可以对不法侵害人造成伤亡而不属超过必要限度外,一般情况下对不法侵害者的损害都不能明显超过必要限度。因此,公民在行使正当防卫权时,都必须符合法定的条件,不允许超越必要的限度,不允许滥用防卫权利。

---

① 参见马克昌主编:《近代西方刑法学说史略》,中国检察出版社1996年版,第14—15页。

（二）正当防卫的意义

我国刑法规定正当防卫，具有重要的意义：

（1）有利于及时有效地保障国家的、公共的、公民本人的或他人的合法权益免受正在进行的不法侵害。法律对不法侵害行为规定了各种处罚措施，但都属于事后的处罚。当国家、公共利益和公民个人合法权益受到不法侵害，国家公力救济又难以及时制止时，采用正当防卫制止不法侵害，可以使国家、公共利益和公民个人合法权益得到及时保护。鼓励公民行使正当防卫权利，就可以在不法侵害行为正在进行的时候加以及时制止，因而正当防卫是保障各种合法权益免受不法侵害的最直接、最有效的手段。

（2）有利于有效威慑犯罪分子，从而遏制犯罪行为。法律提倡和保护公民为国家、公共利益及个人合法权益对正在进行不法侵害的人实施正当防卫，必要时可对不法侵害者的人身、财产等利益造成一定的损害，甚至可以致伤或致死不法侵害者。这对潜在犯罪人和不法侵害者都是一种有效的威慑，使其不敢轻举妄动，从而有效地遏制其犯罪欲念，达到预防和减少犯罪的目的。

（3）有利于社会主义精神文明建设。与违法犯罪行为作斗争，人民群众是最基本的力量。我国刑法中的正当防卫制度不仅鼓励公民为本人的利益进行防卫，而且鼓励公民为国家、公共利益及他人合法权益进行防卫。这样可以培养广大公民互助互爱、见义勇为的良好社会道德风尚。

二、正当防卫的条件

公民享有正当防卫权，并不意味着公民可以任意实施防卫。大多数正当防卫是采用损害不法侵害者的利益的方法实施的，法律为防止其滥用，严格规定了正当防卫的成立条件。只有合法的防卫行为，才属正当行为，不负刑事责任。

正当防卫的成立条件就是我国刑法说明某种行为是正当防卫的各种因素的统一。正当防卫成立条件的实质就是确定某种防卫行为没有社会危害性而具有社会有益性的根据。现代世界各国刑法都设置了正当防卫制度，但关于正当防卫成立条件各不一致。我国刑法理论通说认为，正当防卫的条件是主观意图与客观行为的统一。具体而言，我们认为可以从防卫意图、防卫起因、防卫对象、防卫时间、防卫限度等五个方面对正当防卫成立条件予以界定。

（一）防卫意图

我国《刑法》第20条第1款将"为了使国家、公共利益、本人或者他人的人身、财产和其他权利免受正在进行的不法侵害"，规定为公民实行正当防卫的首要前提条件，其中将正当防卫的主观条件即防卫意图置于显要位置。

1. 正当防卫意图的内容

正当防卫意图，是指防卫人对正在进行的不法侵害有明确认识，并希望以防卫手段制止不法侵害，保护合法权益的心理状态。它包括防卫认识和防卫目的两方面的内容。

（1）防卫认识。即防卫人对正在进行的不法侵害的认识，它包括对不法侵害的诸多事实因素的认识，其基本内容应当有：其一，明确认识侵害合法权益的不法行为的存在；其二，明确认识不法侵害正在进行；其三，明确认识不法侵害者；第四，明确认识不法侵害的紧迫性，且能够以防卫手段加以制止。此外，还应基本认识到防卫行为所需要的手段、强度及可能造成的必要损害后果。

（2）防卫目的。即防卫人以防卫手段制止不法侵害，以保护合法权益的心理愿望。凡正当的防卫意图都必须以保护合法权益、制止不法侵害为目的。防卫目的是确定防卫意图的关键。正当防卫的目的包括两个层次：第一层次是制止不法侵害；第二层次是通过制止不法侵害，保护合法权益。

2. 不具备正当防卫意图的几种情况

正当防卫意图作为正当防卫的主观要件，对于正当防卫的成立具有十分重要的意义。某些行为，从形式上看似乎符合正当防卫的客观要件，但由于其主观上不具备正当的防卫意图，因而不能认定为正当防卫。这类行为有如下几种：

（1）防卫挑拨。防卫挑拨又称挑拨防卫，指行为人出于侵害目的，以故意挑衅、引诱等方法促使对方进行不法侵害，尔后借口防卫加害对方的行为。从形式上看，这种"防卫"行为可能完全符合正当防卫的客观条件，但因不法侵害由挑拨者故意诱发，挑拨者主观上不仅不具备正当的防卫意图，反而是出于侵害意图，因此，其所谓的防卫实质上是有预谋的不法侵害行为。故意挑拨的语言行动、事先预谋的不法侵害，是挑拨防卫的基本特征。对防卫挑拨要予以依法惩处，构成犯罪的要追究其刑事责任。

（2）相互的非法侵害行为。指双方都出于侵害对方的非法意图而发生的互相侵害行为，如相互殴斗行为。在相互的非法侵害行为中，双方都有侵害对方的非法意图和非法损害对方利益的行为及相应结果，因而根本上不存在正当防卫的前提条件。尽管侵害行为在时间上可能有先后之序，侵害结果在程度上可能有轻重之分，但双方行为都不存在构成正当防卫的前提，双方都应当就自己的非法侵害行为承担法律责任。需要指出的是，如果非法侵害的一方已经放弃侵害，例如，宣布不再斗殴或认输、求饶、逃跑，而非法侵害的另一方仍穷追不舍，继续加害，则已经放弃侵害的一方就具备了进行正当防卫的前提条件，他可以为制止对方的进一步加害而采取必要的反击措施。这种情形下的反击可以成立正当防卫。

（3）为保护非法利益而实施的防卫。这类行为明显缺乏防卫意图的正当性，不能成立正当防卫。例如，在他人抢劫自己盗窃所得的赃款时，以防卫手段保护自己盗窃所得的赃款。因为其所保护的利益不属于公民的合法权益，所以不具备正当防卫的主观要件。当为保护非法利益而实施的防卫行为被确定时，对侵害者和防卫者要分别追究其法律责任，构成犯罪的分别定罪量刑。

（二）防卫起因

正当防卫的起因条件，是指必须有不法侵害的实际发生和客观存在。如果不存在不法侵害，正当防卫就无从谈起。认定正当防卫的起因条件应注意以下三个方面：

（1）必须有不法侵害存在。即排除了对任何合法行为进行正当防卫的可能性。

不法侵害必须是危害社会的行为,对于没有社会危害性的合法行为,即使从当事人的立场看具有某种侵害性也不允许当事人实行正当防卫。例如,公民依据我国《刑事诉讼法》第82条的规定扭送"正在实行犯罪或者在犯罪后即时被发觉的"犯罪嫌疑人,被扭送的犯罪嫌疑人不能借口防卫而对该公民施行暴力伤害或威胁;执法人员依法拘捕犯罪嫌疑人或依法搜查住宅、扣押有关物品,被拘捕者、被搜查者、物品所有者或第三人不得借口其人身或财产受到"侵害"而进行防卫;正当防卫、紧急避险都是合法行为,正当防卫中遭到反击的不法侵害者或紧急避险中受到损害的一方,不能借口保护自身利益而对正当防卫者、紧急避险者再进行防卫。

(2) 不法侵害必须是违法行为。违法性是法律对达到一定程度的危害社会行为所作的主客观综合评价。对于不法侵害是否仅限于犯罪行为,曾在我国刑法学界引起过争议。目前的通说认为,正当防卫要求的只是不法侵害存在,并没有将其起因条件局限于犯罪行为。不法侵害的外延要比犯罪宽泛得多。只要是不法侵害行为,并不要求它已经达到或者将要达到犯罪程度,防卫人都可以依法对不法侵害人实行正当防卫。这是因为:不法侵害在刚刚着手进行时或者具体实施过程中,往往很难断定它是否已达到犯罪程度,而当不法侵害的性质能够明显地界定为违法或犯罪时,不法侵害结果又大都已经出现,正当防卫已无现实意义和实际价值。违法和犯罪之间并无不可逾越的鸿沟,如果不允许公民对尚未达到犯罪程度的不法侵害进行正当防卫,无异于是对不法侵害的纵容,并致使防卫权利的行使受到不当限制,正当防卫制度形同虚设。

(3) 不法侵害的存在具有现实性。即不法侵害须客观真实地存在,而不是行为人所臆想或推测的。如果行为人反击了主观臆测的"正在进行的不法侵害"的人,那他的行为就是假想防卫。假想防卫具有三个基本特征:其一,行为人主观存在防卫意图,以为自己是对不法侵害人实行正当防卫。其二,行为人的行为客观上损害了未实施不法侵害的人的人身权利和其他权利,具有社会危害性。其三,行为人基于认识错误而产生防卫意图。假想防卫是由于行为人对事实认识的错误而发生的,因此,应依事实认识错误的处理原则来解决其法律责任问题,即如果行为人应当预见到对方行为可能不是不法侵害,那么他在主观上有过失,应对其假想防卫所造成的损害负过失犯罪的责任;如果行为人在当时情况下不能预见到对方行为不是不法侵害,那么他在主观上无罪过,其假想防卫造成的损害属于意外事件,不负刑事责任。

(三) 防卫对象

正当防卫的对象是解决防卫人应当对什么人实施反击的问题。由于不法侵害是通过人的身体外部动作进行的,制止不法侵害就是要制止不法侵害人的行为能力。正当防卫的对象只能是不法侵害人。其理由如下:(1) 正当防卫的目的是及时有效地制止正在进行的不法侵害,而达到这一目的的最直接途径,大多数情况下就是对不法侵害人的人身、财产等权益造成必要的损害。(2) 不法侵害人行为的非法性,是法律上允许防卫人对其权益进行某种反击的根据。因此,即使对第三者权益的反击有可能制止不法侵害行为,也不能对不法侵害者以外的第三者实施防卫。

我国《刑法》规定,不满14周岁的人不负刑事责任;已满14周岁不满16周岁的人除实施少数几种特定犯罪外,不负刑事责任;因患精神病不具备辨认能力或控制能力的人不负刑事责任。对于实施侵害行为的未达到刑事责任年龄的未成年人或无责任能力的精神病人,能否进行正当防卫?刑法学界意见不尽一致。否定论者认为,不法侵害人除其行为在客观上危害社会、违反法律外,还必须具备责任能力和主观罪过。换言之,精神病人和未成年人的侵害行为不属于不法侵害,对其一般不能进行正当防卫。肯定论者认为,不法侵害中的违法不包括行为人主观方面及其责任能力的内容,只要行为人的行为对法律所保护的权益有现实的危害性,就属于不法侵害,防卫人就有权对其进行正当防卫。即精神病人和未成年人的不法侵害,与有责任能力人的不法侵害并无本质区别,对之都可以进行正当防卫。我们认为:(1)从原则上讲,对无责任能力人的侵害行为是可以实行正当防卫的。因为,无责任能力者的侵害行为,客观上也是危害社会的行为,广义上属于不法侵害,因此,不能完全将其排除在正当防卫的对象之外。(2)对于无责任能力人的侵害行为实行正当防卫,需要加以一定的限制。从刑法精神来讲,无责任能力人的侵害行为明显不能等同于有责任能力人的故意侵害;从社会道义来讲,应当尽一切努力避免对精神病人、未成年人造成不应有的身体或精神的损害。因此,在遇到无责任能力人的侵害时,如果明知侵害者是无责任能力的人并有条件用躲避等其他方法避免侵害时,则不得实行正当防卫;如果不知道侵害者是无责任能力人,或者不能用躲避等其他方法避免侵害时,才可以实行正当防卫。

对动物的侵袭是否可以实施反击,反击动物侵袭的行为属于什么性质?对此问题,学界存在争议。我们认为,对动物的侵袭要做具体分析,不能一概而论。受到他人豢养的或野生的动物侵袭,无疑可以进行反击,但自然状态下的动物侵袭不属于不法侵害,因而受害人的反击也无法归属于正当防卫。但是,如果有人利用动物来达到侵害他人的目的,如驱使狂犬撕咬他人,则防卫人打击动物的行为属于正当防卫。

(四)防卫时间

正当防卫的时间条件,是指可以实施正当防卫的时间。通说认为,不法侵害正处于已经开始并且尚未结束的进行阶段,是允许实施正当防卫的时间。我国《刑法》第20条第1款以"正在进行的不法侵害"的规范表述对正当防卫的时间作出了严格限制,与规定正当防卫的立法目的有关。规定正当防卫是为了防止不法侵害,防止合法利益受到损害。当侵害行为尚未开始,尚未危及合法利益时,没有必要实施正当防卫;当侵害行为已经结束,危害结果已经发生时,正当防卫毫无意义。对侵害的事先预防和事后处罚,法律规定了其他措施。

什么是不法侵害已经开始?一般说来,可以理解为侵害人已经着手直接实行侵害行为。例如,杀人犯持刀向受害人砍去,强奸犯对妇女施以暴力或暴力威胁,殴打他人者对受害人举拳打击等,不法侵害就已经开始。但是,实践中的具体案件十分复杂,需要具体问题具体分析。某些情况下,虽然不法侵害尚未着手实行,但合法权益已直接面临侵害的危险,不实行正当防卫就可能丧失防卫的时机。在这种情况下,实行正当防卫也应当说是适宜的。换言之,当不法侵害尚未实施,但不法侵害者的行为已经对合法权益形成现实的紧迫性危害,即不法侵害转入实施阶段后防卫者即刻丧失有效防卫可能性的条件下,应当认为防卫行为符合正当防卫的时间条件。

不法侵害尚未结束,是指不法侵害行为或其导致的危害状态尚在继续中,防卫人可以用防卫手段予以制止或排除。具体而言,不法侵害的尚未结束,可以是不法侵害行为本身正在进行中,例如纵火犯正在向房屋泼洒汽油并着手实施点燃目标物的行为;也可以是行为已经结束而其导致的危险状态尚在继续中,例如抢劫罪犯已打昏物主抢得某种财物,但他尚未离开现场。在上述两种情况下,防卫人的防卫行为均可有效地制止不法侵害行为,或排除不法侵害行为所导致的危险状态。有些情况下,虽然不法侵害所导致的危险状态尚在继续中,但正当防卫行为并不能将其排除,则应视为不法侵害已经结束。例如,纵火犯向目标物纵火后逃跑,已经造成了危及公共安全的危险状态,就无法通过杀死或伤害纵火犯的防卫手段来排除,对之采取正当防卫也就失去了适时性。

在刑法理论上,不符合正当防卫时间条件的防卫行为,被称为防卫不适时。防卫不适时与正当防卫存在本质的区别,应分别不同的情况依法论处。根据发生的时间阶段,防卫不适时分为两种形式:

(1)事先防卫。即在不法侵害尚处于预备阶段或犯意表示阶段,对于合法权益的威胁并未达到现实状态时,就对其采取某种损害权益的行为。在事先防卫的情况下,不法侵害人是否实施某种侵害还处于或然状态,因而事先防卫实际上是一种"先下手为强"的非法侵害。如果事先防卫的社会危害性达到犯罪程度,应当追究刑事责任。

(2)事后防卫。即在不法侵害已经结束的情况下,对侵害人采取损害其某种权益的行为。在事后防卫的情况下,不法侵害已经结束,侵害行为或其导致的危险状态已经不能通过防卫行为予以制止或排除,已经不存在正当防卫的时机条件。从司法实践中看,不法侵害的结束一般有下列四种情况:一是侵害者自动中止不法侵害行为;二是不法侵害者已经被制服;三是不法侵害者已经丧失侵害能力;四是侵害行为已经实施完毕、危害结果已经发生,无法挽回。事后防卫实际上多为报复性的侵害,但也不排除防卫人出于认识错误实施防卫的可能性。例如,不法侵害人在杀人过程中突发恻隐中止犯罪,但受害人误以为对方暂时停止了犯罪,趁其不备予以反击,致其重伤。对于报复性的事后防卫,构成犯罪的应以故意犯罪论处;对于基于认识错误的事后防卫,则应按照处理认识错误的原则,根据防卫人主观上是否有过失,分别按照过失犯罪或意外事件处理。

(五)防卫限度

正当防卫的限度条件,是指正当防卫不能明显超过必要限度且对不法侵害人造成重大损害。是否明显超过必要限度并造成重大损害,是区别防卫的合法与非法、正当与过当的标志。

如何理解正当防卫的必要限度?我国刑法并未规定具体的判断标准,正当防卫的必要限度是刑法理论应予解决的问题。对此,在我国刑法学界主要存在三种观点:

（1）必需说。认为只要防卫措施是制止不法侵害所必需的,即使防卫行为在强度、后果等方面超过不法侵害方可能造成的损害,也不能认为是超过了必要限度。（2）基本相适应说。认为判断正当防卫是否超过必要限度,应将防卫行为与不法侵害行为在方式、强度和后果等方面加以比较,分析判断彼此是否相适应；彼此基本相适应的,即应判断为没有超过必要限度,否则,即应视为超过必要限度。（3）相当说。认为必要限度原则上应以制止不法侵害所必需为标准,同时要求防卫行为与不法侵害行为在手段、强度、后果等方面,不存在过于悬殊的差异。比较而言,基本相适应说提出了必要限度的具体特征,既承认相适应不是绝对等同,而是可以超过,又强调不能超过太多,反差太大,因而既有利于保障公民正当防卫权的行使,又有利于防止防卫者滥用权利,但它仅从防卫行为和侵害行为双方的性质、强度等客观特征上加以权衡,忽视防卫者的主观目的,仅仅要求以牙还牙的"同态防卫"。必需说从防卫目的的正当性出发,抓住了理解必要限度的关键,但这种观点过分强调了必需,而完全忽视了防卫与侵害在客观上的相当性,没有对防卫者设定必要的约束。

相当说,实际上是必需说和基本相适应说的折中,是正当防卫必要限度的原则界限与具体判断标准的有机结合,它既抓住了理解必要限度的本质、关键的特征,有利于鼓励公民实行正当防卫,又提出了对防卫人的必要约束,有利于保障正当防卫的正确行使。因而相当说是合理可行的。根据相当说,防卫行为只要为制止不法侵害所必需,防卫行为的性质、手段、强度及造成的损害未明显超过不法侵害的性质、手段、强度及已经造成或可能造成的损害,或者防卫行为造成的损害明显超过不法侵害,但并未实际造成重大损害的,均属于正当防卫的范围,而不能认定为防卫过当。

需要指出,鉴于严重危及人身安全的暴力犯罪的严重社会危害性及其对被害人的潜在性严重危害后果,我国《刑法》第20条第3款规定："对于正在进行行凶、杀人、抢劫、强奸、绑架以及其他严重危及人身安全的暴力犯罪,采取防卫行为,造成不法侵害人伤亡的,不属于防卫过当,不负刑事责任。"对此规定,有学者称之为无限制防卫,有学者称之为特殊防卫,还有学者称之为无过当防卫。我们认为,称之为特殊防卫较妥。这一规定是针对以往司法实践中将那些为制止正在进行行凶、杀人、抢劫、强奸、绑架以及其他严重危及人身安全的暴力犯罪而造成不法侵害人伤亡按防卫过当处理的情况作出的。据此规定,对正在进行的严重危及人身安全的暴力犯罪实行正当防卫,不存在过当情形。换言之,我国《刑法》第20条第3款关于特殊防卫的规定,是对正当防卫的基本条件尤其是必要限度条件的特别提示性规定。特殊防卫的成立,依然应当依据正当防卫成立的基本条件,并结合特殊防卫成立的附加条件予以综合判定。这意味着特殊防卫权的行使,实际上仍然是有严格的法律限制的。

三、防卫过当及其刑事责任

（一）防卫过当的概念

根据我国《刑法》第20条的规定,防卫过当是指防卫明显超过必要限度造成重大损害应当负刑事责任的行为。防卫过当与正当防卫是两个既有本质区别又有密切联系的概念。首先,防卫过当是在主观罪过支配下实施的具有客观危害性的行为。从总体上说它是一种非法侵害行为,这是它区别于正当防卫的本质特征,也是刑法规定防卫过当应当负刑事责任的根据。其次,防卫过当与正当防卫一样,都具有行为的防卫性,这是它们密切联系之所在。要成立防卫过当,也必须是在不法侵害正在进行,为了制止不法侵害保护合法权益,针对不法侵害人的前提下实施的。只是因为防卫明显超过必要限度造成了重大的损害,才使防卫由正当变为过当,合法变为非法。简言之,防卫过当是符合防卫意图、防卫起因、防卫对象、防卫时间条件,但不符合防卫限度条件的行为。防卫过当是以正当性为前提的失当行为。正基于此,我国刑法规定对防卫过当行为应当减轻或者免除处罚。

(二) 防卫过当的罪过形式

追究防卫过当的刑事责任,首先要确定防卫过当的罪过形式,即行为人对防卫过当的主观心理态度。关于防卫过当的罪过形式,刑法理论界众说纷纭,莫衷一是。主要存在以下不同观点:(1) 全面过失说,认为防卫过当的罪过形式只能是过失(包括疏忽大意的过失与过于自信的过失)。(2) 疏忽大意过失说,认为防卫过当的罪过形式只能是疏忽大意的过失。(3) 排除直接故意说,认为防卫过当的罪过形式只能是间接故意或过失,而不可能是直接故意。(4) 排除过失说,认为防卫过当的罪过形式都只能是故意,而不可能是过失。(5) 故意与过失说,认为防卫过当的罪过形式既可以是故意(包括直接故意和间接故意),也可以是过失(包括疏忽大意的过失和过于自信的过失)。

我们支持排除直接故意说,认为在防卫过当的场合,行为人对于其过当行为及其结果,主观上不可能出于直接故意,因为正当防卫目的和犯罪目的,不可能同时存在于一个主观意识支配外在行为的过程之中。疏忽大意的过失、过于自信的过失以及间接故意,都是没有犯罪目的的罪过形式,与防卫过当需要具备的目的的正当性不矛盾,因而都可以成为防卫过当的罪过形式。

(三) 防卫过当的刑事责任

防卫过当的刑事责任包括两方面的内容:一是防卫过当的定罪;一是防卫过当的量刑。

我国《刑法》第20条第2款的规定,即"正当防卫明显超过必要限度造成重大损失的,应当负刑事责任,但是应当减轻或者免除处罚",表明防卫过当是犯罪行为,应当依据该犯罪行为具体触犯的分则规范或者所符合的具体罪名承担相应的刑事责任,但是应当减轻或者免除处罚。所以,防卫过当本身不是罪名,不能将防卫过当行为笼统地定为"防卫过当罪"。对防卫过当应根据防卫人主观上的罪过形式及客观上造成的具体危害结果来确定罪名。例如,过失致人死亡罪、过失致人重伤罪、故意杀人罪、故意伤害罪、故意毁坏财物罪等。但也有学者主张,应当在罪名前冠以防卫过当加以限制,如"防卫过当故意杀人罪""防卫过当过失致人死亡罪"等,以示区别于一般犯罪。我们认为,这样限定的合法性和必要性依据并不存在或不充足,也违背罪名确定的唯一性准则和罪名适用的统一性要求。在具体的司法操作过程中,裁判文书在依据《刑法》分则将这类案件判定为过失致人死亡罪、过失致人重伤罪等罪名的同时,必须引用《刑法》总则关于防卫过当的规定说明裁判理由,故其防卫性质是不会被忽视的。

对于防卫过当的量刑,我国《刑法》规定"应当减轻或者免除处罚"。这一刑罚减免事由是基于防卫过当的社会危害性较通常犯罪的社会危害性要小。至于在何种情况下减轻处罚(包括减轻处罚的程度),在何种情况下免除处罚,应当综合考虑如下因素:

(1) 过当程度。防卫过当造成的重大损害后果与必要限度的差距,决定过当的程度。轻微过当,则罪行轻微,处罚亦应轻微;严重过当,则罪行严重,处罚相对较重。

(2) 权益性质。为保护重大权益而防卫过当,较之为了保护较小权益而防卫过当,前者的处罚应当更轻。

(3) 防卫目的。为保护国家、公共利益、他人合法利益,见义勇为而防卫过当的,较之为保护自己合法利益而防卫过当的,对前者的处罚应更轻。

(4) 罪过形式。疏忽大意的过失、过于自信的过失、间接故意,从前到后,减轻处罚的幅度与可能性应当是依次递减的。

第三节 紧急避险

一、紧急避险的概念和意义

(一) 紧急避险的概念

根据我国《刑法》第21条的规定,紧急避险是指为了使国家、公共利益、本人或者他人的人身、财产和其他权利免受正在发生的危险,不得已而采取的损害另一较小合法权益的行为。

紧急避险与正当防卫一样,也是我国刑法明文规定的正当行为之一。在现代世界各国刑法中,普遍对紧急避险作出了明确的规定。但对于紧急避险的本质和特点,不同的刑法理论有着不同的解释。自然法学派认为,紧急避险是自然法赋予的权利,人为法不能剥夺,只能放任。因此,对紧急避险不处罚。功利法学派认为,紧急避险是冲突法益不能两全时的客观上不得已措施,不存在谴责行为人的根据,不应处罚。自由意志论者认为,面对突如其来的危险,行为人往往丧失意志自由,其行为与无责任能力人行为性质相同。

我们认为,紧急避险的本质在于,当两个合法权益相冲突,又只能保全其中之一的紧急状态下,法律允许为了保全较大的权益而损害较小的权益。虽然造成了较小的权益的损害,但从整体上说,它是有益社会的行为,不仅不应承担刑事责任,而且应当受到国家法律的保护、鼓励和支持。

(二) 紧急避险的意义

刑法规定紧急避险不负刑事责任,使国家、公共利益和公民在合法权益遇到危险时可以紧急避险,具有重要的意义:

(1) 有利于鼓励公民在必要的情况下,通过损害较小合法权益的手段,来保全较大的合法权益,尽一切可能减少自然灾害、不法侵害等危险带给社会的损害。

(2) 有利于培养广大公民顾全大局、互助友爱的观念。它鼓励和支持公民树立维护公共利益、整体利益的观念,使人们在与自然灾害、不法侵害等危险的斗争中,培养集体主义精神,提高思想境界。

二、紧急避险的条件

由于紧急避险是以损害某种合法权益的方法来保护另一种合法权益,为避免滥用紧急避险,法律规定了紧急避险的合法条件。只有符合法定的条件,紧急避险才有益于社会,并为刑法规范所许可。

(一) 避险意图

紧急避险的主观条件即行为人必须有正当的避险意图,它决定着紧急避险的无罪过性,因而对紧急避险的成立有着重要意义。正当避险意图,是指避险人对正在发生的危险有明确的认识,并希望以避险手段保护较大合法权益的心理状态。避险意图中包含有避险认识和避险目的两部分内容。

(1) 避险认识。主要是对正在发生的危险的认识,应当包括:第一,认识到正在发生的危险的存在;第二,认识到这种危险只能以紧急避险的方法来排除;第三,认识到损害另一较小的合法权益可以达到避险效果。另外,避险人对自己避险行为的手段、强度、可能造成的后果等亦应有基本认识。

(2) 避险目的。即行为人实施避险行为所希望达到的结果。根据我国《刑法》的规定,行为人只能出于避免国家、公共利益、本人或他人的人身、财产或其他权利遭受正在发生的危险的正当目的,才能进行紧急避险,不能为了保护某种非法利益而实施所谓的紧急避险。

(二) 避险起因

只有合法权益遭受损害危险时,才可以实施紧急避险。所谓危险,是指某种有可能立即对合法权益造成危害的紧迫事实状态。危险的主要来源有四种:

(1) 自然的力量。即由自然灾害造成的危险。如火灾、地震、山崩、海啸、水祸、风暴、塌方、泥石流等等。凡是可以危及合法权益的自然灾害,都是可能引起紧急避险的危险。

(2) 动物的侵袭。动物的侵袭也可能对人身、财产安全构成威胁。如恶狗咬人、野兽冲撞、毒蛇袭击等等。如果杀伤的是一般的无主的动物,不构成紧急避险;只有杀伤属于特定人(国家、集体、个人)的动物时,才可能构成紧急避险。

(3) 非法侵害行为。有责任能力者的违法犯罪行为,以及无责任能力者的危害社会行为,都会使某种合法权益处于危险状态,在不得已情况下,都可以采取紧急避险。

(4) 人的生理、病理过程。即因生理、病理需要不能满足而威胁人的生命的危险。例如,饥渴难忍的旅行者,在物主不在的情况下私取路边房屋中的饮食;为了抢救重伤员,强行阻拦过往汽车送往医院。前者不能算盗窃,后者不能算抢劫,都属紧急避险。

危险必须是客观现实的存在,而不是假想的、推测的存在。如果实际上并不存在危险,行为人却由于对事实的认识错误,误认为危险存在,因而实行了所谓的紧急避险,刑法理论上称之为假想避险。假想避险不是紧急避险,因假想避险而对他人的合法权益造成损害的,应根据处理事实认识错误的原则,决定是否应负刑事责任。

（三）避险时间

紧急避险的时间条件,是危险正在发生或迫在眉睫,对合法权益形成了紧迫的、直接的危险。危险正在发生,是指已经发生的危险将立即损害合法权益,或正在造成合法权益损害而尚未结束。紧急避险只能在危险已经出现而又尚未结束的时间条件下进行,否则就不是紧急避险。危险的出现,是指由于某种事实的发生,合法权益直接面临迫在眉睫的危险。如果危险还处于潜在状态,其是否出现还存在或然性,公民可以采取某些防范措施,则法律不允许实施紧急避险。危险尚未结束,是指危险出现后即将或者正在造成危害,此时若不实行紧急避险,合法权益必将遭受危害或遭受进一步的损害。危险一旦结束,紧急避险也就失去了其合法存在的时间条件,因为此时损害已经造成,实行紧急避险已不能保全合法权益,不实行紧急避险也不会使合法权益再遭受损害或遭受进一步的损害。

行为人在危险尚未出现或者已经结束的情况下实施所谓避险,刑法理论上称为避险不适时。避险不适时不是紧急避险,行为人因此而对合法权益造成损害,达到犯罪程度的,应当负相应的刑事责任。

（四）避险对象

紧急避险针对的是第三者的合法权益。紧急避险的本质特征,就是为了保全一个较大的合法权益,而将其面临的危险转嫁给另一个较小的合法权益,即以损害某一较小合法权益保全另一较大合法权益。因而,紧急避险行为所指向的对象,不是危险的来源,而是第三者的合法权益。如果行为人的行为是对危险的直接对抗,那么该行为就不是紧急避险。例如,行为人通过损害不法侵害者的人身权利或财产权利,来排除遭受不法侵害的危险,其行为就不是紧急避险而是正当防卫。

应该指出,并非任何第三者的合法权益,都可以作为紧急避险的对象。作为紧急避险的第三者的合法权益,必须比所保全的合法权益次要,而且损害次要的合法权益确实可以换来较大权益的安全。否则,对第三者合法权益的损害便会成为毫无价值的行为,从而违背法律规定紧急避险制度的初衷。损害第三者的合法权益,主要指财产权、住宅不可侵犯权等,不包括第三人的生命权和健康权。一般情况下,不允许用损害他人生命和健康的方法保护另一种合法权益。

（五）避险限度

紧急避险不能超过必要的限度,造成不应有的损害。这是紧急避险的限度条件。什么是紧急避险的必要限度？我国《刑法》对此没有明确的规定。但是刑法理论界和司法实务界对紧急避险的必要限度的认识是一致的,那就是:紧急避险造成的损害必须小于所避免的损害。换言之,为了保护一个合法权益而损害的另一合法权益,既不能等于、更不能大于所保护的权益。例如,不能为了保护一个人的健康权利,而去损害第三者的健康权利甚至生命权利;也不能为了保护某人的财产利益,而去损害他人的或者国家的、公共的同等价值或者更大价值的财产利益。

如何衡量两个合法权益的大小?一般而言,权衡合法权益大小的基本标准是:人身权利大于财产权利;人身权利中的生命权为最高权利;财产权利的大小可以用财产的价值大小来衡量。但这并非绝对性的准则。如为保护个人生命致使近百人身受重伤,便很难认为还在紧急避险的必要限度之内。在处理具体案件时,应具体情况具体分析,作出切合实际的判断。

(六) 避险限制

紧急避险只能在不得已的情况下才能实施,这是紧急避险的客观限制条件。紧急避险从总体上来说是有益于社会的行为,因为它保全了较大的合法权益。但它从局部上来说也存在令人遗憾的消极方面,那就是它不可避免地要给无辜的第三者造成合法权益的损害。因此,刑法对紧急避险规定了特别的严格限制条件——只能在迫不得已的情况下实施。就是说,只有在行为人没有任何其他方法排除危险的情况下,才允许选择损害第三者合法权益的方法。如果当时尚有其他方法可以避险,例如有条件逃避、报警求援、寻求他人帮助或者直接对抗危险、进行正当防卫等,行为人却不采取,而给无辜的第三者造成了不必要的损害,则其行为不能成立紧急避险,构成犯罪的应承担相应的刑事责任。

刑法规定紧急避险"不得已"这一限制条件,是基于紧急避险的立法精神,旨在牺牲较小的合法利益而保全更大的合法利益,在合法利益可以两全的情况下损害较小合法利益,对社会不但无益反而有害。当然,在考察行为人是否迫不得已时,一定要实事求是地分析危险发生时的客观情况(包括环境、时间、危险的紧迫程度等),结合行为人的自身生理和心理状况(包括年龄、经验、性格、主观认知能力等),予以合理认定。

(七) 避险禁止

根据我国《刑法》第21条第3款的规定,紧急避险中"关于避免本人危险的规定,不适用于职务上、业务上负有特定责任的人"。这是紧急避险的禁止条件。所谓在职务上、业务上负有特定责任,是指某些人依法担任的职务或所从事的业务本身,要求他们在特定的危险环境或状态下坚守职责、履行义务。例如,军人就必须服从命令参加战斗,面对战死沙场的危险;消防队员就必须奋勇扑火,面对烧伤的危险;医生、护士在治疗疾病时,必须面对病菌感染的危险,等等。法律不允许职务上、业务上负有特定责任的人对个人面临的危险实行紧急避险,或者说《刑法》第21条第3款的规定的确切含义是指:职务上、业务上负有特定责任的人,不能为避免本人所面临的危险而不履行排险职责或义务。具体而言,在国家、公共利益、他人的人身、财产和其他权利遭受危险侵害时,职务上、业务上负有特定责任的人可以实施紧急避险;在本人的人身、财产和其他权利遭受危险侵害时,只要避险行为与所承担的特定责任不相冲突,职务上、业务上负有特定责任的人也可以实施紧急避险。因而,理论界有学者将《刑法》第21条第3款的规定,笼统解释为"紧急避险的主体限制条件——必须是职务上、业务上不负有特定责任的人",是明显失当的,是对避险禁止条件的实质内容的错误解读。通俗地讲,法律的这一禁止性规定并不意味着负有特定职责的人一概不能避险。在排险过程中,负有特定职责的人为避免本人危险也可以采取一定的避险措施。

上述七个条件,是紧急避险成立的必备要件,缺一不可。

三、避险过当及其刑事责任

我国《刑法》第21条第2款规定:"紧急避险超过必要限度造成不应有的损害的,应当负刑事责任,但是应当减轻或者免除处罚。"据此,避险过当,是指避险行为超过必要限度造成不应有的损害的行为。紧急避险的意义在于损害较小的合法权益以保护较大的合法权益。如果避险人实际损害了较大的或者价值相等的利益,造成了不必要的损害,避险便失去了意义。所以,我国《刑法》明确规定,避险过当应当负刑事责任。

避险过当具备避险性与过当性的双重属性。构成避险过当,必须具备主客观两方面的要件:其一,行为人在主观上对避险过当行为具有罪过。一般说来,避险过当的罪过形式通常是疏忽大意的过失,即行为人应当预见到自己的避险行为所损害的权益可能等于或者大于所保全的权益,因为疏忽大意而没有预见,以致超过必要限度造成了不应有的损害。少数情况下,避险过当的罪过形式也可能是间接故意或过于自信的过失。其二,行为人在客观上实施了超过必要限度的避险行为,造成了合法权益的不应有的损害。避险行为所损害的合法权益大于或等于所保全的合法权益时,该行为就超过了必要限度,属于过当行为。例如,为了保全本人的某种财产利益而牺牲他人或公共的更大的财产利益,为了保全自己的健康或生命而牺牲他人的生命,就属于避险过当的行为。

我国《刑法》第21条第2款的规定表明,避险过当是犯罪行为,应当依据该犯罪行为具体触犯的分则规范或者所符合的具体罪名承担相应的刑事责任,但是应当减轻或者免除处罚。所以,避险过当不是独立的罪名,在追究避险过当的刑事责任时,应当根据行为人的主观罪过形式及过当行为特征,按照《刑法》分则中的相应条款定罪量刑。例如,过失致人死亡罪、过失致人重伤罪等。在具体的司法操作过程中,裁判文书在依据《刑法》分则将这类案件判定为过失致人死亡罪、过失致人重伤罪等罪名的同时,必须引用《刑法》总则关于避险过当的规定说明裁判理由,从而对因避险过当而构成的犯罪行为,即对具有避险性与过当性的双重属性的犯罪行为,予以完整的法律评价。

根据我国《刑法》第21条第2款的规定,对于避险过当行为,量刑时应当减轻或者免除处罚。至于在何种情况下减轻处罚(包括减轻处罚的程度),在何种情况下免除处罚,应当综合考虑避险目的、罪过形式、保护权益的性质、过当程度等诸种因素。

四、紧急避险与正当防卫的区别

紧急避险与正当防卫都是为了保护国家、公共利益、本人或者他人的人身、财产和其他权利,而给他人的某种权利或者利益造成一定损害的正当行为。但是二者的区别亦较为明显:紧急避险是两个合法权益之间的冲突,是"两害相权取其轻"的问题;而正当防卫则是合法权益与不法侵害之间的对抗。具体而言,二者的区别表现在:

(1)危险来源不同。紧急避险的危险来源多种多样,除了人的不法侵害外,还包括自然的力量、动物的侵袭,以及人的生理、病理过程;而正当防卫的危险来源只限于人的不法侵害。

(2)损害对象不同。紧急避险是损害第三者的合法权益;而正当防卫则只能是损害不法侵害者的利益。

(3)实施条件不同。紧急避险只能在没有任何其他方法排除危险的迫不得已的情况下才能实施,即紧急避险必须是排除危险的最后手段;而正当防卫则无此限制,即正当防卫并非是制止不法侵害的最后手段,即使在有条件采取躲避非法侵害、及时获得公力救助或者可能规劝不法侵害人放弃侵害等方法制止不法侵害的情况下,公民仍有权对正在进行的不法侵害实施正当防卫。

(4)限度标准不同。紧急避险造成的损害只能小于所避免的损害,不能等于甚至大于所避免的损害;而正当防卫的必要限度,应当综合制止不法侵害所必需的原则标准,以及防卫行为与不法侵害行为基本相适应的具体判定标准,予以整体判断。

此外,紧急避险中关于避免本人危险的规定,不适用于职务上、业务上负有特定责任的人;而正当防卫则无此方面的限制规定。

第十章 故意犯罪的停止形态

第一节 故意犯罪停止形态概述

一、故意犯罪停止形态的概念和特征

故意犯罪在犯罪人产生和确立犯意以后,从其开始犯罪行为,到完成犯罪,有一个纵向的发展过程。受各种因素的影响与制约,这一过程在不同案件和不同犯罪情况下长短各异。对无预谋的突发性犯罪而言,在犯意产生后一般就着手实行犯罪,其间往往没有什么犯罪的预备活动。而对于预谋性犯罪来说,在产生犯意后,一个完整的犯罪过程通常表现为,犯罪人先行进行必要的甚至是充分的犯罪准备活动,继而着手实行犯罪,最后臻于完成预期的犯罪。但是,故意犯罪作为复杂的社会现象,其纵向发展过程并不总是完整顺利的,往往会受到种种因素的影响和制约,而有种种不同的表现形态和结局。这些不同的表现形态和结局,就是故意犯罪停止形态理论所要研究的对象。

（一）故意犯罪停止形态的概念

故意犯罪的停止形态,是指故意犯罪在其产生、发展和完成的过程及阶段中,因主客观原因而停止下来的各种犯罪状态。

故意犯罪的停止形态,按其停止下来时犯罪是否已经完成为标准,可以区分为两种基本类型:一是犯罪的完成形态,即犯罪的既遂形态,是指故意犯罪在其发展过程中未在中途停止下来而得以进行到终点,行为人完成了犯罪的情形。二是犯罪的未完成形态,即故意犯罪在其发展过程中居于中途而停止下来,犯罪未进行到终点,行为人没有完成犯罪的情形。在犯罪的未完成形态这一类型中,又可以根据犯罪停止下来的原因或其距离犯罪完成的远近等情况的不同,进一步再区分为犯罪的预备形态、未遂形态和中止形态。

（二）故意犯罪停止形态的特征

故意犯罪的预备、未遂、中止和既遂形态,有一个至关重要的共同特征,即它们都是犯罪的停止状态,是故意犯罪过程中不再发展而固定下来的相对静止的不同结局,它们之间是一种彼此独立存在的关系,而不可能相互转化,犯罪预备形态不可能再前进为未遂形态,未完成形态不可能再转化为完成形态,完成形态即既遂更不可能再逆向转化为未完成形态。明确故意犯罪的完成与未完成形态的这一重要属性,是准确把握其性质并正确理解和解决其定罪量刑问题的基础,同时也是正确阐明故意犯罪的停止形态与故意犯罪的发展过程和阶段之间关系的需要。

故意犯罪的过程,是指故意犯罪发生、发展和完成所要经过的程序、阶段的总和

与整体,它是故意犯罪运动、发展和变化的连续性在时间和空间上的表现。故意犯罪的阶段,亦称故意犯罪的发展阶段,是故意犯罪发展过程中因主客观具体内容有所不同而划分的段落。故意犯罪发展过程中因主客观具体情况的不同而划分为不同的故意犯罪阶段,这些具有不同特征的阶段处于故意犯罪发展的总过程中,呈现出前后相互连接、此起彼伏的递进和发展变化关系。运动、发展和变化是故意犯罪过程和阶段所共有的属性与特征。故意犯罪的过程和阶段,以行为人开始实施犯罪的预备行为为其起点,以行为人完成犯罪为其终点。故意犯罪过程中的犯罪发展阶段有二:一是犯罪的预备阶段,其时空范围从行为人开始实施犯罪预备行为之时为起点,至行为人完成犯罪预备行为而尚未着手犯罪实行行为之时为终点。二是犯罪的实行阶段,其时空范围从行为人着手犯罪实行行为之时为起点,至行为人完成犯罪即达到犯罪既遂为终点。如果把故意犯罪的发展过程比作一条线,则这条线上就应当有犯罪预备和犯罪实行两个"线段",有开始犯罪预备行为、着手犯罪实行行为和犯罪完成(即达到既遂)三个"点"。

故意犯罪的形态与故意犯罪的过程和阶段之间,是一种既相互区别又密切关联的关系。其主要区别在于:故意犯罪的形态是故意犯罪已经停止下来的各种不同的结局和形态,属于相对静止范畴的概念;故意犯罪的过程与阶段是故意犯罪发生、发展和完成的进程与进程中划分的段落,属于相继运动发展的概念。由于这种区别,故意犯罪的预备形态、未遂形态、中止形态、既遂形态,作为已经停止下来的不同的犯罪形态,就不可能具有前后相互衔接、此起彼伏的递进和发展变化属性,因而不能将这些形态称为故意犯罪的阶段。同时,就一个人实施某种犯罪的案件而言,他也只能构成犯罪停止形态中的某一种犯罪形态,而不可能同时构成某种罪的两种以上的犯罪停止形态;而一个人实施某种具体犯罪案件时,完全可能同时具有两个犯罪阶段及完整的犯罪过程。故意犯罪的形态与故意犯罪的过程和阶段的主要联系在于:故意犯罪的形态是在故意犯罪的过程和阶段中产生的,各种犯罪形态的产生及其界定,依赖犯罪过程和阶段的存在及其不同的发展程度。

综上所述,犯罪的预备形态、未遂形态、中止形态和既遂形态,都是在故意犯罪发展过程中,在犯罪的某个阶段,由于犯罪主客观原因的变化和作用,而使犯罪停止下来不再发展变化的不同状态和结局,这就是故意犯罪停止形态与故意犯罪发展过程和阶段的一般关系。具体说来:(1)从犯罪人开始犯罪预备行为之时起,至着手犯罪实行行为前的整个犯罪预备阶段,可能出现犯罪的预备形态和中止形态这两种形态和结局,这一阶段中由于行为人意志以外的原因而被迫停止犯罪预备行为或者未能着手犯罪实行行为的,是犯罪的预备形态;行为人此时自动中止犯罪预备行为的继续进行或者放弃着手实行犯罪的,是犯罪的中止形态。(2)从犯罪人着手实行行为开始,至犯罪实行阶段终了前的整个犯罪实行阶段,可能出现犯罪的未遂形态和中止形态这两种形态与结局。这一阶段中由于行为人意志以外的原因,而使犯罪停止在未完成状态的,是犯罪的未遂形态;行为人此时自动中止犯罪实行行为的继续实施或者自动阻止犯罪的完成,因而使犯罪停止在未完成形态的,是犯罪的中止形态。(3)犯罪实行阶段终了（而不仅仅是犯罪实行行为终了）即犯罪完成之时，出现犯罪的既遂形态。

二、故意犯罪停止形态的意义

研究故意犯罪的停止形态问题，具有重要的实践与理论意义。

首先，是正确定罪量刑的需要。从定罪方面看，故意犯罪的各种停止形态具有不同的构成特征，在定罪时要求对犯罪形态予以明确的认定；同时，犯罪停止形态问题也往往涉及此罪与彼罪的区分，如故意杀人罪的未遂与故意伤害罪的区分，从而需要明辨。犯罪停止形态问题对量刑的影响更为突出，因为不同停止形态的危害程度不同，理应处罚有别，刑法也在主客观相统一的基础上经过考察，对危害程度不同的犯罪停止形态设立了轻重不同的处罚原则；要正确理解和适用这些处罚原则，就需要认真研究犯罪形态的实践和理论问题。

其次，有助于深入地认识和科学地把握故意犯罪。故意犯罪现象的形形色色和错综复杂，在相当程度上表现在纵向发展过程中。因而通过对故意犯罪的纵向考察，分析研究其在纵向过程中的种种停止形态的共性与个性的问题，无疑会从一个重要的方面大大丰富和加深我们对故意犯罪的现象与本质的认识和正确把握。

三、犯罪停止形态存在的范围

（一）过失犯罪不存在犯罪的这些停止形态

过失犯罪由于行为人主观上具备的不是故意危害社会的心理而是过失致害于社会的心理，我国《刑法》又限定对过失危害行为而言基本上是只有发生危害结果且分则条文有明文规定的才构成犯罪，因而过失犯罪不可能存在犯罪的预备、未遂和中止形态，这些未完成犯罪的形态不具备法定的危害结果。由于犯罪完成形态是与犯罪未完成形态相对而言的，过失犯罪既然无犯罪未完成形态的存在，因而也就无犯罪完成形态即犯罪既遂存在的余地和意义。因此，过失犯罪只有是否成立即是否构成犯罪的问题，而不存在犯罪的预备形态、未遂形态、中止形态和既遂形态。

（二）间接故意犯罪也不存在犯罪的这些停止形态

间接故意犯罪由其主客观特征所决定，不可能存在未完成犯罪的预备、未遂和中止这些犯罪停止形态。先从主观方面分析：间接故意犯罪主观要件的特点，是表现为对自己的行为所可能造成的一定危害结果的发生与否持"放任"的心理态度，即听之任之、发生与否都可以的心理态度。这样，行为人所放任的危害结果未发生时，这种结局也就是行为人放任心理所包含的。放任心理由其所包含的客观结局的多样性和不固定性所决定，根本谈不上对完成特定犯罪的追求，也就谈不到这种追求的实现与否。而犯罪的预备、未遂和中止形态的行为人，原本都存在着实施和完成特定犯罪的犯罪意志与追求心理。之所以在未完成犯罪时停止下来，对犯罪的预备形态和未遂形态而言是因为受到行为人意志以外原因的阻止，对犯罪的中止形态而言是因为行为人自动放弃了原先的完成特定犯罪的意图。可见，间接故意犯罪主观上的放任心理是不符合未完成形态的主观特征的,因而间接故意犯罪不可能存在犯罪的预备、未遂和中止形态。再从客观方面考察:犯罪未完成形态在客观方面表现为,行为人开始犯罪的预备行为或者着手犯罪实行行为之后,由于行为人完成犯罪的意志以外原因的阻止或者行为人自动放弃犯罪,而使犯罪停止在未完成的状态下。间接故意犯罪由于其主观"放任"心理的支配,而在客观方面不可能存在未完成特定犯罪的状态,因为客观上出现的此种状态或彼种结局都是符合其放任心理的。因而这种案件里应以行为的实际结局决定定罪问题。这样,间接故意犯罪也就没有了犯罪未完成形态存在的余地。

间接故意犯罪也不存在犯罪的既遂形态。这主要也是由于间接故意犯罪不存在犯罪的未完成形态,因而就失去了存在与未完成形态相对而言的完成形态即既遂的意义与可能。

因此,间接故意犯罪不存在犯罪的预备、未遂、中止和既遂的形态与称谓问题,间接故意实施的危害行为也只有是否构成犯罪的问题。间接故意实施的危害行为只有造成了为刑法所惩罚的实际危害结果时,才能构成犯罪,而且是危害结果符合什么罪的构成要件就成立什么罪。这是符合犯罪构成的原理和间接故意犯罪的主客观特征的。

(三) 直接故意犯罪并非都存在犯罪的这些停止形态

直接故意犯罪的主客观特征,决定了其可能存在犯罪的预备、未遂、中止和既遂形态。直接故意犯罪的行为人在希望、追求完成某种特定犯罪的主观罪过形式的支配下,客观上就会有一个进行犯罪预备行为、实施犯罪实行行为和完成犯罪的过程与阶段。在这一过程与阶段顺利完成的情况下,就形成了犯罪的既遂形态,若在此过程和阶段中因主客观因素而使犯罪停止下来,就形成了犯罪的预备、未遂或中止形态。

说直接故意犯罪可以存在犯罪的完成和未完成形态,这是就其总体和大多数直接故意犯罪而言的,并不意味着一切直接故意犯罪的罪种与具体案件都可以存在这些犯罪的停止形态。首先,从罪种方面分析,有几类直接故意犯罪不存在某种或某几种犯罪的未完成形态:一是着手实行即告完成犯罪的举动犯(如我国刑法中的煽动分裂国家罪、煽动颠覆国家政权罪、煽动暴力抗拒法律实施罪、传授犯罪方法罪等),不可能存在犯罪未遂;二是我国刑法中把"情节严重""情节恶劣"规定为构成犯罪限制性要件的情节犯,不可能存在犯罪未遂;三是结果加重犯,由其构成特征所决定,不存在犯罪既遂与未遂之分,而只有构成一种状态,即只有是否成立加重构成犯之分。其次,再从具体案件方面考察,突发性的直接故意犯罪案件由于一般不存在犯罪的预备阶段而直接着手实施犯罪实行行为,因而往往也不可能存在犯罪的预备形态以及犯罪预备阶段的中止形态,而只有犯罪未遂、犯罪实行阶段的犯罪中止以及犯罪既遂形态存在的可能。

四、犯罪未完成形态负刑事责任的根据

故意犯罪的完成形态即既遂形态负刑事责任的根据,在于其完全具备主客观相统一的犯罪构成要件。那么,故意犯罪的未完成形态负刑事责任的根据何在?正确认识与把握这一问题,显然至关重要。

我们认为,行为符合主客观相统一的犯罪构成,是使行为人负刑事责任的科学根据。这既适用于故意犯罪的完成形态,也适用于故意犯罪的未完成形态。但这并不意味着犯罪的未完成形态与完成形态的犯罪构成模式是完全划一、毫无差异的。恰恰相反,犯罪的未完成形态与完成形态的犯罪构成模式是不同的,各有其特点。如果说故意犯罪完成形态的构成是基本的犯罪构成,那么,故意犯罪未完成形态的构成就是修正的犯罪构成。尤其应当注意的是,修正的犯罪构成也是要件完整齐备的犯罪构成,因为犯罪构成只能是一个主客观诸要件有机统一和紧密结合的整体,无论是基本的犯罪构成还是修正的犯罪构成,都只能作为一个诸要件完备的统一体而存在,缺少任何要件,犯罪构成都是不可能存在的。因此,犯罪的预备、未遂、中止这些未完成形态的犯罪构成,是法律对既遂这种完成形态的犯罪构成加以修正和变更而确定下来的,未完成形态的构成要件与完成形态的构成要件在具体要件的内容上有所不同。我们虽然也可以说未完成形态不具备完成形态犯罪构成的全部要件,但准确而言,应当说各种未完成形态都具备了法律规定与要求的各自犯罪构成的全部要件,未完成形态不可能也不需要具备完成形态犯罪构成的全部要件。我们不能拿完成形态的犯罪构成模式去要求和衡量未完成犯罪而停止下来的犯罪情况,而只能拿各种未完成形态的犯罪构成模式来衡量这些犯罪情况。进而分析,犯罪既遂形态的犯罪构成表现为,符合主体条件的行为人着手实行并完成了犯罪,实现了特定的犯罪意图,对特定的社会关系造成了实质性的严重侵害,其中相当一些还造成了结果性侵害。这是基本的犯罪构成模式。犯罪的未完成形态如同完成形态一样,也需要同时具备主客观相统一的四个方面的犯罪构成要件,这是这两类形态在犯罪构成上的共性;另一方面,各种未完成形态又有着不同于完成形态且彼此间也有所不同的犯罪构成模式。这是未完成形态与完成形态相比在犯罪构成上的个性或曰特殊性。我国刑法之所以对犯罪未完成形态追究刑事责任,是因为犯罪未完成形态完全具备了与既遂形态的基本犯罪构成有所不同的修正的犯罪构成的诸要件,具备了主观犯罪故意与客观危害行为的有机结合。此乃犯罪未完成形态负刑事责任最基本、最重要的主客观相统一的根据,这也正是我国刑法认定犯罪未完成形态具有应罚性的主要立法依据和立法精神所在。

第二节 犯罪既遂形态

一、犯罪既遂形态的概念和特征

犯罪既遂是故意犯罪的完成形态。对于犯罪既遂的概念,当代各国只有少数刑法立法例作了直接的规定。大多数刑法立法例(包括我国现行《刑法》)对犯罪既遂的概念本身并没有直接予以规定,而是留给刑法理论去解释。综观中外刑法理论中关于犯罪既遂的解释,大体上可以区分为三种主张:一是"结果说",主张犯罪既遂是指故意实施犯罪行为并且造成了法律规定的犯罪结果的情况。认为既遂与未遂的区别就在于是否发生了犯罪结果,实行故意犯罪并发生犯罪结果的是犯罪既遂,未能发生犯罪结果的是犯罪未遂。二是"目的说",认为犯罪既遂是指行为人故意实施犯罪行为并达到了其犯罪目的的情况。主张既遂与未遂的区别就在于行为人是否达到了其犯罪目的,达到犯罪目的的是犯罪既遂,未达到犯罪目的的是犯罪未遂。三是"构成要件说",主张犯罪既遂是指着手实行的犯罪行为具备了具体犯罪构成要件全部要素的情况。认为既遂与未遂区别的标志,就是犯罪实行行为是否具备了犯罪构成的全部要件,具备的是既遂,未能完全具备的是未遂。至于犯罪构成要件全部要素是否具备的具体标志,在各类犯罪里则可以有不同的表现。"构成要件说"是中外刑法理论中关于犯罪既遂以及既遂与未遂区分的较为通行的观点。

既遂的构成要件说认为,所谓犯罪既遂,是指行为人所故意实施的行为已经具备了某种犯罪构成要件的全部要素。确认犯罪是否既遂,应以行为人所实施的行为是否具备了刑法分则所规定的某一犯罪构成要件的全部要素为标准;而以犯罪目的的达到或者以犯罪结果发生作为犯罪既遂的标准,由于它们不能贯彻到我国刑法中存在既遂未遂之分的一切犯罪中,而难以把既遂与未遂正确区分开来,因而不够全面和确切:(1) 某些犯罪,行为人实施犯罪后虽然没有达到犯罪目的,但在法律上已完全具备了具体犯罪构成的要件,应视为犯罪既遂而不是犯罪未遂。例如,诬告陷害罪以行为人实施了诬告陷害行为作为犯罪完成和既遂成立的标志,而不是以行为人达到了诬陷他人并使他人负刑事责任的目的才是既遂的标志。(2) 虽然有不少犯罪是以法律规定的犯罪结果的发生与否区分犯罪既遂与否的,但犯罪结果是否发生还是不能作为一切犯罪既遂与否的区分标志,如脱逃罪以被依法关押的罪犯、被告人、犯罪嫌疑人逃离羁押为既遂的标志,这种犯罪的既遂要求的并不是物质性有形犯罪结果的发生,而是犯罪行为的法定完成即达到一定程度,因而无法适用既遂的结果说来确定既遂和区分既遂与未遂;既遂的结果说也不能适用于我国《刑法》第 114 条、第 117 条、第 118 条等危险犯犯罪既遂的确定及既遂与未遂的区分,因为危险犯犯罪既遂的确定和既遂与未遂的区分是以危险状态是否具备为标准的,而不是以犯罪结果的发生与否为标准的。而既遂的构成要件说以犯罪具备具体犯罪构成要件的全部要素作为既遂的标准,以着手实行的犯罪是否具备犯罪构成要件的全部要素作为既遂与未遂区分的标志,不但有明确统一的法律规定可供司法实践遵循贯彻,而且能够适用于一切存在既遂形态的犯罪并把其既遂与未遂区分开来。因为既遂在不同类型犯罪里的具体标志,无论是犯罪结果的发生,犯罪行为达到一定程度的完成,还是法律规定的危险状态的具备,尽管形形色色,各不相同,但是都可以概括为犯罪构成要件的全部要素的具备,都分别是犯罪构成要件之要素具备的具体表现形式。

二、犯罪既遂形态的类型

根据我国《刑法》分则对各种直接故意犯罪构成要件的不同规定,犯罪既遂主要有以下四种不同的类型:

(1) 结果犯。指不仅要实施具体犯罪构成客观要件的行为,而且必须发生法定的犯罪结果才构成既遂的犯罪,即以法定犯罪结果的发生与否作为犯罪既遂与未遂区别标志的犯罪。所谓法定的犯罪结果,是专指犯罪行为通过对犯罪对象的作用而给犯罪客体造成的物质性的、可以具体测量确定的、有形的损害结果。这类犯罪在我国刑法中为数很多,而且多是常见罪、多发罪,例如故意杀人罪、故意伤害罪、抢劫罪、抢夺罪、盗窃罪、诈骗罪,等等。如故意杀人罪的犯罪结果就是他人的死亡,发生了死亡结果的为既遂,因行为人意志以外原因未发生死亡结果的为未遂。

(2) 行为犯。指以法定犯罪行为的完成作为既遂标志的犯罪。这类犯罪的既遂并不要求造成物质性的和有形的犯罪结果,而是以行为完成为标志,但是这些行为不是一着手即告完成的,按照法律的要求,这种行为要有一个实行过程,要达到一定程度,才能视为行为的完成。因此,在着手实行犯罪的情况下,如果达到了法律要求的程度就是完成了犯罪行为,就应视为犯罪的完成即既遂的构成;如果因犯罪人意志以外的原因未能达到法律要求的程度,未能完成犯罪行为,就应认定为未完成犯罪而构成犯罪未遂。这类犯罪在我国刑法中有相当的数量,例如强奸罪、传播性病罪、脱逃罪、偷越国(边)境罪、投敌叛变罪等。如脱逃罪以行为人达到逃脱了监禁羁押的状态和程度,作为犯罪行为完成和犯罪既遂成立的标志,未能达到这一程度的是犯罪行为未完成,应成立犯罪未遂。

(3) 危险犯。指以行为人实施的危害行为造成法律规定的发生某种危害结果的危险状态作为既遂标志的犯罪。如我国《刑法》第114条、第116条、第117条、第118条所规定的放火罪、决水罪、爆炸罪、投放危险物质罪、以危险方法危害公共安全罪、破坏交通工具罪、破坏交通设施罪、破坏电力设备罪、破坏易燃易爆设备罪等。这类犯罪在刑法理论上称为危险犯。从主观方面看既可以是直接故意也可以是间接故意。对由直接故意构成的这类犯罪来说,其既遂也不是造成物质性的有形的犯罪结果,而是以法定的客观危险状态的具备为标志。

(4) 举动犯。也称即时犯,是指按照法律规定,行为人一着手犯罪实行行为即告犯罪完成和完全符合构成要件,从而构成既遂的犯罪。从犯罪构成性质上分析,举动犯大致包括两种构成情况:一是原本为预备性质的犯罪构成。如我国《刑法》中的参加恐怖活动组织罪等。这些犯罪中的实行行为从法理上讲原本是预备性质的行为,是为实行犯罪创造便利条件的预备行为,但由于这些预备性质的行为所涉及的犯罪性质严重,一旦进一步着手实行危害就很大,为有力地打击和防范这些犯罪,法律把这些预备性质的行为提升为这些犯罪构成中的实行行为,并且规定这些犯罪为举动犯,着手实行即构成既遂。二是教唆煽动性质的犯罪构成。如我国《刑法》中的煽动民族仇恨、民族歧视罪,传授犯罪方法罪等。这些犯罪的实行行为都是教唆性、煽动性的行为,针对多人实施,旨在激起多人产生和实行犯罪意图。因而这些犯罪的危害很大,危害范围也较广,而且即使实施完毕也不一定发生或不一定立即产生可以具体确定的有形的实际危害结果,考虑到这些犯罪严重的危害性及其犯罪行为的特殊性质,法律也把它们规定为举动犯,即只要行为人着手实行犯罪,就具备了犯罪构成的全部要件而构成既遂。由于举动犯是着手实行犯罪就构成既遂,因而其不存在犯罪未遂问题,也就没有既遂与未遂之分。但是,举动犯存在犯罪既遂形态与犯罪预备形态以及预备阶段的中止形态之别。

三、既遂犯的处罚原则

从现代各国刑法立法和刑法理论来看,犯罪既遂的行为人即既遂犯构成的是故意犯罪的完成形态,符合的是基本的犯罪构成即刑法分则具体犯罪条文的构成,而分则条文的法定刑就是为犯罪的基本构成设置的。因此,各国刑法均未再专门规定既遂犯的特殊处罚原则,而是按刑法总则的一般量刑原则和刑法分则各具体犯罪的法定刑对其适用。我国刑法和刑法理论也是这种主张。对行为符合犯罪既遂特征的既遂犯,我国刑法要求根据其所犯的罪,在考虑刑法总则一般量刑原则的指导与约束的基础上,直接按照刑法分则具体犯罪条文规定的法定刑幅度处罚。

关于既遂犯处罚原则的适用,应当注意以下几点:

第一,关于定罪和法条引用问题。根据立法原意和司法实践经验,对故意犯罪的既遂犯,应按照刑法分则具体条文的罪刑规格定罪量刑,在罪名上不需标明既遂犯,但在司法文书尤其是起诉书和判决书的叙述部分,应表明行为人已完成犯罪的情况。对法律条文仅直接引用分则具体犯罪条文即可。

第二,注意对同种罪危害不同的既遂犯的区别对待。例如,同是盗窃罪的既遂犯,有盗窃数额的不同,即使盗窃数额相同的,也有盗窃对象重要程度的不同;同是故意杀人罪的既遂犯,有杀死一人与数人之别,有普通杀死与杀死后碎尸之别,还有普通的杀人既遂犯与实施杀人行为后自动采取抢救措施未果而构成的杀人既遂犯之不同,等等。这些不同的情形反映了不同的既遂犯之危害性与罪责程度的差异,为贯彻罪责刑相适应原则,在处罚时应予以适当的区别对待。

第三,在既遂犯同时具备其他宽严处罚的情节尤其是具有法定的宽严处罚情节时,要注意同时引用相关的条款。在综合考虑犯罪危害程度和犯罪人主观恶性大小的基础上,再决定适用恰当的处罚。

第三节 犯罪预备形态

一、犯罪预备形态的概念和特征

(一) 犯罪预备形态的概念

我国《刑法》第 22 条第 1 款"为了犯罪,准备工具,创造条件的,是犯罪预备"的规定,是对犯罪预备行为的表述,揭示了犯罪预备行为的主观和客观的特征。但应特别注意的是,该款并非是对犯罪预备形态所下的定义。根据我国刑法的规定和有关的刑法理论,犯罪预备形态是故意犯罪过程中未完成犯罪的一种停止状态,是指行为人为实施犯罪而开始创造条件的行为,由于行为人意志以外的原因而未能着手犯罪实行行为的犯罪停止形态。这一概念包含了主客观相统一的犯罪预备形态的特征。

（二）犯罪预备形态的特征

1. 犯罪预备的客观特征

犯罪预备形态的客观特征有两层含义：

（1）行为人已经开始实施犯罪的预备行为。所谓犯罪的预备行为，从性质上讲，就是为犯罪的实行和完成创造便利条件的行为。如为实施故意杀人罪而进行配制含毒食物、制造刀具或者调查被害人的行踪等行为。

根据上述特征，犯罪预备不同于犯意表示。所谓犯意表示，是指以口头、文字或其他方式对犯罪意图的单纯表露。犯意表示尚未开始实施任何危害社会的行为，因而属于犯罪思想的范畴。在中外封建刑法中，有把犯意表示作为犯罪处罚的规定与实践。我国现行《刑法》坚决摒弃"思想犯罪"，认为只有犯意尚未实施犯罪行为的，不具有社会危害性，因而不能认定为犯罪和处以刑罚。犯意表示与犯罪预备有原则区别：犯罪预备行为，是为着手实施和完成犯罪制造条件的行为，它具有社会危害性，也具备特定的犯罪构成，我国《刑法》规定原则上要作为犯罪处理；犯意表示，无论是从行为人的主观意图还是客观表现上看，都不是在为犯罪实施创造条件，不具有社会危害性。

（2）行为人尚未着手犯罪的实行行为。所谓犯罪的实行行为，是指刑法分则中具体犯罪构成客观方面的行为。这一特征意味着，犯罪活动在具体犯罪实行行为着手以前停止下来。如故意杀人罪中尚未着手实施杀害他人的行为，盗窃罪中尚未着手实施非法秘密取得他人财物的行为。这一特征是犯罪预备形态与犯罪未遂形态区别的显著标志。

上述两点客观特征，实际上是从客观上为犯罪预备形态限定了一个可以发生的空间范围，起点是行为人已经开始实施犯罪的预备行为，终点是行为人着手犯罪实行行为之前。

2. 犯罪预备的主观特征

犯罪预备的主观特征也有两层含义：

（1）行为人进行犯罪预备活动的意图和目的，是为了顺利地着手实施和完成犯罪。犯罪预备行为的发动、进行与完成，都是受此种目的支配的。在这种预备犯罪的意图和目的支配下实施的犯罪预备行为，使得那些预备行为为其必经程序的实行行为具备了现实条件，使得另一些预备行为并非必经程序的犯罪具备了顺利实施、完成的条件，从而充分显露出犯罪预备的意图和目的在犯罪预备主观方面的重要地位，也在相当程度上揭示出预备犯的主观恶性。

（2）犯罪在实行行为尚未着手时停止下来，从主观上看是违背行为人的意志的，即是由于行为人意志以外的原因所致。这一特征说明，行为人在着手犯罪实行行为前停止犯罪，是被迫的而不是自愿的，从而进一步揭示出预备犯的主观恶性。这一特征也是犯罪预备形态与下面将要论及的犯罪预备阶段即着手犯罪实行行为前的犯罪中止形态相区别的关键所在，后者的停止犯罪而未着手实行犯罪是出于行为人的自愿。

上述客观和主观特征的同时具备和有机结合,就构成了犯罪预备形态的完整内涵,并使其得以与故意犯罪过程中的其他犯罪停止形态区别开来。同时符合上述主观特征的行为人,就是预备犯。

二、犯罪预备行为的类型

概括地讲,犯罪预备行为就是为实施犯罪而创造便利条件的行为。具体说来,根据我国《刑法》第22条的规定,可以将犯罪预备行为区分为两种类型即两类表现形式。

(一) 为实施犯罪准备犯罪工具的行为

所谓犯罪工具,是指犯罪分子进行犯罪活动所用的一切器械物品,主要包括:(1) 用以杀伤被害人或者排除被害人反抗的器械物品,如枪弹、刀棒、毒药、麻醉剂、捆绑他人用的绳索等;(2) 用以破坏、分离犯罪对象物品或者破坏、排除犯罪障碍物的器械物品,如钳剪、刀斧、锯锉、爆炸物等;(3) 用于达到或逃离犯罪现场或进行犯罪活动的交通工具,如汽车、摩托车等;(4) 用以排除障碍、接近犯罪对象的物品,如翻墙用的梯子、攀越房屋或爬窗用的绳索等;(5) 用以掩护犯罪实施或者湮灭罪证的物品,如犯罪分子作案时戴的面罩、作案后灭迹用的化学药品等。犯罪工具本身可以反映出犯罪预备行为不同的危害程度,例如同是准备杀人用的犯罪工具,准备枪支、手榴弹就比准备小刀的危险性大;再如准备专为犯罪使用的复杂的犯罪工具,其危害性也大于把日常用品准备为犯罪工具的行为。

所谓准备犯罪工具,包括制造犯罪工具、寻求犯罪工具以及加工犯罪工具使之适合于犯罪的需要等。由于准备犯罪工具是犯罪预备行为最常见的形式,所以我国《刑法》第22条将其明列出来。

(二) 其他为实施犯罪创造便利条件的行为

司法实践和刑法理论把这类犯罪预备行为主要概括为以下几种:(1) 为实施犯罪事先调查犯罪的场所、时机和被害人的行踪;(2) 准备实施犯罪的手段,例如为实施以技术手段杀人而事先进行练习,为实施扒窃而事先练习扒窃技术;(3) 排除实施犯罪的障碍;(4) 追踪被害人、守候被害人的到来或者进行其他接近被害人、接近犯罪对象物品的行为;(5) 前往犯罪场所守候或者诱骗被害人赶赴犯罪预定地点;(6) 勾引、集结共同犯罪人,进行犯罪预谋;(7) 拟定实施犯罪和犯罪后逃避侦查追踪的计划,等等。

三、预备犯的处罚原则

我国《刑法》第22条第2款规定:"对于预备犯,可以比照既遂犯从轻、减轻处罚或者免除处罚。"正确理解和适用预备犯的处罚原则,应注意以下几个问题:

第一,由于预备犯在主观上具备的主要是为犯罪实施创造便利条件的意图,在客观上实施的仅是犯罪的预备行为,从主客观统一上看,预备犯的危害性一般既大大轻于既遂犯,也显著轻于未遂犯,因而我国《刑法》对预备犯规定了比照既遂犯从宽处罚且轻于未遂犯的处罚原则,这体现了主客观相统一和罪责刑相适应原则的要求。

第二,在对预备犯定罪量刑时,应同时引用我国《刑法》第22条和我国《刑法》分则具体犯罪的条文。根据有关刑法理论和司法实践经验,应在罪名后加括弧标明预备形态问题,如"抢劫罪(预备)"。在对预备犯的刑事责任和处罚原则的掌握上,对多数预备犯,应当比照既遂犯从轻、减轻处罚或者免除处罚,因为预备犯从主客观统一上看,其危害性明显轻于既遂犯;同时,对实施了犯罪预备的行为人中符合《刑法》第13条但书规定的"情节显著轻微、危害不大"情况的,应依法不认定为犯罪;对极少数危害严重、情节特别恶劣的预备犯,如少数劫机、爆炸犯罪的预备犯,也可以不从宽处罚。

第三,在决定对实施犯罪预备行为者是否追究刑事责任、是否从宽处罚以及从宽处罚的幅度时,主要应当综合考虑如下情况:一是行为人预备所犯罪行的性质和危害程度;二是行为人预备犯罪行为的性质、危害程度及其进展程度;三是行为人未能着手实施犯罪的具体原因;四是行为人的人身危险程度。

第四节 犯罪未遂形态

一、犯罪未遂形态的概念和特征

(一)犯罪未遂形态的概念

综观当代各国的刑法立法和理论,关于犯罪未遂形态的概念,主要有两种规定和主张:一是认为犯罪未遂是指行为人已经着手实行犯罪,由于其意志以外的原因或障碍,而使犯罪者未达既遂形态的情况。这种主张严格区分犯罪未遂形态与犯罪中止形态。二是主张犯罪未遂是指行为人已经开始实施犯罪而未达犯罪既遂的情况。这种主张将犯罪中止形态也包括在犯罪未遂形态中。

我国刑法采取了上述第一种规定方式。我国《刑法》第23条第1款规定:"已经着手实行犯罪,由于犯罪分子意志以外的原因而未得逞的,是犯罪未遂。"所谓未得逞,一般认为其表现为未能完成犯罪即未能达到犯罪既遂。因而根据上述规定,我国刑法中的犯罪未遂,是指行为人已经着手实行具体犯罪构成的实行行为,由于其意志以外的原因而未能完成犯罪的一种犯罪停止形态。我国刑法和刑法理论在犯罪未遂概念上所采取的综合主客观因素来限定犯罪未遂、区别犯罪未遂形态与犯罪中止形态的规定和主张,应当说是科学的。这一科学的犯罪未遂概念,为犯罪未遂特征的确定以及对未遂犯设立正确适当的处罚原则,奠定了坚实的基础。

(二)犯罪未遂形态的特征

根据我国《刑法》第23条第1款犯罪未遂的概念,我国刑法中的犯罪未遂形态具有以下三个特征:

1. 行为人已经着手实行犯罪

所谓已经着手实行犯罪,是指行为人已经开始实施刑法分则规范里具体犯罪构成要件中的犯罪行为。如故意杀人罪中的杀害行为,抢劫罪中侵犯人身的行为和劫取财物的行为等。着手实行犯罪体现了具体犯罪构成要件的统一,它具备主观和客观两个基本特征:主观上,行为人实行具体犯罪的意志已经直接支配客观实行行为并通过后者开始充分表现出来,而不同于在此之前实施犯罪的意志;客观上,行为人已开始直接实行具体犯罪构成客观方面的行为,这种行为已不再属于为犯罪的实行创造便利条件的预备犯罪的性质,而是实行犯罪的性质,这种行为已使刑法所保护的具体权益初步受到危害或面临实际存在的威胁。在有犯罪对象的场合,这种行为已直接指向犯罪对象,如果不出现行为人意志以外原因的阻碍或者行为人的自动中止犯罪,这种行为就会继续进行下去,直到完成犯罪即达到既遂。在犯罪既遂包含犯罪结果的犯罪中,还会发生犯罪结果。着手实行犯罪是客观的犯罪实行行为与主观的实行犯罪意图相结合的产物和标志。这两个主客观基本特征的结合,从犯罪构成的整体上反映了着手实行犯罪的社会危害性及其程度。

行为人已经着手实行犯罪,这是犯罪未遂形态必须具备的特征之一,也是犯罪未遂形态与犯罪预备形态相区别的主要标志,因为犯罪未遂形态和犯罪预备形态都是由于行为人意志以外的原因而被迫停止了继续实施犯罪,因而二者区别的关键就在于着手实行犯罪与否。

那么,如何正确地认定着手实行犯罪与否?这可以从多方面加以研究和把握。其中一个非常重要而有效的方法,就是借助犯罪预备行为,从犯罪预备行为与实行行为的区别来正确认定着手实行犯罪与否。因为犯罪的预备和实行是犯罪发展过程中前后相继、紧密相连而无任何中间环节的两个阶段,我国刑法立法、司法实践和刑法理论又对犯罪预备的本质和表现形式有所规定和总结。按照我国刑法的规定和揭示,犯罪预备行为的本质和作用,是为分则犯罪构成行为的实行和犯罪的完成创造便利条件,为其创造现实的可能性,而分则具体犯罪构成中实行行为的本质和作用,则是要直接完成犯罪,要变预备阶段存在的实行和完成犯罪的可能性为现实性。二者在本质和作用上的这种区别与联系,既是犯罪活动发展的客观事实所揭示和证实的,同时也是行为人主观上有所认识的。这种主客观统一的区别,使我们正确地认定和区分预备行为与实行行为成为可能,它为正确区分两种行为提供了一个原则标准。依此原则标准,并结合具体犯罪和案件情况分析界定预备行为与实行行为,就可以正确认定着手实行犯罪与否,从而准确地区分犯罪预备形态与犯罪未遂形态。如司法实践中和刑法理论上常存在争议的途中行为(犯罪人尚在前往犯罪地点途中的情况)、尾随行为(被告人尾随被害人伺机侵害的情况)、守候行为(被告人埋伏或等候在预定地点准备实施加害行为的情况)和寻找行为(被告人公然或秘密寻找预定的犯罪对象欲加害的情况),实际上都属于犯罪的预备行为而未着手实行犯罪,因为途中、尾随、守候和寻找的行为都是在为具体犯罪的实行创造便利条件,而不是具体犯罪的实行行为本身,因而应认定行为人为预备犯而不是未遂犯。

2. 犯罪未完成而停止下来

按照我国刑法的规定和刑法理论,行为人在着手实行犯罪以后,犯罪"未得逞",即犯罪未达既遂形态而停止下来,这是犯罪未遂形态的又一重要特征,是犯罪未遂形态区别于犯罪既遂形态的主要标志。犯罪没有完成这一未遂形态的特征,在存在既遂与未遂之分的三类直接故意犯罪里有着不同的具体含义和表现形式:一类是以法定的犯罪结果没有发生作为犯罪未完成的标志,如盗窃罪未发生窃得财物的犯罪结果;另一类是以法定的犯罪行为未能完成作为犯罪未完成的标志,如实施脱逃罪的行为人在逃出监房后未能逃出监狱的警戒线;再一类是以法定的危险状态尚未具备作为犯罪未完成的标志,如行为人在油库放火,因火柴受潮而未能擦着时被捕获。

犯罪完成与否即具体犯罪构成要件的完备与否,其显著标志是看刑法分则具体犯罪构成所规定所要求的犯罪客观要件的完备与否。认定犯罪未完成这一特征时,有必要明确以下几点:(1)所谓犯罪未完成即具体犯罪构成要件不完备,是指具体犯罪构成所包含的作为犯罪完成标志的客观要件尚不完备,而不是说没能发生任何具体的危害结果。例如,故意杀人罪里的犯罪未完成即犯罪构成要件的不完备,是指未发生被害人死亡的结果,而不是指未给犯罪对象造成任何危害结果。(2)犯罪的完成即具体犯罪构成要件的完备,在时间上没有任何长短的要求,只要一完备构成要件就意味着犯罪完成和构成既遂,因此,不能因刚刚完备构成要件犯罪人就被抓回、犯罪对象就被抢回或者犯罪人事后的返还行为来否认犯罪既遂的成立而认定为犯罪未遂。(3)犯罪既遂是犯罪完成的标志,犯罪既遂后绝不可能再出现犯罪未完成的停止形态。这对于以法定犯罪结果的发生、以法定犯罪行为的完成以及以法定客观危险状态的具备作为既遂标志的犯罪,都应当是毫无例外地适用的。

3. 犯罪停止在未完成形态是犯罪分子意志以外的原因所致

犯罪活动在着手实行以后之所以停止在未完成形态,乃是由于犯罪分子意志以外的原因所致,这是犯罪未遂形态的又一重要特征,是犯罪未遂形态与着手犯罪后的犯罪中止区别的关键。后者是由于行为人意志以内的原因即自愿放弃犯罪而未完成犯罪。

根据我国刑法的基本原理和犯罪未遂形态的立法思想,应以"足以阻止犯罪意志的原因"作为认定犯罪分子"意志以外的原因"的标准。这一标准体现了质与量的有机统一。首先,从性质上看,犯罪分子"意志以外的原因"应该是阻碍其实行和完成犯罪的意志与活动的因素。在司法实践中具有不同程度的阻碍犯罪意志和犯罪活动完成作用而有可能被认定为犯罪分子"意志以外的原因"的种种因素,大致可以分为三类:(1)犯罪人本人以外的原因,包括被害人、第三者、自然力、物质障碍、环境时机等方面对完成犯罪具有不利影响的因素;(2)行为人自身方面对完成犯罪有不利影响的因素,如其能力、力量、身体状况、常识技巧等的缺乏或不佳情况;(3)行为人主观上对犯罪对象情况、犯罪工具性能以及犯罪结果是否已发生或必然发生等的错误认识。其次,犯罪分子"意志以外的原因"还应该是足以阻止其犯罪意志的原因,这是对"意志以外的原因""量"的要求的揭示。其量的要求就是必须达到足以阻止犯罪意志和犯罪活动完成的程度。前述的对犯罪完成有不利影响的因素,并非都能达到足以阻止犯罪意志和犯罪活动完成的程度,因而不能一概地认定为作为犯罪未遂特征的"意志以外的原因"。例如,在犯罪分子完全或主要是基于认识错误(如对犯罪对象、犯罪工具、犯罪客观环境、犯罪因果关系认识错误)而放弃犯罪的继续实施和完成的情况下,这种认识错误是足以阻止其犯罪意志和犯罪活动完成的因素,因而应认定犯罪未完成是由于犯罪分子意志以外的原因所致,构成犯罪未遂形态。但如果行为人明知自己遇到的是显然不足以阻止犯罪完成的不利因素,如强奸犯罪中遇到被害人怀孕或月经来潮,抢劫、强奸等暴力犯罪中发现被害人是熟人,或者在暴力犯罪中被害人有轻微的挣扎、反抗,犯罪人在此情况下放弃犯罪的完成,就不能将这种不利因素认定为犯罪未遂特征中犯罪分子"意志以外的原因"。

上述犯罪未遂的三个特征,前两个特征侧重于揭示犯罪未遂的客观特征,第三个特征侧重于揭示犯罪未遂的主观特征,犯罪未遂的三个特征表现为主客观的统一和齐备。在具备"着手实行犯罪"第一特征的情况下,"犯罪未完成"和"由于犯罪分子意志以外的原因"这两个特征又是现象和本质的统一。符合上述三特征的行为人,即为未遂犯。

二、犯罪未遂形态的类型

我国刑法理论一般从两个角度,根据两个不同的标准,把犯罪未遂划分为两对类型:实行终了的未遂与未实行终了的未遂;能犯未遂与不能犯未遂。

(一) 实行终了的未遂与未实行终了的未遂

刑法理论上以犯罪实行行为是否实行终了为标准,把犯罪未遂形态区分为实行终了的未遂与未实行终了的未遂两种类型。

犯罪实行行为是否实行终了以什么为标准?我们认为,在法定犯罪构成所要求、限定的客观行为范围内,行为是否实行终了,应以犯罪分子是否自认为实现犯罪意图所必要的全部行为都实行完毕为标准。按照这一标准,在法定犯罪构成所包含的实行行为的范围内,如果从主客观的统一上看犯罪行为未实行完毕,如犯罪分子在实行犯罪的过程中就因意志以外原因的阻止而未能实行下去,例如,盗窃犯正在室内盗窃时被当场抓获,这当然是未实行终了的未遂。而实行终了的未遂则可以有两种表现:其一为犯罪分子误认为其实现犯罪意图所必要的行为都已实行终了,因而停止了犯罪行为,但是却由于其意志以外的原因而未能使犯罪达到既遂状态。如在故意杀人罪中致人重伤,犯罪人误认为被害人已死亡或必然死亡,因而放弃加害而离去,后被害人遇救幸存的情况,就是这种表现形式的典型。其二是犯罪分子对完成犯罪所必要的犯罪行为已实行终了这一点并未发生错误认识,但是犯罪行为实行终了距犯罪既遂还有一段距离,在犯罪行为实行终了以后,由于犯罪人意志以外的原因致使犯罪未能达到既遂状态。如在投毒杀人中犯罪人已将毒投下,被害人因发现而未食毒物,或者被害人食毒物后遇救未死的,即属这种情况。

从主客观统一上看,一般来说,实行终了的未遂的社会危害性大于未实行终了的未遂。根据罪责刑相适应的原则和刑罚目的的要求,在量刑时,前者一般应比后者从重。

(二) 能犯未遂与不能犯未遂

刑法理论上以行为的实行能否构成犯罪既遂为标准,把犯罪未遂形态划分为能犯未遂与不能犯未遂两种类型。

能犯未遂,是指犯罪行为有实际可能达到既遂,但由于行为人意志以外的原因未能达到既遂而停止下来的情况。如犯罪分子用刀杀人且已将被害人砍伤,后被人当场夺走刀子并将其抓获,即为能犯未遂。如果犯罪人不被当场制止,完全有可能杀死被害人。

不能犯未遂,是指因犯罪人对有关犯罪事实认识错误而使犯罪行为不可能达到既遂的情况。不能犯未遂这种未遂类型,主要又可进一步区分为工具不能犯未遂与对象不能犯未遂两种。所谓工具不能犯未遂,是指犯罪人由于认识错误而使用了按其客观性质不能实现行为人犯罪意图、不能构成既遂的犯罪工具,以致犯罪未遂。例如,误把白糖等无毒物当作砒霜等毒药去杀人;误用空枪、坏枪、臭弹去射杀人等。所谓对象不能犯未遂,是指由于行为人的错误认识,使得犯罪行为所指向的犯罪对象在行为时不在犯罪行为的有效作用范围内,或者具有某种属性使得犯罪不能既遂而只能未遂。例如,误认尸体为活人而开枪射杀、砍杀;误认空包内有钱财而扒窃;误认为被害人在卧室而隔窗枪击;误认男子为女子而着手实行强奸行为;等等。

从主客观统一上看,在一般情况下,能犯未遂的社会危害性往往要大于不能犯未遂。因此,对能犯未遂一般应较不能犯未遂从重处罚。

三、未遂犯的处罚原则

对未遂犯应比照既遂犯怎样处罚？在近现代各国刑法和刑法理论中,主要有必减主义、不减主义(同等主义)和得减主义三种规定与主张。我国《刑法》第23条第2款规定:"对于未遂犯,可以比照既遂犯从轻或者减轻处罚。"这一规定采取的是得减主义的处罚原则。正确适用这一处罚原则,应当注意以下几个问题:

第一,对未遂犯定罪量刑,应当同时引用《刑法》总则第23条和《刑法》分则具体犯罪条文。在罪名后应加括弧标明未遂形态问题,如"故意杀人罪(未遂)"。

第二,在对未遂犯处罚原则的理解与掌握上,所谓"可以比照既遂犯从轻或者减轻处罚",表明的是法律的一种倾向性要求,即与既遂犯相比,对未遂犯一般要从轻或者减轻处罚,但是法律的要求又没有绝对化,对于极少数综合整个案情看,其危害程度并不小于既遂犯的未遂犯应不予以从轻或者减轻处罚。这种原则性与灵活性相结合的处罚规定,使罪责刑相适应原则在未遂犯的一般情况和特殊情况下都能贯彻。

第三,对未遂犯确定是否可因犯罪未遂而从轻或减轻处罚时,应把未遂情况置于全案情节中统筹考虑。因为影响案件社会危害程度的有主客观诸方面的多种情节而非未遂一种情节,而且未遂情节是与全案的其他情节一起影响、决定案件的危害程度的。如果综合全部案情看,未遂案件的危害性与既遂相比较轻或显著较轻而且未遂情节在全部情节中居于举足轻重的地位,从而影响甚至是显著影响了案件的危害程度时,就可以决定对行为人基于或主要是基于其犯罪未遂而予以从轻或减轻处罚,反之则不应基于未遂而从宽处罚。

第四,在对未遂犯决定从宽处罚的基础上,为正确确定从宽处罚的幅度,必须正确判定未遂案件与既遂案件危害程度的差别。这时主要应当考虑如下几种因素：(1)未遂形态距离犯罪完成的远近程度；(2)犯罪未遂所属的类型；(3)未遂形态所表现出来的行为人犯罪意志的坚决程度。

第五节 犯罪中止形态

一、犯罪中止形态的概念和特征

（一）犯罪中止形态的概念

我国《刑法》第 24 条第 1 款规定："在犯罪过程中，自动放弃犯罪或者自动有效地防止犯罪结果发生的，是犯罪中止。"根据这一规定并结合我国刑法学关于故意犯罪停止形态的理论，我国刑法中的犯罪中止，是指在犯罪过程中，行为人自动放弃犯罪或者自动有效地防止犯罪结果发生，因而未完成犯罪的一种犯罪停止形态。

（二）犯罪中止形态的特征

根据我国《刑法》第 24 条第 1 款的规定和犯罪中止成立的实际情况，犯罪中止形态有两种类型，即自动停止犯罪的犯罪中止，以及自动有效地防止犯罪结果发生的犯罪中止。这两种犯罪中止的特征略有不同。

1. 自动停止犯罪的犯罪中止的特征

自动停止犯罪的犯罪中止，必须同时具备三个特征：

（1）时空性。按照法律的规定，必须是在犯罪过程中放弃犯罪，即必须是在犯罪处于运动过程中而尚未形成任何停止状态的情况下放弃犯罪。这是犯罪中止成立的客观前提特征。这一特征意味着，如果犯罪已经达到既遂形态，犯罪人不可能再中止犯罪；如果犯罪虽未达到既遂形态，但在发展过程中已由于犯罪分子意志以外的原因而停止在犯罪预备形态或者犯罪未遂形态的，犯罪人也不可能再中止犯罪。因此，从犯罪预备行为发生开始，到形成犯罪既遂形态以前的这段时间内，如果犯罪没有被迫停止于预备形态或未遂形态，而是处于发展过程中的，才有犯罪中止成立的可能。如果犯罪已经既遂，行为人又自动恢复原状或者主动赔偿犯罪所造成的损失的，例如，盗窃犯把盗得的财物又送回原处，贪污犯主动退赔以前贪污的公款，由于其犯罪已经完成，不存在中止犯罪的时空条件，因而不属于犯罪中止而是犯罪既遂，但对此可作为从宽情节在处罚时酌情考虑。

（2）自动性。即行为人必须是自动停止犯罪。这是犯罪中止形态的本质特征，是犯罪中止形态与犯罪的未遂形态和预备形态的根本区别所在。犯罪中止的自动性，是指行为人出于自己的意志而放弃了自认为当时本可继续实施和完成的犯罪。即行为人在主观上自动放弃了犯罪意图，在客观上自动停止了犯罪的继续实施和完成。犯罪中止的自动性应当有两层含义：其一，行为人自认为当时可以继续实施与完成犯罪，这可以说是成立自动性的前提条件。当然，行为人的这种确信，应当有当时一定的主客观条件为根据或佐证，而不能是没有任何根据的臆想。只要行为人自认为当时有条件将犯罪进行到底，即使在他人看来不可能继续进行和完成犯罪，或者犯罪虽在客观上实际已不能再继续实施和完成,但行为人确实不了解这种客观情况,那就均不影响行为人停止犯罪之自动性的成立。另一方面,虽然犯罪在客观上尚可继续实施与完成,但行为人却误认为犯罪已不可能进行,这种情况下则不可能成立停止犯罪的自动性,行为人此时基于错误认识停止犯罪是被迫的而不是自动的。其二,行为人出于本人意志而停止犯罪,这是成立自动性的关键条件。就是说,行为人不管是受到什么因素的影响,基于什么考虑,最终都是在自认为可以继续实施和完成犯罪的情况下,在可以继续犯罪也可以停止与放弃犯罪这两条道路之间,出于其本人的主观意志,放弃了继续犯罪的意图,选择了停止与放弃犯罪的道路,并进而在此主观意志的支配下,在客观上停止和放弃了犯罪的继续实施与完成。

在犯罪中止自动性这一质的要求下,对行为人自动中止犯罪的动机即起因应作广义的辩证的理解,而不能只限于真诚彻底悔罪才行,也不宜一概排斥存有客观不利因素的情况。即引起行为人自动放弃犯罪的起因,可以包括主客观诸方面多种多样的因素,有的是行为人真诚悔悟,不愿继续犯罪;有的是由于他人的规劝、教育或者斥责,思想起了变化;有的是对被害人产生了同情和怜悯;有的是慑于法治的威严和法网难逃,惧怕日后罪行暴露受到惩罚;有的是遇到了对完成犯罪有轻微不利的客观因素,同时又有上述某种因素的影响。这些不同的因素只是反映了行为人中止犯罪的不同悔悟程度,而不是悔悟与不悔悟的差别,不是是否具备自动性、是否成立犯罪中止的差别。因此,这些因素的不同,并不影响犯罪中止的成立,但在处理或量刑时,可作为影响案件危害程度和行为人主观恶性程度的情节,予以适当考虑。

(3) 彻底性。指行为人彻底放弃了原来的犯罪。这一特征意味着,行为人在主观上彻底打消了原来的犯罪意图,在客观上彻底放弃了自认为本可能继续进行的犯罪行为,而且从主客观的统一上行为人也不打算以后再继续实施此项犯罪。彻底性表明了行为人自动停止犯罪的真诚性及其决心,它表明犯罪分子自动停止犯罪是坚决的、完全的,而不是暂时的中断。暂时中断犯罪,即行为人停止犯罪是因为准备不充分或者认为时机不成熟、环境条件不利而意图等待条件适宜时再继续该项犯罪,它不具备中止犯罪彻底性的要求,因而不能认为是犯罪中止。当然,所谓彻底停止犯罪,是相对而言的,而不具有绝对的意思。这是指行为人必须彻底放弃正在进行的某个具体的犯罪,而不是指行为人在以后任何时候都不再犯同种犯罪,更不能理解为行为人在以后的任何时候都不再犯任何罪。

2. 自动有效地防止犯罪结果发生的犯罪中止的特征

所谓自动有效地防止犯罪结果发生的犯罪中止,是指在某些犯罪的某些特殊情况下,行为人已经着手实行的犯罪行为可能造成但尚未造成犯罪既遂所要求的犯罪结果,而在这种情况下所成立的犯罪中止。这可以说是一种特殊类型或特殊情况下的犯罪中止。

这种特殊类型的犯罪中止,自然也需要具备上述普通类型的犯罪中止所必须具备的时空性、自动性、彻底性三个特征,这可以说是所有犯罪中止形态均应具备的共性。但是,由于这种特殊类型的犯罪中止所面对的犯罪已经实行到了相当的程度,已实施的行为有可能产生既遂形态的犯罪结果,从犯罪中止形态的立法目的出发,就不能不对这种特殊犯罪情况下成立犯罪中止再提出特殊的要求。因而这种特殊犯罪中止类型在上述三个特征之外,就还要求再具备"有效性"的特征,即行为人还必须有效地防止他已实施的犯罪之法定犯罪结果的发生,使犯罪未达既遂状态而停止下来。这一"有效性"特征鲜明地贯彻和体现了犯罪中止制度尽力减少已经开始进行的犯罪之社会危害程度的立法旨意。

根据犯罪中止有效性特征的要求,在已经实施的犯罪行为有可能产生既遂的犯罪结果的情况下,行为人要成立犯罪中止,仅以不作为的方式消极地停止犯罪的继续实施是不够的,除此之外,他还必须采取积极的作为形式来预防和阻止既遂的犯罪结果的发生,而且这种防止行为必须奏效,实际上只有阻止住即避免了既遂犯罪结果的发生,才能成立犯罪中止。如果行为人虽然采取了防止既遂的犯罪结果发生的积极措施,但实际上未能阻止住既遂的犯罪结果的发生,或者该犯罪结果未发生是由于其他原因所致,则不能认定行为人成立犯罪中止,而应认定为犯罪既遂或犯罪未遂。此种情况下,对行为人防止犯罪结果发生的这种努力,可在处罚时作为从宽情节适当考虑。

(三) 自动放弃可能重复的侵害行为的定性

自动放弃可能重复的侵害行为的定性问题较为复杂又颇有争议,因而需要专门论述。所谓自动放弃可能重复的侵害行为,是指行为人实施了足以造成既遂危害结果的第一次侵害行为,由于其意志以外的原因而未发生既遂的危害结果,在有当时继续重复实施侵害行为的实际可能时,行为人自动放弃了实施重复侵害行为,因而使既遂的危害结果没有发生的情况。对自动放弃可能重复的侵害行为的性质,过去传统的观点认为是犯罪未遂,近年来我国刑法学界展开争议,逐渐倾向于主张是犯罪中止。

我们认为,自动放弃可能重复的侵害行为的性质是犯罪中止而不是犯罪未遂,主要理由是:(1) 行为人对可能重复的侵害行为的放弃,是发生在犯罪实行未了的过程中,而不是在犯罪行为已被迫停止的未遂形态。犯罪行为是否实行终了,不应是指犯罪活动中的某个具体行为或动作是否实行完毕,而应是指某种罪的犯罪构成完备所要求的整个犯罪活动;行为是否实行终了的标准,不但要看行为人客观上是否实施了足以造成犯罪结果的犯罪行为,还要看犯罪人是否自认为完成了犯罪所必要的全部行为。在放弃可能重复的侵害行为的案件里,如行为人枪杀被害人,第一枪未击中而仍可能继续射杀,行为人主观上也明确认识到了这种情况。这种主客观情况的结合完全可以证明,其犯罪行为和整个犯罪活动都尚未终了,存在着中止犯罪所需要的时空条件。(2) 行为人放弃可能重复的侵害行为是自动的,而不是被迫的。仍以用枪杀人的案件为例,行为人意志以外的原因仅仅导致第一枪未能射中而不是阻止了整个犯罪活动的继续进行。行为人在整个犯罪行为尚未实施终了,在客观上可以继续犯罪而且主观上对继续犯罪有控制力亦有认识的情况下,出于其本意放弃本来可以继续实施的犯罪行为,从而表现出他放弃犯罪的自动性。(3) 由于行为人对可能重复的侵害行为自动而彻底的放弃,使犯罪结果没有发生,犯罪未达既遂形态。

总之,自动放弃可能重复的侵害行为一方面具备了犯罪中止的全部条件,另一方面不符合犯罪未遂的条件,因而它不是实行终了的犯罪未遂,而是未实行终了情况下的犯罪中止。同时,将自动放弃可能重复的侵害行为定性为犯罪中止,也是切实贯彻罪责刑相适应原则及宽严相济的刑事政策的需要。

二、犯罪中止形态的类型

犯罪中止形态的具体表现形式多种多样。从不同的角度,根据不同的标准,可以将犯罪中止划分为多种类型。正确地划分并研究犯罪中止的类型,有助于认识犯罪中止的复杂情况和深入把握犯罪中止形态的本质与特征,亦有助于从不同的侧面衡量不同的犯罪中止的不同危害程度,从而有助于司法实践中对犯罪中止案件的正确定罪量刑。下面简述犯罪中止的两种主要的分类:

(一) 预备中止、实行未终了的中止与实行终了的中止

这是根据犯罪中止发生的时空范围而对犯罪中止所作的区分。

(1) 预备中止。即发生在犯罪预备阶段的中止。其时空范围起始于犯罪预备活动的实施,终止于犯罪实行行为着手前。是指在犯罪的预备活动过程中,行为人在自认为可以继续实施犯罪活动的条件下,自动地将犯罪活动停止下来,不再继续实施犯罪预备行为或者没有着手实施犯罪实行行为的情况。如行为人预备爆炸杀人,但在制造爆炸物的过程中,惧怕发生严重的后果而自动停止了爆炸物的制造,未着手实施爆炸杀人的行为。

(2) 实行未终了的中止。即发生在犯罪实行行为尚未终了时的中止。其时空范围始于犯罪实行行为的着手,止于犯罪实行行为终了前。是指行为人在实施犯罪实行行为的过程中,自动放弃了犯罪的继续实施和完成(多表现为自动停止了犯罪行为的实施,少数情况下还要进一步有效地防止了犯罪结果的发生),因而使犯罪停止在未达既遂的状态。如强奸犯在着手对被害妇女实施暴力行为的过程中,基于被害妇女的劝说而放弃了对其进一步实施的奸淫行为,即属于强奸罪实行未终了的犯罪中止。

(3) 实行终了的中止。即发生在犯罪实行行为实施终了后的犯罪中止。其时空范围始于实行行为终了之时,止于既遂的犯罪结果发生之前。是指行为人在实行行为终了以后,出于本意而以积极的行为阻止了既遂之犯罪结果的发生。如投毒杀人者投下毒药后,又采取积极的措施未使被害人吃下毒物,或者在被害人中毒后积极抢救而未使其死亡,就是故意杀人罪实行终了的犯罪中止。

上述三种类型的犯罪中止相比较,其社会危害性程度显然有所不同,预备中止最小,实行终了的中止一般最大,而实行未终了的中止一般居中。

(二) 消极中止与积极中止

这是根据对中止行为的不同要求而对犯罪中止所作的区分。

(1) 消极中止。即犯罪人仅需自动停止犯罪行为的继续实施便可成立的犯罪中止。其行为方式仅需不作为形式。此种类型也即前述的自动停止犯罪的犯罪中止。在犯罪预备阶段和犯罪实行行为尚未终了的大多数情况下所成立的犯罪中止,均属

此种类型。

(2) 积极中止。指需要作为形式才能构成的中止。即犯罪人不但需要自动停止犯罪的继续实施,而且还需要以积极的作为行为去防止既遂的犯罪结果发生才能成立的犯罪中止。此种类型也即前述的自动有效地防止犯罪结果发生的犯罪中止。它发生于实行行为尚未实施终了的少数情况下,以及实行行为实施终了的某些情况下。

比较上述两种类型的犯罪中止,消极中止距离犯罪既遂较远;而积极中止距离犯罪既遂较近,尤其是其中有些还发生了一定的实际危害后果。因而一般说来,积极中止较消极中止的社会危害性大一些。

三、中止犯的处罚原则

对于中止犯的处罚,各国刑法采取的主要是必减免制和得减免制两种原则。我国《刑法》第24条第2款规定:"对于中止犯,没有造成损害的,应当免除处罚;造成损害的,应当减轻处罚。"由此看出,我国采取了必减免制。据此规定,是否造成损害,是对中止犯予以免除处罚或减轻处罚的依据。正确理解和适用这一原则,须注意以下几个问题:

第一,我国刑法对中止犯的处罚原则是"应当"即必须免除或者减轻处罚,而且对中止犯处理时要先考虑损害结果。对中止犯既不许可与既遂犯同样处罚,也不允许比照既遂犯从轻处罚。这一处罚原则不但轻于未遂犯,也轻于预备犯,这体现了主客观相统一的刑事责任原则和罪责刑相适应原则的要求,也在一定程度上有助于对已经开始的犯罪活动的积极制止。

第二,对中止犯的处罚,应同时引用《刑法》第24条和《刑法》分则有关具体犯罪的条文,在罪名上应对中止形态有所体现。

第三,对中止犯的从宽处罚应根据不同情况分别掌握:对于造成损害结果的,应当减轻处罚,并应综合考察中止犯罪的各种主客观情况,如具体损害结果的大小和中止犯罪的原因等,来决定减轻处罚的幅度;对于未造成损害结果的,应当免除处罚。

第四,中止者所拟实施或刚着手实施的犯罪危害较轻,符合我国《刑法》第13条但书规定即"情节显著轻微危害不大"的,应依法不认为是犯罪。

第十一章 共同犯罪

第一节 共同犯罪概述

一、共同犯罪的概念

犯罪是一种复杂的社会现象,就实施的人数言,有一人单独实施的犯罪,也有二人以上共同实施的犯罪。前者称为单独犯罪,后者称为共同犯罪。共同犯罪在西方刑法理论中通常称为共犯。如果说在政治经济学上协作不等于若干个人劳动的简单相加,而会产生一种新的力量;那么共同犯罪也不是若干单独犯罪的简单相加,而会具有更大的社会危害性。同时刑法分则中各条款所规定的犯罪构成,一般是以个人单独犯罪为标本的,二人以上共同实施犯罪的,除极少数需要在刑法分则中明文规定外,绝大多数都不宜在分则条文中加以规定,以免失之于繁琐。此外,各共同犯罪人在共同犯罪中的地位和作用互不相同,对他们给予同一的法律评价和处罚原则,显然不妥。因此,各国刑法大多在刑法总则中设共同犯罪的规定,用以解决共同犯罪人的刑事责任问题。我国刑法自然也不例外。

虽然很多国家的刑法在总则中规定了共同犯罪,但什么是共同犯罪,在刑法中作出明确规定的却很少,大多是委之于刑法学者的学理解释。1952年《阿尔巴尼亚刑法典》第12条较早地规定了共同犯罪的定义:"数人共同故意实施犯罪或者以这种目的组织犯罪团体的,都是共同犯罪。"这一定义具有开创性,但将共同犯罪分为两类,显然不够概括。1960年《苏俄刑法典》也规定了共同犯罪的概念,并且较为简练。1996年《俄罗斯联邦刑法典》基本上承袭了《苏俄刑法典》关于共同犯罪的定义,于第32条对共同犯罪作了如下界定:"二人或二人以上故意共同参加实施故意犯罪的,是共同犯罪。"我国刑法亦属于这种立法例。1979年《刑法》规定了共同犯罪的定义,1997年修订《刑法》时对此未作修改。《刑法》第25条规定:"共同犯罪是指二人以上共同故意犯罪。"同时规定:"二人以上共同过失犯罪,不以共同犯罪论处;应当负刑事责任的,按照他们所犯的罪分别处罚。"这一定义明显地表现出如下主要特征:(1)表述的科学性。定义揭示了共同犯罪必然具备的要件:二人以上;共同的犯罪行为;共同的犯罪故意。它既不扩大也不缩小共同犯罪的范围,是符合社会生活中共同犯罪实际情况的科学概括。(2)用词的明确性。定义明确指出共同犯罪的主体条件是"二人以上",而未采用含义不够明确的词语——"数人",避免由此产生争议,影响司法实践的正常操作。(3)内容的概括性。定义未将犯罪集团单独列出,而是概括于"二人以上共同故意犯罪"之中。同时在主体人数上未写"二人或二人以上",而将二人包括在"二人以上"之内。此外,另用一款说明共同过失犯罪的,不构成共同犯罪,对定义作进一步的补充,使定义言简意赅,具有高度的概括性。

二、共同犯罪的成立要件

如上所述,构成共同犯罪,必须具备如下要件:

(一) 行为人为二人以上

共同犯罪的主体,必须是两个以上达到刑事责任年龄、具有刑事责任能力的人或单位。

首先,共同犯罪必须是二人以上共同实施犯罪,一个人单独犯罪,不发生共同犯罪问题。其次,二人以上必须是达到刑事责任年龄、具有责任能力的人。一个达到刑事责任年龄的人和一个未达到刑事年龄的人,或者一个精神健全有刑事责任能力的人和一个由于精神障碍无刑事责任能力的人共同实施危害行为,不构成共同犯罪。一个有刑事责任能力的人,教唆或者帮助一个幼年人或者精神病人,实施危害行为,不构成共同犯罪;教唆者或帮助者作为实行犯罪处理,被教唆者或被帮助者不构成犯罪。这种情况在西方刑法理论上称为间接正犯,也就是间接实行犯。我国刑法理论上没有间接正犯的概念,但在我国社会生活中却存在着这种犯罪现象。例如,教唆未满14周岁的儿童盗窃,帮助患有严重精神病的青年强奸妇女等案件,均有发生。在这种情况下,行为人不过是把儿童或精神病患者当作犯罪的工具实施自己的犯罪,审判实践中对行为人依该罪的实行犯定罪判刑,而没有作为共同犯罪处理,是正确的。需要说明,我国《刑法》第17条对刑事责任年龄分为若干阶段规定,在认定行为人能否成为某一犯罪的共同犯罪主体时,应当根据该条的规定进行。

由于我国《刑法》规定了单位犯罪,因而也可能出现单位共同犯罪,即两个以上的单位共同故意犯罪,如甲公司与乙公司共同故意走私,即构成单位走私罪的共同犯罪。同时也可能出现单位和个人共同犯罪,如某甲教唆乙公司生产、销售伪劣产品,即构成单位与个人生产、销售伪劣产品罪的共同犯罪。

(二) 共同的犯罪行为

从犯罪的客观方面来看,构成共同犯罪必须二人以上具有共同的犯罪行为。所谓共同的犯罪行为,指各行为人的行为都指向同一犯罪,互相联系,互相配合,形成一个统一的犯罪活动整体。

(1) 各行为人所实施的行为,必须是犯罪行为,否则不可能构成共同犯罪。例如共同在不可抗力下实施的造成危害的行为,或者共同在正当防卫或紧急避险条件下实施的造成损害的行为,或者共同实施的情节显著轻微危害不大的行为等,都不成立共同犯罪。

(2) 如前所述,危害行为的基本形式有作为与不作为。据此,共同犯罪行为表现为三种形式:一是共同的作为,如甲、乙共同动手抢劫丙的财物,这是共同犯罪行为的主要形式。二是共同的不作为,如甲、乙夫妻二人共同遗弃年老有病的父亲丙,致丙走投无路而自杀。三是作为与不作为的结合。如仓库值班员甲与意图盗窃人乙按照事前约定,乙夜间去仓库盗窃时,甲佯装睡觉,不加制止,致乙盗窃大量财物。

按照共同犯罪的分工,共同犯罪行为表现为四种方式:第一,实行行为,即实施符合犯罪构成客观方面要件的行为;第二,组织行为,即组织、领导、策划、指挥共同犯罪的行为;第三,教唆行为,即故意劝说、收买、威胁或者采用其他方法唆使他人故意实施犯罪的行为;第四,帮助行为,即故意提供信息、工具或者排除障碍协助他人故意实施犯罪的行为。共同犯罪的共同行为,可能是行为人共同实施实行行为,也可能是行为人分别实施不同的行为,即有人实施实行行为,有人实施组织行为、教唆行为或帮助行为,这些都是共同犯罪。如果认为只有共同实施实行行为才是共同犯罪,那就错了。对仅参与共谋而未参与犯罪的实行行为的,是否构成共同犯罪,我国刑法学界曾有肯定说和否定说两种不同意见。根据上述观点,我们赞同肯定说。所谓共谋是指二人以上为了实施特定的犯罪而进行的谋议,可能是策划实施犯罪,也可能是商讨如何实施犯罪,或者两者兼而有之,可见共谋本身就是共同犯罪行为,所以参与犯罪谋议而未参与犯罪实行,应当认为构成共同犯罪。

(3) 共同实施的犯罪是结果犯并发生危害结果时,每一共同犯罪人的行为与危害结果之间都存在因果关系。共同犯罪中的因果关系,是两个以上共同犯罪人的行为与危害结果之间的因果关系,与单独犯罪中一个人的行为与危害结果之间的因果关系相比有其特殊性。其特殊性在于:共同犯罪行为是围绕一个犯罪目标,互相配合,互为条件的犯罪活动整体,正是这个行为的整体导致了危害结果的发生。换言之,这个行为整体是危害结果发生的统一原因,而每个共同犯罪人的行为都是危害结果发生原因的一部分。所以对共同犯罪人的行为不应孤立地而应当统一地考察,不能只就某一共同犯罪人的行为是否现实地导致危害结果发生,来认定其行为与危害结果之间是否存在因果关系。这是考察共同犯罪中因果关系特点的共同性,不过,由于共同犯罪行为方式不同,共同犯罪行为与危害结果之间的因果关系也还有各自的特点。

第一,在共同实行犯罪的场合,各共同犯罪人的行为共同指向同一犯罪事实,共同作用于同一危害结果,因而应将他们的实行行为作为统一整体来看,以确定其对危害结果是否具有原因力。共同犯罪人的实行行为共同引起危害结果发生,固然他们的实行行为与危害结果之间均有因果关系。即使共同犯罪人中只有一人的实行行为引起危害结果发生,其他人的实行行为没有导致危害结果发生,也应认为他们的行为与危害结果之间存在因果关系。例如,甲、乙事前通谋开枪杀害丙,甲开枪未中,乙开枪中丙头部,致丙死亡。甲、乙的行为与丙的死亡之间均有因果关系,均应依故意杀人罪负刑事责任。

第二,在共同犯罪人之间存在分工的场合,即在共同犯罪人之间有的组织犯罪,有的教唆犯罪,有的实行犯罪,有的帮助犯罪,组织犯、教唆犯与帮助犯(从犯)并未参与实施实行行为,共同犯罪行为与危害结果之间的因果关系表现为:组织行为、教唆行为引起实行犯的犯罪决意和实行行为,帮助行为加强实行犯的犯罪决意和利于实行犯的实行行为,实行行为直接导致危害结果的发生。组织行为、教唆行为、帮助行为和实行行为,作为共同犯罪行为的有机整体,都与危害结果之间存在因果关系。

(三) 共同的犯罪故意

从犯罪的主观方面来看，构成共同犯罪必须二人以上具有共同的犯罪故意。所谓共同的犯罪故意，是指各共同犯罪人认识他们的共同犯罪行为和行为会发生的危害结果，并希望或者放任这种结果发生的心理态度。共同犯罪故意虽然与个人的犯罪故意有所不同，但其内容同样可以从认识因素与意志因素两个方面来分析：

(1) 共同犯罪故意的认识因素，包括如下内容：第一，共同犯罪人认识到自己与他人互相配合共同实施犯罪；第二，共同犯罪人认识到自己的行为性质，并且认识到共同犯罪行为的性质；第三，共同犯罪人概括地预见到共同犯罪行为与共同危害结果之间的因果关系，即认识到自己的行为会引起的危害结果以及共同犯罪行为会引起的危害结果。

(2) 共同犯罪的意志因素，即共同犯罪人希望或者放任自己的行为引起的结果和共同犯罪行为会发生的危害结果。例如，甲教唆乙伤害丙，甲希望自己的教唆行为引起乙产生伤害丙的意思，并且希望发生丙被伤害的结果。共同犯罪人一般是希望共同犯罪行为所引起的危害结果发生，但在个别情况下也可能是放任危害结果发生。

在共同的犯罪故意要件上需要特别说明的是：为了成立共同犯罪，共同犯罪人之间必须存在意思联络（或称意思疏通）。意思联络是共同犯罪人双方在犯罪意思上互相沟通，它可能存在于组织犯与实行犯之间、教唆犯与实行犯之间或者帮助犯与实行犯之间，而不要求所有共同犯罪人之间都必须存在意思联络，如组织犯、教唆犯、帮助犯相互间即使没有意思联络，也不影响共同犯罪的成立。

三、共同犯罪的认定

(一) 不构成共同犯罪的情况

(1) 二人以上共同过失犯罪，不构成共同犯罪。尽管这在国外是一个颇有争议的问题，在国内也有不同意见，但我国《刑法》已经明文规定："二人以上共同过失犯罪，不以共同犯罪论处；应当负刑事责任的，按照他们所犯的罪分别处罚。"因为共同犯罪的特点是二人以上通过共同的犯罪故意，使各人的行为形成一个共同的有机整体，因而具有更大的社会危害性。而共同过失犯罪，双方缺乏意思联络，不可能形成共同犯罪所要求的有机整体性。并且在共同过失犯罪中，不存在主犯、从犯、教唆犯的区分，只存在过失责任大小的差别，因而也不需要对他们以共同犯罪论处，而只根据各人的过失犯罪情况分别负刑事责任就可以了。

(2) 同时犯，不是共同犯罪。所谓同时犯，是指二人以上没有共同的犯罪故意而同时在同一场所实行同一性质的犯罪。同时犯的特点是行为人各有故意，但缺乏共同的故意即缺乏意思联络，所以不是共同犯罪，而是同时实行的单独犯，各人只对自己的犯罪行为承担刑事责任。例如，甲、乙不约而同地意图杀害丙而向丙射击，甲没有命中，乙命中丙的头部致丙死亡。甲负故意杀人罪（未遂）的责任，乙负故意杀人罪（既遂）的责任。

(3) 二人以上实施危害行为，罪过形式不同的，不构成共同犯罪。它表现为两个方面:一是过失地引起或帮助他人实行故意犯罪,二是故意地教唆或帮助他人实施过失犯罪。这些情况在外国刑法理论中虽然存在争议,但在我国刑法学中认为不构成共同犯罪,意见是一致的。在这种情况下,应当根据各人的罪过形式和行为形态,依照刑法规定分别处理。

(4) 实施犯罪时故意内容不同的,不构成共同犯罪。例如,甲、乙共同用木棍打击丙,甲是伤害的故意,乙是杀人的故意,结果由于乙打击丙的要害部位致丙死亡,由于没有共同的犯罪故意,不能按共同犯罪处理,只能按照各人的主客观情况分别定罪,即甲定故意伤害罪,乙定故意杀人罪。

(5) 超出共同故意之外的犯罪,不是共同犯罪。共同犯罪人超出共同犯罪故意又犯其他罪的,对其他罪只能由实行该种犯罪行为的人负责,对其余的人不能按共同犯罪论处。这种情况叫实行犯过限。1996 年《俄罗斯联邦刑法典》第 36 条对此作了规定,即"实行犯实施了超出其他共犯故意范围的犯罪行为是实行犯过当。对于实行犯的过当行为,其他共犯不承担刑事责任"。这一规定值得参考。

(6) 事后通谋的窝藏行为,包庇行为,不构成共同犯罪。因为这些行为与危害结果的发生没有因果关系。但事前通谋窝藏行为或包庇行为,支持和鼓励了实行犯的实行行为,通过实行行为引起危害结果的发生,因而与危害结果的发生之间存在因果关系,并且具有共同的犯罪故意,应成立共同犯罪。所以我国《刑法》第 310 条第 2 款就窝藏、包庇罪规定:"犯前款罪,事前通谋的,以共同犯罪论处。"

(二) 片面共犯问题

所谓片面共犯,是指共同行为人的一方有与他人共同实施犯罪的意思,并加功于他人的犯罪行为,但他人不知其给予加功的情况。

能否成立片面的共犯,中外刑法理论上都存在争论。在承认片面共犯的观点中,对片面共犯成立的范围也存在分歧:有的承认片面帮助犯、片面教唆犯和片面实行犯,有的承认片面帮助犯和片面教唆犯,有的则仅承认片面帮助犯。我们认为,片面教唆犯和片面实行犯是不可能发生的,而单方面帮助他人犯罪,他人不知道的情况,在社会生活中是客观存在的,问题是如何处理才好。由于毕竟是帮助他人犯罪,比较起来,还是以从犯处理为宜。

第二节 共同犯罪的形式

一、共同犯罪形式的概念及其划分的意义

形式,从哲学上讲,"是内容的存在方式,是内容的结构和组织"[①];从日常用语上讲,是指"事物的结构、组织、外部状态等"[②]。共同犯罪的形式,是指二人以上共同犯罪的存在方式、结构状况或者共同犯罪之间的结合形态。

---

① 《辞海》(缩印本),上海辞书出版社 2000 年版,第 232 页。
② 同上。

共同犯罪的形式是各种各样的,不同的共同犯罪形式具有各自的特点和不同程度的社会危害性,研究共同犯罪形式的划分,意义在于:(1)区别不同形式的共同犯罪,认识各种形式的共同犯罪的性质及其社会危害程度,以便确定对共同犯罪的法律适用,打击社会危害性最大的共同犯罪形式。(2)分清共同犯罪人在不同形式的共同犯罪中的地位和作用,便于对共同犯罪人实行区别对待,严厉惩治首要分子,从宽处理从犯和胁从犯,有效地与共同犯罪作斗争。

二、共同犯罪形式的划分

共同犯罪的形式如何划分,刑法理论界存在着不同意见,通说认为,从不同角度,用不同的标准,将共同犯罪的形式,分为以下几种:

(一)任意的共同犯罪和必要的共同犯罪

这是从共同犯罪是否能够任意形成为标准进行划分的。任意的共同犯罪,是指刑法分则规定的一个人单独可能实施的犯罪,由二人以上共同实施而形成的共同犯罪。根据刑法分则规定,这种犯罪不以多数行为人实行犯罪为必要,可以一个人实施,也可以二人以上共同实施。例如,我国《刑法》分则中规定的故意杀人罪、强奸罪、抢劫罪、盗窃罪、放火罪等,都是既可以一个人单独实施,也可以二人以上共同实施。二人以上共同故意实施上述犯罪的,就是任意的共同犯罪。任意的共同犯罪由刑法总则加以规定。刑法理论上研究的共同犯罪,主要是这种共同犯罪。对这种共同犯罪,应当根据刑法总则规定共同犯罪的条款和刑法分则规定的有关犯罪的条文定罪量刑。

必要的共同犯罪,是指刑法分则规定的犯罪构成以二人以上的行为为要件的犯罪。根据我国《刑法》的规定,这种共同犯罪有以下三种:

(1)对向性共同犯罪,指基于二人以上的互相对向行为构成的犯罪。在这种犯罪中,缺少另一方的行为,该种犯罪就不能成立。这种共同犯罪的特点是:第一,触犯的罪名可能不同(如行贿罪、受贿罪),也可能相同(如重婚罪)。第二,各自实施自己的犯罪行为,如一个送,一个收。第三,双方的对向行为互相依存而成立,如受贿行为以存在行贿行为为条件始能发生。第四,一方构成犯罪,一方可能不构成犯罪。如甲、乙、丙每人向丁行贿1万元,丁共受贿3万元。甲、乙、丙均不构成行贿罪,但丁构成受贿罪。这种情况虽然仍称为必要的共同犯罪,但用语确实值得研究。

(2)聚合性共同犯罪,指以向着同一目标的多数人的共同行为为犯罪构成要件的犯罪。如武装叛乱、暴乱罪,聚众扰乱社会秩序罪等属之。这种共同犯罪的特点是:第一,人数较多;第二,参与犯罪者的行为方向相同;第三,参与的程度和形态可能不同,有的参与组织、策划或指挥,有的只是参与实施犯罪活动。

(3)集团性共同犯罪,指以组织、领导或参加某种犯罪集团为犯罪构成要件的犯罪。例如,我国《刑法》第120条第1款规定的"组织、领导恐怖活动组织的",第294条第1款规定的"组织、领导黑社会性质的组织的"等属之。对必要的共同犯罪,根据刑法分则规定的有关犯罪的条文处理,不必适用刑法总则规定的共同犯罪的条款。

(二) 事前通谋的共同犯罪和事中通谋的共同犯罪

这是以共同犯罪故意形成的时间为标准进行划分的。事前通谋的共同犯罪,是指共同犯罪人着手实行犯罪以前形成共同犯罪故意的共同犯罪。通谋通常是指共同犯罪人之间用语言或文字互相沟通犯罪意思,通谋的内容可能是拟定实施犯罪的性质、方法、地点、时间、分工,也可能是犯罪后湮灭罪迹,分配赃物等;通谋的形式可能表现为用语言进行谋议,或以文字交换意见,也可能表现为点头示意赞同或答应共同犯罪人的提议。只要共同犯罪故意是在着手实行之前形成的,不论采取什么形式通谋,都无碍于事前通谋的共同犯罪的成立。这种共同犯罪在实际生活中较多,与事中通谋的共同犯罪相比,也是较为危险的共同犯罪形式。

事中通谋的共同犯罪,是指共同犯罪人在着手实行犯罪之际或实行犯罪过程中形成共同犯罪故意的共同犯罪,这种共同犯罪形式,通常称为"事前无通谋的共同犯罪"。考虑到"事前无通谋"一词,包括事中通谋和事后通谋,而事后通谋不构成共同犯罪,所以"事前无通谋"实际上仅指事中通谋,因而改称事中通谋的共同犯罪。这种共同犯罪形式,由于共同犯罪人是在着手实行犯罪后临时形成的,往往缺乏周密的谋议,社会危害性相对较小一些。

(三) 简单的共同犯罪和复杂的共同犯罪

这是以共同犯罪人之间有无分工为标准进行划分的。简单的共同犯罪,在西方刑法中叫共同正犯(即共同实行犯),是指二人以上共同故意实行某一具体犯罪客观要件的行为。在这种共同犯罪形式中每一共同犯罪人都是实行犯。对此我国刑法没有规定,但在司法实践中这种共同犯罪形式经常出现,值得研究。构成简单的共同犯罪,除了犯罪主体是两个以上达到法定刑事责任年龄具有刑事责任能力的人以外,还必须具备如下要件:

(1) 从犯罪的客观方面看,各共同犯罪人必须共同实行犯罪。共同实行表现有以下几种情况:第一,共同实行同样的行为,即各共同犯罪人共同实行同一的犯罪客观要件的行为,如甲、乙共同用毒药将丙毒死。第二,各人实行不同的行为,即各共同犯罪人实施同属于犯罪客观要件但不相同的行为。如甲、乙共同对丙实施抢劫,甲用凶器对丙威胁,乙对丙搜身将其财物抢走。第三,对不同对象分别实行犯罪,即各共同犯罪人共同实施某一犯罪,但分别对不同的对象实行犯罪行为。如甲、乙相约杀害丙、丁兄弟,二人分工,甲杀死哥哥丙,乙杀死弟弟丁。这几种情况同样都是简单的共同犯罪。但如果一人实行犯罪构成客观要件的行为,另一人实施非犯罪构成客观要件的行为,例如,甲实行杀人,乙提供手枪子弹,那就不是简单的共同犯罪,而属于复杂的共同犯罪了。

(2) 从犯罪的主观方面看,各共同犯罪人必须具有共同实行犯罪的故意。它包括如下内容:第一,各共同犯罪人对所具体实施的犯罪具有共同的认识。例如,都认识到共同实行杀人罪,否则,一人认识是实行杀人罪,另一人认识是实行伤害罪,则不构成简单的共同犯罪。第二,各共同犯罪人具有共同实行犯罪的意思联络,即行为人不仅认识到自己实行犯罪,并且认识到与他人共同实行犯罪,同时他人也认识到对方与自己共同实行犯罪。否则一人有共同实行犯罪的认识,而另一人则没有共同实行犯罪的认识,也不构成简单的共同犯罪,因而我们否定所谓片面共同正犯。第三,各共同犯罪人都希望或放任共同犯罪结果的发生,即简单的共同犯罪通常都是由直接故意构成,但有时也可能是出于间接故意。共同实行犯罪的故意,不论是在着手实行犯罪以前形成,或者是在实行犯罪过程中形成,同样都可能成立简单的共同犯罪。

如何解决简单的共同犯罪人的刑事责任?我们认为应当遵循如下原则:

(1) 各共同犯罪人对共同实行的犯罪行为整体负责,而不只是对自己实行的犯罪行为负责。例如,甲、乙共谋投石伤害丙,甲投石击中丙左眼致左眼失明,乙投石未命中,没有对丙造成伤害,乙与甲同样作为伤害既遂的共同实行犯受处罚,不能因为乙投石未命中,认为乙是伤害未遂。在外国刑法理论上这叫"部分行为全部责任的原则"①,这一原则值得参考。

(2) 各共同犯罪人只能对共同故意实行的犯罪负责,如果有人超出共同故意的范围,实行别的犯罪,只能由实行该种犯罪的人负责,其他共同犯罪人对该种犯罪不负刑事责任。

(3) 根据各共同犯罪人在共同犯罪中的作用和社会危害程度,分别按主犯、从犯、胁从犯处罚,并引用刑法总则规定的共同犯罪的有关条文,如果都是起的主要作用,都按照主犯处罚。

(4) 考查各共同犯罪人的人身危险程度和犯罪后的态度,实行区别对待。具备从重或者从轻、减轻、免除处罚情节的,予以从重或者从轻、减轻、免除处罚。因而各共同犯罪人即使都是主犯,量刑也会不同,甚至主犯的处刑可能比从犯的处刑还轻。

复杂的共同犯罪,是指各共同犯罪人之间存在一定分工的共同犯罪。这种分工表现为:有的教唆他人使他人产生实行犯罪的故意,有的帮助他人实行犯罪使他人的犯罪易于实行,有的直接实行犯罪即实行该种犯罪构成客观要件的行为。由于共同犯罪人的行为各不相同,因而叫复杂的共同犯罪。这种共同犯罪与简单的共同犯罪的区别在于:后者,各共同犯罪人都参与实行犯罪构成客观要件的行为,都是实行犯;而前者,各共同犯罪人中,有的实行犯罪构成客观要件的行为,有的则实施非犯罪构成客观要件的行为,从而有的是实行犯,有的是教唆犯,有的则是帮助犯。

我国《刑法》主要是按照共同犯罪人在共同犯罪中的作用规定犯罪人的种类的,没有规定复杂的共同犯罪。我们应当根据各共同犯罪人在共同犯罪中所起作用的大小和对社会的危害程度,依照《刑法》总则关于共同犯罪的规定,解决他们的刑事责任问题。

(四) 一般的共同犯罪和特别的共同犯罪

这是以共同犯罪人之间结合的紧密程度为标准进行划分的。一般的共同犯罪,是指各共同犯罪人之间不存在组织形式的共同犯罪。这种共同犯罪形式的特点在于:共同犯罪人之间没有组织,他们只是为了实施某一具体犯罪而临时结合在一起,

---

① 〔日〕板仓宏:《新订刑法总论》,日本劲草书房1998年日文版,第305页。

该一具体犯罪实行完毕,这种共同犯罪形式也就不复存在了。一般的共同犯罪可以是事前通谋的共同犯罪,也可以是事中通谋的共同犯罪;可以是简单的共同犯罪,也可以是复杂的共同犯罪。属于什么形式的共同犯罪,就按照该种形式的共同犯罪处理。

特殊的共同犯罪,是指各共同犯罪人之间建立起组织形式的共同犯罪,或称有组织的共同犯罪,亦即犯罪集团。我国《刑法》第 26 条第 2 款规定:"三人以上为共同实施犯罪而组成的较为固定的犯罪组织,是犯罪集团。"构成犯罪集团必须具备如下条件:(1) 由三人以上组成。所谓三人以上包括三人在内,这是在人数上犯罪集团成立的条件。这就是说二人共同进行犯罪活动的,是一般的共同犯罪;只有三人或超过三人共同进行犯罪活动的,才可能是犯罪集团。在社会现实生活中,犯罪集团远远不止三个人参加,根据有关材料,犯罪集团的成员多达十几人或者几十人,少者也有六七人左右。只有三人的,是个别的情况。(2) 为共同实施犯罪而组成。犯罪集团总是以实施某一种或者几种犯罪为目的而组成的,否则便不成其为犯罪集团。例如,基于追求低级趣味或出于封建习俗而纠合在一起的,或者基于落后思想或共同对某一具体事项不满而纠合在一起的,则不能认为是犯罪集团。如果其中有个别人背着其他同伴进行犯罪活动,对进行犯罪活动的人应当依法处理,但不能据此将聚合在一起的人认定为犯罪集团。(3) 是较为固定的犯罪组织。所谓犯罪组织,是指以犯罪为目的而建立起来的较为固定的集体。组织总是意味着成员之间存在着领导与被领导的关系,亦即既有组织者、领导者、指挥者,又有普通成员,后者服从于前者的领导和指挥,前者领导、指挥后者进行犯罪活动。犯罪集团的性质不同,组织的严密程度大不一样。按照组织严密的程度来划分,犯罪集团可分为普通犯罪集团、黑社会性质组织、黑社会组织。当前,我国社会中的犯罪集团,组织最为严密的当属黑社会性质组织。所谓较为固定,是指以实施多次犯罪为目的而组织起来,组织体准备长期存在,并非以实施一次具体犯罪为目的而纠集在一起,该具体犯罪实施完毕即行散伙。较为固定,是就准备长期存在而言的,并不以事实上长期存在为必要。所以,只要查明各共同犯罪人是以实施多次或不定次数犯罪为目的而组织起来,即使没有来得及实施犯罪,都不影响成立犯罪集团。当然,如果共同实施多次或不定次数犯罪的目的不是经过通谋确定的,而是通过共同实施犯罪行为形成的,那就要有两次以上的犯罪事实,才能认定该犯罪群体是犯罪集团。犯罪集团是最危险的共同犯罪形式,历来是我国刑法打击的重点。

对犯罪集团,刑法分则有规定的,即属于必要的共同犯罪中的集团性共同犯罪,应当依照刑法分则的有关规定处理;刑法分则没有规定的,应当依照刑法总则关于共同犯罪的规定,区别首要分子、首要分子以外的主犯、从犯、胁从犯,然后分别予以相应的处罚。

20 世纪 80 年代以来,司法实践中经常使用犯罪团伙这一概念,但什么是犯罪团伙,意见不一,有的认为犯罪团伙就是犯罪集团,有的认为犯罪团伙是介于一般共同犯罪与犯罪集团之间的共同犯罪形式,有的认为犯罪团伙是犯罪集团与犯罪结伙的合称,有的认为犯罪团伙包括犯罪集团和一般共同犯罪。在我们看来最后一种观点是可取的。因为它既符合法律规定,又符合审判实际情况。我国刑法规定了犯罪集团和一般共同犯罪,而没有规定犯罪团伙。审判实践中对犯罪团伙,有的按犯罪集团处理,有的按一般共同犯罪处理。据此可以认为,犯罪团伙是指三人以上结成一定组织或纠合比较松散的共同犯罪形式。对犯罪团伙案件的处理,应当具体情况具体分析:按照条件能定为犯罪集团的,依犯罪集团处理;否则,依一般共同犯罪处理。处理这类案件时,在判决、裁定及其他法律文书中要避免使用犯罪团伙的提法。

第三节 共同犯罪人的刑事责任

一、共同犯罪人的分类标准

由于各共同犯罪人在共同犯罪中的地位和作用不同,对各共同犯罪人处理时需要区别对待,因而有必要对共同犯罪人进行分类。正由于此,在世界各国关于共同犯罪的立法中,除少数国家外,绝大多数国家刑法均对共同犯罪人的种类加以划分。

对共同犯罪人采用什么标准分类,从各国刑法关于共同犯罪的立法例来看,主要有以下两种:

(一) 分工分类法

分工分类法是以共同犯罪人在共同犯罪活动中的分工为标准,对共同犯罪人进行的分类。采用这种标准分类的国家中,有的采用二分法,分为正犯与从犯,如1810年《法国刑法典》采用这种分类,其所谓从犯包括教唆犯和帮助犯;1995年我国澳门地区《刑法典》也采用这种分类,其所谓的正犯包括实行犯和教唆犯。有的采用三分法,分为实行犯、教唆犯和帮助犯,如1922年《苏俄刑法典》采用这种分类;或者分为正犯、教唆犯和帮助犯,《德国刑法典》采用这种分类,其所谓正犯即实行犯。有的采用四分法,分为实行犯、组织犯、教唆犯和帮助犯,1960年《苏俄刑法典》、1996年《俄罗斯联邦刑法典》等均采用这种分类。

(二) 作用分类法

作用分类法是以共同犯罪人在共同犯罪活动中所起的作用为标准,对共同犯罪人进行的分类。采用这种标准分类的国家中,有的采用二分法,分为主犯和从犯,如英国1967年《刑事法令》颁布实施以前采用这种分类。有的采用三分法,分为首要、从犯和胁从,如1945年我国《苏皖边区惩治叛国罪犯(汉奸)暂行条例》采用这种分类。

上述两种标准的分类各有利弊。以分工为标准的分类,比较客观地反映了共同犯罪人在共同犯罪中从事什么样的活动,便于对共同犯罪人的行为定罪;但它没有揭示他们在共同犯罪活动中起了什么样的作用,不利于正确解决各自的刑事责任。以作用为标准的分类,比较客观地反映了共同犯罪人在共同犯罪中所起作用的大小,从而反映了他们各自不同的社会危害程度,便于对他们量刑,解决其刑事责任;但它没有反映各共同犯罪人在共同犯罪活动中的分工,对共同犯罪人定罪的一些问题不好解决。如教唆他人犯罪但他人并未犯罪,就是适例。

对共同犯罪人的分类,从根本上说,是为了解决各共同犯罪人的刑事责任问题,刑事审判的任务,最终也就是解决行为人的刑事责任。因而我国刑法历来重视以作用为标准对共同犯罪人进行分类,1979年制定刑法典时,总结实践经验,据以将共同犯罪人分为主犯、从犯、胁从犯。同时考虑到以分工为标准分类的教唆犯,在上述分类中没有反映,如何处理难以解决,因而在胁从犯之后另外又规定了教唆犯,并揭示了对教唆犯在不同情况下的处罚原则。可见我国刑法典是以作用为主兼顾分工对共同犯罪人予以分类。教唆犯与主犯、从犯、胁从犯不是并列关系,但不能据此认为教唆犯不是我国刑法中共同犯罪人的一种,因为我国刑法典将教唆犯在"共同犯罪"一节作了明文规定。这样,我国刑法学上研究的是两类四种共同犯罪人,即一类为主犯、从犯、胁从犯,另一类为教唆犯。据此,下面分别予以论述。

二、主犯、从犯、胁从犯的特征及其刑事责任

(一) 主犯的特征及其刑事责任

我国《刑法》第26条第1款规定:"组织、领导犯罪集团进行犯罪活动的或者在共同犯罪中起主要作用的,是主犯。"据此,主犯分为两种:

(1) 组织、领导犯罪集团进行犯罪活动的犯罪分子,就是犯罪集团的首要分子。这种主犯只有在犯罪集团这种特殊的共同犯罪中才存在,没有犯罪集团,也就没有这种主犯。是否构成犯罪集团,应根据前述犯罪集团成立的条件来认定。组织、领导犯罪集团进行犯罪活动,是这种主犯的特征。组织,是指纠集、串联他人建立犯罪集团。领导,是指率领犯罪集团成员进行犯罪活动,为犯罪集团的犯罪活动出谋划策、作出决定,指使、安排、调配犯罪集团成员的分工和活动等。由于这种主犯建立、领导犯罪集团,指挥集团成员进行犯罪活动,因而是犯罪集团的核心,没有这种主犯,也就没有犯罪集团,所以这种主犯具有更大的社会危害性,是我国刑法打击的重点中的重点。犯罪集团的首要分子,可能只有一人,也可能不止一人,究竟哪些人是首要分子,应以事实为根据,依照刑法规定来确定。

(2) 在共同犯罪中起主要作用的犯罪分子,相对于犯罪集团的首要分子,又称其他主犯或首要分子以外的主犯。这种主犯有以下几种:一是在犯罪集团中起主要作用的犯罪分子。组织、领导犯罪集团进行犯罪活动,自然是在共同犯罪中起主要作用,所以这里所说的起主要作用,应理解为除上述活动之外在共同犯罪中起主要作用。这主要表现为:积极参加犯罪集团,在犯罪集团中特别卖力地进行犯罪活动,或者在犯罪集团中直接实行犯罪、罪行重大等。具有上述情况之一的,即构成犯罪集团的主犯。二是在一般共同犯罪中起主要作用的犯罪分子。这主要是在一般共同犯罪中起主要作用的实行犯,具体表现为:在共同犯罪中直接造成严重危害结果,积极献计献策在完成共同犯罪中起着关键作用,在共同犯罪中罪行重大或情节特别严重等,具有上述情况之一的,即构成一般共同犯罪的主犯。三是在聚众犯罪中起主要作用的犯罪分子。这涉及刑法理论界常常议论的聚众犯罪的首要分子与主犯的关系问题,下面对此加以论述。

我国《刑法》第97条规定:"本法所称首要分子,是指在犯罪集团或者聚众犯罪中起组织、策划、指挥作用的犯罪分子。"这里规定的首要分子是就必要的共同犯罪而言的,亦即是对刑法分则条文明文规定的"首要分子"所作的解释。从这一规定可以看出,首要分子有两种:一是在犯罪集团中起组织、策划、指挥作用的犯罪分子,即犯罪集团的首要分子,这种首要分子与我国《刑法》第26条规定的首要分子相当,但由于它是《刑法》分则所规定的,因而在处理有关犯罪的这种首要分子时,应当直接引用《刑法》分则的有关条文,不需要援引《刑法》总则第26条。例如,我国《刑法》第240条规定:"……有下列情形之一的,处10年以上有期徒刑或者无期徒刑……(一)拐卖妇女、儿童集团的首要分子……"对拐卖妇女、儿童集团的首要分子的处理,直接引用第240条就可以了。而如果处理任意的共同犯罪中犯罪集团的首要分子,则应当引用《刑法》第26条。二是在聚众犯罪中起组织、策划、指挥作用的犯罪分子,即聚众犯罪的首要分子。这种首要分子与主犯的关系如何,看法不一:其一是第一种主犯说,认为第一种主犯为首要分子,首要分子为两种即聚众犯罪的首要分子与犯罪集团的首要分子。其二是独立主犯说,认为主犯分为三种,聚众犯罪的首要分子是犯罪集团的首要分子和在犯罪集团或一般共同犯罪中起主要作用的犯罪分子之外的一种独立的主犯。其三是第二种主犯说,认为聚众犯罪的首要分子完全包括在第二种主犯即在共同犯罪中起主要作用的犯罪分子当中。我们认为,第一种和第二种主张均没有法律根据,第三种主张是有道理的,但缺乏深入的分析。在我们看来,应当说聚众犯罪中起主要作用的犯罪分子属于第二种主犯,它包括如下一些情况:一是在以首要分子为重罪构成要件的聚众犯罪中的首要分子,如我国《刑法》第290条第2款规定的聚众冲击国家机关罪中的首要分子属之;二是在以首要分子为基本犯罪构成要件的聚众犯罪中,首要分子为二人以上时起主要作用的犯罪分子,如我国《刑法》第291条聚众扰乱公共场所秩序、交通秩序罪中的首要分子属之;三是在以首要分子和其他积极参加者为基本犯罪构成要件的聚众犯罪中的首要分子,如我国《刑法》第292条聚众斗殴罪中的首要分子属之。

由于主犯有两种,刑法对主犯的刑事责任,按照两种不同的主犯,分别加以规定。

(1) 首要分子的刑事责任。我国《刑法》第26条第3款规定:"对组织、领导犯罪集团的首要分子,按照集团所犯的全部罪行处罚。"据此,犯罪集团的首要分子,不仅对自己实施的犯罪负刑事责任,而且要对其他成员按照集团的预谋实施的犯罪负刑事责任。当然,其他成员超出集团的预谋所实施的其他犯罪,由其他成员自己负责,首要分子不承担刑事责任。

(2) 首要分子以外的主犯的刑事责任。我国《刑法》第26条第4款规定:"对于第3款规定以外的主犯,应当按照其所参与的或者组织、指挥的全部犯罪处罚。"据此,对在犯罪集团、一般共同犯罪和聚众犯罪中起主要作用的主犯,应分为两种情况处罚:一是组织、指挥共同犯罪的,例如聚众犯罪中的首要分子,应按照其组织、指挥的全部犯罪负刑事责任;一是没有进行组织、指挥活动但参与实行犯罪的,应按照其所参与的全部犯罪负刑事责任。

需要指出,对必要共同犯罪中犯罪集团的首要分子和聚众犯罪的首要分子,我国《刑法》分则均规定有相应的法定刑,对这种主犯的惩罚,应根据《刑法》分则的有关规定进行。

(二) 从犯的特征及其刑事责任

我国《刑法》第 27 条第 1 款规定:"在共同犯罪中起次要或者辅助作用的,是从犯。"据此,从犯也分为两种:

(1) 在共同犯罪中起次要作用的犯罪分子。次要作用是相对于主要作用而言的,与主要作用相比,其重要性较差。所谓在共同犯罪中起次要作用,指虽然参与实行了某一犯罪构成客观要件的行为,但在共同犯罪活动中所起的作用比主犯小,主要表现为:在犯罪集团的首要分子领导下从事犯罪活动,罪恶不够重大或情节不够严重,或者在一般共同犯罪中虽然直接参加实行犯罪,所起作用不大,行为没有造成严重危害后果等。这种情况就是次要的实行犯。因此,不能笼统地认为从犯就是帮助犯,也不能把实行犯一律认为是主犯。

(2) 在共同犯罪中起辅助作用的犯罪分子。辅助作用也是次要作用,之所以特别提出辅助作用,因为按照分工对共同犯罪的分类中存在着帮助犯,如果说上述"次要作用"是指次要的实行犯,那么"辅助作用"即是指帮助犯。所以条文特别用"辅助作用"概括这种情况,以便全面理解"次要作用"的内涵。所谓辅助作用,是指为共同犯罪人实行犯罪创造方便条件,帮助实行犯罪,而不直接参加实行犯罪构成客观要件的行为。辅助可能表现为有形的帮助,如提供犯罪工具,排除实施犯罪的障碍以及事前答应事后窝藏赃物,隐匿罪犯等;也可能表现为无形的帮助,如指点实施犯罪的时机、对象,协助拟定犯罪计划等。帮助通常是在实施犯罪之前进行的,也可能在实行犯罪之际进行,甚至事前通谋事后给予帮助。不论以什么形式或在什么时间内实施帮助,都对实行犯罪起辅助作用,都可能构成从犯。但传授犯罪方法的,虽然也是为实行犯罪创造方便条件,但我国《刑法》第 295 条将它作为独立的犯罪即传授犯罪方法罪加以规定,所以对传授犯罪方法的,应依《刑法》第 295 条以传授犯罪方法罪论处,不能再作为某种犯罪的从犯处理。

在处理共同犯罪案件时,要注意将从犯与主犯区别开来。在共同犯罪案件中,可能共同犯罪人都是主犯,但不可能都是从犯,一般说来总是有主有从。从犯与犯罪集团的首要分子不难区别,问题是从犯与其他主犯的区别,区别的根据是在共同犯罪中所起的作用是主要作用还是次要或辅助作用。这应综合考虑其在共同犯罪中所处的地位、参与程度、犯罪情节以及对造成危害结果所起作用的大小等各方面的因素来确定。例如,王某(男)与陈某(女)通奸,某日陈某的丈夫外出打工,夜晚王某去到陈某家中,二人正欲上床睡觉之际,听到门外同村不轨青年李某喊叫陈某和推门声,王某即示意陈某找一木棍并让陈某开门,王某站在门内,及至陈某开门后李某走进门内,王某便用木棍猛击李某头部将李某打昏倒地,随后王某又让陈某找来麻绳,自己将李某勒死。本案王某直接实行杀人行为,在共同犯罪中起主要作用,是主犯。陈某为王某提供犯罪工具,并按王某的指使开门让李某进入现场,为王某的杀人行为创造了方便条件,在共同犯罪中起辅助作用,是从犯。这是共同犯罪案件区分主犯与从犯的适例。

关于从犯的刑事责任,刑法理论上有三种主张:(1) 同等处罚说。认为无论从犯或实行犯客观上都实施了实现犯罪结果的行为,主观上都具有实现犯罪结果的故意,所以从犯应与实行犯负同等的责任。(2) 必减说。认为行为的轻重是刑罚轻重的标准,实行犯的行为直接引起危害结果的发生,而从犯对危害结果的发生仅仅起了帮助作用,二者行为的轻重有别,所以对从犯应当比照实行犯减轻处罚。(3) 得减说。认为从犯的个人情况千差万别,有时其主观恶性可能较大,不根据具体情况一律减轻处罚,不符合刑罚个别化的原则。所以,对于从犯可以比照实行犯减轻处罚。我们认为,同等处罚说无视从犯与实行犯行为危害程度的差别,不符合区别对待的原则。得减说,过分强调从犯主观恶性的差别,忽视了从犯与实行犯社会危害程度不同是最根本的事实。所以我们不赞成上述两说,而认为必减说是可取的,我国刑法可以说基本上是采取必减说的。我国《刑法》第27条第2款规定:"对于从犯,应当从轻、减轻或者免除处罚。"这里不仅规定了"应当"从宽,而且规定从宽的幅度较大:既可以从轻、减轻,也可以免除处罚。在什么情况下从轻、减轻或者免除处罚,这需要考虑他所参加实施的犯罪性质、情节轻重、参与实施犯罪的程度以及他在犯罪中所起作用的次要程度等情况来确定。

(三) 胁从犯的特征及其刑事责任

根据我国《刑法》第28条的规定,"对于被胁迫参加犯罪的",是胁从犯。在刑法中规定胁从犯是我国革命法制的传统,也是我国刑事政策的体现。早在1945年《苏皖边区惩治叛国罪犯(汉奸)暂行条例》中就规定有胁从犯。该《暂行条例》第3条规定:"前条罪犯,得按其罪恶轻重,分别首要、胁从,予以处理。"中华人民共和国建立初期,毛泽东主席提出"镇压与宽大相结合"的政策时,即明确指出其中包括"胁从者不问"的政策。这一政策在1979年《刑法》中被立法化。根据1979年《刑法》第25条规定,"被胁迫、被诱骗参加犯罪的",是胁从犯。1997年修订的《刑法》删去了"被诱骗"一词,因为对"被诱骗"如何理解,常有歧见;如何认定,较难掌握。而且它与"被胁迫"是两个不同内容的概念,不能成为胁从犯的特征。立法机关采纳了上述意见,在修订的《刑法》中只保留"被胁迫"的概念,使构成胁从犯的条件更趋科学和明确。[①] 所谓被胁迫参加犯罪活动,是指受到暴力威胁或精神威胁、被迫参加犯罪活动。详言之,行为人知道自己参加的是犯罪行为,虽然他主观上不愿参与犯罪,但为了避免遭受现实的危害或不利而不得不参加犯罪。不过,这时被胁迫者还是有自由意志的,他参加犯罪仍然是他自行选择的结果。所以他对参加的犯罪活动应负刑事责任。如果他是在身体受到强制的情况下完全失掉了自由意志,他的身体动静就不是自己的行为,那就谈不上他参加犯罪,因而不构成胁从犯。

在现实生活中,有的共同犯罪人最初是被胁迫参加犯罪的,后来变为自愿或积极从事犯罪活动,甚至成为共同犯罪中的骨干分子。对这种人不能再以胁从犯论处,而应按照他在共同犯罪中所起的实际作用是主要作用或者次要或辅助作用,分别以主

[①] 参见周道鸾等主编:《刑法的修改与适用》,人民法院出版社1997年版,第109页。

犯或者从犯论处。

关于胁从犯的刑事责任,刑法规定轻于从犯。因为胁从犯主观上不愿意或不大愿意参加犯罪活动,客观上在共同犯罪中所起的作用较小,罪行也轻,所以我国《刑法》第 28 条规定,对胁从犯,"应当按照他的犯罪情节减轻处罚或者免除处罚"。是减轻处罚还是免除处罚,应当综合考虑他参加犯罪的性质,犯罪行为危害的大小,被胁迫程度的轻重以及在共同犯罪中所起的作用等情况,然后予以确定。

三、教唆犯的特征及其刑事责任

(一) 教唆犯的概念和特征

教唆犯是故意唆使他人实行犯罪的人。根据我国《刑法》第 29 条的规定,"教唆他人犯罪的",是教唆犯。构成教唆犯,需要具备如下条件:

(1) 从客观方面说,必须有教唆他人犯罪的行为。所谓教唆,就是唆使具有刑事责任能力没有犯罪故意的他人产生犯罪故意。教唆的对象必须是有刑事责任能力的人,如果教唆无刑事责任能力的人进行犯罪,那就不是教唆犯,而是利用无责任能力人犯罪的间接正犯。教唆的内容必须是犯罪行为,如果教唆他人实施违法行为或不道德行为,则不构成教唆犯。

教唆行为的具体方式是多种多样的,可能是口头的,也可能是书面的,甚至是诸如使眼色、做手势等示意性动作。实施教唆的方法多种多样,如收买、嘱托、劝说、请求、利诱、命令、威胁、强迫等,都是教唆犯所使用的教唆方法。教唆犯无论采用何种具体形式或方法,都不影响教唆犯的成立。上述教唆行为的具体方式或方法,都只能由作为构成。不作为能否构成教唆,在外国刑法理论中有肯定说与否定说之争。我们认为否定说是正确的,因为不作为不可能使没有犯罪故意的他人产生实行犯罪的故意。

构成教唆犯,只要求实施唆使他人产生犯罪故意的教唆行为就够了,不要求传授犯罪的方法。如果不仅教唆他人犯罪,而且传授他人犯罪的方法,例如,不仅教唆他人诈骗,而且传授他人诈骗技术,应从一重罪论处。如果既教唆他人犯甲罪(如杀人),又传授他人犯乙罪的方法(如传授盗窃方法),那就应当按照甲罪的教唆犯与传授犯罪方法罪数罪并罚。

根据我国《刑法》第 29 条的规定,教唆犯存在着两种情况:一是该条第 1 款规定的"教唆他人犯罪的",必须被教唆人由于教唆犯的教唆而实施所教唆的犯罪,教唆犯才能成立。在这种情况下,教唆犯的教唆行为与被教唆人所实施的犯罪之间必须存在着因果关系。二是该条第 2 款规定的"……被教唆的人没有犯被教唆的罪",这相当于外国刑法理论中的教唆的未遂,只要行为人有教唆他人犯罪的行为,就能成立教唆犯。这表现了我国《刑法》关于教唆犯的规定的特点。

(2) 从主观方面说,必须有教唆他人犯罪的故意。这种故意也包括意识因素与意志因素两方面。其意识因素包括:第一,认识到被教唆的他人是达到刑事责任年龄、具有责任能力的人。明知他人不具有刑事责任能力而教唆其犯罪,不构成教唆犯,而构成间接正犯。但如果行为人误认为无刑事责任能力人为有刑事责任能力人而教唆其犯罪,仍然构成教唆犯。因为这种误认对教唆犯的故意不发生影响。第二,认识到他人还没有犯罪故意,如果认识到他人已有犯罪故意,而为之提供犯罪计划的,构成从犯;对其传授犯罪技术的,构成传授犯罪方法罪,均不构成教唆犯。如果行为人不知他人已有犯罪故意仍然教唆其犯罪,不影响教唆犯的成立。第三,预见到自己的教唆行为将引起被教唆人产生实行某种犯罪的故意,并实施该种犯罪。详言之,这就是首先预见到自己的行为是教唆行为即意图引起他人犯罪故意的行为;其次预见到引起他人产生实行某种犯罪的故意。所谓某种犯罪,是指某种具体的犯罪(如盗窃、杀人等),至于犯罪的时间、场所等可不在预见之列;最后还预见到教唆行为与被教唆人产生犯罪故意之间存在因果关系,当然这种预见只能是概括的预见。第四,教唆人预见到被教唆人实行该种犯罪,在被教唆人实行某种犯罪时,被教唆人实行的犯罪应与教唆人教唆实行的犯罪相一致,才成立该种犯罪的教唆犯。否则,教唆人教唆他人犯甲罪,被教唆人实际犯乙罪,两者故意的内容不一致,教唆者只能构成他所预见的犯罪的教唆犯,而不能是他未预见的犯罪的教唆犯。

教唆犯故意的意志因素是希望,这为学界所公认,但是否包括放任的心理态度,意见就不一致了。有人认为教唆犯的故意只能是直接故意,有人认为也可以是间接故意,日本学者大塚仁教授认为:"教唆的故意即使是未必的故意也可以,是通说。"①我们原则上赞成后一观点,但认为应作进一步的分析。这就是:第一,构成我国《刑法》第29条第1款的教唆犯,通常是出于直接故意,但也可能出于间接故意,自然这种情况只能是个别的,并且只能在明知自己的教唆行为会引起他人产生实行该种犯罪的故意,并放任这种结果发生,他人因而实行了该种犯罪行为时才能发生。第二,构成我国《刑法》第29条第2款的教唆犯,只有出于直接故意才能构成。因为在这里被教唆人没有犯被教唆的罪,也成立教唆犯。如果是出于间接故意,被教唆人是否犯被教唆的罪都不违背教唆人的本意,既然被教唆人没有犯被教唆的罪,也不违背教唆人的本意,那就不能认定构成教唆犯。

(二)教唆犯的刑事责任

关于教唆犯的刑事责任,我国《刑法》第29条分为如下三种情况加以规定:

(1)"教唆他人犯罪的,应当按照他在共同犯罪中所起的作用处罚。"与第29条第2款相对照,可知这里指的是被教唆人犯了被教唆的罪的情况。所谓被教唆人犯了被教唆的罪,是指被教唆人已进行犯罪预备,或者已着手实行犯罪而未遂,或者已完成犯罪而既遂。所谓"按照他在共同犯罪中所起的作用处罚",是指对教唆犯的处罚,不是以实行犯为转移,而是依照教唆犯自身在共同犯罪中所起作用的主次为转移。教唆犯在共同犯罪中如果起主要作用,就作为主犯处罚;反之,如果起次要作用,就作为从犯处罚。实际上教唆犯是犯意的发起者,没有教唆犯的教唆,实行犯就没有犯罪故意,也就不会有该种犯罪发生。因而教唆犯在共同犯罪中通常起主要作用,特

---

① 〔日〕大塚仁:《注解刑法》,日本青林书院新社1977年日文版,第426页。

别是用命令、威胁、强迫等方法教唆的,教唆后又提供重要帮助的,更是如此。所以审判实践对教唆犯一般都作为主犯处罚。但在少数情况下,教唆犯在共同犯罪中起的作用也可能是次要的,如从犯的教唆即教唆他人帮助别人犯罪,这种情况就应当作为从犯处罚。正因为教唆犯在实际生活中存在着比较复杂的情况,所以我国《刑法》没有规定教唆犯一律按照主犯处罚。

(2) "教唆不满18周岁的人犯罪的,应当从重处罚。"这首先是因为未成年人思想还不成熟,具有很大可塑性,受到良好教育,可以培养成对社会有用之才;受到不良影响,则可能走上违法犯罪的歧途。为了防止教唆犯对青少年的侵蚀,保护他们健康成长,所以规定对教唆不满18周岁的人犯罪的,应当从重处罚。其次,在社会上一些老奸巨猾的犯罪分子,为了隐蔽自己,往往躲在幕后,教唆未成年人实施犯罪。这些教唆犯既教唆了他人犯罪,又腐蚀了未成年人的思想,制造了青少年犯罪者,不仅表现了这类教唆犯主观恶性较大,而且造成的危害后果严重,因而对这类教唆犯应当从重处罚。《刑法》规定的"不满18周岁的人犯罪",应当怎样理解?按照我国《刑法》第17条的规定,不满18周岁的人的刑事责任年龄分为几个阶段,是否教唆任何刑事责任年龄阶段的未成年人都应依我国《刑法》第29条的规定处罚?我们认为,应当根据不同情况分别处理:一是教唆已满16周岁不满18周岁的人犯任何罪,都应当依照《刑法》第29条第1款的规定从重处罚。因为《刑法》第17条第1款规定:"已满16周岁的人犯罪,应当负刑事责任。"二是教唆已满14周岁不满16周岁的人犯故意杀人、故意伤害致人重伤或者死亡、强奸、抢劫、贩卖毒品、放火、爆炸、投放危险物质罪,应当对教唆犯从重处罚。因为我国《刑法》第17条第2款规定:已满14周岁不满16周岁的人犯上列各罪的,应当负刑事责任。三是教唆已满14周岁不满16周岁的人犯我国《刑法》第17条第2款规定以外之罪,以及教唆不满14周岁的人犯任何罪如何处理,过去曾有不同意见。我们认为,由于被教唆人未达法定刑事责任年龄,缺乏成为犯罪主体的条件,他们实施的刑法规定为犯罪的行为则不构成犯罪,因而教唆者不能成为教唆犯,实际上他是把被教唆者当作犯罪工具来达到自己的犯罪目的,完全符合间接正犯的特征,应当按照间接正犯(实践上即按照实行犯)处理并从重处罚。

(3) "如果被教唆的人没有犯被教唆的罪,对于教唆犯,可以从轻或者减轻处罚。"所谓被教唆人没有犯被教唆的罪,包括以下几种情况:一是被教唆人拒绝了教唆犯的教唆,亦即根本没有接受教唆犯的教唆。二是被教唆人当时接受了教唆,但随后又打消犯意,没有进行任何犯罪活动。三是被教唆人当时接受了教唆犯关于犯某种罪的教唆,但实际上他所犯的不是教唆犯所教唆的罪。例如教唆者教唆他人犯盗窃罪,被教唆人接受了这一教唆,但实际上犯的却是强奸罪。四是教唆犯对被教唆人进行教唆时,被教唆人已有实施该种犯罪的故意,即被教唆人实施犯罪不是教唆犯的教唆所引起。这些情况,或者根本没有引起被教唆者的犯意,或者实际上没有造成危害结果,或者虽然造成了危害结果,但与教唆犯的教唆行为不存在因果关系。所以我国《刑法》第29条第2款规定:"可以从轻或者减轻处罚。"

第十二章 罪数形态

第一节 罪数判断标准

一、研究罪数形态的任务和意义

罪数,是指犯罪的单复或个数,在刑法理论上指一罪与数罪。罪数形态,是指表现为一罪或数罪的各种类型化的犯罪形态。一罪与数罪,看起来是一个简单的算术问题,实际上由于犯罪现象千姿百态,法律规定错综纷繁,以致什么是一罪,什么是数罪,成为复杂的理论问题,需要认真地加以研究。研究罪数形态的任务主要在于:探讨确定罪数的科学标准,揭示一罪与数罪的区分,阐明各种罪数形态的构成要件和本质属性即实际罪数,进而确定适用于各种不同罪数形态的处理原则。

研究罪数形态的意义主要在于:

(1) 有助于刑事审判活动中准确定罪。定罪准确是刑事审判活动最基本的要求之一。要做到准确定罪,首先需要查明行为人的行为是否构成犯罪、构成何种犯罪,同时还要确定构成什么犯罪形态,其中包括需要确定是一罪或者是数罪。如果本来是一罪却定为数罪,或者相反,本来是数罪却定为一罪,都会导致在定罪上的失误。研究罪数形态,正确区别一罪与数罪,有助于涉及罪数形态问题时定罪的准确性。

(2) 是正确适用刑罚的重要条件。对犯罪量定应得的刑罚,当然要考虑各方面的因素,罪数形态是影响刑罚裁量的重要条件,在量刑时不能不加以考虑,特别是涉及罪数形态的条件更是如此,而审判实践中审理的案件则往往涉及罪数形态。这首先应确定是一罪或者是数罪,是并罚的数罪或者是非并罚的数罪,然后才能正确适用刑罚,否则,必然量刑不当,造成处断刑畸轻畸重的后果。同时,在一罪形态中,由于形态类型的不同,其量刑原则往往有自己的特点,如有的从重处罚,有的从一重处断,有的只作一罪处刑,有的本为从一重处断法律却规定数罪并罚等。这也要求我们必须将罪数形态及其处罚原则研究清楚,才可能在量刑时正确地适用刑罚。

(3) 关系到我国刑法中一些重要制度的适用。在我国刑法中,有些罪数形态如连续犯、继续犯、牵连犯、集合犯等,与刑法的空间效力、时间效力、追诉时效等制度都有密切关系。如我国《刑法》第89条规定:"追诉期限从犯罪之日起算;犯罪行为有连续或者继续状态的,从犯罪行为终了之日起计算。"如果不能对连续犯、继续犯等罪数形态作出科学的解释,就会影响时效制度的正确适用。类似的问题在上述其他刑法制度中同样存在。可以说研究罪数形态,是正确适用上述刑法制度之所必需。

(4) 有利于刑事诉讼程序的正常进行。在审判实践中,审理的案件常常是一人犯数罪的案件。审理这类案件,在刑事诉讼程序上涉及案件管辖、公诉范围和审判要求等许多方面。如最高人民法院《关于执行〈中华人民共和国刑事诉讼法〉若干问题的解释》第6条规定："一人犯数罪……的案件，只要其中……一罪属于上级人民法院管辖的，全案由上级人民法院管辖。"适用这一规定，首先就必须查清是一罪还是数罪。其他方面也有一些规定。可见研究罪数形态与刑事诉讼程序的进行具有密切关系。

二、罪数判断标准的学说评析

罪数判断标准，是指判断罪数是一罪还是数罪的依据。依据什么来判断罪数，在中外刑法学中存在各种不同的学说。择其主要者而言，可有以下诸说：

（一）行为标准说

持此说者认为，犯罪的本质是行为，没有行为就无所谓犯罪，所以判断罪数是一罪还是数罪，自然应当以行为的个数为标准。行为人实施了一个行为的，为一罪；实施了数个行为的，为数罪。一人一次开枪打死两人，因为只有一个行为，所以是一罪。此说关于行为的观念又有自然行为说与法律行为说之分。前者主张，行为就是自然的一个行为，亦即人的一个动作或举动就是一个行为。后者主张，犯罪行为与自然行为不同，应当依照法律观念来认定。依照法律观念，数个举动可能只是法律上的一个行为。例如，装上子弹、举枪瞄准、开枪射击致人死亡，这一系列的举动，从法律上看，只是一个杀人行为。犯罪行为当然是根据法律评价的行为。上述二说，应以法律行为说为妥。不过，行为标准说并不足取。因为它只强调行为，结果不在考虑之列，犯罪主观方面的要件更丝毫没有触及。而犯罪是符合刑法规定的犯罪构成要件的行为，所以片面地以行为一个要件为标准，不可能将一罪与数罪区别开来。

（二）法益标准说

法益标准说又称结果标准说，持此说者认为，犯罪的本质是对法益的侵害，不侵害法益的行为就不可能构成犯罪，所以判断罪数是一罪还是数罪应以侵害法益或者犯罪结果的个数为标准。侵害一个法益或发生一个结果的，是一罪；侵害数个法益或发生数个结果的，是数罪。至于法益个数的计算，则因法益种类不同而不同：国家法益和社会法益为公法益，属概括的法益，为单数；个人法益为私法益，分为人身专属法益与非专属法益两类，前者指生命、健康、人格等与拥有人不可分离的法益，其法益个数以法益拥有人为准计算；后者指动产、不动产等财产法益，其法益个数以具有财产所有者的个数为准计算。法益标准说也为多数学者所否定。"根据犯罪的本质是违反社会秩序的法益侵害，由法益侵害的个数决定罪数的方法，虽然应当说基本上是妥当的，但因为在犯罪的成立上行为及构成要件是不可缺的，在完全无视这些而决定罪数这点上是不妥当的。"[①]

（三）犯意标准说

犯意标准说又称意思标准说，持此说者认为，犯罪是行为人主观上犯罪意思的外

---

① 〔日〕大谷实：《刑法讲义总论》（第3版），日本成文堂2009年日文版，第479页。

部表现,行为只是行为人犯罪意思或主观恶性的表征,所以判断罪数是一罪还是数罪应以犯罪意思为标准。行为基于一个犯罪意思实施犯罪的,是一罪;基于数个犯罪意思实施犯罪的,是数罪。例如,以一次杀二人的意思同时杀害二人是一罪,相反地,杀害一人之后决意杀另一人的,是数罪。犯意标准说强调了犯罪的主观方面,纠正了行为标准说和法益标准说忽视犯罪的主观方面的失误,但又走向了另一个极端,完全忽视了犯罪的客观方面,如前所述,犯罪是符合刑法规定的犯罪构成的行为,而犯罪构成则是犯罪的客观要件与主观要件的统一,所以只以犯意——犯罪的主观方面的要件作为判断罪数的标准,显然不可能正确地区分一罪与数罪,因而犯意标准说也被学者认为不妥。

(四) 构成要件标准说

持此说者认为,犯罪首先以构成要件符合性为标准才能成立,行为不具备构成要件符合性就不可能构成犯罪,所以判断罪数是一罪还是数罪只能以构成要件为标准。在构成要件的评价中,一次符合构成要件的行为,是一罪;数次符合构成要件的行为,是数罪。此说为日本著名刑法学家小野清一郎所提倡,他说:"在罪数论中,我提倡以构成要件为标准,即有充分满足一次构成要件的事实是一罪,有充分满足两次构成要件的事实即为二罪,以此类推。"[①]此说在日本刑法理论界已成为通说。在现代西方刑法理论中,构成要件包含着行为、结果或法益侵害以及故意等要素,所以与行为标准说、法益标准说、犯意标准说等相比,构成要件标准说较为合理,因为它避免了上述诸说的片面性。但此说仍然存在严重缺陷。因为按照西方刑法理论,构成要件符合性,只是犯罪成立的条件之一,行为构成犯罪,除了具备构成要件符合性条件外,还必须具备违法性和有责性,否则犯罪就不能成立。所以,行为符合构成要件的次数不等于犯罪的个数,从而以构成要件为标准并不能准确地将一罪与数罪加以区分。据此,构成要件标准说也为我们所不取。不过,在如何解决判断罪数标准问题上,此说还是给我国学者以重要启示。

三、犯罪构成标准说的科学性

我国学者在全面评析西方学者关于判断罪数标准主要学说的基础上,提出了犯罪构成标准说。持此说者认为,我国刑法中的犯罪构成,是主客观要件的统一,是犯罪成立要件的整体,行为符合犯罪构成,犯罪即可成立,所以判断罪数是一罪还是数罪,应当以犯罪构成为标准,行为具备一个犯罪构成的,是一罪;行为具备数个犯罪构成的,是数罪。这里所说的犯罪构成,主要是指刑法分则条文对各种具体犯罪所规定的具体的犯罪构成,包括独立的犯罪构成与派生的犯罪构成(即加重或减轻的犯罪构成)、基本的犯罪构成与修正的犯罪构成(即共同犯罪或犯罪未完成形态的犯罪构成)等等。所以,运用犯罪构成标准说判断罪数,仍然是一个比较复杂的问题。但与前述诸说相比,此说还是科学的,其科学性主要表现在以下方面:

[①] 〔日〕小野清一郎:《犯罪构成要件理论》,王泰译,中国人民公安大学出版社2004年版,第108页。

（一）贯彻了罪刑法定原则

罪刑法定原则的首要要求是犯罪和刑罚必须由成文法明文加以规定。我国《刑法》总则和分则全面地规定了犯罪构成的要件，这是罪刑法定原则的体现。以犯罪构成作为判断罪数的标准，就是贯彻我国刑法基本原则之一的罪刑法定原则。它符合"有法必依，执法必严"的要求，有利于判定罪数的统一性和公正性，避免随意性和擅断性，是在判定罪数问题上严格执法的表现。

（二）贯彻了主客观相统一的原则

如前所述，我国刑法中的犯罪构成是依照我国《刑法》规定，决定某一具体行为的社会危害性及其程度而为该行为构成犯罪所必须具备的一切客观要件和主观要件的有机统一。在《刑法》分则规定的每一具体犯罪的构成中，都既有犯罪客体、对象、行为或危害结果等客观要件，又有犯罪主体、犯罪故意或过失、犯罪目的等主观要件。尽管具体的主客观要件不是每一犯罪都完全具备，但犯罪构成都是主客观要件的统一则是不容否定的。所以，以犯罪构成作为判断罪数的标准，既克服了行为标准说、法益标准说片面强调客观要件的弊端，又克服了犯意标准说片面强调主观要件的弊端，为区分一罪与数罪提供了主客观相统一的科学的依据。

（三）贯彻了犯罪构成理论

犯罪构成理论是我国刑法学的核心理论，它贯穿于刑法学的各个领域，如在犯罪停止形态、共同犯罪以及《刑法》分则条文等，无不以犯罪构成理论为基石，在罪数形态领域当然也不例外。以犯罪构成为判断罪数的标准，不仅是犯罪构成理论作为刑法学核心理论的要求，也是发展和完善罪数形态论的需要。因为任何一种罪数形态，不论是一罪形态或是数罪形态，都具有客观要件和主观要件，是各自具有的独特类型的各种主客观要件的统一。所以，只有主客观相统一的犯罪构成标准说才能准确地区分一罪与数罪，才能阐明各种罪数形态的要件和特征，使罪数形态论形成日趋完善、科学的理论。除此之外，其他标准说包括构成要件标准说都是无能为力的。

需要说明的是：犯罪构成标准说是科学的，但在解决罪数问题上却不是万能的。这就是按照此说，有些通常按一罪处理的罪数形态如牵连犯，有时《刑法》明文规定实行数罪并罚。如我国《刑法》第198条规定的保险诈骗罪，如果故意造成财产损失或者故意造成被保险人死亡、伤残，"同时构成其他犯罪的，依照数罪并罚的规定处罚"。在这种情况下，应依法认定数罪，实行并罚。可见在区分一罪与数罪时，通常固然要以犯罪构成为标准，但应考虑《刑法》有无特别规定，《刑法》如有特别规定，必须依照《刑法》的规定处理。

四、罪数的类型

罪数的类型首先分为一罪与数罪。一罪指一个犯罪，数罪指数个犯罪，这种区分看似简单，实则十分复杂，以致在刑法理论上，对于罪数的分类提出了各种不同的意见。经过学者研究，以下分类为一些著作所采用：

（一）一罪的类型

（1）实质的一罪，包括继续犯、想象竞合犯和结果加重犯。

(2) 法定的一罪,包括结合犯和集合犯。
(3) 处断的一罪,包括连续犯、牵连犯和吸收犯。
(二) 数罪的类型
(1) 实质数罪与想象数罪。
(2) 异种数罪与同种数罪。
(3) 并罚数罪与非并罚数罪。
(4) 判决宣告以前的数罪与刑罚执行期间的数罪。①

我们认为上述罪数类型的划分基本上是可取的,本书拟采取这种分类,个别地方将根据我国《刑法》规定的情况稍作变更。

第二节　一罪的类型

一、实质的一罪

(一) 继续犯

1. 继续犯的概念

继续犯,也称持续犯。我国《刑法》第 89 条第 1 款规定:"追诉期限从犯罪之日起计算;犯罪行为有连续或者继续状态的,从犯罪行为终了之日起计算。"这是我们研究继续犯的法律根据。什么是继续犯,表述颇不一致。我们认为,所谓继续犯,是指作用于同一对象的一个犯罪行为从着手实行到行为终了犯罪行为与不法状态在一定时间内同时处于继续状态的犯罪。非法拘禁罪通常被认为是典型的继续犯,此外,窝藏罪以及非法持有、私藏枪支、弹药罪等也都是典型的继续犯。

2. 继续犯的要件

(1) 必须是一个犯罪行为。继续犯之所以是一个犯罪行为,因为在主观上继续犯支配行为的犯意只有一个,并且这种犯意贯穿实行行为的开始到终了,在客观上继续犯自始至终只有一个实行行为,并不因实行行为持续时间的长短而改变,即使行为地发生变化,仍然是一个实行行为。例如,行为人第一天将被害人拘禁于甲地,第二天转移拘禁于乙地,第三天再转移拘禁于丙地。尽管拘禁地一再转移,但非法拘禁行为并未间断,仍然是一个非法拘禁行为,而不是数个非法拘禁行为。继续犯只能是一个犯罪行为,如果不是一个行为,就不是继续犯。例如,在 10 天之内连续在夜间盗窃 8 户人家的大量财物,是连续数行为,应构成连续犯,而不是继续犯。继续犯通常由作为构成,如非法拘禁罪中的非法拘禁,就是作为;也可能由不作为构成,如遗弃罪的遗弃,即负有扶养义务而拒绝扶养,就是不作为。

(2) 必须是持续地作用于同一对象。继续犯持续作用的对象只能是同一对象。

---

① 参见吴振兴:《罪数形态论》,中国检察出版社 1996 年版,第 35 页以下;赵秉志主编:《新刑法教程》,中国人民大学出版社 1997 年版,第 226—246 页;张明楷:《刑法学》(第 3 版),法律出版社 2007 年版,第 365—366 页。

例如非法拘禁罪,行为人非法拘禁某甲一月有余,在持续非法拘禁一个多月的时间里,非法拘禁的对象始终只是某甲。这是继续犯。如果前天非法拘禁张三,昨天非法拘禁李四,今天非法拘禁王五,非法拘禁的对象不同,如果不是出于一个非法拘禁的概括故意,则构成数个非法拘禁罪,而不可能是一个继续犯。

(3) 必须是犯罪行为与不法状态同时继续。这是构成继续犯的重要条件,也是继续犯与有关形态相区别的显著特征。这一要件包括如下含义:首先是犯罪行为必须具有继续性,即犯罪行为从着手实行到行为终了在时间上有一个过程。在这个过程中实行行为一直处于不间断进行的状态中。其次是犯罪行为所引起的不法状态必须具有继续性。所谓不法状态,是指由于犯罪的实行行为使客体遭受侵害的状态。这种不法状态不是很快即行消失,而是在时间上处于继续存在的状态中。最后是犯罪行为与不法状态同时处于持续的过程中,而不只是犯罪行为的继续或者不法状态的继续。如果只是犯罪行为所造成的不法状态处于持续之中,而犯罪行为一经实行即已完成,并不处于继续状态,就不是继续犯。例如,行为人实施盗窃罪后之占有赃物,是不法状态的继续,但盗窃罪不是继续犯。因为作为盗窃罪构成要件的盗窃行为已经结束,而不是处于继续状态。而非法拘禁罪在行为人将被害人非法拘禁期间,既是非法拘禁行为的继续,同时也是非法拘禁不法状态的继续,所以是继续犯。

(4) 必须是从着手实行到行为终了继续一定时间。具有时间上的持续性,是继续犯的又一要件,没有一定的时间过程,就谈不到犯罪行为和不法状态的继续,从而也就谈不到继续犯。例如,行为人将被害人非法拘禁 3 分钟,就构不成非法拘禁罪。至于构成继续犯的时间继续应以多长时间为准,法律并没有规定,应当根据犯罪的性质和情节,具体分析加以认定。关于时间继续应从何时开始,在刑法理论界有犯罪既遂后说与犯罪实行后说等意见分歧。我们认为应以犯罪实行后说为妥。因为继续犯以一定时间的继续为要件,否则就不可能构成犯罪,也就谈不到犯罪既遂,只有经过一定的时间继续,才构成犯罪,才谈到犯罪既遂。所以继续犯的时间继续,不应认为是从犯罪既遂后开始,而应认为是从犯罪实行后开始。

以上四个要件是互相密切联系的,只有同时具备,才可能构成继续犯。

3. 继续犯与有关罪数形态

(1) 继续犯与状态犯。状态犯,是指犯罪既遂后,其实行行为所造成的不法状态处于持续之中的犯罪形态。就不法状态处于持续之中来看,状态犯与继续犯颇为相似,但两者毕竟是不同的罪数形态,它们的主要区别是:第一,继续犯的不法状态从犯罪实行即行发生,一直存在于犯罪行为终止的整个犯罪过程中。状态犯的不法状态则发生于犯罪行为终止之后,而不存在于整个犯罪过程中。第二,继续犯是犯罪行为与不法状态同时继续;状态犯则只是不法状态的继续,而不存在犯罪行为的继续。例如,前述的盗窃罪,盗窃犯占有赃物,只是不法状态的继续,而盗窃行为已经结束,这是状态犯,而不是继续犯。

(2) 继续犯与即成犯。即成犯,是指犯罪行为实行终了,犯罪即行完成的犯罪形态。它有两种情况:一是犯罪实行终了,犯罪既遂成立,没有不法状态继续的犯罪,例如,杀人罪。一是犯罪实行终了,仍有不法状态继续的犯罪,例如,盗窃罪。也有学者认为,第一种是即成犯,第二种是状态犯。我们认为,从犯罪行为实行终了,犯罪即行完成这一特征来看,状态犯也是具备的,所以将它作为即成犯的两种情况之一,更符合实际。即成犯与继续犯的主要区别在于:继续犯以犯罪行为和不法状态在一定时间内继续为要件,而即成犯在犯罪构成要件上没有时间的要求。例如,伤害罪,可能一枪致人重伤,也可能将被害人打了两个小时造成重伤。后一种情况实行犯罪行为时间较为长些,但这不是伤害罪的构成要件。

(3) 继续犯与接续犯。接续犯,是指行为人在同一机会以性质相同的数个举动接连不断地完成一个犯罪行为的犯罪形态。其特征是:第一,在同一机会实施,即在相接近的时间或场所内侵害同一犯罪的直接客体;第二,接连不断地实施性质相同的数个举动。这要求必须是数个举动,数个举动必须性质相同并且接连不断地实施,例如,行为人意图杀死被害人,每次下少量毒药,经多次下毒后致被害人死亡。这种情况的杀人,就是接续犯。接续犯与继续犯的区别主要在于:接续犯是数个相同的举动组成一个犯罪行为,但没有犯罪行为和不法状态的同时继续;而继续犯则是犯罪行为和不法状态同时处于持续之中。

4. 继续犯的处断原则

我国《刑法》分则对属于继续犯的犯罪设专条加以规定,并置以相应的法定刑。所以对继续犯应依我国《刑法》规定以一罪论处,不实行数罪并罚,继续时间的长短在裁量刑罚时可以作为量刑情节加以考虑。

(二) 想象竞合犯

1. 想象竞合犯的概念

想象竞合犯,也称想象的数罪、观念的竞合,通说认为,是指一个行为触犯数个罪名的犯罪形态。如开一枪,打死了甲,打伤了乙。对想象竞合犯,《日本刑法典》第54条明文规定:"一个行为同时触犯两个以上罪……按照其最重的刑罚处断。"我国《刑法》没有规定想象竞合犯,但在刑法理论上一直是承认的,并为司法实践所接受。

2. 想象竞合犯的要件

(1) 行为人只实施了一个行为。这是构成想象竞合犯的前提条件,如果是实施了数个行为,则不可能构成想象竞合犯。所谓一个行为,是指在社会生活的意义上被评价为一个的行为。这里所说的行为不只是狭义的行为,也是指包括结果在内的广义的行为。如上例所说开一枪,打死一人,打伤一人。所谓一行为触犯数罪名,即将死、伤的结果包括在行为之内。行为通常是作为,但也可能是不作为。至于行为是否必须出于一个犯意或一个罪过,理论上存在争论。从实际情况看,想象竞合犯可能出于一个故意行为。例如,故意开枪向人群射击,打死三人,打伤五人。可能出于过失,例如,某甲玩枪,不慎走火,打死一人,打伤一人。也可能实施一个行为但主观上既出于故意同时存在过失,例如,行为人意图杀害某甲,担心伤害了站在某甲旁边的某乙,遂转移位置,选择不易伤害到某乙的角度向某甲射击,结果由于行为人枪法不准,还是将某乙打成重伤,某甲幸免于难。这里行为人的行为对某甲是故意,对某乙则是过失。

（2）一个行为触犯了数个罪名。想象竞合犯只能是一个行为触犯数个罪名，如果是数个行为触犯数个罪名，则是实际的数罪；如果是作为犯罪手段的行为或结果的行为分别触犯不同的罪名，则构成牵连犯，均非想象竞合犯。所谓一个行为触犯数个罪名，就是一个行为在形式上或外观上同时符合刑法规定的数个犯罪构成。罪名与犯罪构成并不相同，但罪数毕竟以犯罪构成为基础，而不能脱离犯罪构成。至于数个罪名是否必须相同，在刑法理论上，意见还有分歧：一种意见认为，想象竞合犯分为异种类的想象竞合犯和同种类的想象竞合犯两种，前者指一个行为触犯不同种的数个罪名，如开一枪杀死一人，伤害一人，即一个行为触犯杀人罪和伤害罪两个罪名。后者指一行为触犯同种的数个罪名，如开一枪打死二人，触犯两个杀人罪。另一种意见认为，想象竞合犯只能是一个行为触犯不同种的数个罪名，触犯数个同种罪名，不能构成想象竞合犯。我们赞同后一观点。因为只有数个不同的罪名，才是数个罪名；数个相同的罪名，例如数个杀人罪，罪名仍然只是一个，也就谈不到想象竞合犯。并且承认想象竞合犯，目的在于行为触犯的数个罪名中，解决应按哪一个罪名定罪量刑的问题。同种类的想象竞合犯，在确定行为的罪名上不发生疑问，因而将它作为想象竞合犯，对审判工作没有实际意义。事实上，在我国的审判实践中，对于一个行为触犯同种类的数个罪名，例如行为人杀死被害人一家三人，只是作为一罪从重处罚，并未按照想象竞合犯处理。所以我们认为，还是以只承认异种类的想象竞合犯才是想象竞合犯为宜。

3. 想象竞合犯的处断原则

对想象竞合犯，我国刑法理论界通说主张按"从一重处断原则"处理，即依照行为触犯的数个罪名中法定刑较重的犯罪定罪处刑，而不实行数罪并罚。我国《刑法》第329条明文肯定了这一原则。该条第1款规定了抢夺、窃取国有档案罪，第2款规定了擅自出卖、转让国有档案罪，紧接着第3款规定"有前两款行为，同时又构成本法规定的其他犯罪的，依照处罚较重的规定定罪处罚"。我们认为，这一处断原则不仅适用于本条款规定的犯罪，对其他想象竞合犯同样适用；但刑法另有特别规定的，则应当依照特别规定论处。

4. 想象竞合犯与法规竞合

想象竞合犯与法规竞合有相同之处，容易混淆，必须加以区别。法规竞合，或称法条竞合，是指行为人实施一个犯罪行为同时触犯数个在犯罪构成上具有包容或交叉关系的刑法规范，只适用其中一个刑法规范的情况。所谓实施一个犯罪行为，是指基于一个罪过实施一个危害社会的行为。数个刑法规范可能表现为不同法律中规定的刑法规范，或者表现为同一法律中不同条款规定的刑法规范。不同刑法规范规定了不同的犯罪构成，同时触犯数个刑法规范，亦即行为在形式上同时符合数个犯罪构成，因而触犯数个罪名。但是数个犯罪构成之间在法律上具有包容或交叉关系，即一个犯罪构成在法律上为另一个犯罪构成所全部包容或部分包容，所以实质上只完全符合一个犯罪构成，因而只适用其中一个刑法规范论处。例如，某甲出于抢劫枪支、弹药的故意，实行了抢劫枪支、弹药的行为，同时触犯了我国《刑法》第127条第2款规定的抢劫枪支、弹药罪和第263条规定的抢劫罪,而抢劫枪支、弹药罪的构成就为抢劫罪的构成所包容,实际上只构成抢劫枪支、弹药罪,应依《刑法》第127条第2款的规定论处。这就是法规竞合。法规竞合适用法律的原则是:(1)特别法优于普通法;(2)重法优于轻法。如前所述的抢劫枪支、弹药罪和抢劫罪的两条规定,后者是普通法,相对于后者而言,前者是特别法。

想象竞合犯与法规竞合都是实施了一个行为,都是触犯了数个罪名,这是相同的,但两者存在着重大区别,应当加以划分。两者的区别在于:(1)法规竞合的一个行为,只是出于一个罪过,并且是产生一个结果;想象竞合犯的一个行为,往往是数个罪过和数个结果。如开一枪打死一人,打伤一人,只能是想象竞合犯,而不可能是法规竞合。(2)法规竞合,是由于法规的错杂规定即法律条文内容存在着包容或交叉关系,以致一个犯罪行为触犯数个刑法规范;想象竞合犯则是由于犯罪的事实特征,即出于数个罪过、产生数个结果,以致一行为触犯数罪名。(3)法规竞合,一行为触犯的数个刑法规范之间存在着此一规范规定的犯罪构成包容另一规范规定的犯罪构成的关系;想象竞合犯,一行为触犯规定的数个罪名的法条不存在上述犯罪构成之间的包容关系。(4)法规竞合,在竞合的数法规中,仅仅一法规可以适用其行为,其法律适用问题,依照特别法优于普通法等原则来解决;想象竞合犯,竞合的数法规均可以适用其行为,其法律适用问题,依照"从一重处断"的原则来解决。据此,我们可以把想象竞合犯与法规竞合清楚地区别开来。

(三)结果加重犯

1. 结果加重犯的概念

结果加重犯,也称加重结果犯,是指实施基本犯罪构成要件的行为,发生基本犯罪构成要件以外的重结果,因而刑法规定加重刑罚的犯罪形态。例如,我国《刑法》第260条规定,虐待罪处2年以下有期徒刑、拘役或者管制;致被害人重伤、死亡的,处2年以上7年以下有期徒刑。虐待致人重伤或死亡,就是结果加重犯。

2. 结果加重犯的要件

(1)实施了基本犯罪构成要件的行为。基本犯罪构成是结果加重犯存在的前提,没有基本犯罪构成就没有结果加重犯。对此学者之间没有异议,但对基本犯罪是否必须是结果犯和是否只能出于故意,则存在不同认识。关于前一问题,有的学者认为,基本犯必须是结果犯,才能成立结果加重犯。有的学者认为,即使基本犯不是结果犯,也可以成立结果加重犯。例如,非法拘禁致人重伤或死亡的场合,就是适例。我们同意后一观点,因为只要行为符合刑法规定的基本犯罪构成要件,即具备结果加重犯的前提条件。关于后一问题,有的学者认为,基本犯的行为只能出于故意,不可能出于过失。有的学者认为,基本犯的行为通常是出于故意,但不排除出于过失,例如,《德国刑法典》第309条的失火致人死亡罪、第314条的过失决水致人死亡罪,都是过失犯的结果加重犯的立法例。我们赞同后一观点,因为这是立法例上客观存在的情况,不能不予以承认。

(2)产生了基本犯罪构成以外的重结果。构成结果加重犯,以发生重结果为不可缺少的条件,并且重结果必须由基本犯罪的犯罪行为所引起,即重结果与基本犯罪行为之间必须具有因果关系;否则,不构成结果加重犯。例如,甲殴打乙致伤,乙住院治疗时,因建筑事故病房倒塌而死亡。甲只构成伤害罪,而不构成伤害致人死亡的结果加重犯。对此,学者们的意见是一致的,但对重结果是否以过失为必要,则还存在不同看法。一种意见认为,重结果的罪过形式只能是过失,而不包括故意。另一种意见认为,重结果的罪过形式通常是过失,但不排除故意,即对重结果出于故意,同样构成结果加重犯。如1975年《奥地利刑法典》第7条第2款规定:"犯罪行为有结果加重之规定者,以行为人至少对此结果有过失时,始予以加重处罚。"所谓至少有过失,即最小限度有过失,对重结果有故意当然包含在内。根据我国刑法规定的实际情况看,当以后说为妥。有的结果加重犯,重结果只能出于过失,不可能出于故意。例如伤害致人死亡,致人死亡就只能出于过失,如果出于故意,那就成为故意杀人罪,而不可能是伤害致人死亡的结果加重犯了。但有的结果加重犯,重结果可能出于过失,也可能出于故意。例如抢劫致人重伤、死亡,致人重伤、死亡,既可能出于过失,也可能出于故意,即使出于故意,亦无碍于抢劫罪的结果加重犯的成立。

(3) 刑法规定了比基本犯罪较重的刑罚。对结果加重犯,各国刑法都规定了重于基本犯的刑罚,这也是构成结果加重犯不可或缺的条件,否则,如果对重结果没有较重刑罚的规定,也就谈不到结果加重犯了。对重结果的较重刑罚规定的方式,有两种立法例:一是规定比照某某罪从重处罚,一是规定比基本犯罪更重的法定刑。我们认为第二种方式是可取的,因为它符合结果加重犯的立法本意,且便于审判人员操作。我国刑法即采取这种立法例。前面所举的我国《刑法》第260条第2款规定的虐待致人重伤、死亡就是如此。虽然实施了基本犯罪构成要件的行为,并由此产生了重结果,但刑法不是对其单独规定较重刑罚,而是规定按照另一较重犯罪定罪处罚,那就不是结果加重犯。例如,我国《刑法》第292条第2款规定的"聚众斗殴,致人重伤、死亡的,依照本法第234条、第232条的规定定罪处罚"。即依照故意伤害罪、故意杀人罪定罪处罚,而不是聚众斗殴罪的结果加重犯。

3. 结果加重犯的处断原则

由于刑法对结果加重犯规定了比基本犯罪较重的法定刑,所以对结果加重犯只能依照刑法的规定,在较重的法定刑幅度内量刑,而不实行数罪并罚。

二、法定的一罪

(一) 结合犯

1. 结合犯的概念

结合犯,是指数个各自独立的犯罪行为,根据刑法的明文规定,结合而成为另一个独立的新罪的犯罪形态。例如《日本刑法典》第241条规定的"犯强盗罪,而又强奸妇女者",构成强盗强奸罪,就是结合犯的典型。

2. 结合犯的要件

(1) 结合犯所结合的数罪,原为刑法规定为数个独立的犯罪。所谓独立的犯罪,是指不依附其他犯罪、符合独立的犯罪构成的行为。并且数个独立的犯罪，是数个不同的犯罪。如上例所举的强盗强奸罪是由强盗罪和强奸罪相结合而成，强盗罪和强奸罪就是刑法规定的各自独立的不同的犯罪。

（2）结合犯是将数个独立的犯罪，结合成为另一个独立的新罪。结合犯之所以将数个犯罪结合在一起，往往是由于数个犯罪行为之间具有一定的牵连关系。例如旧中国1935年《刑法》第332条规定的强盗故意杀人罪，就有方法行为和目的行为的牵连关系。此外，也有的是因为两种犯罪往往同时发生而结合成一罪。例如前例所举的强盗强奸罪就是因为强盗罪与强奸罪往往同时发生而结合在一起。结合数罪成为一个新罪有两种方式，如用公式表述，其一为甲罪＋乙罪＝甲乙罪，如上例强盗罪＋故意杀人罪＝强盗故意杀人罪。这种方式在结合犯中比较常见。其二为甲罪＋乙罪＝丙罪，如暴行或胁迫＋财物夺取行为＝强盗罪。① 这种方式在结合犯中比较少见。

（3）数个独立的犯罪结合成一个独立的新罪，是根据刑法的明文规定。虽有数罪的结合，如果刑法没有明文规定结合为新罪，而是作为基本犯罪的加重情节或加重结果，那就不是结合犯，而是情节加重犯或结果加重犯。例如，根据我国《刑法》第263条规定，犯抢劫罪，"有下列情形之一的，处10年以上有期徒刑、无期徒刑或者死刑，并处罚金或者没收财产：……（五）抢劫致人重伤、死亡的……"由于刑法规定抢劫致人重伤、死亡为抢劫罪的加重犯罪构成的要件，而没有规定与抢劫罪结合成为新罪，所以不是结合犯，而是抢劫罪的结果加重犯。

我国刑法中没有结合犯的典型，这里只略作说明，以供参考。

3. 结合犯的处断原则

由于结合犯是刑法规定将原来的数罪结合成为一个新罪，并规定相应的法定刑，应当依照刑法规定以新罪一罪论处，不实行数罪并罚。

（二）集合犯

1. 集合犯的概念

集合犯，是指行为人以实施不定次数的同种犯罪行为为目的，虽然实施了数个同种犯罪行为，刑法规定还是作为一罪论处的犯罪形态。日本学者指出："集合犯是构成要件本身预想有数个同种类的行为。例如常习犯的场合，常习赌博者即使实施数次赌博行为，只能构成常习赌博一罪。又营业犯的场合，即使反复实施未经准许的医业行为，仍不过是成立未经准许医业罪一罪。"② 我国刑法理论过去只注意研究惯犯，而对集合犯则很少问津。考虑到我国修订的《刑法》取消了惯犯的概念，并认为有关营业犯的规定应当纳入研究的视野。因而这里借鉴海外的刑法理论，以对集合犯的论述取代对惯犯的论述。

---

① 参见〔日〕前田雅英：《刑法总论讲义》（第4版），日本东京大学出版会2006年日文版，第496页："结合犯作为其代表实例，例如强盗罪由暴行、胁迫行为和财物夺取行为而成立。"

② 同上。

2. 集合犯的要件

（1）集合犯是行为人以实施不定次数的同种犯罪行为为目的。即行为人不是意图实施一次犯罪行为即行结束，而是预计实施不定次数的同种犯罪行为。例如，我国《刑法》第 336 条规定的非法行医罪，行为人就是意图实施不定次数的非法行医行为。这是集合犯主观方面的特征。

（2）集合犯通常实施了数个同种的犯罪行为。集合犯虽然是行为人意图实施不定次数的同种犯罪行为，并且通常也实施了数个同种的犯罪行为，如非法行医罪，虽多次非法行医，仍然只构成非法行医一罪，但行为人即使非法行医一次，情节严重的，如因非法行医造成就诊人身体健康受到严重损害，也构成非法行医罪。

（3）集合犯必须是刑法将可能实施的数个同种犯罪行为规定为一罪。这就是说，"所谓'集合犯'，因为构成要件本身预定同种行为的反复，所以被反复的同种行为无例外地予以包括，被作为一罪评价"①。正因为刑法将可能实施的数个同种行为规定为一罪，所以行为人实施了数个同种行为，仍然只能构成一罪。例如，前述的非法行医罪，虽然实施数个非法行医行为，仍只构成一个非法行医罪。从数个同种行为构成一罪来看，集合犯与连续犯相近似，但两者存在根本区别：集合犯是刑法规定同种的数行为为一罪，所以是法定的一罪；而连续犯，连续实施的同种数行为均独立构成犯罪，是数罪而只是作为一罪处理，所以是处断的一罪。从犯罪在时间上可能存在一定的过程来看，集合犯又与继续犯相近似，但两者也存在明显区别：集合犯是由数个同种的犯罪行为组成，并且行为之间存在时间的间隔，简言之，它是数个行为；而继续犯则是一行为处于不间断地持续之中，简言之，它是一个行为。

3. 集合犯的种类

集合犯分为几种，当前在日本刑法理论中大体有两种意见：一是分为常习犯和营业犯两种；二是分为常习犯、营业犯和职业犯三种。我们参考前一分类，分为如下两种：

（1）常业犯，指以一定的行为为常业的犯罪。详言之，指行为人意图实施多次同种犯罪行为，法律规定以反复实施同种犯罪行为为构成要件的犯罪。对这种犯罪来说，实施一次行为，犯罪还不能成立，只有反复实施同种犯罪行为，才能构成该罪。例如我国《刑法》第 303 条规定，"以赌博为业的"构成赌博罪。如果偶尔赌博，不是以赌博为业的，则不构成犯罪；以赌博为业，数十次赌博，也只构成一罪。

（2）营业犯，指通常以营利为目的，意图以反复实施一定的行为为业的犯罪。它与常业犯的区别在于：对常业犯来说，实施一次某种行为，不构成犯罪；必须反复实施同种行为，才构成犯罪。而对营业犯来说，实施一次某种犯罪行为，可能构成犯罪；反复实施同种犯罪行为，仍然构成该种犯罪一罪。例如，我国《刑法》第 363 条第 1 款规定的制作、复制、出版、贩卖、传播淫秽物品牟利罪，以牟利为目的，虽然制作、复制、出版、贩卖、传播一次淫秽物品也可能构成犯罪，但即使多次制作、复制、出版、贩卖、传

---

① 〔日〕中山研一：《刑法总论》，日本成文堂 1989 年日文版，第 527 页。

播淫秽物品,仍只构成一罪。

4. 集合犯的处断原则

集合犯是法定的一罪,刑法分则条文设有明文规定,对集合犯,不论行为人实施多少次行为,都只能根据刑法的规定以一罪论处,不实行数罪并罚。

三、处断的一罪

(一) 连续犯

1. 连续犯的概念

连续犯,是指基于同一或者概括的犯罪故意,连续实施性质相同的独立成罪的数个行为,触犯同一罪名的犯罪形态。我国《刑法》第89条第1款规定:"……犯罪行为有连续……状态的,从犯罪行为终了之日起计算。"这是我们研究连续犯的法律依据。

2. 连续犯的要件

(1) 必须实施性质相同的独立成罪的数个行为。这是连续犯成立的前提条件,没有实施数个行为,只实施一个行为的,不可能成立连续犯。例如,行为人以数个举动完成犯罪,而数个举动仅形成一个行为,就不是连续犯,而是接续犯。同时数个行为必须是独立成罪的,即各个行为都独立具备犯罪构成的要件,连续犯才可能成立。如果数个行为刑法规定作为一罪论处的,则是集合犯,而不是连续犯。并且数个行为还必须是性质相同的,例如实施数个行为,都是杀人行为,可能构成杀人罪的连续犯;如果实施的数个行为性质不同,例如一次实施盗窃行为,一次实施强奸行为,自不发生连续犯问题。

(2) 数个行为必须基于同一的或概括的犯罪故意。连续犯实施的数个犯罪行为,必须是基于同一的或概括的犯罪故意。同一的犯罪故意,指行为人预计实施数次同一犯罪的故意,每次实施的具体犯罪都明确地包含在行为人的故意内容之中。概括的犯罪故意,指行为人概括地具有实施数次同一犯罪的故意,每次实施的具体犯罪并非都是明确地包含在行为人的故意内容之中。例如,某甲与某乙有仇,蓄意报复某乙,准备对某乙及其家人造成伤害,除了明确伤害某乙之外,对其家属什么人伤害并无明确的目标。随后,某甲伤害了某乙的儿子,不久又伤害了某乙。这同样构成伤害罪的连续犯。至于出于过失能否构成连续犯,虽然通说持否定态度,但仍有学者持肯定说,认为连续的过失犯罪行为可以成立连续犯。例如公共汽车司机酒后开车,违章行驶十余公里,沿途先后三次将四人撞成重伤。这就是交通肇事罪的连续犯。我们认为,连续犯的主观要件之所以必须是故意,因为它是数个犯罪行为具有连续性的不可缺少的条件,而连续数次过失犯罪并没有犯意使它们具有连续性,不宜认定构成连续犯。

(3) 性质相同、独立成罪的数个行为必须具有连续性。这是连续犯构成的重要条件;否则,独立成罪的数个行为之间,如果不具有连续性,则只能构成独立的数罪,而不构成连续犯。如何理解数行为的连续性,在刑法理论上存在很大分歧。概括言之,计有三说:第一,主观说。认为连续犯以行为人主观方面有连续犯罪的决意或者同一的犯罪故意,即足以成立;至于数个行为之间客观上有无连续关系,对连续犯的构成毫无影响。第二,客观说。认为数个行为的连续不应以行为人的主观方面为标准,而应从客观行为上来认定,即数个行为有外部的类似关系和时间上的联络,就可认为数个行为有连续性。第三,折中说。认为连续犯的成立,不仅需要行为人主观上有连续犯罪的决意和同一的犯罪故意,而且需要客观上数个行为有外部的类似关系和时间上的联络。我国刑法理论上通说认为,连续犯的数个行为之间的连续性,应当以行为人主客观条件的统一为标准。我们认为通说的观点是正确的,因为它符合我国的犯罪构成理论,并且与确定罪数的"犯罪构成标准说"相一致。据此,行为人虽然有同一的或概括的犯罪故意,但客观上并未实施数个犯罪行为或实施的数个犯罪行为不具有连续性,固然谈不到成立连续犯。同样地,行为人虽然在时间间隔较近的情况下,实施了性质相同的数个犯罪行为,但主观上缺乏实施数罪的同一的或概括的犯罪故意,也不能成立连续犯。主观上具有同一或概括的犯罪故意,前已论及,兹不复述。客观上数个犯罪行为具有连续性表现为,数个行为的性质相同、手段类似和时间上前后具有连续性。例如,前后两次都是实施的抢劫行为,但一次是以暴力相威胁,一次是实施暴力,这就是数个行为的性质相同、手段类似。如果一次实施盗窃,一次实施抢劫,行为性质不同,就谈不到数个行为的连续性。时间上的连续性,就是数个犯罪行为在时间上没有发生前后被隔断的情况。例如,某甲在国道上抢劫旅客,一月接连作案四次,最后一次被抓获。这里数次抢劫行为就具有时间上的连续性。如果前罪已被判决,服刑期间脱逃后再犯性质相同之罪,数个犯罪行为之间,由于前罪的判决被隔断,在时间上就不具有连续性,从而就不能按连续犯处理。

(4)数个行为必须触犯同一罪名。什么是同一罪名,中外刑法学者之间颇不一致。有的认为同一罪名是指犯罪性质相类似的犯罪;有的认为同一罪名是指犯罪性质完全相同的犯罪;有的认为同一罪名是指行为侵害的法益性质相同的犯罪,像抢夺罪和盗窃罪,既然都是侵害他人财产的犯罪,两者可成立连续犯;有的认为同一罪名是指同一法条中的罪名;有的认为同一罪名应以具体犯罪中基本犯的犯罪构成为标准来认定,只要行为符合同一基本犯罪构成的,即为触犯同一罪名。我们认为,连续犯本为数罪,由于行为人出于同一或概括的犯罪故意数次实施同一犯罪行为而合并为一罪,它的范围不宜过宽,上述性质类似说与相同法益说均失之宽泛,故不足取。性质相同说虽可避免上述弊端,但缺乏明确的界定;同条罪名说不符合我国的立法实际,例如我国《刑法》第114条规定了放火、决水、爆炸、投放危险物质及以危险方法危害公共安全罪等五个罪名,可见同条罪名并非就是同一罪名,因而均难以赞同。比较而言,同一基本犯罪构成说,既不扩大或缩小同一罪名的范围,又有基本犯罪构成作为界定的标准,易于掌握,所以我们对此说持肯定态度。据此,可以得出如下结论:第一,独立成罪的数个行为均与具体犯罪的基本构成相符合的,当然是同一罪名。例如数个行为均符合我国《刑法》第263条规定的抢劫罪的基本犯罪构成的,当然都触犯抢劫罪的罪名。第二,数个行为中有的与具体犯罪的基本构成相符合,有的与由该基本构成派生的构成即加重或减轻的构成相符合,亦成立同一罪名。例如数个行为中第一次是以暴力相威胁抢劫,第二次是持枪抢劫,都是触犯抢劫罪的罪名。第三,数个行为中有的与具体犯罪的基本构成相符合,有的与该基本构成的修正构成即共犯或犯罪停止形态的构成相符合,也是触犯同一罪名。例如数个行为中第一次抢夺既遂、第二次是教唆抢夺、第三次是抢夺未遂,均为触犯抢夺罪的罪名。此外,刑法有些条款中明文规定依照某某罪"定罪处罚",这种情况也应成立同一罪名。①

3. 连续犯的处断原则

连续犯按照一罪处断,不实行数罪并罚。对连续犯的处理,应当按照不同情况,依据刑法的有关规定分别从重处罚或者加重处罚:

(1) 刑法规定只有一个量刑档次,或者虽有两个量刑档次但无加重构成的量刑档次的,按照一个罪名从重处罚。例如,我国《刑法》第262条规定的拐骗儿童罪就只有一个量刑档次,拐骗儿童罪的连续犯,只能在这个量刑档次内从重处罚。又如我国《刑法》第232条规定的故意杀人罪,虽有两个量刑档次,但无加重构成的量刑档次,故意杀人罪的连续犯,只能在该罪的基本构成的量刑档次内从重处罚。

(2) 刑法对多次实施某种犯罪明文规定重于基本构成的量刑档次的连续犯,依照该加重构成的量刑档次处罚。例如,我国《刑法》第263条"多次抢劫"明文规定远远重于抢劫基本构成的量刑档次,连续三次以上抢劫的,即应依照加重抢劫构成的量刑档次处罚。

(3) 刑法对多次实施某种犯罪虽然没有明文规定,但对"情节严重"或"情节特别严重"分别规定了不同的加重刑罚的量刑档次,符合某种情况的连续犯,应依照有关的量刑档次处罚。例如,我国《刑法》第267条对抢夺罪按照基本犯罪、情节严重和情节特别严重分为三个量刑档次加以规定,抢夺罪的连续犯,应根据连续实施抢夺次数的多少,依据刑法的规定,按照相应的量刑档次处罚。

(二) 牵连犯

1. 牵连犯的概念

牵连犯,是指以实施某一犯罪为目的,其方法行为或结果行为又触犯其他罪名的犯罪形态。例如以伪造国家机关公文的方法(方法行为)骗取公私财物(目的行为),分别触犯了伪造国家机关公文罪和诈骗罪,就是牵连犯。

2. 牵连犯的要件

(1) 牵连犯是以实施一个犯罪为目的。这是牵连犯的本罪。牵连犯是为了实施某一犯罪,其方法行为或结果行为,又构成另一独立的犯罪,这是牵连犯的他罪。牵连犯的本罪是一个犯罪,他罪是围绕本罪而成立的。如果行为人出于实施数个犯罪的目的,在此目的支配下实施了数个犯罪。这个犯罪不构成牵连犯。

(2) 牵连犯必须具有两个以上的行为。这是牵连犯与想象竞合犯的重要区别。即牵连犯是数个行为,想象竞合犯是一个行为。牵连犯的数个行为表现为两种情况:一是目的行为与方法行为(或称手段行为)。二是原因行为与结果行为。目的行为、

---

① 参见吴振兴:《罪数形态论》,中国检察出版社1996年版,第246—249页。

原因行为是就本罪而言的,当与方法行为相对应时,称目的行为,当与结果行为相对应时,称原因行为。需要指出的是,这里指的是方法行为,而不是方法;是结果行为,而不是结果。否则,就不是数行为,就不可能构成牵连犯。目的行为或原因行为都是指实施本罪的行为。方法行为,是指为了便于本罪的实行而实施的行为。例如为了骗取财物而伪造公文,骗取财物是目的行为,伪造公文就是方法行为。结果行为,是指本罪行为实行后由于本罪而实施的行为。例如出于盗窃的故意盗窃他人提包,得手后打开提包,里面却是一支手枪、十发子弹,遂将手枪、子弹藏于家中。盗窃他人提包是原因行为,藏匿手枪、子弹就是结果行为。

(3) 牵连犯的数个行为之间必须具有牵连关系。如何认定有无牵连关系,在刑法理论上有主观说、客观说和折中说的分歧。主观说认为有无牵连关系应以行为人的主观意思为标准,即行为人主观意思上以手段或结果的关系使其与本罪发生牵连,即为有牵连关系。客观说认为有无牵连关系应以客观的事实是否具有牵连的性质为标准。其具体主张又有不同:有的说只有触犯其他罪名的方法行为或结果行为属于其犯罪构成的一部分,才能认为有牵连关系。有的说触犯其他罪名的方法行为或结果行为同所实施的犯罪具有不可分离的关系,就是有牵连关系。折中说认为本罪与方法行为或结果行为的牵连关系,应当从主客观两方面考察,即行为人在主观上具有牵连的意思,在客观上具有通常的方法或结果关系。我们认为主观说与客观说都只从一个方面考察牵连关系,都不免失之于片面性。折中说既注意从主观意思上考察,又注意从客观事实上考察,克服了主观说和客观说的片面性,同时对牵连关系又作了适当限制,宜认为是可取的。

(4) 牵连犯的数个行为必须触犯不同的罪名。这就是牵连犯以实施某一犯罪为目的,其方法行为或结果行为又触犯了其他罪名。这里也存在着两种情况:一是实施一种犯罪,其犯罪所采用的方法行为又触犯了其他罪名。例如,为了骗取财物伪造了国家机关公文,然后用伪造的国家机关公文去实施诈骗,行为人的目的行为是诈骗罪,其方法行为又触犯了伪造国家机关公文罪。二是实施一种犯罪,其犯罪的结果行为又触犯了其他罪名。例如,前述的盗窃他人提包,发现提包中是手枪和子弹然后加以隐藏。原因行为是盗窃罪,其结果行为则触犯了私藏枪支、弹药罪。如果实施一种犯罪,其犯罪的方法行为或结果行为不是触犯其他罪名,而是触犯相同的罪名,则不构成牵连犯。例如入户抢劫的,抢劫是目的行为,入户是方法行为,但刑法把入户抢劫规定为加重抢劫罪构成的条件之一,在这里方法行为也是触犯的抢劫罪,因而只能按加重抢劫罪论处,不构成牵连犯。

3. 牵连犯的处断原则

对牵连犯如何处理,我国《刑法》总则没有规定。刑法理论上通说认为,对牵连犯的处理不实行数罪并罚,而应"从一重处罚",即按照数罪中最重的一个罪所规定的刑罚处理,在该最重的罪所规定的法定刑范围内酌情确定执行的刑罚。随后有人提出,对牵连犯,应当按照其中最重的一个罪从重处罚,即"从一重从重处罚"。我们认为,这一原则是正确的,因为牵连犯实际上是数罪,对社会具有较大的危害性,只按一罪处理,未免对犯罪有所轻纵,按照一重罪从重处罚,才真正体现了罪刑相适应的刑法基本原则。这应当成为刑法未作特别规定的牵连犯处断的一般原则。

但是,我国《刑法》分则对某些具体犯罪的牵连犯的处理作了特别规定,规定的情况不一:有规定从一重处罚的,有规定从一重从重处罚的,有规定独立的法定刑的,也有规定实行数罪并罚的。我国《刑法》分则条款对如何处理牵连犯作了特别规定的,只能按照分则有关条款的规定处理。如果《刑法》规定了实行数罪并罚,例如,我国《刑法》第198条规定:投保人、被保险人故意造成财产损失的保险事故,骗取保险金,投保人、受益人故意造成被保险人死亡、伤残或者疾病,骗取保险金,"同时构成其他犯罪的,依照数罪并罚的规定处罚"。就应根据规定,依照数罪定罪,实行数罪并罚。

(三) 吸收犯

1. 吸收犯的概念

吸收犯,是指数个犯罪行为,其中一个犯罪行为吸收其他的犯罪行为,仅成立吸收的犯罪行为一个罪名的犯罪形态。例如,非法制造枪支、弹药,事后藏于家中。前一行为构成非法制造枪支、弹药罪,后一行为构成私藏枪支、弹药罪。前一犯罪行为吸收后一犯罪行为,仅仅成立非法制造枪支、弹药罪,私藏枪支、弹药罪被吸收不再论罪。这就是吸收犯。

2. 吸收犯的要件

(1) 吸收犯必须具有数个犯罪行为。这是吸收犯成立的前提。因为吸收犯的特点是一个行为吸收其他行为,如果没有数个行为,就谈不到一个行为吸收另一个行为,从而也就无所谓吸收犯。同时吸收犯的数个行为还必须都是犯罪行为,即每个行为都符合刑法规定的犯罪构成。这里所说的犯罪构成,可能是基本的犯罪构成,或者是派生的犯罪构成,也可能是修正的犯罪构成。只要行为符合某种构成,即属于犯罪行为。如果数个行为中只有一个是犯罪行为,其余是违法行为,也不可能构成吸收犯。吸收犯是数个犯罪行为,这是吸收犯与想象竞合犯的重要区别之所在。如前所述,想象竞合犯是一行为触犯数罪名,而吸收犯则是数行为触犯数罪名。

(2) 吸收犯的数个行为之间必须具有吸收关系。这是吸收犯成立的关键。如果数个犯罪行为之间不存在一个犯罪行为吸收其他犯罪行为的关系,也就不可能成立吸收犯。所谓吸收,即一个行为包容其他行为,只成立一个行为构成的犯罪,其他行为构成的犯罪失去存在的意义,不再予以定罪。一个犯罪行为之所以能够吸收其他犯罪行为,是因为这些犯罪行为通常属于实施某种犯罪的同一过程,彼此之间存在着密切的联系:前一犯罪行为可能是后一犯罪行为发展的所经阶段,后一犯罪行为可能是前一犯罪行为发展的自然结果,或者在实施犯罪过程中具有其他密切关系。吸收关系有哪几种,在刑法理论上意见颇不一致,但大多认为有如下三种:第一,重行为吸收轻行为。这里所说的行为的轻重,主要是根据行为的性质来区分的,重行为在行为的性质上较轻行为严重,前后的行为有轻有重时,轻行为应为重行为所吸收。例如前述的非法制造枪支弹药,事后藏于家中,私藏是非法制造的自然结果,非法制造行为在性质上重于私藏行为,所以非法制造枪支、弹药行为吸收私藏枪支、弹药行为,只成立非法制造枪支、弹药罪、私藏枪支、弹药罪不另行成立。第二,实行行为吸收预备行为。预备行为是实行行为的先行阶段,尽管并非每种具体犯罪都有预备行为,但是许多犯罪往往是经过预备然后转入实行行为的。在这种情况下,预备行为为实行行为所吸收,仅依实行行为所构成的犯罪定罪。例如,为了使用伪造的信用卡诈骗财物,自己先伪造信用卡,伪造之后使用伪造的信用卡诈骗大量财物。伪造信用卡是信用卡诈骗罪的预备行为,触犯了伪造金融票证罪,其后使用伪造的信用卡诈骗财物的行为是实行行为,触犯了信用卡诈骗罪,实行行为吸收预备行为,仅依信用卡诈骗罪定罪处刑。第三,主行为吸收从行为。所谓主行为吸收从行为,是根据共同犯罪人在共同犯罪中的分工和作用区分的。在将共犯分为共同正犯、教唆犯、从犯(帮助犯)的情况下,通常认为实行行为与教唆行为、帮助行为相比,实行行为是主行为,教唆行为、帮助行为是从行为。教唆行为与帮助行为相比,教唆行为是主行为,帮助行为是从行为。据此,先教唆或帮助他人犯罪,随后又参与共同实行犯罪,其教唆行为或帮助行为,应为共同实行行为所吸收。先教唆他人犯罪,随后又帮助他人犯罪,其帮助行为应为教唆行为所吸收。在我国对共同犯罪人分类的情况下,主犯或教唆犯的行为是主行为,从犯的行为是从行为。据此,先教唆他人犯罪,后又帮助他人犯罪,帮助行为为教唆行为所吸收,应以教唆犯罪处断,而依该罪的主犯量刑。

3. 吸收犯的处断原则

对吸收犯,依照吸收行为所构成的犯罪处断,不实行数罪并罚。

第三节 数罪的类型

一、实质数罪与想象数罪

实质数罪与想象数罪,是以行为人符合数个犯罪构成的行为个数为标准进行的分类。行为人实施数个行为,符合数个犯罪构成,构成数个独立的犯罪的,是实质数罪。例如,某甲一天夜间强奸了妇女某乙,几天后又在路上抢劫了出租汽车司机某丙,构成了强奸罪和抢劫罪两种犯罪,这就是实质数罪。行为人实施一个行为,符合数个犯罪构成,触犯数个罪名的,是想象数罪。如前例所说开一枪,打死一人,打伤一人,触犯故意杀人罪和故意伤害罪两个罪名,就是想象数罪,也就是想象竞合犯。如前所述,想象竞合犯,虽然触犯数罪名,但由于仅实施一个行为,通常只按一罪论处。对"实质数罪与想象数罪"这种数罪的区分,有的学者提出了不同意见,认为这一对数罪类型没有存在的意义。就想象数罪而言,指出如果把想象数罪理解为实质的数罪,则这一对数罪类型实际并不存在;如果把想象数罪理解为实质的一罪,它又不应成为数罪的类型,只能作为实质的一罪中包含的一种形态,何况它是一种具体的罪数形态,与实质数罪并列,缺少对应性。[①] 这一观点值得参考。

---

① 参见吴振兴:《罪数形态论》,中国检察出版社1996年版,第49页。

二、异种数罪与同种数罪

异种数罪和同种数罪,是以行为人的数个行为符合的数个基本犯罪构成的性质是否相同为标准所进行的分类。行为人出于数个不同的犯意,实施数个行为,符合数个性质不同的基本犯罪构成,触犯数个不同罪名的数罪,是异种数罪。例如,某甲出于抢劫的故意,实施暴力或暴力威胁的行为抢走某乙身上所带4000元人民币,不久又以杀人的故意,用毒药将自己的妻子某丙杀死。某甲以两个行为,触犯了抢劫罪和故意杀人罪两个罪名,就是异种数罪。行为人出于数个相同的犯意,实施数个行为,符合数个性质相同的基本犯罪构成,触犯数个罪名相同的数罪,是同种数罪。例如,某甲由于情场失意,为了报复,将与自己断绝恋爱关系的女朋友某乙杀死;后来为了不还拖欠某丙的债款而将某丙杀害。某甲出于两个杀人的故意,实施两个杀人行为,触犯了两个故意杀人罪,就是同种数罪。是否承认同种数罪,在我国刑法学界还有不同意见:有的持否定说,有的持肯定说。我们认为,同种数罪是客观存在的,至于是否数罪并罚,那是如何处罚问题,不应因此影响认定同种数罪是否存在。但是法律规定某种数次同种犯罪作为该罪的严重情节的,那就不应当认为是同种数罪,而应当认为是一个该罪的重罪构成。例如我国《刑法》第263条规定"多次抢劫"的,是严重抢劫的情节之一。如果多次抢劫,就不是构成数个抢劫罪,而是构成一个严重的抢劫罪。区分异种数罪与同种数罪的意义在于:有利于在量刑时正确地实行数罪并罚。因为在一定的法律条件下,异种数罪必须实行并罚,而同种数罪则不需实行并罚。

三、并罚数罪与非并罚数罪

并罚数罪与非并罚数罪,是以行为人已构成的实质数罪在量刑时是否实行数罪并罚为标准进行的分类。行为人基于数个罪过,实施数个行为,构成数个独立的犯罪,依照法律应当实行并罚的数罪,是并罚数罪。异种数罪在一般情况下,都是并罚数罪。同种数罪在法律有特别规定的情况下,也可能成为并罚数罪。例如我国《刑法》第70条规定:"判决宣告以后,刑罚执行完毕以前,发现被判刑的犯罪分子在判决宣告以前还有其他罪没有判决的,应当对新发现的罪作出判决,把前后两个判决所判处的刑罚",依照数罪并罚的原则,决定执行的刑罚。这里所说新发现的罪,即包括同种的犯罪。行为人虽然实施数个行为,符合数个犯罪构成,触犯数个罪名,但由于特定事由或法律规定不实行并罚,只按一罪处罚的数罪,是非并罚数罪。一般情况下的同种数罪、处断一罪中的牵连犯、吸收犯等,都是非并罚数罪。牵连犯、吸收犯在我国刑法理论中被认为本来是数罪,因其形态上的特殊性,在运用刑罚上按一罪处理,称为处断的一罪,不实行数罪并罚。区分并罚数罪与非并罚数罪的意义在于,直接为实行数罪并罚提供罪数上的前提。

四、判决宣告以前的数罪与刑罚执行期间的数罪

判决宣告以前的数罪与刑罚执行期间的数罪,是以实质数罪发生的时间为标准

进行的分类。行为人在判决宣告以前实施的并被发现的数罪,是判决宣告以前的数罪。行为人因犯罪受判决宣告和刑罚执行,在刑罚执行期间发现漏罪或再犯新罪而构成的数罪,是刑罚执行期间的数罪。又可分为如下两种情况:一是因犯罪受刑罚执行,在刑罚执行期间发现漏罪而构成的数罪;二是因犯罪受刑罚执行,在刑罚执行期间又犯新罪而构成的数罪。此种分类的意义在于,适应刑法关于数罪并罚的规定,便于根据不同情况确定如何并罚和应执行的刑罚。因为我国《刑法》第69—71条,对在不同时间条件下构成的数罪,规定了不同的并罚规则。此种分类可以说是正确适用这些不同并罚规则的前提条件。

上述数罪的分类,是从不同角度划分的。它们不是互相无关的,而是在某些方面存在着重合或交叉。因而如何更科学地对数罪进行分类,值得深入研究。

第十三章 刑事责任

第一节 刑事责任概述

一、刑事责任的概念和特征

（一）刑事责任的概念

刑事责任是刑法的基本范畴。这一术语在我国《刑法》中被广泛使用。不仅《刑法》第二章第一节以"犯罪和刑事责任"作为标题，而且在《刑法》452个条文中有13个条文共21处使用了"刑事责任"。此外，在附属刑法条款中这一术语更为常见。因为《刑法》中有关犯罪和刑罚的规定，都是围绕"是否追究刑事责任"和"如何追究刑事责任"而展开的，所以必须对刑事责任进行认真的研究。而要了解什么是刑事责任，首先需要了解责任一词的语义。根据词典，责任一词有两种含义：一是"分内应做的事"，如尽责任；二是"没有做好分内应做的事，因而应当承担的过失"，如追究责任。① 前者被称为"积极责任"，后者被称为"消极责任"。刑事责任是"消极责任"意义上的责任。

什么是刑事责任，在刑法理论上意见不一，以刑事责任定义的中心词为准，主要有以下五种观点：

（1）法律责任说。认为"刑事责任是国家司法机关依照法律规定，根据犯罪行为以及其他能说明犯罪社会危害性的事实，强制犯罪人负担的法律责任"。

（2）法律后果说。认为刑事责任"是依照刑事法律规定，行为人实施刑事法律禁止的行为所必须承担的法律后果"。

（3）否定评价说或称责难说、谴责说。认为"刑事责任是指犯罪人因实施刑法禁止的行为而应承担的、代表国家的司法机关依照刑事法律对其犯罪行为及其本人的否定性评价和谴责"。

（4）刑事义务说。认为刑事责任是"犯罪人因其犯罪行为根据刑法规定向国家承担的、体现着国家最强烈的否定评价的惩罚义务"。

（5）刑事负担说。认为"刑事责任是国家为维持自身的生存条件，在清算触犯刑律的行为时，运用国家暴力，强迫行为人承受的刑事上的负担"。②

此外还有其他提法，限于篇幅，不再列举。

那么，对上述诸说应当怎样评价呢？我们认为，它们从不同的方面和角度，揭示

---

① 参见《现代汉语词典》（第7版），商务印书馆2016年版，第1637页。
② 此处所引各种观点，参见赵秉志主编：《刑法争议问题研究》，河南人民出版社1996年版，第539—542页。

了刑事责任的特征或主要内容,因而都有值得肯定之处;但也都有不同程度的缺陷或不足,有待完善。法律责任说,揭示了刑事责任产生的原因和法律依据,说明了刑事责任对犯罪行为的依赖性和刑事责任的强制性,这些都是值得肯定的;中心词是法律责任或责任,也没有错误,不足之处是对法律责任或责任本身没有作出解释,要准确把握什么是刑事责任,还必须借助其他学科,了解法律责任或责任的含义。法律后果说,揭示了犯罪行为与刑事责任之间的因果关系和刑事责任与刑事法律之间的联系,从而指出了刑事责任的部分特征,这是正确的;不足之处是法律后果这一概念,没有把刑事责任与刑罚区别开来,因为刑罚也是犯罪行为的法律后果。否定评价说,从国家与犯罪人两个方面界定刑事责任的定义,将犯罪行为与犯罪人联系起来揭示刑事责任的内容,并指出刑事责任与实施刑法禁止行为的密切联系,这些都是可取的;但否定评价或谴责并不是刑事责任本身,而只是它的内容,并且"否定评价"词语过于笼统,没有与承受刑事惩罚联系起来,从而也就没有揭示出刑事责任的这一重要特征。刑事义务说,阐明犯罪人有承担国家给予惩罚的义务,从而揭示了刑事责任所反映的犯罪人与国家之间的特殊关系;同时阐明了犯罪行为与刑事责任的因果性,揭示了刑事责任的法律依据,这些都是应予肯定的;但将刑事责任归结为惩罚义务,与我国的刑事立法和刑法理论不相符合。因为根据我国刑事立法和刑法理论,除了给予刑罚处罚外,依法给予非刑罚处罚和免予刑事处罚,都是实现刑事责任的形式。并且将刑事责任归结为"惩罚义务",表述也不确切。因为对犯罪人来说,应承担的是受惩罚的义务,而不是"惩罚义务"。刑事负担说,阐明了刑事责任产生的根据,揭示了刑事责任的强制性的特点,定义中心词的刑事负担确切地表明了刑事责任的性质,不失为解决刑事责任问题争论的一个较好方案;不足之处是对刑事责任概念的内涵阐述不够充分,作为科学的刑事责任的定义,还有待进一步完善。

概括上述各种定义的优点,我们认为,刑事责任的定义可以表述为:刑事责任是刑事法律规定的,因实施犯罪行为而产生的,由司法机关强制犯罪者承受的刑事惩罚或单纯否定性法律评价的负担。

(二) 刑事责任的特征

根据前述定义,刑事责任具有不同于其他法律责任的如下特征:

(1) 刑事责任是刑事法律规定的一种负担。将刑事责任归结为一种负担,因为刑事责任是一种消极责任,本身具有某种负担之意。正如有的学者所指出的那样:"一般所谓'责任',在广义上乃指人之行为作为某种评价之对象时,基于一定的事实之价值,而使为一定的负担之一种概念。"[①]同时从刑法条文用语上看或者从刑事司法实践上看,刑事责任都应理解为一种负担。刑法条文使用"刑事责任"词语时,主要与"负""不负"连用,即"负刑事责任""不负刑事责任"。这里所谓"负",应理解为承受或承担,"不负"即不承受或不承担。个别条文还将刑事责任与"承担"连用,即"承担的刑事责任"。承受或承担的客体自然是"负担"。在刑事司法实践中,刑事责任

---

① 洪福增:《刑事责任之理论》,台湾刑事法杂志社1982年版,第3页。

最终总是表现为犯罪人承受对自己不利的某种负担,例如人身自由在一定时期内的剥夺或限制、一定数量的财产损失以及道义上的谴责等等。这种刑事上的负担正是刑事责任实体存在的证明。此外,将刑事责任归结为一种负担,比归结为责任、后果、谴责、义务等较为可取,因为它避免了归结为上述词语带来的缺点。还应指出,刑事责任作为一种负担,不是一般的负担,而是由刑事法律规定的。刑法既规定了犯罪,同时规定了构成犯罪应当承担的刑事责任,例如我国《刑法》第14条第2款规定:"故意犯罪,应当负刑事责任。"第15条第2款规定:"过失犯罪,法律有规定的才负刑事责任。"所以实施了犯罪行为,就应依照刑法规定承担相应刑事责任。并且犯罪人的刑事责任,必须依照刑事诉讼法进行一定的诉讼程序才可能实际承担;不依照刑事诉讼法进行一定的诉讼程序,犯罪人的刑事责任就不可能实现。刑事责任系由刑事法律所规定,这是刑事责任与其他法律责任在法律根据上的区别。

(2) 刑事责任因实施犯罪行为而产生。实施犯罪行为是刑事责任产生的前提或者原因,没有实施犯罪行为,刑事责任就不可能产生。"无犯罪则无刑事责任",是现代刑法公认的原则。这里所说的犯罪行为,不只是犯罪客观方面的行为,而是犯罪的主客观要件的统一。详言之,所谓犯罪行为,是指有刑事责任能力的人或单位,出于故意或过失实施的具有严重社会危害性并经刑法规定为犯罪的行为。缺乏刑事责任能力的人实施的对社会造成损害的行为,不是犯罪行为;不是出于故意或过失而造成的危害社会结果的身体动静,也不是犯罪行为;实施的行为虽然造成了一定的社会危害,但刑法没有规定为犯罪的行为,同样不是犯罪行为。实施这些行为,都不可能产生刑事责任。只有实施了犯罪行为,才产生刑事责任。刑事责任是实施犯罪行为的必然结果。刑事责任因实施犯罪行为而产生,这是刑事责任与其他法律责任在产生基础上的区别。

(3) 刑事责任以刑事惩罚或单纯否定性法律评价为内容。刑事责任不是承受一般的负担,也不只是承受否定的道德评价,因为这些都说明不了刑事责任的特有性质。刑事责任是承受刑事处罚或单纯的否定性法律评价的负担。所谓刑事处罚,主要指刑法规定的刑罚处罚,这种处罚不仅可以剥夺政治权利、财产权利、人身自由,甚至可以剥夺人的生命,因而刑事责任是最严厉的法律责任;此外也包括刑法规定的非刑罚处理方法的惩罚。受刑事处罚,自然也包括对犯罪行为和犯罪人的否定性法律评价。所谓单纯否定性法律评价,是指免予刑事惩罚,即仅仅对犯罪人宣告有罪,既不给予刑罚惩罚,也不给予非刑罚处理方法的惩罚,仅以有罪宣告表示对行为人及其行为的否定性法律评价。刑事责任以刑事惩罚或单纯否定性法律评价为内容,可以说是刑事责任的本质特征,它表现了刑事责任的严厉性,使刑事责任与其他法律责任在严重程度上互相区别开来。

(4) 刑事责任只能由犯罪人来承担。我国刑法实行罪责自负、反对株连的原则,所以刑事责任只有犯罪人即实施犯罪行为者才承担;没有参与实施犯罪,即使与犯罪人有这样或那样的关系,也不发生刑事责任问题。所谓犯罪人,既指犯罪的自然人,也包括犯罪单位。原来我国刑法只规定自然人犯罪的刑事责任,随着社会主义市场经济的发展,单位犯罪现象日趋严重,因而我国的单行刑事法律中陆续规定了一些单位犯罪的刑事责任,1997 年修订的刑法典,吸收了这些立法成果,并在其总则中规定:"公司、企业、事业单位、机关、团体实施的危害社会的行为,法律规定为单位犯罪的,应当负刑事责任。"所以依照我国现行刑法典,承担刑事责任的,就不仅是犯罪的自然人,而且有犯罪单位。刑事责任只能由犯罪人承担,既不能株连非犯罪人的他人,也不能由非犯罪人的他人代为承担,这表现了刑事责任的专属性,这一点也使刑事责任与其他法律责任相区别。

(5) 刑事责任由代表国家的司法机关强制犯罪人承担。刑事责任是犯罪人向国家所负的责任,它表现了犯罪人与国家之间的关系,国家则由其司法机关代表它强制犯罪人承担刑事责任。这就是刑事责任的强制性。不仅如此,刑事责任的强制性较其他法律责任更为严厉。它表现在:第一,刑事责任是直接借助国家强制力实现的责任。一般说来,刑事责任必须由特定的国家机关——公安、法院、检察、监狱等——予以追究;而民事责任则可以由当事人之间在法律规定的范围内平等自愿协商解决,当事人之间协商解决不了时,虽然需要借助法院解决,但不需要借助公安、监狱,一般也不需要借助检察机关。第二,刑事责任由法院确定后,通过法定机关强制犯罪人承担,犯罪人必须承担;而民事责任在法院审理民事案件时可以通过调解解决,当事人之间也可以和解,或者一方放弃某些权利,减轻对方的责任。刑事责任具有较严厉的强制性,这是刑事责任与其他法律责任在强制严厉程度上的区别。

以上所述是刑事责任的主要特征,通过上述特征,我们可以进一步了解到刑事责任的概念,并将刑事责任与其他法律责任区别开来。

二、刑事责任的地位和功能

(一) 刑事责任的地位

1. 刑事责任在刑法中的地位

我国《刑法》总则分为五章,依次为刑法的任务、基本原则和适用范围;犯罪;刑罚;刑罚的具体运用;其他规定,明显表现出是按照刑法—犯罪—刑罚的结构加以规定的。刑事责任只是作为第二章犯罪的第一节与犯罪并列作为节的标题,总则中虽有 12 个条文 20 处提到刑事责任,并且根据《刑法》第 5 条的规定,似乎将刑事责任与犯罪和刑罚相提并论,但由于对刑事责任缺乏专门规定,因而并未形成犯罪—刑事责任—刑罚的刑法总则体系,更谈不上形成犯罪—刑事责任的刑法总则体系了。这种情况与刑事责任在刑法中的重要地位很不相称。因而有的学者提出完善刑事责任立法的建议,以解决刑事责任与其在刑法中的地位不相称的问题,但建议还没有成为现实的立法。所以我们只能说按照我国现行《刑法》,刑事责任是与犯罪和刑罚同样重要的范畴,但它在《刑法》中的地位在《刑法》总则的结构上并未得到应有的反映。

2. 刑事责任在刑法理论中的地位

刑事责任在我国 20 世纪 80 年代编写的刑法教材中,或者很少提到,或者着墨不多,可以说在刑法理论中没有什么地位。20 世纪 80 年代中期,部分学者开始对刑事责任进行研究并发表研究成果,一些硕士研究生也以刑事责任为论题撰写硕士学位论文,刑事责任问题逐渐引起重视。进入20世纪90年代后,随着研究的深入,相继出版了多种研究刑事责任的专著包括根据博士论文修改而成的著作,一些教材大多增加了论述刑事责任的章节,刑事责任在刑法理论中逐步占有一定的地位。由于认识的不同,学者之间对刑事责任在刑法理论中应占的地位,看法还不一致。概括起来,主要有三种不同观点:

(1)基础理论说。认为刑事责任在价值功能上具有基础理论的意义,它所揭示的是刑法的基本原理,其具体内容应当有犯罪论、刑罚论和罪刑各论。因此,在体系上不能把刑事责任论放在犯罪论和刑罚论之间,而应作为刑法学的基本理论置于犯罪论之前,并作为刑法的基本原理来把握。个别教材即将"刑事责任"作为一节置于"刑法的性质和任务"一章之中,先于犯罪论予以论述,可以说是上述理论在刑法学体系上的表现。

(2)罪、责平行说。认为刑事责任是与犯罪相对应并发生直接联系的概念。犯罪是刑事责任的前提,刑事责任是犯罪的法律后果,刑罚虽然是实现刑事责任的基本方式,但不是唯一的实现方式,非刑罚处理方法也是实现刑事责任的方式之一。所以刑罚与非刑罚处理方法,同是刑事责任的下位概念。因而犯罪论—刑罚论的体系,应改变为犯罪论—刑事责任论的体系,这样才能摆正犯罪与刑事责任的关系。个别教材以刑事责任论取代传统的刑罚论,就是这一理论的体现。

(3)罪、责、刑平行说。认为犯罪、刑事责任、刑罚是各自独立又互相联系的三个范畴,刑事责任则是介于犯罪与刑罚之间联结犯罪与刑罚的纽带。刑事责任与犯罪的关系是:犯罪是刑事责任的前提,刑事责任是犯罪的法律后果;刑事责任与刑罚的关系是:刑事责任是刑罚的前提,刑罚是实现刑事责任的基本方式。因而刑法学的理论体系应当是犯罪论—刑事责任论—刑罚论的体系。一些教材都将刑事责任作为一章置于犯罪论内容之后,刑罚论内容之前,均系以上述观点为理论根据。

我们认为,基础理论说,将刑事责任看作凌驾于犯罪和刑罚的最上位概念,它的内容包括犯罪论、刑罚论和刑法各论,这无异于将刑事责任等同于刑法,这样扩大刑事责任的内容,既不符合我国刑法关于刑事责任的规定,在理论上也难于在刑法学体系上给刑事责任以应有的地位。因而这一观点为我们所不取。罪、责平行说,认为刑罚与非刑罚处理方法都是刑事责任的下位概念,主张以刑事责任论代替刑罚论,在逻辑上是正确的,因而得到一些学者的赞同。但我们感到这种体系还是值得商榷的。从刑法立法来看,这种体系明显与刑法体系不符,如前所述,刑法是按照刑法—犯罪—刑罚的结构规定的,此其一。在刑法理论中刑罚理论内容丰富,占有很大篇幅,非刑罚处理方法内容单薄,所占篇幅很小,使两者处于同等地位,未必合理,此其二。如果《刑法》按照有的学者关于完善刑事责任立法所设想的那样修改,在刑法教材中自应采用这种体系;但在《刑法》未作修改之时,这种体系还不宜在教材中采用。罪、责、刑平行说,认为刑事责任是联结犯罪与刑罚的纽带,三者各自独立又互相联系,主张建立犯罪论—刑事责任论—刑罚论的体系,基本上符合现行《刑法》的规定,《刑法》总则第二章第一节的标题是"犯罪和刑事责任",即将犯罪与刑事责任并列,第三章、第四章均为对刑罚的规定。设置刑罚论,正是这些规定的反映。从理论上看,刑事责任确实是联结犯罪与刑罚的纽带,这可以从刑事责任与两者的关系上得到说明:

(1) 刑事责任与犯罪的关系。犯罪是刑事责任产生的法律事实根据,没有犯罪就不可能有刑事责任,刑事责任是犯罪的必然法律后果,只要实施了犯罪,就不能不产生刑事责任。这体现了犯罪与刑事责任的质的一致性。同时由于各种犯罪的社会危害程度不同,犯罪人承担的刑事责任程度也不相同。一般说来,犯的罪重,刑事责任就重;犯的罪轻,刑事责任就轻。这体现了犯罪与刑事责任的量的一致性。两者的密切关系,于此可以窥见。

(2) 刑事责任与刑罚的关系。刑事责任与刑罚是两个不同的概念。两者的主要区别在于:第一,刑事责任是一种法律责任,刑罚则是一种强制方法。第二,刑事责任是以犯罪人承受刑法规定的惩罚或单纯的否定性法律评价为内容,刑罚则是以剥夺犯罪人一定的法益为内容。第三,刑事责任随实施犯罪而产生,刑罚则随法院有罪判决的生效而出现。但两者具有密切的关系,它表现在:第一,刑事责任的存在是适用刑罚的前提。没有刑事责任,绝不可能适用刑罚;只有存在刑事责任,才能适用刑罚。第二,刑事责任的大小决定刑罚的轻重。刑事责任大的,刑罚就重;刑事责任小的,刑罚就轻,刑罚的轻重根据刑事责任的大小来确定。第三,刑事责任主要通过刑罚而实现。非刑罚处理方法等虽然也是刑事责任的实现形式,但那是次要的,在司法实践中也是为数很少的,而刑罚则是实现刑事责任的主要形式,并且在司法实践中是大量的,因而非刑罚处理方法与刑罚不宜处于并列的地位。据此,本书将刑事责任设为一章,置于犯罪论内容之后,刑罚论内容之前,采取犯罪论—刑事责任论—刑罚论的体系。

(二) 刑事责任的功能

所谓刑事责任的功能,是指刑事责任在制定刑法和处理犯罪中所起的积极作用,可以从刑事立法和刑事司法两方面加以考察:

(1) 从刑事立法看,刑事责任是衡量行为是否规定为犯罪和如何规定刑罚的依据。犯罪是危害社会的行为,但不是任何危害社会的行为都被规定为犯罪;而只有那些严重危害社会、统治者认为需要追究刑事责任的行为,才在刑事立法上规定为犯罪。如果行为不是严重危害社会,认为不需要追究刑事责任的,也就不会规定为犯罪。同时对犯罪行为规定什么样的刑罚,也以统治阶级的刑事责任观为指导。犯罪行为严重,认为刑事责任重的,规定重的刑罚;犯罪行为较轻,认为刑事责任轻的,规定轻的刑罚。对于影响刑事责任轻重的情况,法律则规定从轻、减轻或免除处罚的情节或从重处罚的情节。可见在刑事立法上,刑事责任在确定犯罪和刑罚上起着指导作用。

(2) 从刑事司法看,刑事责任是决定是否适用刑罚和如何适用刑罚的标准。这可以从以下两方面说明:第一,刑事责任是决定适用刑罚的前提。没有刑事责任,就不可能适用刑罚。是否适用刑罚,关键是有无刑事责任存在。一个人犯了罪,要先判定其有无刑事责任,在确定他应负刑事责任后,就给他以应有的刑罚处罚。第二,刑事责任的大小是判处刑罚轻重的标准。我国《刑法》第 5 条规定:"刑罚的轻重,应当与犯罪分子所犯罪行和承担的刑事责任相适应。"这就是,刑事责任小的,刑罚就轻;刑事责任大的,刑罚就重。据此,在对犯罪人判处刑罚时,除了考虑犯罪行为是否严重和严重程度外,还必须考虑影响刑事责任轻重的情节。对具有可以或应当从轻、减轻或免除刑事责任情节的,可以或应当从轻、减轻或免除刑罚处罚;对具有可以或应当从重刑事责任情节的,可以或应当从重予以刑罚处罚。总之,对犯罪人是否判处刑罚和判处什么刑罚,一般说来,都依行为人有无刑事责任和刑事责任大小而定。

第二节 刑事责任的根据

一、刑事责任根据的含义

根据,指"表示以某种事物作为结论的前提或语言行动的基础"[①]。从哲学上说,根据"是事物赖以存在发展、变化的决定因素"[②]。刑事责任的根据,指国家基于何种前提、基础或决定因素追究犯罪人的刑事责任,犯罪人基于何种前提、基础或决定因素承担刑事责任。国家是刑事责任的追究者,犯罪人是刑事责任的承担者,它们从不同的侧面看待刑事责任,但就刑事责任的根据而言,则两者完全一致。

二、刑事责任根据的学说述略

什么是刑事责任的根据,在刑法理论上有各种不同的学说,这里择其要者,略加述评。

(一)犯罪构成唯一根据说

此说最早的倡导者为苏联学者 A. H. 特拉伊宁。他认为:人的行为中具有犯罪构成是适用刑罚的根据,如果行为中缺少犯罪构成则应免除刑事责任。苏联学者皮昂特考夫斯基进一步指出:犯罪构成是刑事责任的唯一根据,这是苏维埃法院和检察机关工作中坚持社会主义法制的基础。这一观点在 20 世纪 80 年代也得到我国一部分学者的支持。随后苏联学者 H. I. 杜尔曼诺夫批评了这一观点,认为犯罪构成是一个抽象的科学概念,而抽象的科学概念不可能作为刑事责任的根据。杜尔曼诺夫的观点传入我国后,为我国学者所普遍接受,从此,犯罪构成唯一根据说也为我国学者所否定。我们认为,此说重视犯罪构成,是值得肯定的,但表述不科学,因而亦为我们所不取。

(二)罪过说

此说为苏联学者 E. C. 乌捷夫斯基所倡导。他将罪过分为狭义的罪过和广义的罪过,前者指犯罪的主观方面,后者包括犯罪构成的情节和量刑的情节,认为广义的

---

① 《现代汉语词典》(第7版),商务印书馆2016年版,第444页。
② 《辞海》(缩印本),上海辞书出版社1980年版,第1303页。

罪过是刑事责任的根据。罪过说虽然也得到个别学者的支持,但受到较多的批评。曼科夫斯基教授指出:把罪过分为广义的和狭义的,就其实质而言,是与确切犯罪构成的原则及社会主义法制的稳定相抵触的。我国也有学者主张罪过说,不过我国学者的罪过说,是指狭义的罪过。持此说的学者认为,罪过是行为人在实施危害行为过程中存在的一种心理态度,如果把在刑法上具有违法性的危害行为视为刑事责任的基础,那么将刑事责任的根据说成是罪过,就有充分的理由。苏联学者的罪过说,造成罪过概念的混乱,难以说明刑事责任的根据。我国学者的罪过说,主张刑事责任的根据仅限于主观方面,将主观与客观割裂开来,对刑事责任的根据也就很难作出科学的解释。

(三) 犯罪行为说

苏联学者 H. I. 杜尔曼诺夫在其参与编写的刑法教科书中曾经提出犯罪行为说的观点,即刑事责任的根据不是犯罪,而是犯罪行为本身。H. A. 别利亚耶夫主编的刑法教材,在引用《刑事立法纲要》第 3 条的规定之后指出:"正是犯罪人所实施的犯罪建立了他自己的刑事责任的根据",即认为刑事责任的根据是犯罪。但他们都没有对自己的观点作出充分的论证,并且随后又改变了这种观点。我国也有学者持这种见解,他们认为,刑事责任的根据是犯罪行为,而不是犯罪构成或案件事实总和。我们认为,犯罪行为有两重含义:一是作为犯罪客观方面的犯罪行为,二是符合犯罪构成而成立的犯罪行为,此说显然指第二种意义上的犯罪行为,亦即犯罪本身。说"犯罪是刑事责任的根据"无疑是正确的,问题是过于抽象不便于实际应用,而且分析不够全面、深入。

(四) 社会危害性说

此说为我国青年学者所明确提出。持此说的学者有的认为,犯罪的社会危害性是刑事责任的事实根据,主要理由是:犯罪的社会危害性是犯罪的本质属性,因而决定着刑事责任的产生。有的认为,犯罪的本质属性是社会危害性,因此,从社会危害性中寻找刑事责任的内在根据,是解决刑事责任根据问题的正确途径,从而得出结论:社会危害性是刑事责任的唯一根据。我们认为,从犯罪的本质属性中找刑事责任的根据,有其合理性,但此说还是存在一些缺陷:其一是犯罪的本质属性是一定的或严重的社会危害性,行为只有轻微的社会危害性,不可能被规定为犯罪。说社会危害性是刑事责任的根据,不够确切。其二是行为仅仅具有一定的或严重社会危害性,如果立法机关没有将这种行为在法律上规定为犯罪,它就不可能成为刑事责任的根据。如果让司法机关仅仅根据行为的社会危害性,追究行为人的刑事责任,那就会破坏社会主义法制。因而此说也为我们所不取。

(五) 哲学与法学根据说

近年来出版的几种教材持此说。持此说的学者认为,刑事责任的根据是多层次的,可以从哲学和法学不同的学科来探讨。追究犯罪人刑事责任的哲学根据,首先在于犯罪人是基于自己的主观能动性实施了犯罪行为。刑事责任的法学根据是多方面的,刑事责任的实质根据是犯罪的社会危害性,法律根据是刑法规定的犯罪构成,事实根据是符合犯罪构成的行为。概括言之,行为符合犯罪构成是应当追究行为人刑事责任的根据。这种观点在国内也受到学者的批评,但我们认为,此说在论述中虽然有些地方还值得推敲,但从整体上看是应予肯定的。因而,我们拟参考此说,论述刑事责任的根据。

三、刑事责任的哲学和法学根据

(一) 刑事责任的哲学根据

人为什么要对自己的行为负刑事责任?从哲学上考察,这涉及意志自由问题。恩格斯曾明确指出:"如果不谈所谓自由意志、人的责任能力、必然和自由的关系等问题,就不能很好地议论道德和法的问题。"①因此,围绕意志自由是否刑事责任的根据问题,古典学派与近代学派一直展开道义责任论与社会责任论的争论。古典学派的代表康德、黑格尔都承认意志自由,并认为意志自由是刑事责任的根据。康德认为人是有理性的,人的意志是自由的。"一般说来,意志可以包括有意志的选择行为。……这种选择行为可以由纯理性决定,而形成自由意志的行为。"②人既然有选择行为的意志自由,竟然避善从恶而实施犯罪,从道义的立场上,就不能不使行为人负担刑事责任。黑格尔也认为,人是有自由意志的,自由是意志的根本规定,正如重量是物体的根本规定一样,存在意志而没有自由,只是一句空话。在他看来,犯罪是理性人自由意志的产物,所以人要对自己所实施的犯罪行为负责。与此相反,近代学派的学者否认人的意志自由,认为刑事责任的根据不应当从所谓意志自由中去找。龙勃罗梭认为,犯罪是天生的,由于行为人先天的身体构造异于常人,因而决定他必然犯罪。所以犯罪人负刑事责任的根据,只能用社会防卫的观点来说明。在龙氏看来,犯罪是对社会的侵害,为了保卫社会的利益,国家必须对犯罪人科以刑罚。菲利则更进一步对意志自由论提出批评。他指出:认为人们可以对行为作出自由选择,这纯属幻想。在他看来,"自由意志的幻想来自我们的内在意识,它的产生完全是由于我们不认识在作出决定时反映在我们心理上的各种动机以及各种内部和外部的条件。"③而犯罪有其自然的原因,与犯罪人的意志自由毫无关系。既然犯罪不是由人的自由意志所产生,那么刑事责任的根据,就不是道义上应加谴责,而是因为人既然作为社会一员生活着,对其社会危害行为自应负担责任。这就是在刑事责任根据问题上非决定论与决定论的分歧。

从马克思主义刑法学的观点如何看待这一争论呢?辩证唯物主义认为,存在决定意识,意识总是反映存在的,这是整个唯物主义的一般原理。详言之,人们生存的社会物质生活条件包括社会条件和自然条件,决定人们的意识,人们的意识总是社会物质生活条件的反映。不承认这一点,就不是唯物主义。在意识与存在的关系上,马

---

① 《马克思恩格斯选集》第3卷,人民出版社1995年版,第454页。
② 引自法学教材编辑部西方法律思想史编写组编:《西方法律思想史资料选编》,北京大学出版社1983年版,第395页。
③ 〔意〕菲利:《实证派犯罪学》,郭建安译,中国政法大学出版社1987年版,第16页。

克思主义首先是决定论。但是,马克思主义虽然承认存在决定意识,否认绝对的意志自由,但不是机械的决定论,并不完全否认意志自由。恩格斯指出:"自由不在于幻想中摆脱自然规律而独立,而在于认识这些规律,从而能够有计划地使自然规律为一定的目的服务。……因此,意志自由只是借助于对事物的认识来作出决定的能力。"[1]可见人实施何种行为,仍具有借助对事物的认识作出选择的自由。这就是意识的主观能动作用。由于人具有相对的意志自由,即自由选择的能力,因而人对自己选择实施的行为应当承担责任。在刑法领域,国家立法机关为了维护正常的社会秩序,保护国家和人民的利益,对严重危害国家和人民利益的行为,特在法律中规定为犯罪。在这里国家要求行为人选择有利于国家和人民利益的行为,行为人却选择了危害国家和人民利益的犯罪行为,或者要求选择能够避免对国家和人民利益造成危害的行为,却没有作这样的选择,以至于对国家和人民利益造成危害,因而国家认定这种行为构成犯罪,追究犯罪人的刑事责任。所以,对犯罪人追究刑事责任的根据,从哲学上讲,就在于行为人具有相对的意志自由,或者说自由选择能力,即行为人能选择非犯罪行为却选择了犯罪行为,因而才追究其刑事责任。

(二) 刑事责任的法学根据

从刑法学的角度看,刑事责任不仅是有无问题,而且还有大小问题。刑事责任的根据,首先是就有无刑事责任而言的,即根据什么使行为人负刑事责任。我们认为,刑事责任的法学根据是行为符合犯罪构成。那么,如何理解行为符合犯罪构成呢?

(1) 行为人必须实施某种行为。即行为人不仅有某种思想,而且有思想表现于外部的身体动静。没有行为就没有犯罪,也就不可能追究刑事责任。这是近代刑法的基本原则。所以,为了追究刑事责任,首先必须有行为事实存在。不过,仅有行为事实,还不足以构成犯罪和追究刑事责任;为了追究行为人的刑事责任,行为必须具有犯罪的本质和法律的特征。

(2) 行为必须具有一定的或严重的社会危害性。一定的或严重的社会危害性是犯罪的本质特征。不具有社会危害性的行为,不可能规定为犯罪;虽有社会危害性但没有达到一定的或严重程度的行为,也不可能规定为犯罪。我国《刑法》第 13 条但书规定:"但是情节显著轻微危害不大的,不认为是犯罪。"说明依照我国《刑法》的规定,追究刑事责任的行为,必须是具有一定的或严重的社会危害性。一定的或严重的社会危害性是主客观的统一。它既包括行为对国家和人民的利益造成严重危害,也包括行为人严重的人身危险性。

(3) 行为与刑法规定的犯罪构成相符合。罪刑法定原则是我国刑法的基本原则。所以行为即使具有一定的社会危害性,如果刑法未规定为犯罪,仍然不可能追究刑事责任;只有具有严重社会危害性的行为符合刑法规定的犯罪构成,才可能追究刑事责任。如前所述,认为犯罪构成是刑事责任的唯一根据是不妥当的,但不能因而走向另一个极端——抛开犯罪构成来谈刑事责任的根据。因为犯罪构成是刑法规定的

---

[1] 《马克思恩格斯选集》第 3 卷,人民出版社 1995 年版,第 455 页。

说明一定的社会危害行为构成犯罪所必需的主客观要件的统一体,是具有严重社会危害性、违法性,应当追究刑事责任的犯罪行为的法定类型,是判断行为是否构成犯罪以及构成什么样犯罪的标准或规格。某种行为事实,经过犯罪构成判断,与犯罪构成不符合的,就不成为犯罪构成事实即不构成犯罪,也就不可能追究刑事责任,与犯罪构成相符合的,就成为犯罪构成事实即构成犯罪,刑法对此规定了相应的法律后果,这是刑事责任实现的主要形式,在这种情况下,才能追究行为人的刑事责任。由此可见,抛开犯罪构成这个标准或规格,就无法认定行为是否构成犯罪,也就无法追究行为人的刑事责任。所以仅仅犯罪构成不可能成为刑事责任的根据,但犯罪构成却是使行为人负刑事责任不可缺少的法律依据。

以上我们从三个方面对行为符合犯罪构成作了分析。这里需要指出:上述三个方面只是为了便于深入了解论题才分开加以说明,实际上它们是统一的。如前所述,仅有严重危害社会的行为,或者仅有抽象的犯罪构成,都不可能成为刑事责任的根据,只有它们密切结合形成犯罪构成事实即行为符合犯罪构成,才是刑事责任的法学根据。

前面论述了使行为人负刑事责任的根据,除此之外,刑事责任还有大小问题,即刑事责任程度问题。刑事责任程度的根据与负担刑事责任的根据有相同之处,也有区别,因而需要专门予以论述。

刑事责任程度的根据与负担刑事责任的根据相同之处在于:行为符合犯罪构成。因为犯罪构成是说明行为社会危害性及其程度的诸要件的统一体。行为符合犯罪构成,表明行为构成犯罪,应当追究刑事责任;同时,行为符合犯罪构成,也表明行为符合什么危害程度的犯罪构成,应当追究何种程度的刑事责任。刑事责任程度的根据与负担刑事责任的根据不同之处在于:犯罪构成要件之外的影响行为社会危害性和人身危险性大小的因素。这些因素可能表现在犯罪之前、犯罪之中或者犯罪以后。表现在犯罪之前的因素,如一贯遵纪守法,或者有前科、多次受过行政拘留、甚至受过严厉刑罚处罚等。表现在犯罪之中的因素,如未成年人、又聋又哑的人、盲人、防卫过当、避险过当、预备犯、未遂犯、中止犯、主犯、从犯、胁从犯等。表现在犯罪以后的因素,如坦白交代、真诚悔改、积极退赃、自首、立功或毁灭罪证、畏罪潜逃、订立攻守同盟等。所有这些都影响行为的社会危害性和人身危险性的程度,从而成为影响刑事责任程度的根据。综上所述,刑事责任程度的根据是行为符合社会危害性程度不同的犯罪构成和构成要件之外的影响行为的社会危害性和人身危险性大小的因素。

第三节 刑事责任的发展阶段和解决方式

一、刑事责任的发展阶段

刑事责任从产生到实现,如何划分阶段,意见并不一致。我们认为,刑事责任的发展可以分为如下三个阶段:

（一）刑事责任的产生阶段

刑事责任的产生是否就是刑事责任的开始？刑事责任从何时开始？我国刑法学界主要有两种不同观点：(1) 刑事责任始于犯罪行为实施之时。理由是刑事责任随犯罪而产生，无犯罪则无刑事责任，有犯罪必有刑事责任。犯罪行为实施之后，不论是否发现这种犯罪，行为人的刑事责任即同时产生，并客观地存在着。司法机关追究刑事责任，只是使这种客观存在的刑事责任现实化的过程，并不是刑事责任产生的过程。(2) 刑事责任始于法院作出有罪判决之时。理由是刑事责任是犯罪的法律后果，只能由犯罪人来承担。而在人民法院依法作出有罪判决之前，很难说行为人就是犯罪人，也就不能要求其承担刑事责任。刑事责任的开始必须同时具备如下条件：一是被告人被查获，证据确凿，犯罪事实昭然若揭；二是人民法院依法作出有罪判决，犯罪最终被证实。我们认为，第一种意见是正确的，第二种意见是不恰当的。因为刑事责任是犯罪的法律后果，只能随着犯罪而产生，所以只要行为人实施了犯罪行为，客观上自然同时产生刑事责任，此其一。行为人犯罪后，司法机关对行为人追究刑事责任，就是因为刑事责任客观上已经存在；如果根本不存在刑事责任，司法机关怎么可能无中生有地进行追究呢？此其二。从刑法的规定看，刑事责任的开始总是同实施犯罪联系在一起的。例如我国《刑法》第 17 条第 1 款规定："已满 16 周岁的人犯罪，应当负刑事责任。"应当负刑事责任，以存在刑事责任为前提，表明实施了犯罪，客观上即产生了刑事责任。此外第 17 条第 2 款、第 18 条第 2—4 款的规定，都表明了同样的思想。此其三。从刑法规定追诉时效制度来看，也应当认为刑事责任开始于实施犯罪之时。追诉时效，是指对犯罪人追究刑事责任的有效期间。刑法规定，犯罪经过一定的期限不再追诉。所谓不再追诉，即不再追究刑事责任，说明实施犯罪后刑事责任即产生了；否则，就不发生不再追诉的问题。此其四。第二种观点之所以错误，在于它把刑事责任产生的时间与人民法院使行为人负刑事责任的时间混为一谈。实际上这是两个不同的问题，或者说是刑事责任的不同阶段。并且人民法院追究行为人的刑事责任，以行为人已产生刑事责任为前提，离开了这个前提，人民法院根据什么追究行为人的刑事责任呢？所以刑事责任产生的时间，就是刑事责任开始的时间。

刑事责任的产生阶段，从行为人实施犯罪时起，到司法机关（或公安机关）立案时止。所谓实施犯罪时起，不同的犯罪形态，起始的情况也有所不同：对于故意犯罪来说，实施犯罪预备时，刑事责任即行产生；如果犯罪预备不受处罚，着手实行犯罪时，刑事责任便产生；对于过失犯罪来说，犯罪结果发生时，刑事责任才产生。在这一阶段，行为人的刑事责任虽然已经客观地存在着，但司法机关还没有进行追究刑事责任的活动。这可能是因为犯罪没有被发现；或者告诉才处理的犯罪，被害人没有告诉。如果在法定的追诉期限内没有追诉，刑事责任就可能消灭，从而就不存在刑事责任的下一阶段。在司法机关（或公安机关）立案之前，行为人可能出现自首或立功等情况，会影响刑事责任的程度，这仍然属于刑事责任的产生阶段。

（二）刑事责任的确认阶段

刑事责任的确认阶段从司法机关（或公安机关）立案时起，到人民法院作出有罪判决生效时止。在这一阶段,要确认行为人是否实施了犯罪行为,应否负刑事责任,应负怎样的刑事责任以及如何实现刑事责任。因此,这一阶段,无论对国家或对犯罪人来说,都很重要。为了保证这一阶段的工作有条不紊地进行,国家立法机关在刑事诉讼法中规定了必要的程序,司法机关(包括公安机关,以下同)必须严格依法办事,正确确认行为人的刑事责任。所谓从司法机关立案时起,是指由公安机关管辖范围的案件,从公安机关立案侦查时起,由检察机关管辖范围的案件,从检察机关立案侦查时起,人民法院依法直接受理的案件,从人民法院受理时起。公安、检察机关进行侦查时,必须客观、公正、实事求是,严禁刑讯逼供和以其他非法方法收集证据。收集证据必须全面,犯罪嫌疑人有罪或者无罪、罪轻或者罪重的证据材料都应收集、调取。在侦查过程中,讯问犯罪嫌疑人、询问证人、勘验、检查、搜查等活动,都必须符合法律的规定,以保证有效地开展侦查工作。

对侦查终结的案件,需要提起公诉的,一律由检察机关审查决定。我国《刑事诉讼法》第171条规定:"人民检察院审查案件的时候,必须查明:(一)犯罪事实、情节是否清楚,证据是否确实、充分,犯罪性质和罪名的认定是否正确;(二)有无遗漏罪行和其他应当追究刑事责任的人;(三)是否属于不应追究刑事责任的;(四)有无附带民事诉讼;(五)侦查活动是否合法。"经过审查,如果认为犯罪事实已经查清,证据确实、充分,需要追究刑事责任的,检察机关应当作出提起公诉的决定;如果认为不构成犯罪或者有其他法定不起诉情形的,检察机关应当或者可以作出不起诉的决定。

审判机关对提起公诉的案件进行审查后,符合开庭审判条件的,应当决定开庭审判。在审判中主要解决如下问题:(1)行为人的行为是否构成犯罪?应否负刑事责任?(2)如果应负刑事责任,还应综合考虑何种有关情节,确定应负何种程度的刑事责任?(3)如何实现刑事责任?即主要应判何种刑罚?这些问题的解决,都要以事实为根据,以刑法的规定为准绳。

上述侦查、起诉、审判三个刑事诉讼阶段,就大多数犯罪来说,是刑事责任的确认阶段不可缺少的组成部分。只有经过这三个刑事诉讼阶段,刑事责任才可能得到确认和实现。

(三)刑事责任的实现阶段

刑事责任的实现阶段从人民法院作出有罪判决生效时起,到所决定的刑事制裁措施执行完毕或赦免时止。刑事责任的实现是刑事责任的最后阶段,也是刑事责任阶段的核心。刑法规定刑事责任,依法追究刑事责任,最终都是为了实现刑事责任。所以这一阶段具有特别重要的意义。刑事责任的实现,基本方式是执行刑罚。执行刑罚,主要由司法行政机关完成,持续时间的长短,则因刑种的不同和判决刑期长短的不同而不同。至于因犯罪情节轻微不需要判处刑罚的案件,法院仅宣告有罪而免予刑罚处罚。这种免予刑罚处罚的判决,只要一经发生法律效力,刑事责任即行实现,则不存在时间上的持续过程。

在刑事责任的实现阶段,可能出现刑事责任变更的情况。这主要是:(1)死刑缓期执行二年期满的减刑;(2)管制、拘役、有期徒刑、无期徒刑的减刑;(3)特赦;

(4)由于遭遇不能抗拒的灾祸缴纳确实有困难时罚金的减免。如何看待假释,学界意见不一:有的学者认为假释也是刑事责任的变更,有的学者认为假释宜视为刑事责任实现方法的变更。我们赞同后一种观点,因为在假释时,所确定的刑罚并没有变更。只是将犯罪分子附条件提前释放,被假释者违反法定的条件,假释即被撤销;而且在假释考验期限内,被假释者还要由公安机关予以监督。可见刑事责任本身并未因假释而变更。

与刑事责任的实现密切相关的,是刑事责任的终结。如何理解刑事责任的终结?理论上主要存在着两种不同观点的争论。一种观点认为,刑事责任的终结包括两种情况:一是因刑事责任的实现而终结,终结时间由于刑事责任实现的方式不同而不同。以刑罚为实现方式的,终结时间是刑罚执行完毕或赦免之时;以非刑罚处理方法为实现方式的,终结时间为非刑罚处理方法执行完毕之时;以免予刑罚处罚为实现方式的,终结时间为法院有罪判决发生法律效力之时。二是因刑事责任的消灭而终结。刑事责任消灭的方式有犯罪人死亡;犯罪已过追诉时效;告诉才处理的犯罪,没有告诉或撤回告诉。终结时间就是上述情况出现之时。另一种观点认为,刑事责任的终结是指刑事责任的实现,而刑事责任的消灭是没有追究其刑事责任,两者的性质和效果完全不同,并认为刑事责任的消灭也是刑事责任的终结,这就将两种不同性质、不同效果的情况混为一谈。我们认为第一种观点是正确的。因为刑事责任可以因其实现而终结,也可以因其消灭而终结。例如,犯罪在未过追诉时效期限时,犯罪人的刑事责任时刻都处于可以追究之中;如果已过追诉时效,刑事责任即归于消灭,不能再予以追究,这在事实上也就是犯罪人的刑事责任已经终结。

二、刑事责任的解决方式

"刑事责任的解决方式"是几部刑法教材所采用的词语;有些学者则采用"刑事责任的实现方式(方法)"一语来表述,并对刑事责任有哪些实现方式提出许多不同见解。[①] 为了使读者对这一论题有比较全面的了解,下面分两个问题予以论述:

(一) 刑事责任的实现方式争论述评

刑事责任究竟有哪些实现方式,见解较多,但由于我国《刑法》的修订,原来的一些单行刑法已经失效,有些见解现在已失去法律依据,无需再加述评。所以我们认为,关于刑事责任实现方式的不同见解主要是:

(1)有的学者认为刑事责任的实现方式,是指国家强制犯罪人实际承担的刑事制裁措施,有以下三类:一是基本方式,即通过给予刑罚处罚的方法来实现。二是辅助方式,即通过非刑罚处罚的方法来实现。三是特殊方式,即通过宣布行为是犯罪、行为人是犯罪人的方法来实现。

(2)有的学者认为,实现刑事责任是指为使犯罪行为人承担其刑事责任而采取的具体行动,实现的方法包括:第一,刑事强制措施,主要指刑罚,此外还包括免予刑

---

① 参见赵秉志主编:《刑法争议问题研究》,河南人民出版社1996年版,第589—593页。

事处分、予以训诫、责令具结悔过、赔礼道歉、赔偿损失等非刑罚处罚措施。第二,刑事诉讼强制措施,指拘传、取保候审、监视居住、逮捕和拘留。不过只有在行为人的行为经法院作出有罪判决并发生法律效力时,此前所采取的刑事诉讼强制措施,才成为实现刑事责任的方法。第三,其他强制措施,指被剥夺政治权利的人不得被选举或任命担任某些职务,通过外交途径解决享有外交特权和豁免权的外国人的刑事责任问题。

(3) 有的学者认为,刑事责任的实现方法只有刑罚一种。除此之外,不存在或者说法律并未规定其他实现刑事责任的方法。

(4) 有的学者认为,刑事责任的实现方法,是国家强制犯罪人实际承担的法律处分措施,主要包括两大类:第一类是刑罚,这是实现刑事责任的基本方法。第二类是非刑罚处理方法,指司法机关对犯罪分子直接运用或者由主管部门适用的刑罚以外的各种法律措施,主要包括我国现行《刑法》第36条、第37条规定的训诫、具结悔过等处分、第17条规定的收容教养、第64条规定的责令退赔、追缴违法所得、没收违禁品和犯罪工具。这是实现刑事责任的辅助性的、次要的方法。

如何看待上述不同见解呢?在我们看来,首先应对刑事责任的实现方式(方法)加以界定。所谓刑事责任的实现方式(方法),必须是刑法规定的、以犯罪为前提的、由犯罪人承担的法律后果,是国家制裁犯罪人的方法和犯罪人承担制裁的方法。据此,我们认为:

(1) 刑事诉讼强制措施不是刑事责任的实现方式之一。因为:第一,刑事诉讼强制措施是为了保证刑事诉讼程序正常进行而采取的措施,不是在实体上对犯罪的制裁。第二,刑事诉讼强制措施是在刑事责任确认阶段的措施,不是在判决有罪确定应负刑事责任时使犯罪人承受的负担。认为刑事诉讼强制措施是刑事责任的实现方式,就把诉讼法上的强制措施与刑法上的刑事制裁方法混为一谈了。

(2) 刑罚和非刑罚处理方法之外的其他强制措施也不是刑事责任的实现方式。上述观点中提到的如下几种都属于这种情况:第一,通过外交途径解决的享有外交特权和豁免权的外国人的刑事责任问题。通过外交途径,是解决这类外国人的刑事责任的特殊办法,而不是刑事责任的实现。因为这时连刑事责任的确认阶段都还没有完全结束。第二,收容教养。根据我国《刑法》第17条第4款的规定,"因不满16周岁不予刑事处罚的……也可以由政府收容教养。"不满16周岁即未达法定年龄,实施了危害社会的行为,并不构成犯罪,也就谈不到负刑事责任。这是一种社会保护措施,与刑事责任的实现毫无关系。第三,责令退赔、追缴违法所得。犯罪分子违法所得的一切财物,都是通过犯罪获得的,他根本无权占有,理应予以追缴或责令退赔。这是使受损失的财产恢复原状,而不是什么刑事责任的实现。第四,没收违禁品和犯罪工具。违禁品,是指法律禁止私人非法持有的物品,如枪支、弹药、毒品等。犯罪分子持有这类物品,当然应予没收。这是一种行政强制措施,而不是实现刑事责任的方式。犯罪工具,是指犯罪分子进行犯罪所使用的物品,如用以杀人的凶器、用以伪造货币的印刷机等。这类物品具有诉讼证据的作用。所以没收犯罪工具是刑事诉讼中的强制措施,如前所述,不应将它与刑事责任的实现相混淆。

（3）只有刑罚才是刑事责任的实现方式,这不符合刑法的规定。因为除刑罚外,刑法还规定了非刑罚处理方法。同时免予刑罚处罚的有罪判决,也是对犯罪的否定和对犯罪人的谴责,亦即以犯罪为前提的犯罪人的法律后果。这些都是刑事责任的实现方式,不应加以否定。

所以比较起来,对刑事责任实现方式的见解,当以第一种意见为妥。

(二) 刑事责任解决的四种方式

刑事责任的解决,是指对已产生的刑事责任给予处理,使刑事责任得以终结。按照我国《刑法》的有关规定,刑事责任的解决,根据不同情况,有以下四种方式:

1. 定罪判刑方式

定罪判刑方式,即法院对犯罪人认定有罪作出定罪判决的同时宣告适用相应的刑罚。定罪,从广义上说,是指人民法院根据案件事实和依照刑法规定,认定被告人的行为是否构成犯罪以及构成什么性质犯罪的活动;从狭义上说,仅指认定被告人的行为构成什么性质犯罪的活动。这里所说的定罪,是就狭义的定罪而言。认定构成什么性质的犯罪,必须以犯罪事实为根据,以刑法规定的犯罪构成为准绳。适用刑罚必须贯彻执行罪、责、刑相适应的原则。在决定刑罚时,应当根据犯罪的事实、犯罪的性质、情节和对社会的危害程度,依照刑法的规定判处,做到宽严无误,不枉不纵,使犯罪人承担应负的刑事责任。这种方式是解决刑事责任最常见、最基本的一种方式。

2. 定罪免刑方式

定罪免刑方式,即法院对犯罪人认定有罪作出定罪判决而免除刑罚。根据我国《刑法》的规定,这种方式包括两种情况:一是作出定罪判决虽免除刑罚,但给予非刑罚处理方法的处理。如我国《刑法》第 37 条规定:"对于犯罪情节轻微不需要判处刑罚的,可以免予刑事处罚,但是可以根据案件的不同情况,予以训诫或者责令具结悔过、赔礼道歉、赔偿损失,或者由主管部门予以行政处罚或者行政处分。"二是作出定罪判决但免除刑罚处罚而不给任何处分。如我国《刑法》第 67 条规定:"……对于自首的犯罪分子,可以从轻或者减轻处罚。其中,犯罪较轻的,可以免除处罚。"此外,我国《刑法》第 10、19—22、24、27、28、68、390、392 条都有可以或者应当免除处罚的规定。上述规定都是通过定罪免刑方式解决刑事责任的法律依据。不论是给予非刑罚处理方法的处理,或者是免除处罚,都没有否定行为人的刑事责任的存在。它们都是以有罪宣告为前提,而宣告有罪,就意味着存在刑事责任;宣告有罪的判决,是对犯罪行为的否定和对犯罪人的谴责,从而定罪免刑也就成为解决刑事责任的一种方式。这种方式是解决刑事责任的辅助的、次要的方式。

3. 消灭处理方式

消灭处理方式,即行为人的行为已构成犯罪,应负刑事责任,但由于法律规定的阻却刑事责任事由的存在,使刑事责任归于消灭。这时国家不再追究行为人的刑事责任,行为人也不再负刑事责任。例如,犯罪已过追诉时效期限,犯罪人死亡或经特赦予以释放,基于上述事实,行为人的刑事责任均归于消灭。这就使客观上存在的刑事责任得以终结,所以也是刑事责任的一种解决方式,是一种补充的解决方式。

4. 转移处理方式

转移处理方式,即行为人的刑事责任不由我国司法机关解决,而通过外交途径解决。我国《刑法》第 11 条规定:"享有外交特权和豁免权的外国人的刑事责任,通过外交途径解决。"这是转移处理方式解决刑事责任的法律依据。刑事责任的这种解决方式,是根据国际惯例和国家之间的平等原则而采用的,可以说是一种极为特殊的解决方式。

第十四章 刑罚概说

第一节 刑罚的概念

一、刑罚的概念和特征

刑罚是刑法规定的由国家审判机关依法对犯罪人适用的限制或剥夺其某种权益的最严厉的强制性制裁方法。我国刑法明文规定了刑罚的种类,将刑罚分为主刑和附加刑。主刑有管制、拘役、有期徒刑、无期徒刑、死刑五种;附加刑有罚金、剥夺政治权利、没收财产和对犯罪的外国人驱逐出境四种。限制或剥夺犯罪人的某种权益,使其遭受一定的损失和痛苦,是刑罚的本质属性。

我国刑罚具有以下主要特征:

(1) 刑罚的内容为对受刑者一定权益的限制和剥夺。使犯罪人承受一定的痛苦,是刑罚的惩罚性质,也是刑罚的本质属性。我国一贯遵行惩罚与教育相结合的方针,不采取那些残酷、野蛮的刑罚方法来摧残、折磨犯罪人。事实上,刑罚的宽和、人道和轻缓化正是其发展的趋势。但不可否认,刑罚作为国家对犯罪行为的否定评价与对犯罪人的谴责的一种最严厉的形式,当然地要给犯罪人带来身体的、精神的或财产的剥夺性痛苦。这种痛苦相对于其他法律制裁措施而言,无疑是最强烈的。它不仅可以剥夺犯罪人的政治权利、财产权利,而且可以限制或剥夺犯罪人的人身自由,甚至可以剥夺犯罪人的生命。而对犯罪人一定权益的限制和剥夺也正是刑罚的内容。

(2) 刑罚的对象只能是犯罪人。刑罚是对犯罪人的犯罪行为所作出的否定评价,是对犯罪人的道义谴责,它是因犯罪所产生的当然的法律后果。与之相适应,刑罚处罚的对象只能是实施了犯罪行为的犯罪人,包括自然人或者单位。因此,犯罪人既是犯罪行为的实施者,也是刑罚的物质承担者。刑罚既不能适用于动植物和其他非人的对象,也不能适用于与犯罪无关的无辜者。

(3) 刑罚适用的主体只能是国家审判机关。国家审判机关是适用刑罚专门的机关,在我国,刑罚适用的主体则只能是人民法院。

(4) 刑罚的种类及适用标准必须以刑法的明文规定为依据。我国现行《刑法》第3条明确规定了罪刑法定原则,即"法无明文规定不为罪,法无明文规定不处罚"。可见,罪刑法定原则应包括两个方面的内容:一是罪的法定,二是刑的规定。换句话说,不仅犯罪需要由成文刑法事先作出明文规定,而且刑罚也必须由刑法载于法条。这就表明,刑法分则也要对各种具体犯罪所适用的刑罚作出明文的规定。对于刑法没有明文规定的制裁方法,就不是刑罚的表现形式,就不能适用于犯罪人。例如,我国

《刑法》第 64 条规定的没收违法所得,就不是我国刑罚明文列举的刑罚种类,因而就不是刑罚。当然,如日本的刑法将其列为附加刑的一种,所以,它是日本刑法中的刑罚。

(5) 刑罚适用必须依照刑事诉讼程序。审判机关有权对犯罪人适用刑罚,但并不是可以随心所欲的。审判机关适用刑罚必须符合法律的规定,主要是刑法和刑事诉讼法的规定。换句话而言,人民法院适用刑罚必须以刑法的规定为依据,并遵循刑事诉讼法规定的诉讼程序进行。不经过应有的诉讼程序,是不能适用刑罚的。

(6) 刑罚的执行机关是特定的。刑罚的执行机关不仅限于人民法院,也包括公安机关、监狱。

综上所述,刑罚是国家最高权力机关在刑法中赋予刑罚名称的,用以惩罚犯罪人的,由人民法院依法判处并由特定机关执行的最严厉的强制方法。刑罚是社会对付违反它的生存条件的行为的一种自卫手段,它与刑罚权具有不可分割的联系。所谓刑罚权,是指国家基于对社会的管理或者统治,依法对犯罪人实行惩罚的权力。刑罚权由刑罚创制权、刑罚裁量权和刑罚执行权有机组成。刑罚权是国家统治权的一个重要组成部分。国家制裁犯罪人的这种特定权力的根据,归根到底是一定的物质生产方式所产生的利益和需要;随着社会生产方式的变革,刑罚权的内容也会发生相应的变化。①

二、刑罚与犯罪的关系

简单地讲,犯罪与刑罚的关系是:犯罪引起刑罚的产生,刑罚是对犯罪的否定。犯罪与刑罚的关系是对立与统一的关系。

(一) 刑罚与犯罪的对立

刑罚与犯罪的对立表现在两个方面:

一是从国家方面来看,犯罪是孤立的个人反抗现行统治关系的斗争,是蔑视社会的最明显最极端的表现,是对统治秩序的严重威胁和破坏,而刑罚不外是社会对付违反它的生存条件(不管这是些什么样的条件)的行为的一种自卫手段。这种破坏与反破坏、反抗与扼制的关系,使犯罪和刑罚处于一种对立的状态。

二是从犯罪人方面来看,犯罪人之所以实施犯罪行为,通常是为了满足其物质或精神上的需要,而刑罚的存在,则往往使这些欲望难以实现,甚至化为泡影。因此,犯罪人总是希望犯罪后能够逃脱刑罚制裁,而事实上刑罚却成为绝大多数犯罪人实施犯罪后不可避免的遭遇和结局。从这个意义上讲,刑罚与犯罪永远是一对不可调和的矛盾。

(二) 刑罚与犯罪的统一

刑罚与犯罪的统一表现在以下三个方面:

一是起源相同。犯罪和刑罚都是人类社会发展到一定历史阶段的产物。当社会出现统治关系时,处于统治地位的人们就把蔑视社会秩序的最明显最极端的表现通

---

① 参见马克昌主编:《刑罚通论》,武汉大学出版社 1999 年版,第 15—20 页。

过法律规定为犯罪,这就出现了对付犯罪的法律手段——刑罚。犯罪现象的产生虽然孕育了刑罚的诞生,但刑罚的产生又使犯罪得以抑制,两者又是相互制约的。

二是互相依存。犯罪是刑罚的前提,刑罚是绝大多数犯罪的结局。无犯罪就无刑罚,无刑罚则使刑法规定的犯罪从整体上失去制约。

三是命运相同。刑罚不仅伴随着犯罪的产生而产生,而且最终将伴随着犯罪的消灭而消亡。两者共生共灭,这是犯罪与刑罚产生、发展、演变和消亡的历史规律。

三、刑罚与其他法律制裁方法的区别

一个国家的法律制裁体系,通常是由刑事制裁、民事制裁、行政制裁、经济制裁措施构成的。刑罚,作为刑事制裁措施,属于整个法律制裁体系的组织部分。它与其他法律制裁措施主要具有以下区别:

(1) 适用根据不同。对犯罪人适用刑罚的根据是刑法,而对民事违法者适用民事处罚的法律根据则是民法,对行政违法者适用行政处罚的法律根据是行政实体法。

(2) 适用机关不同。刑罚只能由人民法院的刑事审判部门适用,民事处罚只能由人民法院的民事审判部门适用,行政处罚则由国家各级行政机关适用。

(3) 适用对象不同。刑罚只适用于实施犯罪行为的人,而其他法律制裁方法则分别适用于民事、行政、经济违法者,如果这些违法者的违法行为构成犯罪达到了应受刑罚处罚的程度,则不再属于一般违法分子,而是触犯刑律的犯罪人。

(4) 严厉程度不同。刑罚处罚涉及人的生命、自由、财产和资格等重大权益,从整体而言是最严厉的强制方法。而其他法律制裁则排除对生命的剥夺,一般也不涉及剥夺自由的问题。例如,民事制裁方法仅限于停止侵害、排除妨碍、消除危险、返还财产、恢复原状、赔偿损失、恢复名誉、赔礼道歉等;行政制裁方法仅限于警告、记过、降级、撤职、留用察看、罚款、行政拘留等,其严厉程度都轻于刑罚。

(5) 法律后果不同。受过刑罚处罚的人,在法律上和事实上被视为有前科的人。据有关行政法的规定,受过刑罚处罚的人,有的将在一定期限内甚至终身被剥夺从事某种职业的资格。当其重新犯罪时,可能要受到比初犯者更为严厉的处罚。而仅仅受过民事、行政、经济处罚的人,在法律评价和法律后果上,将不会产生上述不利的影响。

第二节 刑罚的功能

刑罚的功能,是刑罚理论体系中重要的组织部分。通常认为,惩罚与教育是刑罚的内在属性,它们从静态角度揭示了刑罚的本质特征,而刑罚的功能则是刑罚的内在属性在其运动过程中的外在表现,是刑罚内在属性的外化,它是从动态的角度来考察刑罚制度。[1] 对刑罚功能进行深入研究,将会拓展刑罚理论的深度和广度,对于推动和繁荣刑法学研究具有十分重要的意义。

---

[1] 参见赵秉志、吴振兴主编:《刑法学通论》,高等教育出版社1993年版,第350页。

一、刑罚功能的概念

何谓刑罚的功能,我国刑法学界有不同的观点:第一种观点认为,刑罚的功能,是指国家制定、适用与执行刑罚对人们可能产生的有利作用。① 第二种观点认为,刑罚的功能是指国家制定、适用、执行刑罚所直接产生的社会效应。② 第三种观点认为,刑罚的功能是指国家制定创制、适用和执行刑罚所产生的社会效应。③ 第四种观点认为,刑罚的功能,是指国家运用刑罚同犯罪作斗争所可能有的积极的社会作用。④

我们认为,刑罚功能的概念应该反映功能所有的特点。

第一,刑罚的功能是在国家制定、适用和执行刑罚的过程中发挥出来的。这表明,刑罚的功能不是就刑事法律活动中的某一点来讲的,而是应从刑罚的制定到刑罚的适用再至刑罚的执行整个过程来看。国家制定刑罚,对某种犯罪规定一定的法定刑,会使人们知道实施某种危害社会的行为会受到什么样的刑罚处罚,从而使人们在心理上产生影响;审判机关对犯罪人适用刑罚,执行机关对犯罪人执行刑罚,不仅会对犯罪人产生作用,也会对犯罪人以外的人产生作用。因而可以说刑罚的功能是刑罚的制定、适用和执行全过程的功能。而上述四种观点则基本对此予以了一定程度的揭示,只是第四种看法还不够明确、具体。

第二,刑罚的功能是刑罚对人们所产生的作用,这一特点表明刑罚功能所指向的对象并不限于犯罪人,还包括犯罪被害人及一般社会成员。我们不能因为刑罚仅仅直接适用于犯罪分子,就否定刑罚对犯罪分子以外的其他人也会发生社会作用。所以,考察刑罚的功能,不能只限于考察刑罚对犯罪分子本身的作用,而应从整个社会的角度,即从对一般社会成员的作用来考察,才能对刑罚的功能有全面的了解,并作出恰当的评价。对此,上述四种观点中只有第一种观点有此表述,其他三种观点都未加涉及。

第三,刑罚的功能是刑罚可能产生的作用。所谓可能产生,是指在刑事法律活动完成之前,刑罚功能的发挥还只是蕴含在刑罚之中的一种客观的现实可能性,而不是一种现实性。这种可能性是与现实性相对应的,它可以将功能与实际产生的效果区别开来,不致由于某种原因未产生积极效果而否定刑罚功能的存在。对此,上述第一种观点、第四种观点均作了揭示,而第二、三种观点则有欠缺。

第四,刑罚的功能是刑罚对人们产生的积极作用。刑罚的适用,既有积极的社会作用,也有消极的社会作用。这正如德国刑法学者耶林所言:"刑罚如两刃之剑,用之不得其当,则国家与个人两受其害。"⑤所谓刑罚的功能,仅指刑罚产生的积极作用,即对国家和社会产生的有利作用。这不仅因为"功能"一词的本义是"事物或方法所

---

① 参见高铭暄主编:《刑法学原理》(第 3 卷),中国人民大学出版社 1993 年版,第 33 页。
② 参见高铭暄主编:《新编中国刑法学》(上册),中国人民大学出版社 1998 年版,第 304 页。
③ 参见张明楷:《刑法学》(上),法律出版社 1997 年版,第 408 页。
④ 参见赵秉志、吴振兴主编:《刑法学通论》,高等教育出版社 1993 年版,第 335 页。
⑤ 同上。

发挥的有利的作用"①,而且因为这便于研究如何更好地发挥刑罚应有的效应。而上述四种观点中,只有第一、四种观点对此作了说明,上述第二、三种观点仍有一定分歧,便在于刑罚能力是否仅限于刑罚直接产生的社会效应。我们认为,国家制定、适用和执行刑罚,不仅会对犯罪人产生直接的影响,而且还会对其他社会成员产生直接或间接的影响。所以,上述第二种观点仅将刑罚的功能限于刑罚所直接产生的社会效应,在笔者看来是不够恰当的。

综上所述,我们认为,上述第一种观点是可取的,即所谓刑罚的功能,是指国家制定、适用与执行刑罚对人们可能产生的有利作用。

二、刑罚功能的具体内容

根据刑罚的功效、作用和对象范围的不同,刑罚具有以下六个方面的功能:

（一）剥夺功能

所谓刑罚的剥夺功能,也称为限制再犯功能,是指通过适用刑罚来限制或剥夺犯罪分子的某种权益,使其丧失再次犯罪的能力和条件的作用。犯罪分子在犯罪之前都享有一定的权益,通常是利用某种权益来危害社会从而获取某种非法利益,以满足自身的非分需要。刑罚作为一种社会防卫的手段,其内容则直接表现为限制或剥夺犯罪分子所享有的权益和非法获得的利益。因此,剥夺功能是对犯罪分子适用刑罚的首要功能。任何刑罚都具有剥夺功能,这是所有刑罚的共性;但是不同的刑罚还具有不同的剥夺功能,这是各种刑罚的个性。例如,对犯罪分子适用自由刑,剥夺其一定期限的自由或者终身自由,将其隔离于正常社会之外,就可以防止犯罪分子继续滥用其人身自由实施犯罪;对贪财图利的犯罪分子适用财产刑,剥夺其部分或全部财产,就可以使他丧失再次犯罪的资本和物质基础;对危害国家安全的犯罪分子和其他严重刑事犯罪分子在一定期限甚至终身剥夺其政治权利,就可以防止他们继续滥用宪法和法律赋予的政治权利进行犯罪活动;对极少数罪大恶极、怙恶不悛的严重犯罪分子适用死刑,采取这种从肉体上消灭的方法,彻底剥夺他们重新犯罪的能力。可见,剥夺功能是对犯罪分子适用刑罚的首要功能,这种功能是实现刑罚特殊预防目的的必要前提。

（二）威慑功能

刑罚的威慑功能,包括个别威慑功能与一般威慑功能。刑罚的个别威慑功能是通过对犯罪人的权益的剥夺或限制而得以发挥的,它是指刑罚对犯罪人所产生的威吓遏制作用。通常可分为行刑前的威慑和行刑后的威慑。行刑前的威慑,是指犯罪人在受到刑罚惩罚之前,基于对刑罚的畏惧,而放弃犯罪或者争取宽大处理。行刑后的威慑,是指犯罪人在受到刑罚惩罚后,通过亲身体验受刑的痛苦,使他们感到犯罪必须付出代价,从而畏罪悔罪,重新做人,不敢再犯罪。刑罚的一般威慑功能,则是指刑罚对潜在犯罪人所具有的震慑作用。它可以分为立法威慑与司法威慑。立法威

---

① 《现代汉语词典》（第7版）,商务印书馆2016年版,第454页。

慑,是指国家以立法的形式将罪刑关系确定下来,通过刑法规定犯罪是应受刑罚处罚的行为,并具体列举各种犯罪所应当受到的刑罚处罚,从而为社会给出罪刑价目表,使知法想犯罪的人望而止步,不敢犯罪。所谓司法威慑,是指国家司法机关对犯罪分子具体适用和执行刑罚,使意图实施犯罪的人因目击他人的受刑之苦而从中得到警戒和感悟。立法威慑和司法威慑是相互联系,不可分割的。

(三) 改造功能

刑罚的改造功能,是指刑罚所具有的改变犯罪人的价值观念和行为方式,使其成为对社会有用的新人的作用。"改造"是近代刑法思想发展的产物。在西方刑法和监狱法中,与改造一词相近的用语是矫正和矫治。矫正思想起源于英国法学家边沁,但其系统理论的形成则是由德国刑法学家李斯特完成的。这一思想的实质是强调刑罚的改造功能,把适用和执行刑罚的过程,当作重塑新人——使犯罪人健康地复归社会的过程。在我国,刑罚的改造功能具体包括两个方面的内容:一是劳动改造;二是教育改造。

(四) 教育功能

刑罚的教育功能,是指通过制定、适用、执行刑罚,对犯罪人乃至其他社会成员的思想所产生的触动教育作用。首先,在刑罚的制定和适用上,我国刑法规定了一系列宽大措施,如自首、缓刑、减刑、假释等;其次,在刑罚执行过程中,我国监狱法规定对犯罪人实行人道主义待遇,体现了对罪犯的人格尊重和全面关心。通过依法对犯罪人贯彻执行措施、制度,必然会对他们产生强烈的感召力和心理影响,使他们能够良心发现,痛改前非,成为守法的公民。同时,对犯罪规定刑罚,也可以促使广大公民了解犯罪行为的后果,从而自觉遵守法律。通过对犯罪人适用和执行刑罚,会使广大公民从生动的案例中受到法制教育,从而依法办事,不致坠入法网。

(五) 安抚功能

刑罚的安抚功能,是指通过对犯罪人适用和执行刑罚,对被害人所产生的安慰、抚慰和补偿作用。刑罚的安抚功能也是其固有功能之一。从刑罚产生和发展的历史来看,从同态复仇到国家统一行使刑罚权,经历了漫长的历史时期。在这相当长的时期内,刑罚始终没有消除其原始的报复属性。而报应刑的存在,很大程度上正是为了满足被害人复仇的愿望。于是,安抚被害人就成为刑罚所不可缺少的一大功能。

(六) 鼓励功能

刑罚的鼓励功能,是指通过对犯罪人适用和执行刑罚,对广大公民所产生的鼓舞和激励作用。这一功能可能使人民群众认识到,正义终将战胜邪恶,所以犯罪分子并不可怕,从而鼓励他们积极配合司法机关的工作,采取各种方式同犯罪行为作斗争。

第三节 刑罚的目的

一、刑罚目的概说

刑罚目的是国家据以确定刑事政策、制定刑事法律,特别是设计刑罚制度的基本出发点,也是国家适用刑罚同犯罪作斗争的最终归宿。它从根本上制约着刑罚的性质、内容、体系和方向,左右着刑罚的裁量、执行及其功效。因此,刑罚目的问题历来为各国统治阶级及其学者所重视。但是,什么是刑罚的目的,中外刑法学者却长期争论,众说纷纭,莫衷一是。

早在前资本主义时期,西方国家就有人对刑罚的目的问题提出过威吓主义、报应主义和教化主义等观点。进入资本主义后,又先后提出了报应主义、预防主义、教育主义和综合主义等刑罚目的理论。特别是综合主义在当代西方刑法学者中被公认为刑罚构思最佳方案。这种刑罚目的构想,主张用报应主义限制纯粹的目的主义或功利主义,在罪刑均衡的基础上谋求刑罚的功利或目的;在目的主义、功利主义的前提下容纳报应主义,在刑罚的轻重取向上强调报应观念,在刑罚的效应上则强调功利观念。吸收或采纳这种综合主义的刑罚目的构想,使刑罚目的由一元化而向多元化发展,已成为世界各国刑事立法的主流和趋势。

在我国,刑法学界对刑罚目的的认识存在争议,观点不一。主要有以下一些主张:

(一) 广义目的说和狭义目的说

广义目的说主张,刑罚的目的是指国家制定、适用和执行刑罚所追求的效果,包括国家刑事立法、刑事审判和刑罚执行所期望达到的目的。如有观点认为,我国刑罚的目的是巩固和发展有利于广大人民的社会关系和法律关系,保障和促进社会主义物质文明和精神文明建设。而狭义目的说则主张,刑罚的目的是指刑事审判机关对犯罪人适用刑罚所期望达到的效果,只限于量刑和执行刑罚所追求的目的。如有学者认为,我国刑罚的目的是惩罚与改造犯罪分子,预防他们重新犯罪;教育和儆戒其他不稳定分子和可能犯罪者,防止他们走上犯罪道路;教育广大群众增强法制观念,积极同犯罪作斗争。

(二) 单一目的说和多种目的说

单一目的说主张,刑罚的目的在内容上是单一的、排他的,不可能有多个不同的目的。如有的学者主张,我国刑罚的目的是教育改造犯罪分子;也有的学者认为,刑罚的目的就是预防犯罪。主张多种目的说的人则认为,刑罚目的的内容是丰富的,它有两个或者两个以上的目的。如有观点认为,刑罚的目的是惩罚与教育改造犯罪分子,预防犯罪和最大限度地减少犯罪,教育广大群众增强法制观念,积极同犯罪作斗争等等。

(三) 根本目的说和直接目的说

持这种主张的学者认为,刑罚的目的不是单一的,而是多层次的,即可以将刑罚目的区分为根本目的与直接目的。具体地讲,根本目的是预防犯罪,保卫社会安全,在这一根本目的统帅下,还有多种直接目的,即:一是惩罚犯罪,伸张社会正义;二是威慑犯罪分子和社会上的不稳定分子;三是改造罪犯,使其成为遵纪守法的公民。

在刑罚目的的学术争论中,多数学者认为,应当将刑法的任务与刑罚的目的区别开来,刑法的任务包括刑罚的目的,而刑罚的目的则是实现刑法任务的一项具体内容。因此,刑罚的目的是指人民法院代表国家对犯罪分子适用刑罚所要达到的目标或效果,它就是预防犯罪。刑罚目的所预防的"犯罪",包括已然之罪和未然之罪,由于预防的对象有所不同,故将刑罚的目的划分为特殊预防和一般预防两个方面,在理论上称为双面预防。本书赞同这种主张。

二、特殊预防

(一) 特殊预防的概念

所谓特殊预防,是指通过对犯罪分子适用刑罚,惩罚改造犯罪分子,预防他们重新犯罪。对犯罪分子适用刑罚,除对极少数罪行极其严重的犯罪人适用死刑外,主要是通过刑罚的剥夺、惩罚和教育改造的方法,限制或剥夺犯罪分子的再犯罪能力,使其认罪服法,悔过自新,重新做人。特殊预防主要具有以下两个方面的作用:

第一,剥夺与惩罚是预防犯罪分子再次犯罪的前提。行为人实施犯罪是为了追求某种非法利益或满足非分的需要,而特殊预防则意味着犯罪人在法律面前必将付出代价,使本来享有的权益受到一定的限制和剥夺。通常地说,犯罪代价越小,获利越多,犯罪欲望就越强;犯罪代价越大、获利越少,犯罪意念就越弱;而当犯罪的代价大于获利时,犯罪意念就可能被抑制。因此,如果不剥夺犯罪分子再犯罪的能力和条件,不对其施加与其犯罪危害程度相当的惩罚,就不足以防止他们再次犯罪。如果刑罚使犯罪分子遭受的损失和痛苦小于犯罪得逞所带来的快乐和利益,就会强化其犯罪动机,巩固其犯罪心理。因此,为了遏制犯罪,刑法对犯罪行为的否定评价、道义谴责、社会非难和权益剥夺程度,就应相当于或稍大于犯罪之所得,使惩罚成为真正的犯罪后果,让犯罪分子在生理上和精神上产生强烈的痛苦体验和畏惧心理,充分认识到犯罪不仅得不到任何好处,反而招致剥夺和惩罚,带来痛苦和耻辱,从而抑制或消除再次犯罪的意念,痛改前非。

第二,教育与改造是预防犯罪分子重新犯罪的根本措施。对犯罪分子适用刑罚如果只有惩罚威慑而没有教育改造,只能使罪犯在权衡利害之后,消极地、被动地、暂时地抑制或者放弃犯罪念头,而不能彻底消除其犯罪心理,因此,一味地惩罚,将使罪犯产生消极抵触情结和对抗性行为。所以,应当在惩罚威慑从而造成犯罪分子痛苦体验和畏惧心理的同时,对其进行耐心的思想教育和必要的矫正措施,才能使他们从被迫接受改造转向自觉进行改造。只有既从功利上遏制犯罪意念,又从思想根源上彻底消除犯罪意识,才能矫正其反社会的个性品质,树立起新的世界观和人生观,真正改恶从善,重新做人。

(二) 特殊预防方式

对不同的犯罪分子适用不同的刑罚,是预防他们重新犯罪的基本手段。这种手段的使用主要表现为以下几种方式：

（1）对极少数罪行极其严重的犯罪人，通过适用死刑立即执行的方式，永远剥夺其重新犯罪的能力。这是一种最简单、最有效的特殊预防方式，但是，用这种方式来实现特殊预防目的却存在较大的负面作用，应当尽量限制使用。

（2）对绝大多数犯罪人通过采取适用不同期限自由刑的方式，使犯罪人在一定时期内与社会隔离，同时在其服刑期间对其进行教育改造，使他们成为遵纪守法的公民，不致再危害社会，这是特殊预防的最基本和最主要的方式。

（3）对经济犯罪、财产犯罪和其他贪财图利犯罪的犯罪人适用财产刑，剥夺其重新犯罪的资本和物质条件，使其得不偿失，从而不能、不敢、不愿再次犯罪。特别是对罪行较轻、主观恶性较浅、人身危险性较小的犯罪人和犯罪单位单独科处财产刑，不仅经济而且可以补救短期自由刑所带来的一些弊端，更有利于达到特殊预防的目的。在市场经济条件下，财产刑在特殊预防方面的作用日益受到各国的重视，它是实现特殊预防的重要方式。

（4）通过对某些犯罪独立或附加适用资格刑，剥夺其一定的权利或资格，从而防止他们利用这些权利或资格重新进行犯罪，这也是特殊预防的另一种重要方式。

（三）特殊预防的实现

实现特殊预防目的的关键在于妥善处理剥夺、惩罚和教育三者的辩证关系，既要反对不要惩罚的教育万能论，也要反对忽视教育的单纯惩办主义，必须寓教育改造于剥夺惩罚之中，把教育剥夺和教育改造有机结合起来。中华人民共和国成立以来的实践证明，只有坚决贯彻执行"惩罚管制与改造思想相结合、劳动生产和政治教育相结合"以及"改造第一、生产第二"的方针，才能对罪犯进行卓有成效的改造，把绝大多数罪犯改造成为遵纪守法、自食其力的合格公民。在改革开放的新形势下，针对我国刑事犯罪增多，青少年犯罪比例上升的新情况，党和国家在强调依法从重从快打击严重刑事犯罪的同时，又适时地制定了对青少年进行"教育、感化、挽救"的方针，提出把行刑场所"真正办成改造犯罪思想的政治熔炉，学习文化技术的职业学校"的奋斗目标。这标志着我国刑罚特殊预防目的在惩罚改造、防止再犯罪的传统内容基础上，又增添了新的内容。这就是说，我们不仅要把罪犯改造成遵纪守法、自信自食其力的公民，而且要将他们培养成为社会主义的有用之材。在适用和执行刑罚的过程中，坚持刑法规定的罪责刑相适应原则和贯彻执行党和国家的上述行刑政策，是实现刑罚特殊预防目的的根本保障。

三、一般预防

（一）一般预防的概念

一般预防，是指通过对犯罪分子适用刑罚，威慑、儆戒潜在的犯罪人，防止他们走上犯罪道路。我国刑罚一般预防的对象不是犯罪人，而是没有犯罪的社会成员，包括危险分子、不稳定分子、刑事被害人以及其他社会成员。

（二）一般预防的方式

由于预防对象的不同，决定了实现一般预防与实现特殊预防在方式上的差异。

由于刑罚是直接施加于犯罪人的,所以,特殊预防的方式侧重于刑罚的物理性强制和由此而产生的心理强制;而一般预防的对象不是犯罪分子,因此,只能是通过刑法对各种犯罪配置轻重不同的法定刑和对具体犯罪人依法适用刑罚的方式,来对意图实施犯罪的人产生心理影响。具体来讲,一般预防主要是通过刑罚的威慑、儆戒功能表现出来,主要为以下三种方式:(1)通过制定、适用和执行刑罚,威慑社会上的危险分子和不稳定分子,抑制他们的犯罪意念,使他们不敢以身试法。(2)通过制定、适用和执行刑罚,表明国家对犯罪的不能容忍的态度和决心,安抚被害人及其家属,以防止报复性犯罪活动的发生。(3)通过制定、适用和执行刑罚,提高广大公民的法制观念,鼓励他们积极地同犯罪作斗争。

(三)一般预防的实现

刑罚的一般预防目的是可以实现的,但是实现一般预防比起实现特殊预防要复杂得多。从刑罚学的角度讲,要达到一般预防的目的,必须注意刑罚的适当性、公开性和及时性。

1. 刑罚的适当性

刑罚的适当性是指刑罚的轻重应当与罪行的轻重及刑事责任的大小相适应。这既蕴含在刑事立法中,也反映在刑事司法上。关于刑罚的轻重与一般预防的关系,在理论上和实践上存在着两种片面的倾向,一是把重刑化作为实现一般预防的手段,认为处刑越重越好,其威慑效果越强,越有利于达到一般预防的目的,因而主张在刑事立法上对具体犯罪设定过重的法定刑并大量增设重刑甚至死刑条款,在刑事审判中主张从重从严处罚乃至扩大死刑的适用。另一种是将轻刑化作为实现一般预防的手段,认为重刑只会造成相反的效果,只有轻刑才能达到一般预防的目的,所以,主张在刑事立法上应当废除死刑和尽量降低个罪的法定刑,在刑事审判中应少用自由刑而多用财产刑和资格刑。我们认为,前一种认识是错误的,后一种倾向虽然反映了其他一些国家刑法改革的潮流,但在现阶段不一定适合中国的国情。因为如果刑罚过重,必定在公民中产生刑罚过于严酷、不人道的感觉,使人们的同情转向犯罪人;如果刑罚过轻,则很难产生应有的威慑和教育作用。所以,只有坚决贯彻执行我国《刑法》第5条规定的"罪责刑相适应的原则",使罪责重者遭受重刑、罪责轻者受到轻罚,才能收到一般预防的效果。

2. 刑罚的公开性

刑罚的公开性,是指国家应将刑罚公之于众,使全体社会成员均能知晓。刑罚的公开性是由立法上的刑罚公开和审判上的刑罚公开两个方面组成的。对于刑罚公开与一般预防的关系,历史上也有两种不同的主张:一种主张认为,刑罚越隐秘,越有利于一般预防,即所谓"刑不可知则威不可测";另一种主张则认为,只有刑罚公开,才能使人们感受到刑罚的威力,也才能使人们不敢轻易触犯刑法。我们赞成后一种观点,其理由是:首先,在刑事立法上明文规定各种犯罪的具体法律后果,可以促使人们约束自己的行为,从而不致走上犯罪的道路;其次,在刑事审判中公开判决结果,可以使人们受到生动形象的法制教育,而这种教育的作用正是一般预防所必需的。

3. 刑罚的及时性

刑罚的及时性,是指犯罪案件发生后,司法机关应当在尽可能短的时间内,将犯罪人缉拿归案,交付审判,执行刑罚。刑罚及时性包括及时判决和及时执行刑罚,显然这要以及时侦查、起诉为前提。应该指出的是,刑罚的及时与否,所产生的效果有很大的差距。如果犯罪发生后,司法机关及时破案,及时起诉,及时审判,就会使被害人及其家属的心理得到抚慰,广大公民的义愤得以平息,同时,还可以使人们在对罪案记忆犹新时,受到教育与震动。相反,如果案件久拖不决,或者使犯罪人长期逍遥法外,则会使人们失去对司法机关乃至法律的信任。即使犯罪人最终也受到了刑罚处罚,但因处罚不及时,其威慑和教育作用将大大降低。在某些场合下,不及时的刑罚甚至对人们毫无积极效果。因此,为了实现一般预防,对犯罪必须及时侦查、起诉、判决和执行刑罚。

总之,刑法对具体犯罪明文规定应受何种刑罚与对犯罪分子依法适用刑罚,这就用具体的事实说明了什么是法律禁止的行为,实施这种行为将导致什么样的法律后果,于是刑法中抽象的罪刑关系得以现实化和具体化,它生动地表明了国家对犯罪行为的否定评价和非难谴责,向公众昭示了惩罚必将成为犯罪的真正后果,如果谁胆敢以身试法,必将受到法律的严厉制裁。这种惩罚威慑效应不仅能够防止受到刑罚处罚的犯罪分子再次犯罪,而且也使意图实施犯罪的人目击他人受刑之苦而受到震慑,因惧怕将受到刑罚惩罚而放弃犯罪念头。依法对犯罪分子适用刑罚,就能达到惩罚一个,挽救一批,教育更多的一般预防的目的。

四、特殊预防与一般预防的关系

特殊预防和一般预防是刑罚目的的两个方面,它们之间存在着一种对立统一的关系。

两个预防的对立是由预防对象的差异性所决定的。特殊预防的对象是犯罪人,它要求根据对犯罪人改造的难易程度来判处和执行刑罚。犯罪人如果易于改造,就不宜判处重刑,也不宜执行长期刑期;犯罪人如果难于改造,就不宜判处轻刑,也不宜执行短期刑期。而一般预防的对象则主要是不稳定分子,它要求根据社会治安状况的好坏判处和执行刑罚。如果社会治安稳定,可以相对从轻判处,或者从宽执行刑罚;如果社会治安状况不好,就可以相对从重处罚,或者从严执行刑罚。所以,对于一个犯罪人来说,从特殊预防的角度看,应判处轻刑或从宽执行刑罚;但从一般预防的角度来看,就有可能需要相对从重判刑或从严执行刑罚。这样,就会将两者的矛盾充分表现出来。

特殊预防和一般预防之间也具有统一性,它们的目的是完全一致的,即都是为了预防犯罪;它们的方式和实现途径也是基本相同的,即都有赖于刑罚各种功能的充分发挥。因此,制定、适用和执行刑罚,既要考虑特殊预防,也要考虑一般预防,二者不可偏废。如果舍弃了其中的任何一个方面,都将使刑罚的目的难以实现。[1]

当然,在刑罚制定、适用和执行三个不同的环节,对于特殊预防与一般预防是可以根据具体情况的不同而对其中一个方面予以侧重的。例如,因犯罪人不同而有侧重:对于累犯、惯犯等再犯可能性较大的犯罪人,应侧重于特殊预防。

---

[1] 参见赵秉志、吴振兴主编:《刑法学通论》,高等教育出版社1993年版,第350页。

第十五章 刑罚的体系和种类

第一节 刑罚的体系

一、刑罚体系的概念和特点

（一）刑罚体系的概念

刑罚体系,是指刑事立法者从有利于发挥刑罚的功能和实现刑罚的目的出发,选择一定的惩罚方法并加以归类,由刑法依照一定的标准对各种刑罚方法进行排列而形成的刑罚序列。

（二）刑罚体系的特点

刑罚体系具有以下特点：

（1）刑罚体系的构成要素是具体的刑罚方法即刑种。体系是由要素构成的,刑罚体系亦是如此。刑罚体系的构成要素当然是具体的刑罚方法即刑种,没有刑种,就不可能形成刑罚体系。

（2）构成刑罚体系要素的刑种是经过立法者选择而确定的。刑罚体系由哪些刑种构成,是由立法者选择的。我国的刑种是立法者在总结长期以来我国各种刑事立法规定的刑罚种类及其运用效果的基础上选择确定的。这种选择确定的过程是一个由少到多,由不统一、不完备到统一、完备,由不区分主刑与附加刑到区分主刑与附加刑,由分散规定在各个单行刑法到集中统一规定于刑法典的发展过程。根据刑法的规定,我国刑法中的刑罚分为主刑和附加刑。主刑包括管制、拘役、有期徒刑、无期徒刑和死刑;附加刑包括罚金、剥夺政治权利、没收财产和驱逐出境。

（3）构成刑罚体系要素的各刑种是依照一定的标准排列的。刑罚体系不是主刑和附加刑的简单拼凑,而是立法者按照一定的标准进行排列的,我国刑法中的刑罚体系主刑和附加刑都是按照各自的严厉程度由轻到重依次排列的。

（4）刑罚体系是由刑法明文规定的。罪刑法定原则是我国刑法的一项基本原则,它决定了刑罚体系必须由刑法明确规定。首先,构成刑罚体系要素的刑种是由刑法明文规定的,刑法没有明文规定的惩罚方法不是刑种。其次,主刑与附加刑的分类是由刑法规定的。再次,刑罚种类的先后排列是刑法规定的。

（5）刑罚体系确立的根据是有利于刑罚功能的发挥和刑罚目的的实现的。在我国刑罚体系中,无论是刑种的选择,还是刑种的分类,抑或是刑种的排列,都是立法者从有利于刑罚功能的发挥和刑罚目的的实现而确定的。这就告诉我们,刑罚体系的确定也不是随心所欲的,对刑罚体系的认识不能只看到其表面的东西,而应该看到其表象后面所隐藏的立法者确立刑罚体系的根据和意图。应该说,我国现行的刑罚体系是现时期最有利于刑罚功能的发挥和刑罚目的实现的刑罚体系。

二、刑罚体系的功能

(一)教育功能

刑罚体系告诉人们,我国用于惩治犯罪的刑罚方法有哪些种类,何种刑罚方法较轻,何种刑罚方法较重,何种刑罚方法最重,教育人们不要实施犯罪,同时,也教育人们积极同犯罪作斗争。

(二)威慑功能

刑罚体系昭示出我国刑罚种类齐全,有重有轻,任何人犯罪都要受到必要的刑罚惩罚:实施轻罪者要受到轻罚,实施重罪者则要受到重罚,实施极其严重的犯罪者还可能受到死刑的惩罚。这就使得社会上那些企图实施犯罪的不稳定分子不得不有所惧怕、有所收敛,不敢轻易实施犯罪,从而减少犯罪。

(三)科学化功能

刑罚是刑法的一部分,要建立科学的刑法体系,就不能没有科学的刑罚体系。我国刑罚体系的科学性对于我国刑法体系的科学化具有重要的作用。

(四)有利于刑罚目的实现功能

刑罚体系虽然是静态的,但静态的刑罚体系有着动态的作用。一个科学的刑罚体系有利于预防犯罪,从而有利于刑罚目的的实现;反之,不科学的刑罚体系有碍于刑罚目的的实现。我国科学的刑罚体系具有有利于刑罚目的实现的作用。

三、刑罚体系的特点

我国刑罚体系具有以下特点:

(一)要素齐备、结构合理

我国刑罚体系的构成要素中既有开放型的不剥夺犯罪人人身自由的刑种即管制,也有短期剥夺犯罪人人身自由且就近执行的刑种即拘役;既有剥夺犯罪人一定期限人身自由的有期徒刑和剥夺犯罪人人身自由终身的无期徒刑,也有剥夺犯罪人生命的死刑;既有强制向国家缴纳一定数额金钱的罚金刑,也有剥夺犯罪人一定权利和资格的剥夺政治权利;既有没收财产刑,也有专门适用于犯罪的外国人的驱逐出境。上述不同的刑种,对受刑人所造成的剥夺性痛苦不同,可以适用于不同的犯罪和不同的犯罪人,这就使刑罚体系的构成要素臻于全面。

我国刑罚体系不仅构成要素齐备,而且各要素的结构合理。首先,主刑与附加刑结构合理,主刑在先,附加刑在后,体现了主刑是对犯罪主要适用的刑罚方法,附加刑是对主刑补充适用的刑罚方法的特点,主次关系分明。其次,各个刑种的结构合理。主刑根据各自的严厉程度从轻到重依次排列,即管制、拘役、有期徒刑、无期徒刑和死刑。附加刑也是根据各自的严厉程度由轻到重依次排列。

(二)宽严相济、衔接紧凑

构成我国刑罚体系的刑种,无论是主刑还是附加刑,都是有轻有重,如主刑既有轻刑管制和拘役,也有较重的有期徒刑,亦有重刑无期徒刑,更有最重的死刑。附加刑的各个刑种也是轻重有别。这表明,我国刑罚体系具有宽严相济的特点。

构成我国刑体系的要素不仅有轻有重、宽严相济,而且轻重衔接。如拘役的最长期限是6个月,与有期徒刑的最短期限6个月相互衔接;有期徒刑的最长期限是25年,这与无期徒刑的衔接也是紧凑的。

(三) 内容合理、方法人道

我国刑罚体系的内容立足于我国的实际情况,反映了我国长期以来同犯罪作斗争的成功经验,各种刑罚既有惩罚的一面,也有教育的一面,有的刑种的内容体现了专门机关与人民群众相结合同犯罪作斗争的方针。总之,我国刑罚体系符合我国国情,这是其合理性之一。我国刑罚体系以自由刑为中心,同时包括我国所独有的开放性刑种管制和各国越来越广泛适用的罚金刑,符合世界各国刑罚发展的历史趋势,这是其合理性之二。

我国刑罚体系中的各种刑罚方法,既具有造成犯罪人一定痛苦的属性,也不具有残虐性。所有的刑种都不会造成犯罪人肉体上的摧残、人格上的侮辱、精神上的虐待。除死刑立即执行外,其他的刑种都强调对犯罪人的教育与改造。因此,我国刑罚方法具有人道性。

第二节 主 刑

主刑,是对犯罪适用的主要刑罚方法。主刑的特点是:只能独立适用,不能附加适用。对一个罪只能适用一种主刑,不能适用两种以上的主刑。主刑是一类刑罚方法,具体包括管制、拘役、有期徒刑、无期徒刑和死刑五种。

一、管制

(一) 管制的概念

管制,是指对犯罪人依法实行社区矫正的一种刑罚方法,是我国刑法中的一种主刑。

管制是我国刑罚的五种主刑中唯一不剥夺犯罪分子自由的开放性刑种。管制刑在中华人民共和国建立初期,对于维护社会稳定发挥了重大作用。

管制是我国独创的一种刑罚方法,它产生于我国民主革命时期。中华人民共和国成立后,人民法院在审判实践中继续适用这种刑罚方法。管制刑的存在,使我国刑罚体系更加完善,因为它作为一种限制自由的刑罚方法,起到了连接剥夺自由刑和非自由刑的纽带作用,使各种刑罚的结构更加紧凑自然。同时,由于管制是对犯罪分子不予关押,因此,可以避免剥夺自由刑交叉感染的副作用。此外,管制充分地利用了社会力量改造犯罪分子,也不影响犯罪分子的劳动、工作和家庭生活,有利于犯罪分子的改造和社会秩序的安定。因此,管制作为一种开放型的刑罚方法,是符合刑罚改革的国际趋势的。

(二) 管制的特点

(1) 对犯罪分子不予关押。即不是将犯罪分子羁押在特定的场所或者设施内，从而剥夺其人身自由，而是实行社区矫正。这是管制与拘役、有期徒刑等剥夺自由刑的重要区别。

(2) 限制犯罪分子一定的自由。管制虽然不剥夺犯罪分子的自由，但是作为一种刑罚方法，当然应具有惩罚的属性。管制的惩罚性表现在对犯罪分子自由的限制。根据我国《刑法》第39条的规定，限制自由的具体内容是：遵守法律、行政法规，服从监督；未经执行机关批准，不得行使言论、出版、集会、结社、游行、示威自由的权利；按照执行机关规定报告自己的活动情况；遵守执行机关关于会客的规定；离开所居住的市、县或者迁居，应当报经执行机关批准。此外，根据我国《刑法》第38条第2款的规定，对于被宣告禁止令的犯罪分子，禁止其在执行期间从事特定活动，进入特定区域、场所，接触特定的人。但对于被判处管制的犯罪分子，在劳动中应当同工同酬。

(3) 对犯罪分子自由的限制具有一定的期限。根据我国《刑法》第38条的规定，管制的期限为3个月以上2年以下。另外根据《刑法》第69条的规定，数罪并罚时，管制的期限不得超过3年。根据《刑法》第41条的规定，管制的期限，从判决执行之日起计算，判决执行以前先行羁押的，羁押1日折抵刑期2日。根据《刑法》第40条的规定，被判处管制的犯罪分子，管制期满，执行机关应即向本人和其所在单位或者居住地的群众宣布解除管制。

(4) 对被判处管制刑的犯罪分子依法实行社区矫正。社区矫正是一项综合性很强的工作，需要各有关部门分工配合，并充分动员社会各方面力量，共同做好工作。根据我国《社区矫正法》的规定，县级以上地方人民政府司法行政部门主管本行政区域内的社区矫正工作，人民法院、人民检察院、公安机关和其他有关部门依照各自职责，依法做好社区矫正工作，人民检察院依法对社区矫正工作实行法律监督；县级以上地方人民政府根据需要设置社区矫正机构，负责社区矫正工作的具体实施，司法所根据社区矫正机构的委托，承担社区矫正相关工作。

根据2011年4月28日最高人民法院、最高人民检察院、公安部、司法部《关于对判处管制、宣告缓刑的犯罪分子适用禁止令有关问题的规定（试行）》（以下简称《规定》）第1条的规定，对判处管制的犯罪分子，人民法院根据犯罪情况，认为从促进犯罪分子教育矫正、有效维护社会秩序的需要出发，确有必要禁止其在管制执行期间内从事特定活动，进入特定区域、场所，接触特定人的，可以根据《刑法》第38条第2款、第72条第2款的规定，同时宣告禁止令。根据《规定》第2条的规定，人民法院宣告禁止令，应当根据犯罪分子的犯罪原因、犯罪性质、犯罪手段、犯罪后悔罪表现、个人一贯表现等情况，充分考虑与犯罪分子所犯罪行的关联程度，有针对性地决定禁止其在管制执行期间"从事特定活动，进入特定区域、场所，接触特定的人"的一项或者几项内容。根据《规定》的第3条规定，人民法院可以根据犯罪情况，禁止判处管制的犯罪分子在管制执行期限内从事以下一项或者几项活动：

① 个人为进行违法犯罪活动而设立公司、企业、事业单位或者在设立公司、企业、事业单位后以实施犯罪为主要活动的，禁止设立公司、企业、事业单位；

② 实施证券犯罪、贷款犯罪、票据犯罪、信用卡犯罪等金融犯罪的,禁止从事证券交易、申领贷款、使用票据或者申领、使用信用卡等金融活动;

③ 利用从事特定生产经营活动实施犯罪的,禁止从事生产经营活动;

④ 附带民事赔偿义务未履行完毕,违法所得未追缴、退赔到位,或者罚金尚未足额缴纳的,禁止从事高消费活动;

⑤ 有其他确有必要禁止从事的活动。

根据《规定》第4条的规定,人民法院可以根据犯罪情况,禁止管制的犯罪分子在管制执行期限内进入以下一类或者几类区域、场所:

① 禁止进入夜总会、酒吧、迪厅、网吧等娱乐场所;

② 未经执行机关批准,禁止进入举办大型群众性活动的场所;

③ 禁止进入中小学校区、幼儿园园区及周边地区,确因本人就学、居住等原因,经执行机关批准的除外;

④ 其他确有必要禁止进入的区域、场所。

根据《规定》的第5条的规定,人民法院可以根据犯罪情况,禁止判处管制的犯罪分子在管制执行期间接触以下一类或者几类人员:

① 未经对方同意,禁止接触被害人及其法定代理人、近亲属;

② 未经对方同意,禁止接触证人及其法定代理人、近亲属;

③ 未经对方同意,禁止接触控告人、批评人、举报人及其法定代理人、近亲属;

④ 禁止接触同案犯;

⑤ 禁止接触其他可能遭受其侵害、滋扰的人或者可能诱发其再次危害社会的人。

根据《规定》第6条第1款的规定,禁止令的期限,既可以与管制执行期限相同,也可以短于管制执行的期限,但判处管制的,禁止令的期限不得少于3个月。根据该条第2款的规定,判处管制的犯罪分子在判决执行以前先行羁押以致管制执行的期限少于3个月的,禁止令的期限不受前款规定的最短期限的限制。根据该条第3款的规定,禁止令的执行期限,从管制执行之日起计算。

根据《规定》第7条第1款的规定,人民检察院在提起公诉时,对可能判处管制的被告人可以提出宣告禁止令的建议。当事人、辩护人、诉讼代理人可以就应否对被告人宣告禁止令提出意见,并说明理由。根据《规定》第7条第2款的规定,公安机关在移送审查起诉时,可以根据犯罪嫌疑人涉嫌犯罪的情况,就应不应该宣告禁止令及宣告何种禁止令,向人民检察院提出意见。

根据《规定》第8条的规定,人民法院对判处管制的被告人宣告禁止令的,应当在裁判文书主文部分单独作为一项予以宣告。

根据《规定》第9条的规定,禁止令由司法行政机关指导管理的社会矫正机构负责执行。

根据《规定》第10条的规定,人民检察院对社区矫正机构执行禁止令的活动实行监督。发现有违反法律规定的情况,应当通知社会矫正机构纠正。

二、拘役

(一) 拘役的概念

拘役是短期剥夺犯罪分子的自由,就近执行并实行劳动改造的刑罚方法。拘役是一种短期自由刑,是主刑中介于管制与有期徒刑之间的一种轻刑。

拘役与刑事拘留、民事拘留、行政拘留都是短期剥夺自由的强制方法,但它们之间存在明显的区别,其区别表现在:(1) 性质不同。拘役是刑罚方法,而刑事拘留是刑事诉讼中的一种强制措施;民事拘留属于司法行政性质的处罚;行政拘留属于治安行政处罚。(2) 适用的对象不同。拘役适用于犯罪分子;刑事拘留适用于《刑事诉讼法》第 61 条规定的七种情形之一的现行犯或者重大嫌疑分子;民事拘留适用于《民事诉讼法》第 102 条规定的六种行为之一,但又不构成犯罪的民事诉讼参与人或其他人;行政拘留适用于违反治安管理法规,尚未达到犯罪程度的行为人。(3) 适用的机关不同。拘役和民事拘留均由人民法院适用,但拘役由人民法院的刑事审判部门适用,民事拘留由人民法院的民事审判部门适用;刑事拘留、行政拘留由公安机关适用。(4) 适用的法律依据不同。拘役依照《刑法》的规定适用;刑事拘留依照《刑事诉讼法》的规定适用;民事拘留依据《民事诉讼法》的规定适用;行政拘留依据《治安管理处罚法》的规定适用。

(二) 拘役的特点

根据我国《刑法》第 42 条至第 44 条的规定,拘役具有以下特点:

(1) 剥夺犯罪分子的自由。即将犯罪分子关押于特定的改造场所进行改造,使其丧失人身自由。

(2) 剥夺自由的期限较短。根据《刑法》第 42 条的规定,拘役的期限为 1 个月以上 6 个月以下。根据《刑法》第 69 条的规定,数罪并罚时,拘役刑期最长不能超过 1 年。根据《刑法》第 44 条的规定,拘役的刑期从判决执行之日起计算,判决执行以前先行羁押的,羁押 1 日折抵刑期 1 日。

(3) 由公安机关就近执行。《刑法》第 43 条第 1 款规定,被判处拘役的犯罪分子,由公安机关就近执行。根据公安部 2005 年 12 月 27 日印发的《关于做好撤销拘役所有关工作的通知》的规定,拘役刑均在犯罪分子所在地的看守所执行。

(4) 享受一定的待遇。根据《刑法》第 43 条的规定,在执行期间,被判处拘役的犯罪分子每月可以回家一至两天;参加劳动的,可以酌量发给报酬。

三、有期徒刑

(一) 有期徒刑的概念

有期徒刑是剥夺犯罪分子一定期限的人身自由,强迫其劳动并接受教育和改造的刑罚方法。有期徒刑是一种有期限地剥夺犯罪分子自由的刑罚方法,在这点上与拘役是相同的。但两者作为不同的刑罚方法仍然存在着区别,其区别具体表现在:(1) 执行的场所不同。拘役是在犯罪分子所在地就近的场所执行,一般在看守所执行,而有期徒刑主要在监狱中执行。(2) 执行机关不同。拘役的执行机关是公安机关,而有期徒刑的执行机关是监狱。(3) 期限不同。有期徒刑的期限长、起点高、幅度大;拘役的期限短、起点低、幅度小。(4) 执行期间的待遇不同。被判处拘役的犯罪分子,每月可以回家一天至两天,参加劳动的,可以酌量发给报酬,而被判处有期徒刑的犯罪分子,凡有劳动能力的一律实行无偿的强制劳动,也没有每月可以回家一天至两天的待遇。(5) 法律后果不同。被判处有期徒刑的犯罪分子,在刑罚执行完毕或者赦免以后5年之内再犯应当被判处有期徒刑以上刑罚之罪的,构成累犯,而被判处拘役的犯罪分子,刑罚执行完毕或者赦免以后再犯罪的,不能构成累犯。

(二) 有期徒刑的特点

根据我国《刑法》第45条至第47条的规定,有期徒刑具有以下特点:

(1) 剥夺犯罪分子的自由。即将犯罪分子关押在一定的改造场所,使其丧失人身自由。

(2) 具有一定期限。根据《刑法》第45条的规定,有期徒刑的最低期限为6个月,与拘役相衔接;最高期限为15年。同时,根据《刑法》第69条的规定,数罪并罚时,有期徒刑总和刑期不满35年的,最高不能超过20年,总和刑期在35年以上的,最高不能超过25年。刑期从判决执行之日即罪犯被送交监狱或者其他执行机关执行刑罚之日——而非判决生效之日——起开始计算,判决以前先行羁押的,羁押1日折抵刑期1日。刑满释放日期,应为判决书确定的刑期的终止之日。

(3) 在监狱或者其他执行场所执行。有期徒刑是一种较重的刑罚方法,因此,它不能像拘役那样在看守所执行,而应在监狱或者其他专门执行场所执行。有期徒刑的执行场所有以下几种:一是监狱。根据《监狱法》第2条的规定,监狱是执行被判处死刑缓期两年执行、无期徒刑和有期徒刑的场所。所以,监狱是执行有期徒刑的场所,并且是主要场所。二是其他执行场所。即监狱以外的专门用来执行有期徒刑和无期徒刑的机关,主要是未成年犯管教所。未成年犯管教所是以未成年犯为对象的执行机关,关押14周岁以上不满18周岁的犯罪分子。另外,根据《刑事诉讼法》第264条的规定,对于被判处有期徒刑的罪犯,在被交付执行刑罚前,剩余刑期在3个月以下的,由看守所代为执行。对被判处拘役的罪犯,由公安机关执行。

(4) 强迫参加劳动,接受教育和改造。根据《刑法》第46条的规定,被判处有期徒刑的犯罪分子,无论在何种场所执行,凡有劳动能力的,都应当参加劳动,接受教育和改造。这表明,我国对于被判处有期徒刑的犯罪分子,不是消极地实行关押和监禁,也不是将执行机关当作单纯从事生产的企业,而是通过劳动的方式,使犯罪分子接受教育和改造,以此达到特殊预防的刑罚目的。犯罪分子应当参加劳动,是一种强制性规定,这意味着:第一,凡有劳动能力的犯罪分子,都必须参加劳动,不以犯罪分子的主观意愿为转移。第二,除法律另有规定的特殊情况外,罪犯对劳动的场所、种类、形式和时间,必须无条件地服从执行机关的安排,而不得自由选择。第三,犯罪分子的劳动,是在严格的监督下进行的。即一方面是在严格的武装警戒下进行,另一方面,劳动表现作为罪犯认罪悔罪与否的指标,是法定的奖惩考核的内容。执行机关在强制犯罪分子参加劳动的同时,还要对其进行充分的法制、道德、文化技术等方面的教育,通过劳动改造和教育改造,使犯罪分子成为守法的新人。

四、无期徒刑

(一) 无期徒刑的概念

无期徒刑是剥夺犯罪分子的终身自由,强制其参加劳动并接受教育和改造的刑罚方法。

无期徒刑是剥夺自由刑中最严厉的刑罚方法,在所有的刑罚方法中,其严厉程度仅次于死刑。由于无期徒刑的严厉性,因而它的适用对象是罪行严重,但不必判处死刑而又需要与社会永久隔离的犯罪分子。

无期徒刑虽然与有期徒刑都是剥夺自由的刑罚方法,但两者又有着严格的区别:(1) 无期徒刑是剥夺犯罪分子的终身自由,而有期徒刑则是有期限地剥夺犯罪分子的自由。(2) 由于无期徒刑具有不可划分性,因此,它只适用于犯有严重罪行的犯罪分子,而有期徒刑由于其具有可划分性,因此,它既可以适用于犯有严重罪行的犯罪分子,也可以适用于犯有较轻罪行的犯罪分子。(3) 被判处无期徒刑的犯罪分子,必须附加剥夺政治权利终身,而被判处有期徒刑的犯罪分子不一定附加剥夺政治权利。

(二) 无期徒刑的特点

根据我国《刑法》第46条的规定,无期徒刑具有以下特点:

(1) 剥夺犯罪分子的自由。即将犯罪分子关押在一定的场所,使其没有人身自由。

(2) 剥夺自由是没有期限的,即剥夺犯罪分子的终身自由。需要指出的是,无期徒刑虽然就其语词意义上讲,是剥夺终身自由,实行无期限的关押,但实际上并不是将所有被判处无期徒刑的犯罪分子都关押到死,而是只要犯罪分子有悔过自新的表现,就可以回归社会。根据刑法的规定,被判处无期徒刑的犯罪分子,在服刑期间的表现符合法定条件的,可以适用减刑或假释。此外,在国家发布特赦令的情况下,符合特赦条件的无期徒刑罪犯,可以被特赦释放。从我国执行无期徒刑的实际情况来看,大量的罪犯并没有被关押到死,而是回到了社会。所以说,判处无期徒刑并不意味着断绝了犯罪分子的再生之路。

(3) 强迫参加劳动,接受教育和改造。被判处无期徒刑的犯罪分子,除无劳动能力的外,都必须参加无偿劳动,接受教育和改造。

(4) 羁押时间不能折抵刑期。由于无期徒刑无期限可言,因此,判决执行之前先行羁押的时间不存在折抵刑期的问题。

(5) 必须附加剥夺政治权利。根据我国《刑法》第57条的规定,被判处无期徒刑的犯罪分子,必须附加剥夺政治权利终身。

五、死刑

(一) 死刑的概念

死刑是剥夺犯罪分子生命的刑罚方法,包括死刑立即执行和死刑缓期两年执行两种情况。因为死刑以剥夺犯罪分子的生命为内容,所以,又称之为生命刑。又由于生命不同于人身自由,人身自由具有可恢复性,生命一旦被剥夺则不可恢复,所以,死刑是所有刑罚方法中最严厉的刑罚,故又称为极刑。

死刑是一种古老的刑罚方法,在奴隶社会和封建社会,死刑的种类繁多,但从来没有人怀疑其存在的合理性。自从18世纪的资产阶级启蒙思想家贝卡里亚提出废除死刑以来,死刑的存废之争已经持续了两个多世纪。"主存论"与"主废论"围绕着人的生命价值、死刑是否具有威慑力、死刑是否违宪、是否有利于贯彻罪刑法定主义、是否符合刑罚的目的、是否符合历史发展的趋势等问题展开了针锋相对的争论,最后各自得出不同的结论。

近几年来,死刑问题成为我国刑法理论界关注的一个热点问题,理论上的共识是减少死刑,而不是废除死刑,我们国家的态度也是如此。因此,我国刑法对死刑作出了明确的规定。我国现阶段之所以仍然保留死刑,其原因有三:其一,现实生活中还存在着极其严重的危害国家安全、危害公共安全、破坏市场经济秩序、侵犯公民人身权利等犯罪,保留死刑有利于惩治这些犯罪,从而保护国家和人民的重大利益。其二,保留死刑有利于我国刑罚目的的实现。对于那些罪行极其严重的各类犯罪分子只有适用死刑,才能使其不再犯罪,从而达到刑罚特殊预防的目的。同时,死刑的存在使那些试图铤而走险、意图实施极其严重犯罪的人有所惧怕,不敢重蹈覆辙,不去实施犯罪,从而达到一般预防的目的。其三,保留死刑符合我国现阶段的社会价值观念,为广大公民所支持,具有满足社会大众安全心理需要的功能。而废除死刑则超越了我国现阶段的社会价值观念,不能为广大公民所接受,会导致社会大众的心理恐惧。总之,我国现阶段保留死刑符合我国国情,是合理的、无可非议的。

需要指出的是,保留死刑是我国目前的基本态度,而坚持少杀、反对多杀、错杀是我国的长期死刑政策。我国之所以长期坚持少杀政策,是因为:其一,大量适用死刑不符合我国的社会主义性质。其二,死刑的威慑力来源于死刑适用的必要性和谨慎性。只有在必要的时候谨慎地适用死刑,才能保持死刑的威慑力,滥施死刑必将使其丧失威慑力和预防犯罪的作用。其三,生命的丧失具有不可恢复性,死刑的错误适用必将导致不可挽回的损失。大量地适用死刑难免造成错杀,而坚持少杀有利于防止错杀。其四,限制死刑是当今世界发展的趋势,坚持少杀为顺应这一趋势所必需。少杀政策在我国刑事立法上得到了充分的体现,我国刑事法律对死刑的适用作了多方面的限制性规定,下面具体阐述。

(二)适用死刑的限制性规定

1. 从适用死刑的条件上进行限制

我国《刑法》第48条第1款前半段规定:"死刑只适用于罪行极其严重的犯罪分子。"这表明,适用死刑的条件是犯罪分子所犯的罪行极其严重。所谓罪行极其严重,是犯罪的性质极其严重、犯罪的情节极其严重、犯罪分子的人身危险性极其严重的统一。实践中符合上述三位一体条件的情况极少,因此,适用死刑的严格条件是我国限制死刑适用的第一道关口。

2. 从适用死刑的对象上进行限制

我国《刑法》第49条第1款规定:"犯罪的时候不满18周岁的人和审判的时候怀孕的妇女,不适用死刑。"这里所说的"不适用死刑",是指既不适用死刑立即执行,也不适用死刑缓期二年执行。这一规定充分体现了我国刑法对未成年犯罪人重在教育的政策和社会主义的人道主义精神,同时,符合世界各国刑事立法的通行做法。需要指出的是,对这里所说的"审判的时候怀孕",不能仅仅理解为人民法院审理案件的时候被告人正在怀孕。根据有关司法解释,"审判的时候怀孕"既包括人民法院审理案件的时候被告人正在怀孕,也包括案件起诉到人民法院之前被告人怀孕但做了人工流产的情况。除了上述犯罪的时候不满18周岁的人和审判的时候怀孕的妇女不适用死刑外,我国《刑法》第49条第2款还规定:"审判的时候已满75周岁的人,不适用死刑,但以特别残忍手段致人死亡的除外。"

3. 从死刑适用犯罪的性质上进行限制

一段时间内,我国立法机构十分重视用刑法惩治一些经济犯罪,因此,对经济犯罪规定死刑的情况较为普遍,以致关于经济犯罪的死刑规定的较多,而根据我国现阶段经济发展实际,一些罪名较少适用甚至基本没有适用过死刑,可以适当减少。另外,适当取消一些经济性非暴力犯罪的死刑,不会给我国现阶段社会的大局和治安形势带来负面影响。基于这种社会情势,《刑法修正案(八)》取消了近年来很少适用过的13个经济性非暴力犯罪的死刑。这些犯罪是:走私文物罪,走私贵重金属罪,走私珍贵动物、珍贵动物制品罪,走私普通货物、物品罪,票据诈骗罪,金融凭证诈骗罪,信用证诈骗罪,虚开增值税专用发票、用于骗取出口退税、抵扣税款发票罪,伪造、出售伪造的增值税专用发票罪,盗窃罪,传授犯罪方法罪,盗掘古文化遗址、古墓葬罪,盗掘古人类化石、古脊椎动物化石罪。《刑法修正案(九)》又进一步取消了9个非暴力犯罪的死刑。这些犯罪是走私武器、弹药罪,走私核材料罪,走私假币罪,伪造货币罪,集资诈骗罪,组织卖淫罪,强迫卖淫罪,阻碍执行军事职务罪,战时造谣惑众罪。以上取消死刑的22个罪名,占我国现有死刑罪名总数的30%还多,这不仅说明我国废止死刑的进程不断向前大步迈进,而且表明在我国限制、废止死刑已经基本成为一种不可逆转的趋势,从而为我国最终废除死刑奠定了较好的基础。

4. 从死刑的适用程序上进行限制

首先,从案件的管辖上进行限制。根据我国《刑事诉讼法》第21条的规定,死刑案件只能由中级以上人民法院进行一审,基层人民法院无权审理死刑案件,当然也就无权适用死刑。其次,从死刑的核准程序上进行限制。我国《刑法》第48条第2款规定:"死刑除依法由最高人民法院判决的以外,都应当报请最高人民法院核准。"这是从死刑核准程序上控制死刑适用的规定,但为了适应同严重刑事犯罪作斗争的需要,全国人大常委会曾将部分死刑核准权下放到高级人民法院,即《关于死刑案件核准问题的决定》规定,因杀人、抢劫、强奸、爆炸、放火等罪行被判处死刑的案件,可由省、自治区、直辖市高级人民法院核准,不必报请最高人民法院核准。在1983年9月2日修订后的《人民法院组织法》第13条规定:"杀人、强奸、抢劫、爆炸以及其他严重危害公共安全和社会治安判处死刑的案件的核准权,最高人民法院在必要的时候,得授权省、自治区、直辖市的高级人民法院行使。"最高人民法院根据上述规定,于1983年9月7日发出《关于授权高级人民法院核准部分判处死刑的案件的通知》将杀人、强奸、抢劫、爆炸以及其他严重危害公共安全和社会治安判处死刑的案件的核准权,依法授予各省、自治区、直辖市高级人民法院和解放军军事法院行使。1993年8月18日、1996年3月19日和1997年6月23日,最高人民法院分别发出通知,决定除最高人民法院判决的和涉外、涉港、澳、台的毒品犯罪的死刑案件外,依法授权云南省、广东省、广西壮族自治区、四川省、贵州省的高级人民法院行使毒品案件的死刑核准权。在统一死刑核准权的基础上,对上述几种严重刑事案件的死刑复核权的变通,有利于及时严惩严重的刑事犯罪,维护社会治安。在1997年修订的《刑法》施行后,实践中仍维持了将部分死刑案件的核准权下放到各高级人民法院行使的做法。但为了统一死刑的适用标准,严格控制死刑的适用,确保死刑的公正适用,全国人大常委会于2006年10月31日通过了《关于修改〈中华人民共和国人民法院组织法〉的决定》,将《人民法院组织法》第13条"死刑案件除由最高人民法院判决的以外,应当报请最高人民法院核准。杀人、强奸、抢劫、爆炸以及其他严重危害公共安全和社会治安判处死刑案件的核准权,最高人民法院在必要的时候,得授权省、自治区、直辖市的高级人民法院行使"的规定,修改为"死刑案件除由最高人民法院判决的以外,应当报请最高人民法院核准"。该《决定》于2007年1月1日起施行。因此,自2007年1月1日起,各高级人民法院不再行使死刑案件的核准权,全部的死刑案件都必须由最高人民法院核准,从而更加严格了死刑的适用程序,在制度上为死刑正确、公正的适用提供了有力的保障。

此外,我国《刑事诉讼法》第246条至第248条规定,中级人民法院判处死刑的第一审案件,被告人不上诉的,应当由高级人民法院复核后,报请最高人民法院核准;高级人民法院判处死刑的第一审案件被告人不上诉的,以及判处死刑的第二审案件,都应当报请最高人民法院核准。死刑缓期执行的,可以由高级人民法院判决或者核准。上述法律规定,从审理、复核、核准程序上作了严格的限制,具有保证死刑最大限度地得到正确适用的作用。

5 从死刑执行制度上进行限制

我国《刑法》第48条第1款的后半段规定:"对于应当判处死刑的犯罪分子,如果不是必须立即执行的,可以判处死刑同时宣告缓期二年执行。"这就是死刑缓期执行制度,简称死缓。死缓不是独立的刑种,而是死刑的一种执行制度,死缓是我国的独创。根据上述刑法的规定,死缓的适用需要具备以下条件:

(1) 适用的对象必须是应当判处死刑的犯罪分子。这是适用死缓的前提。所谓应当判处死刑,是指根据犯罪分子所犯罪行的严重程度和刑法的规定,对其应当判处死刑。换句话讲,就是犯罪分子所犯罪行极其严重。对于不是应当判处死刑的犯罪分子,当然不存在适用死缓的问题。

(2) 不是必须立即执行。所谓不是必须立即执行,是指根据犯罪分子所犯罪行,虽然对其应当适用死刑但不是非立即执行不可的。刑法对哪些犯罪分子属于"不是必须立即执行"死刑的没有明确规定,根据刑事审判经验,应当判处死刑但具有下列情形之一的,可以视为"不是必须立即执行的"犯罪分子:犯罪后自首、立功或者有其他法定从轻情节的;在共同犯罪中罪行不是最严重的或者其他在同一或同类犯罪案件中罪行不是最严重的;被害人的过错导致犯罪人激愤犯罪的;犯罪人有令人怜悯之情形的;有其他应当留有余地情况的等等。

由于死缓不是独立的刑种,而是暂缓执行死刑的一种制度,因此,被适用死刑的犯罪分子因其在缓期两年执行期间的表现不同而有以下三种不同的结果:

(1) 在死刑缓期执行期间,如果没有故意犯罪,两年期满后,减为无期徒刑;如果确有重大立功表现,两年期满以后,减为 25 年有期徒刑;至于哪些属于重大立功表现,应根据《刑法》第 78 条予以确定。

(2) 对被判处死刑缓期执行的累犯以及因故意杀人、强奸、抢劫、绑架、放火、爆炸、投放危险物质或者有组织的暴力性犯罪被判处死刑缓期执行的犯罪分子,人民法院根据犯罪情节等情况可以同时决定对其限制减刑。

(3) 在死刑缓期执行期间,如果故意犯罪,且情节恶劣的,应报请最高人民法院核准后执行死刑。对于故意犯罪但没有达到情节恶劣程度而未执行死刑的,应该重新计算死刑缓期执行的期间,并报最高人民法院备案。

第三节 附 加 刑

附加刑,又称从刑,是补充主刑适用的刑罚方法。附加刑的特点是既可以附加主刑适用,也可以独立适用。在附加适用时,可以同时适用两个以上的附加刑。附加刑是相对于主刑的另一类刑罚方法,具体包括罚金、剥夺政治权利和没收财产三种。

一、罚金

(一) 罚金的概念

罚金是人民法院判处犯罪分子向国家缴纳一定数额金钱的刑罚方法。

罚金不同于行政罚款。两者的区别表现在:(1) 性质不同。罚金是刑罚方法,罚款是行政处罚。(2) 适用对象不同。罚金适用于犯罪分子,罚款适用于一般违法分子。(3) 适用机关不同。适用罚金的机关是人民法院,适用罚款的机关则是公安、海关、税务、工商等行政机关。(4) 适用的法律根据不同。适用罚金的法律根据是刑法,适用罚款的法律根据是治安管理、海关、税务、工商等行政法律、法规。

罚金主要适用于贪图财利或者与财产有关的犯罪,同时也适用于少数妨害社会管理秩序的犯罪。对于追求不法经济利益的犯罪分子判处罚金,予以一定数额金钱的剥夺,既可以剥夺犯罪分子继续犯罪的经济条件,也能对犯罪分子起到惩罚与教育的作用,从而预防犯罪分子再次实施犯罪。因此,我国《刑法》分则规定的罚金适用范围较为广泛。

(二) 罚金的适用方式

根据我国《刑法》分则的规定,罚金的适用方式有以下几种:

(1) 选处罚金。即罚金作为一种与有关主刑并列的刑种,由人民法院根据犯罪的具体情况选择适用。此种情况下的罚金只能独立适用,而不能附加适用。如《刑法》第 275 条规定,故意毁坏公私财物,数额较大或者有其他严重情节的,处 3 年以下有期徒刑、拘役或者罚金。

(2) 单处罚金。即对犯罪分子只能判处罚金,而不能判处其他刑罚。单处罚金只对犯罪的单位适用。我国《刑法》分则凡是规定处罚犯罪单位的,都是规定对单位判处罚金。

(3) 并处罚金。即在对犯罪分子判处主刑的同时附加适用罚金,并且是必须附加适用。例如,《刑法》第 328 条规定,盗掘古文化遗址、古墓葬,情节较轻的,处 3 年以下有期徒刑、拘役或者管制,并处罚金。

(4) 并处或者单处罚金。即罚金既可以附加主刑适用,也可以作为一种与有关主刑并列的刑种供选择适用。例如,《刑法》第 140 条规定,生产者、销售者在产品中掺杂、掺假,以假充真,以次充好或者以不合格产品冒充合格产品,销售金额 5 万元以上不满 20 万元的,处 2 年以下有期徒刑或者拘役,并处或者单处销售金额 50% 以上 2 倍以下罚金。这里的罚金既可以附加有期徒刑或者拘役适用,也可以与有期徒刑、拘役并列供选择适用。

(三) 罚金数额的立法规定

我国《刑法》关于罚金数额的规定,有以下几种不同的做法:

(1) 比例制。即不规定具体的罚金数额,而是根据犯罪数额的一定比例确定罚金的数额。例如,《刑法》第 159 条规定,对犯虚假出资罪或者抽逃出资罪的,并处或者单处虚假出资或者抽逃出资金额 2% 以上 10% 以下的罚金。

(2) 倍数制。即不规定具体的罚金数额,而是根据犯罪数额的一定倍数确定罚金的数额。例如,《刑法》第 153 条规定,犯走私普通货物、物品罪的,处偷逃应缴税额 1 倍以上 5 倍以下罚金。

(3) 比例兼倍数制。即不规定具体的罚金数额,而是根据犯罪数额的一定比例和倍数确定罚金的数额。例如,《刑法》对生产、销售伪劣商品的各种犯罪均规定处销售金额 50% 以上 2 倍以下的罚金。

(4) 特定数额制。即明确规定罚金的数额。例如,《刑法》第173条规定,变造货币,数额较大的,处3年以下有期徒刑或者拘役,并处或者单处1万元以上10万元以下罚金;数额巨大的,处3年以上10年以下有期徒刑,并处2万元以上20万元以下罚金。

(5) 抽象罚金制。即只抽象地规定判处罚金。例如,《刑法》对犯罪的单位都是只抽象地规定判处罚金。此外,也有对个人犯某些具体罪只抽象地规定判处罚金的立法例。例如,《刑法》第354条规定,犯容留他人吸食、注射毒品罪的,处3年以下有期徒刑、拘役或者管制,并处罚金。

(四) 罚金数额的司法确定

我国《刑法》上述关于罚金数额的规定表明,有的十分抽象,毫无标准可行,有的虽然确定了判处罚金数额的一定标准,但都有一定的幅度和弹性,这就使审判实践对罚金数额的判处具有较大的难度,但只要认真地掌握《刑法》第52条所确定的判处罚金的根据,以及酌情考虑犯罪人的经济状况,还是可以做到恰当地确定具体案件的罚金数额的。

《刑法》第52条规定:"判处罚金,应当根据犯罪情节决定罚金数额。"这表明,决定罚金的数额必须以犯罪情节为根据。犯罪情节是表明犯罪行为的社会危害性和犯罪人人身危险性的各种事实,根据犯罪情节决定罚金的数额是罪责刑相适应原则的必然要求。犯罪情节包括犯罪手段、犯罪对象、犯罪的后果、犯罪时间、地点等方面的情况。在决定罚金数额时必须全面考察犯罪情节。此外,还应酌情考虑犯罪人的经济状况。因为罚金是判处犯罪人向国家缴纳一定数额的金钱,在决定罚金数额时必须考虑到所判处的罚金能否执行的问题,而被判处的罚金是否能得到执行,则取决于犯罪人的经济状况。再者,决定罚金的数额时还要考虑罚金能否起到惩罚与教育改造犯罪人的作用。这就决定了对犯罪人决定罚金数额时,应在以犯罪情节为根据的基础上,酌情考虑犯罪人的经济状况。经济状况较好的,可以适当判处较多的罚金,反之,可以适当判处较少的罚金。如果决定罚金数额时一味地强调犯罪情节而不顾犯罪人的经济状况,那么,就会使判决的执行和罚金的适用效果都受到影响。

(五) 罚金的缴纳

根据我国《刑法》第53条的规定,罚金的缴纳方式有以下四种:

(1) 一次或者分期缴纳。即犯罪分子按照判决确定的数额和指定的期限,一次缴纳完毕或分几次缴纳完毕。一般情况下,罚金数额不多或者虽然较多但缴纳不困难的,应限期一次缴;罚金数额较多,一次缴纳有困难的,限定时间分几次缴纳。

(2) 强制缴纳。即在判决指定的期限届满后,犯罪分子有缴纳能力而不缴纳,法院采取查封、拍卖财产、冻结存款、扣留收入等措施,强制其缴纳。

(3) 随时缴纳。即对于不能全部缴纳罚金的,法院在任何时候发现被执行人有可以执行的财产,随时都可以追缴。不能全部缴纳罚金,是指通过分期缴纳或强制缴纳的方式,在缴纳期满后,仍无法使被执行人缴纳全部罚金。不能全部缴纳的原因,往往是由于被执行人转移、隐匿财产,造成不能全部缴纳的表象,使得人民法院无法对其采取强制缴纳的执行方式。所谓"追缴",是指人民法院对被执行人可以执行的财产追回上缴国库。

(4)延期、减少或者免除缴纳。即犯罪分子由于遭遇不能抗拒的灾祸等原因缴纳确实有困难的,经人民法院裁定,可以延期缴纳、酌情减少或者免除。

二、剥夺政治权利

(一)剥夺政治权利的概念和内容

剥夺政治权利是剥夺犯罪分子参加国家管理和政治活动权利的刑罚方法。

剥夺政治权利的内容,根据我国《刑法》第54条的规定,是剥夺犯罪分子以下权利:(1)选举权和被选举权;(2)言论、出版、集会、结社、游行、示威自由的权利;(3)担任国家机关职务的权利;(4)担任国有公司、企业、事业单位和人民团体领导职务的权利。

(二)剥夺政治权利的适用对象

剥夺政治权利适用的对象比较广泛,既可以适用于严重的犯罪,也可以适用于较轻的犯罪,既可以适用于危害国家安全的犯罪,也可以适用于普通刑事犯罪。

(三)剥夺政治权利的适用方式

根据我国《刑法》总则和分则的规定,剥夺政治权利的适用方式有以下几种:

(1)应当附加适用。即人民法院没有裁量选择的余地,只能严格依法在适用主刑的同时附加适用剥夺政治权利。根据《刑法》第56条、第57条的规定,应当附加适用剥夺政治权利的情况有以下两种:第一种是对危害国家安全的犯罪分子应当附加剥夺政治权利。此种情况下,应当附加适用剥夺政治权利的根据是犯罪分子的犯罪性质,即只要犯罪分子实施了危害国家安全的犯罪,不管对其适用的主刑是何种刑罚,都应当附加适用剥夺政治权利。但依照分则规定独立适用剥夺政治权利的除外。对犯有危害国家安全罪的犯罪分子,之所以除依照分则规定独立适用剥夺政治权利的以外,都应当附加剥夺政治权利,是因为犯罪分子实施危害国家安全的犯罪往往利用了其享有的政治权利,对其附加剥夺政治权利既是对其滥用政治权利的惩罚,也可以防止其再次利用政治权利实施犯罪。第二种是对被判处死刑、无期徒刑的犯罪分子应当附加剥夺政治权利终身。此种情况下,应当附加剥夺政治权利的根据是对犯罪分子适用的主刑刑种,至于犯罪分子是因为实施何种犯罪而被判处死刑或者无期徒刑则在所不问。刑法规定对被判处死刑或者无期徒刑的犯罪分子应当附加剥夺政治权利终身,一是为了对其予以政治上的否定评价。既然犯罪分子被判处死刑、无期徒刑,当然也要受到相应的政治上的否定评价,对其附加剥夺政治权利终身,就是政治上否定评价的体现。二是为了防止犯罪分子被赦免或者假释后再次利用政治权利实施犯罪。三是有利于处理与罪犯有关的某些民事法律关系。在政治权利中包括出版权,被判处死刑或者无期徒刑的犯罪分子,可能有的以前出版过著作,如果对其不附加剥夺政治权利终身,那么就意味着他们还享有出版权,即使他们的生命或终身自由被剥夺,但他们的亲属还有可能代其行使出版权。对这些罪犯的政治权利予以终身剥夺,就可以避免他们的亲属代行这种权利的情况。

(2) 可以附加适用。即人民法院可以根据案件的具体情况确定是否适用附加剥夺政治权利。根据《刑法》第 56 条的规定,对于故意杀人、强奸、放火、爆炸、投毒(根据《刑法修正案(三)》,这里的投毒应理解为"投放危险物质")、抢劫等严重破坏社会秩序的犯罪分子可以附加剥夺政治权利。此外,根据 1998 年 1 月 13 日最高人民法院《关于对故意伤害、盗窃等严重破坏社会秩序的犯罪分子能否附加剥夺政治权利问题的批复》,对故意伤害、盗窃等其他严重破坏社会秩序的犯罪,犯罪分子主观恶性较深、犯罪情节恶劣、罪行严重的,也可以附加剥夺政治权利。

(3) 独立适用。即剥夺政治权利与有关主刑相并列供选择适用,一旦选择适用剥夺政治权利,就不能再适用主刑。例如,《刑法》第 105 条第 1 款规定,组织、策划、实施武装叛乱或者武装暴乱的,对首要分子或者罪行重大的,处无期徒刑或者 10 年以上有期徒刑;对积极参加的,处 3 年以上 10 年以下有期徒刑;对其他参加的,处 3 年以下有期徒刑、拘役、管制或者剥夺政治权利。在这里,剥夺政治权利是与有期徒刑、拘役、管制三种主刑相并列的供选择的刑罚方法,对其只能独立适用。

(四) 剥夺政治权利的期限

剥夺政治权利的期限分为以下四种情况:(1) 被判处死刑、无期徒刑的犯罪分子,应当剥夺政治权利终身。(2) 在死刑缓期执行减为有期徒刑或者无期徒刑减为有期徒刑的时候,应当将附加剥夺政治权利的期限改为 3 年以上 10 年以下。(3) 独立适用或者判处有期徒刑、拘役附加剥夺政治权利的期限为 1 年以上 5 年以下。(4) 判处管制附加剥夺政治权利的期限与管制的期限相同。

(五) 剥夺政治权利期限的起算与执行

根据《刑法》第 55 条和第 58 条的规定与判决执行的一般规则,剥夺政治权利期限的起算与执行,也有以下四种情况:(1) 判处管制附加剥夺政治权利的,剥夺政治权利的期限与管制的期限同时起算,同时执行。(2) 被判处有期徒刑、拘役附加剥夺政治权利的,剥夺政治权利的期限,从主刑执行完毕之日或者假释之日起计算。剥夺政治权利的效力当然及于主刑执行期间。(3) 死刑缓期执行减为有期徒刑或者无期徒刑减为有期徒刑,附加剥夺政治权利的期限改为 3 年以上 10 年以下,其刑期应当从减刑后的有期徒刑执行完毕之日或者假释之日起计算。犯罪分子在执行有期徒刑期间,当然也不享有政治权利。(4) 独立适用剥夺政治权利的期限的起算,应从判决执行之日起计算。

剥夺政治权利由公安机关执行。根据《刑法》第 58 条第 2 款的规定,被剥夺政治权利的犯罪分子,在执行期间,应当遵守法律、行政法规和国务院公安部门有关监督管理的规定,服从监督;不得行使《刑法》第 54 条规定的各项权利。剥夺政治权利执行期满,应当由执行机关通知本人,并向有关群众公开宣布恢复政治权利。罪犯在恢复政治权利之后,便享有法律赋予的政治权利。但有的政治权利因为法律的特别规定却不可能再享有。例如,根据我国《人民法院组织法》的规定,被剥夺过政治权利的人,无论是否再犯罪,无论经过多长时间,也不能被选举为人民法院的院长、人民陪审员,不能被任命为副院长、庭长、副庭长、审判员和助理审判员等职务。再如,根据我国《检察官法》的规定,曾因犯罪受过刑事处罚的人不得担任检察官,这就意味着被剥夺过政治权利的人,是不能担任检察官的。

三、没收财产

(一) 没收财产的概念

没收财产是将犯罪分子个人所有财产的一部或者全部强制无偿地收归国有的刑罚方法。

没收财产与罚金虽然同属于财产刑,但两者的性质不同,具体来讲,两者具有以下区别:(1) 适用对象不同。没收财产主要适用于危害国家安全罪和破坏社会主义市场经济秩序罪、侵犯财产罪、妨害社会管理秩序罪、贪污贿赂罪中情节较重的犯罪;而罚金适用于情节较轻的贪利性犯罪。(2) 内容不同。没收财产是剥夺犯罪分子个人现实所有财产的一部或者全部,既可以是没收金钱,也可以是没收其他财物;而罚金则是剥夺犯罪分子一定数额的金钱,这些金钱不一定是现实所有的。(3) 执行方式不同。没收财产只能是一次性没收,不存在着分期执行或减免的问题;而罚金可以分期缴纳,如果缴纳确有困难,还可以减免。

没收财产与追缴犯罪所得的财物、没收违禁品和供犯罪使用的物品不同。我国《刑法》第64条规定:"犯罪分子违法所得的一切财物,应当予以追缴或者责令退赔;对被害人的合法财产,应及时返还;违禁品和供犯罪所用的本人财物,应当予以没收。"犯罪分子犯罪所得财物,本来属于国家或者他人所有,理应予以追缴或者责令退赔,这是使受损失的公私财物恢复原状。犯罪所涉及的违禁品,是国家法律禁止个人非法所有的物品,当然应予没收,这是一种行政性强制措施。供犯罪使用的财物,具有诉讼证据的作用,没收这些财物是刑事诉讼的需要。

(二) 没收财产的适用方式

根据我国《刑法》分则的规定,没收财产的适用方式有以下几种:

(1) 与罚金选择并处。即没收财产与罚金作为选择性的两种附加刑供附加于主刑适用,审判人员可以选择没收财产附加于主刑适用,也可以选择罚金附加于主刑适用,两者必选其一。例如,根据《刑法》第363条的规定,以牟利为目的,制作、复制、出版、贩卖、传播淫秽物品,情节特别严重的,处10年以上有期徒刑或者无期徒刑,并处罚金或者没收财产。

(2) 并处。即没收财产必须附加于主刑适用,审判人员没有取舍之余地。例如,根据《刑法》第239条的规定,以勒索财物为目的绑架他人或者绑架他人作为人质,致使被绑架人死亡或者杀害被绑架人的,处死刑,并处没收财产。

(3) 可以并处。即没收财产可以附加于主刑适用,也可以不附加于主刑适用,是否附加主刑适用,由审判人员酌情决定。例如,根据《刑法》第390条的规定,对犯行贿罪,情节特别严重的,处10年以上有期徒刑或者无期徒刑,可以并处没收财产。

上述没收财产的适用方式表明,没收财产实际上只能附加适用,而不能独立适用。可见,《刑法》第 34 条第 2 款所规定的"附加刑也可以独立适用"目前并不适用于没收财产。理论上那种认为没收财产既可以独立适用也可以附加适用的观点是不正确的。

(三) 没收财产的范围

我国《刑法》第 59 条规定:"没收财产是没收犯罪分子个人所有财产的一部或者全部。没收全部财产的,应当对犯罪分子个人及其扶养的家属保留必需的生活费用。在判处没收财产的时候,不得没收属于犯罪分子家属所有或者应有的财产。"上述规定表明:首先,没收财产的范围是犯罪分子个人所有的财产,犯罪分子家属所有或应有的财产不在没收之列。所谓犯罪分子个人所有的财产,是指犯罪分子实际所有的一切财产以及在家庭共有财产中应得财产。所谓家属所有的财产,是指犯罪分子家属实际所有的财产。所谓家属应有的财产,是指家庭共有财产中犯罪分子家属应当分得的财产。刑法规定没收财产不得没收犯罪分子家属所有或者应有的财产,这是我国刑法罪责自负原则的具体体现。其次,没收财产可以是没收犯罪分子个人所有财产的一部,也可以是没收犯罪分子个人所有财产的全部。究竟是没收一部财产还是没收全部财产,审判人员应根据犯罪分子的犯罪性质、情节等具体情况予以决定。

当决定没收犯罪分子的全部财产时,应当为犯罪分子个人及其扶养的家属保留必需的生活费用。这是人道主义的要求,也是维护社会稳定的需要。

(四) 以没收财产偿还债务的问题

我国《刑法》第 60 条规定:"没收财产以前犯罪分子所负的正当债务,需要以没收的财产偿还的,经债权人请求,应当偿还。"以没收财产偿还债务,必须具备以下条件:(1) 必须是犯罪分子在财产被没收以前所负的债务。(2) 必须是正当债务,如合法的买卖、借贷、租赁、雇用等民事法律关系中所产生的债务,不正当的债务,如赌债、非法经营所欠的债等,不能以没收的财产偿还。(3) 所负的债务需要以没收的财产偿还。如果犯罪分子的财产被没收后还有其他财产可偿还债务,就不能以没收的财产偿还。(4) 必须经债权人请求。

(五) 没收财产的执行

没收财产由人民法院执行,在必要的时候可以会同公安机关执行。在执行没收财产中,如果发现有被犯罪分子非法占有的公民个人的财产,经原所有人请求返还,查证属实后,应当归还原所有人。

四、驱逐出境

驱逐出境是强迫犯罪的外国人离开中国国(边)境的刑罚方法。

我国《刑法》第 35 条规定:"对于犯罪的外国人,可以独立适用或者附加适用驱逐出境。"据此,驱逐出境既可以独立适用,也可以附加适用,显然具有附加刑的特点,因此,是附加刑的一种。但由于驱逐出境仅适用犯罪的外国人(包括具有外国国籍的人和无国籍的人),不具有普遍适用的性质,因而刑法没有将其列为一般附加刑的种类之中，而是以专条加以规定，所以说驱逐出境是一种特殊的附加刑。

我国是一个独立的主权国家，在我国境内的一切外国人都必须遵守我国的法律、法规。外国人在我国境内犯罪，除享有外交特权和豁免权的通过外交途径解决以外，一律适用我国刑法。如果犯罪的外国人继续居留我国境内有害于我国国家和人民的利益，人民法院可以对其单独判处或者附加判处驱逐出境，以消除其在我国境内继续犯罪的可能性。

作为附加刑的驱逐出境，与我国《出境入境管理法》第81条规定的驱逐出境，虽然都是将外国人从我国境内强制驱走，但两者有着本质的区别：（1）处罚的性质和适用的对象不同。作为附加刑的驱逐出境是刑罚方法，其适用的对象是在我国境内犯罪的外国人；而《出境入境管理法》中的驱逐出境是行政处罚方法，其适用的对象是违反该法规定且情节严重的在我国境内的外国人。（2）适用的机关和法律依据不同。作为附加刑的驱逐出境，由人民法院依照《刑法》和《刑事诉讼法》的规定判处；而作为行政处罚的驱逐出境，则是由地方公安机关依照《出境入境管理法》和其他相关规定，报告公安部，由公安部作出决定。（3）执行的时间不同。人民法院判决的驱逐出境，独立适用时，从判决发生法律效力之日起执行，附加适用时，从主刑执行完毕之日起执行。公安机关决定的驱逐出境，在公安部作出决定后立即执行。

第四节 非刑罚处理方法

一、非刑罚处理方法的概念

非刑罚处理方法，是指人民法院对犯罪分子适用的刑罚以外的处理方法。非刑罚处理方法的特点是：对犯罪分子适用，但不具有刑罚性质。换言之，非刑罚处理方法适用的前提是行为人的行为已经构成犯罪。如果行为人的行为不构成犯罪，就不能适用非刑罚处理方法。

非刑罚处理方法，有的是与刑事处罚同时适用，如判处赔偿经济损失。有的是独立适用，如训诫、责令具结悔过、责令赔礼道歉、责令赔偿损失、由主管单位予以行政处罚或者行政处分，即是对不需要判处刑罚的犯罪分子适用。

在刑法中规定非刑罚处理方法，表明我们国家对犯罪的处理不是单纯地依靠刑罚，而是兼采多种方法。对于那些罪行轻微、不需要判处刑罚的犯罪分子，给予适当的非刑罚处理，一方面体现了我国刑法宽严相济的基本刑事政策，另一方面也给予犯罪分子一定的否定评价，使其受到教育、警戒，不致再次犯罪，从而达到预防犯罪的目的。

二、非刑罚处理方法的种类

根据我国《刑法》第36条、第37条和第37条之一的规定，非刑罚处理方法包括以下四类：

（一）判处赔偿经济损失和责令赔偿经济损失

判处赔偿经济损失，是指人民法院对犯罪分子除依法给予刑事处罚外，并根据其犯罪行为给被害人造成的经济损失情况，判处犯罪分子给予被害人一定经济赔偿的处理方法。

责令赔偿经济损失，是指人民法院对犯罪情节轻微不需要判处刑罚的犯罪分子，在免除其刑事处罚的同时，根据其犯罪行为对被害人造成的经济损失情况，责令其向被害人支付一定数额的金钱，以赔偿被害人经济损失的处理方法。

判处赔偿经济损失与责令赔偿经济损失，都是赔偿被害人经济损失的非刑罚处理方法，但两者之间有所不同：前者与刑事处罚一并适用，后者则适用于依法被免予刑事处罚的犯罪分子，属于独立适用。

（二）训诫、责令具结悔过和责令赔礼道歉

训诫，是人民法院对犯罪分子当庭予以批评或谴责，并责令其改正的一种教育方法。

责令具结悔过，是指人民法院责令犯罪分子用书面方式保证悔改，以后不再重新犯罪的一种教育方法。

责令赔礼道歉，是人民法院责令犯罪分子公开向被害人当面承认错误，表示歉意的一种教育方法。

训诫、责令具结悔过和责令赔礼道歉，是人民法院对犯罪情节轻微不需要判处刑罚而免除刑事处罚所采用的几种教育方法。用这些方法处理被免除刑事处罚的犯罪分子，有利于犯罪分子悔过自新，不再重新犯罪，可以使犯罪人取得被害人的宽恕，使犯罪人与被害人之间的矛盾得到缓和，从而维护社会的稳定。

（三）由主管部门予以行政处罚或者行政处分

由主管部门予以行政处罚或者行政处分，是指人民法院根据案件的情况，向犯罪分子的主管部门提出对犯罪分子予以行政处罚或者行政处分的建议，由主管部门给予犯罪分子一定的行政处罚或者行政处分的一种非刑罚处理方法。这种处理方法的特点是人民法院并不直接作出对犯罪分子予以行政处罚或者行政处分的决定，而是向犯罪分子的主管部门提出建议，再由主管部门作出行政处罚或者行政处分的决定。所谓行政处罚，是指行政执法机关，依照国家行政法规和行政处罚法的规定，给予被免予刑事处罚的犯罪分子以经济制裁或剥夺人身自由的处罚，如罚款、行政拘留等。所谓行政处分，是指犯罪分子的所在单位或基层组织，依照行政规章、纪律、章程等，对被免予刑事处罚的犯罪分子予以行政纪律处分，如开除、记过、警告等。这种非刑罚处理方法也是对犯罪情节轻微不需要判处刑罚的犯罪分子适用的。

（四）职业禁止

职业禁止，是指人民法院对于因利用职业便利实施犯罪，或者实施违背职业要求的特定义务的犯罪被判处刑罚的犯罪分子，根据其犯罪情况和预防再犯罪的需要，禁止其自刑罚执行完毕之日或者假释之日起3年至5年内从事相关职业的一种非刑罚处理方法。

三、非刑罚处理方法的适用条件

判处赔偿经济损失的适用,必须具备以下两个条件:(1) 被害人的经济损失必须是由犯罪分子的犯罪行为造成的,即犯罪分子的犯罪行为与被害人的经济损失之间具有刑法上的因果关系。(2) 适用的对象是依法被判处刑罚的犯罪分子。

训诫、责令具结悔过、赔礼道歉、赔偿损失、由主管部门予以行政处罚或者行政处分的适用,也需要具备以下两个条件:(1) 适用的对象是由于犯罪情节轻微不需要判处刑罚而被免予刑事处罚的犯罪分子。(2) 根据案件的具体情况需要对犯罪分子给予适当的处理。如果根据案件的具体情况只需对犯罪分子单纯作有罪宣告而不必给予适当的处理,则不能适用上述非刑罚处理方法。

职业禁止的适用,必须具备以下条件:(1) 适用职业禁止的犯罪分子实施的犯罪必须是因利用职业便利实施,或者违背职业要求的特定义务。非此不能对犯罪分子适用职业禁止。(2) 犯罪分子必须被判处刑罚。如果犯罪分子由于犯罪情节轻微不需要判处刑罚而被免予刑事处罚,也不能适用职业禁止。(3) 有对犯罪分子预防再犯罪的需要。根据我国《刑法》第 37 条之一第 2 款的规定,被禁止从事相关职业的人违反人民法院依照前款规定作出的决定的,由公安机关依法给予处罚;情节严重的,依照本法第 313 条关于拒不执行判决、裁定罪的规定定罪处罚。

第十六章　刑罚的裁量

第一节　刑罚裁量概述

一、刑罚裁量的概念和特征

刑罚裁量,又称量刑,从动态意义上讲,是指人民法院在定罪的基础上,依法确定对犯罪人是否判处刑罚、判处何种刑罚以及判处多重刑罚,并决定所判刑罚是否立即执行的审判活动。从静态意义上讲,是指人民法院上述活动的结果。刑罚理论上研究的量刑通常是指动态意义上的。本章中的量刑也是从动态意义上讲的。量刑具有以下特征:

第一,量刑的主体是人民法院。量刑权是国家刑罚权的重要内容之一,属于刑事审判权的组成部分。根据我国宪法和法律的规定,刑事审判权专属于人民法院,故量刑的主体只能是人民法院,其他任何机关、团体或者个人都没有量刑权。同时,基层人民法院的量刑权是有限制的,根据刑事诉讼法的规定,基层人民法院不能裁量无期徒刑和死刑。

第二,量刑的性质是刑事审判活动。人民法院的审判活动分为刑事审判活动、民事审判活动和行政审判活动等。量刑所涉及的是与刑罚有关的问题,因此,当然属于刑事审判活动。需要指出的是,人民法院在量刑的时候,可能同时确定犯罪人对被害人赔偿经济损失,但这并不意味着量刑性质的改变,因为赔偿经济损失是附属于对犯罪人的定罪量刑的。

第三,量刑的基础是定罪。量刑并不是刑事审判活动的第一个环节,而是第二个环节,人民法院刑事审判活动的第一个环节是定罪,只有在认定了犯罪以后,才能量刑,没有定罪,就没有量刑。

第四,量刑的内容是确定与刑罚相关的问题。量刑的内容即确定是否判处刑罚、判处何种刑罚、判处多重刑罚,以及所判处的刑罚是否立即执行等问题。

二、刑罚裁量的任务和意义

量刑的任务,也就是量刑所要解决的问题,具体包括以下几个方面的内容:

第一,根据犯罪人所犯罪行的轻重和刑事责任的大小,决定是否对犯罪人判处刑罚。量刑以确定行为人有罪为前提,但这并不意味着有罪就一定要判处刑罚。因为根据我国刑法的规定,对于某些有罪的人可以或者应当免除刑罚处罚。所以,量刑首先要解决的问题就是确定对犯罪人是否判处刑罚。

第二,决定对犯罪人判处何种刑罚和多重刑罚。在决定对犯罪人判处刑罚之后,接下来所要解决的就是确定对犯罪人判处何种刑罚和多重刑罚。因为需要对其判处刑罚的犯罪人的犯罪严重程度不同、刑事责任大小不同,人民法院在确定了对犯罪人判处刑罚后,还必须根据其犯罪的性质、情节等,决定对其判处何种刑罚,以及多长的刑期、多大数额的罚金、没收多少财产等。

第三,决定对犯罪人所判处的刑罚是否立即执行。根据我国刑法的规定,绝大多数对犯罪人判处刑罚的判决一旦发生法律效力,其所判刑罚便应立即交付执行。但由于我国刑法规定了缓刑制度,在符合法定条件的情况下,对犯罪人所判处的刑罚可以暂缓执行,因此,决定对所判刑罚是立即执行还是暂缓执行,当然成为量刑的任务之一。

第四,决定数罪并罚情况下的执行刑罚。量刑,有针对一人犯一罪情况进行的,也有针对一人犯数罪的情况进行的。针对一人犯数罪的情况,量刑所要解决的问题还应包括对数罪所处的数刑,依照数罪并罚的原则,决定执行的刑罚。

作为刑事审判活动的一部分,量刑具有重要意义:

首先,量刑是检验刑事审判质量的重要标准之一。刑事审判工作包括定罪和量刑两大内容,衡量刑事审判的质量,首先要看定罪是否准确。但定罪准确只是刑事审判质量的一个方面,不能仅根据定罪准确就可以得出刑事审判质量高的结论。只有在定罪准确的基础上,做到量刑适当,才是真正地保证了刑事审判的质量。

其次,量刑直接关系到刑罚目的的实现。法定的罪刑关系变为实在的罪刑关系是通过量刑实现的,而实在的罪刑关系既直接影响特殊预防目的的实现,也影响一般预防目的的实现。量刑适当,有利于上述两个目的的实现。反之,量刑失当,不仅不会实现刑罚的目的,相反,会导致犯罪的增加。

第二节 刑罚裁量原则

一、量刑原则的概念

量刑的重要性,决定了必须用一定的原则对其进行指导,否则,量刑就是盲目的,就会出现偏差。量刑原则,是指人民法院在对犯罪人进行量刑时必须遵循的基本准则。由此可以看出,首先,量刑原则是仅对人民法院的量刑具有指导和制约作用的准则。罪责刑相适应、主客观相统一等刑法的基本原则,无疑对人民法院的量刑具有指导和制约作用,但它们不是量刑原则,因为它们是贯穿刑事立法和刑事司法活动始终,对全部的刑事立法和司法活动都具有指导和制约作用的准则,而不仅仅是人民法院在量刑时必须遵循的准则。其次,量刑原则是人民法院量刑时必须遵循的基本准则。有些原则只对量刑的某个方面具有指导和制约作用,如数罪并罚原则,因此,它不是量刑的原则。

二、量刑原则的内容

我国《刑法》第 61 条规定:"对犯罪分子决定刑罚的时候,应当根据犯罪的事实,犯罪的性质、情节和对于社会的危害程度,依照本法的有关规定判处。"根据这一规定,我们认为,我国的量刑原则是以事实为根据,以刑事法律为准绳。

(一)以犯罪事实为根据

犯罪事实有广义和狭义之分。广义的犯罪事实,包括《刑法》第61条规定的犯罪事实、犯罪的性质、情节和对于社会的危害。狭义的犯罪事实,是指《刑法》第61条中与犯罪的性质、情节和对于社会的危害程度相并列的犯罪事实,即犯罪构成的基本事实。作为量刑原则内容之一的"以犯罪事实为根据"中的犯罪事实,是指广义上的犯罪事实。因此,坚持以"以犯罪事实为根据"的原则,必须做到以下几点:

第一,查清犯罪事实。这里所说的犯罪事实,是指狭义上的犯罪事实,即符合刑法规定的犯罪构成要件的主客观事实。因此,查清犯罪事实,就是要查明什么人,在什么心理状态下,针对什么合法权益,实施了什么危害行为,以及这种行为造成了什么危害后果。认真查清犯罪事实,是量刑的首要环节,是贯彻以犯罪事实为根据原则的最基本要求。

第二,正确认定犯罪性质。在查清犯罪事实之后,紧接着就是根据《刑法》分则所规定的具体犯罪的构成要件,确定犯罪的性质,也就是确定行为人的行为构成什么犯罪。因为《刑法》分则对某种不同的具体犯罪所确定的法定刑不同,所以确定了犯罪性质就意味着选定了与之相适应的法定刑,从而为适当地量刑提供了必要的条件。如果不能正确认定犯罪性质,法定刑的选择也就会相应地错位,最终的量刑必然不当。

第三,全面掌握犯罪情节。犯罪情节,是指犯罪构成要件事实之外的其他能够影响犯罪社会危害程度及犯罪人人身危险大小的各种具体事实情况。犯罪性质虽然是衡量犯罪社会危害程度的重要因素,但它并不是说明犯罪社会危害程度的唯一因素,犯罪情节对于判断犯罪的社会危害程度也是非常重要的。犯罪情节使相同性质犯罪的社会危害程度的差异显现出来,对于正确裁量刑罚意义重大。如果一种具体犯罪只有一个量刑幅度,犯罪情节决定着选择这一幅度内的什么刑种和什么刑度。如果一种具体犯罪有几个量刑幅度,犯罪情节首先决定选择哪一量刑幅度,然后决定在这一幅度内选择哪一刑种和何种刑度。所以,犯罪情节无论是对单一法定刑幅度的犯罪的量刑,还是对于多个法定刑幅度的犯罪的量刑,都是非常重要的。正确认定犯罪性质,只是为适当量刑找到了基本相对应的法定刑,只有在正确认定犯罪性质的基础上,全面掌握犯罪情节,才为适当量刑找到了更为具体的对应法定刑。不全面把握犯罪情节,忽视犯罪情节在量刑中的作用,用一个固定不变的量刑标准去裁量情节各异的案件的刑罚,必然会造成量刑失当。

第四,综合评价犯罪的社会危害程度。犯罪的社会危害程度,是指犯罪行为对社会所造成的危害的大小。作为犯罪的本质特征,犯罪的社会危害程度,决定着犯罪的有无,也决定着犯罪的轻重。因此,在对犯罪人裁量刑罚时,它是最主要的根据。而犯罪的社会危害程度,是由犯罪事实、犯罪性质和犯罪情节所决定的。因而在量刑时,要全面分析犯罪事实、性质和情节所体现出来的犯罪的社会危害程度,不能根据某一方面的情况作出犯罪社会危害程度大小的判断。此外,在评价犯罪的社会危害程度时,还要适当考虑国家的政治、经济和社会治安形势。

(二) 以刑事法律为准绳

以犯罪事实为根据,只是量刑原则的内容之一。做到了以犯罪事实为根据,并不意味着量刑必然适当。要做到量刑适当,还必须以刑事法律为准绳。量刑以刑事法律为准绳,是社会主义法制原则的必然要求,也是罪刑法定原则的具体体现。《刑法》第61条中的"依照本法的有关规定判处",也就意味着刑事法律是量刑的准绳。量刑以刑事法律为准绳,具体包括以下内容:

第一,必须依照《刑法》总则的规定适用刑种和刑期。我国《刑法》总则规定了管制、拘役、有期徒刑、无期徒刑、死刑五种主刑和罚金、剥夺政治权利、没收财产三种附加刑。同时规定管制的期限为3个月以上2年以下,数罪并罚最高不能超过3年;拘役的期限为1个月以上6个月以下,数罪并罚不能超过1年;有期徒刑的期限为6个月以上15年以下,数罪并罚最高不能超过20年,总和刑期在35年以上的,最高不能超过25年。还规定剥夺政治权利的期限,除被判处死刑、无期徒刑的犯罪分子的期限为终身外,一般为1年以上5年以下。对于死刑、无期徒刑减为有期徒刑的,剥夺政治权利的期限应改为3年以上10年以下。在裁量刑罚时,只能适用《刑法》总则规定的刑种,而不能判处总则没有规定的所谓刑罚。同时,也要按照《刑法》总则所规定的有关刑种的期限适用,既不能超越法定刑期的下限,也不能突破法定刑期的上限。

第二,必须依照《刑法》总则规定的适用条件和适用范围适用各种刑罚方法。如《刑法》总则规定,死刑只适用于罪行极其严重的犯罪分子;对于危害国家安全的犯罪分子应当附加剥夺政治权利;对于故意杀人、强奸、放火、爆炸、投放危险物质、抢劫等严重破坏社会秩序的犯罪分子,可以附加剥夺政治权利;没收财产是没收犯罪分子个人所有财产的一部或者全部,不得没收属于犯罪分子家属所有或者应有的财产等。这些刑罚的适用条件和适用范围,在量刑时都应该严格遵循。

第三,必须依照《刑法》总则规定的刑罚裁量制度裁量刑罚。《刑法》总则规定了自首制度、立功制度、累犯制度、缓刑制度、数罪并罚制度等,在量刑时,不得违反这些制度。

第四,必须依照《刑法》总则、分则关于各种量刑情节的规定裁量刑罚。《刑法》总则、分则规定了各种从重、从轻、减轻和免除处罚的情节,其中,有应当从重、从轻、减轻和免除处罚的情节,有可以从重、从轻、减轻和免除处罚的情节。从重、从轻、减轻处罚和免除处罚都有其特定的含义。在裁量刑罚时,必须遵守刑法关于各种量刑情节的规定。

第五,必须依照《刑法》分则规定的具体犯罪的法定刑裁量刑罚。《刑法》分则对每一种具体犯罪都确定了法定刑,除极少数犯罪只有一个法定刑幅度外,绝大多数犯罪都有两个或者两个以上的法定刑幅度。在对实施了不同具体犯罪的犯罪分子裁量刑罚时,必须按照《分则》所确定的该罪的法定刑进行。在一罪有几个量刑幅度的情况下,应按照与具体犯罪情况相对应的量刑幅度量刑。

第三节 刑罚裁量情节

一、刑罚裁量情节的概念和特征

刑罚裁量情节,又称量刑情节,是指犯罪构成事实之外的、对犯罪的社会危害程度和犯罪人的人身危险性具有影响作用的、人民法院在对犯罪人量刑时需要考虑的各种事实情况。

量刑情节具有以下特征:

第一,量刑情节是犯罪构成事实之外的事实情况。如果某种事实情况是犯罪构成必不可少的,那就不是量刑情节。因为作为犯罪构成事实的作用是区分罪与非罪、此罪与彼罪的界限,而量刑情节只是对是否判处刑罚、判处何种刑罚,以及是否立即执行刑罚具有影响。因此,只有犯罪构成事实以外的事实才是量刑情节。

第二,量刑情节对犯罪的社会危害程度和犯罪人的人身危险性具有影响作用。犯罪的社会危害程度和犯罪人的人身危险性是量刑的两大根据,这就决定作为量刑情节的事实要么影响犯罪的社会危害程度,要么影响犯罪人的人身危险性,既不影响犯罪的社会危害程度,也不影响犯罪人的人身危险性的事实,当然不能成为量刑情节。

第三,量刑情节是人民法院在对犯罪人裁量决定刑罚时需要考虑的事实情况。人民法院在刑事审判中需要考虑的事实情况很多,有的事实情况是定罪时需要考虑的,有的事实情况是量刑时需要考虑的,只有后者才是量刑情节。

二、量刑情节的分类

对量刑情节可以从不同的角度、依据不同的标准进行分类。对量刑情节进行分类,可以揭示不同情节的法律意义以及对量刑轻重的不同作用,从而正确运用量刑情节。

(一)法定量刑情节、司法解释规定的量刑情节和酌定量刑情节

这是以刑法、司法解释有无明文规定为标准对量刑情节划分的种类。

法定量刑情节,简称法定情节,是指刑法明文规定的、量刑时必须要考虑的各种事实情况。它包括《刑法》总则规定的一般性的量刑情节和《刑法》分则规定的对具体犯罪适用的量刑情节。例如,《刑法》第17条第3款规定:"已满14周岁不满18周岁的人犯罪,应当从轻或者减轻处罚。"再如,《刑法》第236条第2款规定:"奸淫不满14周岁的幼女的,以强奸论,从重处罚。"

司法解释规定的量刑情节,是指司法解释中明文规定的,量刑时必须要考虑的各种事实情况。例如,1998年5月9日最高人民法院《关于审理挪用公款案件具体应用法律若干问题的解释》第2条第2项规定:"挪用公款数额较大,归个人进行营利活动的,构成挪用公款罪,不受挪用时间和是否归还的限制。在案发前部分或者全部归还本息的,可以从轻处罚。"再如,2013年4月4日最高人民法院、最高人民检察院《关

于办理盗窃刑事案件适用法律若干问题的解释》第 11 条第 2 项规定:"采用破坏性手段盗窃公私财物,造成其他财物损毁的,以盗窃罪从重处罚;同时构成盗窃罪和其他犯罪的,择一重罪从重处罚。"

酌定量刑情节,简称酌定情节,是指刑法没有明文规定的、由人民法院从审判经验中总结出来的、审判人员在量刑时应酌情考虑的各种事实情况。

根据我国的司法实践经验,酌定量刑情节有以下几种:(1)犯罪的手段。在犯罪手段不是犯罪构成要件的情况下,犯罪手段不同,直接体现着犯罪行为的不同社会危害程度,因此,它是影响量刑的因素之一。例如,同是故意杀人,使用残忍的手段就比使用一般手段具有更为严重的社会危害性,因此,在量刑时应有所区别。(2)犯罪的时间、地点。犯罪发生的时间、地点不同,在一定程度上也影响犯罪的社会危害程度,因此,在量刑时也要予以考虑。例如,在发生严重自然灾害时期,对灾区的单位和公民个人实施盗窃、抢劫等犯罪,就比在其他时间、对其他地区的单位和公民个人实施相同犯罪的社会危害程度严重。因而,对前者的量刑一般应重于对后者的量刑。(3)犯罪的对象。犯罪人选择不同的犯罪对象,表明其主观恶性和行为的社会危害程度不同,因而在犯罪对象不是构成要件时,它也是量刑的酌定情节之一。例如,强奸没有反抗能力的老弱病残妇女,就比以其他妇女为强奸对象的主观恶性和社会危害程度严重,量刑时就不能不加以区别。(4)犯罪造成的危害后果。这里所说的危害后果是指作为犯罪构成要件之外的危害结果,包括直接结果和间接结果。作为非构成要件的危害结果,对定罪不起作用,但它直接表明犯罪行为对刑法所保护的社会关系所造成的损害程度,因而是重要的酌定情节。例如,同是盗窃他人数额较大的财物,但有的接近数额巨大,有的则刚刚超过数额较大;有的导致被害人因现金被盗无钱给亲人治病使亲人死亡,有的则没有出现类似结果。上述不同的情况,显然对决定刑罚轻重具有重要作用,应当予以考虑。(5)犯罪的动机。犯罪动机不同,说明犯罪人的主观恶性不同,因而犯罪动机也是量刑时需要考虑的因素之一。例如,同是贪污犯罪,有的是出于享乐和生活糜烂的动机,有的则是家遇天灾人祸,基于生活所迫。前者的主观恶性显然大于后者,刑罚裁量时对前者的处罚应重于后者。(6)犯罪后的态度。犯罪后的态度,反映犯罪人人身危险性的大小和改造的难易程度,因此,从有利于刑罚目的的实现出发,这一事实情况应在量刑时予以考虑。例如,有的人犯罪后坦白认罪,积极退赃,主动赔偿损失;有的人犯罪后却百般抵赖,嫁祸于人,隐藏、转移赃物,威胁被害人。前者人身危险性小,容易改造,后者人身危险性大,难以改造,因此,对前者的量刑应该轻于对后者的量刑。(7)犯罪人的一贯表现。犯罪人的一贯表现,也是体现其人身危险大小和改造难易程度的因素,从有利于刑罚目的的实现出发,这一因素在量刑时也需予以考虑。例如,两人其他犯罪情况相同,但一人一贯遵纪守法,表现良好,而另一人则一贯违法乱纪,并曾多次受过行政处罚。显然,前者应受到较轻的处罚。(8)前科。前科是指依法受过刑事处罚的事实。当有前科而又犯罪但不构成累犯或者特定再犯的情况下,前科应是酌定情节之一。因为有前科又犯罪,说明犯罪人的人身危险性大,难以改造,这就决定了前科应作为从重处罚的酌定情节。

(二) 应当型情节和可以型情节

这是以量刑时是否必须考虑为标准对量刑情节划分的种类。

应当型情节,是指量刑时必须考虑的从宽或者从严处罚的情节。应当型情节都是法定情节。

可以型情节,是指量刑时可以考虑也可以不考虑的从宽或者从严处罚情节。酌定情节都是可以型情节,部分法定情节也是可以型情节。

(三) 从宽量刑情节和从严量刑情节

这是以情节是对量刑结果产生有利影响还是不利影响为标准所划分出的量刑情节的种类。

从宽量刑情节,简称从宽情节,是指审判人员在量刑时需要考虑的对量刑结果产生有利影响的各种事实情况。根据从宽幅度的由小到大,从宽情节具体包括从轻处罚情节、减轻处罚情节和免除处罚情节。

从严量刑情节,简称从严情节,是指审判人员在量刑时需要考虑的对量刑结果产生不利影响的各种事实情况。从严情节只有从重处罚情节一种。

(四) 罪中情节、罪前情节和罪后情节

这是以情节与犯罪行为在时间上的关系为标准所划分出来的量刑情节的种类。

罪中情节,是指在犯罪过程中所出现的对量刑具有影响的各种事实情况。如犯罪结果、犯罪手段、犯罪动机等,均属于这一类量刑情节。

罪前情节,是指在犯罪实施之前所出现的对量刑具有影响的各种事实情况。如犯罪人的一贯表现、前科等即属这一类量刑情节。

罪后情节,是指在犯罪实施完毕后所出现的对量刑具有影响的各种事实情况。如犯罪后的表现即属这一类量刑情节。

(五) 体现犯罪社会危害性的量刑情节和体现犯罪人人身危险性的量刑情节

这是以情节与犯罪社会危害性、犯罪人人身危险性的关系为标准划分出来的量刑情节的种类。

体现犯罪社会危害性的情节,是指主观或者客观上说明犯罪社会危害性程度的情节,如犯罪手段、犯罪结果、犯罪对象等即属于此类情节,它们大都是在犯罪过程中发生的。

体现犯罪人人身危险性的情节,是指发生在犯罪前或者犯罪后说明犯罪人再犯可能性大小的情节。如犯罪人平时的表现、犯罪后的表现等即属此类情节。

当然,上述两种情节的划分具有相对性。因为有的影响量刑的事实情况既有体现犯罪社会危害性的作用,也有体现犯罪人人身危险性的作用,不好将其简单地归于哪一种。如犯罪中止即属此种情况。因此,不能将上述两种情节的划分绝对化。

(六) 功能确定情节和功能选择性情节

这是以情节对量刑轻重的作用是确定的还是具有选择余地为标准所划分出来的量刑情节的种类。

功能确定情节，是指对量刑轻重的作用是确定的、单一的事实情况。例如，累犯、教唆不满18周岁的人犯罪等对量刑的作用只有从重一种，从重情节均属于功能确定情节。又如，没有造成损害的犯罪中止、造成损害的犯罪中止等对量刑的作用也是确定的，前者是免除处罚，后者是减轻处罚。

功能选择性情节，是指对量刑轻重的作用不是确定的、单一的，而是可由审判人员在几种作用中选择其中一种的事实情况。例如，防卫过当、紧急避险过当对量刑的作用有两种可供选择，其一是减轻处罚，其二是免除处罚。审判人员可根据具体情况决定对犯罪人减轻处罚或者免除处罚。法定从宽量刑情节大多属于功能选择性情节。

三、量刑情节的运用

运用量刑情节时应注意以下几个问题：

（一）正确理解从轻处罚、从重处罚、减轻处罚和免除处罚的含义

根据我国《刑法》第62条的规定，从轻处罚，是指在法定刑以内判处较轻的刑种和较短的刑期。

我国《刑法》关于法定刑的规定分为两种情况：一是一罪的法定刑只有一个量刑幅度；二是一罪的法定刑有几个量刑幅度。在一罪的法定刑只有一个量刑幅度的情况下，从轻处罚就是在该幅度内，选择较轻的刑种或者较短的刑期。在一罪的法定刑有几个量刑幅度的情况下，从轻处罚是指在与具体犯罪情况相对应的量刑幅度内，选择较轻的刑种或较短的刑期。

根据我国《刑法》第62条的规定，从重处罚，是指在法定刑之内选择较重的刑种或较长刑期。在一罪的法定刑只有一个量刑幅度的情况下，从重处罚就是在该量刑幅度内选择较重的刑种和较长的刑期。在一罪有几个量刑幅度的情况下，从重处罚则是在与具体犯罪情况相对应的量刑幅度内，选择较重的刑种和较长的刑期。

根据我国《刑法》第63条的规定，减轻处罚，是指在法定刑以下判处刑罚。这里所说的在法定刑以下判处刑罚，应是指判处低于所犯之罪的法定最低刑的刑罚。在一罪的法定刑只有一个量刑幅度的情况下，减轻处罚就是判处低于该幅度最低刑的刑罚。在一罪的法定刑有几个量刑幅度的情况下，减轻处罚是指应当在法定量刑幅度的下一个量刑幅度内判处刑罚。减轻处罚的裁量方式有两种：第一，由审判人员直接裁量，这是在犯罪人具有刑法所规定的减轻处罚情节的情况下适用的。第二，审判人员不能直接裁量，而是必须经最高人民法院核准。这是在犯罪人不具有刑法规定的减轻处罚情节，但具有特殊情况需要减轻的情况下适用的。

免除处罚，是指对犯罪人作有罪宣告，但不予以刑罚处罚。也就是说，免除处罚的前提是行为人的行为构成犯罪，只是因为犯罪情节轻微不需要判处刑罚，或者有法定的免除处罚情节，才不予以刑罚处罚。对于免除处罚的犯罪分子，可以根据案件的不同情况，分别予以训诫、责令具结悔过、赔礼道歉、赔偿损失或者由主管部门予以行政处罚或者行政处分。

（二）严格运用法定情节，不能忽视酌定情节

法定情节，是刑法明文规定的从宽情节或者从严情节。在量刑时必须严格运用法定情节，这是贯彻罪刑法定原则的要求。对于法定应当型情节，审判人员在量刑时必须不折不扣地加以运用，例如，我国《刑法》第 24 条第 2 款规定："对于中止犯，没有造成损害的，应当免除处罚；造成损害的，应当减轻处罚。"据此，审判人员在对中止犯量刑时，必须严格执行这一规定，对于没有造成损害的，必须毫不犹豫地免除处罚；对于造成损害的，则应毫不犹豫地减轻处罚。对于法定可以型情节，审判人员也不能随心所欲地想运用于量刑之中就运用，不想运用于量刑之中就不运用。立法者规定犯罪人具有某种事实情况时，可以从宽处罚或者从严处罚，其立法倾向是在一般情况下，都要从宽处罚或者从严处罚，只有在特殊情况下，才不予以从宽处罚或者从严处罚。例如，我国《刑法》第 67 条规定："对于自首的犯罪分子，可以从轻或者减轻处罚。其中，犯罪较轻的，可以免除处罚。"根据这一规定，对于自首犯，一般情况下都要给予从轻处罚，只有在罪行极其严重的情况下，才不予从轻处罚。审判人员在运用法定可以型情节时，必须从立法者的倾向出发，绝不能凭个人好恶随意取舍。

在严格运用法定情节的同时，还必须重视酌定情节。酌定情节虽然不是刑法明文规定的情节，但审判人员在量刑时也不能对其忽略不计，而是要给予应有的考虑，有时还应将酌定情节放在十分重要的位置，使之对量刑结果产生重大作用。例如，"大义灭亲"并不是法定情节，而是酌定情节。但在司法实践中对"大义灭亲"类的故意杀人罪犯，往往处罚很轻。这说明酌定情节在量刑时也有重要作用，绝不可忽视酌定情节。

（三）正确运用功能选择性情节

有的法定情节既可以作为从轻情节运用，也可以作为减轻情节运用；有的法定情节既可以作为从轻情节运用，也可以作为减轻情节运用，还可以作为免除情节运用。这就是一种情节同时具有多种功能，审判人员要选择其中一种功能运用于量刑。那么，究竟如何选择呢？我们认为这种选择也不是可以随意进行的，而是要根据以下两个方面的情况作出：一是根据不同功能的排位。例如，我国《刑法》第 22 条第 2 款规定："对于预备犯，可以比照既遂犯从轻、减轻处罚或者免除处罚。"由于立法者将从轻处罚放在首要位置，因此，对于预备犯量刑时，一般情况下首先考虑的是从轻处罚，其次考虑减轻处罚，最后考虑免除处罚。二是根据案件的具体情况。例如，同是预备犯，对于犯罪较轻、犯罪动机并不恶劣的预备犯，可以选择免除处罚；对于犯罪较重、犯罪动机较为卑劣的预备犯，可以选择减轻处罚；对于犯罪严重，犯罪动机卑劣的预备犯，则可以选择从轻处罚；对于犯罪极其严重，犯罪动机极其卑劣的预备犯，则不予任何从宽处罚。

（四）恰当运用并列性的多情节

有时一个案件中可能有多个从宽情节或者多个从严情节，或者既有从宽情节，又有从严情节，在这些情况下，应恰当运用多种情节予以量刑。

首先，对具有同类多情节的犯罪人量刑时，不能突破法定的从宽处罚或者从严处

罚的幅度。例如,在具有数个从轻处罚情节的情况下,仍然只能在法定刑幅度内选择较轻的刑种和较短的刑期,而不能升格为减轻处罚。同理,在具有数个减轻处罚情节的情况下,也不能升格为免除处罚。在具有数个从重处罚情节的情况下,不能因此而加重对犯罪人的处罚。

其次,应根据情节的法律效力运用量刑情节。从情节对量刑的法律效力来讲,法定情节应优于酌定情节;应当型情节应优于可以型情节。因此,在量刑时,如果犯罪人既有法定情节,也有酌定情节,那就应先考虑法定情节。如果犯罪人既有应当型情节,又有可以型情节,那当然应优先考虑应当型情节。

最后,在同时具有数个功能相反情节的情况下,不能简单地两相抵消。例如,某个犯罪人既有法定从重情节,又有法定从轻情节,不能用法定从轻情节来抵消法定从重情节。正确的做法是:先根据犯罪性质和基本犯罪事实确定一个拟判刑罚,然后根据从重情节或者从轻情节对拟判刑罚进行修正,再根据从轻情节或者从重情节对第一次修正后的刑罚进行第二次修正,这样得出最后的量刑结果。

第十七章 刑罚裁量制度

第一节 累　犯

一、累犯的概念和意义

所谓累犯,是指因犯罪而受过一定的刑罚处罚,刑罚执行完毕或者赦免以后,在法定期限内又犯一定之罪的犯罪人。

对累犯从严处罚,是当今世界各国通行的做法。实践中,受过刑罚处罚的大多数犯罪分子,能够改恶从善,重新做人,重返社会后成为守法公民,但是,也有少数受过刑罚处罚的犯罪分子,仍然不思悔改,在刑罚执行完毕或者赦免以后的一定时间内再次实施犯罪,严重危害社会。为严厉惩处这类犯罪分子,我国刑法中设立了对累犯从重处罚制度。累犯较之于初犯或者其他犯罪分子,具有更深的主观恶性和更大的人身危险性,因而,所实施的犯罪行为具有更为严重的社会危害性,故依据罪刑相适应和刑罚个别化原则,应当对累犯从严惩处,即将构成累犯作为法定的从重处罚情节。只有如此,才能有效地保证刑罚的特殊预防和一般预防目的的实现,提高惩罚犯罪、改造犯罪人的实际效果。

累犯与再犯不同。一般意义上,所谓再犯,是指再次犯罪的人,也即两次或两次以上实施犯罪的人。就再犯而言,后犯之罪在实施的时间上并无限制,即既可以是在前罪刑罚执行期间实施的,也可以是在刑满释放之后实施。累犯与再犯的相同之处主要表现为:都是两次或两次以上实施了犯罪行为。累犯与再犯的区别,主要表现为:(1)累犯前罪与后罪必须是故意的犯罪;而再犯前后罪没有此种限制。(2)累犯必须以前罪受过一定的刑罚和后罪应受一定的刑罚处罚为成立条件;而再犯,并不要求前后两罪必须被判处一定刑罚。(3)累犯所犯后罪,必须是在前罪刑罚执行完毕或赦免以后的法定期限内实施;而再犯的前后两罪之间并无时间方面的限制。

二、累犯的分类和构成条件

(一)累犯的分类

我国刑法规定的累犯,可分为一般累犯、特别累犯两类。其中,一般累犯,也称普通累犯,是指因犯罪受过一定的刑罚处罚,刑罚执行完毕或者赦免以后,在法定期限内又犯一定之罪的。特别累犯,是指曾犯一定之罪,刑罚执行完毕或者赦免以后,又再犯一定之罪的。即除两次以上犯某种特定罪者外,犯其他罪不构成特别累犯。

(二)普通累犯的构成条件

根据我国《刑法》第 65 条第 1 款的规定,被判处有期徒刑以上刑罚的犯罪分子,刑罚执行完毕或者赦免以后,在5年以内再犯应当判处有期徒刑以上刑罚之罪的,是累犯,应当从重处罚,但是过失犯罪和不满18周岁的人犯罪的除外。据此,一般累犯,是指年满18周岁因故意犯罪被判处有期徒刑以上刑罚并在刑罚执行完毕或者赦免以后,在5年内再犯应当判处有期徒刑以上刑罚之故意犯罪之人。一般累犯的构成条件为:

(1) 前罪与后罪必须是故意犯罪。这是成立一般累犯的罪质条件。如果行为人实施的前后罪均为过失犯罪,或者前后罪其中之一是过失犯罪,则不能构成累犯。这是我国刑法对构成一般累犯主观罪过条件的限制。

(2) 犯前罪时必须年满18周岁,这是构成一般累犯的主体条件。如果犯前罪时不满18周岁,即使犯后罪是故意犯罪且年满18周岁的,也不构成累犯。

(3) 前罪被判处有期徒刑以上刑罚,后罪应当被判处有期徒刑以上刑罚。即构成一般累犯的前罪被判处的刑罚和后罪应当判处的刑罚均须为有期徒刑以上的刑罚。这是成立一般累犯的刑度条件。如果前罪所判处的刑罚和后罪应当判处的刑罚均低于有期徒刑,或者其中之一低于有期徒刑,不构成累犯。所谓被判处有期徒刑以上刑罚,包括被判处有期徒刑、无期徒刑和死刑缓期执行;所谓应当判处有期徒刑以上刑罚,是指所犯的后罪根据其事实和法律规定,应当判处有期徒刑、无期徒刑和死刑,而不是指该罪的法定刑包括有期徒刑以上的刑罚。所以,这里所谓的有期徒刑,均指宣告刑而言。

(4) 后罪发生在前罪的刑罚执行完毕或者赦免以后5年之内。这是构成一般累犯的时间条件。所谓刑罚执行完毕,是指主刑执行完毕,不包括附加刑在内。主刑执行完毕5年内又犯罪,即使附加刑未执行完毕,仍构成累犯。所谓赦免,是指特赦减免而言。我国刑法以刑满或赦免后5年内再犯罪,作为构成一般累犯的时间条件。若后罪发生在前罪的刑罚执行期间,则不构成累犯,而应适用数罪并罚,若后罪发生在前罪的刑罚执行完毕或者赦免5年以后,也不构成累犯。

被假释的犯罪分子,如果在假释考验期内又犯新罪,不构成累犯,而应撤销假释,适用数罪并罚。被假释的犯罪分子,如果在假释考验期满5年以内又犯新罪,则构成累犯,根据我国《刑法》第65条第2款规定,5年的时间期限,从假释期满之日起计算。因为根据刑法规定,假释考验期满就认为原判刑罚已经执行完毕。被假释的犯罪分子,如果在假释考验期满5年以后犯罪,同样不构成累犯。

被判处有期徒刑宣告缓刑的犯罪分子,如果在缓刑考验期满后又犯罪,不构成累犯,因为缓刑是附条件的不执行所宣告的刑罚,考验期满原判的刑罚就不再执行了,而不是刑罚已经执行完毕,不符合累犯的构成条件,至于被判有期徒刑宣告缓刑的犯罪分子,如在缓刑考验期内又犯新罪,同样不构成累犯,而应当撤销缓刑,适用数罪并罚。

前罪已在外国受过刑罚处罚,又在我国犯罪的,能否符合构成一般累犯的条件,我国刑法未作明确规定,理论上存在着不同的认识。有学者认为,刑法规定的刑罚执行完毕,是指我国的有罪判决和刑罚执行完毕,我国刑法原则上不承认外国法院的审判,因此,行为人在外国受过有期徒刑以上刑罚判决或执行,以后又在我国犯罪的,不能认为具有构成一般累犯的条件。另有学者认为,对此问题,应作具体分析并视情况区别对待。如果行为人在国外实施的行为,并未触犯我国刑法,虽然经过外国审判并执行刑罚,也不能作为构成累犯的条件。若所犯之罪依照我国刑法规定也应当负刑事责任,可以承认其已经受过刑罚执行,如果被判处并执行的刑罚是有期徒刑以上的刑罚,即可作为构成累犯的条件,可依照我国刑法规定再行处理。[①] 我们认为这种见解是可取的。

(三)特别累犯的构成条件

构成刑法规定的危害国家安全罪的累犯,相对于一般累犯而言,被称为特别累犯。根据我国《刑法》第66条的规定,特别累犯是指犯危害国家安全罪、恐怖活动犯罪、黑社会性质的组织犯罪的犯罪分子受过刑罚处罚,刑罚执行完毕或者赦免后,在任何时候再犯上述任一类罪之人。这里对成立累犯的时间条件没有任何限制,体现了对构成特别累犯,更加从重处罚的精神。其条件为:

(1)前罪和后罪必须都是危害国家安全罪、恐怖活动犯罪、黑社会性质的组织犯罪其中之一的犯罪。如果前后罪都不是上述任一类罪,或者其中之一不是上述任一类罪,则不能构成特别累犯。但这并不影响可成立一般累犯。

(2)前罪被判处的刑罚和后罪应判处的刑罚的种类及其轻重不受限制。即使前后两罪或者其中之一罪被判处或者应判处管制、拘役或者单处某种附加刑的,也不影响其成立。

(3)前罪的刑罚执行完毕或者赦免以后,任何时候再犯上述任一类罪,即构成特别累犯,不受前后两罪相距时间长短的限制。

三、累犯的刑事责任

各国刑法都规定对累犯从重处罚,但所采用的具体处罚原则不尽相同。

根据我国《刑法》第65条的规定,对累犯应当从重处罚,即采取必须从重处罚的原则。确定累犯的刑事责任,应注意把握以下几方面的问题:

(1)对于累犯必须从重处罚。即无论成立一般累犯,还是特别累犯,都必须对其在法定刑的限度以内,判处相对较重的刑罚,即适用较重的刑种或较长的刑期。

(2)从重处罚,是相对于不构成累犯,应承担的刑事责任而言。也即对于累犯的从重处罚,参照的标准,就是在不构成累犯时,应承担的刑事责任。也有学者认为,是"应以不构成累犯的初犯或其他犯罪人为从重处罚的参照标准。具体而言,就是当累犯所实施的犯罪行为与某一不构成累犯者实施的犯罪行为在性质、情节、社会危害程度等方面基本相似的条件下,应比照对不构成累犯者应判处的刑罚再予以从重处罚"[②]。我们认为这种看法值得研究。因为犯罪人不同,所犯之罪的具体情况不同,

---

① 参见赵秉志主编:《新刑法教程》,中国人民大学出版社1997年版,第345—346页。
② 同上书,第348页。

这种与其他犯罪人进行的横向比较,不可能真正做到公平。

(3) 从重处罚,必须根据其所实施的犯罪行为的性质、情节、社会危害程度,确定其刑罚,不是一律判处法定最高刑。

第二节 自首与立功

一、自首

(一) 自首的概念和意义

自首制度,也称为自首从宽制度,是当今世界各国刑事立法中普遍采纳的量刑制度之一。由于自首制度对于鼓励犯罪人犯罪后改过自新、分化瓦解共同犯罪人、减少国家对刑事侦查、审判等的人力、物力的投入,符合刑罚经济原则等,所以,自首制度历来受到各国立法机关的重视。

根据我国《刑法》第 67 条的规定,自首是指犯罪分子犯罪以后自动投案,如实供述自己的罪行的行为。被采取强制措施的犯罪嫌疑人、被告人和正在服刑的罪犯,如实供述司法机关还未掌握的本人其他罪行的,以自首论。

我国刑法规定的自首制度,是以惩办与宽大相结合的刑事政策为根据的刑罚裁量制度中的一种。自首从宽,是我国长期坚持的刑事政策,即惩办与宽大相结合的刑事政策的具体化和法律化。但自首从宽,仍然是设立在惩罚犯罪的基础上。自首在本质上,是犯罪人出于本人的意志而将自己交付国家追诉,它与违背犯罪人意志的被动归案,或者在被动归案后的坦白行为的本质区别在于:自首的犯罪人的人身危险性减小。正是从这一点出发,我国刑法根据惩办与宽大相结合的刑事政策和刑罚个别化的原则设置了自首制度。实践证明,对于犯罪以后自首的罪犯予以从宽处理,具有重要的意义。一方面有利于分化瓦解犯罪势力,争取犯罪分子的绝大多数,感召、激励和促使他们悔过自新。而且,"它是兼顾惩罚犯罪和教育改造罪犯的刑罚重要功能的刑罚裁量制度,使刑罚目的的实现过程在一定程度上,因犯罪人的自动归案而拓展到犯罪行为实施之后,定罪量刑之前的阶段,促使罪犯的自我改造更早开始"[1]。另一方面可以减少侦查机关破案的困难,有利于犯罪案件的及时处理,节省司法资源,从而获得有利于国家、社会的预防犯罪效果。

(二) 自首的种类及其成立条件

1. 自首的种类

根据我国《刑法》第 67 条的规定,自首分为一般自首和特别自首两种。其中,一般自首也被称为普通自首,是指犯罪分子犯罪以后自动投案,如实供述自己罪行的行为。特别自首,亦称"准自首"或者"余罪自首",是指被采取强制措施的犯罪嫌疑人、被告人和正在服刑的罪犯,如实供述司法机关还未掌握的本人其他罪行的行为。由此可见,一般自首与特别自首的成立条件不同。

---

[1] 赵秉志主编:《新刑法教程》,中国人民大学出版社 1997 年版,第 332—333 页。

2. 一般自首的成立条件

根据我国《刑法》第 67 条第 1 款的规定,成立一般自首必须具备以下条件:

(1) 自动投案。自动投案,是自首的前提条件。所谓自动投案,是指犯罪分子在犯罪之后,在未受到讯问、未被施以强制措施之前,出于本人的意志而向有关机关或个人承认自己实施了犯罪,并自愿置于有关机关或个人的控制之下,等待进一步交代犯罪事实的行为。对此,可从以下几个方面加以把握:

第一,投案行为必须发生在犯罪人尚未归案之前。这是对自动投案的时间限定。根据 1998 年 4 月 6 日最高人民法院《关于处理自首和立功具体应用法律若干问题的解释》(以下简称《解释》),自动投案可以包括:犯罪事实或者犯罪嫌疑人未被司法机关发觉,或者虽被发觉,但犯罪嫌疑人尚未受到讯问、未被采取强制措施以前投案时,主动、直接向公安机关、人民检察院或者人民法院投案。

此外,根据上述《解释》,犯罪嫌疑人向其所在单位、城乡基层组织或者其他有关负责人员投案的;犯罪嫌疑人因病、伤或者为了减轻犯罪后果,委托他人先代为投案,或者先以信电投案的;罪行尚未被司法机关发觉,仅因形迹可疑,被有关组织或者司法机关盘问、教育后,主动交代自己的罪行的;犯罪后逃跑,在被通缉、追捕过程中,主动投案的;经查实确已准备去投案,或者正在投案途中,被公安机关捕获的,应当视为自动投案。2010 年 12 月 22 日最高人民法院《关于处理自首和立功若干具体问题的意见》(以下简称《意见》)也指出:具有以下情形之一的,也应当视为自动投案:① 犯罪后主动报案,虽未表明自己是作案人,但没有逃离现场,在司法机关询问时交代自己罪行的;② 明知他人报案而在现场等待,抓捕时无拒捕行为,供认犯罪事实的;③ 在司法机关未确定犯罪嫌疑人,尚在一般性排查询问时主动交代自己罪行的;④ 因特定违法行为被采取劳动教养、行政拘留、司法拘留、强制隔离戒毒等行政、司法强制措施期间,主动向执行机关交代尚未被掌握的犯罪行为的;⑤ 其他符合立法本意,应当视为自动投案的情形。

并非出于犯罪嫌疑人主动,而是经亲友规劝、陪同投案的;公安机关通知犯罪嫌疑人的亲友,或者亲友主动报案后、将犯罪嫌疑人送去投案的,也应当视为自动投案。理所当然,犯罪后被群众扭送归案的,或被公安机关逮捕归案的,或在追捕过程中走投无路当场被抓捕的,或经司法机关传讯、采用强制措施后归案的,不能认为是自动投案。前述《意见》也指出:罪行未被有关部门、司法机关发觉,仅因形迹可疑被盘问、教育后,主动交代了犯罪事实的,应当视为自动投案,但有关部门、司法机关在其身上、随身携带的物品、驾乘的交通工具等处发现与犯罪有关的物品的,不能认定为自动投案。犯罪嫌疑人被亲友采用捆绑等手段送到司法机关,或者在亲友带领侦查人员前来抓捕时无拒捕行为,并如实供认犯罪事实的,虽然不能认定为自动投案,但可以参照法律对自首的有关规定酌情从轻处罚。

第二,自动投案一般应是基于犯罪分子本人的意志。即犯罪分子的归案,并不是违背其本人的意愿。把握犯罪分子投案行为的自动性,必须正确理解和把握以下问题:

一是自动投案,一般应是犯罪人直接向公安机关、检察机关、人民法院投案,对于向所在的单位、城乡基层组织或者其有关的负责人投案的,也应视为自动投案。但是,明知其不会向司法机关报告、揭发的除外。二是犯罪后,因某些条件的限制,如因病、因伤,或者为了减轻犯罪后果,而委托他人先代为投案,或者先以电报、信函投案的,也应视为自动投案,但是,必须在当初不能亲自投案的情况消除后置于司法机关的控制之下,如果投案后又逃跑的,不能认定为自首。三是自动投案的动机是多种多样的,有的出于真诚悔罪,有的慑于法律的威严,有的为了争取宽大处理,有的因潜逃在外生活所迫,有的经亲友规劝而醒悟等,不同的动机,一般不影响归案行为的自动性。四是对于实践中送子女或亲友归案的情况,虽然并非完全出于犯罪人本人的意愿,而是经家长、亲友规劝、陪同投案的,如在有关机关通知犯罪分子的家长、监护人后,或者家长、监护人主动报案后,犯罪分子被送去归案的。这种情况虽然有别于典型的自动投案,但这种行为离开犯罪人本人的意志事实上是不可能实施的,所以,只要犯罪人的行为符合如实供述自己的罪行的条件,也应视为自动投案。

第三,最终必须自愿置于司法控制之下,等待进一步交代犯罪事实。此为自动投案的成立的必要条件,也是如实供述自己的罪行,成立自首的前提。因此,上述《解释》规定,"犯罪嫌疑人自动投案后又逃跑的,不能认定为自首"。

对于自动投案是否还应以"必须接受国家的审查和裁判"为条件,理论上还有不同的认识。有学者对此持肯定的看法,认为:"犯罪分子自动投案后,必须听候、接受司法机关的侦查、起诉和审判,不能逃避,才能最终成立自首。犯罪分子将自己的人身置于司法机关的现实控制之下,是其悔罪的具体表现,也是国家对其从宽处理的重要根据。犯罪人归案之后,无论在刑事诉讼的侦查阶段、起诉阶段,还是审判阶段逃避司法机关现实控制的,都是不接受国家审查、裁判的行为,不能成立自首。"[①]

1984年4月16日最高人民法院、最高人民检察院、公安部联合发布的《关于当前处理自首和有关问题具体应用法律的解答》中曾规定:在司法实践中,对于犯罪分子作案后,同时具备自动投案、如实交代自己的罪行并接受审查和裁判这三个条件的,都认为是自首。但是,该《解答》中所谓的"接受审查和裁判"规定得比较抽象、模糊,没有可以操作的具体标准,理解上容易造成分歧,在实践中出现过将犯罪分子依法为自己进行辩护、申诉,以及对司法工作人员在审查其犯罪事实中的违法行为提出控告的行为,视为对抗审查和裁判的行为,对实际上符合自首条件的犯罪分子不以自首认定。我们认为,根据我国现行《刑法》的有关规定,犯罪分子犯罪后,只要同时具备自动投案和如实供述自己的罪行这两个条件,即可成立自首。[②] 2004年4月1日起施行的最高人民法院《关于被告人对行为性质的辩解是否影响自首成立问题的批复》中规定:"根据刑法第67条第1款和最高人民法院《关于处理自首和立功具体应用法律

---

① 赵秉志主编:《新刑法教程》,中国人民大学出版社1997年版,第335页。
② 2009年3月20日最高人民法院、最高人民检察院发布的《关于办理职务犯罪案件认定自首、立功等量刑情节若干问题的意见》这一法律文件虽然是针对特定犯罪案件自首、立功认定,但《意见》中也重申了成立自首只要求"同时具备自动投案和如实供述自己的罪行两个要件"。

若干问题的解释》第 1 条的规定,犯罪以后自动投案,如实供述自己的罪行的,是自首。被告人对行为性质的辩解不影响自首的成立。"但这样规定,并非是说犯罪分子可以不"接受审查和裁判"。实际上,自动投案、如实供述自己的罪行,本身已经表明犯罪分子对于司法机关追究犯罪的活动所持的配合态度,基于这种态度就应当可以对犯罪分子从宽处罚。对于自动投案再附加"接受审查和裁判"的条件,实际上并无必要。当然,如果在自动投案后又隐匿、脱逃的,或者委托他人代为自首,或者先以电报、信函投案而本人拒不到案的,本身已表明犯罪分子的意志发生了变化,不再对司法机关追究犯罪的活动持配合态度,自然不能说是符合自动投案的条件。

在司法实践中,有的犯罪人不署名,或者匿名将非法所得送到司法机关,甚至新闻单位,如报刊、杂志社或归还原处,或者用电话、书信等方式匿名向司法机关报案或指出赃物所在。此类行为并没有自首的诚意,因而不能成立自首。但这种主动交出非法所得的行为,表明其悔罪的态度,处理时可以考虑适当从宽。

(2) 如实供述自己的罪行。犯罪分子自动投案之后,只有如实供述自己的罪行,才足以证明其有自首的诚意,也才能为司法机关追诉其所犯罪行并予以从宽处理提供客观根据。因此,如实地供述自己的罪行,是自首成立的核心条件。所谓"如实供述自己的罪行",根据《解释》是指犯罪嫌疑人自动投案后,如实交代自己的主要犯罪事实。《意见》指出,如实供述自己的罪行,除供述自己的主要犯罪事实外,还应包括姓名、年龄、职业、住址、前科等情况。犯罪嫌疑人供述的身份等情况与真实情况虽有差别,但不影响定罪量刑的,应认定为如实供述自己的罪行。犯罪嫌疑人自动投案后隐瞒自己的真实身份等情况,影响对其定罪量刑的,不能认定为如实供述自己的罪行。因此,犯罪嫌疑人只要根据客观事实供述所犯的所有罪行,对事实既不缩小也不夸大,就应当认为符合如实供述自己的罪行的条件。至于所供述的罪行司法机关是否已经掌握,是投案人自己单独实施的,还是与他人共同实施的,是一罪,还是数罪,并不影响对如实供述自己罪行条件的认定。一般而言,"如实供述自己的罪行",是向有关机关或者个人承认自己实施的所有犯罪,即承认自己实施的特定犯罪或承认某些特定犯罪系自己所为。"具体而言,在犯罪事实未被发觉的条件下,只要承认本人实施何种特定犯罪即可;在犯罪事实虽已被发觉,但犯罪人尚未被发觉的条件下,只要承认某一特定犯罪系自己所为即可;在犯罪事实和犯罪人均已被发觉,但犯罪人尚未归案的条件下,只要承认自己是某一特定犯罪的行为人即可。"[①]对于多次实施同种罪行的,《意见》认为,应当综合考虑已交代的犯罪事实与未交代的犯罪事实的危害程度,决定是否认定为如实供述主要犯罪事实。虽然投案后没有交代全部犯罪事实,但如实交代的犯罪情节重于未交代的犯罪情节,或者如实交代的犯罪数额多于未交代的犯罪数额,一般应认定为如实供述自己的主要犯罪事实。无法区分已交代的与未交代的犯罪情节的严重程度,或者已交代的犯罪数额与未交代的犯罪数额相当,一般不认定为如实供述自己的主要犯罪事实。犯罪嫌疑人自动投案时虽然没有交代

[①] 赵秉志主编:《新刑法教程》,中国人民大学出版社 1997 年版,第 334—335 页。

自己的主要犯罪事实,但在司法机关掌握其主要犯罪事实之前主动交代的,应认定为如实供述自己的罪行。

把握这一条件,应注意,如果由于主客观因素,不能全部供述所有的犯罪事实,但已经如实地供述自己的主要或基本的犯罪事实,据此可以确定犯罪性质、犯罪的情节的,就应视为如实供述罪行。但如果在供述的过程中隐瞒主要的犯罪事实,或者推诿罪责、保全自己,意图逃避制裁;或者大包大揽、庇护同伙;或者故意歪曲事实性质、隐瞒重要情节、避重就轻,企图蒙混过关,试图减轻罪责等,不属于如实供述自己的罪行,不能成立自首。此外,根据《解释》,犯罪嫌疑人自动投案并如实供述自己的罪行后又翻供的,不能认定为自首;但在一审判决前又能如实供述的,应当认定为自首。

3. 特别自首的成立条件

根据我国《刑法》第67条第2款的规定,特别自首的成立不要求自动投案的条件,但是有特殊的条件要求。具体如下:

第一,主体必须是被采取强制措施的犯罪嫌疑人、被告人和正在服刑的罪犯。所谓被采取强制措施,是指根据我国刑事诉讼法规定,被采取拘传、拘留、取保候审、监视居住和逮捕措施的犯罪嫌疑人、被告人。所谓正在服刑的罪犯,是指已经人民法院判决、正在被执行所判刑罚的罪犯。除所规定的三种人以外的犯罪分子,不能成立特别自首。

第二,必须如实供述司法机关还未掌握的本人其他罪行。这是成立特别自首的实质性条件,对此应当注意以下两点:一是所供述的必须是本人实施的罪行;二是必须是司法机关还没有掌握的罪行。至于何种情况下是"掌握"或者"未掌握",《意见》认为,向司法机关主动如实供述本人的其他罪行,该罪行能否认定为司法机关已掌握,应根据不同情形区别对待。如果该罪行已被通缉,一般应以该司法机关是否在通缉令发布范围内作出判断,不在通缉令发布范围内的,应认定为还未掌握,在通缉令发布范围内的,应视为已掌握;如果该罪行已录入全国公安信息网络在逃人员信息数据库,应视为已掌握。如果该罪行未被通缉、也未录入全国公安信息网络在逃人员信息数据库,应以该司法机关是否已实际掌握该罪行为标准。

所谓"其他罪行",《意见》认为,犯罪嫌疑人、被告人在被采取强制措施期间如实供述本人其他罪行,该罪行与司法机关已掌握的罪行属同种罪行还是不同种罪行,一般应以罪名区分。虽然如实供述的其他罪行的罪名与司法机关已掌握犯罪的罪名不同,但如实供述的其他犯罪与司法机关已掌握的犯罪属选择性罪名或者在法律、事实上密切关联,如因受贿被采取强制措施后,又交代因受贿为他人谋取利益行为,构成滥用职权罪的,应认定为同种罪行。

(三) 自首的认定

1. 共同犯罪及犯数罪自首的认定

单独犯自首的认定,一般不存在特别的困难,但是,在共同犯罪以及一人犯数罪的情况下,如何把握"如实供述自己的罪行",有一定的困难。

(1) 对共同犯罪案件自首的认定。

在共同犯罪案件中对犯罪嫌疑人自首的认定,一般地说,对自首的,按自首处理;对未自首的,按未自首依法处理。但由于共同犯罪的特性所决定,同时因各共同犯罪人在共同犯罪中的分工和所起的作用不同,成立自首所应当如实供述的罪行的内容也有所不同。《解释》规定,共同犯罪案件中的犯罪嫌疑人,除如实供述自己的罪行,还应当供述所知的同案犯,主犯则应当供述所知其他同案犯的共同犯罪事实,才能认定为自首。具体说,理解上应注意:

第一,主犯可分为首要分子和其他主犯。主犯不仅要如实供述其本人单独实施或者参与实施的犯罪事实,还必须揭发其他共同犯罪人的犯罪行为。其中,首要分子必须供述包括其组织、策划、指挥的以及或受其支配的全部罪行;其他主犯必须供述受首要分子的组织、策划、指挥,单独实施的共同犯罪行为,以及与其他共同犯罪人共同实施的犯罪行为。

第二,从犯分为次要的实行犯和帮助犯。次要的实行犯应供述包括自己实施的犯罪,以及与自己共同实施犯罪的主犯和胁从犯的犯罪行为;帮助犯应供述包括自己实施的犯罪帮助行为,以及自己所帮助的实行犯的犯罪行为,即应当如实供述自己所知的其他共犯的情况。

第三,胁从犯应供述自己在被胁迫情况下实施的犯罪以及所知道的胁迫自己犯罪的胁迫人所实施的犯罪行为,即应当如实供述自己所知的其他共犯的情况。

第四,教唆犯应供述自己的教唆行为,以及所了解的被教唆人所实施的犯罪行为。

所以,概括地说,共同犯罪人成立自首时所应供述的罪行,包括自己实施的犯罪,以及自己了解的、与自己的罪行密切相关的其他共同犯罪人的罪行。

(2) 对犯有数罪案件的犯罪嫌疑人的自首认定。

《解释》规定,犯有数罪的犯罪嫌疑人仅如实供述所犯数罪中部分犯罪的,只对如实供述部分犯罪的行为,认定为自首。我们认为对此应分别不同情况:

第一,犯罪嫌疑人自动投案后,如实供述所犯全部罪行的,应认定为全案均成立自首。第二,犯有同种的数罪,投案自首后,如实供述所犯数罪的一部分的,应根据犯罪人供述犯罪的程度,决定自首成立的范围。如果如实供述的是主要或者基本的犯罪事实,应认定为全案成立自首。事后调查未供述的犯罪在性质、情节、社会危害程度等方面与所供述的犯罪大致相当的,只应认定所供述之罪成立自首,未供述或者未如实供述的犯罪不成立自首,即自首的效力仅及于如实供述之罪。第三,犯有不同种数罪,其所供述的犯罪成立自首,未交代的犯罪不成立自首。如确实由于主客观方面的原因,只如实供述了所犯数罪中的主要或基本的犯罪事实的,也应认定为全案成立自首,即自首的效力及于所犯全部罪行。供述基本上不涉及主要犯罪事实的,不成立自首。

就特别自首而言,自然是犯有数罪的情况。那么,其自首是否在数罪性质上不同时,才能成立自首?《解释》规定:"被采取强制措施的犯罪嫌疑人、被告人和已宣判的罪犯,如实供述司法机关尚未掌握的罪行,与司法机关已掌握的或者判决确定的罪行属不同种罪行的,以自首论。""被采取强制措施的犯罪嫌疑人、被告人和已宣判的罪犯,如实供述司法机关尚未掌握的罪行,与司法机关已掌握的或者判决确定的罪行属同种罪行的,可以酌情从轻处罚;如实供述的同种罪行较重的,一般应当从轻处罚。"对此规定理论上还有不同的认识。一种观点认为:"对于'其他罪行'是否包括同种罪行,尽管立法上未作限制,从理论上讲自然包括同种罪和非同种罪,但是从立法本意上讲,原则上应当是指非同种罪行,即犯罪嫌疑人、被告人因此罪被采取强制措施而如实供述了彼罪的事实,这与刑法理论和司法实践中对判决宣告以前一人犯数罪是指不同种数罪是一致的,否则,如果将'本人其他罪行'理解为包括同种罪行在内……而实行数罪并罚,那么,将给司法实践带来诸多问题。当然,如果如实供述的是重大罪行或者主要罪行,尽管与司法机关已经掌握的罪行属于同种罪行,也可以对全案'以自首论'。"①第二种观点认为:"被司法机关依法采取强制措施的犯罪嫌疑人、被告人,如实供述司法机关还未掌握的本人的非同种罪行的;正在服刑的罪犯,如实供述司法机关还未掌握的同种罪行或者非同种罪行的,以自首论。"②

上述第一种观点,与前述我们对同种数罪处理的主张并没有本质上的差别,但从解释、理解上而言,我们认为第二种观点是恰当的。因为,既然法律并没有对"其他罪行"限制为不同种的罪行,理应包括同种罪行在内,否则不利于鼓励犯罪人交代余罪,而最终是对国家不利。同时,我们认为,对同种数罪属于连续作案的案件中,只要犯罪嫌疑人交代了多数犯罪,或者其中的严重犯罪,就应视为如实供述了自己的主要罪行,不必要求一件不漏,犯罪嫌疑人、被告人和正在服刑的罪犯自首后,由于某些因素的影响,有时会出现反复和避重就轻进行辩解的情况,但只要不否定基本事实,就应认定为自首。在这个问题上,不宜掌握得过严。

2. 过失犯罪的自首

根据我国《刑法》第 67 条对自首的规定,并没有对成立自首的犯罪予以任何限制,即《刑法》分则规定的所有犯罪均未被排除在可以成立自首的范畴之外。所以,我们认为行为人在实施过失犯罪之后,只要其行为符合自首成立的条件,就应依法认定为自首。但是,对有法律明文规定有"报告义务"的人而言,在事件后实施的"报告"行为,能否视为"自首",仍有不同认识。例如,在交通肇事后向公安交通管理部门报告的行为,是否视为"自首"?有观点认为,我国《道路交通安全法》第 70 条规定交通肇事后应当保护现场、抢救伤者、向公安机关报告,犯罪嫌疑人实施的上述行为同时也是履行法定义务的行为,不是自首,只能从宽处罚;至于是否从宽、从宽的幅度要适当从严掌握。至于交通肇事逃逸后自动投案,如实供述自己罪行的,应认定为自首,但应依法以较重法定刑为基准,视情况决定对其是否从宽处罚和从宽处罚的幅度。③

---

① 周道鸾等主编:《刑法的修改与适用》,人民法院出版社 1997 年版,第 182 页。
② 赵秉志主编:《新刑法教程》,中国人民大学出版社 1997 年版,第 338 页。
③ 参见陈荣飞:《交通肇事后报警并保护现场的行为不应认定为自首》,载《甘肃政法学院学报》2010 年第 3 期。

3. 单位犯罪的自首

关于单位自首的规定，在理论上还有争议，但司法机关对此持肯定的态度。2002年7月8日最高人民法院、最高人民检察院、海关总署联合发布的《关于办理走私刑事案件适用法律若干问题的意见》第21条指出："在办理单位走私犯罪案件中，对单位集体决定自首的，或者单位直接负责的主管人员自首的，应当认定单位自首。认定单位自首后，如实交代主要犯罪事实的单位负责的其他主管人员和其他直接责任人员，可视为自首，但对拒不交代主要犯罪事实或逃避法律追究的人员，不以自首论。"2009年最高人民法院、最高人民检察院《关于办理职务犯罪案件认定自首、立功等量刑情节若干问题的意见》第1条第5款规定："单位犯罪案件中，单位集体决定或者单位负责人决定而自动投案，如实交代单位犯罪事实的，或者单位直接负责的主管人员自动投案，如实交代单位犯罪事实的，应当认定为单位自首。单位自首的，直接负责的主管人员和直接责任人员未自动投案，但如实交代自己知道的犯罪事实的，可以视为自首；拒不交代自己知道的犯罪事实或者逃避法律追究的，不应当认定为自首。单位没有自首，直接责任人员自动投案并如实交代自己知道的犯罪事实的，对该直接责任人员应当认定为自首。"

上述规定虽然只明确单位在犯走私罪、单位职务犯罪后，单位集体决定自首的，或者单位直接负责的主管人员自首的，或者单位直接负责的主管人员自动投案，如实交代单位犯罪事实的，认定为单位自首，但我们认为上述规定应适用于刑法规定所有单位犯罪后自首的认定。

4. 自首与坦白的关系

自首和坦白均属于犯罪人犯罪后对自己所犯罪行的态度的行为。虽然这是两种不同的法律事实，但又存在着许多联系。理论上坦白有广义和狭义两种解释。广义的坦白包括自首，即自首是坦白的内容之一，是坦白的最高形式。广义的坦白与自首是属概念和种概念的关系。狭义的坦白不包括自首，二者是各有自己质的规定性的两种行为。这里所说的自首与坦白是一种并列的、相对独立的关系，即是指自首与狭义的坦白的关系。以往我国刑法没有将坦白作为量刑情节加以规定，在司法实务中通常是将其作为酌定量刑情节考虑的，《刑法修正案（八）》第8条在《刑法》第67条中增加一款作为第3款，规定："犯罪嫌疑人虽不具有前两款规定的自首情节，但是如实供述自己罪行的，可以从轻处罚；因其如实供述自己罪行，避免特别严重后果发生的，可以减轻处罚。"即为坦白的立法规定。

所谓坦白，一般是指犯罪分子被动归案之后，自己如实交代犯罪事实的行为。坦白的本质就在于，它是犯罪分子被动归案后如实交代罪行的行为。所谓被动归案，大体上可有三种情况：一是被司法机关采取强制措施而归案；二是被司法机关传唤到案；三是被群众扭送归案。但是，即使不具有典型的自首的"自动投案"，不具有"以自首论"的"属于被采取强制措施的犯罪嫌疑人、被告人和正在服刑的罪犯身份，但只要在归案后"如实交代自己的罪行"，以及"因如实供述自己罪行，避免特别严重后果发生的"，都可以得到如同自首一样的从宽处遇。这一规定，是我国刑法贯彻宽严相济刑事政策的具体体现。

自首与坦白的相同之处:(1) 两者均以自己实施了犯罪行为为前提;(2) 两者都是犯罪人犯罪之后对自己所犯罪行的主观心理态度的外在表现形式;(3) 两者都是在归案之后如实交代自己的犯罪事实;(4) 两者都是从宽处罚的情节。自首和坦白的区别就在于:(1) 自首是犯罪人自动投案,坦白则是犯罪人被动归案。(2) 自首所交代的既可以是已被发觉的罪行,也可以是尚未被发觉的罪行,当然,如果是犯罪嫌疑人、被告人和正在服刑的罪犯的自首,则交代的必须是被指控的罪行以外的罪行,而坦白所交代的则只限于已被发觉、被指控的罪行。(3) 自首的犯罪分子供述自己罪行时的态度是主动的,而坦白的犯罪分子供述自己的罪行时的态度是被动的。归案的方式和所交代的罪行的不同,表明了自首的犯罪人和坦白的犯罪人在认罪、悔罪乃至悔改的时间及其程度的不同。一般说来,自首的犯罪人认罪时间早,悔罪、悔改的程度高;坦白的犯罪人认罪时间晚,悔罪、悔改的程度也较自首的犯罪人要低。(4) 自首的人身危险性相对较轻,坦白的人身危险性相对较重,对自首的从宽幅度可以是"免除处罚",而坦白的从宽幅度至多是"减轻处罚"。

(四) 自首犯的刑事责任

我国《刑法》第 67 条第 1 款规定:"对于自首的犯罪分子,可以从轻或者减轻处罚。其中,犯罪较轻的,可以免除处罚。"前述《解释》第 3 条规定:"根据刑法第 67 条第 1 款的规定,对于自首的犯罪分子,可以从轻或者减轻处罚;对于犯罪较轻的,可以免除处罚。具体确定从轻、减轻还是免除处罚,应当根据犯罪轻重,并考虑自首的具体情节。"据此,对于自首犯应分别不同情况予以从宽处理。

(1) "对于自首的犯罪分子,可以从轻或者减轻处罚"。"可以"从宽处罚,表明我国刑法对于自首采取的是相对从宽处罚原则。即是说,并非对每一自首的犯罪人都一律从宽处罚,而是既可以从宽处罚,也可以不予从宽处罚。不过"可以"的规定表明一般情况下需要从宽处罚,至于对自首的犯罪人是否从宽处罚,由审判人员根据全案的情况决定。但根据刑法规定,凡犯罪以后自首的,都可以根据案件的不同情况分别予以从轻处罚或者减轻处罚。至于具体是从轻处罚还是减轻处罚,首先,要分清犯罪分子主观恶性的大小。其次,要分析自首的具体情节,如投案早晚、投案动机,客观条件、交代罪行的程度等,判明犯罪分子的悔罪程度,对于犯罪分子主观恶性小、悔罪表现明显的,可以减轻处罚。

(2) "犯罪较轻的,可以免除处罚"。也就是说,犯罪人犯有较轻之罪而自首的,不是仅可得到从轻或者减轻处罚,根据具体案件及自首的情况,也可以得到免除处罚的从宽处理。一般说,对于具有主观恶性小,有明显悔罪表现的,可以免除处罚;对于不具有上述表现的,可以减轻处罚。但应当注意到,"犯罪较轻"是可以免除处罚的前提。

较轻之罪相对于较重之罪而言。至于较轻之罪和较重之罪的划分标准,目前理论界尚无定论。有人主张以犯罪性质作为划分较轻与较重之罪的标准,也有人主张以犯罪的法定刑轻重作为划分较轻与较重之罪的标准。如有学者认为,"应当根据犯罪所应判处的刑罚来划分较轻之罪和较重之罪,应当判处一定刑罚之下的犯罪可以视为较轻之罪,应当判处一定刑罚之上的犯罪可以视为较重之罪"。并且具体提出:"应当判处的刑罚为 3 年以上有期徒刑的犯罪可视为较重之罪,应当判处的刑罚为不满 3 年有期徒刑的犯罪可视为较轻之罪。"①这一问题还值得进一步研究。

我们认为,由于适用该款要求"如实供述自己罪行",而这又是成立自首的核心条件,所以,这里所谓的"不具有前两款规定的自首情节"是指,不具有"犯罪以后自动投案",以及不是"被采取强制措施的犯罪嫌疑人、被告人和正在服刑的罪犯",在归案后如实供述自己罪行的情况。虽然不具有"自动投案"或者"被采取强制措施"而失去人身自由后才"如实供述自己罪行",但只要如实供述自己的罪行,都可以得到从轻处罚的处遇,在因如实供述自己罪行而避免特别严重后果发生时,可以得到减轻处罚的处遇。

在具体案件中对自首犯(包括既有自首情节又有立功情节)如何实现从宽处理,参见前述《意见》的内容。

二、立功

(一) 立功的概念和意义

所谓立功,是指犯罪分子揭发他人犯罪行为,查证属实②,或者提供重要线索,从而得以侦破其他案件等情况的行为。我国《刑法》第 68 条规定的立功制度,其制定根据与自首制度基本相同。根据我国《刑法》规定和《解释》第 5 条的规定,"根据刑法第 68 条第 1 款的规定,犯罪分子到案后有检举、揭发他人犯罪行为,包括共同犯罪案件中的犯罪分子揭发同案犯共同犯罪以外的其他犯罪,经查证属实;提供侦破其他案件的重要线索,经查证属实;阻止他人犯罪活动;协助司法机关抓捕其他犯罪嫌疑人(包括同案犯);具有其他有利于国家和社会的突出表现的,应当认定为有立功表现。"属于立功的情形有如下三种:

(1) 犯罪分子到案后检举、揭发他人犯罪行为,包括共同犯罪案件中的犯罪分子揭发同案犯共同犯罪以外的其他犯罪,经查证属实。犯罪分子之间往往相互了解他方一定的犯罪情况。如果到案后不仅交代了自己的罪行,而且还对所知的其他犯罪人的罪行进行了检举、揭发,并经司法机关查证属实,便视为具有立功表现。

(2) 提供其他案件的重要线索,查证属实并使司法机关得以侦破。已经归案的犯罪嫌疑人或被告人,尽管并不一定确知其他犯罪分子实施过何种罪行,但是,可能会对社会上发生的某些案件是由谁所为有一定的了解。如果向司法机关提供了某些案件的重要线索,司法机关据此侦破了案件,也属于立功表现。但是《意见》认为,犯罪分子通过贿买、暴力、胁迫等非法手段,或者被羁押后与律师、亲友会见过程中违反监管规定,获取他人犯罪线索并"检举揭发"的;犯罪分子亲友为使犯罪分子"立功",

---

① 周振想编著:《刑法学教程》,中国人民公安大学出版社 1997 年版,第 271 页。
② "经查证属实",系对于立功认定查证程序上的要求,具体规定请参见 2010 年最高人民法院《关于处理自首和立功若干具体问题的意见》第 7 条。

向司法机关提供他人犯罪线索、协助抓捕犯罪嫌疑人的,不能认定为犯罪分子有立功表现。

如果犯罪分子本人曾是司法工作人员,将本人以往查办犯罪职务活动中掌握的,或者从负有查办犯罪、监管职责的国家工作人员处获取的他人犯罪线索予以检举揭发的,也不能认定为有立功表现。

(3) 根据《解释》的规定,属于立功的情形还有:阻止他人犯罪活动;协助司法机关抓捕其他犯罪嫌疑人(包括同案犯);具有其他有利于国家和社会的突出表现的,应当认定为有立功表现。之所以对上述情况也视为立功,例如,对于犯罪分子协助司法机关缉捕其他罪犯归案的,也应当认定为立功,是因为司法机关为缉捕在逃的犯罪分子,往往要花费大量的人力和物力。如果已经归案的犯罪分子协助司法机关缉捕到某些在逃的罪犯,则可以节省司法机关的一定人力和物力,对于这种行为,应当予以鼓励。由此《意见》认为,犯罪分子具有下列行为之一,使司法机关抓获其他犯罪嫌疑人的,属于协助司法机关抓捕其他犯罪嫌疑人:① 按照司法机关的安排,以打电话、发信息等方式将其他犯罪嫌疑人(包括同案犯)约至指定地点的;② 按照司法机关的安排,当场指认、辨认其他犯罪嫌疑人(包括同案犯)的;③ 带领侦查人员抓获其他犯罪嫌疑人(包括同案犯)的;④ 提供司法机关尚未掌握的其他案件犯罪嫌疑人的联络方式、藏匿地址的,等等。可以看出,协助司法机关缉捕的犯罪分子,可以是与其无关的,也可以是与其实施同一犯罪行为的共同犯罪人。无论是哪一种情况,只要确实协助司法机关缉捕到了其他犯罪人,就应视为立功表现。但只是提供同案犯姓名、住址、体貌特征等基本情况,或者提供犯罪前、犯罪中掌握、使用的同案犯联络方式、藏匿地址,司法机关据此抓捕同案犯的,不能认定为协助司法机关抓捕同案犯。①

我国刑法设置的立功制度及其所确立的对立功者从宽处罚的原则,具有重要的意义。首先,它有利于提高司法机关办理刑事案件的效率,有利于国家、有利于社会。其次,它对于瓦解犯罪势力,促使其他犯罪分子主动归案,减少因犯罪而造成的社会不安定因素,有积极的作用。再次,它有助于通过对犯罪分子立功从宽的处罚结果,激励犯罪分子悔过自新、改过从善,进而较好地协调和发挥刑罚的惩罚犯罪和教育改造罪犯的重要功能。

(二) 立功的种类及其表现形式

刑法上的立功分为两种,一是附属于减刑制度的立功,二是附属于量刑制度的立功。这里所说的立功,仅指后者,是与自首制度、累犯制度并列的一种重要的刑罚裁量制度,仅适用于刑事诉讼中的被告人,是法定从宽处罚的情节。附属于量刑制度的立功,依据我国《刑法》第68条的规定,分为一般立功和重大立功两种。一般立功与重大立功的直接法律后果是,依法受到的从宽处罚程度有所不同。

一般立功的主要表现形式为,揭发他人犯罪行为,包括共同犯罪案件中的犯罪分子揭发同案犯所参与的共同犯罪以外的其他犯罪行为,查证属实的;提供重要线索,

---

① 参见 2010 年最高人民法院《关于处理自首和立功若干具体问题的意见》。

从而得以侦破其他案件的;协助司法机关抓捕其他罪犯(包括同案犯)的;在押期间制止他人犯罪活动的;等等。

重大立功的主要表现形式为:揭发他人重大犯罪行为,查证属实的;提供重要线索,从而得以侦破其他重大案件的;协助司法机关抓捕其他重要罪犯(包括同案犯)的;在押期间制止他人重大犯罪活动的;对国家和社会有其他重大贡献等。

立功是否重大与检举、揭发他人的罪行、提供的线索以及协助侦破的案件等是否重大、重要有直接的关系。《解释》第7条规定:"犯罪分子有检举、揭发他人重大犯罪行为,经查证属实;提供侦破其他重大案件的重要线索,经查证属实;阻止他人重大犯罪活动;协助司法机关抓捕其他重大犯罪嫌疑人(包括同案犯);对国家和社会有其他重大贡献等表现的,应当认定为有重大立功表现。"而所谓的"重大犯罪""重大案件""重大犯罪嫌疑人"的标准,一般是指犯罪嫌疑人、被告人可能被判处无期徒刑以上刑罚或者案件在本省、自治区、直辖市或者全国范围内有较大影响等情况。

(三) 立功犯的刑事责任

根据我国《刑法》第68条的规定,对于立功犯应分别依照以下不同情况予以从宽处罚:(1)犯罪分子有一般立功表现的,可以从轻或者减轻处罚。(2)犯罪分子有重大立功表现的,可以减轻或者免除处罚。① 此外,《解释》第6条规定:"共同犯罪案件的犯罪分子到案后,揭发同案犯共同犯罪事实的,可以酌情予以从轻处罚。"

在具体案件中对立功者(包括既有自首情节又有立功情节)如何实现从宽处理,参见前述《意见》的内容。

第三节 数罪并罚

一、数罪并罚概述

(一) 数罪并罚的概念

所谓数罪并罚,简言之,就是指对一人所犯数罪合并处罚的制度。数罪并罚制度是刑事法律中刑罚裁量制度的重要内容。

基于罪责刑相适应原则,我国《刑法》以3个条文对数罪并罚制度作出了具体规定。即:第69条②关于数罪并罚原则和判决宣告前一人犯数罪的并罚方法的规定;第70条关于判决宣告后发现漏罪的并罚方法的规定;第71条关于判决宣告后又犯新罪的并罚方法的规定。

根据上述法律规定,我国刑法中的数罪并罚,是指人民法院对判决宣告前一人所犯数罪,或者判决宣告后,刑罚执行完毕前发现漏罪或又犯新罪的,在分别定罪量刑后,按照法定的并罚原则及刑期计算方法,决定对其应执行的刑罚的制度。

数罪并罚的实质在于,依照一定原则,解决对行为人所犯数个罪的各个宣告刑与

---

① 我国《刑法修正案(八)》第9条规定删除了《刑法》原第68条第2款。
② 我国《刑法修正案(八)》对《刑法》原第69条作了修正。

执行刑之间的关系。与一人犯一罪时的刑罚裁量不同,在犯数罪的情形下,审判机关所要解决的不仅是罪与刑的关系,即数种罪行与数个宣告刑的关系,而且必须解决数个宣告刑与一个执行刑的关系,包括主刑与附加刑的关系。受我国刑法所规定的刑罚种类及其性质、特点、适用和执行规则等因素的制约,以数罪为前提的数个宣告刑与应执行的执行刑之间,必须依照一定的原则确定对应关系,才能使各个宣告刑成为具有实施可能性、合理性的执行刑。

(二) 我国刑法中数罪并罚制度的特点和适用数罪并罚的条件

根据我国刑法规定,我国刑法中数罪并罚的特点和条件,可以概括为以下三点:

(1) 必须犯有数罪,这是适用数罪并罚的前提。这里所谓的数罪,是指数个独立的罪(实质上的数罪),或者数个非实质数罪,或者独立的罪与非实质数罪(如一个独立的犯罪与一个非实质数罪)。所谓独立的罪,是指不依附于其他犯罪,刑法能够独立予以评价的罪。所谓非实质数罪,根据刑法学中的罪数理论,即指一行为在刑法上规定为一罪或处理时作为一罪的情形、数行为在刑法上规定为一罪的情形和数行为处理时作为一罪的情形。如继续犯、想象竞合犯、集合犯、结合犯、连续犯、牵连犯、吸收犯等(如果只犯有一个非实质数罪,属于犯一罪的情况,一般不按数罪处理)。数罪,就犯罪的罪过形式和故意犯罪的形态而言,既可以是故意犯罪,也可以是过失犯罪;既可以是单独犯形式,也可以是共犯形式;既可以表现为犯罪的完成形态(既遂),也可以表现为犯罪的未完成形态(如预备、未遂和中止)。一人犯有一罪(包括非实质数罪),或者非共犯的数行为人犯有数罪、属于共犯的数个行为人共犯一罪,均不在并罚之列。所以,数罪并罚既适用于数个独立单纯的一罪,也适用于数个非实质数罪,以及两者兼有的情况。

(2) 所犯数罪,必须发生在法定的时间界限内。按照我国刑法的规定,一人所犯数罪必须发生在判决宣告以前,或者发生在判决宣告以后,刑罚执行完毕以前。既不包括已经超过追诉时效的犯罪,也不包括在刑罚执行完毕以后又犯罪或者发现漏罪。所以,数罪并罚以刑罚执行完毕以前所犯数罪作为适用并罚的最后时间界限。如果在刑罚执行完毕以后又犯的,符合累犯条件的,应当作为累犯从重处罚,但是不涉及数罪并罚的问题。刑罚执行完毕以后,又发现判决宣告之前还有其他罪没有判决而应当追诉的,应当依法另行定罪量刑,且不构成累犯;如果刑罚执行完毕之后又犯新罪,应当依法对新罪定罪量刑,构成累犯的,要从重处罚。但这两种情况同样不能与已执行完毕的刑罚实行并罚。

(3) 必须在对数罪分别定罪量刑的基础上,依照法定的并罚原则、范围和方法,决定并罚后应当执行的刑罚。第一,必须对罪犯所犯数罪,依法逐一分别确定罪名并裁量、宣告其刑罚。第二,要根据适用于不同情况的并罚原则以及在不同时间阶段和法律条件下的刑期计算方法,将各数罪被判处的刑罚合并,确定应当执行的刑罚的种类和期限等。

(三) 数罪并罚制度的意义

我国刑法中数罪并罚制度的意义,主要表现为:首先,便于审判人员合理地决定对犯罪人适用适当的刑罚;其次,可以保证适用法律的准确性;再次,有利于保障被告人的合法权益;最后,便利于对犯罪分子执行宣告的刑罚和法院适用减刑或假释。

二、数罪并罚的原则

所谓数罪并罚的原则,是指对一人所犯数罪在分别定罪量刑后,合并处罚所依据的原则。数罪并罚的原则,是数罪并罚制度的核心,它一方面体现着一国刑法所奉行的刑事政策的性质和特征,另一方面从根本上制约着该国数罪并罚制度的具体内容及其适用效果。

(一) 数罪并罚原则概述

各国刑事立法所采用的数罪并罚原则不完全相同,了解各国刑法关于数罪并罚原则的规定,是充分认识我国刑法所规定的数罪并罚原则特点的前提。数罪并罚原则主要可归纳为四种:

(1) 并科原则。亦称相加原则,是指将一人所犯数罪分别宣告的刑罚绝对相加、合并执行的处罚原则。该原则强调刑罚的威慑功能,在某种意义上可以说是报应刑主义刑罚思想的产物。该原则客观上看似公正,但事实上对被告人过于严苛,而且实际弊端甚多。如对有期自由刑而言,采用绝对相加的方法决定执行的刑罚期限,往往会超过自然人的生命极限,与无期徒刑的效果并无二致,已丧失有期徒刑的意义。再如,数罪中若有被判处死刑或无期徒刑者,则受刑种性质的限制,根本无法采用绝对相加的并科予以执行。目前对数罪实行并罚单纯采用并科原则的国家较少。

(2) 吸收原则。是指对一人所犯数罪采用重罪之刑吸收轻罪之刑的合并处罚原则。即由最重宣告刑吸收其他较轻的宣告刑,仅以已宣告的最重刑罚作为执行刑罚,其余较轻的刑罚因被吸收而不再执行的合并处罚原则。吸收原则虽然对于死刑、无期徒刑等刑种在合并适用上较为适宜,但若普遍采用,在适用于其他刑种(如有期自由刑、财产刑等)时,则弊端明显:一是违背罪责刑相适应的基本原则,有重罪轻罚之嫌。因为,在绝对采用该原则实行数罪并罚的时,可使犯数罪者和犯一重罪者被判处的刑罚相同。二是可能导致刑罚的威慑功能丧失,不利于刑罚的特殊预防和一般预防功能的实现。因为,在犯数罪和犯一重罪承担相同刑事责任的条件下,无疑等于鼓励犯罪人在实施一重罪之后,去实施更多同等或较轻的罪。所以,目前对数罪实行并罚单纯采用吸收原则的国家较少。

(3) 限制加重原则。亦称限制并科原则。是指以一人所犯数罪中法定应当判处或已判处的最重刑罚为基础,再在一定限度之内对其予以加重作为执行刑罚的合并处罚原则。采用该原则的具体限制加重方法主要有两种类型:一是以数罪中最重犯罪的法定刑为基础,加重一定的比例的刑罚,并以加重后的刑罚作为执行的刑罚,同时规定应执行的刑罚不能超过的最高限度。二是在对数罪分别定罪量刑的基础上,以数罪中被宣告的数刑中最高刑期以上、总和刑期以下加重处罚,同时规定应执行的刑罚不能超过的最高限度。

限制加重原则克服了并科原则和吸收原则或失之于过严不便具体适用,或失之于宽纵而不足以惩罚犯罪的弊端,既使得数罪并罚制度贯彻了有罪必罚和罪刑相适应的原则,又采取了较为灵活、合乎情理的合并处罚方式,但该原则并非没有缺陷,因为,对于死刑、无期徒刑限制加重原则无法采用,因而也不能作为普遍适用于各种刑罚的并罚原则。

(4) 折中原则。亦称混合原则。即根据不同情况以某一并罚原则为主,兼采其他原则。一般是根据法定的刑罚性质及特点,兼采并科原则、吸收原则或限制加重原则,将其分别适用于不同刑种或刑罚结构。由于单纯采用并科原则、吸收原则或限制加重原则各有得失,目前除少数国家单纯采用某一种原则外,世界上绝大多数国家采用折中的原则,避免了采用单一的并科原则、吸收原则或限制加重原则的缺陷,使之能相互补充,适用于不同的情况,使数罪并罚制度更具合理性。当然,各国法律规定的折中原则以哪一原则为主,兼采哪几种原则,则不尽一致。

(二) 我国刑法中数罪并罚原则的适用

我国《刑法》第 69 条所确立的是以限制加重原则为主,以吸收原则和并科原则为补充的折中原则。即我国刑法中规定的数罪并罚原则的特点是:全面兼采各种数罪并罚原则,但限制加重原则的适用居于主导地位,吸收原则和并科原则居于辅助地位。

具体地说,我国刑法中数罪并罚原则的适用规则如下:

(1) 判决宣告数个死刑或最重刑为死刑(含死刑缓期执行)的,采用吸收原则,应决定执行一个死刑,低于死刑的其他主刑不再执行。

(2) 判决宣告数个无期徒刑或最重刑为无期徒刑的,采用吸收原则,应决定执行一个无期徒刑,低于无期徒刑的其他主刑不再执行,也不能将两个以上的无期徒刑合并升格为死刑。

(3) 判决宣告的数个主刑为有期自由刑即有期徒刑、拘役刑,管制刑的,区分如下情况分别采取限制加重原则、吸收原则和并科原则。① 判决宣告的数个主刑为同一种有期自由刑的,采取限制加重原则。根据《刑法》第 69 条规定,具体的限制加重规则为:第一,判决宣告的数个主刑均为有期徒刑的,应当在总和刑期以下,数刑中最高刑期以上,酌情决定执行的刑期;但决定执行的刑期,在总和刑期不满 35 年的,最高不能超过 20 年;总和刑期在 35 年以上的,最高不能超过 25 年。第二,判决宣告的数个主刑均为拘役刑的,应当在总和刑期以下,数刑中最高刑期以上,酌情决定执行的刑期;但决定执行的刑期最高不能超过 1 年。第三,判决宣告的数个主刑均为管制刑的,应当在总和刑期以下,数刑中最高刑期以上,酌情决定执行的刑期;但决定执行的刑期最高不能超过 3 年。可见,我国刑法规定的限制加重原则的特点在于采取多重的限制加重,即在决定执行并罚后刑期时,受总和刑期的限制;在并罚的总和刑期超过法定最高期限时,受最高执行刑期的限制(即管制刑最高不能超过 3 年,拘役刑最高不能超过 1 年,有期徒刑最高不能超过 20 年或者 25 年)。决定执行的刑期或最低执行刑期,受所判数刑中的最高刑期以上的限制,而且可以超过各种有期自由刑的法定最高期限(即管制可以超过 2 年,拘役可以超过 6 个月,有期徒刑可以超过 15

年)。② 判决宣告的数个主刑中有判处有期徒刑和拘役的,采取吸收原则,即执行有期徒刑,拘役不再执行。③ 判决宣告的数个主刑中有判处有期徒刑和管制,或者拘役和管制的,采取并科原则,即有期徒刑、拘役执行完毕后,再执行管制。

(4) 数罪中有判处附加刑的,根据附加刑种类的不同,分别采用并科、合并和分别执行原则。所谓并科,即是指我国《刑法》第69条第2款规定的,当数罪中除主刑外还判处有附加刑的,附加刑仍须执行;所谓合并原则,是指当数罪中(除主刑外,或者单处)的附加刑有数个且附加刑种类相同的,合并执行;所谓分别执行原则,是指当数罪中(除主刑外,或者单处)的附加刑有数个但附加刑种类不同的,分别执行。之所以我国刑法对主刑与附加刑,数个相同种类或者不同种类的附加刑的执行采取不同的并罚原则,则是由附加刑的属性所决定,附加刑既不能被主刑所吸收,不同种附加刑之间通常也不能相互吸收(但吸收原则针对某种相同的附加刑可以适用,例如两个以上驱逐出境刑)。因无法确定加重的标准以及不同种附加刑之间缺乏可比性,因此,附加刑与主刑之间,不同种类附加刑之间不能采用限制加重原则合并处罚。所以,吸收原则和限制加重原则均不适于主刑和附加刑之间的合并处罚,也不适于不同种类附加刑之间的合并处罚。

三、不同情况下数罪并罚原则的具体适用

我国《刑法》在第69条、第70条、第71条中,规定了在不同情况下,或者说对于刑事法律关系不同的发展阶段中的数罪所宣告的数刑予以合并执行所应遵守的方法。这是为有区别地对待不同危害程度的数罪和危险程度各异的实施数罪者的规定,也可以说是在不同法律条件下适用数罪并罚原则的具体方法。

根据我国《刑法》第69条、第70条、第71条的规定,不同情况下适用数罪并罚原则的具体方法主要有以下三种:

(一) 判决宣告以前一人犯数罪的合并处罚

我国《刑法》第69条规定:"判决宣告以前一人犯数罪的,除判处死刑和无期徒刑的以外,应当在总和刑期以下、数刑中最高刑期以上,酌情决定执行的刑期,但是管制最高不能超过3年,拘役最高不能超过1年,有期徒刑总和刑期不满35年的,最高不能超过20年,总和刑期在35年以上的,最高不能超过25年。数罪中有判处附加刑的,附加刑仍须执行,其中附加刑种类相同的,合并执行,种类不同的,分别执行。"

所谓"判决宣告以前",是指判决已经宣告并发生法律效力以前。根据我国《刑法》第99条"本法所称以上、以下、以内,包括本数"的规定,所谓"有期徒刑总和刑期不满35年的",是指两个以上有期徒刑的总和刑期最高也未达到35年;所谓"总和刑期在35年以上的",则是指两个以上有期徒刑的总和刑期最高已经达到包括35年在内的限度。

我国《刑法》第69条的规定表明,我国刑法规定的数罪并罚原则及由此而决定的基本适用方法,是以判决宣告以前一人犯数罪的情形为标准确立的。因此,判决宣告以前一人犯数罪的合并处罚规则,与前述我国刑法中数罪并罚原则的基本适用方法完全一致,故不再赘述。

对于判决宣告以前一人犯有应当并罚的数罪包括异种数罪,刑法学界没有不同看法,但对是否也包括同种数罪,则有不同的看法。大体上有三种观点:一是一罚说。主张对同种数罪无须并罚,只需按一罪酌情从重处罚,即只需将同种数罪作为一罪的从重情节或者加重构成情节处罚。此为我国刑法理论的传统主张,也是刑事审判实践的一贯做法。二是并罚说。是与一罚说直接对立的观点,主张对于同种数罪应当毫无例外地实行并罚。因为我国刑法关于数罪并罚的规定并未限定只适用于异种数罪,既然同种数罪也是数罪的表现形式,当然不能将其排斥在并罚之外。三是折中说。是针对一罚说和并罚说的折中观点,认为对于同种数罪是否应当实行并罚不能一概而论,而应当以能否达到罪责刑相适应为标准,决定对具体的同种数罪是否实行并罚,即当能够达到罪责刑相适应时,对于同种数罪无须并罚;相反,则应实行并罚。其中,折中说又分为两种具体主张,一是主张以刑法的规定为准决定是否进行并罚,二是主张以适用刑罚的效果为准决定是否进行并罚。

我们认为,对于判决宣告以前实施同一性质的犯罪,原则上无须并罚,只需在足以使实际处罚结果符合罪责刑相适应原则的该种犯罪的法定刑幅度内作为一罪从重处罚。但是,被告人在判决宣告以前实施同一性质的犯罪的频繁程度,反映社会危害性程度和人身危险性程度的不同。当该种犯罪的法定刑过轻,且难以使实际处罚结果达到罪责刑相适应时,在法律未明文禁止的条件下,可以有限制地对同种数罪适当进行并罚。

(二) 判决宣告以后,刑罚执行完毕以前,发现漏罪的并罚

我国《刑法》第70条规定:"判决宣告以后,刑罚执行完毕以前,发现被判刑的犯罪分子在判决宣告以前还有其他罪没有判决的,应当对新发现的罪作出判决,把前后两个判决所判处的刑罚,依照本法第69条的规定,决定执行的刑罚。已经执行的刑期,应当计算在新判决决定的刑期以内。"

所谓"新发现的罪",是指在原判决宣告并生效之前实施的并未经判决,应当依法追诉并与原判决之罪进行数罪并罚的罪,理论上一般称为"漏罪"。根据我国《刑法》第70条的规定,该种并罚的条件和方法是:

(1) 必须在判决宣告以后,刑罚还没有执行完毕以前发现漏罪。所谓"判决宣告以后",是指判决已宣告并发生法律效力之后。若发现漏罪的时间不是在判决宣告以后,刑罚未执行完毕以前的期限内,而是在刑罚执行完毕之后,或者是在刑罚执行期间实施的,则均不得适用该条的规定合并处罚。

(2) 对发现的漏罪,不管其罪数如何,也不管是否与原判之罪属于同种性质的犯罪,都应当单独定罪量刑。

(3) 把前后两个判决所判处的刑罚,即前罪所判处的刑罚与漏罪所判处的刑罚,按照相应的数罪并罚原则,决定执行的刑罚。但必须是与已经生效的前一判决的刑罚实行并罚,而不能与原判决中各罪的数个宣告刑进行并罚,否则,就否定了已发生法律效力的前一判决,影响刑事判决的严肃性。此种情况下的合并处罚与判决宣告

以前一人犯数罪的合并处罚不同的是,后者是将同一判决中的数个未生效的宣告刑合并而决定执行的刑罚,前者是将一个已经生效的判决与尚未生效判决所判处的刑罚合并而决定执行的刑罚。

(4) 所谓"已经执行的刑期,应当计算在新判决决定的刑期以内",是指在计算刑期时(除决定执行的是死刑、无期徒刑者外),应在两个判决合并决定执行的刑期中,减去已经执行的刑期,作为应当执行的刑期。换言之,前一判决已经执行的刑期,应当从前后两个判决所判处的刑罚合并而决定执行的刑期中扣除。故该种计算刑期的方法,可概括为"先并后减"。

(三) 判决宣告以后,刑罚执行完毕以前,被判刑的犯罪分子又犯罪的并罚

我国《刑法》第71条规定:"判决宣告以后,刑罚执行完毕以前,发现被判刑的犯罪分子又犯罪的,应当对新犯的罪作出判决,把前罪没有执行的刑罚和后罪所判处的刑罚,依照本法第69条的规定,决定执行的刑罚。"根据我国《刑法》第70条的规定,刑罚执行期间又犯新罪的并罚条件和方法是:

(1) 必须在判决宣告以后,刑罚还没有执行完毕以前,被判刑的犯罪分子又犯新罪。即在刑罚执行期间犯罪分子又实施了新的犯罪。所谓"判决宣告以后"是指判决已经宣告并发生法律效力之后,不包括判决虽已宣告但尚未发生法律效力的情形。

(2) 对于犯罪分子所实施的新罪,不管其罪数如何,也不管是否与原判之罪属于同种性质的犯罪,都应当单独定罪量刑。

(3) 刑期的计算(除决定执行的是死刑、无期徒刑者外),应当把前罪没有执行的刑罚和后罪所判处的刑罚,依照刑法规定的相应原则,决定执行的刑罚。所谓"把前罪没有执行的刑罚和后罪所判处的刑罚,依照本法第69条的规定,决定执行的刑罚",是指应从前罪已经生效判决决定执行的刑罚中,减去已经执行的刑期,然后将前罪未执行的刑罚与后罪所判处的刑罚合并后再决定应执行的刑罚。故该种计算刑期的方法,可概括为"先减后并"。

四、关于数罪并罚的其他问题

以上三种情况是数罪并罚案件的基本形式。在实践中,具体的案件中可能会出现各种更加复杂的情况,应当区别不同情况依法处理:

(1) 刑满释放后又犯新罪,同时发现在原判决宣告之前有其他犯罪行为未经处理,并且应当依法追诉。有关司法解释曾指出:在处理被告人刑满释放后又犯罪的案件时,发现他在前罪判决宣告之前,或者在前罪判决的刑罚执行期间,犯有其他罪行,未经过处理,并且依照我国《刑法》总则的规定应当追诉的,如果漏罪与新罪分属于不同种罪,应当对漏罪与刑满释放后又犯的新罪,依照我国《刑法》第69条的规定,分别定罪量刑,实行数罪并罚;如果漏罪与新罪属于同一种罪,可以判处一罪从重处罚,不必实行数罪并罚。此种情况下发现漏罪的并罚,与刑罚未执行完毕以前发现漏罪的数罪并罚有所区别,主要表现为:① 前者是在刑满释放后发现有漏罪;后者是在判决宣告之后,刑罚未执行完毕以前发现有漏罪。② 前者之漏罪包括前罪判决宣告以前

和前罪判处的刑罚执行期间所犯罪行;后者之漏罪仅指判决宣告以前所犯罪行。③ 前者之漏罪与新罪性质各异时才实行数罪并罚,而若属于同种罪则可判处一罪从重处罚,不实行数罪并罚;后者之漏罪无论与前罪是否属于同种罪,都应实行数罪并罚。④ 前者之数罪并罚应当依照我国《刑法》第69条的规定进行;后者之数罪并罚则应当适用我国《刑法》第70条规定的方法进行。

(2) 判决宣告以后,刑罚还没有执行完毕以前,被判刑的犯罪分子又犯数个新罪的合并处罚。我国《刑法》第71条所规定的数罪并罚方法,是以刑罚执行期间犯罪分子再犯一个新罪为标准的。对于在刑罚执行期犯罪分子又犯数个新罪应如何并罚,因刑法规定不甚明确,刑法界存在分歧意见,主要有:① 一次并罚说。主张应当首先对数个新罪分别定罪量刑,而后将判决所宣告的数个刑罚即数个宣告刑与前罪未执行的刑罚并罚。即实行一次并罚。② 两次并罚说。主张应当首先对数个新罪分别定罪量刑并实行并罚,然后将决定执行的刑罚与前罪未执行的刑罚再进行并罚。我们认为,一次并罚说似更符合我国《刑法》第71条所确定的对再犯新罪者从严惩处的立法精神。据此,把新犯数罪的各个宣告刑与前罪未执行的刑罚进行并罚的方法,不仅可以使总和刑期居于相对较高的水平,而且一般也不会使数刑中最高刑期因此而降至低于残余刑期的程度,能更好地体现"先减后并"方法。

(3) 判决宣告以后,尚未交付执行时,发现罪犯还有其他罪没有处理的,也应当依照我国《刑法》第70条的规定实行并罚。但是,如果判决宣告后还没有发生法律效力时,发现罪犯还有其他罪没有处理,并且被告人提出上诉或者人民检察院提出抗诉的,第二审人民法院可以裁定撤销原判,发回原审人民法院重新审理,由检察机关提出补充起诉,而不应当再根据我国《刑法》第70条实行并罚。

(4) 判决宣告以后,刑罚执行完毕以前,被判刑的犯罪分子又犯罪,同时发现犯罪分子有漏罪的并罚方法。此种情况同时涉及"先并后减"和"先减后并"的数罪并罚的方法的问题。主要有两种观点:第一种观点认为,应当首先对漏判之罪和新犯之罪分别定罪量刑,然后将其与前一判决或前罪未执行的刑罚进行并罚。即再根据我国《刑法》第71条规定的"先减后并"的方法并罚。第二种观点认为,应采取分别判决、顺序并罚的方法,即应当对漏判之罪和新犯之罪分别定罪量刑。然后,按照我国《刑法》第70条规定的先并后减的方法,将对漏罪所判处的刑罚与原判决判处的刑罚进行并罚,确定执行的刑罚。最后,依照我国《刑法》第71条规定的先减后并方法,将对新犯之罪所判处的刑罚,与原判之罪和漏罪合并后决定执行的刑罚进行并罚,决定最终应当执行的刑罚。我们认为,后一种观点比较符合我国刑法的规定。

(5) 在原判决认定犯罪人犯有数罪且予以合并处罚的条件下,所发现的漏罪与原判之数罪合并处罚的方法。对此,有两种不同的处理意见:一种意见认为,应当将对漏罪所判处的刑罚与原判决决定执行的刑罚,依照相应原则决定执行的刑罚。另一种意见认为,应当将对漏罪所判处的刑罚与原判决所认定的数罪的刑罚即数个宣告刑,依照相应原则决定执行的刑罚,我们认为,我国《刑法》第70条并未明确规定漏判之罪与原判之数罪合并处罚所须遵守的规则,前一种意见相对较为合理,可以采用。

第四节 缓　　刑

一、缓刑的概念和意义

(一) 缓刑的概念和种类

缓刑由英国法官希尔(Hill)所首倡,作为一种刑罚制度,1870年始适用于美国波士顿。各国刑法所规定的缓刑主要有刑罚暂缓宣告、刑罚暂缓执行和缓予起诉三种。(1) 刑罚暂缓宣告,也称"宣告犹豫"。这是一种广义上的缓刑,指对被告人所犯之罪确认后,在一定期限内不予宣告。在考验期限内,如果没有发生应当撤销缓刑的法定事由,即不再宣告对其所科刑罚的制度。(2) 刑罚暂缓执行,也称"执行犹豫",这是一种狭义上的缓刑,是在对被告人宣告判处刑罚的同时宣告缓刑。如果在缓刑考验期限内,发生了应当撤销缓刑的法定事由,即撤销缓刑,执行原判刑罚;反之,期限届满后则不再执行所宣告的刑罚的制度。(3) 缓予起诉,也称"起诉犹豫",是对犯有轻微罪行的人,在一定期限内附条件暂缓起诉的制度。

我国刑法所规定的缓刑,属于刑罚暂缓执行,即对原判刑罚附条件不执行的一种刑罚制度。具体说包括两类,一是一般缓刑,二是战时缓刑。

所谓一般缓刑,根据我国《刑法》第72条的规定,是指人民法院对于被判处拘役、3年以下有期徒刑的犯罪分子,在符合法律规定条件的前提下,暂缓其刑罚的执行,并规定一定的考验期,考验期内实行社区矫正[①],如果被宣告缓刑者在考验期内没有发生法律规定应当撤销缓刑的事由,原判刑罚就不再执行的制度。此为我国刑法中的一般缓刑制度。

所谓战时缓刑,根据我国《刑法》第449条规定,是指在战时,对被判处3年以下有期徒刑没有现实危险的犯罪军人,暂缓其刑罚执行,允许其戴罪立功,确有立功表现时,可以撤销原判刑罚,不以犯罪论处的制度。此为我国刑法中的战时缓刑,相对于一般缓刑而言,也被称为"特别缓刑"。

我国刑法中的一般缓刑与战时缓刑在适用对象、条件,适用方法和法律后果等方面均有所不同。缓刑不是刑种,而是刑罚适用、裁量制度的重要内容之一。宣告缓刑必须以判处一定的刑罚为先决条件,即缓刑不能脱离原判决刑罚的基础而独立存在。若犯罪人未被判处拘役或者3年以下有期徒刑,就不能适用缓刑。所以,缓刑的基本特征为:判处刑罚,同时宣告暂缓执行,但又在一定时期内保持执行所宣告的刑罚的可能性。

缓刑与免予刑事处罚不同。免予刑事处罚,是人民法院对已经构成犯罪的被

[①] 社区矫正,是我国2003年起实行的,由专门的国家机关在相关社会团体和民间组织以及社会志愿者的协助下,在判决、裁定或决定确定的期限内,对符合社区矫正条件的罪犯置于社区内,矫正其犯罪心理和行为恶习,并促进其顺利回归社会的非监禁刑罚执行活动。社区矫正,是为了适应我国政治、经济、社会及文化的发展要求,积极探索建设中国特色的社会主义刑罚制度,推进社会主义民主法制建设中的刑罚执行制度改革中的一项重要内容。

告人作出有罪判决,但根据案件的具体情况,认为不需要判处刑罚,因而宣告免予刑事处罚,即只定罪而不判刑。所以,被宣告免予刑事处罚的犯罪分子不存在曾经被判过刑罚和仍有执行刑罚的可能性的问题。而缓刑则是在人民法院对犯罪分子作出有罪判决并判处刑罚的基础上,宣告暂缓执行刑罚,但同时保持执行刑罚的可能性。如果在缓刑考验期内发生应撤销刑的法定事理,就要撤销缓刑,执行原判刑罚。即使犯罪分子在缓刑考验期内未发生应撤销缓刑的法定事由,也是被判处过刑罚者。

缓刑与监外执行不同。监外执行是根据被关押者的某些具体情况而采取的一种临时性执行刑罚的方法。其与缓刑的区别主要是:(1)性质不同,缓刑是附条件暂缓执行原判刑罚;而监外执行是刑罚执行过程中的具体执行场所的临时性变化,并非不执行原判刑罚。(2)适用对象不同。缓刑只适用于被判处拘役或者3年以下有期徒刑的犯罪分子;监外执行的被关押者可以是被判处无期徒刑、有期徒刑、拘役者。(3)适用的条件不同。缓刑的适用,以犯罪分子的犯罪情节、悔罪表现和不致再危害社会为基本条件;监外执行的适用,须以被关押者有严重疾病需要保外就医者,或者怀孕、需要给自己所生婴儿哺乳等不宜收监执行的特殊情形为条件。(4)适用的方法不同,缓刑应在判处刑罚的同时予以宣告,并应依法确定缓刑的考验期;而监外执行是在判决确定以后适用的一种变通执行刑罚的方法,在宣告判决时和刑罚执行过程中均可适用且不需要确定考验期。此外,适用监外执行的过程中一旦影响在监外执行的具体情况消失,即便罪犯在监外未再违反任何规定,只要刑期未满,仍应收监执行。(5)适用的法律依据不同。适用缓刑的依据是刑法中的有关规定;适用监外执行的依据是我国刑事诉讼法的有关规定。

缓刑与死刑缓期执行不同。两者虽然同是刑罚具体适用的制度,但是两者根本不同。主要区别是:(1)适用对象不同。缓刑适用于被判处拘役或者3年以下有期徒刑;死刑缓期执行适用于被处死刑。(2)执行方法不同。对于被宣告缓刑的犯罪分子不予关押;而被宣告死刑缓期执行的罪犯,必须予以关押,并实行劳动改造。(3)考验期限不同。缓刑的考验期,可因所判刑种和刑期的不同而不同;死刑缓期执行的法定考验期限一律为2年。(4)法律后果不同。缓刑的法律后果,就其在考验期内是否发生法定情形而有区别,或者是原判刑罚不再执行,或者是撤销缓刑,把前罪与后罪所判处的刑罚按照数罪并罚的原则予以处罚;死刑缓期执行的法律后果,是在缓刑期限届满时根据犯罪人的表现,或者予以减刑或者执行死刑。

(二) 缓刑的意义

缓刑是我国刑法运用惩办与宽大相结合、惩罚与教育改造相结合的刑事政策而确立的重要刑罚制度之一,是这一基本的刑事政策在刑罚制度中运用的具体化,也是依靠专门机关与人民群众相结合,同犯罪作斗争方针在刑罚具体运用中的体现。适用缓刑,既表明了国家对犯罪分子及其犯罪行为否定的评价,同时又体现了对犯罪分子一定的宽大政策。在维持原判刑罚效力的基础上给予犯罪分子以悔过自新的机

会,有利于教育改造犯罪分子,充分体现我国刑法的人道主义精神。缓刑制度的意义还表现为以下几个方面:

第一,缓刑有助于避免短期自由刑的弊端,最优化地发挥刑罚的功能,符合刑罚经济的思想。这是由缓刑制度的基本特征,即附条件地暂缓刑罚执行所决定的缓刑的积极作用之一。缓刑的具体适用,能够使犯罪分子在感受到刑罚的威慑力,畏惧暂缓执行的刑罚可能被实际执行的条件下,在不被关押、由特定机关予以考察的过程中,更自觉地检点行为、改恶从善、争取光明的前程,从而避免了被实际执行短期自由刑而带来的与社会隔绝、重返社会困难、罪犯间交互感染等现象的弊端,并能较好地以最经济的方法实现刑罚的惩罚、威慑、教育、改造等功能。

第二,缓刑有助于更好地实现刑罚的目的。刑罚的目的之一,是预防犯罪人重新犯罪。实现刑罚目的的途径,主要是对犯罪人判处并执行刑罚。但基于刑罚个别化的原则判处缓刑,是判处刑罚并保持执行可能性的条件下,暂缓刑罚的执行。是否被撤销缓刑,取决于缓刑犯对自己的自律,这种主要取决于犯罪人的主观努力,在以自律为主的社会生活中,有利于促使犯罪分子自觉地约束自己的行为,获得刑罚特殊预防的效果。较之将犯罪收押于监禁设施内执行刑罚,在以他律为主的监禁生活中获得的特殊预防效果,相对更为科学。

第三,缓刑是实现刑罚社会化的重要制度保障。被宣告缓刑的犯罪分子不脱离家庭、社会,可以继续从事原有的工作,避免了因执行实刑给其本人和家庭带来的不利影响,即可以使其不致因犯罪而影响履行自身负有的家庭和社会义务,使其既感受到法律的威严,也亲身体会到法律、国家和社会的宽容,从而较自觉地完成改造任务,收到比执行实刑更好的效果。

二、一般缓刑

(一) 一般缓刑的共通条件

根据我国《刑法》第72条、第74条及第76条规定,一般缓刑的共通适用条件是:

(1) 犯罪分子必须是被判处拘役或者3年以下有期徒刑的刑罚。因缓刑是对犯罪人不予以关押,附条件不执行原判刑罚,决定了缓刑的适用对象只能是罪行较轻之人,而罪行的轻重是与犯罪人被判处的刑罚轻重相适应的。缓刑的适用对象要求为被判处拘役或者3年以下有期徒刑之人,就是因为其罪行较轻,社会危害性和人身危险性较小。相反,被判处3年以上有期徒刑的犯罪分子,是因其罪行较重,社会危害性和人身危险性较大,不宜采用缓刑的方法将其置于社会。至于被判处管制的犯罪分子,由于管制刑对犯罪人不予关押,仅限制其一定人身自由,适用缓刑无实际意义。

但是,并非被宣告拘役刑和3年以下有期徒刑的,都应该宣告缓刑。根据我国《刑法》第72条的规定,只有同时符合下列条件者,才能适用缓刑:一是犯罪情节较轻;二是有悔罪表现;三是没有再犯罪的危险;四是宣告缓刑对所居住社区没有重大不良影响。

所谓"情节较轻",是指在符合本罪构成要件事实中不具有该罪较重情节,以及其犯罪前后的表现中,不具有应给予较重否定评价的事实。

所谓"有悔罪表现",是指行为人有对自己的罪行真诚悔悟,能够认识到错误,并有具体真诚悔悟、悔改的意愿和行为,比如积极向被害人道歉、赔偿被害人的损失、获取被害人的谅解等。

所谓"没有再犯罪的危险",是指综合其犯罪情节和悔罪表现,表明其不具有较大的人身危险性,即使将其放置在社会上,再次犯罪的可能性较小。如果有可能再次侵害被害人,或者是由于生活条件、环境的影响而有可能再次犯罪的,则不能适用缓刑。

所谓"对所居住社区没有重大不良影响",是指对犯罪人适用缓刑不会对其所居住社区的安全、秩序和稳定带来重大不良影响,这种影响必须是重大的、现实的影响,具体情形应由法官根据个案情况来判断。如果对其适用缓刑,会造成所在社区群众心理上的不安全感增大以及使生活、治安环境条件恶化的可能性,则不能适用缓刑。

所谓"判处拘役或者3年以下有期徒刑",是指宣告刑而不是指法定刑。对于犯数罪并罚后能否适用缓刑的问题,刑法学界存在不同的认识。我们认为,数罪并罚决定执行的刑罚后,如果仍符合法定缓刑的条件,仍可宣告缓刑。但必须注意:只能对数罪并罚决定执行刑罚之后,是否符合缓刑条件进行审查,既不能以数罪宣告的总和刑期决定是否适用并宣告缓刑,也不能对数罪的一部分刑罚宣告缓刑,一部分刑罚不宣告缓刑。

司法实践中,在决定是否适用缓刑时,既要考虑其犯罪情节,是否真诚悔罪,没有再犯的可能性等,还要考虑犯罪分子在社会上是否有较好的改造环境。但必须注意的是,上述法律规定的条件,只是审判人员综合案件事实后的一种推测或预先判断,所以必须以事实为根据,不能臆断。也不能片面强调所要求同时具备条件的某一个方面。

(2)犯罪分子必须不是累犯和犯罪集团的首要分子。累犯和犯罪集团的首要分子,均是具有较大主观恶性和人身危险性,有再犯之虞,适用缓刑难以防止其再犯新罪。所以,即使是累犯和犯罪集团的首要分子被判处拘役或3年以下有期徒刑,也不能适用缓刑。

因犯何种罪可以适用缓刑,立法并没有限制。根据审判实践经验,缓刑一般多适用于过失犯罪,如交通肇事罪、重大责任事故罪;比较轻微的故意犯罪,如重婚罪、虐待罪、妨害公务罪和掩饰、隐瞒犯罪所得、犯罪所得收益罪;侵害人身的轻伤害、侵财的一般盗窃犯罪等。对于强奸、抢劫等严重刑事犯罪,一般不宜适用缓刑。

适用缓刑必须同时具备上述法定条件,缺乏其中任何一个条件都不能适用缓刑。

在刑事司法实践中,需要防止应当适用缓刑但对缓刑条件掌握过严而不适用,以及不应当适用缓刑但对缓刑条件掌握过宽的错误倾向。特别是绝不能将缓刑作为对疑案处理的折中处理方法和使缓刑成为犯罪分子的庇护伞。如对于某些缺乏确凿证据,既不能认定构成犯罪,又不能肯定不构成犯罪的案件,不能认定犯罪并运用缓刑,而应当坚持"疑罪从无"宣告无罪;对于明知不具备或者不完全具备缓刑条件的案件,不能以适用缓刑而轻纵罪犯。只有严格遵守法律明确规定的适用条件,才能充分发挥缓刑制度的积极作用。

(二) 缓刑的宣告

根据我国《刑法》第72条的规定,对被判处拘役及3年以下有期徒刑之人,符合宣告缓刑条件的,必须根据是否具有法律规定的特别条件予以审查。

(1) 一般适用。第72条第1款前半段规定:对于被判处拘役、3年以下有期徒刑的犯罪分子,同时符合下列条件的,可以宣告缓刑。这是指对被判处拘役或者3年以下有期徒刑之人,人民法院应认真审查是否同时具备我国《刑法》第72条第1款第1项至第4项规定的条件,包括其生活社区是否有良好的改造条件,如果放置在社会上进行改造条件尚不具备,不应当决定适用缓刑并予以宣告。

(2) 特别适用。第72条第1款规定:对于被判处拘役、3年以下有期徒刑的犯罪分子,同时符合下列条件的……对其中不满18周岁的人、怀孕的妇女和已满75周岁的人,应当宣告缓刑。这是指对被判处拘役或者3年以下有期徒刑之人,在同时具备我国《刑法》第72条第1款第1项至第4项规定的条件,同时具有法律规定特别的身份状况的,必须适用缓刑。

所谓"不满18周岁",应是指在判决宣告之前,仍然未年满18周岁。并非是指犯罪时不满18周岁。如果犯罪时不满18周岁,在判决宣告前已满18周岁的,应根据一般适用条件予以审查。对符合条件的,仍然可以宣告缓刑。

所谓"怀孕的妇女",是指在判决宣告之前妇女怀有身孕,而不是指犯罪时怀有身孕。依据我国的审判实践,判决前怀有身孕的妇女即使因各种原因实施人工流产后,仍然视为怀孕妇女。

所谓"年满75周岁",是指判决宣告之前已满75周岁。

在符合特别身份的条件时,只要具备符合适用缓刑的条件,则必须对其适用缓刑并予以宣告。同时依据我国《刑法》第76条"对宣告缓刑的犯罪分子,在缓刑考验期限内,依法实行社区矫正"①的规定,即使是特别适用的缓刑,对社区矫正条件,也应作必要的审查。

(三) 缓刑宣告的内容

根据我国《刑法》第72条第2款的规定,宣告缓刑,可以根据犯罪情况,同时禁止犯罪分子在缓刑考验期限内从事特定活动,进入特定区域、场所,接触特定的人。这一规定,是我国刑罚个别化的有益尝试。

所谓"根据犯罪情况",主要是指根据犯罪分子的犯罪情节、生活环境、是否有不良癖好等确定禁止令的内容。所以,人民法院在决定适用缓刑时,应充分考虑其犯罪的原因、动机、特点等犯罪的情况,决定宣告缓刑时是否应当同时发布禁止令。所谓

---

① 结合我国《刑法修正案(八)》第1条规定:在《刑法》第17条后增加一条,作为第17条之一:"已满75周岁的人故意犯罪的,可以从轻或者减轻处罚;过失犯罪的,应当从轻或者减轻处罚。"从体恤老年人实际的生理状况出发,对已满75周岁的老年人宣告缓刑的,实行社区矫正中不宜让其承担过度耗费体力的工作。

的"特定活动""特定的区域、场所""特定的人",应当与原犯罪有关联,防止引发被宣告缓刑犯罪分子的再次犯罪,或者是为了确保犯罪分子遵守非监禁刑所要求的相关义务。"特定的活动",应是与原犯罪行为相关联的活动;"特定的人",应是原犯罪行为的被害人及其近亲属、特定的证人等;"特定的区域、场所",应是原犯罪的区域、场所以及与原犯罪场所相类似的场所、区域等。例如,因子女抚养权引发的故意伤害,应考虑在缓刑考验期内,不得进入被害人工作、生活的场所;因制售伪劣食品、药品构成犯罪的,应考虑在缓刑考验期内,不得从事食品加工、药品生产活动等。总之,禁止令的内容应当有正当理由或者是基于合理推断,而不能是随意规定。

(四)缓刑的考验期

缓刑考验期,是指对被宣告缓刑的犯罪分子进行考察的一定期间。缓刑的考验期,是缓刑制度的重要组成部分,设立考验期的目的,在于考察被缓刑人是否接受改造。所以,在宣告缓刑的同时,应当确定适当的考验期,以使缓刑制度发挥积极的效用。我国《刑法》第 73 条规定:"拘役的缓刑考验期限为原判刑期以上 1 年以下,但是不能少于 2 个月。有期徒刑的缓刑考验期限为原判刑期以上 5 年以下,但是不能少于 1 年。"根据此规定,在确定考验期时应注意:缓刑考验期的长短必须适中,应以原判刑罚刑期的长短为前提,可以等于或适当长于原判刑期,但不能短于原判刑期。一般以不超过原判刑期 1 倍为宜。在确定具体的缓刑考验期时,应根据犯罪情节和犯罪分子个人的具体情况,在法律规定的范围内决定适当的考验期。

根据我国《刑法》第 73 条第 3 款的规定,缓刑的考验期限,从判决确定之日起计算。所谓"判决确定之日",即判决发生法律效力之日。一审判决后,被告人未上诉,检察机关也未提出抗诉的,从判决之日起经过 10 日生效,即为判决确定之日(死刑判决除外)。对于上诉或者抗诉的案件,二审判决宣告之日即为判决确定之日。判决以前先行羁押的时间,不能折抵缓刑考验期限。一审判决缓刑的案件,人民法院应当对被适用缓刑而正被羁押的被告人变更强制措施,或者取保候审,或者监视居住,等待上诉、抗诉期限届满或者二审判决生效后,再交付执行。如果二审判决变更了一审判决,对被告人判处拘役、有期徒刑而不宣告缓刑的,即应根据二审判决书将犯罪分子予以收押。

最高人民法院在有关司法解释中曾经规定,被宣告缓刑的人,在缓刑考验期期限内,确有突出悔改表现或者立功表现的,可以对原判刑罚予以减刑,同时相应缩短其缓刑考验期限。我们认为,这种情况也应当实行区别对待。在缓刑考验期限本身不太长的情况下,减刑时缩短其缓刑考验期限,并无很大的实际意义,如果缓刑的考验期限比较长,则应适当考虑缩短其缓刑考验期限。

(五)缓刑考验期限内的考察

根据我国《刑法》第 75 条、第 76 条的规定,缓刑考验期限内的考察,主要为以下内容:

(1)被宣告缓刑者应当遵守的规定。根据我国《刑法》第 75 条的规定,被宣告缓刑的犯罪分子应当遵守下列规定:① 遵守法律、行政法规,服从监督;② 按照考察机关的规定报告自己的活动情况;③遵守考察机关关于会客的规定;④离开所居住的市、县或者迁居,应当报经考察机关批准。

(2) 缓刑的执行机构。我国《刑法》第76条规定:"对宣告缓刑的犯罪分子,在缓刑考验期限内,依法实行社区矫正,……"根据2012年3月1日的《社区矫正实施办法》规定,缓刑的执行机构是县级司法行政机关社区矫正机构,负责对被缓刑的社区矫正人员进行监督管理和教育帮助。司法所承担社区矫正日常工作。

(3) 缓刑执行中监督考察的内容。根据我国《刑法》第72条第2款、第75条的规定,缓刑考察的内容,就是考察被宣告缓刑的犯罪分子,在缓刑考验期限内,是否具有《刑法》第77条规定的情形,即再犯新罪或者发现漏罪,或者违反法律、行政法规或者国务院公安部门有关缓刑的监督管理规定,或者违反人民法院判决中的禁止令并且情节严重。若不具有第77条规定的情形,缓刑考验期满,原判的刑罚就不再执行,并公开予以宣告。

(六) 缓刑的法律后果

根据我国《刑法》第76条、第77条的规定,一般缓刑的法律后果有以下三种:

(1) 被宣告缓刑的犯罪分子,在缓刑考验期限内,不具有《刑法》第77条规定的情形,缓刑考验期满,原判的刑罚就不再执行。

(2) 被宣告缓刑的犯罪分子,在缓刑考验期限内犯新罪或者发现判决宣告以前还有其他罪没有判决的,应当撤销缓刑,对新犯的罪或者发现的漏罪作出判决,把前罪和后罪所判处的刑罚,依照《刑法》第69条的规定,决定执行的刑罚。

(3) 被宣告缓刑的犯罪分子,在缓刑考验期限内,违反法律、行政法规或者国务院公安部门有关缓刑的监督管理规定,或者违反人民法院判决中的禁止令并且情节严重的,应当撤销缓刑,予以收监执行原判刑罚。

此外,根据我国《刑法》第72条第3款的规定,缓刑的效力不及于附加刑,即被宣告缓刑的犯罪分子,如果被判处附加刑,附加刑仍须执行。即无论缓刑是否撤销,所判处的附加刑都必须执行。

三、战时缓刑

(一) 战时缓刑的适用条件

我国《刑法》第449条规定:"在战时,对被判处3年以下有期徒刑没有现实危险宣告缓刑的犯罪军人,允许其戴罪立功,确有立功表现时,可以撤销原判刑罚,不以犯罪论处。"适用战时缓刑应当遵守以下条件:

(1) 必须是在战时。这是缓刑适用的时间条件,在和平时期或非战时条件下,不能适用此种缓刑。所谓战时,根据我国《刑法》第451条的规定,是指国家宣布进入战争状态、部队受领作战任务或者遭敌突然袭击时;部队执行戒严任务或者处置突发性暴力事件时,以战时论。

(2) 只能是被判处3年以下有期徒刑的犯罪军人。这是缓刑适用的对象条件,不是犯罪的军人,或者虽是犯罪的军人,但被判处的刑罚为3年以上有期徒刑,不能适用缓刑。同时,根据我国《刑法》第 74 条规定的精神,构成累犯的犯罪军人应同样不适用于战时缓刑。

(3) 必须是在战争条件下宣告缓刑没有现实危险。这是战时适用缓刑最关键的条件。即使是被判处 3 年以下有期徒刑的犯罪军人,若被判断为适用缓刑具有现实危险,也不能宣告缓刑。因为,战时缓刑的适用,是将犯罪军人继续留在部队,并在战时状态下执行军事任务,若宣告缓刑具有现实的危险,则会在战时状态下危害国家的军事利益。至于宣告缓刑是否有现实危险,则应根据犯罪军人所犯罪行的性质、情节、危害程度,以及犯罪军人的悔罪表现和一贯表现作出综合评判。

(二) 一般缓刑与战时缓刑的区别

(1) 适用对象不同。一般缓刑可以适用于除累犯和犯罪集团的首要分子以外的被判处拘役、3 年以下有期徒刑之人;战时缓刑则适用于除累犯以外的被判处 3 年以下有期徒刑的犯罪军人。

(2) 适用的时间不同。一般缓刑的适用有期限限制但无适用时间上的限制;战时缓刑只能在战时适用。

(3) 适用的实质条件不同。一般缓刑适用因"没有再犯罪的危险、对所居住社区没有重大不良影响";战时缓刑适用是在战时状态下,虽然适用缓刑但"没有现实危险"。

(4) 适用方法和监督考察内容不同。一般缓刑必须是在宣告缓刑的同时依法确定缓刑考验期,监督考察内容是受缓刑宣告者在缓刑考验期内是否具有我国《刑法》第 77 条规定的情形;战时缓刑没有缓刑考验期,缓刑的考验内容为犯罪军人是否具有立功表现。

(5) 法律后果不同。一般缓刑的法律后果为,无论缓刑是否被撤销,所宣告的罪刑仍然成立;而战时缓刑在犯罪军人确有立功表现的条件下,原判刑罚可予撤销,不以犯罪论处,即罪与刑同时消灭。

第十八章 刑罚执行制度

第一节 减　　刑

一、减刑的概念

减刑,是指对被判处管制、拘役、有期徒刑或者无期徒刑的犯罪分子,因其在刑罚执行期间认真遵守监规,接受教育改造,确有悔改或者立功表现,而适当减轻其原判刑罚的制度。减刑是我国在长期教育改造罪犯的实践中建立并逐步完善的一种刑罚执行制度。在一定意义上讲,我国刑法中的减刑制度,是刑法上的一个创举。减刑制度对于鼓励犯罪分子加速改造,化消极因素为积极因素,实现刑罚的目的,具有积极的作用。

减刑作为我国刑法中规定的一项独立的刑罚执行制度,与我国刑法和刑事诉讼法中的改判、减轻处罚、死缓中的减刑、假释、特赦等相关制度,虽有一定的相同或者相似之处,但又有明显的区别。

减刑与改判的区别主要在于:改判是原判决在认定事实或者适用法律上确有错误时,依照第二审程序或者审判监督程序,撤销原判决,重新判决。改判不仅可以减轻原判决确定的刑罚,也可以加重原判决确定的刑罚(被告人上诉的案件除外),还可以改变原判决对案件事实和性质的认定。总体上讲,改判主要是刑事诉讼程序问题,是对原判决错误的纠正。减刑则是在肯定原判决的基础上,根据犯罪分子在刑罚执行期间的表现,按照法定条件和程序,将原判决确定的刑罚予以适当减轻。减刑是一种刑罚执行制度。

减刑与减轻处罚的区别主要在于:减轻处罚是人民法院根据犯罪分子所具有的法定或者酌定减轻处罚情节,依法在法定刑以下判处刑罚。它属于刑罚裁量情节及其适用规则问题,其适用对象为判决确定前的未决犯。减刑则是在判决确定以后的刑罚执行期间,对正在服刑的犯罪分子,依法对原判刑罚予以适当减轻。它是一种刑罚执行制度,其适用对象为判决确定以后的已决犯。

减刑与死缓中的减刑的区别主要在于:死缓中的减刑是指被判处死刑缓期二年执行的犯罪分子,在死刑缓期执行期间,如果没有再犯故意犯罪,就根据其具体表现予以程度不同的减刑的制度。死缓中的减刑的适用对象是被判处死刑缓期二年执行的犯罪分子,减刑的时间是二年期满后,减刑的实质条件是没有故意犯罪,减刑的幅度是由刑法明确规定即如果没有故意犯罪,二年期满后减为无期徒刑,如果有重大立功表现,二年期满以后减为25年有期徒刑。减刑的适用对象是被判处管制、拘役、有期徒刑或者无期徒刑的犯罪分子;减刑的时间刑法没有明确规定;减刑的实质条件是在刑罚执行期间认真遵守监规,接受教育改造,确有悔改表现或者立功表现;减刑的幅度是刑法通过对减刑以后实际执行的刑期的限制来体现的,即减刑以后实际执行的刑期,判处管制、拘役、有期徒刑的,不能少于原判刑期的 1/2;判处无期徒刑的,不能少于 13 年;人民法院依照我国《刑法》第 50 条第 2 款规定限制减刑的死刑缓期执行的犯罪分子,缓期执行期满后依法减为无期徒刑的,不能少于 25 年,缓期执行期满后依法减为 25 年有期徒刑的,不能少于 20 年。

减刑与罚金的减免以及死缓犯、无期徒刑犯被减为有期徒刑后附加剥夺的政治权利减为 3 年以上 10 年以下的情况也不相同。罚金的减免是由于犯罪分子遭遇不能抗拒的灾祸交纳罚金确实有困难的,由法院裁定予以减免的执行罚金刑的一种变通措施,并非因为犯罪分子有悔改或者立功表现;死缓犯、无期徒刑犯被减为有期徒刑后附加剥夺的政治权利刑期的调整只是因为主刑被减轻而作出的相应的调整,不应属于刑法通常意义上的减刑。

减刑与假释虽然都是刑罚执行制度,但在适用对象、适用的实质条件等方面均有不同(具体参见下文有关"假释"部分的论述)。

减刑与特赦的区别主要在于:特赦是由宪法规定的一种刑罚消灭制度,它一般针对某一类或几类犯罪分子适用,适用的根据主要是对国家政治形势的考虑。而减刑是刑法规定的一种刑罚执行制度,它每次适用均是针对个别犯罪分子单独适用,适用的根据是犯罪分子在刑罚执行过程中的表现即犯罪分子认真遵守监规,接受教育改造,确有悔改表现,或者有立功表现。

二、减刑的条件

根据我国《刑法》第 78 条的规定,减刑分为可以减刑和应当减刑两种。可以减刑与应当减刑的对象条件和限度条件相同,只是实质条件有所区别。对于犯罪分子适用减刑,必须同时符合以下条件:

(一) 对象条件

减刑的对象只能是被判处管制、拘役、有期徒刑、无期徒刑的犯罪分子。刑法之所以将减刑的对象限定于被判处剥夺或限制人身自由的刑罚,而对判处的刑种以及刑期没有任何限制,主要是因为剥夺或限制人身自由对犯罪分子来说无疑是一种痛苦,而带有奖励性质的减刑制度对于希望早日恢复人身自由的犯罪分子来说无疑会发挥一种激励作用,从而促使其积极接受教育改造,早日消除其主观恶性和人身危险性,进而有助于刑罚特殊预防目的的实现;而且只要对犯罪分子判处的刑罚存在一个执行的过程,减刑在客观上就会对犯罪分子发挥激励作用,因而在适用减刑时对判处的刑种以及刑期进行限制,没有任何的积极意义。

理解减刑的对象条件,应注意如下几个问题:第一,减刑的对象范围,除因犯贪污罪、受贿罪被判处死刑缓期执行且被同时决定在死刑缓期执行期满减为无期徒刑后应终身监禁的外①,仅受刑罚种类的限制,而不受刑期长短和犯罪性质的限制,因此,只要是被判处上述四种刑罚之一的犯罪分子,无论其犯罪行为是故意犯罪还是过失犯罪,是重罪还是轻罪,是危害国家安全罪还是其他刑事犯罪,如果具备了法定的减刑条件,都可以减刑。第二,虽然缓刑不是刑罚的执行活动,但被缓刑的犯罪分子在缓刑期间其人身自由也如同被判处管制的犯罪分子一样受到限制,因而有关司法解释规定,如果犯罪分子在缓刑考验期间有重大立功表现,可以对原判刑罚予以减刑,同时相应地缩短其缓刑考验期限。② 第三,虽然有关司法解释曾规定,被假释的罪犯,除有特殊情形,一般不得减刑,其假释考验期也不能缩短③,但该司法解释已被废止,其后发布的法律法规和司法解释也未再规定对被假释的罪犯不得减刑,因而应该认为对被假释的罪犯在符合减刑的条件时,可以减刑。

(二)实质条件

减刑的实质条件因减刑的种类不同而有所区别。

(1)可以减刑的实质条件是犯罪分子在刑罚执行期间认真遵守监规,接受教育改造,确有悔改表现,或者有立功表现。把握这一条件,应当注意如下几个问题:

第一,根据有关司法解释规定,对于符合"可以减刑"条件的案件,在办理时应当综合考察罪犯犯罪的性质和具体情节、社会危害程度、原判刑罚及生效裁判中财产性判项的履行情况、交付执行后的一贯表现等因素。④

第二,"认真遵守监规,接受教育改造"和"确有悔改表现,或者有立功表现"之间的关系问题。理论界对此存在不同的理解:一种观点认为,"认真遵守监规,接受教育改造"和"确有悔改表现,或者有立功表现"之间是并列的关系,只要具有该三种情形之一的,就可以减刑。⑤ 另一种观点认为,"认真遵守监规,接受教育改造"和"确有悔改表现,或者有立功表现"之间并非是并列的关系,"认真遵守监规,接受教育改造"是"确有悔改表现"的具体内容。因为我国1979年《刑法》第71条对可以减刑的条件"确有悔改表现或者立功表现"的规定不具体,实践中不好掌握,因此,1997年修订的《刑法》将其修改为"认真遵守监规,接受教育改造,确有悔改表现"。⑥ 我们认为,从我国《刑法》第78条"如果认真遵守监规,接受教育改造,确有悔改表现的,或者有立功表现的,可以减刑"规定的语法结构来看,"认真遵守监规,接受教育改造,确有悔改表现"是与"有立功表现"相并列的择一条件。而且,犯罪分子能够认真遵守监规,接受教育改造,就表明其具有悔改表现;犯罪分子有悔改表现,往往也能够认真遵守监

---

① 我国《刑法》第383条第4款、第386条规定犯贪污罪、受贿罪的犯罪分子"被判处死刑缓期执行的,人民法院根据犯罪情节等情况可以同时决定在其死刑缓期执行二年期满依法减为无期徒刑后,终身监禁,不得减刑、假释"。

② 参见2017年1月1日最高人民法院《关于办理减刑、假释案件具体应用法律的规定》第18条。

③ 参见1997年10月28日最高人民法院《关于办理减刑、假释案件具体应用法律若干问题的规定》第16条。

④ 参见2017年1月1日最高人民法院《关于办理减刑、假释案件具体应用法律的规定》第2条。

⑤ 参见周道鸾等主编:《刑法的修改与适用》,人民法院出版社1997年版,第210页。

⑥ 参见胡康生、李福成:《中华人民共和国刑法释义》,法律出版社1997年版,第87页。

规,接受教育改造,因而"认真遵守监规,接受教育改造"是"确有悔改表现"的客观表现,但两者并不能够等同,"确有悔改表现"除了客观上表现为认真遵守监规,接受教育改造外,还具有其他重要的内容如主观上能够认罪悔罪等,所以,不能将两者并列作为适用减刑的择一条件,而只可能结合起来与有立功表现并列作为可以减刑的择一条件。

第三,"确有悔改表现"的认定。有关司法解释①将"确有悔改表现"规定为同时具有以下四个方面的情形:认罪悔罪;遵守法律法规及监规,接受教育改造;积极参加思想、文化、职业技术教育;积极参加劳动,努力完成劳动任务。理解司法解释规定的确有悔改的情形,应当注意以下几个方面:一是由于上述司法解释对"确有悔改表现"的规定已经包括了"认真遵守监规,接受教育改造"的内容,因此,在实践中认定可以减刑的实质条件之一"认真遵守监规,接受教育改造,确有悔改表现"时,只需衡量犯罪分子是否具备上述司法解释对"确有悔改表现"规定的四种情形即可,无需再另外考虑犯罪分子是否属于"认真遵守监规,接受教育改造"。二是正确把握"认罪悔罪"与犯罪分子不服人民法院的判决而申诉的关系。即认罪悔罪与不服人民法院的判决而申诉是否矛盾?或者不服人民法院的判决而申诉能否认定为不认罪悔罪?我们认为,根据法律规定,申诉是法律赋予包括罪犯在内的刑事诉讼当事人的一项重要权利,它是有申诉权的人对人民法院已经发生法律效力的判决、裁定不服,向人民法院或人民检察院提出重新处理的请求的诉讼活动。因此,对于罪犯在刑罚执行期间提出申诉的,要依法保护其申诉的权利。不能不加区分地一概认为罪犯申诉,就是不认罪悔罪。在实践中,不管罪犯申诉的理由在法律和事实上是否成立,只要他在申诉过程中能够认真遵守法律法规及监规,积极接受教育改造,就应当认为他是认罪悔罪的。三是衡量犯罪分子是否"积极参加思想、文化、职业技术教育""积极参加劳动,努力完成劳动任务",不能只看学习和劳动成绩,应该综合考察学习和劳动的态度、努力的程度、平时的表现、学习和劳动的成绩等各个方面的情况,尤其应充分考虑各个犯罪分子的身体状况、精神状况、年龄状况、知识水平等个体情况。

第四,立功表现的认定。有关司法解释对可以减刑的实质条件"立功表现"作了明确规定,即有下列情形之一,应当认为是确有立功表现:阻止他人实施犯罪活动的;检举、揭发监狱内外犯罪活动,或者提供重要的破案线索,经查证属实的;协助司法机关抓捕其他犯罪嫌疑人的;在生产、科研中进行技术革新,成绩突出的;在抗御自然灾害或者排除重大事故中,表现积极的;对国家和社会有其他较大贡献的。②

(2)应当减刑的实质条件是犯罪分子在刑罚执行期间有重大立功表现。根据我国《刑法》第78条和有关司法解释③的规定,犯罪分子在刑罚执行期间有下列重大立功表现之一的,应当减刑:阻止他人实施重大犯罪活动的;检举监狱内外重大犯罪活动,经查证属实的;协助司法机关抓捕其他重大犯罪嫌疑人的;有发明创造或者重大技术革新的;在日常生产、生活中舍己救人的;在抗御自然灾害或者排除重大事

---

① 参见2017年1月1日最高人民法院《关于办理减刑、假释案件具体应用法律的规定》第3条。
② 参见2017年1月1日最高人民法院《关于办理减刑、假释案件具体应用法律的规定》第4条。
③ 参见2017年1月1日最高人民法院《关于办理减刑、假释案件具体应用法律的规定》第5条。

故中,有突出表现的;对国家和社会有其他重大贡献的。

(三) 限度条件①

减刑的限度,是指犯罪分子经过减刑以后,应当实际执行的最低刑期。根据我国《刑法》第78条的规定,减刑的限度为:减刑以后实际执行的刑期,判处管制、拘役、有期徒刑的,不能少于原判刑期的1/2;判处无期徒刑的,不能少于13年;人民法院依照《刑法》第50条第2款规定限制减刑的死刑缓期执行的犯罪分子,缓期执行期满后依法减为无期徒刑的,不能少于25年,缓期执行期满后依法减为25年有期徒刑的,不能少于20年。刑法之所以规定减刑的限度,主要是因为要确保刑罚预防犯罪目的的实现。刑罚的目的是一般预防和特殊预防的统一。尽管在不同的刑事诉讼阶段,对一般预防和特殊预防的实现会各有侧重,但不能为了单纯追求一个目的的实现而忽视甚至牺牲另一个目的的实现。带有奖励性质的减刑制度对于犯罪分子积极接受教育改造,早日消除其主观恶性和人身危险性,进而实现刑罚特殊预防的目的具有重要作用。但是,如果减刑没有限度,只对罪犯执行很短的刑期,就必然会降低刑罚的威慑力,削弱一般预防的效果;而且也会因刑罚执行时间过短而不足以消除罪犯的主观恶性和人身危险性,甚至会使一些罪犯产生通过短时间的伪装而换取大幅度减刑的不良企图,而最终难以实现特殊预防的目的。此外,允许没有限度地减刑,也不利于维护法院判决的权威性和严肃性。

理解减刑的限度,应科学界定我国《刑法》第78条规定中"实际执行的刑期"的含义。对此,理论界曾有不同看法②:有的认为,实际执行的刑期是指罪犯在监狱服刑改造的时间;有的认为,实际执行的刑期,不仅包括在监狱服刑的时间,还包括判决前的羁押时间。我们认为,判决前对犯罪嫌疑人的羁押和判决后对罪犯在监狱执行刑罚,虽然两者的方法和措施有所不同,但实质上都是对人身自由的剥夺,因而羁押在相当程度上具有自由刑的性质,而且,刑法在规定对管制、拘役和有期徒刑的刑期时也明确规定应将判决前先行羁押的时间折抵刑期,因此,应当认为,我国《刑法》第78条规定的"实际执行的刑期"包括被折抵为刑期的判决前先行羁押的时间。但这一理解能否适用于对无期徒刑实际执行的刑期的确定,值得研究。由于无期徒刑不存在把先前羁押的时间折抵刑期的问题,而且减刑不是对原判决的改判,而只是根据罪犯在服刑期间的表现对原判决确定的刑罚进行局部调整,由此决定了法院在作出将无期徒刑减为有期徒刑的裁决时不能再考虑先前羁押的时间折抵刑期的问题,所以,无期徒刑的实际执行的刑期就不能包括判决前先行羁押的时间。

---

① 虽然严格说来,减刑的限度并非是在所有情况下的减刑都必须具备的条件,如在首次决定是否对罪犯减刑时,只要认定其具备对象条件和实质条件就可以减刑(当然,确定减刑的幅度时需要考虑刑法对减刑限度的要求,但不能认为减刑的限度就是减刑必须具备的条件),但是,在对罪犯第一次减刑后,若再次考虑对其减刑时,减刑的限度就成为对罪犯能否实行减刑的必备条件(如罪犯虽然具备了减刑的对象条件和实质条件,但若再对其减刑,就违背了刑法规定的减刑限度的情况)。正是出于这种考虑,我们把减刑的限度作为减刑的一个条件来看待。

② 参见鲍圣庆编著:《减刑、假释的理论与实践》,吉林人民出版社1992年版,第44—45页。

三、减刑的时间、幅度与刑期计算

(一) 减刑的时间与幅度

减刑的时间包括减刑的起始时间与减刑的间隔。减刑的起始时间,是指犯罪分子可以被初次适用减刑的最低服刑刑期。减刑的间隔,是指犯罪分子前后两次适用减刑之间的间隔时间。减刑的幅度,是指犯罪分子每一次被适用减刑可以减轻的刑期。

我国刑法未对减刑的起始时间、间隔和幅度作出明确规定,但为了保障既能够充分发挥减刑的积极作用,又不使减刑被滥用,有关司法解释对于减刑的起始时间、间隔和幅度等问题作出了具体规定①:

(1) 被判处有期徒刑罪犯的减刑。被判处有期徒刑的罪犯减刑起始时间为:不满5年有期徒刑的,应当执行1年以上方可减刑;5年以上不满10年有期徒刑的,应当执行1年6个月以上方可减刑;10年以上有期徒刑的,应当执行2年以上方可减刑。有期徒刑减刑的起始时间自判决执行之日起计算。确有悔改表现或者有立功表现的,一次减刑不超过9个月有期徒刑;确有悔改表现并有立功表现的,一次减刑不超过1年有期徒刑;有重大立功表现的,一次减刑不超过1年6个月有期徒刑;确有悔改表现并有重大立功表现的,一次减刑不超过2年有期徒刑。被判处不满10年有期徒刑的罪犯,两次减刑间隔时间不得少于1年;被判处10年以上有期徒刑的罪犯,两次减刑间隔时间不得少于1年6个月。减刑间隔时间不得低于上次减刑减去的刑期。罪犯有重大立功表现的,可以不受上述减刑起始时间和间隔时间的限制。对符合减刑条件的职务犯罪罪犯,破坏金融管理秩序和金融诈骗犯罪罪犯,组织、领导、参加、包庇、纵容黑社会性质组织犯罪罪犯,危害国家安全犯罪罪犯,恐怖活动犯罪罪犯,毒品犯罪集团的首要分子及毒品再犯,累犯,确有履行能力而不履行或者不全部履行生效裁判中财产性判项的罪犯,被判处10年以下有期徒刑的,执行2年以上方可减刑,减刑幅度应当从严掌握,一次减刑不超过1年有期徒刑,两次减刑之间应当间隔1年以上。对被判处10年以上有期徒刑的上述罪犯,以及因故意杀人、强奸、抢劫、绑架、放火、爆炸、投放危险物质或者有组织的暴力性犯罪被判处10年以上有期徒刑的罪犯,数罪并罚且其中两罪以上被判处10年以上有期徒刑的罪犯,执行2年以上方可减刑,减刑幅度应当从严掌握,一次减刑不超过1年有期徒刑,两次减刑之间应当间隔1年6个月以上。罪犯有重大立功表现的,可以不受上述减刑起始时间和间隔时间的限制。被判处有期徒刑的罪犯在刑罚执行期间又故意犯罪,新罪被判处有期徒刑的,自新罪判决确定之日起3年内不予减刑;新罪被判处无期徒刑的,自新罪判决确定之日起4年内不予减刑。

(2) 被判处无期徒刑罪犯的减刑。被判处无期徒刑的罪犯在刑罚执行期间,符合减刑条件的,执行2年以上,可以减刑。减刑幅度为:确有悔改表现或者有立功表

---

① 参见2017年1月1日最高人民法院《关于办理减刑、假释案件具体应用法律的规定》第6条至第21条。

现的,可以减为22年有期徒刑;确有悔改表现并有立功表现的,可以减为21年以上22年以下有期徒刑;有重大立功表现的,可以减为20年以上21年以下有期徒刑;确有悔改表现并有重大立功表现的,可以减为19年以上20年以下有期徒刑。无期徒刑罪犯减为有期徒刑后再减刑时,减刑幅度依照前述有期徒刑减刑的规定执行。两次减刑间隔时间不得少于2年。罪犯有重大立功表现的,可以不受上述减刑起始时间和间隔时间的限制。对被判处无期徒刑的职务犯罪罪犯,破坏金融管理秩序和金融诈骗犯罪罪犯,组织、领导、参加、包庇、纵容黑社会性质组织犯罪罪犯,危害国家安全犯罪罪犯,恐怖活动犯罪罪犯,毒品犯罪集团的首要分子及毒品再犯,累犯以及因故意杀人、强奸、抢劫、绑架、放火、爆炸、投放危险物质或者有组织的暴力性犯罪的罪犯,确有履行能力而不履行或者不全部履行生效裁判中财产性判项的罪犯,数罪并罚被判处无期徒刑的罪犯,符合减刑条件的,执行3年以上方可减刑,减刑幅度应当从严掌握,减刑后的刑期最低不得少于20年有期徒刑;减为有期徒刑后再减刑时,减刑幅度从严掌握,一次不超过1年有期徒刑,两次减刑之间应当间隔2年以上。罪犯有重大立功表现的,可以不受上述减刑起始时间和间隔时间的限制。被判处无期徒刑的罪犯在刑罚执行期间又故意犯罪,新罪被判处有期徒刑的,自新罪判决确定之日起3年内不予减刑;新罪被判处无期徒刑的,自新罪判决确定之日起4年内不予减刑。

(3) 被判处死刑缓期执行罪犯的减刑。被判处死刑缓期执行的罪犯减为无期徒刑后,符合减刑条件的,执行3年以上方可减刑。减刑幅度为:确有悔改表现或者有立功表现的,可以减为25年有期徒刑;确有悔改表现并有立功表现的,可以减为24年以上25年以下有期徒刑;有重大立功表现的,可以减为23年以上24年以下有期徒刑;确有悔改表现并有重大立功表现的,可以减为22年以上23年以下有期徒刑。被判处死刑缓期执行的罪犯减为有期徒刑后再减刑时,比照前述有期徒刑减刑的规定执行。对被判处死刑缓期执行的职务犯罪罪犯,破坏金融管理秩序和金融诈骗犯罪罪犯,组织、领导、参加、包庇、纵容黑社会性质组织犯罪罪犯,危害国家安全犯罪罪犯,恐怖活动犯罪罪犯,毒品犯罪集团的首要分子及毒品再犯,累犯以及因故意杀人、强奸、抢劫、绑架、放火、爆炸、投放危险物质或者有组织的暴力性犯罪的罪犯,确有履行能力而不履行或者不全部履行生效裁判中财产性判项的罪犯,数罪并罚被判处死刑缓期执行的罪犯,减为无期徒刑后,符合减刑条件的,执行3年以上方可减刑,一般减为25年有期徒刑,有立功表现或者重大立功表现的,可以减为23年以上25年以下有期徒刑;减为有期徒刑后再减刑时,减刑幅度从严掌握,一次不超过1年有期徒刑,两次减刑之间应当间隔2年以上。被判处死刑缓期执行的罪犯经过一次或者几次减刑后,其实际执行的刑期不得少于15年,死刑缓期执行期间不包括在内。死刑缓期执行罪犯在缓期执行期间不服从监管、抗拒改造,尚未构成犯罪的,在减为无期徒刑后再减刑时应当适当从严。被限制减刑的死刑缓期执行罪犯,减为无期徒刑后,符合减刑条件的,执行5年以上方可减刑。减刑间隔时间和减刑幅度依照无期徒刑减刑的规定执行。被限制减刑的死刑缓期执行罪犯,减为有期徒刑后再减刑时,一次减刑不超过6个月有期徒刑,两次减刑间隔时间不得少于2年。有重大立功表现的,间隔时间可以适当缩短,但一次减刑不超过 1 年有期徒刑。罪犯在死刑缓期执行期间又故意犯罪,未被执行死刑的,死刑缓期执行的期间重新计算,减为无期徒刑后,5 年内不予减刑。被判处死刑缓期执行罪犯减刑后,在刑罚执行期间又故意犯罪,新罪被判处有期徒刑的,自新罪判决确定之日起 3 年内不予减刑;新罪被判处无期徒刑的,自新罪判决确定之日起 4 年内不予减刑。

(4)被判处管制、拘役罪犯的减刑。被判处管制、拘役的罪犯,以及判决生效后剩余刑期不满 2 年有期徒刑的罪犯,符合减刑条件的,可以酌情减刑,减刑起始时间可以适当缩短,但实际执行的刑期不得少于原判刑期的 1/2。

(5)被附加剥夺政治权利罪犯的减刑。被判处有期徒刑罪犯减刑时,对附加剥夺政治权利的期限可以酌减。酌减后剥夺政治权利的期限,不得少于 1 年。被判处死刑缓期执行、无期徒刑的罪犯减为有期徒刑时,应当将附加剥夺政治权利的期限减为 7 年以上 10 年以下,经过一次或者几次减刑后,最终剥夺政治权利的期限不得少于 3 年。

(6)被宣告缓刑罪犯的缓刑。被判处拘役或者 3 年以下有期徒刑,并宣告缓刑的罪犯,一般不适用减刑。罪犯在缓刑考验期内有重大立功表现的,可以参照《刑法》第 78 条的规定予以减刑,同时应当依法缩减其缓刑考验期。缩减后,拘役的缓刑考验期限不得少于 2 个月,有期徒刑的缓刑考验期限不得少于 1 年。

(7)对未成年犯的减刑。对在报请减刑前的服刑期间不满 18 周岁,且所犯罪行不属于《刑法》第 81 条第 2 款规定情形的罪犯,认罪悔罪,遵守法律法规及监规,积极参加学习、劳动,应当视为确有悔改表现。对上述罪犯减刑时,减刑幅度可以适当放宽,或者减刑起始时间、间隔时间可以适当缩短,但放宽的幅度和缩短的时间不得超过有关司法解释规定中相应幅度、时间的 1/3。

(8)对老年罪犯、患严重疾病罪犯或者身体残疾罪犯减刑时,应当主要考察其认罪悔罪的实际表现。对基本丧失劳动能力,生活难以自理的上述罪犯减刑时,减刑幅度可以适当放宽,或者减刑起始时间、间隔时间可以适当缩短,但放宽的幅度和缩短的时间不得超过有关司法解释规定中相应幅度、时间的 1/3。

(二)减刑的刑期计算

减刑后刑期的计算方法,因原判刑罚的种类不同而有所区别:对于原判管制、拘役、有期徒刑的,减刑后的刑期自原判决执行之日起算;原判刑期已经执行的部分,应计入减刑以后的刑期之内。对于原判无期徒刑减为有期徒刑的,刑期自裁定减刑之日起算;已经执行的刑期,不计入减为有期徒刑以后的刑期之内。对于无期徒刑减为有期徒刑之后,再次减刑的,其刑期的计算,则应按照有期徒刑罪犯减刑的方法计算,即应当从前次裁定减为有期徒刑之日算起。对于曾被依法适用减刑,后因原判决有错误,经再审后改判为较轻刑罚的,原来的减刑仍然有效,所减刑期应从改判的刑期中扣除。

四、减刑的程序

根据我国《刑法》第 79 条的规定,对于犯罪分子的减刑,由执行机关向中级以上人民法院提出减刑建议书。人民法院应当组成合议庭进行审理,对确有悔改或者立功事实的,裁定予以减刑。非经前述法定程序不得减刑。至于对哪些犯罪分子的减刑由中级人民法院管辖,哪些犯罪分子的减刑由高级人民法院管辖,尚有待于立法或司法解释明确规定。

第二节 假 释

一、假释的概念

假释,是对被判处有期徒刑、无期徒刑的犯罪分子,在执行一定刑期之后,因其认真遵守监规,接受教育改造,确有悔改表现,没有再犯罪的危险,而附条件地将其提前释放,在假释考验期内若不出现法定的情形,就认为原判刑罚已经执行完毕的制度。假释制度对于鼓励犯罪分子加速改造,化消极因素为积极因素,实现刑罚的目的,具有积极的作用。

假释作为我国刑法中规定的一项独立的刑罚执行制度,与我国刑法、刑事诉讼法以及监狱法中的减刑、缓刑、监外执行、释放等相关制度,虽有一定的相同或者相似之处,但有明显的区别。

假释与减刑的区别主要在于:(1)适用对象不同。假释只适用于被判处有期徒刑、无期徒刑的犯罪分子,但累犯以及因故意杀人、强奸、抢劫、绑架、放火、爆炸、投放危险物质或者有组织的暴力性犯罪被判处10年以上有期徒刑、无期徒刑的犯罪分子不适用假释;减刑适用于任何被判处管制、拘役、有期徒刑、无期徒刑的犯罪分子。(2)适用的实质条件不同。适用假释的实质条件是犯罪分子认真遵守监规,接受教育改造,确有悔改表现,没有再犯罪的危险;而适用减刑的实质条件是犯罪分子认真遵守监规,接受教育改造,确有悔改表现,或者有立功表现。(3)适用的时间不同。刑法规定假释只能在有期徒刑执行原判刑期1/2以上、无期徒刑实际执行13年以上才能适用;而刑法对减刑适用的时间则没有明确的限定。(4)适用次数不同。假释只能宣告一次;而减刑不受次数的限制,可以减刑一次,也可减刑数次。(5)考验期有无不同。假释附有考验期,如果出现法定情形,就撤销假释;减刑没有考验期,即使犯罪分子再犯新罪,已减的刑期也不恢复。(6)法律后果不同。对被假释人当即解除监禁,予以附条件释放;对被减刑人则要视其减刑后是否有余刑,才能决定是否释放,有未执行完的刑期的,仍需在监继续执行。

假释与缓刑的主要区别在于:(1)适用的对象不同。假释只能适用于被判处有期徒刑、无期徒刑的犯罪分子。缓刑只能适用于被判处拘役、3年以下有期徒刑的犯罪分子。(2)适用的实质条件不同。假释的实质是犯罪分子认真遵守监规,接受教育改造,确有悔改表现,没有再犯罪的危险,并应考虑假释后对其所居住的社区的影响。缓刑的实质条件是犯罪分子的犯罪情节较轻、有悔罪表现、没有再犯罪的危险和宣告缓刑对所居住的社区没有重大不良影响。(3)有关的时间不同。第一,实行的时间不同。假释只可能在执行了一定时间的刑罚后才能实行;缓刑是在判处缓刑的判决生效之后即开始实行,不需要执行原判刑罚。第二,确定考验期限的标准不同。假释的考验期为剩余的未执行的刑期;缓刑的考验期为原判刑期以上5年以下,但不能少于1年。第三,不执行的刑期不同。假释附条件不执行的刑期为原判刑罚未执行的刑期;缓刑附条件不执行的刑期为原判刑罚的全部刑期。

假释与监外执行的主要区别在于:(1)适用对象不同。假释适用于被判处有期徒刑、无期徒刑的犯罪分子,但累犯以及因故意杀人、强奸、抢劫、绑架、放火、爆炸、投放危险物质或者有组织的暴力性犯罪被判处10年以上有期徒刑、无期徒刑的犯罪分子不适用假释;监外执行适用于被判处有期徒刑、拘役和无期徒刑的犯罪分子,在犯罪的种类上没有限制。(2)适用条件不同。假释适用于执行了一定刑期,认真遵守监规,接受教育改造,确有悔改表现,没有再犯罪的危险的犯罪分子;监外执行适用于因患有严重疾病需要保外就医,以及怀孕或者正在哺乳自己的婴儿等法定特殊情况不宜在监内执行的犯罪分子。(3)有无考验期和收监条件不同。假释必须确定考验期,且考验期相对固定即原判刑罚没有执行完的刑期,假释犯只有在假释考验期内出现法定情形,才能撤销假释;监外执行则没有固定的期限,在监外执行的法定特殊情况消失且刑期未满的情况下收监执行。(4)刑期的计算不同。假释犯若被撤销假释,其假释的期间,不能计入原判执行的刑期之内;监外执行的期间,无论是否收监执行,均计入原判执行的刑期之内。(5)适用的依据不同。适用假释的依据是刑法中的有关规定。适用监外执行的依据是我国刑事诉讼法的有关规定。

假释与释放的区别主要在于:假释是有条件地提前释放,还存在着收监执行余刑的可能;而释放,无论是宣告无罪释放、刑罚执行完毕释放,还是赦免释放,都是无条件释放,不存在再执行刑罚的问题。

二、假释的条件

根据我国《刑法》第81条的规定,对犯罪分子适用假释,必须同时符合下列条件:

(一) 对象条件

根据我国《刑法》第81条的规定,假释的对象只能是被判处有期徒刑、无期徒刑且不属于累犯和因故意杀人、强奸、抢劫、绑架、放火、爆炸、投放危险物质或者有组织的暴力性犯罪被判处10年以上有期徒刑、无期徒刑的犯罪分子,以及因犯贪污罪、受贿罪被判处死刑缓期执行且被同时决定在死刑缓期执行期满减为无期徒刑后应终身监禁的犯罪分子[①]。刑法对假释的对象作如此规定,主要是出于如下考虑:第一,假释主要是为了消除长期关押带来的服刑罪犯与社会长期相隔离而产生的消极影响,鼓励犯罪分子积极接受教育改造,而实行的一种附条件提前释放制度,同时为了保证假释既能发挥其积极作用,又不致给社会带来危险,也需要足够长的时间来充分考察犯罪分子有无悔改表现,以及在假释时尚有比较长的没有执行刑期对假释的犯罪分子

[①] 我国《刑法》第383条第4款、第386条规定犯贪污罪、受贿罪的犯罪分子"被判处死刑缓期执行的,人民法院根据犯罪情节等情况可以同时决定在其死刑缓期执行二年期满依法减为无期徒刑后,终身监禁,不得减刑、假释"。

形成一种外在的压力,因此,客观上假释只适宜适用于被判处较长自由刑的犯罪分子。而管制本身就是对犯罪分子不予关押而放在社会上实行社区矫正,不存在假释问题;拘役的刑期很短,没有实行假释的必要,因而我国刑法没有规定对判处管制、拘役的犯罪分子实行假释。第二,累犯是人身危险性很大的犯罪分子,如果对其实行假释而提前释放到社会上,仍有发生侵害社会的危险,而且累犯本身需要较长时间的监禁以便能够充分矫治、消除其再次犯罪的危险性,因此,刑法规定对累犯不得假释。第三,因故意杀人、强奸、抢劫、绑架、放火、爆炸、投放危险物质或者有组织的暴力性犯罪被判处10年以上有期徒刑、无期徒刑的犯罪分子,不仅其犯罪性质和对社会造成的危害均很严重,而且其采用攻击性很强或危害性很大的方法实施严重犯罪的事实,足以表明其主观恶性和人身危险性都很大,如果对其实行假释而提前释放到社会上,仍有发生侵害社会的危险;再者,对这些犯罪分子而言,也需要相当长时间的监禁以便能够充分矫治、消除其主观恶性和再次犯罪的危险性,因此,刑法规定对这类犯罪分子不得假释。

理解假释的对象,有一个问题需要明确,即被判处死刑缓期二年执行的犯罪分子,在二年期满后减为无期徒刑、有期徒刑的,能否假释的问题。理论界对此有两种不同的观点[①]:有的认为,既然刑法没有规定死缓犯减刑后可以适用假释,这说明立法时就没有考虑对这类犯罪分子减刑后可以假释,而且这类罪犯论罪该杀,因有悔改表现,死缓二年期满后予以减刑,已体现了惩办与宽大相结合的政策,因此,死缓减刑后不能假释。另一种观点认为,虽然刑法没有规定死缓减刑后可以假释,但死缓二年期满后减为无期徒刑或有期徒刑,实际上已改变了原来的刑种,只要符合假释条件的,可以假释。有关司法解释采纳了第二种观点,规定对死刑缓期执行罪犯减为无期徒刑或者有期徒刑后,符合假释条件的,可以假释。[②] 我们赞同第二种观点的主张。刑法虽然没有明确规定被判处死刑缓期二年执行的犯罪分子在二年期满后减为无期徒刑、有期徒刑的可以假释,但也没有明确规定对这类犯罪分子不能假释;而且,我国《刑法》第81条规定的"被判处有期徒刑的犯罪分子……被判处无期徒刑的犯罪分子……可以假释"中,并没有将可以假释的对象限定于只能是被原判决判处有期徒刑、无期徒刑的犯罪分子,而不包括被作出刑罚变更的判决判处有期徒刑、无期徒刑的犯罪分子。因此,在客观上死缓减为无期徒刑、有期徒刑的犯罪分子符合假释的条件时对其予以假释,不仅不违背刑法的规定,而且有助于这类犯罪分子的特殊预防。

(二) 限制条件

我国《刑法》第81条第1款对可以适用假释的被判处有期徒刑和无期徒刑的犯罪分子在执行的刑期上进行了限制,即有期徒刑执行原判刑期1/2以上、无期徒刑实际执行13年以上,才可以假释。刑法之所以作如此限制,主要是考虑到,只有对犯罪分子执行比较长时间的刑罚,才能比较准确地考察、判断犯罪分子是否认真遵守监

---

① 参见周道鸾等主编:《刑法的修改与适用》,人民法院出版社1997年版,第222页。
② 参见2017年1月1日最高人民法院《关于办理减刑、假释案件具体应用法律的规定》第23条。

规,接受教育改造,确有悔改表现,没有再犯罪的危险,从而有助于保证假释的准确性并取得预期的效果;而且只有如此,才能在对犯罪分子通过假释实行特殊预防的前提下,确保刑罚具有足够的威慑力以兼顾一般预防之刑罚目的的实现;也只有如此,使刑罚执行时间不至于过短,从而有助于维护法院判决的权威性和严肃性。

为了使适用假释有一定的灵活性,以满足国家政治、经济等方面的特殊需要,我国《刑法》第81条规定:"……如果有特殊情况,经最高人民法院核准,可以不受上述执行刑期的限制。……"根据有关司法解释的规定①,所谓特殊情况,是指有国家政治、国防、外交等方面特殊需要的情况。

(三) 实质条件

根据我国《刑法》第81条的规定,假释的实质条件是犯罪分子认真遵守监规,接受教育改造,确有悔改表现,没有再犯罪的危险,假释后对其所居住的社区没有重大不良影响。应从以下三个方面理解假释的实质条件:(1)"确有悔改表现"的理解。有关司法解释②将"确有悔改表现"规定为同时具有以下四个方面的情形:认罪悔罪;遵守法律法规及监规,接受教育改造;积极参加思想、文化、职业技术教育;积极参加劳动,努力完成劳动任务。理解司法解释规定的"确有悔改"的情形,应当注意以下几个方面:第一,由于上述司法解释对"确有悔改表现"的规定已经包括了"认真遵守监规,接受教育改造"的内容,因此,在实践中认定假释的实质条件"认真遵守监规,接受教育改造,确有悔改表现"时,只需衡量犯罪分子是否具备上述司法解释对"确有悔改表现"规定的四种情形即可,无需再另外考虑犯罪分子是否属于"认真遵守监规,接受教育改造"。第二,正确把握"认罪悔罪"与犯罪分子不服人民法院的判决而申诉的关系。根据法律规定,申诉是法律赋予包括罪犯在内的刑事诉讼当事人的一项重要权利,它是有申诉权的人对人民法院已经发生法律效力的判决、裁定不服,向人民法院或人民检察院提出重新处理的请求的诉讼活动。因此,对于罪犯在刑罚执行期间提出申诉的,要依法保护其申诉的权利,不能不加区分地一概认为罪犯申诉,就是不认罪悔罪。在实践中,不管罪犯申诉的理由在法律和事实上是否成立,只要他在申诉过程中能够认真遵守监规,积极接受教育改造,就应当认为他是认罪悔罪的。第三,衡量犯罪分子是否"积极参加思想、文化、职业技术教育""积极参加劳动,努力完成劳动任务",不能只看学习和劳动成绩,应该综合考察学习和劳动的态度、努力的程度、平时的表现、学习和劳动的成绩等各个方面的情况,尤其应充分考虑各个犯罪分子的身体状况、精神状况、年龄状况、知识水平等个体情况。(2)"没有再犯罪的危险"的理解。判断"没有再犯罪的危险",除符合我国《刑法》第81条规定的情形外,还应根据犯罪的具体情节、原判刑罚情况,在刑罚执行中的一贯表现,罪犯的年龄、身体状况、性格特征,假释后生活来源以及监管条件等因素综合考虑。(3)"假释后不会对其所居住社区产生重大不良影响"的把握。经我国

---

① 参见2017年1月1日最高人民法院《关于办理减刑、假释案件具体应用法律的规定》第24条。
② 参见2017年1月1日最高人民法院《关于办理减刑、假释案件具体应用法律的规定》第3条。

《刑法修正案(八)》修订后的《刑法》第81条第3款"对犯罪分子决定假释时,应当考虑其假释后对所居住社区的影响"的规定也应当成为决定是否对犯罪分子假释的条件。这里所谓"对所居住社区的影响",主要是指所居住社区的居民对将犯罪分子在该社区假释的主观意愿以及该社区原有的社会治安情况、已接受的管制犯、缓刑犯、假释犯等实行社区矫正的对象的数量或规模等情况。如果该社区的居民对接受拟被假释的犯罪分子反对意愿强烈,或者该社区原有社会治安情况已很不好,或者该社区已接受的实行社区矫正的对象比较多,那么再在该社区安置假释犯,就会难以实现假释的目的。当然,尽管对拟假释的犯罪分子安排在某一社区会对该社区产生不良影响,但如果影响未达到重大程度的(这主要是从与适用缓刑的"宣告缓刑对所居住社区没有重大不良影响"的条件相协调的角度考虑的),从鼓励拟假释的犯罪分子加速改造及有利于其及早再社会化并适应社会等方面考虑,应该认为其具备了该项假释的条件。

三、假释的考验期及其考察

由于假释是附条件地提前释放,因而为了考察被假释的犯罪分子在假释期间的表现及是否存在撤销假释的情形,对犯罪分子规定一个具体的考验期限。我国《刑法》第83条规定:"有期徒刑的假释考验期限,为没有执行完毕的刑期;无期徒刑的假释考验期限为10年。假释考验期限,从假释之日起计算。"

根据我国《刑法》第84条的规定,被假释的犯罪分子,在假释考验期内应当遵守下列规定:(1)遵守法律、行政法规,服从监督;(2)按照监督机关的规定报告自己的活动情况;(3)遵守监督机关关于会客的规定;(4)离开所居住的市、县或者迁居,应当报经监督机关批准。

根据我国《刑法》第85条的规定,对假释的犯罪分子,在假释考验期限内,依法实行社区矫正。

根据2012年3月1日《社区矫正实施办法》的规定,假释的执行机构是县级司法行政机关社区矫正机构,负责对被假释的社区矫正人员进行监督管理和教育帮助。司法所承担社区矫正日常工作。

四、假释的法律后果

根据我国《刑法》第85条、第86条的规定,假释的法律结果有如下几种:

(1)被假释的犯罪分子,在假释考验期限内没有《刑法》第86条规定的情形,即没有再犯新罪或者发现漏罪,或者违反法律、行政法规或者国务院有关部门关于假释的监督管理规定的行为,假释考验期满,就认为原判刑罚已经执行完毕。

(2)被假释的犯罪分子,在假释考验期限内再犯新罪或者发现其在判决宣告以前还有其他罪没有判决的,应当撤销假释,分别依照《刑法》第71条、第70条的规定实行数罪并罚。

(3)被假释的犯罪分子,在假释考验期限内,有违反法律、行政法规或者国务院有关部门关于假释的监督管理规定的行为,尚未构成新的犯罪的,应当依照法定程序撤销假释,收监执行未执行完毕的刑罚。这里所谓"收监执行未执行完毕的刑罚",是指收监执行原判决没有执行完毕的余刑,假释期间的时间不能折抵刑期。

五、假释的程序

根据我国《刑法》第 82 条、第 79 条的规定,对于犯罪分子的假释,由执行机关向中级以上人民法院提出假释建议书。人民法院应当组成合议庭进行审理,对于符合假释条件的,裁定予以假释。非经前述法定程序不得假释。至于对哪些犯罪分子的假释由中级人民法院管辖,哪些犯罪分子的假释由高级人民法院管辖,尚有待于立法或司法解释明确规定。

第十九章 刑罚的消灭

第一节 刑罚消灭概述

一、刑罚消灭的概念

刑罚消灭,是指由于法定的或事实的原因,致使代表国家的司法机关不能对犯罪人行使具体的刑罚权。刑罚消灭具有以下特征:

(1) 刑罚消灭的前提是对犯罪人应当适用或执行刑罚或者正在执行刑罚。也就是说,刑罚的消灭存在以下几种情况:一是对犯罪人应当适用刑罚;二是对犯罪人应当执行刑罚,即司法机关已经对犯罪人判处刑罚而尚未执行但依法应当执行;三是犯罪人正在被执行刑罚。

(2) 刑罚消灭意味着代表国家的司法机关丧失其对犯罪人行使具体的刑罚权。换言之,刑罚消灭即是一定刑罚权的消灭。刑罚权包括制刑权、求刑权、量刑权和行刑权。因为制刑权由立法机关行使,因此,刑罚消灭不可能导致制刑权的消灭,而只能导致求刑权、量刑权和行刑权的消灭。具体来讲,在对犯罪分子应当适用刑罚但已过追诉时效等情况下,刑罚消灭意味着求刑权的消灭;在司法机关已经行使了求刑权而被告人死亡等情况下,刑罚消灭意味着量刑权的消灭;在已经适用刑罚但国家宣告特赦等情况下,刑罚消灭意味着行刑权消灭。

(3) 刑罚消灭必须基于一定的原因。引起刑罚消灭的原因可分为两类,一类是法定原因。即法律所规定的引起刑罚消灭的原因,如超过追诉时效。在这种情况下,虽然司法机关事实上能够行使刑罚权,但法律规定不得行使刑罚权。另一类是事实上的原因。即某种特定事实的出现自然地导致刑罚的消灭。如正在执行刑罚的犯罪人死亡,使刑罚执行的对象不存在,自然导致刑罚执行权的消灭。

二、刑罚消灭的主要法定原因

根据我国法律的规定,刑罚消灭的主要法定事由有:(1) 超过追诉时效;(2) 经特赦免除刑罚的;(3) 告诉才处理的犯罪,没有告诉或者撤回告诉的;(4) 被判处罚金的犯罪人由于遭遇不能抗拒的灾祸确有困难的,可以酌情减少或者免除。

第二节 时　效

一、时效概述

时效分为追诉时效和行刑时效。

追诉时效,是指刑法规定的、对犯罪人追究刑事责任的有效期限。在追诉时效内,司法机关有权追究犯罪人的刑事责任;超过追诉时效,司法机关就不能再追究其刑事责任。这表明,追诉时效与刑罚权中的求刑权、量刑权有关,即追诉时效内,司法机关具有求刑权和量刑权,而一旦超过追诉时效,其求刑权、量刑权即告消灭,刑罚亦随之消灭。追诉时效与行刑权没有直接的联系。

行刑时效,是指刑法规定的、对被判处刑罚的人执行刑罚的有效期限。在行刑时效内,刑罚执行机关有权执行刑罚;超过行刑时效,刑罚执行机关就不能再执行刑罚。由此可以看出,行刑时效与刑罚权中的行刑权相关,即行刑时效内,刑罚执行机关有执行刑罚的权力;超过行刑时效,刑罚执行机关的刑罚执行权即告消灭,刑罚也随之消灭。

各国刑法一般既规定追诉时效,也规定行刑时效。我国刑法只规定了追诉时效,而没有规定行刑时效。我国刑法关于追诉时效的规定,具有以下意义:

第一,符合我国刑罚目的要求。我国刑罚的目的是预防犯罪,预防的内容之一就是使犯罪人不再犯罪。犯罪人在实施犯罪后,在一定的期限内没有再犯罪,说明其再犯罪的危险性已经消除,这就达到了适用刑罚所要达到的目的。因此,对犯罪分子不再追诉完全符合我国刑罚目的的要求。

第二,有利于司法机关集中精力办理现行的刑事案件。现行的犯罪对社会具有极大的危害性,因此,司法机关应集中精力办理现行的刑事案件,以更好地保护国家和人民的利益。如果没有追诉时效的规定,司法机关必将为陈年旧案所累,从而影响现行案件的办理,妨碍对犯罪的及时打击,对国家和人民利益也不能及时保护。

第三,可以节省人力、物力、财力。惩治犯罪是一项庞大而艰巨的工作,需要大量的人力、物力、财力。对那些经过一定期限不再犯罪的犯罪人不予追诉,可以节省大量的人力、物力、财力,使我们国家有限的人力、物力、财力用在最需要用的地方。

第四,有利于社会的稳定。犯罪分子犯罪后在一定的期限内没有再犯罪,其对社会的危险性已经消除,社会已逐渐遗忘其犯罪行径,被害人对其的仇恨也因时间的流逝而消解,犯罪人的家庭生活亦已步入正常。在这种情况下,不再追诉犯罪人的犯罪行为,有利于社会的稳定。反之,如果予以追诉,必将使各种矛盾死灰复燃,破坏已经恢复的社会宁静,从而引起社会的不稳定。

二、追诉时效

(一) 追诉时效的期限

根据我国《刑法》第 87 条的规定,犯罪经过下列期限不再追诉:(1) 法定最高刑为不满 5 年有期徒刑的,经过 5 年;(2) 法定最高刑为 5 年以上不满 10 年有期徒刑的,经过 10 年;(3) 法定最高刑为 10 年以上有期徒刑的,经过 15 年;(4) 法定最高刑为无期徒刑、死刑的,经过 20 年。如果 20 年以后认为必须追诉的,须报请最高人民检察院核准。

上述我国刑法所规定的追诉时效期限,是根据犯罪的法定最高刑确定的,这是罪责刑相适应原则在追诉时效期限上的具体体现。因为犯罪的法定最高刑根基于其社会危害性程度。一种犯罪的社会危害性可能达到的最高程度越高,法律所规定的最高刑就越高,所以,以法定最高刑为根据确定追诉时效的长短,即是以罪行的轻重来确定追诉时效期限的长短,罪行越重,追诉时效期限就越长;反之,则越短。此外,犯罪人所犯罪行的轻重在很大程度上反映了其人身危险性的大小。犯罪人所犯之罪越重,其人身危险性往往越大;反之,其人身危险性就越小。根据犯罪的法定最高刑确定追诉期限,也体现了犯罪人的人身危险性的大小对追诉期限的长短的作用。犯罪人的人身危险性越大,对其追诉的期限就越长;反之,追诉期限则相应较短。总之,我国刑法确定追诉时效期限的根据有二,即犯罪的社会危害性和犯罪人的人身危险性。

应当指出,犯罪的法定最高刑不能简单地理解为犯罪人所触犯之罪名的法定最高刑,而是要根据刑法对具体犯罪所规定的法定刑的具体情况以及犯罪人犯罪的具体情况来确定。如果犯罪人所犯罪行的刑罚,分别由几条或几款规定时,犯罪的法定最高刑应是指按其罪行应当适用的条或款的最高刑;如果犯罪人所犯罪行的同条或者同款中有几个量刑幅度时,犯罪的法定最高刑是指按其罪行应当适用的量刑幅度的最高刑;如果条文只规定了单一的量刑幅度,犯罪的法定最高刑就是指该条的最高刑。例如,根据我国《刑法》第 114 条的规定,犯放火罪,尚未造成严重后果的,处 3 年以上 10 年以下有期徒刑;根据我国《刑法》第 115 条的规定,犯放火罪,致人重伤、死亡或者使公私财产遭受重大损失的,处 10 年以上有期徒刑、无期徒刑或者死刑。当犯罪人所犯放火罪符合我国《刑法》第 114 条的规定时,其犯罪的法定最高刑为 10 年有期徒刑,应按此来确定对其的追诉时效期限;如果犯罪人所犯放火罪符合我国《刑法》第 115 条的情况,其犯罪的法定最高刑则是死刑,应按此确定对其追诉时效期限。再如,我国《刑法》第 302 条规定,盗窃、侮辱、故意毁坏尸体、尸骨、骨灰的,处 3 年以下有期徒刑、拘役或者管制。这里,3 年有期徒刑是盗窃、侮辱尸体罪的法定最高刑,对犯该罪者,一律按这一刑期确定对其追诉时效的期限。

我国刑法在明确规定了四个档次的追诉时效期限即 5 年、10 年、15 年和 20 年后,又作了一种灵活性规定,即规定:如果法定最高刑为无期徒刑、死刑,20 年以后认为必须追诉的,须报请最高人民检察院核准。这里所讲的"认为必须追诉的"犯罪,应限于那些社会危害性极其严重、犯罪人的人身危险性特别大、所造成的社会影响极坏、经过 20 年以后仍然没有被社会遗忘的重大犯罪。不能将适用这种追诉时效期限的犯罪的范围随意扩大化。

为了祖国和平统一大业,最高人民法院与最高人民检察院先后于 1988 年 3 月 14 日和 1988 年 9 月 7 日就去台人员(包括犯罪后去台或者其他地区的人员)去台前的犯罪的追诉问题发布了两个公告,这两个公告现在仍然有效。其主要内容是:第一,去台人员在中华人民共和国成立前在大陆犯有罪行的,根据刑法关于追诉时效规定的精神,对其当时所犯罪行不再追诉。第二,对去台人员在中华人民共和国成立后、犯罪地地方人民政权建立前所犯罪行,不再追诉。第三,去台人员在中华人民共和国成立后,犯罪地地方人民政权建立前犯有罪行,并连续或继续到当地人民政权建立后的,追诉期限从犯罪行为终了之日起计算。凡超过追诉时效期限的,不再追诉。

(二) 追诉期限的计算

根据我国《刑法》第 88 条、第 89 条的规定,追诉期限的计算分以下四种情况:

1. 一般犯罪追诉期限的计算

这里所讲的一般犯罪,是指没有连续与继续犯罪状态的犯罪。这类犯罪的追诉期限从犯罪之日起计算。关于"犯罪之日"的含义,理论上有不同的说法:有的认为是指犯罪成立之日,有的认为是犯罪行为实施之日;也有的认为是犯罪行为发生之日;还有的认为是犯罪行为完成之日;更有的认为是犯罪行为停止之日。我们认为,犯罪之日应是指犯罪成立之日,即行为符合犯罪构成之日。由于刑法对各种犯罪规定的构成要件不同,因而认定犯罪成立的标准也就不同。对不以危害结果为要件的犯罪来讲,实施行为之日就是犯罪成立之日;对以危害结果为要件的犯罪而言,危害结果发生之日才是犯罪成立之日。

上面所讲的是计算追诉期限的起点时间,在解决这一问题后,还需要解决计算追诉期限的终点时间问题。也就是说,"不再追诉"的期限是指从犯罪成立之日起到何时止。例如,某犯罪分子的犯罪期限如从犯罪成立之日计算到开始侦查之日,就尚没有过追诉期限,如从犯罪成立之日计算到起诉之日,那就过了追诉期限,到审判之日就更不用说了。所以,计算追诉期限的终点时间问题非常重要。理论上有一种观点认为,追诉期限应从犯罪之日计算到审判之日为止。其理由是,"追诉"不只是起诉的意义,更重要的是具有追究刑事责任的意义,而追究刑事责任表现为给予刑罚处罚、给予非刑罚处罚、单纯宣告有罪,而这些都是经过审判才能确定的。[①] 我们认为,"追诉"应是指追查、提起诉讼,只要行为人所犯之罪经过的时间到案件开始进入刑事诉讼程序时尚未过追诉期限,对其就可以追诉。将计算追诉期限的终点时间确定在审判之日,有放纵犯罪之嫌。

2. 连续或继续犯罪追诉期限的计算

我国《刑法》第 89 条第 1 款后半段规定:"犯罪行为有连续或者继续状态的,从犯

[①] 参见张明楷:《刑法学》(上),法律出版社 1997 年版,第 502 页。

罪行为终了之日起计算。"犯罪行为有连续状态的,属于连续犯;犯罪行为有继续状态的,属于继续犯。"犯罪行为终了之日",就连续犯而言,是指最后的一个独立的犯罪行为完成之日;就继续犯而言,是指处于持续状态的一个犯罪行为的结束之日。

3. 追诉时效的中断

追诉时效的中断,是指在追诉时效进行期间,因发生法律规定的事由,而使以前所经过的时效期间归于无效,法律规定的事由终了之时,时效重新开始计算。

我国《刑法》第89条第2款规定:"在追诉期限以内又犯罪的,前罪追诉的期限从犯罪之日起计算。"这表明,在追诉期限内又犯罪的,前罪的追诉期限便中断,其追诉期限从后罪成立之日起重新计算。例如,行为人于1984年3月3日犯故意杀人罪,其情节较轻,根据我国《刑法》第233条的规定,其法定最高刑为10年有期徒刑,追诉时效期限为15年,如果不犯后罪,其追诉期限至1999年3月4日就结束。但行为人于1990年4月5日又犯盗窃罪。在这种情况下,行为人所犯故意杀人罪的追诉期限因又实施盗窃罪而中断,其追诉期限从1990年4月5日起重新计算,也就是说,行为人所犯故意杀人罪的追诉期限至2005年4月6日才结束。

刑法之所以规定追诉时效的中断,是因为行为人在前罪的追诉时效期间又犯新罪,表明其并无悔改之意,前罪所体现出的人身危险性并没有消除,从刑罚特殊预防的目的出发,因而对前罪的追诉期限从犯后罪之日起计算。

需要注意的是,在前罪的追诉期限从犯后罪之日起计算的情况下,我们不能忽略后罪的追诉期限问题。一方面,在前罪的追诉期限未满而后罪的追诉期限已满时,只能追诉前罪而不能追诉后罪;另一方面,在前后罪的追诉期限都没有届满时,不能只注意追诉前罪而忽略了对后罪的追诉。

4. 追诉时效的延长

追诉时效的延长,是指在追诉时效进行期间,因为发生法律规定的事由,而使追诉时效暂时停止执行。我国刑法规定了两种追诉时效延长的情况。

(1)《刑法》第88条第1款规定:"在人民检察院、公安机关、国家安全机关立案侦查或者人民法院受理案件以后,逃避侦查或者审判的,不受追诉期限的限制。"据此,此种情况的追诉时效的延长必须具备以下条件:第一,人民检察院、公安机关、国家安全机关已经立案侦查或者人民法院已经受理案件。这是此种追诉时效延长的前提条件。对于"立案侦查",理论上有两种不同的解释:有人解释为立案并侦查,如果只是立案但还没有开始侦查的,就不存在着追诉时效延长的问题[1];有人解释为立案[2]。我们认为,后一种意见是正确的。因为虽然从字面上理解,"立案侦查"是指立案和侦查二者兼备,但由于立案后行为人也可能实施逃避侦查的行为,因此,从有利于追诉犯罪的角度来讲,将立案侦查解释为立案则较为恰当。"人民法院已经受理案件",是指人民法院已经接受自诉人的自诉案件或人民检察院提起的公诉案件。第

---

[1] 参见陈兴良:《刑法疏议》,中国人民公安大学出版社1997年版,第194页。
[2] 参见张明楷:《刑法学》(上),法律出版社1997年版,第505页。

二,行为人实施了逃避侦查或者审判的行为。"何谓逃避侦查或者审判的行为"？我们认为,对此不能解释得过于宽泛。应该将其解释为逃跑或者藏匿,使侦查或者审判无法进行的行为。对于行为人在立案侦查或者案件受理后,仅仅实施了串供、毁灭犯罪证据等行为,但没有逃跑或者藏匿的,不能适用追诉时效的延长。虽然这些行为也具有妨碍侦查或者审判的性质,但它们不能使侦查或者审判无法进行,因此,它们不属于我国《刑法》第88条第1款中所说的"逃避侦查或者审判的"行为。

(2) 我国《刑法》第88条第2款规定:"被害人在追诉期限内提出控告,人民法院、人民检察院、公安机关应当立案而不予立案的,不受追诉期限的限制。"据此规定,适用这种情况的追诉时效的延长应该具备以下条件:第一,被害人在追诉期限内向人民法院、人民检察院、公安机关提出了控告。这里有一个问题值得研究,即是否只要被害人在追诉期限内向上述任何机关提出了控告,而不管该机关是否具有管辖权,都可以引起诉讼时效的延长。例如,被害人提起控告的案件属于人民法院直接受理的案件,但被害人却向公安机关提出了控告,而公安机关既没有立案,也没有将案件移送有管辖权的人民法院,致使案件表面上已过追诉时效。对于这种情况应否适用追诉时效的延长？我们的回答是肯定的。因为:一方面,被害人不是法律专家,不知道何种案件由何种机关管辖,要求被害人准确地向有管辖权的机关提出控告,这是不符合情理的;另一方面,法律并没有要求被害人必须向对案件有管辖权的机关提出控告,而只是笼统地规定要向人民法院、人民检察院、公安机关提出控告,从法律的字面意义上理解,被害人在追诉期限内向上述三机关中任何一个机关提出控告都可以引起追诉时效的延长。第二,人民法院、人民检察院、公安机关应当立案而不予立案。"应当立案",是指根据刑法的规定和公认的刑法理论,被控告人的行为已构成犯罪,应当对其进行立案侦查或者受理案件。对此应该从客观的角度来判断,而不能由收到被告人控告的机关予以确定。至于不予立案的原因可能多种多样,有的是因为有关人员的业务水平不够,导致错误判断;有的是明知应当受理,但为了徇私或者徇情而故意不予受理;等等。不予立案的具体原因如何,不影响此种追诉时效延长的适用。

需要指出的是,被人民法院、人民检察院、公安机关立案侦查或者受理的案件,以及被害人提出控告,有关机关应当立案而不予立案的案件,虽然不受追诉期限的限制,但行为人其后的犯罪行为仍然受追诉时效的限制。例如,行为人犯故意伤害罪后,被害人向有关机关提出了控告,有关机关应当立案而没有立案。该行为人以后又犯了寻衅滋事罪。此种情况下,故意伤害罪不受追诉时效的限制,但其所犯的后罪仍然受追诉时效的限制。

第三节 赦　　免

一、赦免的概念和种类

赦免,是指国家宣告对犯罪人免除其罪、免除其刑的法律制度。赦免包括大赦和特赦两种。

大赦,是国家对某一时期内犯有一定罪行的犯罪人免予追诉和免除刑罚执行的制度。大赦的对象既可能是国家某一时期的各种犯罪人,也可能是国家某一时期犯有特定罪行的犯罪人,也可能是某一地区的全体犯罪人,还可能是参与某一重大历史事件的所有犯罪人。大赦的特点是:既赦其罪,亦赦其刑。也就是被赦免的犯罪人既不受刑事追究和处罚,也不存在着犯罪记录。

　　特赦,是指国家对特定的犯罪人免除执行全部或者部分刑罚的制度。特赦的特点是:对象是特定的犯罪人;效果是只免除刑罚的执行而不消灭犯罪记录。

　　大赦和特赦都属于赦免的范畴,二者的区别在于:第一,对象的范围不同。在大赦的情况下,涉及的犯罪人的人数一般要比特赦所涉及的犯罪人的人数多。第二,效果不同。大赦既赦犯罪人之罪,也赦犯罪人之刑;而特赦则只赦犯罪人之刑,而不赦犯罪人之罪。

　　我国1954年《宪法》对大赦和特赦均作了规定,并将大赦决定权赋予全国人民代表大会,将特赦决定权赋予全国人民代表大会常务委员会,大赦令和特赦令均由国家主席发布。但后来的《宪法》包括现行的《宪法》都只规定了特赦,而没有规定大赦。由于《宪法》没有规定大赦,相应的我国《刑法》第65条、第66条中所说的"赦免"即是指特赦。我国现行《宪法》规定的特赦,由全国人大常委会决定,由国家主席发布特赦令。

二、我国赦免制度的实践与特点

　　自1959年以来,我国先后实行了八次特赦:第一次特赦是1959年9月17日,在中华人民共和国建立10周年大庆前夕,对确实改恶从善的蒋介石集团和伪满洲国的战争罪犯、反革命罪犯和普通刑事罪犯实行特赦。这是特赦面最广的一次。第二次、第三次特赦分别于1960年1月19日和1961年12月16日,两次对确实改恶从善的蒋介石集团和伪满洲国的战争罪犯实行特赦。第四次、第五次、第六次特赦分别于1963年3月30日、1964年月12月12日、1966年3月29日进行,其特赦对象是确实改恶从善的蒋介石集团、伪满洲国和伪蒙疆自治政府的战争罪犯。第七次特赦是1975年3月17日对经过较长时间关押和改造的全部战争罪犯实行特赦。第八次特赦是时隔40年后的2015年8月29日,为纪念中国人民抗日战争暨世界反法西斯战争胜利70周年,体现依法治国理念和人道主义精神,第十二届全国人大常委会第十六次会议通过了《关于特赦部分服刑罪犯的决定》,对依据2015年1月1日前人民法院作出的生效判决正在服刑,释放后不具有现实社会危险性的下列罪犯实行特赦:(1)参加过中国人民抗日战争、中国人民解放战争的;(2)中华人民共和国成立以后,参加过保卫国家主权、安全和领土完整对外作战的,但犯贪污受贿犯罪、故意杀人、强奸、抢劫、绑架、放火、爆炸、投放危险物质或者有组织的暴力性犯罪,黑社会性质的组织犯罪,危害国家安全犯罪,恐怖活动犯罪的,有组织犯罪的主犯以及累犯除外;(3)年满75周岁、身体严重残疾且生活不能自理的;(4)犯罪的时候不满18周岁,被判处3年以下有期徒刑或者剩余刑期在1年以下的,但犯故意杀人、强奸等严重暴力性犯罪,恐怖活动犯罪,贩卖毒品犯罪的除外。本次特赦,不仅契合庆祝中国人民抗日战争暨世界反法西斯战争胜利70周年的喜庆氛围,展示我们党的执政自信和制度自信,树立我国开放、民主、文明、人道、法治的大国形象,发挥特赦的感召效应,激发人民群众的爱国热情,促进社会的和谐稳定,彰显国家德政,昭示与民更始,具有重大的政治意义,而且有助于形成维护宪法制度、尊重宪法权威的社会氛围,有助于树立科学的犯罪观和理性的刑罚观,有助于完善综合治理犯罪的对策机制,切实贯彻宽严相济的基本刑事政策,可以创新我国现行法律框架中特赦制度的实践,并借此促进现代赦免制度的重构与运作,还可以鼓励犯人自新,疏减监狱囚犯,节约司法资源,具有极为重要的法治意义。

综观我国实行的八次特赦,我们可以发现以下特点:(1)特赦的对象是成批的罪犯。(2)特赦的条件是必须关押和改造一定的时间且在服刑的过程中确有改恶从善的表现,释放后不具有现实社会危险性。(3)特赦具有严格的程序。每次特赦都是由全国人大常委会根据中共中央或者国务院的建议作出决定,并由最高人民法院和高级人民法院负责执行,在设有国家主席期间,均由国家主席颁布特赦令。(4)特赦的效力只及于刑而不及于罪。即特赦的效力只是免除执行剩余的刑罚或者减轻原判刑罚,而不是宣布其罪归于消灭。

下编 刑法各论

第二十章 刑法各论概述

第一节 刑法各论与刑法总论的关系

一、刑法各论与刑法总论的关系

刑法的体系由总则和分则两大部分组成。刑法总则对犯罪、刑事责任和刑罚作出一般性规定,刑法分则对各类、各种犯罪的刑事责任和刑罚作出具体规定。与刑法总则和刑法分则相适应,刑法学体系由刑法总论与刑法各论两大部分组成。刑法各论与刑法总论之间,概言之,是一种密切联系、缺一不可、相互作用的关系。

(一) 刑法各论对刑法总论的作用

刑法各论对刑法总论的作用表现在:

(1) 贯彻与体现刑法总论的作用。刑法总论阐述的是犯罪、刑事责任和刑罚的一般原理、原则,较为抽象、概括。这些抽象的原理、原则只有通过刑法各论对具体罪刑的论述,才能得到实际的贯彻和体现,从而便于理解和把握。例如,刑法总论所阐述的犯罪构成的一般要件,能够使我们从总体上了解犯罪的构成需要具备哪些要件,为司法实践认定犯罪提供判断标准,但是,总论的犯罪构成的一般理论如果不在各论的具体罪的犯罪构成中加以体现和贯彻,不仅其作用得不到充分的发挥,理论和实践价值也会受到很大的削弱。刑法各论的具体犯罪构成,正是刑法总论关于犯罪构成一般规定的体现,正是通过刑法各论,才能充分发挥出刑法总论指导定罪量刑的作用。

(2) 促进刑法总论实践效应的作用。刑法总论关于犯罪、刑事责任和刑罚的一般原理、原则,无论对定罪还是对量刑都具有重要的作用。但是,司法实践中面对的是对具体犯罪的认定和处罚问题,如果这种一般原理、原则不与具体的问题相结合,则是抽象的,其作用也无法发挥。正是刑法各论,将刑法总论的原理、原则结合各类各种犯罪加以具体化,就使得刑法总论的原理、原则在司法实践中得以充分发挥作用,所以,刑法各论具有促进刑法总论实践效应的作用。

(3) 丰富和发展刑法总论的作用。如前所述,刑法总论阐述的是抽象的原理、原则,由于其抽象性,往往给我们是空洞理论的感觉,刑法各论通过对具体犯罪问题的研究,使总论的原理、原则有了深刻的内涵与广博的外在表现,内容更加丰富。同时,通过刑法各论对具体犯罪问题的研究、探讨,也往往会发现刑法总论原理、原则的不足,从而有助于刑法总论的发展与完善。

(二) 刑法总论对刑法各论的作用

刑法总论对刑法各论的作用具体表现在:

(1) 对刑法各论的概括作用。形形色色的具体犯罪虽然各具特殊性,但特殊性中蕴含着共性,刑法各论通常研究具体犯罪的特殊性,而较少涉及其共性。如果仅就具体犯罪而论述具体犯罪,就难以从宏观上把握具体犯罪的实质。刑法总论可以对刑法各论阐述的各种各样的具体犯罪问题进行科学的抽象和概括,提炼出有关的原理、原则和共通性知识,从而使我们对具体犯罪问题能够获得更高层面的认识。

(2) 对刑法各论的指导作用。刑法总论关于犯罪、刑事责任和刑罚的一般原理、原则,抽象、概括于刑法各论关于具体犯罪的理论,因而,也就具有了指导对刑法各论各种具体犯罪问题研究的作用。例如,刑法总论关于犯罪停止形态的理论,对于刑法各论正确地确定各种具体的故意犯罪的犯罪既遂、未遂、预备和中止,都具有重要的指导作用。切实认识刑法总论对刑法各论的指导作用,有助于正确而深入地开拓对刑法各论进行的研究,对正确解决具体犯罪的有关问题具有重要的意义。

(3) 对刑法各论的制约作用。刑法总论对刑法各论的研究也具有一定的规范和约束作用,即刑法各论的研究不能违背总论中得到公认的原理、原则。例如,刑法总论关于犯罪构成的原理认为,任何犯罪的构成都是主观要件和客观要件的有机统一,因此,刑法各论在研究任何具体犯罪时,都必须坚持犯罪构成主观与客观要件统一的原理,不得违反,不得阐述出缺少主观要件或者客观要件的犯罪构成,或者主观要件与客观要件相抵触的犯罪构成。

二、研究刑法各论的意义和方法

在学习、掌握刑法总论知识的基础上,学习和研究刑法各论具有重要的意义:首先,通过刑法各论的学习和研究,有助于丰富和加深对刑法总论的理解和把握,并且,能够深入理解和正确贯彻刑法总则规定的原理、原则;其次,通过学习和研究刑法各论,可以掌握各种具体犯罪的定罪量刑标准,有助于在司法实践中正确地适用刑法;最后,通过对刑法各论的学习和研究,可以发现刑事立法关于具体犯罪规定中的缺陷和不足,并提出修改和完善建议,从而有助于刑事立法的改革与健全。

明确了研究刑法各论的意义,还必须掌握学习和研究刑法各论的方法。研究刑法各论除了必须注意以刑法总论的原理、原则为指导外,还应注意以下几点:其一,要注意及时把握刑事立法的发展和了解司法实践的动态。刑法各论研究的对象是具体犯罪,而具体犯罪的新情况、新问题在司法实践中层出不穷,具体犯罪的立法修订补充也很频繁,因此,要学好、研究好刑法各论问题,就必须及时地了解和研究新的刑法分则规范及司法实践,密切关注立法和司法的动态,总结司法实践中的经验和教训。其二,要注意抓住重点和难点。刑法各论的重点是各种具体犯罪尤其是司法实践中的常见罪、多发罪的犯罪构成以及具体问题。如罪与非罪的界限以及此罪与彼罪的界限。难点问题在各罪中可能不尽相同,有的罪的难点可能是主体特征,有的罪的难点也许是主观方面,有的罪的难点则可能是客观行为特征,有的罪的难点可能是该罪与其他相关罪的界限,等等。这就要求在研究刑法各论时善于捕捉难点问题,进行认真的钻研和探讨。其三,要注意贯彻理论联系实际的学习和研究方法。刑法学是一门实践性、应用性很强的部门法律科学,要求理论联系实际地学习和研究。所谓理论联系实际,最重要的就是将具体罪刑理论运用于具体的案例分析之中,通过分析案例从而消化和掌握有关理论,并培养分析问题和解决问题的能力。

第二节 刑法分则的体系

刑法分则体系,是指刑法分则根据一定的标准和规则,对所规定的各类犯罪及其所包含的各种具体犯罪,按照一定次序排列而形成的有机统一体。把握刑法分则的体系,是研究各类犯罪和各种具体犯罪的基础。

一、犯罪的分类排列及其分类排列的依据

各国刑法对于分则所规定的具体犯罪的分类,不但标准不同,而且繁简与多少也有所不同。有的国家分类比较简单,有的国家分类繁杂。我国《刑法》分则对犯罪采用的是简明的分类方法,将犯罪共分为 10 类,依次是:危害国家安全罪;危害公共安全罪;破坏社会主义市场经济秩序罪;侵犯公民人身权利、民主权利罪;侵犯财产罪;妨害社会管理秩序罪;危害国防利益罪;贪污贿赂罪;渎职罪;军人违反职责罪。

我国《刑法》分则对犯罪进行分类的标准是犯罪的同类客体;对各类犯罪以及各种具体犯罪的顺序排列标准主要是以各类各种犯罪的社会危害程度。

(一) 以同类客体为标准对犯罪进行分类

犯罪的同类客体,是指某一类犯罪所共同侵犯的我国社会主义社会关系的某一方面。同类客体揭示的是同一类型犯罪在客体方面的共同本质,即一类犯罪不同于其他类型犯罪的危害性质,并在相当程度上反映出各类犯罪不同的危害程度。我国《刑法》分则所规定的 10 类犯罪,正是根据同类客体划分的结果。如背叛国家罪、分裂国家罪、煽动分裂国家罪等具体犯罪,共同侵犯的是国家安全方面的社会关系,因而将它归为危害国家安全罪。放火罪、决水罪、爆炸罪、投放危险物质罪等具体犯罪,共同侵犯的是社会的公共安全,因而将它们归为危害公共安全罪。生产、销售伪劣产品罪和生产、销售假药罪以及生产、销售劣药罪等具体犯罪,共同侵犯的是我国社会主义市场经济秩序这方面的社会关系,因而将它们归为破坏社会主义市场经济秩序罪。故意杀人罪、过失致人死亡罪、故意伤害罪、过失致人重伤罪、强奸罪等具体犯罪,共同侵犯的是公民人身权利、民主权利这一方面的社会关系,因而将它们归为侵犯公民人身权利、民主权利罪。抢劫罪、盗窃罪、诈骗罪、抢夺罪等具体犯罪,共同侵

犯的是公私财产所有权这方面的社会关系,因而将它们归为侵犯财产罪,如此等等。其他各类犯罪分类的根据,也基于同样的道理。

我国《刑法》分则根据同类客体对犯罪进行分类,是一种比较合理的犯罪分类法,为构建我国刑法分则体系奠定了良好的基础。

(二) 以犯罪的危害程度为标准对各类、各种犯罪进行排列

在对犯罪进行科学的分类基础上,恰当合理地依次排列各类以及各种犯罪,也是建立科学的刑法分则体系的另一个重要方面。我国《刑法》分则对各类、各种犯罪,一般主要是根据犯罪的危害程度,采取由重到轻的顺序排列,并使之与犯罪分类法相结合,建构分则体系。

首先,类罪的排列一般主要是以社会危害程度的大小进行的,《刑法》分则共包括10类犯罪,这10类犯罪就是主要根据各类犯罪的社会危害性的大小,由重到轻依次排列,危害国家安全罪侵犯的是国家安全,而国家安全是我国的根本利益,是最重要的社会关系,因此,这类犯罪的社会危害性最为严重,故将其排在各章之首。危害公共安全罪侵犯的是社会的公共安全,其社会危害程度仅次于危害国家安全罪,因此,这类犯罪紧随危害国家安全罪之后。《刑法》分则第3章至第10章的排列,基本上与上述原理相同。类罪的先后排列顺序所表明的社会危害程度的大小,是就总体上而言的,并不意味着排在前面的类罪中的每一种具体犯罪的社会危害性都大于排在后面的类罪中的所有具体罪的社会危害性。如危害公共安全罪的过失犯罪,就显然轻于侵犯人身权利、民主权利罪中的故意杀人、强奸等犯罪。

其次,各类罪中的具体犯罪也大体上是根据社会危害程度的大小,并适当考虑犯罪与犯罪之间性质是否具有近似性,基本上由重到轻依次进行排列的。例如,在危害公共安全这一类犯罪中,放火、决水、爆炸、投放危险物质等罪,属于危害性最为严重的故意以危险方法危害公共安全的犯罪,因此,将它们排在该类犯罪的前面,而工程重大安全事故罪、教育设施重大安全事故罪、消防责任事故罪等罪,属于社会危害性相对较轻的过失危害公共安全的犯罪,因而将它们排在该类犯罪的后面。当然,各类犯罪中每一种具体犯罪,并非绝对按照社会危害性的大小进行排列的,有的犯罪的排列,则是考虑犯罪与犯罪之间性质是否具有近似性,即兼顾罪与罪性质和相互间的逻辑联系。例如,故意杀人罪排在侵犯公民人身权利、民主权利罪之首,紧接其后的是过失致人死亡罪,而社会危害性显然大于过失致人死亡罪的强奸罪、绑架罪等却在其后。这种排列是因为故意杀人罪和过失致人死亡罪都是侵犯公民生命权利的犯罪,因此,将它们排在一起,这样既兼顾到犯罪的性质,也符合逻辑。

二、犯罪分类排列的意义

刑法分则按照一定的标准对犯罪进行分类排列,无论是从立法和司法实践,还是从刑法理论研究上讲,都具有重要的意义。

首先,从刑事立法上讲,对犯罪进行合理的分类和排列,既有助于建立比较合理的刑法分则体系,表明了立法者对各种犯罪的归纳、认识水平,并为立法实践奠定基

础,同时犯罪的分类和排列,也表明立法者对各类和各种具体社会关系进行刑事保护的价值取向,体现了刑法打击犯罪的重点所在。

其次,从刑事司法上讲,对犯罪进行合理的分类排列,有利于司法审判人员较为准确地认识各类犯罪的一般特征和各种犯罪的具体特征,把握各类及各种犯罪的危害程度,正确区分具体罪之间的界限,从而对犯罪人能够准确适用刑罚。

最后,从刑法理论研究上讲,对犯罪进行合理的分类,有助于从理论上阐释和探讨各类各种犯罪的立法意图、构成特征和社会危害程度,从而正确地解决各类各种犯罪的定罪量刑问题,同时也有利于对类罪和个罪进行深入的专题研究,有助于提高刑法理论的研究水平,并能够发挥其引导立法完善、为司法实践正确定罪量刑提供理论上的指导的作用。

第三节 具体犯罪条文的构成

刑法分则条文的基本表现形式是规定具体犯罪和刑罚的条文,因而,具体条文一般由罪状和法定刑两部分组成,同时,由于罪状与罪名密切相关,因此,对罪状、罪名以及法定刑的研究,是刑法各论的重要内容。

一、罪状

罪状,是指刑法分则条文对具体犯罪的基本构成特征的描述。在刑法理论上通常根据条文对罪状的描述方式不同,将罪状分为四种:叙明罪状、简单罪状、引证罪状和空白罪状。但在理论上认为,根据不同的标准还可对罪状进行其他的分类,即根据条文对罪状描述方式的多寡,可以将罪状分为单一罪状和混合罪状。

(一)叙明罪状、简单罪状、引证罪状和空白罪状

(1)叙明罪状,即条文对具体犯罪的基本构成特征作了详细的描述。例如,我国《刑法》第182条操纵证券、期货市场罪第1款规定:"有下列情形之一,操纵证券、期货市场,情节严重的,处5年以下有期徒刑或者拘役,并处或者单处罚金;情节特别严重的,处5年以上10年以下有期徒刑,并处罚金:(一)单独或者合谋,集中资金优势、持股或者持仓优势或者利用信息优势联合或者连续买卖,操纵证券、期货交易价格或者证券、期货交易量的;(二)与他人串通,以事先约定的时间、价格和方式相互进行证券、期货交易,影响证券、期货交易价格或者证券、期货交易量的;(三)在自己实际控制的账户之间进行证券交易,或者以自己为交易对象,自买自卖期货合约,影响证券、期货交易价格或者证券、期货交易量的;(四)以其他方法操纵证券、期货交易市场的。"第2款规定:"单位犯前款罪的,对单位判处罚金,并对其直接负责的主管人员和其他直接责任人员,依照前款的规定处罚。"本条第1款对操纵证券、期货市场罪的主观方面和客观方面的构成作了详细的描述,该罪状即为叙明罪状。这种罪状由于对犯罪的特征有详细的描述,因而易被人们理解和掌握,便于实践中正确定罪,因此,多数刑法条文均采用叙明罪状。

(2) 简单罪状,即条文只简单地规定罪名或者简单描述犯罪的基本构成特征。如我国《刑法》第 232 条规定:"故意杀人的,处死刑、无期徒刑或者 10 年以上有期徒刑;情节较轻的,处 3 年以上 10 年以下有期徒刑。"这里只描述了故意杀人罪的主观方面和客观方面特征(同时,也是其罪名),因而该罪状是简单罪状。还有的只简单地描述具体犯罪的客观方面特征,如我国《刑法》第 295 条规定:"传授犯罪方法的,处 5 年以下有期徒刑、拘役或者管制;情节严重的,处 5 年以上 10 年以下有期徒刑;情节特别严重的,处 10 年以上有期徒刑或者无期徒刑。"这里就只简单地描述了传授犯罪方法罪的客观方面特征,也是简单罪状。使用简单罪状,一般是因为立法者认为这些犯罪的特征易于被人理解和把握,无需在法律上作具体的描述。该种罪状虽缺乏对犯罪构成特征的具体描述,但法律条文简练。简单罪状在刑法分则条文中所占不多。

(3) 引证罪状,即引用同一法律中的其他条款来说明和确定某一犯罪构成的特征。例如,我国《刑法》第 124 条第 1 款规定了破坏广播电视设施、公用电信设施罪的罪状和法定刑,其第 2 款规定"过失犯前款罪的,处 3 年以上 7 年以下有期徒刑;情节较轻的,处 3 年以下有期徒刑或者拘役。"该款罪的特征就是要引用第 1 款规定罪状的客观方面,来说明和确定过失损坏广播电视设施、公用电信设施罪的罪状。我国《刑法》第 115 条第 2 款、第 119 条第 2 款、第 188 条第 2 款等关于"犯前款罪"的规定,都是引证罪状。采用引证罪状,是为了避免条款间文字上的重复。

(4) 空白罪状,即条文不直接地具体规定某一犯罪构成的特征,但指明确定该罪构成特征需要参照的其他法律、法规的规定。例如,我国《刑法》第 340 条规定:"违反保护水产资源法规,在禁渔区、禁渔期或者使用禁用的工具、方法捕捞水产品,情节严重的,处 3 年以下有期徒刑、拘役、管制或者罚金。"采用空白罪状,是因为有关经济、行政法律、法规的规定往往内容较多,而刑法条文又难以对其特征作出具体表述。应用空白罪状,能够简化条文,但应注意的是,对空白罪状必须与其他相关法律、法规相结合,才能够正确地认定该种犯罪的特征。

(二) 单一罪状和混合罪状

(1) 单一罪状,即条文仅采用简单、叙明、引证、空白罪状其中的一种方式对犯罪的基本构成特征进行描述。分则条文中的绝大多数罪状,属于简单罪状。

(2) 混合罪状,即条文同时采用简单、叙明、引证、空白罪状其中的两种方式对犯罪的基本构成特征进行描述。例如,我国《刑法》第 338 条规定:"违反国家规定,排放、倾倒或者处置有放射性的废物、含传染病病原体的废物、有毒物质或者其他有害物质,严重污染环境的,处 3 年以下有期徒刑或者拘役,并处或者单处罚金;后果特别严重的,处 3 年以上 7 年以下有期徒刑,并处罚金。"在该罪状中"违反国家规定",属于空白罪状,指出确定污染环境罪的构成需要参照国家规定的有关法规,后半段的规定则属于叙明罪状,详细描述了构成污染环境罪的特定的物质、行为方式的要件。本条因使用两种方式具体描述污染环境罪的罪状,因而是混合罪状。采用混合罪状方式,是由某些犯罪的特殊性决定的。刑法分则条文中的混合罪状不多。

二、罪名

罪名,有广义和狭义之分。广义的罪名包括类罪名和分类罪名,狭义的罪名仅指具体罪名。这里讲的是狭义的罪名。

(一)罪名的概念和功能

罪名,是犯罪的名称或者称谓,是对犯罪本质特征或者主要特征的高度概括。罪名虽是具体犯罪的称谓,但正确规定和使用罪名,对于准确区分罪与非罪、此罪与彼罪的界限,正确定罪和量刑,都具有重要的意义。因此,罪名的功能是多方面的,有必要从理论上阐明罪名的功能,认识罪名的重要性。

(1)概括功能。所谓概括功能,即是指对社会上纷繁复杂、千姿百态、形形色色的犯罪现象进行概括的作用。罪名的概括功能,使人们能够了解刑法上规定了哪些犯罪。罪名的概括功能还表现在对刑法分则条文所描述的具体犯罪的构成特征概括成一个简单的名称,以便于司法适用。

(2)区分功能。所谓区分功能,是指罪名具有区分罪与非罪、此罪与彼罪界限的作用。因为罪名是对具体犯罪本质的高度概括,所以,不同的罪名所反映的犯罪行为的性质和特征不同,这就使得罪名具有区分功能。通过罪名所传递的信息,就可以大致区分罪与非罪、此罪与彼罪的界限。

(3)评价功能。所谓评价功能,是指罪名具有国家对危害社会的行为所给予的社会、政治上的和法律上的否定评价,以及表明对行为人进行的非难和谴责的作用。

(4)威慑功能。所谓威慑功能,是指由于罪名体现了国家对犯罪的否定评价和对行为人的谴责,因而揭示出:为避免这种否定评价,只有规范自己的行为不触犯刑法规定的罪名,实际上为社会提供了一个行为标准。

(二)罪名的分类

根据不同的标准,可以将罪名划分为以下一些种类:

(1)根据罪名是否具有法律效力,罪名可分为立法罪名、司法罪名、学理罪名。

立法罪名,是指立法机关在刑法分则条文中明确规定的罪名。如贪污罪、受贿罪、挪用公款罪、行贿罪等都是由刑法分则条文明确规定的罪名。立法罪名具有普遍的法律效力,司法实践不能对有关犯罪使用与立法罪名不同的罪名。

司法罪名,是指最高司法机关通过司法解释所确定的罪名。如最高人民法院于1997年12月9日发布的《关于执行〈中华人民共和国刑法〉确定罪名的规定》,以及此后陆续发布的有关确定罪名的规定所规定的罪名,即为司法罪名。司法罪名对司法机关办理刑事案件具有法律约束力。

学理罪名,是指理论上根据刑法分则条文规定的内容,对犯罪所概括出的罪名。学理罪名没有法律效力,但对最高司法机关确定罪名时具有参考意义。

(2)根据条文罪名包含构成内容数量的单复,罪名可分为单一罪名和选择罪名。

单一罪名,是指罪状包含的犯罪构成的具体内容单一的罪名。如故意杀人罪、故意伤害罪等。

选择罪名,是指因罪状所包含的犯罪构成的具体内容比较复杂,罪名形式上表现为并列特点的罪名。选择罪名可以统一使用,也可以根据具体的犯罪行为分解使用。如我国《刑法》第171条规定的出售、购买、运输假币罪,第294条规定的组织、领导、参加黑社会性质组织罪等。

(3) 以罪名在刑法中是否确定不变为标准,罪名可分为确定罪名与不确定罪名。

确定罪名,是指在任何情况下都不能改变的罪名。如我国《刑法》规定的故意杀人罪、故意伤害罪、过失致人死亡罪、贪污罪、受贿罪等。无论案件的具体情况如何,都必须使用该罪名。

不确定罪名,是指可以根据案件的具体情况使用不同名称的罪名。如1979年我国《刑法》中规定的"以其他危险方法危害公共安全罪"即为不确定罪名,当时的司法机关可以根据行为人使用的具体的危险方法来确定不同的罪名。值得说明的是,我们认为在我国现行《刑法》中并不具有不确定罪名。

(三) 罪名的确定

现代各国刑法确定罪名主要的两种方式,第一,在分则条文中明确规定罪名。其中具体又可分为两种:一为标题明示,即在分则条文以标题方式载明罪名;二为定义明示,即在分则条文中以定义的方式揭示罪名。第二,包含式罪名。即在分则条文中不载明罪名,只是规定罪状,将罪名包含在罪状中,在确定罪名时则需要分析、概括罪状的规定。我国《刑法》分则这两种确定罪名方式都采用,但在《刑法》分则条文中明确规定罪名的,非标题明示,而是定义明示。如我国《刑法》第382条规定:"国家工作人员利用职务上的便利,侵吞、窃取、骗取或者以其他手段非法占有公共财物的,是贪污罪。"即是定义方式揭示了贪污罪的罪名。这种定义方式的罪名在我国《刑法》分则中很少,除此之外,大多数为包含式罪名,因此,实践中确定罪名需要分析、概括罪状的规定,由此也难免对罪名产生不一致的理解和认定。

除了立法罪名外,其他罪名都有一个如何确定的问题。正确确定罪名,必须遵循以下原则:

(1) 合法性原则。所谓合法性原则,是指确定罪名时必须严格根据刑法分则规定具体犯罪的条文所描述的罪状,既不得超出罪状的内容,也不得片面地反映罪状的内容。例如,我国《刑法》第111条所描述的罪状是:"为境外的机构、组织、人员窃取、刺探、收买、非法提供国家秘密或者情报的"。如果将此种犯罪称为"向境外非法提供国家秘密罪",则既遗漏了作为犯罪手段的窃取、刺探和收买,也遗漏了作为行为对象之一的情报,就会背离了合法性原则的要求。而将该种犯罪称之"为境外窃取、刺探、收买、非法提供国家秘密、情报罪",紧扣刑法的规定,是一个遵守合法性原则的罪名。要做到罪名的合法性应当注意:第一,必须根据刑法分则规范规定具体犯罪的条文确定罪名,不能使用类罪名;第二,必须根据刑法分则条文的罪状来确定罪名,不能离开罪状确定罪名;第三,必须根据罪状中最恰当的用语确定罪名,并且,使之符合法条原意。

(2) 概括性原则。所谓概括性原则,是指罪名的确定必须是对罪状的高度概括,表述应力求简明。例如,我国《刑法》第145条规定的犯罪的罪状是:"生产不符合保障人体健康的国家标准、行业标准的医疗器械、医用卫生材料或者销售明知是不符合保障人体健康的国家标准、行业标准的医疗器械、医用卫生材料,足以严重危害人体健康的……"如将该条犯罪称为生产、销售不符合保障人体健康的国家标准、行业标准的医疗器械、医用卫生材料罪,就显得缺乏概括性,冗长繁琐。将其称为"生产、销售不符合标准的医用器材罪",既准确地反映了行为的性质,也高度地概括了对象的范围,符合对罪名的概括性原则。

(3) 科学性原则。所谓科学性,是指罪名要在合法性、概括性的基础上,明确地反映出犯罪行为最本质的特征以及此罪与彼罪的主要区别。罪名不科学,就会歪曲具体犯罪行为和案件的性质,混淆罪与非罪的界限以及此罪与彼罪之间的界限。要做到科学性,应注意以下几点:第一,对刑法总则的一些共性的规定,有些可以采取适当方式予以体现,但不能作为罪名。例如,将犯罪未完成形态的"中止""未遂""预备"直接体现在具体犯罪的罪名中,如"故意杀人未遂罪""强奸中止罪""防卫过当罪"等,都是错误的。第二,不能把犯罪的动机、后果等不能反映犯罪本质特征的事实,作为罪名的内容。如"报复杀人罪""图财杀人罪""放火杀人罪"等,这也是错误的。第三,对包含两个以上选择性罪名的条文,如果行为人实施两个以上的行为时,必须根据恰当的原则确定罪名。

三、法定刑

法定刑,是指刑法分则条文对具体犯罪所确定的适用刑罚的种类和刑罚幅度。刑罚种类通常称为刑种,刑罚幅度通常称为刑度。法定刑,是刑法分则条文重要的组成部分。它表明罪与罚的质的因果性联系和量的相适应性关系,是审判机关对犯罪人适用刑罚的依据。对犯罪人判处刑罚时,除其具备法定的减轻情节外,必须在法定刑的范围内进行。因此,研究法定刑问题,对正确量刑具有重要的意义。

法定刑不同于宣告刑。法定刑是立法机关针对具体犯罪的性质和危害程度所确定的量刑标准,它着眼于该罪的共性;宣告刑是法定刑的实际运用,是审判机关对具体犯罪案件中的犯罪人依法判处并宣告的应当实际执行的刑罚,它着眼于具体犯罪案件及犯罪人的特殊性。

根据立法实践,在刑法理论上通常以法定刑的刑种、刑度是否确定为标准,将法定刑分为三种形式,即绝对确定的法定刑、绝对不确定的法定刑和相对确定的法定刑。

(1) 绝对确定的法定刑,是指在条文对某种犯罪或某种犯罪的某种情形只规定单一、固定、无量刑幅度的刑种和刑度的法定刑。绝对确定的法定刑,虽然单一,便于操作,但这使法官不能根据具体情况对犯罪人判处轻重适当的刑罚,不利于收到良好的刑罚效果。

(2) 绝对不确定的法定刑,是指在条文对某种犯罪不规定具体的刑种和刑度,只规定对该种罪处以刑罚,具体如何处罚完全由法官掌握。绝对不确定的法定刑,由于没有统一的量刑标准,不能使罪责刑相适应原则得到很好的贯彻。

(3) 相对确定的法定刑,是指分则条文对某种犯罪规定了相对具体的刑种和刑度。即既有刑罚的限度,也有一定的自由裁量余地。该种形式的法定刑克服了前两种形式法定刑的弊端,便于法官在保证司法统一的基础上,根据具体案情和犯罪人的具体情况,在法定刑的幅度内选择适当的刑种和刑期,有利于刑罚目的的实现,因而这种法定刑被世界各国刑法广泛采用。

我国现行《刑法》分则中没有绝对不确定的法定刑,但存在着少量的相对绝对确定的法定刑。当然我国《刑法》中的相对绝对确定的法定刑均是相对于特定犯罪所发生的具体情形时才能适用的,而不是对某种犯罪的所有情况都适用的。例如,我国《刑法》第121条规定,犯劫持航空器罪,"致人重伤、死亡或者使航空器遭受严重破坏的,处死刑。"第240条规定,犯拐卖妇女、儿童罪,"情节特别严重的,处死刑,并处没收财产"。这就是相对绝对确定的法定刑,但这类法定刑在我国《刑法》中比较少。我国《刑法》分则条文中的法定刑绝大多数为相对确定的法定刑。其表现方式有以下几种:

(1) 分则条文仅规定法定刑的最高限度,其最低限度决定于总则对该刑种下限的规定。例如,我国《刑法》第315条规定的破坏监管秩序罪的法定刑是3年以下有期徒刑。结合《刑法》第45条关于有期徒刑的最低期限为6个月的规定,该罪的法定刑实为6个月以上3年以下有期徒刑。

(2) 分则条文仅规定法定刑的最低限度,其最高限度则取决于总则的规定。例如,我国《刑法》第404条规定的徇私舞弊不征、少征税款罪,对"造成重大损失的,处5年以下有期徒刑或者拘役;造成特别重大损失的,处5年以上有期徒刑。"后段法定刑没有最高限度,但结合《刑法》第45条关于有期徒刑的最高期限为15年的规定,该法定刑就是5年以上15年以下有期徒刑。

(3) 分则条文同时规定法定刑的最高限度与最低限度,例如,我国《刑法》第236条第1款对强奸罪规定的法定刑是"处3年以上10年以下有期徒刑"。

(4) 分则条文规定两种以上的主刑或者规定两种以上主刑并规定附加刑。例如,我国《刑法》第234条第1款规定"故意伤害他人身体的,处3年以下有期徒刑、拘役或者管制"。这里规定了三种主刑,对其中的有期徒刑又规定了上限。法院可以根据案件的具体情况,在三种主刑中选择一种,然后再按照有关规定确定具体刑期。又如,我国《刑法》第309条规定的扰乱法庭秩序罪的法定刑为"3年以下有期徒刑、拘役、管制或者罚金"。该条规定了三种主刑和一种附加刑,法院可以根据案件情节选择其中的一种主刑或者附加刑。

(5) 分则条文规定援引性的法定刑,例如,我国《刑法》第386条规定:"对犯受贿罪的,根据受贿所得数额及情节,依照本法第383条的规定处罚,索贿的从重处罚。"

第二十一章 危害国家安全罪

第一节 危害国家安全罪概述

一、危害国家安全罪的概念和构成

危害国家安全罪,是指故意危害中华人民共和国国家安全的行为。

危害国家安全罪具有如下构成要件:

(1) 本类犯罪的客体是国家的安全。所谓国家安全,是指我国主权、领土完整与安全以及人民民主专政的政权和社会主义制度的安全。我国主权、领土完整与安全以及人民民主专政的政权和社会主义制度,是我国各族人民在中国共产党的领导下经过长期艰苦卓绝的奋斗取得的胜利成果,是各族人民的根本利益所在。所以,一切敌对势力和敌对分子,总是要千方百计地破坏我国主权、领土完整与安全,危害我国人民民主专政的政权和社会主义制度,因此,我们必须坚决地同这类犯罪行为作斗争。我国刑法将危害国家安全罪排列在分则各章犯罪之首,表明危害国家安全罪的严重社会危害性,也表明国家对打击这类犯罪的重视和决心。

(2) 本类犯罪的客观方面表现为危害中华人民共和国国家安全的行为。所谓危害中华人民共和国国家安全的行为,是指危害我国主权、领土完整与安全以及人民民主专政的政权和社会主义制度的行为。具体表现为我国《刑法》第102条至第112条所规定的背叛国家、分裂国家,煽动分裂国家,武装叛乱、暴乱,颠覆国家政权,煽动颠覆国家政权,资助危害国家安全的犯罪活动,投敌叛变,叛逃,间谍,为境外的机构、组织、人员窃取、刺探、收买、非法提供国家秘密或者情报,资敌等行为。

(3) 本类犯罪的主体,多数是一般主体,少数是特殊主体。如分裂国家,煽动分裂国家,武装叛乱、暴乱,颠覆国家政权,煽动颠覆国家政权,间谍,为境外的机构、组织、人员窃取、刺探、收买、非法提供国家秘密或者情报,资敌等犯罪的主体,均是一般主体,凡达到刑事责任年龄具有刑事责任能力的人,不管是中国人还是外国人,均能实施。而背叛国家罪、叛逃罪的主体则是特殊主体,前者只能由具有中华人民共和国国籍的公民实施,后者则只能由国家公务人员实施。

(4) 本类犯罪的主观方面是故意,且绝大多数是直接故意,即明知自己的行为会发生危害中华人民共和国国家安全的结果,并且希望这种结果发生。少数犯罪既可以是直接故意,也可以是间接故意。例如,为境外窃取、刺探、收买、非法提供国家秘密、情报,行为人可能出自获利的动机,对危害国家安全的结果持放任的态度。

二、危害国家安全罪的种类

根据我国《刑法》分则第一章的规定,危害国家安全罪12个条文共规定了下列

12种具体犯罪:背叛国家罪、分裂国家罪、煽动分裂国家罪、武装叛乱、暴乱罪、颠覆国家政权罪、煽动颠覆国家政权罪、资助危害国家安全犯罪活动罪、投敌叛变罪、叛逃罪、间谍罪、为境外窃取、刺探、收买、非法提供国家秘密、情报罪、资敌罪。

第二节 危害国家安全罪分述

一、背叛国家罪

背叛国家罪,是指勾结外国或者境外机构、组织、个人,危害国家主权、领土完整和安全的行为。本罪的客体是国家的主权、领土完整和安全。本罪的客观方面表现为勾结外国或者境外机构、组织、个人,危害国家主权、领土完整和安全的行为。所谓"勾结",是指与外国政府、外国政党、外国政治集团或者境外机构、组织、个人进行联络、谋划。危害国家主权、领土完整和安全,是指出卖国家主权、签订卖国条约;策划对我国发动侵略战争;制造国际争端向我国提出领土要求;干涉我国内政、组织傀儡政权等。上述两个方面必须同时具备,才可能构成背叛国家罪。本罪的主体只能是中国公民,而且一般是窃据党政军较高职位,握有实权的阴谋家、野心家和社会上有一定政治影响的人。本罪的主观方面是故意,并且具有危害中华人民共和国国家主权、领土完整和安全的目的。根据《刑法》第102条、第113条第1款的规定,犯本罪的,处无期徒刑或者10年以上有期徒刑;对国家和人民危害特别严重,情节特别恶劣的,可以判处死刑。依照《刑法》第56条、第113条第2款的规定,犯本罪的,应当附加剥夺政治权利,可以并处没收财产。

二、分裂国家罪

(一)分裂国家罪的概念和构成

分裂国家罪,是指组织、策划、实施分裂国家、破坏国家统一的行为。

本罪的构成要件是:

(1)本罪的客体是国家的统一。

(2)本罪的客观方面表现为组织、策划、实施分裂国家、破坏国家统一的行为。所谓组织,是指纠集他人、网罗成员,组建分裂国家组织的行为。所谓策划,是指商讨、制定分裂国家计划的行为。所谓实施,是指将分裂国家的计划付诸实行的行为。所谓分裂国家、破坏国家统一,是指割据一方,另立政府,对抗中央人民政府领导或者破坏民族团结,制造民族分裂,妄图脱离我国多民族统一的国家。行为人只要实施上述组织、策划、实施三种行为之一,即可构成本罪的既遂,客观上是否发生了国家分裂的危害结果,不影响本罪的构成。

(3)本罪的主体是一般主体,凡已满16周岁具有刑事责任能力的人均能成为本罪的主体,包括我国公民、具有外国国籍的人和无国籍人。一般来讲,可能实施本罪的多是在某个地区具有一定影响的地方分裂主义分子和民族分裂分子。

(4)本罪的主观方面是故意,且只能是直接故意。其故意的内容可以表述为明知自己的行为会发生分裂国家、破坏国家统一的结果,并且希望这种结果发生。

(二) 分裂国家罪的认定

(1) 本罪与非罪的界限。司法实践中,有些人由于狭隘的民族主义和地方情绪作祟,或者由于对党和国家的某些民族政策产生误解而一气之下发了一些诸如要地方单干的话,但实际上并没有分裂国家的意图,或者思想上虽有分裂倾向但没有任何具体的组织、策划、实施行为,对于这些情况都不应以分裂国家罪定罪处罚,而应对行为人予以批评教育,对具有领导职位的人可以给予党纪、政纪处分。

(2) 本罪与背叛国家罪的界限。二者的区别表现在:第一,主体不同。本罪的主体为一般主体,凡达到了刑事责任年龄具有刑事责任能力的人,不管是中国公民还是外国人或无国籍人,都可以实施本罪;背叛国家罪的主体为特殊主体,即只有达到了刑事责任年龄具有刑事责任能力的中国公民才能实施该罪。第二,客观方面的行为不同。本罪的客观方面表现为分裂国家、破坏国家统一的行为,这种行为不具有出卖国家主权和领土完整的性质;背叛国家罪的客观方面表现为勾结外国,危害国家主权、领土完整和安全,这种行为具有出卖国家主权、领土完整和安全的性质。第三,主观故意的内容不同。本罪的故意内容是分裂国家、破坏国家的统一;背叛国家罪的故意内容是出卖国家主权、领土完整和安全。

(三) 分裂国家罪的刑事责任

根据《刑法》第 103 条第 1 款、第 106 条、第 113 条第 1 款的规定,犯本罪的,对首要分子或者罪行重大者,处无期徒刑或者 10 年以上有期徒刑;对国家和人民危害特别严重、情节特别恶劣的,可以判处死刑。对积极参加者,处 3 年以上 10 年以下有期徒刑;对其他参加者,处 3 年以下有期徒刑、拘役、管制或者剥夺政治权利。与境外机构、组织、个人相勾结实施本罪的,从重处罚。根据《刑法》第 56 条、第 113 条第 2 款的规定,犯本罪的,应当附加剥夺政治权利,可以并处没收财产。

三、煽动分裂国家罪

煽动分裂国家罪,是指煽动分裂国家、破坏国家统一的行为。本罪的客体是国家的统一。客观方面表现为煽动他人进行分裂国家、破坏国家统一的行为。所谓煽动,是指以各种方式引起他人实施分裂国家、破坏国家统一行为的意图。这实际上是分裂国家罪的教唆行为,但由于刑法将这种行为规定为独立的犯罪,因而不再以分裂国家罪的教唆犯处理。煽动的方式可以是书面的,也可以口头的;煽动可以是公然进行,也可以是暗中进行。煽动的对象可以是不特定的人或者多数人,也可以是特定的个别人。将煽动的对象限制在不特定的人或者多数人的范围内,在法律上没有根据,也不利于司法实践对本罪的认定。本罪的主体是一般主体,凡是已满 16 周岁具有刑事责任能力的人均能成为本罪的主体。本罪的主观方面是故意,可以是直接故意,也可以是间接故意。故意的具体内容表现为行为人明知自己的行为会使他人实施分裂国家、破坏国家统一行为,并进而发生国家分裂、国家统一被破坏的结果,并且希望或者放任上述结果的发生。在直接故意的情况下,只要行为人实施了煽动行为就构成犯罪,被煽动人是否接受煽动而实施分裂国家、破坏国家统一的行为,不影响犯罪的构成。在间接故意的情况下,必须是被煽动人接受煽动,实施了分裂国家、破坏国家统一的行为,才能构成犯罪。根据《刑法》第103条第2款、第106条的规定,犯本罪的,处5年以下有期徒刑、拘役、管制或者剥夺政治权利;首要分子或者罪行重大的,处5年以上有期徒刑;与境外机构、组织、个人相勾结犯本罪的,从重处罚。根据《刑法》第56条、第113条的规定,犯本罪的,应当附加剥夺政治权利,可以并处没收财产。

四、武装叛乱、暴乱罪

(一) 武装叛乱、暴乱罪的概念和构成

武装叛乱、暴乱罪,是指组织、策划、实施武装叛乱或者武装暴乱的行为。

本罪的构成要件是:

(1) 本罪的客体是我国人民民主专政的政权和社会主义制度。

(2) 本罪的客观方面表现为组织、策划、实施武装叛乱或者武装暴乱的行为。武装叛乱,是指使用武器装备进行反叛国家和政府的活动。武装暴乱,是指使用武器装备制造暴力事件从而引起动乱。武装叛乱与武装暴乱的区别表现在:叛乱以反叛国家和政府为内容,以投靠境外敌对势力为目的,而暴乱则不具有投靠境外敌对势力的目的。组织武装叛乱或者武装暴乱,是指召集、网罗人员以进行武装叛乱或者武装暴乱的行为。策划武装叛乱或者武装暴乱,是指制定武装叛乱或者武装暴乱的计划、方案的行为。实施武装叛乱或者武装暴乱,是指实行武装叛乱、暴乱的行为。此外,《刑法》第104条规定:策动、胁迫、勾引、收买国家机关工作人员、人民警察、民兵进行武装叛乱或者武装暴乱的,也构成本罪。也就是说本罪除了一般情况下表现为组织、策划、实施三种行为方式外,在针对特定对象时还可以是使用策动、胁迫、勾引、收买等方式。策动,是指策使、鼓动他人进行武装叛乱或武装暴乱。胁迫,是指以暴力或者其他内容相威胁,逼迫他人进行武装叛乱或者武装暴乱。勾引,是指用名誉、地位、美色等引诱他人进行武装叛乱或者武装暴乱。收买,是指用金钱、物资等利益作为代价换取他人进行武装叛乱或者武装暴乱。

(3) 本罪的主体是一般主体,凡已满16周岁具有刑事责任能力的人,无论是中国人还是外国人、无国籍人,均能实施本罪。

(4) 本罪的主观方面是故意,即明知自己的行为是武装叛乱、武装暴乱而故意实施。如果行为人不知自己参加的是武装叛乱、武装暴乱,则不能构成本罪,构成其他犯罪的,按其他犯罪处理。

(二) 武装叛乱、暴乱罪的认定

(1) 本罪与非罪的界限。在司法实践中,有的群众因为对党和国家的某些政策不理解,或者因为某些要求没有得到政府的满足或者答复,或者因为有关部门对某件事处理的方式不妥当,而聚众、起哄、闹事,有的甚至使用暴力冲击国家机关、毁坏公共财物。对于这种行为不应该按武装叛乱、暴乱罪定罪处罚。因为行为人主观上没有实施叛乱、暴乱行为的犯罪故意,也没有危害国家安全的目的。对行为人应予以说服教育,并且采取适当的措施解决群众的问题,满足群众的要求,以消解矛盾。

(2) 犯罪既遂与未遂的界限。根据刑法的规定,本罪是行为犯,只要行为人实施了组织、策划、实施武装叛乱、暴乱的行为,就构成犯罪既遂,换句话说,本罪没有未遂犯。

(3) 一罪与数罪的界限。在武装叛乱、暴乱的过程中,往往伴有杀人、伤害、放火、抢劫等行为,尽管这些行为又触犯了其他罪名,但由于武装叛乱、暴乱本身包括这些内容,如果没有这些内容就不成其为武装叛乱、暴乱,因此,对于在武装叛乱、暴乱过程中实施了杀人、伤害、放火、抢劫等行为的,不能按本罪和有关犯罪实行数罪并罚,只能按本罪一罪处理。

(三) 武装叛乱、暴乱罪的刑事责任

根据《刑法》第 104 条的规定,犯本罪的,对首要分子或者罪行重大的,处无期徒刑或者 10 年以上有期徒刑;对积极参加者,处 3 年以上 10 年以下有期徒刑,对其他参加者,处 3 年以下有期徒刑、拘役、管制或者剥夺政治权利。根据《刑法》第 106 条的规定,与境外机构、组织、个人相勾结,实施武装叛乱、暴乱罪的,从重处罚。根据《刑法》第 113 条的规定,犯武装叛乱、暴乱罪,对国家和人民危害特别严重、情节特别恶劣的,可以判处死刑;可以并处没收财产。根据《刑法》第 56 条的规定,犯本罪,除单处剥夺政治权利的外,应当附加剥夺政治权利。

五、颠覆国家政权罪

颠覆国家政权罪,是指组织、策划、实施颠覆国家政权、推翻社会主义制度的行为。本罪的客体是我国人民民主专政的政权和社会主义制度。客观方面表现为组织、策划、实施颠覆国家政权、推翻社会主义制度的行为。组织,是指网罗成员、纠集他人以颠覆国家政权、推翻社会主义制度。策划,是指策谋、计划如何颠覆国家政权、推翻社会主义制度。实施,是指实行颠覆国家政权、推翻社会主义制度的行为。国家政权,既可以是指我国各级权力机关、司法机关、军事机关等在内的整个政权,也可以是指中央人民政府和地方人民政府。颠覆国家政权,既可以是颠覆我国人民民主专政政权的整体,也可以是颠覆中央或者地方的某一个政权机关。社会主义制度,包括政治、经济、军事、文化、教育等各方面的制度。推翻社会主义制度,既可以是推翻我国社会主义制度的整体,也可以是推翻我国社会主义制度的某一方面。颠覆、推翻的手段,可以是暴力,也可以是非暴力。只要行为人实施了组织、策划、实施颠覆国家政权、推翻社会主义制度的行为,就可以构成本罪的既遂。本罪的主体是一般主体,凡是已满 16 周岁具有刑事责任能力的人均可以成为本罪的主体。本罪的主观方面是故意,且只能是直接故意,犯罪目的是颠覆国家政权和推翻社会主义制度。根据《刑法》第 105 条第 1 款的规定,犯颠覆国家政权罪的,对首要分子或者罪行重大的,处无期徒刑或者 10 年以上有期徒刑;对积极参加的,处 3 年以上 10 年以下有期徒刑;对其他参加者,处 3 年以下有期徒刑、拘役、管制或者剥夺政治权利。根据《刑法》第 106

条的规定,与境外机构、组织、个人相勾结,实施颠覆国家政权罪的,从重处罚。根据《刑法》第113条的规定,犯本罪的,可以并处没收财产。根据《刑法》第56条的规定,犯本罪,除单处剥夺政治权利的外,应当附加剥夺政治权利。

六、煽动颠覆国家政权罪

煽动颠覆国家政权罪,是指以造谣、诽谤或者其他方式煽动颠覆国家政权、推翻社会主义制度的行为。本罪的客体是我国国家政权和社会主义制度。本罪的客观方面表现为以造谣、诽谤或者其他方式煽动颠覆国家政权、推翻社会主义制度的行为。所谓造谣,是指无中生有,制造、散布敌视我国国家政权和社会主义制度的言论,从而混淆公众视听的行为。所谓诽谤,是指捏造并散布虚假事实,诋毁我国国家政权和社会主义制度的行为。其他方式,是指造谣、诽谤以外的能够引起人们仇视我国国家政权和社会主义制度的方式,如夸大、渲染我国社会中存在的问题,许诺将来的政权和制度比现在的好,以引起人们对现实政权和社会主义制度的不满等,即可认为是其他方式。本罪的主体是一般主体,凡已满16周岁具有刑事责任能力的人,均能成为本罪的主体。本罪的主观方面是故意,既可以是直接故意,也可以是间接故意。即行为人明知自己的行为会使他人产生颠覆国家政权、推翻社会主义制度的犯罪意图,并且希望或者放任这种结果的发生。在直接故意的情况下,只要行为人实施了煽动颠覆国家政权、推翻社会主义制度的行为,不管他人是否被煽动起来实施了颠覆国家政权的行为,都构成犯罪的既遂。在间接故意的情况下,必须是他人被煽动起来实施了颠覆国家政权、推翻社会主义制度的行为,行为人才构成犯罪。根据《刑法》第105条第2款的规定,犯煽动颠覆国家政权罪的,处5年以下有期徒刑、拘役、管制或者剥夺政治权利;首要分子或者罪行重大的,处5年以上有期徒刑。根据《刑法》第106条的规定,与境外机构、组织、个人相勾结,实施煽动颠覆国家政权罪的,从重处罚。根据《刑法》第113条第2款的规定,犯本罪的,可以并处没收财产。根据《刑法》第56条的规定,犯本罪,除单处剥夺政治权利的外,应当附加剥夺政治权利。

七、资助危害国家安全犯罪活动罪

资助危害国家安全犯罪活动罪,是指境内外机构、组织或者个人资助境内组织或者个人实施本章第102条、第103条、第104条、第105条规定之罪的行为。本罪的客体是中华人民共和国国家的安全。本罪的客观方面表现为资助实施背叛国家罪、分裂国家罪、煽动分裂国家罪、武装叛乱、暴乱罪、颠覆国家政权罪、煽动颠覆国家政权罪的行为。所谓资助,是指通过提供场所、经费、物资等进行支持和帮助。资助,可以是事先提供,也可以是事后提供。本罪的客观方面仅限于资助,如果行为人超出资助的范围,直接参与组织、策划、实施分裂国家,煽动分裂国家,武装叛乱、暴乱,颠覆国家政权,煽动颠覆国家政权行为的,应按上述有关犯罪定罪处罚,而不能按本罪处理。本罪的主体是境内外机构、组织或者个人。当资助行为是境内外机构、组织实施时,实际上负刑事责任的是机构、组织的直接责任人员,而机构、组织本身并不受刑罚处罚。本罪的主观方面是故意,即明知他人实施的是上述犯罪而予以资助。根据《刑法》第 107 条的规定,犯本罪的,对直接责任人员,处 5 年以下有期徒刑、拘役、管制或者剥夺政治权利;情节严重的,处 5 年以上有期徒刑。根据《刑法》第 113 条第 2 款的规定,犯本罪的,可以并处没收财产。根据《刑法》第 56 条的规定,犯本罪,除单处剥夺政治权利的外,应当附加剥夺政治权利。

八、投敌叛变罪

投敌叛变罪,是指中国公民投奔敌人营垒,或者被捕、被俘后投降敌人,危害国家安全的行为。本罪的客体是人民民主专政的政权和社会主义制度。本罪的客观方面表现为投敌叛变的行为。行为的具体表现形式主要有两种:一是投奔敌人营垒,即主动投靠与我国处于敌对关系的势力。二是在被敌人抓捕、俘虏后投降变节,进行危害国家安全的活动。对投敌叛变后,参加了间谍组织,又被派遣回我国境内进行危害国家安全活动的,应以投敌叛变罪和其他罪实行数罪并罚。本罪的主体只能是中国公民,外国人和无国籍人可以成为本罪的共犯。投敌叛变可以是行为人只身投敌叛变,也可以是行为人率众投敌叛变。本罪的主观方面是故意,且具有危害国家安全的目的。如果行为人虽然实际上投奔了敌占区,但并没有危害国家安全的故意,也没有危害国家安全的行为,就不能构成投敌叛变罪。根据《刑法》第 108 条的规定,犯本罪的,处 3 年以上 10 年以下有期徒刑;情节严重或者带领武装部队人员、人民警察、民兵投敌叛变的,处 10 年以上有期徒刑或者无期徒刑。根据《刑法》第 113 条第 2 款的规定,犯本罪的,可以并处没收财产。根据《刑法》第 56 条的规定,犯本罪的,应当附加剥夺政治权利。

九、叛逃罪

(一)叛逃罪的概念和构成

叛逃罪,是指国家机关工作人员在履行公务期间,擅离岗位,叛逃境外或者在境外叛逃的行为;或者掌握国家秘密的国家工作人员叛逃境外或者在境外叛逃的行为。

本罪的构成要件是:

(1)本罪的客体是中华人民共和国国家安全。

(2)本罪的客观方面表现为行为人在履行公务期间,擅离岗位,叛逃境外或者在境外叛逃的行为。具体包括两个方面的内容:其一,行为发生在履行公务期间。所谓履行公务期间,是指执行职务或者执行某项工作任务期间。其二,行为的具体表现形式有两种:一是擅离岗位,叛逃境外;二是擅离岗位,在境外叛逃。擅离岗位,叛逃境外,是指行为人在境内履行公务期间,擅自离开工作岗位,叛变逃往境外;擅离岗位,在境外叛逃,是指行为人在境外履行公职或者执行某项具体任务时,擅自离开工作岗位叛变逃走。例如,在中国驻外机构工作的人员,擅离岗位,投奔外国势力;中国访问外国代表团成员,擅离代表团,投奔外国等。上述两方面的内容必须同时具备,才能构成叛逃罪。

(3) 本罪的主体是特殊主体,即只能是国家机关工作人员和掌握国家秘密的国家工作人员。国家机关工作人员,是指国家各级权力机关、各级行政机关、各级审判机关、各级检察机关、各级军事机关中从事公务的人员。中国共产党和中国人民政治协商会议的各级机关中从事公务的人员,也属于国家机关工作人员的范围。掌握国家秘密的国家工作人员也可以成为本罪的主体。

(4) 本罪的主观方面是故意,且只能是直接故意。叛逃的动机可能多种多样,有的是向往国外的物质生活;有的是出于对祖国的仇视;等等。犯罪动机如何,不影响本罪的构成。

(二) 叛逃罪的认定

(1) 本罪与背叛国家罪的界限。本罪与背叛国家罪都具有出卖、叛离祖国的性质,两者的主体都只能是中华人民共和国的公民,因此,两者有相同之处。两者的不同在于:第一,主体的范围不同。虽然两者的主体都只能是中国公民,但本罪的主体仅限于中国国家机关工作人员和掌握国家秘密的其他国家工作人员,而背叛国家罪的主体可以是任何中国公民。第二,客观方面的行为表现不同。本罪的客观方面表现为叛逃境外或者在境外叛逃的行为,而背叛国家罪的客观方面表现为勾结外国或者境外机构、组织、个人,危害国家主权、领土完整和安全的行为。

(2) 本罪与投敌叛变罪的界限。本罪与投敌叛变罪都具有反叛祖国的性质,二者的主体都只能是中国公民。二者的不同表现在:第一,主体的具体范围不同。本罪的主体是特定的中国公民,即只能是中国国家机关工作人员和掌握国家秘密的其他国家工作人员,而投敌叛变罪的主体则可以是任何已满16周岁具有刑事责任能力的中国公民。第二,客观方面的行为不同。本罪的客观方面的行为表现为履行公务期间,叛逃境外或者在境外叛逃两种形式,投敌叛变的客观方面表现为投奔敌人营垒或者在被敌人抓捕、俘虏后投降变节两种形式。如果国家机关工作人员或者其他国家工作人员不是在履行公务期间叛逃境外的,应按投敌叛变罪定罪判刑,而不能按本罪处理。

(三) 叛逃罪的刑事责任

根据《刑法》第109条的规定,犯本罪的,处5年以下有期徒刑、拘役、管制或者剥夺政治权利;情节严重的,处5年以上10年以下有期徒刑;掌握国家秘密的国家工作人员犯本罪的,从重处罚。根据《刑法》第56条、第113条第2款的规定,犯本罪,除单处剥夺政治权利的外,应当附加剥夺政治权利,可以并处没收财产。

十、间谍罪

(一) 间谍罪的概念和构成

间谍罪,是指参加间谍组织,接受间谍组织及其代理人的任务,或者为敌人指示轰击目标,危害国家安全的行为。

本罪的构成要件是:

(1) 本罪的客体是中华人民共和国国家安全。

(2) 本罪的客观方面,表现为参加间谍组织、接受间谍组织及其代理人的任务,或者为敌人指示轰击目标的行为。具体包括三种行为方式:其一,参加间谍组织。所谓参加间谍组织,是指行为人主动要求加入间谍组织并被间谍组织所接纳,或者间谍组织主动邀请行为人加入其组织,行为人同意加入的行为。参加间谍组织,可以是行为人履行了正式的加入手续,也可以是通过间谍组织的代理人单线发展而没有履行正式的加入手续。其二,接受间谍组织或者其代理人的任务。这是指行为人虽然没有加入间谍组织,但是接受了间谍组织或者其代理人所交给的任务的行为。对于间谍组织的代理人,我们认为应作广义的理解:既包括间谍组织授权布置任务的人,也包括没有得到间谍组织授权而临时布置任务的间谍组织成员。如果将间谍组织的代理人仅仅解释为是指得到间谍组织授权的人,那就会使接受外国间谍组织成员临时交给的任务这种行为得不到处理,从而放纵犯罪。这里所说的任务,是指刺探、收集我国秘密、情报,破坏我国设施,煽动我国公民抗拒国家法律的实施,离间我国公民与政府的关系等危害我国国家安全的活动。本罪客观方面所说的间谍组织包括外国的间谍组织和境外敌对势力和组织的间谍组织。其三,为敌人指示轰击目标。这是指为敌人指明或者标示轰炸打击对象的行为。其方式可以是发射信号,也可以是设置标志物。上述三种行为只要行为人实施了其中一种,就可构成间谍罪。

(3) 本罪的主体,是一般主体,凡是已满16周岁具有刑事责任能力的人都能成为本罪的主体。

(4) 本罪的主观方面是故意,故意的具体内容因行为的具体表现形式不同而有异:参加间谍组织的,必须明知是间谍组织而参加;接受间谍组织或其代理人任务的,必须明知是间谍组织或者间谍组织的代理人派遣的任务而接受;指示轰击目标的,必须明知对方是敌人而向其指示轰击对象。但无论行为人实施何种具体行为,其犯罪的故意都表现为明知自己的行为会发生危害国家安全的结果,并且希望这种结果的发生。

(二) 间谍罪的认定

(1) 本罪与非罪的界限。在区分本罪与非罪的界限时,关键是看行为人有无犯罪的故意。如果行为人不知是间谍组织而认为是一般组织从而予以加入,事后发现是间谍组织又主动退出的;或者不知是外国间谍组织或者其代理人派遣的任务而接受,当发现自己所接受的是间谍组织或者其代理人所派遣的任务时拒绝执行的,那就不能构成本罪。

(2) 正确认定犯罪形态。本罪是行为犯,只要行为人实施了法定的三种行为之一,就构成犯罪既遂。至于行为人参与间谍组织后是否实施了进一步的间谍活动;接受外国间谍组织或者代理人派遣的任务后是否完成了任务;为敌人指示轰击目标的行为是否导致目标被炸毁,都不影响犯罪既遂的成立。

(3) 一罪与数罪的界限。参加间谍组织后又实施刺探、窃取、收买、非法提供国家秘密或情报,或者进行其他破坏活动的,或者在接受外国间谍组织或其代理人派遣的任务后进一步实施完成任务的行为又触犯了其他罪名的,或者为敌人指示轰击目标造成重大人身伤亡或财产损失的,都只能按一罪处理,而不能实行数罪并罚。对于前两种情形,应按牵连犯处理,因为参加间谍组织的目的就是为了实施其他犯罪活动,参加间谍组织的行为与接受间谍组织或其代理人派遣的任务后必然要实施完成任务的行为,两者之间也有一种牵连关系。对于上述两种情形的牵连犯,我们认为无论目的行为构成何种犯罪,都可以按间谍罪一罪从重处罚。因为间谍罪的法定最高刑是死刑,按此罪从重处罚既符合犯罪行为的整体情况,也可以做到罪刑相适应。上述第三种情形本身就是一个行为,重大人身伤亡或者财产损失是为敌人指示轰击目标的结果,因此,只能按间谍罪定罪,将严重的危害结果作为从重处罚的情节。

(三) 间谍罪的刑事责任

根据《刑法》第 110 条、第 113 条第 1 款的规定,犯本罪的,处 10 年以上有期徒刑或者无期徒刑;情节较轻的,处 3 年以上 10 年以下有期徒刑;对国家和人民危害特别严重、情节特别恶劣的,可以判处死刑。根据《刑法》第 56 条、第 113 条第 2 款的规定,犯本罪的,应当附加剥夺政治权利,可以并处没收财产。

十一、为境外窃取、刺探、收买、非法提供国家秘密、情报罪

为境外窃取、刺探、收买、非法提供国家秘密、情报罪,是指为境外的机构、组织、人员窃取、刺探、收买、非法提供国家秘密、情报的行为。本罪的客体是中华人民共和国国家安全。本罪的客观方面表现为为境外的机构、组织、人员窃取、刺探、收买、非法提供国家秘密或者情报的行为。具体包括以下几个方面:其一,为境外的机构、组织、人员窃取、刺探、收买、非法提供国家秘密或者情报。法律没有对境外的机构、组织、人员的性质进行限制,因此,只要是为境外的机构、组织、人员窃取、刺探、收买、非法提供秘密或者情报,不管该机构、组织、人员是否与我国为敌,不影响犯罪成立。境外的机构、组织、人员,既包括设置在境外的机构、组织和居住在境外的人员,也包括境外机构、组织设置在境内的分支机构和居住在境内的人员。其二,行为的方式有窃取、刺探、收买、非法提供四种。所谓窃取,是指通过盗取文件、秘密复制文件或者利用计算机、窃听、窃照等器械秘密取得国家秘密或者情报的行为。所谓刺探,是指探听国家秘密或者情报的行为。所谓收买,是指利用金钱、物质或者其他利益换取国家秘密或者情报的行为。所谓非法提供,是指违反国家法律规定,将国家秘密直接或者间接提供给境外机构、组织、人员的行为。其三,行为的对象是国家的秘密或者情报。所谓国家秘密,是指关系国家安全和利益,依照法定程序确定的在一定时间内只限于一定范围内的人员知悉的事项,具体包括:(1) 国家事务重大决策中的秘密事项;(2) 国防建设和武装力量活动的秘密事项;(3) 外交和外事活动中的秘密事项;(4) 国民经济和社会发展中的秘密事项;(5) 科学技术中的秘密事项;(6) 维护国家安全活动和追查刑事犯罪中的秘密事项;(7) 经国家保密行政部门确定的其他秘密事项。国家秘密分为绝密、秘密与机密三个等级。三个密级的国家秘密均能成为本罪的对象。所谓情报,是指国家秘密以外的、一切有关国家的政治、经济、军事、外交和科技等不应该让境外的机构、组织、人员知悉的资料、情况和消息。本罪的主体是一般主体,凡是已满16周岁具有刑事责任能力的人均能成为本罪的主体。本罪的主观方面是故意,即明知是国家秘密或者情报,而故意为境外的机构、组织、人员窃取、刺探、收买或者非法提供。根据《刑法》第111条、第113条和第56条的规定,犯本罪的,处5年以上10年以下有期徒刑;情节特别严重的,处10年以上有期徒刑或者无期徒刑;情节较轻的,处5年以下有期徒刑、拘役、管制或者剥夺政治权利;对国家和人民危害特别严重,情节特别恶劣的,可以判处死刑。根据《刑法》第56条、第113条第2款的规定,犯本罪的,除单处剥夺政治权利的外,应当附加剥夺政治权利,可以并处没收财产。

十二、资敌罪

资敌罪,是指战时供给敌人武器装备、军用物资资敌的行为。本罪的客体是中华人民共和国国家安全。本罪的客观方面表现为战时供给敌人武器装备、军用物资资敌的行为。具体包括三个方面的内容:(1)资助行为发生在战时,非战时的资敌行为不能构成本罪,构成其他罪的,按其他罪处理。根据《刑法》第451条的规定,所谓战时,是指国家宣布进入战争状态、部队受领作战任务或者遭敌突然袭击时。(2)资助的对象为敌人。所谓敌人,是指敌对的营垒或者敌对的武装力量。(3)资助的方式仅限于供给敌人武器装备、军用物资。武器装备,是指枪支、弹药、坦克、大炮等武器以及运兵装甲车、指挥通信设备等直接为战斗服务的设备。军用物资,是指武器装备以外的供部队使用的物品,如军服、军被、军用帐篷、军用药品等。本罪的主体是一般主体,凡是已满16周岁具有刑事责任能力的人均能成为本罪的主体。本罪的主观方面是故意,即明知处于战时和明知对方是敌人而故意供给对方武器装备、军用物资予以资助。根据《刑法》第112条、第113条第1款的规定,犯本罪的,处10年以上有期徒刑或者无期徒刑;情节较轻的,处3年以上10年以下有期徒刑;对国家和人民危害特别严重、情节特别恶劣的,可以判处死刑。根据《刑法》第56条、第113条第2款的规定,犯本罪的,应附加剥夺政治权利,可以并处没收财产。

第二十二章 危害公共安全罪

第一节 危害公共安全罪概述

一、危害公共安全罪的概念和构成

危害公共安全罪,是指故意或者过失地实施危及不特定或多数人的生命、健康或者重大公私财产安全的行为。

危害公共安全罪严重破坏社会治安秩序,危害和威胁着公民的生命、健康和财产的安全,因而是社会危害性和危险性较大的一类犯罪,被规定为我国《刑法》分则第二章也彰显出立法者对此类犯罪严重危害性的重视。

危害公共安全罪具有如下构成要件:

(1) 本类犯罪的客体是社会的公共安全。即不特定或多数人的生命、健康和重大公私财产的安全。所谓"不特定",是相对其他罪危害的"特定"人和物而言,所谓"多数",是相对于其他犯罪一般只危害少数人和物而言。当然,有时侵犯人身权利罪和财产罪也会造成多人多物的损害,但其是以某个、某几个特定的人或者某项特定具体的财产为侵犯对象的,其可能造成的危害范围是有一定局限性的,是可以预料和可以控制的。但危害公共安全犯罪,侵害的对象往往具有不特定性或虽然对象特定但为多数人或者重大财物,即造成的危害,不是限定于特定的个人或财产。而且绝大多数的犯罪往往在行为前无法确定其侵害的对象的范围,也无法预料和控制可能造成的后果及其程度,所造成的实际危害后果,常常超出了行为人的预料和控制。所以,犯罪行为一经实施,不论行为人主观上是否愿意,都能够在一定条件下造成众多人员的伤亡或公私财产的广泛损失,或者形成对公众生命财产安全的严重威胁。例如一把火能烧毁多少财产,一颗炸弹将炸死、炸伤多少人,在行为前都是无法预料和控制的。少数犯罪行为,即使指向特定的对象,但同时也对公共安全构成巨大的威胁,如盗窃、抢夺、抢劫枪支、弹药、爆炸物,虽然是以枪支、弹药、爆炸物为对象,但枪支、弹药、爆炸物一旦流散在社会上,就对公共安全构成威胁,也即构成侵犯不特定多数人的生命、健康和重大公私财产的安全。因此,如果犯罪行为只是指向特定的人身或财产,而且并不同时危害不特定多数人的生命、健康和重大公私财产的安全,就不能构成危害公共安全罪,应根据其侵犯的客体,分别构成侵犯人身权利或者侵犯财产的犯罪。

但需要指出,"不特定"并不是说危害公共安全犯罪的行为人没有特定侵犯对象或目标。实施危害公共安全罪的犯罪人,有的在主观上也有要侵犯的特定对象,同时也会对损害的可能范围有估计和认识,客观上有指向的目标,只不过其行为所造成或可能造成的实际后果则是犯罪分子难以控制的。因此，不能将"不特定"理解为没有特定侵犯对象或目标。

（2）本类犯罪的客观方面表现为实施危及公共安全，已经造成严重后果，或者足以造成严重后果的行为。危害公共安全的行为可以作为的方式实施，也可以不作为方式实施。危害公共安全的行为，包括已经造成实际损害结果的行为，也包括虽未造成实际损害结果，但足以造成严重后果，危害不特定多人的生命、健康和重大公私财产安全的行为。之所以说本章犯罪具有巨大的危险性，往往是由其客观特征所决定的。有些是其行为本身具有巨大的危险性，如放火、爆炸、投放危险物质；有些是因侵害的对象，如火车、汽车、电车、船只、航空器、枪支、弹药、爆炸物；有些是因在特定的场合、时间、地点实施的行为，如交通肇事、重大责任事故、非法携带枪支、弹药、管制刀具、危险物品进入公共场所或者公共交通工具等。因此，除了法律明文规定的过失危害公共安全的行为，必须以造成严重后果为犯罪成立的必要要件以外，故意的行为即使尚未造成严重后果，但只要造成足以危害公共安全的危险状态，就构成犯罪。

（3）本类犯罪的主体既有一般主体，又有特殊主体。大多数犯罪，如放火罪、劫持航空器罪等，由一般主体构成；少数犯罪要求由从事特定业务或具有特定职务的人员构成，如非法出租、出借枪支罪的主体，为依法配备、配置枪支的人员；重大飞行事故罪的主体为民用航空活动的空勤人员和地面人员。有些罪可以由单位构成，或者只能由单位构成，前者，如非法制造、买卖、运输、储存危险物质罪；后者，如工程重大安全事故罪。根据《刑法》第17条的规定，已满14周岁，不满16周岁的人，对放火、爆炸、投放危险物质罪，应当负刑事责任。

（4）本类犯罪的主观方面既有故意，也有过失。具体而言：一是只能由故意构成的犯罪。出于故意的罪，有些只能是直接故意，如组织、领导、参加恐怖活动组织罪、抢劫枪支、弹药、爆炸物罪等，有些直接故意和间接故意都可以构成，如放火、爆炸、投放危险物质罪等。二是只能由过失构成的犯罪，如重大责任事故罪、交通肇事罪等。

二、危害公共安全罪的种类

根据我国《刑法》分则第二章的规定，危害公共安全罪共有52个罪名。这类犯罪具体可以分为：

（1）用危险方法危害公共安全的犯罪。包括放火罪、决水罪、爆炸罪、投放危险物质罪、以危险方法危害公共安全罪、失火罪、过失决水罪、过失爆炸罪、过失投放危险物质罪、过失以危险方法危害公共安全罪。

（2）破坏公共设备、设施危害公共安全的犯罪。包括破坏交通工具罪、破坏交通设施罪、破坏电力设备罪、破坏易燃易爆设备罪、过失损坏交通工具罪、过失损坏交通设施罪、过失损坏电力设备罪、过失损坏易燃易爆设备罪、破坏广播电视设施、公用电信设施罪、过失损坏广播电视设施、公用电信设施罪。

（3）实施恐怖活动危害公共安全的犯罪。包括组织、领导、参加恐怖活动组织罪、帮助恐怖活动罪、准备实施恐怖活动罪、宣扬恐怖主义、极端主义、煽动实施恐怖活动罪、利用极端主义破坏法律实施罪、强制穿戴宣扬恐怖主义、极端主义服饰、标志罪、非法持有宣扬恐怖主义、极端主义物品罪、劫持航空器罪、劫持船只、汽车罪、暴力危及飞行安全罪。

(4) 违反枪支、弹药、爆炸物及核材料管理的犯罪。包括非法制造、买卖、运输、邮寄、储存枪支、弹药、爆炸物罪，非法制造、买卖、运输、储存危险物质罪，违规制造、销售枪支罪，盗窃、抢夺枪支、弹药、爆炸物、危险物质罪，抢劫枪支、弹药、爆炸物、危险物质罪，非法持有、私藏枪支、弹药罪，非法出租、出借枪支罪，丢失枪支不报罪，非法携带枪支、弹药、管制刀具、危险物品危及公共安全罪。

(5) 重大安全事故的犯罪。包括重大飞行事故罪，铁路运营安全事故罪，交通肇事罪，危险驾驶罪，重大责任事故罪，强令违章冒险作业罪，重大劳动安全事故罪，大型群众性活动重大安全事故罪，危险物品肇事罪，工程重大安全事故罪，教育设施重大责任事故罪，消防责任事故罪，不报、谎报安全事故罪。

第二节 危害公共安全罪分述

一、放火罪

(一) 放火罪的概念和构成

放火罪，是指故意放火焚烧公私财物，危害公共安全的行为。

本罪的构成要件是：

(1) 本罪的客体是公共安全。本罪的对象是体现着公共安全的公私财物。放火烧毁自己或家庭所有的房屋或其他财物，足以引起火灾、危及公共安全，应以放火罪论处。

(2) 本罪的客观方面表现为实施放火焚烧公私财物的行为。所谓放火，是指使用各种引火物，点燃目的物，引起公私财物的燃烧，制造火灾的行为。放火既可以用作为的方式实行，如用引燃物将焚烧目的物点燃；也可以用不作为的方式实行，但以不作为方式构成放火罪，必须以行为人负有防止火灾发生的特定作为义务为前提。

(3) 本罪的主体为一般主体。根据《刑法》第17条第2款的规定，已满14周岁不满16周岁的人犯本罪应当负刑事责任。

(4) 本罪的主观方面是故意，既可是直接故意，也可是间接故意。只要明知自己的行为会引起公私财物的燃烧，造成火灾，危及公共安全，并且希望或者放任这种结果发生，即为放火的故意。至于动机如何不影响本罪的成立。

(二) 放火罪的认定

(1) 本罪与失火罪的界限。区别的关键是行为人主观上对可能发生火灾后果的心理态度。如果行为人明知自己的行为会引起火灾，并希望或放任火灾发生的，就应定放火罪。反之，应当预见却没有预见到可能发生火灾，或者已经预见到可能发生而轻信能够避免以致引起火灾，就应当定失火罪。但是如由于过失行为而引起火灾的危险，有条件、有能力及时扑灭，但故意不扑灭任其燃烧，造成火灾的，失火行为应当转化为放火行为,以放火罪论处。

(2) 本罪与以放火方法实施其他犯罪的界限。在司法实践中,有些行为人常常用放火的方法达到其他犯罪目的,如为杀人而对他人住宅放火;为破坏生产经营而放火等。对此,区分是放火罪还是其他犯罪,关键是看放火行为是否足以危害到公共安全。如为其他目的的实现而实施的放火行为足以危及公共安全,行为人对此也明知,应认定为放火罪;反之,如果放火行为不足以危及公共安全,则应按相应的犯罪处理。至于是否足以危害公共安全,则应综合考查对象的性质、特点、作案的时间、地点等具体情况。

(3) 本罪既遂形态与未遂形态的界限。理论上关于放火罪的既遂、未遂有各种学说。我国多采纳"独立燃烧说"。即只要放火的行为将目的物点燃后,已经达到脱离引燃媒介也能够独立燃烧的程度,即使没有造成实际的危害结果,也应视为放火罪既遂。反之,为未遂。如放火行为尚未实行完毕(如正要点火时被捉获),或者虽然当时已经点燃,但过后即熄灭,则应视为放火罪未遂。

(三) 放火罪的刑事责任

根据《刑法》第 114 条、第 115 条的规定,犯本罪,尚未造成严重后果的,处 3 年以上 10 年以下有期徒刑;犯本罪致人重伤、死亡或者使公私财产遭受重大损失的,处 10 年以上有期徒刑、无期徒刑或者死刑。

二、决水罪

决水罪,是指故意破坏水利设施,制造水患,危害公共安全的行为。本罪的客观方面表现为实施危害公共安全的决水行为。所谓"决水",是指一切足以使水流横溢、泛滥成灾的行为。决水既可以为积极的作为,如破坏水闸、堵塞水道、决溃堤坝,也可以表现为不作为,如不开放泄洪闸、不关闭防水堤的水门等。决水行为必须足以危害到公共安全,如决水行为不足以危害公共安全,则不构成本罪。本罪的主体为一般主体。本罪的主观方面是故意。根据《刑法》第 114 条、第 115 条的规定,犯本罪,尚未造成严重后果的,处 3 年以上 10 年以下有期徒刑;致人重伤、死亡或者使公私财产遭受重大损失的,处 10 年以上有期徒刑、无期徒刑或者死刑。

三、爆炸罪

爆炸罪,是指故意引发爆炸物,危害公共安全的行为。本罪的客观方面表现为引发爆炸物品危害公共安全的行为。即对公私财物或者人身实施爆炸,危害公共安全。引发爆炸物品可以是作为,也可以是不作为。从司法实践看,使用的爆炸物品,除了炸弹、手榴弹、地雷外,多为炸药(包括黄色炸药、黑色炸药和化学炸药)、雷管、导火索等起爆器材和各种自制的爆炸装置(如炸药包、炸药瓶等)。使用何种爆炸物、以何种方法引发爆炸物,不影响本罪的成立。实施爆炸的地点,主要是在人群集中或者财产集中的公共场所、交通路线、财物堆放处等地方实施爆炸,如将爆炸物放在船只、飞机、汽车、火车上定时爆炸;在商场、车站、影剧院、街道、群众集会的地方制造爆炸。

本罪的主体为一般主体。根据《刑法》第17条的规定，已满14周岁不满16周岁的人犯本罪应当负刑事责任。只要故意实施爆炸，足以危害公共安全，即构成本罪。本罪的主观方面是故意。动机不影响本罪成立。根据《刑法》第114条、第115条的规定，犯本罪，尚未造成严重后果的，处3年以上10年以下有期徒刑；致人重伤、死亡或者使公私财产遭受重大损失的，处10年以上有期徒刑、无期徒刑或者死刑。

四、投放危险物质罪

（一）投放危险物质罪的概念和构成

投放危险物质罪，是指故意投放毒害性、放射性、传染病病原体等物质，危害公共安全的行为。

本罪的构成要件是：

（1）本罪的客体是公共安全。本罪的对象主要是不特定或者多数人的人身，以及危险物质能够发生毒害作用、数量比较大的财物，如牲畜、家禽、人工养殖的水产等。

（2）本罪的客观方面表现为投放毒害性、放射性、传染病病原体等物质，危害公共安全的行为。

首先，必须具有投放危险物质的行为。所谓投放危险物质，是指向上述对象中投放能够致人死亡、严重危害人体健康，或者对重大公私财产造成重大损失的毒害性、放射性、传染病病原体等物质危害公共安全的行为。毒害性物质是指基于化学作用，能够致有机体死亡或者伤害的有机物或无机物的总称，如砒霜、氰化钾、剧毒农药等有毒的物质；放射性物质，是指能发出射线的物质，人在受大剂量照射后，引起放射性损伤，甚至死亡的物质；传染病病原体，亦称为"病原物""病原生物"，是指能够引起疾病的微生物和寄生虫的统称。由于能够引起疾病的微生物和寄生虫的范围非常广泛，因此，作为本罪的"传染病病原体"，我们认为，应当以我国《传染病防治法》规定的属于甲、乙、丙类传染病病原体为限。

本罪的具体行为可以是作为，也可以是不作为。实施投放的地点，法律虽然没有限制，但是从构成本罪而言，应当是能够危害到公共安全的场所。

其次，投放危险物质行为必须危害公共安全。行为对公共安全的侵犯包括两个方面，一是行为已经对不特定或者多数人的生命、健康或公私财产造成了重大损失。所谓"重大损失"，就是指法律规定的"致人重伤、死亡或者使公私财产遭受重大损失的"危害后果。二是尚未造成严重损害但具有造成不特定或者多数人的生命、健康或公私财产损害后果的危险状态。

对于尚未发生严重后果，行为是否具有危害公共安全性质的认定，必须结合实施行为的地点、时间等环境条件以及所投放的危险物质的性质、破坏能力等综合条件予以考察，不能将只要有投放危险物质行为，而不论场合、地点等，都作为本罪认定。

（3）本罪的主体是一般主体，即已满14周岁不满16周岁、具有刑事责任能力的自然人。

（4）本罪的主观方面是故意，可以是直接故意，也可以是间接故意。只要明知自己的行为会引起不特定的或者多数人生命、健康或公私财产的重大损害，并且希望或放任这种结果发生，即可成立本罪的故意，至于动机如何，不影响本罪的成立。

（二）投放危险物质罪的认定

（1）本罪与以投放危险物质的方法实施的故意杀人罪及故意毁坏财物罪、破坏生产经营罪的界限。从构成特征说，投放危险物质罪与故意杀人罪、故意毁坏财物罪、破坏生产经营罪的界限是清楚的，但因法律对故意杀人等罪的行为手段并没有任何限制性规定，当行为人以投放危险物质的方法实施杀人或故意毁坏财物、破坏生产经营的行为时，如何认定，实务和理论上均有不同看法。区分的关键是看投放危险物质行为是否危及公共安全。如果用投放危险物质的方法杀害特定的个人或毒害特定单位或者个人的少量牲畜、家禽，不危及公共安全的，属于故意杀人罪或故意毁坏财物罪或者破坏生产经营罪；如果同时危及公共安全的，则属于想象竞合犯，应以投放危险物质罪论处。

（2）本罪与污染环境罪的界限。实践中一些单位和个人违反我国《环境保护法》等法律的规定，任意向土地、水体、大气排放、倾倒或者处置有放射性的废物、含传染病病原体的废物、有毒物质或者其他危险废物等超过国家规定标准的有害物质，严重污染环境，危及公民的生命、健康和公私财产的安全，危害后果往往与投放危险物质罪相同。从构成特征上说，两罪的区别是：第一，主体范围不同。投放危险物质罪是以自然人为主体的犯罪；而污染环境罪的主体是单位和自然人。第二，客观方面不同。投放危险物质罪是将有危险物质投放到用于食用或饮用的特定物品中的行为，而且只要足以危害公共安全，就构成犯罪既遂；而污染环境罪，是违反国家规定，有意排放超过国家规定标准的有害物质，严重污染环境的行为，而且，污染环境，没有造成严重后果的，不构成犯罪。第三，主观方面不同。投放危险物质罪主观上是故意；而污染环境罪，虽然是有意排放超过国家规定标准的有害物质，但对造成重大环境污染事故，致使公私财产遭受重大损失或者人身伤亡的严重后果，则是过失。如果行为人是故意以某种科技方法投放危险物质，危害公共安全的，可以构成投放危险物质罪，或者以危险方法危害公共安全罪。反之，应以污染环境罪论处。

（三）投放危险物质罪的刑事责任

根据《刑法》第114条、第115条的规定，犯本罪，尚未造成严重后果的，处3年以上10年以下有期徒刑；致人重伤、死亡或者使公私财产遭受重大损失的，处10年以上有期徒刑、无期徒刑或者死刑。

五、以危险方法危害公共安全罪

以危险方法危害公共安全罪，是指使用与放火、决水、爆炸、投放危险物质等危险性相当的其他危险方法，危害公共安全的行为。本罪的客观方面表现为以其他危险方法危害公共安全的行为。所谓"其他危险方法"是指使用与放火、决水、爆炸、投放危险物质的危险性相当的危险方法,如私设电网、驾车冲撞人群、使用放射性物质、扩散致病微生物等危险方法危害公共安全的行为,只要足以危害公共安全的,即可以构成本罪。由于实践中实施危害公共安全的犯罪形式、手段很多,刑法不可能也无必要将所有的犯罪形式、手段都列举出来,因而以"其他危险方法"作概括性的规定。本罪的主体是一般主体。本罪的主观方面为故意。根据《刑法》第 114 条、第 115 条的规定,犯本罪,尚未造成严重后果的,处 3 年以上 10 年以下有期徒刑。致人重伤、死亡或者使公私财产遭受重大损失的,处 10 年以上有期徒刑、无期徒刑或者死刑。

六、失火罪

失火罪,是指因过失引起火灾,造成严重后果,危害公共安全的行为。本罪的客观方面表现为引起火灾,并且已造成致人重伤、死亡或者公私财产重大损失的严重后果。如仅有失火行为,没有造成严重后果的,不构成犯罪。行为与造成严重后果之间必须具有刑法意义上的因果关系。对于构成本罪所要求的严重后果,最高人民检察院、公安部 2008 年 6 月 25 日印发的《关于公安机关管辖的刑事案件立案追诉标准的规定(一)》第 1 条有明确规定。本罪的主体是一般主体,为年满 16 周岁具有刑事责任能力的自然人。本罪的主观方面是过失。这里的过失,是针对造成致人重伤、死亡或者公私财产重大损失的严重后果而言,非指行为是有意还是无意。根据《刑法》第 115 条第 2 款的规定,犯本罪的,处 3 年以上 7 年以下有期徒刑;情节较轻的,处 3 年以下有期徒刑或者拘役。

七、过失决水罪

过失决水罪,是指过失损坏水利设施,引起水灾,致人重伤、死亡或者使公私财产遭受重大损失的行为。本罪的客观方面表现为决水已经造成致人重伤、死亡或者使公私财产遭受重大损失的危害公共安全的后果。行为与造成严重后果之间必须具有刑法意义上的因果关系。行为虽然引起决水,但未造成严重危害后果的,不构成犯罪。本罪的主体为一般主体,为年满 16 周岁具有刑事责任能力的自然人。本罪的主观方面是过失。根据《刑法》第 115 条第 2 款的规定,犯本罪的,处 3 年以上 7 年以下有期徒刑;情节较轻的,处 3 年以下有期徒刑或者拘役。

八、过失爆炸罪

过失爆炸罪,是指过失引发爆炸物,致人重伤、死亡或者使公私财产遭受重大损失的行为。本罪的客观方面表现为引起爆炸,已经造成致人重伤、死亡或者使公私财产遭受重大损失的危害公共安全的后果。行为与造成严重后果之间必须具有刑法意义上的因果关系。行为虽然引起爆炸,但未造成严重危害后果的,不构成犯罪。本罪的主体为一般主体,为年满 16 周岁具有刑事责任能力的自然人。本罪的主观方面是过失。根据《刑法》第 115 条第 2 款的规定,犯本罪的,处 3 年以上 7 年以下有期徒刑;情节较轻的,处 3 年以下有期徒刑或者拘役。

九、过失投放危险物质罪

过失投放危险物质罪,是指过失投放危险物质,致人重伤、死亡或者使公私财产遭受重大损失的行为。本罪的客观方面表现为过失投放危险物质,已经造成致人重伤、死亡或者使公私财产遭受重大损失的危害公共安全的后果。行为与造成严重后果之间必须具有刑法意义上的因果关系。行为虽然引起一定结果,但未造成严重危害后果的,不构成犯罪。本罪的主体为一般主体,为年满 16 周岁具有刑事责任能力的自然人。本罪的主观方面是过失。根据《刑法》第 115 条第 2 款的规定,犯本罪的,处 3 年以上 7 年以下有期徒刑;情节较轻的,处 3 年以下有期徒刑或者拘役。

十、过失以危险方法危害公共安全罪

过失以危险方法危害公共安全罪,是指行为人过失地以与放火、决水、爆炸、投放危险物质等危害性相当的其他危险方法,导致重伤、死亡或公私财产的重大损失,危害公共安全的行为。本罪的客观方面表现为以与放火、决水、爆炸、投放危险物质等危害性相当的行为,造成危害公共安全的严重后果。行为与造成严重后果之间必须具有刑法意义上的因果关系。本罪的主体为一般主体,为年满 16 周岁具有刑事责任能力的自然人。本罪的主观方面是过失。根据《刑法》第 115 条第 2 款的规定,犯本罪的,处 3 年以上 7 年以下有期徒刑;情节较轻的,处 3 年以下有期徒刑或者拘役。

十一、破坏交通工具罪

(一) 破坏交通工具罪的概念和构成

破坏交通工具罪,是指破坏火车、汽车、电车、船只、航空器,足以使火车、汽车、电车、船只、航空器发生倾覆、毁坏危险,尚未造成严重后果或者已经造成严重后果的行为。

本罪的构成要件是:

(1) 本罪的客体是交通运输安全。本罪的对象,只限于法定的正在使用中的火车、汽车、电车、船只和航空器。破坏简单的陆用交通工具,如马车、自行车、三轮车、手推车、农用拖拉机等,一般不会造成危害公共安全的严重后果,不构成本罪。但如果破坏的对象是用作交通运输的大型拖拉机,足以危害公共安全的,应以本罪论处。

(2) 本罪的客观方面表现为破坏交通工具,已经或者足以使交通工具发生倾覆或毁坏危险的行为。所谓倾覆,是指车辆倾倒、颠覆,船只翻沉,航空器坠毁;所谓毁坏,是指烧毁、炸毁、坠毁等完全报废或受到严重破坏的情况。所谓"足以",是指构成本罪并不要求实际上已经发生倾覆、毁坏的结果,只要对交通工具的破坏达到足以使其发生倾覆、毁坏的危险状态,即使尚未造成严重的后果,也构成本罪的既遂。判断是否足以发生倾覆、毁坏的危险,主要从两个方面入手:一是看交通工具是否正在使用期间。只有破坏正在使用中的交通工具才可能危害到公共安全,"正在使用"的交

通工具,既包括正在行使或航运中的交通工具,也包括停放在车库、码头、机场上的车辆、船只和飞机等已经交付使用,随时都可开动执行运输任务的交通工具。如果破坏的是尚未检验出厂或待修、待售之中的交通工具不构成本罪。二是看破坏的方法和部位。破坏交通工具的方法多种多样,如果以放火、爆炸的危险方法实施破坏,则为想象竞合犯,应以放火、爆炸罪或者以本罪论处,不实行并罚。如果以拆卸、打砸的破坏方法,则应看破坏的部位,破坏部位的不同,造成的后果也可能各不相同,但一般说来,只有对交通工具的那些重要装置或部件进行破坏时,才能构成本罪。如果破坏的只是交通工具的一般性辅助设施,不影响行驶安全,不构成本罪。

(3) 本罪的主体是一般主体。

(4) 本罪的主观方面是故意。可以是直接故意,也可是间接故意。成立本罪的故意,必须明知破坏足以使交通工具发生倾覆、毁坏的危险,并且希望或放任上述结果发生,或者发生倾覆、毁坏的实际结果。动机是各种各样的,如泄愤报复、嫁祸于人、贪财图利等。但动机不影响本罪的成立。

(二) 破坏交通工具罪的认定

破坏交通工具罪与盗窃罪、故意毁坏财物罪的界限。当侵犯的对象均是交通工具时,易发生混淆。区别的关键是:破坏交通工具罪要求被破坏的对象,必须是正在使用中的交通工具,而盗窃、故意毁坏财物罪则无此限制,所以,破坏交通工具罪的客体是交通运输安全,而盗窃罪、故意毁坏财物罪的客体是公私财产的所有权。当交通工具未处于使用期间,即使盗窃交通工具上的设备或者破坏交通工具的设备,也不足以危害交通安全,应以盗窃罪或故意毁坏财物罪论处。如果交通工具是正在使用期间的,但只是盗窃交通工具上的一般设备或附属设备或者破坏交通工具的辅助设施(如门窗、座椅、卧具等),不足以危害交通安全的,应以盗窃罪或故意毁坏财物罪论处。反之,应构成本罪。由于对本罪的破坏手段法律没有限制,如果以危险方法如放火、爆炸等手段破坏交通工具的,为想象竞合犯。但应按照危险方法放火罪、爆炸罪定罪还是以本罪论处,理论上还有不同认识。

(三) 破坏交通工具罪的刑事责任

根据《刑法》第 116 条、第 119 条的规定,犯本罪,足以使交通工具发生倾覆、毁坏危险,尚未造成严重后果的,处 3 年以上 10 年以下有期徒刑;造成严重后果的,处 10 年以上有期徒刑、无期徒刑或者死刑。

十二、破坏交通设施罪

破坏交通设施罪,是指故意破坏轨道、桥梁、隧道、公路、机场、航道、灯塔、标志或者进行其他破坏活动,足以使火车、汽车、电车,船只、航空器发生倾覆、毁坏危险,或已经造成严重后果的行为。本罪的客体是交通运输安全。对象是轨道、桥梁、隧道、公路、机场、航道、灯塔、标志以及与交通运输安全有关的,正在使用中的交通设施。本罪客观方面表现为实施了破坏交通设施的行为。无论采用何种方法破坏,只要足以使交通工具发生倾覆、毁坏危险,就构成本罪既遂。所谓"其他破坏活动",是指那些虽没有直接破坏交通设施,但其行为本身足以使交通工具发生倾覆、毁坏危险的破坏活动,如乱发指示信号、故意提供错误的气象预报等。本罪的主体为一般主体。本罪的主观方面是故意,即明知破坏交通设施会造成交通工具倾覆、毁坏,并希望或放任这种结果发生。根据《刑法》第117条、第119条的规定,犯本罪,尚未造成严重后果的,处3年以上10年以下有期徒刑;造成严重后果的,处10年以上有期徒刑、无期徒刑或者死刑。

十三、破坏电力设备罪

破坏电力设备罪,是指故意破坏电力设备,足以造成或已经造成严重后果,危害公共安全的行为。本罪的客体是公共供电中的公共安全。对象为正在使用的电力设备。所谓"电力设备",是指水力发电设备、火力发电设备、风力发电设备、核能发电设备等供电设备和输变电设备,包括上述设备必需的建筑物。如水力发电的水轮机、压力水管、水泵、水井、水坝、水量水流观测设备以及其他水力设备;火力发电的热力设备如燃气机、锅炉,供电系统的供电设备如发电机、变波机、变压器、变压线路、调相机等。本罪的客观方面表现为破坏电力设备,足以造成或已经造成严重后果,危害公共安全的行为。破坏方法一般不影响认定,但使用放火、爆炸等方法破坏电力设备危害公共安全的,属于想象竞合犯,因放火、爆炸的性质严重,可以考虑以放火、爆炸罪论处。本罪的主体为一般主体。本罪的主观方面为故意。动机不影响本罪的成立。根据《刑法》第118条、第119条的规定,犯本罪,尚未造成严重后果的,处3年以上10年以下有期徒刑;造成严重后果的,处10年以上有期徒刑、无期徒刑或者死刑。

十四、破坏易燃易爆设备罪

破坏易燃易爆设备罪,是指故意破坏燃气或者其他易燃易爆设备,已经造成或足以造成严重后果,危害公共安全的行为。本罪的客体是公共供给燃气、易燃易爆设备的公共安全。对象为正在使用中的燃气设备或者其他易燃易爆设备。本罪的客观方面表现为破坏燃气设备或其他易燃易爆设备,已经造成或足以造成严重后果。危害公共安全的行为,可以是作为,也可以是不作为。只要破坏行为足以危害公共安全,即使尚未造成严重后果,也成立犯罪既遂。本罪的主体为一般主体。本罪的主观方面是故意。动机不影响本罪的成立。根据《刑法》第118条、第119条的规定,犯本罪,尚未造成严重后果的,处3年以上10年以下有期徒刑;已经造成严重后果的,处10年以上有期徒刑、无期徒刑或者死刑。

十五、过失损坏交通工具罪

过失损坏交通工具罪,是指过失损坏火车、汽车、电车、船只、航空器,已经造成严重后果,危害公共安全的行为。本罪的客体是交通运输安全。本罪的客观方面表现为损坏交通工具,已经造成严重后果,危害公共安全的行为。"已经造成严重后果",是指已实际造成交通工具倾覆、毁坏等重大公私财产的损失,或者多人伤亡的后果。

虽有损坏交通工具的行为，但未造成严重后果的，不构成犯罪。本罪的主体为一般主体。本罪的主观方面是过失。过失是针对造成的严重后果而言。根据《刑法》第119条第2款的规定，犯本罪的，处3年以上7年以下有期徒刑；情节较轻的，处3年以下有期徒刑或者拘役。

十六、过失损坏交通设施罪

过失损坏交通设施罪，是指过失损坏轨道、桥梁、隧道、公路、机场、航道、灯塔、标志等交通设施，已经造成严重后果，危害公共安全的行为。本罪的客体是交通运输安全。本罪的客观方面表现为损坏交通设施，已经造成严重后果，危害公共安全的行为。"已经造成严重后果"，是指已实际造成交通工具倾覆、毁坏等重大公私财产的损失或者多人伤亡的后果。虽有损坏交通设施的行为，但未造成严重后果的，不构成犯罪。本罪的主体为一般主体。本罪的主观方面是过失。过失是针对造成的严重后果而言。根据《刑法》第119条第2款的规定，犯本罪的，处3年以上7年以下有期徒刑；情节较轻的，处3年以下有期徒刑或者拘役。

十七、过失损坏电力设备罪

过失损坏电力设备罪，是指过失损坏电力设备，已经造成严重后果，危害公共安全的行为。本罪的客体是公共供电中的公共安全。本罪的客观方面表现为损坏电力设备，已经造成严重后果，危害公共安全的行为。"已经造成严重后果"，是指已实际造成重大公私财产的损失或者多人伤亡的后果。虽有损坏电力设备的行为，但未造成严重后果的，不构成犯罪。本罪的主体为一般主体。本罪的主观方面是过失。过失是针对造成的严重后果而言。根据《刑法》第119条第2款的规定，犯本罪的，处3年以上7年以下有期徒刑；情节较轻的，处3年以下有期徒刑或者拘役。

十八、过失损坏易燃易爆设备罪

过失损坏易燃易爆设备罪，是指过失损坏燃气或者其他易燃易爆设备，已经造成严重后果，危害公共安全的行为。本罪的客体是公共供给燃气、易燃易爆设备的公共安全。本罪的客观方面表现为损坏易燃易爆设备，已经造成严重后果，危害公共安全的行为。"已经造成严重后果"，是指已实际造成多人伤亡或者重大公私财产的损失。虽有损坏易燃易爆设备的行为，但未造成严重后果的，不构成犯罪。本罪的主体为一般主体。本罪的主观方面是过失。过失是针对造成的严重后果而言。根据《刑法》第119条第2款的规定，犯本罪的，处3年以上7年以下有期徒刑；情节较轻的，处3年以下有期徒刑或者拘役。

十九、组织、领导、参加恐怖组织罪

(一) 组织、领导、参加恐怖组织罪的概念和构成

组织、领导、参加恐怖组织罪，是指组织、领导或者参加恐怖活动组织的行为。本

罪为选择性罪名。

本罪的构成要件是：

（1）本罪的客体为社会的公共安全。由于组织、领导和参加恐怖活动组织是以实施恐怖犯罪活动为目的，因此，是直接威胁到不特定或多人的生命、健康及财产安全，即社会的公共安全。

（2）本罪的客观方面表现为组织、领导、参加恐怖活动组织的行为。

根据有关法律规定①，所谓恐怖活动，是指恐怖主义性质的下列行为：① 组织、策划、准备实施、实施造成或者意图造成人员伤亡、重大财产损失、公共设施损坏、社会秩序混乱等严重社会危害的活动的；② 宣扬恐怖主义，煽动实施恐怖活动，或者非法持有宣扬恐怖主义的物品，强制他人在公共场所穿戴宣扬恐怖主义的服饰、标志的；③ 组织、领导、参加恐怖活动组织的；④ 为恐怖活动组织、恐怖活动人员、实施恐怖活动或者恐怖活动培训提供信息、资金、物资、劳务、技术、场所等支持、协助、便利的；⑤ 其他恐怖活动。所谓恐怖组织，是指三人以上为实施恐怖活动而组成的犯罪组织。

首先，组织、领导、参加的必须是恐怖组织。如果组织、领导、参加的是恐怖组织以外的其他犯罪组织，则不构成本罪，应根据相应的犯罪处罚，即只实施组织、领导、参加其他犯罪集团行为，而尚未实施具体犯罪行为的，除刑法另有规定的以外，应以该种犯罪的预备论处。其次，必须实施组织、领导、参加的行为。所谓"组织"，是指召集多人为首发起或者实施招募、雇佣、拉拢、鼓动多人成立恐怖组织的行为。所谓"领导"，是指对恐怖组织的成立以及恐怖活动实施策划、指挥和布置的行为。有关司法解释将"组织、领导恐怖活动组织"规定为以下四种情形：① 发起、建立恐怖活动组织的；② 恐怖活动组织成立后，对组织及其日常运行负责决策、指挥、管理的；③ 恐怖活动组织成立后，组织、策划、指挥该组织成员进行恐怖活动的；④ 其他组织、领导恐怖活动组织的情形。② 所谓"参加"，刑法规定为两种情形，一为"积极参加"，二是"其他参加"。两者都是指明知恐怖组织的性质，仍加入的行为，区别在于参加的态度有区别。有关司法解释规定，"积极参加"包括以下六种情形：① 纠集他人共同参加恐怖活动组织的；② 多次参加恐怖活动组织的；③ 曾因参加恐怖活动组织、实施恐怖活动被追究刑事责任或者两年内受过行政处罚，又参加恐怖活动组织的；④ 在恐怖活动组织中实施恐怖活动且作用突出的；⑤ 在恐怖活动组织中积极协助组织、领导者实施组织、领导行为的；⑥ 其他积极参加恐怖活动组织的情形。"其他参加"指参加了恐怖活动组织，但不具有上述"组织、领导"和"积极参加"的 10 种情形的行为。③ 只要行为人实施组织、领导、参加行为之一，即可构成本罪；先后或者同时实施两种或两种以上行为的，仍只构成一罪。

（3）本罪的主体是一般主体。为年满 16 周岁、具有刑事责任能力的自然人。

---

① 参见我国《反恐怖主义法》第 3 条的规定。
② 参见 2018 年 5 月 8 日最高人民法院等印发的《关于办理恐怖活动和极端主义犯罪案件适用法律若干问题的意见》第 1 条。
③ 参见同上。

（4）本罪的主观方面是故意,应具有恐怖活动的目的。即明知是恐怖活动组织仍组织、领导、参加。动机是多种多样的,但动机如何不影响本罪的成立。

（二）组织、领导、参加恐怖组织罪的认定

恐怖组织与一般犯罪组织(集团)的界限。恐怖组织,是指三人以上为实施恐怖活动而组成的犯罪组织。由于恐怖性犯罪活动具有极大的社会危害性,所以刑法规定,只要有组织、领导和参加恐怖组织的行为即构成犯罪。而其他犯罪组织(犯罪集团),虽然也具有为长期实施犯罪活动而组织、领导、参加的目的和行为,但并不以造成社会的恐怖为实施犯罪的目的,因此,相比较而言,其他犯罪组织的社会危害性较恐怖组织要轻。区别两者,关键在于有无恐怖活动的目的。组织、领导和参加非恐怖性犯罪组织,除刑法另有规定的以外,不构成独立的犯罪,而只能依据犯罪集团实施的具体犯罪确定罪名。

（三）组织、领导、参加恐怖组织罪的刑事责任

根据《刑法》第120条的规定,犯本罪,组织、领导恐怖组织的,处10年以上有期徒刑或者无期徒刑,并处没收财产;积极参加的,处3年以上10年以下有期徒刑,并处罚金;其他参加的,处3年以下有期徒刑、拘役、管制或者剥夺政治权利,可以并处罚金。犯本罪并实施杀人、爆炸、绑架等犯罪的,依照数罪并罚的规定处罚。

二十、帮助恐怖活动罪

帮助恐怖活动罪,是指资助恐怖活动组织、实施恐怖活动的个人、恐怖活动的培训,或者为恐怖活动组织、实施恐怖活动或者恐怖活动培训招募、运送人员的行为。本罪的客观方面表现为两类行为:第一,资助恐怖活动组织、实施恐怖活动的个人、恐怖活动的培训的行为。所谓资助,是指通过提供场所、经费、物资等进行支持和帮助。在法律性质上,资助的行为就是一种帮助犯(从犯)的行为,但立法将其规定为实行行为,是独立的犯罪,不按照共同犯罪的从犯论处。资助,应当限于物资资助,而不包括在精神上予以鼓励。至于资助行为的实施,可以是事先提供,也可以是事中提供,还可以是事后提供。第二,为恐怖活动组织、实施恐怖活动或者恐怖活动培训招募、运送人员。本罪的行为仅限于资助、招募或者运送人员,如果行为人超出资助、招募或者运送人员的范围,直接参与组织、领导、参加恐怖组织行为的,应按组织、领导、参加恐怖组织罪处理。本罪的主体是已满16周岁、具有刑事责任能力的自然人和单位。本罪主观方面必须出自故意,即明知是恐怖活动组织或者实施恐怖活动的个人或者恐怖活动培训而予以资助或为其招募、运送人员。根据《刑法》第120条之一的规定,犯本罪的,处5年以下有期徒刑、拘役、管制或者剥夺政治权利,并处罚金;情节严重的,处5年以上有期徒刑,并处罚金或者没收财产。单位犯本罪的,对单位判处罚金,并对其直接负责的主管人员和其他直接责任人员,依照上述规定处罚。

二十一、准备实施恐怖活动罪

准备实施恐怖活动罪,是指为实施恐怖活动准备工具或者进行联络、培训、策划

等准备活动的行为。本罪在客观上只要具有下列行为之一,即具备客观构成要件:(1)为实施恐怖活动准备凶器、危险物品或者其他工具的;(2)组织恐怖活动培训或者积极参加恐怖活动培训的;(3)为实施恐怖活动与境外恐怖活动组织或者人员联络的;(4)为实施恐怖活动进行策划或者其他准备的。本罪的主体为任何已满16周岁、具有刑事责任能力的自然人。本罪的主观方面只能出自故意。根据《刑法》第120条之二的规定,犯本罪的,处5年以下有期徒刑、拘役、管制或者剥夺政治权利,并处罚金;情节严重的,处5年以上有期徒刑,并处罚金或者没收财产。犯本罪同时构成其他犯罪的,依照处罚较重的规定定罪处罚。

二十二、宣扬恐怖主义、极端主义、煽动实施恐怖活动罪

宣扬恐怖主义、极端主义、煽动实施恐怖活动罪,是指故意实施宣扬恐怖主义、极端主义,或者故意煽动他人实施恐怖活动的行为。本罪在客观上表现为以制作、散发宣扬恐怖主义、极端主义的图书、音频视频资料或者其他物品,或者通过讲授、发布信息等方式宣扬恐怖主义、极端主义的行为,或者煽动实施恐怖活动的行为。行为人只要实施宣扬恐怖主义、宣扬极端主义、煽动实施恐怖活动三种行为之一的,即可构成本罪,至于采用的手段,不影响本罪的构成。本罪的主体为任何已满16周岁、具有刑事责任能力的自然人。本罪的主观方面只能出自故意。根据《刑法》第120条之三的规定,犯本罪的,处5年以下有期徒刑、拘役、管制或者剥夺政治权利,并处罚金;情节严重的,处5年以上有期徒刑,并处罚金或者没收财产。

二十三、利用极端主义破坏法律实施罪

利用极端主义破坏法律实施罪,是指利用极端主义煽动、胁迫群众破坏国家法律确立的婚姻、司法、教育、社会管理等制度实施的行为。本罪在客观上表现为行为人实施了利用极端主义煽动、胁迫群众破坏国家法律确立的婚姻、司法、教育、社会管理等制度实施的行为。本罪在客观上的特点是,行为人本人并不直接实施破坏国家法律确立的婚姻、司法、教育、社会管理等制度实施,而是利用极端主义煽动、胁迫群众去实施破坏行为。如果行为人本人直接实施破坏行为,则不构成本罪,而应构成其他犯罪。本罪的主体为任何已满16周岁、具有刑事责任能力的自然人。本罪的主观方面只能出自故意。根据《刑法》第120条之四的规定,犯本罪的,处3年以下有期徒刑、拘役或者管制,并处罚金;情节严重的,处3年以上7年以下有期徒刑,并处罚金;情节特别严重的,处7年以上有期徒刑,并处罚金或者没收财产。

二十四、强制穿戴宣扬恐怖主义、极端主义服饰、标志罪

强制穿戴宣扬恐怖主义、极端主义服饰、标志罪,是指行为人实施以暴力、胁迫等方式强制他人在公共场所穿着、佩戴宣扬恐怖主义、极端主义服饰、标志的行为。本罪在客观上表现为实施强制他人在公共场所穿着、佩戴宣扬恐怖主义、极端主义的服饰、标志的行为。构成本罪,对于强制的手段没有限定,但要求实施强制的地点必须

是公共场所,而且强制他人穿戴的必须是宣扬恐怖主义、极端主义的服饰、标志。本罪的主体为任何已满16周岁、具有刑事责任能力的自然人。本罪的主观方面只能出自故意。根据《刑法》第120条之五的规定,犯本罪的,处3年以下有期徒刑、拘役或者管制,并处罚金。

二十五、非法持有宣扬恐怖主义、极端主义物品罪

非法持有宣扬恐怖主义、极端主义物品罪,是指行为人明知是宣扬恐怖主义、极端主义的图书、音频视频资料或者其他物品而非法持有,情节严重的行为。本罪在客观上表现为行为人非法持有宣扬恐怖主义、极端主义的图书、音频视频资料或者其他物品,且情节严重。本罪的主体为任何已满16周岁、具有刑事责任能力的自然人。本罪的主观方面只能出自故意,即明知自己持有的是宣扬恐怖主义、极端主义的物品。根据《刑法》第120条之六的规定,犯本罪的,处3年以下有期徒刑、拘役或者管制,并处或者单处罚金。

二十六、劫持航空器罪

(一)劫持航空器罪的概念和构成

劫持航空器罪,是指以暴力、胁迫或者其他方法劫持航空器,危害航空运输安全的行为。

本罪的构成要件是:

(1)本罪的客体为不特定或多数乘客的生命、财产及航空器的安全,即航空运输的公共安全。对象为正在使用中的航空器(主要是飞机)。根据《国际民用航空公约》(亦称《芝加哥公约》)的规定,航空器分为民用航空器和国家航空器,凡用于军事、海关或警察部门的航空器,是国家航空器,国家航空器以外的航空器是民用航空器。下述三个国际公约规定的劫持航空器的犯罪仅指对民用航空器的劫持,不包括国家航空器,即《东京公约》第1条、《海牙公约》第3条以及《蒙特利尔公约》第4条均规定:"本公约不适用于供军事、海关或警用的航空器。"因此,这里的航空器是专指民用航空器。劫持国家航空器,虽然同样具有严重的危害性,但不能构成劫持航空器罪。目前,我国《刑法》只有第430条第2款有军人驾驶航空器叛逃的规定,而非军人劫持国家航空器应按何罪定罪处罚,《刑法》中尚未有明文规定,有待立法的进一步完善。

所谓"正在使用中"的航空器,"使用中",根据《蒙特利尔公约》第2条第2款的规定,是指:"航空器从地面人员或机组人员为某一次飞行而进行航空器飞行前准备时起,到任何降落后24小时止。"而且"使用期在任何情况下都应延长到本条(甲)款所指定义的航空器在飞行中的整个期间"。本条(甲)款规定:"航空器从装载完毕,机舱外部各门均已关闭时起,到打开任何一扇机舱门以卸载时止,均应被认为在飞行中。航空器被迫降落时,在主管当局接管该航空器及机上人员与财产责任以前,均应被视为仍在飞行中。"我国是上述公约的参加国,对"使用中"含义的解释,应参照公约上述规定的标准。依此,航空器从地面人员或机组人员为某一次飞行进行准备时

起,到降落后24小时之内都属于使用中的航空器,航空器被迫降落时,在主管当局接管该航空器及机上人员与财产责任以前,应视为"使用中的航空器"。劫持非使用中的航空器不会危及航空运输安全,不能构成本罪。

(2) 本罪的客观方面表现为以暴力、胁迫或者其他方法劫持航空器,危害航空运输安全的行为。所谓"暴力",是指采用对驾驶、操作人员或机上其他人员实施袭击或其他身体强制,如杀伤、殴打、捆绑、禁闭等强制手段使其不敢、不能反抗,被迫服从其指挥,或者由其亲自驾驶、控制航空器的行为。所谓"胁迫",是指犯罪分子以毁坏飞机、杀害人质等武力威胁手段要挟和进行精神恐吓,使驾驶、操作人员或机上其他人员不敢反抗的行为。所谓"其他方法",是指使用暴力、威胁方法以外的手段使驾驶、操作人员不能反抗、不知反抗的行为。如使用麻醉药物使机组人员不能抗拒或不知抗拒等。至于上述手段是否达到实际效果,在所不问。所谓"劫持",则是指强迫航空器驾驶、操作人员遵循自己的意志,并控制航空器的行为。

(3) 本罪的主体为一般主体,为已满16周岁、具有刑事责任能力的自然人。也有学者认为,本罪的主体应为已满14周岁的人。① 根据我国现行《刑法》的规定,我们认为这种认识是不恰当的。因为《刑法》第17条第2款并未明确规定已满14周岁不满16周岁的人应对劫持航空器罪承担刑事责任。

(4) 本罪的主观方面是故意。动机是多种多样的,如逃避法律制裁,追求境外生活方式等。但动机不影响本罪的成立。

(二) 劫持航空器罪的认定

劫持航空器罪与破坏交通工具罪的界限。交通工具中包括航空器,当行为对象均为航空器,并使航空器遭到破坏时,区分两罪主要看两个方面:一是犯罪目的。本罪的犯罪目的是按照自己的意志,强行控制航空器;而破坏交通工具罪的犯罪目的是要将航空器本身加以毁坏。二是行为的表现。本罪是使用暴力、胁迫或其他方法劫持航空器;而破坏交通工具罪则是用一定的方法将航空器毁坏。因此,在劫持航空器过程中使航空器遭到破坏,即使具有使航空器倾覆、毁坏危险的,也只能以本罪论处,不能实行并罚。

(三) 劫持航空器罪的刑事责任

根据《刑法》第121条的规定,犯本罪的,处10年以上有期徒刑或者无期徒刑;致人重伤、死亡或者使航空器遭受严重破坏的,处死刑。

二十七、劫持船只、汽车罪

劫持船只、汽车罪,是指以暴力、胁迫或者其他方法劫持船只、汽车,危害公共安全的行为。本罪的客体是社会的公共安全。对象只限于正在使用中的船只和汽车,劫持船只、汽车以外的其他交通工具,如火车、航空器等,不构成本罪。本罪的客观方

---

① 参见邓又天主编:《中华人民共和国刑法释义与司法适用》,中国人民公安大学出版社1997年版,第166页。

面表现为以暴力、胁迫或其他方法劫持船只、汽车的行为。只要实施了劫持船只、汽车的行为,就构成犯罪既遂,不要求造成严重后果。本罪的主体为一般主体。本罪的主观方面为故意。动机不影响本罪的成立。根据《刑法》第122条的规定,犯本罪的,处5年以上10年以下有期徒刑;造成严重后果的,处10年以上有期徒刑或者无期徒刑。

二十八、暴力危及飞行安全罪

暴力危及飞行安全罪,是指对飞行中的航空器上的人员使用暴力,危及飞行安全,尚未造成严重后果或已经造成严重后果的行为。本罪的客体是航空器的飞行安全。对象是飞行中的航空器上的人员,并不是航空器本身。而这里的"人员",既包括航空器的机组人员,也包括其他人员。本罪的客观方面表现为对飞行中的航空器上的人员使用暴力,危及飞行安全的行为。本罪属于危险犯,实施的暴力行为只要危及飞行安全,即使没有造成严重后果,也构成本罪的既遂。行为的地点必须是在飞行中的航空器上,才能构成本罪。行为的具体方式只限于使用暴力,不包括使用其他方法。本罪的主体为一般主体。任何在飞行中的航空器上的人员都可以构成本罪。本罪的主观方面为故意,即明知自己的行为会危及飞行安全,希望或放任这种结果发生。动机不影响本罪的成立。根据《刑法》第123条的规定,犯本罪,尚未造成严重后果的,处5年以下有期徒刑或者拘役;造成严重后果的,处5年以上有期徒刑。

二十九、破坏广播电视设施、公用电信设施罪

破坏广播电视设施、公用电信设施罪,是指故意破坏正在使用中的广播电视设施、公用电信设施,危害公共安全的行为。本罪的客体是公共通讯、传播的公共安全。对象是正在使用中的广播电视设施和公用电信设施。广播电视设施,主要是指发射无线电广播信号的发射台站,传播新闻信息的电视发射台、转播台等。公用电信设施,主要是指无线电发报设施、设备、电话交换局、台、站及无线电通信网络,用于航海、航空的无线电通信、导航设备、设施等。本罪的客观方面表现为破坏广播电视设施、公用电信设施,危害公共安全的行为。破坏行为既可能是直接对有关设施进行毁损,也可能是采用如截断线路等方法使有关设施无法正常工作。破坏行为只要足以危害公共安全,即破坏了广播电视设施、公用电信设施主体部分的传输、传递信息的正常功能,即构成本罪既遂。本罪的主体是一般主体。本罪的主观方面是故意。动机不影响本罪的成立。根据《刑法》第124条第1款的规定,犯本罪的,处3年以上7年以下有期徒刑;造成严重后果的,处7年以上有期徒刑。

三十、过失损坏广播电视设施、公用电信设施罪

过失损坏广播电视设施、公用电信设施罪,是指因过失毁坏广播电视设施、公用电信设施,已经造成严重后果,危害公共安全的行为。本罪的客体是公共通讯、传播的公共安全。本罪的客观方面表现为损坏广播电视设施、公用电信设施,造成严重后

果,危害公共安全的行为。本罪的主体为一般主体。本罪的主观方面是过失。根据《刑法》第124条第2款的规定,犯本罪的,处3年以上7年以下有期徒刑;情节较轻的,处3年以下有期徒刑或者拘役。

三十一、非法制造、买卖、运输、邮寄、储存枪支、弹药、爆炸物罪

(一)非法制造、买卖、运输、邮寄、储存枪支、弹药、爆炸物罪的概念和构成

非法制造、买卖、运输、邮寄、储存枪支、弹药、爆炸物罪,是指违反法律规定,非法制造、买卖、运输、邮寄、储存枪支、弹药、爆炸物的行为。本罪为选择性罪名。

本罪的构成要件是:

(1)本罪的客体是社会的公共安全和国家对枪支、弹药、爆炸物的管理制度。对象必须是枪支、弹药、爆炸物。在我国,枪支,通常指《枪支管理办法》中规定的以火药或者压缩气体等为动力,利用管状器具发射金属弹丸或者其他物质,足以致人伤亡或者丧失知觉的各种枪支,包括军用各种枪支,射击体育运动用的各种枪支,狩猎用的有膛线枪、霰弹枪,自制、改制的火药枪,麻醉动物用的注射枪、电击枪,以及能发射金属弹丸的气枪、钢珠枪等。弹药,是指上述枪支所用的弹药。爆炸物,是指《民用爆炸物品管理条例》中规定的各类炸药、雷管、导火索、导爆索、非电导爆系统、起爆药、爆破剂等,当然也包括各种军用爆炸物品。

目前我国关于本罪对象的具体范围,还有不同的认识。① 理论上主要有广义说和狭义说两种观点。广义说认为,凡是《枪支管理办法》和《民用爆炸物品管理条例》中规定的各种枪支、弹药及爆炸物品,都是该种犯罪的对象。除上述所说的枪支、爆炸物的范围以外,枪支被认为还包括气枪、钢珠枪,爆炸物还包括烟花爆竹。狭义说认为,本罪对象应指军用的枪支、弹药,不包括民用猎枪、火药枪等,更不能包括烟花爆竹等在内。我们认为,根据刑法规定,从有关的司法解释及司法实践经验来看,本罪的对象应当是《枪支管理办法》中规定的各种枪支及其弹药、《民用爆炸物品管理条例》中所规定的各类炸药以及爆炸物品,但不宜认为包括烟花爆竹。非法制造、买卖、运输、邮寄、储存烟花爆竹等娱乐性物品,如果因此而发生重大事故,可以按照危险物品肇事罪论处。

值得注意的是,我国近几年在实践中,对于符合枪支认定标准的以压缩气体为动力的枪支、气枪铅弹实施非法制造、买卖、运输、邮寄、储存、持有、私藏、走私行为的定罪量刑问题出现了相当大的争议,受到了社会的广泛关注。为此,2018年3月最高人民法院、最高人民检察院联合发布了《关于涉以压缩气体为动力的枪支、气枪铅弹刑事案件定罪量刑问题的批复》,明确规定:第一,对于非法制造、买卖、运输、邮寄、储存、持有、私藏、走私以压缩气体为动力且枪口比动能较低的枪支的行为,在决定是否追究刑事责任以及如何裁量刑罚时,不仅应当考虑涉案枪支的数量,而且应当充分考

---

① 司法解释规定的对象范围见2001年5月16日起施行的最高人民法院《关于审理非法制造、买卖、运输枪支、弹药、爆炸物等刑事案件具体应用法律若干问题的解释》。

虑涉案枪支的外观、材质、发射物、购买场所和渠道、价格、用途、致伤力大小、是否易于通过改制提升致伤力,以及行为人的主观认知、动机目的、一贯表现、违法所得、是否规避调查等情节,综合评估社会危害性,坚持主客观相统一,确保罪责刑相适应。第二,对于非法制造、买卖、运输、邮寄、储存、持有、私藏、走私气枪铅弹的行为,在决定是否追究刑事责任以及如何裁量刑罚时,应当综合考虑气枪铅弹的数量、用途以及行为人的动机目的、一贯表现、违法所得、是否规避调查等情节,综合评估社会危害性,确保罪责刑相适应。

(2)本罪的客观方面表现为非法制造、买卖、运输、邮寄、储存枪支、弹药、爆炸物品的行为。所谓"非法制造",是指未经国家有关部门批准,私自制造枪支、弹药和爆炸物品的行为。其中既包括用机器成批生产,也包括用手工制作。只要实际进行了制造行为,包括制作、组装、修理、改装和拼装上述物品,不论是否制造成功,也不论是为了自用或非法出售,均可构成本罪。所谓"非法买卖",是指未经国家有关部门批准,以金钱或实物作价,私自购买或者销售枪支、弹药、爆炸物品的行为。所谓"非法运输",是指未经国家有关部门批准,非法转送枪支、弹药、爆炸物品的行为。其形式可以是陆运、水运、空运,也可随身携带,但运输的空间范围只应限于国内。所谓"非法邮寄",是指违反国家邮政部门的规定,以包裹邮件形式邮运枪支、弹药、爆炸物品的行为,但邮寄的空间范围也只应限于国内。所谓"非法储存",是指未经国家有关部门批准,私自储藏存放保留枪支、弹药、爆炸物品的行为。

行为人只要实施了非法制造、买卖、运输、邮寄、储存①枪支、弹药、爆炸物品行为之一,即可构成本罪;如果行为人同时实施了其中两种以上的行为,也只构成一罪,不适用数罪并罚。

(3)本罪的主体为一般主体,为已满16周岁、具有刑事责任能力的自然人,单位也可以成为本罪的主体。

(4)本罪的主观方面是故意,即明知是枪支、弹药和爆炸物品而非法制造、买卖、运输、邮寄或储存。如果被蒙骗、利用,不知是枪支、弹药、爆炸物品而实施了上述行为,不能构成本罪。

(二)非法制造、买卖、运输、邮寄、储存枪支、弹药、爆炸物罪的认定

主要是非法储存枪支、弹药、爆炸物罪与非法持有、私藏枪支、弹药罪的界限。当行为对象均为枪支、弹药(广义上弹药可包括爆炸物)时,两罪易混淆。区分二者,关键在于,非法持有、私藏的枪支、弹药应是证据表明不是因非法制造、买卖、运输枪支、弹药等犯罪活动(包括盗窃、抢夺、抢劫枪支、弹药的犯罪活动)而持有、私藏枪支、弹药。如果是因非法制造、买卖、运输等犯罪活动而持有、私藏枪支、弹药的,则应当构成本罪,不构成非法持有、私藏枪支、弹药罪。

---

① 根据2010年1月1日实施的《关于修改最高人民法院〈关于审理非法制造、买卖、运输枪支、弹药、爆炸物等刑事案件具体应用法律若干问题的解释〉的决定》的规定,"非法储存",是指明知是他人非法制造、买卖、运输、邮寄的枪支、弹药而为其存放的行为,或者非法存放爆炸物的行为。

(三) 非法制造、买卖、运输、邮寄、储存枪支、弹药、爆炸物罪的刑事责任

根据《刑法》第 125 条的规定,犯本罪的,处 3 年以上 10 年以下有期徒刑;情节严重的,处 10 年以上有期徒刑、无期徒刑或者死刑。"情节严重",主要是指非法制造、买卖、运输、邮寄、储存枪支、弹药、爆炸物数量大;为实施杀人、抢劫等犯罪活动而非法制造、买卖、运输、邮寄、储存枪支、弹药、爆炸物;将非法制造、买卖、运输、邮寄、储存的枪支、弹药、爆炸物提供给犯罪分子用于犯罪活动,造成严重后果等情况。单位犯本罪的,对单位判处罚金,并对直接负责的主管人员和其他直接责任人员,依照上述规定处罚。

三十二、非法制造、买卖、运输、储存危险物质罪

非法制造、买卖、运输、储存危险物质罪,是指非法制造、买卖、运输、储存毒害性、放射性、传染病病原体等物质,危害公共安全的行为。本罪为选择性罪名。本罪的对象,是具有毒害性、放射性、传染病病原体等危险物质。本罪的客观方面表现为违反对危险物质的管理规定,非法制造、买卖、运输、储存危险物质的行为。本罪的主体可以是自然人,也可以是单位。本罪的主观方面是故意,即明知是毒害性、放射性、传染病病原体等危险物质而制造、买卖、运输、储存。这里所谓的"明知",并不要求必须是"确知",认识到可能性的,仍然符合明知的故意因素。如果行为人确实不知的,不构成本罪,动机如何不影响本罪成立。2008 年 6 月 25 日最高人民检察院、公安部印发的《关于公安机关管辖的刑事案件立案追诉标准的规定(一)》第 2 条对本罪的立案标准作了明确的规定。根据《刑法》第 125 条第 2 款的规定,对犯本罪的,处 3 年以上 10 年以下有期徒刑;情节严重的,处 10 年以上有期徒刑、无期徒刑或者死刑。根据《刑法》第 125 条第 3 款的规定,单位犯本罪的,对单位判处罚金,并对其直接负责的主管人员和其他直接责任人员,依照上述规定处罚。

三十三、违规制造、销售枪支罪

违规制造、销售枪支罪,是指依法被指定、确定的枪支制造企业、销售企业,违反枪支管理规定,以非法销售为目的,超过限额或者不按照规定的品种制造、配售枪支,或者制造无号、重号、假号的枪支,或者非法销售枪支或者在境内销售为出口制造的枪支的行为。本罪为选择性罪名。本罪的客体是社会的公共安全。本罪的对象是违规制造、销售的枪支。本罪的客观方面表现为违反枪支管理规定,制造、销售枪支的行为。违规制造、销售枪支的行为主要有:(1) 超过限额或者不按照规定的品种制造、配售枪支;(2) 制造无号、重号、假号的枪支;(3) 非法销售枪支或者在境内销售为出口制造的枪支。具有上述行为之一,即构成本罪。[①] 本罪的主体只能是单位,即依法被指定、确定的枪支制造、销售企业,如果是个人或者非被指定的企业制造、销售

---

① 参见 2001 年 5 月 16 日最高人民法院《关于审理非法制造、买卖、运输枪支、弹药、爆炸物等刑事案件具体应用法律若干问题的解释》第 3 条的规定。

枪支,构成《刑法》第 125 条规定的非法制造、买卖、储存枪支、弹药罪,不构成本罪。本罪的主观方面为直接故意,并具有非法销售的目的。根据《刑法》第 126 条的规定,犯本罪的,对单位判处罚金,并对其直接负责的主管人员和其他直接责任人员处 5 年以下有期徒刑;情节严重的,处 5 年以上 10 年以下有期徒刑;情节特别严重的,处 10 年以上有期徒刑或者无期徒刑。

三十四、盗窃、抢夺枪支、弹药、爆炸物、危险物质罪

盗窃、抢夺枪支、弹药、爆炸物、危险物质罪,是指以非法占有为目的,秘密窃取或者公然夺取枪支、弹药、爆炸物、危险物质的行为。本罪的客体是社会的公共安全。本罪的对象,为枪支、弹药、爆炸物、危险物质。本罪的客观方面表现为盗窃、抢夺枪支、弹药、爆炸物、危险物质的行为。"盗窃"是指采用自认为不被发觉的方法,窃取枪支、弹药、爆炸物、危险物质的行为。"抢夺"是指乘人不备,公然夺取枪支、弹药、爆炸物、危险物质的行为。本罪虽然是选择性罪名,但是,对于同一主体分别实施盗窃、抢夺枪支、弹药、爆炸物、危险物质行为的,应当实行数罪并罚。本罪的主体为一般主体,即已年满 16 周岁、具有刑事责任能力的自然人。本罪的主观方面为故意。首先,必须以明知所盗窃、抢夺的对象是枪支、弹药、爆炸物、危险物为必要条件。所谓"明知"并不是要求行为人必须确切知道其盗窃、抢夺的对象是枪支、弹药、爆炸物、危险物质,只要认识到其盗窃、抢夺的对象"可能"是枪支、弹药、爆炸物、危险物质的,就符合"明知"的要求。其次,在行为人实施盗窃、抢夺的财物中有枪支、弹药的情况下,不能构成本罪,但是,对于获得枪支、弹药而非法持有的行为,可以认定为非法持有枪支、弹药罪或者私藏枪支、弹药罪。但不能以事后的认识、意志因素来认定前行为具有盗窃、抢夺枪支、弹药的故意。根据《刑法》第 127 条第 1 款的规定,犯本罪的,处 3 年以上 10 年以下有期徒刑;情节严重的,处 10 年以上有期徒刑、无期徒刑或者死刑。盗窃、抢夺国家机关、军警人员、民兵的枪支、弹药、爆炸物的,处 10 年以上有期徒刑、无期徒刑或者死刑。

三十五、抢劫枪支、弹药、爆炸物、危险物质罪

抢劫枪支、弹药、爆炸物、危险物质罪,是指以非法占有为目的,当场使用暴力、胁迫或者其他方法,强行劫夺枪支、弹药、爆炸物、危险物质的行为。本罪的客体是社会的公共安全与枪支、弹药、爆炸物、危险物质所有者、持有者、保管者的人身权利,属于复杂客体。与复杂客体相对应,本罪对象包括:一是枪支、弹药、爆炸物、危险物质;二是枪支、弹药、爆炸物、危险物质所有者、持有者、保管者。本罪的客观方面表现为当场使用暴力、胁迫或其他方法,强行劫夺枪支、弹药、爆炸物、危险物质的行为。本罪的主体为一般主体,即年满 16 周岁、具有刑事责任能力的自然人。本罪的主观方面为直接故意,并具有非法占有的目的。行为人主观上必须明知是枪支、弹药、爆炸物、危险物质而故意以暴力、胁迫或者其他方法实施抢劫,如果行为人并不明知是枪支、弹药、爆炸物、危险物质,在抢劫普通财物时,其中夹带枪支、弹药等,不能认定为构成本罪。动机如何不影响本罪的成立。根据《刑法》第 127 条第 2 款的规定,犯本罪的,

处10年以上有期徒刑、无期徒刑或者死刑。

三十六、非法持有、私藏枪支、弹药罪

非法持有、私藏枪支、弹药罪,是指违反枪支管理规定,非法持有、私藏枪支、弹药的行为。本罪的客体是社会的公共安全和国家对枪支、弹药的管理制度。对象是枪支、弹药,包括各种公务用枪、民用枪支及其弹药。本罪的客观方面表现为违反枪支管理规定,非法持有、私藏枪支、弹药的行为。根据2001年5月16日最高人民法院《关于审理非法制造、买卖、运输枪支、弹药、爆炸物等刑事案件具体应用法律若干问题的解释》第8条第2款、第3款的规定,"非法持有",是指不符合配备、配置枪支、弹药条件的人员,违反枪支管理法律、法规的规定,擅自持有枪支、弹药的行为。"私藏",是指依法配备、配置枪支、弹药的人员,在配备、配置枪支、弹药的条件消除后,违反枪支管理法律、法规的规定,私自藏匿所配备、配置的枪支、弹药且拒不交出的行为。只要实施两种行为之一的,即可构成本罪。本罪的主体为一般主体。本罪的主观方面是直接故意。认定本罪的"非法持有"和"私藏",应根据证据尚不能认定为是非法制造、买卖、运输、盗窃、抢夺、抢劫的枪支、弹药而"持有"和"私藏",否则,应以相应的犯罪论处,不构成本罪。根据《刑法》第128条第1款的规定,犯本罪的,处3年以下有期徒刑、拘役或者管制;情节严重的,处3年以上7年以下有期徒刑。

三十七、非法出租、出借枪支罪

非法出租、出借枪支罪,是指依法配备公务用枪的人员或者其单位,违反枪支管理规定,非法出租、出借枪支,依法配置枪支的人员或者其单位,违反枪支管理规定,非法出租、出借枪支,造成严重后果的行为。本罪为选择性罪名。本罪的客体是社会的公共安全和国家对枪支的管理制度。本罪的对象是枪支,包括公务用枪和民用枪支。本罪的客观方面表现为违反枪支管理规定,非法出租、出借枪支的行为。所谓"出租",是指以非法牟利为目的,将自己或者单位配备的公务用枪、自己或者单位配置的枪支租借给他人的行为。"出借"是指无偿地将自己或者单位配备的公务用枪、自己或者单位配置的枪支借给他人的行为。就本罪的成立而言,依法配备公务用枪的人员或者其单位,只要具有违反枪支管理规定,非法出租、出借枪支的行为即构成犯罪。而依法配置枪支的人员或者其单位,违反枪支管理规定,非法出租、出借配置枪支的,以造成严重后果为犯罪成立的条件。本罪的主体是特殊主体,即依法配备公务用枪的人员或者单位和依法配置枪支的人员或者单位,既可以是自然人,也可以是单位。自然人,"包括公安机关、国家安全机关、监狱、劳动教养机关及其人民警察;人民检察院、人民检察院内的司法警察和担负侦查任务的检察人员;人民法院及其司法警察;海关缉私人员;国家重要的军工、金融、仓储、科研等单位的专职守护、押运人员"。单位,"包括经省级人民政府体育行政主管部门批准可以配置射击运动枪支,专门从事射击竞技体育运动的单位,经省级人民政府公安机关批准可以配置射击运动枪支的营业性射击场;经省级以上人民政府林业行政主管部门批准可以配置猎枪的

狩猎场;等等"。① 本罪的主观方面是直接故意。具体说,非法出租枪支,主观上具有以此牟利的目的,但实际上是否牟到利益,不影响本罪的成立。非法出借枪支的,则无论出于什么目的,都不影响本罪的成立。根据《刑法》第128条的规定,犯本罪的,处3年以下有期徒刑、拘役或者管制;情节严重的,处3年以上7年以下有期徒刑;单位犯本罪的,对单位判处罚金,并对其直接负责的主管人员和其他直接责任人员,按上述规定处罚。

三十八、丢失枪支不报罪

丢失枪支不报罪,是指依法配备公务用枪的人员,丢失枪支不及时报告,造成严重后果的行为。本罪的客体是社会的公共安全。本罪的对象是配备的公务用枪。本罪的客观方面表现为依法配备公务用枪的人员,丢失枪支不及时报告,造成严重后果的行为。所谓"丢失"枪支,是指因为疏于管理使枪支被盗或者遗失,或者因被抢、被骗而失去对枪支控制的情况。所谓"不及时报告",是指行为人发现丢失枪支后不及时向本单位或者有关部门报告。如果行为人发现后及时、如实报告自己丢失枪支的情况,则不构成本罪。所谓"造成严重后果",主要是指所丢失的枪支被犯罪分子作为犯罪工具。本罪的主体是特殊主体,即依法配备公务用枪的人员。本罪的主观方面表现为过失②,这里的过失是针对所造成的严重后果而言,至于未及时报告的行为,可以是因为疏忽或者有意隐瞒。根据《刑法》第129条的规定,犯本罪的,处3年以下有期徒刑或者拘役。

三十九、非法携带枪支、弹药、管制刀具、危险物品危及公共安全罪

非法携带枪支、弹药、管制刀具、危险物品危及公共安全罪,是指违反有关规定,非法携带枪支、弹药、管制刀具或者爆炸性、易燃性、放射性、毒害性、腐蚀性物品,进入公共场所或者公共交通工具,危及公共安全,情节严重的行为。本罪为选择性罪名。本罪的客体是社会的公共安全。对象是枪支、弹药、管制刀具或者法律规定的危险物品。本罪的客观方面表现为非法携带枪支、弹药、管制刀具或者法律规定的危险物品,进入公共场所或者公共交通工具的行为。所谓"公共场所"是指机场、火车站、汽车站、广场、公园、影剧院、学校等供公众活动和出入的场所。所谓"公共交通工具"是指航空器、火车、公共汽车、电车和轮船等用于公共交通运输的交通工具。所谓"情节严重"主要是指经常携带屡教不改的;携带危险物品数量大的;在公众活动高峰期携带的等。所携带的危险可以是上述物品中的任何一种或多种,只要是行为足以危及公共安全,达到情节严重的程度,就可以构成本罪。本罪的主体为一般主体。本罪的主观方面为故意。动机不影响本罪的成立,但应根据证据尚不能认定为是为劫持航空器、船只、汽车、抢劫、绑架等犯罪活动而非法携带,否则,应以相应的犯罪论

---

① 参见赵秉志主编:《新刑法教程》,中国人民大学出版社1997年版,第460页。
② 对本罪的主观罪过形式,在理论上还有很大的争议。本书采多数学者的观点。

处,不构成本罪。根据《刑法》第 130 条的规定,犯本罪的,处 3 年以下有期徒刑、拘役或者管制。

四十、重大飞行事故罪

重大飞行事故罪,是指航空人员违反规章制度,致使发生重大飞行事故,造成严重后果的行为。本罪的客体是航空运输的安全。本罪的客观方面表现为违反规章制度,致使发生重大飞行事故,造成严重后果的行为。所谓"违反规章制度"是指违反保障航空运输安全管理的各种规章制度。"重大飞行事故",就本罪而言,是指航空器在飞行过程中因人为的原因发生的事故。"造成严重后果",一般是指使航空器或者其他航空设施受到严重损坏,航空器上人员受重伤,公私财产受到严重损失等,即违章行为必须与严重后果之间具有因果关系。本罪的主体为特殊主体,即航空人员。"航空人员"是指从事民用航空活动的空勤人员和地面人员。本罪的主观方面为过失。至于违反规章制度,则可以表现为有意的。根据《刑法》第 131 条的规定,犯本罪的,处 3 年以下有期徒刑或者拘役;造成飞机坠毁或者人员死亡的,处 3 年以上 7 年以下有期徒刑。

四十一、铁路运营安全事故罪

铁路运营安全事故罪,是指铁路职工违反规章制度,致使发生铁路运营安全事故,造成严重后果的行为。本罪的客体是铁路运输的安全。本罪的客观方面表现为违反规章制度,致使发生重大铁路运营事故,造成严重后果的行为。"违反规章制度",是指违反保障铁路运输安全管理的各种规章制度。"铁路运营事故",就本罪而言,是指在铁路运输过程中因人为的原因发生的严重事故。"造成严重后果",是指具有下列情形之一:(1) 造成死亡 1 人以上,或者重伤 3 人以上的;(2) 造成直接经济损失 100 万元以上的;(3) 其他造成严重后果或者重大安全事故的情形。① 违章行为必须与严重后果之间具有因果关系。本罪的主体是特殊主体,为铁路职工,"铁路职工"指具体从事铁路运营业务、与保障列车运营安全有直接关系的人员。本罪的主观方面为过失。至于违反规章制度,则可以表现为有意的。根据《刑法》第 132 条的规定,犯本罪的,处 3 年以下有期徒刑或者拘役;造成特别严重后果的,处 3 年以上 7 年以下有期徒刑。

四十二、交通肇事罪

(一)交通肇事罪的概念和构成

交通肇事罪,是指违反交通运输管理法规,因而发生重大事故,致人重伤、死亡或者使公私财产遭受重大损失的行为。

---

① 参见 2015 年 12 月 14 日最高人民法院、最高人民检察院印发的《关于办理危害生产安全刑事案件适用法律若干问题的解释》第 6 条。

本罪的构成要件是：

（1）本罪的客体是交通运输安全。"交通运输"从一般意义上说，包括铁路、公路、水上、航空、管道（石油、天然气）运输。由于刑法将发生在铁路、航空运输中由特殊主体违规而发生的重大责任事故，单独规定了犯罪，因此，本罪发生的范围，主要是指发生在航空、铁路运输以外的陆路交通运输和水路交通运输中的重大交通事故，对特定主体在航空运输和铁路运营中发生重大交通责任事故，应按刑法有关的条款定罪。但是，这并不排斥一般主体在铁路运输、航空运输中违反保障铁路运营安全、飞行安全的规章制度可以构成交通肇事罪。根据2000年最高人民法院印发的《关于审理交通肇事刑事案件具体应用法律若干问题的解释》（以下简称《交通肇事解释》）第8条第2款的规定，在道路公共交通管理的范围外，驾驶机动车辆或者使用其他交通工具致人伤亡或者致使公共财产或者他人财产遭受重大损失，构成犯罪的，分别依照《刑法》第134条、第135条、第233条等规定定罪处罚。①

（2）本罪的客观方面表现为违反交通运输管理法规，因而发生重大事故，致人重伤、死亡或者使公私财产遭受重大损失的行为。首先，必须有在交通运输过程中，违反交通运输管理法规的行为，这是导致交通事故而肇事的原因，也是构成本罪的前提条件。所谓交通运输管理法规，是指国家交通运输主管部门为了保障交通运输的安全作出的各种行政规定，包括交通规则、操作规程、劳动纪律等。违反规章制度的行为可以表现为作为，也可表现为不作为。作为的方式如酒后开车、超速、超宽、超载行车、强行超车、错发信号等，不作为的方式如通过交叉道口不鸣笛示警、夜间航行不开照明灯、岔路口不减速等。其次，违反交通运输管理法规的行为还必须造成重大事故，导致重伤、死亡或者公私财产重大损失的严重后果。即违章行为必须与严重后果之间具有因果关系。虽有违章行为，但未造成上述严重后果的，或虽有违反交通运输管理法规的行为，但没造成任何后果，或虽发生了严重后果，但不是由违章行为引起的，均不构成本罪。

（3）本罪的主体为一般主体。在司法实践中，主要是从事交通运输的人员。所谓交通运输人员，是指具体从事公路交通运输和水路交通运输业务，以及与保障交通安全有直接关系的人员，包括具体操纵交通运输工具的驾驶人员、交通设备的操纵人员、交通运输活动的直接领导和指挥人员（如调度员、领航员、船长、机长）和交通运输安全的管理人员（如交通警察）等。非交通运输人员（如行人）也可成为本罪的主体。

关于非交通运输人员的范围，尚有不同看法，但在我国现行《刑法》的规定中，就交通肇事罪而言，对主体是"交通运输人员"还是"非交通运输人员"并没有加以区别，因此，公路交通运输和水路交通运输中肇事构成本罪的，无论是否是交通运输人员，只要在交通运输过程中违反交通运输管理法规，发生重大事故，导致重伤、死亡或

---

① 参见2000年11月21日起施行的最高人民法院《关于审理交通肇事刑事案件具体应用法律若干问题的解释》第8条第2款的规定。

者公私财产重大损失严重后果的,均可构成本罪。但区别交通运输人员与非交通运输人员在特定的领域内还是有一定的意义的。具体地说,一般主体在航空运输和铁路运营中违反有关规定,造成重大事故,应当以本罪论处;而属于航空人员和铁路职工的交通运输人员在违反有关规定发生重大事故时,只能构成重大飞行事故罪或者铁路运营安全事故罪。

《交通肇事解释》第5条第2款规定:"交通肇事后,单位主管人员、机动车辆所有人、承包人或者乘车人指使肇事人逃逸,致使被害人因得不到救助而死亡的,以交通肇事罪的共犯论处。"第7条规定:"单位主管人员、机动车辆所有人或者机动车辆承包人指使、强令他人违章驾驶造成重大交通事故,具有本解释第2条(关于构成交通肇事罪的规定——引者注)规定情形之一的,以交通肇事罪定罪处罚。"据此,上述人员是否在肇事现场,不影响其构成犯罪。

(4) 本罪的主观方面是过失,可以是疏忽大意,也可以是过于自信,即行为人对自己违反交通运输管理法规的行为导致的严重后果应当预见,由于疏忽大意而未预见,或者虽然预见,但轻信能够避免。这里过失是指行为人对所造成的严重后果的心理态度而言,至于对违反交通运输管理法规本身,则可能是明知故犯。

(二) 交通肇事罪的认定

(1) 本罪与非罪的界限。① 本罪与一般交通事故的界限。两者区别的关键在于发生的事故是否重大,本罪以发生重大事故为构成要件,因此,对于有违章行为但未造成重大事故的,不能以本罪论处。这里所谓的重大事故,根据《交通肇事解释》,有多项标准供起刑参考,其第2条规定:"交通肇事具有下列情形之一的,处3年以下有期徒刑或者拘役:(一) 死亡1人或者重伤3人以上,负事故全部或者主要责任的;(二) 死亡3人以上,负事故同等责任的;(三) 造成公共财产或者他人财产直接损失,负事故全部或者主要责任,无能力赔偿数额在30万元以上的。交通肇事致一人以上重伤,负事故全部或者主要责任,并具有下列情形之一的,以交通肇事罪定罪处罚:(一) 酒后、吸食毒品后驾驶机动车辆的;(二) 无驾驶资格驾驶机动车辆的;(三) 明知是安全装置不全或者安全机件失灵的机动车辆而驾驶的;(四) 明知是无牌证或者已报废的机动车辆而驾驶的;(五) 严重超载驾驶的;(六) 为逃避法律追究逃离事故现场的。"由上述规定可知,认定构成交通肇事罪重大事故的标准,根据司法解释,上述多项标准具有单一性认定构成犯罪的作用。② 本罪同交通事故中意外事件的界限。区别两者的关键在于查明行为人对所造成的重大事故在主观上是否有过失,本罪在主观方面表现为过失,如果不是由于行为人的过失,而是由于不能预见的原因造成重大事故的,不构成本罪。

(2) 本罪与重大飞行事故罪、铁路运营安全事故罪的界限。本罪与重大飞行事故罪、铁路运营安全事故罪同属重大交通肇事的犯罪。客体均为交通运输安全,主观上也都出于过失,客观上也都以违反保障交通运输安全管理的规章制度并以造成严重后果为要件。其区别主要是:第一,主体不同。本罪主体为一般主体;而后二罪,主体为特殊主体,即分别为航空人员与铁路职工,其他自然人一般主体不能构成这两种犯罪。第二,发生的场合不同。本罪主要发生在公路、水路交通运输过程中(不排除一般主体在特定交通运输领域内可以构成交通肇事罪);而后二罪,分别发生在航空运输与铁路运输活动领域。第三,违反的具体注意义务不同。根据运输领域不同(公路、水上),本罪行为人违反的可以是特定的注意义务,也可以是一般的注意义务;而后二罪违反的,只限于从事航空运输、铁路运输领域内特定的注意义务。

(3) 本罪与以危险方法危害公共安全罪的界限。本罪往往造成人身伤亡的结果,与以驾车撞人的危险方法构成的危害公共安全罪,从结果上看是相同的。主要区别在于发生的场合及主观心理态度不同,本罪致人重伤与死亡发生在交通运输过程中,主观上是过失。而以驾车撞人的危险方法构成的危害公共安全罪,并非为从事交通运输,并且主观上是希望或放任死伤结果的发生。如果行为人利用驾驶的交通工具,在公路或者其他公共场所冲撞人群,造成或可能造成众多人员重伤、死亡或者使公私财产遭受重大损失的,则应以危险方法危害公共安全罪论处。但如果行为人只是利用交通工具杀伤了特定的人,则侵害的是他人的生命或健康权利,不足以危害公共安全的,应以故意杀人罪或故意伤害罪论处。

(三) 交通肇事罪的刑事责任

根据《刑法》第133条的规定,对本罪规定了三个罪刑单位:

(1) 犯本罪情节一般的,处3年以下有期徒刑或者拘役。所谓情节一般,是指根据前述《交通肇事解释》的起刑标准所规定的情节认定。

(2) 交通肇事后逃逸或者有其他特别恶劣情节的,处3年以上7年以下有期徒刑。根据《交通肇事解释》第3条的规定,所谓"交通肇事后逃逸",是指行为人在交通肇事后,为逃避法律追究而逃跑的行为。就《交通肇事解释》的基本精神而言,逃逸是指一种为逃避法律责任有意脱离事故现场的行为。有观点认为不管行为人是否实际离开现场,不救助就是"逃逸",只要规避了法律责任的,都视为"逃逸"。① 我们认为,这样理解显然扩大了处罚范围,不符合《交通肇事解释》规定的精神,如果认为立法规定"逃逸"本意只在于处罚不履行法律要求对被害人实施的救助义务,不考虑行为人在客观上是否有逃逸行为,值得商榷。

所谓"其他特别恶劣情节",根据《交通肇事解释》第4条的规定,是指交通肇事具有下列情形之一的:死亡2人以上或者重伤5人以上,负事故全部或者主要责任的;死亡6人以上,负事故同等责任的;造成公共财产或者他人财产直接损失,负事故全部或者主要责任,无能力赔偿数额在60万元以上的。

(3) 因逃逸致人死亡的,处7年以上有期徒刑。"因逃逸致人死亡",是指行为人在交通肇事后为逃避法律追究而逃跑,致使被害人因得不到救助而死亡的情形。对此,目前理论上仍有较多问题,存在不同的认识。如因逃逸致人死亡是指肇事后因逃逸致本次事故的被害人死亡还是包括在肇事后逃逸过程中又致他人死亡?一种观点认为,"是指在发生交通事故后,肇事者不及时抢救被害人,而是逃离现场,致使被害

---

① 参见楼伯坤:《对刑法第133条"逃逸"的逻辑解释——以加重犯为视角》,载《河北法学》2008年第1期。

人因抢救不及时而死亡。"第二种观点认为,应具体分析行为人的心理状态,"肇事后,畏罪驾车逃跑,以致延误抢救时机,引起被害人死亡,或者在仓皇潜逃中又撞死、撞伤他人的",仍应定交通肇事罪。"但是,肇事后,为了逃避罪责,毁灭罪证,故意将被害人移至丛林、沟壑、涵洞等难以发现的地方,使其失去被抢救的机会,引起死亡,或者在驾车夺路逃跑时,故意撞、压他人致死的,则应定故意杀人罪。"①

"因逃逸致人死亡"的主观"罪过"形式应当是什么也有不同认识。有的学者认为属于故意但仍然构成交通肇事罪,如"肇事后逃逸,不能排除肇事人对被害人的死亡结果持放任态度,但这是肇事后的结果行为,主观上是为了逃避法律责任,因此,应定交通肇事罪"②。只有在"行为人发生重大事故,为逃避责任,故意将致伤人员遗弃荒野造成死亡的,应按刑法关于杀人罪的规定定罪处罚"。③ 有的学者认为《刑法》第133条的规定只适用于行为人交通肇事后逃跑因过失致人死亡的情况,不包括因故意(包括间接故意或直接故意)致人死亡的情况。④

我们认为,这里的"因逃逸致人死亡"的规定,由于立法规定的不十分明确,从理论和实践中看,理解为包括"因逃逸"发生第二次肇事"致人死亡"并非没有道理。⑤ 但就《交通肇事解释》规定的内容看,理解为"因逃逸"致本次事故被害人死亡比较合理。至于"致人死亡",理解为因"过失"比较恰当,即是指行为人发生重大事故以后,因惊慌、害怕等原因置受伤人于不顾,逃离现场,使其未得到及时救助而死亡。如果明知将伤者弃置不管可能会死亡,或者将伤者遗弃于荒野后逃走,致使被害人因抢救失时而造成其死亡的,则应以故意杀人罪论处。⑥ "因逃逸致人死亡"的"逃逸",也是指行为人在交通肇事后,为逃避法律追究而逃跑的行为,这是适用该款的客观违法行为。该款要求因"逃逸"不抢救被害人致使抢救失时而发生死亡结果,但由于我国现行《刑法》中尚未有对单纯的"逃跑"行为规定为犯罪的条款,将依附于违法的逃逸行为而"致人死亡"的心理活动称之为"罪过"是否妥当,还值得研究。对此,我们认为,"因逃逸致人死亡"的规定,理解为客观上处罚的条件比较妥当,它只是涉及行为人"逃逸"行为的直接后果,只要"因逃逸"而造成"致人死亡"结果的,就符合法律规定的客观处罚条件,至于其心理活动对致人死亡是"过失"还是"故意",只对适用该款时的刑罚轻重有影响,对是否能够适用该规定并没有任何影响。

---

① 邓又天主编:《中华人民共和国刑法释义与司法适用》,中国人民公安大学出版社1997年版,第197页;张明楷:《刑法学》(下册),法律出版社1997年版,第586页。
② 魏克家、欧阳涛等主编:《中华人民共和国刑法罪名适用指南》,中国人民公安大学出版社1998年版,第62页。
③ 苏惠渔主编:《刑法学》,中国政法大学出版社1997年版,第455页。
④ 参见黄祥青:《浅析刑法中的交通肇事罪》,载《政治与法律》1998年第4期。
⑤ 参见张明楷:《刑法学》,法律出版社2007年版,第543页。
⑥ 2000年最高人民法院《关于审理交通肇事刑事案件具体应用法律若干问题的解释》第6条规定:行为人在交通肇事后为逃避法律追究,将被害人带离事故现场后隐藏或者遗弃,致使被害人无法得到救助而死亡或者严重残疾的,应当分别依照《刑法》第232条、第234条第2款的规定,以故意杀人罪或者故意伤害罪定罪处罚。

四十三、危险驾驶罪

(一) 危险驾驶罪的概念和构成

危险驾驶罪,是指在道路上驾驶机动车具有追逐竞驶、醉酒驾驶等特定危险驾驶情形的行为。

本罪的构成要件是:

(1) 本罪侵犯的客体是公路交通运输安全及行人人身、车辆及其他公共设施的安全。

(2) 本罪在客观方面表现为在道路上实施下列行为之一的情况:① 追逐竞驶,情节恶劣的;② 醉酒驾驶机动车的;③ 从事校车业务或者旅客运输,严重超过额定乘员载客,或者严重超过规定时速行驶的;④ 违反危险化学品安全管理规定运输危险化学品,危及公共安全的。

所谓"道路",根据我国《道路交通安全法》第 119 条第 1 款第 1 项规定,是指公路、城市道路和虽在单位管辖范围但允许社会机动车通行的地方,包括广场、公共停车场等用于公众通行的场所。如在非公共道路的旷野追逐竞驶的,则不能以本罪论处。所谓"机动车",根据我国《道路交通安全法》第 119 条第 1 款第 3 项规定,是指以动力装置驱动或者牵引,上道路行驶的供人员乘用或者用于运送物品以及进行工程专项作业的轮式车辆。

所谓"追逐竞驶",俗语即"飙车",是指以行驶速度和驾驶技术显示"胆识"和技术的另类体现自己能力的危险行为,是自我价值的变相体现,是以(自身和他人)生命安全为代价的危险行为。追逐竞驶,是否以两车以上竞相竞速、竞技为必要,有不同理解。如单独一车为展示"车技""胆识"在公路上以远远超过限速行驶的,是否可以构成本罪,还值得研究。我们认为,不应排除单车可以构成本罪的可能。当然从词义本身看"追逐竞驶",有相互展示、炫耀速度、技能之意,如只是单独一车,在行进中高速行驶,或者在车辆行进中穿插行驶的,语意上不是"追逐",而只能是"竞驶"。但从入罪的意义上看,不应排除单车可以构成本罪。所以,我们认为"追逐竞驶",是指在道路上以同行的其他车辆为竞争目标,追逐行驶(可以包括以不知者为其"追逐竞驶"的目标)的行为。实践中可以包括在道路上进行汽车驾驶"计时赛",或者若干车辆在同时行进中互相追赶,进行竞技或者竞驶的行为。追逐竞驶,既包括超过限定时速的追逐竞驶,也包括未超过限定时速的追逐竞驶。根据《刑法》第 133 条之一的规定,在道路上追逐竞驶,情节恶劣的才构成犯罪,判断是否"情节恶劣",应从追逐竞驶造成的危害程度以及危害后果等方面进行认定。例如,造成其他车辆为躲避追逐竞驶车辆而发生事故,或者造成道路拥堵、被封闭或者造成需动用大量警力控制交通秩序的等等。

醉酒驾驶,俗称"醉驾"。对于"醉驾"的标准,2013 年 12 月最高人民法院、最高人民检察院、公安部发布实施的《关于办理醉酒驾驶机动车刑事案件适用法律若干问题的意见》第 1 条规定:"在道路上驾驶机动车,血液酒精含量达到 80 毫克/100 毫升以上的,属于醉酒驾驶机动车,依照刑法第 133 条之一第 1 款的规定,以危险驾驶罪定罪处罚。"醉酒驾驶行为入罪的标准,是客观标准,即使个体因饮酒达到"醉酒"程度、完全丧失驾驶能力的情况各有不同,但实务中不应以个体在驾驶中是否处于实际的醉酒状态为标准。醉酒驾驶机动车入罪,与酒后驾驶机动车肇事入罪不同,前者是法律上认定行为人已经丧失了驾驶能力的情况下驾驶机动车行为(与实际在大量饮酒后陷于泥醉状态不同),对行为可能危及公共安全在驾驶前是明知的,即对可能造成的严重后果持放任的心理态度,所以是故意犯罪;后者在饮酒后驾驶机动车发生交通事故而入罪的,并不意味着已经处于醉酒状态,只系违章肇事,仍然可能只构成交通肇事罪。在认定中应该区别两者的界限。

从事校车业务或者旅客运输中"严重超载"和"严重超速"的认定,有待于最高司法机关司法解释的规定。

违反危险化学品安全管理规定运输危险化学品的行为构成本罪,需判定该违规行为是否具有危及公共安全的危险。如果行为人虽然违反了化学品安全管理规定运输危险化学品,但不具有危害公共安全的危险的,不能以本罪论处。

本罪属于(抽象)危险犯,即只要具有上述行为之一,无论是否发生严重后果即构成犯罪。如果因此而发生重大交通事故的,则构成交通肇事罪。当然,如果有证据证明行为人在危险驾驶时即对行为可能会造成的严重后果持故意心态,就应以其他危险方法危害公共安全罪论处。

(3) 本罪主体为一般主体,即任何已满 16 周岁、具有刑事责任能力的自然人,均可成为本罪的主体。

(4) 本罪主观方面出自故意,多数学者认为行为人对危及公共安全持放任的心理态度。

(二) 危险驾驶罪的认定

本罪的认定主要涉及与交通肇事罪的界限。交通肇事罪发生的领域广于危险驾驶罪,前者可以发生在所有交通运输领域,而后者只限于在陆路交通中的公路交通领域内;前者是过失犯罪,而后者是故意犯罪;前者以发生严重后果为入罪的必要条件,后者为(抽象)危险犯,以行为在客观上具有公共危险为入罪标准。在危险驾驶发生交通事故时,根据对后果的主观心理态度,不排除构成交通肇事罪的可能。

(三) 危险驾驶罪的刑事责任

根据《刑法》第 133 条之一的规定,犯本罪的,处拘役,并处罚金。犯本罪,同时构成其他犯罪的,依照处罚较重的规定定罪处罚。

四十四、重大责任事故罪

(一) 重大责任事故罪的概念和构成

重大责任事故罪,是指在生产、作业中违反有关安全管理的规定,因而发生重大伤亡事故或者造成其他严重后果的行为。

本罪的构成要件是:

(1) 本罪侵犯的客体是生产、作业的安全,即从事生产、作业的不特定或多数人的生命、健康的安全和重大公私财产的安全。

(2) 本罪的客观方面表现为在生产、作业中,违反有关安全管理的规定,因而发生重大伤亡事故或者造成其他严重后果的行为。具体来说,本罪客观方面包括三个构成要素:第一,行为人必须违反有关安全管理规定。违反安全管理规定,是造成事故的原因,也是构成本罪的必要条件。所谓有关安全管理规定,具体包括三个方面:一是国家颁发的各种有关安全生产、作业的法律法规的明文规定;二是企业、事业单位及其上级管理机关所制定的规程、规则、章程等明文规定;三是虽无法律法规等的明文规定,但却反映了生产、科研、设计、施工中安全操作的客观规律,公认的在企业、事业单位中通行的行之有效的正确的操作习惯与惯例。第二,违反有关安全管理规定的行为必须发生在生产、作业过程中,与生产、作业有直接联系。如果违反有关规定而发生的事故与生产、作业没有关系,不构成本罪。第三,必须因违反有关安全管理规定的行为导致重大伤亡事故或者其他严重后果。即违反有关安全管理规定的行为与发生的重大伤亡事故或者其他严重后果之间具有因果关系。虽然有违反安全管理规定的行为,但未造成重大伤亡事故或者其他严重后果的,不构成犯罪。重大伤亡事故和其他严重后果的标准,依据2015年12月16日起施行的最高人民法院、最高人民检察院《关于办理危害生产安全刑事案件适用法律若干问题的解释》(以下简称《生产安全解释》)第6条第1款的规定,是指具有下列情形之一的:① 造成死亡1人以上,或者重伤3人以上的;② 造成直接经济损失100万元以上的;③ 其他造成严重后果或者重大安全事故的情形。①

(3) 本罪的主体为一般主体,包括对生产、作业负有组织、指挥或者管理职责的负责人、管理人员、实际控制人、投资人等人员,以及直接从事生产、作业的人员。单位不能成为本罪的主体。

(4) 本罪的主观方面是过失,可以是疏忽大意过失,也可以是过于自信过失。这里的过失是指对其行为所造成重大伤亡事故或者其他严重后果的心理态度,即应当预见自己的行为可能发生重大事故,因为疏忽大意而没有预见或者已经预见而轻信可以避免。至于违反有关安全管理的规定,则可能是明知故犯。

(二) 重大责任事故罪的认定

(1) 重大责任事故罪与非罪的界限。第一,本罪与自然事故、技术事故及技术革新和科学试验失败的界限。所谓自然事故,是指由于不能预见和不能抗拒的自然条件所引起的事故。所谓技术事故,是指由于技术条件或设备条件的限制而发生的无法避免的事故。而技术革新和科学试验本身就包含着失败的可能。区分本罪与这三种情况的关键是看行为人主观上是否存在过失以及是否有违反安全管理规定的行为。如果事故的发生是由违反安全管理规定所引起,行为人主观上具有过失,则成立

---

① 对刑法规定的其他领域内的责任事故犯罪中重大伤亡事故以及严重后果的标准,除有特别规定之外,可以依据此标准认定。

本罪,否则为自然事故、技术事故或革新、科研工作的失败,不构成犯罪。第二,本罪与一般安全事故的界限,两者的相同点是行为人在生产、作业过程中都有违反有关安全管理规定的行为,而且都造成了一定的损害后果。区别在于违反有关安全管理规定的行为是否造成重大伤亡事故或者其他严重后果。造成重大伤亡事故或者其他严重后果的,构成本罪;没有造成重大伤亡事故或者其他严重后果的,属于一般安全事故,应给予批评教育或行政处分。

(2) 重大责任事故罪与失火罪、过失爆炸罪、过失投放危险物质罪的界限。本罪的重大损失的后果,也可以表现为火灾、爆炸、中毒事故,而且,与后三种犯罪的共同点是主观方面也是过失。区别的关键是行为发生的场合不同。本罪行为是在生产、作业活动中,违反有关安全管理规定而发生重大伤亡事故或其他严重后果;而失火罪、过失爆炸罪、过失投放危险物质罪的行为,是在日常生活中由于忽视安全、缺乏必要的慎重而发生火灾、爆炸、中毒事故。

(3) 重大责任事故罪与危险物品肇事罪的界限。两罪都是过失犯罪,在客观上都因违反有关规定、制度而导致严重后果。区别主要有两点:一是主体范围不同。本罪为从事生产、作业的人员;危险物品肇事罪则是从事生产、储存、运输、使用爆炸性、易燃性、放射性、毒害性、腐蚀性危险物品工作的人员或者一般主体。二是行为发生的场合不同。本罪发生在生产、作业过程中,而危险物品肇事罪则只能发生在生产、储存、运输、使用危险物品的过程中。

(三) 重大责任事故罪的刑事责任

根据《刑法》第134条的规定,犯本罪的,处3年以下有期徒刑或者拘役;情节特别恶劣的,处3年以上7年以下有期徒刑。根据《生产安全解释》第7条的规定,所谓"情节特别恶劣"是指具有下列情形之一:(1) 造成死亡3人以上,或者重伤10人以上,负事故主要责任的;(2) 造成直接经济损失500万元以上,负事故主要责任的;(3) 其他造成特别严重后果、情节特别恶劣或者后果特别严重的情形。

四十五、强令违章冒险作业罪

强令违章冒险作业罪,是指强令他人违章冒险作业,因而发生重大伤亡事故或者造成其他严重后果的行为。本罪的客体是生产、作业安全,即从事生产、作业的不特定或多数人的生命、健康的安全和重大公私财产的安全。本罪的客观方面表现为强令他人违章冒险作业,因而发生重大伤亡事故或者造成其他严重后果的行为。具体包括两个构成要素:一是行为人实行了强令他人违章冒险作业的行为。所谓强令他人违章冒险作业,根据《生产安全解释》第5条的规定,是指明知存在事故隐患、继续作业存在危险,仍然违反有关安全管理的规定,实施下列行为之一的情形:(1) 利用组织、指挥、管理职权,强制他人违章作业的;(2) 采取威逼、胁迫、恐吓等手段,强制他人违章作业的;(3) 故意掩盖事故隐患,组织他人违章作业的;(4) 其他强令他人违章作业的行为。对于强令,不能机械理解为必须说话态度强硬或者大声命令等外在的表现,强令者也不一定必须在生产、作业现场,而应当理解为强令者发出的信息内容所产生的影响,达到了使工人不得不违心继续生产、作业的心理强制程度[①]。二是必须因他人被强令违章冒险作业而发生重大伤亡事故或者造成其他严重后果。根据《生产安全解释》规定,所谓重大伤亡事故或者造成其他严重后果,是指具有下列情形之一:(1)造成死亡1人以上,或者重伤3人以上的;(2)造成直接经济损失100万元以上的;(3)其他造成严重后果或者重大安全事故的情形。本罪的主体为一般主体,包括对生产、作业负有组织、指挥或者管理职责的负责人、管理人员、实际控制人、投资人等人员。本罪在主观上出自过失,即行为人对发生的重大伤亡事故或者造成其他严重后果存在过失心理。根据《刑法》第134条第2款的规定,犯本罪的,处5年以下有期徒刑或者拘役;情节特别恶劣的,处5年以上有期徒刑。

四十六、重大劳动安全事故罪

重大劳动安全事故罪,是指安全生产设施或者安全生产条件不符合国家规定,因而发生重大伤亡事故或者造成其他严重后果的行为。本罪的客体是生产、作业场所的人身与财产安全。本罪在客观方面表现为安全生产设施或者安全生产条件不符合国家规定,因而发生重大伤亡事故或者造成其他严重后果的行为。具体包括两个构成要素:一是安全生产设施或者安全生产条件不符合国家规定。所谓安全生产设施或者安全生产条件不符合国家规定,既包括根本没有装备安全生产设施或根本不具有安全生产条件,也包括虽然装备安全生产设施或具有一定的安全生产条件,但还没有达到国家规定的要求两种情况。二是由于安全生产设施或者安全生产条件不符合国家规定而发生重大伤亡事故或者造成其他严重后果。根据《生产安全解释》的规定,所谓重大伤亡事故或者造成其他严重后果,是指具有下列情形之一:(1)造成死亡1人以上,或者重伤3人以上的;(2)造成直接经济损失100万元以上的;(3)其他造成严重后果或者重大安全事故的情形。本罪的主体为一般主体,包括对安全生产设施或者安全生产条件不符合国家规定负有直接责任的生产经营单位负责人、管理人员、实际控制人、投资人,以及其他对安全生产设施或者安全生产条件负有管理、维护职责的人员。本罪在主观上出自过失,即行为人对发生的重大伤亡事故或者造成的其他严重后果系应当预见,由于疏忽大意而没有预见或者虽已预见但轻信能够避免的心理态度。至于行为人对于安全生产设施或者安全生产条件不符合国家规定而没有采取改进措施的情况,则既可以是故意,也可以是过失。根据《刑法》第135条的规定,犯本罪的,对直接负责的主管人员和其他直接责任人员,处3年以下有期徒刑或者拘役;情节特别恶劣的,处3年以上7年以下有期徒刑。

四十七、大型群众性活动重大安全事故罪

大型群众性活动重大安全事故罪,是指举办大型群众性活动违反安全管理规定,因而发生重大伤亡事故或者造成其他严重后果的行为。本罪的客体是公众的人身与

[①] 参见黄太云:《〈刑法修正案(六)〉的理解与适用》(上),载《人民检察》2006年第14期。

财产安全。本罪在客观方面表现为在举办大型群众性活动中，违反安全管理规定，因而发生重大伤亡事故或者造成其他严重后果的行为。具体包括以下构成要素：一是行为人举办大型群众性活动违反安全管理规定。"举办"无论是有偿还是无偿，民间组织的还是官方组织的。"大型群众性活动"是指在一定人的组织下不特定人为某种特定事项而聚集在一起的活动。所谓"违反安全管理规定"，是指组织者在举办时，违反保障群众安全管理的有关规定举办活动。二是因违反安全管理规定而发生重大伤亡事故或者造成其他严重后果。根据《生产安全解释》规定，所谓重大伤亡事故或者造成其他严重后果，是指具有下列情形之一：(1) 造成死亡1人以上，或者重伤3人以上的；(2) 造成直接经济损失100万元以上的；(3) 其他造成严重后果或者重大安全事故的情形。本罪的主体为一般主体。为直接负责的主管人员和其他直接责任人员。直接责任人员和其他直接责任人员，既包括主管举办大型群众性活动的组织、领导人员，也包括在举办大型群众性活动中负责群众安全的技术人员，如安全疏导员、安全监察员等。本罪在主观上出自过失，即行为人对发生的重大伤亡事故或者造成的其他严重后果系过失的心理态度。至于行为人对于违反安全管理规定的情况，则可以是故意即明知故犯。根据《刑法》第135条之一的规定，犯本罪的，对直接负责的主管人员和其他直接责任人员，处3年以下有期徒刑或者拘役；情节特别恶劣的，处3年以上7年以下有期徒刑。

四十八、危险物品肇事罪

危险物品肇事罪，是指违反爆炸性、易燃性、放射性、毒害性、腐蚀性物品的管理规定，在生产、储存、运输、使用中发生重大事故，造成严重后果的行为。本罪的客体是危险物品在生产、储存、运输、使用中的安全，即公共安全。本罪的客观方面表现为违反危险物品的管理规定，在生产、储存、运输、使用中发生重大事故，造成严重后果的行为。违章行为必须与严重后果之间具有因果关系。所谓严重后果，根据《生产安全解释》的规定，是指具有下列情形之一：(1) 造成死亡1人以上，或者重伤3人以上的；(2) 造成直接经济损失100万元以上的；(3) 其他造成严重后果或者重大安全事故的情形。本罪的主体主要是从事生产、保管、运输和使用危险物品的职工，但其他人也可以构成本罪。本罪的主观方面是过失。过失是针对所造成的重大事故后果的心理态度而言，至于违反规章制度往往是明知故犯。根据《刑法》第136条的规定，犯本罪的，处3年以下有期徒刑或者拘役；后果特别严重的，处3年以上7年以下有期徒刑。

四十九、工程重大安全事故罪

工程重大安全事故罪，是指建设单位、设计单位、施工单位、工程监理单位违反国家规定，降低工程质量标准，造成重大安全事故的行为。本罪的客体是建筑工程质量标准的规定以及公众的生命、健康和重大公私财产的安全，即公共安全。本罪的客观方面表现为违反国家规定，降低工程质量标准，造成重大安全事故的行为。所谓"违反国家规定",是指违反国家关于建筑工程质量监督管理的法律、法规。降低工程质量标准的行为可能有许多表现,如提供、使用不合格的建筑材料、建筑配件和设备、施工中偷工减料、不按建筑工程质量标准进行设计或施工、降低标准进行监理等。所谓"重大安全事故",根据《生产安全解释》的规定,是指具有下列情形之一:(1)造成死亡1人以上,或者重伤3人以上的;(2)造成直接经济损失100万元以上的;(3)其他造成严重后果或者重大安全事故的情形。违反国家规定,降低工程质量标准的行为必须与严重后果之间具有因果关系。本罪的主体是建设单位、建筑设计单位、施工单位以及工程监理单位中,对建筑工程质量安全负有直接责任的人员。本罪的主观方面是过失。根据《刑法》第137条的规定,犯本罪的,对直接责任人员,处5年以下有期徒刑或者拘役,并处罚金;后果特别严重的,处5年以上10年以下有期徒刑,并处罚金。

五十、教育设施重大责任事故罪

教育设施重大责任事故罪,是指学校及其他教育机构的直接责任人员,明知校舍或者教育教学设施有危险,不采取措施或不及时报告,致使发生重大伤亡事故的行为。本罪的客体是学校及其他教育机构教育环境以及公众的生命、健康安全,即公共安全。本罪的客观方面表现为对校舍或教育教学设施存在的危险不采取措施或者不及时报告,致使发生重大伤亡事故的行为。"重大伤亡事故",是构成本罪的必要条件,根据《生产安全解释》的规定,是指造成死亡1人以上,或者重伤3人以上的情况。不采取措施或不及时报告的行为必须与重大伤亡事故之间具有因果关系。只是造成重大财产损失而没有人员伤亡的,不构成本罪。本罪的主体为特殊主体,即对校舍、教育教学设施的安全负有直接责任的人员。本罪的主观方面是过失,但应明知校舍和教育教学设施存在危险、隐患。根据《刑法》第138条的规定,犯本罪的,对直接责任人员,处3年以下有期徒刑或者拘役;后果特别严重的,处3年以上7年以下有期徒刑。

五十一、消防责任事故罪

消防责任事故罪,是指违反消防管理法规,经消防监督机构通知采取改正措施而拒绝执行,造成严重后果的行为。本罪的客体是公共安全和国家消防监督管理制度。本罪的客观方面表现为违反消防管理法规,经消防监督机构通知采取改正措施而拒绝执行,造成严重后果发生的行为。具体包括以下几方面:(1)必须违反消防管理法规。所谓"消防管理法规",是指国家有关消防安全管理的法律、法规以及有关主管部门为保障消防安全所作的有关规定。违反的行为多种多样,既可以是作为,也可以是不作为。(2)必须是经消防监督机构通知采取改正措施而拒绝执行。(3)必须造成严重后果。所谓严重后果,根据《生产安全解释》的规定,是指具有下列情形之一:①造成死亡1人以上,或者重伤3人以上的;②造成直接经济损失100万元以上的;③其他造成严重后果或者重大安全事故的情形。(4)严重后果必须发生在消防监督机构监督管理的过程中。拒绝执行的行为必须与严重后果之间具有因果关系。如果是在消防监督机构执行消防监督职责前发生火灾事故的,不能以本罪论处。本罪的主体为负有防火安全职责的直接责任人员。本罪的主观方面是过失,过失是针对造成的火灾事故后果的心理态度而言,而对自己不采取改正措施、拒绝执行的行为则是明知的。根据《刑法》第139条的规定,犯本罪的,对直接责任人员,处3年以下有期徒刑或者拘役;后果特别严重的,处3年以上7年以下有期徒刑。

五十二、不报、谎报安全事故罪

不报、谎报安全事故罪,是指负有报告职责的人员,在安全事故发生后,不报或者谎报事故情况,贻误事故抢救,情节严重的行为。本罪的客体是安全事故的报告制度和公民的人身、财产安全。本罪在客观方面表现为行为人在安全事故发生后,不报或者谎报事故情况,贻误事故抢救,情节严重的行为。具体包括以下几个构成要素:一是行为人在事故发生后,不报或者谎报事故情况。所谓不报事故情况,是指没有依据规定向有关机关或者部门报告安全事故的情况,也包括向有关机关或者部门隐瞒发生安全事故。所谓谎报事故情况,是指虽然向有关机关或者部门报告了安全事故发生的事实,但作了不真实的报告,如事故的后果本来很严重而在报告中故意缩小事故的严重性;事故的后果尚在继续扩大而在报告中谎称事故已经得到了完全控制,等等。行为人只要具备不报、谎报行为之一,即可构成本罪。二是因行为人不报、谎报事故情况而贻误事故抢救,且情节严重。对于"情节严重",根据《生产安全解释》的规定,是指具有下列情形之一:(1) 导致事故后果扩大,增加死亡1人以上,或者增加重伤3人以上,或者增加直接经济损失100万元以上的;(2) 实施下列行为之一,致使不能及时有效开展事故抢救的:① 决定不报、迟报、谎报事故情况或者指使、串通有关人员不报、迟报、谎报事故情况的;② 在事故抢救期间擅离职守或者逃匿的;③ 伪造、破坏事故现场,或者转移、藏匿、毁灭遇难人员尸体,或者转移、藏匿受伤人员的;④ 毁灭、伪造、隐匿与事故有关的图纸、记录、计算机数据等资料以及其他证据的;(3) 其他情节严重的情形。本罪的主体为一般主体,是指负有组织、指挥或者管理职责的负责人、管理人员、实际控制人、投资人,以及其他负有报告职责的人员。本罪在主观上出自故意,即行为人明知应该在安全事故发生后及时向有关机关或部门报告事故的真实情况,而有意不报或者谎报事故情况。根据《刑法》第139条之一的规定,犯本罪的,处3年以下有期徒刑或者拘役;情节特别严重的,处3年以上7年以下有期徒刑。

第二十三章　破坏社会主义市场经济秩序罪

第一节　破坏社会主义市场经济秩序罪概述

一、破坏社会主义市场经济秩序罪的概念和构成

破坏社会主义市场经济秩序罪,是指违反国家经济管理法规,在市场经济运行或经济管理活动中进行非法经济活动,严重破坏社会主义市场经济秩序的行为。

破坏社会主义市场经济秩序罪具有如下构成要件:

(1) 本类犯罪的客体是我国社会主义市场经济秩序。社会主义市场经济秩序,是国家通过法律对由市场配置资源的经济运行过程进行调节和实行管理所形成的正常、有序的状态。为了促进社会主义市场经济的发展,保证市场经济的正常运行,我国全国人大及其常委会和国务院制定了一系列的经济法律、法规。这些法律、法规涉及市场经济主体(个人、公司、企业、经济组织、金融机构等)、市场经济客体(商品物资、技术、信息、文化等)、金融市场(金融工具、信贷市场、证券市场、外汇市场、保险市场等)、市场经济管理(市场管理、金融管理、税务管理、合同管理等)以及其他各个方面,从而形成比较完整的我国社会主义市场经济秩序。如果从不同的经济领域看,产品质量管理秩序、进出口管理秩序、对公司、企业管理秩序、金融管理秩序、税收管理秩序等各方面的管理秩序,都是我国社会主义市场经济秩序的组成部分。侵犯这些组成部分的某一经济秩序,也就是侵犯了我国社会主义市场经济秩序,从而构成破坏社会主义市场经济秩序罪。刑事立法规定这类犯罪,目的在于用刑罚手段惩治对社会主义市场经济秩序的破坏,以保护社会主义市场经济的正常发展。

(2) 本类犯罪的客观方面表现为违反国家经济管理法规,在市场经济运行或经济管理活动中进行非法经济活动,严重破坏社会主义市场经济秩序的行为。具体言之,包括如下三个方面:

第一,违反国家经济管理法规。破坏社会主义市场经济秩序罪,总是以违反一定的经济管理法规为前提。因为对这类犯罪行为,往往有相应的经济管理法规加以规范,从而这类犯罪都具有违反经济管理法规的违法性。如生产、销售伪劣产品罪违反我国《产品质量法》《药品管理法》或《食品安全法》,走私罪违反我国《海关法》等。而诸如杀人罪、强奸罪、抢劫罪、盗窃罪等一类犯罪,则没有相应的法律规范这类行为,而由我国《刑法》直接加以规定,这是破坏社会主义市场经济秩序罪的特点之一。

第二,在市场经济运行或经济管理活动中进行非法经济活动。破坏社会主义市场经济秩序罪都是在市场经济运行或经济管理活动中发生的,所以这类犯罪行为首

先表现为一种经济活动。例如,生产、销售伪劣商品罪,首先表现为商品的生产、销售;合同诈骗罪,首先表现为经济合同的签订;虚报注册资本罪,关键表现为申请公司登记。如果行为不是一种经济活动,例如,盗窃金融机构的现金,利用迷信骗取公司经理的钱财,可能构成盗窃罪和诈骗罪,而不可能构成破坏社会主义市场经济秩序罪。其次,这里所说的经济活动,是一种非法的经济活动,即违反国家经济管理法规的经济活动。自然,非法的经济活动不一定构成犯罪,但构成这类犯罪的行为,必然是非法的经济活动。

第三,严重破坏社会主义市场经济秩序。这是划分破坏社会主义市场经济秩序的违法行为与犯罪的标准。一种行为虽然是违反国家经济管理法规的违法行为,如果没有严重破坏社会主义市场经济秩序,就不构成犯罪;只有这种非法经济活动,严重破坏社会主义市场经济秩序,才可能构成犯罪。如何理解严重破坏社会主义市场经济秩序?本章明文规定的情况有"数额较大的""数额巨大的""造成严重后果的""情节严重的"以及其他情况。据此用以划分这类犯罪的罪与非罪的界限。

(3) 本类犯罪的主体,情况比较复杂,可以分为自然人与单位两大类。

第一,自然人。有一般主体,也有特殊主体。本类犯罪的一般主体是年满 16 周岁具有刑事责任能力的自然人。本类犯罪的特殊主体,除要求具备上述条件外,还必须具有一定的身份才能构成。本章中法律规定由特殊主体构成的犯罪为数不少,如公司的发起人、股东以及公司、企业的工作人员等,不具有法定特殊身份的人,不可能单独构成该种犯罪。

第二,单位。根据我国《刑法》总则第 30 条的规定,单位是指公司、企业、事业单位、机关、团体。本章涉及单位作为主体的犯罪有 61 条,包括两种情况:一是犯罪的一般主体,指法律仅仅规定主体为单位,而没有具体列举什么单位。二是犯罪的特殊主体,指法律明文规定主体为何种单位,如"公司""公司、企业"等。对这种情况来说,不是法定的某种单位,不可能构成该种犯罪。

(4) 本类犯罪的主观方面,对于绝大多数具体犯罪来说是出于故意,即认识自己的行为违反国家经济管理法规,破坏社会主义市场经济秩序而仍然实施,希望或放任一定的危害社会的结果发生。一部分犯罪还具有牟利的目的、非法占有的目的或其他目的,如高利转贷罪,法律规定"以转贷牟利为目的";而集资诈骗罪等,法律规定"以非法占有为目的"。个别犯罪则只能由过失构成。

二、破坏社会主义市场经济秩序罪的种类

我国《刑法》分则第三章破坏社会主义市场经济秩序罪,分为八节,规定了 108 个具体罪名。现分述如下:

(1) 生产、销售伪劣商品罪。包括 9 种具体犯罪,即生产、销售伪劣产品罪,生产、销售假药罪,生产、销售劣药罪,生产、销售不符合安全标准的食品罪,生产、销售有毒、有害食品罪,生产、销售不符合标准的医用器材罪,生产、销售不符合安全标准的产品

罪、生产、销售伪劣农药、兽药、化肥、种子罪、生产、销售不符合卫生标准的化妆品罪。

（2）走私罪。包括 10 种具体犯罪，即走私武器、弹药罪、走私核材料罪、走私假币罪、走私文物罪、走私贵重金属罪、走私珍贵动物、珍贵动物制品罪、走私国家禁止进出口的货物、物品罪、走私淫秽物品罪、走私废物罪、走私普通货物、物品罪。

（3）妨害对公司、企业的管理秩序罪。包括 17 种具体犯罪，即虚报注册资本罪、虚假出资、抽逃出资罪、欺诈发行股票、债券罪、违规披露、不披露重要信息罪、妨害清算罪、隐匿、故意销毁会计凭证、会计账簿、财务会计报告罪、虚假破产罪、非国家工作人员受贿罪、对非国家工作人员行贿罪、对外国公职人员、国际公共组织官员行贿罪、非法经营同类营业罪、为亲友非法牟利罪、签订、履行合同失职被骗罪、国有公司、企业、事业单位人员失职罪、国有公司、企业、事业单位人员滥用职权罪、徇私舞弊低价折股、出售国有资产罪、背信损害上市公司利益罪。

（4）破坏金融管理秩序罪。包括 30 种具体犯罪，即伪造货币罪、出售、购买、运输假币罪、金融机构工作人员购买假币、以假币换取货币罪、持有、使用假币罪、变造货币罪、擅自设立金融机构罪、伪造、变造、转让金融机构经营许可证、批准文件罪、高利转贷罪、骗取贷款、票据承兑、金融票证罪、非法吸收公众存款罪、伪造、变造金融票证罪、妨害信用卡管理罪、窃取、收买、非法提供信用卡信息罪、伪造、变造国家有价证券罪、伪造、变造股票、公司、企业债券罪、擅自发行股票、公司、企业债券罪、内幕交易、泄露内幕信息罪、利用未公开信息交易罪、编造并传播证券、期货交易虚假信息罪、诱骗投资者买卖证券、期货合约罪、操纵证券、期货市场罪、背信运用受托财产罪、违法运用资金罪、违法发放贷款罪、吸收客户资金不入账罪、违规出具金融票证罪、对违法票据承兑、付款、保证罪、逃汇罪、骗购外汇罪、洗钱罪。

（5）金融诈骗罪。包括 8 种具体犯罪，即集资诈骗罪、贷款诈骗罪、票据诈骗罪、金融凭证诈骗罪、信用证诈骗罪、信用卡诈骗罪、有价证券诈骗罪、保险诈骗罪。

（6）危害税收征管罪。包括 14 种具体犯罪，即逃税罪、抗税罪、逃避追缴欠税罪、骗取出口退税罪、虚开增值税专用发票、用于骗取出口退税、抵扣税款发票罪、虚开发票罪、伪造、出售伪造的增值税专用发票罪、非法出售增值税专用发票罪、非法购买增值税专用发票、购买伪造的增值税专用发票罪、非法制造、出售非法制造的用于骗取出口退税、抵扣税款发票罪、非法制造、出售非法制造的发票罪、非法出售用于骗取出口退税、抵扣税款发票罪、非法出售发票罪、持有伪造的发票罪。

（7）侵犯知识产权罪。包括 7 种具体犯罪，即假冒注册商标罪、销售假冒注册商标的商品罪、非法制造、销售非法制造的注册商标标识罪、假冒专利罪、侵犯著作权罪、销售侵权复制品罪、侵犯商业秘密罪。

（8）扰乱市场秩序罪。包括 13 种具体犯罪，即损害商业信誉、商品声誉罪、虚假广告罪、串通投标罪、合同诈骗罪、组织、领导传销活动罪、非法经营罪、强迫交易罪、伪造、倒卖伪造的有价票证罪、倒卖车票、船票罪、非法转让、倒卖土地使用权罪、提供虚假证明文件罪、出具证明文件重大失实罪、逃避商检罪。

第二节 生产、销售伪劣商品罪

一、生产、销售伪劣产品罪

(一) 生产、销售伪劣产品罪的概念和构成

生产、销售伪劣产品罪,是指生产者、销售者在产品中掺杂、掺假,以假充真,以次充好或者以不合格产品冒充合格产品,销售金额 5 万元以上的行为。本罪属选择性罪名,在司法实践中应根据行为的情况分别定为生产伪劣产品罪、销售伪劣产品罪或者生产、销售伪劣产品罪。本章以下各罪名,均属这种情况,应按这里所说的办法处理,后面不再说明。

本罪的构成要件是:

(1) 本罪的客体是复杂客体,即国家对产品质量的监督管理制度、市场管理制度和广大用户、消费者的合法权益。本罪中生产、销售的对象是伪劣产品。根据我国《产品质量法》的规定,这里所谓"产品","是指经过加工、制作、用于销售的产品"(不包括建设工程)。伪劣产品,是指以假充真的产品和在产品中掺杂、掺假、以次充好或以不合格产品冒充合格的产品。这里所说的伪劣产品,通常限于除特定种类伪劣产品如药品、食品、医疗器械等之外的普通伪劣产品。生产、销售特定种类伪劣产品在一定条件下,没有造成严重后果,不构成该种犯罪,但销售数额达到 5 万元以上的,也可构成本罪。

(2) 本罪的客观方面表现为生产、销售伪劣产品,销售金额 5 万元以上的行为。生产、销售伪劣产品的行为,主要有四种表现形式:一是在产品中掺杂、掺假,指"在产品中掺入杂质或者异物,致使产品质量不符合国家法律、法规或者产品明示质量标准规定的质量要求,降低、失去应有使用性能的行为"[①]。如在磷肥中掺泥土等。二是以假充真,指"以不具有某种性能的产品冒充具有该种使用性能的产品的行为"。如以自来水冒充矿泉水等。三是以次充好,指"以低等级、低档次产品冒充高等级、高档次产品,或者以残次、废旧零配件组合、拼装后冒充正品或者新产品的行为"。如以人工种植的人参冒充天然人参等。四是以不合格产品冒充合格产品,指以不符合产品质量标准的产品冒充符合产品质量标准的产品。"不合格产品"指"不符合我国《产品质量法》第 26 条第 2 款规定的质量要求的产品"。《产品质量法》第 26 条第 2 款规定:"产品质量应符合下列要求:(一) 不存在危及人身、财产安全的不合理的危险,有保障人体健康和人身、财产安全的国家标准、行业标准的,应当符合该标准;(二) 具备产品应当具备的使用性能,但是,对产品存在使用性能的瑕疵作出说明的除外;(三) 符合在产品或者其包装上注明采用的产品标准,符合以产品说明、实物样品等方式表明的质量状况。"不符合上述要求的产品,即属不合格产品。同时伪劣产品的

[①] 参见 2001 年 4 月 10 日起施行的最高人民法院、最高人民检察院《关于办理生产、销售伪劣商品刑事案件具体应用法律若干问题的解释》,本节以下引文未注明出处的,均引自本文件,不再一一注明。

销售金额在5万元以上,也是本罪构成客观方面的要件。如果销售金额没有达到5万元的,则不构成本罪。所谓销售金额,指"生产者、销售者出售伪劣产品后所得的全部违法收入"。全部违法收入,不扣除成本和有关费用,包括出售伪劣产品后已得到的违法收入和已经售出伪劣产品按照合同或约定将得到的违法收入。多次实施生产、销售伪劣产品的行为,未经处理的,伪劣产品的销售金额累计计算。

(3)本罪的主体是从事生产、销售伪劣产品的生产者、销售者,属于一般主体,即凡是达到法定年龄、具有责任能力的自然人,都可能成为本罪的主体,单位也可以成为本罪的主体。

(4)本罪的主观方面只能是出于故意,即行为人明知生产、销售的是伪劣产品而仍然予以生产或者销售。行为人通常具有非法牟利的目的,但非法牟利的目的不是构成本罪的要件,行为人是否具有非法牟利的目的,不影响本罪的成立。主观上出于过失,则不构成本罪。

(二)生产、销售伪劣产品罪的认定

(1)本罪与非罪的界限。认定生产、销售伪劣产品罪,当然应以行为符合本罪的犯罪构成为标准。在划分本罪的罪与非罪的界限时,主要应从以下两个方面考察:第一,生产、销售伪劣产品的销售金额是否达到5万元以上?如前所述,刑法规定销售金额5万元以上的,才构成本罪;销售金额不满5万元的,则不构成本罪,而属于一般违法行为,可以由工商行政部门适当给予行政处罚。第二,生产、销售伪劣产品的行为人主观上是否出于故意?本罪以行为人主观上出于故意为要件,如果生产者不知道使用的原材料被掺杂、掺假或者不符合标准,销售者不知道其销售的商品是伪劣产品,他们不知道真实情况,由于疏忽大意或过于自信所造成,均不构成本罪。

(2)本罪与销售假冒注册商标的商品罪的界限。这两种犯罪存在着互相交叉的情况:行为人为了顺利销售伪劣产品,往往假冒名牌产品的注册商标;而销售假冒注册商标的商品,也往往是将自己生产的质量差的产品冒充他人质量好的产品。但二者毕竟存在明显的区别。划分二者的界限,主要在于:第一,犯罪行为侵犯的客体不同。前者侵犯的客体是国家对产品质量的监督管理制度、市场管理制度和广大用户、消费者的合法权益。后者侵犯的客体是他人的注册商标专用权和国家的商标管理制度。第二,犯罪对象的性质不同。前者的犯罪对象是伪劣产品,即以假充真、质量低劣不合格的产品,后者的犯罪对象是假冒他人已注册商标的商品,从该商品的性质看,可能其质量是合格的。如果行为人生产、销售伪劣产品并假冒他人注册商标时,属于牵连犯,应从一重罪从重处罚,即按生产、销售伪劣产品罪定罪并从重处罚。

(3)本罪与本节规定的生产、销售特定种类的伪劣产品犯罪的界限。《刑法》第141条至第148条规定了生产、销售假药、劣药、不符合安全标准的食品等多种特定种类的伪劣产品的犯罪。生产、销售伪劣产品罪与这类犯罪的区别,主要在于:第一,犯罪对象是否特定。前者的犯罪对象是伪劣产品,刑法未作特别的限定;后者的犯罪对象是刑法规定的特别种类的伪劣产品,例如假药、劣药等。第二,犯罪的客观要件有所不同。前者构成犯罪客观上要求具备"销售金额5万元以上"的条件,后者中有的犯罪的构成客观上只要具备行为要素即可,如生产、销售假药罪,有的犯罪要求具备行为造成"严重后果"才能构成,如生产、销售劣药罪,等等。生产、销售特别种类的伪劣产品的犯罪,当然也触犯《刑法》第140条规定的生产、销售伪劣产品罪。这在刑法理论上属于普通法与特别法的法规竞合(或称法条竞合),通常应依特别法即依规定生产、销售特别种类的伪劣产品的犯罪的法条论处,但《刑法》第149条第2款规定:"依照处罚较重的规定定罪处罚",即依重法优于轻法的原则处理这类问题。如果生产、销售《刑法》第141条至第148条所列产品,不构成各该条规定的犯罪,但是销售金额在5万元以上的,依照第140条关于生产、销售伪劣产品罪的规定定罪处罚。

(三) 生产、销售伪劣产品罪的刑事责任

根据《刑法》第140条和第150条的规定,犯本罪的,处2年以下有期徒刑或者拘役,并处或者单处销售金额50%以上2倍以下罚金;销售金额20万以上不满50万元的,处2年以上7年以下有期徒刑,并处销售金额50%以上2倍以下罚金;销售金额50万元以上不满200万元的,处7年以上有期徒刑,并处销售金额50%以上2倍以下罚金;销售金额200万元以上的,处15年有期徒刑或者无期徒刑,并处销售金额50%以上2倍以下罚金或者没收财产。单位犯本罪的,对单位判处罚金,并对其直接负责的主管人员和其他直接责任人员,依照上述规定处罚。

二、生产、销售假药罪

(一) 生产、销售假药罪的概念和构成

生产、销售假药罪,是指违反国家药品管理法规,生产、销售假药的行为。

本罪的构成要件是:

(1) 本罪的客体是复杂客体,即国家对药品的管理制度和不特定多数人的身体健康、生命安全。药品是一种特殊的商品,其产品质量状况如何,直接关系到人民群众特别是疾病患者的身体健康甚至生命安全。为了保障人民用药安全,维护人民身体健康,国家制定了一系列有关的法律、法规,规定了对药品的生产、经营的管理和监督,从而建立起一套严格的药品管理制度。所以,生产、销售假药,既侵犯了国家对药品的管理制度,又侵犯了不特定多数人的身体健康权利。

本罪的对象限于假药。对于假药,我国2019年8月26日经全国人大常委会修订的《药品管理法》第98条第2款作了明确的规定:"有下列情形之一的,为假药:(一) 药品所含成份与国家药品标准规定的成份不符;(二) 以非药品冒充药品或者以他种药品冒充此种药品;(三) 变质的药品;(四) 药品所标明的适应症或者功能主治超出规定范围。"2019年8月26日修订前的《药品管理法》第48条对假药范围的界定比较宽泛,既有根据药品质量界定的假药,又有未经审批生产的药品按假药论处的情形,对有的案件的处理社会效果并不好,如根据修订前的《药品管理法》的规定,依照《药品管理法》必须批准而未经批准进口境外上市的药品即为假药,对销售这种实际上能够满足治疗要求药品的人员以生产、销售假药罪处理,不仅难以令被定罪者认罪服法,也不能为社会大众所理解和支持,因此,本次修订对假药的界定改为主要按照药品的功效进行规定。

(2) 本罪的客观方面表现为违反国家药品管理法规,生产、销售假药的行为。具体内容包括如下两个方面:第一,违反国家药品管理法规,这主要是指违反我国《药品管理法》及《关于贯彻〈中华人民共和国药品管理法〉的有关暂行规定》等法律、法规。上述法律、法规规定,生产、经营药品的企业必须具备必要的条件,经有关卫生行政部门审核批准,取得生产、经营许可证,才能从事药品的生产和经营。在生产、经营中必须严格按照保障质量的工艺规程进行并遵守其他有关规定,禁止生产、销售假药。第二,实施生产、销售假药的行为。生产假药,是指违反药品生产质量管理规范,非法加工、制造假药的行为。根据 2014 年最高人民法院、最高人民检察院印发的《关于办理危害药品安全刑事案件适用法律若干问题的解释》(以下简称《药品解释》)第 6 条的规定,以生产、销售假药为目的,具有下列情形之一的,属于本条规定的"生产":① 合成、精制、提取、储存、加工炮制药品原料的行为;② 将药品原料、辅料、包装材料制成成品过程中,进行配料、混合、制剂、储存、包装的行为;③ 印制包装材料、标签、说明书的行为。销售假药,是指将自己生产或他人生产的假药非法出售(批发或零售)的行为。生产和销售虽有联系却是两种不同的行为。行为人可能只生产假药而不销售,也可能只销售假药而不生产,只要生产或销售具备其一,即可构成生产假药罪或销售假药罪。如果行为人既生产假药,又销售假药,则构成生产、销售假药罪,不实行数罪并罚。需要说明,原来本罪规定"足以严重危害人体健康"为构成要件,但在司法实践中如何证明假药与严重危害人体健康之间的因果关系比较困难,以致本罪往往不被适用,这不利于对人民群众身体健康的保护。"为加强刑法对人民群众生命健康的保护",将本罪"降低入罪门槛,增强可操作性",《刑法修正案(八)》将"足以严重危害人体健康"删去。这样,本罪就不再是具体的危险犯,而是行为犯,或者说是抽象的危险犯。构成本罪不再要求具有"足以严重危害人体健康"的要件,而只要实行生产、销售假药的行为就够了。

(3) 本罪的主体是一般主体。自然人和单位都可以成为本罪的主体。

(4) 本罪的主观方面只能是故意,即行为人明知自己生产、销售的是假药,而仍然生产、销售。行为人实施本罪的目的是为了非法营利,但刑法并未规定营利的目的为构成本罪的要件。生产、销售假药,如果系出于过失,则不构成本罪。

(二) 生产、销售假药罪的认定

(1) 本罪与非罪的界限。生产、销售假药是否构成犯罪,主要可以从以下两个方面加以认定:第一,是否情节显著轻微,危害不大。本罪是行为犯或者说是抽象危险犯,不需要认定行为是否足以严重危害身体健康,根据生产、销售假药的行为即可认定。但如果情节显著轻微,危害不大,甚至没有也不足以严重危害身体健康,应只构成违法行为,而不构成本罪。例如,依照我国《药品管理法》,药品"必须批准而未经批准生产",但生产的药品完全符合规定,即应依《药品管理法》的规定,予以行政处罚。这样也使《刑法》与《药品管理法》的规定相衔接。第二,在主观方面是否出于故意?生产、销售假药出于故意的,可能构成犯罪;如果出于过失,且未对人体健康造成严重危害,则犯罪即不能成立。

(2) 本罪与以危险方法危害公共安全罪的界限。如前所述,生产、销售假药罪是复杂客体,其中之一是不特定多数人的身体健康、生命安全,就此而言,它属于"以危险方法危害公共安全罪"的范畴,但《刑法》对本罪单独作了规定,那么两者应如何区别呢?这就是行为人对生产、销售假药,如果出于故意,但对严重危害人体健康持放任或过失的心理态度,是生产、销售假药罪;如果对严重危害人体健康出于直接故意,则构成以危险方法危害公共安全罪;如果生产、销售假药和对严重危害人体健康均出于过失,并且对人体健康实际造成了严重危害,则构成过失以危险方法危害公共安全罪。

(三) 生产、销售假药罪的刑事责任

根据《刑法》第141条和第150条的规定,犯本罪的,处3年以下有期徒刑或者拘役,并处罚金;对人体健康造成严重危害或者有其他严重情节的,处3年以上10年以下有期徒刑,并处罚金;致人死亡或者有其他特别严重情节的,处10年以上有期徒刑、无期徒刑或者死刑,并处罚金或者没收财产。单位犯本罪的,对单位判处罚金,并对其直接负责的主管人员和其他直接责任人员,依照上述规定处罚。

三、生产、销售劣药罪

生产、销售劣药罪,是指违反国家药品管理法规,生产、销售劣药,对人体健康造成严重危害的行为。对于劣药,我国2019年8月26日经全国人大常委会修订的《药品管理法》第98条第3款作了明确的规定:"有下列情形之一的,为劣药:(一) 药品成份的含量不符合国家药品标准;(二) 被污染的药品;(三) 未标明或者更改有效期的药品;(四) 未注明或者更改产品批号的药品;(五) 超过有效期的药品;(六) 擅自添加防腐剂、辅料的药品;(七) 其他不符合药品标准的药品。"本罪是实害犯,行为人除实施生产、销售劣药的行为之一,还必须对人体健康造成严重危害,始构成本罪。根据上述《药品解释》的规定,所谓"对人体健康造成严重危害",是指造成轻伤以上伤害,或者轻度残疾、中度残疾,或者器官组织损伤导致一般功能障碍或者严重功能障碍,或者其他严重危害人体健康情形。根据《刑法》第142条第1款、第150条的规定,犯本罪的,处3年以上10年以下有期徒刑,并处销售金额50%以上2倍以下罚金;后果特别严重的,处10年以上有期徒刑或者无期徒刑,并处销售金额50%以上2倍以下罚金或者没收财产。单位犯本罪的,对单位判处罚金,并对其直接负责的主管人员和其他直接责任人员,依照上述规定处罚。

四、生产、销售不符合安全标准的食品罪

生产、销售不符合安全标准的食品罪,是指违反国家食品安全管理法规,生产、销售不符合安全标准的食品,足以造成严重食物中毒事故或者其他严重食源性疾病的行为。本罪是危险犯,行为人生产、销售不符合安全标准的食品,只要足以造成上述事故或疾病,即构成本罪。所谓"严重食物中毒",是指细菌性、化学性、真菌性和有毒动植物等引起的严重暴发性中毒。所谓"严重食源性疾病",是指以食物为感染

源导致的严重疾病。所谓"足以造成严重食物中毒或者其他严重食源性疾病",根据 2013 年 4 月最高人民法院、最高人民检察院《关于办理危害食品安全刑事案件适用法律若干问题的解释》(以下简称《食品解释》)第 1 条的规定,是指下列情形之一:(1) 含有严重超出标准限量的致病性微生物、农药残留、兽药残留、重金属、污染物质以及其他危害人体健康的物质的;(2) 属于病死、死因不明或者检验检疫不合格的畜、禽、兽、水产动物及其肉类、肉类制品的;(3) 属于国家为防控疾病等特殊需要明令禁止生产、销售的;(4) 婴幼儿食品中生长发育所需营养成分严重不符合食品安全标准的;(5) 其他足以造成严重食物中毒事故或者严重食源性疾病的情形。如果对人体健康造成了严重危害,是本罪的结果加重犯,依照相应的法定刑处罚。根据《刑法》第 143 条、第 150 条的规定,犯本罪的,处 3 年以下有期徒刑或者拘役,并处罚金;对人体健康造成严重危害或者有其他严重情节的,处 3 年以上 7 年以下有期徒刑,并处罚金;后果特别严重的,处 7 年以上有期徒刑或者无期徒刑,并处罚金或者没收财产。单位犯本罪的,对单位判处罚金,并对其直接负责的主管人员和其他直接责任人员,依照上述规定处罚。

五、生产、销售有毒、有害食品罪

(一) 生产、销售有毒、有害食品罪的概念和构成

生产、销售有毒、有害食品罪,是指违反国家食品安全管理法规,在生产、销售的食品中掺入有毒、有害的非食品原料的,或者销售明知掺有有毒、有害的非食品原料的食品的行为。

本罪的构成要件是:

(1) 本罪的客体是复杂客体,即国家对食品安全的管理制度和不特定多数人的身体健康、生命安全。

(2) 本罪的客观方面表现为违反国家食品安全法规,生产、销售有毒、有害食品的行为。具体表现为两种行为:第一,在生产、销售的食品中掺入有毒、有害的非食品原料的行为。食品,是指各种供人食用或者饮用的成品以及按照传统,既是食品又是药品的物品(不包括以治疗为目的的物品)。"有毒、有害的非食品原料",是指对人体具有生理毒性,食用后会引起不良反应,损害肌体健康的不能食用的原料,如工业酒精等。根据上述《食品解释》第 20 条,对"有毒、有害的非食品原料"的范围规定为以下四类物质:法律、法规禁止在食品生产经营活动中添加、使用的物质;国务院有关部门公布的《食品中可能违法添加的非食用物质名单》《保健食品中可能非法添加的物质名单》上的物质;国务院有关部门公告禁止使用的农药、兽药以及其他有毒、有害物质;其他危害人体健康的物质。另外,最高人民法院指导性案例认定,行为人在食品生产经营中添加的虽然不是国务院有关部门公布的《食品中可能违法添加的非食用物质名单》和《保健食品中可能非法添加的物质名单》中的物质,但如果该物质与上述名单中所列物质具有同等属性,并且根据检验报告和专家意见等相关材料能够确定该物质对人体具有同等危害的,应当认定为《刑法》第 144 条规定的"有毒、有害

的非食品原料"①。第二,销售明知掺有有毒、有害的非食品原料的食品的行为。即行为人本人并未实施在食品中掺入有毒、有害的非食品原料的行为,但明知是掺有有毒、有害的非食品原料的食品仍然予以销售。1998年3月9日山西省三个中级人民法院判处的用甲醇加水勾兑的四起生产、销售有毒假酒案,就是生产、销售有毒食品罪的典型案例。本罪是行为犯,只要实施了在生产、销售的食品中掺入有毒、有害的非食品原料或者销售明知掺有有毒、有害的非食品原料的食品的行为,就构成本罪的既遂。如果进而对人体健康造成严重危害结果,则构成本罪的结果加重犯,应依照相应的法定刑处罚。

(3) 本罪的主体是一般主体,自然人和单位均可以为本罪的主体。

(4) 本罪的主观方面只能是故意,过失不构成本罪。行为人实施本罪往往具有非法牟利的目的,但刑法没有规定非法牟利的目的为本罪的构成要件。

(二) 生产、销售有毒、有害食品罪的认定

(1) 本罪与非罪的界限。在生产、销售的食品中掺入有毒、有害的非食品原料或者销售掺有有毒、有害的非食品原料的食品,是否构成犯罪,主要在于行为人的主观方面是故意还是过失。如果明知在生产、销售的食品中掺入的是有毒、有害的非食品的原料,或者明知是掺有有毒、有害的非食品原料的食品仍然予以生产、销售,则构成本罪;如果误认为有毒、有害的非食品原料是食品添加剂而加入食品中,或者根本不知道是掺有有毒、有害的非食品原料的食品而予以生产、销售,且未对人体健康造成严重危害,则不构成犯罪。

(2) 本罪与生产、销售不符合安全标准的食品罪的界限。两者在犯罪客体、犯罪主体方面存在相同或相似之处,但有根本的区别:第一,生产、销售的食品的性质不同:前者生产、销售的是掺有有毒、有害的非食品原料的食品;后者生产、销售的是不符合安全标准的食品,其中可能有有毒、有害原料,但仍是食品原料。第二,犯罪的形态不同:前者是行为犯,只要实施了生产、销售有毒、有害食品的行为,即构成犯罪。后者是危险犯,除了实施生产、销售不符合安全标准的食品的行为外,还要行为足以造成法定的危险结果,犯罪才能成立。

(3) 本罪与投放危险物质罪的界限。二者的主要区别在主观方面,后者的目的是造成不特定多数人的伤亡,前者的目的是非法牟利。行为人在食品中掺入有毒、有害的非食品原料虽是明知的,但并不希望致人伤亡的结果发生。如果行为人生产、销售有毒、有害食品,目的就是追求致人伤亡的结果发生,则应认定为投放危险物质罪。如果行为人由于过失在食品中掺入了有毒的非食品原料,造成了严重后果的,则应认定为过失投放危险物质罪。

(三) 生产、销售有毒、有害食品罪的刑事责任

根据《刑法》第144条和第150条的规定,犯本罪的,处5年以下有期徒刑,并处罚

---

① 参见2016年12月28日最高人民法院指导性案例70号《北京阳光一佰生物技术开发有限公司、习文有等生产、销售有毒、有害食品案》。

金;对人体健康造成严重危害或者有其他严重情节的,处5年以上10年以下有期徒刑,并处罚金;致人死亡或者有其他特别严重情节的,依照本法第141条的规定处罚,即处10年以上有期徒刑、无期徒刑或者死刑,并处罚金或者没收财产。单位犯本罪的,对单位判处罚金,并对其负责的主管人员和其他直接责任人员,依照上述规定处罚。

六、生产、销售不符合标准的医用器材罪

生产、销售不符合标准的医用器材罪,是指生产不符合保障人体健康的国家标准、行业标准的医疗器械、医用卫生材料,或者销售明知是不符合保障人体健康的国家标准、行业标准的医疗器械、医用卫生材料,足以严重危害人体健康的行为。"医疗器械",是指用于诊断、治疗、预防疾病、调节人的生理机能的仪器、设备等物品。"医用卫生材料",是指用于治病、防病的辅助材料,如医用包扎纱布、消毒棉等。本罪是危险犯,生产、销售不符合标准的医用器械,足以严重危害人体健康,即构成本罪。对人体健康造成严重危害的,构成本罪的结果加重犯,根据具体规定,依照相应的法定刑处罚。根据《刑法》第145条、第150条的规定,犯本罪的,处3年以下有期徒刑,并处销售金额50%以上2倍以下罚金;对人体健康造成严重危害的,处3年以上10年以下有期徒刑,并处销售金额50%以上2倍以下罚金;后果特别严重的,处10年以上有期徒刑或者无期徒刑,并处销售金额50%以上2倍以下罚金或者没收财产。单位犯本罪的,对单位判处罚金,并对其直接负责的主管人员和其他直接责任人员,依照上述规定处罚。

七、生产、销售不符合安全标准的产品罪

生产、销售不符合安全标准的产品罪,是指生产不符合保障人身、财产安全的国家标准、行业标准的电器、压力容器、易燃易爆产品或者其他不符合保障人身、财产安全的国家标准、行业标准的产品,或者销售明知是以上不符合保障人身、财产安全的国家标准、行业标准的产品,造成严重后果的行为。根据《刑法》第146条、第150条的规定,犯本罪的,处5年以下有期徒刑,并处销售金额50%以上2倍以下罚金;后果特别严重的,处5年以上有期徒刑,并处销售金额50%以上2倍以下罚金。单位犯本罪的,对单位判处罚金,并对其直接负责的主管人员和其他直接责任人员,依照上述规定处罚。

八、生产、销售伪劣农药、兽药、化肥、种子罪

生产、销售伪劣农药、兽药、化肥、种子罪,是指生产假农药、假兽药、假化肥,销售明知是假的或者失去使用效能的农药、兽药、化肥、种子,或者生产者、销售者以不合格的农药、兽药、化肥、种子冒充合格的农药、兽药、化肥、种子,使生产遭受较大损失的行为。根据《刑法》第147条、第150条的规定,犯本罪的,处3年以下有期徒刑或者拘役,并处或者单处销售金额50%以上2倍以下罚金;使生产遭受重大损失的,处3年以上7年以下有期徒刑,并处销售金额50%以上2倍以下罚金;使生产遭受特别

重大损失的,处 7 年以上有期徒刑或者无期徒刑,并处销售金额 50% 以上 2 倍以下罚金或者没收财产。单位犯本罪的,对单位判处罚金,并对其直接负责的主管人员和其他直接责任人员,依照上述规定处罚。

九、生产、销售不符合卫生标准的化妆品罪

生产、销售不符合卫生标准的化妆品罪,是指生产不符合卫生标准的化妆品,或者销售明知是不符合卫生标准的化妆品,造成严重后果的行为。所谓化妆品,是指以涂擦、喷洒或者类似的方法,散布于人体表面任何部位(皮肤、毛发、指甲、口唇等),以达到清洗、消除不良气味、护肤、美容和修饰目的的日用化学工业品。所谓不符合卫生标准,是指违反了《化妆品卫生标准》和《化妆品卫生监督条例》等法规规定的化妆品卫生标准。所谓造成严重后果,通常是指对人身造成严重伤害如烧伤、毁容等。根据《刑法》第 148 条、第 150 条的规定,犯本罪的,处 3 年以下有期徒刑或者拘役,并处或者单处销售金额 50% 以上 2 倍以下罚金。单位犯本罪的,对单位判处罚金,并对其直接负责的主管人员和其他直接责任人员,依照上述规定处罚。

第三节 走 私 罪

一、走私武器、弹药罪

走私武器、弹药罪,是指违反海关法规,逃避海关监管,运输、携带、邮寄武器、弹药进出国(边)境的行为。本罪的客体是国家对外贸易管制中关于武器、弹药禁止进出口的监管制度。所谓对外贸易管制,指国家根据社会主义建设的需要,对进出口货物及其他物品的种类、数量实行控制和监督的制度。具体内容包括:第一,对进出口的货物、物品实行准许、限制或禁止进出口的制度。第二,对非贸易物品实行限进、限出、限量、限值的制度。第三,对金融、外汇实行国家统一管理和控制的制度。第四,对进出口货物及其他物品实行征收关税的制度。国家对外贸易管制,是所有走私罪都侵犯的客体。本罪的对象是武器、弹药。管制刀具、仿真手枪不是本罪的对象。走私上述物品构成犯罪的,依照《刑法》第 153 条走私普通货物、物品罪定罪处罚。本罪的客观方面表现为违反海关法规,逃避海关监管,运输、携带、邮寄武器、弹药进出国(边)境的行为。"违反海关法规",是指违反我国《海关法》及其他有关法律、法规。"逃避海关监管",是指在未设海关的国(边)境上运输、携带货物、物品进出国(边)境,或者虽然经过海关,但以伪装、藏匿、谎报等方法,蒙骗海关检查人员,偷运、偷带、偷寄货物、物品过关的行为。本罪的主体是一般主体。自然人和单位均可构成本罪。本罪的主观方面是故意,过失不构成本罪。根据《刑法》第 151 条第 1 款的规定,犯本罪的,处 7 年以上有期徒刑,并处罚金或者没收财产;情节特别严重的,处无期徒刑,并处没收财产;情节较轻的,处 3 年以上 7 年以下有期徒刑,并处罚金。单位犯本罪的,对单位判处罚金,并对其直接负责的主管人员和其他直接责任人员,依照上述规定处罚。

二、走私核材料罪

走私核材料罪,是指违反海关法规,逃避海关监管,运输、携带、邮寄核材料进出国(边)境的行为。根据我国加入的《核材料实物保护公约》的规定,"核材料"是指:钚,但钚-238 同位素含量超过 80% 者除外;铀-233;同位素 235 或 233 浓缩的铀;非矿石或矿渣形式的含天然存在的同位素混合物的铀;任何含有上述一种或多种成分的材料。根据《刑法》第 151 条第 1 款的规定,犯本罪的,处 7 年以上有期徒刑,并处罚金或者没收财产;情节特别严重的,处无期徒刑,并处没收财产;情节较轻的,处 3 年以上 7 年以下有期徒刑,并处罚金。单位犯本罪的,对单位判处罚金,并对其直接负责的主管人员和其他直接责任人员,依照上述规定处罚。

三、走私假币罪

走私假币罪,是指违反海关法规,逃避海关监管,运输、携带、邮寄伪造的货币进出国(边)境的行为。"货币","是指可在国内市场流通或者兑换的人民币、境外货币"。"伪造的货币",是指依照真货币的图案、形状、颜色、面额和质地制造的假货币,包括伪造的人民币、香港币、澳门币、台湾币以及外国的货币,如美元、日元、欧元等。根据《刑法》第 151 条第 1 款的规定,犯本罪的,处 7 年以上有期徒刑,并处罚金或者没收财产;情节特别严重的,处无期徒刑,并处没收财产;情节较轻的,处 3 年以上 7 年以下有期徒刑,并处罚金。单位犯本罪的,对单位判处罚金,并对其直接负责的主管人员和其他直接责任人员,依照上述规定处罚。

四、走私文物罪

走私文物罪,是指违反海关法规,逃避海关监管,运输、携带、邮寄禁止出口的文物出国(边)境的行为。本罪的对象是国家禁止出口的文物。本罪的行为方式,只限于出口,不包括进口,因为进口文物对我国不具有社会危害性。根据《刑法》第 151 条第 2 款、第 4 款的规定,犯本罪的,处 5 年以上 10 年以下有期徒刑,并处罚金;情节特别严重的,处 10 年以上有期徒刑或者无期徒刑,并处没收财产;情节较轻的,处 5 年以下有期徒刑,并处罚金。单位犯本罪的,对单位判处罚金,并对其直接负责的主管人员和其他直接责任人员,依照上述规定处罚。

五、走私贵重金属罪

走私贵重金属罪,是指违反海关法规,逃避海关监管,运输、携带、邮寄黄金、白银或其他贵重金属出国(边)境的行为。本罪的对象是贵重金属,包括黄金、白银以及与金、银同等重要的铱、铂、钯、铑、钛等国家禁止出口的各种贵重金属及其制品。本罪的行为方式也只限于出口,不包括进口,因为进口贵重金属对我国不具有社会危害性。根据《刑法》第 151 条第 2 款、第 4 款的规定,犯本罪的,处 5 年以上 10 年以下有期徒刑,并处罚金;情节特别严重的,处 10 年以上有期徒刑或者无期徒刑,并处没收财产;情节较轻的,处 5 年以下有期徒刑,并处罚金。单位犯本罪的,对单位判处罚金,并对其直接负责的主管人员和其他直接责任人员,依照上述规定处罚。

六、走私珍贵动物、珍贵动物制品罪

走私珍贵动物、珍贵动物制品罪,是指违反海关法规,逃避海关监管,运输、携带、邮寄珍贵动物及其制品进出国(边)境的行为。"珍贵动物",是指列入《国家重点保护野生动物名录》中国家一、二级保护野生动物和列入《濒危野生动植物种国际贸易公约》附录一、附录二中野生动物以及驯养繁殖的上述物种。如大熊猫、金丝猴、白唇鹿、丹顶鹤等均属之。1988 年 12 月 10 日国务院公布施行的《国家重点保护野生动物名录》,规定有 389 种珍贵、濒危的野生动物。"珍贵动物制品",是指珍贵动物的皮、肉、毛、骨等制成品。根据《刑法》第 151 条第 2 款、第 4 款的规定,犯本罪的,处 5 年以上 10 年以下有期徒刑,并处罚金;情节特别严重的,处 10 年以上有期徒刑或者无期徒刑,并处没收财产;情节较轻的,处 5 年以下有期徒刑,并处罚金。单位犯本罪的,对单位判处罚金,并对其直接负责的主管人员和其他直接责任人员,依照上述规定处罚。

七、走私国家禁止进出口的货物、物品罪

走私国家禁止进出口的货物、物品罪,是指违反海关法及相关法律、法规,逃避海关监管,非法运输、携带、邮寄珍稀植物及其制品等国家禁止进出口的其他货物、物品进出国(边)境的行为。本罪的对象是珍稀植物及其制品等国家禁止进出口的其他货物、物品。"珍稀植物",是指国家重点保护的原生的天然生长的珍贵植物和原生的天然生长的并具有重要经济、科学研究、文化价值的濒危、稀有植物。1984 年国务院环境保护委员会公布的《珍稀濒危保护植物名录》规定:国家一级保护植物 8 种,如金红茶、水杉等;二级保护植物 143 种,如云南梧桐、野茶树等;三级保护植物 203 种,如水曲柳、油杉等。"珍稀植物制品",是指利用珍稀植物加工制作的标本、药材及其他制成品。"其他禁止进出口的货物、物品",是指除《刑法》第 151 条第 1 款和第 2 款、第 152 条、第 347 条所规定的货物、物品以及珍稀植物及其制品以外的国家禁止进出口的货物、物品。目前,已经颁布了《禁止进出境物品表》《限制进出境物品表》《禁止进口货物目录》《禁止出口货物目录》等详细目录。这里需要指出的是:第一,禁止进出口货物、物品不以上述目录为限,我国其他法律法规也零散地规定了一些禁止进出口货物、物品,如《知识产权海关保护条例》第 3 条规定:"国家禁止侵犯知识产权的货物进出口"。此外,来自疫区的动物和动物产品、旧汽车等也是国家明令禁止进出口的货物、物品。第二,限制和禁止货物、物品的目录并不是一成不变的,国家每年都会根据政治经济发展的需要对上述目录进行调整。第三,在特殊情况下,只要持有权机关颁发的有效的特殊许可证件,如濒危种进出口允许证、麻醉药品进出口准许证等仍然可以进出口禁止类货物、物品。根据《刑法》第 151 条第 3 款、第 4 款的规定,犯本罪的,处 5 年以下有期徒刑或者拘役,并处

或者单处罚金;情节严重的,处 5 年以上有期徒刑,并处罚金。单位犯本罪的,对单位判处罚金,并对其直接负责的主管人员和其他直接责任人员,依照上述规定处罚。

八、走私淫秽物品罪

走私淫秽物品罪,是指以牟利或者传播为目的,违反海关法规定,逃避海关监管,运输、携带、邮寄淫秽的影片、录像带、录音带、图片、书刊或其他淫秽物品进出国(边)境的行为。"淫秽物品",是指具体描绘性行为或露骨宣扬色情的淫秽性的书刊、影片、录像带、录音带、图片及其他淫秽物品。有关人体生理、医学知识的科学著作不是淫秽物品。包含有色情内容的有艺术价值的文学、艺术作品不视为淫秽物品。本罪的主观方面必须是出于故意,并且以牟利或者传播为目的。"以牟利为目的",是指走私淫秽物品是为了出卖、出租或用其他方式牟取非法利润。"以传播为目的",是指走私淫秽物品是为了在社会传播、扩散。走私少量淫秽物品为了自用,或者携带淫秽物品并不知情,均不构成本罪。根据《刑法》第 152 条第 1 款、第 3 款的规定,犯本罪的,处 3 年以上 10 年以下有期徒刑,并处罚金;情节严重的,处 10 年以上有期徒刑或者无期徒刑,并处罚金或者没收财产;情节较轻的,处 3 年以下有期徒刑、拘役或者管制,并处罚金。单位犯本罪的,对单位判处罚金,并对其直接负责的主管人员和其他直接责任人员,依照上述规定处罚。

九、走私废物罪

走私废物罪,是指违反海关法规,逃避海关监管,将境外固体废物、液态废物和气态废物运输进境,情节严重的行为。据此,将废物运输出境的,不构成本罪。根据《刑法》第 339 条第 3 款的规定,以原料利用为名,进口不能用作原料的固体废物、液态废物、气态废物的,依本罪定罪处罚。根据《刑法》第 152 条第 2 款、第 3 款的规定,犯本罪的,处 5 年以下有期徒刑,并处或者单处罚金;情节特别严重的,处 5 年以上有期徒刑,并处罚金。单位犯本罪的,对单位判处罚金,并对其直接负责的主管人员和其他直接责任人员,依照上述规定处罚。

十、走私普通货物、物品罪

(一) 走私普通货物、物品罪的概念和构成

走私普通货物、物品罪,是指违反海关法规,逃避海关监管,运输、携带、邮寄普通货物、物品进出国(边)境,偷逃应缴税额较大或者一年内曾因走私被给予两次行政处罚后又走私的行为。

本罪的构成要件是:

(1) 本罪的客体是国家对外贸易管制中关于普通货物、物品进出口的监管制度和征收关税制度。我国《海关法》规定,进出口货物,"应当接受海关监管",进出境物品,"应当以自用、合理数量为限,并接受海关监管";"准许进出口的货物、进出境物品,由海关依法征收关税"。所以本罪直接侵犯了国家对普通货物、物品的监管和征

收关税制度。本罪的对象是普通货物、物品。"普通货物、物品",是指除武器、弹药、核材料、伪造的货币、文物、黄金、白银和其他贵重金属、珍贵动物及其制品、珍稀植物及其制品等国家禁止进出口的其他货物、物品、淫秽物品、废物、毒品以及国家禁止进出口的其他货物、物品以外的货物、物品。

(2) 本罪的客观方面表现为违反海关法规,逃避海关监管,运输、携带、邮寄普通货物、物品进出国(边)境,偷逃应缴税额较大或者一年内曾因走私被给予两次行政处罚后又走私的行为。"违反海关法规",是指违反我国《海关法》《进出口关税管理条例》及其他有关的法律、法规。"逃避海关监管",是指采用藏匿、隐瞒、伪报等方式蒙混过关,或者从不设关的国(边)境上进出绕关,躲避海关监督、管理和检查。"应缴税额","是指进出口货物、物品应当缴纳的进出口关税和进口环节海关代征税的税额"。"偷逃应缴税额较大",根据2014年最高人民法院、最高人民检察院印发的《关于办理走私刑事案件适用法律若干问题的解释》第16条的规定,是指个人走私普通货物、物品,偷逃应缴税额10万元以上不满50万元;根据第24条的规定,是指单位走私普通货物、物品,偷逃应缴税额20万元以上不满100万元。"1年内曾因走私被给予两次行政处罚后又走私"也构成本罪。同时根据《刑法》第154条的规定,未经海关许可且未补缴应缴税额,擅自将批准进口的来料加工、来件装配、补偿贸易的原材料、零件、制成品、设备等保税货物,在境内销售牟利的;未经海关许可并且未补缴应缴税额,擅自将特定减税、免税进口的货物、物品,在境内销售牟利的,构成犯罪的,依本罪定罪处罚。"来料加工、来件装配"是指从国外进口一定的原材料、零部件或同时由外商提供一定的设备技术,我国境内的企业按照外商的要求进行加工或装配,其制成品复运出境,交外商销售,中方只收取一定的加工费或装配费的合作形式。"补偿贸易",是指由外商提供技术、设备和材料供中方进行生产,中方暂不付现款而用所生产的产品偿付外商的贸易方式。"保税货物",是指经海关批准未办理纳税手续进境,在境内储存、加工、装配后复运出境的货物。"特定减税、免税进口的货物、物品",是指国家法律规定可以减征或免征关税的经济特区等特定地区进出口的货物,中外合资经营企业、中外合作经营企业、外资企业等特定企业进出口的货物,有特定用途的进出口货物以及用于公益事业的捐赠物资。"销售牟利","是指行为人主观上为了牟取非法利益而擅自销售海关监管的保税货物、特定减免税货物"。上述货物、物品,由于未办理纳税手续或减征、免征关税,只能加工、装配生产后复运出境,或只能用于特定企业、特定用途;如果擅自在国内销售牟利,偷逃应缴税额较大的,应依本罪定罪处罚。

(3) 本罪的主体是一般主体。自然人和单位都可以成为本罪的主体。

(4) 本罪的主观方面是故意,过失不构成本罪。在实践中,行为人一般具有牟取非法利润或其他非法利益的目的,但刑法并未规定以牟利为目的是本罪的构成要件,因而在认定本罪时,不要求行为人必须以牟利为目的。

(二) 走私普通货物、物品罪的认定

本罪与非罪的界限,主要可以从如下三方面来把握:第一,偷逃应缴税额的数量。偷逃应缴税额较大即个人在10万元以上、单位在20万元以上的,构成本罪。偷逃应缴税额未达到较大的,只是一般违法行为。第二,是否1年内曾因走私被给予两次行政处罚后又走私。偷逃应缴税额未达较大,但1年内曾因走私被给予两次行政处罚后又走私的,也构成本罪。第三,行为人主观上是否出于故意。行为人运输、携带、邮寄普通货物、物品,因过失未缴纳应缴税额的,不构成本罪。

(三) 走私普通货物、物品罪的刑事责任

根据《刑法》第153条的规定,犯本罪的,根据情节轻重,分别依照下列规定处罚:(1)走私货物、物品偷逃应缴税额较大或者1年内曾因走私被给予两次行政处罚后又走私的,处3年以下有期徒刑或者拘役,并处偷逃应缴税额1倍以上5倍以下罚金。(2)走私货物、物品偷逃应缴税额巨大或者有其他严重情节的,处3年以上10年以下有期徒刑,并处偷逃应缴税额1倍以上5倍以下罚金。(3)走私货物、物品偷逃应缴税额特别巨大或者有其他特别严重情节的,处10年以上有期徒刑或者无期徒刑,并处偷逃应缴税额1倍以上5倍以下罚金或者没收财产。单位犯本罪的,对单位判处罚金,并对其直接负责的主管人员和其他直接责任人员,处3年以下有期徒刑或者拘役;情节严重的,处3年以上10年以下有期徒刑;情节特别严重的,处10年以上有期徒刑。对多次走私未经处理的,按照累计走私货物、物品的偷逃应缴税额处罚。"未经处理",是指未经行政处罚处理。

十一、关于走私罪的若干问题

(一) 间接走私

间接走私,或称准走私,是指《刑法》第155条第1项和第2项规定的两种行为,即"(一) 直接向走私人非法收购国家禁止进口物品的,或者直接向走私人非法收购走私进口的其他货物、物品,数额较大的;(二) 在内海、领海运输、收购、贩卖国家禁止进出口物品的,或者运输、收购、贩卖国家限制进出口货物、物品,数额较大,没有合法证明的。"间接走私不是独立的罪名,需要根据走私的对象和有关条件,确定构成何种走私罪。对第1项行为,以走私罪论处必须符合以下条件:(1)明知是走私行为人而在境内向其非法收购国家禁止进口物品或者走私进口的其他货物、物品,即通常所说的"第二手交易"。否则,不是直接向走私分子收购走私货物、物品的,不能以走私罪论处。(2)直接向走私人非法收购走私进口的其他货物、物品,必须数额较大,才构成犯罪;"数额较大",是指偷逃应缴税额个人在10万元以上、单位在20万元以上。走私的货物、物品是武器、弹药、核材料、伪造的货币、珍贵动物及其制品、珍稀植物及其制品、淫秽物品的,则没有数额的限制。此项行为构成走私罪的,应根据具体情况分别定为:走私武器、弹药罪,走私核材料罪,走私假币罪,走私珍贵动物、珍贵动物制品罪,走私国家禁止进出口的货物、物品罪,走私淫秽物品罪,走私废物罪或走私普通货物、物品罪。对第2项行为,以走私罪论处必须符合以下条件:(1)在内海、领海运输、收购、贩卖国家禁止进出口物品或者国家限制进出口的货物、物品。"内海",包括内河的入海口水域。国家限制进出口货物、物品,是指国家对进口或者出口实行配额或者许可证管理的货物、物品。不是在内海、领海而是在内地运输、收购、贩卖上述货物、物品的,不能以走私罪论处。(2)在内海、领海运输、收购、贩卖国家限制进出口货物、物品,数额较大,没有合法证明。"合法证明",是指有关主管部门颁发的进出口货物、物品许可证、准运证等用以证明货物、物品来源、用途合法的证明文件。走私限制进出口的货物、物品,只有数额较大,又没有合法证明的,才以走私罪论处。走私国家禁止进出口的物品,构成犯罪,则没有上述限制。直接向走私人非法收购走私进口的国家禁止进口货物、物品,数额较大的,或者在内海、领海运输、收购、贩卖国家限制进出口货物、物品,数额较大,没有合法证明的,应当适用《刑法》第153条的规定定罪处罚。

(二)武装走私

《刑法》第157条第1款规定:"武装掩护走私的,依照本法第151条第1款的规定从重处罚。""武装掩护走私",是指走私分子或其雇佣人员携带武器用以保护走私活动的行为,是否使用武器,不影响武装掩护走私的成立。武装走私如何定罪,理论上虽有不同的意见,但司法解释没有规定为独立的罪名,《刑法》也只规定依照第151条第1款从重处罚,因而我们认为以不定为独立的罪名为宜。

(三)抗拒缉私

《刑法》第157条第2款规定:"以暴力、威胁方法抗拒缉私的,以走私罪和本法第277条规定的阻碍国家机关工作人员依法执行职务罪,依照数罪并罚的规定处罚。"需要注意的是:走私行为必须已经构成犯罪,又以暴力、威胁方法抗拒缉私,才能数罪并罚。如果走私行为尚不构成犯罪,以暴力、威胁方法抗拒缉私,依照《刑法》第277条规定的妨害公务罪论处。

(四)走私罪共犯

《刑法》第156条规定:"与走私罪犯通谋,为其提供贷款、资金、账号、发票、证明,或者为其提供运输、保管、邮寄或者其他方便的,以走私罪的共犯论处。""与走私罪犯通谋",是指行为人事前与走私罪犯就走私活动与分工等进行谋议。提供"其他方便",是指刑法所列举的帮助形式以外的其他帮助,如为走私罪犯传递重要信息等。"以走私罪的共犯论处",即依行为人在走私共同犯罪中的地位和作用,按照走私罪犯实施的走私犯罪的具体性质和相应的法定刑定罪和处罚。

第四节 妨害对公司、企业的管理秩序罪

一、虚报注册资本罪

虚报注册资本罪,是指申请公司登记使用虚假证明文件或者采取其他欺诈手段虚报注册资本,欺骗公司登记主管部门,取得公司登记,虚报注册资本数额巨大、后果严重或者有其他严重情节的行为。本罪侵犯的客体是国家的公司登记管理秩序。本罪的客观方面表现为在申请公司登记时使用虚假证明文件或者采取其他欺诈手段虚报注册资本,欺骗公司登记主管部门,取得公司登记,虚报注册资本数额巨大、后果严

重或者有其他严重情节的行为。本罪的客观方面包括以下几个要素:(1) 行为人虚报了注册资本。即行为人在不具有法定注册资本最低限额的情况下作出具有法定注册资本最低限额的申报,或者虽达到法定注册资本最低限额,却作出高于实缴资本的申报。(2) 行为人在申请公司登记时使用了虚假证明文件或者使用了其他欺诈手段。所谓使用虚假证明文件,是指使用不真实的验资、验证、评估报告书等证明文件。所谓其他欺骗手段,是指采用虚假证明文件以外的欺骗手段,使用无权支配的他人所有的资金或者产权证明进行申报。(3) 行为人欺骗的对象是公司登记主管部门即工商行政管理机关,并取得了公司登记。(4) 虚报注册资本的行为必须具备数额巨大、后果严重、其他严重情节三种情形之一。至于其具体标准,2010 年 5 月 7 日最高人民检察院、公安部印发的《关于公安机关管辖的刑事案件立案追诉标准的规定(二)》第 3 条有明确规定。本罪的主体包括任何已满 16 周岁、具有刑事责任能力的自然人和单位。本罪的主观方面是故意,其目的是为了骗取公司登记和营业执照。需要特别指出的是,根据 2014 年 4 月 24 日全国人大常委会《关于〈中华人民共和国刑法〉第 158 条、第 159 条的解释》的规定,《刑法》第 158 条关于本罪的规定,只适用于依法实行注册资本实缴登记制的公司。根据《刑法》第 158 条的规定,犯本罪的,处 3 年以下有期徒刑或者拘役,并处或者单处虚报注册资本金额 1% 以上 5% 以下罚金。单位犯本罪的,对单位判处罚金,并对其直接负责的主管人员和其他直接责任人员,处 3 年以下有期徒刑或者拘役。

二、虚假出资、抽逃出资罪

虚假出资、抽逃出资罪,是指公司发起人、股东违反公司法的规定,未交付货币、实物或者未转移财产权,虚假出资,或者在公司成立后又抽逃其出资,数额巨大、后果严重或者有其他严重情节的行为。本罪侵犯的客体是国家有关设立公司的出资管理秩序。本罪在客观方面表现为公司发起人、股东违反公司法的规定,虚假出资、抽逃出资,数额巨大、后果严重或者有其他严重情节的行为。本罪的客观方面包括以下几个要素:(1) 违反公司法的规定。(2) 行为人实施了虚假出资或者抽逃出资的行为。所谓虚假出资,是指公司发起人、股东违反公司法规定,未交付应当认缴的出资额或者未办理出资额中的财产权转移手续。所谓抽逃出资,是指公司发起人、股东在公司成立时缴纳了所应认缴的出资,但在公司成立后又撤出其出资,使公司成立时的原有注册资本减少。(3) 虚假出资或者抽逃出资必须具备数额巨大、后果严重、其他严重情节三种情形之一。至于"数额巨大、后果严重、其他严重情节"的标准,2010 年 5 月 7 日最高人民检察院、公安部印发的《关于公安机关管辖的刑事案件立案追诉标准的规定(二)》第 4 条有明确规定。本罪的主体为公司发起人、股东。"公司发起人"是指依法创立公司的个人或者单位。"股东"是指公司的出资人(含个人和单位)。本罪的主观方面是故意。需要特别指出的是,根据 2014 年 4 月 24 日全国人大常委会《关于〈中华人民共和国刑法〉第 158 条、第 159 条的解释》的规定,《刑法》第 159 条关于本罪的规定,只适用于依法实行注册资本实缴登记制的公司。根据《刑法》第 159 条的规定,犯本罪的,处 5 年以下有期徒刑或者拘役,并处或者单处虚假出资金额或者抽逃出资金额2%以上10%以下罚金。单位犯本罪的,对单位判处罚金,并对其直接负责的主管人员和其他直接责任人员,处5年以下有期徒刑或者拘役。

三、欺诈发行股票、债券罪

欺诈发行股票、债券罪,是指在招股说明书、认股书、公司、企业债券募集办法中隐瞒重要事实或者编造重大虚假内容,发行股票或者公司、企业债券,数额巨大、后果严重或者有其他严重情节的行为。本罪侵犯的客体是国家有关公司、企业发行股票、债券的管理秩序。本罪的客观方面表现为在招股说明书、认股书以及公司、企业债券募集办法等重要文件中隐瞒重要事实或者编造重大虚假内容,发行股票或者公司、企业债券,数额巨大、后果严重或者有其他严重情节。本罪的客观方面包括以下几个要素:(1) 发行股票或者公司、企业债券时,在招股说明书、认股书以及公司、企业债券募集办法等重要文件中隐瞒重要事实或者编造重大虚假内容。所谓"重要事实",是指能够影响一般投资者作出投资或不投资,大量投资或少量投资决策的,真实反映投资对象的信息。所谓"重大虚假内容",是指行为人编造的有关上述"重要事实"的信息。(2) 行为具有数额巨大、后果严重、其他严重情节三者之一。至于"数额巨大、后果严重、其他严重情节"的标准,2010年5月7日最高人民检察院、公安部《关于公安机关管辖的刑事案件立案追诉标准的规定(二)》第5条有明确规定。本罪的主体包括任何已满16周岁、具有刑事责任能力的自然人和单位。本罪的主观方面是故意。根据《刑法》第160条的规定,犯本罪的,处5年以下有期徒刑或者拘役,并处或者单处非法募集资金金额1%上5%下罚金。单位犯本罪的,对单位判处罚金,并对其直接负责的主管人员和其他直接责任人员,处5年以下有期徒刑或者拘役。

四、违规披露、不披露重要信息罪

违规披露、不披露重要信息罪,是指依法负有信息披露义务的公司、企业向股东和社会公众提供虚假的或者隐瞒重要事实的财务会计报告,或者对依法应当披露的其他重要信息不按照规定披露,严重损害股东或者其他人利益,或者有其他严重情节的行为。本罪侵犯的客体是国家关于公司、企业的财会报告及其他重要信息的管理秩序。本罪在客观方面表现为向股东和社会公众提供虚假的或隐瞒重要事实的财务会计报告,或者对依法应当披露的其他重要信息不按照规定披露,严重损害股东或者其他人利益,或者有其他严重情节的行为。本罪的客观方面包括以下几个要素:(1) 行为人向股东和社会公众提供虚假的或者隐瞒重要事实的财务会计报告,或者对依法应当披露的其他重要信息不按照规定披露。所谓重要事实的财务会计报告,是指公司负债或经营亏损等情况的财务会计报告。所谓其他重要信息,是指财务会计报告以外的与公司、企业生产、经营有着重要关系的信息。(2) 行为必须严重损害了股东或者其他人利益,或者具有其他严重情节。至于严重损害了股东或者其他人利益和其他严重情节的标准,2010年5月7日最高人民检察院、公安部《关于公安机关管辖的刑事案件立案追诉标准的规定(二)》第6条有明确规定。本罪的主体是依法负有信息披露义务的公司、企业。本罪的主观方面表现为故意。根据《刑法》第161条的规定,犯本罪的,对公司、企业直接负责的主管人员和其他直接责任人员,处3年以下有期徒刑或者拘役,并处或者单处2万元以上20万元以下罚金。

五、妨害清算罪

妨害清算罪,是指公司、企业在进行清算时,隐匿财产,对资产负债表或者财产清单作虚伪记载或者在未清偿债务前分配公司、企业的财产,严重损害债权人或者其他人利益的行为。本罪侵犯的客体是国家对公司破产清算的管理秩序。本罪在客观方面表现为在公司、企业清算时,隐匿财产,对资产负债表或财产清单作虚伪记载或者于清偿债务前分配财产,严重损害债权人或者其他人利益的行为。本罪的客观方面包括如下几个要素:(1)公司、企业在进行清算时,隐匿财产,对资产负债表或者财产清单作虚伪记载或者在未清偿债务前分配公司、企业的财产。(2)行为严重损害债权人或者其他人利益。至于其具体标准,2010年5月7日最高人民检察院、公安部《关于公安机关管辖的刑事案件立案追诉标准的规定(二)》第7条有明确规定。本罪的主体是公司、企业。本罪的主观方面为故意。根据《刑法》第162条的规定,犯本罪的,对公司、企业的直接负责的主管人员和其他直接责任人员,处5年以下有期徒刑或者拘役,并处或者单处2万元以上20万元以下罚金。

六、隐匿、故意销毁会计凭证、会计账簿、财务会计报告罪

隐匿、故意销毁会计凭证、会计账簿、财务会计报告罪,是指隐匿或者故意销毁依法应当保存的会计凭证、会计账簿、财务会计报告,情节严重的行为。本罪侵犯的客体是国家的会计管理秩序。本罪的客观方面表现为隐匿或者销毁依法应当保存的会计凭证、会计账簿、财务会计报告,情节严重的行为。本罪的客观方面包括以下要素:(1)行为人实行了隐匿或者销毁依法应当保存的会计凭证、会计账簿、财务会计报告的行为。行为人只要实施了隐匿、销毁行为中一种行为,就具备本罪的行为要素。(2)行为的情节严重。至于其具体标准,2010年5月7日最高人民检察院、公安部《关于公安机关管辖的刑事案件立案追诉标准的规定(二)》第8条有明确规定。本罪的主体包括任何已满16周岁、具有刑事责任能力的自然人和单位。本罪的主观方面为故意。根据《刑法》第162条之一的规定,犯本罪的,处5年以下有期徒刑或者拘役,并处或单处2万元以上20万元以下罚金;单位犯本罪的,对单位判处罚金,并对其直接负责的主管人员和其他直接责任人员依照上述规定处罚。

七、虚假破产罪

虚假破产罪,是指公司、企业通过隐匿财产、承担虚构的债务或者以其他方法转移、处分财产,实施虚假破产,严重损害债权人或者其他人利益的行为。本罪侵犯的客体是公司、企业的正常管理秩序。本罪的客观方面表现为通过隐匿财产、承担虚构的债务或者以其他方法转移、处分财产,实施虚假破产,严重损害债权人或者其他人利益的行为。本罪的客观方面包括以下几个要素:(1) 公司、企业实施了虚假破产的行为。所谓虚假破产,是指本不具备破产的条件而提出破产申请,进行破产清算。至于行为的方法,实际上并未限定,即不管通过什么手段,只要实施了虚假破产行为,就具备了本罪的行为要素。(2) 行为严重损害债权人或者其他人的利益。至于其具体标准,2010 年 5 月 7 日最高人民检察院、公安部《关于公安机关管辖的刑事案件立案追诉标准的规定(二)》第 9 条有明确规定。本罪主体是公司、企业。本罪的主观方面是故意。根据《刑法》第 162 条之二的规定,犯本罪的,对直接负责的主管人员和其他直接责任人员,处 5 年以下有期徒刑或者拘役,并处或者单处 2 万元以上 20 万元以下罚金。

八、非国家工作人员受贿罪

(一) 非国家工作人员受贿罪的概念和构成

非国家工作人员受贿罪,是指公司、企业或者其他单位的工作人员利用职务上的便利,索取他人财物或者非法收受他人财物,为他人谋取利益,数额较大的行为。

本罪的构成要件是:

(1) 本罪侵犯的客体是公司、企业或者其他单位的正常管理秩序和公司、企业或者其他单位工作人员职务的廉洁性。本罪的对象是财物,既包括金钱和实物,也包括可以用金钱计算数额的财产性利益,如提供房屋装修、含有金额的会员卡、代币卡(券)、旅游费用等。

(2) 本罪客观方面表现为行为人利用职务上的便利,索取他人财物或者非法收受他人财物,为他人谋取利益,数额较大的行为。构成本罪,必须在客观上具备以下要素:第一,行为人实施了索取或者非法收受他人财物,为他人谋取利益的行为。把握本罪这一客观要素,需要注意,不管是成立索取型受贿罪还是非法收受型受贿罪,均要求具备"为他人谋取利益"的行为。"索取",是指行为人以公开或暗示的形式,主动向他人索要财物。"非法收受",是指行为人违反法律法规被动接受他人主动送予的财物。"为他人谋取利益"是指行为人利用本人职务上的便利,主动或应他人要求为他人谋取某种利益。构成本罪并不要求行为人实际上已完成或实现了为他人谋利的行为,只要其有承诺、实行、完成为他人谋利的任何情形之一即可。而且,此处中的利益,既包括合法的、正当的利益,也包括非法的、不正当的利益;既包括物质利益,也包括非物质利益。第二,行为人的上述行为系利用职务便利实施。利用职务便利,是指公司、企业或其他单位的工作人员利用自己在本单位负责、主管或参与某项工作的职权范围内的条件。若行为人仅是利用自己与单位有关人员熟悉等工作便利,为他人谋取利益,而索取或收受他人财物的,不构成本罪。第三,行为人索取或者非法收受他人财物的数额较大。根据2016年4月18日最高人民法院、最高人民检察院《关于办理贪污贿赂刑事案件适用法律若干问题的解释》第11条的规定,本罪的数额较大标准为6万元以上40万元以下。

另外应当注意,依照《刑法》第163条第2款的规定,公司、企业或其他单位的工作人员在经济往来中,利用职务上的便利,违反国家规定,收受各种名义的回扣、手续费,归个人所有的,应以非国家工作人员受贿罪论处。

(3) 本罪的主体是特殊主体,即公司、企业或者其他单位的工作人员。这里的"其他单位",既包括事业单位、社会团体、村民委员会、居民委员会、村民小组等常设性的组织,也包括为组织体育赛事、文艺演出或者其他正当活动而成立的组委会、筹委会、工程承包队等非常设性的组织。这里的"公司、企业或者其他单位",既包括非国有公司、企业或者其他非国有单位,也包括国有公司、企业或者其他国有单位,但是,只有公司、企业或者其他单位中的非国家工作人员才能成为本罪的主体。国有公司、企业或者其他国有单位中从事公务的人员以及国有公司、企业或者其他国有单位委派到非国有公司、企业或者其他非国有单位从事公务的人员利用职务上的便利受贿的,应当依照受贿罪追究刑事责任。

(4) 本罪主观方面是故意。

(二) 非国家工作人员受贿罪的认定

(1) 本罪与非罪行为的界限。在司法实践中,区分本罪与非罪行为的界限,主要从以下几个方面把握:第一,受贿的数额是否达到较大?根据刑法的规定,数额较大是构成本罪的一个必要条件,如果没有达到数额较大,就不能以本罪追究刑事责任。第二,行为人收受的财物是否为合理的报酬或正当的馈赠?公司、企业或者其他单位的工作人员在法律、政策允许的范围内,以自己的劳动换取合理报酬的行为,不是受贿行为。如公司人员利用业余时间为他人提供技术服务所收取的合理报酬,不能认为是贿赂。至于亲友间出于联络感情的目的而给予的馈赠,也不能认为是受贿行为。第三,在经济往来中以各种名义收受的回扣、手续费是否违反国家规定?在正常的市场交易行为中,取得符合《反不正当竞争法》规定的折扣、佣金是正当业务行为;而违反国家规定,收受各种名义的回扣、手续费,为个人所有的,应认定为非国家工作人员受贿罪。

(2) 本罪既遂的认定。对于本罪的既遂,理论界主要有两种观点:一种观点认为,行为人只要收受了数额较大的财物,就构成本罪的既遂;另一种观点认为,成立本罪的既遂,不仅要求行为人已经收受了数额较大的财物,还必须至少同时具有为他人谋取利益的承诺行为。我们赞同第二种观点。根据刑法理论中的通行见解,构成犯罪既遂,行为必须完全具备刑法分则所规定的全部构成要件和要素。结合非国家工作人员受贿罪的规定来看,本罪是公司、企业或者其他单位的工作人员利用职务上的便利,索取或者收受他人财物,为他人谋取利益,数额较大的行为。应当说,要构成本罪的既遂,无论是财物数额较大的要素,还是为他人谋取利益的要素,都是必须具备的。而且受贿罪具有权钱交易的本质特点,具体表现为行为人以利用职务上的便利为他人谋取利益作为与行贿人的财物交换的条件。如果没有为他人谋取利益这一行为要素,就谈不到受贿行为的存在,当然也不可能成立本罪的既遂,而且也无法将本罪与敲诈勒索罪、诈骗罪等犯罪区别开来。因此,只有为他人谋取利益与收受他人财物两个要素同时具备,才能成立本罪的既遂。

(3) 本罪中共同犯罪的认定。本罪中所涉及的共同犯罪问题,主要是指公司、企业或者其他单位中的国家工作人员与非国家工作人员共同实施受贿犯罪,应如何适用法律从而确定犯罪性质的问题。对此,根据2008年11月20日最高人民法院、最高人民检察院《关于办理商业贿赂刑事案件适用法律若干问题的意见》第11条的规定,根据国家工作人员与非国家工作人员双方利用职务便利的具体情形分别定罪追究刑事责任:第一,利用国家工作人员的职务便利为他人谋取利益的,以受贿罪追究刑事责任;第二,利用非国家工作人员的职务便利为他人谋取利益的,以非国家工作人员受贿罪追究刑事责任;第三,分别利用各自的职务便利为他人谋取利益的,按照主犯的犯罪性质追究刑事责任,不能分清主从犯的,可以受贿罪追究刑事责任。

(三) 非国家工作人员受贿罪的刑事责任

依照《刑法》第163条的规定,犯本罪的,处5年以下有期徒刑或者拘役;数额巨大的,处5年以上有期徒刑,可以并处没收财产。根据2016年4月18日最高人民法院、最高人民检察院《关于办理贪污贿赂刑事案件适用法律若干问题的解释》第11条的规定,本罪的数额巨大标准为100万元以上。

九、对非国家工作人员行贿罪

对非国家工作人员行贿罪,是指为谋取不正当利益,给予公司、企业或者其他单位的工作人员以财物,数额较大的行为。本罪侵犯的客体是公司、企业、其他单位的正常管理秩序和公司、企业、其他单位工作人员职务的廉洁性。本罪的行为对象是国家工作人员之外的公司、企业或者其他单位的工作人员。本罪在客观方面表现为给予公司、企业或者其他单位的工作人员数额较大的财物的行为。本罪的客观方面包括如下几个要素:(1) 行为人实施了给予公司、企业或者其他单位的工作人员以财物的行为。"给予"通常是主动给予,但也包括在公司、企业或者其他单位的工作人员明示或暗示后送予财物的情况。(2) 给予公司、企业或者其他单位的工作人员财物的数额较大。根据2016年4月18日最高人民法院、最高人民检察院《关于办理贪污贿赂刑事案件适用法律若干问题的解释》第11条的规定,本罪的数额较大标准为6万元以上。本罪的主体包括任何已满16周岁、具有刑事责任能力的自然人和单位。本罪的主观方面表现为故意,并具有谋取不正当利益之目的。所谓谋取不正当利益,是指谋取违法的或其他经正当途径不能获得的利益。只要行为人具有谋取不正当利益的目的就可以构成本罪,至于实际上是否谋取到了不正当利益,不影响本罪的成立。根据《刑法》第164条的规定,犯本罪的,处3年以下有期徒刑或者拘役,并处罚金;数额巨大的,处 3 年以上 10 年以下有期徒刑,并处罚金。单位犯本罪的,对单位判处罚金,并对其直接负责的主管人员和其他直接责任人员,依照上述规定处罚。行贿人在被追诉前主动交待行贿行为的,可以减轻或者免除处罚。

十、对外国公职人员、国际公共组织官员行贿罪

对外国公职人员、国际公共组织官员行贿罪,是指为谋取不正当商业利益,给予外国公职人员或者国际公共组织官员以财物的行为。本罪的行为对象包括财物和外国公职人员或者国际公共组织官员。"外国公职人员"系指外国无论是经任命还是经选举而担任立法、行政、行政管理或者司法职务的任何人员,以及为外国包括为公共机构或者公营企业行使公共职能的任何人员。值得注意的是,外国不仅限于"国家",还包括从国家到地方的各级政府及其各下属部门,有时也包括任何组织的外国地区或实体,比如自治领土或独立关税地区。① 国际组织是指具有公共职能或者提供公共服务的政府间组织如联合国及其各种下属机构、世界贸易组织等国际组织和非政府间国际组织。国际公共组织官员系指国际公务员或者经此种组织授权代表该组织行事的任何人员,包括受国际组织聘用的国际公务员和虽没有受国际组织聘用但受国际组织授权代表该组织行事的人员。本罪在客观方面表现为给予外国公职人员或者国际公共组织官员以财物的行为。尽管刑法未对上述行贿行为构成犯罪规定任何情节上的限制,但无论从《刑法》第 13 条"但书"规定的精神还是从本罪与对非国家工作人员行贿罪相关规定相协调方面考虑,上述行贿行为在成立犯罪时应该有一定情节的限制。这当然有待于最高司法机关作出司法解释。本罪的主体包括任何已满 16 周岁、具有刑事责任能力的自然人和单位。本罪在主观上出自故意,并具有谋取不正当商业利益的目的。根据《刑法》第 164 条第 1 款、第 3 款的规定,犯本罪的,处 3 年以下有期徒刑或者拘役,并处罚金;数额巨大的,处 3 年以上 10 年以下有期徒刑,并处罚金。单位犯本罪的,对单位判处罚金,并对其直接负责的主管人员和其他直接责任人员,依照上述规定处罚。

十一、非法经营同类营业罪

非法经营同类营业罪,是指国有公司、企业的董事、经理利用职务便利,自己经营或者为他人经营与其任职公司、企业同类的营业,获取非法利益,数额巨大的行为。本罪侵犯的客体是国家对国有公司、企业的管理秩序和国有公司、企业董事、经理的职务廉洁性。本罪在客观方面表现为行为人利用职务便利,自己经营或者为他人经营与其所任职公司、企业同类的营业,获取非法利润,数额巨大的行为。本罪的客观方面包括如下几个要素:(1) 行为人具有自己经营或者为他人经营与其任职公司、企业同类的营业的行为,且获取了非法利益。"自己经营",是指自己独资经营公司、企

---

① 参见赵秉志、王志祥、郭理蓉编:《联合国反腐败公约暨相关重要文献资料》,中国人民公安大学出版社 2004 年版,第 345 页。

业。"为他人经营",是指在他人出资经营的公司、企业中任职从而获取经营报酬。"同类的营业",是指生产、销售同一商品或者具有其他同一性质的营业。"获取非法利益",是指因同类竞业损害国有公司、企业的利益而自己获得利益。(2)行为人的上述行为利用了其在国有公司、企业担任董事、经理职务上的便利。所谓"利用职务便利",是指行为人利用其主管、经管、经营的权利或由此产生的方便条件(如对进货、营销渠道的直接掌握或影响)。(3)行为人获取非法利益的数额巨大。至于其具体标准,2010年5月7日最高人民检察院、公安部《关于公安机关管辖的刑事案件立案追诉标准的规定(二)》第12条有明确规定。本罪的主体只能是国有公司、企业的董事、经理。本罪的主观方面是故意,并具有获取非法利益的目的。根据《刑法》第165条的规定,犯本罪的,处3年以下有期徒刑或者拘役,并处或者单处罚金;数额特别巨大的,处3年以上7年以下有期徒刑,并处罚金。

十二、为亲友非法牟利罪

为亲友非法牟利罪,是指国有公司、企业、事业单位的工作人员,利用职务便利,将本单位的盈利业务交由自己的亲友进行经营,或者与亲友经营管理的单位进行明显有利于对方的购销活动,使国家利益遭受重大损失的行为。本罪侵犯的客体是国有公司、企业、事业单位的正常管理活动、合法利益。本罪的客观方面表现为行为人利用职务便利,为亲友牟利,使国家利益遭受重大损失的行为。本罪的客观方面包括以下几个要素:(1)行为人具有为亲友非法牟利的行为。为亲友牟利包括以下几种情形:第一,将本单位的盈利业务交由自己的亲友经营。所谓盈利业务,是指肯定能够获得利润的业务。如果某种业务盈利与否取决于经营的好坏,则不能认为是盈利业务。第二,以明显高于市场的价格向自己的亲友经营管理的单位采购商品或者以明显低于市场的价格向自己亲友经营管理的单位销售商品。"明显高于"和"明显低于",意味着不是略高一点或者略低一点,而是高出或者低于较多。第三,向自己的亲友经营管理的单位采购不合格的商品。(2)行为人的上述行为利用了其在国有公司、企业、事业单位担任的职务的便利。所谓利用职务便利,是指行为人利用其对公司、企业、事业单位的经营管理的地位和职权形成的便利条件。(3)行为人的行为使国家利益遭受了重大损失。至于其具体标准,2010年5月7日最高人民检察院、公安部《关于公安机关管辖的刑事案件立案追诉标准的规定(二)》第13条有明确规定。本罪的主体只能是国有公司、企业、事业单位的工作人员。本罪的主观方面是故意。根据《刑法》第166条的规定,犯本罪的,处3年以下有期徒刑或者拘役,并处或者单处罚金;致使国家利益遭受特别重大损失的,处3年以上7年以下有期徒刑,并处罚金。

十三、签订、履行合同失职被骗罪

签订、履行合同失职被骗罪,是指国有公司、企业、事业单位直接负责的主管人员,在签订、履行合同过程中,因严重不负责任被诈骗,致使国家利益遭受重大损失的行为。本罪侵犯的客体是国家对国有公司、企业、事业单位的经济贸易活动的管理秩序。本罪的客观方面表现为行为人在签订、履行合同过程中,因严重不负责任被诈骗,从而使国家利益遭受重大损失的行为。本罪的客观方面包括以下几个要素:(1) 行为发生在签订、履行合同的过程中。(2) 行为人对合同的签订、履行严重不负责任。所谓严重不负责任,是指对对方的身份、履行合同的诚意、履行合同的能力等情况不进行任何考察或者不认真考察,就与对方签订、履行合同。(3) 行为人的上述行为使国家利益遭受重大损失。至于其具体标准,2010年5月7日最高人民检察院、公安部《关于公安机关管辖的刑事案件立案追诉标准的规定(二)》第14条有明确规定。本罪的主体只能是国有公司、企业、事业单位的直接负责的主管人员。本罪的主观方面表现为过失。根据《刑法》第167条的规定,犯本罪的,处3年以下有期徒刑或者拘役;造成国家利益特别重大损失的,处3年以上7年以下有期徒刑。

十四、国有公司、企业、事业单位人员失职罪

国有公司、企业、事业单位人员失职罪,是指国有公司、企业、事业单位的工作人员,严重不负责任,造成国有公司、企业破产或者严重损失,或者国有事业单位严重损失,致使国家利益遭受重大损失的行为。本罪侵犯的客体是国家对国有公司、企业、事业单位的管理秩序。本罪的客观方面表现为行为人严重不负责任,造成国有公司、企业破产或者严重损失,或者国有事业单位严重损失,从而使国家利益遭受重大损失。本罪的客观方面包括以下几个要素:(1) 行为人在工作中严重不负责任,即行为人不履行或者不认真地履行自己的职务。(2) 行为人的行为使国家利益遭受了重大损失。至于其具体标准,2010年5月7日最高人民检察院、公安部《关于公安机关管辖的刑事案件立案追诉标准的规定(二)》第15条有明确规定。本罪的主体是国有公司、企业、事业单位的工作人员。本罪的主观方面表现为过失。根据《刑法》第168条的规定,犯本罪的,处3年以下有期徒刑或者拘役;致使国家利益遭受特别重大损失的,处3年以上7年以下有期徒刑。国有公司、企业、事业单位工作人员徇私舞弊,犯本罪的,从重处罚。

十五、国有公司、企业、事业单位人员滥用职权罪

国有公司、企业、事业单位人员滥用职权罪,是指国有公司、企业、事业单位的工作人员,滥用职权,造成国有公司、企业破产或者严重损失,或者国有事业单位严重损失,致使国家利益遭受重大损失。本罪侵犯的客体是国家对国有公司、企业、事业单位的管理秩序。本罪的客观方面表现为行为人滥用职权,造成国有公司、企业破产或者严重损失,或者国有事业单位严重损失,致使国家利益遭受重大损失。本罪的客观方面包括以下几个要素:(1) 行为人在工作中滥用职权,即行为人超越自己的职权或者不正确行使自己的职权。(2) 行为人的行为使国家利益遭受了重大损失。至于其具体标准,2010年5月7日最高人民检察院、公安部《关于公安机关管辖的刑事案件立案追诉标准的规定(二)》第16条有明确规定。本罪的主体是国有公司、企业、事业单位的工作人员。本罪的主观方面表现为故意。根据《刑法》第168条的规定，犯本罪的，处3年以下有期徒刑或者拘役；致使国家利益遭受特别重大损失的，处3年以上7年以下有期徒刑。国有公司、企业、事业单位工作人员徇私舞弊，犯本罪的，从重处罚。

十六、徇私舞弊低价折股、出售国有资产罪

徇私舞弊低价折股、出售国有资产罪，是指国有公司、企业或者其上级主管部门直接负责的主管人员，徇私舞弊，将国有资产低价折股或者低价出售，致使国家利益遭受重大损失的行为。本罪侵犯的客体是国家对国有公司、企业的管理秩序和国家对国有资产的所有权。本罪的客观方面表现为行为人徇私舞弊，将国有资产低价折股或者低价出售，致使国家利益遭受重大损失。本罪的客观方面包括以下几个要素：（1）行为人具有徇私舞弊，将国有资产低价折股或者低价出售的行为。"徇私舞弊"是指为私利、私情而违反国家关于国有公司、企业资产保护法规的规定而在折股国有资产或出售国有资产时弄虚作假。"低价折股"是指在推行股份制过程中，将国有公司、企业的实物、工业产权、非专利技术、土地使用权压价折合为出资股份。"低价出售"是指以低于国有资产的实际价值而将其出卖。（2）行为人的行为使国家利益遭受重大损失。至于其具体标准，2010年5月7日最高人民检察院、公安部《关于公安机关管辖的刑事案件立案追诉标准的规定（二）》第17条有明确规定。本罪的主体为国有公司、企业的直接负责的主管人员或者其上级主管部门的直接负责的主管人员。本罪在主观方面表现为故意。根据《刑法》第169条的规定，犯本罪的，处3年以下有期徒刑或者拘役；使国家利益遭受特别重大损失的，处3年以上7年以下有期徒刑。

十七、背信损害上市公司利益罪

背信损害上市公司利益罪，是指上市公司的董事、监事、高级管理人员违背对公司的忠实义务，利用职务便利，操纵上市公司从事损害上市公司利益并使上市公司利益遭受重大损失的行为。本罪侵犯的客体是上市公司的管理秩序和经济利益。本罪的客观方面表现为行为人违背对公司的忠实义务，利用职务便利，操纵上市公司从事损害上市公司利益并使上市公司利益遭受重大损失的行为。本罪客观方面包括以下几个要素：（1）行为人违背了对公司的忠实义务，即行为人违背了《公司法》第148条规定的"上市公司的董事、监事、高级管理人员对公司负有忠实和勤勉义务"。（2）利用职务便利，操纵公司从事损害上市公司利益的行为。《刑法》第169条之一规定了如下几种损害上市公司利益的行为：第一，无偿向其他单位或者个人提供资金、商品、服务或者其他资产；第二，以明显不公平的条件，提供或者接受资金、商品、服务或者其他资产；第三，向明显不具有清偿能力的单位或者个人提供资金、商品、服务或者其他资产；第四，为明显不具有清偿能力的单位或者个人提供担保，或者无正当理由为其他单位或者个人提供担保；第五，无正当理由放弃债权、承担债务；第六，采用其他方式损害上市公司利益。行为人具有上述六种行为之一，即具备本罪的行为要素。

(3)行为人的上述行为致使上市公司利益遭受重大损失。至于其具体标准,2010年5月7日最高人民检察院、公安部《关于公安机关管辖的刑事案件立案追诉标准的规定(二)》第18条有明确规定。本罪的主体是公司的董事、监事、高级管理人员。上市公司的控股股东或者实际控制人,指使上市公司董事、监事、高级管理人员实施上述损害公司行为的,以本罪论处。本罪的主观方面表现为故意。根据《刑法》第169条之一的规定,犯本罪的,处3年以下有期徒刑或者拘役,并处或者单处罚金;致使上市公司利益遭受特别重大损失的,处7年以下有期徒刑,并处罚金。犯本罪的上市公司的控股股东或者实际控制人是单位的,对单位判处罚金,并对其直接负责的主管人员和其他直接责任人员依照上述刑罚处罚。

第五节 破坏金融管理秩序罪

一、伪造货币罪

(一)伪造货币罪的概念和构成

伪造货币罪,是指违反货币管理法规,仿照货币的形状等外部特征,制造假货币冒充真货币的行为。

本罪的构成要件是:

(1)本罪侵犯的客体是国家的货币管理秩序。犯罪的对象是货币,即指可在我国国内市场流通或者兑换的人民币和境外货币。[①] 对于以前曾经作为货币但目前已不在我国国内市场流通或者兑换的货币如旧中国作为货币使用的银元,不属于本罪的对象。实践中伪造旧货币用以诈骗财物的,应当以诈骗罪论处。

(2)本罪的客观方面表现为行为人实行了伪造即违反货币管理法规,仿照货币的形状等外部特征,制造假货币冒充真货币的行为。伪造,是指没有货币发行权的人仿照真货币的形状、图案、色彩等外部特征,非法制造具有真实货币外观的物品。理解本罪中的"伪造",应当注意:第一,必须是仿照真货币而制造假货币。如果没有仿照的情形,而是直接从画册上剪下货币的图案,然后冒充真货币骗取他人财物的,则不构成本罪;骗取他人财物数额较大的,按诈骗罪处理。第二,不要求伪造的货币与真货币在形状等各个方面完全一样,只要在外观上达到以假乱真的程度即可。即使伪造的货币和真货币存在细微的差别,也不应影响伪造行为的成立。第三,伪造的方法可以各种各样,例如,机器印刷、石印、影印、手描等。至于采用什么方法,不影响本罪的构成。

(3)本罪的主体是一般主体,即任何已满16周岁、具有刑事责任能力的自然人,均可能成为本罪的主体。

(4)本罪主观方面是直接故意,而且一般情况下行为人具有意图流通或者营利

---

① 参见2000年4月20日发布、自2000年9月14日起施行的最高人民法院《关于审理伪造货币等案件具体应用法律若干问题的解释》第7条的规定。

的目的。但由于刑法上没有明确规定成立本罪行为人必须具有上述目的，而且对于伪造面值或数量较大的货币的行为本身即属严重违反国家货币管理秩序的行为，同时通常要证明行为人主观上不具有上述目的也极为困难，因而在司法实践中，不宜将具有上述目的作为认定伪造货币行为构成本罪的绝对标准。

(二) 伪造货币罪的认定

(1) 本罪与非罪行为的界限。虽然刑法对伪造货币行为构成本罪未规定任何情节上的限制，但根据《刑法》第13条"但书"的规定，如果伪造货币的行为属于"情节显著轻微、危害不大"的，就不应认定为犯罪。对此，2000年9月14日最高人民法院《关于审理伪造货币等案件具体应用法律若干问题的解释》第1条规定，伪造货币总面额在2000元或者币量在200张以上的，才构成伪造货币罪。2010年5月7日最高人民检察院、公安部《关于公安机关管辖的刑事案件立案追诉标准的规定(二)》第19条则规定有下列三种情形之一的，即应作为伪造货币罪立案追诉：第一，伪造货币，总面额在2000元以上或者币量在200张(枚)以上的；第二，制造货币版样或者为他人伪造货币提供版样的；第三，其他伪造货币应予追究刑事责任的情形。

(2) 本罪既遂与未遂的界限。区分本罪既遂与未遂的界限，应以行为人是否将伪造货币行为实行完毕即是否将货币伪造出来为标准。行为人已经伪造出货币的，才构成犯罪的既遂。如果行为人已经着手实行伪造货币的行为，由于其意志以外的原因，未能伪造出货币，尽管该行为可以作为犯罪处理，但只能以犯罪未遂论处。

(3) 本罪中一罪与数罪的认定。在司法实践中，一人同时实施伪造、出售、运输、持有、使用伪造的货币等数种犯罪行为的情况常有发生，对这种情况是按一罪处理，还是按数罪实行并罚，关键看行为人出售、运输、持有、使用伪造的货币是否其本人伪造的，如果系行为人本人伪造的，按伪造货币罪一罪从重处罚；如果行为人既伪造了货币，又持有、使用、运输、出售了其他人伪造的货币，则应按伪造货币罪和有关犯罪实行数罪并罚。

(4) 本罪中有关共同犯罪的认定。在司法实践中，贩卖伪造货币的犯罪分子可能直接从伪造货币的犯罪人手中购买假币，在此种情况下，就存在着购买者和伪造者是否成立共同犯罪的问题。如果购买者与伪造者事先有通谋，就应该按伪造货币罪的共同犯罪处理；如果双方事先没有通谋，就应当分别定罪处罚，即对伪造者按伪造货币罪定罪处罚，对购买者按购买假币罪定罪处罚。

(三) 伪造货币罪的刑事责任

根据《刑法》第170条的规定，犯本罪的，处3年以上10年以下有期徒刑，并处罚金；有下列情形之一的，处10年以上有期徒刑或者无期徒刑，并处罚金或者没收财产：(1) 伪造货币集团的首要分子；(2) 伪造货币数额特别巨大的；(3) 有其他特别严重情节的。

二、出售、购买、运输假币罪

出售、购买、运输假币罪，是指出售、购买伪造的货币，或者明知是伪造的货币而予以运输,数额较大的行为。本罪侵犯的客体是国家的货币管理秩序。犯罪对象仅指伪造的货币,不包括变造的货币。本罪的客观方面表现为出售、购买、运输伪造的货币,数额较大。本罪的客观方面包括以下两个要素:(1)行为人实施了出售、购买、运输伪造的货币的行为。只要具有三种行为之一,即具备本罪的行为要素。需注意的是,本罪中运输的空间范围以不超过国(边)境线为限,跨境运输的,属于走私假币行为,不以本罪论处。(2)出售、购买、运输伪造货币的数额较大。至于其具体标准,2000年4月20日最高人民法院《关于审理伪造货币等案件具体应用法律若干问题的解释》第3条和2010年5月7日最高人民检察院、公安部《关于公安机关管辖的刑事案件立案追诉标准的规定(二)》第20条有明确规定。本罪的主体是任何已满16周岁、具有刑事责任能力的自然人。本罪在主观上是故意,即明知是假币而出售、购买或者运输。根据《刑法》第171条第1款的规定,犯本罪的,处3年以下有期徒刑或者拘役,并处2万元以上20万元以下罚金;数额巨大的,处3年以上10年以下有期徒刑,并处5万元以上50万元以下罚金;数额特别巨大的,处10年以上有期徒刑或者无期徒刑,并处5万元以上50万元以下罚金或者没收财产。

三、金融机构工作人员购买假币、以假币换取货币罪

金融工作人员购买假币、以假币换取货币罪,是指金融机构的工作人员购买假币或者利用职务上的便利,以伪造的货币换取真币的行为。本罪侵犯的客体是国家的货币管理秩序。本罪在客观上表现为金融机构的工作人员购买假币或者利用职务上的便利,以伪造的货币换取真币的行为。行为人只要具备购买伪造的货币和利用职务上的便利以伪造的货币换取真币行为之一,即具备了本罪的行为要素。尽管《刑法》第171条第2款对本罪的成立未作任何情节的限制,但根据《刑法》第13条"但书"的规定,对于金融工作人员购买伪造的货币或者利用职务上的便利以伪造的货币换取真币行为,如果情节显著轻微,危害不大的,就不宜作为犯罪处理。为此,根据2010年5月7日最高人民检察院、公安部《关于公安机关管辖的刑事案件立案追诉标准的规定(二)》第21条的规定,金融工作人员购买伪造的货币或者利用职务上的便利以伪造的货币换取真币,总面额在2000元以上或者币量在200张(枚)以上的,才应予立案追诉。本罪的主体是银行和其他金融机构工作人员。本罪在主观上表现为故意。根据《刑法》第171条第2款的规定,犯本罪的,处3年以上10年以下有期徒刑,并处2万元以上20万元以下罚金;数额巨大或者有其他严重情节的,处10年以上有期徒刑或者无期徒刑,并处2万元以上20万元以下罚金或者没收财产;情节较轻的,处3年以下有期徒刑或者拘役,并处或者单处1万元以上10万元以下罚金。

四、持有、使用假币罪

持有、使用假币罪,是指持有、使用假币,数额较大的行为。本罪侵犯的客体是国家的货币管理秩序。本罪在客观上表现为持有、使用假币,数额较大的行为。本罪的

客观方面包括以下两个要素:(1) 行为人具有持有假币或者使用假币的行为。具有该两种行为之一的,即具备本罪的行为要素。所谓"持有",是指行为人将伪造的货币实际置于自己的支配和控制之下的一种持续性状态的行为。本罪中的持有不同于伪造货币罪和出售、购买、运输假币罪等刑法另外规定的涉假币犯罪中行为人对假币的持有,即只有在无法证明伪造的货币的真实来源和去向时的持有假币行为,才属于本罪中的持有。所谓"使用",是指将伪造的货币投入流通领域,作为一种支付手段而购买商品或者接受服务等。(2) 行为人持有或者使用的假币数额较大。至于其具体标准,2000 年 4 月 20 日最高人民法院《关于审理伪造货币等案件具体应用法律若干问题的解释》第 5 条和 2010 年 5 月 7 日最高人民检察院、公安部《关于公安机关管辖的刑事案件立案追诉标准的规定(二)》第 22 条有明确规定。本罪的主体为任何已满 16 周岁、具有刑事责任能力的自然人。本罪在主观上表现为故意,即行为人明知是假币仍持有、使用。根据《刑法》第 172 条的规定,犯本罪的,处 3 年以下有期徒刑或者拘役,并处或者单处 1 万元以上 10 万元以下罚金;数额巨大的,处 3 年以上 10 年以下有期徒刑,并处 2 万元以上 20 万元以下罚金;数额特别巨大的,处 10 年以上有期徒刑,并处 5 万元以上 50 万元以下罚金或者没收财产。

五、变造货币罪

变造货币罪,是指行为人对真实的货币,通过剪贴、涂改、挖补、拼接、揭层等方法,使真币改变形态或者升值,数额较大的行为。本罪侵犯的客体是国家的货币管理秩序。犯罪对象是真的货币,包括人民币和可在我国国内市场流通或者兑换的境外货币。本罪在客观上表现为行为人对真实的货币,通过剪贴、涂改、挖补、拼接、揭层等方法,使真币改变形态或者增值,数额较大的行为。本罪的客观方面包括以下两个要素:(1) 行为人实行了变造货币的行为。(2) 变造货币的数额较大。至于其具体标准,2000 年 4 月 20 日最高人民法院《关于审理伪造货币等案件具体应用法律若干问题的解释》第 6 条和 2010 年 5 月 7 日最高人民检察院、公安部《关于公安机关管辖的刑事案件立案追诉标准的规定(二)》第 23 条有明确规定。本罪的主体是任何已满 16 周岁、具有刑事责任能力的自然人。本罪在主观上表现为故意。根据《刑法》第 173 条的规定,犯本罪的,处 3 年以下有期徒刑或者拘役,并处或者单处 1 万元以上 10 万元以下罚金;数额巨大的,处 3 年以上 10 年以下有期徒刑,并处 2 万元以上 20 万元以下罚金。

六、擅自设立金融机构罪

擅自设立金融机构罪,是指未经国家有关主管部门批准,擅自设立商业银行、证券交易所、期货交易所、证券公司、期货经纪公司、保险公司或者其他金融机构的行为。本罪侵犯的客体是国家关于金融机构设立的管理秩序。本罪在客观上表现为未经国家有关主管部门批准,擅自设立商业银行、证券交易所、期货交易所、证券公司、期货经纪公司、保险公司或者其他金融机构的行为。本罪中所称的金融机构,既包括商业银行、证券交易所、期货交易所、证券公司、期货经纪公司、保险公司或者其他金融机构,也包括为设立这些金融机构而成立的筹备组织。本罪的主体包括任何已满16周岁、具有刑事责任能力的自然人和单位。本罪在主观上表现为故意。根据《刑法》第174条的规定,犯本罪的,处3年以下有期徒刑或者拘役,并处或者单处2万元以上20万元以下罚金;情节严重的,处3年以上10年以下有期徒刑,并处5万元以上50万元以下罚金。单位犯本罪的,对单位判处罚金,并对其直接负责的主管人员和其他直接责任人员,依照上述规定处罚。

七、伪造、变造、转让金融机构经营许可证、批准文件罪

伪造、变造、转让金融机构经营许可证、批准文件罪,是指伪造、变造、转让商业银行、证券交易所、期货交易所、证券公司、期货经纪公司、保险公司或者其他金融机构的经营许可证或者批准文件的行为。本罪侵犯的客体是国家对金融机构经营许可证、批准文件的管理秩序。本罪在客观上表现为伪造、变造、转让商业银行、证券交易所、期货交易所、证券公司、期货经纪公司、保险公司或者其他金融机构的经营许可证或者批准文件的行为。金融机构经营许可证,包括金融机构法人许可证、金融机构营业许可证等。本罪的主体包括任何已满16周岁、具有刑事责任能力的自然人和单位。本罪在主观上表现为故意。根据《刑法》第174条的规定,犯本罪的,处3年以下有期徒刑或者拘役,并处或者单处2万元以上20万元以下罚金;情节严重的,处3年以上10年以下有期徒刑,并处5万元以上50万元以下罚金。单位犯本罪的,对单位判处罚金,并对其直接负责的主管人员和其他直接责任人员,依照上述规定处罚。

八、高利转贷罪

高利转贷罪,是指以转贷牟利为目的,套取金融机构信贷资金高利转贷他人,违法所得数额较大的行为。本罪侵犯的客体是国家的信贷资金管理秩序。本罪在客观上表现为套取金融机构信贷资金高利转贷他人,违法所得数额较大的行为。本罪的客观方面包括以下两个要素:(1)行为人实行了套取金融机构信贷资金高利转贷他人的行为。所谓"套取",是指行为人在不符合贷款条件的前提下,以虚假的贷款理由或者贷款条件,向金融机构申请贷款,并且获取由正常程序无法取得到的贷款。所谓"信贷资金",是指金融机构能够依法运用来自社会公众的储蓄和企业存款等资金,经严格审批后,用于公司、企业、事业单位和个人的政策性贷款和商业贷款。所谓"高利转贷他人",是指行为人在取得信贷资金后,又以高于银行或其他金融机构根据中国人民银行的利率规定而确定的同期贷款利率,再将取得的信贷资金转贷给他人,从中谋取非法利益。(2)行为人获取的违法所得数额较大。至于其具体标准,2010年5月7日最高人民检察院、公安部《关于公安机关管辖的刑事案件立案追诉标准的规定(二)》第26条有明确规定。本罪的主体包括任何已满16周岁、具有刑事责任能力的自然人和单位。本罪在主观上表现为故意,并且具有转贷牟利的目的。根据《刑法》第175条的规定,犯本罪的,处3年以下有期徒刑或者拘役,并处违法所得1倍以上5

倍以下罚金;数额巨大的,处3年以上7年以下有期徒刑,并处违法所得1倍以上5倍以下罚金。单位犯本罪的,对单位判处罚金,并对其直接负责的主管人员和其他直接责任人员,处3年以下有期徒刑或者拘役。

九、骗取贷款、票据承兑、金融票证罪

骗取贷款、票据承兑、金融票证罪,是指行为人以欺骗手段取得银行或者其他金融机构贷款、票据承兑、信用证、保函等,给银行或者其他金融机构造成重大损失或者有其他严重情节的行为。本罪侵犯的客体是国家对贷款、票据承兑、金融票证的管理秩序。本罪在客观上表现为行为人以欺骗手段取得银行或者其他金融机构贷款、票据承兑、信用证、保函等,给银行或者其他金融机构造成重大损失或者有其他严重情节。本罪的客观方面包括以下要素:(1)行为人实行了以欺骗手段取得银行或者其他金融机构贷款、票据承兑、信用证、保函等的行为。(2)上述行为给银行或者其他金融机构造成重大损失或者有其他严重情节。至于其具体标准,2010年5月7日最高人民检察院、公安部《关于公安机关管辖的刑事案件立案追诉标准的规定(二)》第27条有明确规定。本罪的主体包括任何已满16周岁、具有刑事责任能力的自然人和单位。本罪在主观上表现为故意,即存在骗用贷款、票据承兑、信用证、保函的故意。但不能出于非法占有的目的,否则,构成贷款诈骗罪等其他犯罪。根据《刑法》第175条之一的规定,犯本罪的,处3年以下有期徒刑或者拘役,并处或者单处罚金;给银行或者其他金融机构造成特别重大损失或者有其他特别严重情节的,处3年以上10年以下有期徒刑,并处罚金。单位犯本罪的,对单位判处罚金,并对其直接负责的主管人员和其他直接责任人员,依照上述规定处罚。

十、非法吸收公众存款罪

非法吸收公众存款罪,是指非法吸收公众存款或者变相吸收公众存款,扰乱金融秩序的行为。本罪侵犯的客体是国家的金融管理秩序。本罪的客观方面表现为行为人实施了非法吸收或变相吸收公众存款的行为。"非法吸收公众存款",是指行为人违反国家法律、法规的规定,在社会上以存款的形式公开吸收公众资金的行为。具体包含两种情况:一是行为人不具有吸收存款的主体资格而吸收公众存款,二是行为人虽然具有吸收存款的主体资格,但其所采用的方法是违法的。"变相吸收公众存款",是指行为人不是以存款的名义而是通过其他形式吸收公众资金,从而达到吸收公众存款的目的的行为。如有些单位,未经批准成立资金互助组织吸收公众的资金,或者有些企业以投资、集资入股等名义吸收公众资金,但并不按规定分配利润、分配股息,而是以一定的利息进行支付。行为人只要具有上述两种行为之一,即具备本罪的行为要素。尽管《刑法》第176条对本罪的成立未作任何情节的限制,但根据《刑法》第13条"但书"的规定,对于非法吸收公众存款行为,如果情节显著轻微,危害不大的,就不宜作为犯罪处理。为此,2010年5月7日最高人民检察院、公安部《关于公安机关管辖的刑事案件立案追诉标准的规定(二)》第28条对非法吸收公众存款行为应予

立案追诉的情节标准作了明确的规定。本罪的主体包括任何已满16周岁、具有刑事责任能力的自然人和单位。本罪主观方面是故意。根据《刑法》第176条的规定,犯本罪的,处3年以下有期徒刑或者拘役,并处或者单处2万元以上20万元以下罚金;对数额巨大或者有其他严重情节的,处3年以上10年以下有期徒刑,并处5万元以上50万元以下罚金。单位犯本罪的,对单位判处罚金,并对其直接负责的主管人员和其他直接责任人员依照上述自然人犯本罪的法定刑处罚。

十一、伪造、变造金融票证罪

伪造、变造金融票证罪,是指行为人违反金融票据管理法规,仿照金融票据的式样、形状、色彩、文字等要素制作假的金融票据或者对真实的金融票据进行改制的行为。本罪侵犯的客体是国家的金融票证管理秩序。本罪的对象有汇票、本票、支票和委托收款凭证、汇款凭证、银行存单等其他银行结算凭证,以及信用证或者附随的单据、文件和信用卡。本罪在客观上表现为行为人违反金融票据管理法规,仿照金融票据的式样、形状、色彩、文字等要素制作假的金融票据或者对真实的金融票据进行改制的行为。尽管《刑法》第177条对本罪的成立未作任何情节的限制,但根据《刑法》第13条"但书"的规定,对于伪造、变造金融票证行为,如果情节显著轻微,危害不大的,就不宜作为犯罪处理。为此,2010年5月7日最高人民检察院、公安部《关于公安机关管辖的刑事案件立案追诉标准的规定(二)》第29条对伪造、变造金融票证行为应予立案追诉的情节标准作了明确的规定。本罪的主体包括任何已满16周岁、具有刑事责任能力的自然人和单位。本罪在主观上表现为故意。根据《刑法》第177条的规定,犯本罪的,处5年以下有期徒刑或者拘役,并处或者单处2万元以上20万元以下罚金;情节严重的,处5年以上10年以下有期徒刑,并处5万元以上50万元以下罚金;情节特别严重的,处10年以上有期徒刑或者无期徒刑,并处5万元以上50万元以下罚金或者没收财产。单位犯本罪的,对单位判处罚金,并对其直接负责的主管人员和其他直接责任人员,依照上述规定处罚。

十二、妨害信用卡管理罪

妨害信用卡管理罪,是指持有、运输伪造的信用卡或者数量较大的伪造的空白信用卡,或者持有他人数量较大的信用卡,或者使用虚假的身份证明骗领信用卡,或者出售、购买、为他人提供伪造的信用卡或者以虚假的身份证明骗领的信用卡的行为。本罪侵犯的客体是国家的信用卡管理秩序。本罪在客观方面包括如下四种行为:(1)持有、运输伪造的信用卡或者数量较大的伪造的空白信用卡;(2)持有他人数量较大的信用卡;(3)使用虚假的身份证明骗领信用卡;(4)出售、购买、为他人提供伪造的信用卡或者以虚假的身份证明骗领的信用卡。行为人只要实行上述四种行为之一,即具备本罪的行为要素。需要注意的是,对于持有、运输伪造的空白信用卡的行为和持有他人信用卡的行为,只有信用卡的数量达到较大才能成立犯罪。对于其具体数量标准,2010年5月7日最高人民检察院、公安部《关于公安机关管辖的刑事案件立案追诉标准的规定(二)》第30条有明确规定。本罪的主体是任何已满16周岁、具有刑事责任能力的自然人。本罪在主观上表现为故意,即明知是伪造的信用卡或者伪造的空白信用卡而持有、运输,或者明知是他人的信用卡而持有,或者明知是虚假的身份证明而使用并骗领信用卡,或者明知是伪造的信用卡或者以虚假的身份证明骗领的信用卡而出售、购买、为他人提供。根据《刑法》第177条之一第1款的规定,犯本罪的,处3年以下有期徒刑或者拘役,并处或者单处1万元以上10万元以下罚金;数量巨大或者有其他严重情节的,处3年以上10年以下有期徒刑,并处2万元以上20万元以下罚金。

十三、窃取、收买、非法提供信用卡信息罪

窃取、收买、非法提供信用卡信息罪,是指行为人采用秘密窃取、有偿收买或者非法提供他人信用卡信息资料的行为。本罪侵犯的客体是国家对信用卡信息资料的管理秩序。本罪在客观方面表现为窃取、收买、非法提供他人信用卡信息资料的行为。所谓信用卡信息,是指由发卡行在发卡时使用专用设备写入信用卡的磁条中的一组关于发卡行代码、持卡人账户、账号、密码等内容的加密电子数据,作为POS机、ATM机等终端机识别用户是否合法的依据。没有这些信息,信用卡无法使用。尽管《刑法》第177条之一第2款对本罪的成立未作任何情节的限制,但根据《刑法》第13条"但书"的规定,对于窃取、收买、非法提供他人信用卡信息行为,如果情节显著轻微、危害不大的,就不宜作为犯罪处理。为此,2010年5月7日最高人民检察院、公安部《关于公安机关管辖的刑事案件立案追诉标准的规定(二)》第31条对窃取、收买、非法提供他人信用卡信息行为应予立案追诉的情节标准作了明确的规定。本罪的主体是任何已满16周岁、具有刑事责任能力的自然人。本罪在主观上表现为故意,即明知是他人的信用卡信息资料而窃取、收买、非法提供。根据《刑法》第177条之一第2款和第3款的规定,犯本罪的,处3年以下有期徒刑或者拘役,并处或者单处1万元以上10万元以下罚金;数量巨大或者有其他严重情节的,处3年以上10年以下有期徒刑,并处2万元以上20万元以下罚金。银行或者其他金融机构的工作人员利用职务上的便利,犯本罪的,从重处罚。

十四、伪造、变造国家有价证券罪

伪造、变造国家有价证券罪,是指伪造、变造国库券或者国家发行的其他有价证券,数额较大的行为。本罪侵犯的客体是国家的有价证券管理秩序。本罪的对象包括国家发行的国库券或者其他有价证券。国库券,是指国家为了解决财政资金、建设资金不足而向社会发行的政府债券。其他有价证券,是指国家面向全社会发行的、以人民币计算面值的、持券人凭券到期取得相应货币收入的凭证。其他有价证券的种类包括国家重点建设债券、特种国家债券、保值公债券、财政债券、金融债券等等。本罪在客观方面表现为伪造、变造国库券或者国家发行的其他有价证券,数额较大的行

为。本罪的客观方面包括以下两个要素:(1) 行为人实行了伪造、变造国库券或者国家发行的其他有价证券的行为。只要具有其中之一的行为,即具备本罪的行为要素。(2) 伪造或者变造的国库券等国家有价证券的数额较大。至于其具体标准,2010年5月7日最高人民检察院、公安部《关于公安机关管辖的刑事案件立案追诉标准的规定(二)》第32条有明确规定。本罪的主体包括任何已满16周岁、具有刑事责任能力的自然人和单位。本罪在主观上表现为故意。根据《刑法》第178条第1款和第3款的规定,犯本罪的,处3年以下有期徒刑或者拘役,并处或者单处2万元以上20万元以下罚金;数额巨大的,处3年以上10年以下有期徒刑,并处5万元以上50万元以下罚金;数额特别巨大的,处10年以上有期徒刑或者无期徒刑,并处5万元以上50万元以下罚金或者没收财产。单位犯本罪的,对单位判处罚金,并对其直接负责的主管人员和其他直接责任人员,依照上述规定处罚。

十五、伪造、变造股票、公司、企业债券罪

伪造、变造股票、公司、企业债券罪,是指伪造、变造股票或者公司、企业债券,数额较大的行为。本罪侵犯的客体是国家对股票、公司、企业债券的管理秩序。本罪的对象是股票和公司、企业债券。"股票"是指股份有限公司发给股东表明其入股股份、据以行使权利的凭证,是具有财产价值的有价证券。"公司、企业债券"是指公司、企业为了筹集发展资金而依法发行并承诺在规定的日期、按约定的利息还本付息、持券人凭券能够取得相应货币收入的凭证。本罪在客观上表现为伪造、变造股票或者公司、企业债券,数额较大的行为。本罪的客观方面包括以下两个要素:(1) 行为人实行了伪造、变造股票或者公司、企业债券的行为。只要具有其中之一的行为,即具备本罪的行为要素。(2) 伪造、变造的股票或者公司、企业债券的数额较大。至于其具体标准,2010年5月7日最高人民检察院、公安部《关于公安机关管辖的刑事案件立案追诉标准的规定(二)》第33条有明确规定。本罪的主体包括任何已满16周岁、具有刑事责任能力的自然人和单位。本罪在主观上表现为故意。根据《刑法》第178条第2款和第3款的规定,犯本罪的,处3年以下有期徒刑或者拘役,并处或者单处1万元以上10万元以下罚金;数额巨大的,处3年以上10年以下有期徒刑,并处2万元以上20万元以下罚金。单位犯本罪的,对单位判处罚金,并对其直接负责的主管人员和其他直接责任人员,依照上述规定处罚。

十六、擅自发行股票、公司、企业债券罪

擅自发行股票、公司、企业债券罪,是指未经国家有关主管部门批准,擅自发行股票或者公司、企业债券,数额巨大、后果严重或者有其他严重情节的行为。本罪侵犯的客体是国家对发行股票或者公司、企业债券的管理秩序。本罪的对象是股票和公司、企业债券。本罪在客观上表现为未经国家有关主管部门批准,擅自发行股票或者公司、企业债券,数额巨大、后果严重或者有其他严重情节。本罪的客观

方面包括以下两个要素:(1) 行为人未经国家有关主管部门批准,擅自发行股票或者公司、企业债券。擅自发行包括未经批准,不具有发行资格而擅自发行股票或者公司、企业债券和具有合法发行资格但违反《证券法》等法律法规规定发行股票或者公司、企业债券。(2) 上述行为具有数额巨大、后果严重或者其他严重情节该三种情形之一。至于其具体标准,2010 年 5 月 7 日最高人民检察院、公安部《关于公安机关管辖的刑事案件立案追诉标准的规定(二)》第 34 条有明确规定。本罪的主体包括任何已满 16 周岁、具有刑事责任能力的自然人和单位。本罪在主观上表现为故意。根据《刑法》第 179 条的规定,犯本罪的,处 5 年以下有期徒刑或者拘役,并处或者单处非法募集资金金额 1% 以上 5% 以下罚金。单位犯本罪的,对单位判处罚金,并对其直接负责的主管人员和其他直接责任人员,处 5 年以下有期徒刑或者拘役。

十七、内幕交易、泄露内幕信息罪

(一) 内幕交易、泄露内幕信息罪的概念与构成

内幕交易、泄露内幕信息罪,是指证券、期货交易内幕信息的知情人员、单位或者非法获取证券、期货交易内幕信息的人员、单位,在涉及证券的发行,证券、期货交易或者其他对证券、期货交易价格有重大影响的信息尚未公开前,买入或者卖出该证券,或者从事与该内幕信息有关的期货交易,或者泄露该信息,或者明示、暗示他人从事上述交易活动,情节严重的行为。

本罪的构成要件是:

(1) 本罪侵犯的客体是复杂客体,即国家对证券、期货市场的管理秩序和广大投资者的合法权益。

(2) 本罪在客观上表现为在涉及证券的发行,证券、期货交易或者其他对证券、期货交易价格有重大影响的信息尚未公开前,买入或者卖出该证券,或者从事与该内幕信息有关的期货交易,或者泄露该信息,或者明示、暗示他人从事上述交易活动,情节严重的行为。本罪的客观方面包括以下几个要素:第一,行为人实行了内幕交易或者泄露内幕信息的行为。本罪的行为方式包括:其一,在内幕信息尚未公开前,买入该种证券、期货合约;其二,在内幕信息尚未公开前,卖出该种证券、期货合约;其三,在内幕信息尚未公开前,泄露该信息;其四,在内幕信息尚未公开前,明示、暗示他人买卖与该内幕信息有关的证券、期货和约。所谓"内幕信息",是指为证券、期货交易内幕人员知悉但尚未公开的对证券、期货交易价格有重大影响的信息。我国有关法律法规对内幕信息的范围作了比较明确的规定,如《证券法》第 75 条规定的下列信息即为内幕信息:① 本法第 67 条第 2 款所列的重大事件;② 公司分配股利或者增资的计划;③ 公司股权结构的重大变化;④ 公司债务担保的重大变化;⑤ 公司营业用主要资产的抵押、出售或者报废一次超过该资产的 30%;⑥ 公司的董事、监事、高级管理人员的行为可能依法承担重大损害赔偿责任;⑦ 上市公司收购的有关方案;⑧ 国

务院证券监督管理机构认定的对证券交易价格有显著影响的其他重要信息。对此，需注意的是，内幕信息不包括运用公开的信息资料、对证券市场作出的预测和分析；法律法规中没有明确规定的"对证券交易价格有显著影响的其他重要信息"的判断，一般应综合考虑信息公开是否对相关交易价格产生了影响、对投资人的影响、知悉该信息的人员是否从事了与该信息相关的交易行为、相关公司是否对该信息采取了保密措施等因素进行。① 所谓"信息尚未公开前"，是指信息在国务院证券、期货监督管理机构指定的报刊、网站等媒体或者其他能够被一般投资者接触到的全国性报刊、网站等媒体披露之前。所谓"泄露内幕信息"，是指知悉内幕信息的人员在内幕信息公开前，以明示或者暗示的方式将内幕信息泄露给不应知悉的人员。第二，行为的情节严重。至于其具体标准，根据2012年3月29日最高人民法院、最高人民检察院公布的《关于办理内幕交易、泄露内幕信息刑事案件具体应用法律若干问题的解释》（以下简称《内幕交易解释》）第6条的规定，具有下列情形之一的，即属于情节严重：① 证券交易成交额在50万元以上的；② 期货交易占用保证金数额在30万元以上的；③ 获利或者避免损失数额在15万元以上的；④ 进行内幕交易、泄露内幕信息三次以上的；⑤ 具有其他严重情节的。

（3）本罪的主体是证券、期货交易内幕信息的知情人员和单位，以及非法获取证券、期货交易内幕信息的其他人员和单位。根据我国《证券法》第74条规定，证券内幕信息的知情人员有如下几种：发行人的董事、监事、高级管理人员；持有公司5%以上股份的股东及其董事、监事、高级管理人员，公司的实际控制人及其董事、监事、高级管理人员；发行人控股的公司及其董事、监事、高级管理人员；由于所任公司职务可以获取公司有关内幕信息的人员；证券监督管理机构工作人员以及由于法定的职责对证券的发行、交易进行管理的其他人员；保荐人、承销的证券公司、证券交易所、证券登记结算机构、证券服务机构的有关人员；国务院证券监督管理机构规定的其他人员。根据我国现行《期货交易管理条例》第81条第12项的规定，期货内幕信息的知情人员，是指由于其管理地位、监督地位或者职业地位，或者作为雇员、专业顾问履行职务，能够接触或者获得内幕信息的人员，包括：期货交易所的管理人员以及其他由于任职可获取内幕信息的从业人员，国务院期货监督管理机构和其他有关部门的工作人员以及国务院期货监督管理机构规定的其他人员。非法获取证券、期货交易内幕信息的人员，根据《内幕交易解释》第2条的规定，是指具有下列行为的人员：① 利用窃取、骗取、套取、窃听、利诱、刺探或者私下交易等手段获取内幕信息的；② 内幕信息知情人员的近亲属或者其他与内幕信息知情人员关系密切的人员，在内幕信息敏感期内，从事或者明示、暗示他人从事，或者泄露内幕信息导致他人从事与该内幕信息有关的证券、期货交易，相关交易行为明显异常，且无正当理由或者正当信息来源的；③ 在内幕信息敏感期内，与内幕信息知情人员联络、接触，从事或者明示、暗示

---

① 参见张军主编：《破坏金融管理秩序罪》，中国人民公安大学出版社2003年版，第250页。

他人从事,或者泄露内幕信息导致他人从事与该内幕信息有关的证券、期货交易,相关交易行为明显异常,且无正当理由或者正当信息来源的。

(4) 本罪在主观上表现为故意。其中,实行内幕交易的行为人在主观方面只能是直接故意,即明知内幕信息而根据该信息买卖证券、期货合约,并且具有为自己或使他人牟取非法利益(获取利益或者减少损失)的目的。实行泄露内幕信息的行为人在主观方面既可以是直接故意,也可以是间接故意,即明知自己的行为会泄露内幕信息而希望或放任内幕信息泄露出去。

(二) 内幕交易、泄露内幕信息罪的认定

(1) 本罪与编造并传播证券、期货交易虚假信息罪的界限。本罪中的泄露内幕信息行为与编造并传播证券、期货交易虚假信息罪在侵犯的客体、客观方面和主观方面具有一定的相同之处,两者的区别在于:第一,行为对象不同。前者的对象为真实的内幕信息,后者的对象为虚假的信息。第二,客观方面的表现不同。前者表现为行为人实行了泄露内幕信息的行为,且情节严重;后者表现为行为人实行了编造并传播证券、期货交易的虚假信息,扰乱证券、期货市场的行为,且造成严重后果。第三,犯罪主体不尽相同。前者的主体为内幕信息的知情人员和非法获取内幕信息的人员,后者的主体则无此要求。

(2) 本罪与诱骗投资者买卖证券、期货合约罪的界限。本罪中的泄露内幕信息行为与诱骗投资者买卖证券、期货合约罪在侵犯的客体、客观方面和主观方面具有一定的相同之处,两者的区别在于:第一,行为对象不同。前者的对象为真实的内幕信息,后者的对象为虚假的信息或者被伪造、变造、销毁的交易记录。第二,客观方面的表现不同。前者表现为行为人实行了泄露内幕信息的行为,且情节严重;后者表现为行为人实行了提供虚假信息或者伪造、变造、销毁交易记录的行为,诱骗投资者买卖证券、期货合约,且造成严重后果。第三,犯罪主体不尽相同。前者的主体为内幕信息的知情人员和非法获取内幕信息的人员,后者的主体为证券交易所、期货交易所、证券公司、期货经纪公司的从业人员,证券业协会、期货业协会或者证券期货监督管理部门的工作人员。

(3) 本罪与故意泄露国家秘密罪的界限。本罪中的泄露内幕信息行为与故意泄露国家秘密罪在犯罪的客观方面和主观方面具有一定的相同之处,两者的区别在于:第一,侵犯的客体不同。前者侵犯的客体为国家对证券、期货市场的管理秩序和广大投资者的合法权益,后者侵犯的客体为国家秘密的管理秩序。第二,行为对象不同。前者的对象为证券、期货交易的内幕信息,后者的对象为国家秘密。第三,客观方面不尽相同。前者行为人违反了国家的证券、期货方面的法律法规,后者行为人违反了保守国家秘密方面的法律法规。第四,犯罪主体不同。前者的主体为内幕信息的知情人员、单位和非法获取内幕信息的人员、单位,后者的主体为知悉国家秘密的国家机关工作人员和非国家机关工作人员。如果行为人知悉的信息既属于内幕信息也属于国家秘密的,那么对其泄露该信息的行为属于泄露内幕信息罪和故意泄露国家秘密罪的法规竞合现象,应按照泄露内幕信息罪处理。

(4) 本罪认定中的罪数问题。涉及本罪认定中的罪数问题,主要是实践中经常发生的如下两种情况:一是采用行贿的方法非法获取内幕信息然后利用该信息进行内幕交易的;二是内幕信息知情人员受贿后向他人泄露内幕信息。由于前者系手段行为与目的行为的关系,后者系原因行为与结果行为的关系,均应按照牵连犯,以其中的一个重罪从重处罚。

(三) 内幕交易、泄露内幕信息罪的刑事责任

根据《刑法》第 180 条第 1 款、第 2 款的规定,犯本罪的,处 5 年以下有期徒刑或者拘役,并处或者单处违法所得 1 倍以上 5 倍以下罚金;情节特别严重的,处 5 年以上 10 年以下有期徒刑,并处违法所得 1 倍以上 5 倍以下罚金。单位犯本罪的,对单位判处罚金,并对其直接负责的主管人员和其他直接责任人员,处 5 年以下有期徒刑或者拘役。

十八、利用未公开信息交易罪

利用非公开信息交易罪,是指证券交易所、期货交易所、证券公司、期货经纪公司、基金管理公司、商业银行、保险公司等金融机构的工作人员,利用因职务便利获取的内幕信息以外的其他未公开的信息,违反规定,从事与该信息相关的证券、期货交易活动,或者明示、暗示他人从事相关交易活动,情节严重的行为。本罪的对象是"内幕信息以外的其他未公开的信息"。"其他未公开的信息",是指对证券、期货交易价格有重要影响的、非公开的、内幕信息以外的信息,如本单位受托管理资金的交易信息、相关市场行情(如某机构或者个人大户下单方向或者下单量的信息)、利率的变化、降低印花税以及外汇政策、金融政策的改变等信息。对于"情节严重"的标准,2010 年 5 月 7 日最高人民检察院、公安部《关于公安机关管辖的刑事案件立案追诉标准的规定(二)》第 36 条有明确规定。根据《刑法》第 180 条第 4 款的规定,犯本罪,情节严重的,处 5 年以下有期徒刑或者拘役,并处或者单处违法所得 1 倍以上 5 倍以下罚金;情节特别严重的,处 5 年以上 10 年以下有期徒刑,并处违法所得 1 倍以上 5 倍以下罚金。

十九、编造并传播证券、期货交易虚假信息罪

编造并传播证券、期货交易虚假信息罪,是指编造并且传播影响证券、期货交易的虚假信息,扰乱证券、期货交易市场,造成严重后果的行为。本罪侵犯的客体是国家对证券、期货交易市场的管理秩序和投资者的合法权益。本罪在客观上表现为编造并且传播影响证券、期货交易的虚假信息,扰乱证券、期货交易市场,造成严重后果的行为。本罪的客观方面包括如下两个要素:(1) 行为人实行了编造并且传播影响证券、期货交易的虚假信息,扰乱证券、期货交易市场的行为。"编造",是指捏造虚假信息,既包括虚构不存在的信息,也包括篡改、加工、隐瞒真实的信息。"传播",是指使用各种方法使虚假信息处于不特定人数或者多数人知悉或可能知悉的状态。

(2)上述行为造成了严重后果。至于其具体标准,2010年5月7日最高人民检察院、公安部《关于公安机关管辖的刑事案件立案追诉标准的规定(二)》第37条有明确规定。本罪的主体包括任何已满16周岁、具有刑事责任能力的自然人和单位。本罪在主观上表现为故意。根据《刑法》第181条的规定,犯本罪的,处5年以下有期徒刑或者拘役,并处或者单处1万元以上10万元以下罚金。单位犯本罪的,对单位判处罚金,并对其直接负责的主管人员和其他直接责任人员,处5年以下有期徒刑或者拘役。

二十、诱骗投资者买卖证券、期货合约罪

诱骗投资者买卖证券、期货合约罪,是指证券交易所、期货交易所、证券公司、期货经纪公司的从业人员,证券业协会、期货业协会或者证券期货监督管理部门的工作人员,故意提供虚假信息或者伪造、变造、销毁交易记录,诱骗投资者买卖证券、期货合约,造成严重后果的行为。本罪侵犯的客体是国家对证券、期货交易市场的管理秩序和投资者的合法权益。本罪在客观上表现为提供虚假信息或者伪造、变造、销毁交易记录,诱骗投资者买卖证券、期货合约,造成严重后果的行为。本罪的客观方面包括以下两个要素:(1)行为人实行了提供虚假信息或者伪造、变造、销毁交易记录,诱骗投资者买卖证券、期货合约的行为。所谓"提供虚假信息",是指行为人主动提供或者应投资者的要求而提供可能影响证券、期货交易市场价格的、不真实的证券、期货交易信息,其结果在于误导和诱骗投资者买进或卖出证券、期货合约。所谓"伪造、变造或者销毁交易记录",是指行为人为了某种目的,使用伪造、变造或者销毁交易记录的方式,掩盖真实信息,诱骗投资者。所谓"诱骗投资者买卖证券、期货合约",是指行为人以提供虚假信息或者伪造、变造、销毁交易记录的方式,诱骗投资者并致使投资者在不了解事实真相的情况下,作出证券、期货投资的错误选择或证券、期货买卖的错误决定。尽管从法条上看,诱骗也是本罪的行为,但由于提供虚假信息的行为和伪造、变造、销毁交易记录的行为只要为投资者所知,即可能产生诱骗投资者的后果,所以只要行为人实行了提供虚假信息的行为和伪造、变造、销毁交易记录的行为之一的,即具备本罪的行为要素。(2)上述行为造成了严重后果。至于其具体标准,2010年5月7日最高人民检察院、公安部《关于公安机关管辖的刑事案件立案追诉标准的规定(二)》第38条有明确规定。本罪的主体只能是证券、期货交易所或者证券、期货公司及其从业人员,证券、期货业协会或者证券、期货管理部门及其工作人员。本罪在主观上表现为故意。根据《刑法》第181条的规定,犯本罪的,处5年以下有期徒刑或者拘役,并处或者单处1万元以上10万元以下罚金;情节特别恶劣的,处5年以上10年以下有期徒刑,并处2万元以上20万元以下罚金。单位犯本罪的,对单位判处罚金,并对其直接负责的主管人员和其他直接责任人员,处5年以下有期徒刑或者拘役。

二十一、操纵证券、期货市场罪

操纵证券、期货市场罪,是指行为人违法操纵证券、期货市场,情节严重的行为。

本罪侵犯的客体是国家对证券、期货交易市场的管理秩序和投资者的合法权益。本罪在客观上表现为违法操纵证券、期货市场,情节严重的行为。本罪的客观方面包括以下两个要素:(1) 行为人实行了违法操纵证券、期货市场的行为。具体表现为下列情形:第一,单独或者合谋,集中资金优势、持股或者持仓优势或者利用信息优势联合或者连续买卖,操纵证券、期货交易价格或者证券、期货交易量的。第二,与他人串通,以事先约定的时间、价格和方式相互进行证券、期货交易,影响证券、期货交易价格或者证券、期货交易量的。第三,在自己实际控制的账户之间进行证券交易,或者以自己为交易对象,自买自卖期货合约,影响证券、期货交易价格或者证券、期货交易量的。第四,以其他方法操纵证券、期货市场的。[①] 行为人只要具有上述四种行为之一的,即具备本罪的行为要素。(2) 上述行为的情节严重。至于其具体标准,2010年5月7日最高人民检察院、公安部《关于公安机关管辖的刑事案件立案追诉标准的规定(二)》第39条有明确规定。本罪的主体包括任何已满16周岁、具有刑事责任能力的自然人和单位。本罪在主观上表现为故意。根据《刑法》第182条的规定,犯本罪的,处5年以下有期徒刑或者拘役,并处或者单处罚金;情节特别严重的,处5年以上10年以下有期徒刑,并处罚金。单位犯本罪的,对单位判处罚金,并对其直接负责的主管人员和其他直接责任人员,依照上述规定处罚。

二十二、背信运用受托财产罪

背信运用受托资产罪,是指商业银行、证券交易所、期货交易所、证券公司、期货经纪公司、保险公司或者其他金融机构,违背受托义务,擅自运用客户资金或者其他委托、信托的财产,情节严重的行为。本罪侵犯的客体是国家对客户资金及其他信托资产的管理秩序及广大投资者的财产利益。本罪在客观上表现为金融机构违背受托义务,擅自运用客户资金或者其他委托、信托的财产,情节严重的行为。本罪的客观方面包括以下几个要素:(1) 金融机构违背受托义务。即指金融机构违背了其应当遵守的法律、行政法规、部门规章规定的受托人应尽的法定义务和受托人与委托人之间具体约定的义务。(2) 金融机构擅自运用客户资金或者其他委托、信托的财产。所谓"擅自运用",是指金融机构未经客户等委托人的同意,私自将信托资金运用于指定用途以外的其他用途。所谓"委托、信托的财产",主要是指在当前的委托理财业务中,存放在各类金融机构中的以下几类客户资金和资产:一是证券投资业务中的客户交易资金;二是委托理财业务中的客户资产;三是信托业务中的信托财产,分为资金信托和一般财产信托;四是证券投资基金。(3) 上述行为的情节严重。至于其具体标准,2010年5月7日最高人民检察院、公安部《关于公安机关管辖的刑事案件立案追诉标准的规定(二)》第40条有明确规定。本罪的主体只能是商业银行、证券交易

[①] 2018年最高人民检察院发布的检例第39号指导性案例(朱炜明操纵证券市场案)认定,证券公司、证券咨询机构、专业中介机构及其工作人员违背从业禁止规定,买卖或者持有证券,并在对相关证券作出公开评价、预测或者投资建议后,通过预期的市场波动反向操作,谋取利益,情节严重的,以操纵证券市场罪追究其刑事责任。

所、期货交易所、证券公司、期货经纪公司、保险公司或者其他金融机构。所谓"其他金融机构",主要包括信托投资公司、投资咨询公司、投资管理公司等金融机构。本罪在主观上表现为故意。根据《刑法》第185条之一第1款的规定,犯本罪的,对单位判处罚金,并对其直接负责的主管人员和其他直接责任人员,处3年以下有期徒刑或者拘役,并处3万元以上30万元以下罚金;情节特别严重的,处3年以上10年以下有期徒刑,并处5万元以上50万元以下罚金。

二十三、违法运用资金罪

违法运用资金罪,是指社会保障基金管理机构、住房公积金管理机构等公众资金管理机构,以及保险公司、保险资产管理公司、证券投资基金管理公司,违反国家规定运用资金,情节严重的行为。本罪侵犯的客体是国家对公众资金的管理秩序和社会公众合法的财产利益。本罪在客观上表现为公众资金管理机构以及保险公司、保险资产管理公司、证券投资基金管理公司,违反国家规定运用资金,情节严重的行为。本罪的客观方面包括以下两个要素:(1) 违反国家规定运用资金;(2) 行为的情节严重。至于其具体标准,2010年5月7日最高人民检察院、公安部《关于公安机关管辖的刑事案件立案追诉标准的规定(二)》第41条有明确规定。本罪的主体是社会保障基金管理机构、住房公积金管理机构等公众资金管理机构,以及保险公司、保险资产管理公司、证券投资基金管理公司等金融机构。"社会保障基金管理机构",是指依法取得社会保障基金投资管理业务资格、根据合同受托运作和管理社会保障基金的专业性投资管理机构。"住房公积金管理机构",即住房公积金管理中心。其他"公众资金管理机构",是指根据我国目前以多元分散型和专门机构集中管理模式,接受社会保障基金管理机构委托对社会保障基金进行资产管理的保险公司、保险资产管理公司、证券投资管理公司等机构。"保险资产管理公司",是指经中国银保监会会同有关部门批准,依法登记注册、受托管理保险资金的金融机构。"证券投资基金管理公司",是指经中国证券监督管理委员会批准,在中华人民共和国境内设立,从事证券投资基金管理业务的企业法人。本罪在主观上表现为故意。根据《刑法》第185条之一第2款的规定,犯本罪的,对其直接负责的主管人员和其他直接责任人员,处3年以下有期徒刑或者拘役,并处3万元以上30万元以下罚金;情节特别严重的,处3年以上10年以下有期徒刑,并处5万元以上50万元以下罚金。

二十四、违法发放贷款罪

违法发放贷款罪,是指银行或者其他金融机构的工作人员违反国家规定发放贷款,数额巨大或者造成重大损失的行为。本罪侵犯的客体是国家对金融机构贷款的管理秩序。本罪在客观上表现为银行或者其他金融机构的工作人员违反国家规定发放贷款,数额巨大或者造成重大损失的行为。本罪的客观方面包括以下两个要素:(1) 违反国家规定发放贷款。(2) 违法发放贷款的数额巨大或者造成重大损失。至于其具体标准,2010年5月7日最高人民检察院、公安部《关于公安机关管辖的刑事案件立案追诉标准的规定(二)》第42条有明确规定。本罪的主体是银行或者其他金融机构及其工作人员。本罪在主观上表现为故意。根据《刑法》第186条的规定,犯本罪的,处5年以下有期徒刑或者拘役,并处1万元以上10万元以下罚金;数额特别巨大或者造成特别重大损失的,处5年以上有期徒刑,并处2万元以上20万元以下罚金。银行或者其他金融机构的工作人员违反国家规定,向关系人发放贷款的,依照上述规定从重处罚。单位犯本罪的,对单位判处罚金,并对其直接负责的主管人员和其他直接责任人员,依照上述规定处罚。

二十五、吸收客户资金不入账罪

吸收客户资金不入账罪,是指银行或者其他金融机构的工作人员吸收客户资金不入账,数额巨大或者造成重大损失的行为。本罪侵犯的客体是国家对信贷资金的管理秩序和客户资金的安全。本罪在客观上表现为银行或者其他金融机构的工作人员吸收客户资金不入账,数额巨大或者造成重大损失的行为。本罪的客观方面包括以下两个要素:(1) 行为人实行了吸收客户资金不入账的行为,即指不记入金融机构的法定存款账目,以逃避国家金融监管,至于是否记入法定账目以外的设立的账目,不影响本罪的成立。所谓"客户资金",既包括个人储蓄,也包括单位存款;既包括以合法方式吸收的公众存款,也包括以违反规定提高利率或其他不正当方式吸收的存款。(2) 吸收客户资金不入账的资金数额巨大或者造成重大损失。至于其具体标准,2010年5月7日最高人民检察院、公安部《关于公安机关管辖的刑事案件立案追诉标准的规定(二)》第43条有明确规定。本罪的主体只能是银行或者其他金融机构及其工作人员。本罪在主观上表现为故意。根据《刑法》第187条的规定,犯本罪的,处5年以下有期徒刑或者拘役,并处2万元以上20万元以下罚金;数额特别巨大或者造成特别重大损失的,处5年以上有期徒刑,并处5万元以上50万元以下罚金。单位犯本罪的,对单位判处罚金,并对其直接负责的主管人员和其他直接责任人员,依照上述规定处罚。

二十六、违规出具金融票证罪

违规出具金融票证罪,是指银行或者其他金融机构的工作人员违反规定,为他人出具信用证或者其他保函、票据、存单、资信证明,情节严重的行为。本罪侵犯的客体是国家对金融票证的管理秩序和金融机构的信誉及资金安全。本罪在客观上表现为银行或者其他金融机构的工作人员违反规定,为他人出具信用证或者其他保函、票据、存单、资信证明,情节严重的行为。本罪的客观方面包括以下几个要素:(1) 违反规定,为他人出具信用证或者其他保函、票据、存单、资信证明。所谓"违反规定",是指违反有关金融法律、行政法规、规章及银行金融机构内部制定的规章制度与业务规则。(2) 行为的情节严重。至于其具体标准,2010年5月7日最高人民检察院、公安部《关于公安机关管辖的刑事案件立案追诉标准的规定(二)》第44条有明确规定。本罪的主体是银行或者其他金融机构及其工作人员。本罪在主观上表现为故意。根据《刑法》第188条的规定，犯本罪的，处5年以下有期徒刑或者拘役；情节特别严重的，处5年以上有期徒刑。单位犯本罪的，对单位判处罚金，并对其直接负责的主管人员和其他直接责任人员，依照上述规定处罚。

二十七、对违法票据承兑、付款、保证罪

对违法票据承兑、付款、保证罪，是指银行或者其他金融机构的工作人员，在票据业务中，对违反票据法规定的票据予以承兑、付款或者保证，造成重大损失的行为。本罪侵犯的客体是国家对票据承兑、付款、保证的管理秩序和金融机构的信誉及资金安全。本罪在客观上表现为银行或者其他金融机构的工作人员，在票据业务中，对违反票据法规定的票据予以承兑、付款或者保证，造成重大损失的行为。本罪的客观方面包括以下几个要素：(1) 在票据业务中，对违反票据法规定的票据予以承兑、付款或者保证。"票据业务"，是指根据《票据法》的规定所从事的汇票、本票和支票的流转活动。"承兑"，是指汇票付款人承诺在汇票到期日支付汇票金额的票据行为。"付款"，是指票据债务人向票据债权人支付票据金额的行为。"保证"，是指对已经存在的票据上的债务进行担保的票据行为。(2) 行为造成重大损失。至于其具体标准，2010年5月7日最高人民检察院、公安部《关于公安机关管辖的刑事案件立案追诉标准的规定(二)》第45条有明确规定。本罪的主体是银行或者其他金融机构及其工作人员。本罪在主观上为故意，即对违反票据法规定的票据予以承兑、付款或者保证持故意心态，但对造成重大损失的结果可能出于过失。根据《刑法》第189条的规定，犯本罪的，处5年以下有期徒刑或者拘役；造成特别重大损失的，处5年以上有期徒刑。单位犯本罪的，对单位判处罚金，并对其直接负责的主管人员和其他直接责任人员，依照上述规定处罚。

二十八、逃汇罪

逃汇罪，是指违反国家规定，擅自将外汇存放境外，或者将境内的外汇非法转移到境外，数额较大的行为。本罪侵犯的客体是国家外汇管理秩序。本罪在客观上表现为违反国家规定，擅自将外汇存放境外，或者将境内的外汇非法转移到境外，数额较大的行为。本罪的客观方面包括以下两个要素：(1) 违反国家规定，擅自将外汇存放境外，或者将境内的外汇非法转移到境外。所谓"擅自"，即未经外汇管理机关批准，自行将外汇存放境外；所谓"存放"，并非指一般日常意义上的储存、寄存，而是指外汇不调回国内的一种事实状态。只要将应该调回的外汇未调回国内，无论该外汇是储存、寄存，还是投资、挪作他用，都应认为是"存放境外"。所谓"转移到境外"，是指将境内的外汇携带、托带或者邮寄到境外的行为。(2) 行为所涉的外汇数额较大。至于其具体标准，2010年5月7日最高人民检察院、公安部《关于公安机关管辖的刑事案件立案追诉标准的规定(二)》第46条有明确规定。本罪的主体只能是公司、企业或者其他单位。本罪在主观上表现为故意。根据《刑法》第190条的规定，对犯本罪的单位，判处逃汇数额5%以上30%以下罚金，并对其直接负责的主管人员和其他

直接责任人员处 5 年以下有期徒刑或者拘役;数额巨大或者有其他严重情节的,对单位判处逃汇数额 5% 以上 30% 以下罚金,并对其直接负责的主管人员和其他责任人员处 5 年以上有期徒刑。

二十九、骗购外汇罪

骗购外汇罪,是指使用伪造、变造的海关签发的报关单、进口证明、外汇管理部门核准件等凭证和单据,重复使用海关签发的报关单、进口证明、外汇管理部门核准件等凭证和单据或者以其他方式骗购外汇,数额较大的行为。本罪侵犯的客体是国家外汇管理秩序。本罪在客观上不仅要求行为人使用伪造、变造的海关签发的报关单、进口证明、外汇管理部门核准件等凭证和单据,重复使用海关签发的报关单、进口证明、外汇管理部门核准件等凭证和单据或者以其他方式骗购外汇,而且要求骗购外汇的数额较大才能构成犯罪。至于数额较大的标准,2010 年 5 月 7 日最高人民检察院、公安部《关于公安机关管辖的刑事案件立案追诉标准的规定(二)》第 47 条规定为 50 万美元以上。本罪的主体包括任何已满 16 周岁、具有刑事责任能力的自然人和单位。本罪在主观上表现为故意。根据全国人大常委会《关于惩治骗购外汇、逃汇和非法买卖外汇犯罪的决定》第 1 条的规定,个人犯本罪的,处 5 年以下有期徒刑或者拘役,并处骗购外汇数额 5% 以上 30% 以下罚金;数额巨大或者有其他严重情节的,处 5 年以上 10 年以下有期徒刑,并处骗购外汇数额 5% 以上 30% 以下罚金;数额特别巨大或者有其他特别严重情节的,处 10 年以上有期徒刑或者无期徒刑,并处骗购外汇数额 5% 以上 30% 以下罚金或者没收财产。单位犯本罪的,对单位依照上述规定判处罚金,并对其直接负责的主管人员和其他直接责任人员,处 5 年以下有期徒刑或者拘役;数额巨大或者有其他严重情节的,处 5 年以上 10 年以下有期徒刑;数额特别巨大或者有其他特别严重情节的,处 10 年以上有期徒刑或者无期徒刑。伪造、变造海关签发的报关单、进口证明、外汇管理部门核准件等凭证和单据,并用于骗购外汇的,依照前款的规定从重处罚。

三十、洗钱罪

(一) 洗钱罪的概念与构成

洗钱罪,是指明知是毒品犯罪、黑社会性质的组织犯罪、恐怖活动犯罪、走私犯罪、贪污贿赂犯罪、破坏金融管理秩序犯罪、金融诈骗犯罪的所得及其产生的收益,而掩饰、隐瞒其来源和性质的行为。

本罪的构成要件是:

(1) 本罪侵犯的客体是复杂客体,即国家正常的金融管理秩序和司法机关的正常活动。本罪的对象是毒品犯罪、黑社会性质的组织犯罪、恐怖活动犯罪、走私犯罪、贪污贿赂犯罪、破坏金融管理秩序犯罪、金融诈骗犯罪的所得及其产生的收益。"毒品犯罪"是指《刑法》分则第六章第七节规定的各种有关毒品的犯罪;"黑社会性质的组织犯罪",是指以黑社会性质的组织为主体所实施的各种犯罪;"恐怖活动犯罪",

是指恐怖组织实施的各种犯罪;"走私犯罪",是指《刑法》分则第三章第二节规定的各种走私犯罪;"贪污贿赂犯罪"是指《刑法》分则第八章规定的各种贪污贿赂犯罪;"破坏金融管理秩序犯罪",是指《刑法》分则第三章第四节规定的各种破坏金融管理秩序犯罪;"金融诈骗犯罪",是指《刑法》分则第三章第五节规定的各种金融诈骗犯罪。"犯罪的所得及其产生的收益",是指犯罪分子通过犯罪所获取的非法利益以及犯罪所获取的非法利益产生的孳息和利用犯罪所获取的非法利益从事经营活动所产生的经济利益。

(2) 本罪在客观上表现为行为人对毒品犯罪、黑社会性质的组织犯罪、恐怖活动犯罪、走私犯罪、贪污贿赂犯罪、破坏金融管理秩序犯罪、金融诈骗犯罪的所得及其产生的收益,实施了掩饰、隐瞒其来源和性质的行为。这就是通常所谓的洗钱。洗钱的目的在于通过金融体系或者直接投资等非金融体系的运作,截断犯罪所得及其产生的收益与先前犯罪行为之间的联系,以逃避法律追查,使犯罪所得及其产生的收益"合法化"的过程。我国《刑法》将掩饰、隐瞒的行为方式规定为如下五种:第一,提供资金账户。即行为人将自己拥有的合法账户提供给实行上述七类犯罪的犯罪分子,或者为其在金融机构开立账户,让其将犯罪所得及其产生的收益存入金融机构。第二,协助将财产转换为现金、金融票据、有价证券。即行为人采取各种方式,协助上述七类犯罪分子将犯罪所得及其收益通过交易等方式转换为现金或者本票、汇票、支票等金融票据或者国库券、财政债券、国家建设债券等有价证券。第三,通过转账或者其他结算方式协助资金转移。即以将上述七类犯罪所得及其收益通过银行等金融机构的转账或者委托付款等结算方式,犯罪所得及其收益从一个账户转移到另一个账户,使其混入合法收入之中。第四,协助将资金汇往境外。主要是指享有资金调往境外权利的个人或者企业,通过自己在银行或者其他金融机构所开设的账号,将上述七类犯罪的所得的资金汇往境外。第五,以其他方式掩饰、隐瞒犯罪的所得及其收益的性质和来源。实践中常见的有通过典当、租赁、买卖、投资等方式,协助转移、转换犯罪所得及其收益的;通过与商场、饭店、娱乐场所等现金密集型场所的经营收入相混合的方式,协助转移、转换犯罪所得及其收益的;通过虚构交易、虚设债权债务、虚假担保、虚报收入等方式,协助将犯罪所得及其收益转换为"合法"财物的;通过买卖彩票、奖券等方式,协助转换犯罪所得及其收益的;通过赌博方式,协助将犯罪所得及其收益转换为赌博收益的;协助将犯罪所得及其收益携带、运输或者邮寄出入境的,等等。该种情况是考虑到洗钱的行为方式多样性而在刑法上所作的一个堵漏性规定,以免遗漏其他方式的洗钱行为。

(3) 本罪的主体是一般主体,包括任何已满16周岁、具有刑事责任能力的自然人和单位。

(4) 本罪在主观上表现为直接故意,而且具有掩饰、隐瞒毒品犯罪、黑社会性质的组织犯罪、恐怖活动犯罪、走私犯罪、贪污贿赂犯罪、破坏金融管理秩序犯罪、金融诈骗犯罪的所得及其产生的收益的来源和性质并使之合法化的目的。

（二）洗钱罪的认定

（1）本罪与非罪行为的界限。我国《刑法》虽未对本罪的成立规定任何情节上的限制，但根据《刑法》第13条"但书"的规定，如果洗钱的行为情节显著轻微、危害不大的，就不认定为犯罪。判断洗钱行为是否属于情节显著轻微、危害不大的情况，要综合考虑洗钱的数额、次数、是否偶犯或初犯等情节。

（2）本罪与掩饰、隐瞒犯罪所得及其收益罪的界限。两者在犯罪构成要件上有一定的相同之处，但也存在一定的区别：第一，侵犯的客体不尽相同。前者侵犯的客体为复杂客体，其主要客体是国家正常的金融管理秩序，次要客体为司法机关的正常活动；而后者侵犯的客体为单一客体即司法机关的正常活动。第二，犯罪的对象不尽相同。前者的对象仅限于我国《刑法》规定的七类上游犯罪即毒品犯罪、黑社会性质的组织犯罪、恐怖活动犯罪、走私犯罪、贪污贿赂犯罪、破坏金融管理秩序犯罪、金融诈骗犯罪的所得及其产生的收益；而后者的对象为所有犯罪的所得及其产生的收益。对于针对毒品犯罪所得及其收益实行的掩饰、隐瞒行为，由于从规定本罪与掩饰、隐瞒犯罪所得及其收益罪的法条之间的关系看，属于法规竞合，应适用特别法优于一般法的原则即按本罪处理。

（3）本罪与窝藏、转移、隐瞒毒赃罪的界限。两者在犯罪构成要件上有一定的相同之处，但也存在一定的区别：第一，侵犯的客体不尽相同。前者侵犯的客体为复杂客体，其主要客体是国家正常的金融管理秩序，次要客体为司法机关的正常活动；而后者侵犯的只是司法机关的正常活动。第二，犯罪对象不同。前者的对象仅限于我国《刑法》规定的七类上游犯罪即毒品犯罪、黑社会性质的组织犯罪、恐怖活动犯罪、走私犯罪、贪污贿赂犯罪、破坏金融管理秩序犯罪、金融诈骗犯罪的所得及其产生的收益；而后者的对象则是毒赃。第三，犯罪的主体不尽相同。前者的主体包括自然人和单位，而后者的主体只能是自然人，不包括单位。尽管从构成要件上看两者具有上述不同，且从规定两者的法条之间的关系看，属于法规竞合，但对于这种法规竞合现象，不宜适用处理法规竞合的一般原则即特别法优于一般法原则按窝藏、转移、隐瞒毒赃罪处理，而应适用处理法规竞合的例外原则即重法优于轻法的原则按本罪论处。

（三）洗钱罪的刑事责任

根据《刑法》第191条的规定，犯本罪的，除没收实施毒品犯罪、黑社会性质的组织犯罪、恐怖活动犯罪、走私犯罪、贪污贿赂犯罪、破坏金融管理秩序犯罪、金融诈骗犯罪的违法所得及其产生的收益外，处5年以下有期徒刑或者拘役，并处或者单处洗钱数额5%以上20%以下罚金；情节严重的，处5年以上10年以下有期徒刑，并处洗钱数额5%以上20%以下罚金。单位犯本罪的，对单位判处罚金，并对其直接负责的主管人员和其他直接责任人员，处5年以下有期徒刑或者拘役。情节严重的，处5年以上10年以下有期徒刑。

第六节 金融诈骗罪

一、集资诈骗罪

(一) 集资诈骗罪的概念与构成

集资诈骗罪,是指以非法占有为目的,使用诈骗方法非法集资,骗取集资款数额较大的行为。

本罪的构成要件是:

(1) 本罪侵犯的客体是复杂客体,即国家正常的金融管理秩序和公私财产的所有权。至于本罪的对象,虽然实践中主要表现为金钱,但由于也存在以实物形式参与集资的可能,而且刑法并未明确限定本罪的对象为金钱,所以不宜将金钱之外的财物排除于本罪的对象范围。

(2) 本罪在客观上表现为使用诈骗方法非法集资,骗取集资款数额较大。本罪客观方面包括以下三个要素:第一,行为人实行了非法集资行为,即未经有权机关批准,向社会公众募集资金。实践中常见的非法集资形式主要有:通过发行有价证券的形式非法集资;通过发行会员证(会员卡、优惠卡)的方式非法集资;通过发行债务凭证的方式非法集资;通过发行受益凭证的方式非法集资;通过发行彩票的方式非法集资;通过签订商品销售等经济合同的方式非法集资;通过将物业、地产等份化,出让其处置权的方式非法集资;通过开发果园或庄园的形式非法集资;利用传销的方式非法集资;采用秘密串联的方式非法集资;采用民间"会""社"形式非法集资;以地下银行、地下钱庄形式非法集资。[①] 第二,行为人的非法集资行为使用了诈骗方法。所谓诈骗方法,即虚构事实、隐瞒真相的方法,具体到非法集资中所使用的诈骗方法,是指行为人采取虚构集资用途,以虚假的证明文件和高回报率为诱饵骗取集资款的手段。第三,行为人骗取的集资款数额较大。这里应当注意,不应将刑法对本罪规定的"数额较大"理解为行为人非法集资的数额较大,因为刑法设立本罪的宗旨在于惩治以非法集资的形式实行的骗取集资款的行为,而不是单纯的非法集资行为。至于数额较大的标准,根据 2011 年 1 月 4 日最高人民法院《关于审理非法集资刑事案件具体应用法律若干问题的解释》第 5 条和 2010 年 5 月 7 日最高人民检察院、公安部《关于公安机关管辖的刑事案件立案追诉标准的规定(二)》第 49 条的规定,个人集资诈骗,数额为 10 万元;单位集资诈骗,数额为 50 万元。行为人为实施集资诈骗活动而支付的广告费、中介费、手续费、回扣,或者用于行贿、赠与等费用,应当计入诈骗数额;行为人为实施集资诈骗活动而支付的利息,除本金未归还可予折抵本金以外,应当计入诈骗数额。

(3) 本罪的主体是一般主体,既可以是任何已满 16 周岁、具有刑事责任能力的自然人,也可以是单位。

---

① 参见赵秉志主编:《金融诈骗罪新论》,人民法院出版社 2001 年版,第 86—99 页。

（4）本罪在主观上表现为故意，并具有非法占有集资款的目的。根据2011年1月4日最高人民法院《关于审理非法集资刑事案件具体应用法律若干问题的解释》第4条的规定，具有下列情形之一的，可以认为"以非法占有为目的"：① 集资后不用于生产经营活动或者用于生产经营活动与筹集资金规模明显不成比例，致使集资款不能返还的①；② 肆意挥霍集资款，致使集资款不能返还的；③ 携带集资款逃匿的；④ 将集资款用于违法犯罪活动的；⑤ 抽逃、转移资金、隐匿财产，逃避返还资金的；⑥ 隐匿、销毁账目，或者搞假破产、假倒闭，逃避返还资金的；⑦ 拒不交代资金去向，逃避返还资金的；⑧ 其他可以认定非法占有目的的情形。本罪中的非法占有目的，应当区分情形进行具体认定：行为人部分非法集资行为具有非法占有目的的，对该部分非法集资行为所涉集资款以集资诈骗罪定罪处罚；非法集资共同犯罪中部分行为人具有非法占有目的，其他行为人没有非法占有集资款的共同故意和行为的，对具有非法占有目的的行为人以集资诈骗罪定罪处罚。

（二）集资诈骗罪的认定

（1）本罪与非法吸收公众存款罪的界限。两者都具有非法募集资金的形式，因而在犯罪构成要件上具有一定的相同之处，但两者有明显的区别：第一，侵犯的客体不同。前者侵犯的客体为国家的金融管理秩序和公私财产的所有权，后者侵犯的客体为国家的金融管理秩序。第二，犯罪的客观方面有所不同。前者以使用诈骗方法为构成犯罪的必要条件，后者则不以使用诈骗方法为构成犯罪的必要条件。第三，犯罪的目的不同。前者要求行为人必须具有非法占有集资款的目的，而后者则不具有这种目的。因此，是否具有非法占有集资款的目的，是区分两者界限的关键所在。

（2）本罪与欺诈发行股票、债券罪和擅自发行股票、公司企业债券罪的界限。本罪与后两罪都是在非法募集资金的活动中实施的犯罪行为，因而在犯罪构成要件上具有一定的相同之处，但有明显的区别：第一，侵犯的客体不同。本罪侵犯的客体为国家的金融管理秩序和公私财产的所有权，而后两罪侵犯的客体是国家对股票、债券的管理秩序。第二，犯罪目的不同。本罪要求行为人必须具有非法占有集资款的目的，而后两罪则不具有非法占有的目的。因此，是否具有非法占有的目的，是区分本罪与后两罪界限的关键。根据2001年1月21日《全国法院审理金融犯罪案件工作座谈会纪要》，对于以非法占有为目的而非法集资，或者在集资过程中产生了非法占有他人资金的故意的，均构成集资诈骗罪。但是，在处理具体案件时要注意以下两点：一是不能仅凭较大数额的非法集资款不能返还的结果，推定行为人具有非法占有的目的；二是行为人将大部分资金用于投资或生产经营活动，而将少量资金用于个人消费或挥霍的，不应仅以此便认定具有非法占有的目的。

---

① 2018年最高人民检察院发布的检例第40号指导性案例（周辉集资诈骗案）认定，网络借贷信息中介机构或其控制人，利用网络借贷平台发布虚假信息，非法建立资金池募集资金，所得资金大部分未用于生产经营活动，主要用于借新还旧和个人挥霍，无法归还所募资金数额巨大，应认定为具有非法占有目的，以集资诈骗罪追究刑事责任。

(三) 集资诈骗罪的刑事责任

根据《刑法》第192条的规定，犯本罪的，处5年以下有期徒刑或者拘役，并处2万元以上20万元以下罚金；数额巨大或者有其他严重情节的，处5年以上10年以下有期徒刑，并处5万元以上50万元以下罚金；数额特别巨大或者有其他特别严重情节的，处10年以上有期徒刑或者无期徒刑，并处5万元以上50万元以下罚金或者没收财产。

根据《刑法》第200条的规定，单位犯本罪的，对单位判处罚金，并对其直接负责的主管人员和其他直接责任人员，处5年以下有期徒刑或者拘役，可以并处罚金；数额巨大或者有其他严重情节的，处5年以上10年以下有期徒刑，并处罚金；数额特别巨大或者有其他特别严重情节的，处10年以上有期徒刑或者无期徒刑，并处罚金。

二、贷款诈骗罪

贷款诈骗罪，是指以非法占有为目的，诈骗银行或者其他金融机构的贷款，数额较大的行为。本罪侵犯的客体是国家正常的贷款管理秩序和金融机构对所借出资金的所有权。本罪在客观上表现为使用虚构事实、隐瞒真相的诈骗方法骗取银行或者其他金融机构的贷款，并且数额较大。本罪中的诈骗行为具体表现为下列情形：(1) 编造引进资金、项目等虚假理由的；(2) 使用虚假的经济合同的；(3) 使用虚假的证明文件的；(4) 使用虚假的产权证明作担保或者超出抵押物价值重复担保的；(5) 以其他方法诈骗贷款的。构成本罪，要求诈骗贷款的数额较大。至于其具体标准，2010年5月7日最高人民检察院、公安部《关于公安机关管辖的刑事案件立案追诉标准的规定(二)》第50条规定为2万元。对于单位实施的贷款诈骗行为，由于《刑法》第193条没有规定单位可以成为本罪的主体，所以不能以贷款诈骗罪对单位及其直接负责的主管人员和其他直接责任人员定罪处罚。根据最高人民法院《全国法院审理金融犯罪案件工作座谈会纪要》，对于单位十分明显地以非法占有为目的，利用签订、履行借款合同诈骗银行或其他金融机构贷款，符合《刑法》第224条规定的合同诈骗罪构成要件的，应当以合同诈骗罪定罪处罚。本罪在主观上表现为故意，并具有非法占有贷款的目的。根据《刑法》第193条的规定，犯本罪的，处5年以下有期徒刑或者拘役，并处2万元以上20万元以下罚金；数额巨大或者有其他严重情节的，处5年以上10年以下有期徒刑，并处5万元以上50万元以下罚金；数额特别巨大或者有其他特别严重情节的，处10年以上有期徒刑或者无期徒刑，并处5万元以上50万元以下罚金或者没收财产。

三、票据诈骗罪

票据诈骗罪，是指以非法占有为目的，利用金融票据进行诈骗活动，数额较大的行为。本罪侵犯的客体是国家正常的金融票据管理秩序和公私财产的所有权。本罪在客观上表现为利用金融票据进行诈骗活动，并且数额较大。本罪的诈骗行为具体表现为下列情形：(1) 明知是伪造、变造的汇票、本票、支票而使用的；(2) 明知是作废的汇票、本票、支票而使用的;(3)冒用他人的汇票、本票、支票的;(4)签发空头支票或者与其预留印鉴不符的支票,骗取财物的;(5)汇票、本票的出票人签发无资金保证的汇票、本票或者在出票时作虚假记载,骗取财物的。构成本罪,要求骗取财物数额较大。至于其具体标准,2010年5月7日最高人民检察院、公安部《关于公安机关管辖的刑事案件立案追诉标准的规定(二)》第50条有明确的规定。本罪的主体包括任何已满16周岁、具有刑事责任能力自然人和单位。本罪在主观上表现为故意,并且具有非法占有的目的。根据《刑法》第194条第1款的规定,犯本罪的,处5年以下有期徒刑或者拘役,并处2万元以上20万元以下罚金;数额巨大或者有其他严重情节的,处5年以上10年以下有期徒刑,并处5万元以上50万元以下罚金;数额特别巨大或者有其他特别严重情节的,处10年以上有期徒刑或者无期徒刑,并处5万元以上50万元以下罚金或者没收财产。根据《刑法》第200条的规定,单位犯本罪的,对单位判处罚金,并对其直接负责的主管人员和其他直接责任人员,处5年以下有期徒刑或者拘役,可以并处罚金;数额巨大或者有其他严重情节的,处5年以上10年以下有期徒刑,并处罚金;数额特别巨大或者有其他特别严重情节的,处10年以上有期徒刑或者无期徒刑,并处罚金。

四、金融凭证诈骗罪

金融凭证诈骗罪,是指以非法占有为目的,使用伪造、变造的委托收款凭证、汇款凭证、银行存单等其他银行结算凭证,骗取财物,数额较大的行为。本罪侵犯的客体是国家正常的金融凭证管理秩序和公私财产的所有权。本罪在客观上表现为使用伪造、变造的委托收款凭证、汇款凭证、银行存单等其他银行结算凭证进行诈骗活动,并且数额较大。至于数额较大的具体标准,2010年5月7日最高人民检察院、公安部《关于公安机关管辖的刑事案件立案追诉标准的规定(二)》第52条有明确的规定。本罪的主体包括任何已满16周岁、具有刑事责任能力的自然人和单位。本罪在主观上表现为故意,并具有非法占有的目的。根据《刑法》第194条的规定,犯本罪的,处5年以下有期徒刑或者拘役,并处2万元以上20万元以下罚金;数额巨大或者有其他严重情节的,处5年以上10年以下有期徒刑,并处5万元以上50万元以下罚金;数额特别巨大或者有其他特别严重情节的,处10年以上有期徒刑或者无期徒刑,并处5万元以上50万元以下罚金或者没收财产。根据《刑法》第200条的规定,单位犯本罪的,对单位判处罚金,并对其直接负责的主管人员和其他直接责任人员,处5年以下有期徒刑或者拘役;数额巨大或者有其他严重情节的,处5年以下有期徒刑或者拘役,可以并处罚金;数额特别巨大或者有其他特别严重情节的,处10年以上有期徒刑或者无期徒刑,并处罚金。

五、信用证诈骗罪

信用证诈骗罪,是指以非法占有为目的,进行信用证诈骗活动的行为。本罪侵犯的客体是国家正常的信用证管理秩序和公私财产的所有权。本罪在客观上表现为利用信用证进行诈骗活动。诈骗行为具体表现为下列情形:(1)使用伪造、变造的信用证或者附随的单据、文件的;(2)使用作废的信用证的;(3)骗取信用证的;(4)以其他方法进行信用证诈骗活动的。需要注意的是,《刑法》第 195 条对本罪的成立未规定任何数额或其他情节上的限制,因而原则上,只要行为人实行了诈骗信用证的行为,即可构成本罪。当然,在实践中,也要根据案件的具体情况,在行为的情节显著轻微、危害不大时,适用《刑法》第 13 条"但书"的规定,不作为犯罪处理。本罪的主体包括任何已满 16 周岁、具有刑事责任能力的自然人和单位。本罪在主观上表现为故意,并且具有非法占有的目的。根据《刑法》第 195 条的规定,犯本罪的,处 5 年以下有期徒刑或者拘役,并处 2 万元以上 20 万元以下罚金;数额巨大或者有其他严重情节的,处 5 年以上 10 年以下有期徒刑,并处 5 万元以上 50 万元以下罚金;数额特别巨大或者有其他特别严重情节的,处 10 年以上有期徒刑或者无期徒刑,并处 5 万元以上 50 万元以下罚金或者没收财产。根据《刑法》第 200 条的规定,单位犯本罪的,对单位判处罚金,并对其直接负责的主管人员和其他直接责任人员,处 5 年以下有期徒刑或者拘役,可以并处罚金;数额巨大或者有其他严重情节的,处 5 年以上 10 年以下有期徒刑,并处罚金;数额特别巨大或者有其他特别严重情节的,处 10 年以上有期徒刑或者无期徒刑,并处罚金。

六、信用卡诈骗罪

(一)信用卡诈骗罪的概念与构成

信用卡诈骗罪,是指以非法占有为目的,利用信用卡进行诈骗活动,骗取他人数额较大财物的行为。

本罪的构成要件是:

(1)本罪侵犯的客体是复杂客体,即国家正常的信用卡管理秩序和公私财产的所有权。

(2)本罪在客观上表现为利用信用卡进行诈骗活动,且骗取财物的数额较大。本罪中所谓的信用卡,根据 2004 年 12 月 29 日全国人大常委会《关于〈中华人民共和国刑法〉有关信用卡规定的解释》的规定,是指由商业银行或其他金融机构发行的具有消费支付、信用贷款、转账结算、存取现金等全部功能或者部分功能的电子支付卡。本罪客观方面包括两个构成要素:

第一,行为人实行了利用信用卡进行诈骗的活动。具体表现为下列情形:① 使用伪造的信用卡,或者使用以虚假的身份证明骗领的信用卡的。使用信用卡,是指按照信用卡的通常使用方法,利用信用卡购买商品、接受服务或者支取现金。使用伪造的信用卡,既包括行为人自己伪造信用卡然后使用的,也包括明知是他人伪造的信用卡而使用的。由于伪造的信用卡不是银行签发的,持卡人没有在银行设立账户,因而只要使用了伪造的信用卡购物或者接收服务,其行为就属于诈骗。使用以虚假的身份证明骗领的信用卡,是指行为人使用虚假的本人居民身份证、军官证或者境外居民护照，以欺骗手段领取信用卡并使用。由于行为人在申领信用卡时使用了虚假的证明材料，在其消费或结算后，发卡银行无法通过申领者追偿而实现债权，因而使用以虚假的身份证明骗领的信用卡，即属于对发卡银行实行的诈骗行为。② 使用作废的信用卡的。作废的信用卡，主要有以下三种：一是信用卡因超过有效使用期限而自动作废；二是持卡人在信用卡有效期间内因停止使用，已办理退卡手续并将该信用卡退回发卡机构而使信用卡作废；三是信用卡因挂失而作废。由于信用卡作废后，已不具有消费结算功能，对接受使用者而言，其出售的商品或者提供的服务实际上不可能获得对价，因而使用作废的信用卡行为构成对接受使用者的诈骗。③ 冒用他人信用卡的。冒用他人信用卡，是指行为人擅自以持卡人的名义，使用自己无权使用的他人的信用卡，包括拾得他人信用卡并使用的；骗取他人信用卡并使用的；窃取、收买、骗取或者以其他非法方式获取他人信用卡信息资料，并通过互联网、通讯终端等使用的；其他冒用他人信用卡的情形。如果是亲友之间经持卡人同意借用信用卡，虽然违反了信用卡管理的有关规定，但不构成犯罪。④ 恶意透支的。所谓恶意透支，是指以非法占有为目的，超过规定限额或者规定期限透支，并且经发卡银行两次催收后超过3个月仍不归还的行为。区分善意透支与恶意透支，关键看行为人是否具有非法占有的目的。根据 2018 年修订的最高人民法院、最高人民检察院《关于办理妨害信用卡管理刑事案件具体应用法律若干问题的解释》第 6 条的规定，具有下列情形之一的，应当认为具有非法占有的目的：明知没有还款能力而大量透支，无法归还的；使用虚假资信证明申领信用卡后透支，无法归还的；透支后通过逃匿、改变联系方式等手段，逃避银行催收的；抽逃、转移资金，隐匿财产，逃避还款的；使用透支的资金进行犯罪活动的；其他非法占有资金，拒不归还的情形。

第二，骗取的财物数额较大。根据 2018 年修订的最高人民法院、最高人民检察院《关于办理妨害信用卡管理刑事案件具体应用法律若干问题的解释》第 5 条、第 8 条的规定，使用伪造的信用卡、以虚假的身份证明骗领的信用卡、作废的信用卡或者冒用他人信用卡，进行信用卡诈骗活动，数额较大的标准为 5000 元；恶意透支，数额较大的标准为 5 万元。同时，上述《解释》第 10 条规定，恶意透支数额较大，在提起公诉前全部归还或者具有其他情节轻微情形的，可以不起诉；在一审判决前全部归还或者具有其他情节轻微情形的，可以免予刑事处罚。但是，曾因信用卡诈骗受过两次以上处罚的除外。

（3）本罪的主体是任何已满 16 周岁、具有刑事责任能力的自然人。

（4）本罪在主观上表现为故意，且必须具有非法占有他人财物的目的。

（二）信用卡诈骗罪的认定

实践中经常出现行为人先伪造信用卡而后又使用的情况。对此应如何处理？我们认为，行为人伪造信用卡后自己又使用的行为，可能同时触犯本罪和伪造金融票证罪两个罪名。由于伪造和使用之间系手段行为与目的行为的牵连关系，在两个行为分别构成伪造金融票证罪和信用卡诈骗罪的情况下，按照牵连犯论处，以其中的一个重罪定罪并从重处罚；若只有其中一个行为构成犯罪，另一个行为不构成犯罪，则按构成的犯罪的罪名定罪处罚即可。

(三) 信用卡诈骗罪的刑事责任

根据《刑法》第196条的规定,犯本罪的,处5年以下有期徒刑或者拘役,并处2万元以上20万元以下罚金;数额巨大或者有其他严重情节的,处5年以上10年以下有期徒刑,并处5万元以上50万元以下罚金;数额特别巨大或者有其他特别严重情节的,处10年以上有期徒刑或者无期徒刑,并处5万元以上50万元以下罚金或者没收财产。

七、有价证券诈骗罪

有价证券诈骗罪,是指以非法占有为目的,使用伪造、变造的国库券或者国家发行的其他有价证券,进行诈骗活动,骗取财物数额较大的行为。本罪侵犯的客体是国家正常的有价证券管理秩序和公私财产的所有权。本罪在客观上表现为使用伪造、变造的国库券或者国家发行的其他有价证券,进行诈骗活动,并且骗取财物数额较大。至于数额较大的标准,2010年5月7日最高人民检察院、公安部《关于公安机关管辖的刑事案件立案追诉标准的规定(二)》第55条规定为1万元。本罪的主体是任何已满16周岁、具有刑事责任能力的自然人。本罪在主观上只能是故意,并具有非法占有的目的。根据《刑法》第197条的规定,犯本罪的,处5年以下有期徒刑或者拘役,并处2万元以上20万元以下罚金;数额巨大或者有其他严重情节的,处5年以上10年以下有期徒刑,并处5万元以上50万元以下罚金;数额特别巨大或者有其他特别严重情节的,处10年以上有期徒刑或者无期徒刑,并处5万元以上50万元以下罚金或者没收财产。

八、保险诈骗罪

(一) 保险诈骗罪的概念与构成

保险诈骗罪,是指行为人故意虚构保险标的,或者对已发生的保险事故编造虚假的原因或夸大损失程度,或者编造未曾发生的保险事故,或者故意制造保险事故,进行保险诈骗活动,骗取数额较大的财物的行为。

本罪的构成要件是:

(1) 本罪侵犯的客体是国家的保险管理秩序和保险人的财产所有权。

(2) 本罪客观方面表现为行为人实行了保险诈骗活动,骗取数额较大的财物的行为。本罪客观方面包括以下两个构成要素:第一,行为人实行了保险诈骗活动。具体表现为如下几种情形:一是投保人故意虚构保险标的,骗取保险金的。"保险标的",是指作为保险对象的物质财富及其有关利益、人的生命或身体。"虚构保险标的",是指为骗取保险金,虚构一个根本不存在的保险对象,或者将价值较小的保险标的虚构为价值较大的保险标的,或者将不符合保险合同要求的标的虚构为符合保险合同要求的标的①,与保险人订立保险合同。二是对已发生的保险事故编造虚假的原因或者夸大损失的程度,骗取保险金。"对发生保险事故编造虚假的原因",主要是指投保人、被保险人或者受益人,为了骗取保险金,在发生保险事故后,对造成保险事故的原因作虚假的陈述或者隐瞒真实情况的行为。"夸大损失的程度,骗取保险金",是指投保人、被保险人或者受益人对发生的保险事故,故意夸大由于保险事故造成保险标的的损失程度,从而更多地取得保险赔偿金的行为。三是编造未曾发生的保险事故,骗取保险金。编造未曾发生的保险事故,是指投保人、被保险人或者受益人在未发生保险事故的情况下,虚构事实,谎称发生保险事故,骗取保险金的行为。四是故意造成财产损失的保险事故,骗取保险金的。这是指投保财产险的投保人、被保险人,在保险合同的有效期内,故意人为地制造保险标的出险的保险事故,造成财产损失,从而骗取保险金。五是故意造成被保险人死亡、伤残或者疾病,骗取保险金。这种情况仅发生于人身保险中,通常是指投保人、受益人采取杀害、伤害、虐待、遗弃、投毒、传播传染病以及利用其他方法故意造成人身事故,致使被保险人死亡、伤残或者生病,以取得保险金的行为。第二,骗取的财物数额较大。2010年5月7日最高人民检察院、公安部《关于公安机关管辖的刑事案件立案追诉标准的规定(二)》第56条规定,个人进行保险诈骗,数额较大的标准为1万元,单位进行保险诈骗,数额较大的标准为5万元。

(3)本罪的主体是投保人、被保险人、受益人。投保人,是指对保险标的具有保险利益,向保险人申请订立保险合同,并负有交付保险费义务的人,包括自然人,也包括单位。被保险人是指在保险事故发生,其财产或人身发生损害时,有权要求保险人给予补偿的人。受益人是投保人或被保险人在保险合同中约定享有补偿请求权的人。投保人、被保险人、受益人都享有因保险事故造成的损害请求补偿的权利,因而可以成为保险诈骗罪的主体。单位也可以成为本罪的主体。此外,保险事故的鉴定人、证明人、财产评估人故意提供虚假的证明文件,为他人诈骗提供条件的,以保险诈骗的共犯论处。

(4)本罪主观方面是故意,并且具有骗取保险金的目的。

(二)保险诈骗罪的认定

(1)保险公司工作人员进行保险诈骗行为的定性。对此,可以分为两种情况:第一,保险公司工作人员利用职务上的便利,故意编造未曾发生的保险事故进行虚假理赔,骗取保险金归自己所有的,应区分其是否属于国家工作人员而定贪污罪或者职务侵占罪。第二,保险公司工作人员与投保人、被保险人或受益人共同实施保险诈骗行为的,若保险公司工作人员参与保险诈骗行为没有利用职务上的便利,构成保险诈骗罪的共犯;若保险公司工作人员参与保险诈骗行为利用了职务上的便利,则其行为构成保险诈骗罪和贪污罪或职务侵占罪的想象竞合犯,对其按照其中的一个重罪处理。

---

① 参见张明楷:《保险诈骗罪的行为与结果探究》,载赵秉志主编:《新千年刑法热点问题研究与适用》(下),中国检察出版社2001年版,第1423页。

(2) 本罪涉及的罪数问题。在实践中，一些投保人、被保险人、受益人为了骗取保险金，故意制造保险事故，往往同时又触犯了其他犯罪，如为了骗取保险金而放火烧毁被保险的财物或故意伤害、杀害被保险人的行为既属于保险诈骗的行为，也同时触犯了放火罪、故意伤害罪、故意杀人罪罪名。这种情况，属于手段行为和目的行为存在牵连关系的牵连犯。对于牵连犯，按照一般原则，应当按其中的一个重罪定罪并从重处罚。但对上述情况，《刑法》第 198 条第 2 款明确规定应当按数罪实行并罚。这是对处理牵连犯一般原则的例外。

(三) 保险诈骗罪的刑事责任

依照《刑法》第 198 条之规定，犯本罪的，处 5 年以下有期徒刑或者拘役，并处 1 万元以上 10 万元以下罚金；数额巨大或者有其他严重情节的，处 5 年以上 10 年以下有期徒刑，并处 2 万元以上 20 万元以下罚金；数额特别巨大或者有其他特别严重情节的，处 10 年以上有期徒刑，并处 2 万元以上 20 万元以下罚金或者没收财产。单位犯本罪的，对单位判处罚金，并对直接负责的主管人员和其他直接责任人员，处 5 年以下有期徒刑或者拘役；数额巨大或者有其他严重情节的，处 5 年以上 10 年以下有期徒刑；数额特别巨大或者有其他特别严重情节的，处 10 年以上有期徒刑。

第七节　危害税收征管罪

一、逃税罪

(一) 逃税罪的概念与构成

逃税罪，是指纳税人采取欺骗、隐瞒手段进行虚假纳税申报或者不申报，逃避缴纳税款数额较大并且占应纳税额 10% 以上，或者扣缴义务人采取欺骗、隐瞒手段不缴或者少缴已扣、已收税款数额较大的行为。

本罪的构成要件是：

(1) 本罪的客体是国家的税收征管秩序。本罪的对象是应当向国家缴纳的作为财政收入的税款。

(2) 本罪的客观方面表现为采取欺骗、隐瞒手段进行虚假纳税申报或者不申报，或者不缴、少缴已扣、已交税款，逃避缴纳税款数额达到法定标准的行为。本罪的客观方面包括如下两个构成要素：

第一，采取欺骗、隐瞒手段逃避缴纳税款。其一，欺骗、隐瞒是行为人逃避缴纳税款的手段。所谓"欺骗、隐瞒"，是指行为人通过虚构事实或者隐瞒事实真相等方法，欺骗税务机关，意图不缴或者少缴税款。具体而言，行为人采取欺骗、隐瞒手段可以表现为：伪造、变造、隐匿、擅自销毁账簿、记账凭证，这种行为使征收税款失去了直接依据或真实依据；在账簿上多列支出或者不列、少列收入，这种行为使税额减少乃至免除；采取其他欺骗、隐瞒手段进行虚假纳税申报或者不申报。其二，逃避缴纳税款是本罪的目的行为，表现为虚假纳税申报或者不申报，或者不缴、少缴税款。虚假纳税申报是指纳税人或扣缴义务人，以不缴或者少缴应纳税款为目的的纳税申报。企业的虚假纳税申报通常有三种情况：一是对原始凭证、账簿采取欺骗手段的，必然会进行虚假的纳税申报。二是没有对原始凭证、账簿采取欺骗手段的，直接进行申报。例如，直接进行虚假的收入或支出申报，虚假的减税、免税申报等。三是应当设置账簿而未设置账簿，直接进行虚假纳税申报。进行"虚假纳税申报"，依照2002年11月最高人民法院《关于审理偷税、抗税案件具体应用法律若干问题的解释》第2条的规定，是指纳税人或者扣缴义务人向税务机关报送虚假的纳税申请表、财物报表、代扣代缴、代收代缴税款报告表或者其他纳税申报资料，如提供虚假申请、编造减税、免税、抵税、先征收后退还税款等虚假资料等。行为人有的采用一种，有的几种并用。一般情况下，直接进行虚假纳税申报的较少，大都通过前期行为如伪造、变造、隐匿、擅自销毁账簿、记账凭证，在账簿上多列支出或者不列、少列收入等进行掩盖。不申报，是指行为人不按照规定向有管辖权的税务机关申报生产经营情况和计税金额、财务会计报表等资料的活动。

第二，逃避缴纳税款数额达到法定标准。对于纳税人来说，构成逃税罪必须达到的法定标准是逃避缴纳税款数额较大并且占应纳税额10%以上；对于扣缴义务人来说，构成逃税罪必须达到的法定标准是不缴或者少缴已扣、已收税款数额较大，而不需要不缴、少缴已扣、已收税款达到占应纳税额的10%以上这个比例要求。对于多次犯有逃税行为和不缴或者少缴已扣、已收税款行为未经处理的，按照累计数额计算。此外，根据《刑法》第201条第4款的规定，只要不属于在5年内因逃避缴纳税款受过刑事处罚或者被税务机关给予两次以上行政处罚的情况，纳税人和扣缴义务人逃避缴纳的税款数额即使达到法定的标准，但如果经税务机关依法下达追缴通知后，补缴应纳税款，缴纳滞纳金，已受行政处罚的，不予追究刑事责任。2010年5月7日最高人民检察院、公安部《关于公安机关管辖的刑事案件立案追诉标准的规定（二）》第57条对本罪的立案标准作了如下规定：逃避缴纳税款，涉嫌下列情形之一的，应予立案追诉：①纳税人采取欺骗、隐瞒手段进行虚假纳税申报或者不申报，逃避缴纳税款，数额在5万元以上并且占各税种应纳税总额10%以上，经税务机关依法下达追缴通知后，不补缴应纳税款、不缴纳滞纳金或者不接受行政处罚的；②纳税人5年内因逃避缴纳税款受过刑事处罚或者被税务机关给予两次以上行政处罚，又逃避缴纳税款，数额在5万元以上并且占各税种应纳税总额10%的；③扣缴义务人采取欺骗、隐瞒手段，不缴或者少缴已扣、已收税款，数额在5万元以上的。该条还规定，纳税人在公安机关立案后再补缴应纳税款、缴纳滞纳金或者接受行政处罚的，不影响刑事责任的追究。

（3）本罪的主体是纳税人和扣缴义务人。根据我国《税收征收管理法》第4条的规定，纳税人是指法律、行政法规规定负有纳税义务的单位和个人；扣缴义务人是指法律、行政法规规定有代扣代缴、代收代缴税款义务的单位和个人。

（4）本罪的主观方面只能是故意。刑法虽然没有对本罪规定特定目的，但是从其客观方面的表述以及逃税罪的性质来看，行为人采取欺骗、隐瞒手段进行虚假纳税申报或者不申报都是为了逃避应缴纳税款数，即其主观上必须具有逃避缴纳税款的目的。因过失而造成不缴纳或者少缴纳税款的,不成立本罪。例如,由于疏忽或者不懂税收法规,没有按时申报纳税,漏缴了应缴税款,或者由于工作制度混乱、账目不清,漏报、漏缴了某项应交税款,等等。

(二) 逃税罪的认定

(1) 本罪与非罪的界限。① 本罪与一般逃税行为的区别。关键是要看逃税税款的数额是否达到《刑法》第 201 条第 1、2 款规定的数额标准和是否具备《刑法》第 201 条第 4 款规定的情况。② 逃税与漏税的区别。逃税与漏税虽然经常相提并论,但两者的性质完全不同。漏税属于一般违法行为,即使漏税的数额再大,也不应作为犯罪处理。漏税是指纳税单位和个人,非故意地发生漏交或少缴税款的行为。如由于不了解、不熟悉税法规定和财务制度或因工作粗心大意,错用税率、漏报应税项目、少计应税数量、销售总额和经营利润等。造成漏税的行为人主观上是出于过失,客观上不存在弄虚作假等手段,行为不具有欺骗性或隐瞒性的特点;而逃税的行为人主观上是出于故意,并采取欺骗、隐瞒手段逃避纳税。③ 逃税与欠税的区别。欠税是指在法定的纳税期限内,因客观上无力缴纳税款而拖欠税款的行为。欠税人往往是在经营严重亏损或者是资金周转严重困难,缺乏缴税的资金的情况下欠税的,主观上不是故意违反税收征管法规,也不具有逃避纳税的意图,客观上也没有采用法定的逃税手段。因此,对于欠税的行为,不应以逃税罪处理。当然,行为人虽然客观上存在无力纳税的情况,但为了逃避交纳税款,采取法定的逃税手段的,仍应以逃税罪处理。④ 逃税与合理避税行为的区别。避税是指纳税人利用合法手段,如资金转移、费用转移、利润转移等,躲避纳税义务,以期达到少纳税或不纳税的一种经济活动。逃税与避税的区别主要在于行为方式的法律性质不同,逃税是采用欺骗、隐瞒手段,因而是违反税收管理法规的行为;而避税则是利用税法的漏洞,通过转移资金、财产等手段来躲避税收,其手段是合法的,故不能追究其任何法律责任。但避税行为也造成国家财政收入的损失,对于避税行为,只能通过加强和完善税收立法来堵塞漏洞。

(2) 本罪与逃避追缴欠税罪的界限。本罪与逃避追缴欠税罪在实践中,往往前后相继。在行为人逃税被税务机关发现后,要追缴欠缴的税款时,行为人又采取转移或隐藏财产的手段,致使税务机关无法追缴欠缴的税款的,应当如何定性?虽然行为人的行为符合了逃税罪和逃避追缴欠税罪两罪的构成要件,属于数罪,但是,对此不应以数罪实行并罚。因为,这两罪之间具有目的与手段的牵连关系,应当属于牵连犯,应按其中的一个重罪从重处罚。

(3) 税务人员参与逃税犯罪的行为定性。对此,可分两种情况处理:第一,税务人员为帮助纳税人逃避缴纳税款而利用职务上的便利,索取或者非法收受纳税人财物的,构成受贿罪和徇私舞弊不征、少征税款罪,以想象竞合犯按其中的重罪论处;纳税人的行贿行为和逃税行为属于牵连犯,按其中的重罪从重处罚。第二,税务人员没有收受纳税人的财物但与纳税人相互勾结,共同实施逃税行为构成犯罪的,以逃税罪的共犯论处。

(三) 逃税罪的刑事责任

根据《刑法》第 201 条、第 204 条第 2 款、第 211 条的规定,纳税人犯本罪,逃避缴纳税款数额较大并且占应纳税额10%以上的,处3年以下有期徒刑或者拘役,并处罚金;数额巨大并且占应纳税额30%以上的,处3年以上7年以下有期徒刑,并处罚金。扣缴义务人犯本罪,不缴、少缴已扣、已收税款数额较大的,处3年以下有期徒刑或者拘役,并处罚金;数额巨大的,处3年以上7年以下有期徒刑,并处罚金。单位犯本罪的,对单位判处罚金,并对其直接负责的主管人员和其他直接责任人员,依照上述规定处罚。根据《刑法》第212条的规定,在执行罚金前,应当先由税务机关追缴税款。

二、抗税罪

抗税罪,是指违反税收管理法规,以暴力、威胁方法拒不缴纳税款的行为。本罪侵犯的客体是国家的税收管理秩序。本罪客观方面表现为以暴力、威胁方法拒不缴纳税款的行为。暴力,是指对执行税收职务的税务机关工作人员人身实施袭击或者其他强暴手段,如殴打、伤害、捆绑、禁闭等足以危及他人人身安全的行为,或者冲击、打砸税务机关,严重破坏税务机关的正常秩序等。威胁,是指对执行征税的工作人员实行恐吓,达到精神上的强制,主要以杀害、伤害、毁坏财产、损害名誉等相威胁。尽管《刑法》未对本罪的构成规定任何情节上的限制,但根据《刑法》第13条"但书"的规定,并非所有的抗税行为均须作为犯罪处理。为此,2010年5月7日最高人民检察院、公安部《关于公安机关管辖的刑事案件立案追诉标准的规定(二)》第58条对构成本罪的情节作了比较明确的规定。本罪的主体只能是纳税义务人和代扣、代缴义务人。本罪主观方面出于故意。根据《刑法》第202条的规定,犯本罪的,处3年以下有期徒刑或者拘役,并处拒缴税款1倍以上5倍以下罚金;情节严重的,处3年以上7年以下有期徒刑,并处拒缴税款1倍以上5倍以下罚金。根据《刑法》第212条的规定,在执行罚金前,应当先由税务机关追缴税款。

三、逃避追缴欠税罪

逃避追缴欠税罪,是指纳税人违反国家税收征管法律法规,在欠缴应纳税款情况下,故意采取转移或者隐匿财产的手段,致使税务机关无法追缴欠缴的税款,数额较大的行为。本罪侵犯的客体是国家正常的税收管理秩序。本罪在客观上表现为欠缴应缴税款,采取转移或者隐匿财产的手段,致使税务机关无法追缴欠缴的税款,数额较大的行为。转移、隐匿财产的行为必须在欠缴应缴税款的情况下实施,而且转移、隐匿财产的行为还必须使税务机关无法追缴欠缴的税款,否则不成立本罪。构成本罪,还要求无法追缴欠缴的税款数额较大。至于其具体标准,2010年5月7日最高人民检察院、公安部《关于公安机关管辖的刑事案件立案追诉标准的规定(二)》第59条规定为1万元。本罪的主体是欠税人,既可以是自然人,也可以是单位。本罪在主观上表现为故意。根据《刑法》第203条、第211条的规定,犯本罪,数额在1万元以上不满10万元的,处3年以下有期徒刑或者拘役,并处或者单处欠缴税款1倍以上5倍以下罚金;数额在10万元以上的,处3年以上7年以下有期徒刑,并处欠缴税款1倍以上5倍以下罚金。单位犯本罪的,对单位判处罚金,并对其直接负责的主管人员和其他直接责任人员,依照上述规定处罚。根据《刑法》第212条的规定,在执行罚金前,应当先由税务机关追缴税款。

四、骗取出口退税罪

(一)骗取出口退税罪的概念与构成

骗取出口退税罪,是指以假报出口或者其他欺骗手段,骗取国家出口退税款,数额较大的行为。

本罪的构成要件是:

(1)本罪侵犯的客体是国家出口退税的管理秩序和国家的财产所有权。本罪的对象是国家的出口退税款。出口退税,是指税务机关依法在出口环节向出口商品的生产或经营单位退还该商品在国内生产、流通环节已征收的增值税和消费税的措施。出口退税款是指已经征收的增值税和消费税的税款。

(2)本罪在客观上表现为采取假报出口或者其他欺骗手段,骗取国家出口退税,数额较大的行为。本罪客观方面包括两个要素:第一,采取假报出口或者其他欺骗手段,骗取国家出口退税款。2002年9月9日最高人民法院《关于审理骗取出口退税刑事案件具体应用法律若干问题的解释》对"假报出口"和"其他欺骗手段"作了明确规定。"假报出口"是指以虚构已税货物出口事实为目的,具有下列情形之一的行为:伪造或者签订虚假的买卖合同;以伪造、变造或者其他非法手段取得出口货物报关单、出口收汇核销单、出口货物专用缴款书等有关出口退税单据、凭证;虚开、伪造、非法购买增值税专用发票或者其他可以用于出口退税的发票;其他虚构已税货物出口事实的行为。"其他欺骗手段"是指下列情形之一:骗取出口货物退税资格的;将未纳税或者免税货物作为已税货物出口的;虽有货物出口,但虚构该出口货物的品名、数量、单价等要素,骗取未实际纳税部分出口退税款的;以其他手段骗取出口退税款的。由于《刑法》第204条第2款明确规定"纳税人缴纳税款后,采取前款规定的欺骗方法,骗取所缴纳的税款的,依照本法第201条的规定定罪处罚",因而本罪中的"骗取国家出口退税款",仅限于行为人原本没有向国家缴纳相关税款,却采取假报出口或者其他欺骗手段对国家税务机关进行欺骗,进而骗取以出口退税形式表现的用于增值税、消费税出口退税的财政资金的行为。第二,骗取的出口退税款数额较大。2002年9月9日最高人民法院《关于审理骗取出口退税刑事案件具体应用法律若干问题的解释》第3条和2010年5月7日最高人民检察院、公安部《关于公安机关管辖的刑事案件立案追诉标准的规定(二)》第60条将本罪中"数额较大"的标准规定为5万元。

(3)本罪的主体是一般主体,包括任何已满16周岁、具有刑事责任能力的自然人和单位。

(4)本罪在主观上表现为故意,其目的在于非法获取国家出口退税款。

(二)骗取出口退税罪的认定

(1)本罪与逃税罪的界限。本罪与逃税罪在犯罪构成要件上具有一定的相同之处,但有明显的区别:第一,侵犯的客体不尽相同。前者侵犯的客体是国家出口退税的管理秩序和国家的财产所有权,后者侵犯的客体是国家的税收征管秩序。第二,犯罪对象不同。前者的对象是国家的出口退税款,是国库中的资金;后者的对象是应当向国家缴纳的作为财政收入的税款,主要是尚未进入国库的资金。第三,客观行为方式有所不同。前者是以假报出口或者其他欺骗手段骗取国家出口退税款,后者则主要是以欺骗、隐瞒手段不缴或少缴应交税款。第四,犯罪目的不同。前者的目的在于非法获取国家出口退税款,后者的目的则是逃避缴纳应交税款。

(2) 纳税人缴纳税款后,又以假报出口等欺骗手段骗取国家出口退税款的,应如何定性?根据《刑法》第 204 条第 2 款的规定,应当分别两种情况处理:第一,如果行为人骗取的税款等于或少于已缴纳的税款的,只以一个逃税罪论处。第二,如果行为人骗取的税款超过所缴纳的税款,对于超过的部分,应认定为骗取国家出口退税罪,其余的部分应认定为逃税罪。由于客观上行为人只实行了一个行为,因而应按想象竞合犯处理,即按其中的重罪从重处罚。

(3) 本罪既遂的标准。从《刑法》第 204 条第 1 款的规定看,本罪属于结果犯中的数额犯,因而骗取数额较大的国家出口退税款是本罪既遂的标准。2002 年 9 月 9 日最高人民法院《关于审理骗取出口退税刑事案件具体应用法律若干问题的解释》第 7 条"实施骗取国家出口退税行为,没有实际取得出口退税款的,可以比照既遂犯从轻或者减轻处罚"的规定,也体现了以取得国家出口退税款作为本罪既遂标准的精神。

(三) 骗取出口退税罪的刑事责任

根据《刑法》第 204 条、第 211 条的规定,犯本罪的,处 5 年以下有期徒刑或者拘役,并处骗取税款 1 倍以上 5 倍以下罚金;数额巨大或者有其他严重情节的,处 5 年以上 10 年以下有期徒刑,并处骗取税款 1 倍以上 5 倍以下罚金;数额特别巨大或者有其他特别严重情节的,处 10 年以上有期徒刑或者无期徒刑,并处骗取税款 1 倍以上 5 倍以下罚金或者没收财产。单位犯本罪的,对单位判处罚金,并对其直接负责的主管人员和其他直接责任人员,依照上述规定处罚。根据《刑法》第 212 条的规定,在执行罚金、没收财产前,应当先由税务机关追缴税款。

五、虚开增值税专用发票、用于骗取出口退税、抵扣税款发票罪

(一) 虚开增值税专用发票、用于骗取出口退税、抵扣税款发票罪的概念与构成

虚开增值税专用发票、用于骗取出口退税、抵扣税款发票罪,是指违反国家税收征管法律法规,故意虚开增值税专用发票或者虚开用于骗取出口退税、抵扣税款的其他发票的行为。

本罪的构成要件是:

(1) 本罪侵犯的客体是国家的税收征管秩序。本罪的对象是增值税专用发票和其他可以用于骗取出口退税、抵扣税款的发票。"增值税专用发票",是指国家根据增值税征收管理的需要设定的,兼记价款及货物或者劳务所负担的增值税税额的一种专用发票。增值税是对生产、销售商品或提供劳务过程中实现的法定增值额征收税款的一个税种,它作为一种流转税,其计税依据是商品销售额和应税劳务额,按照税

款抵扣的原理,对商品生产和流通中各个环节的新增价值或商品附加值进行征税。由于增值税的征收实行的是价外税,即价税分离原则,因而增值税专用发票在内容上,不仅明确载明商品或劳务的销售额,同时还明确载明了其销项税额。一般纳税人的应纳增值税税额实际上是其销项税额减去进项税额的差额部分。"出口退税、抵扣税款的其他发票",是指除增值税专用发票以外的,具有出口退税、抵扣税款功能的收付款凭证或者完税凭证,如农产品收购发票、废旧物品收购发票、运输发票等。本罪中的增值税专用发票和其他可以用于骗取出口退税、抵扣税款的发票不限于真实的发票,伪造的发票也包括在内。

(2) 本罪在客观上表现为行为人虚开增值税专用发票、用于骗取出口退税、抵扣税款的其他发票。所谓虚开发票,是指开具与经营活动不符的发票,其内容具体包括如下三种①:一是行为人在根本不存在货物购销或者提供应税劳务情况下,为他人、为自己、让他人为自己、介绍他人开具专用发票;二是行为人在客观上存在货物购销或者提供、接受了应税劳务,但为他人、为自己、让他人为自己、介绍他人开具数量或者金额不实的专用发票;三是进行了实际经营活动,但让他人为自己代开增值税专用发票。② 虚开发票的形式具体包括如下四种:第一,为他人虚开,指为没有实际经营活动的人开具发票,或者为有经营活动的人开具数量或金额不实的发票;第二,为自己虚开,指本身没有实际的进项经营活动而利用非法取得的进项发票为自己虚开,以用于抵扣本身应缴纳的部分或全部销项税额,或者本身有实际的进、销项经营活动,却利用自己合法拥有的发票或非法取得他人的发票为自己开具数量或金额不实的发票;第三,让他人为自己虚开,指行为人没有实际的经营活动,让他人用他人的发票为自己虚开,或者行为人有实际的经营活动,让他人用他人的发票为自己开具数额不实的发票;第四,介绍他人虚开,指在发票的拥有人和有虚开需要的人之间斡旋、沟通的行为。

(3) 本罪的主体是一般主体,包括任何已满16周岁、具有刑事责任能力的自然人和单位。

(4) 本罪在主观上表现为故意,即行为人明知虚开增值税专用发票或者用于骗取国家出口退税、抵扣税款的其他发票会造成国家税款的流失,而故意实施该行为,而且行为人多具有获取非法利益的目的。

(二) 虚开增值税专用发票、用于骗取出口退税、抵扣税款发票罪的认定

(1) 本罪与非罪的界限。尽管《刑法》第205条第1款对本罪的成立未规定任何情节上的限制,但并不意味着任何情况的虚开增值税专用发票、用于骗取出口退税、抵扣税款发票均作为犯罪处理。根据《刑法》第13条"但书"的规定,如果虚开行为

---

① 参见1996年10月17日最高人民法院《关于适用全国人民代表大会常务委员会〈关于惩治虚开、伪造和非法出售增值税专用发票犯罪的决定〉的若干问题的解释》第1条的规定。

② 属于第三种情况但同时具备如下两个条件的,不宜作为犯罪处理:一是存在现实的交易,且所开具的增值税专用发票如实反映了该交易活动涉及税款计算的内容;二是销售方如实缴纳了相应的涉税款项。参见孙国祥、魏昌东:《经济刑法研究》,法律出版社2005年版,第472页。

情节显著轻微、危害不大（如虚开的数额很小），就不宜作为犯罪处理。对此,根据2018年最高人民法院印发的《关于虚开增值税专用发票定罪量刑标准有关问题的通知》的规定,虚开的税款数额在5万元以上的,才构成本罪。

(2) 本罪与逃税罪的界限。尽管两者都包含有采用虚假手段不缴、少缴应缴税款和骗取出口退税的情况,在构成要件上具有一定的相同或相似之处,但两者具有明显的区别:第一,犯罪客观方面的表现不同。前者客观上表现为虚开增值税专用发票、用于骗取出口退税、抵扣税款的其他发票,而且在成立犯罪的情节上《刑法》未作特别的要求;后者客观上表现为采用欺骗、隐瞒手段不缴或者少缴应缴税款,在成立犯罪的情节上《刑法》有明确的限定。第二,犯罪主体不同。前者的主体为一般主体,后者的主体为特殊主体即只能是纳税人和扣缴义务人。第三,犯罪主观目的不尽相同。前者的主观目的,在为他人虚开或者介绍他人虚开时多是为了获取非法利益,在为自己虚开或者让他人为自己虚开时是为了骗取出口退税或者抵扣税款;而后者的主观目的则是为了不缴、少缴应缴税款。

(3) 本罪与骗取出口退税罪的界限。尽管两者都包含有骗取出口退税的情况,在构成要件上具有一定的相同或相似之处,但两者间有明显的区别:第一,侵犯的客体不同。前者侵犯的客体为国家的税收征管秩序;后者侵犯的客体为国家出口退税的管理秩序和国家的财产所有权。第二,犯罪的客观表现不同。前者客观上表现为虚开增值税专用发票、用于骗取出口退税、抵扣税款的其他发票,而且在成立犯罪的情节上《刑法》未作特别的要求;后者客观上表现为采取假报出口或者其他欺骗手段,骗取了数额较大的国家出口退税款。

(三) 虚开增值税专用发票、用于骗取出口退税、抵扣税款发票罪的刑事责任

根据《刑法》第205条的规定,犯本罪的,处3年以下有期徒刑或者拘役,并处2万元以上20万元以下罚金;虚开的税款数额较大或者有其他严重情节的,处3年以上10年以下有期徒刑,并处5万元以上50万元以下罚金;虚开的税款数额巨大或者有其他特别严重情节的,处10年以上有期徒刑或者无期徒刑,并处5万元以上50万元以下罚金或者没收财产。单位犯本罪的,对单位判处罚金,并对其直接负责的主管人员和其他直接责任人员,处3年以下有期徒刑或者拘役;虚开的税款数额较大或者有其他严重情节的,处3年以上10年以下有期徒刑;虚开的税款数额巨大或者有其他特别严重情节的,处10年以上有期徒刑或者无期徒刑。根据《刑法》第212条的规定,在执行罚金、没收财产前,应当先由税务机关追缴税款。

六、虚开发票罪

虚开发票罪,是指虚开增值税专用发票和用于骗取出口退税、抵扣税款的发票之外的其他发票,情节严重的行为。本罪侵犯的客体是国家的税收征管秩序。犯罪对象为增值税专用发票和用于骗取出口退税、抵扣税款的发票之外的其他发票,既包括真实的发票,也包括伪造的发票。本罪的客观方面表现为行为人实行了虚开增值税专用发票和用于骗取出口退税、抵扣税款的发票之外的其他发票的行为,且情节严

重。至于情节严重的标准，2011年最高人民检察院、公安部印发的《关于公安机关管辖的刑事案件立案追诉标准的规定(二)的补充规定》第2条有明确规定。本罪的主体包括任何已满16周岁、具有刑事责任能力的自然人和单位。本罪在主观上表现为故意。根据《刑法》第205条之一的规定，犯本罪的，处2年以下有期徒刑、拘役或者管制，并处罚金；情节特别严重的，处2年以上7年以下有期徒刑，并处罚金。单位犯本罪的，对单位判处罚金，并对其直接负责的主管人员和其他直接责任人员，依照前款的规定处罚。

七、伪造、出售伪造的增值税专用发票罪

伪造、出售伪造的增值税专用发票，是指违反国家税收征管法律法规、国家发票管理法规，非法印制、复制或者使用其他方法伪造增值税专用发票或者出售伪造的增值税专用发票的行为。本罪侵犯的客体是国家正常的税收征管秩序和国家的发票管理秩序。本罪在客观上表现为伪造增值税专用发票或者出售伪造的增值税专用发票的行为。这里的"伪造"，不仅包括无制造权的人制造能使一般人误以为是真的假增值税专用发票，而且包括对真实增值税发票进行加工的变造行为。本罪只要具有两种行为之一的，即可构成。尽管我国《刑法》未对本罪的构成规定任何情节上的限制，但根据《刑法》第13条"但书"的规定，并非所有的伪造、出售伪造的增值税专用发票行为均须作为犯罪处理，为此，2010年5月7日最高人民检察院、公安部《关于公安机关管辖的刑事案件立案追诉标准的规定(二)》第62条对构成本罪的情节作了比较明确的规定。本罪的主体包括任何已满16周岁、具有刑事责任能力的自然人和单位。本罪在主观上表现为故意。根据《刑法》第206条的规定，犯本罪的，处3年以下有期徒刑、拘役或者管制，并处2万元以上20万元以下罚金；数量较大或者有其他严重情节的，处3年以上10年以下有期徒刑，并处5万元以上50万元以下罚金；数量巨大或者有其他特别严重情节的，处10年以上有期徒刑或者无期徒刑，并处5万元以上50万元以下罚金或者没收财产。单位犯本罪的，对单位判处罚金，并对其直接负责的主管人员和其他直接责任人员，处3年以下有期徒刑、拘役或者管制；数量较大或者有其他严重情节的，处3年以上10年以下有期徒刑；数量巨大或者有其他特别严重情节的，处10年以上有期徒刑或者无期徒刑。

八、非法出售增值税专用发票罪

非法出售增值税专用发票罪，是指违反国家发票管理法规，未经主管税务机关批准，非法出售增值税专用发票的行为。本罪侵犯的客体是国家正常的发票管理秩序。本罪在客观上表现为违反国家发票管理法规，未经主管税务机关批准，非法出售增值税专用发票的行为。尽管我国《刑法》未对本罪的成立规定任何情节上的限制，但根据《刑法》第13条"但书"的规定，并非所有的非法出售增值税专用发票行为均须作为犯罪处理。为此，2010年5月7日最高人民检察院、公安部《关于公安机关管辖的刑事案件立案追诉标准的规定(二)》第63条对构成本罪的情节作了比较明确的规

定。本罪的主体包括任何已满16周岁、具有刑事责任能力的自然人和单位。本罪在主观上表现故意。根据《刑法》第207条与第211条的规定,犯本罪的,处3年以下有期徒刑、拘役或者管制,并处2万元以上20万元以下罚金;数量较大的,处3年以上10年以下有期徒刑,并处5万元以上50万元以下罚金;数量巨大的,处10年以上有期徒刑或者无期徒刑,并处5万元以上50万元以下罚金或者没收财产。单位犯本罪的,对单位判处罚金,并对其直接负责的主管人员和其他直接责任人员,依照上述规定处罚。

九、非法购买增值税专用发票、购买伪造的增值税专用发票罪

非法购买增值税专用发票、购买伪造的增值税专用发票罪,是指违反国家增值税专用发票管理法规,非法购买增值税专用发票,或者购买伪造的增值税专用发票的行为。本罪侵犯的客体是国家正常的发票管理秩序。本罪在客观上表现为违反国家增值税专用发票管理法规,非法购买增值税专用发票,或者购买伪造的增值税专用发票的行为。尽管我国《刑法》未对本罪的构成规定任何情节上的限制,但根据《刑法》第13条"但书"的规定,并非所有的非法购买增值税专用发票、购买伪造的增值税专用发票行为均须作为犯罪处理。为此,2010年5月7日最高人民检察院、公安部《关于公安机关管辖的刑事案件立案追诉标准的规定(二)》第64条对构成本罪的情节作了比较明确的规定。本罪的主体包括任何已满16周岁、具有刑事责任能力的自然人和单位。本罪在主观上表现为故意。根据《刑法》第208条与第211条的规定,犯本罪的,处5年以下有期徒刑或者拘役,并处或者单处2万元以上20万元以下罚金。单位犯本罪的,对单位判处罚金,并对其直接负责的主管人员和其他直接责任人员,依照上述规定处罚。

十、非法制造、出售非法制造的用于骗取出口退税、抵扣税款发票罪

非法制造、出售非法制造的用于骗取出口退税、抵扣税款发票罪,是指违反国家发票管理法规,伪造、擅自制造或者出售伪造、擅自制造的增值税专用发票以外的可以用于骗取出口退税、抵扣税款的其他发票的行为。本罪侵犯的客体是国家正常的发票管理秩序。本罪在客观上表现为违反国家发票管理法规,伪造、擅自制造或者出售伪造、擅自制造的增值税专用发票以外的可以用于骗取出口退税、抵扣税款的其他发票的行为。尽管我国《刑法》未对本罪的构成规定任何情节上的限制,但根据《刑法》第13条"但书"的规定,并非所有的非法制造、出售非法制造的用于骗取出口退税、抵扣税款发票行为均须作为犯罪处理。为此,2010年5月7日最高人民检察院、公安部《关于公安机关管辖的刑事案件立案追诉标准的规定(二)》第65条对构成本罪的情节作了比较明确的规定。本罪的主体包括任何已满16周岁、具有刑事责任能力的自然人和单位。本罪在主观上表现为故意。根据《刑法》第209条第1款和第211条的规定,犯本罪的,处3年以下有期徒刑、拘役或者管制,并处2万元以上20万元以下罚金;数量巨大的,处3年以上7年以下有期徒刑,并处5万元以上50万元以

下罚金;数量特别巨大的,处7年以上有期徒刑,并处5万元以上50万元以下罚金或者没收财产。单位犯本罪的,对单位判处罚金,并对其直接负责的主管人员和其他直接责任人员,依照上述规定处罚。

十一、非法制造、出售非法制造的发票罪

非法制造、出售非法制造的发票罪,是指违反国家发票管理法规,伪造、擅自制造或者出售伪造、擅自制造的除增值税专用发票、可以用于骗取出口退税、抵扣税款的发票以外的其他发票的行为。本罪侵犯的客体是国家正常的发票管理秩序。本罪在客观上表现为违反国家发票管理法规,伪造、擅自制造或者出售伪造、擅自制造的除增值税专用发票、可以用于骗取出口退税、抵扣税款的发票以外的其他发票的行为。尽管我国《刑法》未对本罪的构成规定任何情节上的限制,但根据《刑法》第13条"但书"的规定,并非所有的非法制造、出售非法制造的发票行为均须作为犯罪处理。为此,2010年5月7日最高人民检察院、公安部《关于公安机关管辖的刑事案件立案追诉标准的规定(二)》第66条对构成本罪的情节作了比较明确的规定。本罪的主体包括任何已满16周岁、具有刑事责任能力的自然人和单位。本罪在主观上表现为故意。根据《刑法》第209条第2款和第211条的规定,犯本罪的,处2年以下有期徒刑、拘役或者管制,并处或者单处1万元以上5万元以下罚金;情节严重的,处2年以上7年以下有期徒刑,并处5万元以上50万元以下罚金。单位犯本罪的,对单位判处罚金,并对其直接负责的主管人员和其他直接责任人员,依照上述规定处罚。

十二、非法出售用于骗取出口退税、抵扣税款发票罪

非法出售用于骗取出口退税、抵扣税款发票罪,是指违反国家发票管理法规,故意非法出售除增值税专用发票以外的可以用于骗取出口退税、抵扣税款的其他发票的行为。本罪侵犯的客体是国家正常的发票管理秩序。本罪在客观上表现为非法出售除增值税专用发票以外的可以用于骗取出口退税、抵扣税款的其他发票的行为。尽管我国《刑法》未对本罪的构成规定任何情节上的限制,但根据《刑法》第13条"但书"的规定,并非所有的非法出售用于骗取出口退税、抵扣税款发票行为均须作为犯罪处理。为此,2010年5月7日最高人民检察院、公安部《关于公安机关管辖的刑事案件立案追诉标准的规定(二)》第67条对构成本罪的情节作了比较明确的规定。本罪的主体包括任何已满16周岁、具有刑事责任能力的自然人和单位。本罪在主观上表现为故意。根据《刑法》第209条第3款和第211条的规定,犯本罪的,处3年以下有期徒刑、拘役或者管制,并处2万元以上20万元以下罚金;数量巨大的,处3年以上7年以下有期徒刑,并处5万元以上50万元以下罚金;数量特别巨大的,处7年以上有期徒刑,并处5万元以上50万元以下罚金或者没收财产。单位犯本罪的,对单位判处罚金,并对其直接负责的主管人员和其他直接责任人员,依照上述规定处罚。

十三、非法出售发票罪

非法出售发票罪,是指违反国家发票管理法规,故意非法出售除增值税专用发票、可以用于骗取出口退税、抵扣税款的发票以外的其他发票的行为。本罪侵犯的客体是国家正常的发票管理秩序。本罪在客观上表现为违反国家税收管理法规,非法出售除增值税专用发票、可以用于骗取出口退税、抵扣税款的发票以外的其他发票。尽管我国《刑法》未对本罪的构成规定任何情节上的限制,但根据《刑法》第13条"但书"的规定,并非所有的非法出售发票行为均须作为犯罪处理。为此,2010年5月7日最高人民检察院、公安部《关于公安机关管辖的刑事案件立案追诉标准的规定(二)》第68条对构成本罪的情节作了比较明确的规定。本罪的主体包括任何已满16周岁、具有刑事责任能力的自然人和单位。本罪在主观上表现为故意。根据《刑法》第209条第4款和第211条的规定,犯本罪的,处2年以下有期徒刑、拘役或者管制,并处或者单处1万元以上5万元以下罚金;情节严重的,处2年以上7年以下有期徒刑,并处5万元以上50万元以下罚金。单位犯本罪的,对单位判处罚金,并对其直接负责的主管人员和其他直接责任人员,依照上述规定处罚。

十四、持有伪造的发票罪

持有伪造的发票罪,是指明知是伪造的发票而持有,数量较大的行为。本罪侵犯的客体是国家发票的管理秩序。本罪的对象是伪造的发票,既包括普通发票,也包括增值税专用发票和用于骗取出口退税、抵扣税款的其他发票。本罪在客观方面表现为持有数量较大的伪造的发票。所谓持有,是指行为人对伪造的发票处于占有、支配、控制的一种状态,不仅指行为人随身携带伪造的发票,也包括在行为人的住所、驾驶的交通工具上存放的伪造的发票。数量较大是《刑法》对持有伪造的发票构成犯罪所规定的必备要素。至于数量较大的标准,2011年最高人民检察院、公安部印发的《关于公安机关管辖的刑事案件立案追诉标准的规定(二)的补充规定》第2条有明确规定。本罪的主体包括任何已满16周岁、具有刑事责任能力的自然人和单位。本罪在主观方面出自故意,即行为人明知其持有的是伪造的发票。根据《刑法》第210条之一的规定,犯本罪的,处2年以下有期徒刑、拘役或者管制,并处罚金;数量巨大的,处2年以上7年以下有期徒刑,并处罚金。单位犯本罪的,对单位判处罚金,并对其直接负责的主管人员和其他直接责任人员,依照前款的规定处罚。

第八节 侵犯知识产权罪

一、假冒注册商标罪

(一)假冒注册商标罪的概念与构成

假冒注册商标罪,是指未经注册商标所有人许可,在同一种商品上使用与其注册商标相同的商标,情节严重的行为。

本罪的构成要件是:

(1) 本罪所侵犯的客体是国家的商标管理秩序和他人注册商标的专用权。本罪的对象是他人已经取得注册商标专用权的商标,且须为在保护期内、在我国商标局注册的商品商标。

(2) 本罪客观方面表现为未经注册商标所有人许可,在同一种商品上使用与其注册商标相同的商标,情节严重的行为。本罪的客观方面包括两个要素:第一,行为人未经注册商标所有人许可,在同一种商品上使用与其注册商标相同的商标。"同一种商品",是指名称相同的商品以及名称不同但指同一事物的商品。"名称"是指国家知识产权局商标局在商标注册工作中对商品使用的名称,也即《商标注册用商品和服务国际分类》中规定的商品名称。"名称不同但指同一事物的商品"是指在功能、用途、主要原料、消费对象、销售渠道等方面相同或者基本相同,相关公众一般认为是同一种事物的商品。认定"同一种商品",应当在权利人注册商标核定使用的商品和行为人实际生产销售的商品之间进行比较。[①] "相同商标",是指与被假冒的注册商标完全相同,或者与被假冒的注册商标在视觉上基本无差别、足以对公众产生误导的商标。有下列情形之一的,可以认定为"与其注册商标相同的商标":一是改变注册商标的字体、字母大小写或者文字横竖排列,与注册商标之间仅有细微差别的;二是改变注册商标的文字、字母、数字等之间的间距,不影响体现注册商标显著特征的;三是改变注册商标颜色的;四是其他与注册商标在视觉上基本无差别、足以对公众产生误导的商标。[②] 所谓"使用",是指将注册商标或者假冒的注册商标用于商品、商品的包装或者容器以及产品说明书、商品交易文书,或者将注册商标或者假冒的注册商标用于广告宣传、展览以及其他商业活动等行为。[③] 第二,行为的情节严重。对于"情节严重"的标准,2004年12月22日最高人民法院、最高人民检察院《关于办理侵犯知识产权刑事案件具体应用法律若干问题的解释》第1条和2010年5月7日最高人民检察院、公安部《关于公安机关管辖的刑事案件立案追诉标准的规定(二)》第69条将其规定为具有如下三种情形之一:一是非法经营数额在5万元以上或者违法所得数额在3万元以上的;二是假冒两种以上注册商标,非法经营数额在3万元以上或者违法所得数额在2万元以上的;三是其他情节严重的情形。

(3) 本罪的主体包括任何已满16周岁、具有刑事责任能力的自然人,也可以是单位。

(4) 本罪主观方面是故意。犯罪目的一般是为了牟取非法利益,但是动机可能是多样的,如非法牟取暴利、推销滞销产品,等等,动机怎样,不影响本罪的构成。

[①] 参见2011年1月10日最高人民法院、最高人民检察院、公安部印发的《关于办理侵犯知识产权刑事案件适用法律若干问题的意见》第5条。

[②] 参见2011年1月10日最高人民法院、最高人民检察院、公安部印发的《关于办理侵犯知识产权刑事案件适用法律若干问题的意见》第6条。

[③] 参见2004年12月22日最高人民法院、最高人民检察院起施行的《关于办理侵犯知识产权刑事案件具体应用法律若干问题的解释》第8条。

(二) 假冒注册商标罪的认定

(1) 本罪与非罪的界限。应注意从以下几个方面区分:第一,假冒的商标是否已经注册的商标?如果不是他人已经注册的商标,即使假冒,也不能构成本罪。如某一食品在当地已经创下了自己的品牌,但是并未注册,另一家生产同样食品的商家,抢先把对方的品牌到商标局注册,对于这种商标抢注行为,不能认为构成本罪。第二,是否在同一种商品上使用与他人注册商标相同的商标?如果在同一种商品上使用与他人注册商标近似的商标,或者在类似商品上使用与他人注册商标相同的商标,或者在类似商品上使用与他人注册商标近似的商标,均不构成假冒注册商标罪。第三,假冒的商标是否在有效期内?根据我国《商标法》的规定,注册商标的有效期为10年,自核准注册之日起计算。注册商标有效期满,需要继续使用的,应当在期满6个月内申请续展注册;在此期限内未提出申请的,注销其注册商标;每次续展注册的有效期为10年。因而假冒他人注册商标的行为必须发生在注册商标的有效期限内,才可能构成本罪,否则不构成犯罪。第四,假冒商标的情节是否严重?若达不到情节严重的程度,不构成犯罪。第五,区分本罪与商标使用合同纠纷的界限。如甲厂与乙厂签订商标使用合同,甲厂允许乙厂在商标有效期内有偿使用其注册商标。在两年后,甲厂商标到期,不过甲厂已事先办理了续展。在期满后,乙厂仍然使用甲厂的商标,甲厂即告乙厂构成犯罪。事实上,上述情况仅是商标使用合同纠纷,因为在两家的合同中,对商标的有效期产生了不同的看法,而合同中对此也没有明确。

(2) 本罪与销售假冒注册商标的商品罪的界限。两者在犯罪构成上具有一定的相同之处,但本罪从客观上既可表现为单纯在商品上实行假冒他人注册商标的行为,也可以表现为在商品上假冒他人注册的商标后将该商品进行销售;而销售假冒注册商标的商品罪在客观上只是销售他人假冒注册商标的商品,因而区分两者的关键是看行为人销售的是自己假冒的他人注册商标的商品,还是销售的由第三人假冒的他人注册商标的商品。如果是前者,定本罪,如果是后者,定销售假冒注册商标的商品罪。

(3) 本罪与生产、销售伪劣商品犯罪的界限。两者在侵犯的客体、犯罪对象、客观方面的表现等均有明显的不同,因而通常情况下比较容易区分。但实践中行为人基于生产、销售伪劣商品的需要,在其生产、销售的伪劣商品上假冒他人注册商标,对此,应当如何处理?理论和实务中均存在争议:有的认为属于两个单独的犯罪,应数罪并罚;有的认为属于牵连犯,但为了处罚的合理性,应实行并罚;有的认为属于法条竞合,应按处理法条竞合的例外原则即重法优于轻法的原则处理;有的认为属于想象竞合犯,应按其中的重罪处理。我们认为,该种情况中行为人实际上实行了两个行为:一个是假冒注册商标罪,一个是生产、销售伪劣商品犯罪,而且前者是手段行为,后者是目的行为,两者间是手段与目的的牵连关系,因而应以牵连犯按从一重罪从重处罚为宜。

(三) 假冒注册商标罪的刑事责任

依照《刑法》第213条的规定,犯本罪的,处3年以下有期徒刑或者拘役,并处或者单处罚金;情节特别严重的,处3年以上7年以下有期徒刑,并处罚金。

二、销售假冒注册商标的商品罪

销售假冒注册商标的商品罪,是指违反国家商标管理法规,销售明知是假冒注册商标的商品,销售金额数额较大的行为。本罪的客体是国家对注册商标所有人专用权和消费者的合法权益。本罪的客观方面表现为违反国家商标管理法规,销售假冒注册商标的商品,并且销售金额数额较大的行为。销售金额是指销售假冒注册商标的商品后所得和应得的全部违法收入。至于其具体数额标准,2004年12月22日最高人民法院、最高人民检察院《关于办理侵犯知识产权刑事案件具体应用法律若干问题的解释》第2条和2010年5月7日最高人民检察院、公安部《关于公安机关管辖的刑事案件立案追诉标准的规定(二)》第70条作了明确的规定。本罪的主体包括任何已满16周岁、具有刑事责任能力的自然人和单位。本罪的主观方面是故意,即行为人明知是假冒注册商标的商品而予以销售。根据《刑法》第214条、第220条的规定,犯本罪的,销售金额数额较大的,处3年以下有期徒刑或者拘役,可以并处或者单处罚金;销售金额数额巨大的,处3年以上7年以下有期徒刑,并处罚金。单位犯本罪的,对单位判处罚金,对单位的直接负责的主管人员和其他直接责任人员,依照上述规定处罚。

三、非法制造、销售非法制造的注册商标标识罪

非法制造、销售非法制造的注册商标标识罪,是指违反国家商标管理法规,伪造、擅自制造他人注册商标标识或者销售伪造、擅自制造的注册商标标识,情节严重的行为。本罪的客体是国家对注册商标标识的管理制度。本罪的客观方面表现为违反国家商标管理法规,伪造、擅自制造注册商标标识或者销售伪造、擅自制造的注册商标标识,情节严重的行为。伪造,是指仿照注册商标标识,制造假商标标识;擅自制造,是指虽经商标标识权利人授权制作某种或者某几种商标标识,但在未经权利人的同意下超数量制作的情况。销售,既包括伪造、擅自制造注册商标标识后予以销售,也包括销售他人非法制造、擅自制造的商标标识。行为人只要具备伪造、擅自制造、销售三种行为之一,即具备本罪的行为要素。构成本罪,还要求具备情节严重的要素。至于其具体标准,2004年12月22日最高人民法院、最高人民检察院《关于办理侵犯知识产权刑事案件具体应用法律若干问题的解释》第3条和2010年5月7日最高人民检察院、公安部《关于公安机关管辖的刑事案件立案追诉标准的规定(二)》第71条作了明确的规定。本罪的主体包括任何已满16周岁、具有刑事责任能力的自然人和单位。本罪的主观方面是故意。根据《刑法》第215条、第220条的规定,犯本罪的,处3年以下有期徒刑、拘役或者管制,并处或者单处罚金;情节特别严重的,处3年以上7年以下有期徒刑,并处罚金。单位犯本罪的,对单位判处罚金,并对其直接负责的主管人员和其他直接责任人员,依照上述规定处罚。

四、假冒专利罪

假冒专利罪,是指违反国家专利管理法规,假冒他人专利,情节严重的行为。本

罪侵犯的客体是国家的专利管理秩序和他人的专利专用权。本罪的客观方面表现为违反国家专利法规,假冒他人专利,情节严重的行为。假冒他人专利的行为具体有如下几种情形:(1)未经许可,在其制造或者销售的产品、产品的包装上标注他人专利号的;(2)未经许可,在广告或者其他宣传材料中使用他人的专利号、使人将所涉及的技术误认为是他人专利技术的;(3)未经许可,在合同中使用他人的专利号,使人将合同涉及的技术误认为是他人专利技术的;(4)伪造或者变造他人的专利证书、专利文件或者专利申请文件的。构成本罪,要求具备情节严重的要素。至于其具体标准,2004年12月22日最高人民法院、最高人民检察院《关于办理侵犯知识产权刑事案件具体应用法律若干问题的解释》第4条和2010年5月7日最高人民检察院、公安部《关于公安机关管辖的刑事案件立案追诉标准的规定(二)》第72条作了明确的规定。本罪的主体包括任何已满16周岁、具有刑事责任能力的自然人和单位。本罪的主观方面是故意。根据《刑法》第216条、第220条的规定,犯本罪的,处3年以下有期徒刑或者拘役,并处或者单处罚金。单位犯本罪的,对单位判处罚金,并对其直接负责的主管人员和其他直接责任人员,依照上述规定处罚。

五、侵犯著作权罪

(一)侵犯著作权罪的概念与构成

侵犯著作权罪,是指以营利为目的,未经著作权人许可而复制发行其文字作品、音乐、电影、电视、录像作品、计算机软件及其他作品,或者出版他人享有专有出版权的图书,或者未经录音录像制作者许可而复制发行其制作的录音录像,或者制作、出售假冒他人署名的美术作品,违法所得数额较大或者有其他严重情节的行为。

本罪的构成要件是:

(1)本罪侵犯的客体是国家的著作权管理秩序和他人的著作权。著作权有狭义和广义之分。狭义的著作权,是指文学、艺术和科学作品的创作者根据法律规定所享有的以对其作品的支配权为客体的民事权利。广义的著作权,除包括狭义的著作权外,还包括著作权邻接权即作品的传播者对其在传播作品过程中所作出的创造性劳动成果享有的权利。著作权包括著作人身权和著作财产权。著作人身权是指作者对其作品依法享有的发表权、署名权、修改权和保护作品完整权;著作财产权主要是指使用作品的权利和获得报酬的权利以及许可他人使用作品并由此获得报酬的权利。本罪的对象包括四类:第一,文字作品、音乐、电影、电视、录像作品、计算机软件及其他作品;第二,享有专有出版权的图书;第三,录音录像制品;第四,假冒他人署名的美术作品。本罪的对象不包括违反宪法和法律,损害公共利益的作品。

(2)本罪的客观方面表现为行为人实行了侵犯他人著作权行为,且违法所得数额较大或者有其他严重情节。本罪的客观方面包括以下两个要素:第一,行为人实行了侵犯他人著作权的行为。具体表现为以下几种情况:一是未经著作权人许可,复制发行其文字作品、音乐、电影、电视、录像作品、计算机软件及其他作品的。未经著作权人许可,是指没有得到著作权人授权或者伪造、涂改著作权人授权许可文件或者超出授权许可范围的情形。复制发行,包括复制、发行或者既复制又发行。复制,通常是指以印刷、复印、临摹、拓片、录音、录像、翻译、翻拍等方式将作品制作成一份或多份的行为。发行,通常是指为满足公众的合理要求,通过出售、出租等方式向公众提供一定数量的作品复制件。针对近年实践中出现的新情况,最高人民法院、最高人民检察院2004年12月22日的《关于办理侵犯知识产权刑事案件具体应用法律若干问题的解释》第11条和2007年4月4日的《关于办理侵犯知识产权刑事案件具体应用法律若干问题的解释(二)》第2条分别规定,通过信息网络向公众传播他人文字作品、音乐、电影、电视、录像作品、计算机软件及其他作品的行为,属于本罪中的复制发行行为;侵权产品的持有人通过广告、征订等方式推销侵权产品的,属于本罪中的发行行为。二是出版他人享有专有出版权的图书的。出版,是指将作品编辑加工后,经过复制向公众发行。他人享有的图书专有出版权,是指出版社、杂志社等具有的传播著作权人作品的专有权利。三是未经录音录像制作者许可,复制发行其制作的录音录像的。复制,是指以翻录的形式,将他人的录音、录像作品大量制作。发行,是指通过出售、出租等方式,向公众提供作品的复制件。四是制作、出售假冒他人署名的美术作品。美术作品,既包括绘画、书法,也包括雕塑、建筑等以线条、色彩或者其他方式构成的有审美意义的平面或立体的造型艺术作品。第二,违法所得数额较大或者有其他严重情节。对于其具体标准,根据前述最高人民法院、最高人民检察院《关于办理侵犯知识产权刑事案件具体应用法律若干问题的解释》第5条和《关于办理侵犯知识产权刑事案件具体应用法律若干问题的解释(二)》第1条以及最高人民检察院、公安部《关于公安机关管辖的刑事案件立案追诉标准的规定(一)》第26条的规定,"违法所得数额较大"的标准为3万元,具有下列情形之一的,属于"其他严重情节":一是非法经营数额5万元以上的;二是未经著作权人许可,复制发行其文字作品、音乐、电影、电视、录像作品、计算机软件及其他作品,复制品数量合计500张(份)以上的;三是未经录音录像制作者许可,复制发行其制作的录音录像制品,复制品数量合计500张(份)以上的;四是其他情节严重的情形。针对通过信息网络实行的侵犯他人著作权行为,2011年1月10日最高人民法院、最高人民检察院、公安部《关于办理侵犯知识产权刑事案件适用法律若干问题的意见》第13条专门规定了"其他严重情节"的标准。该条规定:以营利为目的,未经著作权人许可,通过信息网络向公众传播他人文字作品、音乐、电影、电视、美术、摄影、录像作品、录音录像制品、计算机软件及其他作品,具有下列情形之一的,属于《刑法》第217条规定的"其他严重情节":非法经营数额在5万元以上的;传播他人作品的数量合计在500件(部)以上的;传播他人作品的实际被点击数达到5万次以上的;以会员制方式传播他人作品,注册会员达到1000人以上的;数额或者数量虽未达到前述规定标准,但分别达到其中两项以上标准一半以上的;其他严重情节的情形。

(3) 本罪的主体是一般主体,包括任何已满16周岁、具有刑事责任能力的自然人和单位。

(4) 本罪的主观方面是故意,并具有营利的目的。营利目的一般通过销售侵权作品而实现,但也有通过其他方式实现营利目的的情况。根据 2004 年 12 月 22 日最高人民法院、最高人民检察院《关于办理侵犯知识产权刑事案件具体应用法律若干问题的解释》第 11 条第 1 款的规定,以刊登收费广告等方式直接或者间接收取费用的情形,属于"以营利为目的"。根据 2011 年 1 月 10 日最高人民法院、最高人民检察院、公安部《关于办理侵犯知识产权刑事案件适用法律若干问题的意见》第 10 条规定,除销售外,具有下列情形之一的,可以认定为"以营利为目的":以在他人作品中刊登收费广告、捆绑第三方作品等方式直接或者间接收取费用的;通过信息网络传播他人作品,或者利用他人上传的侵权作品,在网站或者网页上提供刊登收费广告服务,直接或者间接收取费用的;以会员制方式通过信息网络传播他人作品,收取会员注册费或者其他费用的;其他利用他人作品牟利的情形。

(二) 侵犯著作权罪的认定

(1) 本罪与非罪的界限。应从以下几个方面区分本罪与非罪的界限:一是看行为人实施的侵犯他人著作权的行为是否属于《刑法》第 217 条所规制的行为。我国《著作权法》规定的侵犯著作权的行为表现更为多样,而《刑法》只规定了四种行为形式,只有行为人实施《刑法》所列举的侵犯著作权的行为时,才有可能构成本罪。二是看行为人侵犯的他人著作权是否在保护期之内。根据我国《著作权法》对于著作权财产权的保护期的规定,公民的作品保护期为作者终生及其死后 50 年;单位的作品保护期为作品首次发表后第 50 年的 12 月 31 日;出版者的专有出版权的期限由出版合同约定,但最长不得超过 10 年;录音录像制作者对其制品所享有的因许可他人复制、发行、出租、通过信息网络传播获得报酬的权利为 50 年,截止于制品首次出版后的第 50 年的 12 月 31 日。对于超过保护期的作品,即使实行本罪中的行为,也不以犯罪论处。三是看行为人主观上是否具有营利的目的,有此目的的,可能构成犯罪,反之,则不能按犯罪处理。四是看违法所得是否较大或者是否具有其他严重情节。

(2) 本罪与制作、贩卖、传播淫秽物品牟利罪的界限。两者在犯罪的客观方面、犯罪主体和犯罪的主观方面均具有一定的相同或相似之处,但又有明显的区别:第一,侵犯的客体不同。前者的客体是国家的著作权管理秩序和他人的著作权,后者的客体是国家对与性道德风尚有关的文化市场的管理秩序。第二,犯罪对象不同。前者的对象是受法律保护的他人依法享有著作权的作品,而后者的对象则是为法律所禁止的淫秽物品。对复制发行他人制作的淫秽书刊的行为不能按本罪处理,应按制作、贩卖、传播淫秽物品牟利罪或者传播淫秽物品罪定罪处罚。

(3) 本罪中的罪数。根据 2004 年 12 月 22 日最高人民法院、最高人民检察院《关于办理侵犯知识产权刑事案件具体应用法律若干问题的解释》第 14 条的规定,实施侵犯著作权的犯罪行为后又销售该侵权复制品行为的,以本罪定罪处罚;既实施了侵犯著作权的犯罪行为,又实施了销售他人制作的侵权复制品的犯罪行为的,应实行数罪并罚。

(三) 侵犯著作权罪的刑事责任

根据《刑法》第 217 条、第 220 条的规定,犯本罪的,处 3 年以下有期徒刑或者拘役,并处或者单处罚金;违法所得数额巨大或者有其他特别严重情节的,处3年以上7年以下有期徒刑,并处罚金。单位犯本罪的,对单位判处罚金,并对其直接负责的主管人员和其他直接责任人员,依照上述规定处罚。

六、销售侵权复制品罪

销售侵权复制品罪,是指以营利为目的,销售明知是侵犯他人著作权的复制品,违法所得数额巨大的行为。本罪侵犯的客体是他人的著作权和与著作权相关的权益。本罪的客观方面表现为销售侵犯他人著作权的复制品,违法所得数额巨大的行为。至于违法所得数额巨大的标准,2004年12月22日最高人民法院、最高人民检察院《关于办理侵犯知识产权刑事案件具体应用法律若干问题的解释》第6条和2008年6月25日最高人民检察院、公安部《关于公安机关管辖的刑事案件立案追诉标准的规定(一)》第27条作了明确的规定。本罪的主体包括任何已满16周岁、具有刑事责任能力的自然人和单位。本罪的主观方面是故意,其目的是营利。根据《刑法》第218条、第220条的规定,犯本罪的,处3年以下有期徒刑或者拘役,并处罚金或者单处罚金。单位犯本罪的,对单位判处罚金,并对其直接负责的主管人员和其他直接责任人员,依照上述规定处罚。

七、侵犯商业秘密罪

(一) 侵犯商业秘密罪的概念和构成

侵犯商业秘密罪,是指侵犯商业秘密权利人的商业秘密,对其造成重大损失的行为。

本罪的构成要件是:

(1) 本罪侵犯的客体是他人的商业秘密权。商业秘密权是商业秘密的权利人对自己在特定的生产或经营过程中,所形成、创造、整理和使用的特殊知识和信息享有的专有权利,包括商业秘密的所有权人所享有的专有权和商业秘密的许可使用人所享有的使用权。因商业秘密的使用可给权利人或使用人带来巨大的财产利益,因而商业秘密权是一种财产权,是权利人对之享有占有、使用、收益和处分的权利。本罪的对象是商业秘密,它是指不为公众所知悉,能为权利人带来经济利益,具有实用性并经权利人采取保密措施的技术信息和经营信息。商业秘密具有以下特征:第一,信息性,即商业秘密表现为信息形态,具体包括技术信息和经营信息。第二,实用性,即与生产、经营直接相关,能够在生产、经营中予以有效的运用。第三,经济性,即能为权利人带来经济利益。第四,秘密性,即经过权利人采取保密措施,不为公众所知悉。也有学者认为,商业秘密除了上述四个特征外,还有如下两个特征:第一,合法性,即内容的合法性和产生的合法性;第二,时间的无限性,即在其具备前述第一至四个特征的情况下,就始终存在实施刑法保护的必要性。[①]

---

① 参见孙国祥、魏昌东:《经济刑法研究》,法律出版社2005年版,第532—533页。

(2) 本罪的客观方面表现为侵犯商业秘密权利人的商业秘密,对其造成重大损失的行为。本罪的客观方面包括以下两个要素:第一,行为人实行了侵犯商业秘密权利人的商业秘密的行为。我国《刑法》规定的侵犯商业秘密的行为有以下几种:一是以盗窃、利诱、胁迫或者其他不正当手段获取权利人商业秘密。盗窃,是指采取秘密手段窃取;利诱,是指以给商业秘密知悉者金钱、物质或者其他好处为诱饵,使其提供商业秘密;胁迫,是指以使用暴力或者揭露隐私等相威胁,迫使商业秘密知悉者提供商业秘密;其他不正当手段,是指上述手段以外的使商业秘密知悉者提供商业秘密的手段。二是披露、使用或者允许他人使用以前项手段获取的权利人的商业秘密。这是指行为人采用盗窃、利诱、胁迫或者其他不正当手段获取商业秘密后,将商业秘密向他人披露、自己使用或者允许他人使用。三是违反约定或者违反权利人有关保守商业秘密的要求,披露、使用或者允许他人使用其所掌握的商业秘密。四是明知或者应知他人实施了前述三种行为的第三人,获取、使用或者披露他人商业秘密。第二,对商业秘密权利人造成重大损失。根据 2004 年 12 月 22 日最高人民法院、最高人民检察院《关于办理侵犯知识产权刑事案件具体应用法律若干问题的解释》第 7 条第 1 款的规定,本罪中重大损失是指给商业秘密权利人造成直接经济损失数额在 50 万元以上。而 2010 年 5 月 7 日最高人民检察院、公安部《关于公安机关管辖的刑事案件立案追诉标准的规定(二)》第 73 条则规定,侵犯商业秘密,涉嫌下列情形之一的,应予立案追诉;给商业秘密权利人造成损失数额在 50 万元以上的;因侵犯商业秘密违法所得数额在 50 万元以上的;致使商业秘密权利人破产的;其他给商业秘密权利人造成重大损失的情形。

(3) 本罪的主体是一般主体,包括任何已满 16 周岁、具有刑事责任能力的自然人和单位。

(4) 本罪的主观方面表现为故意,即明知自己的行为会造成商业秘密权利人的重大损失,并且希望或者放任该种结果的发生。

(二) 侵犯商业秘密罪的认定

在司法实践中认定本罪,要注意区分本罪与有关侵犯国家秘密犯罪的界限。刑法规定的有关侵犯国家秘密的犯罪主要有为境外窃取、刺探、收买、非法提供国家秘密、情报罪,非法获取国家秘密罪,故意泄露国家秘密罪和过失泄露国家秘密罪。本罪与这些犯罪的相同之处表现在:本罪中"披露"行为方式与侵犯国家秘密犯罪的"泄露"具有同样的含义,行为的对象都是秘密,而且商业秘密与国家秘密具有重合性,即有的商业秘密同时也是国家秘密。但两者的对象有所不同:本罪的对象是商业秘密,侵犯国家秘密犯罪的对象则是国家秘密。在司法实践中,如果行为人泄露的是单纯的商业秘密,应认定为侵犯商业秘密罪;如果泄露的商业秘密同时也是国家秘密,则按其中的重罪定罪处罚。

(三) 侵犯商业秘密罪的刑事责任

根据《刑法》第 219 条、第 220 条的规定,犯本罪的,处 3 年以下有期徒刑或者拘役,并处或者单处罚金;造成特别严重后果的,处 3 年以上 7 年以下有期徒刑,并处罚金。单位犯本罪的,对单位判处罚金,并对其直接负责的主管人员和其他直接责任人员,依照上述规定处罚。

第九节 扰乱市场秩序罪

一、损害商业信誉、商品声誉罪

损害商业信誉、商品声誉罪,是指捏造并散布虚伪事实,损害他人的商业信誉、商品声誉,给他人造成重大损失或者有其他严重情节的行为。本罪侵犯的客体是国家对市场秩序的管理制度、他人的商业信誉和商品声誉。本罪的客观方面表现为捏造并散布虚伪事实,损害他人的商业信誉、商品声誉,给他人造成重大损失或者有其他严重情节的行为。捏造并散布虚伪事实,是指虚构并且宣扬贬低他人商业信誉、商品声誉的虚假情况。虚构事实可以是全部虚构,也可以是部分虚构。构成本罪,要求捏造并散布虚伪事实行为给他人造成了重大损失或者有其他严重情节。至于其具体标准,2010年5月7日最高人民检察院、公安部《关于公安机关管辖的刑事案件立案追诉标准的规定(二)》第74条作了明确的规定。本罪的主体包括任何已满16周岁、具有刑事责任能力的自然人和单位。本罪的主观方面表现为故意。根据《刑法》第221条、第231条的规定,犯本罪的,处2年以下有期徒刑或者拘役,并处或者单处罚金。单位犯本罪的,对单位判处罚金,并对其直接负责的主管人员和其他直接责任人员,依照上述规定处罚。

二、虚假广告罪

虚假广告罪,是指广告主、广告经营者、广告发布者违反国家规定,利用广告对商品或者服务作虚假宣传,情节严重的行为。本罪侵犯的客体是国家对广告的管理秩序、市场竞争秩序以及消费者的合法权益。本罪中的虚假广告是指虚假的商业广告,不包括虚假的公益性广告。本罪的客观方面表现为违反国家规定,利用广告对商业或服务作虚假宣传,情节严重的行为。进行虚假广告的形式主要有:(1)广告中对商品的性能、产地、用途、质量、价格、生产者、生产日期、有效期限、售后服务作虚假宣传的;(2)广告中对服务的内容、形式、质量、价格等作虚假宣传的;(3)广告中对所推销商品、提供服务附带赠送礼品的品种和数量作虚假宣传的;(4)广告中对所使用的数据、统计资料、调查结果、文摘、引用语作虚假宣传的。构成本罪,要求行为的情节严重。至于其具体标准,2010年5月7日最高人民检察院、公安部《关于公安机关管辖的刑事案件立案追诉标准的规定(二)》第75条作了明确的规定。本罪的主体是广告主、广告经营者和广告发布者。广告主,是指为推销商品或提供服务,自行或者委托他人设计、制作、发布广告的法人、其他经济组织或者个人;广告经营者,是指受委托提供广告设计、制作、代理服务的法人、其他经济组织或者个人;广告发布者,是指为广告主或者广告主委托的广告经营者发布广告的法人或者其他经济组织。本罪的主观方面是故意。根据《刑法》第222条、第231条的规定,犯本罪的,处2年以下有期徒刑或者拘役,单处或者并处罚金。单位犯本罪的,对单位判处罚金,并对其直接负责的主管人员和其他直接责任人员依照上述规定处罚。

三、串通投标罪

串通投标罪,是指投标人相互串通投标报价,损害招标人或者其他投标人的利益且情节严重,或者投标人与招标人串通投标,损害国家、集体、公民合法利益的行为。本罪侵犯的客体是公平竞争的市场交易秩序。本罪的客观方面包括两种情形:(1) 投标人相互串通投标报价,损害招标人或者其他投标人的利益,情节严重;(2) 投标人与招标人串通投标,损害国家、集体、公民合法利益。所谓串通投标报价,是指两个以上的投标人在投标过程中,相互串通,暗中商定抬高或者压低投标报价。需注意的是,我国《刑法》虽未对第二种情形构成犯罪规定任何情节上的限制,但根据《刑法》第 13 条"但书"的规定,并非所有的投标人与招标人串通投标,损害国家、集体、公民合法利益的行为均须作为犯罪处理。为此,2010 年 5 月 7 日最高人民检察院、公安部《关于公安机关管辖的刑事案件立案追诉标准的规定(二)》第 76 条将上述两种构成犯罪的情节标准合并在一起作了明确的规定。本罪的主体只能是招标人和投标人。所谓招标人,是指提出项目、进行招标的法人或者其他组织;所谓投标人,是指响应招标、参加投标竞争的法人或者组织,科研项目的投标人可以是个人。因此,本罪的主体主要是单位。本罪的主观方面表现为故意。根据《刑法》第 223 条、第 231 条的规定,犯本罪的,处 3 年以下有期徒刑或者拘役,并处或者单处罚金。单位犯本罪的,对单位判处罚金,并对其直接负责的主管人员和其他直接责任人员,依照上述规定处罚。

四、合同诈骗罪

(一) 合同诈骗罪的概念与构成

合同诈骗罪,是指以非法占有为目的,在签订、履行合同过程中,以虚构事实或隐瞒事实真相的方法,骗取对方当事人数额较大财物的行为。

本罪的构成要件是:

(1) 本罪侵犯的客体是复杂客体,即国家对经济合同的管理秩序和公私财物所有权。本罪的对象是公私财物。

(2) 本罪的客观方面表现为行为人在签订、履行合同中,实行了骗取对方当事人财物的行为,且所骗取财物数额较大。本罪的客观方面包括以下三个要素:第一,诈骗行为发生在合同的签订或者履行过程中。对于本罪中"合同"的范围,应当从是否发生在市场交易过程中、是否体现市场交易关系作为确定的标准,具体可从如下三个方面判定:一是合同是否发生在平等主体之间;二是合同是否规定财产流转的内容,反映市场交易关系;三是合同内容是否具有双务、有偿性。[①] 至于合同的形式,既可以

---

① 参见孙国祥、魏昌东:《经济刑法研究》,法律出版社 2005 年版,第 561 页。

是书面的,也可以是口头的。第二,行为人实行了骗取合同对方当事人财物的行为。《刑法》第224条将本罪的合同诈骗行为规定为以下几种:一是以虚构的单位或者冒用他人名义签订合同,骗取对方的财物。以虚构的单位签订合同,是指行为人杜撰客观上根本不存在的单位,然后以该杜撰的单位的名义与他人签订合同。冒用他人名义签订合同,是指打着客观存在的其他单位或者个人的旗号,与对方签订合同。二是以伪造、变造、作废的票据或者其他虚假的产权证明作担保,与对方签订合同,骗取对方财物。担保,是指用以督促债务人履行债务,保障债权实现的各种方法的总称。票据,是指《票据法》所规定的汇票、本票和支票。所谓其他虚假的产权证明,是指《票据法》所规定的汇票、本票和支票之外的不真实地证明行为人对某项动产或不动产具有所有权的证明文件。三是没有实际履行能力,以先履行小额合同或者部分合同的方法,诱骗对方当事人继续签订合同和履行合同,骗取对方财物。所谓没有实际履行能力,是指没有履行大额合同或者全部合同的能力。在没有履行大额合同或者全部合同能力的情况下,先跟对方签订一个小额合同,并且予以履行,或者先履行某一合同的部分义务,以此骗取对方的信任,使得对方与其签订大额合同,或者继续履行全部合同,当对方与行为人签订、履行了大额合同,或者履行了全部合同后,行为人将对方财物非法占有。四是收受对方当事人给付的货物、货款、预付款或者担保财产后逃匿的。五是以其他方法骗取对方当事人财物的。这是因为立法无法穷尽所有合同诈骗的行为而作的一个兜底性规定。实践中判断是否属于以其他方法骗取对方当事人财物的合同诈骗行为,关键是要考虑双方签订的是否上述所说的本罪中的合同以及行为人采取的是否上述四种方法之外的方法。第三,骗取的财物数额较大。2010年5月7日最高人民检察院、公安部《关于公安机关管辖的刑事案件立案追诉标准的规定(二)》第77条将本罪中骗取的财物数额较大的标准规定为2万元。

(3) 本罪的主体是一般主体,包括任何已满16周岁、具有刑事责任能力的自然人和单位。

(4) 本罪主观方面表现为直接故意,并具有非法占有他人财物的目的。

(二) 合同诈骗罪的认定

在认定合同诈骗罪的司法实践中,存在困难的是如何区分合同诈骗罪与经济合同纠纷的界限。总体来讲,二者之间的根本区别在于行为人是否具有非法占有的目的,具有非法占有目的的,构成合同诈骗罪;否则,属于经济合同纠纷。判断行为人是否具有非法占有的目的,要在综合考察以下客观情况的基础上加以确定:第一,审查行为人主体资格,也就是审查主体的身份是否真实。对于虚构主体身份,冒充他人身份与对方当事人签订合同的,一般可认定具有非法占有的目的;而以真实的身份与他人签订合同的,通常情况下不具有非法占有的目的。第二,考察行为人在签订合同时履行合同的能力。签订合同时有履行合同的能力,一般来讲,是希望通过履行合同实现其经济利益的,而签订合同时没有履行合同能力的,往往在主观上没有履行合同的诚意。第三,行为人有无履行合同的积极行为。一般来讲,行为人在签订合同后,如果有履行合同的诚意,而不是想非法占有对方的财物,那么,就会有履行合同的积极行为,履行合同的积极行为通常表明行为人不具有非法占有的目的。反之,如果行为人主观上具有非法占有的目的,通常就不会有履行合同的行为,或者虽然履行了小部分合同,但却长时间地不履行大部分合同。第四,考察未履行合同的原因。如果行为人没有履行或者没有完全履行合同,是由于不可抗力的原因引起的,而非行为人主观上不愿履行,说明行为人主观上不具有非法占有对方财物的目的,应以经济合同纠纷处理。如果合同没有履行是由于行为人主观上不愿意履行所致,而不是客观原因所致,就可以认定行为人具有非法占有对方财物的目的,应以合同诈骗罪论处。第五,考察行为人在对方当事人履行或者部分履行合同后的表现。如果行为人在对方当事人履行部分或者全部合同后,不是积极地准备履行合同所确定的己方义务,而是携款或者变卖货物后逃跑,那就说明行为人具有非法占有的目的,应定合同诈骗罪;反之,在对方履行部分合同或者全部合同后,行为人不是携款或者变卖货物后逃跑,而是积极筹措资金或者组织货物,那就说明行为人不具有非法占有的目的,对此,应以经济合同纠纷处理。

(三) 合同诈骗罪的刑事责任

根据《刑法》第 224 条、第 231 条的规定,犯本罪的,处 3 年以下有期徒刑或者拘役,并处或者单处罚金;数额巨大或者有其他严重情节的,处 3 年以上 10 年以下有期徒刑,并处罚金;数额特别巨大或者有其他特别严重情节的,处 10 年以上有期徒刑或者无期徒刑,并处罚金或者没收财产。单位犯本罪的,对单位判处罚金,并对其直接负责的主管人员和其他直接责任人员,依照上述规定处罚。

五、组织、领导传销活动罪

组织、领导传销活动罪,是指组织、领导以推销商品、提供服务等经营活动为名,要求参加者以缴纳费用或者购买商品、服务等方式获得加入资格,并按照一定顺序组成层级,直接或者间接以发展人员的数量作为计酬或者返利依据,引诱、胁迫参加者继续发展他人参加,骗取财物,扰乱经济社会秩序的传销活动的行为。本罪侵犯的客体是市场经济秩序。本罪的客观方面表现为行为人实行了组织、领导传销活动的行为。本罪的主体是一般主体,但仅限于传销活动的组织者、领导者,即指在传销活动中起组织、领导作用的发起人、决策人、操纵人,以及在传销活动中担负策划、指挥、布置、协调等重要职责,或者在传销活动实施中起到关键作用的人员。本罪的主观方面为故意,且具有骗取他人财物的目的。2013 年最高人民法院、最高人民检察院、公安部印发的《关于办理组织领导传销活动刑事案件适用法律若干问题的意见》第 1 条规定,传销组织内部参与传销活动人员在 30 人以上且层级在三级以上的,应当对组织者、领导者追究刑事责任。根据《刑法》第 224 条之一的规定,犯本罪的,处 5 年以下有期徒刑或者拘役,并处罚金;情节严重的,处 5 年以上有期徒刑,并处罚金。

六、非法经营罪

(一) 非法经营罪的概念与构成

非法经营罪,是指违反国家规定从事经营活动,扰乱市场秩序,情节严重的行为。

本罪的构成要件是：

（1）本罪侵犯的客体为国家的市场交易管理秩序。

（2）本罪的客观方面表现为违反国家规定从事经营活动，扰乱市场秩序，且情节严重。本罪的客观方面包括以下要素：第一，违反国家规定，即指违反全国人民代表大会及其常委会制定的法律和决定，国务院制定的行政法规、规定的行政措施、发布的决定和命令中有关经营活动的规定。第二，行为人非法从事经营活动，扰乱市场秩序。《刑法》第225条将本罪的行为规定为如下几种：一是未经许可经营法律、行政法规规定的专营、专卖物品或者其他限制买卖的物品。未经许可，是指未经国家有关主管部门的批准。专营、专卖物品，是指国家法律、行政法规明确规定必须由专门的机构经营、销售的物品，如食盐、烟草等。其他限制买卖的物品，是指国家根据经济发展和维护国家、社会和人民群众利益的需要，规定在一定时期实行限制性经营的物品，如化肥、农药等。这些物品的范围随着社会经济的发展而不断调整。二是买卖进出口许可证、进出口原产地证明以及其他法律、行政法规规定的经营许可证或者批准文件。进出口许可证，是指国家外贸主管部门对企业颁布的可以从事进出口业务的证明文件。进出口原产地证明，是指在国际贸易活动中，进出口产品时必须附带的由原产地有关主管机关出具的确认文件。其他法律、行政法规规定的经营许可证或者批准文件，是指法律、行政法规规定从事某些生产经营活动者必须具备的经营许可证或者批准文件，如烟草专卖、种子经营、森林采伐、矿产开采、野生动物狩猎等许可证。三是未经国家有关主管部门批准，非法经营证券、期货或者保险业务，或者非法从事资金支付结算业务。所谓非法从事资金支付结算业务，包括如下情形：① 使用受理终端或者网络支付接口等方法，以虚构交易、虚开价格、交易退款等非法方式向指定付款方支付货币资金的；② 非法为他人提供单位银行结算账户套现或者单位银行结算账户转个人账户服务的；③ 非法为他人提供支票套现服务的；④ 其他非法从事资金支付结算业务的情形。① 四是其他严重扰乱市场秩序的非法经营行为。这是因为立法无法穷尽所有非法经营行为而作的一个兜底性规定。目前有关法律法规和司法解释已明确作为其他非法经营行为处理的行为有10余种，如在国家规定的交易场所以外非法买卖外汇的（全国人大常委会《关于惩治骗购外汇、逃汇和非法买卖外汇犯罪的决定》第4条）；违反国家规定，出版、印刷、复制、发行《刑法》第103条第2款、第105条第2款、第117条、第118条、第246条、第250条、第363条第1款、第2款规定之罪以外的"其他严重危害社会秩序和扰乱市场秩序的非法出版物"的（最高人民法院《关于审理非法出版物刑事案件具体应用法律若干问题的解释》第11条）；违反国家规定，采取租用国际专线、私设转接设备或者其他方法，擅自经营国际电信业务或涉港、澳、台电信业务的（最高人民法院《关于审理扰乱电信市场管理秩序案件具体应用法律若干问题的解释》第1条）；违反国家规定，擅自设置、使用无线电台（站），或

---

① 参见2019年2月1日起施行的最高人民法院、最高人民检察院《关于办理非法从事资金支付结算业务、非法买卖外汇刑事案件适用法律若干问题的解释》第1条的规定。

者擅自占用频率,非法经营国际电信业务或者涉港、澳、台电信业务进行营利活动的(最高人民法院《关于审理扰乱电信市场管理秩序案件具体应用法律若干问题的解释》第5条),等等。根据2011年最高人民法院印发的《关于准确理解和适用刑法中"国家规定"的有关问题的通知》第3条的规定,各级人民法院审理非法经营犯罪案件,要依法严格把握《刑法》第225条第4项的适用范围。对被告人的行为是否属于《刑法》第225条第4项规定的"其他严重扰乱市场秩序的非法经营行为",有关司法解释未作明确规定的,应当作为法律适用问题,逐级向最高人民法院请示。第三,行为的情节严重。对于情节严重的具体标准,最高人民法院、最高人民检察院、公安部有多部司法解释有规定,其中,2010年最高人民检察院、公安部《关于公安机关管辖的刑事案件立案追诉标准的规定(二)》第79条作了比较全面的规定。

(3) 本罪的主体是一般主体,包括任何已满16周岁、具有刑事责任能力的自然人和单位。

(4) 本罪主观方面表现为故意。

(二) 非法经营罪的认定

(1) 本罪与非罪的界限。主要应注意两个方面的问题:一是非法经营罪与非法经营的一般违法行为的界限。区分的关键在于行为的情节是否达到严重的程度。二是行为是否属于其他扰乱市场秩序的非法经营行为。应主要从行为是否属于经营行为、行为是否为法律法规所明确禁止两个方面进行判断。

(2) 本罪与相关犯罪的竞合。有些本属于非法经营的行为,《刑法》将其从非法经营罪中分离出来规定为独立的犯罪,对这些已被规定为独立犯罪的非法经营行为,只能按《刑法》的相关规定定罪处罚,而不能按本罪处理。例如,销售伪劣产品,本来也属于一种非法经营行为,但《刑法》已将其专门规定为销售伪劣产品罪,因而对销售伪劣产品,销售金额5万元以上的,应按销售伪劣产品罪定罪处罚。

(三) 非法经营罪的刑事责任

根据《刑法》第225条、第231条的规定,犯本罪的,处5年以下有期徒刑或者拘役,并处或者单处违法所得1倍以上5倍以下罚金;情节特别严重的,处5年以上有期徒刑,并处违法所得1倍以上5倍以下罚金或者没收财产。单位犯本罪的,对单位判处罚金,并对其直接负责的主管人员和其他直接责任人员,依照上述规定处罚。

七、强迫交易罪

强迫交易罪,是指以暴力、威胁手段强迫他人交易,或者强迫他人参与或者退出投标、拍卖、特定的经营活动,情节严重的行为。本罪侵犯的客体是自愿、平等、公正的市场交易秩序。本罪的客观方面表现为以暴力、威胁手段,实施下列行为之一,情节严重的:(1) 强买强卖商品的;(2) 强迫他人提供或者接受服务的;(3) 强迫他人参与或者退出投标、拍卖的;(4) 强迫他人转让或者收购公司、企业的股份、债券或者其他资产的;(5) 强迫他人参与或者退出特定的经营活动的。所谓暴力,是指对他人的身体进行殴打,可以是针对另一方当事人,也可以是针对在场的与另一方当事人有关系的人。所谓威胁,是指以使用暴力或者揭发隐私相胁迫。构成本罪,要求行为的情节严重。至于其具体标准,2008年6月25日最高人民检察院、公安部《关于公安机关管辖的刑事案件立案追诉标准的规定(一)》第28条对情节严重的标准作了明确的规定。对于其他三种情形下情节严重的标准,有待于最高司法机关作出司法解释。本罪的主体包括任何已满16周岁、具有刑事责任能力的自然人和单位。本罪的主观方面表现为故意。根据《刑法》第226条、第231条的规定,犯本罪的,处3年以下有期徒刑或者拘役,并处或者单处罚金;情节特别严重的,处3年以上7年以下有期徒刑,并处罚金。单位犯本罪的,对单位处罚金,并对其直接负责的主管人员和其他直接责任人员,依照上述规定处罚。

八、伪造、倒卖伪造的有价票证罪

伪造、倒卖伪造的有价票证罪,是指伪造或者倒卖伪造的车票、船票、邮票或者其他有价票证,数额较大的行为。本罪侵犯的客体是国家对有价票证的管理制度。本罪的对象包括车票、船票、邮票或者其他有价票证,该等票证不限于纸质票证,也包括IC电话卡等电子票证。本罪的客观方面表现为伪造或者倒卖伪造的车票、船票、邮票或者其他有价票证,数额较大的行为。伪造,是指按照真有价票证的式样、图案等制造假有价票证,或者对真有价票证采用涂改等方法进行加工改造,使其面值增加。倒卖,是指从他人手中购买伪造的车票、船票、邮票或者其他有价证券后加价转手卖给他人。构成本罪,要求伪造或者倒卖伪造的有价票证数额较大。至于其具体标准,2008年6月25日最高人民检察院、公安部《关于公安机关管辖的刑事案件立案追诉标准的规定(一)》第29条作了明确的规定。本罪的主体包括任何已满16周岁、具有刑事能力的自然人和单位。本罪的主观方面是故意,其目的一般是为了获取非法利润。根据《刑法》第227条第1款、第231条的规定,犯本罪的,处2年以下有期徒刑、拘役或者管制,并处或者单处票证价额1倍以上5倍以下罚金;数额巨大的,处2年以上7年以下有期徒刑,并处票证价额1倍以上5倍以下罚金。单位犯本罪的,对单位判处罚金,并对其直接负责的主管人员和其他直接责任人员,依照上述规定处罚。

九、倒卖车票、船票罪

倒卖车票、船票罪,是指倒卖车票、船票,情节严重的行为。本罪侵犯的客体是国家对车票、船票的管理秩序。本罪的客观方面表现为倒卖车票、船票,情节严重的行为。车票,是指火车票,包括坐签、卧签号以及公共汽车票等。船票,是指轮船票。对于本罪中情节严重的标准,1999年9月14日最高人民法院《关于审理倒卖车票刑事案件有关问题的解释》第1条和2008年6月25日最高人民检察院、公安部《关于公安机关管辖的刑事案件立案追诉标准的规定(一)》第30条作了明确的规定。本罪的主体包括任何已满16周岁、具有刑事责任能力的自然人和单位。本罪的主观方面表现为故意,并且以牟利为目的。根据《刑法》第227条第2款、第231条的规定,犯本罪的,处3年以下有期徒刑、拘役或者管制,并处或者单处票证价额1倍以上5倍以下罚金。单位犯本罪的,对单位判处罚金,并对其直接负责的主管人员和其他直接责任人员,依照上述规定处罚。

十、非法转让、倒卖土地使用权罪

非法转让、倒卖土地使用权罪,是指以牟利为目的,违反土地管理法规,非法转让、倒卖土地使用权,情节严重的行为。本罪侵犯的客体是国家对土地使用权的管理秩序。本罪的客观方面表现为违反土地管理法规,非法转让、倒卖土地使用权,情节严重的行为。违反土地管理法规,是指违反土地管理法、森林法、草原法等法律以及行政法规中关于土地管理的规定。土地使用权转让是指土地使用者将土地使用权再转移的行为,包括出售、交换和赠与。倒卖土地使用权,是指土地的受让者不进行任何开发建设,将土地转手卖给他人,从中牟利的行为。构成本罪,要求行为的情节严重。至于其具体标准,2000年6月22日最高人民法院《关于审理破坏土地资源刑事案件具体应用法律若干问题的解释》第1条和2010年5月7日最高人民检察院、公安部《关于公安机关管辖的刑事案件立案追诉标准的规定(二)》第80条作了明确规定。本罪的主体包括任何已满16周岁、具有刑事责任能力的自然人和单位。本罪的主观方面是故意,并具有牟利的目的。根据《刑法》第228条、第231条的规定,犯本罪的,处3年以下有期徒刑或者拘役,并处或者单处非法转让、倒卖土地使用权价额5%以上20%以下罚金;情节特别严重的,处3年以上10年以下有期徒刑,并处非法转让、倒卖土地使用价额5%以上20%以下罚金。单位犯本罪的,对单位判处罚金,并对其直接负责的主管人员和其他直接责任人员,依照上述规定处罚。

十一、提供虚假证明文件罪

提供虚假证明文件罪,是指承担资产评估、验资、验证、会计、审计、法律服务等职责的中介组织的人员故意提供虚假证明文件,情节严重的行为。本罪侵犯的客体是国家对中介服务市场的管理秩序。本罪的客观方面表现为提供虚假中介证明文件,情节严重的行为。提供,既包括有偿提供,也包括无偿提供。虚假中介证明文件,是指虚假资产评估报告、验资证明、验证证明、财务会计报告、审计报告以及法律意见书。构成本罪,要求行为的情节严重。至于其具体标准,2010年5月7日最高人民检察院、公安部《关于公安机关管辖的刑事案件立案追诉标准的规定(二)》第81条作了明确规定。本罪的主体是承担资产评估、验资、验证、会计、审计、法律服务等职责的人员或者单位。本罪的主观方面表现为故意。根据《刑法》第229条第1款的规定,犯本罪的,处5年以下有期徒刑或者拘役,并处罚金。根据该条第2款的规定,前款人员索取他人财物或者非法收受他人财物,犯前款罪的,处5年以上10年以下有期徒刑,并处罚金。根据《刑法》第231条的规定,单位犯本罪的,对单位判处罚金,并对其直接负责的主管人员和其他直接责任人员,依照上述规定处罚。

十二、出具证明文件重大失实罪

出具证明文件重大失实罪,是指承担资产评估、验资、会计、审计、法律服务等职责的中介组织的人员,严重不负责任,出具的证明文件有重大失实,造成严重后果的行为。本罪侵犯的客体是国家对中介服务市场的管理秩序。本罪的客观方面表现为行为人对工作严重不负责任,出具的证明文件有重大失实,造成严重后果的行为。严重不负责任,是指严重违反《公司法》《会计法》《审计法》《律师法》等有关法律的规定,不履行应尽的职责,应当审查检验有关文件却不审查或者审查检验不认真的行为。重大失实的证明文件,是指中介证明文件所载的内容与事实有重大的出入。构成本罪,要求行为造成严重后果。至于其具体标准,2010年5月7日最高人民检察院、公安部《关于公安机关管辖的刑事案件立案追诉标准的规定(二)》第82条作了明确规定。本罪的主体是承担资产评估、验资、会计、审计、法律服务等职责的中介人员。本罪的主观方面是过失。根据《刑法》第229条第3款、第231条的规定,犯本罪的,处3年以下有期徒刑或者拘役,并处或者单处罚金。单位犯本罪的,对单位判处罚金,并对其直接负责的主管人员和其他直接责任人员,依照上述规定处罚。

十三、逃避商检罪

逃避商检罪,是指违反进出口商品检验法的规定,逃避商品检验,将必须经商检机构检验的进口商品未报经检验而擅自销售、使用,或者将必须经商检机构检验的出口商品未报经检验合格而擅自出口,情节严重的行为。本罪侵犯的客体是国家对进出口商品的管理秩序。本罪的客观方面表现为违反进出口商品检验法的规定,逃避国家对进出口商品的检验,情节严重的行为。构成本罪,要求行为的情节严重。至于其具体标准,2010年5月7日最高人民检察院、公安部《关于公安机关管辖的刑事案件立案追诉标准的规定(二)》第83条作了明确规定。本罪的主体是从事商品进出口业务的单位和个人。本罪的主观方面是故意。根据《刑法》第230条、第231条的规定,犯本罪的,处3年以下有期徒刑或者拘役,并处或者单处罚金。单位犯本罪的,对单位判处罚金,并对其直接负责的主管人员和其他直接责任人员,依照上述规定处罚。

第二十四章　侵犯公民人身权利、民主权利罪

第一节　侵犯公民人身权利、民主权利罪概述

一、侵犯公民人身权利、民主权利罪的概念和构成

侵犯公民人身权利、民主权利罪，是指故意或过失地侵犯公民的人身权利、民主权利以及与人身有直接关系的其他权利的行为。

侵犯公民人身权利、民主权利罪这一章,共31条,42个具体罪名。这类犯罪侵害的是公民的最基本的权利——人身权利和民主权利,以及公民其他与人身有关的权利。前者包括故意或者过失侵犯他人人身权利、非法剥夺或妨害公民自由行使管理国家事务、参加政治活动等各项权利,后者则为侵犯公民其他与人身有关的权利。由于两者关系密切,所以我国《刑法》将其规定在同一章罪中。

侵犯公民人身权利、民主权利罪具有如下构成要件：

(1) 本类犯罪的客体是公民的人身权利、民主权利以及与人身直接有关的其他权利。对这些权利的侵害是该类犯罪的实质所在,也是与其他类犯罪相区别的根本标志。所谓人身权利,是指公民依法享有的与其人身不可分离的权利,包括生命权、健康权、性自由权、人身自由权、人格权和名誉权、婚姻自由权等。所谓民主权利,是指公民依法所享有的管理国家和参加社会政治活动的权利,主要包括批评权、申诉权、控告权、检举权及选举权和被选举权、宗教信仰自由权等。与人身直接有关的其他权利,主要包括住宅不受侵犯权、劳动权、休息权、受扶养权等。

本章有些罪侵犯的是复杂客体,如刑讯逼供罪、暴力取证罪等,既侵犯公民的人身权利,又侵犯司法机关的正常活动。我国《刑法》之所以将它们规定在本章,是因为这些罪是以侵犯人身权利为主要内容的。

(2) 本类犯罪客观方面表现为以各种方法侵犯公民的人身权利、民主权利以及其他与人身直接有关的权利的行为。其中的绝大多数犯罪只能以作为的行为方式实施,如强奸罪、侮辱罪、诬告陷害罪等;也有少数犯罪的行为方式,既可以表现为作为,也可以表现为不作为,如故意杀人罪、故意伤害罪等。从刑法规定看,有的罪要求造成一定的结果才构成既遂,如故意杀人罪、故意伤害罪、强奸罪等,有的犯罪只要行为实施达到一定的程度,即构成既遂,而不问具体发生的是何种结果,如侮辱罪、诽谤罪、诬告陷害罪等。

(3) 本类犯罪的主体多为一般主体,即达到法定责任年龄、具有刑事责任能力的自然人均可构成,如故意杀人罪、故意伤害罪、强奸罪等。也有少数犯罪主体为特殊主体,如刑讯逼供罪的主体只能是司法工作人员,遗弃罪的主体只能是家庭成

员。不具有特殊身份的人虽然不能单独构成要求具有特殊身份主体的犯罪,但可以成为该罪的共犯,与特殊主体共同对该罪承担刑事责任。该类犯罪的刑事责任年龄一般为16周岁,但是,对于故意杀人、故意伤害致人重伤或者死亡、强奸等罪,已满14周岁不满16周岁的人也可构成。有些罪虽从《刑法》规定看,已满16周岁的人即可构成,但从实践而言,只能是已满18周岁以上的成年人才可能实施,如虐待罪、遗弃罪等。

(4) 本类犯罪的主观方面,除过失致人死亡罪和过失致人重伤罪由过失构成外,其他罪均由故意构成,其中有些罪既可出于直接故意也可出于间接故意,如故意杀人罪,有些罪只能出于直接故意,如强奸罪,有个别罪还以法定的犯罪目的为必要要件,如拐卖妇女、儿童罪。

二、侵犯公民人身权利、民主权利罪的种类

根据本章各具体犯罪所侵害的直接客体以及主要构成要件的特征,可以将它们作如下归纳:

(1) 侵犯公民生命权利的犯罪。包括故意杀人罪和过失致人死亡罪。

(2) 侵犯公民身体健康权利的犯罪。包括故意伤害罪、组织出卖人体器官罪和过失致人重伤罪。

(3) 侵犯公民性自由权利或健康权利的犯罪。包括强奸罪,强制猥亵、侮辱罪,猥亵儿童罪。

(4) 侵犯公民人身自由权利的犯罪。包括非法拘禁罪、绑架罪,拐卖妇女、儿童罪,收买被拐卖的妇女、儿童罪,聚众阻碍解救被收买的妇女、儿童罪,组织残疾人、儿童乞讨罪,组织未成年人进行违反治安管理活动罪。

(5) 侵犯公民其他自由权利的犯罪。包括强迫劳动罪,雇用童工从事危重劳动罪,非法搜查罪,侵犯通信自由罪,私自开拆、隐匿、毁弃邮件、电报罪,侵犯公民个人信息罪,非法侵入住宅罪。

(6) 侵犯公民人格权、名誉权的犯罪。包括诬告陷害罪、侮辱罪、诽谤罪。

(7) 司法工作人员侵犯公民权利的犯罪。包括刑讯逼供罪、暴力取证罪、虐待被监管人罪。

(8) 侵犯宗教信仰、少数民族有关权利的犯罪。包括煽动民族仇恨、民族歧视罪,出版歧视、侮辱少数民族作品罪,非法剥夺公民宗教信仰自由罪,侵犯少数民族风俗习惯罪。

(9) 侵犯公民民主权利的犯罪。包括报复陷害罪,打击报复会计、统计人员罪,破坏选举罪。

(10) 侵犯婚姻家庭权利的犯罪。包括暴力干涉婚姻自由罪,重婚罪,破坏军婚罪,虐待罪,虐待被监护、看护人罪,遗弃罪,拐骗儿童罪。

第二节 侵犯公民人身权利、民主权利罪分述

一、故意杀人罪

(一) 故意杀人罪的概念和构成

故意杀人罪,是指故意非法剥夺他人生命的行为。

本罪的构成要件是:

(1) 本罪的客体是他人的生命权利。所谓他人的生命权,是指己身以外的自然人非经法律规定不得非法剥夺其生存的权利。但自己剥夺自己生命的自杀行为,非特定情况,在我国不视为犯罪。人的生命权利始于出生,终于死亡。因此,本罪的对象只能是有生命的自然人。生命的起始标准,刑法理论上认识不一致,主要有"阵痛说""一部露出说""全部露出说""断带说""发声说""独立呼吸说"等。按照我国通说,人的生命,起始于胎儿脱离母体后,开始独立呼吸,即采独立呼吸说。生命的终结,传统观点认为以心脏停止跳动为标志。但近年来随着医学科学发展提出了"脑死亡"的概念,即应以脑死亡为准。只有包括大脑、小脑和脑干在内的脑的全部功能不可逆地完全消失,才是死亡的标志,即使心脏仍在跳动,也认为已经死亡。我国实践中仍以心脏停止跳动为生命终结的标志。所以,任何人的生命权利在出生后和死亡前都受到刑法保护,不因对象的条件不同而有所区别。因母体中的胎儿与人死亡后的尸体都没有生命权的存在,故虽然侵犯其权利,也不能构成故意杀人罪,但非法堕胎伤害孕妇身体可构成《刑法》第 234 条故意伤害罪,毁坏尸体的行为可构成《刑法》第 302 条侮辱尸体罪。在行为人出于故意而误把尸体当活人加以杀害的情况下,属于事实认识错误,应以对象不能犯的故意杀人罪未遂来处罚。合法堕胎行为不能构成任何犯罪。

(2) 本罪的客观方面表现为非法剥夺他人生命的行为。首先,这种剥夺他人生命的行为须是非法的。如果实行正当防卫或执行公务而将他人杀死,不构成犯罪。其次,要有剥夺他人生命的行为。行为方式既可以表现为作为,如枪击、刀砍、斧劈、拳打脚踢,也可以表现为不作为,如有救助义务的人见死不救,致人死亡。实践中常见的是前者,后者只有在负有防止被害人死亡的特定义务的前提下才能构成。剥夺他人生命的手段是多种多样的,可以是徒手,也可以是利用工具,或者利用他人,或者利用自然力。方式、方法、手段虽然法律没有限制,但如果行为人采用放火、爆炸、决水、投放危险物质等危险方法杀人而同时危害公共安全的,则应以相应的危害公共安全犯罪论处。[①] 最后,在死亡结果发生的情况下,杀害行为与死亡结果之间必须有因果关系,否则不成立本罪的既遂。

(3) 本罪的主体为一般主体。凡年满 14 周岁,具有刑事责任能力的自然人均可构成。

---

① 对此也有不同的认识。参见张明楷:《论以危险方法杀人案件的性质》,载《中国法学》1999 年第 6 期。

(4) 本罪在主观方面要求行为人具有非法剥夺他人生命的故意,包括直接故意和间接故意。在间接故意情况下,须有放任的死亡结果发生。故意杀人的动机是多种多样的,但动机不影响本罪的成立,只是量刑的情节。

(二) 故意杀人罪的认定

(1) 致人自杀行为的定性。自杀是自己剥夺自己的生命,非特定情况下在我国自杀行为不为罪。但实践中自杀的情况颇为复杂,特别是因他人行为引起自杀,往往涉及是否构成故意杀人罪的问题,需认真分析。司法实践中的致人自杀主要有以下三种情况:第一,行为人的合法正当行为,如履行职责对他人批评或处分,即使处分过重、态度生硬、粗暴或因一般违法行为,如打骂引起他人自杀的。自杀行为往往是由于自杀者的心胸狭隘所致,不应追究其刑事责任。第二,行为人的犯罪行为,如强奸、暴力干涉他人婚姻自由等引起自杀。这种情况下,行为人主观上无杀人的故意,应以相应的罪论处,不能构成故意杀人罪,根据具体情况,一是可将引起自杀作为强奸、暴力干涉婚姻自由等罪的一个从重处罚情节。二是引起他人自杀这一事实可作为定罪与否的情节,如侮辱、诽谤他人引起自杀的,引起自杀就成为判定情节严重与否的一个重要因素。第三,行为人具有致他人死亡的故意,并凭借权势或以暴力、胁迫、诱骗等手段促使他人自杀,由于行为人主观上具有杀人故意,客观上又实施了与死亡有一定的因果关系的行为,实质上是一种"借刀杀人"的行为,应以故意杀人罪论处。

(2) 帮助自杀、得承诺杀人行为的定性。帮助自杀,是指他人已有自杀意图,行为人对其在精神上加以鼓励,使其坚定自杀的意图或者给予物质上的帮助,使他人得以实现自杀的行为。由于非特定情况下的自杀行为在我国是非罪行为,所以,帮助者非共同犯罪的从犯。在前一种情况下,行为人的行为对自杀死亡结果的原因力较小,危害也不大,可以不追究其故意杀人的刑事责任。在后一种情况下,行为人的行为多是应请求在物质上为自杀者提供了帮助,如将毒药递给自杀者,对于自杀者的死亡结果发生具有较大的原因力,原则上应构成故意杀人罪,但由于自杀与否是自杀者本人的意思决定,可对帮助者从轻或减轻处罚。对于虽然是应自杀者要求实行帮助,却直接动手将对方杀死(得承诺杀人),应当认定为故意杀人罪,但处罚可以考虑从轻。但对特定情况下的帮助自杀行为,应当按照一般故意杀人罪决定刑罚。①

(3) 教唆自杀行为的定性。所谓教唆自杀,是指唆使没有自杀意图的人产生自杀决意,实施自杀行为。教唆自杀多数情况下都是为了帮助自杀者摆脱精神或者肉体的痛苦。由于非特定情况下的自杀行为在我国是非罪行为,所以,教唆者非共同犯罪的教唆犯。是否自杀,有意志选择自由的是自杀者,因此,当教唆行为与他人自杀之间具有因果关系时,法律属性上仍属于故意杀人行为,不过教唆自杀行为的社会危害性较小,虽应以故意杀人罪论处,也应按情节较轻的故意杀人罪从轻、减轻或者免

---

① 参见2017年最高人民法院、最高人民检察院印发的《关于办理组织、利用邪教组织破坏法律实施等刑事案件适用法律若干问题的解释》第11条规定,组织、利用邪教组织,制造、散步迷信邪说,组织、策划、煽动、胁迫、教唆、帮助其成员或者他人实施自杀、自伤的,依照《刑法》第232条、第234条的规定,以故意杀人罪或者故意伤害罪定罪处罚。

除处罚。但对特定情况下的教唆自杀行为,则应当按照一般故意杀人罪决定刑罚。①

对于教唆无责任能力人自杀的,由于被教唆者缺乏辨认和控制能力,对教唆者应以故意杀人罪的间接实行犯对待,依法追究其故意杀人罪的刑事责任。

(4) 相约自杀行为的定性。在相约自杀中以婚恋原因者居多。实践中存在以下几种具体情况应分别处理:第一,双方相约共同自杀,一方未对他方实施教唆、帮助或诱使行为。在这种情况下,虽然相约自杀而没有死亡一方的行为对自杀者有精神支持作用,但由于客观上没有教唆、帮助或诱使行为,因此,自杀而没有成功的一方不应对他方的死亡负故意杀人的刑事责任。第二,双方相约共同自杀,一方要求对方先杀死自己,后者应对方请求先将对方杀死,然后自杀未成功或又放弃自杀行为的。这在本质上是一种得承诺(受托)杀人,行为人主观上有明知,客观行为与死亡结果之间具有因果关系,应按故意杀人罪论处,处理上可从轻考虑。第三,双方相约共同自杀,一方为自杀提供条件,另一方利用此条件自杀身死,而提供条件者自杀未能成功的,从性质上讲是一种帮助自杀的行为,可依照帮助自杀的原则处理。第四,诱使他人共同自杀,而自己自杀未能成功的,性质上是教唆自杀,除特定情况下的教唆自杀外,按教唆自杀从宽处理。第五,一方诱骗对方相约共同自杀,而行为人根本没有自杀的意图和自杀行为的,对诱骗者应以故意杀人罪定性。应注意这种情况与诱使他人相约共同自杀而自己自杀未成功的情形有所区别。

(5) 受嘱托杀人行为及"安乐死"问题。受嘱托杀人,也称为"得承诺杀人",是指受已有自杀意图者的嘱托而直接将他人杀死的行为。从广义上来讲,这也是一种帮助自杀行为,但与帮助自杀不同在于行为人是直接实施杀人行为,而不是对嘱托者本人的自杀行为给予帮助。这种受嘱托杀人行为构成故意杀人罪,但由于是应已有自杀意图者所求,在处罚时可考虑从轻。"安乐死"在本质上也是一种受嘱托杀人的行为。一般是指应身患绝症,精神、肉体处极度痛苦的病人的请求,实施促使其提前、迅速无痛苦死亡的行为。已有个别国家承认"安乐死"合法化,我国也有学者认为应以专门立法允许通过实行"安乐死"来减轻病人的痛苦,使"安乐死"合法化,但应有严格的条件。我国学者提出的条件可归纳为以下几点:第一,病人只能是身患绝症,临近死亡,即因疾病,死亡已经不可避免。所谓绝症,是指经现代医疗诊断证明,是当前医疗手段尚无法治愈的疾病。第二,病人须是处于无法忍受的精神、肉体的痛苦之中。第三,必须有病患者本人的真诚嘱托和承诺,其他人都不能代替患者提出"安乐死"的请求。但为了切实保障病患者的自主权,可以用遗嘱的方式记载病人的要求,并指定一个或多个代理人为其临终问题作决定。第四,须由医生按照法定程序,并以为解除病人的痛苦为目的,采用伦理上被认为是适当的方法进行。② 当然,我国能否

---

① 参见 2017 年最高人民法院、最高人民检察院印发的《关于办理组织、利用邪教组织破坏法律实施等刑事案件适用法律若干问题的解释》第 11 条规定,组织、利用邪教组织,制造、散步迷信邪说,组织、策划、煽动、胁迫、教唆、帮助其成员或者他人实施自杀、自伤的,依照《刑法》第 232 条、第 234 条的规定,以故意杀人罪或者故意伤害罪定罪处罚。

② 参见赵秉志主编:《新刑法全书》,中国人民公安大学出版社 1997 年版,第 846 页。

实行"安乐死",有待进一步讨论和研究,例如,对患有严重畸形或者严重先天性疾病的新生儿,如何确定其"痛苦"和本人的"真诚嘱托"?其生身父母是否有代替患儿提出请求的权利?这些问题应如何对待,并非仅从上述条件的限制中就可得到圆满的解释。所以,在目前立法上尚未承认"安乐死"的情况下,对实践中"安乐死"的案件,仍应按照故意杀人罪定性,但可根据具体情况免除或者减轻处罚。

(6)"间接杀人"行为的定性。间接杀人是指教唆未达到法定刑事责任年龄或不具有刑事责任能力的精神病人实施杀害他人的行为。该种情形,未达到法定刑事责任年龄或不具有刑事责任能力的精神病人,事实上是教唆者的杀人"工具",教唆者在理论上称为"间接正犯",应视为是由他本人实行故意杀人行为,构成故意杀人罪。

(三)故意杀人罪的刑事责任

根据我国《刑法》第232条的规定,犯本罪的,处死刑①、无期徒刑或者10年以上有期徒刑;情节较轻的,处3年以上10年以下有期徒刑。其中"情节较轻的",一般是指实践中义愤杀人、防卫过当杀人、因受被害人长期迫害而杀人、帮助自杀、受嘱托杀人等情况。

二、过失致人死亡罪

(一)过失致人死亡罪的概念和构成

过失致人死亡罪,是指因过失致使他人死亡的行为。

本罪的构成要件是:

(1)本罪的客体为他人的生命权利。

(2)本罪的客观方面表现为过失致人死亡的行为。这里致人死亡的行为主要是指在日常生活中,对他人的生命安全缺乏应有的关注,因作为或者不作为行为致使他人死亡。根据法律规定,构成本罪必须发生死亡结果,且过失行为必须对死亡结果的发生具有原因力,即两者之间必须具有刑法意义上的因果关系,至于被害人或其他人有无过错,不影响本罪的成立,但在决定刑事责任时应当予以考虑。

(3)本罪的主观方面出于过失,包括疏忽大意和过于自信。这里的过失是对死亡结果而言,至于行为是有意还是无意,不影响认定。具体是指,行为人应当预见自己的行为可能导致他人的死亡,由于疏忽大意没有预见,或者已经预见而轻信能够避免,以致死亡结果发生。

(4)本罪的主体是一般主体,为年满16周岁、具有刑事责任能力的自然人。

(二)过失致人死亡罪的认定

(1)过于自信的过失致人死亡与(间接)故意杀人罪的界限。两罪的相同之处在

---

① 1999年10月27日最高人民法院《全国法院维护农村稳定刑事审判工作座谈会纪要》指出,要准确把握故意杀人犯罪适用死刑的标准。对故意杀人犯罪是否判处死刑,不仅要看是否造成了被害人死亡结果,还要综合考虑案件的全部情况。对于因婚姻家庭、邻里纠纷等民间矛盾激化引发的故意杀人犯罪,适用死刑一定要十分慎重,应当与发生在社会上的严重危害社会治安的其他故意杀人犯罪案件有所区别。对于被害人一方有明显过错或对矛盾激化负有直接责任,或者被告人有法定从轻处罚情节的,一般不应判处死刑立即执行。

于都造成了死亡结果,行为人都认识到自己的行为可能导致他人死亡的结果发生,并且都不是希望这种结果发生。区别在于:过于自信的过失致人死亡罪,行为人对死亡结果的发生是持一种轻信能够避免的心理态度,并且这种心理状态是以一定的主客观条件为根据,如以本人的能力、经验,当时的环境和其他客观条件为判断基础,在客观上应表现出一些积极避免死亡结果发生的行为;而间接故意杀人的行为人对死亡结果的发生是持一种放任的心理态度,既没有要依据某些条件避免结果发生的意图,也没有避免结果发生的行为,无论结果发生与否都不违背行为人的意志,所以是放任死亡结果发生。

(2) 疏忽大意过失致人死亡与意外事件致人死亡的界限。二者相同之处,在于行为人对于死亡结果的发生都未预见,而且,对结果的发生都持有否定的态度。区分二者的关键在于行为人对于死亡结果的发生是否应当预见。这需要根据行为人是否具有一定的经验、认识能力、当时所处环境、本人的一些具体情况等综合分析判断。如果行为人应当预见而没有预见,就是疏忽大意的过失致人死亡罪;如果行为人在当时情况下根本不可能预见,则应属意外事件,不负刑事责任。

(三) 过失致人死亡罪的刑事责任

根据《刑法》第 233 条的规定,犯本罪的,处 3 年以上 7 年以下有期徒刑;情节较轻的,处 3 年以下有期徒刑。本法另有规定的,依照规定。所谓"本法另有规定的",是指对其他因过失致人死亡的情况,如《刑法》分则作了专门的规定,有独立的罪名与法定刑(如失火致人死亡、交通肇事致人死亡、重大责任事故致人死亡等),径行按照上述各条的规定定罪处刑,不再以本罪论处。

三、故意伤害罪

(一) 故意伤害罪的概念和构成

故意伤害罪,是指故意非法损害他人身体健康的行为。

本罪的构成要件是:

(1) 本罪的客体是他人的身体健康权。这里所谓的身体健康权,是指己身以外的自然人对于保持其肢体、器官、组织的完整性和正常机能的权利。本罪的对象必须是他人。自己对自己的身体健康造成损害的不构成本罪。但是,如果军人在作战时自伤身体逃避军事义务,可构成战时自伤罪。故意伤害罪区别于其他侵犯人身权利犯罪的本质特征,就在于损害他人肢体、器官、组织的完整和正常机能。如果虽以他人身体为侵害对象,但未造成损害他人肢体、器官、组织的完整和正常机能的,虽然造成一定程度的肉体疼痛(如一般殴打),则不应以故意伤害罪论处。殴打如符合其他犯罪的要件,应构成相应的罪。

(2) 本罪的客观方面表现为非法损害他人身体健康的行为。第一,损害他人的身体健康的行为必须是非法的,合法行为而损害他人身体健康的,不构成犯罪。如实施正当防卫行为而打伤不法侵害者。第二,必须具有损害他人身体健康的行为,即具有破坏他人人体的肢体、组织的完整或者损坏人体组织、肢体、器官的正常机能的行为。损害他人身体健康的行为,以作为的方式及暴力方法最为常见,但对故意伤害行为法律并没有以作为及暴力为必要条件。需要指出的是,在我国《刑法》中,针对他人身体而实施的犯罪有多种,而且,也多使用暴力并对被害人身体健康造成一定程度的损害,如绑架罪,拐卖妇女、儿童罪,暴力取证罪,抢劫罪等。只要《刑法》对此另有规定,则不能以伤害罪论处。

　　本罪的损害结果包括轻伤害、重伤害和伤害致死三种情况。明确三者的界限,对于正确地量刑具有重要意义。由于伤害致死只要发生死亡结果即可认定,因此,有必要明确人体重伤、轻伤、轻微伤的标准。根据2013年8月30日最高人民法院、最高人民检察院、公安部、国家安全部、司法部《人体损伤程度鉴定标准》的规定,"重伤",是指使人肢体残废、毁人容貌、丧失听觉、丧失视觉、丧失其他器官功能或者其他对于人身健康有重大伤害的损伤,包括重伤一级和重伤二级;"轻伤",是指使人肢体或者容貌损害,听觉、视觉或者其他器官功能部分障碍或者其他对于人身健康有中度伤害的损伤,包括轻伤一级和轻伤二级;"轻微伤",是指各种致伤因素所致的原发性损伤,造成组织器官结构轻微损害或者轻微功能障碍。至于"重伤""轻伤""轻微伤"的具体的标准,《人体损伤程度鉴定标准》有明确具体的规定。同时,《人体损伤程度鉴定标准》还专门规定了如下三个方面的问题:第一,鉴定原则。遵循实事求是的原则,坚持以致伤因素对人体直接造成的原发性损伤及由损伤引起的并发症或者后遗症为依据,全面分析,综合鉴定。对于以原发性损伤及其并发症作为鉴定依据的,鉴定时应以损伤当时伤情为主,损伤的后果为辅,综合鉴定。对于以容貌损害或者组织器官功能障碍作为鉴定依据的,鉴定时应以损伤的后果为主,损伤当时伤情为辅,综合鉴定。第二,鉴定时机。以原发性损伤为主要鉴定依据的,伤后即可进行鉴定;以损伤所致的并发症为主要鉴定依据的,在伤情稳定后进行鉴定。以容貌损害或者组织器官功能障碍为主要鉴定依据的,在损伤90日后进行鉴定;在特殊情况下可以根据原发性损伤及其并发症出具鉴定意见,但须对有可能出现的后遗症加以说明,必要时应进行复检并予以补充鉴定。疑难、复杂的损伤,在临床治疗终结或者伤情稳定后进行鉴定。第三,伤病关系处理原则。损伤为主要作用的,既往伤/病为次要或者轻微作用的,应依据本标准相应条款进行鉴定。损伤与既往伤/病共同作用的,即二者作用相当的,应依据本标准相应条款适度降低损伤程度等级,即等级为重伤一级和重伤二级的,可视具体情况鉴定为轻伤一级或者轻伤二级,等级为轻伤一级和轻伤二级的,均鉴定为轻微伤。既往伤/病为主要作用的,即损伤为次要或者轻微作用的,不宜进行损伤程度鉴定,只说明因果关系。

　　(3) 本罪的主体是一般主体。其中,对于故意伤害致人重伤或死亡的,主体为年满14周岁、具有刑事责任能力的自然人。对于致人轻伤害的,主体是年满16周岁、具有刑事责任能力的自然人。

　　(4) 本罪的主观方面是非法伤害他人身体健康的故意。对造成伤害结果而言,可包括直接故意和间接故意,而故意伤害致死,行为人对伤害结果出于故意,而对死亡结果则必须是过失的心理态度,即属于复杂罪过的情况。需注意的是,在间接故意伤害的情况下,只能是放任对他人身体健康损害结果的发生,而不能是放任死亡结果发生,否则,应构成故意杀人罪。伤害的动机是多种多样的,但动机不影响本罪的成立,只是量刑情节。

(二) 故意伤害罪的认定

(1) 故意伤害与殴打行为的界限。伤害是指损害他人肢体、器官、组织完整和正常机能的行为。殴打,是指造成人体暂时性的疼痛,但不损害人体健康的行为。殴打也可能造成一定的人体损害,如脸肿、鼻腔出血、皮下出血等,但这里造成的损害,并不是伤害罪意义上的对人体健康的损害,不能构成伤害罪。如因殴打而造成身体健康损害的结果,特别是在发生死亡结果的情况下,应认真分析,是采用殴打方式行伤害之实,还是因过失造成重伤或致人死亡,或者对结果的发生主观上无罪过。不能因殴打是有意实施的,就认为只能构成故意伤害罪。

(2) 故意伤害致人死亡与过失致人死亡的界限。两者相同之处在于客观上都造成了他人死亡的结果,主观上都没有剥夺他人生命的故意。区别在于:故意伤害致人死亡的,行为人主观上具有伤害的故意,但对死亡的结果是过失,属于复杂罪过;而过失致人死亡的行为人主观上只对死亡结果有过失,主观上并无伤害的故意。因此,区分两者的关键在于主观上有无伤害的故意。

(3) 故意伤害与故意杀人未遂的界限。通说认为间接故意犯罪不存在未遂,因此,这里的故意杀人未遂是指直接故意杀人未遂与故意伤害的界限。两者相同之处在于客观上都造成伤害的结果,区别的关键在于行为人的故意内容不同。故意伤害的故意内容,是非法损害他人身体健康,并无剥夺他人生命的故意内容;而故意杀人未遂故意的内容,是非法剥夺他人的生命,虽然在客观上出现的是损害他人健康的结果,但这是由于行为人意志以外的原因,而未造成死亡的结果,不能因此而改变行为人非法剥夺他人生命的故意内容。因此,两者区别的关键在于主观上有无剥夺他人生命的故意内容。

(4) 故意伤害致死与故意杀人的界限。两者相同之处在于主观上都是出于故意,在客观上都发生了死亡的结果。区分的关键也在于查清故意的内容。故意伤害致死只具有损害他人身体健康的故意,对死亡结果的发生主观上是过失;而故意杀人在主观上具有非法剥夺他人生命的故意内容。因此,有无剥夺他人生命的故意内容,是区别两者的关键。①

(三) 故意伤害罪的刑事责任

根据《刑法》第 234 条的规定,犯本罪的,处 3 年以下有期徒刑、拘役或管制;致人重伤的,处 3 年以上 10 年以下有期徒刑;致人死亡或者以特别残忍手段致人重伤造

---

① 1999 年 10 月 27 日最高人民法院《全国法院维护农村稳定刑事审判工作座谈会纪要》指出,间接故意杀人与故意伤害致人死亡,虽然都造成了死亡后果,但行为人故意的性质和内容是截然不同的。不注意区分犯罪的性质和故意的内容,只要有死亡后果就判处死刑的做法是错误的……应予以纠正。

成严重残疾的①,处10年以上有期徒刑、无期徒刑或者死刑。本法另有规定的,依照规定。这是指,对其他故意伤害他人身体健康的情况,《刑法》分则作了专门的规定,有独立的罪名与法定刑,如果法律没有规定依照伤害罪定罪处罚,必须按照各条的规定定罪处刑,不再以本罪论处。

四、组织出卖人体器官罪

组织出卖人体器官罪,是指违反国家有关规定,组织他人出卖人体器官的行为。本罪的客体是他人的身体健康权、生命权以及国家对人体(活体)器官捐献管理秩序和人体器官移植规范的正常秩序。本罪的对象,既包括年满18岁,具有完全民事行为能力,自愿出卖(捐献)自己人体器官的人,也包括不满18周岁的人以及被强迫、被欺骗的人以及未经其本人生前同意或者去世后家属同意被摘取器官的已故者。本罪的客观方面表现为违反国家有关《人体器官移植条例》的规定,组织他人出卖人体器官的行为。所谓"组织",是指对自愿出卖自己人体器官人所实施的指挥、策划、控制的行为。至于行为人以何种方式组织,不影响认定,例如,对贫困者进行劝说,或者以给器官捐献者支付高额报酬为诱饵等等。所谓"出卖",是指将人体器官作价卖出。至于是否是由其本人摘取的人体器官,人体器官的来源,是否有先行买入的行为等,法律并无限制。本罪的主体为一般主体,即年满16周岁、具有刑事责任能力的自然人。本罪主观方面是直接故意,以出卖人体器官为其内容。动机不影响认定。根据《刑法》第234条之一的规定,犯本罪的,处5年以下有期徒刑,并处罚金;情节严重的,处5年以上有期徒刑,并处罚金或者没收财产。

五、过失致人重伤罪

过失致人重伤罪,是指由于过失,致他人重伤的行为。本罪侵犯的客体是他人的身体健康权。本罪的客观方面要求必须具备两个条件:第一,必须造成他人重伤的结果,如果仅造成轻伤害,不构成本罪。第二,过失行为与重伤结果之间必须具有因果关系。本罪的主体为一般主体,即年满16周岁、具有刑事责任能力的自然人均可构成。本罪的主观方面是出于过失,可以是疏忽大意或过于自信。即行为人应当预见其行为可能发生致人伤害的结果,因为疏忽大意而没有预见或已经预见而轻信能够避免,以致造成重伤结果。根据《刑法》第235条的规定,犯本罪的,处3年以下有期徒刑或拘役。本法另有规定的,依照规定。该规定是指,因过失致人重伤的行为,在

---

① 根据1999年10月27日最高人民法院《全国法院维护农村稳定刑事审判工作座谈会纪要》,故意伤害致人重伤造成"严重残疾"的标准,参照1996年国家技术监督局颁布的《职工工伤与职业病致残程度鉴定标准》(以下简称"工伤标准"),《刑法》第234条第2款规定的"严重残疾"是指下列情形之一:被害人身体器官大部缺损、器官明显畸形、身体器官有中等功能障碍、造成严重并发症等。残疾程度可以分为一般残疾(十至七级)、严重残疾(六至三级)、特别严重残疾(二至一级),六级以上视为"严重残疾"。在有关司法解释出台前,可统一参照"工伤标准"确定残疾等级。实践中,并不是只要达到"严重残疾"就判处死刑,还要根据伤害致人"严重残疾"的具体情况,综合考虑犯罪情节和危害后果来决定刑罚。故意伤害致重伤造成严重残疾,只有犯罪手段特别残忍,后果特别严重的,才能考虑适用死刑(包括死刑立即执行和死刑缓期两年执行)。

《刑法》分则中另有规定的,应按相应的罪处理,而不再适用本条定罪处罚。

六、强奸罪

(一) 强奸罪的概念和构成

强奸罪,是指以暴力、胁迫或者其他手段,违背妇女意志,强行与妇女性交,或者故意与不满14周岁的幼女发生性关系的行为。

本罪的构成要件是:

(1) 本罪的客体是女性的性自由权利和幼女的身心健康权利。本罪的对象是妇女和幼女。妇女是指年满14周岁的女性,包括未成年妇女和成年妇女。根据我国《刑法》的规定,奸淫不满14周岁的幼女的,以强奸论,因此,强奸罪的对象,也包括不满14周岁的幼女。需要特别指出的是,由于《刑法修正案(九)》回应社会各界"废除嫖宿幼女罪并将嫖宿卖淫幼女的行为并入强奸罪"的呼声,废除了《刑法》第360条第2款规定的嫖宿幼女罪,因而今后对于明知是幼女而嫖宿的行为,应以强奸罪论处。所谓妇女性的自由权利,是指妇女根据自己的意愿发生或不发生性行为的权利。所谓幼女的身心健康权利,是指幼女的身体和精神正常发育和健康成长的权利。第一,愿意发生性行为的权利,是对具有责任能力、精神健全的妇女而言,如果是不满14周岁幼女或者精神病患者,则不问其是否有同意性行为的意思表示,均以违反其意志论;第二,妇女性的自由权利和幼女的身心健康权利是只有妇女和幼女在生命存续时才享有的权利。因此,强奸罪的对象,无论是妇女还是幼女,都是指有生命的自然人。对实践中奸淫妇女、幼女尸体的行为,不能构成强奸罪,可构成《刑法》第302条规定的侮辱尸体罪。但如果行为人在妇女、幼女生前已着手实施强奸的暴力手段而致妇女、幼女死亡,又奸淫妇女、幼女尸体的,仍构成强奸罪。

(2) 本罪的客观方面表现为以暴力、胁迫或其他手段,违背妇女意志,强行与之性交,或者与不满14岁的幼女发生性关系的行为。在强行与妇女发生性行为时,违背妇女意志,是构成强奸罪的本质特征。所谓违背妇女意志,是指违背了妇女不愿与行为人性交的真实意思。性行为既然是在违背妇女意志的情况下实施的,行为人必然要使用一定的手段来抑制妇女拒绝与行为人实行性交的意志和反抗行为,因此,考察行为人是否使用法律规定的一定的手段,是确认性行为是否违背其意志的主要标志。刑法规定的手段有:暴力、胁迫和其他手段。在侵害对象为不满14周岁的幼女时,出于对幼女的特别保护,法律对手段并无特别限制,即行为人无论采用何种手段,只要与幼女发生了性关系,无论幼女同意与否,均符合本罪的客观方面的要件。实践中,奸淫幼女的手段既有暴力、胁迫,也有使用欺骗、引诱等手段的情况。

暴力,是指以殴打、伤害、捆绑、按倒、强拉硬拽等,对其人身实行强制的手段,意图在于使被害人不敢、不能反抗,至于现实是否得到该种效果,在所不问。胁迫,是指以杀害、伤害、职权、地位、揭发隐私等相威胁、恫吓,对被害人进行精神强制的手段,意图使其不敢反抗,至于现实是否得到该种效果,在所不问。其他手段,是指暴力、胁迫手段以外,其他使被害人不知反抗或不能反抗的手段,如用药麻醉,用酒灌醉。认定强奸罪,不能以被害妇女有无反抗以及其性观念是否符合社会道德观念为标准。

在被害人为妇女的情况下,违背妇女意志和采取暴力、胁迫等手段,是强奸罪本质特征中两个不可分割的组成部分。违背妇女意志是强奸罪的实质,手段行为对被害妇女人身、精神的强制性,是其实质的外部表现。认定强奸罪必须将两者有机地结合起来。

被害人为幼女时,行为人同样可以实施暴力、胁迫或者其他手段,强行与幼女发生性关系;而欺骗、引诱则是一种非强制性控制人身的手段,前者是以编造谎言,后者是指以某些好处对幼女进行控制,而后与幼女发生性关系。对故意与幼女发生性交行为而言,使用何种手段,并不影响犯罪的成立。

(3) 本罪的主体是年满14周岁并具有刑事责任能力的男性。通说认为女性不能单独构成本罪的实行犯,但可以成为本罪的教唆犯和帮助犯。但对此说,也有学者提出异议,认为在特定情况下,妇女可以单独构成强奸罪的实行犯。[①] 这种观点还可以进一步研究。

(4) 本罪的主观方面是直接故意,并且具有违背女性意志强行与之发生性交的故意内容。对与幼女发生性交构成强奸罪的,是否要求明知是幼女？2013年10月23日最高人民法院、最高人民检察院、公安部、司法部《关于依法惩治性侵害未成年人犯罪的意见》第19条规定:"知道或者应当知道对方是不满14周岁的幼女,而实施奸淫等性侵害行为的,应当认定行为人'明知'对方是幼女。对于不满12周岁的被害人实施奸淫等性侵害行为的,应当认定行为人'明知'对方是幼女。对于已满12周岁不满14周岁的被害人,从其身体发育状况、言谈举止、衣着特征、生活作息规律等观察可能是幼女,而实施奸淫等性侵害行为的,应当认定行为人'明知'对方是幼女。"第20条规定:"知道或者应当知道幼女被他人强迫卖淫而仍与其发生性关系的,均以强奸罪论处。"

(二) 强奸罪的认定

(1) 本罪与通奸行为的界限。通奸,是指有配偶的男女之间以及有配偶的男女一方与相对一方,基于情感、生理需要自愿发生的婚外性行为。通奸虽然可妨害一方或者双方的婚姻家庭关系,但因为通奸并不违背妇女的意志,行为人也不使用暴力、胁迫等手段,不构成本罪。对有的妇女与人通奸,因某种变故,如为了保全家庭关系,维护名声,或者由于利益要求未得到满足而提出控告,把通奸说成强奸,在查清属于通奸事实的情况下,不能定强奸罪。如果男女双方先是通奸,后女方不愿继续保持性关系,男方仍纠缠强行实施性行为的,以强奸罪论处,即所谓的"先和奸后强奸"。对第一次性行为违背妇女意志,但女方并未告发并继续多次自愿与该男子发生性行为的,一般不宜再定强奸罪,即所谓的"先强奸后和奸"。这是由于妇女在受害后又发生和奸行为,表明其所受伤害不大,从保护该妇女隐私和稳定社会的角度出发,没有必要再追究行为人强奸罪的刑事责任。但是,如果后来的多次性行为是妇女受到行为人的威胁、恫吓所致,则应对行为人以强奸罪论处。对男方霸占女方,迫使其忍辱从

---

① 参见赵廷光主编:《中国刑法原理》(各论卷),武汉大学出版社1992年版,第515页。

奸的,也应以强奸罪论处。

(2) 已满14周岁不满16周岁的男性与幼女发生性行为的处理。2006年1月11日最高人民法院《关于审理未成年人刑事案件具体应用法律若干问题的解释》第6条规定:"已满14周岁不满16周岁的人偶尔与幼女发生性行为,情节轻微、未造成严重后果的,不认为是犯罪。"因此,认定时要注意,行为人若使用暴力、胁迫或其他强制手段与幼女发生性行为,无论情节是否严重,均应以强奸罪论处。如果是自愿发生性关系,而且情节轻微,尚未造成严重后果的,可不以强奸罪论处;如果情节恶劣,后果严重的,可认定为强奸罪,如奸淫多名幼女或者造成幼女性器官严重损害等。对既实施强奸妇女行为又实施了奸淫幼女行为的,是同种数罪只能按照强奸罪一罪从重处罚,不实行数罪并罚。

(3) 使用胁迫手段的强奸与双方基于互相利用发生性行为的界限。实践中对于利用教养关系,特别是被害人为幼女的情况下,以及利用从属关系或利用职权、封建迷信、治病为名迫使被害人就范从而实施奸淫行为的,应认定为违背其意志,属利用胁迫手段,如以断绝生活来源、解除工作或者利用迷信以不发生性行为将有灭顶之灾、疾病等相威胁,应构成强奸罪;对已满14周岁的未成年女性负有特殊职责的人员,利用其优势地位或者被害人孤立无援的境地,迫使未成年被害人就范,而与其发生性关系的,也应以强奸罪定罪处罚。对于以某种精神或物质利益引诱女方,女方为谋取某种利益或者接受引诱,或者基于互相利用自愿与之发生性行为的,即使男方在此后欺骗了女方,也不能定强奸罪。

(4) 与精神病人或痴呆患者发生性行为的认定。根据对强奸罪的规定,首先,必须查清以下基本事实:第一,精神病人或痴呆(精神发育不全)患者病情的轻重以及意识能力和控制能力的程度。第二,行为人是否明知女性是不能辨认和控制自己的行为。其次,在此基础上分别以下情况处理:第一,如果间歇性精神病人正处在精神正常期,精神发育不全的轻度患者并未完全丧失辨认和控制自己行为的能力,只要性行为不是违背其意志,就不能定为强奸罪。第二,无论患者病情的轻重以及意识能力和控制能力的程度的强弱,只要以暴力、胁迫等手段,应认定为强奸罪。第三,虽然是确实得到患者同意而与之性交的,但明知是丧失辨认和控制自己行为能力的痴呆、精神病患者的,构成强奸罪。第四,确实不知是痴呆或精神病患者,在得其同意,甚至受到病患者的性挑逗的情况下,与之发生了性行为,行为人主观上缺乏违背女性意志强行与其性交的目的,不能认定为强奸罪。

(5) 本罪既遂与未遂的区分。关于强奸罪完成的标准,理论上针对被害人是妇女的情况,主要有射精说、插入说、接触说几种观点。我国通说认为,强奸既遂与否以两性性器官的结合为标准,即采插入说。但由于强奸行为针对不同被害对象的心理、生理条件的不同,所以,一般认为,针对已满14周岁妇女的强奸,既遂与否以插入说为宜,针对不满14周岁的幼女,则以两性性器官发生接触即为既遂,即采接触说。

(三) 强奸罪的刑事责任

根据《刑法》第236条第1款、第3款的规定,犯本罪的,处3年以上10年以下有期徒刑。奸淫不满14周岁幼女的,以强奸论,从重处罚。

强奸妇女,有下列情形之一的,处10年以上有期徒刑、无期徒刑或者死刑:(1)强奸妇女、奸淫幼女情节恶劣的。情节恶劣,应指强奸的手段残忍,在社会上造成很坏影响等等。(2)强奸妇女、奸淫幼女多人的。多人,应理解为3人以上。(3)在公共场所当众强奸妇女的。(4)二人以上轮奸的。轮奸,是指二人以上在较短时间内先后轮流强奸同一妇女或者幼女。(5)致使被害人重伤、死亡或者造成其他严重后果的。"致使被害人重伤、死亡",是指因强奸导致被害人性器官严重损伤或者造成其他严重伤害,甚至当场死亡或者经抢救治疗无效死亡的。该种情况下强奸是否既遂不影响本项的适用。但对出于报复、灭口等动机,在实施强奸的过程中杀死或者伤害被害人的,应定故意杀人罪或者故意伤害罪,与强奸罪实行数罪并罚。"造成其他严重后果",是指因强奸引起被害人自杀、精神失常以及其他严重后果。

七、强制猥亵、侮辱罪

强制猥亵、侮辱罪,是指以暴力、胁迫或者其他方法,强制猥亵他人或者侮辱妇女的行为。本罪侵犯的客体是他人的人格尊严和人身自由权利。强制猥亵的对象包括男性和女性,但只限于年满14周岁的人;猥亵不满14周岁的男女儿童的,构成猥亵儿童罪。强制侮辱的对象只能是妇女。本罪的客观方面表现为以暴力、胁迫或者其他方法,强制猥亵他人或者侮辱妇女的行为。所谓暴力,是指以殴打、捆绑、堵嘴等对他人人身实行强制,使其不敢、不能抗拒的手段。所谓胁迫,是指以杀害、伤害、职权、地位、揭发隐私等相威胁、恫吓使他人不敢反抗,从而对其进行精神强制的手段。所谓其他手段,是指暴力、胁迫手段以外,其他使他人不知反抗或不能反抗的手段,如用药麻醉,用酒灌醉等。上述手段现实是否得压制反抗效果,在所不问。所谓猥亵,是指除奸淫以外的能够满足性欲和性刺激的有伤风化、损害他人性心理、性观念,有碍其身心健康的性侵犯行为。所谓侮辱妇女,是指实施具有挑衅性有损妇女人格或者损害其性观念、性心理的行为。如公开追逐或者堵截妇女、强行亲吻、搂抱妇女等。行为是否具有侮辱的性质,应当以妇女自己的感受,即是否违背其意志以及客观行为是否具有强制性为判断的标准。本罪的主体为一般主体,即已满16周岁、具有刑事责任能力的自然人。本罪在主观方面是直接故意。根据《刑法》第237条第1款、第2款的规定,犯本罪的,处5年以下有期徒刑或者拘役。聚众或者在公共场所当众犯前款罪的,或者有其他恶劣情节的,处5年以上有期徒刑。

八、猥亵儿童罪

猥亵儿童罪,是指猥亵不满14周岁儿童的行为。本罪的客体是儿童的身心健康。本罪的对象必须是不满14周岁的儿童,包括男女儿童。客观方面表现为猥亵儿童的行为。猥亵行为在实践中,主要表现为对儿童鸡奸或者让儿童为其手淫等。猥亵既可以强制手段实施,如殴打、捆绑等,也可以非强制手段实施,如利用儿童的年幼无知或者好奇心理实施欺骗、引诱；既可以通过身体的接触实施，也可以利用网络等方式实施。① 本罪的主体是一般主体，为年满16周岁、具有刑事责任能力的自然人，性别不限于男性。本罪的主观方面是直接故意。根据《刑法》第237条第3款的规定，犯本罪的，依照强制猥亵、侮辱妇女罪的法定刑从重处罚。

九、非法拘禁罪

（一）非法拘禁罪的概念和构成

非法拘禁罪，是指非法拘禁他人或者以其他方法非法剥夺他人人身自由的行为。本罪的构成要件是：

（1）本罪的客体是他人的人身自由权利，即他人根据自己的意愿自由支配自己身体活动的权利。人身自由权利，是法律赋予人参与社会活动、行使权利的基本保证。本罪的对象，是所有依法享有人身自由权利的他人。不论是成年的，还是未成年的，健康的还是有病的，也不论其民族和国籍，只要是未被依法剥夺人身自由，对其实施非法剥夺人身自由的行为均可构成本罪。"他人"是否以有自主意思能力并支配自己身体活动自由的人为限，理论上有不同认识。我们认为，对没有自主意思的能力的婴儿或者丧失自主意思的能力的精神病患者、醉酒的人的管束行为，不能认为是对其人身自由的侵犯。

（2）本罪的客观方面表现为行为人必须具有以拘禁或者其他强制方法，非法剥夺他人人身自由的行为。剥夺他人人身自由的具体方法，可以是多种多样的，既可以表现为作为，也可以表现为不作为。但不论是何种方法，均要求对人身自由的剥夺必须是非法的，才能构成非法拘禁罪。所谓拘禁，是指以强制性方法使他人在一定时间内失去行动的自由。非法拘禁具有非法性和强制性。首先，拘禁行为必须是非法的。非法性，主要表现为：一是无权拘禁他人的一般公民以非法手段拘禁他人，使其失去人身自由（如绑架他人为人质讨债等）。二是有权拘禁的司法工作人员滥用职权，不遵守法律规定，或者违反法定程序和条件，非法剥夺他人人身自由，或者使他人无法恢复人身自由（如不释放已认定无罪的人、刑满应释放之人）。其次，拘禁行为具有强制性。所谓强制性，是指违背他人意志，强行使他人处于被管束之中。主要表现为使用足以剥夺人身自由的强制性手段，如实施捆绑、关押、禁闭等。这里的其他方法，是指使用绑架等手段。但无论使用何种方法，以作为还是不作为方式非法剥夺他人人身自由的，不影响本罪的成立。

非法拘禁罪属于继续犯，拘禁的不法行为和他人失去自由的状态在一定时间内处于持续地不间断状态。拘禁时间的长短，对犯罪的成立没有影响，是量刑的情节。

（3）本罪的主体为一般主体。年满16周岁、具有刑事责任能力的人均可构成。

（4）本罪主观方面出于故意，并且具有非法剥夺他人人身自由的目的，犯罪的动

---

① 2018年最高人民检察院发布的检例第43号指导性案例（骆某猥亵儿童案）认定，行为人以满足性刺激为目的，以诱骗、强迫或者其他方法要求儿童拍摄裸体、敏感部位照片、视频等供其观看，严重侵害儿童人格尊严和心理健康的，构成猥亵儿童罪。

机可以是多种,如索债、挟嫌报复、耍特权、逞威风等,动机不同不影响本罪的成立。

(二) 非法拘禁罪的认定

(1) 本罪与非罪的界限。本罪属继续犯,只要行为人以剥夺他人人身自由为目的,非法拘禁他人,不论时间长短,都是本罪既遂。时间的长短可作为一个量刑情节加以考虑,但如果非法拘禁时间过于短暂,情节显著轻微,没有造成较大危害的,不应以犯罪论处。

(2) 本罪的罪数问题。在司法实践中,非法剥夺他人人身自由的行为往往同其他犯罪发生联系,应分清罪数。如非法拘禁行为与其他犯罪存在牵连关系,除《刑法》有明文规定的外,应从一重罪处断,一般不实行并罚,反之,应实行并罚。例如,在拐卖妇女、儿童过程中,实施非法拘禁行为的,应根据牵连犯的原则,以拐卖妇女、儿童罪从重处罚。收买妇女、儿童后,为防止被收买的妇女、儿童逃走,而将其拘禁的,两者之间虽然存在牵连关系,但根据《刑法》第241条第4款的规定,应实行数罪并罚。国家工作人员利用职权进行报复陷害,非法拘禁他人,属于想象竞合犯,应从一重处断,也有意见认为这是牵连犯。我们认为,虽然行为人是利用职权进行报复陷害,但报复陷害和非法拘禁是同一个行为,利用职权并不是独立的犯罪行为,刑法中也没有独立的利用职权这样的罪名,它只是某些犯罪成立的前提条件,视为牵连犯是不合适的。

(三) 非法拘禁罪的刑事责任

根据《刑法》第238条的规定,犯本罪的,处3年以下有期徒刑、拘役、管制或者剥夺政治权利。具有殴打、侮辱情节的,从重处罚。致人重伤的,处3年以上10年以下有期徒刑;致人死亡的处10年以上有期徒刑。使用暴力致人伤残、死亡的,依照本法第234条、第232条的规定定罪处罚。所谓"致人重伤""致人死亡的",是指在非法剥夺他人人身自由的过程中因过失造成被害人重伤、死亡或者引起自杀致死亡、重伤的结果,如精神分裂等。所谓"使用暴力致人伤残、死亡的",是指行为人在犯本罪过程中故意导致被害人伤残、死亡的结果发生,因此应以故意伤害罪、故意杀人罪论处。

此外,根据本条第3款、第4款的规定,为索取债务非法扣押、拘禁他人的,依照非法拘禁罪论处,同时,索取的债务不以是否受法律保护为条件。① 国家机关工作人员利用职权犯本罪的,从重处罚。具体而言,是指2006年7月26日最高人民检察院《关于渎职侵权犯罪案件立案标准的规定》规定,国家机关工作人员利用职权非法拘禁,涉嫌下列情形之一的,应予立案:(1) 非法剥夺他人人身自由24小时以上的;(2) 非法剥夺他人人身自由,并使用械具或者捆绑等恶劣手段,或者实施殴打、侮辱、虐待行为的;(3) 非法拘禁,造成被拘禁人轻伤、重伤、死亡的;(4) 非法拘禁,情节严重,导致被拘禁人自杀、自残造成重伤、死亡,或者精神失常的;(5) 非法拘禁3人次以上的;(6) 司法工作人员对明知是没有违法犯罪事实的人而非法拘禁的;(7) 其他

---

① 2000年7月19日起施行的最高人民法院《关于对为索取法律不予保护的债务,非法拘禁他人行为如何定रंगभूमि问题的解释》规定,行为人为索取高利贷、赌债等法律不予保护的债务,非法扣押、拘禁他人的,依照《刑法》第238条的规定定罪处罚。

非法拘禁应予追究刑事责任的情形。这虽为立案标准,但有参考的价值。

十、绑架罪

(一) 绑架罪的概念和构成

绑架罪,是指以勒索财物为目的绑架他人,或者绑架他人作为人质的行为。

本罪的构成要件是：

(1) 本罪的客体是复杂客体,包括他人的人身自由权利、健康、生命权利及公私财产所有权利。但具体分析,以勒索财物为目的绑架他人的行为,由于使用暴力、胁迫等强制手段将他人掳为人质,又向人质的关系人勒索财物,所以,既侵犯他人的人身自由权利、健康、生命权利,也侵犯公私财产所有权利;而绑架他人作为人质的,虽然也是使用暴力、胁迫等强制手段将他人掳为人质,但并不是以勒索财物为目的而绑架他人,所以,只侵犯到他人的人身自由、健康、生命权利。至于在复杂客体中,立法将本罪规定在侵犯人身权利的犯罪中,说明人身权利是客体的主要方面。作为本罪对象的"他人",是指任何人。

(2) 本罪的客观方面,虽然立法对本罪的绑架的手段行为没有规定,但是,从绑架的含义来说,是使用暴力、胁迫或者其他手段劫持他人的行为。

绑架,亦称劫持,是指违背被害人或其法定监护人的意志,使用强制手段将被害人置于行为人控制之下,剥夺或者限制其人身自由的行为。①

所谓强制手段,是指违背被害人意志的暴力、胁迫或其他手段。所谓暴力,是指对被绑架人实施殴打、伤害、捆绑等,使被害人不能、不敢反抗的人身强制行为。至于实际是否达到该效果,在所不问。胁迫,是指对被绑架人以将要施以杀害、伤害进行威胁、恫吓,使其不敢反抗的精神强制行为。至于实际是否达到该效果,在所不问。其他方法,是指除暴力、胁迫外,使被绑架人不知反抗或不能反抗的人身强制行为,如诱骗、用药物麻醉、用酒灌醉等方法。至于实际是否达到该效果,在所不问。以勒索财物为目的偷盗婴幼儿的,亦构成本罪。

根据我国《刑法》的规定,绑架的具体行为可以有两种情况:一是以勒索财物为目的绑架他人为人质;二是出于非勒索财物目的绑架他人为人质(但是,不包括为索取债务绑架他人为人质的情况)。无论属于哪一种情况,绑架的本质在于非法控制他人人身,并将他人作为人质。

实践中,行为人在绑架人质以后,通常以一定的方式将绑架人质的事实通知被绑架人的亲属或者其他利害关系人或者有关的机关、政府部门,并以继续扣押人质或加

---

① 以勒索财物为目的构成绑架罪是否要求将被害人掳离其原处所,理论上还有不同的认识。在以勒索财物为目的,如以暴力、胁迫等手段控制他人人身索取财物的案件中,如未将被害人掳离其原处所而当场获得财物的,是构成本罪还是抢劫罪？由于行为人采取的强制性手段在两罪中都是为获取财物的目的服务的,只是一个行为而同时触犯绑架罪与抢劫罪两个罪名,即属于想象竞合犯,可以按照抢劫罪处罚,也可以按照绑架罪处罚。2001年最高人民法院《关于对在绑架过程中以暴力、胁迫等手段当场劫取被害人财物的行为如何适用法律问题的答复》中指出：行为人在绑架过程中,又以暴力、胁迫等手段当场劫取被害人财物,构成犯罪的,择一重罪处罚。从这一点而言,在以勒索财物为目的,绑架他人的案件中,如将被害人掳离其原处所,则只能构成本罪。

以杀、伤相要挟,勒令在一定时间内交付一定数额的金钱或财物,或者满足其某种要求,以换取人质。但根据我国《刑法》的规定,行为人是否实施该种行为,并不影响本罪的成立,只是量刑的情节。此外,本罪在实施过程中对人质的非法拘禁,是绑架的当然结果,不另行定罪实行并罚。

(3) 本罪的主体是一般主体。为已满 16 周岁、具有刑事责任能力的自然人。

(4) 本罪的主观方面是直接故意。根据刑法的规定,本罪的故意内容有二:一是以勒索财物为目的;二是除勒索财物或者出卖为目的以外,以获取其他利益为目的,可以是为了满足政治目的,也可能是为其他利益,但都不影响本罪的成立。

(二) 绑架罪的认定

(1) 本罪与非法拘禁罪的界限。在绑架行为实施过程中,对他人人身自由的非法剥夺,是绑架的当然结果;而非法拘禁也可以绑架的手段实施,两者易混淆。构成要件的主要区别在于:第一,主观方面不同。本罪是以勒索财物为目的,或者是除勒索财物或者出卖为目的以外,以获取其他利益为目的;后者是以非法剥夺人身自由为目的。第二,客观方面不同。本罪一般既有绑架的行为,又有勒索财物或者要求其他利益的行为,剥夺人身自由是绑架的当然结果;而后者一般只具有非法剥夺人身自由的行为,除了因索取债务的情况外,既无勒索财物的行为,也无要求其他利益的行为。第三,客体不完全相同。本罪既存在复杂客体的情况,也存在单一客体的情况;而后者只是单一客体。

(2) 已满 14 周岁不满 16 周岁绑架并杀害被绑架人的法律适用。这类案件完全符合《刑法》第 239 条第 2 款"……杀害被绑架人的"规定,不过由于《刑法》第 17 条第 2 款该年龄阶段应负刑事责任的规定中没有绑架罪,也因为在绑架罪中该种情况下能够适用的唯一的法定刑是死刑,从根本上说也就失去了以绑架罪定罪处罚的可能性。针对这种状况,有的学者坚持绑架罪的主体应当限于已满 16 周岁的自然人[①],而有的学者则以违背罪责刑相统一原则以及刑法的公正性要求而主张该年龄阶段的人应该成为绑架罪的主体。[②] 还有的学者则主张直接按照故意杀人罪论处。[③] 2002 年 7 月 24 日全国人大法工委对此作出了《关于已满 14 周岁不满 16 周岁的人承担刑事责任范围问题的答复意见》解释:"刑法第 17 条第 2 款规定的八种犯罪,是指具体犯罪行为而不是具体罪名。刑法第 17 条中规定的'犯故意杀人、故意伤害致人重伤或者死亡',是指只要故意实施了杀人、伤害行为并已造成了致人重伤、死亡后果的都应负刑事责任。而不是指只有犯故意杀人罪、故意伤害罪的才负刑事责任,绑架撕票的,不负刑事责任。对司法实践中出现的已满 14 周岁不满 16 周岁的人绑架人质后杀害被绑架人、拐卖妇女、儿童而故意造成被拐卖妇女、儿童重伤或死亡的行为,依据刑法是应当追究其刑事责任的。" 2006 年 1 月 12 日最高人民法院发布了《关于审理

[①] 参见孙光骏、李希慧:《论绑架勒索罪的几个问题》,载《法学评论》1998 年第 1 期。

[②] 参见胡祥福:《绑架罪若干问题探讨》,载《南昌大学学报(人文社会科学版)》2001 年第 4 期。

[③] 参见阮方民:《论刑法中相对负刑事责任年龄规定的适用》,载《浙江大学学报(人文社会科学版)》1999 年第 2 期。

未成年人刑事案件具体应用法律若干问题的解释》,该《解释》第 5 条规定:"已满 14 周岁不满 16 周岁的人实施刑法第 17 条第 2 款规定以外的行为,如果同时触犯了刑法第 17 条第 2 款规定的,应当依照刑法第 17 条第 2 款的规定确定罪名,定罪处罚。"这表明最高司法机关支持全国人大法工委关于《刑法》第 17 条第 2 款已满 14 周岁不满 16 周岁刑事责任范围中所规定的"犯……罪的",是指"行为",而不是指"罪名"的说法。但这只是从司法层面上解决了争议,理论上的问题依然存在,这是立法失误导致的问题,应由立法解决,而不能由司法来解决。①

(3) 本罪的既遂与未遂的区分。关于绑架罪的既遂与未遂的区分标准,理论上有不同主张:第一种观点认为,本罪虽然是由两个行为构成,但是否既遂,应以人质是否丧失行动自由为标准。至于是否开始索取财物或要求其他利益,不影响本罪的既遂。第二种观点则认为,不能将绑架与勒索相分离,绑架人质是手段,勒索财物和取得其他利益才是目的,不能将其与勒索财物等行为割裂开来,所以,应以是否实际勒索到财物或其他利益为既遂标准。我国刑法理论通说认为,犯罪既遂是以行为符合刑法规定的具体犯罪构成要件为标准的。根据《刑法》第 239 条的规定,在绑架罪的客观要件中,并未规定本罪必须在客观上具备实施勒索财物或强取其他利益的行为,"以勒索财物为目的"的规定,表明的是实施绑架的主观要件,如果将此解释为必须有相对应的实行行为,就具有客观要件的意义,未实施则不能说完全符合犯罪构成,如第一种观点认为既是双重实行行为,又认为只实施前行为而未实施后行为时,就可以成立既遂,不符合刑法理论关于该种特征犯罪行为既遂的理论。所以,前两种观点主张是双重实行行为的见解,不够准确。我们认为本罪的客观行为是单一行为而不是双重行为。基于上述认识,本罪的既遂与未遂,应以绑架行为是否达到实际控制人质,将其置于自己实际支配之下为标准。已经实际控制人质的,是既遂。虽实施暴力、胁迫、麻醉等绑架行为,但未构成对人质人身实际控制的,是未遂,这当然包括实施勒索财物或强取其他利益行为而未能实现的情况。

(三) 绑架罪的刑事责任

根据《刑法》第 239 条的规定,犯本罪的,处 10 年以上有期徒刑或者无期徒刑,并处罚金或者没收财产;情节较轻的,处 5 年以上 10 年以下有期徒刑,并处罚金;犯前款罪,杀害被绑架人的,或者故意伤害被绑架人,致人重伤、死亡的,处无期徒刑或者死刑,并处没收财产。

十一、拐卖妇女、儿童罪

(一) 拐卖妇女、儿童罪的概念和构成

拐卖妇女、儿童罪,是指以出卖为目的,拐骗、绑架、收买、贩卖、接送、中转妇女、儿童的行为。

---

① 参见林亚刚:《论我国未成年人犯罪刑事立法的若干规定》,载《吉林大学社会科学学报》2005 年第 3 期。

本罪的构成要件是:

(1) 本罪的客体是人身权利中的人身不受买卖的权利。本罪的对象,是妇女和儿童。妇女,是指已满14周岁的未成年妇女和成年妇女。① 儿童,是指不满14周岁的男、女儿童。

(2) 本罪的客观方面表现为实施拐骗、绑架、收买、贩卖、接送、中转妇女、儿童之一的行为。

所谓拐骗,是指采用欺骗、利诱等非强制性手段,将妇女、儿童置于自己的控制之下的行为。所谓绑架,是指采用暴力、胁迫、麻醉或其他强制性手段劫持妇女、儿童的行为。所谓收买,是指以出卖为目的,用货币等从他人处先行买下妇女、儿童的行为。所谓贩卖,是指将妇女、儿童作价卖给第三者换取钱财的行为。所谓接送与中转,是指在拐卖妇女、儿童过程中,分工实施藏匿、移送、接转被拐卖的妇女、儿童的行为。

只要实施上述行为之一的,即符合本罪客观方面的要件。② 至于拐卖行为是否"违背被害人意志",不影响以本罪论处。即使实践中,妇女、儿童自愿被卖也不能免除拐卖者的刑事责任,但在量刑时可考虑从轻。

(3) 本罪的主体是一般主体。为年满16周岁、具备刑事责任能力的自然人。③

(4) 本罪的主观方面是直接故意,并且必须具有出卖的目的。

(二) 拐卖妇女、儿童罪的认定

(1) 本罪与绑架罪的界限。两罪在客观上有相同之处,如绑架罪可以绑架妇女、儿童或偷盗婴幼儿;绑架罪中也具有获取财物的行为。拐卖妇女、儿童罪也可以绑架为手段。区别主要表现在:第一,主观目的不同。本罪是以出卖为目的;而绑架罪是以勒索财物为目的或者除勒索财物目的以外,以获取其他利益为目的。第二,对象不同。本罪的对象仅限于妇女和儿童;而绑架罪的对象可以是任何人。第三,客体不完全相同。本罪只是单一客体;而绑架罪既存在复杂客体的情况,也存在单一客体的情况。第四,获取的利益及方式不同。本罪是将妇女、儿童出卖获取钱财;而绑架罪是向人质的亲属或利害关系人或有关机关要挟,可为钱财,也可为其他利益。

(2) 本罪与拐骗儿童罪的界限。两罪都侵犯的是人身权利,都可以儿童为对象,也都能采用欺骗手段。区别的关键在于:本罪是以出卖为目的,而拐骗儿童罪不以出卖为目的,一般是为了供自己或他人收养、奴役。

---

① 2000年1月25日最高人民法院《关于审理拐卖妇女案件适用法律有关问题的解释》第1条规定,《刑法》第240条规定的拐卖妇女罪中的"妇女",既包括具有中国国籍的妇女,也包括具有外国国籍和无国籍的妇女。被拐卖的外国妇女没有身份证明的,不影响对犯罪分子的定罪处罚。

② 2000年3月20日最高人民法院、最高人民检察院、公安部、民政部、司法部、全国妇联《关于打击拐卖妇女儿童犯罪有关问题的通知》指出:凡是拐卖妇女、儿童的,不论是哪个环节,只要是以出卖为目的,有拐骗、绑架、收买、贩卖、接送、中转、窝藏妇女、儿童的行为之一的,不论拐卖人数多少,是否获利,均应以拐卖妇女、儿童罪追究刑事责任。

③ 2000年1月25日最高人民法院《关于审理拐卖妇女案件适用法律有关问题的解释》第2条规定,外国人或者无国籍人拐卖外国妇女到我国境内被查获的,应当根据《刑法》第6条的规定,适用我国刑法定罪处罚。

(3) 本罪的罪数。行为人在拐卖妇女、儿童的过程中同时实施了其他犯罪的,应根据刑法有关规定区别不同情况:第一,在拐卖过程中因殴打、捆绑等行为过失致伤害、死亡结果发生的,应以本罪论处。第二,因被害人反抗等原因而故意将被害人杀死或实施伤害的,应以故意杀人罪或故意伤害罪与本罪实行数罪并罚。第三,奸淫(包括强奸)被拐卖的妇女或诱骗、强迫其卖淫的,应以本罪论处。

(4) 关于亲卖亲的案件处理。1999年10月27日最高人民法院《全国法院维护农村稳定刑事审判工作座谈会纪要》指出,要严格把握此类案件罪与非罪的界限。对于买卖至亲的案件,要区别对待:以贩卖牟利为目的"收养"子女的,应以拐卖儿童罪处理;对那些迫于生活困难,受重男轻女思想影响而出卖亲生子女或收养子女的,可不作为犯罪处理;对于出卖子女确属情节恶劣的,可按遗弃罪处罚;对于那些确属介绍婚姻,且被介绍的男女双方相互了解对方的基本情况,或者确属介绍收养,并经被收养人父母同意的,尽管介绍的人数较多,从中收取财物较多,也不应作为犯罪处理。2000年3月20日最高人民法院、最高人民检察院、公安部、民政部、司法部、全国妇联《关于打击拐卖妇女儿童犯罪有关问题的通知》指出,出卖亲生子女的,由公安机关依法没收非法所得,并处以罚款;以营利为目的,出卖不满14周岁子女,情节恶劣的,借收养名义拐卖儿童的,以及出卖捡拾的儿童的,均应以拐卖儿童罪追究刑事责任。出卖14周岁以上女性亲属或者其他不满14周岁亲属的,以拐卖妇女、儿童罪追究刑事责任。

(三) 拐卖妇女、儿童罪的刑事责任

根据《刑法》第240条的规定,犯本罪的,处5年以上10年以下有期徒刑,并处罚金;有下列情形之一的,处10年以上有期徒刑或者无期徒刑,并处罚金或者没收财产;情节特别严重的,处死刑,并处没收财产:(1) 拐卖妇女、儿童集团的首要分子;(2) 拐卖妇女、儿童3人以上的;(3) 奸淫被拐卖的妇女的;(4) 诱骗、强迫被拐卖的妇女卖淫或者将被拐卖的妇女卖给他人迫使其卖淫的;(5) 以出卖为目的,使用暴力、胁迫或者麻醉方法绑架妇女、儿童的;(6) 以出卖为目的,偷盗婴幼儿的;(7) 造成被拐卖妇女、儿童或者其亲属重伤、死亡或者其他严重后果的;(8) 将妇女、儿童卖往境外的。

十二、收买被拐卖的妇女、儿童罪

收买被拐卖的妇女、儿童罪,是指不以出卖为目的,收买被拐卖的妇女、儿童的行为。本罪的客体是人身的不受买卖的权利。无论是否违背被收买人的意志,不影响犯罪成立。本罪的客观方面表现为,收买被拐卖的妇女、儿童的行为。收买,是指以金钱或其他有经济价值的物资作价,换取被拐卖的妇女和儿童的行为。本罪是结果犯,只有买到被拐卖的妇女、儿童才构成本罪,并为既遂。本罪的主体为一般主体。主观方面是直接故意,并要求明知收买的对象是被拐卖的妇女、儿童,动机如何不影响认定。根据《刑法》第241条的规定,犯本罪的,处3年以下有期徒刑、拘役或者管制。收买被拐卖的妇女、儿童,对被买儿童没有虐待行为,不阻碍对其进行解救的,可以从轻处罚;按照被买妇女的意愿,不阻碍其返回原居住地的,可以从轻或者减轻处罚。

十三、聚众阻碍解救被收买的妇女、儿童罪

聚众阻碍解救被收买的妇女、儿童罪,是指纠集众人,阻碍国家机关工作人员解救被收买的妇女、儿童的行为。本罪的客体为被收买妇女、儿童的人身权利和国家机关的公务活动。本罪的对象必须是正在执行解救被收买的妇女、儿童任务的国家机关工作人员。本罪的主观方面是直接故意,并且应明知阻碍的对象是正在实行解救的国家机关工作人员。客观方面表现为纠集众人阻碍国家机关工作人员解救被收买的妇女、儿童的行为。所谓聚众,广义上包括纠集、策划、指挥、组织多人参与阻碍解救工作的行为。所谓阻碍,是指阻止、妨碍,其表现形式多种多样,但以何种方式阻碍解救,不影响其行为的性质。本罪的主体为一般主体,但必须是聚众阻碍解救活动中的首要分子。这里所谓的首要分子,是指聚众阻碍国家机关工作人员解救被收买的妇女、儿童的策划者、指挥者、组织者。其是否亲自到场指挥,不影响认定。根据《刑法》第242条的规定,犯本罪的,对其首要分子处5年以下有期徒刑或者拘役;其他参与者使用暴力、威胁方法的,依照《刑法》第277条妨害公务罪论处。

十四、诬告陷害罪

(一) 诬告陷害罪的概念和构成

诬告陷害罪,是指捏造犯罪事实诬陷他人,意图使他人受刑事追究,情节严重的行为。

本罪的构成要件是:

(1) 本罪的客体为他人的人身权利和司法机关的正常活动。作为对象的"他人",可以是任何人。

(2) 本罪的客观方面表现为捏造犯罪事实,进行告发,情节严重的行为。捏造犯罪事实和进行告发,是诬告陷害行为不可缺少的组成部分。首先,必须有捏造他人犯罪事实的行为。捏造,是指无中生有,虚构他人的犯罪事实。如果告发的是真实的犯罪事实,即使在情节上有所夸大,亦属检举失实,不能定罪。其次,捏造的必须是犯罪事实,如果捏造他人生活隐私等事实,情节严重的,可构成诽谤罪。再次,还须有告发的行为。告发既可向司法机关告发,也可向被诬告者所在单位及其他有义务向司法机关转送告发内容的机关、机构告发。告发的方式不影响本罪的成立。最后,必须有特定的诬告对象。特定的对象并不要求明确指出被诬告者的姓名,只要从诬告的内容中能推断出是谁,即为特定对象。本罪是行为犯,只要行为人实施了捏造犯罪事实,进行告发的行为,就构成本罪的既遂。至于被害人是否被错误地追究刑事责任,应作为量刑的情节考虑。最后,必须是情节严重的,才能构成本罪。

(3) 本罪的主体是一般主体。为年满16周岁、具备刑事责任能力的自然人。

(4) 本罪的主观方面是直接故意,必须具有使他人受到刑事追究的目的。如果不是有意诬陷,而是错告或者检举失实的,不构成本罪。动机通常是栽赃、泄愤、嫁祸

于人等,动机不同不影响本罪的成立。

(二) 诬告陷害罪的认定

(1) 本罪与非罪的界限。首先,本罪与错告、检举失实的界限。《刑法》第243条第3款规定,不是有意诬陷,而是错告,或者检举失实的,不构成本罪。两者区别在于,后者主观上不具有陷害他人的目的,客观上不具有捏造犯罪事实的行为。其次,本罪与一般诬告陷害行为的界限。两者的界限,主要是情节是否严重。对一般诬告陷害行为,应给予必要的批评教育或行政处分,但不构成犯罪。所谓情节严重,一般是指使他人的名誉及司法机关的名誉受到严重的损害;被害人已被错误地追究刑事责任;严重干扰了司法机关的正常活动;手段恶劣;动机卑鄙等。

(2) 本罪与诽谤罪的界限。两者的相同之处在于都实施的是捏造事实的行为。其区别在于:第一,直接客体不同。前者是他人的人身权利和司法机关的正常活动;后者是他人的人格和名誉权。第二,捏造的内容和行为的方式不同。前者表现为捏造犯罪事实并向有关机关进行告发;后者是捏造并散布足以损害他人人格和名誉的虚假事实。第三,犯罪目的不同。前者是为了使他人受刑事处分;后者则是为了损害他人的人格和名誉。

(3) 本罪的罪数问题。为诬告他人,实施其他犯罪,然后进行告发,诬陷他人的,应以数罪论处。如果只实施了其他犯罪,但还未进行告发,只能以所构成的犯罪论处,意图诬陷他人应作为量刑情节。

(三) 诬告陷害罪的刑事责任

根据《刑法》第243条的规定,犯本罪的,处3年以下有期徒刑、拘役或者管制;造成严重后果的,处3年以上10年以下有期徒刑。国家机关工作人员犯本罪的,从重处罚。

十五、强迫劳动罪

强迫劳动罪,是指以暴力、威胁或者限制人身自由的方法强迫他人劳动的行为。本罪的客体是劳动者的休息权、健康权和人身自由权利。客观方面表现为以暴力、威胁或者限制人身自由的方法强迫他人劳动的行为。所谓"暴力",是指直接对被害人实施殴打、伤害等危及其人身安全的行为,使其不能反抗、逃跑。"威胁",是指对被害人施以恫吓,进行精神强制,使其不敢反抗、逃跑。"限制人身自由的方法",则是指以限制离厂(场)、不让回家,甚至雇用打手看管等方法非法限制被害人的人身自由,强迫其参加劳动。上述手段是否达到其效果,在所不问。对人身自由的剥夺是本罪的当然结果,不另行以非法拘禁罪论处。根据《刑法》第244条第2款规定,明知他人实施前款行为,为其招募、运送人员或者有其他协助强迫他人劳动行为的,亦构成本罪。所谓"招募",是指通过所谓"合法"或非法途径,面向特定或者不特定的群体募集人员的行为。如以合法就业岗位、优厚待遇等手段诱骗被害人。"运送",是指用各种交通工具运输人员。"其他协助强迫他人劳动行为"是指除招募、运送人员外,为强迫劳动的人转移、窝藏或接收人员等行为。本罪的主体为一般主体,单位亦可构成本罪。

本罪的主观方面表现为直接故意。根据《刑法》第244条的规定,犯本罪的,处3年以下有期徒刑或者拘役,并处罚金;情节严重的,处3年以上10年以下有期徒刑,并处罚金。单位犯本罪的,对单位判处罚金,并对其直接负责的主管人员和其他直接责任人员,依照第1款的规定处罚。所谓"情节严重"主要是指强迫多人劳动,长时间强迫他人劳动,以非人道手段对待被强迫劳动者,以及强迫劳动造成劳动者人身伤害的严重后果等。如果在强迫劳动的过程中使用暴力,致使被害人伤残、死亡的,应当以本罪与故意伤害罪或故意杀人罪数罪并罚。

十六、雇用童工从事危重劳动罪

雇用童工从事危重劳动罪,是指违反劳动管理法规,雇用未满16周岁的未成年人从事超强度体力劳动的,或者从事高空、井下作业的,或者在爆炸性、易燃性、放射性、毒害性等危险环境下从事劳动,情节严重的行为。本罪的客体是未成年人的身体和身心健康权利。本罪的客观方面,表现为违反劳动管理法规,雇用未满16周岁的未成年人从事超强度体力劳动的,或者从事高空、井下作业的,或者在危险环境下从事劳动,情节严重的行为。对于"情节严重"的标准,2008年6月25日最高人民检察院、公安部《关于公安机关管辖的刑事案件立案追诉标准的规定(一)》第32条有明确规定。本罪的主体为一般主体,法律规定为"直接责任人员"。从构成犯罪的意义上说,应当是工矿企业中的直接责任人员。主观方面只能出于故意,应当明知所雇用的是不满16周岁的人。根据《刑法》第244条之一的规定,对构成本罪的直接责任人员,处3年以下有期徒刑或者拘役,并处罚金;情节特别严重的,处3年以上7年以下有期徒刑,并处罚金。有前述的行为,造成事故,又构成其他犯罪的,依照数罪并罚的规定处罚。

十七、非法搜查罪

非法搜查罪,是指非法对他人的身体或住宅进行搜查的行为。本罪的客体为他人的人身权利和住宅不受侵犯的权利。本罪的对象是他人的人身和住宅。人身,包括其身体和着装。本罪的客观方面表现为非法搜查他人身体或住宅的行为。首先,必须有搜查他人身体或住宅的行为。其次,搜查行为必须是非法的。即没有搜查权的人或者有搜查权的人滥用职权或违反法定程序进行的搜查。本罪的主体为一般主体。主观方面是直接故意。动机不影响本罪的成立。根据《刑法》第245条的规定,犯本罪的,处3年以下有期徒刑或者拘役。司法工作人员滥用职权,犯本罪的,从重处罚。

十八、非法侵入住宅罪

非法侵入住宅罪,是指未经允许非法进入他人住宅或经要求退出无故拒不退出的行为。本罪的客体为公民住宅不可侵犯的权利。对象必须是他人的住宅,供人居住和生活的场所都应视为住宅。其范围,有院墙的以院墙为界,没有院墙的或公寓楼群,应以居室为界。本罪的客观方面表现为非法侵入他人住宅的行为。首先,必须有侵入住宅的行为。其次,必须是非法的。其非法性表现为:其一,没有合法根据未经允许进入他人住宅。其二,虽经许可或者有正当理由进入他人住宅后,但经要求退出无故拒不退出。司法实践中,非法侵入他人住宅的往往是其他犯罪的手段行为,如闯入他人住宅进行盗窃、抢劫、行凶等犯罪活动。这种情况下属于牵连犯(亦有认为是吸收犯的观点),应择一重罪处罚。本罪的主体为一般主体。主观方面是直接故意。如是误入他人住宅,经要求后立即退出,不构成本罪。根据《刑法》第245条的规定,犯本罪的,处3年以下有期徒刑或者拘役。司法工作人员滥用职权犯本罪的,从重处罚。

十九、侮辱罪

侮辱罪,是指以暴力或者其他方法公然贬低他人人格,破坏他人名誉,情节严重的行为。本罪的客体为公民的人格尊严和名誉权。对象必须是特定的自然人,不包括国家机关、企业、事业单位和人民团体等组织。本罪的客观方面表现为,以暴力或其他方法公然贬低他人人格、破坏他人名誉的行为。首先,必须有侮辱他人的行为。方式主要有暴力侮辱、言词侮辱、文字侮辱等。但这里的暴力不能理解为是能直接损害他人身体健康的暴力。其次,侮辱他人必须是公然进行的。所谓公然,是指在有第三者在场的情况下或者能够使第三者看到的、听到的方式进行侮辱,至于被害人是否在场,不影响本罪成立。构成本罪,必须达到情节严重的程度。本罪的主体为一般主体。主观方面是直接故意,并具有贬低他人人格,破坏他人名誉的目的。根据《刑法》第246条的规定,犯本罪的,处3年以下有期徒刑、拘役、管制或者剥夺政治权利。同时,本罪系告诉的才处理,但是严重危害社会秩序和国家利益的除外;对于通过信息网络实施本罪的行为,被害人向人民法院告诉,但提供证据确有困难的,人民法院可以要求公安机关提供协助。

二十、诽谤罪

诽谤罪,是指故意捏造并散布某种事实,损坏他人人格,破坏他人名誉,情节严重的行为。本罪的客体是公民的人格尊严和名誉权。对象是特定的人。客观方面表现为捏造并散布某种事实,损坏他人人格,破坏他人名誉的行为。所谓捏造,是指无中生有,凭空虚构虚假事实。如果散布传播的是客观存在的或者略有夸张的事实,损坏他人人格,破坏他人名誉,不构成本罪,但可构成侮辱罪。所谓散布,是指用语言或文字的方式扩散捏造的内容,使众人知道。刑法理论中一般认为,捏造损坏他人人格、名誉的事实并散布的行为才可以构成本罪,但2013年9月最高人民法院、最高人民检察院《关于办理利用信息网络实施诽谤等刑事案件适用法律若干问题的解释》第1条第2款规定:"明知是捏造的损害他人名誉的事实,在信息网络上散布,情节恶劣的,以'捏造事实诽谤他人'论。"诽谤罪与侮辱罪的区别在于:第一,侮辱的方法可以用暴力方法,而诽谤不可用暴力方法。第二,侮辱是以公然实施的损害人格尊严、名誉的行为,但并不捏造有损他人名誉的事实,而诽谤则必须是捏造并散布有损他人人格、名誉的事实,且法律没有以公然实施为条件。本罪的主体为一般主体。主观方面是出于直接故意,并具有贬低、损坏他人人格、名誉的目的。因过失误信谣言并加以散布或者批评失实而损坏他人人格,名誉的,不构成犯罪。根据《刑法》第246条的规定,犯本罪的,处3年以下有期徒刑、拘役、管制或者剥夺政治权利。本罪系告诉的才处理,但是严重危害社会秩序和国家利益的除外;对于通过信息网络实施本罪的行为,被害人向人民法院告诉,但提供证据确有困难的,人民法院可以要求公安机关提供协助。

二十一、刑讯逼供罪

(一) 刑讯逼供罪的概念和构成

刑讯逼供罪,是指司法工作人员对犯罪嫌疑人、被告人使用肉刑或者变相肉刑,逼取口供的行为。

本罪的构成要件是:

(1) 本罪的客体是复杂客体,既包括公民的人身权利,也包括司法机关的正常活动。本罪的对象为犯罪嫌疑人和被告人。至于他们是否有罪,不影响本罪的成立。

(2) 本罪的客观方面表现为使用肉刑或变相肉刑逼取犯罪嫌疑人或被告人口供的行为。所谓肉刑,是指直接施加于犯罪嫌疑人或被告人人身,可使其身体健康遭到损害或肉体、精神遭受痛苦的摧残手段。如捆绑、吊打、使用戒具、刑具等。所谓变相肉刑,是指上述肉刑以外的其他使犯罪嫌疑人或被告人肉体、精神遭受痛苦折磨的各种手段和方法。如长时间冻饿、站立、罚跪、晒烤、使用强烈灯光照射不准睡眠、轮番不断审讯不准犯罪嫌疑人、被告人休息等。

(3) 本罪的主体为司法工作人员,即具有侦查、检察、审判、监管职责的工作人员。

(4) 本罪的主观方面是直接故意,以逼取口供为目的。如果出于其他目的,如泄愤报复等,对被告人或犯罪嫌疑人施以肉刑或变相肉刑,构成犯罪的,可以相应的罪论处,不构成本罪。动机如何不影响犯罪的成立。

(二) 刑讯逼供罪的认定

(1) 本罪与非罪的界限。对实际工作中由于业务素质低,政策观念不强,办案中采用一些轻微逼供,情节显著轻微,危害不大的,可不以犯罪论处。如仅仅采取诱供、指名问供方法而没有刑讯逼供的,不构成刑讯逼供罪。根据2006年7月26日最高人民检察院《关于渎职侵权犯罪案件立案标准的规定》,司法工作人员涉嫌下列情形之一的,应作为犯罪予以立案:① 以殴打、捆绑、违法使用械具等恶劣手段逼取口供的;② 以较长时间冻、饿、晒、烤等手段逼取口供,严重损害犯罪嫌疑人、被告人身体健康的;③ 刑讯逼供造成犯罪嫌疑人、被告人轻伤、重伤、死亡的;④ 刑讯逼供,情节严重,导致犯罪嫌疑人、被告人自杀、自残造成重伤、死亡,或者精神失常的;⑤ 刑讯逼供,造成错案的;⑥ 刑讯逼供3人次以上的;⑦ 纵容、授意、指使、强迫他人刑讯逼供,具有上述情形之一的;⑧ 其他刑讯逼供应予追究刑事责任的情形。

(2) 本罪与暴力取证罪的界限。两罪的客体相同,主体都是司法工作人员,在客观方面都可实施暴力行为。区别主要是:第一,对象不同。刑讯逼供罪的对象是犯罪嫌疑人或被告人;暴力取证罪的对象为证人。第二,主观目的不同。刑讯逼供罪的主观目的是逼取口供;暴力取证罪的主观目的是逼取证人证言。第三,行为方式不完全相同。刑讯逼供罪既可采取暴力方式,也可采取非暴力方式;暴力取证罪只能采取暴力方式。第四,行为的场合条件不同。刑讯逼供罪只能发生在刑事诉讼中;暴力取证罪既可发生在刑事诉讼中,也可发生在民事诉讼、行政诉讼中。

(三) 刑讯逼供罪的刑事责任

根据《刑法》第247条的规定,犯本罪的,处3年以下有期徒刑或者拘役。致人伤残、死亡的,依照《刑法》第234条规定的故意伤害罪、第232条规定的故意杀人罪定罪,从重处罚。"致人伤残、死亡",是指司法工作人员在刑讯逼供过程中,故意使用肉刑、变相肉刑或者其他暴力手段致使犯罪嫌疑人、被告人受到伤害或者死亡,这里不包括致人自杀的情况,对于致人自杀的,可作为本罪的一个酌定情节在量刑时加以考虑。

二十二、暴力取证罪

暴力取证罪,是指司法工作人员使用暴力逼取证人证言的行为。本罪的客体是公民的人身权利和司法机关的正常活动。对象是证人。这里的证人,一般是指在刑事诉讼中,有义务向司法机关作证或者被要求提供所知案件情况的人(包括在民事、行政诉讼中的证人)。对不知案件情况的人使用暴力逼迫其作证的,也可成为本罪的对象。本罪的客观方面表现为使用暴力逼取证人证言的行为。这里的暴力,是指直接施加于证人人身,可使其身体健康遭到损害或肉体、精神遭受痛苦的摧残手段,如捆绑、吊打、使用戒具、刑具等。本罪的主体为特殊主体,即司法工作人员。主观方面是直接故意,且必须具有逼取证言的目的。2006年7月26日最高人民检察院《关于渎职侵权犯罪案件立案标准的规定》对本罪的立案标准作了明确的规定。根据《刑法》第247条的规定,犯本罪的,处3年以下有期徒刑或者拘役。致人伤残死亡的,依照《刑法》第234条规定的故意伤害罪、第232条规定的故意杀人罪定罪,从重处罚。

二十三、虐待被监管人罪

虐待被监管人罪,是指监狱、拘留所、看守所等监管机构的监管人员对被监管人进行殴打或者体罚虐待,情节严重的行为。本罪的客体为被监管人的人身权利及监管活动的正常秩序。对象是被监管的人,即一切已判决或未判决的在押人员以及因违反《治安管理处罚法》而被拘留的人和其他依法被监管的人。客观方面表现为对被监管人员进行殴打或者体罚虐待,摧残、折磨其身心的行为。监管人员指使被监管人殴打或者体罚虐待其他被监管人的,依法以本罪处罚。行为可以采用作为的方式,也可以采用不作为的方式。对于情节严重的标准,2006年7月26日最高人民检察院《关于渎职侵权犯罪案件立案标准的规定》有明确的规定。本罪的主体是特殊主体,即监狱、拘留所、看守所等监督机构的监管人员、劳教管理人员。本罪主观上是出于直接故意。根据《刑法》第248条的规定,犯本罪的,处3年以下有期徒刑或者拘役;情节特别严重的,处3年以上10年以下有期徒刑。致人伤残、死亡的,依照《刑法》第234条规定的故意伤害罪、第232条规定的故意杀人罪的规定定罪,从重处罚。

二十四、煽动民族仇恨、民族歧视罪

煽动民族仇恨、民族歧视罪,是指故意以语言、文字或者其他方式煽动民族间仇恨、歧视,情节严重的行为。本罪的客体为各民族的平等与民族间和睦关系。客观方面表现为煽动民族仇恨、民族歧视的行为。所谓"煽动民族仇恨",是指对民族的历史及现实中某些现象进行渲染,或捏造并散布某种虚假事实,公然掀起民族之间的强烈憎恨。所谓"煽动民族歧视",是指利用民族历史、文化、传统、风俗、习惯、种族、肤色等差异,公然煽动对其他民族之鄙视、排斥、限制,损害民族平等。具体形式可有:语言,如发表演讲、游说等;文字,如张贴大字报、小字报、讽刺漫画、写匿名书信等。煽动应当是对多数人公开进行,如只是暗中对少数人宣扬,则不构成本罪。煽动行为须情节严重。所谓情节严重,一般是指手段恶劣、多次煽动、引起民族公愤的;严重损害民族感情、尊严;致使民族成员大量逃往国外以及引起其他影响民族团结、平等的后果等。如果是因思想落后,其言行损害到民族团结的,属于一般违法行为,可给予必要的批评教育或行政处分,但不构成本罪。本罪的主体为一般主体。主观方面是直接故意。根据《刑法》第249条的规定,犯本罪的,处3年以下有期徒刑、拘役、管制或者剥夺政治权利;情节特别严重的,处3年以上10年以下有期徒刑。

二十五、出版歧视、侮辱少数民族作品罪

出版歧视、侮辱少数民族作品罪,是指在出版物中刊载歧视、侮辱少数民族的内容,情节恶劣,造成严重后果的行为。本罪的客体为少数民族的尊严与民族间和睦关系。客观方面表现为在出版物中刊载歧视、侮辱少数民族内容,情节恶劣,造成严重后果的行为。所谓"出版物"(载体),是指报纸、期刊、图书、音像制品和电子出版物等。可包括公开或内部出版物、合法或非法的出版物。所谓"刊载",是指在出版物中发表、制作、转载。至于刊载的表现形式,可以是文字、漫画,也可以是录像、录音、数字画面、照片等。所谓"歧视、侮辱少数民族的内容",是指针对少数民族的形成历史、风俗、习惯等,对少数民族进行贬低、诬蔑、嘲讽、辱骂,以及其他歧视、侮辱。所谓情节恶劣,一般是指动机卑鄙,手段恶劣等。造成严重后果,是指造成恶劣的政治影响,引发民族纠纷、冲突、矛盾甚至社会骚乱等。本罪系结果犯。主体是在出版物中刊载歧视、侮辱少数民族内容的直接责任人员,包括作者、责任编辑以及其他对刊载上述内容负有直接责任的人员。本罪的主观方面是故意。动机有的是为牟利,有的是为追求轰动效应等,动机不影响本罪的成立。根据《刑法》第250条的规定,犯本罪的,

处3年以下有期徒刑、拘役或者管制。

二十六、非法剥夺公民宗教信仰自由罪

非法剥夺公民宗教信仰自由罪，是指国家机关工作人员非法剥夺公民的宗教信仰自由，情节严重的行为。本罪的客体是公民的宗教信仰自由权利。宗教信仰自由权利，包括信仰宗教和不信仰宗教的自由，信仰此种宗教和信仰彼种宗教的自由，信仰同一宗教或信仰不同宗教的自由，改变宗教信仰和恢复宗教信仰的自由。本罪的客观方面表现为非法剥夺公民的宗教信仰自由，情节严重的行为。所谓非法剥夺公民宗教信仰自由，是指违反法律规定采用暴力、胁迫或其他强制方法，制止某人信仰宗教，加入宗教团体，或者强迫其放弃信仰，退出宗教团体；或者强制不信仰宗教的人信仰宗教；或者强制他人信仰此种宗教而不得信仰彼种宗教；或者用上述方法破坏宗教活动等。具体可表现为阻挠参加宗教活动，捣毁或封闭宗教活动场所等。所谓情节严重，是指非法剥夺宗教信仰自由的手段恶劣，造成被害人精神失常或自杀等严重后果的情况等。本罪的主体为特殊主体，即国家机关工作人员。主观上只能是直接故意。根据《刑法》第251条的规定，犯本罪的，处2年以下有期徒刑或者拘役。

二十七、侵犯少数民族风俗习惯罪

侵犯少数民族风俗习惯罪，是指国家机关工作人员侵犯少数民族风俗习惯，情节严重的行为。本罪的客体为少数民族保持和改革本民族风俗习惯自由的权利。客观方面表现为非法侵犯少数民族风俗习惯，情节严重的行为。非法侵犯，主要是指以暴力、胁迫或其他方法破坏少数民族风俗习惯或者强迫其改变以及阻止其改革本民族风俗习惯。少数民族风俗习惯，是指各少数民族在历史发展中形成的在婚姻、饮食、丧葬、礼仪等方面的习惯。所谓情节严重，是指多次或组织多人侵犯、手段恶劣、引起民族纠纷、民族矛盾的，造成骚乱、示威游行或社会秩序严重混乱以及产生恶劣的政治影响等。本罪的主体为国家机关工作人员，既可以是汉族的国家机关工作人员，也可以是少数民族的国家机关工作人员。主观方面为直接故意。动机不影响本罪的成立。根据《刑法》第251条的规定，犯本罪的，处2年以下有期徒刑或拘役。

二十八、侵犯通信自由罪

侵犯通信自由罪，是指隐匿、毁弃或者非法开拆他人信件，侵犯公民通信自由权利，情节严重的行为。本罪的客体是公民的通信自由权利。对象是公民交付邮局递送的信件。但如明知信件是公文而毁灭的，可构成《刑法》第280条规定的毁灭国家机关公文、证件罪。本罪的客观方面表现为隐匿、毁弃或者非法开拆他人信件，侵犯他人通信自由的行为。所谓"他人"，是指自然人、法人及非法人组织。隐匿，是指将他人的信件秘密隐藏起来。毁弃，是指将他人的信件予以撕毁、烧毁或者丢弃。非法开拆，是指未经收、发件人同意，或者司法机关批准私自开启他人的信件。国家机关工作人员因依法执行公务而将他人信件予以扣押、开拆的，属合法行为。本罪的主体为一般主体,主观上是直接故意。动机,有的是出于好奇,有的是意图窃取钱财,动机如何,不影响本罪的成立。根据《刑法》第252条的规定,犯本罪的,处1年以下有期徒刑或者拘役。

二十九、私自开拆、隐匿、毁弃邮件、电报罪

私自开拆、隐匿、毁弃邮件、电报罪,是指邮政工作人员私自开拆或者隐匿、毁弃邮件、电报的行为。本罪的客体是公民的通信自由权利和邮电部门正常的活动。对象是邮件、电报,即各种信件、印刷品、包裹、汇票等。客观方面表现为利用从事邮电业务工作的便利,非法开拆、隐匿、毁弃他人的邮件、电报的行为。成立本罪须具备:第一,利用自己直接接触邮件、电报工作的便利条件。如果邮政人员并非利用自己本职工作的便利条件,实施隐匿、开拆等行为的,可构成侵犯通信自由罪。第二,有私自开拆、隐匿、毁弃的行为,所谓私自开拆,是指未经任何合法授权开拆他人邮件、电报。隐匿,是指将邮件、电报等予以截留、收藏。毁弃,是指将邮件、电报等予以撕毁、湮灭或丢弃。第三,须是非法的。如根据有关法律执行机关的命令或委托,实施以上行为的,不构成犯罪。本罪的主体为特殊主体,即邮政工作人员。包括邮电部门从事邮递业务的营业员、分拣员、发行员、投递员、接发员、押运员以及有关的主管干部等。本罪主观方面是直接故意。动机如何不影响本罪的成立。如因过失而使邮件发生毁损、丢失、积压后果,情节严重,符合《刑法》第397条规定的玩忽职守罪主体的,可构成玩忽职守罪。根据《刑法》第253条的规定,犯本罪的,处2年以下有期徒刑或者拘役。邮政人员犯本罪而窃取财物的,应依《刑法》第264条的规定,以盗窃罪从重处罚。

三十、侵犯公民个人信息罪

侵犯公民个人信息罪,是指违反国家有关规定,向他人出售或者提供公民个人信息,窃取或者以其他方法非法获取公民个人信息,情节严重的行为。本罪侵犯的客体是公民个人的信息自由和安全。对象是公民个人信息,即指以任何形式存在的、与公民个人存在关联并可以识别特定个人的信息,具体是指以电子或者其他方式记录的能够单独或者与其他信息结合识别特定自然人身份或者反映特定自然人活动情况的各种信息,包括姓名、身份证件号码、通信通讯联系方式、住址、账号密码、财产状况、行踪轨迹等。① 本罪在客观方面表现为行为人实施了以下两类行为之一:第一,向他人出售或者非法提供公民个人信息。"出售",是指以获得对价的商业目的进行出卖,"非法提供",是指不以获得对价的商业目的,但违背国家规定、职业操守而提供。第二,窃取或者以其他方法非法获取公民个人信息。该两种行为构成本罪,均须具备情节严重的要素。对于情节严重的标准,2017年最高人民法院、最高人民检察院印发的《关于办理侵犯公民个人信息刑事案件适用法律若干问题的解释》第5条、第6条有

---

① 参见2017年最高人民法院、最高人民检察院印发的《关于办理侵犯公民个人信息刑事案件适用法律若干问题的解释》第1条。

明确的规定。本罪的主体是一般主体,即任何已满16周岁、具有刑事责任能力的自然人,均可成为本罪的主体。本罪在主观方面出自故意。根据《刑法》第253条之一的规定,犯本罪的,处3年以下有期徒刑或者拘役,并处或者单处罚金;情节特别严重的,处3年以上7年以下有期徒刑,并处罚金。违反国家有关规定,将在履行职责或者提供服务过程中获得的公民个人信息,出售或者提供给他人的,依照上述规定从重处罚。单位犯本罪的,对单位判处罚金,并对其直接负责的主管人员和其他直接责任人员,依照上述规定处罚。

三十一、报复陷害罪

报复陷害罪,是指国家机关工作人员,滥用职权、假公济私,对控告人、申诉人、批评人、举报人实行报复陷害的行为。本罪的客体为公民的控告权、申诉权、批评权、举报权等民主权利和国家机关的正常活动。对象包括:(1) 控告人,即向国家机关或其他党政机关告发国家工作人员违法失职行为的人。(2) 申诉人,即对于自己或他人的处分不服而向原处分部门或其上级部门提出申诉意见,请求改变原处分的人。(3) 批评人,即对国家机关工作人员的缺点、错误或思想作风提出批评的人。(4) 举报人,即对违法犯罪行为进行检举汇报的人。客观方面表现为滥用职权、假公济私,对控告人、申诉人、批评人、检举人实行报复陷害的行为。首先,必须有报复陷害的行为。其次,必须是滥用职权、假公济私。滥用职权,即国家机关工作人员在自己职权范围内非法行使权力,以及超越自己的职务权限的越权行为。假公济私,即假借国家机关的名义或权力来实施,是以合法形式掩盖其非法目的。报复行为是与滥用职权、假公济私不可分离的。本罪的主体为特殊主体,限定为国家机关工作人员。主观方面是直接故意,并具有报复陷害他人的目的。2006年7月26日最高人民检察院《关于渎职侵权犯罪案件立案标准的规定》对本罪的立案标准作了明确的规定。根据《刑法》第254条的规定,犯本罪的,处2年以下有期徒刑或者拘役;情节严重的,处2年以上7年以下有期徒刑。

三十二、打击报复会计、统计人员罪

打击报复会计、统计人员罪,是指公司、企业、事业单位、机关、团体的领导人对依法履行职责,抵制违反会计法、统计法行为的会计、统计人员实行打击报复,情节恶劣的行为。本罪的对象是会计人员、统计人员。客观方面表现为对依法履行职责,抵制违反会计法、统计法行为的会计人员、统计人员实行打击报复,情节恶劣的行为。打击报复行为必须情节恶劣。情节恶劣一般表现为手段恶劣、后果严重、影响较大等。本罪的主体为特殊主体,即公司、企业、事业单位、机关、团体的领导人。主观方面为直接故意,动机不影响本罪的成立。根据《刑法》第255条的规定,犯本罪的,处3年以下有期徒刑或者拘役。

三十三、破坏选举罪

（一）破坏选举罪的概念和构成

破坏选举罪，是指以暴力、威胁、欺骗、贿赂、伪造选举文件、虚报选举票数等手段破坏选举或者妨害选民和代表自由行使选举权和被选举权，情节严重的行为。

本罪的构成要件是：

（1）本罪的客体是公民的选举权、被选举权以及国家的选举制度。这里的选举权与被选举权，是指选举和被选举为各级人民代表大会代表和国家机关领导人员的权利。国家选举制度是指各级国家权力机关代表和国家机关领导人员的选举制度。本罪的对象是选举工作人员或普通选民。

（2）本罪的客观方面表现为以暴力、威胁、欺骗、贿赂、伪造选举文件、虚报选举票数等手段破坏选举或者妨害选民和代表自由行使选举权和被选举权的行为。

首先，行为必须是在选举各级人民代表大会代表和国家机关领导人期间实施。依照《全国人民代表大会和地方各级人民代表大会选举法》等有关法律的规定，选举各级人民代表大会代表和国家机关领导人员的选举活动，包括选民登记、提出候选人、投票选举、补选、罢免等整个过程。

其次，必须实施破坏选举的行为。破坏选举的行为主要表现为两个方面：一是破坏选举工作的正常进行；二是妨害选民以及代表自由行使选举权和被选举权。具体说是以暴力、威胁、欺骗、贿赂、伪造选举文件、虚报选举票数等手段破坏选举或者妨害选民和代表自由行使选举权和被选举权。所谓暴力，是指对选民、各级人民代表大会代表、候选人、选举工作人员等进行殴打、捆绑等人身打击或强制。所谓威胁，是指以杀害、伤害、破坏名誉等手段进行要挟，迫使其不能正常履行组织管理职责或者选举权或被选举权。所谓欺骗，是指捏造事实，颠倒是非，以虚假的事实扰乱选举的正常进行。所谓贿赂，是指用金钱或者其他物质利益收买选民、各级人民代表大会代表、候选人、选举工作人员。所谓伪造选举文件，是指采用伪造选民证、选票、选民名单、候选人名单、代表资格报告等选举文件。所谓虚报选举票数，是指对统计出来的选票数、赞成和反对票数等进行虚假汇报。只要采用了上述手段之一的，就符合本罪的客观要件。

最后，破坏选举行为还必须是情节严重的。所谓"情节严重"，2006年7月26日最高人民检察院《关于渎职侵权犯罪案件立案标准的规定》规定为如下几种：一是以暴力、威胁、欺骗、贿赂等手段，妨害选民、各级人民代表大会代表自由行使选举权和被选举权，致使选举无法正常进行，或者选举无效，或者选举结果不真实的；二是以暴力破坏选举场所或者选举设备，致使选举无法正常进行的；三是伪造选民证、选票等选举文件，虚报选举票数，产生不真实的选举结果或者强行宣布合法选举无效、非法选举有效的；四是聚众冲击选举场所或者故意扰乱选举场所秩序，使选举工作无法进行的；五是其他情节严重的情形。

（3）本罪的主体多数情况为一般主体，可以是一般公民，也可以是选举工作人员;既可以是有选举权的公民,也可以是无选举权的公民。少数情况下,某些破坏选举的行为,如虚报选举票数等,只能由选举工作人员构成。

(4)本罪的主观方面是直接故意,并且具有破坏选举工作,妨害选民和代表自由行使选举权和被选举权的目的,如因工作上的过失而造成妨害选举的结果,如误计选举票数,误将被剥夺选举权的人列入选举名单等,不构成本罪。动机可以是多种,如出于个人不满或有政治上的野心。动机如何不影响本罪的成立。

(二)破坏选举罪的认定

(1)本罪与非罪的界限。第一,本罪与一般违反选举法的行为的界限。由于构成本罪要具备"情节严重"的条件,因此,对于那些虽违反选举法,但情节轻微,危害不大的,可不以犯罪论处。第二,本罪与工作失误的界限。对于实践中因疏忽大意或过于自信而错计选票、遗失选举文件等行为,属于一般的工作失误,不能以本罪论处。

(2)破坏选举罪的罪数。以伪造选举文件等公文、证件为手段破坏选举活动的,其手段行为又同时触犯了伪造国家机关公文、证件、印章罪或伪造居民身份证罪等,属于牵连犯,应从一重罪处断。

(三)破坏选举罪的刑事责任

依照我国《刑法》第256条的规定,犯本罪的,处3年以下有期徒刑、拘役或者剥夺政治权利。

三十四、暴力干涉婚姻自由罪

暴力干涉婚姻自由罪,是指以暴力方法干涉他人婚姻自由的行为。本罪的客体为他人的婚姻自由权利及人身权利。婚姻自由权利,包括结婚(包括恋爱)自由权利和离婚自由权利。干涉他人婚姻自由,即是指强制他人与某人结婚或者离婚,阻止他人与某人结婚或者离婚。客观方面表现为以暴力方法干涉他人婚姻自由的行为。首先,行为人必须实施了暴力行为。所谓暴力,是指用殴打、禁闭、捆绑、抢掠等方法对人身进行强制或打击。虽干涉婚姻自由,但未使用暴力方法的,或者威胁将使用暴力的,均不能成立本罪。如实施了暴力行为,但程度比较轻微的,即使因此而造成严重后果(如引起自杀),也不构成本罪。其次,暴力行为必须是为干涉婚姻自由而实施。但如在干涉他人婚姻自由的过程中实施了故意伤害、故意杀人行为的,应以故意伤害罪或故意杀人罪论处。如长期干涉他人婚姻自由的,但借故一次故意杀害或伤害被害人的,应按本罪与故意杀人罪或故意伤害罪实行数罪并罚。本罪的主体为一般主体。实践中多为被害人的家长或其他亲属。主观方面是直接故意,并具有干涉他人婚姻自由的目的。动机可能是多种多样的,如贪财、高攀权贵等,动机如何不影响本罪的成立。根据《刑法》第257条的规定,犯本罪的,处2年以下有期徒刑或者拘役;致使被害人死亡的,处2年以上7年以下有期徒刑。根据本条第3款的规定,除"致使被害人死亡的"以外,犯本罪,告诉的才处理。

三十五、重婚罪

(一) 重婚罪的概念和构成

重婚罪,是指有配偶而与他人结婚或者明知他人有配偶而与之结婚的行为。

本罪的构成要件是:

(1) 本罪的客体是一夫一妻制的婚姻关系。

(2) 本罪的客观方面表现为有配偶而与他人结婚或者明知他人有配偶而与之结婚的行为。包括两种情况:第一,有配偶者又与他人登记结婚,相婚者明知他人有配偶而与之登记结婚。第二,有配偶者又与他人建立事实婚姻关系,相婚者明知他人有配偶而与之建立事实婚姻关系。所谓事实婚姻,即以夫妻名义同居共同生活的关系。这里所说的"结婚""重婚",我们认为既包括正式登记结婚,也包括未经结婚登记而以夫妻名义共同生活的事实婚姻。这并非是对事实婚姻的法律承认,而是为了更好地保护一夫一妻制的婚姻家庭关系。

(3) 本罪的主体。由于重婚罪具有对合(偶)性的特点,单个人不能构成,因此,本罪主体为两种人:一是重婚者。所谓"重婚者",是指有配偶而在其婚姻关系存续期间又与他人结婚的人。"有配偶",是指男有妻,女有夫。夫妻关系,是指经依法登记而成立的夫妻关系,以及事实婚姻关系。二是相婚者。所谓"相婚者",是指本人无配偶,但明知他人有配偶而与之结婚的人。无配偶的人原无婚姻关系,与有配偶之人结婚也只有一个婚姻关系,从严格意义上来讲是无婚可重。但根据《刑法》的规定,如果明知他人有配偶而与之结婚仍可构成重婚罪。根据法律要求,此种情况必须以明知他人有配偶为要件,不明知者则不构成重婚罪。

(4) 本罪在主观上是故意,具体表现为:第一,有配偶的人明知自己有配偶而与他人结婚。如果行为人基于某些合理的依据,如认为自己的配偶已死亡而与他人结婚的,不构成本罪。第二,无配偶的人明知他人有配偶而与其结婚。如果无配偶的人受到有配偶的人的欺骗,误认为对方没有配偶而与其结婚的,无配偶的人不构成本罪,而由有配偶的人单独构成重婚罪。

(二) 重婚罪的认定

实践中认定重婚罪,主要应注意区分重婚罪与非罪的界限。(1) 重婚罪与重婚行为的界限。因遭受自然灾害外流谋生而重婚的,因配偶外出长期下落不明,造成家庭生活困难又与他人结婚的,被拐卖后再婚的,因强迫、包办婚姻或者婚后受虐待外逃而又与他人结婚的等,由于受客观条件所迫,且主观恶性较小,不以重婚罪论。(2) 重婚罪与同居行为的界限。同居既可以是有配偶的人与有配偶或无配偶的他人同居,也可以是双方都无配偶的人同居。前者,事实上是一种长期与他人的婚外性行为,如果不以夫妻名义,属于一般姘居行为,不构成重婚罪,如果是以夫妻名义长期同居,成立事实婚姻的,可构成重婚罪。后者,不属于婚姻法调整的范围,如果以夫妻名义长期同居,成立事实婚姻的,也可令其补办结婚登记手续,不构成重婚罪。

(三) 重婚罪的刑事责任

根据《刑法》第258条的规定,犯本罪的,处2年以下有期徒刑或者拘役。

三十六、破坏军婚罪

破坏军婚罪，是指明知是现役军人的配偶而与之同居或者结婚的行为。本罪的客体为现役军人的婚姻关系。现役军人，是指具有军籍，并正在中国人民解放军或者人民武装警察部队服役的军人。复员退伍军人、转业军人、人民警察以及在部队、人民武装警察部队中工作，但无军籍的工作人员不属于现役军人。本罪的客观方面表现为明知是现役军人的配偶而与之结婚或者同居的行为。所谓现役军人的配偶，是指与现役军人登记结婚，建立合法婚姻关系的人，即现役军人的妻子或者丈夫，不包括"未婚夫""未婚妻"。客观行为包括两种情况：一是与现役军人的配偶结婚。既包括登记结婚，也包括成立事实婚姻关系。二是与现役军人的配偶同居。同居，是以两性关系为基础，双方以夫妻自居，并具有共同的经济生活和其他生活方面的姘居关系。包括公开的同居，也包括秘密的同居，可以是长期的，也可以是短期的。同居不同于事实婚姻在于，同居对外并不以夫妻关系相称。同居亦有别于与军人配偶通奸。通奸，是指有配偶的一方或双方与他人之间的婚外性关系。对于与现役军人配偶通奸的行为，不构成本罪。只要有与现役军人的配偶结婚或者同居行为即符合本罪的客观要件。本罪的主体为一般主体，可以是男性，也可以是女性，可以是现役军人，也可以是非现役军人，只要与现役军人的配偶结婚或者同居的，就可构成本罪。本罪的主观方面只能由故意构成。即明知对方是现役军人的配偶而与之同居或者结婚，如果不明知的，不构成本罪。根据《刑法》第259条的规定，犯本罪的，处3年以下有期徒刑或者拘役。利用职权、从属关系以胁迫手段奸淫现役军人妻子的，依照《刑法》第236条的规定，以强奸罪论处。

三十七、虐待罪

（一）虐待罪的概念和构成

虐待罪，是指经常以打骂、冻饿、禁闭、有病不给予治疗、强迫过度劳动或限制人身自由、凌辱人格等方法，对共同生活的家庭成员进行肉体上、精神上的摧残和折磨，情节恶劣的行为。

本罪的构成要件是：

（1）本罪的客体是复杂客体，既包括共同生活的家庭成员在家庭生活中的平等权利，又包括其人身权利。对象是共同生活的家庭成员。所谓家庭成员，是指基于血亲关系、婚姻关系、收养关系在同一个家庭中生活的成员。不具有亲属关系，即使在一起共同生活，如同居关系，也不能成为本罪的对象。

（2）本罪的客观方面表现为经常对家庭成员进行虐待的行为。首先，虐待行为可概括为肉体上与精神上的摧残、折磨两个方面。虐待的手段可以是多种多样的，如殴打、捆绑、针扎、火烫、体罚等肉体虐待和侮辱人格、咒骂、讽刺、不让参加社会活动等精神上的虐待。这两种虐待手段可同时使用，也可分别实施或者交替使用。其次，虐待行为的方式既可表现为作为，也可表现为不作为。但只是纯粹不作为则不能构成虐待罪,如有病不给治疗、不给饭吃等行为,可能构成遗弃罪。最后,这种摧残、折磨必须具有经常性、持续性、一贯性的特点。如果仅是偶尔实施虐待行为,一般不构成本罪。虐待行为对家庭成员造成的身心损害是长期形成的。此外,本罪在客观方面要求虐待必须达到情节恶劣的程度。

(3) 本罪的主体为特殊主体,只能是与被虐待人共同生活在一个家庭之中,具有亲属关系的成员。一般来讲,虐待者都是在经济上或亲属关系上居于优势地位的自然人。

(4) 本罪的主观方面只能是直接故意。动机可以是多种多样,虽然动机不影响犯罪成立,但动机是影响情节是否恶劣的一个重要因素,因此,应给予充分注意。

(二) 虐待罪的认定

实践中认定虐待罪,主要应注意区分虐待罪与非罪的界限。(1) 虐待行为与非虐待行为的界限。虐待行为在主观上是有意识地对被害人进行肉体上与精神上的摧残、折磨的,因此,如因教育方法简单粗暴或家庭矛盾而致的动辄打骂的行为,并非故意摧残家庭成员身心健康的行为,不能视同于虐待行为进而以犯罪论处。(2) 虐待是否达到"情节恶劣"的界限。虐待罪必须是虐待行为达到"情节恶劣"才能构成,一般认定情节恶劣与否要从虐待的手段、持续的时间、对象、结果、社会影响、行为人的动机等方面进行综合评价。所谓情节恶劣,主要表现为:虐待手段残酷,持续时间长,动机卑鄙以及屡教不改,虐待老人、儿童、病人或残疾而不能独立生活的人,先后虐待多人引起公愤等。

(三) 虐待罪的刑事责任

根据《刑法》第 260 条的规定,犯本罪的,处 2 年以下有期徒刑、拘役或者管制。致使被害人重伤、死亡的,处 2 年以上 7 年以下有期徒刑。这里的"致使被害人重伤、死亡",是指在进行虐待过程中,由于打骂、冻饿等行为过失地引起被害人的重伤、死亡。如果行为人故意致使被虐待人重伤、死亡的,应以故意伤害罪、故意杀人罪论处。除因虐待"致使被害人重伤、死亡"的以外,犯本罪,告诉的才处理,但被害人没有能力告诉,或者因受到强制、威吓无法告诉的除外。

三十八、虐待被监护、看护人罪

虐待被监护、看护人罪,是指对未成年人、老年人、患病的人、残疾人等负有监护、看护职责的人虐待被监护、看护的人,情节恶劣的行为。本罪侵犯的客体是被监护、看护人的人身权利。本罪在客观上表现为行为人采用各种手段对被其监护或者看护的未成年人、老年人、患病的人、残疾人等人员实行虐待。构成本罪,需要达到情节恶劣的程度。本罪的主体为特殊主体,即对未成年人、老年人、患病的人、残疾人等负有监护、看护职责的人和单位。本罪的主观方面只能是故意。根据《刑法》第 260 条之一的规定,犯本罪的,处 3 年以下有期徒刑或者拘役。单位犯本罪的,对单位判处罚金,并对其直接负责的主管人员和其他直接责任人员,依照上述规定处罚。有本罪行为,同时构成其他犯罪的,依照处罚较重的规定定罪处罚。

三十九、遗弃罪

遗弃罪,是指对于年老、年幼、患病或者其他没有独立生活能力的人,负有扶养义务而拒绝扶养,情节恶劣的行为。本罪的客体是被遗弃人受扶养的权利。对象是年老、年幼、患病或其他没有独立生活能力的家庭成员。客观方面表现为对年老、年幼、患病或其他没有独立生活能力的家庭成员,应当扶养而拒绝扶养的行为。遗弃行为,必须情节恶劣的,才构成犯罪。所谓情节恶劣,应综合考察行为的手段、后果、动机等,如遗弃致被害人流离失所的;在虐待后又遗弃的;动机极其卑鄙的;遗弃造成恶劣社会影响的;遗弃而致使被害人伤亡的;遗弃者屡教不改的等。本罪的主体为特殊主体,即对被遗弃人负有法律上的扶养义务,具有扶养能力的自然人。扶养义务是广义的,包括扶养义务、赡养义务和抚养义务。本罪的主观方面为直接故意,动机如何,不影响本罪的成立。根据《刑法》第261条的规定,犯本罪的,处5年以下有期徒刑、拘役或者管制。

四十、拐骗儿童罪

拐骗儿童罪,是指拐骗不满14周岁的儿童,使其脱离家庭或者其监护人的行为。本罪的客体为他人的家庭关系以及儿童的合法权益。对象是不满14周岁的男女儿童。客观方面表现为拐骗不满14周岁的儿童,使其脱离家庭或者监护人的行为。如以出卖或勒索财物为目的而偷盗婴幼儿的,则以拐卖儿童罪或绑架罪论处。本罪的主体为一般主体。主观方面是直接故意。动机多为收养或役使。根据《刑法》第262条的规定,犯本罪的,处5年以下有期徒刑或者拘役。

四十一、组织残疾人、儿童乞讨罪

组织残疾人、儿童乞讨罪,是指以暴力、胁迫手段组织残疾人或者不满14周岁的未成年人乞讨的行为。本罪侵犯的客体是残疾人、未成年人的人身自由和人格尊严。本罪在客观上表现为以暴力、胁迫手段组织残疾人或者不满14周岁的未成年人乞讨的行为。所谓暴力,既包括对人身实行的强烈的打击或者强制,也包括对财物进行的强烈打击。本罪中主要是指行为人对残疾人、不满14周岁的未成年人的人身进行强烈打击或者强制。所谓胁迫,是指对被害人的人身或者财物以将要实行暴力打击或者强制相威胁。本罪的主体为一般主体,即任何已满16周岁并具有刑事责任能力的自然人。本罪在主观方面出自故意,而且主要以牟利为目的。根据《刑法》第262条之一的规定,犯本罪的,处3年以下有期徒刑或者拘役,并处罚金;情节严重的,处3年以上7年以下有期徒刑,并处罚金。

四十二、组织未成年人进行违反治安管理活动罪

组织未成年人进行违反治安管理活动罪,是指组织未成年人实施盗窃、诈骗、抢

夺、敲诈勒索等违反治安管理活动的行为。本罪的客体是复杂客体,既侵害了未成年人的人身自由及身心健康权利,同时还侵害了社会治安管理秩序。对象是未满18周岁的未成年人。客观方面表现为行为人实施了组织未成年人进行违反治安管理活动的行为。主体是年满16周岁、具有刑事责任能力的自然人。主观方面出自故意。根据《刑法》第262条之二的规定,犯本罪的,处3年以下有期徒刑或者拘役,并处罚金;情节严重的,处3年以上7年以下有期徒刑,并处罚金。

第二十五章 侵犯财产罪

第一节 侵犯财产罪概述

一、侵犯财产罪的概念和构成

侵犯财产罪,是指故意非法占有、挪用、损毁公私财物的行为。

侵犯财产罪,具有下列构成特征:

(1) 本类犯罪侵犯的客体是公私财产所有权。财产所有权是指所有人依法对自己的财产享有占有、使用、收益和处分的权利,包括占有、使用、收益和处分四项权能。侵犯财产的犯罪,就是不同程度侵犯这些权能的犯罪。

本类犯罪的对象是公私财产所有权的物质表现,即公共财产和公民私人所有的财产。根据我国《刑法》第91条第1款的规定,公共财产是指:国有财产;劳动群众集体所有的财产;用于扶贫和其他公益事业的社会捐助或专项基金的财产。根据该条第2款的规定,在国家机关、国有公司、企业、集体企业和人民团体管理、使用或者运输中的私人财产,以公共财产论。根据我国《刑法》第92条的规定,公民私人所有财产是指:公民的合法收入、储蓄、房屋和其他生活资料;依法归个人、家庭所有的生产资料;个体户和私营企业的合法财产;依法归个人所有的股份、股票、债券和其他财产。

违法所得的财物和违禁品,可以成为本类犯罪的对象。对此,我国有关司法解释或者规范性文件有具体的规定。

(2) 本类犯罪的客观方面,表现为实施各种法定的侵犯公私财产的行为。根据我国《刑法》的规定,侵犯财产的行为主要可以分为三种类型:非法占有公私财物的行为(包括强制占有行为和非强制占有行为)、非法挪用公私财物的行为和非法损毁公私财物的行为。

大多数侵犯财产罪只能以作为的方式实施,例如,抢劫罪、抢夺罪、盗窃罪、敲诈勒索罪等,不可能以不作为方式实施。但是,少数侵犯财产罪属于不作为犯罪,例如,拒不支付劳动报酬罪。

(3) 本类犯罪的主体,大多数犯罪为一般主体,即年满16周岁、具有刑事责任能力的自然人。已满14周岁不满16周岁的人犯抢劫罪,应当负刑事责任。少数犯罪是特殊主体,如挪用资金罪的主体,只能是公司、企业或其他单位的工作人员。

(4) 本类犯罪的主观方面是故意,过失不能构成。侵犯财产罪的犯罪目的不同,具体包括三种:其一,以非法占有为目的,即以将公私财物非法转为自己或者第三者不法所有为目的,例如抢劫罪、盗窃罪、诈骗罪等;其二,以挪用为目的,并非意图转归己有,例如挪用资金罪、挪用特定款物罪;其三,以毁坏财物为目的,即行为人并非意图占有财物,而是意图毁损财物,例如故意毁坏财物罪。

二、侵犯财产罪的种类

侵犯财产罪,包括13个具体罪名。依故意内容的不同,可以分为以下三个类型:

(1) 占有型。即以非法占有为目的的侵犯财产罪。其中又可以按照犯罪的方式分为以下四种具体类型:第一,公然强取型犯罪,包括抢劫罪、抢夺罪、聚众哄抢罪、敲诈勒索罪。第二,秘密窃取型犯罪,即盗窃罪。第三,骗取型犯罪,即诈骗罪。第四,侵占型犯罪,包括侵占罪、职务侵占罪、拒不支付劳动报酬罪。其中,第一种类型又可称为强制占有型犯罪,第二、三、四种类型又可合并称为非强制占有型犯罪。

(2) 挪用型。即以挪用为目的的侵犯财产罪。包括挪用资金罪、挪用特定款物罪。

(3) 毁损型。即以毁损财物为故意内容的侵犯财产罪。包括故意毁坏财物罪、破坏生产经营罪。

第二节 侵犯财产罪分述

一、抢劫罪

(一) 抢劫罪的概念和构成

抢劫罪,是指以非法占有为目的,以暴力、胁迫或者其他方法,当场强行劫取公私财物的行为。

本罪的构成要件是:

(1) 本罪的客体为复杂客体,即公私财产所有权和人身权。根据我国刑法的规定,抢劫罪以公私财物为对象。从司法实践看,抢劫对象多为有形动产,是否应包括不动产,理论上存在争议。例如,甲采用暴力、胁迫方法,强占乙住房,是否构成抢劫罪?有学者认为,不能构成抢劫罪。其理由是:抢劫罪以当场占有公私财物为特点,不动产不可能当场占有。另有学者认为,应当构成抢劫罪。强占他人住房,事实上已经将他人的房屋转移到自己的支配之下,构成抢劫罪。我们认为,我国刑法虽无明文规定,但从有利于保护公私财产和人身安全的角度出发,不宜将不动产一概排除在抢劫罪的对象之外。此外,根据2005年6月8日最高人民法院《关于审理抢劫、抢夺刑事案件适用法律若干问题的意见》(以下简称《两抢意见》)第7条的规定,以毒品、假币、淫秽物品等违禁品为对象,实施抢劫的,以抢劫罪定罪;抢劫的违禁品数量作为量刑情节予以考虑。抢劫违禁品后又以违禁品实施其他犯罪的,应以抢劫罪与具体实施的其他犯罪实行数罪并罚。抢劫赌资、犯罪所得的赃款赃物的,以抢劫罪定罪,但行为人仅以其所输赌资或所赢赌债为抢劫对象,一般不以抢劫罪定罪处罚。构成其他犯罪的,依照刑法的相关规定处罚。为个人使用,以暴力、胁迫等手段取得家庭成员或近亲属财产的,一般不以抢劫罪定罪处罚,构成其他犯罪的,依照刑法的相关规定处理;教唆或者伙同他人采取暴力、胁迫等手段劫取家庭成员或近亲属财产的,可以抢劫罪定罪处罚。

(2) 本罪的客观方面表现为以暴力、胁迫或者其他方法,当场强行劫取公私财物的行为。抢劫罪的实行行为是复合行为,由方法行为和目的行为构成。方法行为,是指为了能劫取财物,而实施的暴力、胁迫或者其他方法行为。目的行为,是指劫取公私财物的行为,即当场夺取财物或者使他人当场交付财物的行为。二者紧密结合,不可或缺,方能构成完整的抢劫行为。正确理解抢劫行为,关键在于理解其方法行为。抢劫罪的方法行为包括:

第一,暴力方法。暴力,通常是指为达到某种目的,而采取的具有攻击性的强烈行动,包括对人身的暴力和对财物的暴力。就抢劫罪而言,暴力方法,主要是指对人身实施强烈的打击或强制,包括殴打、捆绑、伤害等,使被害人处于不能反抗或不敢反抗的状态。作为抢劫方法的暴力,是行为人为了排除或者压制被害人的抗拒,以便当场非法占有财物而采取的,即必须存在着主观与客观的特定联系。根据《两抢意见》第8条规定,行为人实施伤害、强奸等犯罪行为,在被害人未失去知觉,利用被害人不能反抗、不敢反抗的处境,临时起意劫取他人财物的,应以此前所实施的具体犯罪与抢劫罪实行数罪并罚;在被害人失去知觉或者没有发觉的情形下,以及实施故意杀人犯罪行为之后,临时起意拿走他人财物的,应以此前所实施的具体犯罪与盗窃罪实行数罪并罚。

暴力存在程度差异,轻者只有皮肉之苦,重者可致人伤亡。暴力达到何种程度才能定抢劫罪,各国和地区刑法规定不一。俄罗斯、朝鲜等国家规定限于"足以危害他人健康、生命的暴力",日本刑法虽无明文规定,但其判例表明,这种暴力必须达到压制任何相对人抵抗的程度。[①] 我国台湾地区的刑法规定为"足以使被害人不能抗拒的程度"。我们认为,只要行为人有抢劫的意图,并且为了非法占有财物而对被害人施加暴力,原则上应以抢劫罪论处。但在司法实践中,也要具体案件具体分析,综合全案情节作适当处理。例如,以轻微的暴力强索小量财物,往往不应以抢劫罪论处。对此,我国相关司法解释或规范性文件予以了一定程度的认可。《两抢意见》第9条规定,寻衅滋事罪是严重扰乱社会秩序的犯罪,行为人实施寻衅滋事的行为时,客观上也可能表现为强拿硬要公私财物的特征。这种强拿硬要的行为与抢劫罪的区别在于:前者行为人主观上还具有逞强好胜和通过强拿硬要来填补其精神空虚等目的,后者行为人一般只具有非法占有他人财物的目的;前者行为人客观上一般不以严重侵犯他人人身权利的方法强拿硬要财物,而后者行为人则以暴力、胁迫等方式作为劫取他人财物的手段。司法实践中,对于未成年人使用或威胁使用轻微暴力强抢少量财物的行为,一般不宜以抢劫罪定罪处罚。其行为符合寻衅滋事罪特征的,可以寻衅滋事罪定罪处罚。

抢劫罪的暴力方法,是否包括故意杀人?换言之,为占有他人财物而当场故意杀

---

① 参见〔日〕木村龟二主编:《刑法学词典》,顾肖荣等译,上海翻译出版公司1991年版,第694页。

死被害人,是否应以抢劫罪论处?这一问题同时涉及对《刑法》第263条规定的"抢劫致人死亡"的理解。对此理论上存在较大争议:有观点认为,"抢劫致人死亡"是指因抢劫而过失致人死亡,不包括故意杀人。如果为非法占有他人财物,而当场故意致人死亡,应以故意杀人罪和抢劫罪实行并罚。有观点认为,"抢劫致人死亡"可以包括过失或间接故意致人死亡,不包括直接故意致人死亡。如果是为非法占有他人财物而直接故意致人死亡,应分别定抢劫罪和故意杀人罪,实行并罚。还有观点认为,"抢劫致人死亡"包括因过失和故意致人死亡。因此,为了非法占有他人财物而当场杀死他人的,应定抢劫罪一罪。我们赞同第三种观点,理由是:其一,暴力应当包含暴力杀人,排除故意杀人没有明确的法律根据。其二,《刑法》第263条规定的"抢劫致人死亡",只是表明实施的犯罪行为与死亡的因果关系,并不能直接说明行为人对死亡的态度限于过失。其三,以杀人作为当场占有他人财物的手段,其手段行为与目的行为紧密结合不可分割。如果把杀人行为定为故意杀人罪,又把非法占有财物的行为定为抢劫罪,显然是把杀人行为作为抢劫的手段行为认定的,违反禁止重复评价原则。

司法解释确定的具体判定规则与第三种观点相同。2001年5月22日最高人民法院《关于抢劫过程中故意杀人案件如何定罪问题的批复》(以下简称《抢劫批复》)规定,行为人为劫取财物而预谋故意杀人,或者在劫取财物的过程中,为了制服被害人的反抗而故意杀人的,以抢劫罪定罪处罚。行为人实施抢劫后,为灭口而故意杀人的,以抢劫罪和故意杀人罪定罪,实行数罪并罚。

第二,胁迫方法。抢劫罪的胁迫方法,是指行为人为了使被害人不敢反抗,以便当场非法占有其财物,以当场实施暴力相威胁。胁迫的内容是以立即实施暴力相威胁。胁迫的方式,可以是语言,也可以是某种动作。认定以胁迫方法构成抢劫罪,必须注意两个条件:一是必须是行为人以立即实施暴力侵害行为相威胁,例如殴打、伤害、杀害等。威胁的方式,可以是口头的、文字的或者是动作的,等等。如果行为人没有任何胁迫的表现,只是被害人自己感到恐惧,例如眼见行为人盗窃其财物而不敢制止等情形,不应认定存在抢劫的胁迫方法。二是威胁的目的是当场夺取财物或者迫使被害人当场交付财物。如果采用胁迫方法,是要求被害人答应日后交付财物,不能构成抢劫罪,只能构成敲诈勒索罪。

第三,其他方法。抢劫罪的其他方法是指为了当场非法占有财物,而采用的暴力、胁迫之外使被害人处于不能反抗或不知反抗状态的方法,例如,用酒灌醉、用药物麻醉等。行为人的其他方法和被害人处于不能反抗或不知反抗的状态,必须有着直接因果关系。如果不是行为人以某种行为使被害人处于不能反抗或不知反抗的状态,而是行为人利用由被害人自己的原因(自己喝醉、正在熟睡、因病昏迷等)或其他原因(被他人打昏、撞伤、灌醉等)所致不能反抗或不知反抗的状态,乘机非法占有其财物的,只能构成盗窃罪或其他犯罪,不能构成抢劫罪。

此外,《刑法》第269条规定,犯盗窃、诈骗、抢夺罪,为窝藏赃物、抗拒抓捕或者毁灭罪证而当场使用暴力或者以暴力相威胁的,依照抢劫罪的规定定罪处罚。这种犯罪通常在理论上被称为准抢劫罪或转化型抢劫罪。认定准抢劫罪,应当把握三个构成条件:一是实施了盗窃、诈骗、抢夺的犯罪行为。这是准抢劫罪的前提条件。根据《两抢意见》第4条的规定,行为人实施盗窃、诈骗、抢夺行为,未达到"数额较大",为窝藏赃物、抗拒抓捕或者毁灭罪证当场使用暴力或者以暴力相威胁,情节较轻、危害不大的,一般不以犯罪论处;但具有下列情节之一的,可依照《刑法》第269条的规定,以抢劫罪定罪处罚:盗窃、诈骗、抢夺接近"数额较大"标准的;入户或在公共交通工具上盗窃、诈骗、抢夺后在户外或交通工具外实施上述行为的;使用暴力致人轻微伤以上后果的;使用凶器或以凶器相威胁的;具有其他严重情节的。此外,2006年1月11日最高人民法院《关于审理未成年人刑事案件具体应用法律若干问题的解释》(以下简称《未成年人解释》)第10条规定,已满16周岁不满18周岁的人犯盗窃、诈骗、抢夺罪,为窝藏赃物、抗拒抓捕或者毁灭罪证而当场使用暴力或者以暴力相威胁的,应当依照《刑法》第269条的规定定罪处罚;情节轻微的,可不以抢劫罪定罪处罚。二是当场实施暴力或者以暴力相威胁。这是准抢劫罪的客观条件。"当场"是指实施盗窃、诈骗、抢夺罪的现场,或者刚一逃离现场即被人发现和追捕的过程中。"暴力或者以暴力相威胁",是指当场对被害人或其他抓捕人的身体实施打击或强制,或者以当场实施打击或强制相威胁。三是当场实施暴力或者以暴力相威胁,目的是窝藏赃物、抗拒抓捕或者毁灭罪证。这是准抢劫罪的主观条件。窝藏赃物,是指为保护已经到手的赃物不被追回;抗拒抓捕,是指抗拒公安机关的拘捕和公民的扭送;毁灭罪证,是指销毁自己遗留在犯罪现场的痕迹、物品和其他证据。暴力、威胁的对象,可以是财物的所有人、公安人员或其他任何参与抓捕的人。但是,不是出于上述目的而对他人实施暴力或以暴力相威胁的,不构成准抢劫罪。其行为构成犯罪的,应当以有关罪名定罪处罚。

(3) 本罪的主体是一般主体。根据《刑法》第17条的规定,已满14周岁不满16周岁的人犯抢劫罪的,应当负刑事责任。根据《未成年人解释》第10条第1款规定,已满14周岁不满16周岁的人盗窃、诈骗、抢夺他人财物,为窝藏赃物、抗拒抓捕或者毁灭罪证,当场使用暴力,故意伤害致人重伤或者死亡,或者故意杀人的,应当分别以故意伤害罪或者故意杀人罪定罪处罚。

(4) 本罪的主观方面是直接故意,且以非法占有公私财物为目的。

(二) 抢劫罪的认定

(1) 本罪与非罪的界限。抢劫罪是一种性质严重的犯罪,因此,《刑法》第263条未规定本罪入罪的基本数额或情节标准。但是,数额多少或情节程度,在司法实务操作中,依然具有区别抢劫罪与非罪的功能。对此,相关司法解释或规范性文件予以一定程度的认可。例如,《未成年人解释》第7条第1款规定,已满14周岁不满16周岁的人使用轻微暴力或者威胁,强行索要其他未成年人随身携带的生活、学习用品或者钱财数量不大,且未造成被害人轻微伤以上或者不敢正常到校学习、生活等危害后果的,不认为是犯罪。该解释第7条第2款规定,已满16周岁不满18周岁的人具有前款规定情形的,一般也不认为是犯罪。该解释第10条第2款规定,已满16周岁不满18周岁的人犯盗窃、诈骗、抢夺罪,为窝藏赃物、抗拒抓捕或者毁灭罪证而当场使用暴力或者以暴力相威胁的,应当依照《刑法》第 269 条的规定定罪处罚;情节轻微的,可不以抢劫罪定罪处罚。再如,《两抢意见》第 4 条前段规定,行为人实施盗窃、诈骗、抢夺行为,未达到"数额较大",为窝藏赃物、抗拒抓捕或者毁灭罪证当场使用暴力或者以暴力相威胁,情节较轻、危害不大的,一般不以犯罪论处。总之,在司法实务操作中,对抢劫行为经过综合判断,确属情节显著轻微危害不大的,应当依据前述司法解释或规范性文件,或者依据《刑法》第 13 条的规定,不以犯罪论处。此外,区分抢劫罪与非罪的界限,还要注意抢劫罪与民事纠纷的界限。抢劫罪以非法占有公私财物为目的,民事纠纷则无此目的。由于借贷或其他财产纠纷,而使用强制方法夺取对方当事人的财物,以抵债款或者作为抵押本人之财物的,是否构成本罪,存在争议。我们认为,既然行为人不具备非法占有他人财物的目的,只是维护自己的合法利益的方法不当,不构成抢劫罪。

(2) 本罪与相似犯罪的界限。准确认定抢劫罪,必须注意严格区分本罪与相似犯罪的界限。根据《两抢意见》的有关规定,在司法实务操作中,需要特别注意的问题主要包括:第一,冒充正在执行公务的人民警察、联防人员,以抓卖淫嫖娼、赌博等违法行为为名非法占有财物的行为定性。行为人冒充正在执行公务的人民警察"抓赌""抓嫖",没收赌资或者罚款的行为,构成犯罪的,以招摇撞骗罪从重处罚;在实施上述行为中使用暴力或者暴力威胁的,以抢劫罪定罪处罚。行为人冒充治安联防队员"抓赌""抓嫖"、没收赌资或者罚款的行为,构成犯罪的,以敲诈勒索罪定罪处罚;在实施上述行为中使用暴力或者暴力威胁的,以抢劫罪定罪处罚。第二,以暴力、胁迫手段索取超出正常交易价钱、费用的钱财的行为定性。从事正常商品买卖、交易或者劳动服务的人,以暴力、胁迫手段迫使他人交出与合理价钱、费用相差不大钱物,情节严重的,以强迫交易罪定罪处罚;以非法占有为目的,以买卖、交易、服务为幌子采用暴力、胁迫手段迫使他人交出与合理价钱、费用相差悬殊的钱物的,以抢劫罪定罪处刑。在具体认定时,既要考虑超出合理价钱、费用的绝对数额,还要考虑超出合理价钱、费用的比例,加以综合判断。第三,抢劫罪与绑架罪的界限。绑架罪是侵害他人人身自由权利的犯罪,其与抢劫罪的区别在于:一是主观方面不尽相同。抢劫罪中,行为人一般出于非法占有他人财物的故意实施抢劫行为,绑架罪中,行为人既可能为勒索他人财物而实施绑架行为,也可能出于其他非经济目的实施绑架行为。二是行为手段不尽相同。抢劫罪表现为行为人劫取财物一般应在同一时间、同一地点,具有"当场性";绑架罪表现为行为人以杀害、伤害等方式向被绑架人的亲属或其他人或单位发出威胁,索取赎金或提出其他非法要求,劫取财物一般不具有"当场性"。绑架过程中又当场劫取被害人随身携带财物的,同时触犯绑架罪和抢劫罪两罪名,应择一重罪定罪处罚。第四,抢劫罪与寻衅滋事罪的界限。寻衅滋事罪是严重扰乱社会秩序的犯罪,行为人实施寻衅滋事的行为时,客观上也可能表现为强拿硬要公私财物的特征。这种强拿硬要的行为与抢劫罪的区别在于:前者行为人主观上还具有逞强好胜和通过强拿硬要来填补其精神空虚等目的,后者行为人一般只具有非法占有他人财物的目的;前者行为人客观上一般不以严重侵犯他人人身权利的方法强拿硬要财物,而后者行为人则以暴力、胁迫等方式作为劫取他人财物的手段。司法实践中,对于未成年人使用或威胁使用轻微暴力强抢少量财物的行为,一般不宜以抢劫罪定罪处罚。其行为符合寻衅滋事罪特征的,可以寻衅滋事罪定罪处罚。第五,抢劫罪与故意伤害罪的界限。行为人为索取债务,使用暴力、暴力威胁等手段的,一般不以抢劫罪定罪处罚。构成故意伤害等其他犯罪的,依照《刑法》第234条等规定处罚。第六,驾驶机动车、非机动车夺取他人财物行为的定性。对于驾驶机动车、非机动车(以下简称"驾驶车辆")夺取他人财物的,一般以抢夺罪从重处罚。但具有下列情形之一,应当以抢劫罪定罪处罚:驾驶车辆,逼挤、撞击或强行逼倒他人以排除他人反抗,乘机夺取财物的;驾驶车辆强抢财物时,因被害人不放手而采取强拉硬拽方法劫取财物的;行为人明知其驾驶车辆强行夺取他人财物的手段会造成他人伤亡的后果,仍然强行夺取并放任造成财物持有人轻伤以上后果的。

(3)既遂与未遂的界限。关于区分抢劫罪既遂与未遂的标准,理论上存在不同主张。有的学者主张,抢劫罪侵犯的主要客体是财产所有权,因而抢劫罪既遂与未遂的界限应当以行为人是否非法占有公私财物为标准。有的学者主张,抢劫罪不仅侵犯财产权利,同时还侵犯人身权利,而且人身权是更重要的权利。虽未抢到财物但已给被害人的人身造成危害的,也应认定为抢劫罪既遂;既未抢到财物,又未造成人身损害的,才可以认定为抢劫罪未遂。还有学者主张,犯罪的既遂与未遂,只是针对犯罪的基本构成要件是否齐备来区分。结果加重犯或情节加重犯,只要具备了法定的加重结果或情节,就是齐备了全部要件,成立既遂。因此,就《刑法》第263条第1款规定的抢劫罪的基本构成而言,抢劫罪既遂与未遂的区分,应以行为人是否实际占有公私财物为标准。虽然抢劫行为侵犯人身权利和财产权利,但是,刑法将它规定为侵犯财产罪,表明其主要客体是财产权利,侵犯人身只是非法占有公私财物的手段。因此,不能以人身权利是否被侵犯为标准。抢劫财物到手方能成立既遂。对于具有《刑法》第263条规定的八种情节之一的抢劫罪,属于结果加重犯或情节加重犯,无论财物是否抢劫到手,都应认为成立抢劫既遂。《两抢意见》基本上采用上述第二种观点的主张,该意见具体规定:抢劫罪侵犯的是复杂客体,既侵犯财产权利又侵犯人身权利,具备劫取财物或者造成他人轻伤以上后果两者之一的,均属抢劫既遂;既未劫取财物,又未造成他人人身伤害后果的,属抢劫未遂。据此,《刑法》第263条规定的八种处罚情节中除"抢劫致人重伤、死亡的"这一结果加重情节之外,其余七种处罚情节同样存在既遂、未遂问题,其中属抢劫未遂的,应当根据《刑法》关于加重情节的法定刑规定,结合未遂犯的处理原则量刑。

(三)抢劫罪的刑事责任

根据《刑法》第263条规定,犯本罪的,处3年以上10年以下有期徒刑,并处罚金;有下列情形之一的,处10年以上有期徒刑、无期徒刑或者死刑,并处罚金或者没收财产:(1)入户抢劫的;(2)在公共交通工具上抢劫的;(3)抢劫银行或者其他金融机构的;(4)多次抢劫或者抢劫数额巨大的;(5)抢劫致人重伤、死亡的;(6)冒充军警人员抢劫的;(7) 持枪抢劫的;(8) 抢劫军用物资或者抢险、救灾、救济物资的。

在司法实务操作中,准确认定抢劫罪的加重犯,是合理裁量刑罚的必要前提。

(1) 入户抢劫。根据2000年11月17日最高人民法院《关于审理抢劫案件具体应用法律若干问题的解释》(以下简称《抢劫解释》)第1条的规定,"入户抢劫",是指为实施抢劫行为而进入他人生活的与外界相对隔离的住所,包括封闭的院落、牧民的帐篷、渔民作为家庭生活场所的渔船、为生活租用的房屋等进行抢劫的行为。对于入户盗窃,因被发现而当场使用暴力或者以暴力相威胁的行为,应当认定为入户抢劫。《两抢意见》第1条依据前述解释,对于"入户抢劫"作了进一步的细化规范,即规定:认定"入户抢劫"时,应当注意以下三个问题:一是"户"的范围。"户"在这里是指住所,其特征表现为供他人家庭生活和与外界相对隔离两个方面,前者为功能特征,后者为场所特征。一般情况下,集体宿舍、旅店宾馆、临时搭建工棚等不应认定为"户",但在特定情况下,如果确实具有上述两个特征的,也可以认定为"户"。二是"入户"目的的非法性。进入他人住所须以实施抢劫等犯罪为目的。抢劫行为虽然发生在户内,但行为人不以实施抢劫等犯罪为目的进入他人住所,而是在户内临时起意实施抢劫的,不属于"入户抢劫"。三是暴力或者暴力胁迫行为必须发生在户内。入户实施盗窃被发现,行为人为窝藏赃物、抗拒抓捕或者毁灭罪证而当场使用暴力或者以暴力相威胁的,如果暴力或者暴力胁迫行为发生在户内,可以认定为"入户抢劫";如果发生在户外,不能认定为"入户抢劫"。2016年1月6日最高人民法院《关于审理抢劫刑事案件适用法律若干问题的指导意见》(以下简称《抢劫指导意见》)第2条规定,对于部分时间从事经营、部分时间用于生活起居的场所,行为人在非营业时间强行入内抢劫或者以购物等为名骗开房门入内抢劫的,应认定为"入户抢劫"。对于部分用于经营、部分用于生活且之间有明确隔离的场所,行为人进入生活场所实施抢劫的,应认定为"入户抢劫";如场所之间没有明确隔离,行为人在营业时间入内实施抢劫的,不认定为"入户抢劫",但在非营业时间入内实施抢劫的,应认定为"入户抢劫"。

(2) 在公共交通工具上抢劫。《抢劫解释》第2条规定,"在公共交通工具上抢劫",既包括在从事旅客运输的各种公共汽车、大中型出租车、火车、船只、飞机等正在运营中的机动公共交通工具上对旅客、司售、乘务人员实施的抢劫,也包括对运行途中的机动公共交通工具加以拦截后,对公共交通工具上的人员实施的抢劫。《两抢意见》第2条依据前述解释,在强调"公共交通工具承载的旅客具有不特定多人的特点"的基础上,对"在公共交通工具上抢劫"作了补充性解释,即规定:"在公共交通工具上抢劫"主要是指在从事旅客运输的各种公共汽车、大中型出租车、火车、船只、飞机等正在运营中的机动公共交通工具上对旅客、司售、乘务人员实施的抢劫。在未运营中的大、中型公共交通工具上针对司售、乘务人员抢劫的,或者在小型出租车上抢劫的,不属于"在公共交通工具上抢劫"。《抢劫指导意见》第2条补充规定,接送职工的单位班车、接送师生的校车等大、中型交通工具,视为"公共交通工具"。

(3) 抢劫银行或者其他金融机构。根据《抢劫解释》第3条的规定,"抢劫银行或者其他金融机构的"是指抢劫银行或者其他金融机构的经营资金、有价证券和客户资金等。抢劫正在使用中的银行或者其他金融机构的运钞车的,视为"抢劫银行或者其他金融机构"。

(4)多次抢劫或者抢劫数额巨大。根据《两抢意见》第3条的规定,"多次抢劫"是指抢劫三次以上。对于"多次"的认定,应以行为人实施的每一次抢劫行为均已构成犯罪为前提,综合考虑犯罪故意的产生、犯罪行为实施的时间、地点等因素,客观分析、认定。对于行为人基于一个犯意实施犯罪的,如在同一地点同时对在场的多人实施抢劫的;或基于同一犯意在同一地点实施连续抢劫犯罪的,如在同一地点连续地对途经此地的多人进行抢劫的;或在一次犯罪中对一栋居民楼房中的几户居民连续实施入户抢劫的,一般应认定为一次犯罪。根据《抢劫解释》第4条的规定,"抢劫数额巨大"的认定标准,参照各地确定的盗窃数额巨大的认定标准执行。

(5)抢劫致人重伤、死亡。"抢劫致人重伤、死亡",是指行为人为劫取公私财物而使用暴力或其他强制方法,故意或者过失造成被害人重伤、死亡。前述《抢劫批复》规定,行为人为劫取财物而预谋故意杀人,或者在劫取财物过程中,为制服被害人反抗而故意杀人的,以抢劫罪定罪处罚。行为人实施抢劫后,为灭口而故意杀人的,以抢劫罪和故意杀人罪定罪,实行数罪并罚。

(6)冒充军警人员抢劫。《抢劫指导意见》第2条规定,认定"冒充军警人员抢劫",要注重对行为人是否穿着军警制服、携带枪支、是否出示军警证件等情节进行综合审查,判断是否足以使他人误以为是军警人员。对于行为人仅穿着类似军警的服装或仅以言语宣称系军警人员但未携带枪支、也未出示军警证件而实施抢劫的,要结合抢劫地点、时间、暴力或威胁的具体情形,依照常人判断标准,确定是否认定为"冒充军警人员抢劫"。军警人员利用自身的真实身份实施抢劫的,不认定为"冒充军警人员抢劫",应依法从重处罚。

(7)持枪抢劫。根据《抢劫解释》第5条规定,"持枪抢劫"是指行为人使用枪支或者向被害人显示持有、佩带的枪支进行抢劫的行为。"枪支"的概念和范围,适用我国《枪支管理法》的规定。

(8)抢劫军用物资或者抢险、救灾、救济物资。"军用物资",应作广义理解,即是指武装部队(包括武警部队)的除枪支、弹药、爆炸物以外的武器装备和其他军用物资。其中,"武器装备",是指用于杀伤敌人的武器和军事技术装备,如战车、飞机、船舰、化学武器、核武器和通讯、侦察、工程、防化等军事技术设备。"其他军用物资",是指除武器装备以外的供军事上使用的物资,如被装、粮秣、车船、油料、医药、器材和军事设施工程材料等。抢劫军用枪支、弹药、爆炸物的行为,应以抢劫枪支、弹药、爆炸物罪论处。"抢险、救灾、救济物资",是指即将用于或者正在用于抢险、救灾、救济的物资。

二、盗窃罪

(一)盗窃罪的概念和构成

盗窃罪,是指以非法占有为目的,秘密窃取公私财物,数额较大,或者多次盗窃、入户盗窃、携带凶器盗窃、扒窃公私财物的行为。

本罪的构成要件是：

(1) 本罪的客体,是公私财产所有权。犯罪对象可以是任何一种公私财物,但是刑法另有规定的,应依规定处理。关于盗窃罪对象的外延范围,学界多存争议。

本罪的对象,一般是动产,即可以移动位置转移到行为人手中的财物,包括不动产上可移动之部分,如房屋上的门窗。不动产(例如,土地、房屋)是否可成为盗窃的对象,国内外学者观点不一。肯定论者认为,刑法规定盗窃公私财物,没有限定为动产,而且不动产也可以用秘密的方法占为己有。否定论者认为,窃取是指将他人控制下的财物秘密转移到行为人手中,不动产不能移动,故不能成为盗窃的对象。各国刑法对此问题的规定也不尽相同。有些国家明文规定为动产,如瑞士、意大利、奥地利等国刑法；有些国家规定为他人财物,如日本刑法、西班牙刑法,但实践中一般认为是指动产。也有些国家把盗窃与窃占不动产分别加以规定,前者定盗窃罪,后者定窃占不动产罪,如意大利刑法。我们认为,我国刑法没有明文规定盗窃的财物仅限于动产,从有利于保护公私财产所有权出发,应以不对财物作限制解释为宜。

作为盗窃对象的财物,不仅指有体物,而且包括无体物,如电力、煤气、天然气等。这些无体物都是具有经济价值的特殊商品,盗用电力、煤气、天然气等无体物,给所有人造成的损失与盗窃有体物没有本质区别。电信码号资源也可成为盗窃罪的对象。根据《刑法》第265条的规定,以牟利为目的,盗接他人通信线路、复制他人电信号码或者明知是盗接、复制的电信设备、设施而使用的,依照《刑法》第264条盗窃罪的规定定罪处罚。

同财共居的亲属之间,既有共有财产,又有个人财产,有的亲属虽然分居,但亲属关系不同于一般社会关系,因此,家庭成员内部的盗窃,不同于社会上的盗窃。2013年4月2日最高人民法院、最高人民检察院《关于办理盗窃刑事案件适用法律若干问题的解释》(以下简称《盗窃解释》)第8条规定:"偷拿家庭成员或者近亲属的财物,获得谅解的,一般可不认为是犯罪；追究刑事责任的,应当酌情从宽。"《未成年人解释》第9条第2款规定:"已满16周岁不满18周岁的人盗窃自己家庭或者近亲属财物,或者盗窃其他亲属财物但其他亲属要求不予追究的,可不按犯罪处理。"

自己的财物,不成为自己盗窃的对象。但是,窃取本人已被依法扣押的财物,或者偷回本人已交付他人合法持有或保管的财物,以致他人因负赔偿责任而遭受财产损失的,应以盗窃罪论处。

根据《刑法》第196条、第210条的规定,盗窃信用卡并使用的,以盗窃罪定罪处罚；盗窃增值税专用发票或者可以用于骗取出口退税、抵扣税款的其他发票的,以盗窃罪定罪处罚。

(2) 本罪的客观方面一般表现为以秘密窃取的方法,将公私财物转移到自己的控制之下,并非法占有的行为。秘密窃取是指行为人采用自认为不使他人发觉的方法占有他人财物。只要行为人主观上是意图秘密窃取,即使客观上已被他人发觉或者注视,也不影响盗窃性质的认定。秘密窃取,可以是被害人不在场时实施,也可以是物主在场,乘其不备时实施。秘密窃取行为概括起来,主要包括三种表现形式:其一,将可移动的财物,秘密转移到行为人控制之下,并且脱离财物所有人或持有人的控制范围。例如,将他人口袋里的钱包窃取到自己的口袋里,把单位的钢材秘密搬运到单位以外,等等。其二,通过传输系统加以使用和消耗。例如,盗窃电力、煤气、天然气等。只要行为人启动开关,电力、煤气、天然气等即开始消耗,所有人的损失就立即产生,盗窃行为即告完成。盗用电力、煤气、天然气,累计数额较大,构成盗窃罪。其三,以牟利为目的,盗接他人通信线路、复制他人电信码号或者明知是盗接、复制的电信设备、设施而使用。这是一种特殊形式的盗窃罪。根据2000年5月15日最高人民法院《关于审理扰乱电信市场管理秩序案件具体应用法律若干问题的解释》第8条的规定,盗用他人公共信息网络上网账号、密码上网,造成他人电信资费损失数额较大的,依照《刑法》第264条的规定,以盗窃罪定罪处罚。

(3)本罪的主体是一般主体,即年满16周岁、具有刑事责任能力的自然人。邮政工作人员私自开拆邮件,从中窃取财物的,以盗窃罪定罪,从重处罚。

(4)本罪的主观方面是直接故意,即明知是他人或者单位所有或者持有的财物,以非法占有为目的,实施窃取财物的行为。误认他人的财物为自己的财物而取走,因不具有非法占有他人财物的目的,不构成盗窃罪。

(二)盗窃罪的认定

(1)本罪与非罪的界限。根据《刑法》第264条规定,盗窃公私财物,数额较大的,或者多次盗窃、入户盗窃、携带凶器盗窃、扒窃的,构成犯罪。因而区分盗窃罪与非罪的界限,关键是要确定"数额较大"的标准以及界定"多次盗窃""入户盗窃""携带凶器盗窃""扒窃"的含义。对此,《盗窃解释》第1条至第3条作了明确规定:第一,盗窃公私财物价值1000元至3000元以上的,为"数额较大",各省、自治区、直辖市高级人民法院可以根据本地区经济发展状况并考虑社会治安状况,在上述幅度内确定本地区执行的具体数额标准,报最高人民法院、最高人民检察院批准;在跨地区运行的公共交通工具上盗窃,盗窃地点无法查证的,盗窃数额是否达到"数额较大",应当根据受理案件所在地省、自治区、直辖市高级人民法院、人民检察院确定的有关数额标准认定。此外,盗窃公私财物,具有下列情形之一的,"数额较大"的标准可以按照本《解释》第1条规定标准的50%确定:①曾因盗窃受过刑事处罚的;②1年内曾因盗窃受过行政处罚的;③组织、控制未成年人盗窃的;④自然灾害、事故灾害、社会安全事件等突发事件期间,在事件发生地盗窃的;⑤盗窃残疾人、孤寡老人、丧失劳动能力人的财物的;⑥在医院盗窃病人或者其亲友财物的;⑦盗窃救灾、抢险、防汛、优抚、扶贫、移民、救济款物的;⑧因盗窃造成严重后果的。第二,"多次盗窃",是指二年内盗窃三次以上的情况。第三,"入户盗窃",是指非法进入供他人家庭生活,与外界相对隔离的住所盗窃的情况。第四,"携带凶器盗窃",是指携带枪支、爆炸物、管制刀具等国家禁止个人携带的器械盗窃,或者为了实施违法犯罪携带其他足以危害他人人身安全的器械盗窃的情况。第五,"扒窃",是指在公共场所或者公共交通工具上盗窃他人随身携带的财物的情况。

尽管在司法实务操作中,区分盗窃罪与非罪的界限,通常应依据盗窃公私财物是否达到"数额较大"作为基本判断标准,但是,数额标准并不是区分盗窃罪与非罪的唯一标准。完整意义的区分盗窃罪与非罪的标准,是盗窃数额与其他情节相结合的综合判断标准,即以盗窃数额为基础综合考察其他情节作为判断罪与非罪界限的标准。《盗窃解释》第7条规定,盗窃公私财物数额较大,行为人认罪、悔罪、退赃、退赔,且具有下列情形之一,情节轻微的,可以不起诉或者免予刑事处罚;必要时,由有关部门予以行政处罚:① 具有法定从宽处罚情节的;② 没有参与分赃或者获赃较少且不是主犯的;③ 被害人谅解的;④ 其他情节轻微、危害不大的。第8条规定,偷拿家庭成员或者近亲属的财物,获得谅解的,一般可不认为是犯罪;追究刑事责任的,应当酌情从宽。《未成年人解释》第9条规定,已满16周岁不满18周岁的人实施盗窃行为未超过3次,盗窃数额虽已达到"数额较大"标准,但案发后能如实供述全部盗窃事实并积极退赃,且具有下列情形之一的,可以认定为"情节显著轻微危害不大",不认为是犯罪:① 系又聋又哑的人或者盲人;② 在共同盗窃中起次要或者辅助作用,或者被胁迫;③ 具有其他轻微情节的。已满16周岁不满18周岁的人盗窃未遂或者中止的,可不认为是犯罪。已满16周岁不满18周岁的人盗窃自己家庭或者近亲属财物,或者盗窃其他亲属财物但其他亲属要求不予追究的,可不按犯罪处理。《盗窃解释》第12条规定,盗窃未遂,具有下列情形之一的,应当依法追究刑事责任:① 以数额巨大的财物为盗窃目标的;② 以珍贵文物为盗窃目标的;③ 其他情节严重的情形。

(2)盗窃财物的数额计算方法。窃取公私财物数额的大小,是一般情况下定罪量刑的主要标准。因此,如何认定被盗窃财物的数额,直接关系到能否正确定罪与合理量刑。在司法实务操作中,被盗财物种类繁多、情况复杂,为了规范对各种财物价值的计算方法,以便统一入罪和量刑标准,《盗窃解释》第4条、第5条、第9条作了详细的规定。

(3)本罪既遂与未遂的界限。关于盗窃罪既遂与未遂划分的标准,中外刑法理论均存在不同观点。主要有:第一,"接触说"。认为应以行为人是否接触到被盗财物为标准,接触到财物就是既遂。第二,"转移说"。认为应以行为人是否将被盗财物转移到安全地带为标准,已转移到安全地带的为既遂。第三,"控制说"。认为应以行为人是否经取得对被盗财物的实际控制为标准,已实际控制的为既遂。第四,"移动说"。认为应以行为人是否移动被盗财物为标准,已移动的为既遂。第五,"失控说"。认为应以被害人是否失去对财物的控制为标准,失去控制的为既遂。第六,"失控加控制说"。认为应以被害人是否失去对财物的控制,并且该财物是否已置于行为人的实际控制之下为标准,被害人失去控制并且行为人实际控制的为既遂。我们认为,盗窃罪是结果犯,应以给公私财产所有权造成直接损害结果为构成要件齐备的标志。所有权的损害结果表现在所有人或持有人控制之下的财物因被盗窃而脱离了其实际控制,一般而言,也意味着被盗财物已被行为人控制,二者是一致的。因此,从对客体的损害着眼,以财物的所有人或持有人失去对被盗财物的控制作为既遂的标准,符合盗窃罪既遂的本质特征。至于行为人是否最终达到了非法占有并任意处置该财物的目的,不影响既遂的成立。例如,甲、乙、丙三人深夜潜入某厂仓库,偷出6箱货物,扔出墙外。丁驾驶卡车从墙外路过,发现货物无人看管,遂装上卡车拉走。等甲、乙、丙来到墙外,发现赃物已无踪影。就此例而言,赃物被扔到厂外,即是脱离了厂方的控制,财产损失已经造成,虽然甲、乙、丙也未能最终将赃物置于自己的实际控制之下并加以非法占有,也应当认定为盗窃既遂,而不是未遂。

(4)本罪与相关犯罪的界限。根据刑法规定,盗窃某种特定财物,侵犯其他客体,可能构成其他罪或者牵连触犯盗窃罪。司法实践中应注意区分它们与盗窃罪的界限,并且正确认定一罪或数罪的问题。对此,《盗窃解释》第10条、第11条作了明确的规定。偷开他人机动车的,按照下列规定处理:① 偷开机动车,导致车辆丢失的,以盗窃罪定罪处罚;② 为盗窃其他财物,偷开机动车作为犯罪工具使用后非法占有车辆,或者将车辆遗弃导致丢失的,被盗车辆的价值计入盗窃数额;③ 为实施其他犯罪,偷开机动车作为犯罪工具使用后非法占有车辆,或者将车辆遗弃导致丢失的,以盗窃罪和其他犯罪数罪并罚;将车辆送回未造成丢失的,按照其所实施的其他犯罪从重处罚。盗窃公私财物并造成财物损毁的,按照下列规定处理:① 采用破坏性手段盗窃公私财物,造成其他财物损毁的,以盗窃罪从重处罚;同时构成盗窃罪和其他犯罪的,择一重罪从重处罚;② 实施盗窃犯罪后,为掩盖罪行或者报复等,故意毁坏其他财物构成犯罪的,以盗窃罪和构成的其他犯罪数罪并罚;③ 盗窃行为未构成犯罪,但损毁财物构成其他犯罪的,以其他犯罪定罪处罚。

(三)盗窃罪的刑事责任

根据《刑法》第264条的规定,犯本罪的,处3年以下有期徒刑、拘役或者管制,并处或者单处罚金;数额巨大或者有其他严重情节的,处3年以上10年以下有期徒刑,并处罚金;数额特别巨大或者有其他特别严重情节的,处10年以上有期徒刑或者无期徒刑,并处罚金或者没收财产。

三、诈骗罪

(一)诈骗罪的概念和构成

诈骗罪,是指以非法占有为目的,用虚构事实或者隐瞒真相的方法,骗取公私财物,数额较大的行为。

本罪的构成要件是:

(1)本罪的客体是公私财产的所有权。犯罪对象可以是各种财物,包括动产和不动产。用欺骗方法骗取公私财物,刑法另有规定的,应依据相应规定定罪处罚。例如,以非法占有为目的的骗取集资款、贷款、保险金,分别构成集资诈骗罪、贷款诈骗罪、保险诈骗罪,对此应按特殊法优于一般法的原则,适用特殊法的规定定罪处罚。用欺骗方法骗取其他非法利益的,如用伪造的证件骗取结婚登记的,不构成诈骗罪。

(2)本罪的客观方面,表现为用虚构事实或者隐瞒真相的欺骗方法,骗取公私财物,数额较大的行为。诈骗行为的最突出的特点,就是行为人设法使被害人在认识上产生错觉,以致"自觉地"将自己所有或持有的财物交付给行为人或者放弃自己的所有权,或者免除行为人交还财物的义务。诈骗的手段多种多样,概括起来表现为:其一、虚构事实,即编造某种根本不存在的或者不可能发生的,足以使他人受蒙蔽的事实,骗取他人财物。例如,谎称能代被害人购买某种廉价商品或提供某种服务;谎称能代被害人疏通关系,打赢官司;谎称能为被害人治病;等等。这类诈骗,常常是利用有些人缺乏警惕,或愚昧无知,或贪财图利等心理,而使之受害。其二,隐瞒真相,即隐瞒客观上存在的事实情况,既可以是隐瞒部分事实真相,也可以是隐瞒全部事实真相。行为人往往通过隐瞒真相的方法,使公私财物所有人、管理人陷入错误,从而"自愿"交付财物。

根据2000年4月最高人民法院《关于审理扰乱电信市场管理秩序案件具体应用法律若干问题的解释》的规定,以虚假、冒用的身份证办理入网手续并使用移动电话,造成电信资费损失数额较大的,以诈骗罪定罪处罚。

诈骗公私财物数额较大,方能构成诈骗罪。数额较大是构成诈骗罪的一个必要条件。根据2011年4月8日最高人民法院、最高人民检察院《关于办理诈骗刑事案件具体应用法律若干问题的解释》(以下简称《诈骗解释》)第1条的规定,诈骗公私财物价值3000元至1万元以上、3万元至10万元以上、50万元以上的,应当分别认定为《刑法》第266条规定的"数额较大""数额巨大""数额特别巨大①"。各省、自治区、直辖市高级人民法院、人民检察院可以结合本地区经济社会发展状况,在前款规定的数额幅度内,共同研究确定本地区执行的具体数额标准,报最高人民法院、最高人民检察院备案。

(3) 本罪的主体为一般主体,即年满16周岁、具有刑事责任能力的自然人。

(4) 本罪的主观方面是直接故意,且以非法占有为目的。

(二) 诈骗罪的认定

(1) 本罪与非罪的界限。区分诈骗罪罪与非罪的界限,关键在于如何界定诈骗罪与借贷纠纷的界限。所谓借贷纠纷,是指因借用他人财物不能按时归还,在借用人与出借人之间产生的纠纷。一般借贷纠纷是一种民事法律关系,应受民事法律调整,不产生刑事责任。但是,有的人以借贷为名,行诈骗财物之实,则应以诈骗罪论处。在司法实践中,为了分清上述两种不同行为的界限,一般应注意分析以下事实:第一,借用人与出借人在借贷前的相互关系。一般借贷关系多发生在互相了解、互有往来的亲友之间,即建立在相互信任的基础之上。而以借贷为名诈骗则往往发生在双方虽然相互认识(如幼年的同学),但离别多年素无往来,有的甚至是萍水相逢,以假姓名、假住址、虚构事实,骗取对方信任,以借贷为名,财物到手即逃之夭夭。第二,借贷关系发生的原因。一般借贷关系中,借用人确实遇到了困难,一时无力解决,才向他人借贷。而以借贷为名进行诈骗则往往是编造虚假的困难事实,骗取他人同情与信

---

① 2016年12月19日最高人民法院、最高人民检察、公安部《关于办理电信网络诈骗等刑事案件适用法律若干问题的意见》第2条规定,利用电信网络技术手段实施诈骗,诈骗公私财物价值3000元以上、3万元以上、50万元以上的,应当分别认定为《刑法》第266条规定的"数额较大""数额巨大""数额特别巨大"。

任。但也应注意,有的借用人虽然有不诚实之处,并不能证明是诈骗,例如,为了较容易将财物借到手,夸大自己在极短期限内归还的能力,实际上到期不能归还,但并不赖账并积极争取归还的,不能视为诈骗。第三,借用人不能按期归还的原因。一般借贷关系,借用人不能按期归还,往往是因为遇到了不以其意志为转移的客观困难,例如,发生了天灾人祸,以致无法按期归还。而以借贷为名进行诈骗则往往表现为携款潜逃、大肆挥霍或者进行吸毒、赌博等违法活动,根本不可能归还,同时也根本无归还之意。第四,借用人对于不能按期归还的态度,有无归还的诚意和实际行动。一般借贷关系中,借用人会积极争取按期归还,即使确实无力按时归还,也会继续努力,履行归还义务。而以借贷为名诈骗则没有归还的意图,也不可能有归还的实际行动。最后,应当强调指出,区分以借贷为名的诈骗罪与借贷纠纷的界限,最关键的是查明行为人有无非法占有他人财物的目的。因此,应当把上述几方面的事实,以及案件的其他事实联系起来,进行全面的分析判断,切忌主观性和片面性。

(2) 本罪与其他特殊诈骗犯罪的界限。我国《刑法》分则第三章破坏社会主义市场经济秩序罪的第五节和第八节,还规定了包括8个罪名的金融诈骗罪及合同诈骗罪。诈骗罪与上述犯罪是一般与特殊的关系。它们的区别是:第一,侵犯的客体不同。前者只侵犯财产所有权,是单一客体,后者既侵犯他人财产权利,又侵犯金融管理制度或合同管理制度。第二,犯罪客观方面表现不尽相同。前者可以表现为虚构任何事实或隐瞒真相,以骗取财物;而后者的欺骗只是发生在集资、贷款、保险等特定的活动范围,或者是信用卡、信用证、有价证券等特定物的使用活动中,或者是经济合同的签订、履行过程中,因而其诈骗手段都有在特定范围内实施的特殊性。第三,犯罪主体不尽相同。前者限于自然人主体;后者有部分犯罪的主体包括单位,如集资诈骗罪、票据诈骗罪、合同诈骗罪等。

根据《诈骗解释》第8条的规定,冒充国家机关工作人员进行诈骗,同时构成诈骗罪和招摇撞骗罪的,依照处罚较重的规定定罪处罚。

(3) 诈骗罪未遂的判断规则。根据《诈骗解释》第5条第1款的规定,诈骗未遂,以数额巨大的财物为诈骗目标的,或者具有其他严重情节的,应当定罪处罚。该条第2款规定,利用发送短信、拨打电话、互联网等电信技术手段对不特定多数人实施诈骗,诈骗数额难以查证,但具有下列情形之一的,应当认定为《刑法》第266条规定的"其他严重情节",以诈骗罪(未遂)定罪处罚:一是发送诈骗信息5000条以上的;二是拨打诈骗电话500人次以上的;三是诈骗手段恶劣、危害严重的。该条第3款规定,实施前款规定行为,数量达到前款前两项规定标准10倍以上的,或者诈骗手段特别恶劣、危害特别严重的,应当认定为《刑法》第266条规定的"其他特别严重情节",以诈骗罪(未遂)定罪处罚。此外,需要特别注意的是,根据该解释第6条的规定,诈骗既有既遂,又有未遂,分别达到不同量刑幅度的,依照处罚较重的规定处罚;达到同一量刑幅度的,以诈骗罪既遂处罚。

(二) 诈骗罪的刑事责任

根据《刑法》第266条的规定,犯本罪的,处3年以下有期徒刑、拘役或者管制,并处或者单处罚金;数额巨大或者有其他严重情节的,处3年以上10年以下有期徒刑,并处罚金;数额特别巨大或者有其他特别严重情节的,处10年以上有期徒刑或者无期徒刑,并处罚金或者没收财产。根据《诈骗解释》第3条的规定,诈骗公私财物虽已达到本解释第1条规定的"数额较大"的标准,但具有下列情形之一,且行为人认罪、悔罪的,可以根据《刑法》第37条、《刑事诉讼法》第142条的规定不起诉或者免予刑事处罚:(1)具有法定从宽处罚情节的;(2)一审宣判前全部退赃、退赔的;(3)没有参与分赃或者获赃较少且不是主犯的;(4)被害人谅解的;(5)其他情节轻微、危害不大的。根据该解释第4条的规定,诈骗近亲属的财物,近亲属谅解的,一般可不按犯罪处理。诈骗近亲属的财物,确有追究刑事责任必要的,具体处理也应酌情从宽。

四、抢夺罪

(一)抢夺罪的概念和特征

抢夺罪,是指以非法占有为目的,公然夺取公私财物,数额较大的,或者多次抢夺的行为。

本罪的构成要件是:

(1)犯罪客体是公私财物所有权。犯罪对象只能是动产,并且是有形物。值得注意的是,如果抢夺的对象是特定财物,例如,枪支、弹药、爆炸物、危险物质或者国家机关公文、证件、印章等,则不构成抢夺罪。根据特别法优于一般法适用的原则,对于抢夺枪支、弹药、爆炸物、危险物质的,按照抢夺枪支、弹药、爆炸物、危险物质罪定罪处罚;对于抢夺国家机关公文、证件、印章的,按照抢夺国家机关公文、证件、印章罪定罪处罚。

(2)犯罪客观方面表现为公然夺取公私财物的行为。公然夺取是指采用可以使被害人立即发觉的方式,公开夺取其持有或管理下的财物。行为人是否乘人不备而夺取他人财物,不影响本罪的成立。例如,乘被害人不备突然夺走其手中的提包,当面公开夺走他人摊位上的商品。

构成抢夺罪,客观上要求抢夺的公私财物"数额较大"或者属于"多次抢夺"。对于"多次抢夺",有待于最高司法机关的司法解释规定,在此之前,可以参照有关司法解释对盗窃罪中"多次盗窃,是指两年内盗窃三次以上的情况"来掌握。对于"数额较大",2013年11月18日最高人民法院、最高人民检察院《关于办理抢夺刑事案件适用法律若干问题的解释》(以下简称《抢夺解释》)作了明确的规定。该解释第1条规定,抢夺公私财物价值1000元至3000以上的,为"数额较大"。各省、自治区、直辖市高级人民法院、人民检察院可以根据本地区经济发展状况,并考虑社会治安状况,在前款规定的数额幅度内,确定本地区执行的具体数额标准,报最高人民法院、最高人民检察院批准。该解释第2条规定,抢夺公私财物,具有下列情形之一的,"数额较大"的标准按照前条规定标准的50%确定:① 曾因抢劫、抢夺或者聚众哄抢受过刑事处罚的;② 1年内曾因抢夺或者哄抢受过行政处罚的;③ 1年内抢夺3次以上的;④ 驾驶机动车、非机动车抢夺的;⑤ 组织、控制未成年人抢夺的;⑥ 抢夺老年人、未成年人、孕妇、携带婴幼儿的人、残疾人、丧失劳动能力人的财物的;⑦ 在医院抢夺病人或者其亲友财物的;⑧ 抢夺救灾、抢险、防汛、优抚、扶贫、移民、救济款物的;⑨ 自然灾害、事故灾害、社会安全事件等突发事件期间,在事件发生地抢夺的;⑩ 导致他人轻伤或者精神失常等严重后果的。

(3) 犯罪主体为一般主体。

(4) 犯罪主观方面是直接故意,且具有非法占有的目的。不具有非法占有的目的的,不构成抢夺罪。

(二) 抢夺罪的认定

(1) 本罪与非罪的界限。抢夺公私财物数额较大或者多次抢夺,是抢夺行为构成犯罪必须具备的两个选择性要素,因而若抢夺公私财物的数额既未达到较大的标准也不属于多次抢夺的,不构成犯罪,应当视为违反治安管理法规的行为。根据《抢夺解释》第5条的规定,抢夺公私财物数额较大,但未造成他人轻伤以上伤害,行为人系初犯,认罪、悔罪、退赃、退赔,且具有下列情形之一的,可以认定为犯罪情节轻微,不起诉或者免予刑事处罚;必要时,由有关部门依法予以行政处罚:① 具有法定从宽处罚情节的;② 没有参与分赃或者获赃较少,且不是主犯的;③ 被害人谅解的;④ 其他情节轻微、危害不大的。抢夺罪是目的犯,要求行为人必须具有非法占有的目的,如果行为人没有非法占有的目的,则行为人的行为不可能构成抢夺罪。例如,债权人夺取债务人的财物以抵偿债款或实现债权的行为,属于民事纠纷,不应以抢夺罪论处。

(2) 本罪与抢劫罪的界限。抢夺罪和抢劫罪都是行为人公然实施夺取财物的行为,主观上都是出于非法占有的目的,为直接故意,主体都是一般主体。但是,两罪的基本构成条件不同,社会危害程度和法定刑也有别。因此,有必要对两者加以区分。两者的区别主要有以下几点:第一,侵犯的客体不同。抢夺罪侵犯的客体是简单客体,即公私财产所有权。而抢劫罪侵犯的客体是复杂客体,即公私财产所有权和他人的人身权利。第二,犯罪客观方面的表现不同。抢夺罪是不采用暴力、胁迫等强制方法而公然夺取财物,而抢劫罪则是行为人采取暴力、胁迫或者其他手段迫使被害人交出财物或者直接将财物抢走。也即抢夺罪的实行行为是单一行为,抢劫罪的实行行为是复合行为。值得注意的是,应当注意区分行为人在抢夺财物的过程中造成被害人伤害的情况。例如,行为人趁人不备夺取他人的项链而造成被害人颈部动脉血管受伤,或者夺取他人手中财物而致使被害人跌倒摔伤。在这种情况下是认定为抢劫罪还是认定为抢夺罪,应当从以下几个方面加以把握:其一,要看强力行为的作用对象和使用的目的。抢夺罪的抢夺财物行为虽然也使用一定强力,但是这种强力直接作用于被抢夺的财物,目的是直接夺得财物,而抢劫罪中使用的暴力直接指向被害人人身,具有排除被害人反抗的性质和目的。其二,要看伤害是否是犯罪分子故意为之。在构成抢夺的场合,造成伤害的结果往往是行为人在抢夺财物过程中,由于用力过猛等原因过失造成的,行为人并不以此作为夺取财物的手段行为。而在构成抢劫罪的场合,行为人则是故意实施暴力行为,并以此作为非法占有他人财物的手段行为。其三，如果行为人行为前本来并没有计划使用暴力手段夺取财物，但是在夺取财物的过程中，遭到被害人的反抗，转而使用暴力、威胁方法强行夺取财物，此时应当直接按照抢劫罪定罪处罚。因为，此时行为人的犯意已经发生了转化，其行为完全符合抢劫罪的构成要件。针对实践中发生较多的"飞车"夺取财物的情况，为了明确这种情况下抢夺罪与抢劫罪的界限，根据《抢夺解释》第6条的规定，驾驶机动车、非机动车夺取他人财物，具有下列情形之一的，应当以抢劫罪定罪处罚：① 夺取他人财物时因被害人不放手而强行夺取的；② 驾驶车辆逼挤、撞击或者强行逼倒他人夺取财物的；③ 明知会致人伤亡仍然强行夺取并放任造成财物持有人轻伤以上后果的。

《刑法》第267条第2款规定，携带凶器抢夺的，依照抢劫罪的规定定罪处罚。根据《抢劫解释》第6条的规定，携带凶器抢夺是指行为人随身携带枪支、爆炸物、管制刀具等国家禁止个人携带的器械进行抢夺或者为了实施犯罪而携带其他器械进行抢夺的行为。《两抢意见》第4条，在重申前述解释第6条规定的基础上，对"携带凶器抢夺"补充规定为：行为人随身携带国家禁止个人携带的器械以外的其他器械抢夺，但有证据证明该器械确实不是为了实施犯罪准备的，不以抢劫罪定罪；行为人将随身携带凶器有意加以显示、能为被害人察觉到的，直接适用《刑法》第263条的规定定罪处罚；行为人携带凶器抢夺后，在逃跑过程中为窝藏赃物、抗拒抓捕或者毁灭罪证而当场使用暴力或者以暴力相威胁的，适用《刑法》第267条第2款的规定定罪处罚。

（三）抢夺罪的刑事责任

根据《刑法》第267条第1款的规定，犯本罪的，处3年以下有期徒刑、拘役或者管制，并处或者单处罚金；数额巨大或者有其他严重情节的，处3年以上10年以下有期徒刑，并处罚金；数额特别巨大或者有其他特别严重情节的，处10年以上有期徒刑或者无期徒刑，并处罚金或者没收财产。

五、聚众哄抢罪

聚众哄抢罪，是指以非法占有为目的，聚集多人公然夺取公私财物，数额较大或者情节严重的行为。本罪的犯罪客体是复杂客体，即公私财物所有权和社会的正常管理秩序。犯罪对象是动产，主要是处于运输、保管和储存过程中的公私财物。犯罪客观方面表现为聚集多人公然夺取公私财物，数额较大或者情节严重的行为。"聚众"，是指聚集多人，少则数人，多则十几人、几十人，甚至成百上千人。"哄抢"，是指在为首分子的煽动、指挥下，群起公然夺取公私财物，但是，不采取暴力、胁迫或者其他人身强制的方法，否则就构成抢劫罪。聚众哄抢公私财物，数额较大或者情节严重的，才构成犯罪；数额不大，情节不严重的，按一般违法行为处理。本罪的犯罪主体仅为聚众哄抢的首要分子和积极参加者。犯罪主观方面为直接故意，且以非法占有为目的。根据《刑法》第268条的规定，犯本罪的，对首要分子和积极参加的，处3年以下有期徒刑、拘役或者管制，并处罚金；数额巨大或者有其他特别严重情节的，处3年以上10年以下有期徒刑，并处罚金。

六、侵占罪

（一）侵占罪的概念和特征

侵占罪，是指以非法占有为目的，将代为保管的他人财物或者他人的遗忘物、埋藏物非法据为己有，数额较大且拒不退还或者拒不交出的行为。

本罪的构成要件是：

（1）本罪的客体是公私财产所有权。犯罪对象可以是动产和不动产；可以是有体物，也可以是电力、煤气、天然气等无体物。至于是否限于私人财物，理论上存在不同观点。我们认为对"他人财物"作限制解释，排除公共财物，不利于对公共财物的刑法保护。在公共财物临时委托私人保管的情况下，侵占公共财物是可能发生的。例如，某国有企业采购员，携带巨款外出采购，借住在朋友家，为防止遗失，暂托朋友保管，该朋友拒不退还，即构成侵占罪。

（2）本罪的客观方面表现为，将代为保管的他人财物或者他人的遗忘物、埋藏物非法占为己有，数额较大且拒不退还或者拒不交出的行为。具体分析本罪客观方面的要件，应当把握如下几个方面：

第一，侵占行为的突出特点是"变合法持有为非法所有"，即行为人业已合法持有他人财物。这是构成侵占罪的前提条件。所谓"持有"，是指对财物的事实上的控制或支配状态，包括存放在自己家中或行为人能够控制的其他地方。"合法持有"，则是指以合法的方式，取得对他人财物暂时的占有权，但无处分权。根据《刑法》第270条的规定，作为侵占行为前提的"合法持有他人财物"，包括以下两种情况：

一是以合法的方式代为保管他人的财物。"代为保管"，不应过于狭隘地理解为仅指受他人委托暂时代为保管或看护财物。事实上，财物的所有人、持有人以合法方式将财物的占有权转移给行为人，具有多种多样的法律上和事实上的原因或根据。例如，委托他人代购商品、代售物品、代转财物，或者委托他人代收财物等。在以合法的方式代为保管他人财物的情况下，行为人合法取得占有权，而无所有权，其有交还财物给委托人或者委托人指定的其他人的义务。如果拒不交还或交付，非法据为己有，就是侵占他人财物。在无因管理情况下，行为人为避免他人的利益受损失而自动为他人保管财物，也是以合法方式持有他人财物，如果非法据为己有，拒不返还，也是侵占行为。例如，甲因车祸受重伤，被送入医院抢救。乙见甲家中无人，代为饲养其家中动物。但数月后甲仍未出院，乙产生了占为己有的意图，将饲养动物卖掉所得归己，则构成侵占罪。

二是合法占有他人的遗忘物或者埋藏物。所谓遗忘物，通常是指财物的所有人或持有人有意识地将自己持有的财物放置在某处，因一时疏忽忘记拿走，而暂时失去控制的财物。理论上一般认为，遗忘物与遗失物是不同的概念，遗失物是指所有人或者持有人因为疏忽，偶然将其持有的财物失落在某处，以致脱离了自己的控制。其与遗忘物不同，主要在于遗忘物的物主一经回忆较容易找回，而遗失物的物主则很难知道遗失在什么地方，故难以找回。刑法只规定侵占遗忘物，而未规定侵占遗失物。根据我国《物权法》第 109 条的规定,拾得遗失物,应当返还权利人。侵占遗失物拒不退还的,只能追究其民事责任。但也有学者认为,遗忘物与遗失物没有区别。甚至还有学者认为,对遗忘物应作广义理解,包括遗失物。究竟应当如何理解,还有待进一步研究。所谓埋藏物,一般是指埋藏于地下的财物。根据我国《物权法》第 114 条的规定,所有人不明的埋藏物,归国家所有。侵占埋藏物,构成对国家所有权的侵犯。从司法实践看,侵占埋藏物的行为,以合法持有该埋藏物为前提,一般主要表现为行为人在进行地面挖掘时,偶然发现地下埋藏物,不知物主是谁,而将其占为己有。如果行为人明知某处埋藏有某人的财物,或者明知某古墓埋藏有古代珍贵文物,以非法占有为目的进行挖掘,将所有财物据为己有,则应分别以盗窃罪或盗掘古墓葬罪论处。

第二,侵占行为是将合法持有的财物非法据为己有,拒不退还或者拒不交出。拒不退还或者拒不交出,是指物主或者有关机关要求退还或交出财物,而拒不退还或交出。拒不退还或者拒不交出,包括将保管物、遗忘物或埋藏物消费、出卖、毁灭、赠予他人等。如果行为人并不拒绝退还或者并不拒绝交出,只是要求延期退还或者交出,因而引起纠纷的,或者虽然口头表示拒不退还或者拒不交出,经过说服教育当即退还或者交出的,一般不应以侵占罪论处。

第三,侵占他人财物,必须是数额较大。数额较小的,即使拒不退还,也不能以侵占罪论处。

(3) 本罪的主体为一般主体,即年满 16 周岁、具有刑事责任能力的自然人。

(4) 本罪的主观方面是直接故意,即明知自己合法持有的是代为保管的他人财物或是他人的遗忘物、埋藏物,以非法占有为目的,拒不退还或者拒不交出。如无非法占有的目的,只因某种原因一时不能退还或者不能交出而引起纠纷的,不构成本罪。

(二) 侵占罪的认定

(1) 本罪与非罪的界限。区分侵占罪与非罪的界限关键在于划定借贷纠纷与侵占罪的界限。应当特别注意区分借用关系中借用特定物拒不退还与借用种类物拒不退还两类不同情况。前者可以构成侵占罪,后者则纯属民事纠纷,不构成犯罪。借用他人的特定物,即以合法方式取得对该物的占有权,但所有权未向借用人转移,借用人负有归还原物的义务。如其日后拒不退还,数额较大,即构成侵占罪。种类物,是指具有共同特征,可以用同种类、同质量的物替代的物,例如,大米、石油、水泥、钢材等。借用他人的种类物,债务人取得该物的所有权,同时负有偿还同种类、同质量的物的义务,但不是退还原物。因此通过借用关系取得对他人财物的所有权,事后拒不退还的,只能作为借贷纠纷处理,不构成侵占罪。例如,甲向乙借 1 万元结婚使用,乙取得对 1 万元货币的所有权,同时负有偿还 1 万元货币的义务。事后甲拒不退还,属于债务纠纷,不构成侵占罪。因此,在借用关系中,区分借贷纠纷与侵占罪的界限,关键在于行为人是否取得对财物的所有权。

(2) 本罪既遂与未遂的界限。侵犯财产罪,一般以行为人使他人的财物脱离所有人或持有人的控制,非法转移到行为人控制之下,或者已经给他人财产造成损害结果为既遂标准。但是,就侵占罪而言,在侵占行为发生之前,他人的财物已经处于行为人合法控制之下。因此,侵占罪的完成有其特殊性,即应当以行为人表示拒绝退还或者拒绝交出为标准。因为,只有拒绝退还或者拒绝交出,才能证明他人财物已经被行为人非法转为己有,完成了侵占行为的全过程,侵占罪的危害结果已经产生。行为人非法占有他人财物,经要求拒不退还或拒不交出,这种法定结果的发生就是侵占罪成立的标志。《刑法》第270条把"拒不退还""拒不交出"规定为侵占罪的一个要件,因此它既是罪与非罪的界限,又是犯罪成立的标准。这一规定实际上排除了侵占罪未遂存在的可能性。要么不拒绝退还或不拒绝交出,则不构成侵占罪;要么拒绝退还或拒绝交出,则成立侵占罪。理论界有观点提出侵占罪未遂成立仍有可能,这值得思考。

(三) 侵占罪的刑事责任

根据《刑法》第270条的规定,犯本罪的,处2年以下有期徒刑、拘役或者罚金;数额巨大的或者有其他严重情节的,处2年以上5年以下有期徒刑,并处罚金。犯本罪,告诉的才处理。

七、职务侵占罪

(一) 职务侵占罪的概念和特征

职务侵占罪,是指公司、企业或者其他单位的人员,利用职务上的便利,将本单位的财物非法占为己有,数额较大的行为。

本罪的构成要件是:

(1) 本罪的客体,是公司、企业或其他单位的财物所有权。犯罪对象,是单位所有的各种财物,包括有体物与无体物、已在单位控制之中的财物与应归单位收入的财物。在本单位管理、使用或者运输中的私人财产,应以本单位财产论,也属于本罪的对象。

(2) 本罪的客观方面,表现为利用职务上的便利,将本单位的财物非法占为己有,数额较大的行为。"利用职务上的便利",是构成职务侵占罪的必要条件。这里职务上的便利,是指本人的职权范围内或者因执行职务而产生的主管、经手、管理单位财物的便利条件。主管财物,主要是指领导人员在职务上具有对单位的财物的购置、调配、流向等决定权力。经手财物,主要是指因执行职务而领取、使用、支配单位的财物等权力。例如,采购员在采购中经手单位的货款和物资,单位工作人员被指派出差经手差旅费等。管理财物,主要是指对单位财物的保管与管理,例如,财务会计、出纳员对单位现金的管理,物资保管员对单位购入的物资的管理等。因而,只要因行为人的职务关系而主管、经手、管理单位财物,都能为侵占单位财物提供便利条件。如果只是利用在本单位工作,熟悉作案环境等条件,不能视为利用职务上的便利,也不能构成本罪。

关于侵占单位财物的手段,法条上未作明确规定。职务侵占的手段包括多种:利用职务之便窃取财物;以涂改账目、伪造单据等方法骗取财物;因执行职务而经手财物,应上交的不上交,加以侵吞;等等。应当说明的是,职务侵占罪中"侵占"一词与《刑法》第 270 条侵占罪中的"侵占"一词,具有不完全相同的含义。后者是狭义的,即仅指非法占有本人业已合法持有的财物;而前者是广义的,即非法占有的意思,并不以合法持有为前提。

利用职务上的便利侵占单位财物,必须是数额较大的,才能构成职务侵占罪。根据 2016 年 4 月 18 日最高人民法院、最高人民检察院《关于办理贪污贿赂刑事案件适用法律若干问题的解释》(以下简称《贪贿解释》)第 11 条的规定,本罪的数额较大标准为 6 万元以上 40 万元以下。

(3) 本罪的主体是特殊主体,即限于公司、企业或者其他单位的人员。公司是指依照公司法,经过国家主管机关批准设立的各种有限责任公司和股份有限公司。企业是指依照我国企业登记法规,经过国家主管机关批准设立的,以营利为目的的各种经济组织。其他单位,是指公司、企业以外的其他组织。例如,医院、学校、文艺单位等。

根据《刑法》第 271 条第 2 款的规定,国有公司、企业或者其他国有单位中从事公务的人员和国有公司、企业或者其他国有单位委派到非国有公司、企业或者其他单位从事公务的人员有前款行为的,依照贪污罪的规定定罪处罚。

值得注意的是,村民小组组长利用职务的便利侵吞公共财物的定性问题。根据 1999 年 6 月 18 日最高人民法院《关于村民小组组长利用职务便利非法占有公共财物如何定性问题的批复》,对村民小组组长利用职务上的便利,将村民小组集体财产非法占为己有,数额较大的行为,应当以职务侵占罪定罪处罚。

根据 2001 年 5 月 23 日最高人民法院《关于在国有资本控股、参股的股份有限公司中从事管理工作的人员利用职务便利非法占有本公司财物如何定罪问题的批复》,在国有资本控股、参股的股份有限公司中从事管理工作的人员,除受国家机关、国有公司、企业、事业单位委派从事公务的以外,不属于国家工作人员。对其利用职务上的便利,将本单位财物非法占为己有,数额较大的,应以职务侵占罪定罪处罚。

(4) 本罪的主观方面为直接故意,即明知是本单位所有的财物,而希望利用职务之便非法占为己有的心理态度。

(二) 职务侵占罪的认定

(1) 本罪与盗窃罪、诈骗罪的界限。职务侵占罪与盗窃罪、诈骗罪,都具有非法占有的目的,都侵犯公私财产权利。它们的主要区别在于:第一,职务侵占罪侵犯的对象只能是公司、企业或其他单位的财物,而盗窃罪、诈骗罪侵犯的可以是任何公私财物。第二,职务侵占罪只能是利用职务上的便利实施,行为方式包括窃取、骗取、侵吞等多种;而盗窃罪、诈骗罪的实施与职务无关,行为方式分别只能是窃取或骗取。第三,职务侵占罪的主体是特殊主体,而盗窃罪、诈骗罪是一般主体。

(2) 本罪与侵占罪的界限。职务侵占罪与侵占罪同属以非法占有为目的,侵犯公私财产权利的犯罪。二者的区别在于:第一,职务侵占罪侵犯的对象是公司、企业或其他单位的财物,而侵占罪侵犯的是代为保管的他人财物以及他人的遗忘物、埋藏物。第二,职务侵占罪只能是利用职务上的便利实施,行为方式包括窃取、骗取、侵吞等多种;而侵占罪的实施与职务无关,行为方式只是将代为保管的他人财物非法占为己有,拒不退还,或者将他人的遗忘物或者埋藏物非法占为己有,拒不交出。第三,职务侵占罪的主体是特殊主体,而侵占罪是一般主体。

(三) 职务侵占罪的刑事责任

根据《刑法》第 271 条的规定,犯本罪的,处 5 年以下有期徒刑或者拘役;数额巨大的,处 5 年以上有期徒刑,可以并处没收财产。根据《贪贿解释》第 11 条的规定,本罪的数额巨大标准为 100 万元以上。

八、挪用资金罪

(一) 挪用资金罪的概念和特征

挪用资金罪,是指公司、企业或者其他单位的人员,利用职务上的便利,挪用本单位资金归个人使用或者借贷给他人,数额较大、超过 3 个月未还的,或者虽未超过 3 个月,但数额较大、进行营利活动的,或者进行非法活动的行为。

本罪的构成要件是:

(1) 本罪的客体是公司、企业或其他单位的财产权,具体侵犯的是单位对财产的占有权、使用权和收益权。犯罪对象限于本单位的资金。在司法实践中比较棘手的问题是,行为人挪用尚未成立的公司资金是否可以构成挪用资金罪。司法机关对此持肯定的态度。根据 2000 年 10 月 9 日最高人民检察院《关于挪用尚未注册成立公司资金的行为适用法律问题的批复》的规定,筹建公司的工作人员在公司登记注册前,利用职务上的便利,挪用准备设立的公司在银行开设的临时账户上的资金,归个人使用或者借贷给他人,数额较大、超过 3 个月未还的,或者虽未超过 3 个月,但数额较大、进行营利活动的,或者进行非法活动的,应当按照挪用资金罪定罪处罚。

(2) 挪用资金罪的客观方面表现为利用职务上的便利,挪用单位资金归个人使用或者借贷给他人使用。挪用是指利用职务上的便利,非法擅自动用单位资金归本人或他人使用,但准备日后退还。利用职务上的便利,是指利用本人在职务上主管、经管或经手单位资金的方便条件,例如单位领导人利用主管财务的职务,出纳员利用保管现金的职务,以及其他工作人员利用经手单位资金的便利条件。未利用职务上的便利,不可能挪用单位资金,也不可能构成挪用资金罪。所谓挪用单位资金归个人使用或者借贷给他人使用,根据 2000 年 6 月 30 日最高人民法院《关于如何理解刑法第 272 条规定的"挪用单位资金归个人使用或者借贷给他人"问题的批复》,挪用单位资金归个人使用或者借贷给他人使用,是指公司、企业或者其他单位的非国家工作人员,利用职务上的便利,挪用本单位资金归本人或者其他自然人使用,或者挪用人以个人名义将挪用的资金借给其他自然人和单位的行为。根据 2010 年 5 月 7 日最高人民检察院、公安部《关于公安机关管辖的刑事案件立案追诉标准的规定(二)》第 85 条的规定,"归个人使用",包括将本单位资金供本人、亲友或者其他自然人使用的,以个人名义将本单位资金供其他单位使用的,个人决定以单位名义将本单位资金供其他单位使用,谋取个人利益的。

挪用资金的具体表现形式包括:第一,挪用本单位资金,进行非法活动的。非法活动是指国家法律禁止的一切活动,包括一般违法行为和犯罪行为,如走私、贩毒、赌博等。《刑法》第 272 条对此没有规定挪用数额和挪用时间的限制。但是,根据《贪贿解释》第 11 条的规定,进行非法活动,挪用资金 6 万元以上归个人使用的,应当以本罪追究刑事责任。第二,挪用本单位资金,数额较大,进行营利活动的。营利活动是指挪用本单位资金进行经营或者其他谋取利润的行为,如经商、投资、炒股等。营利活动型挪用资金罪必须是挪用资金数额较大,但没有挪用时间和是否归还的限制。根据《贪贿解释》第 11 条的规定,此处数额较大的标准是 10 万元以上。未达此数额标准的,一般应作为违反财经纪律处理。第三,挪用本单位资金,数额较大,超过 3 个月未还的。此项所说的挪用,是指将资金用于生活开支等其他方面,如购买生活资料、旅游观光、偿还私人债务等。超期未还型挪用资金罪必须符合以下两个条件:一是挪用资金数额较大。根据《贪贿解释》第 11 条的规定,此处数额较大的标准是 10 万元以上。二是挪用资金超过 3 个月未还。"未还",是指超过 3 个月,在案发前,即被司法机关、主管部门或者有关单位发现前,尚未归还。如果挪用期限未超过 3 个月,或者虽然超过 3 个月,但在案发前已自动归还的,不构成本罪,应作为违反财经纪律处理。

(3)挪用资金罪的主体是特殊主体,即公司、企业或其他单位中从事一定管理性职务的人员。单纯劳务人员,不能成为本罪的主体。国有公司、企业或单位中从事公务的国家工作人员,或者国有单位委派到非国有单位从事公务的国家工作人员,利用职务之便挪用本单位财物的,应以挪用公款罪论处。但是,根据 2000 年 2 月 13 日最高人民法院《关于对受委托管理、经营国有财产人员挪用国有资金行为如何定罪问题的批复》,对于受国家机关、国有公司、企业、事业单位、人民团体委托,管理、经营国有财产的非国家工作人员,利用职务上的便利,挪用国有资金归个人使用构成犯罪的,应当依照挪用资金罪定罪处罚。

(4)挪用资金罪的主观方面是直接故意,且具有非法使用单位资金的目的。

(二)挪用资金罪的认定

(1)本罪的既遂与未遂的界限。"挪用"一词是由"挪"和"用"两种行为结合而成的。"挪"就是利用职务上的便利,将本单位的资金转移到本人或者他人的控制之下。"用"就是将资金用于本人或者他人的某种需要。"挪"是前提,而"用"是目的。但是就挪用资金罪而言,并不是行为人实现了"用"的目的,才构成既遂。因为,挪用资金罪侵犯的客体,是单位对资金的占有权、使用权和收益权,只要行为人已经将资金转移到本人或者他人控制之下,单位失去了对资金的控制,即标志其占有权、使用权和收益权已经实际地遭到侵犯,行为人是否使用,对此并没有实际的影响。因此,我们认为,挪用资金罪应当是以行为人或者他人对资金的实际控制为既遂的标准。行为人已经着手实施,因为其意志以外的原因而没有能够控制资金的,只能构成挪用资金罪的未遂。

(2) 本罪与职务侵占罪的界限。挪用资金罪与职务侵占罪,都是公司、企业或者其他单位内部人员,利用职务的便利,侵犯本单位财产的行为。挪用资金罪与职务侵占罪的区别主要在于:第一,犯罪客体和犯罪对象不同。挪用资金罪的客体只是侵犯了本单位财产的占有权、使用权和收益权,而没有侵犯本单位财产的处分权,而职务侵占罪是侵犯单位财产的整体所有权。挪用资金罪的犯罪对象是资金,而职务侵占罪的犯罪对象除了资金之外,还包括其他具有经济价值的有形和无形的财物。第二,犯罪的客观方面不同。挪用资金罪的构成,刑法条文作了较为详细的规定,不同的挪用行为有不同的定罪标准,职务侵占罪只是对侵占行为作出了概括性的规定,定罪是以数额较大为标准。第三,犯罪的主观方面不同。挪用资金罪的目的是暂时使用本单位的财物,不存在非法占有的目的,职务侵占罪则是以非法占有为目的,即将本单位的财物非法占为己有。

(三) 挪用资金罪的刑事责任

根据《刑法》第272条的规定,犯本罪的,处3年以下有期徒刑或者拘役;挪用资金数额巨大的,或者数额较大不退还的,处3年以上10年以下有期徒刑。"不退还",是指因客观原因在一审宣判前不能退还的。例如,因天灾人祸或因从事非法活动被没收,而无力退还。有能力退还而携款潜逃的,应以职务侵占罪论处。

九、挪用特定款物罪

挪用特定款物罪,是指违反国家财经管理制度,挪用用于救灾、抢险、防汛、优抚、扶贫、移民、救济款物,情节严重,致使国家和人民群众利益遭受重大损害的行为。本罪的犯罪客体是复杂客体,即公共财物所有权和特定款物的财经管理制度。犯罪对象,只能是专门用于救灾、抢险、防汛、优抚、扶贫、移民、救济款物,包括生产资料和生活资料。另外,根据2003年1月28日最高人民检察院《关于挪用失业保险基金和下岗职工基本生活保障资金的行为适用法律问题的批复》的规定,挪用失业保险基金和下岗职工基本生活保障资金属于挪用救济款物。挪用失业保险基金和下岗职工基本生活保障资金,情节严重,致使国家和人民群众利益遭受重大损害的,对直接责任人员,按照挪用特定款物罪定罪处罚。本罪犯罪客观方面表现为利用职务上的便利,违反专款专用的财经管理制度,将上述特定款物用于其他方面并且情节严重,致使国家和人民群众利益遭受重大损害。2010年5月7日最高人民检察院、公安部《关于公安机关管辖的刑事案件立案追诉标准的规定(二)》第86条对本罪中的"情节严重,致使国家和人民群众利益遭受重大损害"的标准有明确规定。本罪的犯罪主体只能是主管、经管、经手上述特定款物的工作人员,包括国家工作人员、集体经济组织工作人员,以及其他经手、管理上述款物的人员。犯罪主观方面是直接故意,即明知是专用的特定款物,而故意挪作他用。过失不能构成本罪。根据《刑法》第273条的规定,犯本罪的,对直接责任人员,处3年以下有期徒刑或者拘役;情节特别严重的,处3年以上7年以下有期徒刑。

十、敲诈勒索罪

（一）敲诈勒索罪的概念和特征

敲诈勒索罪，是指以非法占有为目的，以威胁或者要挟的方法，强索公私财物，数额较大或者多次敲诈勒索的行为。

本罪的构成要件是：

（1）本罪的客体为复杂客体，主要客体是公私财产所有权，次要客体是他人的人身权利或者其他权益。这是由本罪特定的犯罪方法决定的。犯罪对象是公私财物，包括动产和不动产，生产资料和生活资料。司法实践中，以勒索钱财居多。有学者主张，敲诈勒索罪的对象除财物外，也可以是"财产性利益"。例如，用威胁或要挟方法强迫他人为自己无偿提供劳务。我们认为，在《刑法修正案（八）》施行之前，用勒索的方法迫使他人交付具有经济价值的财物，与用同样的方法迫使他人无偿提供劳务，占有其劳动价值相比较，二者没有本质区别。鉴于《刑法修正案（八）》施行之前我国刑法对此无明文规定，从贯彻罪刑法定原则考虑，"财产性利益"一说是否妥当，还值得研究。但是，在《刑法修正案（八）》施行之后，此类行为若符合《刑法》第244条规定的强迫劳动罪的构成要件，则可以强迫劳动罪追究行为人（包括自然人、单位及其直接负责的主管人员和其他直接责任人员）的刑事责任。

（2）本罪的客观方面表现为以威胁或者要挟的方法，向公私财物的所有人或持有人强索财物的行为。威胁和要挟，都是能够引起他人心理恐惧的精神强制方法。二者没有本质区别。略有不同的是，威胁可以用任何侵害他人的方法相恐吓，而要挟通常是指抓住他人的把柄，以揭露其隐私相恐吓，例如，尚未暴露的贪污、盗窃等违法犯罪事实或生活作风腐败等。被害人是否确实产生恐惧并被迫交付财物，不影响本罪的构成。威胁和要挟的方式可以多种多样。例如，可以当着被害人的面用口头、书面或其他方式表示，也可以通过电话、书信方式表示；可以是行为人亲自发出，也可以是委托第三者转达；可以明示，也可以暗示，都不影响本罪的构成。依法正当行使权利的行为，即便会给有关当事人形成心理压力，但不属于本罪的威胁或者要挟方法。

为了正确认定敲诈勒索罪，应当把握本罪的威胁和要挟方法（即胁迫）的以下特点：第一，行为人以将要实施的积极的侵害行为，对财物所有人或持有人进行恐吓。例如，以将要实施杀害、伤害、揭发隐私、毁灭财物等相恐吓。由此可见，本罪只能以作为方式实施，不可能是不作为。制造、散布迷信谣言，引起他人恐惧，乘机以帮助驱鬼消灾为名骗取群众财物的，以及面对处于困境的人的求助请求，称不给钱就不予救助等，都不能认定为敲诈勒索罪。第二，行为人扬言将要危害的对象，可以是财物的所有人或持有人，也可以是与他们有利害关系的其他人，例如，财物所有人或持有人的亲属等。第三，发出威胁的方式可以多种多样。例如，可以当着被害人的面用口头、书面或其他方式表示，也可以通过电话、书信方式表示；可以是行为人亲自发出，也可以是委托第三者转达；可以明示，也可以暗示，都不影响本罪的构成。第四，威胁要实施的侵害行为有多种，有的是可以当场实现的，如杀害、伤害，有的是当场不可能实现,必须日后才能实现的,如揭发隐私。需要注意的是,行为人威胁将要实施危害行为,并非意味着发出威胁之时不实施任何侵害行为,例如威胁将要实施伤害行为,但在威胁发出之时实施相对轻微的殴打行为;或者威胁将要实施杀害行为,但在威胁发出之时实施伤害行为。此种当场实施较轻加害行为、同时威胁将来实施较重加害行为的方式,可能影响行为人实际触犯的罪名和符合的具体犯罪数量,应当结合具体案件情况予以判断。

采用威胁或要挟的方法敲诈勒索财物,敲诈勒索行为与他人交付财物之间,可以表现为三种不同的情况:一是行为人要求被害人必须在其指定的时间和地点交付财物,否则会在日后将其威胁的内容付诸实现。二是行为人当面对被害人以当场实施暴力相威胁,要求其答应在规定的时间和地点交付财物。三是行为人以日后将要对被害人实施侵害行为相威胁,要求当场交付财物。这表明,对于敲诈勒索罪来说,行为人绝对不可能以当场实现威胁的内容相恐吓,当场非法占有他人财物,这也是本罪与抢劫罪的显著区别。

刑法规定,敲诈勒索的财物价值达到"数额较大"或者虽未达到"数额较大"但属于"多次敲诈勒索"的,才构成敲诈勒索罪。2013年4月23日最高人民法院、最高人民检察院《关于办理敲诈勒索刑事案件适用法律若干问题的解释》(以下简称《敲诈勒索解释》)第1条规定,敲诈勒索公私财物价值2000元至5000元以上的,为"数额较大"。各省、自治区、直辖市高级人民法院、人民检察院可以根据本地区经济发展状况和社会治安状况,在前款规定的数额幅度内,共同研究确定本地区执行的具体数额标准,报最高人民法院、最高人民检察院批准。第2条规定,敲诈勒索公私财物,具有下列情形之一的,"数额较大"的标准可以按照本解释第1条规定标准的50%确定:① 曾因敲诈勒索受过刑事处罚的;② 1年内曾因敲诈勒索受过行政处罚的;③ 对未成年人、残疾人、老年人或者丧失劳动能力人敲诈勒索的;④ 以将要实施放火、爆炸等危害公共安全犯罪或者故意杀人、绑架等严重侵犯公民人身权利犯罪相威胁敲诈勒索的;⑤ 以黑恶势力名义敲诈勒索的;⑥ 利用或者冒充国家机关工作人员、军人、新闻工作者等特殊身份敲诈勒索的;⑦ 造成其他严重后果的。第3条规定,两年内敲诈勒索三次以上的,应当认定为《刑法》第274条规定的"多次敲诈勒索"。

(3)本罪的主体为一般主体,即年满16周岁、具有刑事责任能力的自然人。

(4)本罪的主观方面是直接故意,且以非法占有为目的。如果不是为了非法占有公私财物,而是依法主张权利,如债权人以将要向法院起诉为前提要求债务人尽快还债,不构成敲诈勒索罪。

(二)敲诈勒索罪的认定

(1)本罪与非罪的界限。根据《刑法》第274条的规定,只有敲诈勒索财物的数额达到较大程度或者多次敲诈勒索的,才构成敲诈勒索罪。敲诈勒索的财物数额未达较大程度或者既未达较大程度又不属于"多次敲诈勒索"的,不构成犯罪。当然,也并非只要敲诈勒索财物的数额达到较大程度就一律作为犯罪处理。对此,《敲诈勒索解释》有比较明确的规定。其第5条规定,敲诈勒索数额较大,行为人认罪、悔罪、退赃、退赔,并具有下列情形之一的,可以认定为犯罪情节轻微,不起诉或者免予刑事处罚,由有关部门依法予以行政处罚:① 具有法定从宽处罚情节的;② 没有参与分赃或者获赃较少且不是主犯的;③ 被害人谅解的;④ 其他情节轻微、危害不大的。其第6条规定,敲诈勒索近亲属的财物,获得谅解的,一般不认为是犯罪;认定为犯罪的,应当酌情从宽处理。被害人对敲诈勒索的发生存在过错的,根据被害人过错程度和案件其他情况,可以对行为人酌情从宽处理;情节显著轻微危害不大的,不认为是犯罪。

(2) 本罪与有关犯罪的界限。第一,本罪与抢劫罪的界限。敲诈勒索罪的威胁、要挟方法与抢劫罪的胁迫方法,同属精神强制方法,因此,必须注意分清它们的界限。二者区别在于:一是抢劫罪必须是行为人当着被害人的面发出威胁;而敲诈勒索罪可以当面威胁,也可以不当面威胁,可以由自己发出威胁,也可以由第三者转达威胁。二是抢劫罪必须是以当场实现威胁的内容相恐吓;敲诈勒索罪则可以当场实现或日后实现威胁内容相恐吓。三是抢劫罪必须是当场夺取财物或迫使被害人交付财物;而敲诈勒索罪则可以是迫使被害人当场或者日后交付财物。第二,本罪与诈骗罪的界限。敲诈勒索罪与诈骗罪的犯罪主体都是一般主体,犯罪主观方面都是直接故意,且以非法占有为目的。二罪的根本区别在于犯罪客体和犯罪客观方面的不同:在犯罪客体上,本罪侵犯的是复杂客体,即公私财产所有权和公民人身权利或其他权益;诈骗罪侵犯的是单一客体,即公私财产所有权。在犯罪客观方面,本罪表现为以威胁或要挟方法,迫使被害人因恐惧而被迫交付财物;诈骗罪表现为以虚构事实或隐瞒真相的方法,使被害人受蒙蔽而"自愿地"交付财物。在敲诈勒索案件中,有的行为人具体实施的行为可能包含有欺诈因素,但这种欺诈因素仅为敲诈勒索的"由头"或"借口",而非敲诈勒索的实行行为,即并非本罪客观方面的行为。换言之,构成敲诈勒索罪,不以是否有"借口",或者"借口"是否真实为要件。例如,甲给乙的父亲写信,谎称乙打他的事实,具有欺骗性,但是,他并不是靠欺骗方法蒙蔽乙的家长,使其自愿交付数额较大的财物,而是靠杀乙相威胁,企图迫使乙的家长交付数额较大的财物,应定敲诈勒索罪。

(三) 敲诈勒索罪的刑事责任

根据《刑法》第274条的规定,犯本罪的,处3年以下有期徒刑、拘役或者管制,并处或者单处罚金;数额巨大或者有其他严重情节的,处3年以上10年以下有期徒刑,并处罚金;数额特别巨大或者有其他特别严重情节的,处10年以上有期徒刑,并处罚金。

十一、故意毁坏财物罪

故意毁坏财物罪,是指故意非法地毁灭或者损坏公私财物,数额较大或者情节严重的行为。本罪的犯罪客体是公私财物的所有权。犯罪对象可以是任何有形的公私财物,包括动产和不动产。但是,破坏特定公私财物,刑法另有规定的,应依规定处理。本罪的犯罪客观方面表现为毁灭或者损坏公私财物,数额较大或者情节严重的行为。损毁财物的方法有多种,包括砸毁、撕毁、压毁等。但是,用放火、爆炸等危险方法毁坏、毁灭公私财物,危害公共安全的,应以放火罪、爆炸罪等论处。损毁财物数额较大或者情节严重的,才构成本罪,至于其具体标准,最高人民检察院、公安部《关于公安机关管辖的刑事案件立案追诉标准的规定(一)》第33条有明确规定。本罪的犯罪主体为一般主体。犯罪主观方面为故意,包括直接故意和间接故意。根据《刑法》第275条的规定,犯本罪的,处3年以下有期徒刑、拘役或者罚金;数额巨大或者有其他特别严重情节的,处3年以上7年以下有期徒刑。

十二、破坏生产经营罪

破坏生产经营罪,是指以泄愤报复或者其他个人目的,破坏机器设备、残害耕畜或者以其他方法破坏生产经营的行为。本罪的犯罪客体是复杂客体,即公私财物的所有权和国家、集体或者个人生产经营的正常秩序。犯罪对象是与生产经营有直接联系的财物,一般是正在使用中的各种设备、用具及耕畜。犯罪客观方面表现为破坏机器设备、残害耕畜或者以其他方法破坏生产经营的行为。其他方法是指其他与破坏机器设备、残害耕畜相类似的破坏生产经营活动的方法。例如,切断电源、毁坏设计图纸等。本罪的犯罪主体为一般主体。犯罪主观方面为直接故意,并具备报复泄愤或者其他个人目的。最高人民检察院、公安部《关于公安机关管辖的刑事案件立案追诉标准的规定(一)》第34条对本罪的立案标准有明确规定。根据《刑法》第276条的规定,犯本罪的,处3年以下有期徒刑、拘役或者管制;情节严重的,处3年以上7年以下有期徒刑。

十三、拒不支付劳动报酬罪

拒不支付劳动报酬罪,是指负有向劳动者支付劳动报酬义务的雇主和用人单位,以转移财产、逃匿等方法逃避支付劳动者的劳动报酬或者有能力支付而不支付劳动者的劳动报酬,数额较大,经政府有关部门责令支付仍不支付的行为。本罪犯罪客体是复杂客体,即国家劳动秩序和劳动者获得劳动报酬的权利。需要注意的是,《刑法》第276条之一设定拒不支付劳动报酬罪所保护的社会关系,较之《劳动合同法》调整的劳动关系要更为广泛。因此,本罪中的"劳动者的劳动报酬",不只限于《劳动合同法》规定的劳动合同所约定的"劳动者的劳动报酬",而且包括民法调整的雇佣合同所约定的"劳动者的劳动报酬"。2013年1月最高人民法院《关于审理拒不支付劳动报酬刑事案件适用法律若干问题的解释》第1条规定,劳动者依照我国《劳动法》和《劳动合同法》等法律的规定应得的劳动报酬,包括工资、奖金、补贴、延长工作时间的工资报酬及特殊情况下支付的工资等,应当认定为本罪中的"劳动者的劳动报酬"。本罪犯罪客观方面表现为,以转移财产、逃匿等方法逃避支付劳动者的劳动报酬或者有能力支付而不支付劳动者的劳动报酬,数额较大,经政府有关部门责令支付仍不支付的行为。雇主和用人单位有依法向劳动者支付劳动报酬的义务,在此前提条件下,若其有能力履行而不履行向劳动者支付劳动报酬的义务,同时达到数额较大程度,并且符合经政府有关部门责令支付仍不支付的条件时,即构成犯罪。对于"数额较大"的标准,《关于审理拒不支付劳动报酬刑事案件适用法律若干问题的解释》第3条有明确规定,即具备下列情形之一的,应认定为拒不支付劳动报酬的"数额较大":① 拒不支付1名劳动者3个月以上的劳动报酬且数额在5000元至2万元以上的;② 拒不支付10名以上劳动者的劳动报酬且数额累计在3万元至10万元以上的。各省、自治区、直辖市高级人民法院可以根据本地区经济发展状况,在上述数额幅度内,研究确定本地区执行的具体数额标准,报最高人民法院备案。本罪犯罪主体是特殊主体,即负有向劳动者支付劳动报酬义务的自然人和单位,包括雇主和用人单位。犯罪主观方面是故意,即行为人明知负有向劳动者支付劳动报酬的义务而不履行,且经政府有关部门责令履行仍拒不履行的心理态度。犯罪的动机,不影响本罪的成立。根据《刑法》第276条之一的规定,犯本罪的,处3年以下有期徒刑或者拘役,并处或者单处罚金;造成严重后果的,处3年以上7年以下有期徒刑,并处罚金。单位犯本罪的,对单位判处罚金,并对其直接负责的主管人员和其他直接责任人员,依照上述规定处罚。此外,追究拒不支付劳动报酬罪的刑事责任特别需要注意的是,根据《刑法》第276条之一第3款的规定,犯本罪尚未造成严重后果,在公诉前支付劳动者的劳动报酬,并依法承担相应赔偿责任的,可以减轻或者免除处罚。

第二十六章 妨害社会管理秩序罪

第一节 妨害社会管理秩序罪概述

一、妨害社会管理秩序罪的概念和构成

所谓妨害社会管理秩序罪,是指故意或者过失地妨害国家机关或其他有关机构对社会的管理活动,破坏社会正常秩序,依法应当受到刑罚处罚的行为。本类犯罪规定在我国《刑法》分则第六章,因其内容繁多而成为《刑法》分则十类犯罪中罪名最多的一类犯罪。

妨害社会管理秩序罪具有如下构成要件:

(1) 本类犯罪的客体是社会管理秩序。社会管理秩序是一个内涵与外延极为广泛的概念。广义的社会管理秩序,是指国家对社会各个方面进行管理而形成的稳定有序的社会状态。刑法规定的任何犯罪都从不同角度侵犯了广义的社会管理秩序。但是,由于我国《刑法》分则已对危害、破坏或侵犯国家安全、社会公共安全、市场经济秩序、人身权利、民主权利、财产权利、国防与军事利益以及国家机关正常活动等社会秩序的行为专门分章作了规定,因此这类犯罪所侵犯的同类客体是狭义的社会管理秩序,即国家对社会日常生活进行管理而形成的有条不紊的秩序,特指《刑法》分则其他各章规定之罪所侵犯的同类客体以外的社会管理秩序。

(2) 本类犯罪的客观方面表现为行为人实施了妨害国家对社会的管理活动、破坏社会管理秩序的行为。这类犯罪的行为内容与表现形式多种多样,因而我国《刑法》分则将其区分为九类行为:一是扰乱公共秩序;二是妨害司法;三是妨害国(边)境管理;四是妨害文物管理;五是危害公共卫生;六是破坏环境资源保护;七是走私、贩卖、运输、制造毒品;八是组织、强迫、引诱、容留、介绍卖淫;九是制作、贩卖、传播淫秽物品。我国《刑法》分则对这九类行为构成犯罪的条件作了不同的规定,从而表现出行为犯、结果犯、危险犯、情节犯等犯罪形态上的差异。

(3) 本类犯罪的主体,多数是一般主体,也有少数是特殊主体(如包庇、纵容黑社会性质组织罪);多数犯罪的主体限于自然人,也有少数犯罪既可以由自然人实施,也可以由单位实施(如掩饰、隐瞒犯罪所得、犯罪所得收益罪);还有个别犯罪的主体只能是单位(如采集、供应血液、制作、供应血液制品事故罪)。

(4) 本类犯罪的主观方面,绝大多数表现为故意,也有少数犯罪表现为过失(如医疗事故罪)。在故意犯罪中,有少数犯罪还要求行为人具有特定的犯罪目的(如赌博罪和制作、复制、出版、贩卖、传播淫秽物品牟利罪等)。

二、妨害社会管理秩序罪的种类

根据我国《刑法》分则第六章的规定,妨害社会管理秩序罪分为九类,共计137个罪名。现分述如下:

(1) 扰乱公共秩序罪。包括51个具体罪名:妨害公务罪,煽动暴力抗拒法律实施罪,招摇撞骗罪,伪造、变造、买卖国家机关公文、证件、印章罪,盗窃、抢夺、毁灭国家机关公文、证件、印章罪,伪造公司、企业、事业单位、人民团体印章罪,伪造、变造、买卖身份证件罪,使用虚假身份证件、盗用身份证件罪,非法生产、买卖警用装备罪,非法获取国家秘密罪,非法持有国家绝密、机密文件、资料、物品罪,非法生产、销售专用间谍器材、窃听、窃照专用器材罪,非法使用窃听、窃照专用器材罪,组织考试作弊罪,非法出售、提供试题、答案罪,代替考试罪,非法侵入计算机信息系统罪,非法获取计算机信息系统数据、非法控制计算机信息系统罪,提供侵入、非法控制计算机信息系统程序、工具罪,破坏计算机信息系统罪,拒不履行信息网络安全管理义务罪,非法利用信息网络罪,帮助信息网络犯罪活动罪,扰乱无线电通讯管理秩序罪,聚众扰乱社会秩序罪,聚众冲击国家机关罪,扰乱国家机关工作秩序罪,组织、资助他人非法聚集罪,聚众扰乱公共场所秩序、交通秩序罪,投放虚假危险物质罪,编造、故意传播虚假恐怖信息罪,编造、故意传播虚假信息罪,聚众斗殴罪,寻衅滋事罪,组织、领导、参加黑社会性质组织罪,入境发展黑社会组织罪,包庇、纵容黑社会性质组织罪,传授犯罪方法罪,非法集会、游行、示威罪,非法携带武器、管制刀具、爆炸物参加集会、游行、示威罪,破坏集会、游行、示威罪,侮辱国旗、国徽罪,侮辱国歌罪,组织、利用会道门、邪教组织、利用迷信破坏法律实施罪,组织、利用会道门、邪教组织、利用迷信致人重伤、死亡罪,聚众淫乱罪,引诱未成年人聚众淫乱罪,盗窃、侮辱、故意毁坏尸体、尸骨、骨灰罪,赌博罪,开设赌场罪,故意延误投递邮件罪。

(2) 妨害司法罪。包括20个具体罪名:伪证罪,辩护人、诉讼代理人毁灭证据、伪造证据、妨害作证罪,妨害作证罪,帮助毁灭、伪造证据罪,虚假诉讼罪,打击报复证人罪,泄露不应公开的案件信息罪,披露、报道不应公开的案件信息罪,扰乱法庭秩序罪,窝藏、包庇罪,拒绝提供间谍犯罪、恐怖主义犯罪、极端主义犯罪证据罪,掩饰、隐瞒犯罪所得、犯罪所得收益罪,拒不执行判决、裁定罪,非法处置查封、扣押、冻结的财产罪,破坏监管秩序罪,脱逃罪,劫夺被押解人员罪,组织越狱罪,暴动越狱罪,聚众持械劫狱罪。

(3) 妨害国(边)境管理罪。包括8个具体罪名:组织他人偷越国(边)境罪,骗取出境证件罪,提供伪造、变造的出入境证件罪,出售出入境证件罪,运送他人偷越国(边)境罪,偷越国(边)境罪,破坏界碑、界桩罪,破坏永久性测量标志罪。

(4) 妨害文物管理罪。包括10个具体罪名:故意损毁文物罪,故意损毁名胜古迹罪,过失损毁文物罪,非法向外国人出售、赠送珍贵文物罪,倒卖文物罪,非法出售、私赠文物藏品罪,盗掘古文化遗址、古墓葬罪,盗掘古人类化石、古脊椎动物化石罪,抢夺、窃取国有档案罪,擅自出卖、转让国有档案罪。

(5) 危害公共卫生罪。包括 11 个具体罪名:妨害传染病防治罪,传染病菌种、毒种扩散罪,妨害国境卫生检疫罪,非法组织卖血罪,强迫卖血罪,非法采集、供应血液、制作、供应血液制品罪,采集、供应血液、制作、供应血液制品事故罪,医疗事故罪,非法行医罪,非法进行节育手术罪,妨害动植物防疫、检疫罪。

(6) 破坏环境资源保护罪。包括 15 个具体罪名:污染环境罪,非法处置进口的固体废物罪,擅自进口固体废物罪,非法捕捞水产品罪,非法猎捕、杀害珍贵、濒危野生动物罪,非法收购、运输、出售珍贵、濒危野生动物、珍贵、濒危野生动物制品罪,非法狩猎罪,非法占用农用地罪,非法采矿罪,破坏性采矿罪,非法采伐、毁坏国家重点保护植物罪,非法收购、运输、加工、出售国家重点保护植物、国家重点保护植物制品罪,盗伐林木罪,滥伐林木罪,非法收购、运输盗伐、滥伐的林木罪。

(7) 走私、贩卖、运输、制造毒品罪。包括 11 个罪名:走私、贩卖、运输、制造毒品罪,非法持有毒品罪,包庇毒品犯罪分子罪,窝藏、转移、隐瞒毒品、毒赃罪,非法生产、买卖、运输制毒物品、走私制毒物品罪,非法种植毒品原植物罪,非法买卖、运输、携带、持有毒品原植物种子、幼苗罪,引诱、教唆、欺骗他人吸毒罪,强迫他人吸毒罪,容留他人吸毒罪,非法提供麻醉药品、精神药品罪。

(8) 组织、强迫、引诱、容留、介绍卖淫罪。包括 6 个具体罪名,它们是:组织卖淫罪,强迫卖淫罪,协助组织卖淫罪,引诱、容留、介绍卖淫罪,引诱幼女卖淫罪,传播性病罪。

(9) 制作、贩卖、传播淫秽物品罪。包括 5 个具体罪名:制作、复制、出版、贩卖、传播淫秽物品牟利罪,为他人提供书号出版淫秽书刊罪,传播淫秽物品罪,组织播放淫秽音像制品罪,组织淫秽表演罪。

第二节 扰乱公共秩序罪

一、妨害公务罪

(一) 妨害公务罪的概念和构成

妨害公务罪,是指以暴力、威胁方法阻碍国家机关工作人员、人大代表依法执行职务,或者在自然灾害和突发事件中,以暴力、威胁的方法阻碍红十字会工作人员依法履行职责,以及故意阻碍国家安全机关、公安机关依法执行国家安全工作任务,虽未使用暴力、威胁方法,但造成严重后果的行为。

本罪的构成要件是:

(1) 本罪侵犯的客体是国家机关、人民代表大会、红十字会、国家安全机关以及公安机关的公务。所谓公务,是指公共管理事务,即国家机关工作人员与人大代表依法执行职务的活动,红十字会工作人员依法履行职责的活动,以及国家安全机关和公安机关工作人员依法执行国家安全工作任务的活动。

本罪侵犯的对象是正在依法执行职务、履行职责的上述四类人员。其中对国家机关工作人员的理解,有两点值得注意:第一,根据 2000 年 3 月 21 日最高人民检察院《关于以暴力威胁方法阻碍事业编制人员依法执行行政执法职务是否可以对侵害人以妨害公务罪论处的批复》的规定,对于以暴力、威胁方法阻碍国有事业单位人员依照法律、行政法规的规定执行行政执法职务的,或者以暴力、威胁方法阻碍国家机关中受委托从事行政执法活动的事业编制人员执行行政执法职务的,可以对侵害人以妨害公务罪追究刑事责任。第二,2002年12月28日全国人大常委会《关于〈中华人民共和国刑法〉第九章渎职罪主体适用问题的解释》规定:"在依照法律、法规规定行使国家行政管理职权的组织中从事公务的人员,或者在受国家机关委托代表国家机关行使职权的组织中从事公务的人员,或者虽未列入国家机关人员编制但在国家机关中从事公务的人员,在代表国家机关行使职权时,有渎职行为,构成犯罪的,依照刑法关于渎职罪的规定追究刑事责任。"该规定虽然是对渎职罪主体的解释,但由于渎职罪的主体均为国家机关工作人员,所以可以认为该解释实际上是对"国家机关工作人员"的解释。综合以上司法解释与立法解释可见,应当对本罪中的国家机关工作人员作实质性解释,而不应拘泥于其是否有公务员身份和编制。

(2) 本罪的客观方面表现为行为人以暴力、威胁的方法阻碍国家机关工作人员、人大代表依法执行职务,或者在自然灾害和突发事件中以暴力、威胁方法阻碍红十字会工作人员依法履行职责,或者虽未使用暴力、威胁的方法,但故意阻碍国家安全机关与公安机关工作人员依法执行国家安全工作任务,且造成了严重后果的行为。

首先,本罪的危害行为所针对的对象必须是在"依法"执行职务或职责。我国《宪法》第5条规定:"……一切国家机关和武装力量、各政党和各社会团体、各企业事业组织都必须遵守宪法和法律。一切违反宪法和法律的行为,必须予以追究。任何组织或者个人都不得有超越宪法和法律的特权。"如果国家机关工作人员、人大代表、红十字会工作人员以及国家安全机关与公安机关工作人员的行为属于滥用职权、徇私舞弊、以权谋私的行为,人民群众有权阻止,不能将这种制止行为视为妨害公务。

其次,本罪的危害行为只能发生在国家机关工作人员、人大代表、红十字会工作人员以及国家安全机关与公安机关工作人员依法执行职务或职责期间。阻碍红十字会工作人员依法执行职责,还必须发生在自然灾害或突发事件中。在事前或者事后对有关人员进行阻碍,不会影响职务或职责的履行,不能以本罪论处。

最后,针对不同的犯罪对象而实施的妨害公务行为,构成本罪的条件不同。阻碍国家机关工作人员、人大代表、红十字会工作人员依法执行职务或履行职责,必须使用暴力、威胁的方法。所谓暴力,是指对上述人员实施殴打、捆绑或者其他人身强制行为,致使其不能正常履行职务或者职责。所谓威胁,是指行为人以杀害、伤害、毁坏财产、破坏名誉等相恐吓,对上述人员进行精神强制,以迫使其放弃或者不正确履行职务或职责。至于故意阻碍国家安全机关、公安机关依法执行国家安全工作任务,则不以行为人使用暴力或威胁方法为必要,但要求行为人的行为造成了严重的后果。

(3) 本罪的主体为一般主体,凡是已满16周岁具有刑事责任能力的自然人都可以成为本罪的主体。

(4) 本罪的主观方面是故意,即行为人明知对方是正在依法执行职务或履行职责的国家机关工作人员、人大代表、红十字会工作人员而有意以暴力、威胁方法加以阻碍,或者明知对方是正在依法执行国家安全工作任务的国家安全机关与公安机关工作人员,而有意进行阻碍,希望或放任使之无法正常执行职务或者履行职责的结果发生。如果行为人对上述人员的身份或者执行公务的合法性发生认识错误而实施了妨害公务的行为,不构成本罪。

(二) 妨害公务罪的认定

(1) 本罪与非罪的界限。① 要分清妨害公务罪与人民群众同国家机关工作人员等的违法乱纪行为作斗争的行为的界限。二者主观意图和客观表现都有所不同。前者的行为人是怀着明确的反社会意图而实施阻碍公务的行为;后者的行为人则是基于社会公正的立场同违法乱纪的行为进行斗争。人民群众同国家机关工作人员等的违法乱纪行为作斗争的行为不仅不能作为犯罪处理,而且还要予以保护和鼓励。② 要分清妨害公务罪与群众因其合理要求未得到解决而对某些国家机关工作人员进行顶撞的行为的界限。国家机关工作人员在工作中有时会出现失误与纰漏,甚至个别素质不高的国家机关工作人员未能摆正自己的位置,执行职务态度生硬、方法简单,影响到群众的具体利益,引起群众不满,与其发生冲突和顶撞,对此不宜以犯罪论处。③ 要分清妨害公务罪与一般违法行为的界限。对于情节显著轻微、危害不大的妨害公务行为,例如某些群众为满足其不合理要求而对正在执行公务或履行职责的前述人员实施了谩骂、顶撞等行为,如果行为手段强制性不明显,一般不应作为犯罪处理。故意阻碍国家安全机关、公安机关依法执行国家安全工作任务,未造成严重后果的,也不应以犯罪论处。

(2) 本罪与近似犯罪的界限。① 本罪与侮辱罪、故意伤害罪、故意毁坏财物罪的界限。由于本罪通常表现为行为人以暴力或威胁的方法实施,因此易与上述三种犯罪相混淆。它们的主要区别在于:本罪行为人的暴力、威胁行为必须发生在前述人员依法执行职务或履行职责期间,而上述三种犯罪则无时间性限制。如果行为人以暴力妨害公务的行为造成了国家机关工作人员或人大代表或红十字会工作人员的人身伤害或者死亡,是定本罪,还是定故意伤害罪、故意杀人罪,抑或按数罪并罚原则处理呢?我们认为,此种情况属于想象竞合犯,应从一重罪处断。② 本罪与其他犯罪的牵连。妨害公务的行为,可能成为其他犯罪的手段,对此原则上应按照牵连犯"择一重处断"的原则处理。但刑法有特别规定的,应遵照特别规定。例如,《刑法》第157条第 2 款规定,以暴力、威胁方法抗拒缉私的,以走私罪和本罪进行数罪并罚。又如,《刑法》第 318 条组织他人偷越国(边)境罪第 1 款第 5 项和第 321 条运送他人偷越国(边)境罪第 2 款,对"以暴力、威胁方法抗拒检查的",规定了具体法定刑,应直接按第 318 条和第 321 条的规定处罚。

(三) 妨害公务罪的刑事责任

根据《刑法》第 277 条的规定,犯本罪的,处 3 年以下有期徒刑、拘役、管制或者罚金。暴力袭击正在依法执行职务的人民警察的,从重处罚。

二、煽动暴力抗拒法律实施罪

煽动暴力抗拒法律实施罪,是指煽动群众使用暴力抗拒国家法律、行政法规实施的行为。本罪的客体是国家实施法律、行政法规的正常秩序。本罪的客观方面表现为行为人实施了煽动群众使用暴力抗拒国家法律、行政法规实施的行为。煽动的方式刑法未作限定,既可以是书面的,也可以是口头的;既可以是公然进行,也可以是暗中进行。煽动的内容是暴力抗拒国家法律、行政法规的实施。本罪的主体是一般主体。本罪的主观方面为故意。根据《刑法》第278条的规定,犯本罪的,处3年以下有期徒刑、拘役、管制或者剥夺政治权利,造成严重后果的,处3年以上7年以下有期徒刑。

三、招摇撞骗罪

(一) 招摇撞骗罪的概念和构成

招摇撞骗罪,是指为了谋取非法利益,冒充国家机关工作人员进行招摇撞骗的行为。

本罪的构成要件是:

(1) 本罪的客体是国家机关的威信及其正常活动。国家机关工作人员是国家各项职能的具体执行者,手中掌握着以国家强制力为后盾的国家权力,其言行举止、行为规范直接影响国家机关的形象与声誉,因而法律对国家机关工作人员的任命或录用规定了严格的程序。如果不具有国家机关工作人员身份的人冒充国家机关工作人员,势必扰乱国家机关的正常管理活动,损害国家机关的威信。

(2) 本罪的客观方面表现为行为人实施了冒充国家机关工作人员进行招摇撞骗的行为。首先,行为人必须冒充国家机关工作人员。所谓冒充,是指不具备国家机关工作人员身份或职务的人,假冒成具有国家机关工作人员身份或职务的人。具体包括三种情况:一是非国家机关工作人员冒充国家机关工作人员;二是下级国家机关工作人员冒充上级国家机关工作人员;三是此种类型的国家机关工作人员冒充他种类型的国家机关工作人员。冒充高干子弟、影视明星、富豪大款、大学教授、归国华侨等非国家机关工作人员进行招摇撞骗的,不构成本罪。冒充军人招摇撞骗的,成立刑法规定的其他犯罪。其次,行为人必须实施招摇撞骗的行为。所谓招摇撞骗,是指行为人利用人们对国家机关工作人员的信任,假冒其身份或职务炫耀并骗取非法利益。

(3) 本罪的主体为一般主体,即已满16周岁并具有刑事责任能力的自然人。

(4) 本罪的主观方面为故意。一般而言,本罪的行为人具有骗取某种非法利益的目的,如骗取钱财、地位、荣誉、待遇等。

(二) 招摇撞骗罪的认定

(1) 本罪与非罪的界限。本罪客观方面包括冒充国家机关工作人员与招摇撞骗两个行为,如果行为人只是冒充国家机关工作人员而未招摇撞骗,或者虽然招摇撞骗但冒充的不是国家机关工作人员,都不构成本罪。此外,对于情节显著轻微,危害不大的冒充国家机关工作人员进行招摇撞骗的行为,也不应认定为犯罪。例如,为了达到与对方保持恋爱关系或结婚的目的而仅向对方声称自己是国家机关工作人员的,不宜认定为犯罪。

(2) 本罪与诈骗罪的界限。本罪与诈骗罪的犯罪手段都是"骗",但两者有明显的区别:第一,侵犯的客体不同。本罪侵犯的客体是国家机关的正常活动;诈骗罪侵犯的客体则是公私财产所有权。第二,犯罪手段不同。本罪的行为方式只能是冒充国家机关工作人员的身份或职务行骗;而诈骗罪的行为手段则不限于此。第三,犯罪目的不同。本罪的目的是骗取某种非法利益,既包括财物,也包括非财产性利益;而诈骗罪的目的是非法占有公私财物。第四,成立犯罪的标准不同。本罪只要行为人实施了冒充国家机关工作人员招摇撞骗的行为,原则上便构成犯罪;而诈骗罪的成立,必须是行为人诈骗所得的财物数额较大。

需要指出的是,当行为人冒充国家机关工作人员骗取财物时,属于本罪与诈骗罪的法条竞合。对此,应按刑法理论上处理法条竞合犯的原则来解决行为人的定罪与量刑问题。即一般情况下应认定为本罪,但如果所骗取的财物数额特别巨大或者有其他特别严重情节的,应以处罚较重的诈骗罪论处。

(3) 本罪与抢劫罪、敲诈勒索罪的界限。行为人冒充正在执行公务的人民警察"抓赌""抓嫖",没收赌资或者罚款的行为,构成犯罪的,以招摇撞骗罪从重处罚;在实施上述行为中使用暴力或者暴力威胁的,以抢劫罪定罪处罚。行为人冒充治安联防队员"抓赌""抓嫖"、没收赌资或者罚款的行为,构成犯罪的,以敲诈勒索罪定罪处罚;在实施上述行为中使用暴力或者暴力威胁的,以抢劫罪定罪处罚。

(三) 招摇撞骗罪的刑事责任

根据《刑法》第279条的规定,犯本罪的,处3年以下有期徒刑、拘役、管制或者剥夺政治权利。情节严重的,处3年以上10年以下有期徒刑。冒充人民警察招摇撞骗的,从重处罚。所谓"人民警察",根据《人民警察法》第2条第2款的规定,是指公安、国家安全、监狱、劳动教养管理机关的人民警察和法院、检察院的司法警察。

四、伪造、变造、买卖国家机关公文、证件、印章罪

伪造、变造、买卖国家机关公文、证件、印章罪,是指伪造、变造、买卖国家机关的公文、证件、印章的行为。本罪的客体是国家机关的威信及其正常活动,犯罪对象是国家机关的公文、证件、印章。这里的公文,是指以国家机关名义制作的处理公务的书面文件,包括命令、决定、通知、指示等。证件,是指国家机关颁发的,用以证实身份、权利义务关系或者其他事项的凭证,如营业执照、户口迁移证等。印章,是指依法制作的刻有国家机关组织名称的公章或者有其他特殊用途的专用章,包括图章与印影。本罪的客观方面表现为行为人实施了伪造、变造、买卖国家机关的公文、证件、印章的行为。所谓伪造,是指没有制作权限的人,冒用国家机关的名义制作虚假的公文、证件、印章。所谓变造,是指采取剪贴、挖补、揭层、涂改、移位、重印等方法对国家机关的公文、证件、印章进行加工处理。所谓买卖,是指以金钱或其他财物为对价非法买进或卖出国家机关的公文、证件、印章。本罪是选择性罪名,只要行为人实施了伪造、变造、买卖三种行为之一,便构成犯罪。司法实践中,对本罪的罪名可根据行为人实施的具体行为来确定。根据全国人大常委会的有关决定、最高人民法院的有关司法解释以及最高人民检察院研究室的有关答复,对于买卖伪造、变造的国家机关证件的行为,依法应当追究刑事责任的,以本罪论处;伪造、变造、买卖各级人民政府设立的行使行政管理权的临时性机构的公文、证件、印章行为,构成犯罪的,以本罪追究刑事责任。但是,对买卖尚未加盖发证机关的行政印章或者通行专用章印鉴的空白"中华人民共和国边境管理区通行证"的行为,一般不以买卖国家机关证件罪追究刑事责任,如果国家机关工作人员实施上述行为,构成犯罪的,可以按滥用职权等相关犯罪依法追究刑事责任。本罪的主体为一般主体。本罪的主观方面为故意。根据《刑法》第280条第1款的规定,犯本罪的,处3年以下有期徒刑、拘役、管制或者剥夺政治权利,并处罚金;情节严重的,处3年以上10年以下有期徒刑,并处罚金。

五、盗窃、抢夺、毁灭国家机关公文、证件、印章罪

盗窃、抢夺、毁灭国家机关公文、证件、印章罪,是指盗窃、抢夺、毁灭国家机关公文、证件、印章的行为。本罪的客体是国家机关的正常管理活动,犯罪对象是国家机关的公文、证件、印章。本罪的客观方面表现为行为人实施了盗窃、抢夺、毁灭国家机关公文、证件、印章的行为。盗窃即秘密窃取;抢夺是指公然夺取;毁灭是指使用各种破坏性方法使国家机关公文、证件、印章丧失效用。本罪是一个选择性罪名,行为人实施了盗窃、抢夺、毁灭公文、证件、印章中的任何一种行为,便可成立犯罪。本罪的主体为一般主体。本罪的主观方面是故意。根据《刑法》第280条第1款的规定,犯本罪的,处3年以下有期徒刑、拘役、管制或者剥夺政治权利,并处罚金;情节严重的,处3年以上10年以下有期徒刑,并处罚金。

六、伪造公司、企业、事业单位、人民团体印章罪

伪造公司、企业、事业单位、人民团体印章罪,是指伪造公司、企业、事业单位、人民团体的印章的行为。本罪的客体是公司、企业、事业单位、人民团体的正常活动。本罪的犯罪对象是公司、企业、事业单位、人民团体的印章,不包括公司、企业、事业单位、人民团体的文件与证件。这里的公司、企业、事业单位、人民团体,均没有所有制的限制。本罪的客观方面表现为行为人实施了伪造公司、企业、事业单位、人民团体的印章的行为。根据2001年7月3日最高人民法院、最高人民检察院发布的《关于办理伪造、贩卖伪造的高等院校学历、学位证明刑事案件如何适用法律问题的解释》,对于伪造高等院校印章制作学历、学位证明的行为,应以伪造事业单位印章罪处罚。明知是伪造高等院校印章制作的学历、学位证明而贩卖的,以伪造事业单位印章罪的共犯论处。本罪的主体是一般主体。本罪的主观方面为故意。根据《刑法》第280条第2款的规定,犯本罪的,处3年以下有期徒刑、拘役、管制或者剥夺政治权利,并处罚金。

七、伪造、变造、买卖身份证件罪

伪造、变造、买卖身份证件罪,是指伪造、变造、买卖身份证件的行为。本罪侵犯的客体是国家对公民身份证件的管理制度。犯罪对象是居民身份证、护照、社会保障卡、驾驶证等依法可以用于证明身份的证件。本罪在客观方面表现为行为人实施了伪造、变造、买卖身份证件的行为。本罪的主体是一般主体。本罪的主观方面为故意。根据《刑法》第280条第3款的规定,犯本罪的,处3年以下有期徒刑、拘役、管制或者剥夺政治权利,并处罚金;情节严重的,处3年以上7年以下有期徒刑,并处罚金。

八、使用虚假身份证件、盗用身份证件罪

使用虚假身份证件、盗用身份证件罪,是指行为人在依照国家规定应当提供身份证明的活动中,使用伪造、变造的身份证件或者盗用他人的身份证件,情节严重的行为。本罪侵犯的客体是国家对公民身份证件的管理制度。本罪在客观上表现为在依照国家规定应当提供身份证明的活动中,使用伪造、变造的居民身份证、护照、社会保障卡、驾驶证等依法可以用于证明身份的证件,或者盗用他人的居民身份证、护照、社会保障卡、驾驶证等依法可以用于证明身份的证件。情节严重是构成本罪的必备要素。本罪的主体是任何已满16周岁、具有刑事责任能力的自然人。本罪的主观上出自故意。根据《刑法》第280条之一的规定,犯本罪的,处拘役或者管制,并处或者单处罚金。在犯本罪的同时又构成其他犯罪的,依照处罚较重的规定定罪处罚。

九、非法生产、买卖警用装备罪

非法生产、买卖警用装备罪,是指非法生产、买卖人民警察制式服装、车辆号牌等专用标志、警械,情节严重的行为。本罪的客体是国家对警用装备的管理制度,犯罪对象是人民警察制式服装、车辆号牌等专用标志、警械。本罪的客观方面表现为行为人实施了非法生产、买卖人民警察制式服装、车辆号牌等专用标志、警械的行为。这里的非法生产,既包括无生产资格者擅自生产,也包括有生产资格者不按规定的品种、规格、数量等进行生产。非法买卖,既包括不具有买卖资格者擅自购买、销售,也包括有买卖资格者违反有关规定购买、销售。本罪的主体为一般主体,单位可以构成本罪。本罪的主观方面为故意。根据《刑法》第281条的规定,犯本罪的,处3年以下有期徒刑、拘役或者管制,并处或者单处罚金;单位犯本罪的,对单位判处罚金,并对其直接负责的主管人员和其他直接责任人员,依照自然人犯本罪的规定处罚。

十、非法获取国家秘密罪

非法获取国家秘密罪,是指以窃取、刺探、收买方法,非法获取国家秘密的行为。本罪的客体是国家的保密制度。为了维护国家的安全和利益,我国制定了以《保密法》为核心的一系列保守国家秘密的法律、法规,形成了较完备的保密制度。非法窃

取、刺探、收买国家秘密的行为直接破坏了国家的保密制度,具有较大的社会危害性,应当追究刑事责任。本罪的犯罪对象是国家秘密。所谓国家秘密,是指关系国家安全和利益,依照法定程序确定,在一定时间内只限于一定范围的人员知悉的事项。我国《保密法》将国家秘密分为绝密、机密和秘密三个等级。无论行为人非法获取哪种密级的国家秘密,都足以构成本罪。本罪的客观方面表现为行为人实施了非法窃取、刺探或者收买国家秘密的行为。所谓窃取,是指通过盗取文件或者利用计算机、窃听窃照等器械秘密取得国家秘密的行为。所谓刺探,是指通过打听、实地考察等方法获取国家秘密的行为。所谓收买,是指利用金钱、物质、美色或者其他利益换取国家秘密的行为。本罪属于选择性罪名,只要行为人实施了上述三种行为中的一种,即构成犯罪。本罪的主体是一般主体。本罪的主观方面为故意。根据《刑法》第282条第1款的规定,犯本罪的,处3年以下有期徒刑、拘役、管制或者剥夺政治权利;情节严重的,处3年以上7年以下有期徒刑。

十一、非法持有国家绝密、机密文件、资料、物品罪

非法持有国家绝密、机密文件、资料、物品罪,是指非法持有国家绝密、机密的文件、资料或者其他物品,拒不说明来源与用途的行为。本罪的客体是国家的保密制度,犯罪对象是国家绝密、机密文件、资料或者其他物品。本罪的客观方面表现为行为人实施了非法持有属于国家绝密、机密的文件、资料或者其他物品,且拒不说明来源与用途的行为。本罪在客观方面有两个基本特征:其一,行为人必须"非法持有"国家绝密、机密的文件、资料或者其他物品。如果行为人是合法持有,则不能以犯罪论处。其二,行为人必须是"拒不说明来源与用途"。如果行为人虽然非法持有国家绝密、机密的文件、资料或者其他物品,但他说明了其来源与用途,则不能以本罪论处。如果其获取所持有的国家绝密、机密文件、资料或者其他物品的行为构成其他犯罪的话,应按相应犯罪论处。但如果行为人仅说明来源或仅说明用途,仍然成立本罪。本罪的主体是一般主体。本罪的主观方面为故意。根据《刑法》第282条第2款的规定,犯本罪的,处3年以下有期徒刑、拘役或者管制。

十二、非法生产、销售专用间谍器材、窃听、窃照专用器材罪

非法生产、销售间谍专用器材、窃听、窃照专用器材罪,是指非法生产、销售专用间谍器材或者窃听、窃照专用器材的行为。本罪侵犯的客体是国家对专用间谍器材和窃听、窃照专用器材的管理制度,犯罪对象是专用间谍器材和窃听、窃照专用器材。本罪在客观上表现为行为人实施了非法生产、销售专用间谍器材、窃听、窃照专用器材的行为。所谓非法生产,是指未经国家有关主管部门批准而擅自生产或者虽经国家有关主管部门批准生产但擅自超出批准的品种或数量范围而生产。所谓非法销售,是指未经国家有关主管部门批准而擅自销售或者虽经国家有关主管部门批准但擅自超出批准的品种、数量或对象范围而销售。本罪的主体是一般主体。本罪的主观方面为故意。根据《刑法》第283条的规定,犯本罪的,处3年以下有期徒刑、拘役

或者管制,并处或者单处罚金;情节严重的,处 3 年以上 7 年以下有期徒刑,并处罚金。单位犯本罪的,对单位判处罚金,并对其直接负责的主管人员和其他直接责任人员,依照上述规定处罚。

十三、非法使用窃听、窃照专用器材罪

非法使用窃听、窃照专用器材罪,是指非法使用窃听、窃照专用器材,造成严重后果的行为。本罪的客体是国家对窃听、窃照专用器材的管理制度,犯罪对象是窃听、窃照专用器材。本罪的客观方面表现为行为人实施了非法使用窃听、窃照专用器材且造成了严重后果的行为。首先,行为人必须非法使用了窃听、窃照专用器材。所谓非法使用,是指无权使用者擅自使用或者有权使用者违反规定使用。其次,行为必须造成了严重后果。未造成严重后果的,不成立本罪。本罪的主体为一般主体。本罪的主观方面为故意。需要指出的是,行为人非法生产窃听、窃照专用器材后又非法使用的,只成立非法生产间谍专用器材罪;行为人非法使用窃听、窃照专用器材窃取他人商业秘密或者窃取国家秘密的,也应从一重罪论处。根据《刑法》第 284 条的规定,犯本罪的,处 2 年以下有期徒刑、拘役或者管制。

十四、组织考试作弊罪

组织考试作弊罪,是指在法律规定的国家考试中组织作弊的行为。本罪侵犯的客体是国家的考试制度。本罪在客观上表现为在法律规定的国家考试中组织作弊。根据《刑法》第 284 条之一第 2 款的规定,为他人在法律规定的国家考试中实施组织作弊犯罪提供作弊器材或者其他帮助的,应构成本罪。本罪的主体为任何已满 16 周岁、具有刑事责任能力的自然人。本罪的主观上出自故意。根据《刑法》第 284 条之一的规定,犯本罪的,处 3 年以下有期徒刑或者拘役,并处或者单处罚金;情节严重的,处 3 年以上 7 年以下有期徒刑,并处罚金。

十五、非法出售、提供试题、答案罪

非法出售、提供试题、答案罪,是指为实施考试作弊行为,向他人非法出售或者提供法律规定的国家考试的试题、答案的行为。本罪侵犯的客体是国家考试的管理制度。本罪的对象是法律规定的国家考试的试题、答案。本罪在客观上表现为实施了向他人非法出售或者提供法律规定的国家考试的试题、答案的行为。本罪的主体为任何已满 16 周岁、具有刑事责任能力的自然人。本罪的主观上出自故意。根据《刑法》第 284 条之一的规定,犯本罪的,处 3 年以下有期徒刑或者拘役,并处或者单处罚金;情节严重的,处 3 年以上 7 年以下有期徒刑,并处罚金。

十六、代替考试罪

代替考试罪,是指代替他人或者让他人代替自己参加法律规定的国家考试的行为。本罪侵犯的客体是国家考试管理制度。本罪在客观上表现为实施了代替他人或

者让他人代替自己参加法律规定的国家考试的行为。本罪的主体为任何已满16周岁、具有刑事责任能力的自然人。本罪的主观上出自故意。根据《刑法》第284条之一第4款的规定，犯本罪的，处拘役或者管制，并处或者单处罚金。

十七、非法侵入计算机信息系统罪

（一）非法侵入计算机信息系统罪的概念和构成

非法侵入计算机信息系统罪，是指违反国家规定，侵入国家事务、国防建设、尖端科学技术领域的计算机信息系统的行为。

本罪的构成要件是：

（1）本罪的客体是国家事务、国防建设、尖端科学技术领域的计算机信息系统安全。犯罪对象是国家事务、国防建设、尖端科学技术领域的计算机信息系统。所谓计算机信息系统，是指具备自动处理数据功能的系统，包括计算机、网络设备、通信设备、自动化控制设备等。① 作为本罪犯罪对象的计算机信息系统，只限于国家事务、国防建设、尖端科学技术领域。这是因为这些领域的计算机信息系统，收集、存储、传输着大量有关国家事务、国防建设、尖端科学技术秘密的资料和数据。一旦这些计算机信息系统被非法侵入，则存储于其中的资料和数据会被浏览、外泄，会给国家造成难以弥补的重大损失。因此，必须严厉禁止和惩罚这类非法侵入行为。

（2）本罪的客观方面表现为行为人实施了违反国家规定，非法侵入国家事务、国防建设、尖端科学技术领域的计算机信息系统的行为。违反国家规定，是指违反全国人大及其常委会和国务院有关保护计算机信息系统安全的法律、行政法规、行政措施、决定、命令。侵入，是指行为人未经有关部门的合法授权与批准，采用破解密码、盗窃密码、强行突破安全工具等技术手段，通过计算机终端擅自访问上述特定领域计算机信息系统或者进行数据截收的行为。本罪属于行为犯，只要行为人擅自故意进入国家事务、国防建设、尖端科学技术领域的计算机信息系统，便足以成立本罪。

（3）本罪的主体是一般主体，即已满16周岁且具有刑事责任能力的自然人和单位均可成为本罪的主体。

（4）本罪的主观方面为故意，即行为人明知是国家事务、国防建设、尖端科学技术领域的计算机信息系统而擅自侵入。行为人的目的与动机如何，不影响本罪的成立。

（二）非法侵入计算机信息系统罪的认定

（1）本罪与非罪的界限。本罪是故意犯罪，只有行为人是故意侵入国家事务、国

---

① 参见2011年最高人民法院、最高人民检察院《关于办理危害计算机信息系统安全刑事案件应用法律若干问题的解释》第10条规定。

防建设、尖端科学技术领域的计算机信息系统时,才能按本罪定罪处罚。如果是由于行为人的过失而误入国家事务、国防建设、尖端科学技术领域的计算机信息系统的,不构成犯罪。

(2) 本罪与近似犯罪的界限。本罪的犯罪对象限于国家事务、国防建设、尖端科学技术领域的计算机信息系统,如果行为人非法侵入的是上述特定计算机信息系统之外的其他计算机信息系统,在《刑法修正案(七)》颁布实施后,应构成非法获取计算机信息系统数据罪而非本罪。

行为人非法侵入国家事务、国防建设、尖端科学技术领域的计算机信息系统并窃取国家秘密或者构成其他犯罪的,应依照《刑法》第287条的规定定罪处罚。

(三) 非法侵入计算机信息系统罪的刑事责任

根据《刑法》第285条的规定,犯本罪的,处3年以下有期徒刑或者拘役。单位犯本罪的,对单位判处罚金,并对其直接负责的主管人员和其他直接责任人员,依照上述规定处罚。

十八、非法获取计算机信息系统数据、非法控制计算机信息系统罪

非法获取计算机信息系统数据、非法控制计算机信息系统罪,是指违反国家规定,侵入国家事务、国防建设、尖端科学技术领域以外的计算机信息系统或者采用其他技术手段,获取该计算机信息系统中存储、处理或者传输的数据,或者对该计算机信息系统实施非法控制,情节严重的行为。本罪的客体是计算机信息系统的安全。本罪的对象是国家事务、国防建设、尖端科学技术领域以外的计算机信息系统及其中存储、处理、传输的数据。本罪的客观方面表现为违反国家规定,侵入《刑法》第285条第1款规定以外的计算机信息系统或者采用其他技术手段,获取该计算机信息系统中存储、处理或者传输的数据,或者对该计算机信息系统实施非法控制,情节严重的行为。所谓"侵入",是指未经允许而突破、绕过或解除特定计算机信息系统的安全防护体系,擅自进入该系统的行为。所谓"其他技术手段",是指采用侵入以外的技术手段,如利用网关欺骗技术、"后门软件"、开放端口等,不进入他人的计算机信息系统而获取其存储、处理或者传输的数据。所谓"非法控制",是指未经允许,违背计算机信息系统合法用户的意愿操作该计算机信息系统或掌握其活动的行为。本罪的主体为一般主体,包括自然人和单位。本罪的主观方面是故意。根据《刑法》第285条第2款的规定,犯本罪的,处3年以下有期徒刑或者拘役,并处或者单处罚金;情节特别严重的,处3年以上7年以下有期徒刑,并处罚金。单位犯本罪的,对单位判处罚金,并对其直接负责的主管人员和其他直接责任人员,依照上述规定处罚。

十九、提供侵入、非法控制计算机信息系统程序、工具罪

提供侵入、非法控制计算机信息系统程序、工具罪,是指提供专门用于侵入、非法控制计算机信息系统的程序、工具,或者明知他人实施侵入、非法控制计算机信息系统的违法犯罪行为而为其提供程序、工具,情节严重的行为。本罪的客体是计算机信

息系统的安全。本罪的对象是用于侵入、非法控制计算机信息系统的程序、工具,包括:(1) 具有避开或者突破计算机信息系统安全保护措施,未经授权或者超越授权获取计算机信息系统数据的功能的;(2) 具有避开或者突破计算机信息系统安全保护措施,未经授权或者超越授权对计算机信息系统实施控制的功能的;(3) 其他专门设计用于侵入、非法控制计算机信息系统、非法获取计算机信息系统数据的程序、工具。① 本罪的客观方面表现为提供专门用于侵入、非法控制计算机信息系统的程序、工具,或者明知他人实施侵入、非法控制计算机信息系统的违法犯罪行为而为其提供程序、工具,情节严重的行为。本罪的主体为一般主体,包括自然人和单位。本罪的主观方面为故意。根据《刑法》第 285 条第 3 款的规定,犯本罪的,处 3 年以下有期徒刑或者拘役,并处或者单处罚金;情节特别严重的,处 3 年以上 7 年以下有期徒刑,并处罚金。单位犯本罪的,对单位判处罚金,并对其直接负责的主管人员和其他直接责任人员,依照上述规定处罚。

二十、破坏计算机信息系统罪

破坏计算机信息系统罪,是指违反国家规定,对计算机信息系统功能进行删除、修改、增加、干扰,造成计算机信息系统不能正常运行,以及对计算机信息系统中存储、处理或者传输的数据和应用程序进行删除、修改、增加的操作,或者故意制作、传播计算机病毒等破坏性程序,影响计算机系统正常运行,后果严重的行为。本罪的客体是国家对计算机信息系统的安全运行管理制度和计算机信息系统的所有人与合法用户的合法权益。本罪的犯罪对象是计算机信息系统,包括数据、应用程序和系统功能。本罪的客观方面表现为行为人违反国家规定,破坏计算机信息系统且造成严重后果的行为。这里的破坏行为包括以下三种情况:第一,破坏计算机信息系统功能,即行为人对计算机信息系统功能进行删除、修改、增加、干扰,从而造成计算机信息系统不能正常运行,后果严重;第二,破坏计算机信息系统数据和应用程序,即行为人对计算机信息系统中存储、处理或者传输的数据和应用程序进行删除、修改、增加的操作,后果严重;第三,故意制作、传播计算机病毒等破坏性程序,影响计算机系统正常运行,后果严重。计算机病毒,包括以下内容:(1) 能够通过网络、存储介质、文件等媒介,将自身的部分、全部或者变种进行复制、传播,并破坏计算机系统功能、数据或者应用程序的;(2) 能够在预先设定条件下自动触发,并破坏计算机系统功能、数据或者应用程序的;(3) 其他专门设计用于破坏计算机系统功能、数据或者应用程序的程序。② 本罪的主体为一般主体,包括自然人和单位。本罪的主观方面为故意。行为人的犯罪目的与动机如何,不影响本罪的成立。根据《刑法》第 286 条的规定,犯本罪的,处 5 年以下有期徒刑或者拘役;后果特别严重的,处 5 年以上有期徒刑。单位犯

---

① 参见 2011 年最高人民法院、最高人民检察院《关于办理危害计算机信息系统安全刑事案件应用法律若干问题的解释》第 2 条规定。

② 参见 2011 年最高人民法院、最高人民检察院《关于办理危害计算机信息系统安全刑事案件应用法律若干问题的解释》第 5 条规定。

本罪的,对单位判处罚金,并对其直接负责的主管人员和其他直接责任人员,依照上述规定处罚。

二十一、拒不履行信息网络安全管理义务罪

拒不履行信息网络安全管理义务罪,是指网络服务提供者不履行法律、行政法规规定的信息网络安全管理义务,经监管部门责令采取改正措施而拒不改正,具有致使违法信息大量传播等法定严重后果或严重情节的行为。本罪侵犯的客体是信息网络安全管理秩序。本罪在客观上表现为网络服务提供者不履行法律、行政法规规定的信息网络安全管理义务,经监管部门责令采取改正措施而拒不改正,因而具备下列四种法定情形之一的行为:(1)致使违法信息大量传播的;(2)致使用户信息泄露,造成严重后果的;(3)致使刑事案件证据灭失,情节严重的;(4)有其他严重情节的。本罪的主体为特殊主体即网络服务提供者。本罪的主观上出自故意。根据《刑法》第286条之一的规定,犯本罪的,处3年以下有期徒刑、拘役或者管制,并处或者单处罚金。单位犯本罪的,对单位判处罚金,并对其直接负责的主管人员和其他直接责任人员,依照上述规定处罚。在犯本罪的同时又构成其他犯罪的,依照处罚较重的规定定罪处罚。

二十二、非法利用信息网络罪

非法利用信息网络罪,是指设立用于实施违法犯罪的网站、通讯群组,或者利用信息网络发布违法犯罪信息,情节严重的行为。本罪侵犯的客体是信息网络安全的管理秩序。本罪在客观上表现为利用信息网络实施下列行为之一:(1)设立用于实施诈骗、传授犯罪方法、制作或者销售违禁物品、管制物品等违法犯罪活动的网站、通讯群组的;(2)发布有关制作或者销售毒品、枪支、淫秽物品等违禁物品、管制物品或者其他违法犯罪信息的;(3)为实施诈骗等违法犯罪活动发布信息的。构成本罪,须具备情节严重的要素。本罪的主体为一般主体,包括自然人和单位。本罪主观上出自故意。根据《刑法》第287条之一的规定,犯本罪的,处3年以下有期徒刑或者拘役,并处或者单处罚金。单位犯本罪的,对单位判处罚金,并对其直接负责的主管人员和其他直接责任人员,依照上述规定处罚。在犯本罪的同时又构成其他犯罪的,依照处罚较重的规定定罪处罚。

二十三、帮助信息网络犯罪活动罪

帮助信息网络犯罪活动罪,是指明知他人利用信息网络实施犯罪,为其犯罪提供互联网接入等帮助,情节严重的行为。本罪侵犯的客体是信息网络安全管理秩序。本罪在客观上表现为为利用信息网络犯罪提供互联网接入、服务器托管、网络存储、通讯传输等技术支持,或者提供广告推广、支付结算等帮助的行为。构成本罪,须具备情节严重的要素。本罪的主体为一般主体,包括自然人和单位。本罪主观上出自故意。根据《刑法》第287条之二的规定,犯本罪的,处3年以下有期徒刑或者拘役,

并处或者单处罚金。单位犯本罪的,对单位判处罚金,并对其直接负责的主管人员和其他直接责任人员,依照上述规定处罚。在犯本罪的同时又构成其他犯罪的,依照处罚较重的规定定罪处罚。

二十四、扰乱无线电通讯管理秩序罪

扰乱无线电通讯管理秩序罪,是指违反国家规定,擅自设置、使用无线电台(站),或者擅自使用无线电频率,干扰无线电通讯秩序,情节严重的行为。本罪侵犯的客体是国家对无线电通讯的管理秩序。本罪的客观方面表现行为人违反国家《无线电管理条例》等有关无线电台(站)或频率设置或使用的规定,实施了擅自设置、使用无线电台(站),或者擅自使用无线电频率,干扰无线电通讯秩序的行为。2017年最高人民法院、最高人民检察院印发的《关于办理扰乱无线电通讯管理秩序等刑事案件适用法律若干问题的解释》第1条将"擅自设置、使用无线电台(站),或者擅自使用无线电频率,干扰无线电通讯秩序"规定为以下五种情形:(1)未经批准设置无线电广播电台(以下简称"黑广播"),非法使用广播电视专用频段的频率的;(2)未经批准设置通信基站(以下简称"伪基站"),强行向不特定用户发送信息,非法使用公众移动通信频率的;(3)未经批准使用卫星无线电频率的;(4)非法设置、使用无线电干扰器的;(5)其他擅自设置、使用无线电台(站),或者擅自使用无线电频率,干扰无线电通讯秩序的情形。构成本罪,须具备情节严重的要素。至于情节严重的标准,上述解释第2条作了明确的规定。本罪的主体为一般主体,包括自然人和单位。本罪的主观方面为故意。根据2000年4月28日最高人民法院《关于审理扰乱电信市场管理秩序案件具体应用法律若干问题的解释》第5条的规定,违反国家规定,擅自设置、使用无线电台(站),或者擅自占用频率,非法经营国际电信业务或者涉港澳台电信业务进行营利活动,同时构成非法经营罪和本罪的,依照处罚较重的规定定罪处罚。根据《刑法》第288条的规定,犯本罪的,处3年以下有期徒刑、拘役或者管制,并处或者单处罚金;情节特别严重的,处3年以上7年以下有期徒刑,并处罚金。单位犯本罪的,对单位判处罚金,并对其直接负责的主管人员和其他直接责任人员,依照上述规定处罚。

二十五、聚众扰乱社会秩序罪

(一)聚众扰乱社会秩序罪的概念和构成

聚众扰乱社会秩序罪,是指聚众扰乱社会秩序,情节严重,致使工作、生产、营业或教学、科研、医疗无法进行,造成严重损失的行为。

本罪的构成要件是:

(1)本罪的客体是社会秩序。由于刑法已将聚众冲击国家机关的行为单独规定为聚众冲击国家机关罪,因此这里的社会秩序,是指狭义的社会秩序,即企业、事业单位、人民团体正常的工作、生产、营业或教学、科研、医疗秩序,而不再包括党政机关的工作秩序。

(2) 本罪的客观方面表现为聚众扰乱社会秩序,情节严重,致使工作、生产、营业或教学、科研、医疗无法进行,造成严重损失的行为。首先,行为人必须实施了聚众扰乱社会秩序的行为。所谓聚众,是指首要分子通过组织、策划、指挥,纠集特定或不特定的3人以上的多数人同一时间聚集于同一地点。所谓扰乱社会秩序,是指对正常的社会秩序进行干扰、破坏,既包括暴力性扰乱,如强行闯入企业、事业单位、人民团体的工作场所,殴打、威胁有关工作人员,打砸、毁坏公私财物等;也包括非暴力性扰乱,如在上述工作场所哄闹、纠缠、辱骂等。其次,上述行为必须达到情节严重,致使工作、生产、营业或教学、科研、医疗无法进行。所谓情节严重,是指扰乱时间长、聚集人数多、造成的影响恶劣等情形。最后,上述行为还必须造成了严重损失。这里的严重损失,一般是指因行为人聚众扰乱社会秩序的行为导致被扰乱单位停工、停产、停课、停业,造成严重的经济损失,或者导致科研实验失败,或者有关单位社会声誉受到严重影响,等等。

(3) 本罪的主体是一般主体,且仅限于聚众扰乱社会秩序的首要分子和积极参加者。对于一般参与人员,不能以犯罪论处。

(4) 本罪的主观方面为故意。行为人实施犯罪活动,通常是为了满足自己的某种要求,或者是为了宣泄对社会的不满情绪。但行为人动机如何,不影响本罪的成立。

(二) 聚众扰乱社会秩序罪的认定

(1) 本罪与非罪的界限。第一,本罪与扰乱社会秩序的一般违法行为的界限。刑法对本罪的成立规定了严格的限制条件。如果行为人聚众扰乱社会秩序的行为尚未达到情节严重的程度,或者虽然达到情节严重的程度,但尚未造成严重损失的,属于扰乱社会秩序的一般违法行为,不能以犯罪论处。第二,要严格区分聚众扰乱社会秩序的首要分子、积极参加者和一般参加者。对煽动、引诱、蒙骗、组织、领导群众扰乱社会秩序的首要分子以及参加闹事活动的积极参加者,应依法追究刑事责任。对于一般的参与人员,则应当用批评教育、行政处罚等方法,使他们认识错误,而不能追究他们的刑事责任。

(2) 本罪与破坏生产经营罪的区别。本罪在有的情况下也表现为干扰或破坏正常的生产经营活动,造成一定的经济损失,从而表现出类似于破坏生产经营罪的特征。但本罪与破坏生产经营罪仍有显著不同:第一,侵犯的客体不同。本罪侵害的是社会秩序;而破坏生产经营罪侵犯的客体是公私财产权。第二,客观方面表现不同。本罪表现为聚众扰乱工作、生产、营业或教学、科研、医疗等社会秩序的行为,不限于扰乱生产经营秩序;而破坏生产经营罪则表现为毁坏机器设备、残害耕畜或者以其他方法破坏生产经营的行为。第三,主观方面内容不同。二罪都是故意犯罪,但本罪对目的、动机没有特别要求;而破坏生产经营罪的成立,则要求行为人必须是出于泄愤报复或者其他个人目的。第四,犯罪主体不同。本罪是聚众型犯罪,刑法规定只处罚首要分子和积极参加者;而破坏生产经营罪既可以由单个人实施,也可以二人以上共同实施。第五,犯罪成立的标准不同。本罪属结果犯,即必须是行为人之行为情节严重、造成了严重损失,才构成犯罪;而破坏生产经营罪则属于行为犯,只要行为人实施了破坏生产经营的行为,原则上便构成犯罪。

(三)聚众扰乱社会秩序罪的刑事责任

根据《刑法》第290条第1款的规定,对犯本罪的首要分子,处3年以上7年以下有期徒刑;对其他积极参加实施本罪行为的,处3年以下有期徒刑、拘役、管制或者剥夺政治权利。

二十六、聚众冲击国家机关罪

聚众冲击国家机关罪,是指聚众冲击国家机关,致使国家机关工作无法进行,造成严重损失的行为。本罪的客体是国家机关的正常秩序,犯罪对象是各级各类国家机关。本罪的客观方面表现为行为人实施了聚众冲击国家机关,致使国家机关工作无法进行且造成严重损失的行为。聚众冲击国家机关,是指首要分子聚集多人,冲撞国家机关门禁,包围国家机关驻地,强占国家机关办公场所,堵塞国家机关通道,阻止国家机关工作人员出入等行为。本罪的主体是一般主体,但只有聚众冲击国家机关的首要分子和积极参加者才构成本罪。本罪的主观方面为故意。根据《刑法》第290条第2款的规定,对犯本罪的首要分子,处5年以上10年以下有期徒刑;对其他积极参加者,处5年以下有期徒刑、拘役、管制或者剥夺政治权利。

二十七、扰乱国家机关工作秩序罪

扰乱国家机关工作秩序罪,是指多次扰乱国家机关工作秩序,经行政处罚后仍不改正,造成严重后果的行为。本罪侵犯的客体是国家机关的工作秩序。本罪客观方面表现为行为人多次扰乱国家机关工作秩序,经行政处罚后仍不改正,并造成严重后果。所谓多次,通常指三次及以上。所谓扰乱,是指对国家机关正常的工作秩序进行干扰、破坏,既包括暴力性扰乱,如强行闯入国家机关,殴打、威胁有关工作人员,打砸、毁坏公私财物等,也包括非暴力性扰乱,如在国家机关工作场所哄闹、纠缠、辱骂等。所谓严重后果,主要是指行为人的扰乱行为造成国家机关的工作无法进行。本罪的主体为任何已满16周岁、具有刑事责任能力的自然人。本罪的主观方面出自故意。根据《刑法》第290条第3款的规定,犯本罪的,处3年以下有期徒刑、拘役或者管制。

二十八、组织、资助他人非法聚集罪

组织、资助他人非法聚集罪,是指多次组织、资助他人非法聚集,扰乱社会秩序,情节严重的行为。本罪侵犯的客体是社会秩序。本罪客观方面表现为多次组织、资助他人非法聚集,扰乱社会秩序。所谓多次,指三次及以上,无论是组织他人非法聚集,还是资助他人非法聚集,构成本罪,均要求在三次及以上。当然,组织、资助他人非法聚集的次数加起来达到三次及以上的,也构成本罪。所谓非法聚集,是指非法集合、集中多人在一起。从词义上讲,聚集应该包括聚众和集会及其之外的集合、集中

多人的情况,因而在实践中应当注意区分组织他人非法聚集罪与聚众扰乱社会秩序罪和聚众扰乱公共场所秩序、交通秩序罪及非法集会罪的界限。构成本罪,须具备情节严重的要素。本罪的主体为任何已满16周岁、具有刑事责任能力的自然人。本罪主观方面出自故意。根据《刑法》第290条第4款的规定,犯本罪的,处3年以下有期徒刑、拘役或者管制。

二十九、聚众扰乱公共场所秩序、交通秩序罪

聚众扰乱公共场所秩序、交通秩序罪,是指聚众扰乱车站、码头、民用航空站、商场、公园、影剧院、展览会、运动场或者其他公共场所秩序,聚众堵塞交通或者破坏交通秩序,抗拒、阻碍国家治安管理工作人员依法执行职务,情节严重的行为。本罪的客体是公共场所秩序或者交通秩序。本罪的客观方面表现为行为人实施了聚众扰乱公共场所秩序或者交通秩序,情节严重的行为。其行为方式有三种:一是聚众扰乱公共场所秩序;二是聚众堵塞交通或者破坏交通秩序;三是聚众抗拒、阻碍国家治安管理工作人员依法执行职务。成立本罪必须是情节严重的行为。所谓情节严重,是指聚集人数较多或扰乱时间较长的;经有关部门批评教育、劝阻拒不解散的;多次聚众扰乱公共场所、交通要道秩序的;在重大节假日、庆典、重要国事活动期间聚众扰乱的;暴力手段抗拒、阻碍治安管理人员依法执行公务的;造成人员伤亡、严重经济损失和恶劣社会影响的,等等。本罪的主体是一般主体,而且只有聚众扰乱公共场所秩序、交通秩序的"首要分子"才是本罪主体。本罪的主观方面为故意。根据《刑法》第291条的规定,对犯本罪的首要分子处5年以下有期徒刑、拘役或者管制。

三十、投放虚假危险物质罪

投放虚假危险物质罪,是指投放虚假的爆炸性、毒害性、放射性、传染病病原体等物质,严重扰乱社会秩序的行为。本罪的客体是社会秩序。本罪的客观方面表现为行为人实施了投放虚假的爆炸性、毒害性、放射性、传染病病原体等物质,严重扰乱社会秩序的行为。首先,行为人投放的是虚假的爆炸性、毒害性、放射性、传染病病原体等物质。这些物质不具有爆炸性、毒害性、放射性或不属于传染病病原体,但因其外观形态、投放的方式方法、投放的时间、场所等,容易使人误认为其属于危险物质。如果是真实的爆炸性、毒害性、放射性、传染病病原体等物质,则构成危害公共安全的有关犯罪。其次,行为人的行为必须达到严重扰乱社会秩序的程度。本罪的主体是一般主体。本罪的主观方面是故意,行为人须明知自己投放的是虚假的危险物质,过失不构成本罪。根据《刑法》第291条之一的规定,犯本罪的,处5年以下有期徒刑、拘役或者管制;造成严重后果的,处5年以上有期徒刑。

三十一、编造、故意传播虚假恐怖信息罪

编造、故意传播虚假恐怖信息罪,是指编造爆炸威胁、生化威胁、放射威胁等恐怖信息,或者明知是编造的恐怖信息而故意传播,严重扰乱社会秩序的行为。本罪的客

体是社会秩序。本罪的客观方面表现为行为人实施了编造爆炸威胁、生化威胁、放射威胁等恐怖信息,或者明知是编造的恐怖信息而故意传播,严重扰乱社会秩序的行为。2013 年最高人民法院印发的《关于审理编造、故意传播虚假恐怖信息刑事案件适用法律若干问题的解释》第 2 条将"严重扰乱社会秩序"规定为如下六种情形:(1) 致使机场、车站、码头、商场、影剧院、运动场馆等人员密集场所秩序混乱,或者采取紧急疏散措施的;(2) 影响航空器、列车、船舶等大型客运交通工具正常运行的;(3) 致使国家机关、学校、医院、厂矿企业等单位的工作、生产、经营、教学、科研等活动中断的;(4) 造成行政村或者社区居民生活秩序严重混乱的;(5) 致使公安、武警、消防、卫生检疫等职能部门采取紧急应对措施的;(6) 其他严重扰乱社会秩序的。本罪的主体是一般主体。本罪的主观方面是故意,过失不构成本罪。根据《刑法》第 291 条的规定,犯本罪的,处 5 年以下有期徒刑、拘役或者管制;造成严重后果的,处 5 年以上有期徒刑。

三十二、编造、故意传播虚假信息罪

编造、故意传播虚假信息罪,是指编造虚假的险情、疫情、灾情、警情,在信息网络或者其他媒体上传播,或者明知是上述虚假信息,故意在信息网络或者其他媒体上传播,严重扰乱社会秩序的行为。本罪侵犯的客体是公共秩序。本罪在客观方面表现为行为人编造虚假的险情、疫情、灾情、警情,在信息网络或者其他媒体上传播,或者明知是上述虚假信息,故意在信息网络或者其他媒体上传播,并且严重扰乱了社会秩序。本罪的主体为任何已满 16 周岁、具有刑事责任能力的自然人。本罪的主观方面出自故意。根据《刑法》第 291 条之一第 2 款的规定,犯本罪的,处 3 年以下有期徒刑、拘役或者管制;造成严重后果的,处 3 年以上 7 年以下有期徒刑。

三十三、聚众斗殴罪

(一) 聚众斗殴罪的概念和构成

聚众斗殴罪,是指聚集多人进行斗殴的行为。

本罪的构成要件是:

(1) 本罪的客体是社会公共秩序。所谓社会公共秩序,是指通过法律法规、道德规范、风俗习惯来建立和维持的社会生活有条不紊的状态。公共秩序既包括公共场所秩序,也包括非公共场所秩序。在非公共场所结伙殴斗,也可能成立本罪。聚众斗殴的行为往往会侵犯到公民的人身权利和财产权利,但这并非其本质特征。行为人通过聚众斗殴的行为方式,公然蔑视法律法规和社会公德,破坏公共秩序,才是聚众斗殴罪的本质特征。

(2) 本罪的客观方面表现为行为人实施了聚众斗殴的行为。所谓聚众,是指首要分子通过组织、策划、指挥,纠集特定或不特定的多数人同一时间聚集于同一地点。所谓斗殴,是指多人攻击对方身体或者相互攻击对方身体。既然是聚众斗殴,当然要求多人参与,但并不要求斗殴双方的人数都必须是 3 人以上。一方 3 人攻击对方 1

人的,可认定为聚众斗殴。但一方1人,另一方2人的则不宜认定为聚众斗殴。聚众斗殴不以使用器械为必要,徒手斗殴的,也可以构成本罪。

(3) 本罪的主体为一般主体,即凡已满16周岁且具有刑事责任能力的自然人均可成为本罪主体。但根据《刑法》第292条第2款的规定,立法者把一般参与聚众斗殴的人排除在本罪的主体之外,只有聚众斗殴的首要分子和其他积极参加斗殴的人员才能成为本罪主体。

(4) 本罪的主观方面为故意。至于行为人的犯罪目的与动机如何,不影响本罪成立。

(二) 聚众斗殴罪的认定

(1) 本罪与非罪的界限。在认定本罪时,要注意区分本罪与群众间因各种矛盾纠纷而引发的一般打群架行为的界限。司法实践中,对于群众之间因日常矛盾激化而引发的多人之间的打斗,以及山区、边区或少数民族村寨之间因土地、水源、山林等纠纷而发生的结伙殴斗的行为,不宜按本罪处理。其中情节显著轻微,危害不大的,不属于犯罪,应按一般违法行为处理。

(2) 本罪与聚众扰乱社会秩序罪的区别。两罪都是聚众型犯罪,都扰乱公共秩序,犯罪主体都是聚众犯罪的首要分子和其他积极参加者,但存在如下区别:第一,直接客体的范围不同。本罪侵犯的是社会公共秩序,而后者侵犯的只限于企事业单位、人民团体的工作、生产、营业和教学、科研秩序。第二,犯罪对象不同。本罪的对象是相互斗殴的对方或普通群众,而后者的对象则是企业、事业单位、人民团体等。第三,客观方面表现不同。本罪表现为行为人实施了聚众斗殴的行为,而后者则表现为行为人实施了聚众扰乱社会秩序的行为。第四,犯罪形态不同。本罪是行为犯,原则上只要行为人实施了聚众斗殴的行为,就成立犯罪;而后者是结果犯,必须行为人的行为情节严重,致使工作、生产、营业或教学、科研无法进行,造成严重损失才构成犯罪。

(3) 本罪与故意伤害罪、故意杀人罪的区别。聚众斗殴行为常常会造成人身伤亡的严重后果,但其中能为聚众斗殴罪所涵盖的最多只能是致人轻伤的后果。如果聚众斗殴致人重伤、死亡的,刑法规定应分别以故意伤害罪、故意杀人罪定罪处罚。这里值得注意的是,在聚众斗殴出现致人重伤、死亡的情况时,不应将所有参与斗殴的人都认定为故意伤害罪或故意杀人罪,而只能将直接造成重伤、死亡结果的斗殴者和首要分子认定为上述犯罪。如果现有证据无法证明谁的行为是直接致重伤、死亡的原因,则仅应对首要分子以故意伤害罪、故意杀人罪定罪处罚。

(三) 聚众斗殴罪的刑事责任

根据《刑法》第292条第1款的规定,犯本罪的,处3年以下有期徒刑、拘役或者管制;有下列情形之一的,处3年以上10年以下有期徒刑:(1) 多次聚众斗殴的;(2) 聚众斗殴人数多,规模大,社会影响恶劣的;(3) 在公共场所或者交通要道聚众斗殴,造成社会秩序严重混乱的;(4) 持械聚众斗殴的。根据《刑法》第292条第2款的规定,聚众斗殴,致人重伤、死亡的,依照《刑法》第234条、第232条定罪处罚,即应根据具体情况对行为人分别以故意伤害罪、故意杀人罪论处。

三十四、寻衅滋事罪

（一）寻衅滋事罪的概念和构成

寻衅滋事罪是指寻衅滋事、破坏社会秩序的行为。

本罪的构成要件是：

（1）本罪的客体是社会公共秩序。寻衅滋事行为往往会侵犯到公民的人身权利或财产权利，但不宜据此认为本罪侵犯的是复杂客体。因为诸如在公共场所起哄闹事，造成公共场所秩序严重混乱的行为就不一定会直接侵犯到公民的人身权利或财产权利。

（2）本罪的客观方面表现为行为人实施了寻衅滋事，破坏社会秩序的行为。所谓寻衅滋事，根据2013年7月最高人民法院、最高人民检察院《关于办理寻衅滋事刑事案件适用法律若干问题的解释》（以下简称《寻衅滋事解释》）第1条的规定，是指行为人为寻求刺激、发泄情绪、逞强耍横等，无事生非，实施《刑法》第293条规定的行为的情况。该条同时规定，行为人因日常生活中的偶发矛盾纠纷，借故生非，实施《刑法》第293条规定的行为的，应当认定为"寻衅滋事"，但矛盾系由被害人故意引发或者被害人对矛盾激化负有主要责任的除外；行为人因婚恋、家庭、邻里、债务等纠纷，实施殴打、辱骂、恐吓他人或者损毁、占用他人财物等行为的，一般不认定为"寻衅滋事"，但经有关部门批评制止或者处理处罚后，继续实施前列行为，破坏社会秩序的除外。《刑法》第293条规定了本罪的四种表现形式：第一，随意殴打他人，情节恶劣的。这里的殴打，不以造成被害人轻伤为必要。对于情节恶劣，《寻衅滋事解释》第2条规定为如下七种情形：① 致一人以上轻伤或者二人以上轻微伤的；② 引起他人精神失常、自杀等严重后果的；③ 多次随意殴打他人的；④ 持凶器随意殴打他人的；⑤ 随意殴打精神病人、残疾人、流浪乞讨人员、老年人、孕妇、未成年人，造成恶劣社会影响的；⑥ 在公共场所随意殴打他人，造成公共场所秩序严重混乱的；⑦ 其他情节恶劣的情形。第二，追逐、拦截、辱骂、恐吓他人，情节恶劣的。这里的恐吓，是指以威胁性语言或行动吓唬他人的行为。如有意识地向被害人展示肌肉、凶器；包围被害人并摆出要殴打被害人的阵势，等等。对于情节恶劣，《寻衅滋事解释》第3条规定为如下六种情形：① 多次追逐、拦截、辱骂、恐吓他人，造成恶劣社会影响的；② 持凶器追逐、拦截、辱骂、恐吓他人的；③ 追逐、拦截、辱骂、恐吓精神病人、残疾人、流浪乞讨人员、老年人、孕妇、未成年人，造成恶劣社会影响的；④ 引起他人精神失常、自杀等严重后果的；⑤ 严重影响他人的工作、生活、生产、经营的；⑥ 其他情节恶劣的情形。第三，强拿硬要或者任意毁损、占用公私财物，情节严重的。对于情节严重，《寻衅滋事解释》第4条规定为如下六种情形：① 强拿硬要公私财物价值1000元以上，或者任意毁损、占用公私财物价值2000元以上的；② 多次强拿硬要或者任意毁损、占用公私财物，造成恶劣社会影响的；③ 强拿硬要或者任意毁损、占用精神病人、残疾人、流浪乞讨人员、老年人、孕妇、未成年人的财物，造成恶劣社会影响的；④ 引起他人精神失常、自杀等严重后果的；⑤ 严重影响他人的工作、生活、生产、经营的；⑥ 其他情节严重的情形。第四,在公共场所起哄闹事,造成公共场所秩序严重混乱的。《寻衅滋事解释》第 5 条规定,在车站、码头、机场、医院、商场、公园、影剧院、展览会、运动场或者其他公共场所起哄闹事,应当根据公共场所的性质、公共活动的重要程度、公共场所的人数、起哄闹事的时间、公共场所受影响的范围与程度等因素,综合判断是否"造成公共场所秩序严重混乱"。行为人只要实行上述四种行为之一即可构成本罪。值得注意的是,2013 年 9 月最高人民法院、最高人民检察院《关于办理利用信息网络实施诽谤等刑事案件适用法律若干问题的解释》第 5 条针对利用网络实施的寻衅滋事犯罪行为明确规定,利用信息网络辱骂、恐吓他人,情节恶劣,破坏社会秩序的,依照《刑法》第 293 条第 1 款第 2 项的规定,以寻衅滋事罪定罪处罚。编造虚假信息,或者明知是编造的虚假信息,在信息网络上散布,或者组织、指使人员在信息网络上散布,起哄闹事,造成公共秩序严重混乱的,依照《刑法》第 293 条第 1 款第 4 项的规定,以寻衅滋事罪定罪处罚。

(3) 本罪的主体为一般主体。即凡已满 16 周岁且有刑事责任能力的自然人均可成为本罪主体。

(4) 本罪的主观方面为故意。本罪的犯罪动机可能多种多样,有的是以惹是生非来获得精神刺激,有的是用肆意滋事开心取乐,有的以起哄闹事来争强逞能,有的是为了证明自己的"能力"和"胆量",等等。

(二) 寻衅滋事罪的认定

(1) 本罪与非罪的界限。区分本罪罪与非罪的关键是看行为人的行为是否"情节恶劣""情节严重"或者是否"造成公共场所秩序严重混乱"。行为人虽然实施了寻衅滋事的行为,但如果尚未达到情节恶劣、情节严重的程度或者尚未造成公共场所秩序严重混乱,则不能以犯罪论处,而应当按照《治安管理处罚法》的有关规定,给予行政处罚。此外,根据《寻衅滋事解释》第 8 条的规定,行为人的寻衅滋事行为虽已构成犯罪,但如果行为人认罪、悔罪,积极赔偿被害人损失或者取得被害人谅解,且犯罪情节轻微的,可以不起诉或者免予刑事处罚。

(2) 本罪与抢劫罪的界限。寻衅滋事罪是严重扰乱社会秩序的犯罪,行为人实施寻衅滋事的行为时,客观上也可能表现为强拿硬要公私财物的特征。这种强拿硬要的行为与抢劫罪的区别在于:前者行为人主观上还具有逞强好胜和通过强拿硬要来填补其精神空虚等目的,后者行为人一般只具有非法占有他人财物的目的;前者行为人客观上一般不以严重侵犯他人人身权利的方法强拿硬要财物,而后者行为人则以暴力、胁迫等方式作为劫取他人财物的手段。根据《寻衅滋事解释》第 7 条的规定,如果行为人实施寻衅滋事行为,同时符合寻衅滋事罪和抢劫罪的构成要件的,依照处罚较重的犯罪定罪处罚。根据《两抢意见》的规定,对于未成年人使用或威胁使用轻微暴力强抢少量财物的行为,一般不宜以抢劫罪定罪处罚。其行为符合寻衅滋事罪特征的,可以寻衅滋事罪定罪处罚。

(3) 本罪与故意毁坏财物罪的界限。寻衅滋事罪也可能表现为"任意损毁"公私财物,这使本罪与故意毁坏公私财物罪具有相似之处。但二罪仍有显著区别:第一,犯罪客体不同。本罪侵犯的客体是社会公共秩序；而故意毁坏财物罪侵犯的是公私财产所有权。第二，犯罪的主观方面不同。本罪的行为人常常是出于卖弄淫威、逗乐开心、争强逞能、寻求刺激等变态心理而"任意损毁"公私财物；而故意毁坏财物罪的行为人则具有明确的毁坏特定公私财物的目的。第三，犯罪成立标准不同。本罪中任意损毁公私财物的情形，"情节严重的"才构成犯罪。这里的"情节严重"是以行为人的行为对公共秩序的破坏程度来作为判断标准，而不是以毁坏的财物价值大小作为判断标准。因此，即使行为人的行为只毁坏了价值较小的公私财物，但只要造成了严重的不良社会影响，也足以成立本罪。而故意毁坏财物的行为是否构成犯罪很重要的一个因素就是看行为人故意毁坏的公私财物是否属于"数额较大"。当然，二罪也可能会发生竞合关系。如果行为人以任意损毁公私财物的方式实施寻衅滋事的犯罪，其毁坏的公私财物价值巨大，就属于想象竞合。对此，应按处理想象竞合的原则从一重罪处断。

(4) 本罪与聚众哄抢罪的界限。寻衅滋事罪的表现形式之一是"强要硬拿或者占用公私财物"，这就使本罪与聚众哄抢罪有相似之处。二罪的区别是：第一，犯罪客体不同。本罪侵犯的客体是社会公共秩序；而聚众哄抢罪侵犯的是公私财产所有权。第二，犯罪客观方面不完全相同。本罪中的"强拿硬要或者任意占用公私财物"只是本罪的表现之一，此外本罪还有其他表现形式；而聚众哄抢罪只有"聚众哄抢"一种形式。第三，对犯罪主体要求不同。本罪主体为一般主体，凡参与寻衅滋事者，均可成为犯罪主体；而聚众哄抢罪的主体则限于实施聚众哄抢行为的首要分子和其他积极参与者。第四，犯罪的主观方面不同。本罪行为人常常是出于卖弄淫威、逗乐开心等心态而实施犯罪；而聚众哄抢罪的行为人通常是出于非法占有公私财物的目的而实施犯罪。根据《寻衅滋事解释》第7条的规定，如果行为人实施寻衅滋事行为，同时符合寻衅滋事罪和聚众哄抢罪的构成要件的，依照处罚较重的犯罪定罪处罚。

(三) 寻衅滋事罪的刑事责任

根据《刑法》第293条的规定，犯本罪的，处5年以下有期徒刑、拘役或者管制。纠集他人多次实施寻衅滋事行为，严重破坏社会秩序的，处5年以上10年以下有期徒刑，可以并处罚金。

三十五、组织、领导、参加黑社会性质组织罪

(一) 组织、领导、参加黑社会性质组织罪的概念和构成

组织、领导、参加黑社会性质组织罪，是指组织、领导、积极参加或者参加黑社会性质组织的行为。

本罪的构成要件是：

(1) 本罪的客体是复杂客体，既侵犯了经济秩序、社会生活秩序，同时又侵犯了公民的人身财产权利。黑社会性质组织是处于一般犯罪集团与黑社会组织之间的一种过渡形态，我国目前并没有形成像一些国家那样大规模的、对国家经济和社会生活产生重大影响的黑社会组织，但是带有黑社会性质的犯罪组织在个别地方已初见端

倪。这些黑社会性质组织的存在，使法律秩序遭到破坏，公众生活丧失安全感，对社会治安造成严重威胁，必须依法予以刑事制裁。问题在于如何理解法条所规定的黑社会性质的组织的特征，对此，理论和实务界都曾经存在过不同意见。2000年12月4日最高人民法院《关于审理黑社会性质组织犯罪的案件具体应用法律若干问题的解释》（以下简称《黑社会性质组织解释》）和2002年5月13日全国人大常委会《关于刑法第294条第1款的解释》在黑社会性质组织的具体特征，尤其是黑社会性质组织是否以具有国家工作人员的参加或者非法保护这一"保护伞"为必备特征的问题上存在分歧。最高人民法院的司法解释持肯定态度，而全国人大常委会的立法解释则仅将其作为一个选择要件。从法律效力上看，立法解释自然要优于司法解释；从实际情况分析，上述立法解释也更为准确地表述和把握了我国目前存在的黑社会性质的组织的本质特征。但由于其毕竟是以立法解释而非法律的形式存在，容易被忽视，实践中有些地方仍以最高人民法院的司法解释作为认定黑社会性质的组织的依据，导致司法机关对黑社会性质的组织犯罪的认定上出现分歧。为正确适用法律，严格按照黑社会性质的组织的特征认定这种犯罪，《刑法修正案（八）》将上述立法解释的内容纳入刑法条文之中。

根据《刑法》第294条第5款的规定，黑社会性质组织应当同时具备以下特征：第一，形成较稳定的犯罪组织，人数较多，有明确的组织者、领导者，骨干成员基本固定；第二，有组织地通过违法犯罪活动或者其他手段获取经济利益，具有一定的经济实力，以支持该组织的活动；第三，以暴力、威胁或者其他手段，有组织地多次进行违法犯罪活动，为非作恶，欺压、残害群众；第四，通过实施违法犯罪活动，或者利用国家工作人员的包庇或者纵容，称霸一方，在一定区域或者行业内，形成非法控制或者重大影响，严重破坏经济、社会生活秩序。

实践中，认定黑社会性质的特征时，应注意以下几个问题：第一，目前，黑社会性质的犯罪组织出现了一个明显的变化，即组织者、领导者、骨干成员可能并不多，但他们控制着一批社会上的闲散人员，这些人员形成了一个市场，需要实施违法犯罪时，即通过这个市场雇用打手，形成"一呼即来，一哄而散"的活动方式。对以这种方式存在的组织，只要其基本的组织者、领导者、骨干成员较为固定，就应认定其形成了"较稳定的犯罪组织"。第二，实践中，有些黑社会性质组织的头目，在其具备了一定的实力后，往往通过各种手段将财产洗白，合法地进行一些经营活动，以此支撑该组织的活动，这部分资产也应当算作该组织的"经济实力"。第三，应正确把握"在一定区域或者行业内，形成非法控制或者重大影响"，无论是合法行业还是非法行业，只要对其实行垄断或控制，严重影响了当地该行业的正常经营，扰乱了当地百姓的正常生活秩序就应当予以认定。①

（2）本罪的客观方面表现为行为人实施了组织、领导、积极参加或者参加黑社会

---

① 参见全国人大常委会法制工作委员会刑法室编：《〈中华人民共和国刑法修正案（八）〉条文说明、立法理由及相关规定》，北京大学出版社2011年版，第167页。

性质组织的行为。所谓组织,是指倡导、发起、策划、安排、建立黑社会性质组织的行为。所谓领导,是指在黑社会性质组织中处于领导地位,对该组织的活动进行策划、决策、指挥、协调的行为。通常情况下组织者即是领导者,但也不尽然,非组织者(参加者)也可能通过犯罪表现及其他手段成为领导者。所谓积极参加,是指虽然没有组织、领导,但积极主动地参加到他人组织的黑社会性质组织中去,并积极参与谋划、实施违法犯罪活动的行为。所谓参加,是指一般参加者,即在黑社会性质的组织中,除组织、领导和积极参加者外,其他参加该组织的成员。本罪是行为犯,属选择性罪名,只要行为人实施了组织、领导、积极参加或参加黑社会性质组织的行为之一,便成立本罪。

(3) 本罪的主体为一般主体,任何已满16周岁并具有刑事责任能力的自然人,均可成为本罪的主体。国家机关工作人员组织、领导、参加黑社会性质组织的,应从重处罚。

(4) 本罪的主观方面是直接故意,即行为人怀着明确的意图组织或领导黑社会性质组织,或者明知是黑社会性质组织而参加。

(二) 组织、领导、参加黑社会性质组织罪的认定

(1) 本罪与非罪的界限。本罪是故意犯罪,如果行为人在不知是黑社会性质组织的情况下或者在被欺骗的情况下而加入其中的,不构成犯罪。但行为人如果后来发现自己加入了黑社会性质组织而不退出,并参与犯罪活动的,仍可构成本罪。此外,根据《黑社会性质组织解释》第3条的规定,对于参加黑社会性质组织,没有实施其他违法犯罪活动的,或者受蒙蔽、胁迫参加黑社会性质组织,情节轻微的,可以不作为犯罪处理。

(2) 本罪与一般犯罪集团的界限。黑社会性质组织是处于一般犯罪集团与黑社会组织之间的一种过渡形态,它与一般犯罪集团的区别在于:第一,犯罪组织的严密性。黑社会性质组织具有一般犯罪集团的组织特征,但其组织规模更大,人数更多,分工更为明确,组织纪律更为严格。第二,经济实力的必须性。黑社会性质组织必须是有组织地通过违法犯罪活动或者其他手段获取经济利益,具有一定的经济实力,以支持该组织的活动。一般犯罪集团的成立则没有经济实力上的要求。第三,犯罪活动的区域性。黑社会性质组织称霸一方,在一定区域或者行业内,形成非法控制或者重大影响,严重破坏经济、社会生活秩序,这是一般犯罪集团难以达到的。第四,社会危害的严重性。黑社会性质组织具有强烈的反社会意识,为了壮大势力、逃避打击,他们往往披着某种合法的外衣,通过暴力、威胁、物质利诱、美色勾引等手段拉拢国家工作人员,建立其强大的保护网,这一点是普通刑事犯罪集团所无法比拟的。第五,罪名确定的差异性。组织、领导、参加黑社会性质的组织构成《刑法》第294条第1款规定的组织、领导、参加黑社会性质组织罪;而组织、领导一般犯罪集团则成立共同犯罪,其具体罪名根据行为人所具体实施的行为内容来确定,作为组织、领导者的行为人,应作为共同犯罪的主犯来处罚。

(3) 本罪的罪数问题。组织、领导、参加黑社会性质组织又有其他犯罪行为的,

根据《刑法》第 294 条第 4 款的规定,依照数罪并罚的规定处罚。

(三) 组织、领导、参加黑社会性质组织罪的刑事责任

根据《刑法》第 294 条第 1 款、第 4 款的规定,组织、领导黑社会性质的组织的,处 7 年以上有期徒刑,并处没收财产;积极参加的,处 3 年以上 7 年以下有期徒刑,可以并处罚金或者没收财产;其他参加的,处 3 年以下有期徒刑、拘役、管制或者剥夺政治权利,可以并处罚金。犯本罪又有其他犯罪行为的,依照数罪并罚的规定处罚。

三十六、入境发展黑社会组织罪

入境发展黑社会组织罪,是指我国境外的黑社会组织人员到我国境内发展组织成员的行为。本罪的客体是社会治安管理秩序。本罪的客观方面表现为行为人实施了到我国境内发展黑社会组织成员的行为。"我国境内",主要是指我国内地。根据《黑社会性质组织解释》第 2 条的规定,发展组织成员是指将境内、外人员吸收为该黑社会组织成员的行为。对黑社会组织成员进行内部调整等行为,可视为"发展组织成员"。港、澳、台黑社会组织到内地发展组织成员的,以本罪定罪处罚。本罪的主体为特殊主体,即行为人须是境外黑社会组织人员。本罪的主观方面为故意。根据《刑法》第 294 条第 2 款和第 4 款的规定,犯本罪的,处 3 年以上 10 年以下有期徒刑。犯本罪又有其他犯罪行为的,依照数罪并罚的规定处罚。

三十七、包庇、纵容黑社会性质组织罪

包庇、纵容黑社会性质组织罪,是指国家机关工作人员包庇黑社会性质的组织,或者纵容黑社会性质的组织进行违法犯罪活动的行为。本罪的客体是复杂客体,亦即本罪既侵害了社会治安管理秩序,又侵犯了司法机关打击黑社会性质组织的正常活动。本罪的客观方面表现为行为人实施了包庇黑社会性质的组织,或者纵容黑社会性质的组织进行违法犯罪活动的行为。包庇是指国家机关工作人员为使黑社会性质组织及其成员逃避查禁,而通风报信、隐匿、毁灭、伪造证据,阻止他人作证、检举揭发,指使他人作伪证,帮助逃匿,或者阻挠其他国家机关工作人员依法查禁等行为。纵容是指国家机关工作人员不依法履行职责,放纵黑社会性质组织进行违法犯罪活动的行为。本罪的主体是特殊主体,即国家机关工作人员。本罪的主观方面为故意。根据《刑法》第 294 条第 3 款、第 4 款的规定,犯本罪的,处 5 年以下有期徒刑;情节严重的,处 5 年以上有期徒刑。犯本罪又有其他犯罪行为的,依照数罪并罚的规定处罚。

三十八、传授犯罪方法罪

传授犯罪方法罪,是指用语言、文字、动作、图像或者其他方式,将犯罪方法传授给他人的行为。本罪的客体是社会治安管理秩序。本罪的客观方面表现为行为人实施了传授犯罪方法的行为。行为人传授犯罪方法的形式多种多样,既可以是口头传授,也可以是书面传授;既可以是公开传授,也可以是秘密传授;既可以是当面直接传

授,也可以是间接转达传授;既可以用语言、动作传授,也可以通过实际实施犯罪而传授。不论采取何种方式传授,均不影响本罪的成立。所谓犯罪方法,是指实施犯罪的一切经验、技巧、手段等,包括反侦查、逃避审判、预备犯罪、犯罪后逃匿、销毁罪证等方法。本罪在客观上只要求行为人实施了传授犯罪方法的行为,无论被传授人是否实施了传授人所传授的犯罪方法,以及是否已经造成实际的危害结果,都不影响本罪的成立。本罪的主体为一般主体,多为有犯罪技能和经验的人。本罪的主观方面为故意。根据《刑法》第295条的规定,犯本罪的,处5年以下有期徒刑、拘役或者管制;情节严重的,处5年以上10年以下有期徒刑;情节特别严重的,处10年以上有期徒刑或者无期徒刑。

三十九、非法集会、游行、示威罪

非法集会、游行、示威罪,是指举行集会、游行、示威,未依照法律规定申请或者申请未获许可,或者未按照主管机关许可的起止时间、地点、路线进行,又拒不服从解散命令,严重破坏社会秩序的行为。本罪的客体是国家对集会、游行、示威的管理制度。本罪的客观方面表现为行为人实施了举行集会、游行、示威活动,未依照法律规定申请或者申请未获许可,或者未按照主管机关许可的起止时间、地点、路线进行,并且拒不服从解散命令,严重破坏社会秩序的行为。本罪的主体为一般主体,但只有集会、游行、示威的负责人和直接责任人员才承担刑事责任。本罪的主观方面为故意。根据《刑法》第296条的规定,犯本罪的,处5年以下有期徒刑、拘役、管制或者剥夺政治权利。

四十、非法携带武器、管制刀具、爆炸物参加集会、游行、示威罪

非法携带武器、管制刀具、爆炸物参加集会、游行、示威罪,是指违反法律规定,携带武器、管制刀具、爆炸物参加集会、游行、示威的行为。本罪的客体是国家对集会、游行、示威的管理秩序以及其他社会治安管理秩序。本罪的客观方面表现为行为人实施了违反法律规定,携带武器、管制刀具、爆炸物参加集会、游行、示威的行为。这里的违反法律规定,指的是行为人违反了《集会游行示威法》等法律规定。武器、管制刀具、爆炸物的范围,应以有关法律为准。这里的集会、游行、示威是否属于合法举办的活动,对本罪的成立没有影响。但行为人的携带行为必须发生在行为人参加集会、游行、示威之时。本罪的主体为一般主体。本罪的主观方面为故意。根据《刑法》第297条的规定,犯本罪的,处3年以下有期徒刑、拘役、管制或者剥夺政治权利。

四十一、破坏集会、游行、示威罪

破坏集会、游行、示威罪,是指扰乱、冲击或者以其他方法破坏依法举行的集会、游行、示威,造成公共秩序混乱的行为。本罪的客体是复杂客体,既侵犯了社会公共秩序,又侵犯了公民集会、游行、示威的政治自由权利。本罪的客观方面表现为行为

人实施了扰乱、冲击或者以其他方法破坏依法举行的集会、游行、示威的行为。构成本罪必须是行为人的行为造成了公共秩序混乱的危害结果。本罪的主体是一般主体。本罪的主观方面为故意。根据《刑法》第298条的规定，犯本罪的，处5年以下有期徒刑、拘役、管制或者剥夺政治权利。

四十二、侮辱国旗、国徽罪

侮辱国旗、国徽罪，是指在公众场合故意以焚烧、毁坏、涂画、玷污、践踏等方式侮辱中华人民共和国国旗、国徽的行为。本罪侵犯的客体是国家尊严，对象是国旗、国徽。本罪的客观方面表现为行为人在公众场合实施了侮辱国旗、国徽的行为，即行为人明知是国旗、国徽而在公众场合加以焚烧、毁损、涂画、玷污、践踏等。如果行为人在非公众场合侮辱国旗、国徽，不构成本罪。本罪的主体为一般主体。本罪主观方面为故意。根据《刑法》第299条的规定，犯本罪的，处3年以下有期徒刑、拘役、管制或者剥夺政治权利。

四十三、侮辱国歌罪

侮辱国歌罪，是指在公共场合，故意篡改中华人民共和国国歌歌词、曲谱，以歪曲、贬损方式奏唱国歌，或者以其他方式侮辱国歌，情节严重的行为。本罪侵犯的客体是国家的尊严，对象是我国国歌。本罪在客观方面表现为行为人在公共场合，实施篡改中华人民共和国国歌歌词、曲谱，以歪曲、贬损方式奏唱国歌，或者以其他方式侮辱国歌的行为，而且情节严重。本罪的主体为已满16周岁具有刑事责任能力的自然人。本罪在主观上出自故意。根据《刑法》第299条的规定，犯本罪的，处3年以下有期徒刑、拘役、管制或者剥夺政治权利。

四十四、组织、利用会道门、邪教组织、利用迷信破坏法律实施罪

组织、利用会道门、邪教组织、利用迷信破坏法律实施罪，是指组织和利用会道门、邪教组织或者利用迷信破坏国家法律、行政法规实施的行为。本罪的客体是国家实施法律、行政法规的正常秩序。本罪的客观方面表现为行为人实施了组织、利用会道门、邪教组织或利用迷信破坏国家法律、行政法规实施的行为。所谓会道门，是指诸如一贯道、九宫道、先天道、后天道这样的封建迷信组织。所谓邪教组织，是指冒用宗教、气功或者其他名义建立，神话、鼓吹首要分子，利用制造、散布迷信邪说等手段蛊惑、蒙骗他人，发展、控制成员，危害社会的非法组织。本罪是行为犯，且是选择性罪名，只要行为人实施了前述行为之一，便足以成立本罪。而在司法实践中具体确定罪名时，应根据实际案情来确定。本罪的主体是一般主体。本罪的主观方面为故意。依照《刑法》第300条第3款规定，组织利用会道门、邪教组织、利用迷信奸淫妇女、诈骗钱财的，应依照强奸罪、诈骗罪定罪处罚。根据《刑法》第300条第1款的规定，犯

本罪的,处3年以上7年以下有期徒刑,并处罚金;情节特别严重的,处7年以上有期徒刑或者无期徒刑,并处罚金或者没收财产;情节较轻的,处3年以下有期徒刑、拘役、管制或者剥夺政治权利,并处或者单处罚金。

四十五、组织、利用会道门、邪教组织、利用迷信致人重伤、死亡罪

组织、利用会道门、邪教组织、利用迷信致人重伤、死亡罪,是指组织和利用会道门、邪教组织或者利用迷信蒙骗他人,致人重伤、死亡的行为。本罪侵犯的客体是复杂客体,既侵犯了社会治安秩序,又侵犯了他人的健康权、生命权。本罪的客观方面表现为行为人实施了组织、利用会道门、邪教组织或者利用迷信蒙骗他人,以致引起他人重伤或者死亡的行为。具体而言,是指组织和利用会道门、邪教组织、利用迷信制造、散布歪理邪说,蒙骗其成员或者其他人实施绝食、自残、自虐等行为,或者蒙骗病人不接受正常治疗,致人伤残、死亡的情形。组织和利用会道门、邪教组织、利用迷信制造、散布歪理邪说,指使、胁迫其成员或者其他人实施自杀、自伤行为的,应以故意杀人罪或者故意伤害罪定罪处罚。组织、策划、煽动、教唆、帮助邪教组织人员自杀、自残的,以故意杀人罪或者故意伤害罪定罪处罚。本罪属结果犯,且是选择性罪名。只要行为人实施了前述"组织、利用会道门、邪教组织、利用迷信蒙骗他人"的行为之一,发生了致人重伤、死亡的后果,便足以成立本罪。本罪主体为一般主体。本罪的主观方面为故意。根据《刑法》第300条第2款的规定,犯本罪的,处3年以上7年以下有期徒刑,并处罚金;情节特别严重的,处7年以上有期徒刑或者无期徒刑,并处罚金或者没收财产;情节较轻的,处3年以下有期徒刑、拘役、管制或者剥夺政治权利,并处或者单处罚金。

四十六、聚众淫乱罪

聚众淫乱罪,是指聚集多人进行淫乱活动或者多次参加多人进行的淫乱活动的行为。本罪的客体是国家对社会风尚的管理秩序。本罪的客观方面表现为行为人实施了聚众淫乱的行为,即纠集三人以上群奸群宿或进行其他淫乱活动。所谓淫乱,是指不符合道德准则的性行为,除了自然性交之外,还包括猥亵、鸡奸、兽奸等刺激和满足性欲的行为。在聚众淫乱活动中,参与者应是自愿的,而不是被强迫的。如果以暴力、胁迫、麻醉或者其他方法强迫他人参与聚众淫乱活动,应视其具体情况分别成立强奸罪、强制猥亵、侮辱妇女罪等犯罪或者实行数罪并罚。本罪主体为一般主体,但本罪仅处罚聚众淫乱的首要分子和多次参加聚众淫乱的人员。本罪的主观方面为故意。根据《刑法》第301条的规定,犯本罪的,处5年以下有期徒刑、拘役或者管制。

四十七、引诱未成年人聚众淫乱罪

引诱未成年人聚众淫乱罪,是指引诱未成年人参加聚众淫乱的活动。本罪侵犯的客体是国家对社会风尚的管理秩序和对未成年人的保护制度。本罪的客观方面表现为行为人实施了引诱未成年人参加聚众淫乱的行为。这里的"引诱",是指以口头、

文字、图画、录音录像、身体动作、示范表演等方式对未成年人进行勾引、诱劝、挑逗，从而将其拉入聚众淫乱活动。本罪的主体为一般主体。本罪的主观方面是故意。根据《刑法》第 301 条第 2 款的规定，犯本罪的，依照聚众淫乱罪的处罚规定，从重处罚。即在 5 年以下有期徒刑、拘役或者管制的量刑幅度内，从重处罚。

四十八、盗窃、侮辱、故意毁坏尸体、尸骨、骨灰罪

盗窃、侮辱、故意毁坏尸体、尸骨、骨灰罪，是指盗窃、侮辱、故意毁坏尸体、尸骨、骨灰的行为。本罪侵犯的客体是国家对社会风尚的管理秩序。本罪的客观方面表现为行为人实施了盗窃、侮辱、故意毁坏尸体、尸骨、骨灰的行为。所谓"盗窃"，是指秘密窃取。所谓"侮辱"，是指通过暴露、悬吊、践踏、奸淫、鞭打等方法对尸体、尸骨、骨灰进行贬损。所谓"毁坏"，是指对尸体、尸骨的完整性进行破坏或者采用火烧等方法使之消失，对骨灰进行抛洒等使之消失。本罪的主体为一般主体。本罪的主观方面是故意。根据《刑法》第 234 条之一第 3 款的规定，违背本人生前意愿摘取其尸体器官，或者本人生前未表示同意，违反国家规定，违背其近亲属意愿摘取其尸体器官的，以本罪定罪处罚。根据《刑法》第 302 条的规定，犯本罪的，处 3 年以下有期徒刑、拘役或者管制。

四十九、赌博罪

赌博罪，是指以营利为目的，聚众赌博或者以赌博为业的行为。本罪侵犯的客体是国家对社会风尚的管理秩序。本罪的客观方面表现为行为人实施了聚众赌博或者以赌博为业的行为。根据 2005 年最高人民法院、最高人民检察院《关于办理赌博刑事案件具体应用法律若干问题的解释》的规定，聚众赌博是指以营利为目的，有下列情形之一的行为：(1) 组织 3 人以上赌博，抽头渔利数额累计达到 5000 元以上的；(2) 组织 3 人以上赌博，赌资数额累计达到 5 万元以上的；(3) 组织 3 人以上赌博，参赌人数累计达到 20 人以上的；(4) 组织中华人民共和国公民 10 人以上赴境外赌博，从中收取回扣、介绍费的。中华人民共和国公民在我国领域外周边地区聚众赌博，以吸引中华人民共和国公民为主要客源，构成赌博罪的，可以依照刑法规定追究刑事责任。以赌博为业，是指以赌博为常业，即嗜赌成性，以赌博所得为主要生活来源或挥霍来源。虽有正当职业，却不务正业，把主要精力放在赌博上，长期在工余时间从事赌博活动，输赢数额巨大的，也视为以赌博为业。对于明知他人实施赌博犯罪活动，而为其提供资金、计算机网络、通讯、费用结算等直接帮助的，以赌博罪的共犯论处。本罪的主体为一般主体。本罪的主观方面为故意，并且行为人具有营利的目的。根据《刑法》第 303 条第 1 款的规定，犯本罪的，处 3 年以下有期徒刑、拘役或者管制，并处罚金。根据上述司法解释的规定，对于不以营利为目的，进行带有少量财物输赢的娱乐活动的，不以赌博论处。实施赌博犯罪，有下列情形之一的，从重处罚：(1) 具有国家工作人员身份的；(2) 组织国家工作人员赴境外赌博的；(3) 组织未成年人参与赌博的。赌博犯罪中用作赌注的款物、换取筹码的款物和通过赌博赢取的款物属于

赌资。通过计算机网络实施赌博犯罪的,赌资数额可以按照在计算机网络上投注或者赢取的点数乘以每一点实际代表的金额认定。赌资应当依法予以追缴;赌博用具、赌博违法所得以及赌博犯罪分子所有的专门用于赌博的资金、交通工具、通讯工具等,应当依法予以没收。

五十、开设赌场罪

开设赌场罪,是指为赌博提供场所、设定赌博方式、提供赌具、筹码、资金等组织赌博的行为。本罪侵犯的客体是国家对社会风尚的管理秩序。本罪在客观方面表现为为赌博提供场所、设定赌博方式、提供赌具、筹码、资金等组织赌博的行为。提供棋牌室等娱乐场所只收取正常的场所和服务费用的经营行为,不属于开设赌场行为。根据2010年8月31日最高人民法院、最高人民检察院、公安部《关于办理网络赌博犯罪案件适用法律若干问题的意见》的规定,利用互联网、移动通讯终端等传输赌博视频、数据,组织赌博活动,具有下列情形之一的,属于开设赌场的行为:(1) 建立赌博网站并接受投注的;(2) 建立赌博网站并提供给他人组织赌博的;(3) 为赌博网站担任代理并接受投注的;(4) 参与赌博网站利润分成的。此外,明知是赌博网站,而为其提供下列服务或者帮助的,属于开设赌场罪的共同犯罪:(1) 为赌博网站提供互联网接入、服务器托管、网络存储空间、通讯传输通道、投放广告、发展会员、软件开发、技术支持等服务,收取服务费数额在2万元以上的;(2) 为赌博网站提供资金支付结算服务,收取服务费数额在1万元以上或者帮助收取赌资20万元以上的;(3) 为10个以上赌博网站投放与网址、赔率等信息有关的广告或者为赌博网站投放广告累计100条以上的。有下列情形之一的,应当认定行为人"明知",但是有证据证明确实不知道的除外:(1) 收到行政主管机关书面等方式的告知后,仍然实施上述行为的;(2) 为赌博网站提供互联网接入、服务器托管、网络存储空间、通讯传输通道、投放广告、软件开发、技术支持、资金支付结算等服务,收取服务费明显异常的;(3) 在执法人员调查时,通过销毁、修改数据、账本等方式故意规避调查或者向犯罪嫌疑人通风报信的;(4) 其他有证据证明行为人明知的。本罪的犯罪主体为一般主体,即任何已满16周岁并具有刑事责任能力的自然人均可以成为本罪的主体。本罪的主观方面是故意,主要以营利为目的。根据《刑法》第303条第2款的规定,犯本罪的,处3年以下有期徒刑、拘役或者管制,并处罚金;情节严重的,处3年以上10年以下有期徒刑,并处罚金。

五十一、故意延误投递邮件罪

故意延误邮件投递罪,是指邮政工作人员严重不负责任,故意延误投递邮件,致使公共财产、国家和人民利益遭受重大损失的行为。本罪的客体是国家邮政通讯管理秩序。本罪的客观方面表现为行为人实施了严重不负责任,故意延误邮件投递,且造成公共财产、国家和人民利益的重大损失的行为。本罪的主体为特殊主体,即邮政工作人员。本罪的主观方面为故意。根据《刑法》第 304 条的规定,犯本罪的,处 2 年以下有期徒刑或者拘役。

第三节 妨害司法罪

一、伪证罪

(一)伪证罪的概念和构成

伪证罪,是指在刑事诉讼中,证人、鉴定人、记录人、翻译人对与案件有重要关系的情节,故意作虚假证明、鉴定、记录、翻译,意图陷害他人或者隐匿罪证的行为。

本罪的构成要件是:

(1)本罪的客体是司法机关正常的刑事诉讼司法活动。作伪证的行为必然妨害司法机关查明案件事实,从而严重干扰司法机关的正常刑事诉讼司法活动。

(2)本罪的客观方面表现为行为人在刑事诉讼中,对与案件有重要关系的情节,故意作虚假证明、鉴定、记录、翻译的行为。这里的"刑事诉讼中",是指刑事案件的侦查、起诉、审判的整个过程。与案件有重要关系的情节,是指直接影响到定罪量刑的情节,即对犯罪嫌疑人、被告人是否构成犯罪,构成何种犯罪,应当如何量刑有重要影响的情节。作虚假的证明、鉴定、记录、翻译,是指以虚构、隐瞒、篡改等各种形式作违背事实真相的证明、鉴定、记录、翻译。如何理解"虚假",国外刑法理论围绕证人作虚假证明的认定发展出不同的观点:主观说认为,"虚假"是指证人所陈述的事实是违反其主观记忆的事实。证人应该按照其记忆陈述自己所经历的事实,如果其故意违反记忆加以陈述,就伴随有误导司法的抽象危险。因此,只要行为人陈述违反自己记忆的事实,即使偶然符合客观事实,也成立伪证罪;反之,只要没有违反行为人的记忆,即使与客观事实不相符合,也不成立伪证罪。客观说认为,"虚假"是指所陈述的事实内容违反了客观的真实性。行为人违背记忆的陈述,只要与客观事实相符合,就不存在妨害审判公正的危险,因而不成立伪证罪。而当行为人按照自己的记忆所作的陈述违背客观真实时,则因为没有伪证罪的故意而不成立伪证罪。① 由于我国刑法坚持主客观相统一的原则,我们认为,"虚假"是指违反行为人的记忆且不符合客观事实的陈述。如果违反证人的记忆但符合客观事实,对于司法活动并无妨碍,不能认定为伪证罪;如果符合证人的记忆但与客观事实不符,则因行为人没有伪证罪的故意,不可能成立伪证罪。

(3)本罪的主体为特殊主体,即只有刑事诉讼中的证人、鉴定人、记录人、翻译人才能成为本罪主体。所谓证人,是指知道刑事案件的全部或部分真实情况,以自己的证言作为刑事证据的人;所谓鉴定人,是指在刑事诉讼中,受公安机关、检察机关、人民法院的指派或聘请,运用自己的专门知识或技能,对案件中的专门性问题进行分析判断并提出科学意见的人;所谓记录人,是指为案件的调查取证,询问证人、被害人或

---

① 参见〔日〕山口厚:《刑法各论》(第 2 版),日本有斐阁 2010 年日文版,第 595—596 页。

审问犯罪嫌疑人、被告人而作文图声像记录的人;所谓翻译人,是指受公安机关、检察机关或人民法院的指派或聘请,为案件中的外国人、少数民族人员或聋哑人等诉讼参与人充当翻译的人,以及为案件中的法律文书或证据材料等有关资料作翻译的人。非上述四种诉讼参与人,不构成本罪。

(4) 本罪的主观方面为故意,且行为人具有陷害他人或者隐匿罪证的意图。

(二) 伪证罪的认定

(1) 本罪与非罪的界限。第一,本罪是故意犯罪,且行为人作伪证时具有陷害他人或者隐匿罪证的意图。因此,如果行为人不是出于故意,而是因为记忆错误而导致证词失实,或者因为业务水平不强、工作粗心大意而导致鉴定、记录、翻译出现差错,就不能认定为犯罪。第二,即使行为人主观上有作伪证的故意,但其行为不是发生在刑事诉讼过程中,或者虽然发生在刑事诉讼过程中,但其所作伪证涉及的并非与案件有重要关系的情节,也不能以犯罪论处。

(2) 本罪与诬告陷害罪的界限。由于诬告陷害罪的行为人为了达到陷害他人的目的,常常虚构事实、伪造证据,因此就有可能在表现形式上与本罪相同。但二罪的显著区别在于:第一,犯罪客体不同。本罪侵犯的客体是司法机关正常的刑事诉讼司法活动,他人的人身权利只是随意客体;而诬告陷害罪侵犯的主要客体是他人的人身权利,司法机关的正常活动只是次要客体。第二,行为所针对的对象不同。本罪行为针对的对象是进入诉讼程序的犯罪嫌疑人;而诬告陷害罪所针对的对象则是未必进入刑事诉讼程序的人。第三,犯罪发生的时间不同。本罪只能发生在刑事诉讼过程中,而诬告陷害罪则发生在刑事诉讼活动开始之前。第四,犯罪方式不同。本罪只是在与案件有重要关系的个别情节上作伪证;而诬告陷害罪是捏造整个犯罪事实。第五,犯罪主体不同。本罪是特殊主体,即只能是参加刑事诉讼的证人、鉴定人、记录人或翻译人;而诬告陷害罪则是一般主体。第六,犯罪的主观意图不同。本罪的主观意图是陷害他人或为他人开脱罪责,而诬告陷害罪的主观意图只能是陷害他人。

(三) 伪证罪的刑事责任

根据《刑法》第305条的规定,犯本罪的,处3年以下有期徒刑或者拘役;情节严重的,处3年以上7年以下有期徒刑。

二、辩护人、诉讼代理人毁灭证据、伪造证据、妨害作证罪

辩护人、诉讼代理人毁灭证据、伪造证据、妨害作证罪,是指在刑事诉讼中,辩护人、诉讼代理人毁灭、伪造证据,帮助当事人毁灭、伪造证据,威胁、引诱证人违背事实改变证言或者作伪证的行为。本罪的客体是司法机关的正常刑事诉讼活动。本罪的客观方面表现为行为人实施了毁灭、伪造证据,帮助当事人毁灭、伪造证据,威胁、引诱证人违背事实改变证言或者作伪证的行为。需要指出的是,根据《刑法》第306条第2款的规定,辩护人、诉讼代理人提供、出示、引用的证人证言或者其他证据失实,不是有意伪造的,不属于伪造证据。本罪的主体为特殊主体,即只有辩护人、诉讼代理人才能成为本罪主体。辩护人,是指受犯罪嫌疑人、被告人委托或人民法院的指

定,行使辩护权的诉讼参与人,包括律师、人民团体或者犯罪嫌疑人、被告人所在单位推荐的人以及犯罪嫌疑人、被告人的监护人、亲友。诉讼代理人,是指公诉案件的被害人及其法定代理人或者近亲属、自诉案件的自诉人及其法定代理人委托代为参加诉讼的人,以及附带民事诉讼的当事人及其法定代理人委托代为参加诉讼的人。本罪的主观方面为故意。根据《刑法》第306条的规定,犯本罪的,处3年以下有期徒刑或者拘役;情节严重的,处3年以上7年以下有期徒刑。

三、妨害作证罪

妨害作证罪,是指以暴力、威胁、贿买等方法阻止证人作证或者指使他人作伪证的行为。本罪的客体是国家司法机关的正常诉讼活动。本罪的客观方面表现为行为人实施了以暴力、威胁、贿买等方法阻止证人作证或者指使他人作伪证的行为。所谓暴力,是指使用殴打、绑架等人身强制的方法,使证人不敢作证或者他人作伪证;所谓威胁,是指以杀害、伤害证人及其近亲属,毁坏其财产,揭露其隐私等方法相威胁,迫使证人不敢、不愿作证或者促使他人作伪证;所谓贿买,是指以金钱、财物或其他利益进行收买、利诱,使证人不愿作证或者促使他人作伪证。关于本罪的成立时间范围,虽然《刑法》并没有作限制性规定,但一般发生在诉讼过程中,而且既可能发生在刑事诉讼中,也可能发生在民事诉讼或行政诉讼中。本罪的主体为一般主体。本罪的主观方面为故意。根据《刑法》第307条第1款、第3款的规定,犯本罪的,处3年以下有期徒刑或者拘役;情节严重的,处3年以上7年以下有期徒刑。司法工作人员犯本罪的,从重处罚。

四、帮助毁灭、伪造证据罪

帮助毁灭、伪造证据罪,是指帮助当事人毁灭、伪造证据,情节严重的行为。本罪的客体是国家司法机关的正常活动。本罪的客观方面表现为行为人实施了帮助当事人毁灭、伪造证据,情节严重的行为。这里的当事人,不仅指刑事诉讼中的当事人,也包括民事诉讼和行政诉讼中的当事人。本罪的主体是一般主体。本罪的主观方面为故意。根据《刑法》第307条第2款、第3款的规定,犯本罪的,处3年以下有期徒刑或者拘役。司法工作人员犯本罪的,从重处罚。

五、虚假诉讼罪

虚假诉讼罪,是指以捏造的事实提起民事诉讼,妨害司法秩序或者严重侵犯他人合法权益的行为。本罪侵犯的客体是司法机关的正常活动,同时也侵犯他人的财产权等合法权益。本罪在客观方面表现为行为人以捏造的事实提起民事诉讼,并造成了妨害司法秩序或者严重侵犯他人合法权益的后果。"以捏造的事实提起民事诉讼",是指采取伪造证据、虚假陈述等手段,实施下列行为之一,捏造民事法律关系,虚构民事纠纷,向人民法院提起民事诉讼的行为:(1)与夫妻一方恶意串通,捏造夫妻共同债务的;(2)与他人恶意串通,捏造债权债务关系和以物抵债协议的;(3)与公司、企业的法定代表人、董事、监事、经理或者其他管理人员恶意串通,捏造公司、企业债务或者担保义务的;(4)捏造知识产权侵权关系或者不正当竞争关系的;(5)在破产案件审理过程中申报捏造的债权的;(6)与被执行人恶意串通,捏造债权或者对查封、扣押、冻结财产的优先权、担保物权的;(7)单方或者与他人恶意串通,捏造身份、合同、侵权、继承等民事法律关系的其他行为。隐瞒债务已经全部清偿的事实,向人民法院提起民事诉讼,要求他人履行债务的,以"以捏造的事实提起民事诉讼"论。向人民法院申请执行基于捏造的事实作出的仲裁裁决、公证债权文书,或者在民事执行过程中以捏造的事实对执行标的提出异议、申请参与执行财产分配的,属于"以捏造的事实提起民事诉讼"。"妨害司法秩序或者严重侵害他人合法权益",是指以捏造的事实提起民事诉讼,有下列情形之一的:(1)致使人民法院基于捏造的事实采取财产保全或者行为保全措施的;(2)致使人民法院开庭审理,干扰正常司法活动的;(3)致使人民法院基于捏造的事实作出裁判文书、制作财产分配方案,或者立案执行基于捏造的事实作出的仲裁裁决、公证债权文书的;(4)多次以捏造的事实提起民事诉讼的;(5)曾因以捏造的事实提起民事诉讼被采取民事诉讼强制措施或者受过刑事追究的;(6)其他妨害司法秩序或者严重侵害他人合法权益的情形。① 本罪的主体为任何已满16周岁、具有刑事责任能力的自然人和单位。本罪主观方面出自故意。根据《刑法》第307条之一的规定,犯本罪的,处3年以下有期徒刑、拘役或者管制,并处或者单处罚金;情节严重的,处3年以上7年以下有期徒刑,并处罚金。单位犯本罪的,对单位判处罚金,并对其直接负责的主管人员和其他直接责任人员,依照前款的规定处罚。犯本罪,非法占有他人财产或者逃避合法债务,又构成其他犯罪的,依照处罚较重的规定定罪从重处罚。司法工作人员利用职权,与他人共同实施本罪的,从重处罚;同时构成其他犯罪的,依照处罚较重的规定定罪从重处罚。

六、打击报复证人罪

打击报复证人罪,是指故意对证人进行打击报复的行为。本罪的客体是司法机关的正常活动和证人依法作证的权利。本罪的客观方面表现为行为人实施了对证人进行打击报复的行为。司法实践中,打击报复的手段可能会多种多样,如降职降薪、解聘解雇、扣发薪金、侮辱人格、侵害人身、骚扰安宁等。本罪的主体为一般主体。本罪的主观方面为故意。打击报复证人的行为如果同时触犯到其他罪名的,应按照想象竞合犯的处断原则处理。根据《刑法》第308条的规定,犯本罪的,处3年以下有期徒刑或者拘役;情节严重的,处3年以上7年以下有期徒刑。

七、泄露不应公开的案件信息罪

泄露不应公开的案件信息罪,是指司法工作人员、辩护人、诉讼代理人或者其他

---

① 参见2018年9月26日最高人民法院、最高人民检察院《关于办理虚假诉讼刑事案件适用法律若干问题的解释》第1条、第2条的规定。

诉讼参与人,泄露依法不公开审理的案件中不应当公开的信息,造成信息公开传播或者其他严重后果的行为。本罪侵犯的客体是司法机关的正常活动。本罪在客观方面表现为泄露依法不公开审理的案件中不应当公开的信息,造成信息公开传播或者其他严重后果的行为。本罪的主体为特殊主体,即只能是司法工作人员、辩护人、诉讼代理人或者其他诉讼参与人。单位也可以成为本罪的主体。本罪主观方面出自故意。根据《刑法》第 308 条之一的规定,犯本罪的,处 3 年以下有期徒刑、拘役或者管制,并处或者单处罚金。单位犯本罪的,对单位判处罚金,并对其直接负责的主管人员和其他直接责任人员,依照上述规定处罚。

八、披露、报道不应公开的案件信息罪

披露、报道不应公开的案件信息罪,是指行为人明知是依法不公开审理的案件中不应当公开的信息而公开披露、报道,情节严重的行为。本罪侵犯的客体是司法机关的正常活动。本罪在客观方面表现为公开披露、报道依法不公开审理的案件中不应当公开的信息。至于披露、报道的方式、途径、载体等如何,不影响犯罪的成立。只要行为达到情节严重的程度,就构成犯罪。本罪的主体为任何已满 16 周岁、具有刑事责任能力的自然人和单位。本罪的主观方面出自故意。根据《刑法》第 308 条之一的规定,犯本罪的,处 3 年以下有期徒刑、拘役或者管制,并处或者单处罚金。单位犯本罪的,对单位判处罚金,并对其直接负责的主管人员和其他直接责任人员,依照上述规定处罚。

九、扰乱法庭秩序罪

扰乱法庭秩序罪,是指采用聚众哄闹、冲击法庭,侵犯司法工作人员或者诉讼参与人人身权利等方式扰乱法庭秩序,情节严重的行为。本罪侵犯的客体是人民法院审理案件的正常秩序。本罪的客观方面表现为行为人实施以下四种扰乱法庭秩序的行为:(1)聚众哄闹、冲击法庭。所谓聚众哄闹法庭,是指纠集众人在法庭上肆意喧哗、吵闹或在法庭附近施放噪音干扰审判的行为。所谓聚众冲击法庭,是指纠集多人强行进入法庭、向法庭投掷石块、强坐庭审席位,损毁法庭设备、设施等。(2)殴打司法工作人员或者诉讼参与人。(3)侮辱、诽谤、威胁司法工作人员或者诉讼参与人,不听法庭制止,严重扰乱法庭秩序的。所谓严重扰乱法庭秩序,是指造成法庭秩序严重混乱,导致案件无法继续审理或审理中断等情形。(4)有毁坏法庭设施,抢夺、损毁诉讼文书、证据等扰乱法庭秩序行为,情节严重的。本罪的主体为任何已满 16 周岁、具有刑事责任能力的自然人。本罪的主观方面出自故意。根据《刑法》第 309 条的规定,犯本罪的,处 3 年以下有期徒刑、拘役、管制或者罚金。

十、窝藏、包庇罪

(一)窝藏、包庇罪的概念和构成

窝藏、包庇罪,是指明知是犯罪的人,而为其提供隐藏处所、财物,帮助其逃匿或

者作假证明包庇的行为。

本罪的构成要件是：

(1) 本罪的客体是司法机关的正常活动。本罪的对象是犯罪的人。何谓"犯罪的人"？刑法理论上大致存在三种观点：第一种观点认为，犯罪的人是指真正的犯罪人；第二种观点认为，犯罪的人是指因犯罪的嫌疑而受到侦查或追诉的人；第三种观点认为，犯罪的人是指在客观上被合理地认为有强烈犯罪嫌疑的人。① 我们认为，第一种观点会将精神病患者等不具有刑事责任能力的人排除在窝藏、包庇罪的犯罪对象之外，但行为人是否具有刑事责任能力，往往需要进行司法鉴定。按照这种观点，行为人不知道对方实施行为时丧失了辨认和控制行为的能力而对其进行窝藏、包庇，妨碍了司法机关的正常活动，却因对方被鉴定为精神病患者而不构成窝藏、包庇罪，这不合理。而且，如果行为人成功窝藏、包庇了犯罪嫌疑人，那要证明其是真正的犯罪人也会更为困难。第二种观点的问题在于，将公安、司法机关立案前的人排除在本罪的对象之外，显然不妥当。而且，在明显不是真正犯人的人因司法机关的重大失误而被当成犯罪嫌疑人、被告人时，就没有将窝藏、包庇者认定为犯罪的必要。因此，我们赞成第三种观点。犯罪的人是指在客观上被合理地认为有强烈犯罪嫌疑的人，既包括真正犯了罪的人，也包括因犯罪的嫌疑而受到司法机关侦查或起诉的人，还包括暂时未被列为犯罪嫌疑人，但确实实施了犯罪行为的人，以及虽不具有刑事责任能力，但实施了危害社会的行为，在客观上有强烈犯罪嫌疑的人。

(2) 本罪的客观方面表现为行为人实施了窝藏或包庇犯罪的人的行为。所谓窝藏，包括以下三种情形：一是为犯罪的人提供隐藏处所。例如，将其藏匿在自己或亲友家中或其他难以被发现的场所。二是为犯罪的人提供财物。例如，为其提供金钱、衣物、食品或其他生活用品，使其能够继续隐藏。三是以其他方法帮助犯罪的人逃匿。例如，为犯罪的人通报侦查机关的动向、指示逃匿方向和路线、提供交通便利等。所谓包庇，是指为犯罪的人作假证明以掩盖其犯罪事实。本罪是选择性罪名，只要行为人实施了窝藏与包庇犯罪的人的行为之一，便足以成立本罪。另外，如前所述，根据《刑法》第362条的规定，旅馆业、饮食服务业、文化娱乐业、出租汽车业等单位的人员，在公安机关查处卖淫、嫖娼活动时，为违法犯罪分子通风报信，情节严重的，以窝藏、包庇罪定罪处罚。

(3) 本罪的主体为一般主体。

(4) 本罪的主观方面为故意。因此，行为人不知道对方是犯罪分子而为其提供隐藏处所、财物，或者不了解事实而讲了客观上有利于犯罪人的证词的，不能以犯罪论处。

(二) 窝藏、包庇罪的认定

(1) 本罪与非罪的界限。明知犯罪事实的发生或者明知犯罪人的情况，而不主动地向司法机关举报的行为，属于"知情不报"。知情不报的行为虽然在客观上有利

---

① 参见〔日〕山中敬一：《刑法各论》（第2版），日本成文堂2009年日文版，第733页。

于犯罪分子逃匿,但行为人只是消极地不提供有关犯罪事实和犯罪分子的信息,而不是积极地窝藏、包庇犯罪分子,因而属于单纯的不作为。由于我国刑法没有关于知晓一般犯罪事实或犯罪人情况的人必须举报的强制性规定,因此,对于知情不报的行为不能以犯罪论处。同理,在公安、司法机关调查取证时,单纯不提供证言的行为,虽然违背了《刑事诉讼法》第62条"凡是知道案件情况的人,都有作证的义务"等规定,但由于刑法并未对此作出专门的一般性规定,因而也不成立犯罪。但是,如果明知他人有间谍犯罪行为,在国家安全机关向其调查有关情况、收集有关证据时,拒绝提供,情节严重的,则可构成《刑法》第311条规定的拒绝提供间谍犯罪证据罪。

(2)包庇罪与伪证罪的界限。二罪都可以通过提供虚假证明的方式实施,其显著区别在于:第一,行为对象不同。包庇罪的对象包括已决犯和未决犯;而伪证罪的对象只能是未决犯。第二,实施犯罪的时间不同。包庇罪可以发生在刑事诉讼开始之前、之中和之后;而伪证罪只能发生在刑事诉讼的过程中。第三,行为方式不同。包庇罪是为犯罪的人作假证明;而伪证罪则是行为人对案件有重要关系的情节作虚假的证明、鉴定、记录或者翻译。第四,主体不同。包庇罪的主体为一般主体;而伪证罪的主体是特殊主体,仅限于证人、鉴定人、记录人、翻译人。第五,行为人故意内容不同。包庇罪的故意内容只是意图使犯罪分子逃避法律制裁;而伪证罪的故意内容既可以是包庇犯罪的人使其逃避法律制裁的意图,也可以是陷害他人使其受到刑事追究的意图。

(3)本罪与事前有通谋的共同犯罪的区别。本罪是在被窝藏、包庇者犯罪后实施的,其犯罪故意也是在他人实施犯罪之后产生的。如果行为人在他人犯罪之前就与之约定事后为其提供隐藏处所、财物,帮助其逃匿或者作假证明予以包庇,则不成立本罪,而应认定为他人犯罪的共同犯罪。《刑法》第310条第2款对此也作了明文规定。

(三)窝藏、包庇罪的刑事责任

根据《刑法》第310条第1款的规定,犯本罪的,处3年以下有期徒刑、拘役或者管制;情节严重的,处3年以上10年以下有期徒刑。

十一、拒绝提供间谍犯罪、恐怖主义犯罪、极端主义犯罪证据罪

拒绝提供间谍犯罪、恐怖主义犯罪、极端主义犯罪证据罪,是指明知他人有间谍犯罪或者恐怖主义、极端主义犯罪行为,在司法机关向其调查有关情况、收集有关证据时,拒绝提供,情节严重的行为。本罪侵犯的客体是国家司法机关打击与防范间谍犯罪、恐怖主义犯罪、极端主义犯罪的正常活动。本罪的客观方面表现为行为人实施了拒绝向国家司法机关提供他人实施间谍犯罪或者恐怖主义、极端主义犯罪的证据,情节严重的行为。本罪的主体为任何已满16周岁、具有刑事责任能力的自然人。本罪的主观方面是故意。根据《刑法》第311条的规定,犯本罪的,处3年以下有期徒刑、拘役或者管制。

十二、掩饰、隐瞒犯罪所得、犯罪所得收益罪

掩饰、隐瞒犯罪所得、犯罪所得收益罪,是指行为人明知是犯罪所得及其产生的收益而予以窝藏、转移、收购、代为销售或者以其他方法掩饰、隐瞒的行为。本罪的客体是司法机关的正常活动。本罪的对象是犯罪所得及其产生的收益。本罪的客观方面表现为行为人实施了窝藏、转移、收购、代为销售或者以其他方法掩饰、隐瞒犯罪所得及其产生的收益的行为。窝藏,是指行为人为犯罪分子藏匿犯罪所得及其产生的收益;转移,是指行为人把犯罪分子犯罪所得及其产生的收益由一地运往另一地;收购,是指行为人购买犯罪分子犯罪所得及其产生的收益;代为销售,是指行为人代犯罪分子将犯罪所得及其产生的收益卖出;以其他方法掩饰、隐瞒,是指采用窝藏、转移、收购、代为销售以外的方法掩盖犯罪所得及其收益的性质的行为。本罪属选择性罪名,只要行为人实施了上述五种行为之一,就可以构成本罪。本罪的主体为一般主体,既包括自然人,也包括单位。但本犯自己掩饰、隐瞒犯罪所得、犯罪所得收益的行为属于不可罚的事后行为,不构成本罪。本罪的主观方面为故意,即必须是行为人明知是犯罪所得及其产生的收益而予以掩饰、隐瞒,否则不构成本罪。根据 2009 年 11 月 4 日最高人民法院《关于审理洗钱等刑事案件具体应用法律若干问题的解释》第 1 条的规定,对明知的认定应当结合被告人的认知能力,接触他人犯罪所得及其收益的情况,犯罪所得及其收益的种类、数额,犯罪所得及其收益的转换、转移方式以及被告人的供述等主、客观因素进行认定。具有下列情形之一的,可以认定被告人明知系犯罪所得及其收益,但有证据证明确实不知道的除外:(1) 知道他人从事犯罪活动,协助转换或者转移财物的;(2) 没有正当理由,通过非法途径协助转换或者转移财物的;(3) 没有正当理由,以明显低于市场的价格收购财物的;(4) 没有正当理由,协助转换或者转移财物,收取明显高于市场的"手续费"的;(5) 没有正当理由,协助他人将巨额现金散存于多个银行账户或者在不同银行账户之间频繁划转的;(6) 协助近亲属或者其他关系密切的人转换或者转移与其职业或者财产状况明显不符的财物的;(7) 其他可以认定行为人明知的情形。尽管《刑法》对本罪的成立没有规定任何情节上的限制,但并非只要实施了掩饰、隐瞒犯罪所得、犯罪所得收益的行为就一概构成犯罪。2015 年 5 月 29 日最高人民法院《关于审理掩饰、隐瞒犯罪所得、犯罪所得收益刑事案件适用法律若干问题的解释》第 1 条规定,明知是犯罪所得及其产生的收益而予以窝藏、转移、收购、代为销售或者以其他方法掩饰、隐瞒,具有下列情形之一的,应当依照本罪定罪处罚:(1) 掩饰、隐瞒犯罪所得及其产生的收益价值 3000 元至 1 万元以上的;(2) 一年内曾因掩饰、隐瞒犯罪所得及其产生的收益行为受过行政处罚,又实施掩饰、隐瞒犯罪所得及其产生的收益行为的;(3) 掩饰、隐瞒的犯罪所得系电力设备、交通设施、广播电视设施、公用电信设施、军事设施或者救灾、抢险、防汛、优抚、扶贫、移民、救济款物的;(4) 掩饰、隐瞒行为致使上游犯罪无法及时查处,并造成公私财物损失无法挽回的;(5) 实施其他掩饰、隐瞒犯罪所得及其产生的收益行为,妨害司法机关对上游犯罪进行追究的。上述解释第 8 条规定,认定掩饰、隐瞒犯

罪所得、犯罪所得收益罪,以上游犯罪事实成立为前提。上游犯罪尚未依法裁判,但查证属实的,不影响掩饰、隐瞒犯罪所得、犯罪所得收益罪的认定。上游犯罪事实经查证属实,但因行为人未达到刑事责任年龄等原因依法不予追究刑事责任的,不影响掩饰、隐瞒犯罪所得、犯罪所得收益罪的认定。根据《刑法》第312条的规定,犯本罪的,处3年以下有期徒刑、拘役或者管制,并处或者单处罚金;情节严重的,处3年以上7年以下有期徒刑,并处罚金。单位犯本罪的,对单位判处罚金,并对其直接负责的主管人员和其他直接责任人员,依照上述规定处罚。

十三、拒不执行判决、裁定罪

(一)拒不执行判决、裁定罪的概念和构成

拒不执行判决、裁定罪,是指对人民法院的判决、裁定有能力执行而拒不执行,情节严重的行为。

本罪的构成要件是:

(1)本罪的客体是国家的审判制度。本罪的对象是人民法院的判决、裁定,即指人民法院依法作出的具有执行内容并已发生法律效力的判决、裁定。人民法院为依法执行支付令、生效的调解书、仲裁裁决、公证债权文书等所作的裁定属于本罪规定的裁定。

(2)本罪的客观方面表现为行为人实施了有能力执行而拒不执行人民法院判决、裁定,情节严重的行为。这里的有能力执行,是指根据查实的证据证明,负有执行人民法院判决、裁定义务的人有可供执行的财产或者具有履行特定义务的能力。根据全国人大常委会《关于〈中华人民共和国刑法〉第313条的解释》的规定,下列情形属于"有能力执行而拒不执行,情节严重"的情形:第一,被执行人隐藏、转移、故意毁损财产或者无偿转让财产、以明显不合理的低价转让财产,致使判决、裁定无法执行的;第二,担保人或者被执行人隐藏、转移、故意毁损或者转让已向人民法院提供担保的财产,致使判决、裁定无法执行的;第三,协助执行义务人接到人民法院协助执行通知书后,拒不协助执行,致使判决、裁定无法执行的;第四,被执行人、担保人、协助执行义务人与国家机关工作人员通谋,利用国家机关工作人员的职权妨害执行,致使判决、裁定无法执行的;第五,其他有能力执行而拒不执行,情节严重的情形。根据2015年7月20日最高人民法院《关于审理拒不执行判决、裁定刑事案件适用法律若干问题的解释》第2条规定,负有执行义务的人有能力执行而实施下列行为之一的,应当认定为全国人大常委会关于《刑法》第313条的解释中规定的"其他有能力执行而拒不执行,情节严重的情形":① 具有拒绝报告或者虚假报告财产情况、违反人民法院限制高消费及有关消费令等拒不执行行为,经采取罚款或者拘留等强制措施后仍拒不执行的;② 伪造、毁灭有关被执行人履行能力的重要证据,以暴力、威胁、贿买方法阻止他人作证或者指使、贿买、胁迫他人作伪证,妨碍人民法院查明被执行人财产情况,致使判决、裁定无法执行的;③ 拒不交付法律文书指定交付的财物、票证或者拒不迁出房屋、退出土地,致使判决、裁定无法执行的;④ 与他人串通,通过虚假诉讼、虚假仲裁、虚假和解等方式妨害执行,致使判决、裁定无法执行的;⑤ 以暴力、威胁方法阻碍执行人员进入执行现场或者聚众哄闹、冲击执行现场,致使执行工作无法进行的;⑥ 对执行人员进行侮辱、围攻、扣押、殴打,致使执行工作无法进行的;⑦ 毁损、抢夺执行案件材料、执行公务车辆和其他执行器械、执行人员服装以及执行公务证件,致使执行工作无法进行的;⑧ 拒不执行法院判决、裁定,致使债权人遭受重大损失的。

(3) 本罪的主体是负有执行人民法院判决、裁定义务的自然人和单位。

(4) 本罪的主观方面是故意。

(二) 拒不执行判决、裁定罪的认定

(1) 本罪与非罪的界限。认定本罪,首先需要考察行为人是否确有能力执行人民法院的判决、裁定。如果因为天灾人祸等意外因素导致行为人的确不再具有执行能力,则不能认定为本罪。此外,成立本罪还要求行为情节严重,如果拒不执行人民法院判决、裁定的行为并不严重,属于一般的违法行为,不构成犯罪。

(2) 本罪的罪数问题。当行为人以暴力、威胁方法拒不执行判决、裁定时,行为同时符合拒不执行判决、裁定罪和妨害公务罪的构成要件,属于法规竞合犯。对此情况,《关于依法严肃查处拒不执行判决、裁定和暴力抗拒法院执行犯罪行为有关问题的通知》第 2 条明确规定应以妨害公务罪论处。①

国家机关工作人员收受贿赂或者滥用职权,与被执行人、担保人、协助执行义务人通谋,利用国家机关工作人员的职权妨害执行,致使判决、裁定无法执行,同时构成本罪和受贿罪、滥用职权罪的,应依照处罚较重的规定定罪处罚。

(三) 拒不执行判决、裁定罪的刑事责任

根据《刑法》第 313 条的规定,犯本罪的,处 3 年以下有期徒刑、拘役或者罚金;情节特别严重的,处 3 年以上 7 年以下有期徒刑,并处罚金。单位犯本罪的,对单位判处罚金,并对其直接负责的主管人员和其他直接责任人员,依照上述规定处罚。

十四、非法处置查封、扣押、冻结的财产罪

非法处置查封、扣押、冻结的财产罪,是指隐藏、转移、变卖、故意毁损已被司法机

---

① 对于法规竞合犯,理论上通说认为应按特殊法优于普通法的原则处理,对妨害公务罪与拒不执行判决、裁定罪的法规竞合犯,应按拒不执行判决、裁定罪论处;而且拒不执行判决、裁定罪的法定刑与妨害公务罪的法定刑相比,最高刑相同,前者比后者少了管制刑,拒不执行判决、裁定罪属于重罪,因而即使按照重法优于轻法的原则,对妨害公务罪与拒不执行判决、裁定罪的法规竞合犯,也应按拒不执行判决、裁定罪论处。但《关于依法严肃查处拒不执行判决、裁定和暴力抗拒法院执行犯罪行为有关问题的通知》第 2 条却规定以妨害公务罪论处。该《通知》第 2 条规定:"对下列暴力抗拒执行的行为,依照刑法第 277 条的规定,以妨害公务罪论处:(一) 聚众哄闹、冲击执行现场,围困、扣押、殴打执行人员,致使执行工作无法进行的;(二) 毁损、抢夺执行案件材料、执行公务车辆和其他执行器械、执行人员服装以及执行公务证件,造成严重后果的:(三) 其他以暴力、威胁方法妨害或者抗拒执行,致使执行工作无法进行的。"这里需指出的是,该解释不仅存在上述不妥,还存在另外的问题,即不管是以暴力还是以威胁方法妨害、抗拒执行判决、裁定,都可以构成妨害公务罪,但该《通知》第 2 条"对下列暴力抗拒执行的行为,依照刑法第 277 条的规定,以妨害公务罪论处"的规定却将以"威胁"的方法抗拒执行的情况忽视了。

关查封、扣押、冻结的财产,情节严重的行为。本罪的客体是国家审判机关的正常活动。本罪的客观方面表现为行为人实施了隐藏、转移、变卖、故意毁损被司法机关查封、扣押、冻结的财产的行为。首先,行为人非法处置的是已被司法机关查封、扣押、冻结的财产。其次,非法处置行为有隐藏、转移、变卖、故意毁损四种行为方式,行为人实施其中一种或数种,都构成本罪。最后,非法处置的行为必须情节严重。本罪的主体为一般主体。本罪的主观方面是故意。根据《刑法》第314条的规定,犯本罪的,处3年以下有期徒刑、拘役或者罚金。

十五、破坏监管秩序罪

破坏监管秩序罪,是指依法被关押的罪犯,故意破坏监管秩序,情节严重的行为。本罪的客体是国家监管机关的监押管理秩序,即监狱、拘役所、看守所、劳改场所、少年犯管教所等关押已决犯的场所的管理秩序。本罪的客观方面表现为行为人实施了破坏监管秩序,情节严重的行为。首先,破坏监管秩序的行为具体表现为以下形式:(1)殴打监管人员;(2)组织其他被监管人破坏监管秩序;(3)聚众闹事,扰乱正常监管秩序;(4)殴打、体罚或者指使他人殴打、体罚其他被监管人。行为人只要实施了前述四种行为之一,便足以成立本罪。其次,上述危害行为必须发生在行为人被关押期间。如果行为人被解除关押后对曾经监管他的人员实施殴打,则不构成本罪。至于行为实施的地点,既可以是监管场所,也可以是其他劳动作业场所,还可以是被押解途中。最后,上述危害行为必须达到情节严重。本罪的主体为特殊主体,即只有依法被关押的罪犯才能成为本罪主体。本罪的主观方面为故意。根据《刑法》第315条的规定,犯本罪的,处3年以下有期徒刑。

十六、脱逃罪

(一) 脱逃罪的概念和构成

脱逃罪,是指依法被关押的罪犯、被告人、犯罪嫌疑人从被关押的处所逃逸的行为。

本罪的构成要件是:

(1) 本罪的客体是国家司法机关对罪犯、被告人、犯罪嫌疑人的正常监管秩序。国家法律规定司法机关可依法对罪犯、被告人、犯罪嫌疑人进行关押,以保证对罪犯执行刑罚,对被告人、犯罪嫌疑人正常进行刑事诉讼。被关押的罪犯、被告人、犯罪嫌疑人非法逃脱司法机关的羁押和监管,无疑会扰乱正常的监管秩序。

(2) 本罪的客观方面表现为行为人实施了脱逃行为。所谓脱逃,是指行为人实施了逃离羁押场所(如从看守所、监狱逃跑)或摆脱监押人员控制(如在押解途中逃跑)的逃逸行为。脱逃的方法多种多样,有秘密脱逃的,有公开逃跑的;有使用暴力破坏监管设施的,有未使用暴力而利用监管漏洞的,等等。行为人在脱逃时,如果对监管人员使用了暴力,其暴力程度,应以轻伤为限。如果其暴力手段造成了监管人员重伤甚至死亡,是本罪与故意伤害罪、故意杀人罪的牵连犯,从一重处断。

(3) 本罪的主体为特殊主体,即被关押的罪犯、被告人、犯罪嫌疑人。这里的罪犯,是指经人民法院的生效判决宣告有罪的人。被告人,是指受到有罪的指控,正在由人民法院审理的人。犯罪嫌疑人,是指公安机关(包括国家安全机关)、人民检察院立案侦查、审查起诉期间认为实施了犯罪行为的人。罪犯、被告人、犯罪嫌疑人构成本罪,必须处于依法被关押的状态。未被关押的罪犯、被告人、犯罪嫌疑人,不是本罪的主体。

问题在于,事实上无罪的人能否成为本罪的主体？肯定说认为,只要是被司法机关依法关押的罪犯、被告人、犯罪嫌疑人,即使实际上无罪,也能成为本罪主体。① 否定说认为,实际上无罪的人,即使被司法机关依法关押,也不能成为本罪主体。② 折中说认为,原则上只要司法机关在关押的当时符合法定的程序和实体条件,就应当认为是依法关押,被关押的罪犯、被告人、犯罪嫌疑人就可以成为本罪主体,但还需具体分析:确实无罪的人单纯脱逃,可以认定为紧急避险或者缺乏期待可能性,不成立脱逃罪;确实无罪的人使用暴力等方法脱逃构成犯罪的,也应从轻处罚。③ 我们认为,这一问题形式上涉及"依法被关押"指的是关押在程序上合法还是必须在程序与实体上都合法;实质上则涉及国家利益和公民个人合法利益发生冲突时,法律的天平应倾向哪一方的问题。从立法意图上看,法条将罪犯、被告人、犯罪嫌疑人并列,而被告人、犯罪嫌疑人属于并未被法院宣告有罪的人。可见,法条的意图更倾向于认为,只要司法机关在实施关押行为时是合法的,就应当认为是依法关押。因此,我们认为可以明确以下两点:第一,事实上无罪而被关押的罪犯、被告人、犯罪嫌疑人可以成为本罪的主体。他们应该按照正常的诉讼程序来对自己的合法权利进行救济,而不应采取脱逃这种极端方式。第二,在某些特殊情况下,例如事实上无罪却被错判死刑立即执行的人在刑罚执行之前脱逃,只要未造成其他严重后果的,就不宜认定为脱逃罪。

(4) 本罪的主观方面为故意。

(二) 脱逃罪的认定

(1) 本罪与非罪的界限。脱逃罪的主体只能是依法被关押的罪犯、被告人、犯罪嫌疑人。被司法工作人员滥用职权而非法关押的人脱逃,不构成本罪。被行政拘留、收容教养、劳动教养的人即使逃离监管场所,也不构成本罪。

(2) 既遂与未遂问题。关于脱逃罪既遂与未遂的标准,理论上存在四种不同观点:"脱离说"认为,应以行为人是否脱离监管场所这一特定的地理环境为标准;"控制说"认为,应以行为人是否脱离看守人员的监视控制为标准;"程度说"认为,应以脱逃行为是否达到逃离羁押、关押的程度为标准;"脱离、控制结合说"认为,应同时以行为人是否逃出了羁押、改造场所和摆脱了看管人员的控制为标准。④ 我们主张控制说。因为第一,脱逃行为完全可能发生在罪犯、被告人、犯罪嫌疑人被押送途中,此时

---

① 参见郎胜主编:《〈中华人民共和国刑法〉释解》,群众出版社1997年版,第421页。
② 参见高铭暄、马克昌主编:《刑法学》,中国法制出版社2007年版,第666页。
③ 参见张明楷:《刑法学》,法律出版社2007年版,第798页。
④ 参见李希慧主编:《妨害社会管理秩序罪新论》,武汉大学出版社2001年版,第277—278页。

并无固定的监管场所,因而不能采用"脱离说"与"脱离、控制结合说";第二,"程度说"的标准过于模糊;第三,如果行为人仍处于关押场所内,就不可能真正摆脱看管人员的控制。此时"脱离说"与"控制说"结论一致。而行为人即使逃离了监管设施,如果并没有逃脱监管人员控制,例如行为人逃出监狱大门,但监管人员在后面紧追不舍的,不宜认定为既遂。这种情况下,"控制说"的结论更为合理。

(3) 本罪的罪数问题。行为人以暴力方式脱逃,造成监管人员或者其他制止其行为的人轻伤的,仍成立脱逃罪;如果行为人在实施脱逃行为时重伤他人或者杀害他人的,则属于牵连犯,对行为人应按从一重罪处断的原则以故意伤害罪或故意杀人罪论处。

(三) 脱逃罪的刑事责任

根据《刑法》第316条第1款的规定,犯本罪的,处5年以下有期徒刑或者拘役。

十七、劫夺被押解人员罪

劫夺被押解人员罪,是指劫夺押解途中的罪犯、被告人、犯罪嫌疑人的行为。本罪的客体是国家对被押解人员的监管秩序。本罪的客观方面表现为行为人实施了劫夺押解途中的罪犯、被告人、犯罪嫌疑人的行为。首先,劫夺的对象是被押解的罪犯、被告人、犯罪嫌疑人。如果劫夺的是一般违法分子,则不构成本罪。其次,劫夺行为必须发生在押解途中。押解途中,是指从甲地押往乙地之间的全过程,不仅包括交通途中,也包括临时住宿、停留等场所。最后,在押解途中实施劫夺行为。所谓劫夺,是指从司法工作人员的押解控制中强行将被押解人员夺走,使司法机关失去对被押解人员的人身控制。劫夺的手段通常是使用暴力,例如拦劫车辆、船只,袭击押解人员等,但也不排除采取麻醉等其他使押解人员不能还击或不知还击的手段。本罪的主体为一般主体。本罪的主观方面为故意。根据《刑法》第316条第2款的规定,犯本罪的,处3年以上7年以下有期徒刑;情节严重的,处7年以上有期徒刑。

十八、组织越狱罪

组织越狱罪,是指依法被关押的罪犯、犯罪嫌疑人、被告人有组织地集体越狱的行为。本罪的客体是国家对在押人员的监管秩序。本罪的客观方面表现为行为人实施了组织越狱的行为。其具体表现有两种形式:一是组织越狱;二是积极参加有组织的越狱。行为人只要实施此两种行为之一,即可成立本罪。这里越狱中的"狱",泛指一切关押罪犯、犯罪嫌疑人、被告人的场所,包括监狱、看守所以及其他临时关押前述三类人员的场所和押解交通工具。本罪的主体是特殊主体,即依法被关押的罪犯、犯罪嫌疑人、被告人。本罪的主观方面为故意。根据《刑法》第317条第1款的规定,犯本罪的,对首要分子和积极参加的,处5年以上有期徒刑;对其他参加的,处5年以下有期徒刑或者拘役。

十九、暴动越狱罪

暴动越狱罪,是指在押的罪犯、犯罪嫌疑人、被告人相互勾结,使用暴力手段集体越狱逃跑的行为。本罪的客体是国家对在押人员的监管秩序。本罪的客观方面表现为行为人实施了暴动越狱的行为。所谓暴动,是指在押的罪犯、犯罪嫌疑人、被告人组织起来,对监管人员和监管场所施以暴力,如杀死杀伤监管人员、砸烂监所门窗、撞倒监所墙壁,从而逃逸。本罪的主体是特殊主体,即在押的罪犯、犯罪嫌疑人、被告人。本罪的主观方面是故意。根据《刑法》第317条第2款的规定,犯本罪的,对首要分子和积极参加的,处10年以上有期徒刑或者无期徒刑;情节特别严重的,处死刑;其他参加的,处3年以上10年以下有期徒刑。

二十、聚众持械劫狱罪

聚众持械劫狱罪,是指聚集多人持械劫夺狱中在押人犯的行为。本罪的客体是国家对在押人员的监管秩序。本罪的客观方面表现为行为人实施了聚集多人持械劫夺狱中在押人犯的行为。所谓"持械",是指行为人手拿刀、枪、棍棒等凶器实施劫狱行为。本罪的主体为一般主体。本罪的主观方面为故意。根据《刑法》第317条第2款的规定,犯本罪的,对首要分子和积极参加的,处10年以上有期徒刑或者无期徒刑;情节特别严重的,处死刑;其他参加的,处3年以上10年以下有期徒刑。

第四节 妨害国(边)境管理罪

一、组织他人偷越国(边)境罪

(一) 组织他人偷越国(边)境罪的概念和构成

组织他人偷越国(边)境罪,是指违反国家出入境管理法规,非法组织他人偷越国(边)境的行为。

本罪的构成要件是:

(1) 本罪的客体是国家对国(边)境的正常管理秩序。这里的国(边)境,既指国境,即我国与外国的疆界,又指边境,即我国大陆与台、港、澳地区在行政区划上的交界。

(2) 本罪的客观方面表现为行为人实施了非法组织他人出入国(边)境的行为。首先,行为人的行为违反了国家有关出入境管理法规。我国《出境入境管理法》对于我国公民和外国人出入我国国(边)境的条件、程序等作了明确的规定。违反上述管理法规的规定,是构成本罪的前提。其次,行为人实施了组织他人偷越国(边)境的行为。根据2012年12月12日最高人民法院、最高人民检察院《关于办理妨害国(边)境管理刑事案件应用法律若干问题的解释》第1条的规定,领导、策划、指挥他人偷越国(边)境或者在首要分子指挥下,实施拉拢、引诱、介绍他人偷越国(边)境等行为的,应当认定为"组织他人偷越国(边)境"。根据第6条的规定,"偷越国(边)境"行为包括以下五种情形：① 没有出入境证件出入国(边)境或者逃避接受边防检查的；② 使用伪造、变造、无效的出入境证件出入国(边)境的；③ 使用他人出入境证件出入国(边)境的；④ 使用以虚假的出入境事由、隐瞒真实身份、冒用他人身份证件等方式骗取的出入境证件出入国(边)境的；⑤ 采用其他方式非法出入国(边)境的。这里的偷越国(边)境，既可以是境内人员偷渡至境外，也可以是境外人员偷渡至境内。

（3）本罪的主体为一般主体。即已满16周岁且具有刑事责任能力的自然人。单位不构成本罪。

（4）本罪的主观方面为故意，行为人出于何种动机、目的，不影响本罪的成立。

（二）组织他人偷越国(边)境罪的认定

在认定本罪时，应注意区分一罪与数罪的界限。根据刑法的有关规定，在犯本罪的过程中，造成被组织人重伤、死亡的；剥夺或者限制被组织人人身自由的；以暴力、威胁方法抗拒检查的，都只成立本罪一罪。但是，行为人在犯本罪的过程中，对被组织人有杀害、伤害、强奸、拐卖等犯罪行为，或者对检查人员有杀害、伤害等犯罪行为的，应以数罪论，依照数罪并罚的规定处罚。

（三）组织他人偷越国(边)境罪的刑事责任

根据《刑法》第318条的规定，犯本罪的，处2年以上7年以下有期徒刑，并处罚金；有下列情形之一的，处7年以上有期徒刑或者无期徒刑，并处罚金或者没收财产：(1) 组织他人偷越国(边)境集团的首要分子；(2) 多次组织他人偷越国(边)境或者组织他人偷越国(边)境人数众多的；(3) 造成被组织人重伤、死亡的；(4) 剥夺或者限制被组织人人身自由的；(5) 以暴力、威胁方法抗拒检查的；(6) 违法所得数额巨大的；(7) 有其他特别严重情节的。犯本罪并对被组织人有杀害、伤害、强奸、拐卖等犯罪行为，或者对检查人员有杀害、伤害等犯罪行为的，依照数罪并罚的规定处罚。

二、骗取出境证件罪

骗取出境证件罪，是指以劳务输出、经贸往来或者其他名义，弄虚作假，骗取护照、签证等出境证件，为组织他人偷越国(边)境使用的行为。本罪的客体是国家对出境证件的管理制度。所谓出境证件，包括护照或者代替护照使用的国际旅行证件，中华人民共和国海员证、中华人民共和国出入境通行证、中华人民共和国旅行证，中国公民往来香港、澳门、台湾地区证件，边境地区出入境通行证，签证、签注，出国(境)证明、名单，以及其他出境时需要查验的资料。本罪的客观方面表现为行为人实施了以劳务输出、经贸往来或者出国考察、探亲访友等其他名义，弄虚作假，骗取护照、签证等出境证件，为组织他人偷越国(边)境使用的行为。本罪的主体为一般主体，单位也可以成为本罪的主体。本罪的主观方面为故意，且行为人具有在组织他人偷越国(边)境过程中使用骗取的出境证件之意图。根据《刑法》第319条的规定，犯本罪的，处3年以下有期徒刑，并处罚金；情节严重的，处3年以上10年以下有期徒刑。单位犯本罪的，对单位判处罚金，并对其直接负责的主管人员和其他直接责任人员，依照自然人犯本罪的规定处罚。

三、提供伪造、变造的出入境证件罪

提供伪造、变造的出入境证件罪,是指为他人提供伪造、变造的护照、签证等出入境证件的行为。本罪的客体是国家出入境证件的管理制度。本罪的犯罪对象是伪造、变造的出入境证件。这里的出入境证件,包括护照或者代替护照使用的国际旅行证件、中华人民共和国海员证、中华人民共和国出入境通行证、中华人民共和国旅行证、中国公民往来香港、澳门、台湾地区证件、边境地区出入境通行证、签证、签注,出国(境)证明、名单,以及其他出入境时需要查验的资料。本罪的客观方面表现为行为人实施了为他人提供伪造、变造的出入境证件的行为。首先,本罪的行为方式是提供伪造、变造的出入境证件,而不是"伪造、变造"。这里的提供,既包括有偿提供,也包括无偿提供。如果行为人既伪造、变造护照、签证等出入境证件又提供给他人,应按本罪与伪造、变造国家机关证件、印章罪的牵连犯处理。其次,本罪必须是向他人提供伪造、变造的出入境证件,不包括伪造、变造出入境证件供本人使用的情况。本罪的主体为一般主体。本罪的主观方面为故意。根据《刑法》第 320 条规定,犯本罪的,处 5 年以下有期徒刑,并处罚金;情节严重的,处 5 年以上有期徒刑,并处罚金。

四、出售出入境证件罪

出售出入境证件罪,是指向他人出售护照、签证等出入境证件的行为。本罪的客体是国家出入境管理制度。本罪的客观方面表现为行为人实施了出售护照、签证等出入境证件的行为。这里的"出售",既可以是出售本人出入境的护照、签证等,也可以是倒卖他人出入境的护照、签证等。对于出售伪造、变造的出入境证件的行为,则应以提供伪造、变造的出入境证件罪论处。本罪的主体为一般主体。本罪的主观方面为故意,且行为人一般具有营利的目的。根据《刑法》第 320 条的规定,犯本罪的,处 5 年以下有期徒刑,并处罚金;情节严重的,处 5 年以上有期徒刑,并处罚金。

五、运送他人偷越国(边)境罪

运送他人偷越国(边)境罪,是指违反国家国(边)境管理规定,运送他人偷越国(边)境的行为。本罪的客体是国家的国(边)境管理制度。本罪的客观方面表现为行为人实施了非法运送他人偷越国(边)境的行为。本罪的主体为一般主体。本罪的主观方面为故意,行为人一般具有营利的目的。根据《刑法》第 321 条的规定,犯本罪的,处 5 年以下有期徒刑、拘役或者管制,并处罚金。有下列情形之一的,处 5 年以上 10 年以下有期徒刑,并处罚金:(1) 多次实施运送行为或者运送人数众多的;(2) 所使用的船只、车辆等交通工具不具备必要的安全条件,足以造成严重后果的;(3) 违法所得数额巨大的;(4) 有其他特别严重情节的。在运送他人偷越国(边)境中造成被运送人重伤、死亡,或者以暴力、威胁方法抗拒检查的,处 7 年以上有期徒刑,并处

罚金。犯本罪而对被运送人有杀害、伤害、强奸、拐卖等犯罪行为,或者对检查人员有杀害、伤害等犯罪行为的,依照数罪并罚的规定处罚。

六、偷越国(边)境罪

偷越国(边)境罪,是指违反国(边)境管理法规,偷越国(边)境,情节严重的行为。本罪的客体是国家对出入国(边)境的管理制度。本罪的客观方面表现为行为人实施了违反国(边)境管理法规,偷越国(边)境的行为。所谓偷越国(边)境,是指行为人在没有依法获得国家出入境管理部门批准的情况下,擅自出入国(边)境。其具体表现可能多种多样。如不在指定地点出入国(边)境,或虽在指定地点但藏身于船只、车辆之中偷渡出境,或冒用他人的出入境证蒙混出境,等等。偷越国(边)境行为,情节严重的才构成犯罪。对于情节严重的标准,2012年12月12日最高人民法院、最高人民检察院《关于办理妨害国(边)境管理刑事案件应用法律若干问题的解释》第5条作了明确的规定。本罪的主体为一般主体。本罪的主观方面为故意。根据《刑法》第322条的规定,犯本罪的,处1年以下有期徒刑、拘役或管制,并处罚金;为参加恐怖活动组织、接受恐怖活动培训或者实施恐怖活动,偷越国(边)境的,处1年以上3年以下有期徒刑,并处罚金。

七、破坏界碑、界桩罪

破坏界碑、界桩罪,是指明知是国家边境的界碑、界桩而故意进行破坏的行为。本罪的客体是国家对国(边)境界碑、界桩的管理制度。本罪的客观方面表现为行为人实施了破坏界碑、界桩的行为。破坏,其表现形式多种多样,如捣毁、拆除、损坏、盗窃、掩埋、移动等。本罪的主体为一般主体,既可以是中国人,也可以是外国人或无国籍人。本罪的主观方面为故意。根据《刑法》第323条的规定,犯本罪的,处3年以下有期徒刑或者拘役。

八、破坏永久性测量标志罪

破坏永久性测量标志罪,是指明知是永久性测量标志而故意进行破坏的行为。本罪的客体是国家对永久性测量标志的管理制度。本罪的犯罪对象是永久性测量标志。所谓永久性测量标志,是指国家测量机关建造或埋设的各种永久性的测量标志,如各种等级的三角点、水准点、重力点、地形点、天文点、破解点、导线点、炮控点、海控点等。如果破坏的是临时性测量标志或非测量标志,则不能构成本罪。本罪的客观方面表现为行为人实施了破坏永久性测量标志的行为。本罪的主体为一般主体。本罪的主观方面为故意。根据《刑法》第323条的规定,犯本罪的,处3年以下有期徒刑或者拘役。

第五节 妨害文物管理罪

一、故意损毁文物罪

故意损毁文物罪,是指故意损毁国家保护的珍贵文物或者被确定为全国重点文物保护单位、省级文物保护单位的文物的行为。本罪的客体为国家的文物管理制度。本罪的犯罪对象是国家保护的珍贵文物或者被确定为全国重点文物保护单位、省级文物保护单位的文物。根据我国《文物保护法》的规定,文物包括:(1)具有历史、艺术、科学价值的古文化遗址、古墓葬、古建筑、石窟寺和石刻、壁画;(2)与重大历史事件、革命运动或者著名人物有关的以及具有重要纪念意义、教育意义或者史料价值的近代现代重要史迹、实物、代表性建筑;(3)历史上各时代珍贵的艺术品、工艺美术品;(4)历史上各时代重要的文献资料以及具有历史、艺术、科学价值的手稿和图书资料等;(5)反映历史上各时代、各民族社会制度、社会生产、社会生活的代表性实物。古文化遗址、古墓葬、古建筑、石窟寺、石刻、壁画、近代现代重要史迹和代表性建筑等不可移动文物,根据它们的历史、艺术、科学价值,可以分别确定为全国重点文物保护单位,省级文物保护单位,市、县级文物保护单位。历史上各时代重要实物、艺术品、文献、手稿、图书资料、代表性实物等可移动文物,分为珍贵文物和一般文物;珍贵文物分为一级文物、二级文物、三级文物。本罪的犯罪对象只限于上述文物中国家保护的珍贵文物或者被确定为全国重点文物保护单位、省级文物保护单位的文物。根据2005年12月29日全国人大常委会《关于〈中华人民共和国刑法〉有关文物的规定适用于具有科学价值的古脊椎动物化石、古人类化石的解释》的规定,具有科学价值的古脊椎动物化石、古人类化石也可以成为本罪侵犯的对象。本罪的客观方面表现为行为人实施了故意损毁珍贵文物的行为。所谓损毁,包括损坏和毁灭。其具体表现形式多种多样,如拆卸、污损、刻画、焚烧、爆炸、砸烂、捣毁等。本罪的主体为一般主体。本罪的主观方面为故意。根据《刑法》第324条第1款的规定,犯本罪的,处3年以下有期徒刑或者拘役,并处或者单处罚金;情节严重的,处3年以上10年以下有期徒刑,并处罚金。

二、故意损毁名胜古迹罪

故意损毁名胜古迹罪,是指故意损毁国家保护的名胜古迹,情节严重的行为。本罪的客体是国家名胜古迹的管理制度。本罪的对象是名胜古迹,即是指具有重大历史、艺术、科学价值,并被核定为国家或者地方重点文物保护单位的风景区或与名人事迹、历史事件有关而值得后人登临凭吊的胜地和建筑物。本罪的客观方面表现为行为人实施了故意损毁国家保护的名胜古迹,情节严重的行为。"损毁",是指行为人明知是名胜古迹而加以毁坏,其表现形式多种多样,如炸毁、污损、刻画、砸烂、拆卸、挖掘、焚烧等。毁损的行为只有情节严重的,才构成本罪。至于情节严重的标准,2015年12月30日最高人民法院、最高人民检察院《关于办理妨害文物管理等刑事案件适用法律若干问题的解释》(以下简称《妨害文物解释》)第 4 条作了明确规定。本罪的主体为一般主体。本罪的主观方面为故意。根据《刑法》第 324 条第 2 款的规定,犯本罪的,处 5 年以下有期徒刑或者拘役,并处或者单处罚金。

三、过失损毁珍贵文物罪

过失损毁珍贵文物罪,是指过失损毁国家保护的珍贵文物或被确定为全国重点文物保护单位、省级文物保护单位的文物,造成严重后果的行为。本罪的客体是国家的文物管理制度,其犯罪对象是国家保护的珍贵文物或者被确定为全国重点文物保护单位、省级文物保护单位的文物。本罪的客观方面表现为行人过失损毁国家保护的珍贵文物或被确定为全国重点文物保护单位、省级文物保护单位的文物,造成严重后果的行为。本罪的主体为一般主体。本罪的主观方面为过失。根据《刑法》第 324 条第 3 款的规定,犯本罪的,处 3 年以下有期徒刑或者拘役。

四、非法向外国人出售、赠送珍贵文物罪

非法向外国人出售、赠送珍贵文物罪,是指违反文物保护法规,将收藏的国家禁止出口的珍贵文物私自出售或者私自赠送给外国人的行为。本罪的客体是国家对珍贵文物的管理制度。其犯罪对象是收藏的国家禁止出口的珍贵文物。这里的"收藏"既指国有单位、集体单位收藏,也指个人收藏。本罪的客观方面表现为行为人实施了违反文物保护法规,将收藏的国家禁止出口的珍贵文物私自出售或者私自赠送给外国人的行为。所谓私自,是指违反文物保护法规,没有报经有关主管部门批准。出售,是指有偿转让;赠送,为无偿转让行为。出售或者赠送的对象必须是外国人,包括无国籍人。否则,不构成本罪。本罪的主体为一般主体,包括自然人与单位。本罪的主观方面为故意。根据《刑法》第 325 条的规定,自然人犯本罪的,处 5 年以下有期徒刑或者拘役,可以并处罚金;单位犯本罪的,对单位判处罚金,并对其直接负责的主管人员和其他直接责任人员,依照自然人犯本罪的规定处罚。

五、倒卖文物罪

(一)倒卖文物罪的概念和构成

倒卖文物罪,是指以牟利为目的,倒卖国家禁止经营的文物,情节严重的行为。
本罪的构成要件是:

(1)本罪的客体是国家的文物管理制度。我国通过《文物保护法》和《文物保护法实施条例》等法律法规,形成了一套完整的文物经营管理制度。非法倒卖文物的行为公然违反了国家的这些管理规定,理应依法受到惩处。

(2)本罪的客观方面表现为行为人实施了倒卖国家禁止经营的文物,情节严重的行为。

首先,行为人的行为违反了国家文物经营管理法规。根据我国《文物保护法》和《文物保护法实施条例》等的规定,国家允许合法的文物买卖,但禁止一切非法的买卖文

物行为：经营文物的单位，应当经国家文物局或者省、自治区、直辖市人民政府文物行政管理部门批准，并经工商行政管理部门办理登记手续；经营文物对外销售业务，应经国家文物局批准；未经许可不得经营一、二、三级珍贵文物，以及其他受国家保护并由有关主管部门核定公布禁止自由买卖的文物。其次，行为人实施了倒卖文物的行为。倒卖，即为了营利而买进或卖出。再次，行为人倒卖的是国家禁止经营的文物，即由国家主管部门核定公布的禁止买卖的文物，包括珍贵文物和其他禁止自由买卖的文物。例如，国有博物馆、图书馆和其他单位的文物藏品。最后，行为人的行为必须达到情节严重的程度。根据上述最高人民法院、最高人民检察《妨害文物解释》第6条的规定，"情节严重"是指下列情形之一：① 倒卖三级文物的；② 交易数额在5万元以上的；③ 其他情节严重的情形。

(3) 本罪的主体为一般主体，既包括自然人，也包括单位。
(4) 本罪的主观方面为故意，且行为人具有牟利的目的。

(二) 倒卖文物罪的认定

倒卖文物罪与非法向外国人出售珍贵文物罪侵犯的客体都是国家的文物管理制度，在客观方面均表现为有"卖"或"出售"文物的举动；都可以由单位构成。但是，二者也有显著区别：第一，售卖对象不同。本罪中行为人售卖文物的对象可以是中国人，也可以是外国人；而非法向外国人出售珍贵文物罪中行为人售卖文物的对象只能是外国人。第二，犯罪对象不同。本罪的犯罪对象是国家禁止经营的一切文物，包括珍贵和一般文物；非法向外国人出售珍贵文物罪的犯罪对象限于单位或个人收藏且是国家禁止出口的珍贵文物。第三，行为人的主观内容不同。本罪的成立，行为人必须具有牟利的目的；而非法向外国人出售珍贵文物罪之成立，并不以特定目的为必要。第四，犯罪主体不同。本罪的主体为一般主体，任何未经许可经营文物的单位或个人都可成为本罪主体；而非法向外国人出售珍贵文物罪的主体则限于收藏文物的单位或个人。当然，两罪也可能发生竞合。如果行为人倒卖的是自己收藏的国家禁止出口的文物，且售卖的对象又是外国人，就属于本罪与非法向外国人出售珍贵文物罪的想象竞合，应从一重罪处断。

(三) 倒卖文物罪的刑事责任

根据《刑法》第326条的规定，犯本罪的，处5年以下有期徒刑或者拘役，并处罚金；情节特别严重的，处5年以上10年以下有期徒刑，并处罚金。单位犯本罪的，对单位判处罚金，并对其直接负责的主管人员和其他直接责任人员，依照自然人犯本罪的规定处罚。

六、非法出售、私赠文物藏品罪

非法出售、私赠文物藏品罪，是指国有博物馆、图书馆等单位，违反文物保护法规，将国家保护的文物藏品出售或私自赠送给非国有单位或者个人的行为。本罪的客体是国家文物保护管理制度和国有文物藏品的所有权。本罪的犯罪对象是国有馆藏文物。本罪的客观方面表现为实施了违反文物保护法规，将国有文物藏品出售或私自赠送给非国有单位或个人的行为。本罪的主体是特殊主体,即只能是国有博物馆、图书馆等国有单位,非国有单位和个人不能成为本罪的主体。本罪的主观方面为故意。至于行为人出于何种目的与动机,均不影响本罪的成立。如果行为人非法出售、赠送的文物藏品属于珍贵文物,且又非法出售、赠送给了外国人,应按处理想象竞合的原则从一重罪处断。根据《刑法》第327条的规定,单位犯本罪的,对单位判处罚金,并对其直接负责的主管人员和其他直接责任人员,处3年以下有期徒刑或者拘役。

七、盗掘古文化遗址、古墓葬罪

盗掘古文化遗址、古墓葬罪,是指盗掘具有历史、艺术、科学价值的古文化遗址、古墓葬的行为。本罪的客体是国家对古文化遗址、古墓葬的管理制度和国家对古文化遗址、古墓葬的所有权。所谓古文化遗址、古墓葬,是指清代和清代以前的具有历史、艺术、科学价值的古文化遗址、古墓葬以及辛亥革命以后与著名历史事件有关的名人墓葬、遗址和纪念地。其中,古文化遗址还包括石窟、地下城、古建筑、人类居住地遗址等;古墓葬包括历代皇帝及其嫔妃陵墓、历史上著名人物和革命烈士墓地等。本罪的客观方面表现为行为人实施了盗掘古文化遗址、古墓葬的行为。盗掘,是指未经国家有关主管部门批准而擅自挖掘。这里的"盗",强调的是私自、未经批准之意,至于挖掘行为是否秘密在所不问。本罪属行为犯,只要行为人实施挖掘古文化遗址、古墓葬的行为,不论是否挖到文物,都足以成立本罪。本罪的主体为一般主体。本罪的主观方面为故意。行为人之目的与动机均不影响本罪的成立。根据《刑法》第328条第1款的规定,犯本罪的,处3年以上10年以下有期徒刑,并处罚金;情节较轻的,处3年以下有期徒刑、拘役或者管制,并处罚金。有下列情形之一的,处10年以上有期徒刑、无期徒刑,并处罚金或者没收财产:(1)盗掘确定为全国重点文物保护单位和省级文物保护单位的古文化遗址、古墓葬的;(2)盗掘古文化遗址、古墓葬集团的首要分子;(3)多次盗掘古文化遗址、古墓葬的;(4)盗掘古文化遗址、古墓葬,并盗窃珍贵文物或者造成珍贵文物严重破坏的。

八、盗掘古人类化石、古脊椎动物化石罪

盗掘古人类化石、古脊椎动物化石罪,是指盗掘国家保护的具有科学价值的古人类化石、古脊椎动物化石的行为。本罪的客体是国家文物保护管理制度和古人类化石、古脊椎动物化石的国家所有权。古人类化石,是指保存在各地质时期岩层中或埋藏于地下的万年前直立人、早晚期智人的遗骸和遗迹。古脊椎动物化石,是指保存在各地质时期岩层中或埋藏于地下的万年前古爬行动物、哺乳动物和鱼类的遗骸和遗迹。本罪的客观方面表现为行为人实施了盗掘古人类化石或古脊椎动物化石的行为。本罪主体为一般主体。本罪主观方面为故意。我国刑法对本罪规定了援引法定刑,即根据盗掘古文化遗址、古墓葬罪的法定刑处罚。具体而言,根据《刑法》第328条第2款的规定,犯本罪的,处3年以上10年以下有期徒刑,并处罚金;情节较轻的,处3年以下有期徒刑、拘役或者管制,并处罚金;有下列情形之一的,处10年以上有期徒刑、无期徒刑,并处罚金或者没收财产:(1)盗掘确定为全国重点文物保护单位和省级文物保护单位的古人类化石、古脊椎动物化石;(2)盗掘古人类化石、古脊椎动物化石集团的首要分子;(3)多次盗掘古人类化石、古脊椎动物化石的;(4)盗掘古人类化石、古脊椎动物化石,并盗窃珍贵化石或者造成珍贵化石严重破坏的。

九、抢夺、窃取国有档案罪

抢夺、窃取国有档案罪,是指抢夺、窃取国有档案的行为。本罪的客体是国家的档案管理制度和档案的国家所有权。犯罪对象是国有档案。根据我国《档案法》的规定,档案是指过去和现在的国家机构、社会组织以及个人从事政治、军事、经济、科学、技术、文化、宗教等活动直接形成的对国家和社会有保存价值的各种文字、图表、图像等不同形式的历史记录。档案的复印件也属于档案的范畴。本罪的客观方面表现为行为人实施了抢夺、窃取国家所有的档案的行为。本罪主体为一般主体。本罪的主观方面为故意。根据《刑法》第329条第1款、第3款的规定,犯本罪的,处5年以下有期徒刑或者拘役。犯本罪同时又构成刑法规定的其他犯罪的,依照处罚较重的规定定罪处罚。

十、擅自出卖、转让国有档案罪

擅自出卖、转让国有档案罪,是指违反档案法的规定,擅自出卖、转让国有档案,情节严重的行为。本罪的客体是国家档案管理制度和档案的国家所有权。本罪的客观方面表现为行为人实施了擅自出卖、转让国有档案的行为。所谓擅自出卖、转让,是指未经国家档案行政管理部门批准,自作主张,有偿出售或无偿转让国有档案或其复制件。本罪主体为一般主体。本罪主观方面为故意。成立本罪必须是"情节严重的"行为。根据《刑法》第329条第2款、第3款的规定,犯本罪的,处3年以下有期徒刑或者拘役。犯本罪同时又构成刑法规定的其他犯罪的,依照处罚较重的规定定罪处罚。

第六节 危害公共卫生罪

一、妨害传染病防治罪

妨害传染病防治罪,是指违反传染病防治法的规定,引起甲类传染病传播或者有传播严重危险的行为。本罪的客体是国家关于传染病防治的管理制度。本罪的客观方面表现为行为人违反国家传染病防治法的规定,实施了以下四种行为之一,引起甲类传染病传播或者有传播严重危险:(1)供水单位供应的饮用水不符合国家规定的卫生标准的;(2)拒绝按照卫生防疫机构提出的卫生要求,对传染病病原体污染的污水、污物、粪便进行消毒处理的;(3) 准许或者纵容传染病病人、病原携带者和疑似传染病病人从事国务院卫生行政部门规定禁止从事的易使该传染病扩散的工作的;(4) 拒绝执行卫生防疫机构依照传染病防治法提出的预防、控制措施的。甲类传染病指鼠疫、霍乱等。本罪属于危险犯,行为人只要实施了上列行为之一,引起了甲类传染病传播或者有传播严重危险,便足以成立本罪。本罪的主体为一般主体,单位也可成为本罪主体。本罪主观方面为过失。根据《刑法》第330条的规定,犯本罪的,处3年以下有期徒刑或者拘役;后果特别严重的,处3年以上7年以下有期徒刑。单位犯本罪的,对单位判处罚金,并对其直接负责的主管人员和其他直接责任人员,依照自然人犯本罪的规定处罚。

二、传染病菌种、毒种扩散罪

传染病菌种、毒种扩散罪,是指从事实验、保藏、携带、运输传染病菌种、毒种的人员,违反国务院卫生行政部门的有关规定,造成传染病菌种、毒种扩散,后果严重的行为。本罪的客体是国家关于传染病菌种、毒种实验、保藏、携带、运输的管理制度。本罪客观方面表现为行为人违反国务院卫生行政部门的有关规定,实施了造成传染病菌种或者毒种扩散,后果严重的行为。首先,行为人的行为违反了国务院卫生行政部门的有关规定,这是构成本罪的前提。其次,行为发生在实验、保藏、携带、运输传染病菌种、毒种过程中。再次,行为造成了传染病菌种、毒种的扩散。最后,行为产生了严重的后果。本罪主体是特殊主体,只有从事实验、保藏、携带、运输传染病菌种、毒种的人员,才能成为本罪主体。本罪主观方面为过失。根据《刑法》第331条的规定,犯本罪的,处3年以下有期徒刑或者拘役;后果特别严重的,处3年以上7年以下有期徒刑。

三、妨害国境卫生检疫罪

妨害国境卫生检疫罪,是指违反国境卫生检疫规定,引起检疫传染病传播或者有引起检疫传染病传播严重危险的行为。本罪的客体是国家的国境卫生检疫制度。本罪客观方面表现为行为人实施了违反国境卫生检疫规定,引起检疫传染病传播或者有引起检疫传染病传播严重危险的行为。首先,行为人的行为违反了国境卫生检疫规定。根据我国《国境卫生检疫法》第20条的规定,下列两种行为属于违反国境卫生检疫法的行为:(1) 逃避检疫,向国境卫生检疫机关隐瞒真实情况的;(2) 入境的人员未经国境卫生检疫机关许可,擅自上下交通工具,或者装卸行李、货物、邮包等物品,不听劝阻的。其次,行为人的行为引起了检疫传染病传播或者有引起检疫传染病传播严重危险。检疫传染病,是指鼠疫、霍乱、黄热病以及国务院确定和公布的其他传染病。本罪属危险犯,只要行为人之行为具有引起检疫传染病传播的严重危险,便足以成立本罪。本罪主体为一般主体,单位也可成为本罪的主体。本罪主观方面为过失。根据《刑法》第332条的规定,犯本罪的,处3年以下有期徒刑或者拘役,并处或者单处罚金;单位犯本罪的,对单位判处罚金,并对其直接负责的主管人员和其他直接责任人员,依照自然人犯本罪的规定处罚。

四、非法组织卖血罪

非法组织卖血罪,是指违反国家有关规定,组织他人出卖血液的行为。本罪的客体是国家血液采集、供应的管理秩序和公民的身体健康与生命安全。本罪在客观方面表现为行为人实施了非法组织卖血的行为。非法,系指违反国家《献血法》等法律法规,擅自组织他人出卖血液。组织是指采取引诱、雇佣、招募、纠集、串联、欺骗等手段,组织、指挥、领导并安排他人或者控制他人进行出卖血液的活动。对于公民自愿出卖自己血液的行为,不能以犯罪论。本罪主体为一般主体。本罪在主观方面为故意,行为人多具有牟利的目的,但法律并未规定必须以牟利为目的。根据《刑法》第333条第1款、第2款的规定,犯本罪的,处5年以下有期徒刑,并处罚金。实施本罪行为而对他人造成伤害的,依照《刑法》第234条规定的故意伤害罪定罪处罚。

五、强迫卖血罪

强迫卖血罪,是指以暴力、威胁方法强迫他人出卖血液的行为。本罪的客体是国家血液采集、供应的管理秩序和公民的身体健康与生命安全。本罪的客观方面表现为行为人实施了以暴力、威胁方法强迫他人出卖血液的行为。暴力,是指殴打、捆绑、禁闭等强制手段;威胁,是指以损害生命、健康、财产、名誉、揭露隐私、伤害亲属等相要挟。本罪的被害人对于出卖血液不是自愿的。本罪的主体为一般主体。本罪的主观方面为故意。根据《刑法》第333条第1款、第2款的规定,犯本罪的,处5年以上10年以下有期徒刑,并处罚金。实施本罪行为而对他人造成伤害的,依照《刑法》第234条规定的故意伤害罪定罪处罚。

六、非法采集、供应血液、制作、供应血液制品罪

非法采集、供应血液、制作、供应血液制品罪,是指非法采集、供应血液或者制作、供应血液制品,不符合国家规定的标准,足以危害人体健康的行为。本罪的客体是国家对血液的采集、供应和血液制品的制作、供应的管理制度以及公民的生命安全与身体健康。"血液",是指全血、成分血和特殊血液成分。"血液制品",是指各种人血浆蛋白制品。本罪的客观方面表现为行为人实施了非法采集、供应血液,不符合国家规定的标准,足以危害人体健康的行为或者制作、供应血液制品,不符合国家规定的标准,足以危害人体健康的行为。根据2008年9月22日最高人民法院、最高人民检察院《关于办理非法采供血液等刑事案件具体应用法律若干问题的解释》的规定,对未经国家主管部门批准或者超过批准的业务范围,采集、供应血液或者制作、供应血液制品的,应认定为"非法采集、供应血液或者制作、供应血液制品"。对非法采集、供应血液或者制作、供应血液制品,具有下列情形之一的,应认定为"不符合国家规定的标准,足以危害人体健康":(1)采集、供应的血液含有艾滋病病毒、乙型肝炎病毒、丙型

肝炎病毒、梅毒螺旋体等病原微生物的;(2) 制作、供应的血液制品含有艾滋病病毒、乙型肝炎病毒、丙型肝炎病毒、梅毒螺旋体等病原微生物,或者将含有上述病原微生物的血液用于制作血液制品的;(3) 使用不符合国家规定的药品、诊断试剂、卫生器材,或者重复使用一次性采血器材采集血液,造成传染病传播危险的;(4) 违反规定对献血者、供血浆者超量、频繁采集血液、血浆,足以危害人体健康的;(5) 其他不符合国家有关采集、供应血液或者制作、供应血液制品的规定标准,足以危害人体健康的。本罪的主体为一般主体。本罪的主观方面为故意。根据《刑法》第334条的规定,犯本罪的,处5年以下有期徒刑或者拘役,并处罚金;对人体健康造成严重危害的,处5年以上10年以下有期徒刑,并处罚金;造成特别严重后果的,处10年以上有期徒刑或者无期徒刑,并处罚金或者没收财产。

七、采集、供应血液、制作、供应血液制品事故罪

采集、供应血液、制作、供应血液制品事故罪,是指经国家主管部门批准采集、供应血液或者制作、供应血液制品的部门,不依照规定进行检测或者违背其他操作规定,造成危害他人身体健康后果的行为。本罪的客体是国家对血液的采集、供应或血液制作、供应的管理制度和受血者的生命安全和身体健康。本罪的客观方面表现为行为人实施了在采集、供应血液或者制作、供应血液制品的工作中,不依照规定进行检测或者违背其他操作规定,造成危害他人身体健康后果的行为。根据前罪所引司法解释的规定,对经国家主管部门批准采集、供应血液或者制作、供应血液制品的部门,具有下列情形之一的,应认定为"不依照规定进行检测或者违背其他操作规定":(1) 血站未用两个企业生产的试剂对艾滋病病毒抗体、乙型肝炎病毒表面抗原、丙型肝炎病毒抗体、梅毒抗体进行两次检测的;(2) 单采血浆站不依照规定对艾滋病病毒抗体、乙型肝炎病毒表面抗原、丙型肝炎病毒抗体、梅毒抗体进行检测的;(3) 血液制品生产企业在投料生产前未用主管部门批准和检定合格的试剂进行复检的;(4) 血站、单采血浆站和血液制品生产企业使用的诊断试剂没有生产单位名称、生产批准文号或者经检定不合格的;(5) 采供血机构在采集检验标本、采集血液和成分血分离时,使用没有生产单位名称、生产批准文号或者超过有效期的一次性注射器等采血器材的;(6) 不依照国家规定的标准和要求包装、储存、运输血液、原料血浆的;(7) 对国家规定检测项目结果呈阳性的血液未及时按照规定予以清除的;(8) 不具备相应资格的医务人员进行采血、检验操作的;(9) 对献血者、供血浆者超量、频繁采集血液、血浆的;(10) 采供血机构采集血液、血浆前,未对献血者或供血浆者进行身份识别,采集冒名顶替者、健康检查不合格者血液、血浆的;(11) 血站擅自采集原料血浆,单采血浆站擅自采集临床用血或者向医疗机构供应原料血浆的;(12) 重复使用一次性采血器材的;(13) 其他不依照规定进行检测或者违背操作规定的。所谓"造成危害他人身体健康后果",是指:(1) 造成献血者、供血浆者、受血者感染艾滋病病毒、乙型肝炎病毒、丙型肝炎病毒、梅毒螺旋体或者其他经血液传播的病原微生物的;(2) 造成献血者、供血浆者、受血者重度贫血、造血功能障碍或者其他器官组织损伤导致功能障碍等身体严重危害的;(3)造成其他危害他人身体健康后果的。本罪的主体只能是经国家主管部门批准采集、供应血液或者制作、供应血液制品的部门。经国家主管部门批准的采供血机构和血液制品生产经营单位,应认定为上述部门。本罪的主观方面为过失。根据《刑法》第334条第2款的规定,犯本罪的,对单位判处罚金,并对其直接负责的主管人员和其他直接责任人员,处5年以下有期徒刑或者拘役。

八、医疗事故罪

(一)医疗事故罪的概念和构成

医疗事故罪,是指医务人员由于严重不负责任,造成就诊人死亡或者严重损害就诊人身体健康的行为。

本罪构成要件是:

(1)本罪的客体是国家对医务工作的管理秩序和就诊人的生命、健康权利。医务工作是救死扶伤的神圣工作。医务工作人员应当具备良好的职业道德和执业水平,发扬人道主义精神,履行防病治病、救死扶伤、保护人民健康的神圣职责。对于严重不负责任,造成医疗事故的人员,应当依法予以制裁。

(2)本罪的客观方面表现为行为人实施了由于严重不负责任,造成就诊人死亡或者严重损害就诊人身体健康的行为。首先,这里的严重不负责任,是指医务人员在医疗的各个环节中违反医疗规章制度,不履行或者不正确履行医疗护理等职责。严重不负责任与违反医疗规章制度是紧密联系的。违反医疗规章制度是造成重大医疗事故的原因,也是行为人承担刑事责任的前提条件。所谓医疗规章制度,是指国家或卫生行政部门、医疗单位制定的有关诊断、处方、用药、麻醉、手术、输血、护理、化验、消毒、查房等各个医务环节的规章制度和技术操作常规。根据2008年6月25日最高人民检察院、公安部《关于公安机关管辖的刑事案件立案追诉标准的规定(一)》第56条的规定,具有下列情形之一的,属于"严重不负责任":第一,擅离职守的;第二,无正当理由拒绝对危急就诊人实行必要的医疗救治的;第三,未经批准擅自开展试验性医疗的;第四,严重违反查对、复核制度的;第五,使用未经批准使用的药品、消毒药剂、医疗器械的;第六,严重违反国家法律法规及有明确规定的诊疗技术规范、常规的;第七,其他严重不负责任的情形。其次,行为必须造成了就诊人死亡或者严重损害就诊人身体健康的危害后果。所谓"严重损害就诊人身体健康",根据前述司法解释的规定,是指造成就诊人严重残疾、重伤、感染艾滋病、病毒性肝炎等难以治愈的疾病或者其他严重损害就诊人身体健康的后果。再次,行为人严重不负责任的行为与上述特定危害结果之间必须存在因果关系。如果病人死亡或身体严重受损的后果不是由医务人员的严重不负责任行为所导致的,不能认为是犯罪。

(3)犯罪主体为特殊主体,即医务人员。所谓医务人员,是指经过医药院校教育,或经各级机构培养训练后,经考核合格,并经过卫生行政机关批准,取得行医资格,从事医疗实践工作的各类医务人员。包括医疗防疫人员(如中医、西医、卫生防疫、寄生虫防治、地方病防治、职业病防治和妇幼保健人员)、药剂人员、护理人员和其他专业技术人员(如检验、理疗、病理、口腔、同位素、放射、营养技术等专业人员)。这里的医务人员既包括全民所有制和集体所有制医疗单位的医务人员,也包括一切具有合法行医执照的个体开业者。

(4) 本罪的主观方面为过失。行为人对造成就诊人死亡或者严重损害就诊人身体健康的后果,在主观上持排斥和否定的态度。如果行为人在医疗护理工作中故意杀害就诊人或故意严重损害就诊人身体健康,则应以故意杀人罪或故意伤害罪论处。

(二) 医疗事故罪的认定

(1) 本罪与非罪的界限。在认定医疗事故罪时,应注意区分本罪与医疗意外事故的界限。所谓医疗意外事故,是指在诊疗护理过程中,由于就诊人的病情或体质特殊而发生了医务人员难以预料和难以抗拒的现象,使病员残废、死亡或功能障碍。根据2002年国务院《医疗事故处理条例》的规定,有下列情形之一的,不属于医疗事故:第一,在紧急情况下为抢救垂危患者生命而采取紧急医学措施造成不良后果的;第二,在医疗活动中由于患者病情异常或者患者体质特殊而发生医疗意外的;第三,在现有医学科学技术条件下,发生无法预料或者不能防范的不良后果的;第四,无过错输血感染造成不良后果的;第五,因患方原因延误诊疗导致不良后果的;第六,因不可抗力造成不良后果的。医疗意外虽有严重后果,但医务人员客观上无违章行为,主观上无过失,所以不构成犯罪。

此外,还应将本罪与一般医疗事故加以区分。区分二者的关键在于是否造成了就诊人死亡或者严重损害了就诊人身体健康。根据国务院《医疗事故处理条例》的规定,医疗事故,是指医疗机构及其医务人员在医疗活动中,违反医疗卫生管理法律、行政法规、部门规章和诊疗护理规范、常规,过失造成患者人身损害的事故。根据对患者人身造成的损害程度,医疗事故分为四级:造成患者死亡、重度残疾的,是一级医疗事故;造成患者中度残疾、器官组织损伤导致严重功能障碍的,是二级医疗事故;造成患者轻度残疾、器官组织损伤导致一般功能障碍的,是三级医疗事故;造成患者明显人身损害的其他后果的,是四级医疗事故。参照这一规定,医务人员虽然有不负责任的行为,也造成了一定的后果,但如果没有造成就诊人死亡或者身体健康严重损害的,只能作为一般医疗事故处理,可以对行为人给予行政或纪律处分,不能作为犯罪处理。

(2) 本罪与重大责任事故罪的界限。二者都属于责任事故,都是过失行为,都有伤亡发生。但二者也有显著不同:第一,侵犯客体不同。本罪侵犯的客体是国家对医务工作的管理秩序和就诊人的生命、健康权利;而重大责任事故罪侵犯的是公共安全。第二,客观表现不同。本罪的客观表现是行为人在医务工作中严重不负责任,造成了就诊人的伤亡结果;而重大责任事故罪表现为在生产、作业中违反有关安全管理的规定,因而发生重大伤亡事故或者造成其他严重后果的行为。第三,危害结果不同。本罪的危害结果仅限于就诊人死亡或身体健康受到严重损害;而重大责任事故罪的危害结果除了包括重大伤亡,还包括重大财产损失或其他严重后果。第四,主体不同。本罪主体限于医务人员;而重大责任事故罪的主体则是任何已满16周岁具有刑事责任能力的人。

(三)医疗事故罪的刑事责任

根据《刑法》第335条的规定,犯本罪的,处3年以下有期徒刑或者拘役。

九、非法行医罪

(一)非法行医罪的概念和构成

非法行医罪,是指未取得医生执业资格的人非法行医,情节严重的行为。

本罪构成要件是:

(1)本罪的客体是国家对医务工作的管理秩序和就诊人的生命、健康权利。为了保障人民群众的生命安全和健康权利,国家通过一系列法律法规对医疗工作进行严格的管理。其中核心内容之一就是设立准入制度,从医人员必须取得医生执业资格,从而确保从医人员的专业技术水平达到法定标准。而非法行医行为严重破坏了国家对医务工作的管理秩序,而且由于非法行医者不具备执业的基本技术和设备条件,同时也侵犯了就诊人的健康权利和生命安全。

(2)本罪的客观方面表现为未取得医生执业资格的人实施了非法行医,情节严重的行为。所谓非法行医,是指非法从事医疗行为。而医疗行为即指运用医学专业知识和技能,为接受医疗者减轻或消除肉体痛苦、祛除或缓解疾病、克服其对药物的病态依赖、改善身体功能与外观、帮助或避免生育等与接受医疗者的身体健康和生命安全密切相关的行为。民间流传的、不需要医学专门知识的一些活动,例如,拔火罐、刮痧、推拿等不属于医疗行为的范畴。不具有针对性的单纯销售药品、医疗器械等行为、与人的生命健康无关的诸如单纯理发、美容、按摩等行为也不属于医疗行为。上述行为如果因行为人的过失造成死亡等严重后果的,应构成过失致人死亡罪等犯罪,而不构成本罪。根据2016年12月12日修订的最高人民法院《关于审理非法行医刑事案件具体应用法律若干问题的解释》的规定,具有下列情形之一的,应认定为未取得医生执业资格的人非法行医:第一,未取得或者以非法手段取得医师资格从事医疗活动的;第二,被依法吊销医师执业证书期间从事医疗活动的;第三,未取得乡村医生执业证书,从事乡村医疗活动的;第四,家庭接生员实施家庭接生以外的医疗行为的。构成本罪,行为人的非法行医行为必须达到"情节严重"的程度。具有下列情形之一的,应认定为情节严重:第一,造成就诊人轻度残疾、器官组织损伤导致一般功能障碍的;第二,造成甲类传染病传播、流行或者有传播、流行危险的;第三,使用假药、劣药或不符合国家规定标准的卫生材料、医疗器械,足以严重危害人体健康的;第四,非法行医被卫生行政部门行政处罚两次以后,再次非法行医的;第五,其他情节严重的情形。所谓"轻度残疾、器官组织损伤导致一般功能障碍"应参照原卫生部《医疗事故分级标准(试行)》加以认定。另根据2003年5月14日最高人民法院、最高人民检察院《关于办理妨害预防、控制突发传染病疫情等灾害的刑事案件具体应用法律若干问题的解释》的规定,未取得医师执业资格非法行医,具有造成突发传染病病人、病原携带者、疑似突发传染病病人贻误诊治或者造成交叉感染等严重情节的,以非法行医罪定罪,依法从重处罚。

(3) 本罪的主体为一般主体,但限于没有取得医生执业资格的人。

(4) 本罪的主观方面为故意。即行为人明知自己未取得医生执业资格,仍然故意非法行医。当然,本罪的行为人对于非法行医所造成的危害结果是出于过失的。如果行为人以行医为名而实施伤害或杀人的行为,则应以故意伤害罪或故意杀人罪论处。本罪的成立不要求行为人主观上具有营利目的。虽然在实践中,大多数非法行医者都通过非法行医行为收取了费用,但也不能排除有人只实施了非法行医行为,而未收取费用的情况。

(二) 非法行医罪的认定

(1) 本罪与医疗事故罪的界限。二者侵害的都是国家对医务工作的管理秩序和公民的生命、健康权利;都是在行医过程中造成了就诊人的生命与健康的损害。但二者也有显著区别:第一,主体不同。本罪主体为未取得医生执业资格的人;而医疗事故罪的主体是国家认可的医务人员。第二,主观方面不同。本罪的主观方面为故意,医疗事故罪的主观方面则是过失。

(2) 本罪与以"行医"名义实施的其他犯罪行为的界限。实践中,一些不法分子往往伪装成医务人员的样子,以"义诊"的名义为群众"看病",通过夸大病情或妄称有病,借机推销药物,骗取钱财。此时,如果行为人所推销的是国家批准的真药,且未对他人造成严重后果,行为人不构成非法行医罪,但可能构成诈骗罪。如果行为人推销的是假药、劣药,则可能同时构成非法行医罪、销售假药罪或销售劣药罪、诈骗罪,根据最高人民法院《关于审理非法行医刑事案件具体应用法律若干问题的解释》第5条的规定,应当依照刑法处罚较重的规定定罪处罚。

(三) 非法行医罪的刑事责任

根据《刑法》第336条第1款的规定,犯本罪的,处3年以下有期徒刑、拘役或者管制,并处或者单处罚金;严重损害就诊人身体健康的,处3年以上10年以下有期徒刑,并处罚金;造成就诊人死亡的,处10年以上有期徒刑,并处罚金。所谓"严重损害就诊人身体健康",是指造成就诊人中度以上残疾、器官组织损伤导致严重功能障碍或者造成3名以上就诊人轻度残疾、器官组织损伤导致一般功能障碍的情形。所谓"中度以上残疾、器官组织损伤导致严重功能障碍",应参照原卫生部《医疗事故分级标准(试行)》加以认定。

十、非法进行节育手术罪

非法进行节育手术罪,是指未取得医生执业资格的人擅自为他人进行节育复通手术、假节育手术、终止妊娠手术或者摘取宫内节育器,情节严重的行为。本罪的客体是国家计划生育制度和就诊人的身体健康、生命安全。本罪的客观方面表现为行为人实施了非法为他人进行节育手术,情节严重的行为。这里的"节育手术",是指节育复通手术、假节育手术、终止妊娠手术或者摘取宫内节育器等行为。行为人只要实施其中之一,即可成立本罪。本罪的主体为一般主体,但必须是没有取得医生执业资格的人。本罪的主观方面为故意。根据《刑法》第336条第2款的规定,犯本罪的,处3年以下有期徒刑、拘役或者管制,并处或者单处罚金;严重损害就诊人身体健康的,处3年以上10年以下有期徒刑,并处罚金;造成就诊人死亡的,处10年以上有期徒刑,并处罚金。

十一、妨害动植物防疫、检疫罪

妨害动植物防疫、检疫罪,是指违反有关动植物防疫、检疫的国家规定,引起重大动植物疫情的,或者有引起重大动植物疫情危险,情节严重的行为。本罪的客体是国家对动植物的防疫、检疫秩序。本罪的客观方面表现为违反有关动植物防疫、检疫的国家规定,引起重大动植物疫情的,或者有引起重大动植物疫情危险,情节严重的行为。所谓引起重大动植物疫情,一般是指造成国家规定的《进境动物一、二类传染病、寄生虫病名录》中所列的动物疫病传入或者对农、牧、渔业生产以及人体健康、公共安全造成严重危害的其他动物疫病在国内暴发流行的;造成国家规定的《进境植物检疫性有害生物名录》中所列的有害生物传入或者对农、林业生产、生态环境以及人体健康有严重危害的其他有害生物在国内传播扩散的。对于情节严重问题,2008年6月25日最高人民检察院、公安部《关于公安机关管辖的刑事案件立案追诉标准的规定(一)》第59条已有明确规定。本罪的主体是一般主体,已满16周岁的自然人和单位都可以构成本罪。本罪的主观方面是过失。根据《刑法》第337条的规定,犯本罪的,处3年以下有期徒刑或者拘役,并处或者单处罚金。单位犯本罪的,对单位判处罚金,并对其直接负责的主管人员和其他直接责任人员,依照上述规定处罚。

第七节 破坏环境资源保护罪

一、污染环境罪

(一) 污染环境罪的概念和构成

污染环境罪是《刑法修正案(八)》第46条对《刑法》第338条修改后形成的罪名,是指违反国家规定,排放、倾倒或者处置有放射性的废物、含传染病病原体的废物、有毒物质或者其他有害物质,严重污染环境的行为。

本罪的构成要件是:

(1) 本罪的客体是国家环境保护制度。所谓环境保护制度,是指我国《环境保护法》《水污染防治法》《大气污染防治法》《海洋环境保护法》以及《固体废物污染环境防治法》等一系列法律、法规中所确立的环境保护制度。

(2) 本罪在客观方面表现为行为人违反国家规定,排放、倾倒或者处置有放射性的废物、含传染病病原体的废物、有毒物质或者其他有害物质,严重污染环境的行为。具体而言包括三个方面的内容:第一,必须违反了国家环境保护的规定,即国家为保护环境所制定的各项法律、法规。第二,必须实施了排放、倾倒或者处置有放射性的废物、含传染病病原体的废物、有毒物质或者其他有害物质的行为。"放射性的废物",是指放射性核素含量超过国家规定限值的固体、液体和气体废弃物。"含传染病病原体的废物",是指含有传染病病菌的污水、粪便等废弃物。"有毒物质",根据2017年1月1日最高人民法院、最高人民检察《关于办理环境污染刑事案件适用法律若干问题的解释》(以下简称《环境污染解释》)第15条的规定,包括下列物质:① 危险废物,是指列入国家危险废物名录,或者根据国家规定的危险废物鉴别标准和鉴别方法认定的,具有危险特性的废物;②《关于持久性有机污染物的斯德哥尔摩公约》附件所列物质;③ 含重金属的污染物;④ 其他具有毒性,可能污染环境的物质。"其他有害物质",是指除有放射性的废物、含传染病病原体的废物、有毒物质以外的对环境、人的身体有害的物质。实践中,常见的有害物质主要有:工业危险废物以外的其他工业固体废物;未经处理的生活垃圾;有害大气污染物、受控消耗臭氧层物质和有害水污染物;在利用和处置过程中必然产生有毒有害物质的其他物质;国务院生态环境保护主管部门会同国务院卫生主管部门公布的有毒有害污染物名录中的有关物质等。这里的排放,通常是指将有放射性的废物、含传染病病原体的废物、有毒物质或者其他有害物质排入环境中,包括泵出、溢出、泄出、喷出和倒出等行为;倾倒,是指通过船舶、航空器、平台或者其他运载工具,将有放射性的废物、含传染病病原体的废物、有毒物质或者其他有害物质弃置于环境中;处置,是指以环境保护法律、法规禁止的方式来处理有放射性的废物、含传染病病原体的废物、有毒物质或者其他有害物质。无危险废物经营许可证,以营利为目的,从危险废物中提取物质作为原材料或者燃料,并具有超标排放污染物、非法倾倒污染物或者其他违法造成环境污染的情形的行为,应当认定为非法处置危险废物。司法实践中认定非法排放、倾倒、处置行为时,应当根据《固体废物污染环境防治法》和《环境污染解释》的有关规定精神,从其行为方式是否违反国家规定或者行业操作规范、污染物是否与外环境接触、是否造成环境污染的危险或者危害等方面进行综合分析判断。对名为运输、贮存、利用,实为排放、倾倒、处置的行为应当认定为非法排放、倾倒、处置行为,可以依法追究刑事责任。比如,未采取相应防范措施将没有利用价值的危险废物长期贮存、搁置,放任危险废物或者其有毒有害成分大量扬散、流失、泄漏、挥发,污染环境的。第三,必须造成了严重污染环境的后果。"严重污染环境",根据前述《环境污染解释》第1条的规定,包括下列情形:① 在饮用水水源一级保护区、自然保护区核心区排放、倾倒、处置有放射性的废物、含传染病病原体的废物、有毒物质的;② 非法排放、倾倒、处置危险废物3吨以上的;③ 排放、倾倒、处置含铅、汞、镉、铬、砷、铊、锑的污染物,超过国家或者地方污染物排放标准3倍以上的;④ 排放、倾倒、处置含镍、铜、锌、银、钒、锰、钴的污染物,超过国家或者地方污染物排放标准10倍以上的;⑤ 通过暗管、渗井、渗坑、裂隙、溶洞、灌注等逃避监管的方式排放、倾倒、处置有放射性的废物、含传染病病原体的废物、有毒物质的;⑥ 2年内曾因违反国家规定,排放、倾倒、处置有放射性的废物、含传染病病原体的废物、有毒物质受过两次以上行政处罚,又实施前列行为的;⑦ 重点排污单位篡改、伪造自动监测数据或者干扰自动监测设施,排放化学需氧量、氨氮、二氧化硫、氮氧化物等污染物的;⑧ 违法减少防治污染设施运行支出100万元以上的;⑨ 违法所得或者致使公私财产损失30万元以上的;⑩ 造成生态环境严重损害的;⑪ 致使乡镇以上集中式饮用水水源取水中断12小时以上的;⑫ 致使基本农田、防护林地、特种用途林地5亩以上,其他农用地10亩以上,其他土地20亩以上基本功能丧失或者遭受永久性破坏的;⑬ 致使森林或者其他林木死亡50立方米以上,或者幼树死亡2500株以上的;⑭ 致使疏散、转移群众5000人以上的;⑮ 致使30人以上中毒的;⑯ 致使3人以上轻伤、轻度残疾或者器官组织损伤导致一般功能障碍的;⑰ 致使1人以上重伤、中度残疾或者器官组织损伤导致严重功能障碍的;⑱ 其他严重污染环境的情形。

(3) 本罪的主体是一般主体,包括已满16周岁且具有刑事责任能力的自然人和单位。

(4) 本罪的主观方面既可以是故意也可以是过失。本罪在《刑法修正案(八)》修订前以"造成重大环境污染事故,致使公私财产遭受重大损失或者人身伤亡的严重后果"为成立条件,是典型的过失犯罪。但《刑法修正案(八)》删除前述表述,将本罪的成立条件修改为"严重污染环境",参酌立法宗旨,显然意在扩大本罪的处罚范围。因此不宜再将故意排除在本罪主观罪过范围之外。但如果仅将本罪界定为故意犯罪,那么或者意味着《刑法修正案(八)》将之前原本构成犯罪的过失污染环境造成严重后果的行为进行了非犯罪化处理,这显然缺乏充分的法律理由与现实依据;或者意味着过失污染环境造成严重后果的行为只能被认定为过失危害公共安全的犯罪,这也会模糊罪与罪之间的界限且容易造成量刑上的不均衡。考虑到本罪法定刑幅度较宽,可以在法定刑幅度范围内对故意污染环境的行为和过失污染环境的行为作出轻重不同的处罚。因此,我们认为本罪的主观方面可以是过失,实践中更常见的则是故意。判断犯罪嫌疑人、被告人是否具有环境污染犯罪的故意,应当依据犯罪嫌疑人、被告人的任职情况、职业经历、专业背景、培训经历、本人因同类行为受到行政处罚或者刑事追究情况以及污染物种类、污染方式、资金流向等证据,结合其供述,进行综合分析判断。实践中,具有下列情形之一,犯罪嫌疑人、被告人不能作出合理解释的,可以认定其故意实施环境污染犯罪,但有证据证明确系不知情的除外:① 企业没有依法通过环境影响评价,或者未依法取得排污许可证,排放污染物,或者已经通过环境影响评价并且防治污染设施验收合格后,擅自更改工艺流程、原辅材料,导致产生新的污染物质的;② 不使用验收合格的防治污染设施或者不按规范要求使用的;③ 防治污染设施发生故障,发现后不及时排除,继续生产放任污染物排放的;④ 生态环境部门责令限制生产、停产整治或者予以行政处罚后,继续生产放任污染物排放的;⑤ 将危险废物委托第三方处置,没有尽到查验经营许可的义务,或者委托处置费用明显低于市场价格或者处置成本的;⑥ 通过暗管、渗井、渗坑、裂隙、溶洞、灌注等逃避监管的方式排放污染物的;⑦ 通过篡改、伪造监测数据的方式排放污染物的;⑧ 其他足以认定的情形。

(二) 污染环境罪的认定

(1) 本罪与投放危险物质罪的界限。行为人违反国家规定,排放、倾倒、处置污染物,严重污染环境的行为,原则上应当认定为本罪。但如果行为人污染环境的行为非常恶劣,严重危害到公共安全,也可能同时符合投放危险物质罪的成立条件,此时应择一重罪即以投放危险物质罪论处。司法实践中对环境污染行为适用投放危险物质罪追究刑事责任时,应当重点审查判断行为人的主观恶性、污染行为恶劣程度、污染物的毒害性危险性、污染持续时间、污染结果是否可逆、是否对公共安全造成现实、具体、明确的危险或者危害等各方面因素。对于行为人明知其排放、倾倒、处置的污染物含有毒害性、放射性、传染病病原体等危险物质,仍实施环境污染行为放任其危害公共安全,造成重大人员伤亡、重大公私财产损失等严重后果,以污染环境罪论处明显不足以罚当其罪的,可以按投放危险物质罪定罪量刑。实践中,此类情形主要是向饮用水水源保护区、饮用水供水单位取水口和出水口,南水北调水库、干渠、涵洞等配套工程,重要渔业水体以及自然保护区核心区等特殊保护区域,排放、倾倒、处置毒害性极强的污染物,危害公共安全并造成严重后果的情形。

(2)本罪与非法经营罪的界限。司法实践中,非法排放、倾倒、处置危险废物行为往往形成产业链。例如,无危险废物经营许可证从事收集、贮存、利用、处置危险废物经营活动,严重污染环境的行为,既可能构成污染环境罪,也可能同时构成非法经营罪。此时,应当注意把握两个原则:一要坚持实质判断原则,对行为人非法经营危险废物行为的社会危害性作实质性判断。比如,一些单位或者个人虽未依法取得危险废物经营许可证,但其收集、贮存、利用、处置危险废物经营活动,没有超标排放污染物、非法倾倒污染物或者其他违法造成环境污染情形的,则不宜以非法经营罪论处。二要坚持综合判断原则,对行为人非法经营危险废物行为根据其在犯罪链条中的地位、作用综合判断其社会危害性。比如,有证据证明单位或者个人的无证经营危险废物行为属于危险废物非法经营产业链的一部分,并且已经形成了分工负责、利益均沾、相对固定的犯罪链条,如果行为人或者与其联系紧密的上游或者下游环节具有排放、倾倒、处置危险废物违法造成环境污染的情形,且交易价格明显异常的,对行为人可以根据案件具体情况在污染环境罪和非法经营罪中,择一重罪处断。

(3)本罪未遂的认定。我国当前环境执法工作形势比较严峻,一些行为人拒不配合执法检查、接受检查时弄虚作假、故意逃避法律追究的情形时有发生,因此对于行为人已经着手实施非法排放、倾倒、处置有毒有害污染物的行为,由于有关部门查处或者其他意志以外的原因未得逞的情形,可以污染环境罪(未遂)追究刑事责任。

(三)污染环境罪的刑事责任

根据《刑法》第338条、第346条的规定,犯本罪的,处3年以下有期徒刑或者拘役,并处或者单处罚金;后果特别严重的,处3年以上7年以下有期徒刑,并处罚金。单位犯本罪的,对单位判处罚金,并对其直接负责的主管人员和其他直接责任人员,依照自然人犯本罪的规定处罚。

二、非法处置进口的固体废物罪

非法处置进口的固体废物罪,是指违反国家规定,故意将境外固体废物进境倾倒、堆放、处置的行为。本罪的客体是国家对固体废物进口利用的污染防治管理制度。根据我国《固体废物污染环境防治法》第88条的规定,固体废物,是指在生产、生活和其他活动中产生的丧失原有利用价值或者虽未丧失利用价值但被抛弃或者放弃的固态、半固态和置于容器中的气态的物品、物质以及法律、行政法规规定纳入固体废物管理的物品、物质。本罪的客观方面表现为行为人实施了违反国家规定,将境外固体废物进境倾倒、堆放、处置的行为。首先,行为人的行为违反了国家规定。我国《固体废物污染环境防治法》第24条规定,禁止中华人民共和国境外的固体废物进境倾倒、堆放、处置。行为人的行为违反了这一规定,是构成本罪的前提。其次,行为人实施了将境外固体废物进境倾倒、堆放、处置的行为。这里的倾倒,是指通过各种运载工具或以其他方式,随意倾卸境外固体废物。堆放,是指将境外固体废物随意堆存于我国境内的某一地方。处置,根据《固体废物污染环境防治法》的规定,原本是指将固体废物焚烧和用其他改变固体废物的物理、化学、生物特性的方法,达到减少已产生的固体废物数量、缩小固体废物体积、减少或者消除其危险成分的活动,或者将固体废物最终置于符合环境保护规定要求的填埋场的活动。但本罪中的处置,指的是不按上述《固体废物污染环境防治法》的要求处理固体废物的行为。本罪的主体是一般主体,既可以是自然人,也可以是单位。本罪的主观方面为故意。根据《刑法》第339条第1款、第346条的规定,犯本罪的,处5年以下有期徒刑或者拘役,并处罚金;造成重大环境污染事故,致使公私财产遭受重大损失或者严重危害人体健康的,处5年以上10年以下有期徒刑,并处罚金;后果特别严重的,处10年以上有期徒刑,并处罚金。单位犯本罪的,对单位判处罚金,并对其直接负责的主管人员和其他直接责任人员,依照自然人犯本罪的规定处罚。

三、擅自进口固体废物罪

擅自进口固体废物罪,是指未经国务院有关主管部门许可,擅自进口固体废物用作原料,造成重大环境污染事故,致使公私财产遭受重大损失或者严重危害人体健康的行为。本罪的客体是国家对固体废物进口利用的污染防治管理制度。本罪的客观方面表现为行为人未经国务院有关主管部门许可,擅自进口固体废物用作原料,造成重大环境污染事故,致使公私财产遭受重大损失或者严重危害人体健康的行为。对于以原料利用为名,将不能用作原料的固体废物进口的行为,以走私废物罪定罪处罚。本罪的主体是一般主体,既可以是自然人,也可以是单位。本罪的主观方面为故意。根据《刑法》第339条第2款、第346条的规定,犯本罪的,处5年以下有期徒刑或者拘役,并处罚金;后果特别严重的,处5年以上10年以下有期徒刑,并处罚金。单位犯本罪的,对单位判处罚金,对其直接负责的主管人员和其他直接责任人员,依照自然人犯本罪的规定处罚。

四、非法捕捞水产品罪

非法捕捞水产品罪,是指违反保护水产资源法规,在禁渔区、禁渔期或者使用禁用的工具、方法捕捞水产品,情节严重的行为。本罪的客体是国家保护水产资源的管理制度。本罪的客观方面表现为行为人实施了违反保护水产资源法规,在禁渔区、禁渔期或者使用禁用的工具、方法捕捞水产品,情节严重的行为。具体包括以下三方面的内容:一是违反保护水产资源法规。即违反《渔业法》等保护水产资源的法律法规,这是成立本罪的前提条件。二是必须是在禁渔区、禁渔期或者使用禁用的工具、方法捕捞水产品。捕捞水产品的行为只要违反此四项禁止规定之一,便可构成本罪。三是必须情节严重。情节严重,主要是指聚众非法捕捞的;非法捕捞数量巨大的;非法捕捞造成水产资源重大损失的;多次非法捕捞屡教不改的;在禁渔区内使用禁用的工具或者禁用的方法捕捞的;在禁渔期内使用禁用的工具或者禁用的方法捕捞的;在公海使用禁用渔具从事捕捞作业,造成严重影响的;等等。实施本罪行为同时又构成盗窃等罪的,应从一重罪论处。采用炸鱼、电鱼、毒鱼等捕捞方法,危害了公共安全的,应以危害公共安全的有关犯罪论处。本罪的主体是一般主体,既可以是自然人,也可以是单位。本罪的主观方面只能出于故意,即明知是禁渔区、禁渔期或明知使用的是禁用的工具或方法,而捕捞水产品。根据《刑法》第 340 条、第 346 条的规定,犯本罪的,处 3 年以下有期徒刑、拘役、管制或者罚金。单位犯本罪的,对单位判处罚金,并对其直接负责的主管人员和其他直接责任人员,依照自然人犯本罪的规定处罚。

五、非法猎捕、杀害珍贵、濒危野生动物罪

非法猎捕、杀害珍贵、濒危野生动物罪,是指猎捕、杀害国家重点保护的珍贵、濒危野生动物的行为。本罪的客体是国家珍贵、濒危野生动物保护制度。犯罪对象限于国家重点保护的珍贵、濒危野生动物。根据 2000 年 11 月 27 日最高人民法院《关于审理破坏野生动物资源刑事案件具体应用法律若干问题的解释》第 1 条的规定,国家重点保护的珍贵、濒危野生动物,是指列入国家重点保护野生动物名录的国家一、二级保护野生动物、列入《濒危野生动植物种国际贸易公约》附录一、附录二的野生动物以及驯养繁殖的上述物种。本罪的客观方面表现为行为人实施了非法猎捕、杀害珍贵、濒危野生动物的行为。只要行为人实施了猎捕或杀害珍贵、濒危野生动物的行为之一,即可构成本罪。本罪的主体是一般主体,既可以是自然人,也可以是单位。本罪的主观方面为故意。即明知是国家重点保护的珍贵、濒危野生动物而猎捕、杀害。如果以投放危险物质、爆炸、设置电网等方法猎捕、杀害国家重点保护的珍贵、濒危野生动物,同时构成《刑法》第 114 条或者第 115 条规定之罪的,依照处罚较重的规定定罪处罚。以暴力、威胁的方法抗拒查处,构成其他犯罪的,依照数罪并罚的规定处罚。根据《刑法》第 341 条、第 346 条的规定,犯本罪的,处 5 年以下有期徒刑或者拘役,并处罚金;情节严重的,处 5 年以上 10 年以下有期徒刑,并处罚金;情节特别严重的,处 10 年以上有期徒刑,并处罚金或者没收财产。单位犯本罪的,对单位判处罚金,并对其直接负责的主管人员和其他直接责任人员,依照自然人犯本罪的规定处罚。

六、非法收购、运输、出售珍贵、濒危野生动物、珍贵、濒危野生动物制品罪

非法收购、运输、出售珍贵、濒危野生动物、珍贵、濒危野生动物制品罪,是指非法收购、运输、出售国家重点保护的珍贵、濒危野生动物及其制品的行为。本罪的客体是国家珍贵、濒危野生动物保护制度。犯罪对象是国家重点保护的珍贵、濒危野生动物和珍贵、濒危野生动物制品。本罪的客观方面表现为行为人实施了非法收购、运输、出售国家重点保护的珍贵、濒危野生动物及其制品的行为。根据最高人民法院《关于审理破坏野生动物资源刑事案件具体应用法律若干问题的解释》第2条的规定,收购包括以营利、自用等为目的的购买行为;运输包括采用携带、邮寄、利用他人、使用交通工具等方法进行运送的行为;出售包括出卖和以营利为目的的加工利用行为。在内海、领海运输、收购、贩卖国家禁止进出口的珍贵动物及其制品的,直接向走私人非法收购国家禁止进出口的珍贵动物及其制品(包括国家重点保护的珍贵、濒危野生动物及其制品)的,非法将珍贵、濒危野生动物运输出境的,均构成走私珍贵动物、珍贵动物制品罪。本罪的主体是一般主体,既可以自然人,也可以是单位。本罪的主观方面为故意。根据《刑法》第341条第1款、第346条的规定,犯本罪的,处5年以下有期徒刑或者拘役,并处罚金;情节严重的,处5年以上10年以下有期徒刑,并处罚金;情节特别严重的,处10年以上有期徒刑并处罚金或者没收财产。单位犯本罪的,对单位判处罚金,并对其直接负责的主管人员和其他直接责任人员,依照自然人犯本罪的规定处罚。

七、非法狩猎罪

非法狩猎罪,是指违反狩猎法规,在禁猎区、禁猎期或者使用禁用的工具、方法进行狩猎,破坏野生动物资源,情节严重的行为。本罪的客体是国家对野生动物的保护制度。本罪的犯罪对象是珍贵、濒危野生动物以外的其他野生动物。本罪的客观方面表现为违反狩猎法规,在禁猎区、禁猎期或者使用禁用的工具、方法进行狩猎,破坏野生动物资源,情节严重的行为。具体而言包括三个方面的内容:第一,违反狩猎法规,这是构成本罪的特定前提条件。这里的狩猎法规,具体是指我国《野生动物保护法》等有关野生动物资源保护的法律法规。第二,在禁猎区、禁猎期或者使用禁用的工具、方法,非法实施狩猎行为。禁猎区,是指国家对适宜野生动物生息繁衍或者资源贫乏、破坏比较严重的地区,划定禁止狩猎的区域。禁猎期,是指国家野生动物行政管理部门根据野生动物的繁殖或者皮毛、肉食、药材的成熟季节,分别规定的禁止狩猎的期间。禁用的工具,是指足以破坏野生动物资源,危害人兽安全的工具。禁用的方法,是指禁止使用的损害野生动物资源正常繁殖、生长以及破坏森林、草原等的方法。如以化学药品毒杀、布电网围杀、烟熏、火攻、爆炸等方法。第三,必须情节严重。情节严重,主要是指聚众非法狩猎的;非法狩猎数量较大的;在禁猎区内使用禁用的工具或者禁用的方法狩猎的;在禁猎期内使用禁用的工具或者禁用的方法狩猎的;等等。如果以投放危险物质、爆炸、设置电网等危险方法破坏野生动物保护,构成

非法狩猎罪,同时构成《刑法》第114条或者第115条规定之罪的,依照处罚较重的规定定罪处罚。实施本罪行为,又以暴力、威胁的方法抗拒查处,构成其他犯罪的,实行数罪并罚。非法狩猎行为同时触犯非法猎捕、杀害珍贵、濒危野生动物罪的,应根据行为性质与具体情况,以非法猎捕、杀害珍贵、濒危野生动物罪论处或者实行数罪并罚。本罪的主体是一般主体,既可以是自然人,也可以是单位。本罪的主观方面为故意。根据《刑法》第341条第2款以及第346条的规定,犯本罪的,处3年以下有期徒刑、拘役、管制或者罚金。单位犯本罪的,对单位判处罚金,并对其直接负责的主管人员和其他直接责任人员,依照上述规定处罚。

八、非法占用农用地罪

非法占用农用地罪,是指违反土地管理法规,非法占用耕地、林地等农用地,改变被占用土地用途,数量较大,造成耕地、林地等农用地大量毁坏的行为。本罪的客体是国家土地管理制度。本罪的对象是农用地。本罪的客观方面表现为违反土地管理法规,非法占用耕地、林地等农用地,改变被占用土地用途,数量较大,造成耕地、林地等农用地大量毁坏的行为。"违反土地管理法规",是指违反土地管理法、森林法、草原法等法律以及有关行政法规中关于土地管理的规定。"非法占用农用地",具体表现为未经国家土地管理部门审核批准而擅自占用农用地,或者超过批准的用地数量占用农用地,或者采取欺骗手段骗取批准而占用农用地。"改变被占用土地用途",是指行为人将土地管理部门批准专用的土地擅自改作他用。另外,本罪是结果犯,即非法占用农用地或改变被占用土地用途的行为"数量较大",并"造成农用地的大量毁坏"的结果。本罪的主体是一般主体,既可以是自然人,也可以是单位。本罪的主观方面为故意。根据《刑法》第342条、第346条的规定,犯本罪的,处5年以下有期徒刑或者拘役,并处或者单处罚金。单位犯本罪的,对单位判处罚金,并对其直接负责的主管人员和其他直接责任人,依照自然人犯本罪的规定处罚。

九、非法采矿罪

非法采矿罪,是指违反矿产资源法的规定,未取得采矿许可证擅自采矿,擅自进入国家规划矿区、对国民经济具有重要价值的矿区和他人矿区范围采矿,或者擅自开采国家规定实行保护性开采的特定矿种,情节严重的行为。本罪的客体是国家的矿产资源保护制度。本罪的客观方面表现为违反矿产资源法的规定,未取得采矿许可证擅自采矿,擅自进入国家规划矿区、对国民经济具有重要价值的矿区和他人矿区范围采矿,或者擅自开采国家规定实行保护性开采的特定矿种,情节严重的行为。根据2016年12月1日最高人民法院、最高人民检察院《关于办理非法采矿、破坏性采矿刑事案件适用法律若干问题的解释》第2条的规定,具有下列情形之一的,属于"未取得采矿许可证":(1)无许可证的;(2)许可证被注销、吊销、撤销的;(3)超越许可证规定的矿区范围或者开采范围的;(4)超出许可证规定的矿种的(共生、伴生矿种除外);(5)其他未取得许可证的情形。"国家规划矿区",是指在一定时期内,根据国民经济建设长期的需要和资源分布情况,经国务院或者国务院有关主管部门依法定程序审查、批准,确定列入国家矿产资源开发长期或中期规划的矿区以及作为老矿区后备资源基地的矿区。"对国民经济具有重要价值的矿区",是指经济价值重大或者经济效益很高,对国家经济建设的全局性、战略性有重要影响的矿区。"国家规定实行保护性开采的特定矿种",是指黄金、钨、锡、锑、离子型稀土矿产。本罪的主体是一般主体,既可以是自然人,也可以是单位。本罪的主观方面为故意。根据《刑法》第343条第1款、第346条的规定,犯本罪的,处3年以下有期徒刑、拘役或者管制,并处或者单处罚金;情节特别严重的,处3年以上7年以下有期徒刑,并处罚金。单位犯本罪的,对单位判处罚金,并对其直接负责的主管人员和其他直接责任人员,依照上述规定处罚。

十、破坏性采矿罪

破坏性采矿罪,是指违反矿产资源法的规定,采取破坏性的方法开采矿产资源,造成矿产资源严重破坏的行为。本罪的客体是国家的矿产资源保护制度。本罪的客观方面表现为违反矿产资源法的规定,采取破坏性的方法开采矿产资源,造成矿产资源严重破坏的行为。根据2016年12月1日最高人民法院、最高人民检察院《关于办理非法采矿、破坏性采矿刑事案件适用法律若干问题的解释》第6条的规定,造成矿产资源破坏的价值在50万至100元以上,或者造成国家规划矿区、对国民经济具有重要价值的矿区和国家规定实行保护性开采的特定矿种资源破坏的价值在25万元至50万元以上的,应当认定为"造成矿产资源严重破坏"。本罪的主体为特殊主体,即取得采矿许可证的个人或单位。如果未取得采矿许可证的人或单位采取破坏性的方法开采矿产资源,则应以非法采矿罪论处。本罪的主观方面为故意。根据《刑法》第343条第2款与第346条的规定,犯本罪的,处5年以下有期徒刑或者拘役,并处罚金。单位犯本罪的,对单位判处罚金,并对其直接负责的主管人员和其他直接责任人员,依照上述规定处罚。

十一、非法采伐、毁坏国家重点保护植物罪

非法采伐、毁坏国家重点保护植物罪,是指违反国家规定,非法采伐、毁坏珍贵树木或者国家重点保护的其他植物的行为。本罪的客体是国家对重点植物的保护制度。本罪的对象是珍贵树木与国家重点保护的其他植物。具体包括由省级以上林业主管部门或者其他部门确定的具有重大历史纪念意义、科学研究价值或者年代久远的古树名木与保护植物,国家禁止、限制出口的珍贵树木以及列入国家重点保护野生植物名录的树木与保护植物。本罪的客观方面表现为违反国家规定,非法采伐、毁坏珍贵树木或者国家重点保护的其他植物的行为。其中,非法采伐,是指违反国家规定,擅自砍伐或采集珍贵树木或国家重点保护的植物;非法毁坏,是指违反国家规定,造成珍贵树木、保护植物死亡或者影响其正常生长的一切行为。本罪的主体是一般主体,既可以是自然人,也可以是单位。本罪的主观方面为故意。根据《刑法》第344条与第346条的规定,犯本罪的,处3年以下有期徒刑、拘役或者管制,并处罚金;情

节严重的,处3年以上7年以下有期徒刑,并处罚金。单位犯本罪的,对单位判处罚金,并对其直接负责的主管人员和其他直接责任人员,依照上述规定处罚。

十二、非法收购、运输、加工、出售国家重点保护植物、国家重点保护植物制品罪

非法收购、运输、加工、出售国家重点保护植物、国家重点保护植物制品罪,是指违反国家规定,非法收购、运输、加工、出售珍贵树木或者国家重点保护的其他植物及其制品的行为。本罪的客体是国家对重点植物及其制品的保护制度。本罪的对象是国家重点保护植物、国家重点保护植物制品。本罪的客观方面表现为违反国家规定,非法收购、运输、加工、出售珍贵树木或者国家重点保护的其他植物及其制品的行为。本罪的主体是一般主体,既可以是自然人,也可以是单位。本罪的主观方面为故意。根据《刑法》第344条与第346条的规定,犯本罪的,处3年以下有期徒刑、拘役或者管制,并处罚金;情节严重的,处3年以上7年以下有期徒刑,并处罚金。单位犯本罪的,对单位判处罚金,并对其直接负责的主管人员和其他直接责任人员,依照自然人犯本罪的规定处罚。

十三、盗伐林木罪

(一) 盗伐林木罪的概念和构成

盗伐林木罪,是指盗伐森林或者其他林木,数量较大的行为。

本罪构成要件是:

(1) 本罪的客体是国家林业管理制度和国家、集体或公民对林木的所有权。其犯罪对象是森林和其他林木。这里的"森林",是指大面积的原始森林和人造林,包括防护林、用材林、经济林、薪炭林和特种用途林等;"其他林木",是指小面积的树林和零星树木,但不包括农村农民房前屋后个人所有的零星树木。

(2) 本罪的客观方面表现为盗伐森林或者其他林木,数量较大的行为。所谓盗伐,是指以不法所有为目的,擅自砍伐森林或者其他林木的行为。根据2000年11月17日最高人民法院《关于审理破坏森林资源刑事案件具体应用法律若干问题的解释》的规定,盗伐行为包括:擅自砍伐国家、集体、他人所有或者他人承包经营管理的森林或者其他林木;擅自砍伐本单位或者本人承包经营管理的森林或者其他林木;在林木采伐许可证规定的地点以外采伐国家、集体、他人所有或者他人承包经营管理的森林或者其他林木。另外,盗伐林木必须数量较大。根据上述司法解释,盗伐林木"数量较大",以2至5立方米或者幼树100至200株为起点。所谓"幼树",是指胸径5厘米以下的树木。对于1年内多次盗伐少量林木未经处罚的,累计其盗伐林木的数量,构成犯罪的,依法追究刑事责任。如果盗伐林木没有达到数量较大,则不构成犯罪。

(3) 本罪的主体是一般主体,既可以是自然人,也可以是单位。

(4) 本罪的主观方面为故意。即明知是国家、集体或者他人的林木而盗伐,并且行为人具有非法占有的目的。如果行为人以毁坏为目的的砍伐国家、集体或者他人的林木的,应认定为故意毁坏财物罪。

(二) 盗伐林木罪的认定

(1) 本罪与盗窃罪中盗窃树木行为的界限。由于本罪在侵犯国家林业管理制度的同时,也侵犯了林木的所有权,这就使本罪与盗窃罪中盗窃树木的犯罪行为较为相似。但二罪的区别在于:第一,侵犯的客体不同。本罪的客体虽然也包括国家、集体或他人对林木的所有权,但主要客体仍为国家林业管理制度;而盗窃罪中盗窃树木的行为侵犯的客体只是公私财产的所有权。第二,犯罪对象不同。本罪的对象是森林和小面积的树林及零星树木,但不包括农村农民房前屋后个人所有的零星树木。对于将国家、集体或者他人所有并且已经伐倒的树木窃为己有的,以及偷砍他人房前屋后、自留地种植的零星树木数额较大或者多次偷砍的,应定盗窃罪。非法实施采种、采脂、挖笋、掘根、剥树皮等行为,牟取经济利益数额较大的,以盗窃罪定罪处罚。同时构成其他犯罪的,依照处罚较重的规定定罪处罚。第三,成立犯罪的标准不同。本罪的成立,须符合"数量较大"的要求;而盗窃树木成立盗窃罪时的标准是"数额较大",一般是指盗窃价值500元至2000元以上。

(2) 本罪与非法采伐、毁坏国家重点保护植物罪的关系。盗伐珍贵树木或者国家重点保护的其他植物的行为,实际上触犯了本罪与非法采伐、毁坏国家重点保护植物罪两个罪名,对此应从一重罪论处。对于盗伐林木数额较大,同时另有盗伐珍贵树木、国家重点保护的其他植物行为的,应实行数罪并罚。

(三) 盗伐林木罪的刑事责任

根据《刑法》第345条第1款、第4款与第346条的规定,犯本罪的,处3年以下有期徒刑、拘役或者管制,并处或者单处罚金;数量巨大的,处3年以上7年以下有期徒刑,并处罚金;数量特别巨大的,处7年以上有期徒刑,并处罚金。盗伐国家级自然保护区内的森林或者其他林木的,从重处罚。单位犯本罪的,对单位判处罚金,并对其直接负责的主管人员和其他直接责任人员,依照上述规定处罚。

十四、滥伐林木罪

滥伐林木罪,是指违反森林法的规定,滥伐森林或者其他林木,数量较大的行为。本罪的客体是国家的森林资源保护制度。本罪的犯罪对象是森林和其他林木。本罪的客观方面表现为违反森林法的规定,滥伐森林或者其他林木,数量较大的行为。根据2010年11月22日最高人民法院《关于审理破坏森林资源刑事案件具体应用法律若干问题的解释》的规定,下列行为属于滥伐林木:(1) 未经林业行政主管部门及法律规定的其他主管部门批准并核发林木采伐许可证,或者虽持有林木采伐许可证,但违反林木采伐许可证规定的时间、数量、树种或者方式,任意采伐本单位所有或者本人所有的森林或者其他林木的;(2) 超过林木采伐许可证规定的数量采伐他人所有的森林或者其他林木的。林木权属争议一方在林木权属确权之前,擅自砍伐森林或者其他林木,数量较大的,以滥伐林木罪论处。本罪的主体是一般主体,既可以是自然人,也可以是单位。本罪的主观方面是故意。根据2004年3月26日最高人民法院《关于在林木采伐许可证规定地点以外采伐本单位或者本人所有的森林或者其他林木的行为如何适用法律问题的批复》的规定,违反森林法的规定,在林木采伐许可证规定的地点以外采伐本单位或者本人所有的森林或者其他林木的,除农村居民采伐自留地和房前屋后个人所有的零星林木以外,数量较大的,应当以滥伐林木罪定罪处罚。根据《刑法》第345条第2款、第4款和第346条的规定,犯本罪的,处3年以下有期徒刑、拘役或者管制,并处或者单处罚金;数量巨大的,处3年以上7年以下有期徒刑,并处罚金。滥伐国家级自然保护区的森林或者其他林木的,从重处罚。单位犯本罪的,对单位判处罚金,并对其直接负责的主管人员和其他直接责任人员,依照上述规定处罚。

十五、非法收购、运输盗伐、滥伐的林木罪

非法收购、运输盗伐、滥伐的林木罪,是指非法收购、运输明知是盗伐、滥伐的树木,情节严重的行为。本罪的客体是国家的森林资源保护制度。本罪的客观方面表现为非法收购、运输明知是盗伐、滥伐的林木,情节严重的行为。本罪中的收购、运输行为既可以发生在林区,也可以发生在林区以外的地点。本罪的主体是一般主体,既可以是自然人,也可以是单位。本罪的主观方面为故意。根据前述有关司法解释,"非法收购明知是盗伐、滥伐的林木"中的"明知",是指知道或者应当知道。具有下列情形之一的,可以视为应当知道,但是有证据证明确属被蒙骗的除外:(1)在非法的木材交易场所或者销售单位收购木材的;(2)收购以明显低于市场价格出售的木材的;(3)收购违反规定出售的木材的。根据《刑法》第345条第3款、第346条的规定,犯本罪的,处3年以下有期徒刑、拘役或者管制,并处或者单处罚金;情节特别严重的,处3年以上7年以下有期徒刑,并处罚金。单位犯本罪的,对单位判处罚金,并对其直接负责的主管人员和其他直接责任人员,依照上述规定处罚。

第八节 走私、贩卖、运输、制造毒品罪

一、走私、贩卖、运输、制造毒品罪

(一)走私、贩卖、运输、制造毒品罪的概念和构成

走私、贩卖、运输、制造毒品罪,是指违反国家毒品管理法规,走私、贩卖、运输、制造毒品的行为。

本罪构成要件是:

(1)本罪的客体是国家对毒品的管理制度。本罪的犯罪对象是毒品。根据我国《刑法》第357条的规定,毒品,是指鸦片、海洛因、甲基苯丙胺(冰毒)、吗啡、大麻、可卡因以及国家规定管制的其他能够使人形成瘾癖的麻醉药品和精神药品。

(2)本罪的客观方面表现为违反国家毒品管理法规,走私、贩卖、运输、制造毒品

的行为。

走私毒品,是指违反海关法规,逃避海关监管,非法运输、携带、邮寄毒品进出国(边)境或者在领海、内海运输、收购、贩卖毒品以及直接向走私毒品的犯罪分子购买毒品等行为。

贩卖毒品,是指有偿转让毒品或者以卖出为目的而非法收购毒品的行为。贩卖方式既可能是公开的,也可能是秘密的;既可能是直接交付给对方,也可能是间接交付给对方。贩卖是有偿转让,但行为人交付毒品既可能是获取金钱,也可能是获取其他物质利益。贩卖的毒品既可能是自己制造的,也可能是自己所购买的,还可能是通过其他方法取得的。以卖出为目的而非法收购毒品的行为,也应认定为贩卖毒品。

运输毒品,是指以携带、邮寄、利用他人或者使用交通工具等方法在我国领域内运送毒品的行为。运输毒品应限于我国领域内,否则属于走私毒品。

制造毒品,通常是指对毒品的原材料进行配制、提炼、加工而制作成毒品的行为。制造毒品不仅包括非法用毒品原植物直接提炼和用化学方法加工、配制毒品的行为,也包括以改变毒品成分和效用为目的,用混合等物理方法加工、配制毒品的行为,如将甲基苯丙胺或者其他苯丙胺类毒品与其他毒品混合成麻古或者摇头丸。为便于隐蔽运输、销售、使用、欺骗购买者,或者为了增重,对毒品掺杂使假,添加或者去除其他非毒品物质,不属于制造毒品的行为。

本罪是选择性罪名,上述四种并列选择行为,实施其中一种或者几种,即可构成本罪。对同一宗毒品实施了两种以上犯罪行为并有相应确凿证据的,应当按照所实施的犯罪行为的性质并列确定罪名,毒品数量不重复计算,不实行数罪并罚。对同一宗毒品可能实施了两种以上犯罪行为,但相应证据只能认定其中一种或者几种行为,认定其他行为的证据不够确实充分的,则只按照依法能够认定的行为的性质定罪。如涉嫌为贩卖而运输毒品,认定贩卖的证据不够确实充分的,则只定运输毒品罪。对不同宗毒品分别实施了不同种犯罪行为的,应对不同行为并列确定罪名,累计毒品数量,不实行数罪并罚。对被告人一人走私、贩卖、运输、制造两种以上毒品的,不实行数罪并罚,量刑时可综合考虑毒品的种类、数量及危害,依法处理。罪名不以行为实施的先后、毒品数量或者危害大小排列,一律以刑法条文规定的顺序表述。如对同一宗毒品制造后又走私的,以走私、制造毒品罪定罪。走私、贩卖、运输或制造毒品,无论数量多少,均构成犯罪。

(3) 本罪的主体既可以是自然人,也可以是单位。根据《刑法》第 17 条第 2 款的规定,已满 14 周岁不满 16 周岁具有刑事责任能力的人实施贩卖毒品的行为,以贩卖毒品罪论处,走私、运输、制造毒品罪的主体则必须是已满 16 周岁具有刑事责任能力的人。

(4) 本罪在主观方面为故意。行为人明知是毒品,而故意走私、贩卖、运输和制造。判断被告人对涉案毒品是否明知,不能仅凭被告人供述,而应当依据被告人实施毒品犯罪行为的过程、方式、毒品被查获时的情形等证据,结合被告人的年龄、阅历、智力等情况,进行综合分析判断。具有下列情形之一,被告人不能作出合理解释的,可以认定其"明知"是毒品,但有证据证明确属被蒙骗的除外:第一,执法人员在口岸、机场、车站、港口和其他检查站点检查时,要求行为人申报为他人携带的物品和其他疑似毒品物,并告知其法律责任,而行为人未如实申报,在其携带的物品中查获毒品的;第二,以伪报、藏匿、伪装等蒙蔽手段,逃避海关、边防等检查,在其携带、运输、邮寄的物品中查获毒品的;第三,执法人员检查时,有逃跑、丢弃携带物品或者逃避、抗拒检查等行为,在其携带或者丢弃的物品中查获毒品的;第四,体内或者贴身隐秘处藏匿毒品的;第五,为获取不同寻常的高额、不等值报酬为他人携带、运输物品,从中查获毒品的;第六,采用高度隐蔽的方式携带、运输物品,从中查获毒品的;第七,采用高度隐蔽的方式交接物品,明显违背合法物品惯常交接方式,从中查获毒品的;第八,行程路线故意绕开检查站点,在其携带、运输的物品中查获毒品的;第九,以虚假身份或者地址办理托运手续,在其托运的物品中查获毒品的;第十,有其他证据足以认定行为人应当知道的。

(二)走私、贩卖、运输、制造毒品罪的认定

(1)本罪与非罪的界限。我国对麻醉药品和精神药品实行管制。同时,为了加强麻醉药品和精神药品的管理,保证麻醉药品和精神药品的合法、安全、合理使用,防止流入非法渠道,国务院制定了《麻醉药品和精神药品管理条例》。该《条例》对麻醉药品和精神药品的实验研究、生产、经营、使用、储存、运输等活动进行了严格的规定。据此,凡是根据医疗、教学、科研等的需要,经政府有关部门按照该《条例》特许从事经营、运输、制造麻醉药品和精神药品的是合法行为,只有未经批准而非法买卖、运输、制造毒品的行为,才能认为是犯罪。

(2)毒品数量与含量问题。根据《刑法》第347条第1款、第7款、第357条第2款的规定,走私、贩卖、运输或制造毒品,无论数量多少,均构成犯罪。对多次走私、贩卖、运输、制造毒品,未经处理的,毒品数量累计计算。毒品的数量以查证属实的走私、贩卖、运输、制造、非法持有毒品的数量计算,不以纯度折算。这里有几个问题值得注意:第一,毒品数量是毒品犯罪案件量刑的重要情节,但不是唯一情节。对被告人量刑时,特别是在考虑是否适用死刑时,应当综合考虑毒品数量、犯罪情节、危害后果、被告人的主观恶性、人身危险性以及当地禁毒形势等各种因素,做到区别对待。量刑既不能只片面考虑毒品数量,不考虑犯罪的其他情节,也不能只片面考虑其他情节,而忽视毒品数量。第二,鉴于大量掺假毒品和成分复杂的新类型毒品不断出现,为做到罪刑相当、罚当其罪,保证毒品案件的审判质量,并考虑目前毒品鉴定的条件和现状,对可能判处被告人死刑的毒品犯罪案件,应当根据2007年12月最高人民法院、最高人民检察院、公安部《办理毒品犯罪案件适用法律若干问题的意见》,作出毒品含量鉴定;对涉案毒品可能大量掺假或者系成分复杂的新类型毒品的,亦应当作出毒品含量鉴定。对于含有两种以上毒品成分的毒品混合物,应进一步作成分鉴定,确定所含的不同毒品成分及比例。

(3)本罪与诈骗罪的界限。行为人以骗取他人钱财为目的,制造假毒品出售,或明知是假毒品而冒充真毒品贩卖,如果数额较大,应当按诈骗罪论处。但如果行为人

将假毒品误认为是真毒品而实施的贩卖牟利行为,应以贩卖毒品罪(未遂)论处。

(4) 本罪的共犯问题。走私、贩卖、运输、制造毒品罪,常常以共同犯罪的形式出现。在审理共同犯罪案件时应当注意以下几个方面的问题:一是要正确区分主犯和从犯。区分主犯和从犯,应当以各共同犯罪人在毒品共同犯罪中的地位和作用为根据。要从犯意提起、具体行为分工、出资和实际分得毒赃多少以及共犯之间相互关系等方面,比较各个共同犯罪人在共同犯罪中的地位和作用。在毒品共同犯罪中,为主出资者、毒品所有者或者起意、策划、纠集、组织、雇佣、指使他人参与犯罪以及其他起主要作用的是主犯;起次要或者辅助作用的是从犯。受雇佣、受指使实施毒品犯罪的,应根据其在犯罪中实际发挥的作用具体认定为主犯或者从犯。对于确有证据证明在共同犯罪中起次要或者辅助作用的,不能因为其他共同犯罪人未到案而不认定为从犯,甚至将其认定为主犯或者按主犯处罚。只要认定为从犯,无论主犯是否到案,均应依照刑法关于从犯的规定从轻、减轻或者免除处罚。二是要正确认定共同犯罪案件中主犯和从犯的毒品犯罪数量。对于毒品犯罪集团的首要分子,应按集团毒品犯罪的总数量处罚;对一般共同犯罪的主犯,应按其所参与的或者组织、指挥的毒品犯罪数量处罚;对于从犯,应当按照其所参与的毒品犯罪的数量处罚。三是要根据行为人在共同犯罪中的作用和罪责大小确定刑罚。不同案件不能简单类比,一个案件的从犯参与犯罪的毒品数量可能比另一案件的主犯参与犯罪的毒品数量大,但对这一案件从犯的处罚不是必然重于另一案件的主犯。共同犯罪中能分清主从犯的,不能因为涉案的毒品数量特别巨大,就不分主从犯而一律将被告人认定为主犯或实际上都按主犯处罚,一律判处重刑甚至死刑。对于共同犯罪中有多个主犯或者共同犯罪人的,处罚上也应做到区别对待。应当全面考察各主犯或者共同犯罪人在共同犯罪中实际发挥作用的差别、主观恶性和人身危险性方面的差异,对罪责或者人身危险性更大的主犯或者共同犯罪人依法判处更重的刑罚。

(三) 走私、贩卖、运输、制造毒品罪的刑事责任

根据《刑法》第347条的规定,走私、贩卖、运输、制造毒品,无论数量多少,都应当追究刑事责任,予以刑事处罚。走私、贩卖、运输、制造毒品,有下列情形之一的,处15年有期徒刑、无期徒刑或者死刑,并处没收财产:(1) 走私、贩卖、运输、制造鸦片1000克以上、海洛因或者甲基苯丙胺50克以上或者其他毒品数量大的[①];(2) 走私、贩卖、运输、制造毒品集团的首要分子;(3) 武装掩护走私、贩卖、运输、制造毒品的;(4) 以暴力抗拒检查、拘留、逮捕,情节严重的;(5) 参与有组织的国际贩毒活动的。走私、贩卖、运输、制造鸦片200克以上不满1000克、海洛因或者甲基苯丙胺10克以上不满50克或者其他毒品数量较大的[②],处7年以上有期徒刑,并处罚金。走私、贩卖、运

[①] 具体标准参见2016年4月6日最高人民法院《关于审理毒品犯罪案件适用法律若干问题的解释》第1条的规定。

[②] 具体标准参见2016年4月6日最高人民法院《关于审理毒品犯罪案件适用法律若干问题的解释》第2条的规定。

输、制造鸦片不满200克、海洛因或者甲基苯丙胺不满10克或者其他少量毒品①的，处3年以下有期徒刑、拘役或者管制，并处罚金；情节严重的②，处3年以上7年以下有期徒刑，并处罚金。单位犯走私、贩卖、运输、制造毒品罪的，对单位判处罚金，并对其直接负责的主管人员和其他直接责任人员，依照各该款的规定处罚。利用、教唆未成年人走私、贩卖、运输、制造毒品，或者向未成年人出售毒品的，从重处罚。对多次走私、贩卖、运输、制造毒品，未经处理的，毒品数量累计计算。

另外，根据《刑法》第349条第3款的规定，缉毒人员或者其他国家机关工作人员掩护、包庇走私、贩卖、运输、制造毒品的犯罪分子且事先通谋的，依照本罪从重处罚；根据《刑法》第356条的规定，因犯本罪和非法持有毒品罪被判过刑又犯本罪的，从重处罚。

二、非法持有毒品罪

（一）非法持有毒品罪的概念和构成

非法持有毒品罪，是指明知是毒品而非法持有且数量较大的行为。

本罪构成要件是：

（1）本罪的客体是国家对毒品的管理制度。犯罪对象是国家禁止个人非法持有的毒品。

（2）本罪的客观方面表现为行为人非法持有毒品且数量较大的行为。具体理解时应把握以下四个方面：第一，行为人持有的必须是毒品。第二，持有毒品的行为没有合法的根据。即行为人违反了我国《麻醉药品和精神药品管理条例》等有关禁止个人持有毒品的规定。如果行为人是基于法律、法规的规定而持有毒品，则不构成犯罪。例如，根据《麻醉药品和精神药品管理条例》第10条的规定，如果以医疗、科学研究或者教学为目的，有保证实验所需麻醉药品和精神药品安全的措施和管理制度，单位及其工作人员2年内没有违反有关禁毒的法律、行政法规规定的行为，那么经国务院药品监督管理部门批准，相关单位及其工作人员是可以开展麻醉药品和精神药品实验研究活动的，在这种情况下，工作人员为实验而持有毒品的行为就是正当行为，不构成犯罪。第三，必须实施持有毒品的行为。持有是一种事实上的支配，行为人与物之间存在一种事实上的支配与被支配的关系。持有毒品，也就是行为人对毒品的事实上的支配。持有行为具体表现为占有、收藏、携带等行为人可以自由支配毒品的方式。持有是一种持续行为，只有当毒品在一定时间内由行为人支配时，才构成持有；至于时间的长短，则并不影响持有的成立。持有不要求直接持有，间接持有不影响持有的成立。如行为人认为自己管理毒品不安全，将毒品委托给第三者保管时，行为人与第三者均持有该毒品。另外，持有也不要求具有排他性，行为人完全可以与他

---

① 具体标准参见2007年12月18日最高人民法院、最高人民检察院、公安部《办理毒品犯罪案件适用法律若干问题的意见》第3条第3项。

② 具体标准参见2016年4月6日最高人民法院《关于审理毒品犯罪案件适用法律若干问题的**解释**》第4条的规定。

人共同持有。第四,非法持有毒品必须达到一定数量。即非法持有鸦片200克以上、海洛因或者甲基苯丙胺10克以上或者其他毒品数量较大的,才成立非法持有毒品罪。

(3) 本罪的主体是一般主体,已满16周岁具有刑事责任能力的自然人可构成本罪。

(4) 本罪主观方面为故意。即行为人明知是毒品而非法持有。因此,行为人对自己所持有的是毒品必须有明确认识。对于没有认识到是毒品而持有的,不能认定为本罪。

(二) 非法持有毒品罪的认定

(1) 本罪与走私、贩卖、运输、制造毒品罪的关系。行为人在走私、贩卖、运输、制造毒品的过程中必然会伴有非法持有毒品的行为,对此,不能认定为非法持有毒品罪,而应认定为走私、贩卖、运输、制造毒品罪,也不能以该罪与非法持有毒品罪实行并罚。因为,在走私、贩卖、运输、制造毒品的情况下,非法持有毒品要么是其行为的当然结果或者必经阶段,因而属于吸收犯;要么是一行为触犯数罪名,因而只依一个重罪论处。在司法实践中,比较容易混淆的是运输毒品罪与非法持有毒品罪。因为运输毒品的行为同时也表现为非法持有毒品。对此,不能笼统地将毒品转移的行为都认定为运输毒品罪。如果有证据证明行为人非法持有毒品是为了走私、贩卖、运输、制造毒品的,以走私、贩卖、运输、制造毒品罪论处,否则只能认定为非法持有毒品罪。

(2) 吸毒者与代购者持有毒品行为的定性。对于吸毒者实施的毒品犯罪,在犯罪事实的认定以及罪名的确定上一定要慎重。吸毒者在购买、运输、存储毒品过程中被查获的,如没有证据证明其是为了实施贩卖等其他毒品犯罪行为,毒品数量未超过本罪的数量最低标准的,一般不应定罪处罚,但查获的毒品数量达到较大以上的,应以其实际实施的毒品犯罪行为定罪处罚。对于以贩养吸的被告人,其被查获的毒品数量应认定为其犯罪的数量,但量刑时应考虑被告人吸食毒品的情节,酌情处理;被告人购买了一定数量的毒品后,部分已被其吸食的,应当按能够证明的贩卖数量及查获的毒品数量认定其贩毒的数量,已被吸食部分不计入在内。

有证据证明行为人不以牟利为目的,为他人代购仅用于吸食的毒品,毒品数量超过本罪规定的最低数量标准的,对托购者、代购者应以非法持有毒品罪定罪。代购者从中牟利,变相加价贩卖毒品的,对代购者应以贩卖毒品罪定罪。明知他人实施毒品犯罪而为其居间介绍、代购代卖的,无论是否牟利,都应以相关毒品犯罪的共犯论处。

(3) 持有假毒品的行为的定性。如果行为人误将假毒品当作真毒品而持有,对此应如何处理?刑法理论界存在不同观点。我国多数学者认为,此种情况下行为人主观上具有犯罪的故意,客观上实施了持有毒品的行为,属于事实上的认识错误,不应影响本罪的成立,因此,应按非法持有毒品罪(未遂)定罪处罚。

(三) 非法持有毒品罪的刑事责任

根据《刑法》第348条的规定,非法持有鸦片1000克以上、海洛因或者甲基苯丙胺 50 克以上或者其他毒品数量大①的,处 7 年以上有期徒刑或者无期徒刑,并处罚金;非法持有鸦片 200 克以上不满 1000 克、海洛因或者甲基苯丙胺 10 克以上不满 50 克或者其他毒品数量较大②的,处 3 年以下有期徒刑、拘役或者管制,并处罚金;情节严重的③,处 3 年以上 7 年以下有期徒刑,并处罚金。另外,根据《刑法》第 356 条的规定,因犯走私、贩卖、运输、制造毒品罪和本罪被判过刑,又犯本罪的,从重处罚。

三、包庇毒品犯罪分子罪

包庇毒品犯罪分子罪,是指明知是走私、贩卖、运输、制造毒品的犯罪分子而包庇的行为。本罪的客体是国家司法机关同毒品犯罪作斗争的正常活动。本罪行为人包庇的对象,仅限于走私、贩卖、运输、制造毒品的犯罪分子,包庇其他毒品犯罪分子不构成本罪。本罪的客观方面表现为包庇走私、贩卖、运输、制造毒品的犯罪分子的行为。这里的包庇,是指明知是走私、贩卖、运输、制造毒品的犯罪分子,而为其掩盖罪行、向司法机关作虚假证明或毁灭罪证,从而使其逃避法律制裁。本罪的主体是一般主体,即已满 16 周岁,具有刑事责任能力的自然人。本罪的主观方面是故意。根据《刑法》第 349 条第 1 款的规定,犯本罪的,处 3 年以下有期徒刑、拘役或者管制;情节严重的,处 3 年以上 10 年以下有期徒刑。另外,根据《刑法》第 349 条第 2 款、第 3 款与第 356 条的规定,缉毒人员或者其他国家机关工作人员掩护、包庇走私、贩卖、运输、制造毒品的犯罪分子的,依照本罪的规定从重处罚;犯本罪事先通谋的,以走私、贩卖、运输、制造毒品罪的共犯论处;因走私、贩卖、运输、制造、非法持有毒品罪被判过刑,又犯本罪的,从重处罚。

四、窝藏、转移、隐瞒毒品、毒赃罪

窝藏、转移、隐瞒毒品、毒赃罪,是指明知是走私、贩卖、运输、制造毒品的犯罪分子的毒品或者犯罪所得的财物,而加以窝藏、转移、隐瞒的行为。本罪的客体是国家司法机关同毒品犯罪作斗争的正常活动。本罪的客观方面表现为行为人实施了为走私、贩卖、运输、制造毒品的犯罪分子窝藏、转移、隐瞒毒品或者犯罪所得的财物的行为。窝藏,是指行为人为犯罪分子藏匿毒品、毒赃;转移,是指行为人将犯罪分子的毒品、毒赃从一处运往另一处;隐瞒,是指明知是犯罪分子的毒品、毒赃而掩盖的行为。这种行为不包括知情不举的消极不作为,而是指转移司法人员的视线,避免毒品、毒赃暴露,有意阻挠司法工作人员查获毒品、毒赃等积极作为。本罪的主体是一般主体,即已满 16 周岁,具有刑事责任能力的自然人。本罪的主观方面是故意,即行为人

---

① 具体标准参见 2016 年 4 月 6 日最高人民法院《关于审理毒品犯罪案件适用法律若干问题的解释》第 1 条的规定。
② 具体标准参见 2016 年 4 月 6 日最高人民法院《关于审理毒品犯罪案件适用法律若干问题的解释》第 2 条的规定。
③ 参见 2016 年 4 月 6 日最高人民法院《关于审理毒品犯罪案件适用法律若干问题的解释》第 5 条的规定。

明知是走私、贩卖、运输、制造毒品的犯罪分子的毒品或者犯罪所得的财物,而加以窝藏、转移、隐瞒。根据《刑法》第 349 条第 1 款、第 3 款的规定,犯本罪的,处 3 年以下有期徒刑、拘役或者管制;情节严重的,处 3 年以上 10 年以下有期徒刑。犯本罪事先通谋的,以走私、贩卖、运输、制造毒品罪的共犯论处。另外,《刑法》第 356 条规定,因走私、贩卖、运输、制造、非法持有毒品罪被判过刑,又犯本罪的,从重处罚。

五、非法生产、买卖、运输制毒物品、走私制毒物品罪

非法生产、买卖、运输制毒物品、走私制毒物品罪,是指违反国家规定,非法生产、买卖、运输醋酸酐、乙醚、三氯甲烷或者其他用于制造毒品的原料、配剂,或者携带上述物品进出境,情节较重的行为。本罪侵犯的客体是国家对制毒物品的管理制度。本罪的对象为制毒物品,即醋酸酐、乙醚、三氯甲烷或者其他用于制造毒品的原料或者配剂,具体品种范围按照国家关于易制毒化学品管理的规定确定。目前这方面的规定主要有国务院颁发的《易制毒化学品管理条例》。本罪的客观方面表现为行为人违反国家规定,非法生产、买卖、运输醋酸酐、乙醚、三氯甲烷或者其他用于制造毒品的原料、配剂,或者携带上述物品进出境。构成本罪,须具备情节较重的要素。本罪的主体为任何已满 16 周岁、具有刑事责任能力的自然人和单位。本罪的主观方面是故意。即明知是国家管制的制毒物品而仍非法生产、买卖、运输或者携带进出境。根据《刑法》第 350 条、第 356 条的规定,犯本罪的,处 3 年以下有期徒刑、拘役或者管制,并处罚金;情节严重的,处 3 年以上 7 年以下有期徒刑,并处罚金;情节特别严重的,处 7 年以上有期徒刑,并处罚金或者没收财产。单位犯本罪的,对单位判处罚金,并对直接负责的主管人员和其他直接责任人员,依照上述规定处罚。因走私、贩卖、运输、制造、非法持有毒品罪被判过刑,又犯本罪的,从重处罚。

六、非法种植毒品原植物罪

非法种植毒品原植物罪,是指违反国家毒品原植物种植管制法规,私自种植罂粟、大麻等毒品原植物,情节严重的行为。本罪的客体是国家毒品原植物种植管制制度。本罪的犯罪对象限于罂粟、大麻等毒品原植物。本罪的客观方面表现为违反国家毒品原植物种植管制法规,私自种植罂粟、大麻等毒品原植物,情节严重的行为。所谓"非法",是指行为人违反了国家《麻醉药品和精神药品管理条例》等有关法规,擅自种植毒品原植物,包括未获批准而种植与超计划种植。所谓"种植",是指为了获得毒品原植物而进行的播种、培植、施肥、灌溉等农作活动。无论行为人实施上述的全部行为,还是只实施其中的一种或几种行为,都应视为种植。本罪的主体是一般主体。本罪的主观方面是故意。根据《刑法》第 351 条、第 356 条的规定,犯本罪的,处 5 年以下有期徒刑、拘役或者管制,并处罚金;非法种植罂粟 3000 株以上或者其他毒品原植物数量大的,处 5 年以上有期徒刑,并处罚金或者没收财产。非法种植罂粟或者其他毒品原植物,在收获前自动铲除的,可以免除处罚。因走私、贩卖、运输、制造、非法持有毒品罪被判过刑,又犯本罪的,从重处罚。

七、非法买卖、运输、携带、持有毒品原植物种子、幼苗罪

非法买卖、运输、携带、持有毒品原植物种子、幼苗罪，是指非法买卖、运输、携带、持有数量较大的未经灭活的罂粟等毒品原植物种子或者幼苗的行为。本罪的客体是国家对毒品原植物种子、幼苗的监管制度。犯罪对象是未经灭活的罂粟等毒品原植物种子、幼苗。"未经灭活"，是指没有经过烘烤、放射线照射等方法，进行消灭植物繁殖和生长机能的处理。本罪的客观方面表现为非法买卖、运输、携带、持有未经灭活的罂粟等毒品原植物种子、幼苗，数量较大的行为。本罪的主体是一般主体。本罪的主观方面是故意。根据《刑法》第352条、第356条的规定，犯本罪的，处3年以下有期徒刑、拘役或者管制，并处或者单处罚金。因走私、贩卖、运输、制造、非法持有毒品罪被判过刑，又犯本罪的，从重处罚。

八、引诱、教唆、欺骗他人吸毒罪

引诱、教唆、欺骗他人吸毒罪，是指引诱、教唆、欺骗他人吸食、注射毒品的行为。本罪的客体是国家对毒品的管制制度以及他人的身心健康权利。本罪的客观方面表现为引诱、教唆、欺骗他人吸食、注射毒品的行为。引诱，是指以金钱、物质等方法进行诱惑，使他人产生吸食、注射毒品欲望的行为；教唆，是指以劝说、请求、怂恿、示范等方法唆使他人吸食、注射毒品的行为；欺骗，是指虚构事实、隐瞒真相和制造假象，使他人吸食、注射毒品的行为。行为人只要实施了上述三种行为之一便可构成本罪。本罪的主体是一般主体。本罪的主观方面是故意。根据《刑法》第353条第1款、第3款以及第356条的规定，犯本罪的，处3年以下有期徒刑、拘役或者管制，并处罚金；情节严重的，处3年以上7年以下有期徒刑，并处罚金。引诱、教唆、欺骗未成年人吸食、注射毒品的，从重处罚。因走私、贩卖、运输、制造、非法持有毒品罪被判过刑，又犯本罪的，从重处罚。

九、强迫他人吸毒罪

强迫他人吸毒罪，是指违背他人意志，强迫他人吸食、注射毒品的行为。本罪的客体是国家毒品的管制制度以及他人的身心健康权利。本罪的客观方面表现为行为人实施了强迫他人吸毒的行为。所谓强迫，是指违背他人意志，使用暴力、胁迫等手段，迫使他人吸食、注射毒品。本罪的主体是一般主体。本罪的主观方面是故意。根据《刑法》第353条第2款、第3款与第356条的规定，犯本罪的，处3年以上10年以下有期徒刑，并处罚金。强迫未成年人吸食、注射毒品的，从重处罚。因走私、贩卖、运输、制造、非法持有毒品罪被判过刑，又犯本罪的，从重处罚。

十、容留他人吸毒罪

容留他人吸毒罪，是指为他人吸食、注射毒品提供场所的行为。本罪的客体是国家对毒品的管制制度以及他人的身心健康权利。本罪的客观方面表现为容留他人吸

食、注射毒品的行为,即为他人吸食、注射毒品提供场所的行为。这里的"场所",泛指一切可供吸毒的空间,如住宅、旅店、娱乐场所、工作场所等。所谓"容留",是指允许他人在自己管理的场所吸食、注射毒品或者为他人吸食、注射毒品提供场所的行为。容留行为既可以是主动的,也可以是被动的;既可以是有偿的,也可能是无偿的。如果行为人不仅容留他人吸食、注射毒品而且还向其出售毒品的,应按贩卖毒品罪处理。本罪的主体是一般主体。本罪的主观方面是故意。根据《刑法》第354条、第356条的规定,犯本罪的,处3年以下有期徒刑、拘役或者管制,并处罚金。因走私、贩卖、运输、制造、非法持有毒品罪被判过刑,又犯本罪的,从重处罚。

十一、非法提供麻醉药品、精神药品罪

非法提供麻醉药品、精神药品罪,是指依法从事生产、运输、管理、使用国家管制的麻醉药品、精神药品的人员,违反国家规定,向吸食、注射毒品的人提供国家规定管制的能够使人形成瘾癖的麻醉药品、精神药品的行为。本罪的客体是国家对毒品的管制制度。本罪的客观方面表现为违反国家规定,向吸食、注射毒品的人提供国家规定管制的能够使人形成瘾癖的麻醉药品、精神药品的行为。这里的"提供",应限定为行为人的无偿提供,包括对吸食、注射毒品的人而言是有偿使用,但行为人是无偿提供的情况。例如,医院的医生明知他人吸食、注射毒品,但在处方中给其开某种麻醉药品或精神药品。本罪的主体是特殊主体,仅限于依法从事生产、运输、管理、使用国家管制的麻醉药品、精神药品的人员与单位。本罪的主观方面只能是故意,而且要求行为人没有牟利目的。根据《刑法》第355条、第356条的规定,犯本罪的,处3年以下有期徒刑或者拘役,并处罚金;情节严重的,处3年以上7年以下有期徒刑,并处罚金。向走私、贩卖毒品的犯罪分子或者以牟利为目的,向吸食、注射毒品的人提供国家规定管制的能够使人形成瘾癖的麻醉药品、精神药品的,依照《刑法》第347条规定的走私、贩卖毒品罪定罪处罚。单位犯本罪的,对单位判处罚金,并对其直接负责的主管人员和其他直接责任人员,依照自然人犯本罪的规定处罚。因走私、贩卖、运输、制造、非法持有毒品罪被判过刑,又犯本罪的,从重处罚。

第九节 组织、强迫、引诱、容留、介绍卖淫罪

一、组织卖淫罪

组织卖淫罪,是指以招募、雇佣、引诱、容留等方式,纠集、控制他人卖淫的行为。本罪的客体是国家对社会风尚的管理秩序。本罪的客观方面表现为组织他人卖淫的行为。组织卖淫,是指以招募、雇佣、纠集等手段,管理或者控制三名以上人员从事卖淫活动。组织卖淫者是否设置固定的卖淫场所、组织卖淫者人数多少、规模大小,不

影响组织卖淫行为的认定。① 这里的"他人",既包括女性,也包括男性。卖淫,是指以营利为目的,与不特定的对方发生性交或其他淫乱活动的行为。这里的"不特定的对方",多数情况下是不特定的异性,但也不排除不特定的同性。应注意的是,本罪中卖淫者都是自愿出卖自己的色相。如果组织者以强制的手段迫使不明真相者卖淫,则应认定为强迫他人卖淫的行为。本罪的主体为一般主体,即已满16周岁,具有刑事责任能力的自然人,单位不是本罪主体。旅馆业、饮食服务业、文化娱乐业、出租汽车业等单位的人员或者负责人,利用本单位的条件,组织他人卖淫的,应认定为组织卖淫罪。本罪的主观方面是故意。虽然卖淫以营利为目的,组织卖淫者通常也以营利为目的,但我国《刑法》并未规定本罪必须以营利为目的。根据《刑法》第358条的规定,犯本罪的,处5年以上10年以下有期徒刑,并处罚金;情节严重的,处10年以上有期徒刑或者无期徒刑,并处罚金或者没收财产。组织未成年人卖淫的,从重处罚。犯本罪,并有杀害、伤害、强奸、绑架等犯罪行为的,依照数罪并罚的规定处罚。另外,根据《刑法》第361条的规定,旅馆业、饮食服务业、文化娱乐业、出租汽车业等单位的人员,利用本单位的条件,组织他人卖淫的,依照自然人犯本罪的规定处罚。上述单位的主要负责人犯本罪的,从重处罚。

二、强迫卖淫罪

(一) 强迫卖淫罪的概念和构成

强迫卖淫罪,是指使用暴力、胁迫、虐待等强制方法迫使他人卖淫的行为。

本罪构成要件是:

(1) 本罪的客体是国家对社会风尚的管理秩序和公民的人身权利。其犯罪对象是不特定的公民,既包括女性,也包括男性。

(2) 本罪客观方面表现为使用暴力、胁迫、虐待等强制方法迫使他人卖淫的行为。即在他人不愿意从事卖淫活动的情况下,使用各种强制性手段迫使其从事卖淫活动。这里的暴力,包括殴打、捆绑、拘禁等直接危及人身安全与自由的方法。胁迫,是指以将要实施暴力或者以损害名誉等精神强制方法相威胁、恐吓。虐待,是指以侮辱、咒骂、冻饿、有病不给治疗等方法进行摧残、折磨。其他强制手段,是指除暴力、胁迫、虐待以外的对被害人具有强制作用的方法。如用酒灌醉、用药物麻醉等方法。

(3) 本罪的主体是一般主体,即已满16周岁、具有刑事责任能力的自然人。

(4) 本罪的主观方面是故意。是否出于营利的目的,不影响本罪的成立。

(二) 强迫卖淫罪的认定

(1) 本罪与组织卖淫罪的界限。尽管两罪均包含有"卖淫"的内容,但它们的区别是明显的:第一,两罪侵害的客体不完全相同。本罪侵害的客体是复杂客体,即国家对社会风尚的管理秩序和公民的人身权利;而组织卖淫罪侵犯的是单一客体,即国

---

① 参见2017年7月21日最高人民法院、最高人民检察院《关于办理组织、强迫、引诱、容留、介绍卖淫刑事案件适用法律若干问题的解释》第1条的规定。

家对社会风尚的管理秩序。第二,客观方面不同。本罪的客观方面表现为强迫没有卖淫意愿者去卖淫;组织卖淫罪的客观方面表现则是把自愿卖淫者组织起来进行卖淫。

(2) 本罪与强奸罪的界限。由于本罪在客观上亦表现为以暴力、胁迫等方法强迫被害人与他人发生性行为,因此与强奸罪有相似之处。但二者的区别是明显的:第一,二者侵害的客体不同。本罪侵害的客体是国家对社会风尚的管理秩序和公民的人身权利;而强奸罪侵害的客体是妇女的性自由权利和幼女的身心健康权利。第二,二者侵害的对象不同。本罪侵害的对象既可以是女性,也可以是男性;而强奸罪侵害的对象只能是女性。值得注意的是,如果强奸妇女或者奸淫幼女时并无迫使其卖淫的故意,后来产生强迫其卖淫的故意,进而迫使其卖淫的,则应实行数罪并罚。但是,如果行为人为使被害妇女从心理上消除贞操意识,而先对妇女实行强奸,然后逼其卖淫的,对行为人应以强迫卖淫罪从重处罚。

(三) 强迫卖淫罪的刑事责任

根据《刑法》第 358 条的规定,犯本罪的,处 5 年以上 10 年以下有期徒刑,并处罚金;情节严重的,处 10 年以上有期徒刑或者无期徒刑,并处罚金或者没收财产。强迫未成年人卖淫的,从重处罚。犯本罪,并有杀害、伤害、强奸、绑架等犯罪行为的,依照数罪并罚的规定处罚。根据《刑法》第 361 条的规定,旅馆业、饮食服务业、文化娱乐业、出租汽车业等单位的人员,利用本单位的条件,强迫他人卖淫的,按照强迫卖淫罪定罪处罚。上述单位的主要负责人犯本罪的,从重处罚。

三、协助组织卖淫罪

协助组织卖淫罪,是指为组织卖淫的人招募、运送人员或者有其他协助组织他人卖淫的行为。本罪的客体是国家对社会风尚的管理秩序。本罪的客观方面表现为为组织卖淫的人招募、运送人员或者有其他协助组织他人卖淫的行为。"招募",是指协助组织卖淫者招雇、招聘、募集人员,但本身并不参与组织卖淫活动的行为;"运送",是指为组织卖淫者提供交通工具以接送、输送所招募的人员的行为。为组织卖淫者招募、运送人员,在有的情况下,招募、运送者可能只拿到为数不多的所谓"人头费""介绍费",但正是这些招募、运送行为,为卖淫场所输送了大量的卖淫人员,使这种非法活动得以发展延续。因此,《刑法修正案(八)》将这两种行为增加规定为犯罪予以打击。"其他协助组织他人卖淫的行为",是指在组织他人卖淫的活动中,起协助、帮助作用的其他行为,如为"老鸨"充当打手,为组织卖淫活动看门望风等。协助行为本质上是组织卖淫罪的一种帮助行为。但由于《刑法》已将此种"帮助"行为作为独立犯罪加以规定,因而它就不再是一般共同犯罪中的帮助行为,而成为一个独立的罪名。本罪的主体是一般主体。本罪的主观方面是故意。根据《刑法》第 358 条第 4 款的规定,犯本罪的,处 5 年以下有期徒刑,并处罚金;情节严重的,处 5 年以上 10 年以下有期徒刑,并处罚金。

四、引诱、容留、介绍卖淫罪

引诱、容留、介绍卖淫罪,是指以金钱、物质或其他利益诱使他人卖淫,或者为他人卖淫提供场所,或者为卖淫进行介绍的行为。本罪的客体是国家对社会风尚的管理秩序。本罪的对象既包括女性,也包括男性,但引诱行为的对象不包括幼女。本罪的客观方面表现为行为人实施了引诱、容留、介绍他人卖淫的行为。引诱,是指行为人以金钱、物质或者其他利益为诱饵,勾引、拉拢、唆使他人从事卖淫活动;容留,是指为卖淫者卖淫提供场所;介绍,是指在卖淫者与嫖客之间牵线搭桥,促使卖淫嫖娼行为得以顺利进行。本罪是选择性罪名,引诱、容留、介绍他人卖淫这三种行为,不论是同时实施还是只实施其中一种行为,均构成本罪。本罪的主体是一般主体。本罪的主观方面是故意。是否以营利为目的,不影响本罪的成立。根据《刑法》第359条第1款的规定,犯本罪的,处5年以下有期徒刑、拘役或者管制,并处罚金;情节严重的,处5年以上有期徒刑,并处罚金。另外,根据《刑法》第361条的规定,旅馆业、饮食服务业、文化娱乐业、出租汽车业等单位的人员,利用本单位的条件,引诱、容留、介绍他人卖淫的,依照自然人犯本罪的规定处罚。该单位的主要负责人犯本罪的,从重处罚。

五、引诱幼女卖淫罪

引诱幼女卖淫罪,是指引诱不满14周岁的幼女卖淫的行为。本罪的客体是国家对社会风尚的管理秩序和幼女的身心健康权利。本罪的犯罪对象限于不满14周岁的幼女。本罪的客观方面表现为行为人实施了引诱幼女卖淫的行为。本罪的主体是一般主体。本罪的主观方面是故意,即行为人明知被引诱者是不满14周岁的幼女而引诱其卖淫。这里的"明知",只要求行为人认识到对方可能是幼女,不要求必须是确知。根据《刑法》第359条第2款的规定,犯本罪的,处5年以上有期徒刑,并处罚金。

六、传播性病罪

传播性病罪,是指明知自己患有梅毒、淋病等严重性病而卖淫或者嫖娼的行为。本罪的客体是国家对社会风尚的管理秩序和公民的人身健康权利。本罪的客观方面表现为患有梅毒、淋病等严重性病而卖淫或者嫖娼的行为。本罪是选择性罪名,行为人实施"卖淫"或"嫖娼"之一即可成立本罪。所谓卖淫,是指以营利为目的,与不特定的对方发生性交或其他淫乱活动的。嫖娼,是指以交付金钱或其他财物为代价,使对方满足自己性欲的行为。如果行为人实施的不是卖淫或者嫖娼行为,而是通过其他方式(如通奸等)将性病传播给他人的,不构成本罪。本罪只要求行为人实施卖淫或者嫖娼的行为,至于实际是否已造成他人染上性病的结果,不影响本罪的成立。本罪的主体是特殊主体,即已满16周岁,具有刑事责任能力,且患有梅毒、淋病等严重性病的人。中国公民和外国人均可成为本罪的主体。本罪的主观方面为故意。如果行为人虽然实际上患有性病,但不明知自己患有严重性病,则不构成本罪。这里的"明知",并不要求行为人确实知道自己所患的性病种类,只要行为人认识到自己患有严重性病即可。具备以下情形之一的,可以认定为"明知";(1)有证据证明曾到医院就医,被诊断为患有严重性病的;(2)根据本人的知识和经验,能够知道自己患有严重性病的;(3)通过其他方法能够证明被告人是"明知"的。根据《刑法》第360条的规定,犯本罪的,处5年以下有期徒刑、拘役或者管制,并处罚金。

第十节 制作、贩卖、传播淫秽物品罪

一、制作、复制、出版、贩卖、传播淫秽物品牟利罪

(一)制作、复制、出版、贩卖、传播淫秽物品牟利罪的概念和构成

制作、复制、出版、贩卖、传播淫秽物品牟利罪,是指以牟利为目的,制作、复制、出版、贩卖、传播淫秽物品的行为。

本罪的构成要件是:

(1)本罪的客体是国家对与性道德风尚有关的文化市场的管理秩序。本罪的犯罪对象是淫秽物品。所谓淫秽物品,根据《刑法》第367条的规定,是指具体描绘性行为或者露骨宣扬色情的诲淫性的书刊、影片、录像带、录音带、图片及其他淫秽物品。有关人体生理、医学知识的科学著作不是淫秽物品。包含有色情内容的有艺术价值的文学、艺术作品不视为淫秽物品。根据2004年9月3日最高人民法院、最高人民检察院《关于办理利用互联网、移动通讯终端、声讯台制作、复制、出版、贩卖、传播淫秽电子信息刑事案件具体应用法律若干问题的解释》(以下简称"《淫秽电子信息解释》")第9条的规定,《刑法》第367条第1款规定的"其他淫秽物品",包括具体描绘性行为或者露骨宣扬色情的诲淫性的视频文件、音频文件、电子刊物、图片、文章、短信息等互联网、移动通讯终端电子信息和声讯台语音信息。有关人体生理、医学知识的电子信息和声讯台语音信息不是淫秽物品。包含色情内容的有艺术价值的电子文学、艺术作品不视为淫秽物品。

(2)本罪的客观方面表现为行为人实施了制作、复制、出版、贩卖、传播淫秽物品的行为。其中,制作是指采用生产、录制、摄取、编著、绘画、印刷等方法创造、生产淫秽物品的行为。复制是指采用复印、翻印、翻拍、拷贝、抄写等方法重复制作淫秽物品的行为。出版,是指将淫秽物品编辑加工后,经过复制向公众发行的行为。贩卖是指以各种销售方式有偿转让淫秽物品的行为。传播是指通过播放、陈列、出租等方式使淫秽物品流传的行为。制作、复制、出版、贩卖、传播淫秽物品必须达到一定的数量标准,才能构成犯罪。

(3)本罪的主体是一般主体,既可以是自然人,也可以是单位。

(4)本罪的主观方面是故意,并具有牟利的目的。如果行为人制作、复制、出版、贩卖、传播淫秽物品不是以牟利为目的,则不构成本罪。如果其行为符合其他淫秽物品犯罪成立要件的,应以相应犯罪论处。

(二)制作、复制、出版、贩卖、传播淫秽物品牟利罪的认定

关于本罪的认定,应注意以下相关的立法解释和司法解释:

第一,本罪来源于1990年12月28日全国人大常委会《关于惩治走私、制作、贩

卖、传播淫秽物品的犯罪分子的决定》,根据《刑法》第 452 条的规定,虽然该《决定》的有关刑法规范已失效,但其中的行政处罚规范仍然有效,故该《决定》第 2 条第 1 款后半段关于实施制作、贩卖、传播淫秽物品"情节较轻的,由公安机关依照治安管理处罚条例的有关规定处罚"的规定仍然有效。因此,对于情节较轻的制作、复制、出版、贩卖、传播淫秽物品行为,不应以犯罪处理。

第二,根据 1998 年 12 月 17 日最高人民法院《关于审理非法出版物刑事案件具体应用法律若干问题的解释》(以下简称"《非法出版物解释》")第 8 条的规定,具有下列情节之一的,应予定罪处罚:(1) 制作、复制、出版淫秽影碟、软件、录像带 50 至 100 张(盒)以上,淫秽音碟、录音带 100 至 200 张(盒)以上,淫秽扑克、书刊、画册 100 至 200 副(册)以上,淫秽照片、画片 500 至 1000 张以上的;(2) 贩卖淫秽影碟、软件、录像带 100 至 200 张(盒)以上,淫秽音碟、录音带 200 至 400 张(盒)以上,淫秽扑克、书刊、画册 200 至 400 副(册)以上,淫秽照片、画片 1000 至 2000 张以上的;(3) 向他人传播淫秽物品达 200 至 500 人次以上,或者组织播放淫秽影、像达 10 至 20 场次以上的;(4) 制作、复制、出版、贩卖、传播淫秽物品,获利 5000 至 1 万元以上的。

第三,根据《淫秽电子信息解释》的规定,下列行为均以本罪定罪处罚。以牟利为目的,利用互联网、移动通讯终端制作、复制、出版、贩卖、传播淫秽电子信息,具有下列情形之一的:(1) 制作、复制、出版、贩卖、传播淫秽电影、表演、动画等视频文件 20 个以上的;(2) 制作、复制、出版、贩卖、传播淫秽音频文件 100 个以上的;(3) 制作、复制、出版、贩卖、传播淫秽电子刊物、图片、文章、短信息等 200 件以上的;(4) 制作、复制、出版、贩卖、传播的淫秽电子信息,实际被点击数达到 1 万次以上的;(5) 以会员制方式出版、贩卖、传播淫秽电子信息,注册会员达 200 人以上的;(6) 利用淫秽电子信息收取广告费、会员注册费或者其他费用,违法所得 1 万元以上的;(7) 数量或者数额虽未达到第 1 项至第 6 项规定标准,但分别达到其中两项以上标准一半以上的;(8) 造成严重后果的。利用聊天室、论坛、即时通信软件、电子邮件等方式,实施前述行为的,以本罪定罪处罚。以牟利为目的,通过声讯台传播淫秽语音信息,具有下列情形之一的,对直接负责的主管人员和其他直接责任人员按本罪定罪处罚:(1) 向 100 人次以上传播的;(2) 违法所得 1 万元以上的;(3) 造成严重后果的。

第四,根据 2010 年 2 月 2 日最高人民法院、最高人民检察院《关于办理利用互联网、移动通讯终端、声讯台制作、复制、出版、贩卖、传播淫秽电子信息刑事案件具体应用法律若干问题的解释(二)》(以下简称"《淫秽电子信息解释(二)》")第 1 条第 2 款的规定,以牟利为目的,利用互联网、移动通讯终端制作、复制、出版、贩卖、传播内容含有不满 14 周岁未成年人的淫秽电子信息,具有下列情形之一的,以本罪定罪处罚:(1) 制作、复制、出版、贩卖、传播淫秽电影、表演、动画等视频文件 10 个以上的;(2) 制作、复制、出版、贩卖、传播淫秽音频文件 50 个以上的;(3) 制作、复制、出版、贩卖、传播淫秽电子刊物、图片、文章等 100 件以上的;(4) 制作、复制、出版、贩卖、传播的淫秽电子信息,实际被点击数达到 5000 次以上的;(5) 以会员制方式出版、贩卖、传播淫秽电子信息,注册会员达 100 人以上的;(6) 利用淫秽电子信息收取广告费、会员注册费或者其他费用,违法所得5000元以上的;(7)数量或者数额虽未达到第1项至第6项规定标准,但分别达到其中两项以上标准一半以上的;(8)造成严重后果的。以牟利为目的,网站建立者、直接负责的管理者明知他人制作、复制、出版、贩卖、传播的是淫秽电子信息,允许或者放任他人在自己所有、管理的网站或者网页上发布,具有下列情形之一的,以传播淫秽物品牟利罪定罪处罚:(1)数量或者数额达到第1条第2款第1项至第6项规定标准5倍以上的;(2)数量或者数额分别达到第1条第2款第1项至第6项两项以上标准2倍以上的;(3)造成严重后果的。电信业务经营者、互联网信息服务提供者明知是淫秽网站,为其提供互联网接入、服务器托管、网络存储空间、通讯传输通道、代收费等服务,并收取服务费,具有下列情形之一的,对直接负责的主管人员和其他直接责任人员,以传播淫秽物品牟利罪定罪处罚:(1)为5个以上淫秽网站提供上述服务的;(2)为淫秽网站提供互联网接入、服务器托管、网络存储空间、通讯传输通道等服务,收取服务费数额在2万元以上的;(3)为淫秽网站提供代收费服务,收取服务费数额在5万元以上的;(4)造成严重后果的。明知是淫秽网站,以牟利为目的,通过投放广告等方式向其直接或者间接提供资金,或者提供费用结算服务,具有下列情形之一的,对直接负责的主管人员和其他直接责任人员,以制作、复制、出版、贩卖、传播淫秽物品牟利罪的共同犯罪处罚:(1)向10个以上淫秽网站投放广告或者以其他方式提供资金的;(2)向淫秽网站投放广告20条以上的;(3)向10个以上淫秽网站提供费用结算服务的;(4)以投放广告或者其他方式向淫秽网站提供资金数额在5万元以上的;(5)为淫秽网站提供费用结算服务,收取服务费数额在2万元以上的;(6)造成严重后果的。

(三)制作、复制、出版、贩卖、传播淫秽物品牟利罪的刑事责任

根据《刑法》第363条第1款与第366条的规定,犯本罪的,处3年以下有期徒刑、拘役或者管制,并处罚金;情节严重的,处3年以上10年以下有期徒刑,并处罚金;情节特别严重的,处10年以上有期徒刑或者无期徒刑,并处罚金或者没收财产。单位犯本罪的,对单位判处罚金,并对其直接负责的主管人员和其他直接责任人员,依照上述规定处罚。

二、为他人提供书号出版淫秽书刊罪

为他人提供书号出版淫秽书刊罪,是指违反国家书刊出版管理法规,为他人提供书号,出版淫秽书刊的行为。本罪的客体是国家书刊出版管理制度和国家对社会风尚的管理秩序。本罪的客观方面表现为违反国家书刊出版管理法规,为他人提供书号,出版淫秽书刊的行为。这里的书号应包括狭义的书号、刊号、版号,三者分别为中国标准书号、中国标准刊号、中国标准版号的简称。提供,是指以各种名义将书号有偿或者无偿地提供给他人的行为。本罪的成立,必须发生了他人利用了行为人提供的书号出版淫秽书刊的结果。根据《非法出版物解释》第9条的规定,为他人提供书号、刊号、版号,出版淫秽书刊、音像制品的,依本罪定罪处罚。本罪的主体是一般主体,既可以是自然人,也可以是单位。本罪的主观方面是过失。如果行为人故意为他人出版淫秽书刊提供书号,则应按《刑法》第363条第1款规定的出版淫秽物品牟利

罪论处。根据《刑法》第363条第2款与第366条的规定,犯本罪的,处3年以下有期徒刑、拘役或者管制,并处或者单处罚金。单位犯本罪的,对单位判处罚金,并对其直接负责的主管人员和其他直接责任人员,依照自然人犯本罪的规定处罚。

三、传播淫秽物品罪

传播淫秽物品罪,是指传播淫秽书刊、影片、音像、图片或者其他淫秽物品,情节严重的行为。本罪的客体是国家对与性道德风尚有关的文化市场的管理秩序。本罪的客观方面表现为传播淫秽书刊、影片、音像、图片或其他淫秽物品,情节严重的行为。所谓情节严重,是指向他人传播淫秽的书刊、影片、音像、图片等出版物达300至600人次以上或者造成恶劣社会影响的。本罪的主体既可以是自然人,也可以是单位。本罪的主观方面是故意,但行为人主观上必须没有牟利目的,否则成立《刑法》第363条规定的传播淫秽物品牟利罪。《淫秽电子信息解释》和《淫秽电子信息解释(二)》,对本罪的定罪量刑标准作了详细规定。根据《刑法》第364条第1款、第4款以及第366条的规定,犯本罪的,处2年以下有期徒刑、拘役或者管制;向不满18周岁的未成年人传播淫秽物品的,从重处罚。单位犯本罪的,对单位判处罚金,并对其直接负责的主管人员和其他直接责任人员,依照自然人犯本罪的规定处罚。

四、组织播放淫秽音像制品罪

组织播放淫秽音像制品罪,是指组织播放淫秽的电影、录像等音像制品的行为。本罪的客体是国家对与性道德风尚有关的文化娱乐活动的管理秩序。本罪的客观方面表现为组织播放淫秽音像制品的行为。所谓"组织播放",是指策划、指挥以及召集观众、提供淫秽音像制品、播放设备或者播放场所,将淫秽的电影、录像等音像制品的内容展现出来的一切行为。本罪的主体是一般主体,既可以是自然人,也可以是单位。本罪的主观方面是故意,且行为人不具有牟利的目的。如果行为人以牟利的目的实施本罪行为,则应以传播淫秽物品牟利罪论处。根据《刑法》第364条第2款、第3款、第4款以及第366条的规定,犯本罪的,处3年以下有期徒刑、拘役或者管制,并处罚金;情节严重的,处3年以上10年以下有期徒刑,并处罚金;制作、复制淫秽的电影、录像等音像制品组织播放的,依照前述规定从重处罚;向不满18周岁的未成年人传播淫秽物品的,从重处罚。单位犯本罪的,对单位判处罚金,并对其直接负责的主管人员和其他直接责任人员,依照自然人犯本罪的规定处罚。

五、组织淫秽表演罪

组织淫秽表演罪,是指组织他人进行淫秽表演的行为。本罪的客体是国家对文艺演出活动的管理秩序。本罪的客观方面表现为组织他人进行淫秽表演的行为。这里的"组织",是指策划、指挥、安排进行淫秽表演的行为。如招聘、雇用、联系他人进行淫秽表演,安排演出、提供进行淫秽表演的场所以及组织多人观看淫秽表演等等。淫秽表演,是指露骨宣扬色情的诲淫性表演。本罪的主体是一般主体,既可以是自然人,也可以是单位。本罪的主观方面是故意,是否出于牟利目的,不影响本罪的成立。根据《刑法》第365条、第366条的规定,犯本罪的,处3年以下有期徒刑、拘役或者管制,并处罚金;情节严重的,处3年以上10年以下有期徒刑,并处罚金。单位犯本罪的,对单位判处罚金,并对其直接负责的主管人员和其他直接责任人员,依照自然人犯本罪的规定处罚。

第二十七章　危害国防利益罪

第一节　危害国防利益罪概述

一、危害国防利益罪的概念和构成

危害国防利益罪,是指违反国防法律、法规,故意或者过失危害国防利益的行为。

危害国防利益罪具有如下构成特征:

(1) 本类犯罪侵犯的客体是国防利益。国防是国家生存和发展的安全保障。我国《国防法》第2条规定:"国家为防备和抵抗侵略,制止武装颠覆,保卫国家的主权、统一、领土完整和安全所进行的军事活动,以及与军事有关的政治、经济、外交、科技、教育等方面的活动,适用本法。"据此,国防利益,是指国家为防备和抵抗侵略,制止武装颠覆,保卫国家的主权、统一、领土完整和安全所进行的军事活动,以及与军事有关的活动正常进行的状态。

(2) 本类犯罪的客观方面表现为违反国防法律、法规,危害国防利益的行为。具体包括拒绝或者逃避履行国防义务,危害作战和军事行动,危害国防物质基础和国防建设活动,妨害国防管理秩序,损害部队声誉等行为。至于行为方式,有的犯罪只能是作为,有的犯罪只能是不作为,有的犯罪既可以是作为也可以是不作为。绝大多数犯罪是情节犯,即只有达到情节严重的程度,才成立犯罪。本章所规定的某些犯罪,成立的时间条件为战时。

(3) 本类犯罪的主体多为一般主体,少数罪只能由特殊主体构成。例如,《刑法》第374条规定的接送不合格兵员罪。此外,单位也可成为某些危害国防利益罪的犯罪主体。例如,《刑法》第370条第1款规定的故意提供不合格武器装备、军事设施罪等。

(4) 本类犯罪的主观方面多为故意,只有少数犯罪由过失构成,如《刑法》第370条第2款规定的过失提供不合格武器装备、军事设施罪。

二、危害国防利益罪的种类

危害国防利益罪具体包括23个罪名。对于该类犯罪可以依据不同的标准进行分类。较为常见的分类,是将危害国防利益罪分为平时危害国防利益的犯罪与战时危害国防利益的犯罪。平时危害国防利益的犯罪,是平时与战时均能成立的犯罪,此类犯罪不以战时实施为成立条件,但战时实施是法定或者酌定从重处罚的情节。战时危害国防利益的犯罪,是战时才能成立的犯罪,此类犯罪以战时实施为成立条件。

《刑法》第 368 条至第 375 条规定的犯罪,属于平时危害国防利益的犯罪;《刑法》第 376 条至第 381 条规定的犯罪,属于战时危害国防利益的犯罪。

第二节 危害国防利益罪分述

一、阻碍军人执行职务罪

(一) 阻碍军人执行职务罪的概念和构成

阻碍军人执行职务罪,是指以暴力、威胁方法对依法执行军事职务的军人进行妨碍、阻挠的行为。

本罪的构成要件是:

(1) 本罪的客体是军人依法执行职务的活动。

(2) 本罪的客观方面表现为以暴力、威胁方法妨碍、阻挠军人依法执行职务的行为。所谓暴力,是指行为人对依法执行职务的军人的身体实施打击或强制,例如,伤害、殴打、捆绑等。所谓威胁,是指以伤害身体、毁坏财物、破坏名誉、揭穿隐私等手段相胁迫,致使他人产生恐惧心理。所谓阻碍军人依法执行职务,是指对军人依法执行职务造成障碍,使其不能或难以依法执行职务。

(3) 本罪的主体为一般主体。

(4) 本罪的主观方面是故意,即明知是正在依法执行职务的军人而对其使用暴力、威胁,迫使其停止、放弃、变更执行职务或者无法正常执行职务。过失不构成本罪。

(二) 阻碍军人执行职务罪的认定

(1) 本罪与妨害公务罪的界限。两罪在犯罪客观方面、犯罪主体、犯罪主观方面均存在相同或相似之处。其区别关键在于侵犯的客体与对象不同:第一,本罪侵犯的同类客体是国防利益,直接客体是军人依法执行职务的活动;妨害公务罪的同类客体是社会管理秩序,直接客体是国家工作人员依法执行职务的活动。第二,本罪的犯罪对象是正在依法执行职务的军人,妨害公务罪的犯罪对象则是正在执行职务的国家机关工作人员。

(2) 本罪与阻碍执行军事职务罪的界限。两罪在直接客体、客观方面、主观方面均存在相同或似之处。区别主要在于:第一,同类客体不同。本罪的同类客体是国防利益,阻碍执行军事职务罪的同类客体是军事利益。第二,犯罪对象不同。本罪侵害的是正在依法执行职务的现役军人,包括指挥人员和普通士兵;阻碍执行军事职务罪侵害的是正在执行职务的军事指挥人员或者正在值班、值勤的军人。第三,犯罪主体不同。本罪的主体是一般主体,阻碍执行军事职务罪的主体是特殊主体,即军人。

(三) 阻碍军人执行职务罪的刑事责任

根据《刑法》第 368 条第 1 款的规定,犯本罪的,处 3 年以下有期徒刑、拘役、管制或者罚金。

二、阻碍军事行动罪

阻碍军事行动罪,是指故意阻碍武装部队的军事行动,造成严重后果的行为。本罪的客体是武装部队的军事行动。所谓军事行动,是指为达到一定政治目的而有组织地使用武装力量的活动。本罪在客观方面表现为阻碍武装部队军事行动,造成严重后果的行为。本罪的阻碍方法包括暴力、胁迫手段,但不限于暴力、胁迫手段,采用其他手段阻碍军事行动的,也可构成本罪。阻碍武装部队军事行动造成严重后果的,才成立犯罪。本罪的主体为一般主体。本罪的主观方面是故意,即明知是武装部队的军事行动,而故意予以阻碍。过失不构成本罪。根据《刑法》第368条第2款的规定,犯本罪的,处5年以下有期徒刑或者拘役。

三、破坏武器装备、军事设施、军事通信罪

(一) 破坏武器装备、军事设施、军事通信罪的概念和构成

破坏武器装备、军事设施、军事通信罪是指故意破坏武器装备、军事设施、军事通信的行为。

本罪的构成要件是:

(1) 本罪的客体,是军队战斗力物质保障的管理制度。犯罪对象是武器装备、军事设施、军事通信。

(2) 本罪在客观方面表现为破坏武器装备、军事设施、军事通信的行为。武器装备,是指实施和保障军事行动的武器、武器系统和军事技术器材。军事设施,是指国家直接用于军事目的的建筑、场地和设备,包括指挥机关、地面和地下的指挥工程、作战工程;军用机场、港口、码头;营区、训练场、试验场;军用洞库、仓库;军用通信、侦察、导航、观测台站和测量、导航、助航标志;军用公路、铁路专用线,军用通信、输电线路,军用输油、输水管道;国务院和中央军事委员会规定的其他军事设施。军事通信,是指国家和军队在军事活动中运用各种通信手段实施指挥、控制、协同等而进行的信息传输。破坏,是使武器装备、军事设施、军事通信的功能全部或者部分丧失。例如,破坏军事通信的行为,就是故意实施损毁军事通信线路、设备,破坏军事通信计算机信息系统,干扰、侵占军事通信电磁频谱等行为。破坏行为可以表现为作为,也可以表现为不作为。根据2007年6月26日最高人民法院《关于审理危害军事通信刑事案件具体应用法律若干问题的解释》(以下简称"《军事通信解释》")第5条的规定,建设、施工单位直接负责的主管人员、施工管理人员,明知是军事通信线路、设备而指使、强令、纵容他人予以损毁的,或者不听管护人员劝阻,指使、强令、纵容他人违章作业,造成军事通信线路、设备损毁的,以破坏军事通信罪定罪处罚。

(3) 本罪的主体是一般主体。

(4) 本罪的主观方面是故意,即明知自己的行为会发生破坏武器装备、军事设施、军事通信的危害结果,并且希望或者放任这种结果的发生。过失不构成本罪。

(二) 破坏武器装备、军事设施、军事通信罪的认定

(1) 本罪与破坏交通设施罪、破坏易燃易爆设备罪和破坏广播电视设施、公用电

信设施罪的界限。本罪同后三罪在主观方面、客观方面以及犯罪主体上相同。区别主要在于:其一,同类客体不同。本罪侵犯的客体是国防利益,后三罪侵犯的同类客体是公共安全。其二,犯罪对象不同。本罪的犯罪对象仅限于武器装备、军事设施和军事通信;后三罪则应是非武器装备、军事设施和军事通信。

(2) 本罪与盗窃罪的界限。在司法实践中,应注意区别以盗窃固定在军事设施上的设备、器材为表现形式的故意破坏军事设施罪与以盗窃军事设施内的军用物资为表现形式的盗窃罪的界限。两罪在犯罪主体、主观方面和犯罪手段上相同。主要区别在于:所盗设备、器材是否固定在军事设施上,作为保障具体军事设施功能的有机组成部分。盗窃固定在军事设施上作为军事设施组成部分的设备、器材,使军事设备的功能全部或者部分丧失的,应以故意破坏军事设施罪论处;盗窃军事设施内存放的器材、物资的,应定为盗窃罪,其中,盗窃枪支、弹药、爆炸物的,构成盗窃枪支、弹药、爆炸物罪。

(3) 破坏军事通信罪与相关犯罪的界限。根据《军事通信解释》第6条的规定,应当注意区分的界限包括:第一,破坏军事通信,并造成公用电信设施损毁,危害公共安全,同时构成《刑法》第124条第1款和第369条第1款规定的犯罪的,依照处罚较重的规定定罪处罚。第二,盗窃军事通信线路、设备,不构成盗窃罪,但破坏军事通信的,依照《刑法》第369条第1款的规定定罪处罚;同时构成《刑法》第124条、第264条和第369条第1款规定的犯罪的,依照处罚较重的规定定罪处罚。第三,违反国家规定,侵入国防建设、尖端科学技术领域的军事通信计算机信息系统,尚未对军事通信造成破坏的,依照《刑法》第285条的规定定罪处罚;对军事通信造成破坏,同时构成《刑法》第285条、第286条、第369条第1款规定的犯罪的,依照处罚较重的规定定罪处罚。第四,违反国家规定,擅自设置、使用无线电台、站,或者擅自占用频率,经责令停止使用后拒不停止使用,干扰无线电通讯正常进行,构成犯罪的,依照《刑法》第288条的规定定罪处罚;造成军事通信中断或者严重障碍,同时构成《刑法》第288条、第369条第1款规定的犯罪的,依照处罚较重的规定定罪处罚。

(三) 破坏武器装备、军事设施、军事通信罪的刑事责任

根据《刑法》第369条第1款的规定,犯本罪的,处3年以下有期徒刑、拘役或者管制;破坏重要武器装备、军事设施、军事通信的,处3年以上10年以下有期徒刑;情节特别严重的,处10年以上有期徒刑、无期徒刑或者死刑。战时犯本罪的,从重处罚。

四、过失损坏武器装备、军事设施、军事通信罪

过失损坏武器装备、军事设施、军事通信罪,是指过失损坏武器装备、军事设施、军事通信,造成严重后果的行为。本罪的客体是军队战斗力物质保障的管理制度,犯罪对象是武器装备、军事设施、军事通信。本罪的客观方面表现为损坏武器装备、军事设施、军事通信,造成严重后果的行为。本罪的主体是一般主体。本罪的主观方面是过失。根据《军事通信解释》的规定,建设、施工单位直接负责的主管人员、施工管

理人员,忽视军事通信线路、设备保护标志,指使、纵容他人违章作业,致使军事通信线路、设备损毁,构成犯罪的,以过失损坏军事通信罪定罪处罚。该司法解释同时规定,过失损坏军事通信,并造成公用电信设施损毁,危害公共安全,同时构成《刑法》第124条第2款和第369条第2款规定的犯罪的,依照处罚较重的规定定罪处罚。根据《刑法》第369条第2款的规定,犯本罪,造成严重后果的,处3年以下有期徒刑或者拘役;造成特别严重后果的,处3年以上7年以下有期徒刑。战时犯本罪的,从重处罚。

五、故意提供不合格武器装备、军事设施罪

故意提供不合格武器装备、军事设施罪,是指明知是不合格的武器装备、军事设施而故意提供给武装部队的行为。本罪的客体是国家武器装备、军事设施的管理制度。本罪的犯罪对象是武器装备、军事设施。本罪的客观方面表现为将不合格的武器装备、军事设施提供给武装部队的行为。所谓不合格,是指行为人提供的武器装备、军事设施不符合国家和军事主管部门关于武器装备、军事设施质量和性能等标准的规定。所谓提供,包括为武装部队研制、生产、维修武器装备,或者设计、建筑、维护军事设施并交付武装部队使用。本罪的主体包括自然人和单位。本罪的主观方面为故意。2008年6月25日最高人民检察院、公安部《关于公安机关管辖的刑事案件立案追诉标准的规定(一)》第87条对本罪的立案标准有明确的规定。根据《刑法》第370条第1款的规定,犯本罪的,处5年以下有期徒刑或者拘役;情节严重的,处5年以上10年以下有期徒刑;情节特别严重的,处10年以上有期徒刑、无期徒刑或者死刑。根据《刑法》第370条第3款的规定,单位犯本罪的,对单位判处罚金,并对其直接负责的主管人员和其他直接责任人员,依照上述规定处罚。

六、过失提供不合格武器装备、军事设施罪

过失提供不合格武器装备、军事设施罪,是指因过失将不合格的武器装备、军事设施提供给武装部队,造成严重后果的行为。本罪的客体是国家武器装备、军事设施的管理制度。本罪的客观方面表现为将不合格的武器装备、军事设施提供给武装部队,并且造成了严重后果。2008年6月25日最高人民检察院、公安部《关于公安机关管辖的刑事案件立案追诉标准的规定(一)》第88条对本罪中的"严重后果"有明确的规定。本罪的主体只能是自然人。本罪的主观方面为过失。根据《刑法》第370条第2款的规定,犯本罪,处3年以下有期徒刑或者拘役;造成特别严重后果的,处3年以上7年以下有期徒刑。

七、聚众冲击军事禁区罪

聚众冲击军事禁区罪,是指组织、策划、指挥聚众冲击军事禁区或者积极参加聚众冲击军事禁区,严重扰乱军事禁区秩序的行为。本罪的客体,是军事禁区的正常管理秩序。本罪客观方面表现为聚众冲击军事禁区,严重扰乱军事禁区秩序的行为。

根据我国《军事设施保护法》第8条的规定,国家根据军事设施的性质、作用、安全保密的需要和使用效能的要求,划定军事禁区、军事管理区。据此,军事禁区是指根据军事需要,按照国家法律规定划定的由军队控制的、不得擅自进入的范围、区域。本罪的主体为一般主体。处罚对象限于首要分子和其他积极参加者。本罪的主观方面是故意。2008年6月25日最高人民检察院、公安部《关于公安机关管辖的刑事案件立案追诉标准的规定(一)》第89条对本罪的立案标准作了明确规定。根据《刑法》第371条第1款的规定,犯本罪的,对首要分子处5年以上10年以下有期徒刑;对其他积极参加的,处5年以下有期徒刑、拘役、管制或者剥夺政治权利。

八、聚众扰乱军事管理区秩序罪

聚众扰乱军事管理区秩序罪,是指组织、策划、指挥聚众扰乱军事管理区秩序或者积极参加聚众扰乱军事管理区秩序,情节严重,致使军事管理区工作无法进行,造成严重损失的行为。本罪的客体,是军事管理区的正常管理秩序。本罪的客观方面表现为聚众扰乱军事管理区秩序,情节严重,致使军事管理区工作无法进行,造成严重损失的行为。军事管理区是指根据军事需要,按照国家法律规定划定的由军队主持控制或负责的范围、区域。本罪的主体为一般主体。处罚对象限于首要分子和其他积极参加者。本罪的主观方面是故意。2008年6月25日最高人民检察院、公安部《关于公安机关管辖的刑事案件立案追诉标准的规定(一)》第90条对本罪的立案标准作了明确的规定。根据《刑法》第371条第2款的规定,犯本罪的,对首要分子,处3年以上7年以下有期徒刑;对其他积极参加的,处3年以下有期徒刑、拘役、管制或者剥夺政治权利。

九、冒充军人招摇撞骗罪

冒充军人招摇撞骗罪,是指冒充军人招摇撞骗,以谋取非法利益的行为。本罪的客体,是军队的良好威信及其正常活动。本罪的客观方面表现为冒充军人招摇撞骗罪的行为。冒充军人,是指假冒军人身份,包括非军人假冒军人,级别较低的军人假冒级别较高的军人,一般部门的军人假冒要害部门的军人等。招摇撞骗,是指实施欺骗活动,谋取非法的物质性利益或者非物质性利益。本罪的主体为一般主体。本罪的主观方面为故意,且具有谋取非法利益的目的。根据《刑法》第372条的规定,犯本罪的,处3年以下有期徒刑、拘役、管制或者剥夺政治权利;情节严重的,处3年以上10年以下有期徒刑。

十、煽动军人逃离部队罪

煽动军人逃离部队罪,是指唆使、怂恿、鼓动现役军人逃离部队,情节严重的行为。本罪的客体是我国兵役制度和部队的正常管理秩序。本罪的客观方面表现为煽动军人逃离部队,情节严重的行为。所谓煽动,是指以鼓动、唆使、怂恿等方式促使军人离开部队。具体形式可以是言词、文字等。必须情节严重,才成立本罪。本罪的主体为一般主体。本罪的主观方面为故意。2008年6月25日最高人民检察院、公安部《关于公安机关管辖的刑事案件立案追诉标准的规定(一)》第91条对本罪的立案标准作了明确的规定。根据《刑法》第373条的规定,犯本罪的,处3年以下有期徒刑、拘役或者管制。

十一、雇用逃离部队军人罪

雇用逃离部队军人罪,是指明知是逃离部队的军人而雇用,情节严重的行为。本罪的犯罪客体是我国的兵役制度和部队的正常管理秩序。本罪的客观方面表现为雇用逃离部队的军人,情节严重的行为。所谓雇用,是指支付报酬使逃离部队的军人为自己或者单位劳动或者提供服务。必须情节严重,才成立本罪。本罪的主体为一般主体。本罪的主观方面为故意。2008年6月25日最高人民检察院、公安部《关于公安机关管辖的刑事案件立案追诉标准的规定(一)》第92条对本罪的立案标准作了明确的规定。根据《刑法》第373条的规定,犯本罪的,处3年以下有期徒刑、拘役或者管制。

十二、接送不合格兵员罪

(一)接送不合格兵员罪的概念和构成

接送不合格兵员罪,是指在征兵工作中徇私舞弊,接送不合格兵员入伍,情节严重的行为。

本罪的构成要件是:

(1)本罪侵犯的直接客体,是国家征兵工作的正常活动。

(2)本罪的客观方面表现为在征兵工作中徇私舞弊,接送不合格兵员,情节严重的行为。徇私舞弊,通常是指为徇私情、私利,故意违背事实和法律,伪造材料,隐瞒情况,弄虚作假的行为。从严格意义上理解,徇私应理解为徇个人私情、私利。接送不合格兵员入伍,具体表现形式包括:第一,接送不到入伍年龄的兵员;第二,接送学历不符合征兵要求的兵员;第三,接送健康状况不符合入伍条件的兵员;第四,接送政治审查不合格的兵员;第五,接送依法受过刑事处罚的人等不合格兵员;第六,接送其他不合格兵员。行为必须同时具备"徇私舞弊"与"接送不合格兵员"的构成要件,且情节严重的,才成立本罪。

(3)本罪的主体是负责或者参与征兵工作的有关人员,如各级人民武装部的工作人员,负责兵员政审、体检的工作人员,武装部队派出的接受兵员的人员等。

(4)本罪的主观方面是故意,且行为人具有徇私的动机。

(二)接送不合格兵员罪的认定

本罪的认定,应着重区分本罪与非罪的界限。本罪客观方面的"徇私舞弊"与"接送不合格兵员"必须同时具备,且情节严重才能成立本罪。因而未同时具备客观方面构成条件,或者虽然具备客观方面构成条件,但未达到情节严重程度的,不构成接送不合格兵员罪。根据2008年6月25日最高人民检察院、公安部《关于公安机关管辖的刑事案件立案追诉标准的规定(一)》第93条的规定,接送不合格兵员涉嫌下列情形之一的,应予立案追诉:(1)接送不合格特种条件兵员一名以上或者普通兵员三名以上的;(2)发生在战时的;(3)造成严重后果的;(4)其他情节严重的情形。

(三)接送不合格兵员罪的刑事责任

根据《刑法》第374条的规定,犯本罪的,处3年以下有期徒刑或者拘役;造成特别严重后果的,处3年以上7年以下有期徒刑。

十三、伪造、变造、买卖武装部队公文、证件、印章罪

伪造、变造、买卖武装部队公文、证件、印章罪,是指伪造、变造、买卖武装部队公文、证件、印章的行为。本罪的客体是武装部队公文、证件、印章的管理秩序,犯罪对象是武装部队公文、证件、印章。本罪的客观方面分别表现为伪造、变造、买卖武装部队公文、证件、印章的行为。伪造是指无权制作而非法制作;变造是指利用涂改、擦消、更换照片等方式改变其真实内容的方法制作;买卖是指购买和出卖。本罪的主体均为一般主体。本罪的主观方面均为故意。2011年7月20日最高人民法院、最高人民检察院《关于办理妨害武装部队制式服装、车辆号牌管理秩序等刑事案件具体应用法律若干问题的解释》(以下简称"《武装部队管理秩序解释》")第1条对本罪成立的情节标准作了明确的规定。根据《刑法》第375条第1款的规定,犯本罪的,处3年以下有期徒刑、拘役、管制或者剥夺政治权利;情节严重的,处3年以上10年以下有期徒刑。

十四、盗窃、抢夺武装部队公文、证件、印章罪

盗窃、抢夺武装部队公文、证件、印章罪,是指盗窃、抢夺武装部队公文、证件、印章的行为。本罪的客体是武装部队公文、证件、印章的管理秩序,犯罪对象是武装部队公文、证件、印章。本罪的客观方面表现为盗窃、抢夺武装部队公文、证件、印章的行为。本罪的主体均为一般主体。本罪的主观方面均为故意。《武装部队管理秩序解释》第1条对本罪成立的情节标准作了明确的规定。根据《刑法》第375条第1款的规定,犯本罪的,处3年以下有期徒刑、拘役、管制或者剥夺政治权利;情节严重的,处3年以上10年以下有期徒刑。

十五、非法生产、买卖武装部队制式服装罪

非法生产、买卖武装部队制式服装罪,是指非法生产、买卖武装部队制式服装,情节严重的行为。本罪的客体是武装部队制式服装的管理秩序。本罪的对象是武装部队制式服装,即指由武装部队依法按统一制式订购、监制,仅供武装部队官兵穿着的统一式样的各类服装。需要注意的是,制式服装应当理解为武装部队正在配发、穿着的制式服装。本罪的客观方面表现为非法生产、买卖武装部队制式服装,情节严重的行为。"非法生产、买卖",是指未经武装部队有关部门的授权、准许擅自生产、加工、经营。对本罪的"情节严重"的标准,《武装部队管理秩序解释》第2条作了明确的规定。本罪的主体是一般主体,包括自然人和单位。本罪的主观方面是故意。根据《刑

法》第 375 条第 2 款的规定,犯本罪的,处 3 年以下有期徒刑、拘役或者管制,并处或者单处罚金。根据《刑法》第 375 条第 4 款的规定,单位犯本罪的,对单位判处罚金,并对其直接负责的主管人员和其他直接责任人员,依照第 2 款的规定处罚。

十六、伪造、盗窃、买卖、非法提供、非法使用武装部队专用标志罪

伪造、盗窃、买卖、非法提供、非法使用武装部队专用标志罪,是指伪造、盗窃、买卖、非法提供、非法使用武装部队车辆号牌等专用标志,情节严重的行为。本罪的客体是武装部队专用标志的管理秩序。本罪的对象是武装部队车辆号牌等专用标志。具体而言,包括武装部队统一悬挂的军车号牌,以及其他表明武装部队性质和人员身份的军徽、军旗、肩章、星徽、帽徽、军种符号或者其他专用标志。本罪的客观方面表现为伪造、盗窃、买卖、非法提供、非法使用武装部队车辆号牌等专用标志,情节严重的行为。"伪造",是指无制作权而非法制作武装部队车辆号牌等专用标志的行为。"盗窃",是指以非法占有为目的,秘密窃取武装部队车辆号牌等专用标志的行为。"买卖",是指以金钱为交换条件,购买或者销售武装部队车辆号牌等专用标志。"非法提供",是指违反法律、法规,未经主管部门准许,擅自把武装部队车辆号牌等专用标志供给他人使用。"非法使用",是指不具备配备武装部队专用标志的资格,而违法使用武装部队专用标志的行为,既包括非武装部队人员使用武装部队专用标志,也包括武装部队及其成员不按规定使用武装部队专用标志。本罪的主体是一般主体,包括自然人和单位。本罪的主观方面是故意。本罪情节严重的标准,《武装部队管理秩序解释》第 3 条作了明确的规定。根据《刑法》第 375 条第 3 款的规定,犯本罪的,处 3 年以下有期徒刑、拘役或者管制,并处或者单处罚金;情节特别严重的,处 3 年以上 7 年以下有期徒刑,并处罚金。根据《刑法》第 375 条第 4 款的规定,单位犯本罪的,对单位判处罚金,并对其直接负责的主管人员和其他直接责任人员,依照第 3 款的规定处罚。

十七、战时拒绝、逃避征召、军事训练罪

战时拒绝、逃避征召、军事训练罪,是指预备役人员战时拒绝、逃避征召或者军事训练,情节严重的行为。本罪的客体是国家兵役制度中的战时预备役人员的征召、军事训练制度。本罪的客观方面表现为战时拒绝、逃避征召、军事训练,情节严重的行为。所谓拒绝,是指行为人拒不接受国家征召或军事训练。所谓逃避,是指行为人躲避征召或军事训练。对本罪中"情节严重"的标准,2008 年 6 月 25 日最高人民检察院、公安部《关于公安机关管辖的刑事案件立案追诉标准的规定(一)》第 95 条有明确的规定。本罪的主体为特殊主体,即只能是预备役人员。本罪的主观方面为故意。根据《刑法》第 376 条第 1 款的规定,犯本罪的,处 3 年以下有期徒刑或者拘役。

十八、战时拒绝、逃避服役罪

战时拒绝、逃避服役罪,是指公民战时拒绝、逃避服役,情节严重的行为。本罪的

客体是国家兵役制度中的战时兵役管理秩序。本罪的客观方面表现为战时拒绝、逃避服役,情节严重的行为。对本罪中"情节严重"的标准,2008年6月25日最高人民检察院、公安部《关于公安机关管辖的刑事案件立案追诉标准的规定(一)》第96条有明确的规定。本罪的主体为依法应服兵役的公民。本罪的主观方面为故意。根据《刑法》第376条第2款的规定,犯本罪的,处2年以下有期徒刑或者拘役。

十九、战时故意提供虚假敌情罪

战时故意提供虚假敌情罪,是指战时故意向武装部队提供虚假敌情,造成严重后果的行为。本罪的客体是武装部队的作战利益。本罪的客观方面表现为战时向武装部队提供虚假敌情,造成严重后果的行为。所谓虚假敌情,即与事实不符的有关敌人的信息,可以是凭空捏造的,也可以是经过夸大或缩小的,具体包括虚假的敌方军情以及与军事有关的政治、经济、科技、气象、地理等方面的情况。本罪只能发生在战时。本罪的主体为一般主体。本罪的主观方面为故意。根据《刑法》第377条的规定,犯本罪的,处3年以上10年以下有期徒刑;造成特别严重后果的,处10年以上有期徒刑或者无期徒刑。

二十、战时造谣扰乱军心罪

战时造谣扰乱军心罪,是指战时造谣惑众,扰乱军心的行为。本罪的客体是武装部队的作战利益。本罪的客观方面表现为战时造谣惑众,扰乱军心的行为。所谓造谣惑众,是指制造谣言并加以散布,蛊惑官兵,煽动厌战、怯战、恐怖情绪,或夸大、吹捧敌方势力,极力贬低我军的战斗力,等等。所谓扰乱军心,是指行为人的造谣惑众致使我军军心动摇或混乱。值得注意的是,"扰乱军心"是本罪成立的重要客观要件。这里的扰乱军心,既指事实上已扰乱了军心,又指可能扰乱军心,即具有扰乱军心的现实危险性。造谣惑众与扰乱军心必须同时具备。本罪成立的时间条件为战时。本罪的主体为一般主体。本罪的主观方面为故意。根据《刑法》第378条的规定,犯本罪的,处3年以下有期徒刑、拘役或者管制;情节严重的,处3年以上10年以下有期徒刑。

二十一、战时窝藏逃离部队军人罪

战时窝藏逃离部队军人罪,是指战时明知是逃离部队的军人而为其提供隐蔽处所、财物,情节严重的行为。本罪的客体是部队的正常管理秩序。本罪的客观方面表现为战时为逃离部队的军人提供隐蔽处所、财物,情节严重的行为。对本罪中"情节严重的标准",2008年6月25日最高人民检察院、公安部《关于公安机关管辖的刑事案件立案追诉标准的规定(一)》第97条有明确的规定。本罪成立的时间条件是战时。本罪的主体为一般主体。本罪的主观方面为故意。根据《刑法》第379条的规定,犯本罪的,处3年以下有期徒刑或者拘役。

二十二、战时拒绝、故意延误军事订货罪

战时拒绝、故意延误军事订货罪,是指战时拒绝或故意延误军事订货,情节严重的行为。本罪的客体是国家军事订货制度。我国《国防法》第 34 条规定:"国家根据国防建设的需要和社会主义市场经济的要求,实行国家军事订货制度,保障武器装备和其他军用物资的采购供应。"该法第 51 条第 1 款规定:"企业事业单位应当按照国家的要求承担国防科研生产任务,接受国家军事订货,提供符合质量标准的武器装备或者军用物资。"我国《国防动员法》第 41 条第 1 款规定:"国家决定实施国防动员后,承担转产、扩大生产军品任务的单位,应当按照国家军事订货合同和转产、扩大生产的要求,组织军品科研、生产,保证军品质量,按时交付订货,协助军队完成维修保障任务。为转产、扩大生产军品提供能源、材料、设备和配套产品的单位,应当优先满足转产、扩大生产军品的需要。"本罪的客观方面表现为战时拒绝或者故意延误军事订货,情节严重的行为。本罪成立的时间条件是战时。军事订货是指军事单位依据国家法律、法规、行政命令规定,采用协议或合同方式向军工部门或者其他经济部门订购的,直接用于实施和保障作战行动的武器装备、军事设施,以及供应部队作战、训练、施工、科研、后勤保障等方面的军需物资。所谓拒绝军事订货,是指有能力接受生产军事订货而拒不接受生产军事订货。所谓故意延误军事订货,是指故意违反协议或合同规定,延误交付军事订货。对本罪中"情节严重"的标准,2008 年 6 月 25 日最高人民检察院、公安部《关于公安机关管辖的刑事案件立案追诉标准的规定(一)》第 98 条有明确的规定。本罪的主体仅限于单位。本罪的主观方面为故意,过失不构成本罪。根据《刑法》第 380 条的规定,犯本罪的,对单位判处罚金,并对其直接负责的主管人员和其他直接责任人员,处 5 年以下有期徒刑或者拘役;造成严重后果的,处 5 年以上有期徒刑。

二十三、战时拒绝军事征收、征用罪

战时拒绝军事征收、征用罪,是指战时拒绝军事征收、征用,情节严重的行为。本罪侵犯的客体是军事征收、征用制度。本罪的客观方面表现为战时拒绝军事征收、征用,情节严重的行为。军事征收、征用,是指国家为国防需要,经过一定程序,依法征收、征用组织和个人的设备设施、交通工具和其他物资的活动。对于属于依法应免于征收、征用的民用资源而拒绝的,不构成本罪。拒绝军事征收、征用的行为必须发生在战时且情节严重,才构成本罪。对于本罪中"情节严重"的标准,2008 年 6 月 25 日最高人民检察院、公安部《关于公安机关管辖的刑事案件立案追诉标准的规定(一)》第 99 条有明确规定。本罪的主体为一般主体。本罪的主观方面为故意。根据《刑法》第 381 条的规定,犯本罪的,处 3 年以下有期徒刑或者拘役。

第二十八章　贪污贿赂罪

第一节　贪污贿赂罪概述

一、贪污贿赂罪的概念和构成

关于贪污贿赂罪,目前国内刑法理论界争议纷呈,定义不一。有学者主张贪污贿赂罪,是指国家工作人员利用职务上的便利贪污、受贿,或者拥有不能说明与合法收入差额巨大的财产或者支出的合法来源,或者私分国有资产或罚没财物,以及其他人员行贿、介绍贿赂的行为。[①] 有学者主张应定义为:国家工作人员或国有单位实施的贪污、受贿等侵犯国家廉政建设制度,以及其他人员或单位实施的与受贿具有对向性或撮合性的情节严重的行为。[②] 我们赞成第二种观点。

贪污贿赂罪具有如下构成特征:

(1) 本类犯罪的客体是国家廉政建设制度。国家廉政建设制度是以恪尽职守、廉洁奉公、吏治清明、反对腐败为主要内容的。

(2) 本类犯罪的客观方面表现为侵害国家廉政建设制度、情节严重的行为。包括作为与不作为两种行为,其中,贪污罪、挪用公款罪、受贿罪、私分国有资产罪等通常表现为作为,隐瞒境外存款罪通常表现为不作为。除少数犯罪如介绍贿赂罪、行贿罪、对单位行贿罪等以外,多数犯罪行为都与行为人的职务有密切关系。

(3) 本类犯罪的主体,绝大多数是特殊主体。如贪污罪、受贿罪、挪用公款罪、巨额财产来源不明罪、隐瞒境外存款罪、私分国有资产罪、私分罚没财物罪等,其主体都是特殊主体,即国家工作人员。少数与受贿具有对向性或撮合性的犯罪是一般主体,如行贿罪、对单位行贿罪和介绍贿赂罪即是。

(4) 本类犯罪的主观方面均为故意,过失不能构成本类犯罪。

二、贪污贿赂罪的种类

根据我国《刑法》分则第八章的规定,贪污贿赂罪共有 14 个具体罪名,包括贪污罪、挪用公款罪、受贿罪、单位受贿罪、利用影响力受贿罪、行贿罪、对有影响力的人行贿罪、对单位行贿罪、介绍贿赂罪、单位行贿罪、巨额财产来源不明罪、隐瞒境外存款罪、私分国有资产罪、私分罚没财物罪。

---

① 参见赵秉志主编:《新刑法教程》,中国人民大学出版社 1997 年版,第 778 页。
② 参见高铭暄、马克昌主编:《刑法学》(下编),中国法制出版社 1999 年版,第 1118 页。

第二节 贪污贿赂罪分述

一、贪污罪

(一) 贪污罪的概念和构成

贪污罪,是指国家工作人员利用职务上的便利,侵吞、窃取、骗取或者以其他手段非法占有公共财物的行为。根据《刑法》第382条第2款的规定,受国家机关、国有公司、企业、事业单位、人民团体委托管理、经营国有财产的人员,利用职务上的便利,侵吞、窃取、骗取或者以其他手段非法占有国有财物的,以贪污论。

贪污罪的构成要件是:

(1) 本罪的客体是复杂客体,即本罪既侵犯国家工作人员的职务廉洁性,也侵犯公共财产的所有权。本罪的犯罪对象是公共财物。根据《刑法》第91条的规定,公共财产是指下列财产:国有财产;劳动群众集体所有的财产;用于扶贫和其他公益事业的社会捐助或专项基金的财产。在国家机关、国有公司、企业、集体企业和人民团体管理、使用或者运输中的私人财产,以公共财产论。但是,根据《刑法》第382条第2款的规定,受国家机关、国有公司、企业、事业单位、人民团体委托管理、经营国有资产的人员成立贪污罪,必须是非法占有国有财物。至于在多种所有制形式混合的经济实体特别是股份制企业中的财产性质如何认定,刑法理论界和司法实务界均有不同意见,有待深入研究。

(2) 本罪的客观方面表现为利用职务上的便利,侵吞、窃取、骗取或者以其他手段非法占有公共财物的行为。首先,必须利用职务上的便利。利用职务上的便利,是指利用职务权力和地位所形成的主管、管理、经营、经手公共财物的便利条件。主管,主要是指负责调拨、处置及其他支配公共财物的职务活动;管理,主要是指负责保管、处理及其他使公共财物不被流失的职务活动;经营,主要是指将公共财物作为生产、流通手段等使公共财物增值的职务活动;经手,主要是指领取、支出等经办公共财物的职务活动。① 利用因工作关系熟悉作案环境、凭工作人员身份便于进出某些单位、较易接近作案目标或对象等与职权无关的方便条件非法占有公共财物的,不构成贪污罪。其次,必须侵吞、窃取、骗取或以其他手段非法占有公共财物。侵吞,是指行为人利用职务上的便利,将自己主管、经手、管理的公共财物,非法占为己有。例如,将自己合法管理或使用的公共财物加以扣留,应交而隐匿不交,应支付而不支付,应入账而不入账,从而占为己有。根据《刑法》第394条的规定,国家工作人员在国内公务活动或对外交往中接受礼物,依照国家规定应当交公而不交公,数额较大的,以贪污罪定罪处罚。窃取,是指行为人利用职务上的便利,采取秘密方式将自己合法管理的公共财物占为己有。例如,保管员将自己合法管理的公共财物秘密拿回家予以占有。骗取,是指行为人利用职务上的便利,采用虚构事实或者隐瞒真相的方法非法占有公

---

① 参见张明楷:《刑法学》(第2版),法律出版社2003年版,第909页。

共财物。例如，采购人员谎报出差费或者多报出差费骗取公款。根据《刑法》第183条的规定，国有保险公司工作人员和国有保险公司委派到非国有保险公司从事公务的人员，利用职务上的便利，故意编造未曾发生的保险事故进行虚假理赔，骗取保险金归自己所有的，以贪污罪定罪处罚。至于其他手段，是指行为人利用职务上的便利，采用侵吞、窃取、骗取以外的方法，非法占有公共财物。例如，利用职权，巧立名目，在几个领导人中私分大量公款、公物等。

(3) 本罪的主体是特殊主体，即国家工作人员。根据《刑法》第93条的规定，国家工作人员，是指国家机关中从事公务的人员。国有公司、企业、事业单位、人民团体中从事公务的人员和国家机关、国有公司、企业、事业单位委派到非国有公司、企业、事业单位、社会团体从事公务的人员，以及其他依照法律从事公务的人员，以国家工作人员论。据此，并结合有关贪污罪的立法规定、立法解释、司法解释和其他规范性文件，贪污罪的主体具体包括以下人员：

第一，国家机关工作人员。根据2003年11月13日最高人民法院《全国法院审理经济犯罪案件工作座谈会纪要》（以下简称《纪要》），刑法中所称的国家机关工作人员，是指国家机关中从事公务的人员，包括在各级国家权力机关、行政机关、司法机关和军事机关中从事公务的人员。根据全国人大常委会《关于〈中华人民共和国刑法〉第九章渎职罪主体适用问题的解释》，在依照法律、法规规定行使国家行政管理职权的组织中从事公务的人员，或者在受国家机关委托代表国家行使职权的组织中从事公务的人员，或者虽未列入国家机关人员编制但在国家机关中从事公务的人员，视为国家机关工作人员。在乡(镇)以上中国共产党机关、人民政协机关中从事公务的人员，司法实践中也应当视为国家机关工作人员。

第二，国有公司、企业、事业单位、人民团体中从事公务的人员。

第三，国家机关、国有公司、企业、事业单位委派到非国有公司、企业、事业单位、社会团体从事公务的人员。根据《纪要》，所谓委派，即委任、派遣，其形式多种多样，如任命、指派、提名、批准等。不论被委派的人身份如何，只要是接受国家机关、国有公司、企业、事业单位委派，代表国家机关、国有公司、企业、事业单位在非国有公司、企业、事业单位、社会团体中从事组织、领导、监督、管理等工作，都可以认定为国家机关、国有公司、企业、事业单位委派到非国有公司、企业、事业单位、社会团体从事公务的人员。如国家机关、国有公司、企业、事业单位委派在国有控股或者参股的股份有限公司从事组织、领导、监督、管理等工作的人员，应当以国家工作人员论。国有公司、企业改制为股份有限公司后，原国有公司、企业的工作人员和股份有限公司新任命的人员中，除代表国有投资主体行使监督、管理职权的人外，不以国家工作人员论。

第四，其他依照法律从事公务的人员。根据《纪要》，《刑法》第93条第2款规定的"其他依照法律从事公务的人员"应当具有两个特征：一是在特定条件下行使国家管理职能；二是依照法律规定从事公务。具体包括：依法履行职责的各级人民代表大会代表；依法履行审判职责的人民陪审员；协助乡镇人民政府、街道办事处从事行政管理工作的村民委员会、居民委员会等农村和城市基层组织人员；其他由法律授权从事公务的人员。根据全国人大常委会《关于〈中华人民共和国刑法〉第93条第2款的解释》，村民委员会等村基层组织人员协助人民政府从事下列行政管理工作时，属于《刑法》第93条第2款规定的"其他依照法律从事公务的人员"：救灾、抢险、防汛、优抚、扶贫、移民、救济款物的管理；社会捐助公益事业款物的管理；国有土地的经营和管理；土地征用补偿费用的管理；代征、代缴税款；有关计划生育、户籍、征兵工作的管理；协助人民政府从事的其他行政管理工作。

上述四类人员均属于《刑法》第93条规定的"国家工作人员"的范畴。

第五，受国家机关、国有公司、企业、事业单位、人民团体委托管理、经营国有财产的人员。根据《纪要》的规定，《刑法》第382条第2款规定的"受委托管理、经营国有财产"，是指因承包、租赁、临时聘用等管理、经营国有财产。

上述五类人员，即国家工作人员和受委托管理、经营国有财产的人员，具有一个共同特征——从事公务。根据《纪要》的规定，从事公务，是指代表国家机关、国有公司、企业、事业单位、人民团体等履行组织、领导、监督、管理等职责。公务主要表现为与职权相联系的公共事务以及监督、管理国有财产的职务活动。如国家机关工作人员依法履行职责，国有公司的董事、经理、监事、会计、出纳人员等管理、监督国有财产等活动，属于从事公务。那些不具备职权内容的劳务活动、技术服务工作，如售货员、售票员等所从事的工作，一般不认为是公务。

此外，其他人员与上述人员勾结，伙同贪污的，以共犯论处。

（4）本罪的主观方面是故意，并且具有非法占有公共财物的目的。

（二）贪污罪的认定

（1）本罪与非罪的界限。① 本罪与错款、错账行为的界限。因业务不精或工作疏忽而导致的错款、错账行为，行为人主观上不具有贪污故意，也不具备非法占有公共财物的目的，故不应认定为贪污罪。② 本罪与一般贪污行为的界限。区分二者的界限一是根据贪污的数额，二是根据其他情节。根据《刑法》第383条的规定，贪污数额较大或者有其他较重情节的，构成贪污罪。故如果没有较重情节，在数额未达到较大的情况下，仅属于一般贪污违法行为。这里的"情节较重"，主要包括贪污对象为救灾、抢险、防汛、防疫、优抚、扶贫、移民、救济款物及募捐款物、赃款赃物、罚没款物、暂扣款物，以及贪污手段恶劣，有毁灭证据、转移赃物等情节。

（2）本罪与有关犯罪的界限。① 本罪与盗窃罪、诈骗罪、侵占罪的界限。贪污罪与盗窃罪、诈骗罪、侵占罪的区别主要表现在：第一，犯罪客体和犯罪对象不同。本罪的客体是复杂客体，即国家工作人员的职务廉洁性和公共财产所有权，对象是公共财物；盗窃罪、诈骗罪、侵占罪的客体是简单客体，即公私财产所有权。盗窃罪、诈骗罪的对象是公私财物；侵占罪的对象是保管物、遗失物和埋藏物。第二，客观方面不尽相同。本罪的窃取、骗取、侵占，是利用职务上的便利进行的；而盗窃罪、诈骗罪及侵占罪的窃取、骗取、侵占则不存在利用职务上的便利问题。第三，犯罪主体不同。本罪的主体为特殊主体，即国家工作人员和受国家机关、国有公司、企业、事业单位、人民团体委托管理、经营国有财产的人员；而盗窃罪、诈骗罪、侵占罪的主体为一般主体。②本罪与职务侵占罪的界限。本罪与职务侵占罪的区别主要表现在：第一，犯罪主体不同。本罪的主体是国家工作人员和受国家机关、国有公司、企业、事业单位、人民团体委托管理、经营国有财产的人员；而职务侵占罪的主体则是公司、企业或者其他单位中不具有国家工作人员身份的工作人员。第二，犯罪对象有所不同。本罪的对象只能是公共财物；而职务侵占罪的对象是本单位财物。需要注意的是，根据2001年5月22日最高人民法院《关于在国有资本控股、参股的股份有限公司中从事管理工作的人员利用职务便利非法占有本公司财物如何定罪问题的批复》规定，在国有资本控股、参股的股份有限公司中从事管理工作的人员，除受国家机关、国有公司、企业、事业单位委派从事公务的以外，不属于国家工作人员。对其利用职务上的便利，将本单位财物非法占为己有，数额较大的，应当依照《刑法》第271条第1款的规定，以职务侵占罪定罪处罚。

（3）本罪共犯的认定问题。正确认定贪污罪，应正确处理不具有国家工作人员身份的人员与国家工作人员或受委托管理、经营国有财产的人员相勾结侵占本单位财物的案件。根据2000年6月27日最高人民法院《关于审理贪污、职务侵占案件如何认定共同犯罪几个问题的解释》，行为人与国家工作人员勾结，利用国家工作人员的职务便利，共同侵吞、窃取、骗取或者以其他手段非法占有公共财物的，以贪污罪共犯论处。行为人与公司、企业或者其他单位的人员勾结，利用公司、企业或者其他单位人员的职务便利，共同将该单位财物非法占为己有，数额较大的，以职务侵占罪共犯论处。公司、企业或者其他单位中，不具有国家工作人员身份的人与国家工作人员勾结，分别利用各自的职务便利，共同将本单位财物非法占为己有的，按照主犯的犯罪性质定罪。2003年11月13日最高人民法院《全国法院审理经济犯罪案件工作座谈会纪要》对该解释的规定予以重申，并适当有所调整。《纪要》规定，对于国家工作人员与他人勾结，共同非法占有单位财物的行为，应当按照最高人民法院《关于审理贪污、职务侵占案件如何认定共同犯罪几个问题的解释》的规定定罪处罚。对于在公司、企业或者其他单位中，非国家工作人员与国家工作人员勾结，分别利用各自的职务便利，共同将本单位财物非法占有的，应当尽量区分主从犯，按照主犯的犯罪性质定罪。司法实践中，如果根据案件的实际情况，各共同犯罪人在共同犯罪中的地位、作用相当，难以区分主从犯的，可以贪污罪定罪处罚。

（三）贪污罪的刑事责任

根据《刑法》第383条的规定，对犯贪污罪的，根据情节轻重，分别依照下列规定处罚：

（1）贪污数额较大或者有其他较重情节的，处3年以下有期徒刑或者拘役，并处罚金。根据2016年4月18日最高人民法院、最高人民检察院《关于办理贪污贿赂刑事案件适用法律若干问题的解释》（以下简称"《贪贿解释》"）第1条的规定，贪污数额在3万元以上不满20万元的，应当认定为"数额较大"；贪污数额在1万元以上不满3万元，具有下列情形之一的，应当认定为"其他较重情节"：①贪污救灾、抢险、防汛、优抚、扶贫、移民、救济、防疫、社会捐助等特定款物的；②曾因贪污、受贿、挪用公款受过党纪、行政处分的;③ 曾因故意犯罪受过刑事追究的;④ 赃款赃物用于非法活动的;⑤ 拒不交待赃款赃物去向或者拒不配合追缴工作,致使无法追缴的;⑥ 造成恶劣影响或者其他严重后果的。根据该《解释》第19条的规定,对贪污罪判处3年以下有期徒刑或者拘役的,应当并处10万元以上50万元以下的罚金。

(2) 贪污数额巨大或者有其他严重情节的,处3年以上10年以下有期徒刑,并处罚金或者没收财产。根据《贪贿解释》第2条规定,贪污数额在20万元以上不满300万元的,应当认定为"数额巨大";贪污数额在10万元以上不满20万元,具有下列情形之一的,应当认定为"其他严重情节":① 贪污救灾、抢险、防汛、优抚、扶贫、移民、救济、防疫、社会捐助等特定款物的;② 曾因贪污、受贿、挪用公款受过党纪、行政处分的;③ 曾因故意犯罪受过刑事追究的;④ 赃款赃物用于非法活动的;⑤ 拒不交待赃款赃物去向或者拒不配合追缴工作,致使无法追缴的;⑥ 造成恶劣影响或者其他严重后果的。根据该《解释》第19条规定,对贪污罪判处3年以上10年以下有期徒刑的,应当并处20万元以上犯罪数额2倍以下的罚金或者没收财产。

(3) 贪污数额特别巨大或者有其他特别严重情节的,处10年以上有期徒刑或者无期徒刑,并处罚金或者没收财产;数额特别巨大,并使国家和人民利益遭受特别重大损失的,处无期徒刑或者死刑,并处没收财产。根据《贪贿解释》第3条的规定,贪污数额在300万元以上的,应当认定为"数额特别巨大";贪污数额在150万元以上不满300万元,具有下列情形之一的,应当认定为"其他特别严重情节":① 贪污救灾、抢险、防汛、优抚、扶贫、移民、救济、防疫、社会捐助等特定款物的;② 曾因贪污、受贿、挪用公款受过党纪、行政处分的;③ 曾因故意犯罪受过刑事追究的;④ 赃款赃物用于非法活动的;⑤ 拒不交待赃款赃物去向或者拒不配合追缴工作,致使无法追缴的;⑥ 造成恶劣影响或者其他严重后果的。根据该《解释》第19条的规定,对贪污罪判处10年以上有期徒刑或者无期徒刑的,应当并处50万元以上犯罪数额2倍以下的罚金或者没收财产。

对多次贪污未经处理的,按照累计贪污数额处罚。

犯第1款罪,在提起公诉前如实供述自己罪行、真诚悔罪、积极退赃,避免、减少损害结果的发生,有第1项规定情形的,可以从轻、减轻或者免除处罚;有第2项、第3项规定情形的,可以从轻处罚。

犯第1款罪,有第3项规定情形被判处死刑缓期执行的,人民法院根据犯罪情节等情况可以同时决定在其死刑缓期执行二年期满依法减为无期徒刑后,终身监禁,不得减刑、假释。

二、挪用公款罪

(一) 挪用公款罪的概念和构成

挪用公款罪,是指国家工作人员利用职务上的便利,挪用公款归个人使用,进行非法活动的,或者挪用公款数额较大、进行营利活动的,或者挪用公款数额较大、超过3个月未还的行为。

本罪的构成要件是：

(1) 本罪的客体是复杂客体，既侵犯国家工作人员的职务廉洁性，也侵犯公共财产的占有、使用、收益权。财产的所有权包括四项权能：占有权、使用权、收益权、处分权。挪用公款罪的"挪用"是指改变公款用途，侵犯的并非所有权的全部权能，而是包括占有权、使用权、收益权在内的所有权部分权能。

本罪的犯罪对象是公款，即公共财产中呈货币或者有价证券形态的部分。根据1997年10月13日最高人民检察院《关于挪用国库券如何定性问题的批复》，国家工作人员利用职务上的便利，挪用公有或本单位的国库券的行为以挪用公款论；符合《刑法》第384条、第272条第2款规定的情形构成犯罪的，按挪用公款罪追究刑事责任。根据2003年1月28日最高人民检察院《关于挪用失业保险基金和下岗职工基本生活保障资金的行为适用法律问题的批复》，国家工作人员利用职务上的便利，挪用失业保险基金和下岗职工基本生活保障资金归个人使用，构成犯罪的，应当依照《刑法》第384条的规定，以挪用公款罪追究刑事责任。根据《刑法》第384条第2款的规定，挪用用于救灾、抢险、防汛、优抚、扶贫、救济款物归个人使用的，从重处罚。依此规定，挪用公款罪的犯罪对象并不限于公款，还包括特定物。但除上述特定物外的非特定公物或一般公物，不属于挪用公款罪的犯罪对象。2000年3月15日最高人民检察院《关于国家工作人员挪用非特定公物能否定罪的请示的批复》规定，《刑法》第384条规定的挪用公款罪中未包括挪用非特定公物归个人使用的行为，对该行为不以挪用公款罪论处。如构成其他犯罪的，依照刑法的相关规定定罪处罚。

(2) 本罪的客观方面表现为行为人利用职务上的便利，挪用公款归个人使用，进行非法活动的，或者挪用公款数额较大、进行营利活动的，或者挪用公款数额较大、超过3个月未还的行为。所谓利用职务上的便利，是指利用职务权力和地位所形成的主管、管理、经营、经手公款(包括特定款物)的便利条件。既包括行为人直接经手、管理公款的便利条件，也包括行为人因其职务关系而具有的调拨、支配、使用公款的便利条件。

根据2002年4月28日全国人大常委会《关于〈中华人民共和国刑法〉第384条第1款的解释》，有下列情形之一的，属于挪用公款"归个人使用"：一是将公款供本人、亲友或者其他自然人使用的；二是以个人名义将公款供其他单位使用的；三是个人决定以单位名义将公款供其他单位使用，谋取个人利益的。据此，挪用公款归个人使用，分为将公款供个人使用的行为，以及将公款供其他单位使用的行为。认定这两类有所区别的挪用公款归个人使用的行为，需要注意依据司法解释或者规范性文件的精神予以准确判断。其中，首先，认定将公款供个人使用的行为，需要注意单位决定将公款给个人使用行为的性质判定。对此，2003年11月13日最高人民法院《全国法院审理经济犯罪案件工作座谈会纪要》规定，经单位领导集体研究决定将公款给个人使用，或者单位负责人为了单位的利益，决定将公款给个人使用的，不以挪用公款罪定罪处罚。上述行为致使单位遭受重大损失，构成其他犯罪的，依照刑法的有关规定对责任人员定罪处罚。其次，认定将公款供其他单位使用的行为，需要对"以个人名义""个人决定"和"谋取个人利益"作出正确判断。对此,2003年11月13日最高人民法院《全国法院审理经济犯罪案件工作座谈会纪要》规定,在司法实践中,对于将公款供其他单位使用的,认定是否属于"以个人名义",不能只看形式,要从实质上把握。对于行为人逃避财务监管,或者与使用人约定以个人名义进行,或者借款、还款都以个人名义进行,将公款给其他单位使用的,应认定为"以个人名义"。"个人决定"既包括行为人在职权范围内决定,也包括行为人超越职权范围决定。"谋取个人利益",既包括行为人与使用人事先约定谋取个人利益实际尚未获取的情况,也包括虽未事先约定但实际已获取了个人利益的情况。其中的"个人利益",既包括不正当利益,也包括正当利益;既包括财产性利益,也包括非财产性利益,但这种非财产性利益应当是具体的实际利益,如升学、就业等。挪用公款归个人使用分为三种类型,各种类型的成立条件不完全相同。根据《刑法》第384条的规定和1998年4月6日最高人民法院《关于审理挪用公款案件具体应用法律若干问题的解释》,对挪用公款归个人使用的行为,要区分不同的具体表现形式或者类型予以认定:

第一,挪用公款进行非法活动。"非法活动",既包括犯罪活动,也包括其他违法活动。根据上述《解释》,挪用公款归个人使用,进行赌博、走私等非法活动的,构成挪用公款罪,不受"数额较大"和挪用时间的限制。挪用公款给他人使用,不知道使用人将公款用于非法活动,数额较大、超过3个月未还的,构成挪用公款罪;明知使用人将公款用于非法活动的,应当认定为挪用人挪用公款进行非法活动。但该《解释》同时规定,"挪用公款归个人使用,进行非法活动的",以挪用公款5000元至1万元为追究刑事责任的数额起点。《贪贿解释》第5条规定,"挪用公款归个人使用,进行非法活动"追究刑事责任的数额起点为3万元。

第二,挪用公款数额较大、进行营利活动。根据最高人民法院《关于审理挪用公款案件具体应用法律若干问题的解释》,挪用公款数额较大,归个人进行营利活动的,构成挪用公款罪,不受挪用时间和是否归还的限制。在案发前部分或者全部归还本息的,可以从轻处罚;情节轻微的,可以免除处罚。挪用公款存入银行、用于集资、购买股票、国债等,属于挪用公款进行营利活动。所获取的利息、收益等违法所得,应当追缴,但不计入挪用公款的数额。挪用公款给他人使用,不知道使用人用公款进行营利活动,数额较大、超过3个月未还的,构成挪用公款罪;明知使用人用于营利活动的,应当认定为挪用人挪用公款进行营利活动。《贪贿解释》第6条规定,挪用公款归个人使用,"数额较大、进行营利活动的",以挪用公款5万元为"数额较大"的起点。"根据2003年11月13日最高人民法院《全国法院审理经济犯罪案件工作座谈会纪要》的规定,申报注册资本是为进行生产经营活动作准备,属于成立公司、企业进行营利活动的组成部分。因此,挪用公款归个人用于公司、企业注册资本验资证明的,应当认定为挪用公款进行营利活动。

第三,挪用公款数额较大、超过3个月未还。即挪用公款进行营利活动、非法活动以外的活动,数额较大,挪用时间超过了3个月。根据最高人民法院《关于审理挪用公款案件具体应用法律若干问题的解释》的规定,挪用公款归个人使用,数额较大、超过3个月未还的,构成挪用公款罪。挪用正在生息或者需要支付利息的公款归个人使用,数额较大,超过3个月但在案发前全部归还本金的,可以从轻处罚或者免除处罚。给国家、集体造成的利息损失应予追缴。挪用公款数额巨大,超过3个月,案发前全部归还的,可以酌情从轻处罚。《贪贿解释》第6条规定,挪用公款归个人使用,"数额较大、超过3个月未还的",以挪用公款5万元为"数额较大"的起点。

需要注意的是,根据2003年11月13日最高人民法院《全国法院审理经济犯罪案件工作座谈会纪要》的规定,挪用公款归还个人欠款的,应当根据产生欠款的原因分别认定属于挪用公款的何种情形。归还个人进行非法活动或者进行营利活动产生的欠款,应当认定为挪用公款进行非法活动或者进行营利活动。

根据最高人民法院《关于审理挪用公款案件具体应用法律若干问题的解释》的规定,挪用救灾、抢险、防汛、优抚、扶贫、移民、救济款物归个人使用的数额标准,参照挪用公款归个人使用进行非法活动的数额标准。

(3)挪用公款罪的主体是特殊主体,即只由国家工作人员构成。国家工作人员的范围具体根据《刑法》第93条的规定确定。根据2000年4月29日全国人大常委会《关于〈中华人民共和国刑法〉第93条第2款的解释》的规定,村民委员会等基层组织人员协助人民政府从事行政管理工作,利用职务上的便利,挪用公款,构成犯罪的,适用《刑法》第384条挪用公款罪的规定。根据2000年2月13日最高人民法院《关于对受委托管理、经营国有财产人员挪用国有资金行为如何定罪问题的批复》的规定,对于受国家机关、国有公司、企业、事业单位、人民团体委托,管理、经营国有财产的非国家工作人员,利用职务上的便利,挪用国有资金归个人使用构成犯罪的,应当依照挪用资金罪的规定定罪处罚。根据最高人民法院《关于审理挪用公款案件具体应用法律若干问题的解释》,挪用公款给他人使用,使用人与挪用人共谋,指使或者参与策划取得挪用款的,以挪用公款罪的共犯定罪处罚。

(4)本罪的主观方面是故意。

(二)挪用公款罪的认定

(1)本罪与贪污罪的界限。两罪的区别在于:第一,次要客体存在一定区别。挪用公款罪次要客体限于公共财产的占有、使用、收益权;贪污罪次要客体是公共财产所有权。第二,犯罪对象不完全相同。挪用公款罪的对象原则上限于公款,法定的例外情形下包括特定公物;贪污罪的对象既包括公款,也包括其他公共财物。第三,客观方面的行为方式不同。挪用公款罪表现为利用职务上的便利,挪用公款进行非法活动,或者挪用公款数额较大、进行营利活动,或者挪用公款数额较大、超过3个月未还的行为;贪污罪的客观方面表现为利用职务上的便利,侵吞、窃取、骗取或者以其他手段非法占有公共财物的行为。第四,主体范围不同。挪用公款罪主体限于国家工作人员;贪污罪的主体除了国家工作人员外,还包括受国有单位委托管理、经营国有财产的人员。第五,主观目的不同。本罪以非法取得公款使用权为目的;而贪污罪则以非法占有公共财物为目的。在司法实务操作中,需要注意挪用公款转化为贪污的认定。对此,2003年11月13日最高人民法院《全国法院审理经济犯罪案件工作座谈会纪要》规定,挪用公款罪与贪污罪的主要区别在于行为人主观上是否具有非法占有公款的目的。挪用公款是否转化为贪污,应当按照主客观相一致的原则,具体判断和认定行为人主观上是否具有非法占有公款的目的。在司法实践中,具有以下情形之一的,可以认定行为人具有非法占有公款的目的:一是根据最高人民法院《关于审理挪用公款案件具体应用法律若干问题的解释》第6条的规定,行为人"携带挪用的公款潜逃的",对其携带挪用的公款部分,以贪污罪定罪处罚。二是行为人挪用公款后采取虚假发票平账、销毁有关账目等手段,使所挪用的公款已难以在单位财务账目上反映出来,且没有归还行为的,应当以贪污罪定罪处罚。三是行为人截取单位收入不入账,非法占有,使所占有的公款难以在单位财务账目上反映出来,且没有归还行为的,应当以贪污罪定罪处罚。四是有证据证明行为人有能力归还所挪用的公款而拒不归还,并隐瞒挪用的公款去向的,应当以贪污罪定罪处罚。

(2) 本罪与挪用资金罪的界限。本罪与挪用资金罪的区别主要表现在:其一,犯罪对象不同。挪用公款罪的犯罪对象原则上限于公款,法定的例外情形下包括特定公物;而挪用资金罪的犯罪对象是非国有单位的资金。其二,犯罪主体不同。挪用公款罪的主体是国家工作人员,而挪用资金罪的主体则是公司、企业或者其他单位的工作人员。

(3) 本罪与挪用特定款物罪的界限。本罪与挪用特定款物罪在行为方式上均表现为挪用,在犯罪对象与主观要件上也有诸多相似之处。当挪用对象同为特定款物时,二罪主要区别在于:其一,犯罪客体不同。侵犯客体都是复杂客体,都有侵犯公共财产权利的一面,但本罪同时还侵犯国家工作人员的职务廉洁性,挪用特定款物罪则同时还侵犯国家特定款物的财经管理制度。其二,犯罪主体不同。本罪的主体是国家工作人员,而挪用特定款物罪的主体则是主管、经管、经手特定款物的直接责任人员。其三,挪用用途不同。本罪一般是挪用公款归个人,实质上是"公款私用";挪用特定款物罪是将特定款物挪归单位其他事项使用,未能专款专用,实质上具有"公款公用"的性质。

(三) 挪用公款罪的刑事责任

根据《刑法》第384条的规定,犯本罪的,处5年以下有期徒刑或者拘役;情节严重的[1],处5年以上有期徒刑。挪用公款数额巨大[2]不退还的,处10年以上有期徒刑或者无期徒刑。根据最高人民法院《关于审理挪用公款案件具体应用法律若干问题的解释》的规定,"挪用公款数额巨大不退还的",是指挪用公款数额巨大,因客观原因在一审宣判前不能退还的。多次挪用公款不还,挪用公款数额累计计算;多次挪用公款,并以后次挪用的公款归还前次挪用的公款,挪用公款数额以案发时未还的实际数额认定。此外,因挪用公款索取、收受贿赂构成犯罪的,依照数罪并罚的规定处罚。挪用公款进行非法活动构成其他犯罪的,依照数罪并罚的规定处罚。

---

[1] 具体标准参见2016年4月18日最高人民法院、最高人民检察院《关于办理贪污贿赂刑事案件适用法律若干问题的解释》第5条、第6条的规定。

[2] 具体标准参见同上。

三、受贿罪

(一) 受贿罪的概念和构成

受贿罪,是指国家工作人员利用职务上的便利,索取他人财物的,或者非法收受他人财物,为他人谋取利益的行为。

本罪的构成要件是:

(1) 本罪的客体是国家工作人员的职务廉洁性。受贿行为所索取、收受的财物称为"贿赂",故本罪的犯罪对象是贿赂。我国刑法将贿赂表述为财物。对于贿赂的范围,刑法理论界主要存在财物说、财产性利益说、利益说三种不同观点。刑法理论界的通说认为,贿赂即我国刑法所规定的财物,应当是指具有价值的有体物、无体物和财产性利益,非财产性利益不属于贿赂。《贪贿解释》第12条规定,贿赂犯罪中的"财物",包括货币、物品和财产性利益。财产性利益包括可以折算为货币的物质利益如房屋装修、债务免除等,以及需要支付货币的其他利益如会员服务、旅游等。后者的犯罪数额,以实际支付或者应当支付的数额计算。

(2) 本罪的客观方面表现为利用职务上的便利,索取他人财物,或者非法收受他人财物,为他人谋取利益的行为。受贿行为包括两种不同的基本形式:

一是利用职务之便,索取他人财物。简称索取贿赂。索取贿赂,即行为人主动向他人索要、勒索并收受财物。基本特征是索要行为的主动性和交付财物行为的被动性。索取他人财物的,不论是否"为他人谋取利益",均可构成受贿罪。根据1999年9月16日最高人民检察院《关于人民检察院直接受理立案侦查案件立案标准的规定(试行)》的规定,"利用职务上的便利",是指利用本人职务范围内的权力,即自己职务上主管、负责或者承办某项公共事务的职权及其所形成的便利条件。根据2003年11月13日最高人民法院《全国法院审理经济犯罪案件工作座谈会纪要》的规定,"利用职务上的便利",既包括利用本人职务上主管、负责、承办某项公共事务的职权,也包括利用职务上有隶属、制约关系的其他国家工作人员的职权。担任单位领导职务的国家工作人员通过不属自己主管的下级部门的国家工作人员的职务为他人谋取利益的,应当认定为"利用职务上的便利"为他人谋取利益。

二是利用职务之便,非法收受他人财物,为他人谋取利益。简称收受贿赂。收受贿赂,即行为人对他人给付的财物予以接受。基本特征是给付财物行为的主动性、自愿性和收受财物行为的被动性。根据1999年9月16日最高人民检察院《关于人民检察院直接受理立案侦查案件立案标准的规定(试行)》的规定,非法收受他人财物的,必须同时具备"为他人谋取利益"的条件,才能构成受贿罪。但是为他人谋取的利益是否正当,为他人谋取的利益是否实现,不影响受贿罪的认定。根据2003年11月13日最高人民法院《全国法院审理经济犯罪案件工作座谈会纪要》的规定,为他人谋取利益包括承诺、实施和实现三个阶段的行为。只要具有其中一个阶段的行为,如国家工作人员收受他人财物时,根据他人提出的具体请托事项,承诺为他人谋取利益的,就具备了为他人谋取利益的要件。明知他人有具体请托事项而收受其财物的,视为承诺为他人谋取利益。据此,不能将"为他人谋取利益"简单地理解为已经为他人谋取到了利益。一般而言,为他人谋取利益包括四种情况:一是已经许诺(许诺包括明示与默许)为他人谋取利益,但尚未实际进行;二是已经着手为他人谋取利益,但尚未谋取到利益;三是已经着手为他人谋取利益,但尚未完全实现;四是为他人谋取利益,已经完全实现。根据《贪贿解释》第13条的规定,具有下列情形之一的,应当认定为"为他人谋取利益",构成犯罪的,应当依照刑法关于受贿犯罪的规定定罪处罚:① 实际或者承诺为他人谋取利益的;② 明知他人有具体请托事项的;③ 履职时未被请托,但事后基于该履职事由收受他人财物的。国家工作人员索取、收受具有上下级关系的下属或者具有行政管理关系的被管理人员的财物价值3万元以上,可能影响职权行使的,视为承诺为他人谋取利益。

除上述受贿行为的基本形式之外,我国《刑法》还对经济往来中的受贿行为以及斡旋受贿行为作出了专门规定。

《刑法》第385条第2款规定,国家工作人员在经济往来中,违反国家规定,收受各种名义的回扣、手续费归个人所有的,以受贿论处。所谓违反国家规定,是指违反全国人民代表大会及其常务委员会制定的法律和决定以及国务院制定的行政法规、规定的行政措施、发布的决定和命令。有学者主张,《刑法》第385条第2款的规定表示,国家工作人员是否利用职务之便及为他人谋取利益,不影响本条款的适用,控诉机关无需加以证明。① 我们认为,对于经济往来中的受贿行为,首先应当根据行为事实,将其区分为索取贿赂与收受贿赂;而后依照《刑法》第385条第1款的规定,判断行为是否构成受贿罪。换言之,属于索取贿赂的,必须以利用职务之便为构成要件;属于收受贿赂的,必须以利用职务之便和为他人谋取利益为构成要件。

《刑法》第388条规定,国家工作人员利用本人职权或者地位形成的便利条件,通过其他国家工作人员职务上的行为,为请托人谋取不正当利益,索取请托人财物或者收受请托人财物的,以受贿论处。该条规定的受贿行为即为斡旋受贿行为。斡旋受贿具有以下特征:第一,必须利用本人职权或者地位形成的便利条件。根据2003年11月13日最高人民法院《全国法院审理经济犯罪案件工作座谈会纪要》的规定,"利用本人职权或者地位形成的便利条件",是指行为人与被其利用的国家工作人员之间在职务上虽然没有隶属、制约关系,但是行为人利用了本人职权或者地位产生的影响和一定的工作联系,如单位内不同部门的国家工作人员之间、上下级单位没有职务上隶属、制约关系的国家工作人员之间、有工作联系的不同单位的国家工作人员之间等。第二,接受他人请托,通过其他国家工作人员职务上的行为,为请托人谋取不正当利益。参照1999年3月4日最高人民法院、最高人民检察院《关于在办理受贿犯罪大要案的同时要严肃查处严重行贿犯罪分子的通知》,"谋取不正当利益"是指谋取违反法律、法规、国家政策和国务院各部门规章规定的利益,以及要求国家工作人员或者有关单位提供违反法律、法规、国家政策和国务院各部门规章规定的帮助或者

---

① 参见曲新久:《刑法学》,中国政法大学出版社2009年版,第538—539页。

方便条件。第三,必须索取请托人财物或者收受请托人财物。总之,斡旋受贿行为与前述基本或典型受贿行为和经济往来中的受贿行为有所不同,主要表现为两个方面:第一,行为人不是直接利用本人职务上的便利为请托人谋取利益,而是利用本人职权或者地位形成的便利条件,通过其他国家工作人员职务上的行为,为请托人谋取利益。因为具有间接利用职权为他人谋利的特点,所以斡旋受贿又被称为"间接受贿",与此相对,直接利用职权为他人谋利的典型受贿行为和经济往来中的受贿行为被称为"直接受贿"。第二,必须为请托人谋取不正当利益。

(3) 本罪的主体是特殊主体,即只能由国家工作人员构成。国家工作人员的范围具体根据《刑法》第 93 条的规定确定。国家工作人员限于在职的国家工作人员。根据 2000 年 4 月 29 日全国人大常委会《关于〈中华人民共和国刑法〉第 93 条第 2 款的解释》的规定,村民委员会等基层组织人员协助人民政府从事行政管理工作,利用职务上的便利,索取他人财物或者非法收受他人财物,构成犯罪的,适用《刑法》第 385 条和第 386 条受贿罪的规定。根据 2000 年 6 月 30 日最高人民法院《关于国家工作人员利用职务上的便利为他人谋取利益离退休后收受财物行为如何处理问题的批复》的规定,国家工作人员利用职务上的便利为请托人谋取利益,并与请托人事先约定,在其离退休后收受请托人财物,构成犯罪的,以受贿罪定罪处罚。根据 2007 年 7 月 8 日最高人民法院、最高人民检察院《关于办理受贿刑事案件适用法律若干问题的意见》第 10 条的规定,国家工作人员利用职务上的便利为请托人谋取利益之前或者之后,约定在其离职后收受请托人财物,并在离职后收受的,以受贿论处。

(4) 本罪的主观方面是故意。完整理解受贿罪的主观故意,需要注意从三个方面把握:首先,行为人具有索取贿赂或者收受贿赂的意图。其次,行为人认识到自己索取、收受贿赂的行为是在与对方进行权钱交易(或者认识到索取、收受贿赂行为与职务行为的关联性),认识到自己的行为会侵害职务行为的廉洁性。最后,行为人对受贿行为本身的危害后果(即受贿行为对职务行为廉洁性的侵犯)持希望或者放任的态度。

(二) 受贿罪的认定

(1) 本罪与非罪的界限。① 本罪与接受亲友财物的界限。接受亲友财物通常包括两种情况:一是亲友出于亲情或友谊,单方面、无条件地赠与财物;二是单纯利用亲友关系,为请托人办事,收受了请托人的答谢礼物。前者属于馈赠行为,后者属于亲友间的礼尚往来,均是正常合法行为。区别馈赠行为、礼尚往来与受贿罪界限的关键在于:行为人接受亲友的财物是否利用职务上的便利为亲友谋取利益。利用职务上的便利为亲友谋取利益,从而接受亲友财物的,构成受贿罪,否则,不应以受贿罪论处。② 本罪与取得合法报酬的界限。行为人在法律、政策允许的范围内,利用自己的知识和劳动,在业余时间和休假时间为他人提供服务而获得的报酬是合法收入,不属于受贿。如果行为人违反国家规定,在业余时间或休假时间,利用职务上的便利为他人谋取利益,进而获得报酬的,属于受贿。③ 本罪与一般受贿行为的界限。区别二者应从数额和情节两个方面把握。根据《刑法》第 383 条、第 386 条的规定,受贿数额较大或者有其他较重情节的,才构成受贿罪。故如果没有较重情节,在数额未达到较大的情况下,仅属于一般违法受贿行为。

(2) 本罪与贪污罪的界限。受贿罪与贪污罪的区别主要表现在:其一,犯罪客体和对象不同。受贿罪的客体是单一客体,即国家工作人员的职务廉洁性;贪污罪的客体则是复杂客体,既侵犯国家公职人员的职务廉洁性,也侵犯公共财产所有权。其二,客观行为表现不同。受贿罪的客观方面表现为行为人利用职务上的便利,索取他人财物,或者非法收受他人财物,为他人谋取利益;后者则表现为行为人利用职务上的便利,侵吞、窃取、骗取或者以其他方法非法占有公共财物。其三,主体的范围不同。受贿罪的主体只能是国家工作人员,而贪污罪的主体除了国家工作人员外,还可以由受国家机关、国有公司、企业、事业单位、人民团体委托管理、经营国有财产的人员构成。其四,犯罪目的不同。受贿罪的目的是非法获取他人财物,贪污罪的目的则是非法占有公共财物。

(3) 本罪与敲诈勒索罪的界限。受贿罪与敲诈勒索罪的界限一般不难区分,容易混淆并需要正确区分的是索贿行为与敲诈勒索罪的界限。其一,索贿行为侵犯的客体是单一客体,敲诈勒索罪侵犯的客体是复杂客体。其二,索贿行为的主体必须是国家工作人员,敲诈勒索罪的主体是一般主体。其三,索贿行为必须利用职务上的便利,敲诈勒索罪没有利用职务上的便利。其中,区分两者的关键是行为人是否利用职务上的便利。在他人有求于国家工作人员的事项必须利用职务上的便利才能实现的条件下,行为人利用他人所处的困境,索取财物的,属于索贿行为。

(4) 本罪与非国家工作人员受贿罪的界限。本罪与非国家工作人员受贿罪存在诸多相同之处:主观方面的罪过形式都是故意,客观方面都是利用职务上的便利索取或者非法收受他人财物。二者的区别主要表现在:其一,客体不同。受贿罪的客体是国家工作人员的职务廉洁性,而非国家工作人员受贿罪的客体是公司、企业或者其他单位的管理秩序和工作人员的职务廉洁性。其二,客观方面有所不同。受贿罪中的索取贿赂不以为他人谋取利益为要件,只有收受贿赂以为他人谋取利益为要件;而非国家工作人员受贿罪中的索取贿赂和收受贿赂,都以为他人谋取利益为要件。其三,犯罪主体不同。受贿罪的主体是国家工作人员,而非国家工作人员受贿罪的主体是公司、企业或者其他单位中不具有国家工作人员身份的人员。

(三) 受贿罪的刑事责任

《刑法》第386条规定:"对犯受贿罪的,根据受贿所得数额及情节,依照本法第383条的规定处罚。索贿的从重处罚。"《刑法》第383条是关于贪污罪的处罚的规定。据此,受贿罪的具体处罚标准是:

(1) 受贿数额较大或者有其他较重情节的,处3年以下有期徒刑或者拘役,并处罚金。根据《贪贿解释》第1条的规定,受贿数额在3万元以上不满20万元的,应当认定为"数额较大";受贿数额在1万元以上不满3万元,具有下列情形之一的,应当认定为"其他较重情节":① 多次索贿的;② 为他人谋取不正当利益,致使公共财产、国家和人民利益遭受损失的;③ 为他人谋取职务提拔、调整的。根据该《解释》第19

条的规定,对受贿罪判处 3 年以下有期徒刑或者拘役的,应当并处 10 万元以上 50 万元以下的罚金。

(2) 受贿数额巨大或者有其他严重情节的,处 3 年以上 10 年以下有期徒刑,并处罚金或者没收财产。根据《贪贿解释》第 2 条的规定,受贿数额在 20 万元以上不满 300 万元的,应当认定为"数额巨大";受贿数额在 10 万元以上不满 20 万元,具有下列情形之一的,应当认定为"其他严重情节":① 多次索贿的;② 为他人谋取不正当利益,致使公共财产、国家和人民利益遭受损失的;③ 为他人谋取职务提拔、调整的。根据该《解释》第 19 条的规定,对受贿罪判处 3 年以上 10 年以下有期徒刑的,应当并处 20 万元以上犯罪数额 2 倍以下的罚金或者没收财产。

(3) 受贿数额特别巨大或者有其他特别严重情节的,处 10 年以上有期徒刑或者无期徒刑,并处罚金或者没收财产;数额特别巨大,并使国家和人民利益遭受特别重大损失的,处无期徒刑或者死刑,并处没收财产。根据《贪贿解释》第 3 条的规定,受贿数额在 300 万元以上的,应当认定为"数额特别巨大";受贿数额在 150 万元以上不满 300 万元,具有下列情形之一的,应当认定为"其他特别严重情节":① 多次索贿的;② 为他人谋取不正当利益,致使公共财产、国家和人民利益遭受损失的;③ 为他人谋取职务提拔、调整的。根据该《解释》第 19 条的规定,对受贿罪判处 10 年以上有期徒刑或者无期徒刑的,应当并处 50 万元以上犯罪数额 2 倍以下的罚金或者没收财产。

对多次受贿未经处理的,按照累计受贿数额处罚。

犯第 1 款罪,在提起公诉前如实供述自己罪行、真诚悔罪、积极退赃,避免、减少损害结果的发生,有第 1 项规定情形的,可以从轻、减轻或者免除处罚;有第 2 项、第 3 项规定情形的,可以从轻处罚。

犯第 1 款罪,有第 3 项规定情形被判处死刑缓期执行的,人民法院根据犯罪情节等情况可以同时决定在其死刑缓期执行二年期满依法减为无期徒刑后,终身监禁,不得减刑、假释。

四、单位受贿罪

单位受贿罪,是指国家机关、国有公司、企业、事业单位、人民团体,索取、非法收受他人财物,为他人谋取利益,情节严重的行为。本罪的客体是国有单位的廉政制度。本罪的客观方面表现为索取、非法收受他人财物,为他人谋取利益,情节严重的行为。索取他人财物或者非法收受他人财物,必须同时具备为他人谋取利益的条件,且是情节严重的行为,才能构成单位受贿罪。国家机关、国有公司、企业、事业单位、人民团体,在经济往来中,在账外暗中收受各种名义的回扣、手续费的,以单位受贿罪追究刑事责任。1999 年 9 月 16 日最高人民检察院《关于人民检察院直接受理立案侦查案件立案标准的规定(试行)》对本罪的立案标准有明确的规定。本罪的主体是国家机关、国有公司、企业、事业单位、人民团体。本罪的主观方面是故意。根据《刑法》第 387 条第 1 款的规定,犯本罪的,对单位判处罚金,并对其直接负责的主管人员和其他直接责任人员,处5年以下有期徒刑或者拘役。根据《刑法》第387条第2款的规定,前款所列单位,在经济往来中,在账外暗中收受各种名义的回扣、手续费的,以受贿论,依照前款的规定处罚。

五、利用影响力受贿罪

(一) 利用影响力受贿罪的概念和构成

利用影响力受贿罪,是指国家工作人员的近亲属或者其他与该国家工作人员关系密切的人,通过该国家工作人员职务上的行为,或者利用该国家工作人员职权或者地位形成的便利条件,以及离职的国家工作人员或者其近亲属以及其他与其关系密切的人,利用该离职的国家工作人员原职权或者地位形成的便利条件,通过其他国家工作人员职务上的行为,为请托人谋取不正当利益,索取请托人财物或者收受请托人财物,数额较大或者有其他较重情节的行为。

本罪的构成要件是:

(1) 本罪的客体是国家工作人员的职务廉洁性。

(2) 本罪的客观方面表现为法定的利用影响力受贿行为。理解本罪的客观方面,需要注意的主要问题:第一,本罪客观方面的法定表现包括三种,即国家工作人员的近亲属或者其他与该国家工作人员关系密切的人,通过该国家工作人员职务上的行为,为请托人谋取不正当利益,索取请托人财物或者收受请托人财物;国家工作人员的近亲属或者其他与该国家工作人员关系密切的人,利用该国家工作人员职权或者地位形成的便利条件,通过其他国家工作人员职务上的行为,为请托人谋取不正当利益,索取请托人财物或者收受请托人财物;离职的国家工作人员或者其近亲属以及其他与其关系密切的人,利用该离职的国家工作人员原职权或者地位形成的便利条件,通过其他国家工作人员职务上的行为,为请托人谋取不正当利益,索取请托人财物或者收受请托人财物。根据2003年11月13日最高人民法院《全国法院审理经济犯罪案件工作座谈会纪要》的规定,"利用职务上的便利",既包括利用本人职务上主管、负责、承办某项公共事务的职权,也包括利用职务上有隶属、制约关系的其他国家工作人员的职权。担任单位领导职务的国家工作人员通过不属自己主管的下级部门的国家工作人员的职务为他人谋取利益的,应当认定为"利用职务上的便利"为他人谋取利益。"利用本人职权或者地位形成的便利条件",是指行为人与被其利用的国家工作人员之间在职务上虽然没有隶属、制约关系,但是行为人利用了本人职权或者地位产生的影响和一定的工作联系,如单位内不同部门的国家工作人员之间、上下级单位没有职务上隶属、制约关系的国家工作人员之间、有工作联系的不同单位的国家工作人员之间等。第二,必须是为请托人谋取不正当利益才构成犯罪,如果为请托人谋取的是正当利益不构成犯罪。根据1999年3月4日最高人民法院、最高人民检察院《关于在办理受贿犯罪大要案的同时要严肃查处严重行贿犯罪分子的通知》的规定,"谋取不正当利益"是指谋取违反法律、法规、国家政策和国务院各部门规章规定的利益,以及要求国家工作人员或者有关单位提供违反法律、法规、国家政策和国务院各部门规章规定的帮助或者方便条件。根据2008年11月20日最高人民法院、最高人民检察院《关于办理商业贿赂刑事案件适用法律若干问题的意见》的规定,在行贿犯罪中,"谋取不正当利益",是指行贿人谋取违反法律、法规、规章或者政策规定的利益,或者要求对方违反法律、法规、规章、政策、行业规范的规定提供帮助或者方便条件。在招标投标、政府采购等商业活动中,违背公平原则,给予相关人员财物以谋取竞争优势的,属于"谋取不正当利益"。第三,必须是数额较大或者有其他较重情节的,才成立犯罪。总之,尽管本罪的客观方面有三种法定的表现形式,但其共同特征是,行为人必须利用在职或现职国家工作人员职务上的行为,为请托人谋取不正当利益,索取请托人财物或者收受请托人财物,数额较大或者有其他较重情节。

(3) 本罪的主体是特殊主体,即与国家工作人员(以及离职的国家工作人员)关系密切的非国家工作人员,包括国家工作人员的近亲属或者其他与该国家工作人员关系密切的人,以及离职的国家工作人员或者其近亲属以及其他与其关系密切的人。"近亲属"主要是指夫、妻、父、母、子、女、同胞兄弟姊妹、祖父母、外祖父母、孙子女、外孙子女。"其他与其关系密切的人",是指除近亲属之外的其他关系亲近、可以间接或无形的方式对国家工作人员的行为、决定施加影响的人。"离职的国家工作人员"是指曾经是国家工作人员,但由于离休、退休、辞职、辞退等原因已离开了国家工作人员岗位的人。值得注意的是,在立法机关审议增设利用影响力受贿罪的过程中,法律委员会经研究认为:国家工作人员(以及离职的国家工作人员)的"近亲属"及"其他与其关系密切的人",是与国家工作人员(以及离职的国家工作人员)关系密切的非国家工作人员,之所以将这两种人利用影响力交易行为规定为犯罪,主要是考虑到他们与国家工作人员或有血缘、亲属关系,有的虽不存在亲属关系,但属情夫、情妇,或者彼此是同学、战友、部下、上级或者老朋友,交往甚密,有些关系甚至可密切到相互称兄道弟的程度,这些人对国家工作人员(以及离职的国家工作人员)的影响力自然也非同一般。实践中以此影响力由在职的国家工作人员(或者离职的国家工作人员)为请托人办事,自己收受财物的案件屡见不鲜。① 所以,本罪主体中的"近亲属"和"其他与其关系密切的人"的范围,较之2007年7月8日最高人民法院、最高人民检察院《关于办理受贿刑事案件适用法律若干问题的意见》第11条中界定的"特定关系人"的范围,要更为广泛。

(4) 本罪的主观方面是故意。

(二) 利用影响力受贿罪的认定

(1) 利用影响力受贿罪与受贿罪的界限。本罪与受贿罪区分的关键,是犯罪主体的不同。本罪的主体是特殊主体,即与国家工作人员(以及离职的国家工作人员)关系密切的非国家工作人员,包括国家工作人员的近亲属或者其他与该国家工作人员关系密切的人,以及离职的国家工作人员或者其近亲属以及其他与其关系密切的人。受贿罪的主体是特殊主体,即在职的国家工作人员。根据2000年6月30日最

---

① 参见黄太云:《〈刑法修正案(七)〉对惩治腐败相关条文的完善》,载《中国检察官》2009年第5期。

高人民法院《关于国家工作人员利用职务上的便利为他人谋取利益离退休后收受财物行为如何处理问题的批复》的规定，国家工作人员利用职务上的便利为请托人谋取利益，并与请托人事先约定，在其离退休后收受请托人的财物，构成犯罪的，以受贿罪定罪处罚。2003年11月13日最高人民法院《全国法院审理经济犯罪案件工作座谈会纪要》重申了前述规定。此外，利用影响力受贿罪与受贿罪的客观方面也有所不同。特定非国家工作人员利用在职或现职国家工作人员职务上的行为，为请托人谋取不正当利益，索取请托人财物或者收受请托人财物，数额较大或者有其他较重情节的，构成利用影响力受贿罪。

（2）利用影响力受贿罪与共同受贿犯罪的界限。本罪与共同受贿犯罪区分的关键，是非国家工作人员与国家工作人员有无共同受贿的故意和行为。需要特别注意的是，这种实体判断标准，同时在很大程度上也表现为两者的基本证据标准有所不同。2003年11月13日最高人民法院《全国法院审理经济犯罪案件工作座谈会纪要》规定，根据刑法关于共同犯罪的规定，非国家工作人员与国家工作人员勾结伙同受贿的，应当以受贿罪的共犯追究刑事责任。非国家工作人员是否构成受贿罪共犯，取决于双方有无共同受贿的故意和行为。国家工作人员的近亲属向国家工作人员代为转达请托事项，收受请托人财物并告知该国家工作人员，或者国家工作人员明知其近亲属收受了他人财物，仍按照近亲属的要求利用职权为他人谋取利益的，对该国家工作人员应认定为受贿罪，其近亲属以受贿罪共犯论处。近亲属以外的其他人与国家工作人员通谋，由国家工作人员利用职务上的便利为请托人谋取利益，收受请托人财物后双方共同占有的，构成受贿罪共犯。国家工作人员利用职务上的便利为他人谋取利益，并指定他人将财物送给其他人，构成犯罪的，应以受贿罪定罪处罚。2007年7月8日最高人民法院、最高人民检察院《关于办理受贿刑事案件适用法律若干问题的意见》第7条就"关于由特定关系人收受贿赂问题"专门作出了规定。该条第1款规定，国家工作人员利用职务上的便利为请托人谋取利益，授意请托人以本意见所列形式，将有关财物给予特定关系人的，以受贿论处。该条第2款规定，特定关系人与国家工作人员通谋，共同实施前款行为的，对特定关系人以受贿罪的共犯论处。特定关系人以外的其他人与国家工作人员通谋，由国家工作人员利用职务上的便利为请托人谋取利益，收受请托人财物后双方共同占有的，以受贿罪的共犯论处。

（三）利用影响力受贿罪的刑事责任

根据《刑法》第388条之一的规定，犯本罪，数额较大或者有其他较重情节的，处3年以下有期徒刑或者拘役，并处罚金；数额巨大或者有其他严重情节的，处3年以上7年以下有期徒刑，并处罚金；数额特别巨大或者有其他特别严重情节的，处7年以上有期徒刑，并处罚金或者没收财产。《贪贿解释》第10条规定，本罪的定罪量刑适用标准，参照本《解释》关于受贿罪的规定执行；第19条规定，对本罪适用并处罚金的，应当在10万元以上犯罪数额2倍以下判处。

六、行贿罪

(一) 行贿罪的概念和构成

行贿罪是指为谋取不正当利益,给予国家工作人员以财物的行为。

本罪的构成要件是:

(1) 本罪的客体是国家工作人员的职务廉洁性。犯罪对象仅限于国家工作人员。

(2) 本罪的客观方面表现为为谋取不正当利益,给予国家工作人员以财物的行为。此外,《刑法》第389条第2款规定,在经济往来中,违反国家规定,给予国家工作人员以财物,数额较大的,或者违反国家规定,给予国家工作人员各种名义的回扣、手续费的,以行贿论处。《刑法》第389条第3款规定,因被勒索给予国家工作人员以财物,没有获得不正当利益的,不是行贿。依据《刑法》第389条的规定,行贿罪的客观方面主要表现为以下几种情况:一是为了利用国家工作人员的职务行为(包括通过国家工作人员予以利用),主动给予国家工作人员以财物。二是在有求于国家工作人员的职务行为时,由于国家工作人员的索取而给予国家工作人员以财物。但《刑法》第389条第3款规定的情形除外。三是与国家工作人员约定,以满足自己的要求为条件给予国家工作人员以财物。即《刑法》第389条第2款规定的以行贿论处的行为。四是在国家工作人员利用职务上的便利为自己谋利益时或者为自己谋利益之后,给予国家工作人员以财物,作为职务行为的报酬。[①] 2013年最高人民法院、最高人民检察院《关于办理行贿刑事案件具体应用法律若干问题的解释》第12条规定,行贿罪中的"谋取不正当利益",是指行贿人谋取的利益违反法律、法规、规章、政策规定,或者要求国家工作人员违反法律、法规、规章、政策、行业规范的规定,为自己提供帮助或者方便条件。违背公平、公正原则,在经济、组织人事管理等活动中,谋取竞争优势的,应当认定为"谋取不正当利益"。

(3) 本罪的主体是一般主体,凡是年满16周岁具有刑事责任能力的自然人均能成为本罪的主体。

(4) 本罪的主观方面是故意,并且具有谋取不正当利益的目的。行为人是否具有谋取不正当利益的目的,是区分本罪与非罪界限的重要标志。

(二) 行贿罪的认定

在认定本罪时,要注意从如下几个方面区分本罪与非罪的界限:(1) 行贿与馈赠行为的界限。二者的区别表现为:其一,目的不同。行贿是为了使国家工作人员利用职务之便为自己谋取不正当的利益;馈赠行为则是为了增加亲友的情谊、维系亲友的感情等需求。其二,方式不同。行贿往往是秘密进行的,给付财物是附条件的;馈赠行为则是公开的,给付财物是无条件的。(2) 行贿与不当送礼行为的界限。区分二者的关键在于行为人主观上是否具有利用国家工作人员的职务行为以达到为自己谋

[①] 参见张明楷:《刑法学》(第2版),法律出版社2003年版,第932页。

取不正当利益的目的。不当送礼行为包括:其一,行为人给予国家工作人员以财物,以谋取某种正当利益。其二,行为人为答谢国家工作人员的帮助而给予其少量财物。其三,行为人因被勒索给予国家工作人员以财物,没有获得不正当利益。(3) 本罪与一般行贿行为的界限。《刑法》对行贿罪的构成没有规定任何情节或行贿数额上的限制,从学理上看,区分二者的界限,应从行贿数额、情节等方面予以综合判断。对此,《贪贿解释》第7条规定,为谋取不正当利益,向国家工作人员行贿,数额在3万元以上的,应当以行贿罪追究刑事责任。行贿数额在1万元以上不满3万元,具有下列情形之一的,应当以行贿罪追究刑事责任:① 向3人以上行贿的;② 将违法所得用于行贿的;③ 通过行贿谋取职务提拔、调整的;④ 向负有食品、药品、安全生产、环境保护等监督管理职责的国家工作人员行贿,实施非法活动的;⑤ 向司法工作人员行贿,影响司法公正的;⑥ 造成经济损失数额在50万元以上不满100万元的。

(三) 行贿罪的刑事责任

根据《刑法》第390条的规定,犯本罪的,处5年以下有期徒刑或者拘役,并处罚金;因行贿谋取不正当利益,情节严重的,或者使国家利益遭受重大损失的①,处5年以上10年以下有期徒刑,并处罚金;情节特别严重的,或者使国家利益遭受特别重大损失的②,处10年以上有期徒刑或者无期徒刑,并处罚金或者没收财产。根据《贪贿解释》第19条的规定,对本罪适用并处罚金的,应当在10万元以上犯罪数额2倍以下判处。行贿人在被追诉前主动交待行贿行为的,可以从轻或者减轻处罚。其中,犯罪较轻的,对侦破重大案件起关键作用的,或者有重大立功表现的,可以减轻或者免除处罚。

七、对有影响力的人行贿罪

对有影响力的人行贿罪,是指为谋取不正当利益,向国家工作人员的近亲属或者其他与该国家工作人员关系密切的人,或者向离职的国家工作人员或者其近亲属以及其他与其关系密切的人行贿的行为。本罪在客观上表现为行为人向国家工作人员的近亲属或者其他与该国家工作人员关系密切的人,或者向离职的国家工作人员或者其近亲属以及其他与其关系密切的人行贿。我国《刑法》虽对构成本罪未规定情节的要求,但根据《刑法》第13条后段"但书"的规定,行贿的情节显著轻微、危害不大的,不能以犯罪论处。本罪的主体为任何已满16周岁、具有刑事责任能力的自然人和单位。本罪主观方面出自故意,并具有谋取不正当利益的目的。根据《刑法》第390条之一的规定,犯本罪的,处3年以下有期徒刑或者拘役,并处罚金;情节严重的,或者使国家利益遭受重大损失的,处3年以上7年以下有期徒刑,并处罚金;情节特别严重的,或者使国家利益遭受特别重大损失的,处7年以上10年以下有期徒刑,并

---

① 具体标准参见2016年4月18日最高人民法院、最高人民检察院《关于办理贪污贿赂刑事案件适用法律若干问题的解释》第8条的规定。

② 具体标准参见2016年4月18日最高人民法院、最高人民检察院《关于办理贪污贿赂刑事案件适用法律若干问题的解释》第9条的规定。

处罚金。单位犯本罪的,对单位判处罚金,并对其直接负责的主管人员和其他直接责任人员,处3年以下有期徒刑或者拘役,并处罚金。根据《贪贿解释》第10条、第19条的规定,个人犯本罪的定罪量刑适用标准,参照本《解释》关于行贿罪的规定执行,单位犯本罪的定罪标准为行贿数额20万元以上;对本罪适用并处罚金的,应当在10万元以上犯罪数额2倍以下判处。

八、对单位行贿罪

对单位行贿罪,是指为谋取不正当利益,给予国家机关、国有公司、企业、事业单位、人民团体以财物的,或者在经济往来中,违反国家规定,给予各种名义的回扣、手续费的行为。本罪的客体是国家机关、国有公司、企业、事业单位、人民团体的正常管理活动。行贿的对象必须是国家机关、国有公司、企业、事业单位、人民团体。本罪的客观方面有两种具体表现形式:一是为谋取不正当利益,给予国家机关、国有公司、企业、事业单位、人民团体以财物。二是为谋取不正当利益,在经济往来中,违反国家规定,给予国家机关、国有公司、企业、事业单位、人民团体各种名义的回扣、手续费。根据1999年3月4日最高人民法院、最高人民检察院《关于在办理受贿犯罪大要案的同时要严肃查处严重行贿犯罪分子的通知》,"谋取不正当利益"是指谋取违反法律、法规、国家政策和国务院各部门规章规定的利益,以及要求国家工作人员或者有关单位提供违反法律、法规、国家政策和国务院各部门规章规定的帮助或者方便条件。本罪的主体既可以是自然人,也可以是单位。本罪的主观方面是故意,并且以谋取不正当利益为目的。1999年9月16日最高人民检察院《关于人民检察院直接受理立案侦查案件立案标准的规定(试行)》对本罪的立案标准有明确的规定。根据《刑法》第391条的规定,自然人犯本罪的,处3年以下有期徒刑或者拘役,并处罚金。单位犯本罪的,对单位判处罚金,并对其直接负责的主管人员和其他直接责任人员依照上述自然人犯本罪的规定处罚。根据《贪贿解释》第19条的规定,对本罪适用并处罚金的,应当在10万元以上犯罪数额2倍以下判处。

九、介绍贿赂罪

介绍贿赂罪,是指向国家工作人员介绍贿赂,情节严重的行为。本罪的客体是国家机关、国有公司、企业、事业单位、人民团体的正常管理活动。本罪的客观方面表现为向国家工作人员介绍贿赂,情节严重的行为。"介绍贿赂"是指在行贿人与受贿人之间沟通关系、撮合条件,使贿赂行为得以实现的行为。对本罪中"情节严重"的标准,1999年9月16日最高人民检察院《关于人民检察院直接受理立案侦查案件立案标准的规定(试行)》有明确的规定。本罪的主体是一般主体,凡已满16周岁具有刑事责任能力的人均可成为犯罪主体。本罪的主观方面是故意。根据《刑法》第392条的规定,犯本罪的,处3年以下有期徒刑或者拘役,并处罚金。介绍贿赂人在被追诉前主动交代介绍贿赂行为的,可以减轻处罚或者免除处罚。根据《贪贿解释》第19条的规定,对本罪适用并处罚金的,应当在10万元以上犯罪数额2倍以下判处。

十、单位行贿罪

单位行贿罪,是指公司、企业、事业单位、机关、团体为谋取不正当利益而行贿,或者违反国家规定,给予国家工作人员以回扣、手续费,情节严重的行为。本罪的客体是国家工作人员的职务廉洁性。犯罪对象仅限于国家工作人员。本罪的客观方面表现为单位为谋取不正当利益而行贿,或者违反国家规定,给予国家工作人员以回扣、手续费,情节严重的行为。对本罪中"情节严重"的标准,1999年9月16日最高人民检察院《关于人民检察院直接受理立案侦查案件立案标准的规定(试行)》有明确的规定。根据1999年3月4日最高人民法院、最高人民检察院《关于在办理受贿犯罪大要案的同时要严肃查处严重行贿犯罪分子的通知》的规定,"谋取不正当利益"是指谋取违反法律、法规、国家政策和国务院各部门规章规定的利益,以及要求国家工作人员或者有关单位提供违反法律、法规、国家政策和国务院各部门规章规定的帮助或者方便条件。本罪的主体是单位。本罪的主观方面是故意,并具有谋取不正当利益的目的。根据《刑法》第393条的规定,犯本罪的,对单位判处罚金,并对直接负责的主管人员和其他直接责任人员处5年以下有期徒刑或者拘役,并处罚金。因行贿取得的违法所得归个人所有,依照行贿罪的规定定罪处罚。根据《贪贿解释》第19条的规定,对本罪适用并处罚金的,应当在10万元以上犯罪数额2倍以下判处。

十一、巨额财产来源不明罪

巨额财产来源不明罪,是指国家工作人员的财产、支出明显超出合法收入,差额巨大,而本人又不能说明其来源合法的行为。本罪的客体是国家工作人员的职务廉洁性。本罪客观方面表现为行为人的财产或者支出明显超出合法收入,差额巨大,而本人又不能说明其来源合法的行为。根据《刑法》第395条的规定,国家工作人员的财产、支出明显超过合法收入,差额巨大的,可以责令该国家工作人员说明来源,不能说明来源的,差额部分以非法所得论。理解本罪的客观方面,需要注意的主要问题:一是差额巨大的标准。根据1999年9月16日最高人民检察院《关于人民检察院直接受理立案侦查案件立案标准的规定(试行)》的规定,涉嫌巨额财产来源不明,数额在30万元以上的,应予立案。二是不能说明巨额财产来源合法的认定规则。关于行为人不能说明巨额财产来源合法的认定,2003年11月13日最高人民法院《全国法院审理经济犯罪案件工作座谈会纪要》规定,行为人不能说明巨额财产来源合法的认定《刑法》第395条第1款规定的"不能说明",包括以下情况:(1)行为人拒不说明财产来源;(2)行为人无法说明财产的具体来源;(3)行为人所说的财产来源经司法机关查证并不属实;(4)行为人所说的财产来源因线索不具体等原因,司法机关无法查实,但能排除存在来源合法的可能性和合理性的。三是"非法所得"的数额计算。对此,2003年11月13日最高人民法院《全国法院审理经济犯罪案件工作座谈会纪要》规定,《刑法》第395条规定的"非法所得",一般是指行为人的全部财产与能够认定的所有支出的总和减去能够证实的有真实来源的所得。在具体计算时,应注意以下问题:(1) 应把国家工作人员个人财产和与其共同生活的家庭成员的财产、支出等一并计算,而且一并减去他们所有的合法收入以及确属与其共同生活的家庭成员个人的非法收入;(2) 行为人所有的财产包括房产、家具、生活用品、学习用品及股票、债券、存款等动产和不动产;行为人的支出包括合法支出和不合法的支出,包括日常生活、工作、学习费用、罚款及向他人行贿的财物等;行为人的合法收入包括工资、奖金、稿酬、继承等法律和政策允许的各种收入;(3) 为了便于计算犯罪数额,对于行为人的财产和合法收入,一般可以从行为人有比较确定的收入和财产时开始计算。本罪的主体是特殊主体,即只能由国家工作人员构成。本罪的主观方面是故意。根据《刑法》第 395 条第 1 款的规定,犯本罪的,处 5 年以下有期徒刑或者拘役;差额特别巨大的,处 5 年以上 10 年以下有期徒刑。财产的差额部分予以追缴。

十二、隐瞒境外存款罪

隐瞒境外存款罪,是指国家工作人员违反国家规定,故意隐瞒不报在境外的存款,数额较大的行为。本罪的客体是国家工作人员的财产申报制度。本罪的客观方面表现为应申报境外存款而隐瞒不报,且隐瞒不报的境外存款数额较大的行为。具体包括三个方面:其一,行为人有申报境外存款的义务,这是构成犯罪的前提条件。其二,行为人不履行申报义务,对境外存款隐瞒不报。其三,隐瞒不报的境外存款数额较大。根据 1999 年 9 月 16 日最高人民检察院《关于人民检察院直接受理立案侦查案件立案标准的规定(试行)》的规定,涉嫌隐瞒境外存款,折合人民币数额在 30 万元以上的,应予立案。本罪的主体是特殊主体,即只能由国家工作人员构成。本罪的主观方面是故意。如果行为人不是故意隐瞒不报,而是由于对国家的申报制度不了解,或者由于客观方面的原因而未能申报,则不构成本罪。根据《刑法》第 395 条第 2 款的规定,犯本罪的,处 2 年以下有期徒刑或者拘役;情节较轻的,由其所在单位或者上级主管机关酌情给予行政处分。

十三、私分国有资产罪

私分国有资产罪,是指国家机关、国有公司、企业、事业单位、人民团体,违反国家规定,以单位名义将国有资产集体私分给个人,数额较大的行为。本罪的客体是复杂客体,既侵犯国家工作人员的职务廉洁性,也侵犯国有资产的所有权。犯罪对象是国有资产。根据 1999 年 9 月 16 日最高人民检察院《关于人民检察院直接受理立案侦查案件立案标准的规定(试行)》的规定,私分国有资产罪案中的"国有资产",是指国家依法取得和认定的,或者国家以各种形式对企业投资和投资收益、国家向行政事业单位拨款等形成的资产。所以,国有资产以外的公有财产和非公有财产均不能成为本罪的犯罪对象。本罪的客观方面表现为违反国家规定,以单位名义将国有资产集体私分给个人,数额较大的行为。具体包括三个方面:第一,违反国家规定。这是构成本罪的前提条件。第二,以单位名义将国有资产集体私分给个人。"以单位名义",是指私分国有资产是单位领导共同研究决定的,体现了单位的意识和意志。"集体私分给个人",是指将国有资产擅自分给单位的每一个成员或者绝大多数成员。如果在少数负责人或员工中间私分,应属贪污行为,不构成私分国有资产罪。集体私分的主管人员和其他直接责任人员是否分得财物,对于其行为是否构成犯罪没有影响。第三,私分数额较大。"数额较大",并非指单个人分得的财产数额,而是指私分国有资产的总额。根据1999年9月16日最高人民检察院《关于人民检察院直接受理立案侦查案件立案标准的规定(试行)》的规定,涉嫌私分国有资产,累计数额在10万元以上的,应予立案。本罪的主体是特殊主体,即只能由国家机关、国有公司、企业、事业单位、人民团体等国有单位构成。本罪的主观方面是直接故意。根据《刑法》第396条第1款的规定,犯本罪的,对其直接负责的主管人员和其他直接责任人员,处3年以下有期徒刑或者拘役,并处或者单处罚金;数额巨大的,处3年以上7年以下有期徒刑,并处罚金。根据《贪贿解释》第19条的规定,对本罪适用并处罚金的,应当在10万元以上犯罪数额2倍以下判处。

十四、私分罚没财物罪

私分罚没财物罪,是指司法机关、行政执法机关违反国家规定,将应当上缴国家的罚没财物,以单位名义集体私分给个人的行为。本罪的客体是复杂客体,既侵犯国家工作人员的职务廉洁性,也侵犯罚没财物的所有权。犯罪对象限于罚没财物。罚没财物,是指司法机关、行政执法机关和法律、法规授权的机构依据法律、法规对公民、法人和其他组织实施处罚所得的罚款以及追缴、没收的财物。依照国家规定,罚没财物除依法发还给有关公民、法人和其他组织的以外,一律上缴财政,严禁集体私分。本罪的客观方面表现为违反国家的规定,将应当上缴国家的罚没财物,以单位名义集体私分给个人的行为。第一,违反国家规定。这是构成本罪的前提条件。第二,以单位名义将罚没财物集体私分给个人。"以单位名义",是指私分罚没财物给个人经过单位领导集体研究决定,体现了单位的意志。"私分给个人",是指擅自分给单位的所有成员或者绝大多数成员。单位领导和其他直接责任人员是否分得财物,对犯罪构成没有影响。第三,私分数额较大。"数额较大",并非指单个人分得的财产数额,而是指私分罚没财产的总额。根据1999年9月16日最高人民检察院《关于人民检察院直接受理立案侦查案件立案标准的规定(试行)》的规定,涉嫌私分罚没财物,累计数额在10万元以上,应予立案。本罪的主体是特殊主体,限于司法机关、行政执法机关等单位。本罪的主观方面是直接故意。根据《刑法》第396条第2款的规定,犯本罪的,对其直接负责的主管人员和其他直接责任人员处3年以下有期徒刑或者拘役,并处或者单处罚金;数额巨大的,处3年以上7年以下有期徒刑,并处罚金。根据《贪贿解释》第19条的规定,对本罪适用并处罚金的,应当在10万元以上犯罪数额2倍以下判处。

第二十九章 渎职罪

第一节 渎职罪概述

一、渎职罪的概念和构成

渎职罪,是指国家机关工作人员在履行职责或者行使职权过程中,滥用职权、玩忽职守、徇私舞弊,妨害国家机关的正常活动,致使公共财产、国家和人民利益遭受重大损失的行为。

渎职罪具有如下构成特征:

(1) 本类犯罪侵犯的客体是国家机关的正常管理活动。

(2) 本类犯罪在客观上表现为各种严重的渎职行为,即滥用职权、徇私舞弊、玩忽职守的行为。在表现形式上,既可以是作为,如徇私枉法罪,也可以是不作为,如失职造成珍贵文物损毁、流失罪。无论是作为还是不作为,都必须与职务活动或公务活动相联系。如果行为人的犯罪行为与其职务和公务活动无关,不能构成本类犯罪。

根据刑法的规定,本类罪中的多数犯罪都必须具有严重情节或者造成严重后果,否则,不能以犯罪论处。前者如故意泄露国家秘密罪,后者如玩忽职守罪。

(3) 本类犯罪的主体为特殊主体,即只能是国家机关工作人员。但有少数犯罪的主体也可以是非国家机关工作人员,如泄露国家秘密罪、枉法仲裁罪。此外,根据2002年12月28日全国人大常委会通过的《关于〈中华人民共和国刑法〉第九章渎职罪主体适用问题的解释》的规定,在依照法律、法规规定行使国家行政管理职权的组织中从事公务的人员,或者在受国家机关委托代表国家机关行使职权的组织中从事公务的人员,或者虽未列入国家机关人员编制但在国家机关中从事公务的人员,在代表国家机关行使职权时,有渎职行为,构成犯罪的,依照刑法关于渎职罪的规定追究刑事责任。

(4) 本类犯罪在主观上既可以是故意,也可以是过失。

二、渎职罪的种类

渎职罪被规定在我国《刑法》分则第九章,共25个条文、37个具体罪名。根据渎职罪的主体情况,可以把渎职罪划分为以下三个种类:

(1) 一般国家机关工作人员渎职罪。具体包括10个罪名,即滥用职权罪,玩忽职守罪,故意泄露国家秘密罪,过失泄露国家秘密罪,徇私舞弊不移交刑事案件罪,国家机关工作人员签订、履行合同失职被骗罪,非法批准征收、征用、占用土地罪,非法低价出让国有土地使用权罪,招收公务员、学生徇私舞弊罪,失职造成珍贵文物损毁、流失罪。

(2) 司法工作人员渎职罪。具体包括8个罪名,即徇私枉法罪,民事、行政枉法裁判罪,执行判决、裁定失职罪,执行判决、裁定滥用职权罪,枉法仲裁罪①,私放在押人员罪,失职致使在押人员脱逃罪,徇私舞弊减刑、假释、暂予监外执行罪。

(3) 特定国家机关工作人员渎职罪。具体包括19个罪名,即滥用管理公司、证券职权罪,徇私舞弊不征、少征税款罪,徇私舞弊发售发票、抵扣税款、出口退税罪,违法提供出口退税凭证罪,违法发放林木采伐许可证罪,环境监管失职罪,食品监管渎职罪,传染病防治失职罪,放纵走私罪,商检徇私舞弊罪,商检失职罪,动植物检疫徇私舞弊罪,动植物检疫失职罪,放纵制售伪劣商品犯罪行为罪,办理偷越国(边)境人员出入境证件罪,放行偷越国(边)境人员罪,不解救被拐卖、绑架妇女、儿童罪,阻碍解救被拐卖、绑架妇女、儿童罪,帮助犯罪分子逃避处罚罪。

第二节 渎职罪分述

一、滥用职权罪

(一) 滥用职权罪的概念与构成

滥用职权罪,是指国家机关工作人员超过职权,违法决定、处理其无权决定、处理的事项,或者违反规定处理公务,致使公共财产、国家和人民利益遭受重大损失的行为。

本罪的构成要件是:

(1) 本罪侵犯的客体是国家机关的正常管理活动。

(2) 本罪在客观上表现为超过职权,违法决定、处理其无权决定、处理的事项,或者违反规定处理公务,致使公共财产、国家和人民利益遭受重大损失。本罪的客观方面包括两个要素:第一,行为人具有滥用职权的行为。滥用职权表现为两种方式:一种方式是超过职权,违法决定、处理其无权决定、处理的事项。超越职权主要包括三种情况:一是横向越权,即行为人行使了属于其他国家机关的专有职权。二是纵向越权,即具有上下级隶属关系的同一性质但不同级别国家机关之间的越权,既包括上级对下级职责范围内的工作滥用指令,也包括下级对上级职权范围的侵犯。三是内部越权,即依照有关规定,某类问题应由该单位或机关通过内部民主讨论后形成决策,而行为人却独断专行,不倾听或不采纳别人的意见。② 另一种方式是违反规定处理公务。即指行为虽未逾越行为人的职权范围,但行为人以不正当目的或非法的方法行使自己的职权,对有关事项作出不符合法律法规规定的处理或决定。本罪多表现为作为的形式,即行为人是主动地行使职权,但却逾越了其合法拥有的职权范围或不适

---

① 严格地说,依法承担仲裁职责的人员实施的枉法仲裁行为并不属于我国《刑法》分则第九章规定的以国家机关工作人员为主体的渎职罪的范畴,但由于枉法仲裁行为与司法工作人员实施的徇私枉法罪等在行为方式、行为性质等方面具有相同性,因此,枉法仲裁罪被规定在渎职罪一章中。

② 参见储槐植、杨书文:《滥用职权罪的行为结构》,载《法学杂志》1999年第3期。

当、不正确地行使职权。第二,滥用职权行为给公共财产、国家和人民利益造成了重大损失。对于重大损失的标准,2013年1月最高人民法院、最高人民检察院《关于办理渎职刑事案件适用法律若干问题的解释(一)》第1条规定为具有下列情形之一:① 造成死亡1人以上,或者重伤3人以上,或者轻伤9人以上,或者重伤2人、轻伤3人以上,或者重伤1人、轻伤6人以上的;② 造成经济损失30万元以上的;③ 造成恶劣社会影响的;④ 其他致使公共财产、国家和人民利益遭受重大损失的情形。

(3) 本罪的主体为特殊主体,即只能是国家机关工作人员。国家机关工作人员,是指国家机关中从事公务的人员,不包括在国家机关中从事劳务的人员。根据2002年12月28日全国人大常委会通过的《关于〈中华人民共和国刑法〉第九章渎职罪主体适用问题的解释》的规定,在依照法律、法规规定行使国家行政管理职权的组织中从事公务的人员,或者在受国家机关委托代表国家机关行使职权的组织中从事公务的人员,或者虽未列入国家机关人员编制但在国家机关中从事公务的人员,在代表国家机关行使职权时,有渎职行为,构成犯罪的,依照刑法关于渎职罪的规定追究刑事责任。国有公司、企业、事业单位、人民团体中从事公务的人员和国家机关、国有公司、企业、事业单位委派到非国有公司、企业、事业单位、社会团体从事公务的人员,以及其他依照法律从事公务的人员,不能成为本罪的主体。该类人员滥用职权构成犯罪的,不能构成本罪,而应依其他有关犯罪论处。如银行或其他金融机构的工作人员违反规定,为他人出具信用证或者其他保函、票据、存单、资信证明,造成较大损失的,应适用《刑法》第188条关于违规出具金融票证罪的规定定罪处罚。

(4) 本罪在主观上是故意,即行为人明知自己滥用职权的行为会给公共财产、国家和人民利益造成重大损失,而希望或放任这一结果的发生。实践中,本罪绝大多数出自间接故意,但也可能有直接故意的存在,过失不能构成本罪。

(二) 滥用职权罪的认定

(1) 本罪与非罪的界限。区分滥用职权罪与非罪行为的界限,关键在于把握行为人的滥用职权行为是否给公共财产、国家和人民利益造成了重大损失。如果滥用职权行为仅仅造成了一般损失,不能以犯罪论处,只能按照一般违法行为对行为人进行相应的行政、党纪处分。

(2) 本罪与国有公司、企业、事业单位人员滥用职权罪的界限。两罪在客观方面都有滥用职权的行为,主观上都出于故意,但两罪有明显的区别:第一,侵犯的客体有所不同。前者侵犯了国家机关的正常管理活动;后者侵犯了公司、企业、事业单位的正常管理秩序。第二,犯罪主体不同。前者的主体只能是国家机关工作人员;后者的主体只能是国有公司、企业、事业单位工作人员。

(3) 本罪与其他特殊滥用职权犯罪的界限。本罪仅是对国家机关工作人员滥用职权犯罪的一个概括的规定,只适用于那些《刑法》分则没有明确规定的国家机关工作人员因滥用职权而构成犯罪的情况。如果《刑法》分则有明确规定的,即适用该特别规定,而不再以本罪论处。如《刑法》第410条规定的国家机关工作人员徇私舞弊,违反土地管理法规,滥用职权,非法批准征用、占用土地或者非法低价出让国有土地使用权,情节严重的行为,就不能以本罪处理,而应依照《刑法》第410条的规定以非法批准征收、征用、占用土地罪和非法低价出让国有土地使用权罪论处。

(三) 滥用职权罪的刑事责任

根据《刑法》第397条第1款的规定,犯本罪的,处3年以下有期徒刑或者拘役;情节特别严重的,处3年以上7年以下有期徒刑。根据《刑法》第397条第2款的规定,国家机关工作人员徇私舞弊犯本罪的,处5年以下有期徒刑或者拘役;情节特别严重的,处5年以上10年以下有期徒刑。

二、玩忽职守罪

(一) 玩忽职守罪的概念与构成

玩忽职守罪,是指国家机关工作人员严重不负责任,不履行或不正确地履行职责,致使公共财产、国家和人民利益遭受重大损失的行为。

本罪的构成要件是:

(1) 本罪侵犯的客体是国家机关的正常管理活动。

(2) 本罪在客观上表现为严重不负责任,不履行或不正确履行职责,致使公共财产、国家和人民利益遭受重大损失的行为。本罪客观方面包括两个要素:第一,行为人具有玩忽职守的行为,即严重不负责任,不履行或不正确履行职责。不履行职责,是指行为人有能力且有条件履行自己应尽的职责,而违背职责,完全没有履行,具体包括擅离职守和在岗不履行职责两种情况。不认真履行职责,是指行为人虽然形式上具有履行职责的行为,但并未完全按职责要求履行,如在职务活动中出现差错、决策失误、采取措施不及时或不得力,等等。本罪多是不作为的形式,但有时也可是作为的形式。第二,玩忽职守行为给公共财产、国家和人民利益造成重大损失。对于重大损失的标准,2013年1月最高人民法院、最高人民检察院《关于办理渎职刑事案件适用法律若干问题的解释(一)》第1条规定为具有下列情形之一:① 造成死亡1人以上,或者重伤3人以上,或者轻伤9人以上,或者重伤2人、轻伤3人以上,或者重伤1人、轻伤6人以上的;② 造成经济损失30万元以上的;③ 造成恶劣社会影响的;④ 其他致使公共财产、国家和人民利益遭受重大损失的情形。

(3) 本罪的主体为特殊主体,即只能是国家机关工作人员。国家机关工作人员,是指国家机关中从事公务的人员,不包括从事劳务的人员。根据2002年12月28日全国人大常委会通过的《关于〈中华人民共和国刑法〉第九章渎职罪主体适用问题的解释》的规定,在依照法律、法规规定行使国家行政管理职权的组织中从事公务的人员,或者在受国家机关委托代表国家机关行使职权的组织中从事公务的人员,或者虽未列入国家机关人员编制但在国家机关中从事公务的人员,在代表国家机关行使职权时,有渎职行为,构成犯罪的,依照刑法关于渎职罪的规定追究刑事责任。国有公司、企业、事业单位、人民团体中从事公务的人员和国家机关、国有公司、企业、事业单位委派到非国有公司、企业、事业单位、社会团体从事公务的人员,以及其他依照法律从事公务的人员,不能成为本罪的主体,该类人员因玩忽职守构成犯罪的,不能构成本罪,而应以其他有关犯罪论处。如国有公司、企业、事业单位直接负责的主管人员,在签订、履行合同过程中,因严重不负责任被诈骗,致使国家利益遭受重大损失的,应适用《刑法》第167条关于签订、履行合同失职被骗罪的规定论处。

(4) 本罪在主观上只能出自过失,故意不能构成本罪。

(二) 玩忽职守罪的认定

(1) 本罪与非罪的界限。应当从两个方面进行考虑:第一,区分玩忽职守与工作失误的界限。工作失误,是行为人由于政策不明确、业务水平和能力有限等原因,以致决策不当,从而造成公共财产、国家和人民利益损失的行为。在这种情况下,行为人主观上没有犯罪的过失,而是想把工作做好,但实际上事与愿违。这与玩忽职守有本质的区别,对此不能按玩忽职守罪处理。第二,区分玩忽职守罪与一般的玩忽职守行为的界限。区分两者的关键是看玩忽职守行为是否造成了公共财产、国家和人民利益的重大损失。

(2) 本罪与重大责任事故罪的界限。本罪与重大责任事故罪在主观方面都出自过失,在客观方面都要求造成严重的危害后果。两者的区别在于:第一,犯罪主体不同。前者的主体是国家机关工作人员;后者的主体则是一般主体即从事任何生产、作业的人员。第二,行为发生的场合不同。前者发生在国家机关工作人员的管理活动中;后者发生在生产、作业过程中。第三,侵犯的客体不同。前者侵犯的客体是国家机关的正常管理活动;后者侵犯的客体是公共安全。

(3) 本罪与滥用职权罪的界限。两罪的主体都是国家机关工作人员,客观上都要求造成公共财产、国家和人民利益的重大损失。但两者有明显的区别:第一,主观方面不同。前者主观上只能出于过失;而后者主观上只能出自故意。第二,客观行为的表现形式不同。前者客观上表现为严重不负责任,不履行或不正确履行职责;后者客观上表现为超过职权、违法决定、处理其无权决定、处理的事项,或者违反规定处理公务。

(4) 本罪与其他特殊玩忽职守犯罪的界限。本罪仅是对国家机关工作人员玩忽职守犯罪的一个概括的规定,只适用那些刑法分则没有明确规定的国家机关工作人员因玩忽职守构成犯罪的情况。如果刑法分则有明确规定的,即适用该特别规定,而不再以本罪论处。如《刑法》第408条规定的负有环境保护监督管理职责的国家机关工作人员严重不负责任,导致发生重大环境污染事故,致使公私财产遭受重大损失或者造成人身伤亡的严重后果的行为,就不能以本罪处理,而应依照《刑法》第408条规定以环境监管失职罪论处。

(三) 玩忽职守罪的刑事责任

根据《刑法》第397条第1款的规定,犯本罪的,处3年以下有期徒刑或者拘役;情节特别严重的,处3年以上7年以下有期徒刑。根据《刑法》第397条第2款的规定,国家机关工作人员徇私舞弊犯本罪的,处5年以下有期徒刑或者拘役;情节特别严重的,处5年以上10年以下有期徒刑。

三、故意泄露国家秘密罪

（一）故意泄露国家秘密罪的概念与构成

故意泄露国家秘密罪,是指国家机关工作人员违反保守国家秘密法的规定,故意泄露国家秘密,情节严重的行为。

本罪的构成要件是:

(1) 本罪侵犯的客体是国家的保密制度。犯罪对象是国家秘密,即关系到国家的安全和利益,依法定程序在一定时间内只限于一定范围内的人员知悉的秘密事项,涉及国家事务的重大决策、国防建设和武装力量活动、外交及外事活动、国民经济和社会发展、科学技术、国家安全及司法、政党活动等各个方面。并且,本罪所说的国家秘密,包括"绝密""机密""秘密"三个密级的国家秘密。

(2) 本罪在客观上表现为违反保守国家秘密法的规定,泄露国家秘密,情节严重的行为。本罪在客观上包括三个要素:第一,违反保守国家秘密法的规定。主要是指违反我国《保守国家秘密法》和《保守国家秘密法实施条例》等法律法规。第二,泄露国家秘密。泄露,是指把自己掌管或知悉的国家秘密泄露给不该知悉此项秘密的单位或个人。泄露的方式多种多样,包括口头的、书面的或者提供秘密文件让他人阅读,或者非法复制或窃取后送给单位或个人,等等。第三,泄露国家秘密情节严重。情节严重的标准,2006年7月26日最高人民检察院《关于渎职侵权犯罪案件立案标准的规定》规定为下列情形之一:泄露绝密级国家秘密1项(件)以上的;泄露机密级国家秘密2项(件)以上的;泄露秘密级国家秘密3项(件)以上的;向非境外机构、组织、人员泄露国家秘密,造成或者可能造成危害社会稳定、经济发展、国防安全或者其他严重危害后果的;通过口头、书面或者网络等方式向公众散布、传播国家秘密的;利用职权指使或者强迫他人违反国家保守秘密法的规定泄露国家秘密的;以牟取私利为目的泄露国家秘密的;其他情节严重的情形。

(3) 本罪的主体主要是国家机关工作人员。此外,非国家机关工作人员泄露国家秘密,情节严重的,也应构成本罪。

(4) 本罪在主观上是故意。故意泄露国家秘密的动机多种多样,有的是为了出卖获利,有的是为了炫耀,以显示自己消息灵通等,但动机如何,不影响本罪的构成。但如果行为人出于危害国家安全的目的而泄露国家秘密的,应以为境外窃取、刺探、收买、非法提供国家秘密罪论处。如果过失泄露国家秘密的,应以过失泄露国家秘密罪论处。

（二）故意泄露国家秘密罪的认定

(1) 本罪与非罪的界限。应从以下两个方面进行区分:一是看行为人主观上有无泄露国家秘密的故意。本罪的成立,要求行为人在主观方面必须是出于故意。如果行为人泄露国家秘密不是出于故意,不能构成本罪。二是看行为的情节是否达到严重的程度。根据《刑法》第398条的规定,只有故意泄露国家秘密的情节严重的,才能构成本罪。如果行为的情节尚未达到严重程度的,只能作为一般的违法违纪行为处理。

（2）本罪与为境外窃取、刺探、收买、非法提供国家秘密、情报罪的界限。两罪主观上都是故意，犯罪对象都包括国家秘密，都是侵犯国家保密制度的犯罪。两者的区别在于：第一，侵犯的客体不同。前者侵犯的客体是国家的保密制度；后者侵犯的客体则是国家安全。第二，犯罪主体不同。前者的主体主要是国家机关工作人员；后者的主体则是一般主体，凡年满16周岁、具有刑事责任能力的人均能成为后罪的主体。第三，犯罪的客观方面不同。前者在客观上表现为违反保守国家秘密法的规定，将自己了解和掌握的国家秘密泄露给他人的行为；后者在客观上表现为为境外的机构、组织、人员窃取、刺探、收买、非法提供国家秘密的行为。第四，情节方面的要求不同。前者的构成要求达到情节严重的程度；后者则只要实施了窃取等行为，就构成犯罪，不以情节严重为犯罪构成的必备要件。

（3）本罪与间谍罪的界限。两罪主观上都是故意，在客观上间谍罪也可以表现为提供国家秘密的形式。两者的区别是：第一，侵犯的客体不同。前者侵犯的是国家的保密制度；后者侵犯的则是国家安全。第二，犯罪主体不同。前者的主体主要是国家机关工作人员；后者的主体则是一般主体。第三，客观方面不尽相同。后者虽然可以表现为提供国家秘密这种形式，但它必须是行为人在参加间谍组织或者接受间谍组织及其代理人的任务后提供国家秘密；前者则是在没有参加间谍组织或者接受间谍组织及其代理人的任务的情况下泄露国家秘密。这就决定了间谍罪只能是向间谍组织或者其代理人提供国家秘密，而本罪则无这样的限定。

（三）故意泄露国家秘密罪的刑事责任

根据《刑法》第398条的规定，犯本罪的，处3年以下有期徒刑或者拘役；情节特别严重的，处3年以上7年以下有期徒刑。非国家工作人员犯本罪的，依照上述规定酌情处罚。

四、过失泄露国家秘密罪

过失泄露国家秘密罪，是指违反保守国家秘密法的规定，过失泄露国家秘密，情节严重的行为。本罪侵犯的客体是国家的保密制度。本罪的客观表现为泄露国家秘密，且情节严重。对于情节严重的标准，2006年7月26日最高人民检察院《关于渎职侵权犯罪案件立案标准的规定》有明确规定。本罪主体多为国家机关工作人员，但了解国家秘密的非国家机关工作人员也单独构成本罪。本罪在主观上只能出自过失。根据《刑法》第398条的规定，犯本罪的，处3年以下有期徒刑或者拘役；情节特别严重的，处3年以上7年以下有期徒刑。非国家工作人员犯本罪的，依照上述规定酌情处罚。

五、徇私枉法罪

（一）徇私枉法罪的概念与构成

徇私枉法罪，是指司法工作人员徇私枉法、徇情枉法，对明知是无罪的人而使他受追诉,对明知是有罪的人而故意包庇不使他受追诉,或者在刑事审判活动中故意违背事实和法律作枉法裁判的行为。

本罪的构成要件是:

(1) 本罪侵犯的客体是国家司法机关的正常活动及司法机关严格执法的威信。此外,还包括因对无罪之人非法追究而侵犯的公民的人身权利。

(2) 本罪在客观上表现为司法工作人员徇私枉法的行为。具体包括三种情形:一是对明知是无罪的人而使他受追诉。所谓受追诉,是指对无罪的人进行立案侦查,采取强制措施,提起公诉,进行审判等,进入上述任何一个环节,就可以认为受到了追诉。二是对明知是有罪的人而故意包庇不使他受追诉。即对有罪的人该立案的不立案,该采取强制措施的不采取,该提起公诉的不提起,该审判的不审判。三是在刑事审判活动中故意违背事实和法律作枉法裁判,即根据事实,被告人无罪或罪轻的,而违背法律规定判其有罪或罪重;或根据事实,被告人有罪或罪重的,而违背法律规定判其无罪或罪轻。本罪的存在范围并不仅限于刑事诉讼的某个阶段或环节,而是包括侦查、起诉、审判、执行整个刑事诉讼过程。至于本罪的方法则多种多样,或自己或指使他人搜集、伪造虚假的证据材料,或篡改、毁灭足以证实事实真相的证据材料,或歪曲事实,或曲解法律,或玩弄诉讼程序,等等。但方法如何,不影响本罪的构成。

需要注意的是,2006 年 7 月 26 日最高人民检察院《关于渎职侵权犯罪案件立案标准的规定》对徇私枉法罪的立案标准作了规定,即徇私枉法涉嫌下列情形之一的,应予立案:第一,对明知是没有犯罪事实或者其他依法不应当追究刑事责任的人,采取伪造、隐匿、毁灭证据或者其他隐瞒事实、违反法律的手段,以追究刑事责任为目的立案、侦查、起诉、审判的;第二,对明知是有犯罪事实需要追究刑事责任的人,采取伪造、隐匿、毁灭证据或者其他隐瞒事实、违反法律的手段,故意包庇使其不受立案、侦查、起诉、审判的;第三,采取伪造、隐匿、毁灭证据或者其他隐瞒事实、违反法律的手段,故意使罪重的人受较轻的追诉,或者使罪轻的人受较重的追诉的;第四,在立案后,采取伪造、隐匿、毁灭证据或者其他隐瞒事实、违反法律的手段,应当采取强制措施而不采取强制措施,或者虽然采取强制措施,但中断侦查或者超过法定期限不采取任何措施,实际放任不管,以及违法撤销、变更强制措施,致使犯罪嫌疑人、被告人实际脱离司法机关侦控的;第五,在刑事审判活动中故意违背事实和法律,作出枉法判决、裁定,即有罪判无罪、无罪判有罪,或者重罪轻判、轻罪重判的;第六,其他徇私枉法应予追究刑事责任的情形。上述规定在某些方面实际上突破了《刑法》第 399 条对徇私枉法罪行为的规定,如规定采取伪造、隐匿、毁灭证据或者其他隐瞒事实、违反法律的手段,故意使罪重的人受较轻的追诉,或者使罪轻的人受较重的追诉的行为,应作为徇私枉法罪立案追究刑事责任。尽管这种规定弥补了《刑法》规定的不足,但通过司法解释解决立法问题的方式是否妥当,值得考虑。

(3) 本罪的主体为特殊主体,即只能是司法工作人员。司法工作人员,是指具有侦讯、检察、审判、监管人犯职务的人员。非司法工作人员不能单独成为本罪的主体,但可以成为本罪的共犯。

(4) 本罪在主观上只能出于故意。动机是为了徇私枉法或徇情枉法。所谓徇私枉法，是指为了个人利益而枉法，主要是贪图钱财而枉法。所谓徇情枉法，是指为了私情而枉法，主要表现为出于照顾私人关系或感情、袒护亲友或者泄愤报复而枉法。行为人明知根据其他司法人员提供的证据等材料进行追诉会出现枉法裁判的危害后果，而不负责任进行错误追诉的，如果不是徇私枉法或徇情枉法，不能构成本罪，但可以构成玩忽职守罪。

（二）徇私枉法罪的认定

(1) 本罪与非罪的界限。应从两个方面进行区分：第一，看行为人是否出于故意而徇私枉法或徇情枉法。如果行为人因为法律水平低等原因，而造成了应当受追诉的没有受追诉或者相反；或者造成了案件的错判、误判的，就不能构成本罪。但如果因为行为人严重不负责任而造成这种结果的，符合玩忽职守罪要件的，可按玩忽职守罪处理。第二，看行为是否属于情节显著轻微，危害不大的情况。行为人虽然实行了徇私枉法的行为，但情节显著轻微，危害不大的，根据《刑法》第13条但书的规定，不认为是犯罪。

(2) 本罪与伪证罪的界限。两罪主观上都是故意，都妨害了司法机关的司法活动，但有一定的区别：第一，犯罪主体不同。前者的主体只能是司法工作人员；后者的主体除了记录人外，证人、鉴定人和翻译人都不是司法工作人员。第二，客观表现不同。前者表现为直接使有罪者不受追究，或者使无罪者受刑事追究，或者在刑事审判中作枉法裁判；后者表现为对与案件有重要关系的情节作虚假的证明、记录、鉴定或翻译，而不是直接使无罪者受追诉，使有罪者不受追诉。如果记录人仅仅作了虚假的记录，而未进一步利用其职权出入人罪，那么，就只能以伪证罪处理。

(3) 本罪与民事、行政枉法裁判罪的界限。两罪都属于枉法裁判的行为，行为人主观上都出自故意，都妨害了国家司法机关的正常活动，但有一定的区别：第一，犯罪主体不同。前者的主体是审判机关、公安机关、国家安全机关、检察机关工作人员；后者的主体则是审判机关的工作人员。第二，发生的范围不同。前者发生在刑事案件的诉讼活动中；后者发生在民事、行政审判活动中。第三，构成犯罪情节的要求不同。前者构成犯罪不要求情节达到严重；后者构成犯罪必须达到情节严重的程度。

(4) 本罪与受贿罪的界限。如果行为人出于非法获取财物的动机而实施本罪的行为，就同时触犯了两个罪名，即徇私枉法罪和受贿罪。由于两者属于想象竞合犯，应按其中的一个重罪处理。但不是说受贿罪就一定重于徇私枉法罪，而是应根据犯罪的情节按各自应适用的量刑幅度来具体衡量，按其中的一个重罪定罪处罚。

（三）徇私枉法罪的刑事责任

根据《刑法》第399条第1款、第4款的规定，犯本罪的，处5年以下有期徒刑或者拘役；情节严重的，处5年以上10年以下有期徒刑；情节特别严重的，处10年以上有期徒刑。司法工作人员犯本罪并收受贿赂，同时又构成受贿罪的，依照处罚较重的犯罪定罪处罚。

六、民事、行政枉法裁判罪

民事、行政审判枉法裁判罪,是指司法工作人员在民事、行政审判活动中故意违背事实和法律作枉法裁判,情节严重的行为。本罪侵犯的客体是司法机关的正常活动。本罪在客观上表现为行为人在民事、行政审判活动中违背事实和法律作枉法裁判,且达到情节严重的程度。这里的民事审判,是指根据民事诉讼法所进行的审判活动,具体包括狭义的民事审判、经济审判、海事海商审判。构成本罪,要求行为的情节严重,至于其具体标准,2006年7月26日最高人民检察院《关于渎职侵权犯罪案件立案标准的规定》有明确的规定。本罪的主体只能是司法工作人员。本罪在主观上是故意。根据《刑法》第399条第2款、第4款的规定,犯本罪的,处5年以下有期徒刑或者拘役;情节特别严重的,处5年以上10年以下有期徒刑。司法工作人员犯本罪并收受贿赂,同时又构成受贿罪的,依照处罚较重的犯罪定罪处罚。

七、执行判决、裁定失职罪

执行判决、裁定失职罪,是指司法工作人员在执行判决、裁定活动中,严重不负责任,不依法采取诉讼保全措施、不履行法定执行职责,或者违法采取诉讼保全措施、强制执行措施,致使当事人或者其他人的利益遭受重大损失的行为。本罪侵犯的客体是司法机关的正常活动。本罪在客观上表现为行为人在执行判决、裁定活动中,严重不负责任,不依法采取诉讼保全措施、不履行法定执行职责,或者违法采取诉讼保全措施、强制执行措施,并给当事人或者其他人的利益造成重大损失。至于重大损失的具体标准,2006年7月26日最高人民检察院《关于渎职侵权犯罪案件立案标准的规定》有明确的规定。本罪的主体只能是司法工作人员。本罪在主观上只能出自过失。根据《刑法》第399条第3款、第4款的规定,犯本罪的,处5年以下有期徒刑或者拘役;致使当事人或者其他人的利益遭受特别重大损失的,处5年以上10年以下有期徒刑。司法工作人员犯本罪并收受贿赂,同时又构成受贿罪的,依照处罚较重的犯罪定罪处罚。

八、执行判决、裁定滥用职权罪

执行判决、裁定滥用职权罪,是指司法工作人员在执行判决、裁定活动中,滥用职权,违法采取诉讼保全措施、强制执行措施,致使当事人或者其他人的利益遭受重大损失的行为。本罪侵犯的客体是司法机关的正常活动。本罪在客观上表现为行为人在执行判决、裁定活动中,滥用职权,违法采取诉讼保全措施、强制执行措施,并给当事人或者其他人的利益造成重大损失。构成本罪,要求滥用职权行为给当事人或者其他人的利益造成重大损失,至于其具体标准,2006年7月26日最高人民检察院《关于渎职侵权犯罪案件立案标准的规定》有明确的规定。本罪的主体只能是司法工作人员。本罪在主观上只能出自故意。根据《刑法》第399条第3款、第4款的规定,犯本罪的,处5年以下有期徒刑或者拘役;致使当事人或者其他人的利益遭受特别重大损失的,处5年以上10年以下有期徒刑。司法工作人员犯本罪并收受贿赂,同时又构成受贿罪的,依照处罚较重的犯罪定罪处罚。

九、枉法仲裁罪

枉法仲裁罪,是指依法承担仲裁职责的人员,在仲裁活动中故意违背事实和法律作枉法裁决,情节严重的行为。本罪侵犯的客体是仲裁活动的公正性。本罪在客观上表现为在仲裁活动中故意违背事实和法律作枉法裁决,情节严重的行为。至于情节严重的标准,有待于最高司法机关作出司法解释。本罪的主体是依法承担仲裁职责的人员。本罪在主观上是故意。根据《刑法》第399条之一的规定,犯本罪的,处3年以下有期徒刑或者拘役;情节特别严重的,处3年以上7年以下有期徒刑。

十、私放在押人员罪

私放在押人员罪,是指司法工作人员利用职务上的便利,私放在押的犯罪嫌疑人、被告人或者罪犯的行为。本罪侵犯的客体是司法机关的正常活动。本罪客观上表现为行为人利用职务上的便利,私放在押的犯罪嫌疑人人、被告人或者罪犯。利用职务上的便利,是指司法工作人员利用自己逮捕、监管、押解犯罪嫌疑人、被告人、罪犯的便利。私放,是指私自决定,非法放走罪犯,既包括行为人亲自私放,也包括授意、指使、强迫他人私放,还可以是通过伪造、变造有关法律文书、证明材料使在押人员逃跑或者被释放,等等。本罪的主体是司法工作人员。根据有关司法解释的规定,未被公安机关正式录用的人员、狱医、非监管机关在编监管人员以及受委托履行监管职责的人员,也可以成为本罪的主体。本罪在主观上只能出自故意。根据《刑法》第400条第1款的规定,犯本罪的,处5年以下有期徒刑或者拘役;情节严重的,处5年以上10年以下有期徒刑;情节特别严重的,处10年以上有期徒刑。

十一、失职致使在押人员脱逃罪

失职致使在押人员脱逃罪,是指司法工作人员由于严重不负责任,致使在押的犯罪嫌疑人、被告人或者罪犯脱逃,造成严重后果的行为。本罪侵犯的客体是司法机关的正常活动。本罪在客观上表现为行为人严重不负责任,致使在押的犯罪嫌疑人、被告人或者罪犯脱逃,且造成严重后果。对于严重后果的具体标准,2006年7月26日最高人民检察院《关于渎职侵权犯罪案件立案标准的规定》有明确的规定。本罪的主体是司法工作人员。根据有关司法解释的规定,未被公安机关正式录用的人员、狱医、非监管机关在编监管人员,受委托履行监管职责的,也可以成为本罪的主体。本罪在主观上只能出自过失。根据《刑法》第400条第2款的规定,犯本罪的,处3年以下有期徒刑或者拘役;造成特别严重后果的,处3年以上10年以下有期徒刑。

十二、徇私舞弊减刑、假释、暂予监外执行罪

徇私舞弊减刑、假释、暂予监外执行罪,是指司法工作人员徇私舞弊,对不符合减

刑、假释、暂予监外执行条件的罪犯,予以减刑、假释或者暂予监外执行的行为。本罪侵犯的客体是司法机关的正常活动。本罪在客观上表现为行为人对不符合减刑、假释、暂予监外执行条件的罪犯,予以减刑、假释或者暂予监外执行。本罪的主体只能是司法工作人员。本罪在主观上是故意,且出于徇私的动机。根据《刑法》第401条的规定,犯本罪的,处3年以下有期徒刑或者拘役;情节严重的,处3年以上7年以下有期徒刑。

十三、徇私舞弊不移交刑事案件罪

徇私舞弊不移交刑事案件罪,是指行政执法人员徇私舞弊,对依法应当移交司法机关追究刑事责任的不移交,情节严重的行为。本罪侵犯的客体是行政执法机关和司法机关的正常活动。本罪在客观上表现为行政执法人员对依法应当移交司法机关追究刑事责任的案件不移交,且情节严重。至于情节严重的标准,2006年7月26日最高人民检察院《关于渎职侵权犯罪案件立案标准的规定》有明确的规定。本罪的主体只能是行政执法人员。本罪在主观上只能是故意,且出于徇私的动机。根据《刑法》第402条的规定,犯本罪的,处3年以下有期徒刑或者拘役;造成严重后果的,处3年以上7年以下有期徒刑。

十四、滥用管理公司、证券职权罪

滥用管理公司、证券职权罪,是指国家有关主管部门的国家机关工作人员,徇私舞弊,滥用职权,对不符合法律规定条件的公司设立、登记申请或者股票、债券发行、上市申请,予以批准或者登记,致使公共财产、国家和人民利益遭受重大损失的行为。本罪侵犯的客体是国家管理公司登记和申请、股票与债券发行和上市的正常管理秩序。本罪在客观上表现为行为人徇私舞弊,滥用职权,对不符合法律规定条件的公司设立、登记申请或者股票、债券发行、上市申请,予以批准或者登记,并使公共财产、国家和人民利益遭受重大损失。对于重大损失的标准,2006年7月26日最高人民检察院《关于渎职侵权犯罪案件立案标准的规定》有明确的规定。本罪的主体只能是对公司设立、登记具有审批权限的国家有关主管部门的国家机关工作人员及其上级部门的直接负责主管人员。本罪在主观上只能出自故意,且出于徇私的动机。根据《刑法》第403条的规定,犯本罪的,处5年以下有期徒刑或者拘役。

十五、徇私舞弊不征、少征税款罪

徇私舞弊不征、少征税款罪,是指税务机关的工作人员徇私舞弊,不征或少征应征税款,致使国家税收遭受重大损失的行为。本罪侵犯的客体是国家税收征管秩序。本罪在客观上表现为行为人徇私舞弊,不征或少征应征税款,并使国家税收遭受重大损失。至于重大损失的具体标准,2006年7月26日最高人民检察院《关于渎职侵权犯罪案件立案标准的规定》有明确的规定。本罪的主体只能是税务机关的工作人员。本罪在主观上只能出自故意,且出于徇私的动机。根据《刑法》第404条的规定,犯本罪的,处5年以下有期徒刑或者拘役;造成特别重大损失的,处5年以上有期徒刑。

十六、徇私舞弊发售发票、抵扣税款、出口退税罪

徇私舞弊发售发票、抵扣税款、出口退税罪，是指税务机关的工作人员违反法律、行政法规的规定，在办理发售发票、抵扣税款、出口退税工作中，徇私舞弊，致使国家利益遭受重大损失的行为。本罪侵犯的客体是国家发票、税收管理秩序。本罪在客观上表现为行为人违反法律、行政法规的规定，在办理发售发票、抵扣税款、出口退税工作中，徇私舞弊，并使国家利益遭受重大损失。至于重大损失的具体标准，2006年7月26日最高人民检察院《关于渎职侵权犯罪案件立案标准的规定》有明确的规定。本罪的主体只能是税务机关的工作人员。本罪在主观上只能出自故意，且出于徇私的动机。根据《刑法》第405条的规定，犯本罪的，处5年以下有期徒刑或者拘役；致使国家利益遭受特别重大损失的，处5年以上有期徒刑。

十七、违法提供出口退税凭证罪

违法提供出口退税凭证罪，是指国家机关工作人员违反国家规定，在提供出口货物报关单、出口收汇核销单等出口退税凭证的工作中，徇私舞弊，致使国家利益遭受重大损失的行为。本罪侵犯的客体是国家的税收管理秩序。本罪在客观上表现为行为人违反国家规定，在提供出口货物报关单、出口收汇核销单等出口退税凭证的工作中，徇私舞弊，并使国家利益遭受重大损失。至于重大损失的具体标准，2006年7月26日最高人民检察院《关于渎职侵权犯罪案件立案标准的规定》有明确的规定。本罪的主体只能是税务机关之外的其他国家机关的工作人员。本罪在主观上只能出自故意，且出于徇私的动机。根据《刑法》第405条第2款的规定，犯本罪的，处5年以下有期徒刑或者拘役；致使国家利益遭受特别重大损失，处5年以上有期徒刑。

十八、国家机关工作人员签订、履行合同失职被骗罪

国家机关工作人员签订、履行合同失职被骗罪，是指国家机关工作人员在签订、履行合同过程中，因严重不负责任被诈骗，致使国家利益遭受重大损失的行为。本罪侵犯的客体是国家机关的正常活动。本罪在客观上表现为行为人在签订、履行合同过程中，因严重不负责任被诈骗，并使国家利益遭受重大损失。构成本罪，要求失职行为给国家利益造成重大损失。至于其具体标准，2006年7月26日最高人民检察院《关于渎职侵权犯罪案件立案标准的规定》有明确的规定。本罪的主体只能是国家机关工作人员。本罪在主观上只能出自过失。根据《刑法》第406条的规定，犯本罪的，处3年以下有期徒刑或者拘役；致使国家利益遭受特别重大损失的，处3年以上7年以下有期徒刑。

十九、违法发放林木采伐许可证罪

违法发放林木采伐许可证罪，是指林业主管部门的工作人员违反森林法的规定，超过批准的年采伐限额发放林木采伐许可证或者违反规定滥发林木采伐许可证，情

节严重,致使森林遭受严重破坏的行为。本罪侵犯的客体是国家正常的林业管理活动。本罪在客观上表现为行为人违反森林法的规定,超过批准的年采伐限额发放林木采伐许可证或者违反规定滥发林木采伐许可证,情节严重,并造成森林遭受严重破坏的后果。滥发林木采伐许可证,是指不按规定的条件随意发放,将采伐许可证发给不应当发放的企业或个人。构成本罪,要求行为情节严重,且致使森林遭受严重破坏。至于其具体标准,2006 年 7 月 26 日最高人民检察院《关于渎职侵权犯罪案件立案标准的规定》有明确的规定。本罪的主体只能是林业主管部门的工作人员。本罪的行为人在主观上出自故意。根据《刑法》第 407 条的规定,犯本罪的,处 3 年以下有期徒刑或者拘役。

二十、环境监管失职罪

环境监管失职罪,是指负有环境保护监督管理职责的国家机关工作人员严重不负责任,导致发生重大环境污染事故,致使公私财产遭受重大损失或者造成人身伤亡的严重后果的行为。本罪侵犯的客体是国家正常的环境监管活动。本罪在客观上表现为行为人在环境保护监督管理活动中严重不负责任,造成重大环境污染事故,并由此使公私财产遭受重大损失或造成人身伤亡的严重后果。所谓严重不负责任,是指行为人不履行或者不认真履行环境保护监管职责。"公私财产遭受重大损失或者造成人身伤亡的严重后果"是"重大环境污染事故"的具体表现,2006 年 7 月 26 日最高人民检察院《关于渎职侵权犯罪案件立案标准的规定》对此作了明确的规定。本罪的主体只能是负有环境保护监督管理职责的国家机关工作人员。本罪在主观上出自过失。根据《刑法》第 408 条第 1 款的规定,犯本罪的,处 3 年以下有期徒刑或者拘役。

二十一、食品监管渎职罪

食品监管渎职罪,是指负有食品安全监督管理职责的国家机关工作人员,滥用职权或者玩忽职守,导致发生重大食品安全事故或者造成其他严重后果的行为。本罪侵犯的客体是国家正常的食品安全监督管理活动。本罪在客观上表现为行为人在从事食品安全监督管理活动中,滥用职权或者玩忽职守,导致发生重大食品安全事故或者造成其他严重后果的行为。所谓重大食品安全事故,是指食物中毒、食源性疾患、食品污染等源于食品、对人体健康有危害或者可能有危害的重大事故。所谓造成其他严重后果,是指虽未发生重大食品安全事故,但由于食品安全监督管理方面的问题,造成其他严重后果的情形。本罪的主体是负有食品安全监督管理职责的国家机关工作人员。本罪的主观方面既可以是故意,也可以是过失。根据《刑法》第 408 条之一的规定,犯本罪的,处 5 年以下有期徒刑或者拘役;造成特别严重后果的,处 5 年以上 10 年以下有期徒刑。徇私舞弊犯本罪的,从重处罚。

二十二、传染病防治失职罪

传染病防治失职罪,是指从事传染病防治的政府卫生行政部门的工作人员严重不负责任,导致传染病传播或者流行,情节严重的行为。本罪侵犯的客体是国家正常的传染病防治管理活动。本罪在客观上表现为行为人在从事传染病防治管理活动中严重不负责任,由此导致了传染病传播或者流行,并且达到情节严重的程度。所谓严重不负责任,是指行为人不履行或者不认真履行传染病防治职责。构成本罪,不仅要求行为人的行为导致传染病的传播或者流行,而且须达到情节严重的程度。至于情节严重的标准,2006年7月26日最高人民检察院《关于渎职侵权犯罪案件立案标准的规定》作了明确的规定。本罪的主体只能是从事传染病防治的政府卫生行政部门的工作人员。本罪在主观上出自过失。根据《刑法》第409条的规定,犯本罪的,处3年以下有期徒刑或者拘役。

二十三、非法批准征收、征用、占用土地罪

非法批准征收、征用、占用土地罪,是指国家机关工作人员徇私舞弊,违反土地管理法规,滥用职权,非法批准征收、征用、占用土地,情节严重的行为。本罪侵犯的客体是国家正常的土地管理活动。本罪在客观上表现为行为人违反土地管理法规,滥用职权,非法批准征收、征用、占用土地,并且达到情节严重的程度。至于情节严重的标准,2006年7月26日最高人民检察院《关于渎职侵权犯罪案件立案标准的规定》作了明确的规定。本罪的主体只能是国家机关工作人员。本罪在主观上出自故意。根据《刑法》第410条的规定,犯本罪的,处3年以下有期徒刑或者拘役;致使国家或者集体利益遭受特别重大损失的,处3年以上7年以下有期徒刑。

二十四、非法低价出让国有土地使用权罪

非法低价出让国有土地使用权罪,是指国家机关工作人员徇私舞弊,违反土地管理法规,滥用职权,非法低价出让国有土地使用权,情节严重的行为。本罪侵犯的客体是国家正常的土地管理活动。本罪在客观上表现为行为人违反土地管理法规,滥用职权,非法低价出让国有土地使用权,并且达到情节严重的程度。至于情节严重的标准,2006年7月26日最高人民检察院《关于渎职侵权犯罪案件立案标准的规定》作了明确的规定。本罪的主体只能是国家机关工作人员。本罪在主观上出自故意。根据《刑法》第410条的规定,犯本罪的,处3年以下有期徒刑或者拘役;致使国家或者集体利益遭受特别重大损失的,处3年以上7年以下有期徒刑。

二十五、放纵走私罪

放纵走私罪,是指海关工作人员徇私舞弊,放纵走私,情节严重的行为。本罪侵犯的客体是国家海关正常的管理活动。本罪在客观上表现为行为人放纵走私,并且达到情节严重的程度。放纵走私,是指故意不履行或不认真履行监管、查验进出境货物、物品、人员的职责,使走私行为得逞的。情节严重是本罪构成的必备要素,其具体标准,2006年7月26日最高人民检察院《关于渎职侵权犯罪案件立案标准的规定》作了明确的规定。本罪的主体只能是海关工作人员。本罪在主观上出自故意。根据

《刑法》第411条的规定，犯本罪的，处5年以下有期徒刑或者拘役；情节特别严重的，处5年以上有期徒刑。

二十六、商检徇私舞弊罪

商检徇私舞弊罪，是指国家商检部门、商检机构的工作人员徇私舞弊，伪造检验结果的行为。本罪侵犯的客体是国家正常的商检活动。本罪在客观上表现为行为人伪造商品检验结果。伪造商品检验结果在实践中主要表现为采取伪造、变造的手段对报检的商品的单证、印章、标志、封识、质量认证标志等作虚假的证明或者出具不真实的证明结论的；或者将送检的合格商品检验为不合格或者将不合格商品检验为合格的；或者对明知是不合格的商品，不检验而出具合格检验结果的；等等。本罪的主体只能是国家商检部门、商检机构的工作人员。行为人在主观上出自故意。根据《刑法》第412条第1款的规定，犯本罪的，处5年以下有期徒刑或者拘役；造成严重后果的，处5年以上10年以下有期徒刑。

二十七、商检失职罪

商检失职罪，是指国家商检部门、商检机构的工作人员严重不负责任，对应当检验的物品不检验，或者延误检验出证、错误出证，致使国家利益遭受重大损失的行为。本罪侵犯的客体是国家正常的商检活动。本罪在客观上表现为行为人对应当检验的物品不检验，或者延误检验出证、错误出证，致使国家利益遭受重大损失。至于重大损失的标准，2006年7月26日最高人民检察院《关于渎职侵权犯罪案件立案标准的规定》作了明确的规定。本罪的主体只能是国家商检部门、商检机构的工作人员。本罪在主观上出自过失。根据《刑法》第412条第2款的规定，犯本罪的，处3年以下有期徒刑或者拘役。

二十八、动植物检疫徇私舞弊罪

动植物检疫徇私舞弊罪，是指动植物检疫机关的检疫人员徇私舞弊，伪造检疫结果的行为。本罪侵犯的客体是国家正常的动植物检疫活动。本罪在客观上表现为伪造检疫结果。伪造检疫结果在实践中主要表现为采取伪造、变造的手段对检疫的单证、印章、标志、封识等作虚假的证明或者出具不真实的结论的；将送检的合格动植物检疫为不合格或者将不合格动植物检疫为合格的；对明知是不合格的动植物，不检疫而出具合格检疫结果的；等等。本罪的主体只能是动植物检疫机关的检疫人员。本罪在主观上出自故意。根据《刑法》第413条第1款的规定，犯本罪的，处5年以下有期徒刑或者拘役；造成严重后果的，处5年以上10年以下有期徒刑。

二十九、动植物检疫失职罪

动植物检疫失职罪，是指动植物检疫机关的检疫人员严重不负责任，对应当检疫的检疫物不检疫，或者延误检疫出证、错误出证，致使国家利益遭受重大损失的行为，本罪侵犯的客体国家正常的动植物检疫活动。本罪在客观上表现为行为人对应当检疫的检疫物不检疫,或者延误检疫出证、错误出证,致使国家利益遭受重大损失。至于重大损失的标准,2006年7月26日最高人民检察院《关于渎职侵权犯罪案件立案标准的规定》作了明确的规定。本罪的主体只能是动植物检疫机关的检疫人员。本罪在主观上只能出自过失。根据《刑法》第413条第2款的规定,犯本罪的,处3年以下有期徒刑或者拘役。

三十、放纵制售伪劣商品犯罪行为罪

放纵制售伪劣商品犯罪行为罪,是指对生产、销售伪劣商品犯罪行为负有追究责任的国家机关工作人员徇私舞弊,不履行法律规定的追究职责,情节严重的行为。本罪侵犯的客体是国家机关的正常活动。本罪在客观上表现为行为人对生产、销售伪劣商品犯罪行为不履行法律规定的追究职责,且达到情节严重的程度。对于情节严重的标准,2006年7月26日最高人民检察院《关于渎职侵权犯罪案件立案标准的规定》作了明确的规定。本罪的主体只能是对生产、销售伪劣商品犯罪行为负有追究责任的国家机关工作人员。本罪在主观上出自故意。根据《刑法》第414条的规定,犯本罪的,处5年以下有期徒刑或者拘役。

三十一、办理偷越国(边)境人员出入境证件罪

办理偷越国(边)境人员出入境证件罪,是指负责办理护照、签证以及其他出入境证件的国家机关工作人员,对明知是企图偷越国(边)境的人员,予以办理出入境证件的行为。本罪侵犯的客体是国家正常的国(边)境管理活动。本罪在客观上表现为行为人对企图偷越国(边)境的人员,予以办理出入境证件。本罪的主体只能是负有办理护照、签证以及其他出入境证件职责的国家机关工作人员。本罪在主观上出自故意。根据《刑法》第415条的规定,犯本罪的,处3年以下有期徒刑或者拘役;情节严重的,处3年以上7年以下有期徒刑。

三十二、放行偷越国(边)境人员罪

放行偷越国(边)境人员罪,是指边防、海关等国家机关工作人员,对明知是偷越国(边)境的人员予以放行的行为。本罪侵犯的客体是国家正常的国(边)境管理活动。本罪在客观上表现为行为人对偷越国(边)境人员予以放行。本罪的主体只能是边防、海关等国家机关工作人员。本罪在主观上出自故意。根据《刑法》第415条的规定,犯本罪的,处3年以下有期徒刑或者拘役;情节严重的,处3年以上7年以下有期徒刑。

三十三、不解救被拐卖、绑架妇女、儿童罪

不解救被拐卖、绑架妇女、儿童罪,是指对被拐卖、绑架的妇女、儿童负有解救职责的国家机关工作人员,接到被拐卖、绑架的妇女、儿童及其家属的解救要求或者接

到其他人的举报,而对被拐卖、绑架的妇女、儿童不进行解救,造成严重后果的行为。本罪侵犯的客体是国家机关的正常活动。本罪在客观上表现为行为人接到被拐卖、绑架的妇女、儿童及其家属的解救要求或者接到其他人的举报,而对被拐卖、绑架的妇女、儿童不进行解救,并由此造成了严重后果。对于严重后果的标准,2006年7月26日最高人民检察院《关于渎职侵权犯罪案件立案标准的规定》作了明确的规定。本罪的主体只能是对被拐卖、绑架的妇女、儿童负有解救职责的国家机关工作人员。本罪在主观上出自故意。根据《刑法》第416条第1款的规定,犯本罪的,处5年以下有期徒刑或者拘役。

三十四、阻碍解救被拐卖、绑架妇女、儿童罪

阻碍解救被拐卖、绑架妇女、儿童罪,是指负有解救职责的国家机关工作人员,利用职务阻碍解救被拐卖、绑架的妇女、儿童的行为。本罪侵犯的客体是国家机关的正常活动。本罪在客观上表现为行为人利用职务阻碍解救被拐卖、绑架的妇女、儿童,不仅包括利用职权,禁止、阻止或者妨碍有关部门、人员解救,也包括利用职务上的便利,向拐卖、绑架者或者收买者通风报信,妨碍解救工作正常进行等其他情形。本罪的主体只能是负有解救职责的国家机关工作人员。本罪在主观上出自故意。根据《刑法》第416条第2款的规定,犯本罪的,处2年以上7年以下有期徒刑;情节较轻的,处2年以下有期徒刑或者拘役。

三十五、帮助犯罪分子逃避处罚罪

帮助犯罪分子逃避处罚罪,是指有查禁犯罪活动职责的国家机关工作人员,向犯罪分子通风报信、提供便利的行为。本罪侵犯的客体是国家机关的正常活动。本罪在客观上表现为行为人向犯罪分子通风报信、提供便利。通风报信,是指向犯罪分子透漏有关国家机关将追查其犯罪活动的消息或司法机关对其犯罪事实的查证情况等信息。提供便利,是指向犯罪分子提供除通风报信之外的可以方便犯罪分子逃避处罚的条件,如为犯罪分子提供金钱、交通工具等帮助,或告知其在接受讯问中如何狡辩或避重就轻等。本罪的主体只能是有查禁犯罪活动职责的国家机关工作人员。本罪在主观上出自故意。根据《刑法》第417条的规定,犯本罪的,处3年以下有期徒刑或者拘役;情节严重的,处3年以上10年以下有期徒刑。

三十六、招收公务员、学生徇私舞弊罪

招收公务员、学生徇私舞弊罪,是指国家机关工作人员在招收公务员、学生工作中徇私舞弊,情节严重的行为。本罪侵犯的客体是国家正常的招收公务员、学生管理活动。本罪在客观上表现为行为人在招收公务员、学生工作中徇私舞弊,并且达到情节严重的程度。对于情节严重的标准,2006年7月26日最高人民检察院《关于渎职侵权犯罪案件立案标准的规定》作了明确的规定。本罪的主体只能是国家机关工作人员。本罪在主观上出自故意。根据《刑法》第418条的规定,犯本罪的,处3年以下

有期徒刑或者拘役。

三十七、失职造成珍贵文物损毁、流失罪

失职造成珍贵文物损毁、流失罪,是指国家机关工作人员严重不负责任,造成珍贵文物损毁或者流失,后果严重的行为。本罪侵犯的客体是国家对珍贵文物的管理活动。本罪在客观上表现为行为人严重不负责任,造成珍贵文物损毁或者流失,后果严重。对于后果严重的标准,2016年1月1日最高人民法院、最高人民检察《关于办理妨害文物管理等刑事案件适用法律若干问题的解释》第10条作了明确的规定。本罪的主体只能是国家机关工作人员。本罪在主观上出自过失。根据《刑法》第419条的规定,犯本罪的,处3年以下有期徒刑或者拘役。

第三十章　军人违反职责罪

第一节　军人违反职责罪概述

一、军人违反职责罪的概念和构成

军人违反职责罪,是指军人违反职责,危害国家军事利益,依照法律应当受刑罚处罚的行为。这是我国《刑法》第420条对军人违反职责罪规定的概念。它从总体上明确了军人违反职责罪的性质和构成要件,从而为划分军人违反职责罪与违反军纪行为以及与我国《刑法》分则规定的其他犯罪的界限提供了法律依据。

军人违反职责罪的构成要件如下:

(1) 本类犯罪的客体,是国家的军事利益。所谓国家的军事利益,是指国家在国防建设、作战行动、军队物资保障、军事科学研究等方面的利益。具体说来,危害国家的军事利益,就是破坏我国陆军、海军、空军的军威、军机、军械、军供、军纪等在平时和战时的正常状态与正常关系。危害国家军事利益,是军人违反职责罪区别于刑法分则其他各类犯罪的最本质的特征。对国家军事利益危害程度的大小,乃是区别军人违反职责罪的犯罪行为与违纪行为、重罪与轻罪的主要标准。

(2) 本类犯罪的客观方面表现为行为人实施了违反军人职责,危害国家军事利益的行为。军人职责包括一般职责和具体职责。军人的一般职责,是指每一个军人都具有的职责,主要规定在中国人民解放军《内务条令(试行)》中。军人的具体职责,是指军队中各种不同人员有执行各种不同任务的职责,规定在中央军委、中国人民解放军各总部和各军兵种的各种条例和条令如《战斗条令》《舰艇条令》《飞行条令》《保守国家军事机密条例》等之中。军人违反职责罪的行为方式,多数犯罪表现为作为,如逃离部队罪,阻碍执行军事职务罪,盗窃、抢夺武器装备、军用物资罪等;也有少数犯罪表现为不作为,如遗弃伤病军人罪等;还有少数犯罪既可以由作为形式构成,也可以由不作为形式构成,如战时违抗命令罪等。

犯罪的时间和地点,对于军人违反职责罪的定罪量刑,具有极其重要的意义。一方面,"战时""在战场上""在军事行动地区"等时间或地点,是许多军职罪如战时自伤罪、战时临阵脱逃罪、遗弃伤病军人罪、战时违抗命令罪和战时残害居民、掠夺居民财物罪等犯罪的构成要件,不具备这些特定的时间或地点条件就不构成这些犯罪;另一方面,对于时间、地点不是犯罪构成要件的军职罪来说,特定的时间、地点往往也是影响量刑的重要情节,如《刑法》第426条对阻碍执行军事职务罪,规定了"战时从重处罚"。

(3) 本类犯罪的主体为特殊主体,统称军职人员。具体可以分为两类:第一,现役军人,即中国人民解放军和中国人民武装警察部队的正在服役的军官、警官、文职干部、士兵以及具有军籍的学员。"现役军人"的资格应当从公民依法参军之日即被兵役机关正式批准入伍之日起算,至其为部队批准退役、退休、离休或因受处分被除名、开除军籍之日终止。关于保留军籍正在服刑的军人能否成为这类罪的主体,我国学界有两种观点:有人认为服刑军人不能成为这类罪的主体,其理由是,军人服刑不计算军龄,他们已不履行军职。也有人认为服刑军人可以成为这类罪的主体,其理由是他们还有军籍,如果他们的行为符合军职罪的其他构成条件,则仍应按这类犯罪处理。我们认为,第二种观点更为可取。此外,军人在服役期间犯有这类罪行而在其退役、退休、离休之后才发现,只要没有超过追诉时效,仍应按这类犯罪处理。第二,执行军事任务的预备役人员和其他人员。预备役人员是指编入民兵组织或者经过登记服预备役的人员;其他人员是指军内在编职工等。执行军事任务是指执行作战、支前、战场救护等任务。

(4) 本类犯罪的主观方面多数是故意,少数是过失。本章还对某些故意犯罪的动机作了具体描述和限定。如战时自伤罪是出于逃避军事义务的动机;投降罪是出于贪生怕死的动机等。

二、军人违反职责罪的种类

关于军人违反职责罪的分类,通常有两种划分方法:其一,根据各个军人违反职责罪所侵犯的客体而加以归类。按此方法,可将军人违反职责罪分为如下几类:(1) 违反部队管理制度的犯罪;(2) 违反兵役法规和国(边)境管理的犯罪;(3) 侵犯部属人身权利、阻碍执行职务的犯罪;(4) 损害武器装备、军用物资、军事设施的犯罪;(5) 危害作战利益的犯罪;(6) 危害平民、战俘的犯罪。其二,按犯罪发生的时间、地点来划分。按此方法,可把军人违反职责罪分为:(1) 战时的犯罪;(2) 平时的犯罪;(3) 在军事行动地区才能构成的犯罪;(4) 战时、平时以及在非军事行动地区均能构成的犯罪。

以上划分方法均有道理,但是为了论述上的方便,我们采取依照刑法条文规定的顺序进行论述。军人违反职责罪的犯罪类型依次为:战时违抗命令罪,隐瞒、谎报军情罪,拒传、假传军令罪,投降罪,战时临阵脱逃罪,擅离、玩忽军事职守罪,阻碍执行军事职务罪,指使部属违反职责罪,违令作战消极罪,拒不救援友邻部队罪,军人叛逃罪,非法获取军事秘密罪,为境外窃取、刺探、收买、非法提供军事秘密罪,故意泄露军事秘密罪,过失泄露军事秘密罪,战时造谣惑众罪,战时自伤罪,逃离部队罪,武器装备肇事罪,擅自改变武器装备编配用途罪,盗窃、抢夺武器装备、军用物资罪,非法出卖、转让武器装备罪,遗弃武器装备罪,遗失武器装备罪,擅自出卖、转让军队房地产罪,虐待部属罪,遗弃伤病军人罪,战时拒不救治伤病军人罪,战时残害居民、掠夺居民财物罪,私放俘虏罪和虐待俘虏罪。我国《刑法》分则第十章规定的军人违反职责罪共32个条文,其中规定具体罪和法定刑的条文28条,合计31个罪名。

第二节 军人违反职责罪分述

一、战时违抗命令罪

(一) 战时违抗命令罪的概念和构成

战时违抗命令罪,是指军人在战时对上级的命令、指示故意违抗、拒不执行,对作战造成危害的行为。本罪只能发生在"战时"。所谓战时,根据《刑法》第451条的规定,是指国家宣布进入战争状态、部队受领作战任务或者遭敌突然袭击时;部队执行戒严任务或者处置突发性暴力事件时,以战时论。

本罪的构成要件是:

(1) 本罪的客体为作战指挥秩序。关于本罪的客体,我国学者有不同表述,有人认为是作战指挥秩序;有人认为是部队的作战利益。两种观点均有一定道理,但比较而言,前者似乎更准确一些。因此,我们赞同前者。所谓作战指挥秩序,是指战时部队在上级指挥下有条不紊地各司其职,各就各位,相互配合,顺利完成战斗任务的状况。而这种"状况"正是通过下级服从上级的严明军纪来体现的。《中国人民解放军内务条令(试行)》第37条、第38条规定:"首长有权对部属下达命令","部属对命令必须坚决执行,并将执行情况及时报告首长"。下级服从上级是作战指挥秩序的具体体现,也是战斗胜利的重要纪律保障。而违抗作战命令严重扰乱了作战指挥秩序,因此理当受到刑罚处罚。

(2) 本罪在客观方面表现为战时违抗命令,对作战造成危害的行为。所谓战时违抗命令,是指在战时拒不执行上级命令,拖延执行命令,或故意实施与命令内容相反的行为等。其行为表现可以是作为,也可以是不作为。这里的"命令",不仅指战斗命令,还应包括与战斗有关的一系列命令,如战时军需物资调遣命令、救助伤员命令等。应当指出,本罪的成立,必须是违抗命令的行为对作战造成危害。换言之,如果行为人虽然违抗了命令,但尚没有对作战造成危害,不能以本罪论处,而应以军纪处之。所谓对作战造成危害,是指由于行为人违抗命令而扰乱了战斗部署,贻误了战机,影响了作战任务的完成。如果根据当时具体情况灵活变通执行命令,不仅没有对作战造成损失,反而对作战有利,那么对行为人不仅不能处罚,而且还应给以肯定和奖励。

(3) 本罪的主体是应接受命令或指示的部属人员。本罪的主体不应理解为仅指参加战斗的人员,也包括为战斗服务的救护人员、勤务人员等。

(4) 本罪的主观方面是故意,即明知是上级的命令而予以违抗,拒不执行。犯罪动机可能是对上级领导不满、泄愤报复或畏惧战斗等。

(二) 战时违抗命令罪的刑事责任

根据《刑法》第421条的规定,犯本罪的,处3年以上10年以下有期徒刑;致使战斗、战役遭受重大损失的,处10年以上有期徒刑、无期徒刑或者死刑。

二、隐瞒、谎报军情罪

隐瞒、谎报军情罪，是指行为人故意隐瞒、谎报军情，对作战造成危害的行为。本罪的客体为作战秩序。本罪的客观方面表现为隐瞒、谎报军情，并给作战造成了危害。本罪的主体是负有报告军情义务的军内侦察员、通讯员、机要员，以及其他军内负有报告军情责任的军职人员。本罪在主观方面必须是出于故意，即明知是真实军情而故意将其隐瞒不报或谎报。至于本罪的行为人动机如何，并不影响犯罪的成立。根据《刑法》第422条的规定，犯本罪的，处3年以上10年以下有期徒刑；致使战斗、战役遭受重大损失的，处10年以上有期徒刑、无期徒刑或者死刑。

三、拒传、假传军令罪

拒传、假传军令罪，是指拒不传递军令，或者伪造、篡改上级军事机关命令，并加以传递，对作战造成危害的行为。本罪的客体为作战秩序。本罪的客观方面表现为拒传、假传军令，并对作战造成危害。本罪的主体为负有传达军令义务的现役军职人员。本罪的主观方面为故意，即明知是军令而拒不传达，或者故意作虚假传达。根据《刑法》第422条的规定，犯本罪的，处3年以上10年以下有期徒刑；致使战斗、战役遭受重大损失的，处10年以上有期徒刑、无期徒刑或者死刑。

四、投降罪

投降罪，是指在战场上贪生怕死，自动放下武器投降敌人的行为。本罪的客体为军人的战斗义务。作为一名军人，他有义务用自己的血肉之躯捍卫祖国和人民的利益，而投降罪的行为人却在战场上苟且偷生，这严重违背了军人的神圣使命，因而理当受到刑罚处罚。本罪的客观方面表现为行为人在战场上贪生怕死，自动放下武器投降敌人的行为。所谓贪生怕死，是指为了活命而放弃战斗；所谓自动放下武器，是指有能力作战而不作战，并非专指扔下手中的武器，凡能用武器作战而不作战，不论是否抛弃手中的武器，均属于"自动放下武器"；所谓投降敌人，是指军人停止作战，向敌人屈服、让步。本罪的主体是具有使用武器打击敌人资格的参战军职人员。那些在战场上因负伤而丧失战斗能力并成为敌人俘虏的军人不能成为本罪主体。本罪的主观方面是故意，行为人一般具有畏惧战斗、贪生怕死的动机。根据《刑法》第423条的规定，犯本罪的，处3年以上10年以下有期徒刑；情节严重的，处10年以上有期徒刑或者无期徒刑；投降敌人后，为敌人效劳的，处10年以上有期徒刑、无期徒刑或者死刑。

五、战时临阵脱逃罪

（一）战时临阵脱逃罪的概念和构成

战时临阵脱逃罪，是指军人在战场上或在战斗状态下贪生怕死、畏惧战斗而脱离战斗岗位，逃避战斗的行为。

本罪的构成要件是：

（1）本罪的客体是军人的作战义务。关于本罪的客体，我国学者有不同观点。一种观点认为，本罪客体是军队的作战利益；另一种观点则认为是武装力量的作战指挥秩序。我们认为，这两种见解均不够准确。前者过于抽象，后者失之偏颇。本罪的客体应该是军人的战斗义务。古人云：养兵千日，用兵一时。国家招募和培养武装力量，就是用以抗御外敌，保卫祖国安全。军人的直接使命就是在战斗、战役中为国为民效命疆场。在战斗、战役来临之时，如果军人临阵脱逃，这就严重违背了军人使命，严重侵犯了军人的战斗义务。

（2）本罪的客观方面表现为战时临阵脱逃的行为，即在战场上或在战斗状态下，行为人实施了擅自逃离战斗岗位的行为。"在战斗状态下"，不仅理解为是在战斗进行的过程中，也指尚未参加战役、战斗，但已接受了作战任务的情况。

（3）本罪的主体是参战的军职人员。参战的军职人员，不限于参加战役、战斗或接受参加作战指示或命令的直接战斗人员，非直接战斗人员，如参战的后勤、医疗人员、通讯人员等，只要是在临阵状态下逃跑的，就可以构成本罪。

（4）本罪的主观方面是故意。动机是贪生怕死、畏惧战斗。如果是由于过失而在临阵状态下脱离部队，或因受伤、敌人阻截而脱离部队的，不是临阵脱逃，也不构成犯罪。

（二）战时临阵脱逃罪的认定

（1）区分本罪与非罪的界限。并非所有的临阵脱逃的行为都构成犯罪。实践中对于情节显著轻微、危害不大的临阵脱逃的行为，如行为人尚未逃离阵地、战场即被阻拦、追回而不具有其他严重情节的，初次参加作战的新兵于接受作战任务后尚未进入实际作战之前逃跑，不具有其他严重情节的，等等，可以不以犯罪论处。

（2）区分本罪与投敌叛变罪的界限。二者的主要区别在于：第一，主体有所不同。前者的主体只能是战时参战的军职人员；后者的主体则可以是军内外人员。第二，主观目的有所不同。前者主观目的是逃避履行战斗义务；后者则是具有危害国家安全的目的。第三，行为表现不同。前者行为人是在战场上或在战斗状态下脱离岗位，并非是向敌方投奔；而后者则是投奔敌方或在被捕、被俘后投降敌人，并进行危害国家安全的活动。

（三）战时临阵脱逃罪的刑事责任

根据《刑法》第424条的规定，犯本罪的，处3年以下有期徒刑；情节严重的，处3年以上10年以下有期徒刑；致使战斗、战役遭受重大损失的，处10年以上有期徒刑、无期徒刑或者死刑。所谓情节严重，是指率众临阵脱逃，指挥人员和其他负有重要职责的人员在紧要关头或危急时刻临阵脱逃，胁迫他人以及策动他人临阵脱逃，等等。所谓致使战斗、战役遭受重大损失，是指因为行为人临阵脱逃，使部队战斗失利，人员伤亡惨重，或者给整个战斗、战役带来重大消极影响等情况。

六、擅离、玩忽军事职守罪

擅离、玩忽军事职守罪，是指指挥人员和值班、值勤人员擅离职守或者玩忽职守，因而造成严重后果的行为。本罪的客体是军职人员的岗位责任制度。本罪的客观方面表现为擅离职守、玩忽职守并造成了严重后果的行为。所谓擅离职守,是指擅自离开正在工作的岗位。所谓玩忽职守,是指未履行或未认真履行自己应尽的职责。所谓严重后果,是指擅离职守、玩忽职守的行为引起了重大军事利益的损失,如贻误战机致使战斗或战役失败、让敌特乘机混入军事禁区并造成重大破坏,等等。本罪的主体是现役军人中的指挥人员或正在值班、值勤的人员。本罪的主观方面为过失。根据《刑法》第 425 条的规定,犯本罪的,处 3 年以下有期徒刑或者拘役;造成特别严重后果的,处 3 年以上 7 年以下有期徒刑。战时犯本罪的,处 5 年以上有期徒刑。

七、阻碍执行军事职务罪

阻碍执行军事职务罪,是指以暴力、威胁方法阻碍指挥人员或者值班、值勤人员执行职务的行为。本罪的客体是军队勤务的正常执行活动。本罪侵犯的对象是正在执行职务的指挥人员或值班、值勤人员。本罪的客观方面表现为以暴力、威胁方法阻碍指挥人员或值班、值勤人员执行职务的行为。本罪的主体为现役军人。本罪的主观方面只能是故意。行为人有何目的与动机不影响本罪的成立。根据《刑法》第 426 条的规定,犯本罪的,处 5 年以下有期徒刑或者拘役;情节严重的,处 5 年以上 10 年以下有期徒刑;情节特别严重的,处 10 年以上有期徒刑或者无期徒刑。战时犯本罪的,从重处罚。

八、指使部属违反职责罪

指使部属违反职责罪,是指部队中的指挥人员滥用职权,指使部属进行违反职责的活动,并造成严重后果的行为。本罪的客体是军队正常的管理制度。本罪的客观方面表现为行为人滥用职权,指使部属进行违反职责的活动,并造成了严重后果。所谓滥用职权,是指行为人超越职权范围行使职权,或者不正当地行使职权。所谓指使部属进行违反职责的活动,是指指挥或命令和自己具有隶属关系的被领导者从事与其军职要求相违背的事情,例如,让部属为私人武装押运货物、命令部属用军车为他人运送走私物品,等等。应当指出,并不是所有滥用职权、指使部属进行违反职责的活动都构成犯罪。成立本罪,还必须是"造成严重后果"的行为。所谓严重后果,含义非常宽泛,既可以是指影响作战行动、引起军民、军政、军警严重纠纷,以及造成巨大经济损失等情况,也可以是指造成战士、群众人身重大伤亡或者财产重大损失等情况。本罪的主体是部队中具有一定指挥、调动、命令一定数量军队或下属人员之权的军职干部。普通士兵不能成为本罪的主体。本罪的主观方面是故意,其动机可能是多种多样,如为小集体谋取利益、报复泄愤,等等。根据《刑法》第 427 条的规定,犯本罪的,处 5 年以下有期徒刑或者拘役;情节特别严重的,处 5 年以上 10 年以下有期徒刑。

九、违令作战消极罪

违令作战消极罪,是指军事指挥人员违抗命令、临阵畏缩、作战消极,造成严重后果的行为。本罪的客体是部队的作战秩序。本罪的客观方面表现为违抗命令,临阵畏缩,作战消极,并且因此造成了严重后果。所谓严重后果,是指因行为人作战消极而致使我军损失重大、贻误战机等情况。本罪的主体是部队中的指挥人员,即具有一定指挥权力的军职人员,普通士兵不能成为本罪的主体。本罪的主观方面是故意,一般还具有贪生怕死的动机。根据《刑法》第428条的规定,犯本罪的,处5年以下有期徒刑;致使战斗、战役遭受重大损失或者有其他特别严重情节的,处5年以上有期徒刑。

十、拒不救援友邻部队罪

拒不救援友邻部队罪,是指在战场上明知友邻部队处境危急请求救援,能救援而不救援,致使友邻部队遭受重大损失的行为。本罪的客体是部队的作战利益和作战秩序。本罪的客观方面表现为在战场上拒绝处境危急的友邻部队的救援请求,能救援而拒不救援,从而使友邻部队遭受了重大损失。本罪的主体只能是参战部队的指挥人员,即负有战场指挥责任的军职干部(军官),普通士兵不能成为本罪的主体。本罪的主观方面是故意,即明知友邻部队处境危急请求救援而故意不救援。根据《刑法》第429条的规定,犯本罪的,处5年以下有期徒刑。

十一、军人叛逃罪

(一) 军人叛逃罪的概念和构成

军人叛逃罪,是指军职人员在履行公务期间,擅离岗位,叛逃境外或者在境外叛逃,危害国家军事利益的行为。

本罪的构成要件是:

(1) 本罪的客体为国家的军事利益以及军人永不叛国的义务。

(2) 本罪的客观方面表现为行为人在履行公务期间,擅离岗位,叛逃境外的有关国家或地区,或者在境外叛逃。所谓叛逃,是指逃往国外、境外不归,或者利用公务出境之机滞留国外、境外不归,以及逃往外国驻华使领馆等行为。

(3) 本罪的主体为正在履行公务的军职人员,因此,如果军职人员不是在履行公务期间逃越国(边)境的,不成立本罪。

(4) 本罪的主观方面是故意。其动机可能多种多样,如逃避惩罚、贪图享乐,等等,不论出于何种动机,均不影响本罪的成立。

(二) 军人叛逃罪的认定

要注意军人叛逃罪与投敌叛变罪的区别。二者的主要区别在于:第一,主体有所不同。前者的主体只能是正在履行公务的军职人员;后者的主体则可以是军内外人员。第二,行为表现不同。前者是行为人在履行公务期间,擅离岗位,叛逃境外或者在境外叛逃,但不一定是投奔敌方;后者则是投奔敌方或者在被捕、被俘后投降敌人,并进行危害国家安全的活动。第三,主观目的有所不同。前者的主观目的是背叛军人职责,逃往或滞留国外、境外不归;后者则具有危害国家安全的目的。

（三）军人叛逃罪的刑事责任

根据《刑法》第 430 条的规定，犯本罪的，处 5 年以下有期徒刑或者拘役；情节严重的，处 5 年以上有期徒刑；驾驶航空器、舰船叛逃的，或者有其他特别严重情节的，处 10 年以上有期徒刑、无期徒刑或者死刑。所谓情节严重，一般是指率众叛逃的，因其叛逃行为而给国家军事利益带来重大损失的，等等。所谓其他特别严重情节，是指胁迫他人叛逃、策动多人叛逃或者携带重要军事秘密叛逃的。

十二、非法获取军事秘密罪

非法获取军事秘密罪，是指以窃取、刺探、收买方法，非法获取军事秘密的行为。本罪的客体是国家保守军事秘密的管理制度。本罪的客观方面表现为窃取、刺探、收买军事秘密的行为。所谓军事秘密，是指在一定时空范围内，只限于一定范围的人员知悉的关系国防安全的信息。不应知道而以非法手段去获取军事秘密，势必严重危害国家军事利益，因而此种行为理应受到刑罚处罚。本罪的主体限于军职人员。在主观方面，行为人必须是故意非法获取军事秘密，过失不构成本罪。根据《刑法》第 431 条第 1 款的规定，犯本罪的，处 5 年以下有期徒刑；情节严重的，处 5 年以上 10 年以下有期徒刑；情节特别严重的，处 10 年以上有期徒刑。

十三、为境外窃取、刺探、收买、非法提供军事秘密罪

为境外窃取、刺探、收买、非法提供军事秘密罪，是指为境外的机构、组织、人员窃取、刺探、收买、非法提供军事秘密的行为。本罪的客体是国家保守军事秘密的管理制度。本罪的客观方面表现为为境外的机构、组织、人员窃取、刺探、收买、非法提供军事秘密的行为。所谓窃取，是指秘密偷取。所谓刺探，是指打听与收集。所谓收买，是指行为人用金钱等物质利益换取。所谓非法提供，是指行为人违反国家保守军事秘密的法规，将偷取、收集、收买或自己所掌握的国家军事秘密送给或告知境外的机构、组织、人员。窃取、刺探、收买、非法提供是本罪的四种表现形式，只要行为人实施其中之一，即可成立本罪。本罪的主体为军职人员。本罪的主观方面为故意。根据《刑法》第 431 条第 2 款的规定，犯本罪的，处 10 年以上有期徒刑、无期徒刑或者死刑。

十四、故意泄露军事秘密罪

故意泄露军事秘密罪，是指违反保守国家秘密法规，故意泄露国家军事秘密，情节严重的行为。本罪的客体是国家军事秘密的管理制度。本罪的客观方面表现为违反保守国家秘密法规，泄露军事秘密的行为。所谓违反保守国家秘密法规，是指不遵守国家有关保守军事秘密的法规（如《中国人民解放军保守国家军事机密条例》等）。所谓泄露军事秘密，是指将军事秘密透露出去，至于以何种方式泄露，并不影响本罪的成立。本罪的主体是军职人员。本罪的主观方面是故意。故意泄露军事秘密的行为，必须是"情节严重"的才构成犯罪。根据《刑法》第 432 条的规定，犯本罪的，处 5

年以下有期徒刑或者拘役;情节特别严重的,处 5 年以上 10 年以下有期徒刑。战时犯本罪的,处 5 年以上 10 年以下有期徒刑;情节特别严重的,处 10 年以上有期徒刑或者无期徒刑。

十五、过失泄露军事秘密罪

过失泄露军事秘密罪,是指违反保守国家秘密法规,过失泄露国家军事秘密,情节严重的行为。本罪的客体是国家军事秘密的管理制度。本罪的客观方面表现为违反保守国家秘密法规,泄露军事秘密的行为。本罪的主体是军职人员。本罪的主观方面是过失。过失泄露军事秘密的行为,只有"情节严重"的才构成犯罪。根据《刑法》第 432 条的规定,犯本罪的,处 5 年以下有期徒刑或者拘役;情节特别严重的,处 5 年以上 10 年以下有期徒刑。战时犯本罪的,处 5 年以上 10 年以下有期徒刑;情节特别严重的,处 10 年以上有期徒刑或者无期徒刑。

十六、战时造谣惑众罪

战时造谣惑众罪,是指在战时造谣惑众、动摇军心的行为。本罪的客体是部队的作战利益。本罪的客观方面表现为在战时造谣惑众、动摇军心的行为。所谓造谣惑众,是指捏造事实,散布不利于我方军事行动、有可能导致军心动摇的信息,如散布敌人如何强大、不可战胜,我军如何不堪一击,等等。至于我军军心是否实际上已被谣言所动摇,对成立本罪并无实质意义。本罪的主体是参加作战的军职人员。本罪的主观方面是故意。根据《刑法》第 433 条的规定,犯本罪的,处 3 年以下有期徒刑;情节严重的,处 3 年以上 10 年以下有期徒刑;情节特别严重的,处 10 年以上有期徒刑或者无期徒刑。

十七、战时自伤罪

战时自伤罪,是指在战时自伤身体,逃避军事义务的行为。本罪的客体是部队的作战利益和军人的军事义务。本罪的客观方面表现为在战时自伤身体,逃避军事义务的行为。所谓自伤身体,是指行为人借助于刀、枪等器械的力量使自己身体受伤,也可以利用自身的体力来使自己受伤,以何种手段自伤,并不重要。此外,自伤必须是在战时。所谓逃避军事义务,是指自伤身体之后借故不履行依法应尽的军事职责。本罪的主体是参加作战的军官和战士。不参加作战的军官与战士,一般不会构成这种犯罪。但不参加作战的军职人员或非军职人员教唆或者帮助参加作战的军官和战士用自伤身体的手段逃避军事义务的,可以成为本罪的共犯。本罪的主观方面是故意,并且具有逃避军事义务的目的,其动机可能多种多样,但不影响本罪的成立。根据《刑法》第 434 条的规定,犯本罪的,处 3 年以下有期徒刑;情节严重的,处 3 年以上 7 年以下有期徒刑。

十八、逃离部队罪

逃离部队罪,是指违反兵役法规,逃离部队,情节严重的行为。本罪的客体是国家兵役制度。本罪的客观方面表现为违反兵役法规,逃离部队的行为。凡未经批准,为逃避军事义务而擅自离开部队不归的,都是逃离部队的行为。但并非所有的逃离部队的行为都构成犯罪。对情节轻微、情节一般的逃离部队行为,应采取说服教育、欢迎归队的政策,必要时予以军纪处分,但不能作为犯罪处理。本罪的主体为现役军人。非现役军人教唆或帮助现役军人逃离部队的,可成为逃离部队罪的共犯。本罪的主观方面是故意,目的是逃避继续服兵役的义务。动机多是贪生怕死,怕苦怕累,不愿受部队纪律约束等。如因迷失方向、受伤掉队,或被敌人围困而脱离部队的,则不构成本罪。根据《刑法》第435条的规定,犯本罪的,处3年以下有期徒刑或者拘役;战时犯本罪的,处3年以上7年以下有期徒刑。

十九、武器装备肇事罪

(一) 武器装备肇事罪的概念和构成

武器装备肇事罪,是指违反武器装备使用规定,情节严重,因而发生责任事故,致人重伤、死亡或者造成其他严重后果的行为。

本罪的构成要件是:

(1) 本罪的客体是部队武器装备的管理和使用制度。所谓"武器装备",是指用于杀伤敌人的武器和军事技术装备,如枪、炮、弹药、战车、飞机、船舰、化学武器、核武器和通讯、侦察、工程、防化等军事技术设备。对于这些武器装备,军队有关部门都分别制定有使用规定和操作规程。本罪的行为违反了这些使用规定和操作规程。

(2) 本罪的客观方面表现为违反武器装备使用规定,情节严重,因而发生责任事故,致人重伤、死亡或者造成其他严重后果的行为。这主要包括以下三个方面:一是行为人实施了违反武器装备使用规定的行为;二是行为的情节严重,这主要是指行为人故意违反武器装备的使用规定或者在使用过程中严重不负责任,以及擅自使用武器装备等情况;三是行为发生了重大事故,致人重伤、死亡或者造成了其他严重后果。"其他严重后果",是指造成爆炸、火灾、大面积污染或其他重大损失等。

(3) 本罪的主体是军职人员。

(4) 本罪的主观方面是过失,但行为人对违反武器装备使用规定也可能是明知故犯。这里所说的"过失",是针对行为人对自己的行为引起的责任事故而言的。

(二) 武器装备肇事罪的认定

(1) 区分本罪与一般违反武器装备使用规定行为的界限。两者区分的关键在于行为人违反武器装备使用规定行为的情节是否严重,是否造成人员重伤、死亡或其他严重后果。只有行为人违反武器装备使用规定情节严重,并造成人员重伤、死亡或其他严重后果的,才构成犯罪,反之,如果行为人虽有违反武器装备使用规定的行为,但行为情节不严重,并且也未造成人员重伤、死亡或其他严重后果的,只能按一般违反武器装备使用规定的违纪行为处理。

(2) 区分本罪与意外事件的界限。构成武器装备肇事罪,行为人主观上存在过失,而意外事件中行为人则不存在过失。如果行为人在使用武器装备的过程中,并未违反有关使用规定,而是由于其不能预见的原因,如机械故障,从而客观上造成了严重损害结果,这种情况因行为人不存在过失,应当认定为意外事件。

(3) 区分本罪与过失致人重伤罪、过失致人死亡罪的界限。武器装备肇事罪中的致人重伤、死亡与过失致人重伤罪、过失致人死亡罪在主观罪过形式和客观危害后果上完全一样。但前者致人重伤、死亡是由军职人员在违反武器装备使用规定的情况下造成的;后者则与此不同。

(4) 区分本罪与交通肇事罪的界限。尽管军用车辆属于武器装备的范围,但一般情况下,军用车辆交通肇事的,应按交通肇事处理,而不应按武器装备肇事处理。但军用炮车、坦克、装甲运兵车、导弹牵引车等机动车辆在训练、作战、执行任务中发生重大责任事故时,则应以武器装备肇事罪论处。

(5) 区分本罪与生产、作业重大安全事故罪和危险物品肇事罪的界限。三者虽都是行为人违反某种规定,造成人员重伤、死亡或其他严重后果的犯罪,但有严格的区别:第一,武器装备肇事罪的主体是军职人员;而生产、作业重大安全事故罪的主体则是从事生产、作业的人员,危险物品肇事罪的主体则是生产、储存、运输、使用爆炸性、易燃性、放射性、毒害性、腐蚀性物品的人员。第二,武器装备肇事罪的客观方面表现为军职人员违反武器装备使用规定,因而发生严重后果的行为;生产、作业重大安全事故罪的客观方面表现为在生产、作业中违反有关安全管理的规定,因而发生重大伤亡事故或者造成其他严重后果的行为;危险物品肇事罪的客观方面表现为在生产、储存、运输、使用中违反爆炸性、易燃性、放射性、毒害性、腐蚀性物品的管理规定发生重大事故,造成严重后果的行为。而且前者要求必须是违反规定的情节严重,后两者则无此限制。第三,武器装备肇事罪的客体是部队装备的管理使用制度;而生产、作业重大安全事故罪的客体是公共安全;危险物品肇事罪的客体则主要是危险品的安全管理制度,而且该罪所指的危险品不属于"武器装备"的范围。

(三) 武器装备肇事罪的刑事责任

根据《刑法》第436条的规定,犯本罪的,处3年以下有期徒刑或者拘役;后果特别严重的,处3年以上7年以下有期徒刑。所谓后果特别严重,一般是指造成多人重伤、死亡或者毁坏重要军事装备等情况。

二十、擅自改变武器装备编配用途罪

擅自改变武器装备编配用途罪,是指违反武器装备管理规定,擅自改变武器装备编配用途,造成严重后果的行为。本罪的客体是武器装备的管理制度。本罪的客观方面表现为违反了国家武器装备管理规定,自作主张,随意改变武器装备的用途,并造成了严重的后果。本罪的主体是军人,一般是指军人中武器装备的保管者、使用者、看护者。军中文职人员一般不构成本罪。本罪的主观方面为过失。这里所说的过失,是针对行为人对其行为所造成的严重后果所持的心理态度而言的,擅自改变武器装备编配用途则是明知而故犯的。根据《刑法》第437条的规定,犯本罪的,处3年以下有期徒刑或者拘役;造成特别严重后果的,处3年以上7年以下有期徒刑。

二十一、盗窃、抢夺武器装备、军用物资罪

盗窃、抢夺武器装备、军用物资罪是指以非法占有为目的,秘密窃取或者公然夺取部队的武器装备、军用物资的行为。本罪的客体是国家对武器装备和军用物资的所有权以及军队战斗力的物质保障。本罪的客观方面表现为行为人秘密窃取或者公然夺取部队的武器装备或军用物资的行为。所谓武器装备,已在前面"武器装备肇事罪"述及。所谓军用物资,是指除武器装备以外的供军事上使用的物资,如被装、粮秣、车船、油料、医药、器材和军事设施工程材料等。本罪的主体是军职人员。非军职人员不能单独构成本罪,但可以成为本罪的共犯。本罪的主观方面是故意,并具有非法占有的目的。如果盗窃、抢夺枪支、弹药、爆炸物,则按盗窃、抢夺枪支、弹药、爆炸物罪论处。根据《刑法》第438条的规定,犯本罪的,处5年以下有期徒刑或者拘役;情节严重的,处5年以上10年以下有期徒刑;情节特别严重的,处10年以上有期徒刑、无期徒刑或者死刑。

二十二、非法出卖、转让武器装备罪

非法出卖、转让武器装备罪,是指违反武器装备管理规定,非法出卖、转让军队武器装备的行为。本罪的客体是国家对武器装备的所有权以及军队战斗力的物质保障。本罪的客观方面表现为非法出卖、转让军队武器装备的行为。应当注意,非法出卖或者转让的武器装备应是行为人合法管理或者执掌的。如果是将抢劫、盗窃、诈骗、抢夺所得的武器装备出卖的,应当以所构成的具体犯罪从重论处,而不应认定为非法出卖武器装备罪。本罪的主体是对于武器装备有合法管理或者执掌权力的军职人员。本罪的主观方面是故意,行为人一般具有牟利的目的。根据《刑法》第439条的规定,犯本罪的,处3年以上10年以下有期徒刑;出卖、转让大量武器装备或者有其他特别严重情节的,处10年以上有期徒刑、无期徒刑或者死刑。

二十三、遗弃武器装备罪

遗弃武器装备罪,是指违抗命令,遗弃武器装备的行为。本罪的客体是部队的武器装备的管理秩序。本罪的客观方面表现为违抗命令,遗弃武器装备的行为。这里的违抗命令,是指不遵守武器装备使用、保管、处置的有关规则和命令。所谓"遗弃",就是指抛弃,是一种故意的行为。本罪中的遗弃行为,一般认为主要是发生于军事行动期间,例如在战场上或戒严期间。平时在训练中抛弃武器装备的行为,情节严重的,也应当以本罪论处。本罪的主体是武器装备的使用者、保管者、指挥者。对武器装备不具备使用权、保管权、指挥权的人,不成为本罪的主体。本罪的主观方面是故意,过失不能构成本罪。犯罪动机可以是多种多样的,例如为逃跑方便而遗弃,为撤退顺利而遗弃等。动机如何,不影响本罪的构成。根据《刑法》第440条的规定,犯本罪的,处5年以下有期徒刑或者拘役;遗弃重要或者大量武器装备的,或者有其他严重情节的,处5年以上有期徒刑。

二十四、遗失武器装备罪

遗失武器装备罪,是指遗失武器装备,不及时报告或者有其他严重情节的行为。本罪的客体是部队的武器装备的管理秩序。本罪的客观方面表现为遗失武器装备,不及时报告或者有其他严重情节的行为。这里的武器装备,是指部队直接用于实施和保障作战行动的武器、武器系统和军事技术器材的统称。所遗失的武器装备,一般属于轻武器,或者个人保管、使用、维修保养的某些重要武器及军用装备。所谓不报告,是指遗失后隐瞒事实,拒不报告,意图逃避责任的行为。所谓有其他严重情节,一般认为包括以下几种情形:遗失武器装备后编造假情况欺骗组织或者意图嫁祸于人的;因遗失武器装备严重影响部队完成任务的;遗失的武器装备被敌人或者犯罪分子利用的;造成其他严重后果的等。本罪的主体是军职人员,而且一般是武器装备的合法使用者、持有者及保管者。本罪的主观方面是过失。根据《刑法》第441条的规定,犯本罪的,处3年以下有期徒刑或者拘役。

二十五、擅自出卖、转让军队房地产罪

擅自出卖、转让军队房地产罪,是指违反规定,擅自出卖、转让军队房地产,情节严重的行为。本罪的客体是军队房地产的管理秩序。本罪的客观方面表现为违反规定,擅自出卖、转让军队房地产的行为。本罪的主体是军职人员,而且一般是部队中具有一定军衔或者职务的领导人员,因为只有这类人才可能具有转让、出卖军队房地产的决策权。普通士兵一般不可能成为本罪的主体。本罪的主观方面是故意,即明知其出卖、转让军队房地产的行为是违反规定的、非法的,但仍然决意加以出卖、转让。擅自出卖、转让军队房地产的行为,必须是"情节严重"的才构成犯罪。所谓情节严重,是指出卖、转让了大量军队房地产,由于出卖、转让军队房地产而给我国军事利益造成重大损失等情况。因此,虽然出卖、转让军队房地产,但如情节并不严重,不成立犯罪,而应按军纪处理。根据《刑法》第442条的规定,犯本罪的,对直接责任人员处3年以下有期徒刑或者拘役;情节特别严重的,处3年以上10年以下有期徒刑。

二十六、虐待部属罪

虐待部属罪,是指滥用职权,虐待部属,情节恶劣,致人重伤或者造成其他严重后果的行为。本罪的客体是部属的人身权利,包括部属的身体健康权、生命权、人格、名誉等方面的权利。本罪的客观方面表现为滥用职权,虐待部属,且情节恶劣的行为。所谓滥用职权,是指不公正地使用手中权力对部属恣意妄为。所谓虐待部属,是指对部属刁难、摧残、折磨,包括给部属施加精神上的不正当压力和使其感受肉体上的痛苦,如打骂、冻饿、伤害人格,等等。所谓部属,是指下级军职人员或士兵。所谓情节恶劣,在这里即是指因虐待而致人重伤、死亡或者造成其他严重后果。这里的"其他严重后果",一般是指虐待、迫害行为导致部属集体军心涣散而影响部队完成或执行重大任务以及其他军事利益方面的严重损失。本罪的主体是处于领导岗位的军职人

员,包括班长以及各级军官。因为只有处于一定的领导岗位,才有可能发生对部属滥用职权,进行虐待的问题。一般而言,虐待者和被虐待者之间应具有直接领导与被领导的上下级隶属关系。本罪的主观方面是故意。至于动机则多种多样,大多是出自特权思想,以权势压人,维护自己的领导尊严,有的是由于部属不服从管理教育,随意顶撞领导,或不听劝阻,因而怀恨部下,寻机报复等。但动机如何,不影响本罪的成立。根据《刑法》第443条的规定,犯本罪的,处5年以下有期徒刑或者拘役;致人死亡的,处5年以上有期徒刑。

二十七、遗弃伤病军人罪

遗弃伤病军人罪,是指在战场上故意遗弃伤病军人,情节恶劣的行为。本罪的客体主要是军队的作战利益,同时也包括战场上伤病军人的被救护权利。犯罪对象是战场上的伤病军人。本罪的客观方面表现为在战场上遗弃伤病军人的行为。所谓"在战场上遗弃伤病军人",是指行为人在战场上对伤病军人有救护职责而故意不予救护的行为。本罪的主体是对伤病军人负有救护任务的直接责任人员,即对伤病员有救护责任的救护人员和指挥人员。其他军职人员在战场上对伤病军人有能力救助而不予救助的,虽然应该受到道德上的谴责,但不构成犯罪,可予以批评教育,必要时可予以军纪处理。本罪的主观方面只能是故意。至于出自直接故意,还是间接故意,并不影响本罪的成立。如果对伤病军人负有救护责任的救护人员和指挥人员因为过失而将伤病军人留在战场上的,不构成本罪。构成本罪还必须以"情节恶劣"为条件。所谓"情节恶劣",主要是指行为人由于贪生怕死,苟且保命,对有条件救护的伤病员故意不予抢救,或者对已抢救下来的伤病员无故遗弃的;因遗弃行为而造成伤病军人死亡、残废、被俘、被杀等严重后果的;遗弃伤病军人造成恶劣影响,严重瓦解军心斗志的,等等。如果战斗情况极其紧急,确实无条件把伤病军人抢救下来或带走的,不应视为犯罪。根据《刑法》第444条的规定,犯本罪的,对直接责任人员,处5年以下有期徒刑。

二十八、战时拒不救治伤病军人罪

战时拒不救治伤病军人罪,是指战时在救护治疗职位上的军职人员,有条件救治而拒不救治危重伤病军人的行为。本罪的客体是部队的作战秩序和军人的生命健康权。本罪的客观方面表现为战时在救护治疗职位上,有条件救治而拒不救治危重伤病军人的行为。所谓拒不救治,是指有条件救治而拒绝救治。如果行为人根据当时的医疗卫生条件以及个人的医疗技术水平认为没有条件实施救护或治疗行为,强行实施可能更严重损害危重伤病军人的身体或导致其他更为严重的后果,因而不愿意实施救护治疗行为的,不能以犯罪论处。本罪的主体是军职人员中具有救护、治疗职责的人员,如军医、护理人员等。普通参战士兵和军官不能构成本罪。本罪的主观方面只能是故意,即明知他人属于危重伤病军人,并且有条件救治而拒绝救治。行为人的犯罪动机是多种多样的,例如发泄私愤、怕苦怕累、害怕传染病等。犯罪动机如何,不影响本罪的构成。

根据《刑法》第 445 条的规定,犯本罪的,处 5 年以下有期徒刑或者拘役;造成伤病军人重残、死亡或者有其他严重情节的,处 5 年以上 10 年以下有期徒刑。

二十九、战时残害居民、掠夺居民财物罪

战时残害居民、掠夺居民财物罪,是指战时在军事行动地区,残害无辜居民或者掠夺无辜居民财物的行为。本罪的客体是我军的作战利益和军事行动地区无辜居民的人身、财产权利。本罪的客观方面表现为在军事行动地区对无辜居民实施残害、掠夺行为。所谓军事行动地区,既包括我军作战地区,也包括我军宣布的戒严地区。所谓"无辜居民",是指对我国无任何敌对行动的军事行动地区的居民群众。所谓"残害",是指对军事行动地区无辜居民实施伤害、强奸、烧杀等暴行。所谓掠夺,是指以暴力、胁迫手段抢劫军事行动地区无辜居民的财物。本罪的主体是在军事行动地区实施军事行动的军职人员。本罪的主观方面是故意,即明知残害、掠夺无辜居民的行为会危害我国军事利益,侵犯无辜居民的人身、财产权利,而故意实施残害、掠夺无辜居民的行为。过失不能构成本罪。根据《刑法》第 446 条的规定,犯本罪的,处 5 年以下有期徒刑;情节严重的,处 5 年以上 10 年以下有期徒刑;情节特别严重的,处 10 年以上有期徒刑、无期徒刑或者死刑。

三十、私放俘虏罪

私放俘虏罪,是指违反军事纪律,私自释放俘虏的行为。本罪的客体是对俘虏的管理秩序。本罪的客观方面表现为违反军事纪律,私自释放俘虏的行为。所谓"俘虏",即在战争或者武装冲突中被我方俘获的敌方武装人员及其他为武装部队服务的人员。所谓"私放",是指未经批准,擅自将俘虏放走。本罪的主体是对俘虏有管理、看护等权限的军官和值勤人员。本罪的主观方面是故意,即明知是俘虏而私自予以释放。犯罪动机是多种多样的,例如碍于私情、贪财、贪图女色等。根据《刑法》第 447 条的规定,犯本罪的,处 5 年以下有期徒刑;私放重要俘虏、私放俘虏多人或者有其他严重情节的,处 5 年以上有期徒刑。

三十一、虐待俘虏罪

虐待俘虏罪,是指对战争或战斗中被我方俘获的敌方人员不给予人道待遇,对其进行虐待,情节恶劣的行为。本罪的客体是部队的作战利益和被俘人员的人身权利。本罪的客观方面表现为对俘虏实施精神折磨、肉体摧残和生活上不人道待遇的虐待行为。虐待俘虏,必须是情节恶劣的,才构成犯罪。本罪的主体一般是管理战俘的人员。其他军职人员虐待俘虏达到犯罪程度的,也按本罪论处。本罪的主观方面是故意。犯罪动机多是出于义愤、敌意或狭隘的报复心理。但动机如何,不影响本罪的成立。所谓"情节恶劣",是指采用特别残酷的手段进行虐待的;虐待伤病俘虏造成严重后果的;多次或一贯虐待俘虏的;虐待俘虏造成恶劣国际影响的;等等。根据《刑法》第 448 条的规定,犯本罪的,处 3 年以下有期徒刑。

后 记

《刑法学》(第九版)为教育部高等学校法学学科教学指导委员会主持和组织编写出版的面向 21 世纪课程教材"全国高等学校法学专业十四门专业主干课程教材"之一,供普通高等学校法学专业本科使用。

刑法是国家的基本法律,对于保护公民权益、维护社会秩序和保卫国家利益不可或缺。在我国,从 1979 年第一部《刑法》的颁布到 1997 年通过修订的《刑法》,取得了重大成就。刑法学以刑法为研究对象,是我国社会主义法学体系中基本而重要的部门法学,是普通高等法学教育中的一门重要的主干课程。本教材的编写努力按照普通高等教育法学专业主干课程教材的要求,坚持正确的政治导向,贯彻理论联系实际和"双百"方针,力求正确地阐述我国刑法学的基本原理和基本知识,并注重内容的科学性、系统性和相对稳定性。特别是为了适应建设社会主义法治国家的需要,本教材在编写时十分注意研究并阐述我国现行《刑法》暨刑事司法和刑法理论的新成果,以提高教材的学术水平和应用价值。

本教材由国家教育部直属的几所重点大学的部分刑法学教授合作编著,主编为高铭暄(北京师范大学刑事法律科学研究院名誉院长、特聘教授、博士生导师,中国人民大学荣誉一级教授)、马克昌(武汉大学法学院教授、博士生导师),执行主编为赵秉志(北京师范大学刑事法律科学研究院教授、法学博士、博士生导师);其他作者为:李希慧(北京师范大学刑事法律科学研究院教授、法学博士、博士生导师)、黄京平(中国人民大学法学院教授、法学博士、博士生导师)、林亚刚(武汉大学法学院教授、法学博士、博士生导师)、刘志伟(北京师范大学刑事法律科学研究院教授、法学博士、博士生导师)、陈家林(武汉大学法学院教授、法学博士、博士生导师)。在编写程序上,先由主编暨执行主编拟定编写大纲和写作要求,再由各撰稿人分工撰写,最后由主编暨执行主编统改定稿。

本书的撰写分工如下(以撰写章节顺序为序):

高铭暄——绪言,第一、二、三、四、三十章;

黄京平——第五、九、二十五、二十七、二十八章;

赵秉志——第六、七、八、十章;

马克昌——第十一、十二、十三章,第二十三章第一、二、三节;

李希慧——第十四、十五、十六、十九、二十一章;

林亚刚——第十七、二十、二十二、二十四章;

刘志伟——第十八章,第二十三章第四节至第九节,第二十九章,并承担 2011 年 8 月本教材第五版出版以来根据我国新发布的刑法立法、司法解释规定及刑法理论的进展情况，对第五版、第六版、第七版、第八版教材的全面修订工作；

陈家林——第二十六章。

国家教育部暨教育部高等学校法学学科教学指导委员会对本书的编写出版给予了指导和支持，北京大学出版社重视和支持本书的编写出版，责任编辑冯益娜女士为本书面世付出了辛勤而卓有成效的努力，在此一并深表谢忱。

编著者

2019 年 8 月

全国高等学校法学专业核心课程教材

法理学(第四版)	沈宗灵主编
中国法制史(第四版)	曾宪义主编
宪法(第二版)	张千帆主编
行政法与行政诉讼法(第七版)	姜明安主编
民法(第七版)	魏振瀛主编
经济法(第五版)	杨紫烜主编
民事诉讼法学(第三版)	江 伟主编
刑法学(第九版)	高铭暄、马克昌主编
刑事诉讼法(第六版)	陈光中主编
国际法(第五版)	邵 津主编
国际私法(第五版)	李双元、欧福永主编
国际经济法(第四版)	余劲松、吴志攀主编
知识产权法(第四版)	吴汉东主编
商法(第二版)	王保树主编
环境法学(第四版)	汪 劲著
税法原理(第九版)	张守文著